U0922579

中国地质调查局年鉴

Yearbook of China Geological Survey

2010

中国地质调查局 编

地质出版社

·北 京·

图书在版编目（CIP）数据

中国地质调查局年鉴．2010年／中国地质调查局编．
—北京：地质出版社，2011.10
ISBN 978-7-116-07395-1

Ⅰ．①中… Ⅱ．①中… Ⅲ．①地质调查-概况-中国-
2010-年鉴 Ⅳ．①P622-54

中国版本图书馆CIP数据核字（2011）第195198号

ZHONGGUO DIZHI DIAOCHAJU NIANJIAN 2010

责任编辑：王 超 李 莉
责任校对：关风云
出版发行：地质出版社
社址邮编：北京海淀区学院路31号，100083
电 话：（010）82324508（邮购部）；（010）82324567（编辑室）
网 址：http://www.gph.com.cn
电子邮箱：zbs@gph.com.cn
传 真：（010）82310759
印 刷：北京天成印务有限责任公司
开 本：787 mm×1092 mm 1/16
印 张：33.25
字 数：1150千字
印 数：1—700册 图 版：19面
版 次：2011年10月北京第1版
印 次：2011年10月北京第1次印刷
定 价：120.00元
书 号：ISBN 978-7-116-07395-1

1. 领导活动

2010年11月17日，国土资源部党组书记、部长、国家土地总督察徐绍史，国土资源部党组成员、副部长、中国地质调查局党组书记、局长汪民到中国地质调查局天津地质调查中心考察调研，亲切看望地质专家。

2010年9月15日，在国土资源部援疆工作座谈会暨“358项目”汇报会上，新疆维吾尔自治区党委书记张春贤，国土资源部党组书记、部长、国家土地总督察徐绍史，国土资源部党组成员、副部长、中国地质调查局党组书记、局长汪民听取中国地质调查局关于新疆“358项目”工作进展与阶段成果的汇报。

2010年12月27日，中国地质调查局党组务虚（扩大）会议在北京召开。

2010年3月4日，国土资源部追授中国地质调查局西安地质调查中心原主任李向同志“优秀共产党员”称号大会在北京召开。

2010年10月9日，国土资源大调查矿产资源调查评价成果报告会在北京召开。

2010年5月27日，中国地质调查局加强地质调查项目经费管理视频会议在北京召开。

2010年4月10日，中国地质调查局党组副书记、副局长王宝才在上海迎接参加第26次南极科学考察的中国地质科学院地质力学研究所科研人员。

2010年3月15日，安徽省淮北市政府向中国地质调查局赠送锦旗。中国地质调查局党组成员、副局长王学龙在北京会见安徽省淮北市政府代表一行。

3. 地质调查野外工作考察

2010年8月14～25日，国土资源部党组成员、副部长、中国地质调查局党组书记、局长汪民带队参加俄罗斯－中国“远东堪察加半岛－北极地区－贝加尔湖”联合地质考察。图为在俄罗斯考察勘察加铜镍矿。

2010年8月18日，中国地质调查局党组副书记、副局长钟自然在新疆乌拉根铅锌矿进行野外地质考察。

2010年6月9～14日，在中俄蒙哈韩五国合作编图项目“亚洲北－中－东部三维地质结构与成矿作用研究”第八次工作会议期间，以中国科学院院士李廷栋为团长的中国地质科学家代表团考察韩国济州牛岛海岸地层剖面。

2010年7月21～27日，中国地质科学院勘探技术研究所技术人员赴土耳其天然碱矿接井工程施工现场考察。

4. 国际合作与交流

2010年3月12日，国土资源部总工程师、中国地质调查局副局长张洪涛代表中国地质调查局，在加拿大里贾那市与加拿大萨斯喀彻温省能源与资源部签订地质科学合作谅解备忘录。

2010年11月16日，中国地质调查局在2010年中国国际矿业大会上，举办找矿进展专题论坛。

2010年12月15～25日，中国地质调查局党组成员、副局长王研率团访问美国地质调查局、加拿大国家研究院。图为与美国地调局湿地研究中心科研人员合影。

2010年7月5日，中国地质调查局党组成员、副局长李金发出席“探索巴西矿业商机”研讨会，并与巴西国家地质调查局局长阿加门农·当塔斯进行工作会谈。

2010年7月12日，天津地质调查中心技术人员在坦桑尼亚利甘家铁矿开展野外工作。

2010年11月4日，受中国外交部“亚洲区域合作专项资金”资助和国土资源部委托，中国地质调查局主办的“东盟国家地质填图能力建设培训班”在昆明闭幕，并为学员颁发“数字化野外地质填图”和“国际储量分级与储量计算”结业证书。

5. 地质调查进展与成果

重要矿产资源评价实现重大突破。充分发挥公益性地质工作的基础先行作用，全面推进重点成矿区带基础地质调查和矿产远景调查，中国地质调查局在青藏、天山、西南三江等成矿区带取得一批重要找矿成果，引领和拉动了商业性矿产勘查。图为新疆阿吾拉勒成矿带铁矿勘查现场。

地质找矿新机制落地，“358”宏伟目标确定。在《地质矿产保障工程实施方案》基础上，以铁、铜、铝、钾盐、金、铅、锌、铀等为主攻矿种，优选并部署全国47个重点勘查区。图为新疆智博大型铁矿勘查开发基地露天采场。

应对自然灾害为百姓撑起安全网。中国地质调查队伍在抗击西南百年不遇旱情和玉树地震、舟曲泥石流等特大自然灾害过程中，冲锋在前，圆满完成了应急打井找水和抢险救灾等任务，得到了各级政府的高度肯定，受到了当地群众的普遍赞誉。图为贵州省独山县抗旱井成功出水。

境外地质调查服务"走出去"迈上新台阶，为国内近300家单位提供境外信息服务，有力地支撑了中国矿产资源勘查开发的国际合作，为加快实施"走出去"战略起到了积极的推动作用。图为中厄合作典型矿床野外考察。

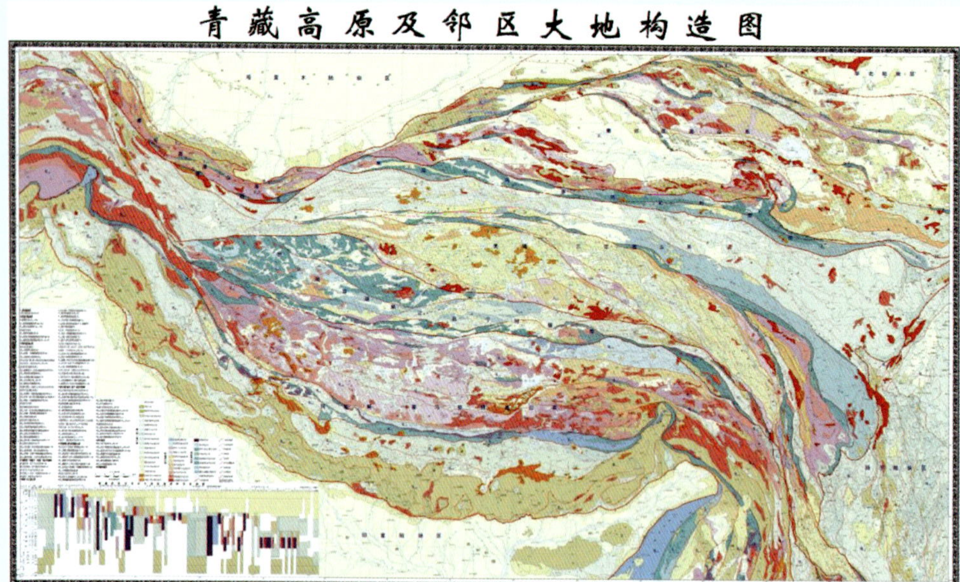

青藏高原重大地质问题研究揭示高原隆升过程。在青藏高原空白区1:25万地质填图基础上，中国地质调查局组织开展了成果集成和专题研究，在青藏高原重大地质问题的研究上取得创新性认识和成果。

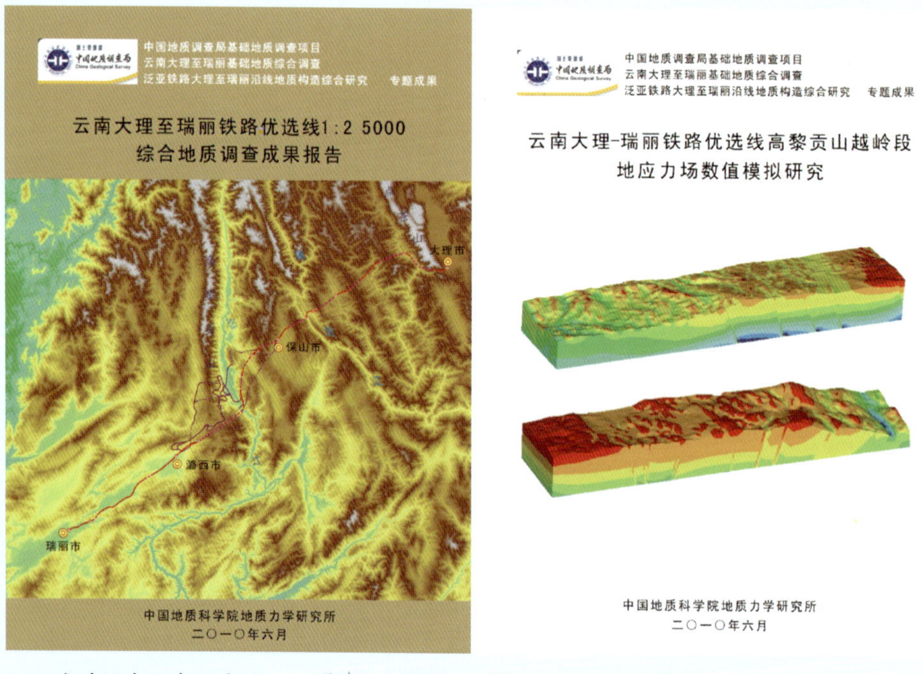

地质调查服务国家重大工程建设竖新碑。中国地质调查局全面完成大瑞铁路沿线的工程地质调查与评价工作，为铁路的选线、设计与施工提供了重要的技术支撑，减少了工程设计与施工的盲目性。图为泛亚铁路云南大理至瑞丽综合地质调查成果报告。

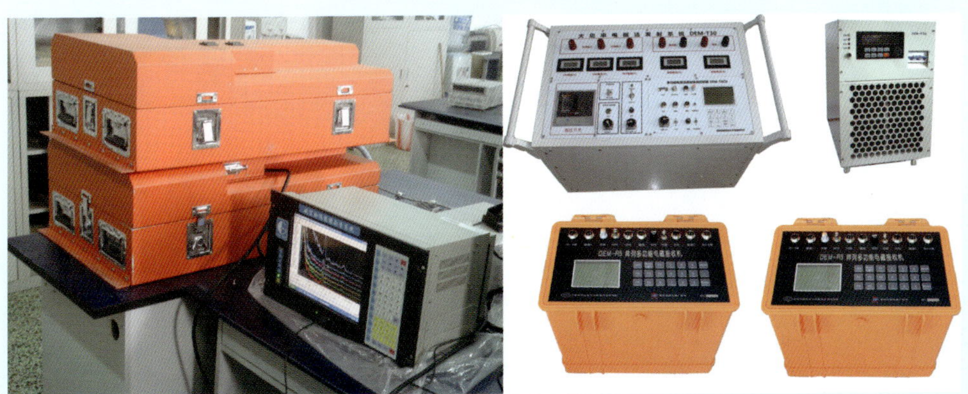

物探仪器自主研发取得多项创新成果。图为我国首套国产化高分辨率航空伽马能谱测量系统和大功率多功能电磁测量方法与仪器样机系统。

矿产资源综合利用技术突破盘活呆滞资源。中国地质科学院成都矿产综合利用研究所在“宁乡式”鲕状赤铁矿脱磷脱硅等关键技术攻关方面实现突破，为我国30多亿吨“宁乡式”鲕状赤铁矿的开发利用提供了重要技术支撑。图为宁乡式赤铁矿选矿试验现场。

6. 党建与精神文明建设

2010年11月25日，中共中央组织部干部四局调研组到停靠在广州海洋地质码头的“海洋六号”调查船，调研基层党组织创先争优活动情况。

2011年3月16～18日，中国地质调查局第二届职工篮球赛决赛在北京成功举行。图为中国地质调查局副局长王研为决赛开球。

2010年2月3日，中国地质调查局党组成员、纪检组长李广湧代表局党组看望慰问水文地质环境地质调查中心离退休职工。

2010年3月26日，中国地质调查局第一届职工文艺汇演在北京举行。

2010年8月5日，中国地质科学院矿产综合利用研究所召开创先争优活动党组织和党员公开承诺大会。图为向野外地质调查党员先锋队授旗。

2010年4月29日，中国国土资源航空物探遥感中心举行2010年春季职工运动会。

2010年4月27日，中国地质调查局发展研究中心团委组织青年开展野外拓展训练活动。

2010年9月30日，南京地质调查中心矿产资源室党支部、团支部共同组织参观新四军纪念馆。

中国地质调查局年鉴编委会

中国地质调查局年鉴编辑部

编辑说明

2010年《中国地质调查局年鉴》（以下简称《年鉴》）由中国地质调查局编撰。主要内容包括工作概述、领导重要批示与讲话、重要会议简介、重要文件与规章制度、地质调查进展与成果、地质科技进展与成果、地质调查信息化建设与服务、地质调查项目管理、国际合作与对外交流、综合行政管理、经济与财务管理、基建与装备管理、干部人事教育、安全生产管理、纪检监察审计工作、党群工作、局属单位工作、地方公益性地质调查单位工作、中央管理地质勘查单位工作、院校地质调查院工作，以及附录和统计资料等。

由于统计口径不同，书中部分数据与统计资料不尽一致，编辑时专门作了修改。

谨此说明。

中国地质调查局

2011年9月

目　录

工作概述

领导重要批示与讲话

重要会议简介

重要文件与规章制度

地质调查进展与成果

地质科技进展与成果

地质调查信息化建设与服务

地质调查项目管理

国际合作与对外交流

综合行政管理

经济与财务管理

基建与装备管理

干部人事教育

安全生产管理

纪检监察审计工作

党群工作

局属单位工作

地方公益性地质调查单位工作

中央管理地质勘查单位工作

院校地质调查院工作

附　录

统计资料

Contents

Remarks and Speeches by Leaders

Important Meetings

Important Documents and Regulations

Progress and Achievements on Geological Investigation

Progress and Achievements on Sciences and Technology

Geo-Information and Public Service

Project Management

International Cooperation and Exchanges

Comprehensive Management

Economic and Financial Management

Infrastructure and Equipment Management

Human Resources and Education

Work Safety Management

Discipline Inspection and Financial Audit Work

CPC Construction

Activities of CGS Affiliated Organizations

Activities of Provincial Geological Institutions for Public Service

Activities of Other Geological Institutions Funded by Central Government

Activities of the Institutes of Geological Investigation of Universities and Colleges

Appendix

Statistics

工作概述

中国地质调查局2010年工作概况

2010年，在部党组领导下，地调局坚持以科学发展观为统领，深入开展创先争优活动，坚决贯彻落实党中央、国务院决策部署和关于加强地质工作一系列重要指示，进一步解放思想，改革创新，在中央财政投入大幅度增加，地质找矿新机制不断深化的新形势下，着力统筹公益性地质调查和商业性地质工作，着力统筹中央和地方各类地质工作，快速启动地质矿产调查评价专项，全力做好大调查收官和成果总结集成，精心谋划“十二五”，主动服务国家重大决策与国土资源管理中心工作，特别是积极发挥地质调查工作应急响应能力和服务支撑作用，按照部的统一部署，为西南应急抗旱打井找水和玉树地震灾后地质灾害防治等工作做出重要贡献。在全局上下共同努力下，各项工作取得新成果新成效新进展。

一、精心组织实施，地质调查取得新成果

2010年，地调局先后申报3批地质矿产调查评价项目，经费649 738万元，较2009年度19亿元大幅增加。其中：第一批为年初下达的国土资源大调查项目，经费177 758万元；第二批是4月底启动的地质矿产调查评价专项，经费322 000万元；第三批是9月份根据财政部、国土资源部要求，继续安排的重点支持“十一五”未完成“十二五”需延续开展的一批国土资源调查评价项目，经费149 980万元。

针对工作量大幅提升等情况，采取积极有效措施，狠抓项目组织实施和督促检查。一是及时完成项目任务书下达与设计审查。赋予大区地调中心组织辖区内项目设计审查职责，加快工作进度，所有大调查项目3月底完成设计评审，4月初完成设计审批，为各项工作特别是野外工作及时开展创造了条件。二是加强工作调度。密切关注项目进展情况，自4月份开始，对出队情况和1～10月地调项目进展情况进行跟踪，举行了4次调度会议，根据需要及时调整部分项目工作量及经费。三是严格质量监管检查。全面开展年度质量抽查，及时向领导和有关单位通报抽查情况，及时整改解决发现的问题。四是继续落实责任制。将预算执行率达到80%作为单位主要领导和领导班子考核依据，实行一票否决。

经过全局上下共同努力，全年除个别钻探工程外，主要工作量均按时完成，取得了一批重要成果。

（一）重点地区找矿成效显著。

新疆地区已形成2处大中型可地浸砂岩型铀矿和16处大型固体矿产勘查开发基地或大型超大型矿集区（其中：煤2处、铁3处、铅锌4处、铜镍5处、钨锡1处、钼1处），累计新增资源量：煤炭3357亿吨、铁矿石11亿吨、铅锌560万吨、钨锡26万吨、铜镍116万吨、钼77万吨，基本实现第一阶段目标。

青海地区新发现12处矿产地（团鱼山煤矿、孔莫陇铅锌矿、卡里果玛钨钼矿、四角羊外围多金属矿、按纳格金矿、三岔北山多金属矿、阿斯哈金矿、玛多县肯得弄舍金多金属矿、莫海拉亨铅锌矿、楚多曲铅锌银矿、陆日格铜钼矿、纳保扎陇多金属矿）和一大批异常、矿（化）点。近3年累计新增资源量：铁矿石1.23亿吨，铜铅锌454万吨，钼10.9万吨，金145吨，银478吨，煤9亿吨。

西藏地区驱龙铜矿和甲玛铜金矿两大资源开发基地基本形成，多不杂铜金矿、朱诺铜矿、亚贵拉铅锌矿、程巴铜钼矿等重要普查区均已达到或超过大型、超大型矿床规模，全区累计新发现140余处矿（化）点，新发现矿产地12处。

（二）能源与油气资源调查取得新成果。

在西北银额盆地、柴达木盆地石炭－二叠系、松辽盆地外围的中生界和上古生界、雪峰山地区的下古生界等取得新发现，进一步证实有较大找油前景。新疆东部吐哈盆地在原探获的1117亿吨煤炭资源量基础上，成果进一步深化，资源量增至1927亿吨。北方可地浸砂岩型铀矿，在准噶尔、海拉尔、松辽等盆地新发现一批有利成矿地段。

（三）基础地质调查取得新成绩。

出版《中国西北部地质概况》、《中国天山及邻区地质》、中国天山及邻区地质图及说明书，编制了昆仑及邻区地质图、东北地区新生代火山岩地质图、东南沿海中生代火山岩地质图，为区域经济社会发展和地质调查工作提供了基础图件。编制东天山－北山、祁连、西南三江、川滇黔、辽东－吉南、晋冀、武夷山、南岭等重要成矿带地质图，为地质矿产勘查评价提供了基础图件。完成大理－瑞丽铁路区域地质调查，编制大瑞铁路沿线1∶2.5万工程地质图，查明工程建设区地质灾害和环境地质背景，为重大工程建设提供可靠地质数据和科学依据。

加快大兴安岭、天山和昆仑－阿尔金等重点成矿区的航空物探进度，发现航空物探异常898处，航空物探地面异常查证，初步见矿14处，地表见到矿化（带）和蚀变岩22处。经异常查证在西藏尼玛、新疆阿羌和黑龙江等地区发现多处锑矿点、钨锡矿点、铜矿点和多条铅锌矿脉。通过1∶5万遥感地质调查新发现金矿、铜金矿和磁铁矿等矿（化）点50处。利用多元遥感数据解译技术，对103个重点地区开展1∶1万遥感地质解译，进一步明确了区域找矿方向和找矿重点。

完成山东、河南等省部合作多目标区域地球化学调查项目验收，正式出版江西、安徽等省多目标区域地球化学调查系列图集。基本完成全国农田、河流、城市、湖泊和浅海生态系统生态地球化学调查与评价成果集成。初步完成土地质量地球化学评估与农用地分等定级成果对接试点研究。开展我国主要农耕区土壤有机碳分布特征与变化趋势研究，为土壤固碳潜力评估提供依据。

（四）地下水调查取得良好效果。

完成西南岩溶石山等重点地区1∶5万水文地质调查3.7万km^2，在四川、黑龙江、河北、河南、四川、西藏、宁夏等7省（区）实施探采结合井近400眼，解决了地方病和严重缺水地区近30万群众和10万多头大牲畜的饮水困难。完成华北平原等北方6个平原盆地区地下水动态调查评价，新安装地下水自动监测仪195台，初步实现重点地区区域地下水流场的自动监控。

（五）地质灾害与环境调查成果显著。

完成全国山地丘陵县地质灾害调查1640个县信息系统建设及成果综合集成，完成全国33个省（区、市）山地丘陵县地质灾害调查成果集成。初步完成全国矿山地质环境动态数据库建设。结合全国矿产资源主要开采区的划分及分布情况，选取典型矿产资源集中开采区和典型矿山进行了地质环境动态调查。选择冷水江市、白山市、抚顺市等典型资源枯竭城市开展矿山地质环境调查评价，为资源枯竭城市矿山地质环境恢复治理提供基础资料。针对长江三角洲地区的环境特点，建立了“基于相干目标干涉测量”的区域性地面沉降监测方法。以上海市、江苏省和浙江省地面沉降为调查与监测目标，开展了干涉雷达地面沉降信息提取应用方法技术试验。查明长三角地区从2003～2010年重点沉降区的分布位置和沉降速率状况。对大运高铁沿线太原－晋中盆地、临汾盆地和运城盆地等地区进行地裂缝勘察，确定与大运高铁线路相交或可能相交的地裂缝有24条，与高铁线路相交或可能相交的地点有30处，并提出灾害防治措施建议，这些成果已应用于线路规划和设计工作之中。开展了北京地区主要活动断裂工程地质稳定性评价与地应力测量，地表开挖发现多处断裂变形迹象。完成全国区域生态地质环境遥感调查与监测，系统获取了全国陆域30年来生态地质环境变化状况。

（六）重要经济区和城市地质环境调查进展顺利。

编制完成环渤海、长三角、珠三角、海峡西岸、北部湾等重要经济区以及长江中游城市群区域地质、地貌与第四纪地质、水文地质、工程地质、环境地质等1∶25万区域性基础图件。截至2010年，累计完成全国31个省（区、市）296个地级以上城市环境地质调查评价，对这些城市地质环境条件与背景、环境地质问题的形成机理及发育分布规律，进行了危害与损失评估，基本完成各省（市）环境地质图系编制与数据库建设。成功举办了上海城市地质国际学术研讨会，确立了我国城市地质在国际的领先地位，得到了国际地学界的高度评价。

（七）基础地质研究成果丰硕。

一是综合地质编图扎实推进。初步编制完成1∶500万国际亚洲地质图及相关数据库建设。完成1∶2500万世界海洋矿产资源图。正式出版1∶2500万全球构造体系图。二是地层研究工作取得重大进展。编制完成新一代中国地层表，采纳国际上1.45亿年的侏罗系—白垩系界线年龄。参考国际上通行的寒武纪四统十阶方案，提出了我国中－新元古代地层划分方案，将对我国相关地质调查和科学研究产生重要影响。三是古生物研究又有新突破。在辽西义县白台沟早白垩世地层中首次发现含胚胎的离龙类化石，对于研究探讨离龙类爬行动物的生殖行为具有重要意义。在西藏多个地区二叠系的灰岩地层中发现了三叠纪、侏罗纪化石，更正了一系列地层年代，进一步否定了中央隆起带和冈底斯古陆的存在，为青藏南羌塘地区和冈底斯地区的地层格架和古地理格局提供了新证据。四是前寒武纪地质研究取得可喜进展。研究发现北方滹沱群、中条群、辽河群、甘陶河群时代均不老于22亿年，初步证明太古宙与元古宙之间可能存在约3亿年的沉积间断。首次在陡山沱组中部获得锆石年龄，对于陡山沱组年代地层的细化及全球埃迪卡拉纪年代地层格架的建立具有重要意义。五是青藏高原大陆动力学研究不断深入。在阿里地区的4个蛇绿岩地幔岩中发现金刚石等特殊地幔矿物，查明了蛇绿岩的岩石组合及松多榴辉岩的分布。确认拉萨地块中存在一条古特提斯缝合带，对于重塑古特提斯洋盆的空间展布及探讨其形成演化历史具有重要意义。六是极地地质研究阶段性成果显著。对格罗夫山地区空白区和碎石带、拉斯曼丘陵中山站区附近进行了野外地质调查，采集露头和冰下各类岩石样品148件，获得大量第一手野外资料。七是全球变化研究取得重要阶段性成果。研究发现现代岩溶作用正在吸收大气中的CO_2，碳汇潜力巨大，提出可作为我国应对CO_2减排的重要措施之一，研究成果获得国家重视，为参与国际谈判提供了地学支撑。

（八）技术方法研究取得新突破。

一是物探仪器研制取得新进展。航空电法测量技术应用及新技术研发研制出以Y12飞机为平台，基于谐振沿技术的发射样机系统，提交了一套具有完全自主知识产权实用化的频率域吊舱式直升机航空电磁处理解释软件——频率域航空电磁解释系统，提高了航空电磁数据处理解释水平，填补了国内在该应用技术领域的空白。自主研发出达到国际先进水平的阵列式多功能电法仪。高精度重力仪器研制、高温超导磁强计开发研究均有新进展。二是化探技术取得进展。确定了将机动浅钻应用于1:25万和1:5万化探扫面中的具体方法技术，针对不同景观区特点，确定了3种钻探取样工艺方法。金属矿产地球化学定量预测与矿床定位技术研究，建立了矿体地球化学定量预测的方法技术、成矿带（矿田）的地球化学找矿模式和矿床地球化学模型。深穿透地球化学研究，揭示了干旱荒漠区准平原化过程中异常的侧向分散和垂向迁移规律。初步建立了森林沼泽区、高寒湖沼景观区、高寒山区等1:5万化探方法技术。三是遥感技术应用能力得到提升。初步建成了高光谱卫星地质应用系统，开发了多种矿化信息提取软件模块。利用Hyperion数据对云南普郎－怒牛场地区进行了矿物填图，圈定了9个远景区，经野外检查验证发现了铜矿化。完成机载高分辨率矿物成像光谱仪载荷中主要部件便携式热红外矿物分析仪的仪器设计与加工。开发了满足国土资源遥感应急监测为目标的艇基低空高分辨率遥感图像快速处理原型系统，编制了操作手册。开发了国产卫星野外地质调查服务与管理原型系统，野外试点应用效果良好。四是钻探设备和工艺研究取得新进展。完成了1500 m地质取心钻机总体方案和主要部件的设计，在海拔4200 m的青海省都兰县香日德镇果洛龙洼金矿完成钻孔深度1500 m的生产试验，各项性能指标达到设计要求。组装完成600 m全液压坑道钻机，并在山东海阳郭城金矿进行生产试验。定向钻进高精度中靶系统先后在土耳其、江西赣州对接井工程中实施中靶作业试验，证明该系统性能良好，达到设计性能指标。铝合金钻杆的研制野外试验情况良好，技术性能达到国际领先水平，申请了3项实用新型专利。深孔复杂地层取心钻具突破了高效长寿命金刚石钻头胎体配方及钻头结构设计，对“汶川地震科学钻探工程”岩心采取质量的稳定性提高起到了关键作用。研制了100 m内的系列钻机、泥浆泵，为浅覆盖区高效快速取样奠定了基础。五是研究建立了地质调查无机实验测试标准体系。六是资源综合利用技术研究取得突破。开发出低品位碳酸锰矿加压浸出选冶新技术，锰平均浸出率达90.9%，回收率提高10%～20%。研发出一套煤系硫铁矿清洁生产技术体系，回收率可提高近30%。成功开发重选脱泥－反浮选脱磷脱硅、钛铁矿制备氯化钛白用高钛渣的新工艺等技术。七是在国家“863”项目支持下，完成了目前我国最大深度4500 m级深海作业系统装配模型制造及工具控制系统设计。

（九）境外地质工作稳步推进。

全球矿产资源信息系统不断完善，中哈阿尔泰和准噶尔成矿带地质矿产地数据库、东南亚矿产地数据库、境内外天山成矿带矿产地数据库、蒙古矿产资源信息数据库、中哈毗邻地区斑岩铜矿带数据库等已整合入全球矿产资源信息系统数据库中。完成中美矿产资源潜力评价合作研究项目，其成果对开展我国矿产资源选区部署具有积极指导意义。中蒙合作低密度地球化学填图进展迅速，完成40多万平方千米野外样品采集。中吉合作天山成矿带地球化学编图与对比研究效果显著，圈定了若干潜力较大的找矿远景区和靶区，依据这些信息已初步引导国内企业登记了矿权。中菲合作菲律宾中部镍铜成矿带重点地区资源潜力评价完成2000 km^2化探扫面，圈定出金、铜、镍异常十余处。完成非洲和南美洲大陆1:500万、部分南美国家1:100万遥感数据解译，圈定了找矿远景区。援埃塞俄比亚、援津巴布韦1:25万地球化学测量项目完成成果验收，在埃塞俄比亚和津巴布韦，圈定各种元素地球化学异常1000多处，综合异常80处，还发现大量矿（化）点。启动援赞比亚地质考察项目。成功举办境外矿产信息发布与矿产勘查论坛2010，会上发放了包括4个国家的矿产勘查国别指南、南美洲9个国家的矿业法律法规、200多个矿种的最新矿业年报，发布了涉及48个国家868条最新境内外矿权信息。

（十）国际影响力日益扩大。

2010年，地调局围绕地质调查中的一些重点和热点问题，积极加强国际合作与交流，与15个国外地学机构签订了18个地学合作谅解备忘录和合作项目协议。在备忘录框架下与印度尼西亚开展铜金矿产资源调查与评价合作，与菲律宾开展镍铜资源潜力评价合作，与德国开展南海北部湾全新世环境演变与人类活动影响研究合作，与阿根廷开展地球化学填图和铜（金）矿资源潜力调查与评价合作，与俄罗斯、日本、韩国、蒙古开展亚洲北－中－东部三维地质结构与成矿规律合作等。与非洲国家和拉丁美洲资源丰富的发展中国家如坦桑尼亚、津巴布韦、马达加斯加、埃塞俄比亚、赞比亚、阿根廷、秘鲁开展地质矿产调查、资源潜力评价、地球化学填图、人才培训和信息交换等领域的交流与合作。配合部认真做好“2010中国国际矿业大会”筹备和会务工作。矿业大会期间成功主办“中国地质找矿进展”专题论坛，向参会人员做了中国基础地质调查主要成果及其对地质找矿的支撑作用、国土资源大调查矿产资源调查评价成果、“十二五”地质调查工作部署、中国地质勘查技术进展与发展展望等7个专题报告。主办和承办上海国际城市地质研讨会、中国－阿根廷矿业投资研讨会、津巴布韦、坦桑尼亚矿业投资推介会、国际翼龙会议、CCOP元数据、地下水和海岸带研讨会等。通过国际合作与交流，使地调局的国际影响力日益扩大。

（十一）地质资料信息化建设进展顺利。

1∶5万地质图建库工作完成350幅2009年以前成果的验收，2010年146幅的验收年底完成。1∶25万地质图空间数据库全面完成数据建库与整理，拟向社会发布。矿产地、地质工作程度等4个重要数据库开展了全面更新。初步建立具有10个结点的数据信息网格平台。海洋地质数据建库量达2.7 GB，新入库数据集42个。地质环境数据集成与综合数据库建设工作整合了地下水动态监测、地质灾害监测、县（市）地质灾害调查、矿山地质环境等数据库综合信息，开展了集成服务试验。全面开展地质科学数据的网上运行服务，基本完成全国岩溶和全国地质公园数据库的整合。航空遥感影像数据库完成7万km^2数据建库和1999～2009年航空物探遥感地质大调查项目元数据采集。地质文献数据完成13家图书馆系统安装与18万条书目数据导入与使用培训。实物地质资料数据库录入试点省钻孔数据20万m，并完成重要钻孔数据库建设试点研究工作。完成我国北方11个主要盆地或平原地下水资源数据库建设与集成。地质调查办公信息管理系统在7个局属单位部署运行。完成7100种馆藏地质资料的数字化工作，图文数字化成果累计达47 100种。完成近1000档资料目录数据的采集。完成10 270册馆藏文献元数据制作和发布。中国地质文献数据库（中文）遴选加工入库文献14 760条。中国地质文献数据库（英文）建设遴选加工入库文献数据库数据3964条。开发青藏高原系列专题图集和研究报告。

二、推动地质调查工作新机制落地，探索水工环等地质工作新机制

（一）推动地质调查工作新机制落地。

一是积极推进“公益先行、基金衔接、商业跟进、整装勘查、快速突破”的地质找矿新机制。按照部统一部署，以河南为试点，充分发挥地调局业务统筹和技术指导作用，参与组织编制河南省地质找矿行动计划实施方案，探索公益性资金、地勘基金、省基金、企业投入等各方面的有序结合。系统总结和剖析全国正在探索的找矿新机制，提出了一系列具体的推进方式和措施。协同大区地调中心积极主动地与省级国土资源管理部门加强沟通协调，加快推进中央与地方政府的地质勘查合作，统筹协调各类地质勘查资金，引导和拉动社会资金投入，凝聚全国地勘队伍，构建地质工作统一部署平台，力争大投入带动大突破。二是以新疆“358”项目和青藏专项的实施为示范，推进地质找矿新机制的具体实践。2010年重点推进了新疆、青海和西藏的新机制，首先是充分发挥公益性地质调查的基础先行作用，为部署开展后续地质工作和合理设置矿业权提供科学依据。其次，积极与中央地勘基金衔接，中央地勘基金在资源前景较好、勘查风险较大的祁漫塔格、乌拉根、尼雄等地区的若干区块，开展异常查证和矿产勘查工作，为找矿突破发挥了重要作用。第三，资源前景基本明朗以后，积极引入大型企业，加快商业性勘查开发，如阿吾拉勒铁矿带、乌拉根铅锌矿带和东疆煤田、青海大场金矿、西藏甲玛铜矿、朱诺铜矿等引入了首钢、宝钢、紫金和鲁能、神华、华电、中加矿业、中金黄金等大型企业集团以后，加大投入，加快进度，在2～3

年内快速形成矿产勘查开发基地。真正实现了地质找矿新机制在新疆“358”项目和青藏专项的落地，促进了这些地区的地质找矿工作，取得了很好的效果。

（二）探索重要经济区水工环地质工作新机制。

在着力推进重要经济区和城市群地质环境调查工作方面，曹妃甸新区地质环境调查项目经过几年（2007～2010年）的探索和实践，在项目运行机制和工作模式等方面总结出一套较成功的经验。一是落实“两个更加”，建立贯穿项目实施全过程的供需互动机制。从立项论证到成果验收的项目实施全过程，邀请地方政府及有关部门参加，听取意见，摸清需求。河北省国土资源厅、各市（县）区国土资源局专门指派一名负责人与项目组联系，协调解决项目实施中的工作条件、资料收集、外部环境等问题。项目进展和阶段成果主动、及时向当地政府部门汇报，调查成果纳入政府管理。二是中央地方联动，形成“工作统一部署、资金整合使用，国家引领示范、地方全面跟进”的水工环地质项目部省合作机制。2007～2010年，曹妃甸项目中央财政投入2390万元，河北省跟进配套经费2230万元。中国地质调查局和河北省国土资源厅委托天津地调中心负责工作统一部署，组织国家和河北省的多家单位共同承担。在北戴河海岸地质环境治理项目的示范带动下，河北省向国家发改委成功申报总投入1.6亿元的北戴河海域环境综合整治项目，邀请天津地调中心参与。在曹妃甸项目的示范带动下，河北省国土资源厅提出，继续大力推进部省合作，由天津地调中心牵头，统筹部省资金投入，开展唐山市、秦皇岛市、北戴河新区和渤海新区等的地质环境调查评价工作。三是发挥多方优势，“中央队伍牵头、地方队伍支撑，产学研有机结合、多专业多技术相互配合”的项目工作机制。中央队伍以天津地调中心牵头，地方队伍以河北省8支地勘队伍为支撑，9个各有专业优势特色的高等院校、科研院所参与相关专题调查研究，水工环地质、基础地质、海洋地质、海洋环境多专业多学科的配合，海、陆、空多种调查技术手段配合。四是总结实施经验，提出以推进“3+1”个层面工作为主线，以打造“四模一网一平台”为核心的重要经济区地质环境调查工作模式。“3”指3个层面的工作，即区域1∶25万编图、重点地区1∶5万调查、重大地质问题专题研究。“1”指地质环境监测。“四模”指基岩构造模型、第四系结构模型、水文地质模型、工程地质模型。“一网”指地质环境监测网。“一平台”指信息系统平台。

（三）境外矿产地质调查新机制探索初见成效。

2010年9月，国土资源部和科技部共同举办了科技部重大国际合作项目“厄立特里亚中南部地区铜多金属矿产资源潜力评价合作研究”的启动仪式，按照“科技先导、基础地质先行、企业联动”的新思路，由科技部和五矿集团公司共同出资开展国际合作基础地质调查和矿产资源评价工作，综合产、学、研、调综合优势，借助国际科技合作和政府合作平台，快速推动境外地质调查和矿产勘查取得突破，9月与厄立特里亚地质调查局共同开展了野外前期地质调查，初步选定了合作调查评价工作区，目前野外准备已经就绪，年底前即将赴厄立特里亚开展第一阶段野外采样工作。

三、加强成果总结与部署谋划，稳步推进业务建设

（一）全面系统总结大调查成果。

在前期大调查成果梳理工作基础上，按照统一要求，分不同专业领域，以计划项目为核心，全面总结集成大调查实施以来的工作成果。一是完成5000余个地质调查项目的系统梳理工作，初步梳理出79项重点成果。其中：基础地质调查工作按陆域和海域梳理出18项重点成果并形成梳理报告；资源调查评价工作按战略性矿产远景调查、重要成矿区带、特殊矿种（铁矿和放射性铀矿）、全国矿产资源潜力评价典型示范等四大方面梳理出21项重点成果并形成梳理报告；水工环地质调查类梳理出新一轮全国地下水资源调查评价等16项重点成果并形成梳理报告；地质科技、发展战略及信息资料类按专业技术领域梳理出24项重点成果。各大区中心基本完成本辖区地质调查项目成果总结工作。二是系统梳理1999年以来地质找矿工作的成果与经验，完成地质大调查成果总结报告初稿，并基本完成地质大调查工作国务院汇报提纲的编写。三是积极做好国土资源调查评价成果参展准备工作。已完成部国土资源调查评价成果展览展板制作素材、展览相关实物资料的准备工作。四是加强成果宣传。通过展板，图集、专著、论文、影像等多种形进行汇报展出，对拟发布的地质调查工作及其成果，及时提供新闻通稿，制订宣传方案，向媒体发布。局机关按基础、资源、水环、科外等领域系统梳理提炼项目成果，分别组织召开成果总结汇报会，成果得到社会方方面面高度评价。

（二）完善地质矿产调查评价专项立项与“十二五”规划部署研究。

一是启动地质矿产调查评价专项2010年项目。按照部与部领导的要求，编制完成《地质矿产保障工程》、《地质矿产调查评价专项实施方案》报部，为“十二五”地质调查工作部署、2011年地质调查工作安排奠定了基础。为保证专项如期实施，在方案编制期间，同步组织开展了2010年项目论证和计划建议编制工作。地质矿产调查评价项目2010年启动项目计划（建议）经部长办公会议审议通过后，立即在互联网进行公示，接受社会监督。4月底，完成了地质矿产调查评价专项2010年全部项目的任务书下达，为项目的顺利启动实施赢得了时间。二是完善地质调查“十二五”规划建议。在地质矿产保障工程总体方案和实施方案的基础上，结合地质矿产调查评价专项实施方案确定的工作定位和经费规模，积极贯彻落实地质找矿改革发展大讨论成果，按照地质找矿新机制要求，对地质调查“十二五”规划建议进一步修改完善。三是组织编制“全国地质找矿行动计划”（45片整装勘查区实施方案），落实地质找矿新机制，为全国地质找矿年度工作安排、“358”找矿行动奠定了基础。四是优化工作部署，落实找矿新机制，组织编制2011年地质调查项目计划建议报部，总经费规模65亿元。

（三）不断推进地质调查业务建设。

一是完善地质调查项目管理办法。积极完善项目管理办法和配套管理细则，修订地质调查项目统计办法。经过多年努力，目前新的地质调查项目管理办法已经局务会审议通过，即将下发实施。二是修订完善技术标准。完成“十二五”地质调查技术标准规划的编制，验收了一批技术标准，修改了《战略性矿产远景调查技术要求》，新编制《矿产远景调查技术要求（试行）》，并已在六大区地调中心和相关承担单位试行。组织力量汇编铀矿现行技术标准（两个分册），免费发放到地质调查项目承担单位，深受欢迎。三是加大对地质调查新技术、新方法推广力度。面向不同层面举办多期技术培训班，提升地质调查工作技术含量和工作质量，先后举办第一期全国地质调查院（所）技术骨干培训，全球气候变化和地热调查评价培训，地质灾害高精度GPS监测、遥感、高光谱填图、地质探矿者软件使用技术培训，地质测试分析技术培训和覆盖区化探浅层钻探取样等技术培训，质量管理体系审核员培训，科技外事培训等近20期业务培训班，共约1300多人次参加培训。

四、发挥技术优势，主动为国土资源管理与应急救灾工作做好支撑服务

（一）矿产资源国情三项调查取得决定性进展。

全国矿业权实地核查，完成15万个矿业权野外实测工作，单矿种数据汇总基本完成，全面查清了矿业权现状，推进了矿业权申请登记管理流程的规范化。全国矿产资源潜力评价，完成海量基础地质系列编图及数据库建设，圈定和优选一批重要远景区，提供大量找矿预测区，基本摸清我国铁、铝、煤、铜、钾等13个重要矿种的资源家底，实现地质找矿“按图索骥”。全国矿产资源利用现状调查，核实了我国石油、天然气、煤、铀、铁、铜、铅、锌、铝土矿等28个矿种的储量数据，建立了储量动态监督管理支持系统。

（二）紧急支援西南抗旱救灾。

2009年秋冬以来，云南、贵州、广西部分地区遭受极为罕见的3季连旱。地调局在部的统一部署下，圆满完成了西南抗旱找水打井工作任务。一是主动提供地质资料信息服务，组织编制西南旱区省份地下水开发利用程度图、地下水应急供水水源地分布图和抗旱打井技术条件图等，仅全国地质资料馆就为抗旱救灾应急公布服务数据17 078条、地下水资源分布图6张。二是迅速调集精干力量奔赴一线抗旱找水，及时从水环地调中心、成都工艺所等7个直属单位调集精干业务人员140名、潜孔锤钻机7台、物探设备20套、洞穴探险找水设备8套、汽车24辆。三是成功解决数十万人畜饮水问题，在云南、贵州、广西3个省（区）的10个县（区）共找到岩溶地下河（洞穴）12条（处），实施勘探钻孔60个，出水井孔54个，累计日出水量近2万m^3，解决了35万人和54万头大牲畜饮水问题。

（三）积极参与指导玉树地震灾后地质灾害防治。

青海玉树地震发生后，按照部的统一要求，地调局迅速成立领导小组，组建局协调组，实行24小时值班。一是及时提供震区遥感影像资料。充分发挥航遥中心技术优势，及时获取玉树地区震前、震后高精度遥感影像数据，迅即制作玉树地区震前、震后遥感影像图，第一时间送达部抗震救灾指挥领导小组和前线指挥部，为全面了解震区情况、合理部署救灾力量、避让次生地质灾害等提供了直观依据。二是快速组织开展地质灾害应急排查。快速抽调西安地调中心、地质力学所、环境监测院等局属单位技术骨干，与青海、甘肃、陕西3省精干力量，开展地震地质灾害应急排查和重大地质灾害隐患应急调查，按“一图一表一报告”要求及时提交了成果，为次生地质灾害防治及灾后恢复重建提供了宝贵基础资料。三是现场专家组指导了灾区地质灾害隐患点的监测预警部署，为灾区群众免受二次伤害、灾后恢复重建和减灾防灾提供了有力技术支持。四是组织有关单位迅速编印出版《玉树地震灾区基础地质资料图集》，为灾后重建提供重要基础地质资料。

（四）为国土资源管理日常工作做好基础支撑。

根据温家宝总理、李克强副总理的批示，代部起草《关于我国地下水超采与污染有关情况的报告》报国务院。多次协助部组织国内相关部门院士专家对“应对全球气候变化地质响应与对策”进行咨询论证。利用最新遥感数据开展163个重点矿区的矿山遥感监测工作，调查表明矿业开发秩序正在好转，但界外矿业开采活动依然存在，为矿产资源勘查开采监督管理等工作提供了基础数据和科学依据。建成国土遥感动态监测系统大屏显示系统，可同时显示现场执法、野外查证等15个独立工作内容，为部开展“以图管矿”，实施国土资源遥感监测提供了重要的技术手段。认真参加部组成的汛期地质灾害检查与调研，及时按部要求派遣专家和专业队伍参与抢险救灾和地质灾害防治等工作。配合部有关司局，做好地质矿产调查评价专项管理办法、专项资金管理办法、国土资源战略研究、“十二五”规划编制、矿产资源法修改、地勘行业改革发展调研和矿产勘查形势分析、国土资源矿产资源高效利用战略研究等的研究起草工作。”积极为部组织召开的铁铜成果新闻发布会、全国铁矿勘查成果发布会、援疆工作会议、援藏工作会议、中国国际矿业大会等重大会议提供人力物力和技术支撑。

五、常抓不懈，不断提高经济管理与预算执行能力

以“围绕中心、服务大局”为宗旨，以“促进经济行为规范、保障预算执行率和加强基础能力建设”为核心，继续狠抓经济管理方面各项重点工作。

（一）预算执行能力稳步提高。

经过采取积极措施，全局预算执行能力稳步提高，截至2010年10月底，全局总体执行率为60%，高于2009年同期水平。一是探索制定预算执行考核奖惩办法，将预算执行与各单位、机关部室负责人以及相关人员的年终考核、年终奖励以及单位下一年度预算安排挂钩，以落实预算执行责任主体，强化预算执行责任，为加强全局预算执行管理提供制度保障。二是积极组织局属单位编制项目实施进度计划和资金支出计划，并严格按支出计划对各单位、各部室进行考核，确保预算执行按照财政部、国土资源部的各项考核指标有序推进。三是从4月份开始提早实行预算执行月通报制度，每月召开生产调度视频会议，通过局内网预算执行动态专栏及时为各单位、机关各部门提供全面准确的预算执行信息，实现预算执行齐抓共管的新机制。四是每月根据各单位预算执行率及支出计划完成情况，专人负责对重点单位、重点项目进行调研督导。11月份，由局领导亲自带队到资金总量大、预算执行缓慢的单位检查指导。五是通过编制全局年度收支计划，确定各单位地质调查项目预算控制规模，从源头上治理预算执行缓慢的问题。六是加大地调项目调控，对资金总量严重超出控制额度，截至2010年10月份底资金存量仍然很大的单位，在保证财政资金使用规范、有效和安全的前提下，加快推进项目预算的结构调整与审批，确保全局预算执行总体目标的顺利实现。

（二）全面完成局属单位内部审计。

继续推行局属单位经济运行情况内部审计，按照局委托专业审计机构对各单位近几年经济管理情况开展一次审计的计划，全面完成了对局机关及所属27个单位的2005～2009五个财务年度的审计。在此基础上，按照《局关于切实做好审计问题自行纠正工作的通知》要求，向各单位正式下发“审计报告”和纠正意见，要求尽快开展审计问题整改。各单位成立了“一把手”挂帅、相关部门组成的整改工作小组，自行整改和查处相关问题。为巩固整改成果，局派出整改验收小组，完成对各单位内部审计的整改验收。完成对武汉地调中心、南京地调中心、实物资料中心主要负责人的离任审计。

（三）完成局外项目承担单位地质调查项目审计。

按照局工作计划和合同，委托中介机构，陆续开展对甘肃、河南、山东、云南等20家地调院（含环境监测总站）、长安大学、地大（北京）、吉林大学1999～2009年度承担地调局组织实施的地质调查项目内部审计，并于年底前完成了审计工作。此外，开展了5个地质类院校地质调查项目经费使用情况调研。

（四）局属单位企业清理整顿继续推进。

结合局属单位的内部审计，按照徐绍史部长在财务司《关于清理和规范事业单位投资办企业专项工作情况的报告》的批示和《国土资源部办公厅关于进一步做好清理规范事业单位投资办企业工作的通知》要求，对局属有关单位拟保留企业的数量做了进一步压缩。经与部有关部门沟通，7月份下发了《中国地质调查局关于进一步推进企业清理规范工作的通知》，整体批复了局属单位企业清理规范方案，要求对近两年部已批复撤销的企业，出资单位要尽快履行完成必要程序，确保不遗留问题。

（五）加强地质调查项目预算管理基础工作。

根据《地质矿产调查评价专项资金管理办法》及时完善地质矿产调查评价项目预算编制和审查要求，印发《关于地质矿产调查评价项目预算编制和审查要求（试行）的通知》和《关于地质矿产调查评价项目预算编制与审查补充要求的通知》，在地质矿产调查评价项目预算编制和审查工作中执行。印发《关于加强地质调查项目委托业务费管理的通知》，加强了局属单位地质调查项目委托业务费管理。组织开展全成本地质调查预算标准研制。组织开展地质调查预算定额跟踪研究，针对热点问题和技术经济条件重大变化，及时开展专项评估并提交报告（零报告制度）。组织两期地质调查预算编制培训班。

六、深入开展创先争优活动，全面推动队伍建设

（一）积极开展创先争优活动。

一是根据中央部署，按照部党组《关于在直属机关党的基层组织和党员中深入开展创先争优活动的意见》要求，结合局实际制定局实施方案，召开动员大会，全面部署。根据习近平同志 9 月 20 日视察国土资源部时重要讲话精神，和党的十七届五中全会精神，进一步充实了方案内容。各单位全部完成创先争优公开承诺任务。二是坚持典型引路。积极组织开展学习李向同志先进事迹系列活动，推出石磊、张永双等先进党员典型和青海天然气水合物项目部临时党支部等基层党组织典型。三是开展主题党日活动。在“七一”前后局机关各党支部和在京各单位党委组织党员到革命纪念地参观学习，接受教育。四是加强党建与精神文明建设。开展“服务中心，建设队伍”党建试点各项工作，启动局机关与长陵镇的精神文明城乡共建活动并在多方面达成共建协议。召开局系统党群工作座谈会，促进了群团组织的创先争优工作。加强局系统党建研究，重点围绕党建工作如何更好地“服务中心，建设队伍”开展实践探索，中央国家机关党建研究会已同意接受地调局为其团体会员。五是深入开展“我为发展建言献策”活动。活动共收到 16 个单位和 20 名同志提交的有关局工作方面的 137 条建言献策。局党组高度重视这些意见建议，对各项意见建议逐条明确了落实的局机关责任部室，要求各部室采取有效措施，解决和处置意见建议中反映的问题。活动的开展对促进和谐地调局建设，推动地质调查事业再上新台阶起到了积极作用。六是丰富局系统文体活动，成功举办局系统第一届职工文艺汇演，组织参加中央国家机关第三届运动会，开展局系统“地质风采”摄影比赛、局机关趣味运动会等。

（二）推进公益性地质调查队伍建设。

积极配合部推进中央公益性地质调查队伍建设，按照中编办四司、财政部经建司和部人事司意见，补充完善《加强中央公益性地质调查队伍建设方案（总方案）》，配合部人事司进一步与中编办沟通，推进油气调查队伍组建等工作。加强局属单位机构队伍建设和结构调整，规范局属单位“三定”机构编制管理，审核了 8 家局属单位“三定”方案的具体实施方案，审议地科院等 14 家单位“三定”方案，批复青岛海地所、发展研究中心和武汉地调中心内设机构调整方案。修订了局机关部室主要职责、内设机构、人员编制及职位设置。加快推动省级公益性地调队伍建设，细化完善评估工作方案，全面推进地方公益性地质调查队伍能力建设评估工作，完成全国具备评估条件的所有 54 家院、站的评估工作。在全国地调工作会议期间发放了第一批 16 家的评估等级证书。

（三）抓好领导干部和人才队伍建设。

大力提升领导干部能力素质，选派 11 名副局级以上领导干部参加中央党校、干部学院等培训学习。加强领导班子调整配备工作，配合中组部做好局领导班子副职人选推荐、考察和任职工作，完成地科院副院长推荐、考察工作，完成图书馆、实物资料中心班子调整补充工作。完成局机关第一批处级干部的调整补充工作。对局属 13 个单位 25 名干部进行调整，其中补充调整党政一把手 9 人。加强干部监督管理，完成局属单位领导班子和局机关干部年度考核工作。研究完善局干部选拔任用监督检查办法。深化干部人事制度改革，出台《中共中国地质调查局党组关于贯彻落实〈2010～2020 年深化干部人事制度改革规划纲要〉的实施意见》。加大局机关竞争性选拔领导干部的力度，制定《中国地质调查局机关“一公开三推荐一陈述”选配处长及以上领导干部方案》。按照“先入轨、后规范、逐步到位”的原则，稳妥推进事业单位岗位设置工作，26 个局属单位完成岗位设置工作。加大人才培养力度，选派 28 名处级干部参加中央党校国家机关分校学习，选派 13 名处级干部到机关挂职和 2 名局机关干部到局属单位挂职，完成 2 名“第六批援藏干部”选派工作。贯彻落实全国人才工作会议精神，出台《中共中国地质调查党组关于进一步加强人才工作的意见》、《中国地质调查局百名青年地质英才培养计划实施办法》。组织局属单位开展博士后科研工作站申报工作，航遥中心、青岛海地所、环境监测院等 3 家单位通过人社部评审，按批复意见着手建立博士后科研工作站。

（四）加快推进装备和条件建设。

以编制局地质技术装备规划为契机，启动地质技术装备专项结转投资4.1亿元新增项目申报工作，向部报送了《地质队伍“野战军”技术装备专项投资计划项目调整方案建议》，目前国家发改委正在对该调整项目进行评估。积极配合部，加强与发改委的沟通，“海保工程”装备计划项目建议书初步通过中国国际工程咨询公司评估。利用数字化资产盘点技术，推进并基本完成装备核查整改验收。推进京区科研实验基地建设工作，得到北京市政府大力支持，在落实建设用地意向性选址基础上，完成项目建议书编写，并通过国土资源部上报国家发改委审批。指导沈阳、南京、西安地调中心，航遥中心、青岛海地所、岩溶地质所和勘探技术所等单位编制新基地建设规划暨项目建议书。结合局属单位基地建设规划和实际需求，及时组织开展国际岩溶研究中心基地、李四光纪念馆暨科研实验楼项目等诸多项目的评审和报批工作。经过不断沟通，大陆动力学实验室建设成为国家重点实验室事项得到科技部有关领导支持，取得实质性进展。

（五）大力加强党风廉政建设。

召开局党风廉政建设工作会议，总结工作、部署任务，签订廉政建设责任书。部署安排局系统惩治和预防腐败体系建设第二阶段（2008～2010年）工作进展情况的检查评估，在充分调研的基础上制定检查评估标准，指导局属各单位首先开展自查。研究制订检查评估实施方案，组成检查组在对环境监测院和地质力学所进行检查评估试点基础上对其余24个单位全面展开。继续组织开展年度巡视，完成对发展研究中心等8个单位领导班子及领导干部的巡视工作。完成局机关11个部室负责人和26个局属单位领导班子及其112名领导干部党风廉政建设责任制考核工作。开展廉政专项行动，局属单位和局机关部室紧密结合惩防体系建设，开展廉政风险点排查，针对存在问题和薄弱环节，进一步加强制度建设和风险防控。贯彻落实中央纪委五次全会精神，组织局机关全体党员学习《廉政准则》辅导报告，组织局机关干部职工参观北京市某监狱进行警示教育。加强干部监督管理，认真学习贯彻干部选拔任用工作四项监督制度。加强对基建、物品采购、选人用人、重大项目实施单位选择等重点环节的监督检查。安排组织局系统纪检监察干部进行脱产培训，提高纪检监察干部队伍素质。

（六）安全生产形势稳定。

深入开展“安全生产年”活动，推动局属单位和地质调查项目组认真贯彻落实国务院关于安全生产工作的通知精神。认真落实安全生产责任制，对局属单位2009年度安全生产责任制落实情况进行考核，表彰9家安全生产先进单位，签订2010年度安全生产责任书。组织开展2010年度安全生产检查，分4个检查组对天津、武汉地调中心等6个局属单位、5个野外工作站，以及在内蒙古、湖北等6个省（区）开展野外地质调查工作的12个项目组进行安全生产检查。加强安全生产基础建设，修改印发《中国地质调查局安全生产管理规定》，印发《地质调查劳动防护和野外救生、特殊生活用品（用具）配备标准（试行）》，完善《地质调查野外交通车辆安全管理暂行规定》。

过去的一年，是地质调查任务繁重、成效显著的一年，也是地调局建设具有里程碑意义的一年，历时12年的地质大调查圆满收官，地调局经过12年不断健全完善和人调查锤炼，调查研究能力大幅提高，条件建设显著改善，整体实力明显增强，队伍面貌发生了显著变化，整个队伍建设进入了一个新的发展阶段。

（后立胜）

领导重要批示与讲话

国土资源部部长徐绍史在全国地质调查工作会议上的讲话

（2010 年 3 月 1 日　根据录音资料整理）

尊敬的各位与会代表、同志们、朋友们：

今天全国地质调查工作会议在北京召开，我代表部党组对会议的召开表示热烈祝贺，对全体与会同志表示亲切问候！根据会议安排，汪民同志还要作工作报告。报告我已看过，总结 2009 年的工作，部署 2010 年的工作，思路非常清晰，内容也很全面，贯彻了中央的精神，体现了全国国土资源工作会议要求，符合国土资源管理实际，我都赞成。借此机会我谈几点看法。

一、地质调查工作呈现出新的气象

2009 年，是我国进入 21 世纪以来经济发展最为困难的一年。党中央、国务院见事早、判断准、出手快，领导全国人民迎难而上，全力保增长、保民生、保稳定，全年工作亮点纷呈，经济形势全面回升向好，取得举世公认的成就。地质调查工作认真贯彻落实中央精神，开展“地质找矿改革发展大讨论”，积极探索，努力创新，呈现出新的气象。

（一）地质调查工作服务经济社会发展更加主动。

在过去的一年里，党中央、国务院领导同志非常重视、关心、支持地质调查工作，尤其是国务院副总理李克强同志 4 次出席与地质调查有关的活动，做出重要指示、批示。2009 年 8 月 17 日，李克强副总理视察地科院，与院士专家进行座谈，探讨新形势下如何有效地展开地质找矿工作；随后又到部里听取了工作汇报并作重要讲话。李克强同志讲话的精神，我们及时传达。最核心的是，李克强同志对地质找矿工作提出了新的要求，即“矿产资源保障要立足国内”，这明确了地质找矿的任务和目标。按照这个要求，我们积极主动服务经济社会发展，主要开展了以下几方面工作：

一是应对金融危机，为保增长、保民生、保稳定主动做好工作。2009 年我们与铁道、交通、建设、环保、水利等部门做了衔接，为这些重大工程提供地质技术和信息服务，大约有 260 个大的项目。同时，全年做好地质灾害的防治工作。地质灾害防治工作主要集中在汛期，最近这些年，汛期地质灾害的防治工作相对重一些，全年都有地质灾害防治工作，特别是地震灾区、三峡库区和一些重要流域、重要交通干线、地质灾害多发的重要城镇和居民的聚居区。2009 年的地质灾害防范工作也取得了明显成效。

二是主动服务区域经济发展。为环渤海地区、山东半岛生态经济区、长三角、海峡西岸地区、珠三角、北部湾开展了地质调查和地质环境的综合调查评价工作。在中西部地区，为武汉城市群、长株潭城市群、中原城市群、鄱阳湖生态经济区，以及昌九工业走廊、成渝经济区、柴达木循环经济区等区域经济发展开展地质环境调查评价工作。

三是主动开展应对全球气候变化研究。我们一些研究机构，如地科院，正在专门研究这个问题。哥本哈根会议之前，我们报出了《应对全球气候变暖的地质工作报告》。随后，为落实李克强副总理指示要求，编制了《地质工作应对全球气候变化的方案和项目建议书》。应对全球气候变暖，还涉及清洁能源的开发，所以我们特别注重浅层地温能的开发。我们正在跟北京市联合筹建浅层地温能的推广应用中心建设。2009 年 10 月份，又与天津市商议，把天津作为一个试点，开展 200 m 以上的浅层地温能调查评价开发利用。全国有些城市也在积极推进，如沈阳等城市。但前提是做好调查评价和规划，以保障合理开发利用，防止出现新的问题。

（二）地质调查工作体制机制的创新更加自觉。

2009 年 3 月份开始，在全系统、整个行业，开展了广泛深入的“地质找矿改革发展大讨论”。我们从 3 个层面着手：思想观念层面，找出问题、分析原因；制度建设层面，提出解决这些问题的初步措施和办法；实践层面，着力推动地质找矿体制机制的创新。这场大讨论已经取得了阶段性的积极成果，主要体现在5个方面：

一是把思想认识统一到中央的要求上来。广大地质调查工作者，通过这次大讨论，进一步明确了目标、任务和要求，增强了做好地质调查工作的使命感和责任感。

二是构建地质找矿新机制形成了广泛共识，在一些关键环节推动了地质找矿实践。

三是公益性队伍建设和地勘单位改革发展的目标和措施更加明确。

四是矿政管理、技术规范的清理，特别是技术规范清理基础上的“立、改、废”正在逐步推进。

五是服务行业发展，支持“走出去”工作也在逐步推进。现在“大讨论”办公室已经形成了7个文件，这7个文件已经两上两下，集中了“大讨论”的阶段性成果。

我们以为，“大讨论”实际上是一次思想大解放、制度大变革、发展大推动，通过2010年巩固和扩大“大讨论”的成果，一定会对地质找矿工作产生重大而深远的影响。

（三）地质调查工作的成效更加显著。

一是地质找矿取得了一些重大成果。以部省合作为平台，积极探索创新，统筹规划部署，多方联动，发现和评价一批大型和超大型的后备勘查基地。2009年，我看过辽宁本溪的大台沟铁矿，打到1200 m深矿体还没有打透，四边的边界还没有完全控制，那时资源量估计有30亿吨。攀西兰家火山发现一个大的磁铁矿体，远景资源量估计有数十亿吨左右。西部找矿成果更为显著。西藏冈底斯成矿带驱龙铜矿探明1000多万吨，成为我国最大的铜矿。班公湖－怒江、西南三江成矿带展现1000万吨级铜和多金属资源远景。油气找矿，在南海的北部、松辽外围、吐哈、鄂尔多斯盆地都有新的发现。值得一提的是，在青海冻土层钻获天然气水合物。现在，西藏、青海、新疆、滇东南、内蒙古的东部及黑龙江的中北部，这几个地区很有希望成为资源的战略接替区。

二是水工环地质调查取得重要成果。在水工环队伍的努力下，解决了十多个省，数十万人的饮水困难问题。珠江三角洲、长江三角洲、华北平原、淮海流域的地下水污染调查评价、地下水污染的监测体系建设也都有了很大的推进。上海等6个城市的三维城市地质调查进展也非常顺利。

三是基础地质调查进一步加快。更新了一大批1∶25万的区域地质调查图，提高了1∶5万的地质调查程度，大力推进了区域性物化探调查。

四是海洋地质调查稳步推进。海岸带的开发，包括近海开发，从北部湾开始到珠三角到海峡西岸、长三角、江苏沿海、山东东营黄河口、渤海湾，一直到辽宁沿海开发带，国务院2009年都已经作了部署。所以，海岸带的地质调查工作任务非常繁重，正在稳步的推进。

五是地质科技创新和人才培养取得了新的进展。地科院以及其他研究机构也形成了一批新的研究成果。部与中国地质大学、吉林大学地学部，其他单位与一些地质类院校和综合大学的地质类院系，都有人才培养的协议或者备忘录，人才培养工作也有新的进展。

六是国际交流与合作不断深化。金融危机实际上为地质调查、矿产勘查开发等国际交流与合作创造了很好的条件。2009年在那么困难情况下，中国国际矿业大会与会外宾达1000多人，其中部长、副部长还多于往年。2010年我们要进一步深化国际矿业大会内涵，充实地质调查、矿产勘查开发具体项目的洽谈内容，把国际矿业大会越开越实。

七是储量核查、矿业权核查、资源潜力评价“三项调查”，也在按照原定的计划积极地推进。

八是队伍建设也有明显加强。

地质调查工作成效更加显著，主要是从以上8个方面来体现的。当然各个单位业务工作都在顺利推进，队伍建设也得到了重视，精神状态比较振奋，地调成果比较显著，地质调查工作的作用和地位日益显现。

总体来看，过去的一年成效是显著的。但是，问题也显而易见。概括地讲，还有3个方面的问题需要引起高度重视。一是思想观念的转变还跟不上，二是体制机制的创新还跟不上，三是素质能力建设还跟不上。这3个问题需要我们在今后工作中高度关注，采取切实有效措施逐步加以解决。

二、巩固和扩大“大讨论”成果，更加积极有效地推进地质调查工作

中央已经做了一个总体的判断，2010年整体经济环境会好于2009年，但从经济发展来说又是极为复杂的一年，国际上不确定、不可预见的因素还不少。

美元贬值，欧元区希腊等一些国家的主权债务危机导致欧元走低。日本财政状况也不是很好，而且实行零利率，货币政策已没有空间。这三大经济体对我们经济发展产生的影响还需要观察。

国内，现在经济整体回升向好，但还不稳固、不平衡。国内2010年可能有两个大问题需要特别关注。一是中央决定继续实施积极的财政政策和适度宽松的货币政策，宏观调控政策和通胀预期的管理如何处理好，是国内的一个重大课题。二是经济增长和结构优化。2009年总量的扩张是很快的，但是在结构的优化上也出现了一些新的问题，因此2010年经济增长和结构优化的关系也需要处理好。

地质调查工作“一松一紧，震荡调整”的总体局面没有改变。在这种情况下，考虑2010年的地质调查工作，有4个方面希望大家予以考虑。

（一）牢牢把握地质调查工作的重大机遇。

目前地质调查工作正面临改革发展的重大机遇。

第一，国务院领导同志已经非常明确提出，资源保障要立足国内。这作为一项任务、一个目标，是非常艰巨的，影响也是非常深远的。这个目标，主要是着眼于资源的永续利用、经济的持续发展和国家的经济安全。2010年，是大调查的收官年，也是“十一五”的收官年。从2009年年底开始，上上下下都在谋划“十二五”发展规划。从20世纪90年代开始一直到现在，矿产资源的消费速度快于生产速度，生产速度又快于勘查速度，因此国内供需失衡，对外依存度攀升。铁矿石、铜精矿、铝土矿、铬矿、镍矿、钾盐自给率都不足5成，进口的压力很大。2009年我们能源消费了31亿吨的标准煤，进口接近4亿吨的标准煤。2009年煤炭是29亿多，纯进口了1亿吨。当然，这主要也有价格因素的考虑，南方一些省份从越南、印尼进口了不少煤炭。总体来看，资源保障要立足国内，任务艰巨，影响深远。反过来说，又是地质调查工作的一个重大机遇。

第二，需求旺盛，投入加大，外部环境趋好。现在，大宗矿产的需求非常旺盛。在全国国土资源工作会议上，报告提出有3个因素决定着大宗矿产的价格走势，以及勘查和矿业投入的趋势。一是经济复苏的影响，特别是随着新兴经济体经济复苏，带动了大宗矿产的需求。二是美元贬值和全球性的流动性充裕，导致很多资金投入到大宗矿产领域。三是资源稀缺和供需矛盾。这3个因素推动着矿产资源市场振荡走高。2009年，全球勘查投入下降了40%，我国矿业投入增长了18.2%，比2008年下降了13.2个百分点，但是整个勘查投入还是增长了20%。2010年是什么情况呢？仅国土资源系统的勘查投入，就达150亿元，地质矿产调查为50亿，境外“走出去”10亿，矿山地质环境和地质灾害防治大约是40亿，综合利用是30亿，还有大调查近20亿。中央的勘查基金和地方的勘查基金，加起来为150亿。矿产勘查开发企业的投入，根据现在判断还会进一步增加。其中，国有大型企业（央企）做了一条很有利的规定，央企用于矿产勘查的资金可以按照50%的比例从资本成本中扣除。所以央企2010年的投入还会增加。五矿资源勘查公司经过几年发展，现在已经做得很大。中铝、中金等一些大型国企都在往资源勘查上游走。所以，投入还会增加，整个2010年还是流动性比较充裕的局面。资金能够投入到矿产勘查、开发这个领域里，流向实体经济，我认为是好事。整个矿产勘查、开发的环境也在逐步趋好。

第三，从地勘行业发展来看，共识程度在提高，凝聚力在增强，队伍的经济、技术实力也在进一步提高。这两年我接触了不少地质队伍，总体来看，工作条件、生活条件、装备等都有比较大的改善。通过“大讨论”，大家进一步达成共识，凝聚力进一步增强。

所以，从这3方面来看，我们需要牢牢地把握住地质调查工作的重大机遇。

（二）着力转变观念，解放思想，持续探索创新。

2009年10月23号，在中国地质学会年会上，我谈了一些观点和看法，其中的一条，就是地质调查工作取得了重大的发展，地质调查队伍也有了很大进步，这是有目共睹的，应该充分肯定。但同时也要清醒地认识到，由于多方面的原因，我们的思想观念仍然存在诸多的不适应，我们这个行业转变观念、解放思想的任务依然十分繁重。

我在部里讲过，我们不同程度存在着安于现状不想改革、畏首畏尾不敢改革，视野狭窄不会改革。针对这“三不”，我们要勇于革思想的命，削手中的权，去部门的利。从“三不”走向“三勇”，一定程度上对我们这个行业也是适用的。就整个地勘行业而言，有一些思想观念需要在实践中进一步予以克服和解决。一是要进一步克服自我封闭，自我循环式的思想观念，更加紧密地与经济社会发展结合起来，更加主动地为经济社会发展提供服务。二是要进一步克服怨天尤人、等、靠、要的思想观念，振奋精神，走向市场。三是要克服小进则满，小富即安的思想观念，永不满足，持续奋进。最后是要进一步突破固有的工作模式和管理模式的禁锢，又好又快地科学发展。这4个方面尤其是前3个方面，需要重点关注和高度重视。

改革开放已经30年了，从20世纪末到21世纪初，地勘行业又经历了一次重大改革，就是地勘队伍的属地化改革，到现在也已经10多年了。同志们可以回顾一下这个历程，总结其中有益经验，就是要克服一些不适合经济社会发展的思想观念，更好地来推进地质调查工作。问题的关键，在于我们能不能转变思想、转变观念、解放思想、超越自我、舍弃利益，就业务管理创新、行业协调创新、体制机制创新，进一步达成共识和合力，在于我们有没有不懈探索的精神和大胆变革的勇气，进一步解放思想，更好更快地推进地质调查工作。

（三）着力巩固和扩大“大讨论”成果，担负起历史赋予的重任。

“大讨论”已经取得阶段性的积极成果。2010年要进一步巩固和扩大“大讨论”成果。

首先，是一般性的要求。就是要着力对思想理论成果、体制机制成果和技术规范成果，进行完善和转化。在重大问题上，要进一步凝聚共识。在关键环节上，要进一步探索创新。要保证我们整个行业思想观念与时俱进、体制机制持续创新、技术规范及时调整，以此来确保中央对地质调查工作的指示和要求得到有效的贯彻落实，确保地质找矿工作的思路和布局能够顺畅地落地，确保地质找矿新机制的构建能够尽快地破题。总之，巩固和扩大“大讨论”成果，就是要构建一个长效机制，使这个新机制常态化。

第二，要总结提炼规范。我们这个行业有一个很好的传统，就是专家、学者、知识分子比较多，技术人员比例比较大，因此，与其他一些行业相比较，我们这个行业有独立思考、自由表达的传统，不同看法和观念交流甚至交锋也比较多。我以为，这是一个好事，应该发扬光大。但是，这是问题的一个方面。另一方面，我们对不同看法、不同认识、不同观点的总结、提炼、规范不够重视，很难取得共识，甚至只是有限共识，很多问题在不同看法的争论当中就耽搁下来了。我到部快3年了，感触很深。我经常问，这个问题为什么到现在还没有解决？回答是：有不同看法。我说那项工作为什么没有及时推进，回答还是：有不同看法。我说，有不同看法是好事，要想办法总结提炼，不同点在哪里，共同点在哪里，把有限的共识归纳出来，总结、提炼出来。同一个问题甚至可以提出3个解决方案，3个解决方案可以同时试点。这样才能一步一步地推动问题的解决，推进工作的发展。小平同志有一个重大的贡献，就是不要争论，先干起来。我们有自由表达传统是好事，但是所带来的另外一个问题，需要我们关注、改进。要善于总结、提炼、规范，把行之有效的做法、成功实践的经验总结、提炼、规范，上升到制度层面。我们常讲要构建长效机制，我以为，行之有效、成功实践经验的总结、规范、提炼上升到制度层面就是长效机制。

我们在巩固扩大“大讨论”成果当中，无论如何应该加强总结、提炼、规范工作。有几个方面是需要很好地总结、提炼、规范。从遵循经济规律，我们讲过4句话：中央、地方、企业联动，公益性地质工作、商业性地质工作和基金相互衔接，勘查和开发结合，地质找矿、矿业权设置、地勘单位改革相互配合。地质工作规律我们更是讲过，“找新区、上专项、挖老点、走出去、依靠科技和人才”，把工作部署到“四重一带”上去。而且，要产学研相结合，多技术、多手段、多目标综合部署。在重要成矿区带上，把点拉成线，把线扩成面，来争取更大的突破。要从遵循经济规律和地质规律、从管理机关转变职能和地勘单位改革发展这4个方面很好地进行总结、规范和提炼，形成一些制度，地质调查工作当中予以贯彻和执行。

当前，至少有两大问题共识程度是比较高的。一是地质找矿新机制的框架，我们讲了5句话：公益性工作先行，地勘基金衔接，社会资金跟进，整装勘查，快速突破。这是近两年特别是“大讨论”以来，大家共识程度比较高的一个新机制框架性的提法。二是我们总结新疆“358”项目、泥河模式、嵩县模式的做法。公益性工作引领、拉动，地勘基金分担风险，商业性工作跟进拓展，地勘专业技术优势与矿企资金管理优势互补，整装勘查、集团施工，勘查开采一体化，加快评价进度，提高综合效率。对此大家共识程度也比较高，可以边总结、边推广、边完善，特别是体现在2010年的工作部署上。

第三，还有一些问题，需要更深入地探索。比如，公益性工作的定位。有人说，公益性工作就要加强基础地质工作。2009年到黑龙江，我看到基础地质工作的地质调查和矿产调查是合二为一部署的，我非常赞成，没有必要分开进行。地质调查就搞一个地层、岩性、构造，矿调再加上物探和化探等其他手段。汪民同志说，现在大部分单位都是统一部署的，这就很好。那么，矿调到底做到什么程度呢？这就涉及与基金、与商业性投资的衔接问题。刚才说150亿元投资好像很大，但是16个重点成矿区带，还不算海岸带和其他的广义环境地质工作，需要做的工作很多。因此必须集中精力把地调、矿调合二为一，把面上工作做好。现在正在开展的攻关示范项目和异常验证，我觉得若确有必要，个别项目可以搞，但是绝不能多搞。矿调发现的有希望、有远景的矿点，可以把基金，把商业性投资拉进来。这个问题务请注意，大家在实践中再进一步探索。第二个要探索的，是基金定位。中央地勘基金与地方地勘基金，两者与公益性地质工作同样有个衔接问题。建立地勘基金的目的，有一个很重要的考虑，就是我国没有风险勘查资本市场。中央基金也好、地方基金也好，一定程度上都是一种风险投入，同时又起一种调控作用。所以，基金的定位也需要在实践当中来积极探索。第3个要探索的是地质找矿、矿业权配置和地勘单位改革发展的配合。这个问题仍然需要深入探索，在实践中予以很好解决。

这些探索关键是解决制度安排问题，因为投入越来越大，我们必须打造一个制度平台，来协调全行业各方面的利益，使方方面面资金投入都有效益、都有收益。

三、着眼全局、整体谋划，力争实现地质调查工作新跨越

地质调查工作既是经济建设的先行，又贯穿于经济建设的全过程，渗透到经济建设的方方面面。随着经济社会的发展，对地质调查提出了越来越多的多样化、高水平的服务需求。在部工作会议上我也讲过，在资源保障要立足国内和地质技术信息服务这个大背景下，找矿突破和资源整合以及勘查秩序的维护，既有一些新的课题，又有一些老的命题，即使是老命题也有新的背景和新的内容。这个大背景实际上在倒逼着资源整合、找矿突破和勘查秩序的维护这3个方面探索创新的提速。所以，我们要着眼全局，整体谋划，力争地质调查工作实现新的跨越。

（一）要更加主动地服务经济社会发展。

要彻底打破自我封闭和自我循环的传统做法，清晰地认识资源保障、地质环境保护和地质技术信息服务这三大任务，坚定不移地实现从供给驱动到需求驱动的转变，进一步解决好地质调查项目从哪里来、供谁用的问题。地质调查项目应该从经济社会发展重大需求当中来，而且地质调查成果要供政府、法人和公众来使用。因此，产品要多、载体要新、内容要更充实、形式要更丰富、手段要更多样，以服务方方面面。

要坚持开拓新领域、延长工作链。传统基础地质调查、矿产调查、环境地质调查和技术信息服务都需要继续做好，但是清洁能源、气候变化、农业地质工作、城市地质工作、旅游地质工作、地质遗迹保护，包括海岸带地质工作都需要奋力开拓，来延长我们的工作链，这样才能更加主动地服务经济社会发展。

（二）要整体谋划地质调查工作。

到2010年底，资源潜力评价、矿业权核查和储量核查，这3项基础工作可以完成了。同时，我们还有3个大的规划：一是矿产资源规划，二是地质勘查规划，三是地质灾害防治规划。在这个基础上，地质矿产保障工程、海洋地质保障工程和油气战略调查要统筹谋划，这是第一个统筹谋划。第二是各项规划到计划到项目要统筹谋划，而且这个谋划要更好地着眼于调控的需要。现在，我们优势矿产的调控、急缺矿产勘查开发的调控，问题还很多。稀土的勘查、开发、加工、生产、出口，最近国务院领导同志已经连续4次批示。所以如何利用规划的手段、计划的手段，一直到具体的项目，通过统筹谋划更好地参与调控也是一个重大的课题。第三是矿产勘查、开采、综合利用和资源整合也需要统筹谋划。综合利用30个亿，开采回采率、选冶回收率，还有综合利用率，怎么样利用这一笔资金让它更好地发挥作用？所以，矿产的勘查、开采、综合利用、资源整合也要统筹谋划。第四就是要从部门到行业到地方一直到境外，地质调查工作的协调、沟通和衔接，服务和监管也应该统筹谋划。要通过着眼全局，整体谋划来提高地质调查工作效率和水平。

（三）要强化科技创新和人才培养。

我在2009年10月23号地质学会的年会上讲过这个观点。首先，是要加强基础研究和理论创新。其次，是技术、方法和装备的创新和运用。在工作部署上，要争取大投入、大项目、大成果，用大项目、大成果带动业务骨干、领军人才的成长。与此同时，还应加强与院校和一线地勘单位的合作，从院校培养和实践锻炼来强化人才培养。

希望部机关和相关司局对地质调查工作要很好的指导协调，特别要协调部委、行业和地方。地调局要很好地部署和实施，主动争取部里的指导，而且要服务各个基层单位，并加强预算管理和财务管理。我们行业其他单位和院校，也要加强沟通、衔接，对做好地质调查工作多提建设性意见。省级地调院和环境监测总站，也要多提工作建议，而且要十分注重项目质量和成果水平，同时要加强队伍建设。

我总的感觉，我们现在机遇非常好。2009年我在好几个省，也与一些老先生探讨，感到通过努力，实现“三年有重大进展，五年有重大突破，八年重塑勘查开发格局”的目标是非常有希望的。问题就看我们怎么做。我相信，在中央的领导下，在我们大家的共同努力下，地质调查工作一定会有一个新的气象和新的局面。谢谢大家！

构建新机制　实现新突破　努力实现国家地质工作新跨越

——国土资源部副部长、中国地质调查局局长汪民在全国地质调查工作会议上的讲话

（2010年3月1日）

同志们：

这次会议的主要任务是：深入贯彻落实党的十七大、十七届三中、四中全会、中央经济工作会议精神和党中央国务院领导关于加强地质工作的有关指示，贯彻落实国土资源工作会议部署和要求，总结2009年工作，部署安排2010年工作，分析形势，把握机遇，统一认识，扎实推进，努力实现国家地质工作新跨越。

刚才徐绍史部长作了重要讲话，对全国地调系统面临的形势进行了深入分析，对全国地调工作给予充分肯定，对今后工作提出了明确要求，充分体现了部党组和绍史部长对全国地调工作的重视和关心，我们一定要认真学习，深刻领会，坚决抓好贯彻落实。

下面，我代表局党组讲3个方面意见。

一、转变观念，开拓创新，服务经济社会发展和国土资源管理的能力明显提升

2009年是地质工作应对挑战、探索改革发展的重要一年。我们认真贯彻落实中央领导对地质工作的指示精神，按照部党组统一部署，巩固和扩大学习实践科学发展观成果，深入开展地质找矿改革发展大讨论，加快构建地质找矿新机制，努力探索国家地质工作发展新思路，全面推进地质找矿工作，取得一批重要成果。

（一）深入开展“大讨论”，地质找矿新机制初见成效。

2009年徐绍史部长在全国地调工作会议上，发出开展地质找矿改革发展大讨论活动号召。全国地质调查系统积极响应，深入开展调查研究，系统查找梳理问题，广开言路，寻计问策，创新思路，破解难题。通过上上下下广泛讨论，取得了重要成果。一是明确了国家地质工作框架思路，研究提出了地质找矿工作部署方案。二是进一步完善地质找矿新机制，有力推进了部（局）省合作的落地。三是研究提出了中央公益性地质调查队伍建设方案。四是明确了与部有关司局的分工，加强了与省厅的联系与合作。五是清理完善了各项管理制度和技术标准，加快了“立、改、废”步伐。我们相信，“大讨论”活动必将对我国地质找矿改革发展产生深远影响。

按照部党组关于构建地质找矿新机制的要求，积极探索，努力实践，新机制建设取得重要进展。

一是初步构建了新的地质找矿运行机制和工作模式。探索形成了“以部省合作为平台、重要成矿区带为单元，统一部署，分工协作，信息共享，多方联动，整装勘查，综合评价，实现找矿重大突破”的总体工作思路。已与14个省进行了对接，形成了11个省的总体部署方案，形成了共同的责任，加快了找矿进程，取得了重大进展。其中，新疆、青海、西藏、云南等省（区）将地质找矿列入了地方政府的重要工作。

二是形成了“中央引领、地方跟进，密切合作、供需互动”的环境地质工作新机制。环渤海、长三角、珠三角、海峡西岸、北部湾重要经济区和长江中游城市群地质环境调查评价，中央、地方密切合作，紧密结合当地规划，主动服务。贵州岩溶石山地区等地下水调查，中央示范带动，地方大力跟进，调查全面铺开，效果明显。

三是形成了“统筹部署，整合资金，集中力量，协同攻关”的地质科技创新机制。围绕资源环境重大问题，统筹人调查科技重大项目与“863”、“973”等国家重大科技计划，整合各渠道资金，集中地勘单位、矿业企业、高等院校等技术力量，探索建立技术创新战略联盟，协同开展科技攻关。

四是积极推进“综合部署、分工协作、综合集成，出成果、出人才”的大项目机制。在编制《地质矿产保障工程实施方案》中，围绕出宏观影响重大成果，与业务建设、学科发展、人才培养相结合，科学设置重大项目。在地质调查工作部署上，坚持按大项目机制推进项目实施。在新疆“358”项目中，探索以局为单元，发挥地勘局统一调度综合勘查优势的大项目推进模式。陆域天然气水合物调查，联合了20多家单位，集成地质、物探、化探、遥感、钻探、实验等多兵种联合作战，取得实效。

（二）中央、地方、企业协调联动，地质找矿取得新突破。

遵循市场经济规律和地质工作规律，按照“找

新区、上专项、挖老点、走出去，依靠科技和人才”的要求，以大调查为先导，引进大企业，形成大投入，加快勘查进程，取得一批可喜成果。

一是地质找矿工作成效显著。新疆“358”通过部省联动，东疆地区探获煤炭资源量1286亿吨，乌拉根探获铅锌500万吨以上，塔什库尔干地区新增铁矿石1.5亿吨，带动国投、紫金、神华、鲁能、新华联等大企业集团投入20亿元以上。西藏驱龙铜矿在大调查基础上，引入企业勘查，提交资源储量1036万吨，甲玛探获铜资源储量230万吨，成为我国最大的铜矿后备基地。青海大场金矿控制金资源储量150吨。辽宁本溪桥头铁矿控制资源储量30亿吨。安徽庐枞地区仅2年时间就探明铁矿石储量近2亿吨和一个大型硫铁矿。

二是油气等能源基础调查取得新发现。南黄海首次获得海相古生界的有效地震反射资料，南海北部初步圈定中生界分布范围。松辽盆地外围实施“鲁D1”地质井，见较好烃源岩显示。可可西里盆地发现较好油气显示。羌塘盆地优选出6个有利区带、9个有利区块。银额盆地、雪峰山西侧显示较好的油气勘探前景。青海祁连山永久冻土带钻获天然气水合物。海域天然气水合物、北方可地浸砂岩铀矿继续扩大远景。

三是基础性调查为后续勘查提供有力支撑。更新了陆域一半面积的1∶25万地质图，1∶5万地质调查程度提高到了26%。在重点成矿区带开展地物化遥和矿产综合调查，新发现物化探异常近万处，矿产地210多处，其中大中型矿产地47处，圈定找矿远景区538个，找矿靶区915个。西藏曲松－革吉地区发现了规模巨大的铜多金属化探异常。初步完成了8个重点成矿带地质背景研究和综合编图，为地质找矿部署奠定了基础。新疆航磁调查实现了当年飞行、当年检查、当年见矿、当年勘查。

10年来，以铁、铜、铝、铅锌、钾盐等为重点矿种，全面部署重点成矿区带地质找矿，形成一批重大成果。新发现矿产地907处，其中大中型矿产地436处。新增一批资源量：铁矿石近50亿吨，铜矿3800万吨，铅锌8000万吨，铝土矿5亿吨，钨锡矿340万吨，金矿1800吨，钾盐7100万吨等。(之所以说是10年大调查，是因为大调查于1999年下半年启动，2009年进行梳理，称为10年大调查。大调查真正结束是2010年底，合计12年)

（二）服务国土资源管理中心工作，提供了有力支撑。

围绕国土资源管理中心工作，推进矿情“三项调查”，开展地灾应急服务、矿山遥感监测、国土资源战略研究，加强技术业务支撑。

一是积极开展全国矿产资源潜力评价。山西、辽宁、四川、安徽、贵州等25个省（区、市），大力推进潜力评价，全面完成了铁、铝潜力评价和省级基础地质编图，摸清了资源潜力，圈定了一批整装勘查区和重要找矿远景区。通过对区调原始资料二次开发，分幅编制1∶25万实际材料图、建造构造图及省级1∶50万大地构造相图，编制地质构造专题底图，建立相应数据库，为开展矿产预测奠定坚实基础。各省地调院在其中发挥了重要作用。

二是矿业权实地核查取得了重大进展。完成了全部野外实测工作，为全面完成全国矿业权核查奠定基础。

三是开展储量利用现状调查。完成全国技术要求培训，在试点工作基础上，完成25%的核查工作任务。

四是做好应急响应与服务。积极配合国土资源管理部门，建立健全群专结合的地质灾害防治体系，信息管理系统接入部骨干网，实现了动态更新、实时查询和及时预警。开展地质灾害巡查和预警预报。2009年是近年来人员伤亡和财产损失明显减少的一年。积极支撑重庆武隆等重大地质灾害现场勘查。四川、甘肃、重庆、湖北等环境总站，为汶川地震灾区和三峡库区地质灾害险情排查处置提供了大量技术支撑。水文环境所、环境监测院、水环地调中心、天津地质中心和河北、河南等10个省（市）地调院、监测总站，积极开展应急抗旱打井找水，为5万多人饮水和5万多亩冬小麦抗旱保苗提供应急水源。

五是开展矿山遥感调查监测。累计监测矿山93 660个，实现了全国163个重点矿区的全覆盖，通过年度数据更新对比，为部开展“以图管矿、一年一图”工作提供支撑。

六是积极参加国家发展战略研究。参与国家可持续发展国土资源战略研究。起草《国土资源部应对全球气候变化工作情况报告》，为我国参加哥本哈根全球气候变化谈判提供了参考材料。按照中财办“十二五”规划研究要求，编写了《我国能源资源安全与海洋战略》，参与编写了《生态文明建设与可持续发展》等研究报告。组织开展环渤海经济区国土规划与资源环境承载力关系研究，取得阶段性成果。

积极参与国土资源“十二五”规划、国土资源调查评价规划研究。参与编制了《全国地面沉降防治规划》、《全国地下水污染防治规划》、《国土资源卫星应用发展规划》等。配合部相关司局编制了《矿产资源节约与综合利用部署方案》、《境外矿产资源风险勘查部署方案》、《矿山地质环境治理恢复部署方案》及相关管理制度。

（四）服务经济社会发展各项建设，取得明显效果。

认真贯彻落实“两个更加”，拓展服务领域，延长地质工作链，服务能力明显提高。

一是重要经济区和城市群地质环境调查评价有序推进。建立区域编图、重点调查、专题研究和综合监测网建设的“3+1”工作模式，开展重要经济区和城市群地质环境调查评价。环渤海调查为国际生态城选址、防风暴潮堤坝设计、沿海高速公路建设等提供了重要依据。海峡西岸、长江中游城市群调查，为福州综合试验区规划建设、武汉地面塌陷和长株潭水土污染防治提供了基础资料。上海、北京等6个试点城市地质调查成果，应用于土地利用规划、农田质量监测、滩涂开发、轨道交通建设、地质灾害防治等方面，纳入政府城市管理决策流程，发挥了重要作用。

二是多目标区域地球化学调查成果显著。2009年完成了18个省（区、市）21万km^2调查，全国累计完成160万km^2，系统获得了土地54种元素的高精度数据，初步查清了土地质量地球化学状况。开展土地质量地球化学评估试点和方法推广，成果广泛应用于农田科学合理施肥、名优特农产品开发、农业结构调整、土地资源管护等，获得显著经济社会效益。

三是服务国家重大工程建设迈出新步伐。主动与铁道、交通、建设、环保、水利、电力等部门联系，开展对口需求调研。围绕京津高速铁路、南水北调工程、大理-瑞丽铁路等重大工程建设，部署一批地调项目。完成了大理-瑞丽铁路主选线路沿线区域地质填图和工程地质调查，为工程建设提供了基础资料。

四是推进了海洋地质调查。编制了《海洋地质保障工程实施方案》，系统部署并启动了我国管辖海域海洋地质调查工作，为维护国家海洋权益提供了有力支撑。开展了环渤海、长三角、泛北部湾等重点海岸带环境地质调查与评价，以及海砂、海底淡水资源调查试点工作。珠海海底地质调查成果，及时应用于港珠澳跨海大桥建设。

五是地质资料信息广泛服务国家建设。配合保增长保民生战略，主动为铁路、公路、核电等领域261个扩大内需重点项目提供地质信息服务。新完成6000种地质资料数字化，国家馆藏资料数字化达到40%。国家地质资料年服务量14万人次。全国馆向全国31个省（区、市）资料馆分发11种大型地质数据库。加强了地质信息资料深度开发，探索推进地质资料信息服务集群化与产业化。

六是为“走出去”提供服务。汇编了亚洲部分国家矿业法，编撰了8个国家勘查开发指南，向社会提供了45个国家涉及53种矿产的矿业权交易信息。开辟网上境外矿产资源信息服务目录。举办第四届境外矿产勘查论坛，为近260家单位、600人次提供了境外信息服务。境外地质调查成果，引导国内地勘单位和企业在马达加斯加、埃塞俄比亚、吉尔吉斯斯坦、老挝等国家开展矿产勘查工作。

七是启动全国地质遗迹资源调查。编制了全国重要地质遗迹分布图，初步建立重要古生物化石分类分级标准，编制第一批重要古生物化石保护名录，修改完善古生物化石保护条例。

（五）服务民生，地下水与地质灾害调查监测效果显著。

一是地下水调查取得重要成效。为十多个省（区、市）25万多人解决饮水困难。部省合作解决四川大骨节病区近5万藏族同胞饮水问题。解决部定点扶贫的湖南新田县3万人饮水问题。在鄂尔多斯能源基地圈定水源地20处、富水靶区5个。建立北方6个平原（盆地）国家级地下水监测系统，400多个监测井实现自动化监测，初步研发了监测数据实时传输与控制系统、地下水预警预报系统。完成东部平原区地下水污染调查评价44万km^2，涉及10个省（市），是新中国成立以来最系统的地下水污染调查评价工作。

二是地质灾害调查监测取得重要进展。实现1300个县（市）地质灾害调查成果数据入库，在预警预报和防灾减灾中发挥了重要作用。完成了地质灾害高发区25个县（市）详细调查，新查明隐患点3千多个。推广低成本地质灾害报警器10万套。研发多参数采集传输系统、泥石流地声仪、雨量预警仪等多种新型监测仪器。首次应用无人直升机和氦气艇开展应急调查。基本建成长江三角洲、华北平原和汾渭盆地等地面沉降严重区综合监测体系。更新全国矿山地质环境数据库。建设北京重点活动断裂微地震台网和地应力实时监测网。

（六）地质科技与国际合作取得显著成果。

围绕解决资源环境重大问题，加强产学研结合和国际合作研究，大力推进地学理论和勘查技术方法创新。

一是基础地质研究取得新进展。开展石笋、黄土、湖泊与海相沉积等地质记录和碳源碳汇等前期研究，为国家应对全球气候变化提供科学依据。青藏高原形成演化、古亚洲与濒太平洋构造叠加转化、华北前寒武纪、大陆动力学及中国东部海岸带第四纪地质等研究取得重要进展。地质志修编工作顺利开展。成矿体系、地球动力学与岩石圈结构、盐湖地质与资源、岩溶地质与环境等领域研究取得重大进展。古生物化石研究取得多项新发现，岩石地层学研究成效显著。汶川地震带科学钻探，克服重重困难，一号钻顺利结束，取得重要发现。

二是勘查技术及仪器装备自主研发取得新突破。研制我国首套全轴航磁梯度测量系统。集成了航重勘查系统。研发了时间域航空电磁和伽玛能谱勘查系统、2000 m以内系列全液压岩心钻探装备、X射线荧光测井仪、大深度多功能电法仪和手提式X射线荧光仪等仪器。创建了用于测量古温度变化的长链烯酮陆地温标。应用干涉雷达监测地面沉降、北斗卫星传输地质灾害监测数据效果良好。高铁一水铝土矿和鲕状赤铁矿综合利用技术攻关取得重要进展。

三是国际合作更加广泛。与英国、挪威等8个国家地调机构签署了合作协议。举办了全球地球化学填图国际工作会议、地方病与地质环境国际学术研讨会、探月与地学科学国际研讨会、CCOP元数据工作会议、东盟10+3地学信息共享会议、东亚滑坡早期预警学术研讨会等。积极参加联合国教科文组织、地科联等国际组织活动，郑绵平（副主席）、殷跃平（副主席）、何庆成（执行主任）等专家在国际盐湖协会、国际滑坡协会、CCOP等国际组织中担任主要职务。举办了2期援外培训班，13个国家37名地矿官员和学者参加培训。

（七）系统梳理地质大调查成果，统筹谋划国家地质工作。

以整装大成果为目标，按重点地区、领域和专业，初步梳理汇总了79项重大成果，编制了《国土资源地质大调查实施情况的评估报告》。

按照部党组的要求，总体设计“十二五”和中长期国家地质工作，形成了以《地质矿产保障工程总体方案》和《海洋地质保障工程总体方案》为基础的国家地质工作总体框架。

地质矿产保障工程，以“立足国内，增强能源资源保障能力”为目标，全面规划部署陆域国家地质工作，突出能源和重要矿产资源勘查。加强基础地质、环境地质、科技创新等工作，开展矿山环境治理、资源综合利用和境外矿产风险勘查，增强服务能力。

海洋地质保障工程，系统开展我国管辖海域区域地质调查、油气资源战略调查和海岸带地质调查，建立基础数据库和信息服务体系，更新海洋调查装备，服务海洋权益维护、军事海防、涉海工程建设等国家战略急需。

（八）地质调查业务与人才队伍建设迈出新步伐。

通过大调查项目的实施，项目管理、学科建设、人才培养、地质技术装备均取得长足的进展。

一是加强了项目管理。完善项目管理体系，强化大区中心和实施单位在规划部署、项目立项、实施监管、成果验收、资料汇交等环节的作用。加强信息统计与跟踪调查，协调解决问题。开展质量体系建设，加强质量抽查，确保地质调查项目工作质量。

二是推进了业务中心与学科建设。实行大项目机制，将项目部署实施与业务中心建设有机结合，促进了学科发展。积极推进国家和部门重点实验室建设。重建了海岸带地质调查中心和大陆架地质研究中心。

三是加强技术交流与培训。成功主办两次香山科学会议、全国青藏高原地质学术讨论会、山区城市建设与地质灾害防治学术论坛等一系列学术研讨会。落实部省合作，在新疆、青海、西藏、福建、宁夏、黑龙江、广东等召开系列地质找矿专题研讨会。广泛开展业务培训，全年共举办院（站）总工培训班和各类专业培训班50多期，全国地勘、教学、科研和应用等单位上万人次参加了培训。

四是加大人才培养力度。依托大项目，组建人才团队，为培养锻炼人才提供稳定的平台。全国地调单位引进各类人才1300多人。天津地调中心、成都地调中心、发展研究中心、航遥中心、岩溶地质所与有关高等院校签订共建协议，成立联合培养人才基地。以矿产资源潜力评价项目为依托，中国地质调查局与中国地质大学联合举办“矿产资源潜力评价”方向博士研究生班。

五是修订了地质调查标准规范。重新厘定了地质调查技术标准体系。开展了地质调查预算标准调整与动态机制研究，提出了修订和建立“地质调查预算标准动态调整机制”建议，并在2010年地质调查项目预算编制中落实。

六是改善地质调查技术装备。完成了地质队伍“野战军”技术装备专项计划采购项目。一批新装备陆续投入使用，先进的“海洋六号”综合调查船投入运行，增强了野外调查、科研能力。

七是推进地方公益性队伍建设。认真履行项目联系、业务指导的职责。建立了地方公益性队伍能力建设评估制度，明确队伍建设具体要求，促进地方公益性队伍建实建强。对内蒙古地调院等16个院（站）进行能力评估。

过去一年，在部党组的有力领导下，在中央有关部委和地方政府的大力支持下，在广大地质工作者的共同努力下，完成了任务，取得了成果，发挥了作用，各方面工作都有进步。在此我代表局党组，向广大地质工作者，向长期关心支持国家地质工作的有关部门、单位表示崇高的敬意和衷心的感谢！

二、明确思路，把握重点，全力做好2010年地质调查工作

2010年是地质大调查收官之年，是全面完成大调查任务、实现“十一五”目标的决战之年，是巩固扩大地质找矿改革发展大讨论成果、加快构建地质找矿新机制的关键一年，是全面规划部署“十二五”工作、启动实施“地质矿产保障工程”的关键一年。

2010年地质调查工作总体思路是：贯彻党的十七大、十七届三中、四中全会精神和中央经济工作会议精神，落实全国国土资源工作会议要求，坚持解放思想、改革创新，巩固扩大“大讨论”成果，以加快地质找矿突破、增强服务能力为中心，以全面推进国家地质工作为己任，以构建完善地质找矿新机制为主线，以实施地质矿产保障工程和海洋地质保障工程为抓手，强化部署，调动各方，明确责任，落实措施，全面推进，加快突破，努力实现国家地质工作新跨越。

简单说就是：巩固扩大“大讨论”成果，进一步明确中心任务（加快地质找矿突破，增强服务功能），完善工作定位（发挥公益性对商业性“四两拨千斤”杠杆作用，从主要做好“四两”<公益性工作>，走向在做好“四两”同时，着力拨好“千斤”<商业性工作>，全面服务找矿、推动找矿），加强统筹协调（以构建新机制为主线，搭建平台，统筹部署，政事企协调，业务支撑服务），狠抓工作落实（推进新机制，落实大项目，任务落地，责任到人）。

2010年重点工作任务：

（一）全面推进矿产勘查，实现找矿重大突破。

在部的指导协调下，以部省合作为平台，与省厅联动，按照“三年见成效、五年大突破、八年重塑新格局”的总体要求，以新疆、青藏和宁夏合作模式为范例，全面规划，周密部署，精心组织实施全国统一的地质找矿行动计划。

一是探索推进整装勘查。以煤、铀、铁、铜、铝土矿、钾盐、金等为主攻矿种，在近期有望实现找矿重大突破的矿集区，开展整装勘查。总结推广“泥河”模式和“嵩县”经验，促进中央、地方、企业和地勘单位相互联动，形成资金与技术紧密结合的较大规模的勘查施工“会战”，尽快实现找矿重大突破，形成一批新的资源接替基地。初步筛选50处整装勘查区，根据部（局）省合作协议、矿业权整合完成情况，择优开展勘查。

二是择优开展重要矿产地调查评价。针对近年矿产远景调查新发现矿产地、成矿预测提出的深部找矿靶区，以及目前尚不具备开展整装勘查的矿产地，择优开展调查评价，并通过以点带面，寻找资源富集区，为整装勘查提供一批后备选区。

三是加快开展重点成矿区带矿产远景调查。在19个重点成矿区带，针对全国矿产资源潜力评价及其他工作预测的找矿远景区，开展中大比例尺成矿地质背景研究、物探、化探、遥感解译等综合调查手段以及探矿工程验证，提交可供开展后续勘查的新发现矿产地和找矿靶区，增强找矿后劲。

四是尽快启动油气资源战略调查。协调推进油气资源战略调查专项实施，开展中国北方古生界、青藏地区、南黄海中－古生界、南海北部中生界油气基础地质调查与战略选区调查，着力解决制约油气勘查的关键地质问题，着力加快油气勘查新发现。继续开展银额盆地及其邻区、松辽盆地外围、中上扬子海相盆地油气基础地质调查，力争实现油气重要新发现。加强陆域天然气水合物、油页岩、页岩气等非常规油气地质调查和探索工作。

（二）拓展服务领域，延长地质工作链。

一是加强应对全球气候变化地质调查研究。扎实推进全国主要城市浅层地温能调查。开展全国地热资源普查，启动重要地热田的整装勘查评价和干热岩开发示范研究。与大型企业合作，实施二氧化碳地质储存关键技术研究与工程示范。系统评价我国土壤、岩溶、矿物等的碳汇潜力。深化全球气候变化地质研究。

二是服务国家区域发展规划。继续推进已经部署的重要经济区、城市群、海岸带和重大工程建设区的基础地质和环境地质综合调查，快出成果，快速转化应用。组织完成全国海岸带、成渝经济区、鄱阳湖生态经济区、海南国际旅游岛、中原城市群等的基础地质和环境地质综合调查评价前期论证。全面完成地级以上城市环境地质问题摸底调查，扎实推进直辖市、省会城市及计划单列市的城市地质调查。初步建立重要经济区和城市群地质信息集群化管理平台。

三是强化地质灾害调查监测。继续开展西南山区、黄土高原、湘鄂桂山区等地质灾害高易发区详细调查，并及时开展服务。完善重点地区地面沉降监测网和地质灾害监测预警示范区建设。加强京沪等高速铁路沿线地面沉降与地裂缝详细调查。完成县（市）地质灾害普查数据入库管理和成果综合研究，加强地质灾害详查数据库建设，综合集成地质灾害普查和详查数据库、群测群防管理信息系统与地质灾害预警预报系统，加大为地质灾害防治支撑服务的力度。

四是加强多目标区域地球化学填图。继续开展中东部重要地区、西部部分农牧区调查。完成18个省（区、市）及长三角、黄淮海流域和松辽平原系列图件编制。基本完成长江流域、黄河流域、东北经济区和沿海经济带生态地球化学评价。推进国土质量地球化学评估。

五是加强地质资料信息集群化服务。加强地质信息资源的采集和积累，夯实服务基础。清理已建数据库，汇集整合信息资源，提升集群服务能力。建立共享服务平台，健全完善集群服务体系。

六是推进全国地质遗迹和重要古生物化石资源调查，探索性开展旅游地质调查，为地质遗迹和重要古生物化石资源保护和开发利用提供基础资料。

（三）夯实基础，增强地质找矿后劲。

围绕解决重大资源、环境问题，以重要成矿带为重点，地物化遥统一部署，加大力度，加快进度，推进基础调查工作。

一是加大重要成矿带基础地质调查力度。在西昆仑、天山、冈底斯、大兴安岭、西南三江等成矿带，以重要成矿远景区为单元，统一部署1:5万地物化遥调查，加快航磁和区调进度，查明成矿地质背景，发现找矿线索，圈定找矿异常，提供更多靶区。

二是加强成矿带地质背景研究。开展成矿带区调、化探、物探扫面成果的集成和综合研究，编制系列成矿地质背景图件，厘定成矿远景区，为找矿工作部署提供依据。重点部署在祁连、昆仑－阿尔金、大兴安岭、冈底斯、环扬子、钦杭等重要成矿带。

三是推进重要经济区、重大工程建设区地质填图。继续开展大（理）－瑞（丽）铁路、汶川地震灾区、长三角和环渤海经济区的区调填图，为重大工程建设和经济区规划提供基础图件。

四是开展基础地质立典研究。继续开展云南罗平生物群、陕西紫阳志留系笔石剖面、贵州雷家坡南华系层型剖面、西部重构造蛇绿岩带调查和研究，瞄准前沿研究，带动学科发展。

五是创新区调工作方法。大力推广遥感、高光谱矿物蚀变识别、数字填图等技术，开展填图示范，提高地质填图效率和质量。分类制定不同类型区调技术要求，修订区调总则。

（四）围绕国土资源管理中心工作，加大服务支撑力度。

一是打好三项矿情调查攻坚战。2010年任务更加艰巨，各单位必须全力以赴、保质保量完成任务。潜力评价要完成煤炭、铀、铜、钾盐等13个矿种的矿产资源潜力评价工作，并为全面推进矿产勘查提供地质构造专题底图和成矿预测底图。矿业权核查要在野外实测工作的基础上，完成数据整理、成果汇总及数据库更新等。储量利用调查完成所有资源储量核查工作任务。

二是继续开展矿山多目标遥感监测。快速完成新疆东准地区矿山多目标遥感应急调查，在国家重点矿区、重要矿产资源开发区和热点地区继续开展遥感监测，构建高效动态的全国矿产资源开发遥感调查和监测体系，为以图管矿提供技术支撑。

三是积极为地质环境管理提供技术支持。配合开展地质灾害巡查和险情排查，做好预警预报。加快提高险情、灾情的快速响应与应急处置能力。继续为汶川地震灾区和三峡库区等重点地区地质灾害防治提供全方位技术支撑。积极探索地下水过量开采与污染的预警方法和指标，切实强化地下水监管的技术支撑能力。

四是开展战略和规划部署研究。配合部做好国土资源战略研究，“十二五”国土资源规划编制。开展地勘行业改革发展调查研究，国内矿产勘查进展与形势分析。深化国土规划与资源环境承载力关系研究，为部启动国土规划编制提供支撑。配合部落实好卫星规划等工作。

（五）系统总结大调查，精心谋划“十二五”。

一是系统总结大调查成果。在成果梳理的基础上，明确成果集成方案，落实牵头单位和承担单位。上半年完成成果集成，研究提出“十二五”建议框架，向国务院报告，为后大调查纳入国家“十二五”规划打好基础。以成果发布会、展览、专题片、画册等多种形式加强宣传，扩大影响。

二是认真总结大调查经验教训。各单位要系统总结，从组织管理、制度建设、人才队伍和保障条件等方面，归纳经验，查找问题，提出改进措施，为推进后续地质调查工作，实施地质矿产保障工程提供基础保障。

三是尽快启动地质矿产保障工程。积极配合部相关司局做好总体方案和实施方案的论证，制定项目管理办法。部已经明确其中地质矿产调查评价由地调局组织实施，每年投入50亿元，3年内要有显著成效。2010年是启动实施的关键年，时间紧任务重，一定要密切配合，协调好各方面关系，抓紧推进实施。对于其他专项工作，地调局、地调院和监测总站等也要积极参与和大力配合。

四是协调推进海洋地质保障工程。要下大力气扭转海洋地质工作薄弱、不适应新形势需要的被动局面。加强与国家有关部门沟通、协调，做好项目论证与涉海单位能力评估，全面实施海洋地质保障工程。开展海洋区域地质调查和海岸带综合地质调查。抓好海域油气合作勘探，力争突破。做好海域天然气水合物调查总结工作，推进新专项申报。积极参与国际海底事务、海域划界谈判等活动。

五是统筹谋划“十二五”。围绕国家目标，统筹部署陆地、海洋、境外地质调查工作，编制“十二五”国家地质工作规划。国务院已批准实施油气专项。国土资源部与财政部商定，每年投入130亿元资金，加强地质矿产调查评价、矿山环境治理、资源综合利用、境外风险勘查。另外，要积极争取基础性工作纳入国家经常性预算。

（六）加强科技创新与国际合作，提升地质工作水平。

全面查找、梳理总结地质找矿中重大理论和技术方法问题，组织开展科技攻关。加快综合填图进度，探索推进现代地质调查工作新体系。发挥地科院地质科技创新主力军作用。加强与高等院校和科研机构合作。加快新技术推广应用和地质装备自主研发，强化产学研结合，构建经验交流、技术培训和学术研讨平台，全面推动行业进步。

一是加强理论创新研究。完成1:500万亚洲地质图和中国变质地质图等图件编制。完成青藏高原基础地质成果集成、全国多重地层表及说明书编制。继续开展青藏高原大陆动力学研究、全国区域地质志修编。开展天山－兴蒙造山带等地质背景和成矿规律研究。组织实施好深部探测技术与实验研究等重大专项。积极推进重点实验室建设，争取大陆动力学实验室通过科技部评估。

二是建立资源立体勘查技术体系。扩大航重技术系统生产性试验。开展全轴航磁梯度测量系统、时间域航空电磁勘查系统和伽马能谱勘查系统的试验飞行。完成2000 m全液压岩心钻机定型，开展大深度多功能电法仪和X射线荧光测井仪的野外实验。开展难利用资源综合利用示范研究。

三是推进国际合作与境外地质矿产勘查。加强双边和多边国际合作，推动我国地质科学家在国际地学组织中担任职务。组织好城市地质国际研讨会、亚洲地质图工作会和国际翼龙研讨会等国际会议。开展全球巨型成矿带成矿规律研究，拓展非洲、南美洲资源优势国家的地质调查。继续举办境外地矿官员与技术人员培训。

三、全面推进国家地质工作实现新跨越

在中央亲切关怀下，在部党组正确领导下，广大地质工作者开拓创新，艰苦奋斗，地质工作不断发展壮大，作用日益显现。我们过去找到百万吨的铜、数亿吨的铁、数十吨的金，就相当不错了。经过十多年的努力，现在千万吨级的铜、几十亿吨的铁、百吨的金，都已成为现实。这些成绩的取得离不开地质大调查，离不开广大地质工作者的努力，凝聚着在座各位的心血，这种艰辛努力正在不断迎来新的收获。

大调查即将全面告捷，地质调查工作又处在一个新的起点。我们必须认清形势，振奋精神，明确使命，继续发扬“三光荣”优良传统，努力开创我国地质找矿工作的新局面。

（一）认清形势，进一步增强责任感和使命感。

当前，我国正处于工业化、城镇化加快发展的关键时期，能源资源需求持续快速增长，供需瓶颈矛盾成为制约经济社会发展的关键性问题。党中央、国务院高度重视地质找矿工作，胡锦涛总书记、温家宝总理多次提出明确要求。李克强副总理强调指出，立足国内，提高能源资源保障能力，关系国家核心利益，关系中华民族伟大复兴。这是党中央、国务院对地质工作提出的新要求，发出的动员令，为今后工作指明了方向。我们一定要把思想统一到中央领导重要讲话精神上来，积极行动，勇挑重担，努力完成历史使命。

与新形势新要求相比，我们在思想观念、管理方式还需要转变，工作上还需要解决基础薄弱、体制机制不顺、服务功能不强、队伍建设不到位等问题。必须突破固有模式，构建新机制。地质工作如果是100%，公益性也仅是5%～20%，国家地质工作要在全国发挥龙头作用，就必须推动100%地质工作，就不能只考虑自己，要想办法用市场机制，用地质找矿新机制调动方方面面的积极性，全面推动全国地质工作的发展，形成繁荣的地质找矿工作新局面。我再强调一遍，2010年的工作，在指导思想上，要从主要做好“四两”，走向在做好“四两”的同时，着力拨动“千斤”，全面服务地质找矿，全力推进地质找矿。在工作落实上，要任务落地，责任到人。我们要抓住机遇，乘势而上，顺势而为，以时不我待的紧迫感，改革创新的责任感，书写未来的使命感，以最坚定的决心和最果断的措施，尽快把地质找矿工作搞上去。

（二）巩固扩大“大讨论”成果，用新机制统筹地质找矿。

一是搞好部署、分区管理。着眼于对国计民生有宏观影响的大型、特大型矿床，以部省合作为平台，以实施保障工程为抓手，借鉴和推广“358”项目、青藏专项等新机制示范取得的经验，充分应用全国矿产资源潜力评价和成矿预测成果，由地调局会同基金中心、省级国土资源主管部门，在部机关司局的指导协调下，对中央、地方、企业不同渠道资金开展的地质找矿进行全面规划、统筹部署，明确分工，编制实施方案，形成全国统一的地质找矿战略行动。在力量配备上，产学研结合，多技术、多手段、多学科综合部署，科学配置，并高度重视各种信息资料的开发、集成和共享。

对近期有望取得突破的地区，提出探矿权设置方案，报部批准后，以优选勘查方案方式，公开规范引入优势勘查力量，整装勘查，加快突破。优选的勘查方案既包括工作部署，还包括勘查资金、勘查资质与能力以及以往业绩，以此促进地勘单位的技术优势和矿山企业的资金管理优势强强联合，发挥地勘单位找矿主力军作用和企业市场主体作用，保障找矿突破，并推进地勘单位改革发展。按照《关于进一步推进矿产资源开发整合工作的通知》精神，积极配合部相关司局，综合应用经济、技术、法律和必要的行政手段，推进探矿权整装勘查区内的探矿权整合。对区内已有探矿权要加强协调。已有探矿权人同等条件下可优先获得整装勘查区的探矿权。

对总体成矿条件有利但工作程度较低地区，地调局统筹中央和地方政府的财政投入，开展区域基础地质调查和矿产远景调查，开展必要的科技攻关和勘查示范。工作到一定阶段，条件成熟后向社会开放，以招标方式引入社会力量开展后续勘查。

对环境敏感等特殊地区，如青藏高原、大小兴安岭等地的自然保护区和民族敏感地区，由国家出资开展前期矿产远景调查和普查，摸清家底后，统一规划，尔后引入有实力大企业进行规模化开发，对中小型矿产地，按矿产地战略储备模式进行保护。

二是搞好协调、统筹推进。在部把握总体推进、加强监督指导下，积极争取各地管理部门的大力支持。涉及矿业权管理的，及时向部机关司局汇报沟通，合理配置矿业权。地调局负责业务工作的统筹部署和组织实施，发挥技术业务龙头作用，组织专家现场会诊和巡回指导，提供信息资料服务和技术支持。工作落实上，要任务落地、责任到人。每个重点整装勘查区都有专人负责，出现问题及时协调，及时解决、及时报告，每月开一次调度会，确保工作有序推进。

与基金中心建立协调机制，相互联动、协调推进。发挥地勘基金调控作用，对有望取得突破但风险较大地区，基金及时跟进，独资或与社会资金拼盘方式开展普查和必要的详查。

对参与整装勘查的企业和勘查单位，积极配合国土资源主管部门，加强技术指导和业务监督，防止圈而不探。协助省级国土资源管理部门合理配置探矿权，加快实现找矿突破。积极配合部建立地质找矿激励和收益分配机制，支持地勘单位以知识、技术、管理等要素参与国家出资勘查项目的收益分配。

构建新机制是一项十分重要而又复杂的工作。搞得好，就搭建起吸引多元投资、统一、协调、有序、高效勘查的大平台，形成生动的地质找矿新局面。搞得不好，就很有可能导致不必要的行政干预，甚至以行政手段侵犯探矿权人合法权益。因此，推进地质找矿新机制，必须充分尊重和保护各方权益，充分调动各方面积极性。随着地质找矿新机制的深入推进，各种矛盾和问题将会进一步暴露，要保持高度关注，及时协调解决。

（三）严格管理，提高业务执行力。

一是加强业务管理。健全项目管理体系，完善管理制度，加强项目实施的检查监督，确保成果质量与水平。搭建技术交流平台，促进资料信息共享，协调各方关系，创造良好条件，推进地质找矿工作顺利实施。发挥实施单位业务推进的作用，加强技术指导和业务交流。项目承担单位要积极做好项目实施，严格技术规范规程，加强项目自查自检，确保成果质量。

二是加强资料汇交与共享。严格贯彻落实《地质资料管理条例》，保证地质资料及时汇交。实行资料汇交、成果服务与项目立项、绩效考评挂钩，努力提高地质资料的共享与服务水平。构建地质资料集群化服务体系，实现地质资料信息共享。

三是严格项目预算管理。以国家财经法规和部、局有关规定为依据，科学合理编制项目预算。财务部门要全过程参与预算编制，保证审核质量。坚决纠正预算执行、经费支出、会计核算等方面违法违规的问题。审计法实施条例将于 2010 年 5 月 1 日起施行，规定了对财政资金使用的跟踪审计，各单位要高度重视，加强自查自纠，及时整改，确保资金使用安全规范。继续加快相关标准研究，加快完成地质调查项目全成本取费定额标准研制。

四是加强能力建设。加强人才培养，定期开展地质调查新理论、新方法、新技术交流培训，不断提升地质调查人员的专业素质。妥善处理改革、发展、稳定的关系，推进公益性队伍建设。继续推进地方公益性地质调查队伍能力建设评估工作，年底前全部完成。

（四）掀起向李向同志学习的高潮。

2009年9月，在筹备召开“青藏高原地质矿产调查与评价工作会议”期间，李向同志突发心肌梗死，病逝在工作岗位上，他的逝世是我们地质事业的重大损失！李向同志是一位优秀的共产党员。在短暂而辉煌的53年中，他爱岗敬业、鞠躬尽瘁，敢闯敢拼、功勋卓越。主持西安地质调查中心工作近十年中，带领中心干部职工，锐意改革，开拓创新，长年奔波于西北地区崇山峻岭、戈壁高原，为地质找矿和服务经济社会发展，呕心沥血，辛勤劳动，实现了业务、队伍、经济和基地建设等跨越式发展。推动了部（局）与新疆、青海、内蒙古、陕西、宁夏等省（区）合作，成效显著。他是新时期地质工作的先进代表，是践行“两个更加”的楷模。

我们要以李向同志为榜样，学习他以国家急需为己任，抓住机遇，敢于“亮剑”，雷厉风行，一抓到底的精神。学习他实事求是，突破框框，大胆改革、勤于实践的风范。学习他善于培养人才，珍惜爱护人才，狠抓队伍建设的能力。学习他心系群众、关心群众疾苦的情怀。学习他以身作则，清正廉洁，兢兢业业，任劳任怨，无私奉献的品格。学习他辛勤耕耘、奋斗不息的人生境界。

国土资源部党组已经作出在全国国土资源系统开展向李向同志学习的决定，我们要以李向同志为榜样，掀起学习高潮，加强党性修养，弘扬优良作风，努力实践共产党人的人生价值，努力创造地质工作新辉煌，努力创造无愧于时代、无愧于人民的业绩。

同志们，当前地质工作正面临着重大的发展机遇，我们要进一步增强责任感、紧迫感、使命感，团结一致，努力奋斗，尽快实现地质找矿重大新突破，切实提高国内能源资源保障能力，为经济社会发展做出更大的贡献。

抓住机遇 迎接挑战
全面提升地质业务管理和调查服务能力

——国土资源部副部长、中国地质调查局局长汪民在中国地质调查局2010年工作会议上的讲话

（2010年3月3日）

同志们：

这次会议的主要任务是，按照部党组的总体部署和徐绍史部长3月1日重要讲话要求，贯彻落实全国国土资源工作会议和全国地质调查工作会议精神，总结2009年工作，部署2010年任务，交流经验，研讨问题，扩大共识，凝聚力量，抓业务，带队伍，全面提升我局地质业务管理和调查服务能力，推动地质事业更好更快发展。

下面，我讲3点意见。

一、2009年工作回顾

2009年，在部党组领导下，局党组坚决贯彻党中央、国务院决策部署和加强地质工作一系列指示精神，巩固和扩大学习实践科学发展观活动成果，深入开展地质找矿改革发展大讨论、作风建设活动和凝聚力工程，围绕“推动找矿突破、增强服务功能”中心任务，解放思想、创新思路，加快构建完善保障和促进科学发展新机制，着力加强队伍建设和业务建设，各项工作取得积极成效。

（一）深入开展“大讨论”，凝聚科学发展共识。

开展地质找矿改革发展大讨论，是部党组推进新时期地质工作、加快实现地质找矿突破的一项重大部署。局党组高度重视，迅速动员部署，精心组织推进。召开300多次研讨会，邀请130多个单位参与相关讨论。走访各地国土资源管理部门、地勘单位、省级公益性地质单位。深入基层、野外一线调查研究，梳理问题，总结经验，启发思路。广开言路，寻计问策，开展征文和问卷调查，设立网络论坛。收到征文140多篇，返回问卷5000余份。

通过“大讨论”，全局上下进一步统一了思想、认清了使命、明确了定位、坚定了信心，在思想、制度和实践等层面取得了一系列重要成果。一是形成了

新时期地质工作新思路。提出以《地质矿产保障工程总体方案》统筹规划陆域、《海洋地质保障工程总体方案》统筹规划海域的国家地质工作总体框架。二是在部的指导下，组织研究提出了加强中央公益性地质调查队伍建设方案，已经部审议原则同意，协助部向中编办、财政部进行了初步汇报协商。三是着力推进地质找矿新机制，初步构建大项目机制、科技创新、人才培养、信息服务等地质调查新机制。四是进一步明确了部有关司局与我局的职责分工，加强了与省级国土资源管理部门的联系与合作。五是推进了管理制度的立改废，清理了技术标准规范，调整了地质调查预算标准。

“大讨论”既是一次广泛深刻的思想解放，也是一次积极有效的实践探索，对加快地调局自身建设、促进地质事业发展，必将产生重大而深远的影响。

（二）发挥业务技术优势，推进地质找矿新机制。

按照部党组的部署，局党组把加快构建地质找矿新机制放在突出位置，强力推进，充分发挥地调局在地质找矿新机制中的统一部署、业务指导、科技攻关、技术支撑、信息交流作用。一是强化沟通协调。积极向部有关司局汇报，加强与省厅联系，对接业务，建立定期会商协调机制。与地勘基金协调统筹工作部署和组织实施。二是加强统一部署。会同省厅，组织大区地调中心和地调院、监测总站等单位，编制实施方案，统筹各类资金部署。三是强化基础先行。发挥公益性地质工作的基础先行和引领示范作用，形成物化探扫面、潜力评价成矿预测、圈定有利成矿区带、引入大企业、实现大突破的工作模式。四是突出技术引领。发挥我局技术与人才优势，开展科技攻关，研究解决重大地质理论和技术问题。五是组织监督指导。实施项目监控，组织专家会诊，研究制定技术标准和规范，提高地质工作质量和效率。六是开展交流研讨。开展经验交流与专题研讨，组织业务培训与技术推广，加强了单位联系，提高了人员素质。

经过两年多的探索实践，初步构建了中央与地方联合、公益性引导商业性、勘查开发一体化、产学研相结合的地质找矿新格局。

（三）狠抓解决难点问题治本之策，经济管理效果明显。

以规范经济行为和提升预算执行能力为主线，下大力解决经济管理中存在的突出问题，搬走长期困扰我局发展的“拦路虎”、“绊脚石”，扭转了被动局面。

在财务管理方面，开展全员财经法律法规宣传教育，强化监督检查、健全内控制度和责任追究制度，各级领导依法理财依规行事观念显著增强；创新管理方式，借助中介机构，对局机关和18个局属单位进行了审计，对发现的问题逐一交换意见，落实整改措施和时限，主动规范和完善经济管理；全面完成“四项费用”控制和“小金库”专项治理工作；深化企业清理规范，对105个企业逐一清理，保留规范50个，其余一律撤销或转让，已完成20个企业的撤销、转让工作。

在预算执行方面，坚持“一把手”负总责和年度考核评优评先“一票否决”制度。将预算执行与业绩考核相挂钩，形成分级负责的预算执行责任体系；主动采取措施，及早进行部署，年初下达任务书做好生产准备，年中加强生产调度，实行月进度通报；对预算资金总量大、执行进度缓慢的单位进行重点调研，帮助解决问题。经过全局共同努力，全年完成预算支出31.3亿元，较上年增加4.3亿元，国库预算执行率达到80%，较上年增长9个百分点。广州海洋局、航遥中心、发展研究中心等单位措施有力，超额完成本单位预算执行目标，为全局预算执行率达到80%作出了积极贡献。

（四）主动服务经济社会发展，调查支撑能力不断提升。

一是服务国家重大决策水平提高。贯彻落实中央关于立足国内，提高能源资源保障能力的重要指示，组织动员全国力量，迅速研究编制地质矿产保障工程总体方案，对国家地质工作进行了全面系统的规划部署。积极响应中央应对国际金融危机、扩内需保增长的重大决策部署，主动联系铁道、交通、建设、环境、水利、电力、测绘等部门，开展需求调研，超前部署一批地调项目，及时提供基础地质资料信息服务。主动服务国家区域战略发展战略，系统策划、组织开展长三角、环渤海、珠三角、北部湾、海峡西岸等重要经济区和武汉、长株潭、鄱阳湖、成渝等城市群地质环境调查评价工作。应对全球气候变化，研究编制了向国务院报送的《应对全球气候变化工作情况报告》，向我国政府出席哥本哈根气候变化会议的代表提供了报告手册，编制了应对全球气候变化的地质工作方案和项目建议书。针对国内企业抢抓机遇、加快走出去步伐的迫切需要，加大了为境外矿产勘查开发提供信息服务的力度。

二是支撑国土资源管理成效明显。围绕国土资源管理中心工作，推进矿情“三项调查”，开展矿山遥感监测。积极参与国土资源“十二五”规划和国土资源调查评价规划研究。及时参加部组织的地质灾害应急调查、汛期巡查和三峡库区、地震灾区地质灾害防治督导等工作。配合部相关司局研究起草了《矿产资源节约与综合利用部署方案》、《境外矿产资源风险勘查部署方案》、《矿山地质环境治理恢复部署方案》以及相关管理办法。

三是统筹部署和组织实施能力明显提强。围绕国家需求，超前部署，围绕“四重”地区，多专业、多学科综合部署，配合部省合作，统筹各方资金，统一部署。各相关单位以部省合作为契机，加强与地方国土资源管理部门和地勘单位的联系沟通，组织编制实施方案，初步实现了中央与地方财政投入统一安排，中央和地方地质工作统一部署，对外沟通协调能力明显提高。西安地调中心与新疆、青海、宁夏等省（区）积极沟通、对接业务，保证了部省合作的顺利实施。武汉、成都、南京、沈阳、天津等地调中心也都主动与地方联系，了解需求，业务互动，取得了很好效果。

四是地质调查能力不断提高。通过重大项目组织实施，锻炼了队伍，增强了野外实战能力。特别是大区地调中心，通过十年建设，基本实现了队伍业务转型。专业调查中心，通过改善装备，加强业务建设，专业调查能力大幅度提升，达到国内领先水平。世界最先进的海洋地质综合调查船“海洋六号”投入使用，显著提升了调查能力。集成开发航空地球物理勘查技术系统，明显提高了调查精度。

五是科技创新能力持续提升。科技体制改革不断推进，国家科技投入增加。技术研究开发取得一批创新性成果，地科院在地质调查主战场发挥重大作用，影响力显著提高。局系统各单位共承担国家各类项目（含课题和专题）640 项，年度总经费约 4.85 亿元。广州海洋局和水文环境所承担国家“973”计划 2 项。航遥中心承担“863”计划重大项目 1 项，物化探术、勘探技术所、航遥中心、广州海洋局承担“863”计划重点项目 5 项。地质力学所承担国家发改委卫星应用高技术产业化专项。组织实施深部探测技术与实验研究专项和汶川地震带科学钻探工程专项。整合大陆动力学和同位素 2 个部级重点实验室，完成了国家重点实验室建设方案申报，大陆动力学实验室获得“全国科技创新群体”称号。在已公示的国土资源科学技术奖励项目中，有 2 项成果获得一等奖，18 项成果获得二等奖。发表学术论文 1622 篇，其中 SCI 等检索的有 282 篇。获得专利 42 项。成都中心等 4 个单位荣获全国野外科技工作先进集体，许志琴和陈毓川两位院士荣获野外科技工作突出贡献者，袁道先院士、叶天竺研究员等 14 人荣获全国野外科技工作先进个人称号。

六是信息服务不断改进。加强信息资源采集、整合和积累，新完成 4000 种地质资料数字化，累计完成 3.8 万种馆藏资料数字化。国家地质资料年服务量已达到 12 万人次。加强地质信息资料深度开发，探索地质资料信息服务集群化产业化。利用国际合作与交流、境外地质调查和周边国家对比研究等成果，丰富了全球矿产资源信息系统，借助网上境外地质矿产信息服务和境外矿产勘查论坛平台，向国内 260 多家单位提供了境外矿业投资政策、矿产地质信息资料等信息 500 多条。已成功引导国内企业在马达加斯加、津巴布韦、埃塞俄比亚、吉尔吉斯斯坦和老挝等国家开展矿产勘查工作，并登记矿权。

七是国际影响力得到提升。深化了多边国际合作，积极参加国际地科联、CCOP、东盟 10 +3 等国际及地区国际地学组织活动，推动我国地学专家发挥专业优势在国际滑坡协会、国际盐湖协会、CCOP 等国际组织中担任重要职务。地质研究所北京离子探针中心充分发挥技术优势，实现了澳大利亚科廷大学远程共享服务和远程控制，提高了仪器使用效率和应用水平。组织召开了全球地球化学填图、探月与地学科学、地方病与地质环境国际学术研讨会等国际会议，举办了国际城市遥感大会、东盟 10 +3 地学信息共享研讨会、东南亚中南半岛及中国西南邻区和中俄蒙等毗邻地区地质矿产国际研讨会等。加强了双边国际合作，与英国等 8 个国家地调机构签署了地学合作谅解备忘录。充分利用地缘优势，组织开展了 1:500 万亚洲地质图、东中亚深部地质构造与成矿作用等合作研究项目。为来自 13 个国家的 37 名地矿官员和学者举办了 2 期援外培训班。

（五）加强干部人才基地建设，夯实事业发展基础。

一是干部队伍建设得到加强。配合中组部开展局领导班子副职后备干部民主推荐和考察，提出局领导班子副职后备干部人选。制定了局属单位、局机关干部调整交流工作方案，正在积极稳妥地实施。完成矿产资源所等单位 11 个副局级领导职位竞争上岗工作。组织开展 6 大区地调中心总工程师公开选拔工作。结合巡视工作，开展干部选拔任用工作监督检查，整治选人用人不正之风，提高选人用人公信度。

二是人才培养力度加大。研究制定依托项目及重点实验室、高等院校培养人才措施，推进人才规划落实。选派 22 名处级以上干部参加党校和干部学院学习培训。与中国地质大学合作培养 60 名矿产资源专业博士研究生。选派 3 名处级以上干部参加 MPA 学历学位教育。选派3名干部到局属单位和地调院锻炼，安排12名局属单位和地勘单位干部到局机关挂职。举办各类技术培训班，3000多人次参加培训。

三是人事制度改革稳步推进。全面部署局属单位岗位设置管理改革，开展了航遥中心等5家单位改革试点。经过与人社部、财政部多次协调汇报，将天津地调中心等8家单位职工工资纳入野外地质勘探队工资标准。完成了196名离休人员津贴补贴清理规范工作及34名离休人员提高享受医疗待遇工作。

四是基地与装备建设进展顺利。开展京区科研实验基地建设规模论证，得到部规划司和北京市国土局的支持，基地选址等工作正在积极推进。沈阳地调中心、岩溶地质所、勘探技术所、青岛海地所和航遥中心等单位新基地建设取得重要进展。武汉地调中心、成都地调中心科研实验楼陆续建成并投入使用。全面完成地质队伍“野战军”技术装备专项采购工作。完成2010年度中央级科学事业单位修缮购置专项资金项目申报工作，大型科学仪器陆续到位。

（六）全面推进党建工作，队伍凝聚力显著增强。

一是党建工作得到加强。各单位认真学习贯彻党的十七届四中全会精神，紧紧围绕地质调查中心工作，发挥各级党组织战斗堡垒和广大党员先锋模范作用。围绕国庆60周年，广泛开展创先争优活动和各种形式的主题教育活动。天津地调中心、广州海洋局、航遥中心、发展研究中心、地科院、地质研究所、地质力学所等单位开展“七一”主题党日实践活动，组织参观爱国主义教育基地。2009年涌现出部系统先进党支部18个，优秀共产党员39名，优秀党务工作者20名。

二是队伍作风进一步改进。各单位把转变作风与地质找矿改革发展大讨论、业务工作及党风廉政建设工作紧密结合，以实施“凝聚力工程”为抓手，转变作风，凝聚共识。通过作风建设活动，全局上下谋发展、干事业、比奉献、树形象的自觉性和主动性明显提高，深入实际、服务基层的意识明显增强，执行能力进一步提升。

三是精神文明建设成果丰硕。认真组织实施凝聚力工程，召开实施凝聚力工程座谈会，交流经验，明确重点，达成共识。各单位开展了学唱爱国歌曲、观看国庆献礼影片、举办知识竞赛、参观“辉煌六十年”成就展等丰富多彩的系列活动，组织局系统首届职工篮球赛和职工文艺汇演，唱响主旋律，展现新风貌，增强凝聚力。广泛开展群众性精神文明创建活动。环境监测院坚持不懈抓共建，取得了积极成效，得到中央国家机关、首都文明办的充分肯定，作为先进单位在中央国家机关“首都城乡共建工作会”上作了主题发言。发展研究中心被首都文明办授予2009年度“共建文明京郊行”先进单位。

四是党风廉政建设扎实推进。坚持教育、制度、监督并重，全面落实党风廉政建设责任制，以加强经济管理为重点，以巡视、内部审计和专项检查为抓手，严肃查处违纪违规案件，积极推进惩治和预防腐败体系建设，为地质事业健康发展和队伍凝聚和谐提供有力保障。

过去一年，各单位领导班子通过“大讨论”和作风建设活动，谋全局、谋长远的意识进一步增强，战略思维、创新思维能力进一步提高。面对机遇与挑战，大家趁势而为、迎难而上，很努力，很辛苦，也很有成效。这些成绩的取得，凝聚着大家的心血和汗水、努力和奉献。我代表局党组，向大家表示衷心的感谢！

二、2010年重点任务

2010年工作总体思路：按照部党组要求，着力转变观念，解放思想，持续探索创新，巩固扩大“大讨论”成果，进一步完善定位，明确使命，转变工作方式，切实增强执行力，以推进地质找矿新机制和大项目机制为抓手，立足基础，强化应用，加强整体谋划，加强总结提炼规范，狠抓项目管理，突出业务建设，增强服务功能，在出成果出人才上狠下工夫，力争地质找矿有更大的突破，地质环境保障能力有更大的提高，服务国家重大决策和国土资源管理中心工作取得更大的进步。

总的要求，指导思想上，在做好“四两”的同时，拨好“千斤”；工作推进上，要服务找矿、推动找矿；工作抓手上，推进新机制，做实大项目；工作落实上，要任务落地，责任到人。

（一）协调联动，推进新机制落地。

一是全面完善工作部署。以部省协议为平台，延伸部省合作模式，在部机关司局指导下，与各地全面进行业务对接，按“三年见成效、五年有突破、八年重塑新格局”的要求，编制翔实的工作方案，统筹中央、地方投入，积极引进社会投入，形成全国统一的地质找矿行动计划。以此为带动，推进与地方合作，统筹开展各类广义环境地质工作，强化基础地质调查，充分发挥地质工作的基础性、先行性作用。

二是加强沟通协调。局机关和大区中心要积极主动与国土资源管理部门协调沟通。配合部有关司局做好整装勘查区矿业权设置、建立找矿激励机制、完善勘查成果收益分配机制。会同省级国土资源管理部门，落实项目，落实勘查单位，加强项目监管，创造良好工作环境。

三是充分发挥合作项目办公室作用。合作项目办公室是推进部（局）省合作的重要平台，是重要的合作桥梁和纽带。大区地调中心要切实负起责任，主动与国土资源管理部门联系，组织专家团队，保证每个整装勘查区有专人负责、有专门项目团队、有专家指导。密切跟踪项目进展情况，定期召开工作调度会。定期开展项目评估。

（二）总结谋划，启动保障工程。

一是做好大调查总结。各单位、各部门要在总结盘点和成果梳理基础上，以组织实施 2010 年地质调查项目为抓手，全面系统梳理 10 年来地质调查成果。承担计划项目的局属单位要加强组织协调和指导，做好综合集成，以出有影响力的重大成果为目标，按照重要成矿区带、重要经济区、重大工程区和重大地质问题进行系统总结梳理。形成报告向国务院汇报。

二是加强成果宣传。组织好地质大调查成果发布会，办好地质大调查成果展，拍摄一部反映地质工作题材的电影，编辑出版一本地质大调查的大型画册，出版一本反映 21 世纪地质找矿重要成果的报告文学。进一步扩大地质大调查成果的影响，提高地质调查工作的社会知名度。

三是启动好保障工程。《地质矿产保障工程》中重要矿产资源勘查专项已初步明确由地调局负责组织实施，此项工作即将全面铺开，各单位要高度重视，加强协调配合，统筹推进各项工作。积极配合部相关司局做好《地质矿产保障工程实施方案》的论证，为“十二五”开好局、起好步。

四是谋划好“十二五”。修改完善“十二五”及更长远国家地质工作部署，统筹考虑地质调查工作部署与国家需求，做好区域和专业布局，进一步明确“十二五”地质调查总体目标任务。下决心打破专业分割，统一部署好陆地、海洋、境外国家地质工作。

五是完成好 2010 年地质调查任务。目前，任务书已经下达，正在组织编制工作设计和工作方案，要抓紧组织完成设计审查，做好项目各项准备工作，保证技术人员配置，对施工进度、外协课题、项目质量等加强管理，确保全面完成全年工作任务。

（三）狠抓业务，加强项目管理。

一要完善项目管理制度。按照大项目机制，尽快完善项目管理办法，特别是部省合作地质调查项目监督管理的新办法、新机制。建立专家巡视制度，对项目进行全面指导和监督检查，彻底改变重立项、轻监管的局面。对于重大项目，特别是有望有重大突破的项目，要优化管理环节，提高实施效率，确保出重大成果。采用竞争方式，优选项目负责人，建设好业务团队。对重大项目加强重点指导和监督检查，强化协调服务，建立重大进展情况直报制度，形成顺畅的信息渠道。

二要加强质量管理。各单位要成立以单位一把手为第一责任人的质量管理领导小组，负责项目施工质量和技术工作，严把质量关。建立项目施工质量和工作质量动态分析制度，提高质量管理水平。继续开展年度项目检查和复查工作，及时跟踪、发现、通报和纠正项目存在的质量问题，杜绝重大质量事故的发生。

建立完善的质量管理体系和标准体系。各单位要认真做好质量体系认证贯标工作，推进质量管理体系建设。加强对未建立质量管理体系单位的督促和指导。着手建立地质调查项目的诚信体系，首先在局属单位中进行信用等级制度建设的试点工作，把信用等级作为单位承担任务的重要评价指标。作为直属单位标准应该更高、要求应该更严。在 2009 年标准规范全面清理的基础上，按照计划，完成地质调查、地质勘查等技术标准、规范、规程的“立、改、废”年度工作。

三要严格成果资料汇交管理。对成果评审和验收严格把关，加强对成果资料汇交管理和监督检查，责任到人，探索建立资料及时汇交的常态化管理机制，下大力气解决资料汇交不及时等问题。资料汇交要与立项挂钩，对于没有按时汇交的单位，要追究责任。要加快成果应用转化，将成果资料及时提供政府部门和社会使用。

四要加强交流与培训。搭建业务交流和资料信息共享平台，定期组织成果交流，召开全国地调院长（站长）座谈会，举办技术骨干培训班。通过“项目联系、业务指导”等方式，密切与地勘行业、科研院所、高校的联系。

（四）完善体制，推进队伍建设。

一是落实部局分工。2009 年 11 月，国土资源部部长办公会议通过了《关于进一步明确国土资源部与中国地质调查局相关工作的意见》，并以会议纪要形式印发。按照责权一致、下管一级的原则，国土资源部对中国地质调查局实行直接管理，地调局对所属单位实行统一管理。地调局根据部的工作规划统一部署和组织实施国家基础性、公益性地质调查和战略性矿产勘查工作，负责地质调查项目的工作部署、立项论证、计划编制、组织实施、成果验收与社会服务工作；负责局属单位财务预算管理和投资管理工作，对预算管理和财务支出等环节负全面责任等。局机关要按照要求，切实履行职责，提高执行能力。要进一步转变观念，转变职能，转变工作方式和工作作风，要注重抓宏观、抓指导、抓监督。要积极主动向部汇报，主动接受部有关司局指导和监督，围绕部的中心工作，做好支撑和服务。按照新的职责任务，局机关要在职能、内设机构和制度上作出相应调整，给科研松绑，给单位放权，把不该管，管不了，管不好的职能交给直属单位，要充分发挥大区中心和地科院的作用，大区中心要切实负起项目管理职责。

二是协调推进队伍建设。配合部落实中央公益性地质调查队伍建设方案、局机关“三定”方案调整等，根据批复拟定相关工作方案，开展局属单位机构队伍建设和结构调整、局机关内设机构和人员编制以及职位设置调整，研究推进局属单位“三定”方案具体实施意见。

三是抓好领导干部队伍建设。建设学习型领导班子。领导干部要树立终身学习的理念，要时刻对自己在学识、眼界、能力等方面的不适应保持警醒，时刻保持忧患意识。要深入学习马克思主义中国化的最新成果，努力掌握贯穿其中的立场观点方法，不断提高运用科学理论分析解决实际问题的能力，要特别加强对形势的学习和把握。各单位党委要坚持中心组理论学习制度，党政一把手要带头学习，局要继续选派领导干部参加中央党校、干部学院学习，要坚持举办领导干部能力培训班，要把学习考核纳入领导班子和领导干部综合评价指标体系。加强领导班子配备、加大竞争性干部选拔和干部交流工作力度，优化班子结构和干部配备。加强后备干部集中补充和培养工作，为班子建设储备后备力量。加强干部管理监督，进一步完善领导班子和领导干部考核评价指标体系，组织开展对领导干部的巡视工作。深化干部人事制度改革，全面开展岗位设置管理改革。按照国家和部的统一部署，组织开展事业单位绩效工资改革。

四是抓好人才工作。贯彻中央人才工作会议精神，组织召开局人才工作会议。印发实施《关于依托项目和重点实验室培养人才的暂行办法》和《关于依托高等院校培养人才的意见》。加大选派处级以上干部参加中央党校、干部学院培训力度，举办高级专业技术骨干培训班，选派年轻干部参加基层锻炼和优秀干部挂职锻炼。做好高级专家、优秀科技人才、留学回国人员科技项目择优资助等推荐工作，开展局优秀专业技术人才遴选工作。严格进人管理，控制人员专业结构和年龄结构，充实野外一线力量，优化人才配置。

五是加强条件建设。以编制局地质技术装备规划为契机，全面启动地质技术装备专项结转投资新增项目相关工作。全力推进海洋地质保障工程装备计划。全力抓好京区科研实验基地建设相关工作，做好建设用地选址、编制基地建设规划暨项目建议书。重点开展沈阳中心、西安中心、岩溶地质所、勘探技术所和青岛海地所新基地建设规划，推进项目落实。

（五）从严要求，规范经济管理。

继续贯彻落实局《关于加强经济管理工作的意见》，力争在财政资金“预算执行”和“经济行为规范”方面再上新的台阶。

一是继续推进内部审计和企业清理规范。完成2009年度各单位经济管理与财务运行审计，完成地科院地质研究所等10个单位2005～2008年度经济管理与财务运行情况全面审计。完善全局企业清理规范方案，做好撤销企业清产核资、财务清算，确保规范有序，不留后患；对拟保留（包括改组改制的）企业，按照“一个企业一个方案”的要求，加快规范发展方案编制与报批，经部批准后，尽快完成规范事宜。

二是仍要抓住财政预算执行不放松。针对国家加大投入、财政部对预算执行率考核提出的新要求，采取积极措施，确保预算顺利执行。实行财政预算月度“支出计划”管理新措施，对月“支出计划”实行动态管理。从3月份开始，对各单位预算“支出计划”完成情况进行跟踪，并对执行动态继续实行月通报制度。对重点难点抓住不放，一抓到底，严防“一点”影响“全局”。主动沟通协调，力争预算及早下达、国库用款额度及早批复，把对预算执行不利因素降到最低程度。

三是认真整改确保经济安全运行。各单位要按照《局关于切实做好审计问题自行纠正工作的通知》要求全面整改，局将对审计问题整改情况，分批进行检查验收。要健全完善财务支出内部控制制度，力争形成费用支出各环节审批权限清晰、责任明确、便于运行与责任追究的内部控制制度，为切实规范财务支出、杜绝重大经济问题发生提供制度保障。

四是加强基础能力建设。继续开展财经法律法规宣传工作，尤其是增强领导、项目业务人员的依法理财意识。加强财务人员培训，更新业务知识。加快推进地质调查项目全成本取费定额的制定。指导各单位制定野外津贴标准与支付办法。加快“财务管理信息系统建设”步伐，实现大额资金流向监督、预算执行进度等有关信息直接提取。充实财务处业务力量，稳步推进部分单位总经济师配备工作。

（六）以人为本，凝聚发展合力。

加强党建工作。认真抓好部党组《关于加强和改进机关党的建设的意见》等3个文件精神的贯彻落实，不断提高党建工作服务地质调查工作的水平。努力建设学习型党组织，以党委理论学习中心组为龙头，以创建学习型党支部为基础，广泛开展学习型党组织建设。开展经常性作风建设，在巩固作风建设活动成果的基础上，使作风建设活动常态化、制度化，积极构建作风建设长效机制。积极做好“服务中心、建设队伍”党建试点工作，探索党建工作在推动地质找矿取得突破中发挥服务和支撑作用。

学习先进典型。李向同志是新时期地质工作者的优秀代表，是局系统广大共产党员的学习楷模。部、局党组分别追授李向同志为优秀共产党员，号召广大党员干部向李向同志学习。要通过电视、报刊、网络等媒体广泛宣传李向同志先进事迹，组织李向同志先进事迹报告团，在局系统开展宣讲。各级党组织要紧密联系本单位实际，坚持以科学发展观为指导，结合建设学习型党组织和讲党性、重品行、做表率活动，认真学习宣传李向同志的先进事迹，以先进典型的示范带动作用鼓舞人心，促进党员干部加强党性修养，增强宗旨意识，改进工作作风，切实增强执行力，推动工作开展。

推进实施凝聚力工程。经过几年努力，我局的实施凝聚力工程得到了有力推进，取得了一定的成绩。要加强对实施凝聚力工程的顶层设计，抓紧调研总结，完善工作方案，细化任务要求，明确工作目标，总结鲜活经验，突出实践特色，创造性地开展工作，务求取得实效。

抓好精神文明创建工作。以创建文明单位为载体，通过开展经验交流、评选表彰以及丰富多彩的活动，把创建活动引向深入。根据中央文明委的要求，积极开展好“城乡统筹、文明先行”社会实践活动。局机关要在不断巩固现有创建成果的基础上，进一步提高创建质量，提升创建层次，争取2010年迈入“中央国家机关文明单位标兵”行列。

加强党风廉政建设。关于党风廉政建设工作，还要召开会议进行部署。要全面贯彻中纪委五次全会精神，认真落实党风廉政建设责任制，健全惩治和预防腐败体系。继续深入开展反腐倡廉教育，构筑抵制腐败的思想防线。严格建章立制，充分发挥制度预防的积极效用和制度惩治的威慑效应，强化制度防腐。加大查办违纪违法案件工作力度，加强对重点部门、重要领域和关键权力行使的监督，建立完善监督和防控体系。继续深入开展巡视工作，加强对局属单位领导班子及主要负责人的监督。

三、牢记使命，持续推进地调局建设

当前，地质工作正处于改革发展的关键节点。能否抓住机遇、趁势而上，实现新的跨越发展，需要我们全体干部职工团结一致、坚定信心、振奋精神，奋力开拓创新，持续推进地调局建设。

（一）要以强烈的责任感使命感履行职责。

克强副总理“8.17”讲话明确指出，能源资源已经成为经济社会发展的瓶颈制约，事关国家核心利益，事关中华民族的伟大复兴。要求我们在地质调查、资源勘探、资源开发和集约利用方面，努力形成一次新的跨越。这是克强副总理代表党中央、国务院向地质工作者提出的新要求，发出的动员令。克强副总理的重要讲话，为我们今后工作指明了方向。完成好这一重大任务，首先要把认识和行动统一到克强副总理讲话精神上来，以此作为统一思想认识的行动纲领，以增强能源资源保障能力作为判断问题的标准。

地调局既是国家地质队伍，也是国家地质业务管理机构，承载着从中央领导到社会各界的殷切期望，履行统一部署和组织实施基础性、公益性地质调查和战略性矿产勘查的职责，肩负着保障资源、服务发展的双重历史使命。我们既要建好自己的队伍，还要指导好地方公益性地质调查队伍建设。既要在国家地质工作中发挥龙头作用，还要做到“四两拨千斤”，引导和拉动商业性地质工作，推动地质事业发展。

履行好国家赋予我们的职责，完成好这一重大历史任务，没有远大的抱负不行，没有强烈的历史使命感和责任感不行，没有良好的作风和执行能力不行。

当前，中央对地质工作支持力度不断加大，财政投入大幅增加，在基地建设、装备更新等方面都给予了大力支持。部党组为更好发挥地调局作用，进一步理顺部相关司局与地调局的职责分工，把权力和责任一起交给了我们。能否完成中央交给我们的任务，尽快实现地质找矿的重大突破，全面振兴地质事业，这对我们的执行能力和工作作风都将是严峻考验和重大挑战。我们的思想观念、体制机制、工作方式与新形势新要求相比还很不适应，对地质工作的大变革、大发展缺乏应有的认识。在当前地质工作大格局中如何找准自己的位置，地调局怎样才能立得住，如何通过我们的工作，与经济发展相结合，为管理服务，推动全行业发展，对这些重大问题还缺乏深入的思考。

我们必须进一步解放思想，创新思路，完善定位。大胆突破固有模式，持续创新，主动作为。全面推动整个国家地质工作，把实现找矿重大突破作为当前一切工作的重中之重，以拓展服务领域，充分发挥地质工作的基础性、先行性作用为使命，突出重点，狠抓落实，全面推进，开创地质工作新局面，为实现中华民族的伟大复兴贡献我们的力量。

（二）坚持地调局建设成功经验。

十年来，在党中央国务院亲切关怀下，在国土资源部的正确领导下，地调局与时代一道前进，与地质事业一道成长，创造了不平凡的业绩，为繁荣地质事业和促进经济社会发展作出了重要贡献。十年来，我们收获的不仅仅是一大批地质找矿成果，更重要的收获是树立了地质工作要更加紧密地与经济社会发展相结合，更加主动地服务经济社会发展的理念。在“十一五”即将完成，谋划“十二五”的重要时刻，深刻总结地调局成立以来的经验并加以长期坚持，对于建设好地调局，持续推动地质事业改革发展具有十分重要的意义。2007 年，我们就“建设一个什么样的地调局”和“如何建设地调局”问题召开务虚会，确立了“事业立局、业务兴局”的发展方针和建设世界一流地调局的目标。通过深入学习实践科学发展观活动，牢固树立科学发展理念，研究破解影响和制约科学发展的突出问题，形成了新形势下推动地质调查工作发展的新思路、新机制。这些需要我们认真加以总结，长期坚持。

一是必须牢固树立服务经济社会发展大局的理念。把地调局工作放到经济社会发展的大局中来思考和谋划，自觉服从和服务于国家发展的总体目标，是我们一切工作必须遵循的原则。地调局只有树立国家利益观念、大局观念和服务观念，急国家之所急，想人民之所想，在推动科学发展、促进社会和谐中不断创造新业绩，才能承担起在经济社会发展中资源环境保障的光荣使命，才能体现在经济社会发展中的重要作用。在当前经济快速发展、资源保障压力不断加大的情况下，我们要更加自觉、更加坚定地深入贯彻落实科学发展观，更加自觉、更加坚定地牢牢抓住经济建设这个中心，围绕扩大内需、转变发展方式和调整结构、保障和改善民生等重大问题，统筹部署好地质工作，加快实现地质找矿重大突破，不断拓展地质工作的服务领域，延长地质工作的服务链条，提高地质工作服务功能。

二是必须充分发挥基础地质工作先行引领作用。基础地质工作是基础中的基础，先行中的先行。夯实这个基础，是实现地质找矿突破的关键环节。加速提高基础地质调查工作程度和服务水平，是地调局的第一要务。要按照区域展开、重点突破的原则，加快提高基础地质调查工作程度，加强矿产资源调查评价、科技攻关和实证示范等工作，为矿产勘查提供靶区，降低风险，为经济社会发展做好服务，提供支撑。要在地质工作大格局中找准自己的位置，既要用好国家财政资金，夯实区域性、基础性地质工作基础，又要“四两拨千斤”，充分调动社会力量，引导拉动商业性地质工作。要通过标准、规范、经验交流、重大问题研究、新技术新方法推广以及资料、文献、期刊等社会化服务体系建设和专业学会、行业协会等各类活动，与地质工作各个领域和各个方面建立广泛、紧密的业务联系，全面推进地质事业进步。

三是必须坚持地质调查与科学研究一体化。解决资源环境重大问题，必须把科技放在第一位。地调局作为地质队伍野战军，必须科技领先，才能在全国地勘队伍中发挥引领作用。建设世界一流的地调局，必须科技一流。实现地质找矿重大突破，必须下大力气解决地质调查与科学研究脱节问题。通过转变观念，创新体制机制，加速实现地质调查与科学研究融合。

四是必须抓好业务带好队伍。地调局是事业单位，要事业立局、业务兴局，坚决纠正地质工作简单化、业务管理行政化的倾向。各项工作要以地质调查为中心，一切服从、服务于地质调查工作。推进地质调查工作，必须贯彻落实科学发展观，切实遵循地质工作规律。地调局是事业实体，必须带好队伍。各单位要研究确定并长期坚持核心业务方向，保持队伍适度规模，加强队伍能力建设。业务建设是队伍建设的基础，要加强队伍能力建设，通过重大项目培养人才，锤炼队伍，提升能力。人才是队伍建设的根本，吸引人才、留住人才、用好人才，是事业成败的关键。

（三）正确看待当前存在的困难和问题。

建局十年来，在历届局领导班子的正确领导下，广大干部职工继承和发扬优良传统，艰苦奋斗，开拓创新，无私奉献，努力拼搏，做了大量卓有成效的工作，取得了重要的进展和重大的成绩，这是有目共睹的。但是地质工作出现了新的情况，中央对地质工作提出了新的要求。面对新情况和新要求，我们的工作和队伍存在一些不适应的方面，仍然存在不少困难和问题。

主要表现在：中央和地方地质工作缺乏统筹协调，地调局在组织公益性地质工作和引导商业性地质工作等方面的调控能力较弱，对于如何衔接和协调公益性地质工作、地勘基金、商业性地质工作缺乏有效抓手。由于地勘管理体制改革还处于不断深化过程中，一些体制和机制性的障碍仍然存在，公益性地质队伍的建设与中央的要求还有很大差距，国家地质工作缺乏激励和约束机制。局属单位调查研究能力特别是野外调查能力薄弱。科技引领、指导作用发挥不够。局机关存在统筹谋划能力不够强，对地质工作整体布局缺乏统筹把握和综合协调。经常性经费严重不足，野外工作人员待遇偏低，基地建设缺口较大等。

这些困难和问题，是在发展中和前进中的困难和问题。在看到困难和问题的同时，更应该看到地调局的发展条件进一步改善，发展环境进一步优化，发展速度进一步加快；地质工作受重视程度更加提高，经济社会发展对地质工作的需求更加迫切，形势发展对我们越来越有利。

从体制上看，回顾10年发展历程，地调局从组建到健全完善，再到升格，虽然坎坎坷坷，风风雨雨，但和成立之初相比，可以说发生了根本性变化，局属单位实力大大增强，队伍面貌焕然一新。局机关逐步从以项目管理为主，加快向统一部署和组织实施国家地质工作转变。经费来源由单一的大调查专项向多专项、多渠道资金转变，资金规模大大增加。对于经常性经费不足、基地建设问题，以及5个转制所困难，中央领导十分关心，部党组高度重视，部领导亲自协调有关部门，积极推进问题解决，局也在不同层面配合推进。

目前，上述问题都取得不同程度进展，相信随着地勘体制改革、事业单位体制改革的深化，将会得到妥善解决。同时也要看到，这些问题的解决，不可能一蹴而就。只要我们坚定信心，持续努力，迎难而上，地调局前进的道路会越走越宽，明天会更加美好。

（四）进一步解放思想，改革创新。

改革开放30年，特别是地勘体制改革10年来，地调局内外部环境、体制机制、工作方式、服务领域都发生了巨大变化。但是，计划经济体制下形成的一些固有的思维方式和工作惯性依然存在。与快速发展的形势相比，我们的思想观念还有很多的不适应，解放思想，转变观念的任务非常艰巨，尤为紧迫。只有坚持解放思想，改革创新，才能担负起历史赋予我们的重任，才能为地调局改革发展注入新的活力。

解放思想，改革创新，首先要跳出自我封闭、自我循环的圈子，克服视野狭窄和安于现状、被动应付的思想，以更高的境界、更宽的视野，从经济社会发展需求、国土资源管理需要和全国地质工作大局中寻找定位、把握方向、主动作为，遵循地质工作规律和市场经济规律，加快推进地质调查工作的根本改变。

解放思想，改革创新，必须突破固有工作模式，构建新机制、形成新模式、开创新局面。要加快构建地质找矿新机制，通过新机制统筹推进地质找矿工作，带动全国地质工作全面发展。地调局要发挥引领作用，统筹部署中央和地方、公益性与商业性地质工作，统筹协调队伍、人才、技术和信息等资源。要坚定不移地推进统筹业务建设和队伍建设的大项目机制。通过大项目的部署和组织实施，摆布好资源、环境和工程的结构布局，妥善处理点与面、纵与横、调查与研究、调整与稳定、调查与服务的关系，真正从微观走向宏观，实现队伍建设、人才培养、学科发展、能力提升的有机结合，出成果、出人才。

解放思想，改革创新，必须下决心克服坐而论道，切实改进作风，大力提高执行力，在抓落实、求实效上狠下工夫。3年来，我们通过召开务虚会，通过学习实践科学发展观，通过开展大讨论、作风建设和凝聚力工程，工作思路在逐步完善，工作布局在不断优化。但是，很多工作还停留在思路上，落实还不到位，措施还不具体。要按照徐部长的要求，理清工作思路、设计工作抓手、搞好工作布局、完善工作机制。关键是要思路落地、措施到位、责任到人。对于重点工作、重要任务，要抓住不放、一抓到底、抓出成效。

各单位领导要带好队伍，关心职工生活，把职工冷暖放在心上，真正想大家所想，急大家所急，努力营造宽松、和谐的工作环境。目前，与其他地勘单位相比，我们的职工生活待遇还比较低，工作任务十分繁重，很多项目组超负荷承担工作任务。要掌握职工思想动态，千方百计帮助解决实际问题，妥善处理好改革发展稳定的关系。要高度重视安全生产等工作，构建和谐单位。

同志们，当前我们面临加快地质工作发展的良好机遇，任务繁重，责任重大，使命光荣。让我们同心同德，再接再厉，以饱满的热情和更加扎实的作风，抓住机遇，趁势而上，开拓进取，用心做事，努力推动地调局更好更快发展，为经济社会做出新的贡献。

精心组织　务求实效　广泛深入开展创先争优活动

——国土资源部副部长、中国地质调查局局长汪民在深入开展创先争优活动动员大会上的讲话

（2010年6月1日）

同志们：

今天，我们召开会议，主要任务是贯彻落实党中央和部党组的部署和要求，对我局深入开展创先争优活动进行动员部署。4月6日，在全党深入学习实践科学发展观活动总结大会上，胡锦涛总书记对推动学习实践科学发展观活动向深度和广度发展作出了部署，要求在党的基层组织和党员中广泛开展创先争优活动。5月21日，部党组召开了深入开展创先争优活动动员部署大会，徐绍史部长对我部的创先争优活动进行了部署，提出了要求。局党组高度重视，专门进行研究，精心作出安排。刚才，广湧同志传达了党组制定的实施方案，请大家会后认真学习，扎实做好创先争优活动。

下面，我代表局党组，就贯彻落实党中央和部党组精神，深入开展创先争优活动，讲几点意见。

一、统一思想，充分认识开展创先争优活动的重要意义

在全党深入开展创建先进基层党组织、争当优秀共产党员活动，是党的十七大和十七届四中全会作出的重要部署，是党的建设一项重要工作。我们要深刻领会中央领导同志的重要讲话和中央文件精神，自觉把思想认识统一到中央决策部署上来，以高度的政治责任感组织开展好这项活动。

第一，开展创先争优活动，是巩固拓展学习实践活动成果的重要举措。党的十七大对以改革创新精神推进党的建设新的伟大工程作出了全面部署，明确提出要开展两项活动，一是在全党开展深入学习实践科学发展观活动，二是在党的基层组织和党员中深入开展创先争优活动。学习实践科学发展观活动，从2008年3月开始试点、同年9月正式启动，自上而下分3批进行，到2010年2月底基本结束，4月初中央对这项活动做了系统的总结。开展创先争优活动是学习实践活动的延展和深化，与学习实践活动既密切联系又有不同特点。学习实践活动作为集中教育活动，重在解决不适应科学发展观要求的突出问题；创先争优活动重在推动基层组织和党员立足本职，在平时工作中学习实践科学发展观，发挥先锋模范作用。一个重在解决问题，一个重在发挥作用。两项活动紧密衔接、相互促进。在学习实践科学发展观活动中，我局按照中央和部的总体要求，结合工作实际，以构建保障科学发展的新机制为重点，着力转变党员干部不适应、不符合科学发展观的思想观念，认真梳理解决影响和制约地质调查工作科学发展的突出问题，积极构建有利于地质调查工作科学发展的长效机制，取得了扎实成效。同时也要看到，学习实践科学发展观是一项必须长期抓好的重大战略任务，其整改任务的落实、长效机制的完善都需要我们长期坚持不懈的努力和抓好。2009年以来，按照部的部署，我局深入开展了“地质找矿改革发展大讨论”和“作风建设活动”，使我们从思想、工作、作风上都发生了很大变化。这次深入开展创先争优活动，对于我们业务工作、党建工作，对我们各级党组织、广大党员干部，又是一次重大的契机，对于我们进一步建立和完善地质调查工作科学发展的新机制，推动学习实践科学发展观向深度和广度发展，具有十分重要的意义。

第二，开展创先争优活动，是加强党建工作的重要内容。党的基层组织是党的全部工作和战斗力的基础，党员队伍是党发展壮大的力量源泉。近年来，我局党建工作以“三个代表”重要思想为指导，深入贯彻落实科学发展观，以“服务中心、建设队伍”为重点，坚持把业务工作最薄弱的环节作为党建工作的重要抓手，充分发挥各级党组织的战斗堡垒作用和党员的先锋模范作用，形成了良好的工作局面。但是，我们也要看到，一些基层党组织建设有待进一步加强，有的党支部主要负责同志不能很好地履行“一岗双责”，重业务、轻党建，自主开展活动的能力较差，思想政治工作薄弱，对党员的教育、管理和监督不严，作用发挥不够好。有的基层党委对新形势下如何加强和改进党建工作研究得不够，缺少得力的办法和措施。开展创先争优活动，使党组织履行职责创先进，广大党员立足本职争优秀，有利于提升党组织的凝聚力、创造力和战斗力，有利于提高党员队伍

的综合素质和工作能力，有利于解决基层党组织和党员队伍中存在的突出问题；对于充分发挥基层党组织和党员在推动地质调查工作中的重要作用，更好地保持和发展党的先进性；对于适应新形势新任务的要求，更好地统筹推进党的建设各项工作，都具有非常重要的意义。

第三，开展创先争优活动，是提高党员干部能力素质的有效载体。胡锦涛同志曾经指出：贯彻党的理论和路线方针政策，落实中央的各项工作部署，推动经济社会又快又好发展，关键在党，关键在把党员队伍和干部队伍建设好。我局各级领导干部绝大多数是党员，在职职工中有45%是党员，局机关95%的干部是党员。党员干部队伍的政治素质、业务能力和作风状况如何，直接影响着地质调查事业的发展。近年来，各级党组织和党建工作始终把教育好、培养好、选拔好党员干部作为重要目标和基础工程，尤其是通过开展学习实践科学发展观和作风建设等活动，广泛激发了党员干部推动事业发展的积极性创造性，促进了思想认识的提高、能力素质的增强和工作的推动。但也不能否认，虽然经过多次学习教育，也仍有少数党员不注意学习、不钻研业务，管理能力不强，工作效率不高。有的党员缺乏工作预见性和针对性，不善于从宏观角度考虑问题。有的党员服务意识不强，缺乏为基层服务的积极性和主动性。开展创先争优活动，对进一步强化党组织培养人、塑造人、凝聚人的功能；对不断提高党员干部的领导能力、协调能力、管理能力，树立为民、务实、清廉的良好形象；对引导广大党员立足本职、建功立业、增长才干，出色完成各项工作任务，都具有特别重要的意义。

第四，开展创先争优活动，是树立社会主义核心价值观的重要保证。社会主义核心价值观，是实现社会主义价值目标的思想保证和行动指南。党员干部的言行影响着人民群众，决定着政风、民风和社会风气。通过这次开展创先争优活动，就是要使每一名党员干部认真学习掌握中国特色社会主义理论体系，树立坚定的理想信念，树立大局观念，增强全局意识，发扬团队精神，提高推动科学发展、促进社会和谐的过硬本领和实际能力；就是要使每一名党员干部践行社会主义核心价值观，增强为职工群众服务的宗旨意识，树立正确的权力观、地位观、利益观，坚持党和人民的利益高于一切，吃苦在前，享受在后，克己奉公，无私奉献。因此，我们一定要利用这次极好的机会，加强社会主义核心价值体系教育，党员党性教育，使每个党员干部努力做到讲党性、重品行、作表率。

这次创先争优活动任务重，要求高，各级党组织和广大共产党员，一定要深刻认识搞好这项活动的重要性和紧迫性，克服倦怠情绪，积极投身之中，扎实推动各项工作开展。

二、深刻理解，准确把握创先争优活动的任务要求

中央和部党组都明确提出了开展创先争优活动的目标任务、工作重点和有关要求，我局也按照中央和部的部署，结合实际，制订了实施方案，我们要认真领会、深刻理解、准确把握，扎实开展好创先争优活动。

第一，准确把握创先争优活动的总体要求。中央关于创先争优活动的总体要求是：认真贯彻落实党的十七大和十七届三中、四中全会精神，以邓小平理论和“三个代表”重要思想为指导，以深入学习实践科学发展观为主题，坚持从本地区本部门本单位实际出发，改革创新，务求实效，统筹推进党的建设其他经常性工作，充分发挥基层党组织的战斗堡垒作用和共产党员的先锋模范作用，在推动科学发展、促进社会和谐、服务人民群众、加强基层组织的实践中建功立业。深入开展创先争优活动，关键是把握好“推动科学发展、促进社会和谐、服务人民群众、加强基层组织”的总体要求。这是针对全党提出来的，中央、地方、各行各业和各类组织都要按照这个要求，深入开展活动。局党组结合我局工作实际和特点，对4个总体要求，做了进一步细化和充实。这4条要求是一个有机整体。推动科学发展、促进社会和谐，是创先争优活动的着力点；服务人民群众，是创先争优活动的落脚点；加强基层组织，既是创先争优活动的重要目标，也是搞好活动的基础和保证。我们要紧紧围绕这4个总体要求，以“建设一流队伍、强化服务支撑，全面提升地质业务管理和调查服务能力”为主题，通过努力建设学习型党组织，开展经常性作风建设，扎实做好“服务中心、建设队伍”党建试点工作，不断增强基层党组织的凝聚力、战斗力、创造力，进一步提高党员的执行能力、创新能力、廉政能力，大力推进队伍建设和地质调查工作。

第二，准确把握创先争优活动的主要内容。这次创先争优活动，主要内容是创建先进基层党组织、争当优秀共产党员。创建先进基层党组织要努力做到“五个好”，即领导班子好、党员队伍好、工作机制好、工作业绩好、群众反映好；争做优秀共产党员要努力做到“五带头”，即带头学习提高、带头争创佳绩、带头服务群众、带头遵纪守法、带头弘扬正气。这“五个好”、“五带头”是中央按照党章的规定，在总结以往经验、征求基层意见的基础上，根据实践的新要求提出来的。各单位在争创过程中要进一步细化标准，做到简洁可行、好记好评。同时，要注意把建设学习型党组织的要求贯穿在创先争优活动全过程，组织党员干部深入学习领会科学发展观，学习新知识新技能，不断提高思想政治素质和工作本领。

第三，准确把握创先争优活动的方法步骤。按照中央的统一部署和部的工作安排，我局《实施方案》对创先争优活动的方法步骤作了明确规定。一是动员部署。在这一阶段，局制定《实施方案》，召开动员大会，各单位要进一步深入发动，制订方案，明确领导责任，细化工作任务，确保认识到位、组织到位、措施到位，推动活动迅速展开。二是全面争创。各单位党组织和党员要按照《实施方案》，围绕主题，利用载体，突出特色，全面开展创先争优活动。2010年6月至12月，着重围绕“积极投身创先争优活动”开展争创活动；2011年1月至7月，着重围绕“迎接建党90周年”开展争创活动；2011年7月至党的十八大召开前，着重围绕“向党的十八大献礼”开展争创活动。三是点评评议。局党组成员按照工作分工，对联系单位创先争优活动情况进行集中点评和随时点评，实事求是地肯定成绩，指出问题和努力方向。各单位党委对本单位活动进行点评并组织党员群众对活动进行群众评议。局创先争优活动办公室适时对评议进行指导。四是评选表彰。2011年“七一”前，结合各单位基层党组织和党员开展创先争优活动情况，进行“两优一先”评选表彰。在此基础上，组织开展局“五个好”先进基层党支部和“五带头”优秀共产党员推荐评选工作，并为部的评选表彰做好准备。

三、联系实际，推进创先争优活动深入开展

局系统开展创先争优活动，要紧密联系地质调查工作和各单位实际，扎实工作，抓好落实，稳步推进。

第一，推动科学发展，把握根本要求。开展创先争优活动，目的是为了全面提升我局地质业务管理和调查服务能力，推动地质事业更好更快发展。“服务中心、建设队伍”是局党建工作的根本要求。我们就是要以推动地质事业科学发展为目的，把握党建工作的根本要求，统筹推进党的建设其他经常性工作，把基层党组织打造成坚强的战斗堡垒，把党员干部培养成坚定的地质调查事业的先锋模范，将党员干部的积极性、主动性、创造性，进一步凝聚到新时期的地质调查事业实践中来，为推动地质事业科学发展提供有力的制度保障和持久的推动力量，加快地质找矿新突破，充分发挥地质工作对经济社会发展的服务保障功能。

第二，突出争创主题，注重自身特色。主题的确定决定着整个创先争优活动的方向。各单位要结合工作实际确定争创主题。局党组确定我局创先争优活动的主题是“建设一流队伍、强化服务支撑，全面提升地质业务管理和调查服务能力”。各单位党组织，要根据局《实施方案》的统一要求，结合本单位实际，明确创先争优活动的具体主题，分别围绕“创建‘五型’机关、提升服务和管理能力”、“加强队伍建设、推进中心工作”、“推动科技进步、提供技术支撑”和“实现社会共享、服务社会需求”设计符合各自实际的活动载体，丰富活动内容，创新活动形式，增强争创活动的生命力，保证争创活动取得实效。同时，各单位还要注意载体的稳定性、连续性，不要经常变换，防止产生形式主义。

第三，紧密结合实际，积极开展争创。各级党组织要根据单位的实际情况和党员的岗位特点，提出开展创先争优活动的具体要求。局机关的党组织和党员要带好头，搞好机关建设，增强凝聚力。局机关党支部要通过健全组织、落实制度、强化功能等途径，充分发挥机关党组织推动发展、服务群众、凝聚人心、促进和谐的重要作用，为推进队伍建设和地质调查工作提供坚强的政治保证、思想保证和组织保证。局机关党员要立足本职，与时俱进，开拓创新，不断提高领导能力、管理能力，努力创造一流业绩。通过开展争做“五带头”、公开承诺、设立党员先锋岗以及服务中心、服务基层等活动，表现出领导水平、业务能力、服务水平，发挥出党员的模范带头作用。各局属单位党组织和党员，要结合单位和党员各自岗位的实际，积极争创，通过解决单位不利于改革发展的矛盾和导致单位不融合等问题，使活动真正取得实效。

第四，抓好典型示范，注重广泛参与。创先争优活动中，要将发挥先进典型的示范引领作用贯穿始终，将影响和带动群众参与贯穿始终。要注意选树局系统各方面的典型，使大家感到可亲可敬、可学可比，用身边的先进带动党员以更大的热情投入到创先争优活动中去。同时，基层党组织和党员直接面对群众，直接服务群众，群众广泛参与是创先争优活动取得成效的重要保障。要注重听取群众的意见建议，活动情况向群众通报，特别是公开承诺、评选表彰，要主动向群众公示、请群众评议、接受群众监督。通过多种途径，使群众参与创先争优活动的全过程。

四、加强领导，确保创先争优活动取得实效

要按照中央和部党组的部署和要求，采取有效措施，认真组织，有序推进，务求实效。

第一，加强领导，落实责任。深入开展创先争优活动，要在局党组的领导下进行。党组成员集体负责，齐抓共管，并参加所在党支部的创先争优活动。局成立创先争优活动办公室，承担活动的具体组织实施工作。各单位党组织具体负责本单位活动的组织实施，要认真落实领导责任，切实增强争创意识，把创先争优活动作为激发基层活力、提高党员素质、加强党的建设、推动科学发展的重要契机，抓紧谋划部署，扎实推进，确保活动取得实效。

第二，领导带头，率先垂范。在这次创先争优活动中，党员领导干部既要抓好本单位、本部门的争创工作，又要带头参加所在党支部的活动。要求党员学习的，领导干部要先学好；要求党员做到的，领导干部要先做到；要求党员整改的，领导干部要先整改。以身作则，发挥带头作用。各单位党员领导干部要深入调查研究，及时了解活动进展情况，总结活动经验，研究解决问题，指导工作开展。

第三，统筹兼顾，促进工作。当前，我局的工作任务十分繁重，也十分艰巨。因此，一定要把创先争优活动与推进业务工作、实施凝聚力工程和党建试点工作等有机地结合起来，统筹安排，相互促进。要以创先争优活动推动各项工作，并用实际工作效果来检验创先争优活动的成效，切实做到“两不误、两促进”。

第四，积极创新，搞好宣传。局机关和各单位要在开展创先争优活动基本要求的前提下，结合本单位实际，积极探索，大胆实践，以改革创新的精神丰富活动内容，增强活动效果。要搞好宣传报道，利用简报、网络、报刊等宣传阵地，宣传活动的做法和成效，宣传活动中涌现出的争创先进典型，营造良好的舆论氛围和工作环境。

同志们，深入开展创先争优活动，是我局当前和今后两年的一项重要的政治任务。我们一定要认真学习领会中央的精神和部党组的要求，以高度的政治责任感和使命感，全力以赴抓好这项工作，为深入贯彻落实科学发展观，开创地质调查工作新局面而努力奋斗。

中央纪委驻国土资源部纪检组组长王寿祥在中国地质调查局加强地质调查项目经费管理视频会议上的讲话

（2010 年 5 月 27 日　根据录音资料整理）

同志们：

我很高兴参加这次会议。这是一次很好的向大家学习的机会。2010 年 3 月地调局召开了工作会议，同时也召开了党风廉政建设工作会议，徐绍史部长和汪民副部长在会上做了重要讲话，就 2010 年的地质调查工作和反腐倡廉建设，做出了全面的部署，提出了明确要求。现在时间已近过半，希望大家梳理一下上半年工作，看哪些工作已经落实，对正在落实和将要开展的工作要加大力度，抓好落实和推进。接下来汪民同志还要作重要讲话，希望大家把汪民同志的讲话精神学习好、贯彻好、落实好。借此机会谈几点认识和建议，供同志们参考。

地质调查工作是经济社会发展的一项重要的基础性、先行性工作，特别是在资源环境压力越来越大的情况下，作用和地位越来越突出。多年来，地调系统按照党中央、国务院的总体部署，以推动地质找矿新突破，增强服务功能为重点，解放思想，开拓思路，创新机制，着力加强队伍建设和业务建设，各项工作取得了明显成效。尤其是近 10 年来，地质调查为国土资源事业的发展，特别是地质找矿事业的发展做出了重大贡献。地质队伍“特别能吃苦、特别能战斗、特别能奉献”的光荣传统仍然是时代精神。近几年的一些先进单位和先进个人的模范事迹，让我们很受感动、很受教育。我感到，地质调查队伍是一支可亲、可敬、可信的队伍。根据这些年我对地质调查工作情况的了解，谈几点认识。

第一，地质调查围绕中心、服务大局全面发挥了地质调查机构的职能作用。局党组把地质调查工作放在经济社会发展的大局中去进行思考和谋划，服务和服从于经济社会发展，转变发展方式和调整结构，不断拓展地质工作服务领域。围绕扩大内需，在保障和改善民生等重大问题上及时跟进，在抗震救灾、地质灾害防治、抗旱扶贫、为民找水等方面做出了重要贡献，得到国务院领导及部党组的充分肯定，得到了广大人民群众和社会的认同，产生了良好的影响。

第二，不断改革创新，全面推进了地质事业的发展与进步。随着市场经济的建立和完善，地质工作遇到了许多新情况和新问题，地质事业的发展面临着前所未有的挑战。地调系统通过深化改革，实现了“三个创新”：一是努力实现工作管理体制和工作机制创新；二是努力实现地质找矿机制创新；三是努力实现科学技术创新。没有创新就没有发展。全系统以开展“地质找矿改革发展大讨论”为契机，进一步统一了思想，提高了认识，坚定了信心，明确了方向，在思想上、制度上和工作推进等方面都取得了一系列重要成果。总的看，当前地质调查的工作思路更加清晰，工作重点更加突出，工作措施更加有力。

第三，科学研究和科技创新进一步融入地质调查工作，做到了“两不误、两促进”。坚持把科技创新放在第一位，强化人才培养，加强科技队伍建设，初步形成了以科技带项目，以项目促发展，科学研究和项目实施相结合，形成了相互促进的良好局面。

第四，地质调查队伍的建设进一步加强。从管理结构上看，地质调查局履行着领导管理、组织实施、科学技术研究应用、项目安排、资金使用、技术开发、部门协调、企业协作等职能，具有广泛性、延伸性和多样性。从任务上看，地质调查队伍既承担组织实施基础性、公益性地质调查和战略性矿产勘查的职责，又担负着资源保障、服务发展的双重使命。面对这样一种领导体制和工作职能，全系统不断加强干部队伍建设，调整业务结构和干部队伍结构，充分调动干部职工的积极性，领导班子和干部队伍建设进一步得到了加强。

第五，地调局机关和系统从源头上预防腐败的工作机制基本形成。局党组历来高度重视党风廉政建设工作，认真落实党的十七大和十七届三中、四中全会精神，按照中纪委历次全会和国务院廉政工作会议部署，反腐倡廉工作坚持标本兼治、综合治理、惩防并举、注重预防的方针，在教育、制度、监督、改革、纠风等方面不断取得阶段性成效。最大的特点是，把反腐倡廉工作融入到地质调查工作管理之中，结合本部门实际，构建具有地质调查部门特点的惩治和预防腐败体系。

这次地调局召开的“加强地质调查项目经费管理视频会议”，是地调系统落实全国国土资源党风廉政建设工作会议精神的重要举措。这次会议也充分体现了局党组对管好项目、管好资金的决心，充分体现了局党组确保地质调查事业健康顺利发展的决心，充分体现了局党组对党风廉政建设的高度重视。

这几年，中国地质调查局把地质调查项目经费管理作为项目管理的重要内容来抓，在建立和完善制度、预算标准的制定、经费使用的监督检查、人员培训、经费监督审查专家队伍建设等方面做了大量卓有成效的工作，已经建立起较为完善的项目经费管理体系，培养了一支业务精通、能力较强的经济管理专业队伍，为地质调查项目管理及全系统反腐倡廉建设奠定了良好的基础。在肯定成绩的同时，我们还应当看到，当前涉及地质调查项目管理和资金使用的一些违法违纪的案件还时有发生，违反财务规章制度的现象还屡禁不止，有些单位项目经费使用还经不起审计。有的单位在项目经费管理上出现的问题和漏洞也确实毁掉了一些干部，一些责任人、当事人受到了党纪政纪和责任追究，有的是领导干部，有的是业务技术骨干、甚至是专业的领军人物，教训是深刻的，发生这些问题也是令人痛心的。对于这些问题，要引起我们的高度警觉和重视。下面我提几点建议，供大家参考。

第一，要进一步提高对项目和资金管理的重要性、紧迫性的认识。近年来，国家财政对地调系统的投入不断加大，渠道不断增多。2010 年，项目经费就达到 50 亿元，项目承担单位总数达 164 个，除地调局系统外，有隶属于中央和地方的其他单位 136 个。从项目实施的特点上看，项目经费数额大，承担项目单位数量多，行政隶属关系复杂，管理的性质有差别，执行财务会计制度多样。项目执行是否好，资金使用是否规范，备受各方面的关注。国土资源领域是党风廉政建设的重点领域，项目资金管理和使用也是纪检监察机关、检察机关、审计部门重点监督的环节和部位。因此，我们一方面要做好项目实施和资金管理的各项工作，另一方面要经得起各方面的监督检查，能不能经得起检查，这是对我们管理水平和执政能力的检验和考验。我们有的干部是从技术岗位直接走上领导管理岗位的，由于多方面的原因，对于项目管理和资金管理还缺乏一定的经验，遇到一些较为复杂、重大的问题时，不敏感、不敏锐、甚至是麻木，发生了一些不该发生的事情。还有个别的领导干部重业务、轻管理，对制度建设抓得不实，投入精力不够，对本单位出现的倾向性问题，不能采取有效措施及时加以解决，由小错酿成大错，由个别问题发展到系统性、倾向性问题。对此，各级领导干部尤其是主要领导干部要把项目和资金管理摆在更加突出的位置，增强大局意识、责任意识，本着对地质调查事业高度负责、对广大干部高度负责的态度，管好项目用好钱，确保项目和资金安全，确保广大干部职工的政治安全，这是领导干部的政治责任。

第二，抓住管理中的重要环节和部位，切实加强监管。对于地调系统，项目管理、资金使用应该是容易发生廉政风险的主要环节和部位。从以往的情况看，涉及项目和资金，主要在以下几个方面容易发生问题。一是预算编制不实，少数单位对预算编制不够重视，工作部署不够严密，存在虚报工作时间，虚报人数、虚增费用、重复申报等问题；二是预算执行不严，一些项目存在不履行审批程序、擅自调整工作量、无预算增加项目工作内容等现象；三是违规超范围开支，违规列支奖金、福利等费用，项目支出单位不同程度存在人员费、外协费超比例，费用项目超预算，项目间互相挤占等情况；四是资金管理不规范，主要体现在会议费、劳务费、外协费、野外补助支出不规范，还有一些项目人员长期借用备用金、且金额较大；五是挤占、挪用项目经费，开假发票、虚开发票套取项目资金等；六是疏于管理，有的单位重申请项目、要资金，项目到手、资金到位一分了之，对于项目和资金预算执行情况监管不到位。各单位按照局党组的要求，对项目管理和资金的管理运行情况进行梳理，进一步查找可能发生问题的风险点，围绕风险点建立和完善制度，加强监督检查。要结合本部门的实际，采取几项实实在在的措施，制定几条过硬的制度，针对性要强，好记，好操作，防止一些制度流于形式，停留在嘴上，挂在墙上。要抓住管理中的这些主要环节和部位，适应从重项目争取向项目资金安全、实施效果并重上转变，项目到手后，更要注重资金的安全高效实用，更加注重项目的实施效果。各单位领导都要高度重视起来，抓住管理中的重要部位和环节，亲自抓、认真抓，严格管理，严格要求，加强对自己分管或者主管部门的重点环节和部位的监管，确保不出问题。

第三，领导干部要时刻保持清醒的头脑，正确认识自己手中的权力。领导干部，尤其是在一些重要岗位上的领导干部，在工作中必须坚持原则，慎重对待自己手中的权力，在工作中必须严格履行职责。尤其是重要事项、重要人事安排、重要项目以及重大资金安排上，一定要慎重。今天在座的各位，身上的责任很大，手中的权力也不小。平时做事情，要严格按照程序办事，临时动议，随意变通，发生在我们身边的案例不少，造成的后果和教训极为深刻。地质调查项目和资金管理属于重大项目和重要资金，属于中纪委规定的“三重一大”内容之一，项目安排和资金使用必须经过集体讨论和决定，这是一条铁的纪律，违反这一条即使没有谋取任何私利，也要承担责任。领导干部手中都有一定的权力，权力越大，责任就越大，风险也越大，权力和风险相伴而生，从反腐倡廉的角度看，权力在哪里，腐蚀就延伸到哪里，因此，管项目、管钱是高风险的岗位，我们时刻面临着腐蚀和反腐蚀的考验。现在社会环境复杂，我们要时刻保持清醒的头脑，大家要注意清理自己工作和生活的人文环境，清理自己的交往圈，增强防范意识。

第四，严格履行工作程序，按规章制度办事。在项目和资金的管理上一定要把握好，你应该做什么，你能够做什么，你做了什么。应该做什么，就是必须清楚自己应该履行好的职责；能够做什么，就是必须清楚有些事情不是自己能够决定的，如何要妥善地加以处理和解决；做了什么，就是要看自己应该履行的职责是否严格按程序做到了，做好了，一定要把自己应该做的都做好了。疏于管理是不称职；不正确履行职责是失职；造成重大损失和影响的，要进行问责。2009年中央印发的《关于实行党政领导干部问责的暂行规定》都有明确的规定，直属事业单位和国有企业参照本规定执行。

强调要确保项目管理和资金使用安全高效，重要一条就是公开公正透明，阳光是最好的防腐剂，做到这一条群众最满意。比如，重要决策程序是否符合规定？首先就要看会议纪要，看谁批准，谁决定的。没有这些记录纪要，怎么能说按照规定履行了程序，进行了集体决策。没有按照程序执行，出了问题，是要追究责任的。作为一个领导者、作为一个决策部门，安排项目和使用资金，责任将伴随终生，如果没有履行程序，不按规章办事，是留有隐患的，只要是国家工作人员，无论是在职，还是退休，不管你走到哪里，都是终身承担着责任，这是铁的纪律。所以，大家一定要严格履行程序，按规章制度办事，不能简化必要的工作程序，这既是对事业的负责，也是对自己和同志们的保护。

第五，总结经验，查找漏洞，完善制度。要按照局党组的要求，认真开展自查自纠，认真总结好的经验做法，在系统加以推广，针对当前存在的突出问题和漏洞，采取有力措施，完善制度，堵塞漏洞，加强管理。纪检、监察、审计等部门要发挥职能作用，加强监管。要严格执行预算管理，在预算标准制定、可行性论证及审查等环节严格把关，有关项目预算及提交成果要按要求及时向社会公开；加强经费监督检查，及时组织对行业地勘单位地调项目经费和大区地调中心承担项目开展监督检查；定期不定期对部分单位的财务收支、领导干部经济责任进行审计；严格项目验收，在严格审核项目成果验收报告的同时，严格核实项目经费使用情况报告，及时发现并处理项目经费管理中出现的问题；严肃查处违纪违法案件，对项目经费管理中发现的违纪违法问题，必须严肃查处，发现一起，查处一起，发挥案件的治本功能，确保系统涉及项目和经费的违纪违法案件明显下降。

中央对国土资源领域的反腐倡廉建设高度关注，2009年以来，胡锦涛、温家宝、李克强、贺国强等中央领导就涉土涉矿腐败问题、国土资源干部队伍管理等问题，多次做出过重要批示。社会各界对涉土涉矿问题广泛关注，能否以党风廉政建设的实际成效取信于民，能否有效遏制违法违纪案件易发多发的势头，确保干部政治安全，确保队伍少出问题，是对我们的严峻考验。绍史同志在2010年召开的全国国土资源党风廉政建设工作会议上指出，党风廉政建设是国土资源事业发展的生命线，要“大喝一声、猛击一掌，进一步警醒起来”，我们要按照部党组和局党组的要求，进一步增强做好反腐倡廉建设的责任感和使命感。加强反腐倡廉建设，为地质事业的发展提供有力的政治保障。

应对气候变化　应当有所作为

——国土资源部总工程师、中国地质调查局副局长张洪涛在全球气候变化研讨会上的发言

（2010年1月）

刚刚结束的哥本哈根会议，集中商讨《京都议定书》第一个承诺期（2008年—2012年）结束后，全球应对气候变化的道路何去何从。以温家宝为首的中国代表团坚持“共同而有区别的责任”原则，加快转变经济发展方式，走中国特色的低碳发展道路，提出中国2020年单位国内生产总值二氧化碳排放比2005年下降40% ~45%的目标。但令人失望的是，会议没有形成具有法律约束力的文件。哥本哈根会议是“一盘没有下完的棋”。

我认为，这一“封棋”，也恰恰给国土资源部提供了一个延长“工作链”、介入工作、奉献智慧的“长考”机会。对此，我们准备好了吗？

一、关于思维和视野

当前气候变化已成为全球最严峻挑战之一。归根结底，气候变化是一个地球科学问题，是一个建立在“地球系统”基础上的全球性环境问题。虽然这一问题已经演变为旨在建立“公平有效”的国际政治问题，那么，更要求我们拓宽视野，主动为国家提供准确可靠的基础数据，主动研究提出在地学基础上的国家战略建议，甚至提供用于谈判的科学数据。

1992年《联合国气候变化框架公约》签署，2005年《京都议定书》生效，“后京都”时代（《京都议定书》目标年2012年、第二承诺期2012~2020年）将开始新的艰难谈判。奥巴马入主美国白宫后，提出了“绿色新政”，国际战略全面调整。因此，哥本哈根会议的博弈异常惨烈，疑窦丛生，各缔约方在“应对气候变化”旗帜下，调动对己有利的国际民心和舆论，释压解套，树立积极的国际形象，积聚主导国际事务的软实力。中国代表团积极工作，沉着应对，获得高分。

国土资源部是国家宏观调控部门之一，担负有对国土资源的规划、保护、管理和合理利用的政府职能，完全置身事外，既无可能，也不应该。李克强副总理在视察国土资源部时就多次要求我部对此多研究，多贡献。因此，我认为当前我们的差距，不在下面，而在管理层面，缺乏全局视野，缺乏主动精神，缺乏深入研究，缺乏有效抓手，就如徐绍史部长多次批评的“了解甚少，研究不多”。

二、关于IPCC（Intergovernmental Panel on Climate Chang）

在服务于国家战略方面，中国的地质学家具有主动性、积极性，但是在服务过程中，许多人对IPCC几乎一无所知。1988年11月，世界气象组织和联合国环境规划署联合成立“政府间气候变化专业委员会”（IPCC），下设3个工作组，主要以科学问题为切入点，对全世界范围内现有的与气候变化有关的科学、技术、社会、经济方面的资料和研究成果作出评估。1988年12月，第四十三届联合国大会（UNGA）根据马耳他政府“气候是人类共同财富一部分”的提案通过了《为人类当代和后代保护全球气候》的43/53号决议，决定在全球范围内对气候变化问题采取必要和及时的行动，并要求IPCC就气候变化的科学知识、气候变化（全球变暖）对社会经济影响、推迟、限制或减缓气候变化影响的对策确定、加强有关现行国际法规、可能列入国际气候公约的内容等进

行了研究。

1990 年 IPCC 发布第一次评估报告，推动了 1992 年《联合国气候变化框架公约》的制定通过，1994 年正式生效，100 多个国家和区域一体化组织成为缔约方。

1995 年发布第二次评估报告，提出了发达国家在《公约》第一承诺期内减排温室气体的定量目标。

2001 年发布第三次评估报告，确认了气候变化的真实性，推动了《京都议定书》谈判进程，2005 年 2 月《京都议定书》正式生效。

2007 年发布第四次评估报告，将国际社会对气候变化问题的关注提升到了前所未有的高度，促使 2007 年联合国召开迄今规模最大的气候变化大会，为《巴厘路线图》形成提供了科学依据，为《京都议定书》第一承诺期（2012 年）结束后减排国际谈判奠定了基础。

4 次报告发布，4 次政治交锋，过程极其复杂。据了解，之后的哥本哈根会议，交锋是主流，谈判是形式，数据是武器。由于国土资源部没有能进入谈判机制，未能在技术层面介入，处于谈判进程的圈外，因此，根本谈不上提供推理严谨的理论说法，以及准确可靠的基础数据，在高层谈判层面就只能“干着急”，有劲使不上。

三、关于科学研究方向

全球气候变化，本身是一个地球科学问题。近年来国土资源部已经做了大量相应的调查和研究。通过长期的地质记录观察，地质专家普遍认为，气候变化的原因是“复杂”的，既有人为因素，更是自然过程，不可简单化。引起气候变化的主因，全球公认是海洋的“深层环流”把大量过剩热量带向北方，深层的寒流向南回流，形成一个相对稳定的全球系统，由于下沉的海水速率变小、深海回流速率减慢，则又会破坏南北热量交换，从而产生了速度调节机制，高纬地区变冷而导致冰期。根据格陵兰冰心记录，距今 1.27 万 ~ 1.15 万年的新仙女木事件，气温的最大降幅可达 8 ℃，之后又在不到 50 年的时间内迅速上升了 7 ℃，海冰消融殆尽，海平面上升 4 ~ 6 m，这些都与人类活动无关，我国黄土区、西太平洋边缘海的海、陆古气候记录中均可找到相应证据。因此，全球“气候系统”涉及一系列地质过程和反馈作用，“气候变化”是一个复杂的非线性系统，在发生机理、突变可能性方面有很大的不确定性。最近曝光的“气候门”事件说明，查清气候变化的“长趋势”更为重要，不能简单化、政治化。

中国大陆处于季风气候的作用范围，属于气候敏感带，也是生态脆弱区，第四纪湖泊沉积、湖泊演变过程、气候突变事件、环境演变趋势和发展规律，具有推测过去、认识现在、预测未来的区位优势。在这方面，地调局岩溶地质研究所的“全球碳循环研究”、地质研究所的“冰盖研究”、地质力学所的“古大湖演化”、航遥中心的“青藏高原雪线退缩调查”等，均具有自己的研究特色。应当鼓励优势集成，调整、整合我部相关研究，近期在以下方面予以加强：地质记录中的气候变化周期性及非周期性变化、自然因素对驱动气候变化的“长趋势”动力学机制、全球气候变化规律及趋势预测，等等。

四、关于碳排放问题

本质上是能源品种优化、非传统能源开发问题，国土资源部具有得天独厚的先发优势。

一是“地热资源”，我国是世界上地热资源储量较大的国家之一，开发利用潜力巨大，据不完全统计，我国温泉有 2300 多处，施工地热钻孔近 4000 眼，已基本形成以羊八井为代表的地热发电、以天津和西安为代表的地热供暖、以东南沿海为代表的疗养、以华北平原为代表的种植与养殖的应用格局。

二是“浅层地温资源（地热泵）”，指地球浅表层参与热量循环、可以被利用的地热资源，不仅可以供热，还可用来制冷，其优点是不受地域局限。我国地域辽阔，在华北、西北、东北等地区更是具备优势，具有重要的现实意义。

三是“干热岩资源”，这是被忽视的重要新能源，据分析，这一资源的热能储量将远远超越目前的化石能源总量，最近美国、日本、意大利等国家忽然加速，起步研究、勘查和试验，有的试验点（如澳大利亚）已经具备商业开发价值，我国正处于大陆板块之间的碰撞地带，是干热岩发育的良好部位，研究分析干热岩热储构造水岩作用和空间分布、开展科学钻探及水流循环试验、探索开发利用、人工储留层建造等关键技术，应当加大力度，加快研究。

四是天然气水合物，这是 21 世纪最有潜力的接替煤炭、石油和天然气的新型洁净能源，同时也是目前尚未开发的储量最大的一种大宗新能源。据估算全球天然气水合物资源总量约为 $1.2\times10^{17}\ m^3$，相当于全球已探明传统化石燃料碳总量的两倍，潜力巨大。

还有更多的新领域，如锂能源、煤层气、页岩气等。因此在非传统新能源的勘查、评价、利用方面，国土资源部具有长期的知识积累，拥有大量的研究成果，具备立足水文地质、工程地质等传统强项，参与快速查明场地条件、岩土体热物理参数（热导率和比热）、地温梯度分布、大地热流值、优选首采地段、地下水水热补给、运移、排泄条件等工作，在碳排方面作出贡献。

五、关于土地利用和林业活动

实现减排目标的主要途径之一，就是促进土地利用、土地利用变化与林业（LULUCF）的有关碳汇，也正是2007年巴厘岛第十三次缔约方会议上的讨论议题。其重点是各国利用碳汇的原则、基础科学、评估方法、核算标准、减排目标；其核心是LULUCF活动造成的碳储量；其目标是有助于生物多样性的保护和自然资源的可持续利用。

国际上把LULUCF活动定义为“森林管理、农田管理、草地管理和植被恢复”，包括对造成碳汇排放的弥补、二氧化碳浓度的增加、氮沉降对碳储量的间接影响、剔除基准年以前因活动造成树龄结构的动态变化而产生的碳汇，等等，并有具体要求。国土资源部在土地管理、土壤土质、土壤碳汇调查方面做了很多工作，积累了海量的数据，理应在国际谈判中体现我们的作用。另外，我部在这方面还有较大差距，如碳汇的“净-净”核算方式、农田管理和草地管理的碳汇公式（不折扣）、植被恢复产生的碳汇（乘以折扣系数）、造林再造林清洁发展机制等，需要积极参与，深入研究。

六、关于地质碳汇潜力

这是国土资源部的强项。

一是岩溶碳汇，岩溶作用是岩溶水系统内可溶岩、水、空气、生物界面之间的地球化学场上能量、物质交换的结果，碳酸盐岩的溶蚀过程是从大气中吸收碳的过程，凝结钙华的过程是碳的排放过程，岩溶系统对碳的调节作用主要以吸收碳为主，全球陆地碳酸盐岩体的碳库容量高达61×10^{15}吨，占全球碳总量的99.5%，我国对岩溶动力系统进行了一系列监测、模拟试验研究，对溶解大气CO_2后的岩溶水的岩溶动力条件和生物作用研究具有优势。

二是土壤碳汇，在IPCCAR4（2006）报告中，提出了农业是当前具有很大缓解能力和潜力的一个重要的陆地生态系统，全球农业减排的自然总潜力高，其中93%来自减少土壤CO_2释放，并认为东南亚是全球最大的农业土壤固碳与温室气体减排的潜力所在。我国目前农田面积为9500万km^2，其中稻田占10%，土壤有机碳储量变化是土壤碳汇研究的关键，通过适当的管理措施，如侵蚀控制、轮作施肥、保护性耕作、秸秆还田、施用有机肥等，都可以使农田土壤碳储量不断增加。我部近年来开展了农业地质调查，在生态系统碳循环通量、储量观测等方面也做过一些工作，初步研究，我国农业土壤在未来50年中年平均可以固定碳93.5×10^6吨/年，若再加上森林、草地和农田之间因土地利用变化而增加的碳，其数量可能更高，为中国的碳循环通量和储量观测奠定了良好的基础。

三是矿物碳汇，其原理是CO_2与含钙镁的矿石进行化学反应，生成热力学上更为稳定的固态碳酸盐矿物及其他副产品，目前国际上提出了两种CO_2的矿物封存方式：一种为异地封存，将矿石等封存原料运到CO_2排放源，通过反应装置将CO_2碳酸盐化，从而达到封存效果，另一种为原位封存，将CO_2直接注入地下多孔的岩石中，使CO_2与岩石直接反应转变为碳酸盐，现阶段国际上原位封存CO_2研究集中于实验室反应速率、CO_2-水-岩石反应的自然模拟和地球化学建模等内容，冰岛政府率先实施了世界上第一个矿物原位封存CO_2的示范工程。我国中科院利用钢厂转炉生产过程排放的废钢渣做原料，提出碳化-分离-回收耦合强化工艺过程，使钙离子转化率达40%以上。

碳汇问题还涉及到许多领域，对于老中青专家而言，其实许多是崭新的、未知的领域，要学习的东西还很多。

七、关于二氧化碳“地质储存”

本质上是一个工程地质问题。

主要指二氧化碳集中排放，分离捕获，注入地下，也是目前世界公认的地质难题。美国、澳大利亚、日本等已经将“二氧化碳地质储存潜力评价”列入国家级的基础地质调查计划，有的开展工业示范，已有数千万吨二氧化碳被注入并安全储存于地下，表明该方法是安全、有效的。中国大陆主要沉积体系发育有十几层以上，层间隔水层、弱透水层构成相对较好的密封条件，广阔的大陆架海底区域也是良好的储存空间，同时我国已经形成上万个油气、煤炭采空区为良好的二氧化碳储存空间，初步估算，我国地质储存总容量约为14 548亿吨。国土资源系统的科研院所已经积累了丰富的海量地质资料。

总之，如何把视野向地球系统拓展，如何认知“全球气候变化”，如何在经济社会“大棋盘”中从容应对，对广大地质工作者既是考验，更是机遇。需要我们坐下来，扎扎实实学习，一步一步探索。

中国地质调查局副局长王宝才在全局安全生产工作会议上的讲话

（2010 年 4 月 8 日）

同志们：

这次会议是我局在全国地质调查工作会议、局 2010 年工作会议结束后，召开的又一次全局性的重要会议。根据会议安排，赵奇同志还要作安全生产工作报告，对近两年的工作进行总结，对下一步工作进行全面部署。这个报告我已经看过，思路清晰、内容全面、措施有力，我完全赞成。受汪民同志委托，谈几点意见，和大家共同学习探讨。

一、深刻认识安全生产工作的极端重要性，切实增强责任感、使命感

党中央、国务院历来高度重视安全生产工作，中央领导多次对安全生产工作作出重要指示，这些大家都耳熟能详。邓小平同志指出："安全生产也是生产力"；江泽民同志指出："隐患险于明火，防范胜于救灾，责任重于泰山"；胡锦涛同志指出："必须坚持以人为本，关注安全，关爱生命，切实把安全生产工作抓细、抓实、抓好"，中央领导同志这些重要指示，为我们做好安全生产工作指明了方向。

局党组高度重视安全生产工作，按照党中央国务院、国土资源部关于加强安全生产工作的决策部署，全面落实安全生产责任制，局长对安全生产工作负总责。安全生产工作是局年度工作会议上的一项重要内容，并且每隔两年召开一次安全生产工作会议，研究问题、总结经验，查找不足、部署工作，局领导在各类会议上、在基层调研期间、在野外检查工作的时候，都始终不忘安全生产，要求大家克服松劲情绪和麻痹大意思想，毫不动摇、坚持不懈地抓好安全生产工作。作为局分管安全生产工作的领导，深感责任重大。安全生产，从大的方面来说，关系人民群众生命财产安全，关系改革开放，关系经济发展和社会稳定的大局；从局的层面来讲，关系职工群众生命财产安全，关系全局改革发展稳定，渗透在地质调查工作的方方面面。地质调查工作性质、工作区域、工作环境十分特殊，我们地调局海、陆、空 3 支队伍一应俱全，野外一线是地质调查工作的主战场。我们的同志长期在高山、高原、荒漠、沼泽、盐湖、丛林和高温、严寒区域工作，在野外工作高峰期，我局有 100 多个野外工作组，近 2000 人，200 多辆车，分散在全国各地工作，条件艰苦，情况复杂，不可预见风险因素非常多。出野外的、飞行的、出海的都是我们的同事，是我们的亲人，安全生产工作容不得半点马虎，也来不得半点虚假，稍有差池就会发生安全问题，给单位职工生命财产造成威胁，严重影响单位改革、发展和稳定的大好局面。安全生产工作非常重要，时刻都不能放松。各级领导干部，尤其是各单位党政一把手，要深刻认识安全生产工作在地质调查事业改革发展中的极端重要性，增强紧迫感、责任感和使命感，坚持"安全第一、预防为主"的方针，把安全生产工作摆在一个更加突出的位置抓紧抓好。

二、客观认识安全生产工作成绩，准确把握当前安全生产工作形势

地调局成立十余年来，经过大家的共同努力，全局安全生产工作有了长足的发展，取得了明显成效，积累了不少好的经验和做法，主要体现在以下 3 个方面：

（一）突出抓基础建设，安全生产服务保障体系更加健全。

局和各单位都制定了较为完善的安全生产规章制度。局制定了安全生产管理规定和地质调查作业突发事件应急预案，编写了野外地质调查安全手册和野外安全行车手册，各单位更新和修订了一批安全生产规章制度。完善的规章制度，保证了安全生产工作的规范运行。建立健全了野外安全生产工作支撑服务体系。从 1999 年起，局先后在拉萨、乌鲁木齐、喀什、西宁、格尔木、玉树设立 6 个野外工作站，为西部艰险地区野外地调工作提供了有力的安全保障和后勤支撑服务。去过西部工作的同志都有比较深刻地体会，到了工作站就像到了家，心里觉得踏实，野外工作站就是雪域高原的 120。

（二）突出抓规范管理，安全生产管理体系更加完善。

重视过程管理，年初召开安全生产工作会议，工作有计划有部署；年中有督促，有检查，重视各项工作落实，组织开展检查，实行安全生产工作季报制度；年底有总结，有考核，有奖惩。重视安全生产责任制执行落实，层层签订责任书，将年度安全生产工作分解到各部门、各岗位，延伸到野外，落实到项目组、落实到具体岗位，加强监督检查和管理考核。经过几年的努力，全局系统已经初步形成了职责清晰、责任明确、科学规范的安全管理体系，保证了全局安全生产工作规范有序地开展。

（三）突出抓重点难点，安全生产工作成效更加明显。

始终突出4项重点工作，通过重点突破防患于未然，2009年度，没有发生一起重大安全生产责任事故，有力地保证了地质调查生产任务的顺利完成。一是积极开展安全生产专项活动。按照国家的统一部署要求，开展专项活动，如安全生产月、“三项行动”、安全生产年活动，各单位结合实际，创新活动载体，丰富活动形式和内容，增强了全员安全意识，提升了野外工作人员的安全技能，专项活动取得了扎扎实实的效果。二是组织开展安全生产大检查。局里每年组织开展一次安全生产大检查，领导带队，从各单位抽调人员，组成检查组，深入野外一线，既查找问题，也互相学习经验，既加强了预警提醒，也促进了隐患整改。三是加强安全宣传教育。全局安全生产宣传教育工作，做到了“三个结合”，即：宣传教育工作结合地质行业特点，结合野外流动分散工作特色、结合野外工作区域实际，保证了宣传教育实际效果。各单位有计划、有针对性地开展宣传教育工作，强化了全员安全发展理念和安全生产意识，做到了警钟长鸣。四是加强重点时段的安全工作。在汛期，加强滑坡、泥石流、洪水、雷电灾害防范；在重大节假日，注重隐患排查，加强值班、值守，做好安全保障服务工作；在重要敏感时期，严格管理，排除隐患，制定预案，严防死守。全局做到了预防在先，积极应对，有效保证了重点时段的安全稳定。

同志们，安全生产工作成绩的取得来之不易，这些成绩是大家共同努力的结果，倾注了同志们大量的心血和汗水。在座的同志都是分管安全生产工作的领导和具体从事安全生产管理的同志，责任大、压力大，大家始终如履薄冰、如临深渊，有时甚至食不甘味，夜不能寐，大家工作很辛苦，在这里，我代表局党组向大家表示衷心的感谢！

虽然全局的安全生产工作取得了不少成绩，但是仍然存在着一些薄弱环节，也有着血的教训。2008年，发生了5起事故，死亡8人，重伤4人，给职工群众造成了不可挽回的重大损失，教训极其深刻。2010年自3月份以来，内蒙古、河南、山西等地连续发生6起矿难事故，确定遇难人数已达79人（数字还在增加），全国安全生产形势仍然非常严峻，我局的安全生产形势也不容乐观。

一是安全生产意识还比较淡薄。有的单位野外工作外聘人员比较多，安全生产意识不强，酒后驾车、超速行车等违章违规现象依然存在；有的同志重工作、轻安全，安全生产工作，说起来重要，忙起来不要。有的单位从业人员素质能力不高，安全生产意识能力不强，致使安全生产责任事故还是时有发生。

二是安全生产管理还存在一些薄弱环节。面对繁重的野外工作任务，安全生产管理力量薄弱，各单位安全生产管理人员多数是兼职，人员精力投入有限，掌握了解野外生产实际情况不够全面，安全生产管理还不到位；安全工作有时强调多、要求多，但是监督少、检查少，监督检查不到位；此外，野外装备整体水平不高，安全生产投入相对不足，与建设精兵加现代化的中央地质“野战军”要求不相适应，在一定程度上也影响了安全生产工作的实际效果。

三是安全生产工作制度执行还不到位。国家、行业有比较健全的安全生产法律法规，部里、局里有安全生产规章制度，各单位也有本单位具体的安全生产管理规定，各级安全生产工作职责任务也比较明确，但说的多做的少，执行力比较弱，还不能完全适应地质调查工作新形势新任务的要求。

上述问题的存在，既有客观原因，也有主观原因。我们必须采取积极有效的措施，主动作为，始终把职工冷暖放在心上，切实关心职工野外工作生活，着力加强安全生产工作力量，着力改善野外工作条件，保障职工生命财产安全，保障地质调查健康发展。

三、牢固树立安全发展理念，扎实做好全局安全生产工作

安全生产工作是一项长期性、艰巨性、复杂性的系统工程，涉及方方面面。2010年中央经济工作会议、全国安全生产电视电话会议、国务院办公厅《关于继续深入开展“安全生产年”活动的通知》（国办发〔2010〕15号），已经对2010年全国安全生产工作作出部署安排，局里也就下一步工作提出了工作重点，即做好“三个突出”、“三个加强”，这些工作都十分重要，需要大家在今后的工作中抓好落实。在这里，我想再强调3点。

（一）牢固树立安全发展、科学发展的理念。

胡锦涛总书记指出：“要牢固树立安全发展的理念，健全和落实各项安全生产制度，强化安全生产责任，有效防范和坚决遏制重特大安全事故”。温家宝同志在2010年“两会”期间突出强调：要“让人民生活得更幸福，更和谐，更加有尊严”。深入贯彻落实科学发展观，推动地质调查事业的科学发展，必须坚持安全发展、科学发展的理念。高度重视和抓好安全生产工作，是坚持立党为公、执政为民的必然要求，是贯彻落实科学发展观的必然要求，是实现好、维护好、发展好最广大人民的根本利益的必然要求，也是构建社会主义和谐社会的必然要求。我们是社会主义国家，我们的发展不能以牺牲精神文明为代价，不能以牺牲生态环境为代价，更不能以牺牲人的生命为代价。生命安全是人民幸福生活的基础，环境安全是人民和谐生活的前提，安全生产是人民更加有尊严生活的具体体现。我们任何一个单位都必须坚持发展，必须圆满完成地调科研任务，但是必须始终坚持“安全第一”的原则。全体干部职工尤其是各级领导干部，必须牢固树立“安全第一”、“安全发展”的理念，始终遵守安全生产各项规章制度，加强学习，加强管理，见微知著，防微杜渐，警钟长鸣。

（二）切实加强对安全生产工作的领导。

安全生产工作关乎地质调查事业改革发展稳定的大局。搞好安全生产，领导重视是关键。各单位一把手对安全生产工作负总责，分管领导要切实履行分管职责，要加强领导，狠抓落实。首先，我们的领导干部必须把安全生产工作放在一个更加突出的位置，深刻领会中央领导同志关于安全生产工作的指示，坚决贯彻落实中央关于安全生产工作的决策部署，深入研究分析安全生产形势和本单位安全生产的总体情况，特别是要关注和解决安全生产工作上的重大问题，要将安全生产工作与其他工作同步规划、同步部署、同步推进。其次，领导干部要深入基层，深入野外一线，到项目组、到野外现场，亲自带班指导工作，督促检查安全生产工作措施落实情况，坚决纠正有令不行，有禁不止的现象。第三，领导干部要带头落实安全生产责任制，把责任落到实处，抓好督促检查，不讲空话，不讲套话，出实招，办实事，在人力、物力和财力上给予大力支持。各单位要以这次岗位设置改革和落实“三定”方案为契机，进一步强化安全生产管理职能，落实好有关职责和岗位设置，更好地推进安全生产各项工作。

（三）切实增强安全生产工作执行力。

各单位要坚决贯彻执行党中央、国务院关于安全生产工作的决策部署，认真贯彻落实部、局关于安全生产工作的具体要求。当前，要抓好“四个落实”，一是落实好“安全生产年”活动，通过开展活动，努力提升安全生产工作水平；二是落实好安全生产责任制，确保责任到位、齐抓共管；三是落实好检查整改，确保隐患排查不留死角，主动整改不遗余力；四是要落实好资料馆、图书馆等重点部位的安全管理，包括防火、防盗，特别要重点抓好车辆交通安全工作，要将车辆交通安全工作作为重中之重，今天，我看大区地调中心的车队长也参加了会议，这点很好，希望你们也要发挥积极作用，在车辆安全管理方面狠下工夫，保证车辆交通安全。

同志们，安全生产工作是一个永恒的主题，我们要始终把安全生产工作贯穿于各项工作之中，落实到日常工作当中，把日常管理工作抓实抓细抓好，努力做到思想上警钟长鸣、制度保障上严密有效、技术支撑上坚强有力、督促检查上严格细致。当前我国西南抗旱找水打井任务繁重，野外地调工作任务繁重，野外项目组即将出野外工作，希望大家从推动地质调查事业科学发展的大局出发，坚定信心、履行使命、扎实工作，为保障地质调查事业安全、科学发展做出我们的贡献！

谢谢大家！

全面贯彻工作会议精神　全力打好五场攻坚战

——中国地质调查局副局长钟自然在全国地质调查工作会议上的总结讲话

（2010 年 3 月 2 日）

各位领导、各位院士专家、同志们：

下午好！为期两天的全国地质调查工作会议圆满完成了各项议程，马上就要结束了。刚才，6 位同志分别代表 6 个讨论组作了很好的发言。下面，我受汪民副部长和局党组的委托，对会议作一个简要的小结。

一、关于会议的基本情况

这次会议是在我国地质工作处于新的历史起点召开的一次非常重要的会议。会议期间，徐绍史部长亲自出席会议，并发表了重要讲话，汪民副部长作了一个很好的工作报告。分 6 个组进行了讨论，并选派代表作了大会交流发言。在讨论交流中，大家提出了不少很好的意见和建议。对此，局里将认真整理分析，吸收采纳。大家一致认为，这次会议准备充分、主题突出、特色鲜明、内容充实、收获很大。会议达到了认清形势、统一思想、提高认识、明确责任、增强信心的预期目的。

（一）会议意义重大。

一是这次会议是在我国应对全球金融危机取得重要成效、经济企稳向好的背景下召开的。2009 年，受全球金融危机影响，资源需求经历了短暂减缓之后迅速回升。随着全球经济特别是新兴经济体的复苏，对能源和大宗矿产的需求旺盛，再加上其他因素，造成资源供需矛盾加剧，资源价格将呈现震荡走高的趋势。从总体上看，地质工作面临的形势依然严峻，地质找矿的压力进一步加大。此外，随着工业化、城镇化、农业现代化、城乡一体化趋势不断加快，对地质工作提出了多样化、高水平的需求，必须开拓新领域，延长工作链。因此，这次会议是部署落实中央关于保持经济平稳较快发展、加快经济发展方式转变，提升地质工作支撑服务能力的重要会议。

二是这次会议是在中央提出“立足国内，增强能源资源保障能力”新要求的背景下召开的。2009 年，李克强副总理先后 4 次就加强地质工作发表重要讲话，特别是在 8 月 17 日视察中国地质科学院，就能否立足国内增强能源资源保障能力，问计于院士专家。他强调指出：地质工作和能源资源关乎国计民生和现代化建设全局；能源资源安全是涉及国家根本利益的重大问题，也是我们必须长期应对的重大挑战；解决能源资源问题，始终要坚持立足国内，主要依靠自己的力量，增强国内保障能力，增加能源资源供应和储备，这样才能把握发展的主动权，更好地维护国家安全。因此，这次会议是部署落实中央新要求、立足国内提高资源保障能力的重要会议。

三是这次会议是在全系统开展地质找矿改革发展大讨论取得重要成效，部党组做出巩固扩大“大讨论”成果、加快构建地质找矿新机制决策的背景下召开的。在 2009 年全国地质调查工作会议上，徐绍史部长提出开展多层面、多领域的地质找矿改革发展大讨论。地调局迅速动员部署，深入调查研究，认真梳理问题，研究制定对策。在大讨论中，我们提高了站位，体现了特色，突出了重点，联系了实际，谋划了部署。通过大讨论，我们进一步认清了形势，提高了认识，梳理了问题，明确了思路，设计了抓手，调整了布局，探索了机制，取得了成效。在 2010 年全国国土资源工作会议上，部党组决定，将巩固扩大“大讨论”成果、切实增强能源资源保障能力作为国土资源系统七大重点工作之一，明确了 5 项主要任务。因此，这次会议是部署巩固扩大“大讨论”成果、加快构建地质找矿新机制的重要会议。

四是这次会议是在 12 年大调查即将收官、“十二五”规划全面部署的背景下召开的。2010 年是承前启后、继往开来的关键之年。必须系统梳理大调查成果，认真总结实施大调查专项的经验教训，尽快启动地质矿产保障工程，协调推进海洋地质保障工程，精心谋划“十二五”地质调查规划。机遇难得，任务紧迫。因此，这次会议是部署全面总结过去、精心谋划未来的重要会议。

（二）会议内容丰富。

这次会议认真学习了中央和部党组关于地质工作的要求，全面总结了 2009 年的工作，深刻分析了当前地质工作面临的形势，系统部署了 2010 年的任务，内容十分丰富。

一是认真学习讨论了党中央国务院关于地质工作的要求。着重学习讨论了李克强副总理 2009 年关于加强地质工作的 4 次重要讲话。李克强副总理从统揽全局、把握未来的战略高度，充分论述了地质工作对支撑中国工业化和现代化的极端重要性，明确提出：解决能源资源问题，必须统筹国内、国际两个大局，立足国内、面向国际；必须加强地质工作，加快推进我国从地质大国向地质强国迈进，实现中华民族伟大复兴。

二是认真学习讨论了徐绍史部长重要讲话。学习贯彻徐绍史部长重要讲话精神，一要准确把握形势，抓住地质调查工作面临的重大机遇；二要进一步解放思想，转变观念，着力解决“三个跟不上”的突出问题，从“三不”走向“三勇”，并努力做到“四个进一步”；三要总结过去三年来探索新机制的实践经验，提炼规范形成制度性成果，建立长效机制；四要准确把握“两个规律”的精髓和新机制的内涵，探索解决好不同性质资金的定位和衔接；五要紧紧围绕经济社会发展的重大需求，统筹谋划“十二五”地质调查工作；六要依托项目实施和与院校的合作，强化科技创新和人才培养。

三是认真学习讨论了汪民副部长的工作报告。汪民副部长从 8 个方面总结了 2009 年地质调查工作成绩，阐释了 2010 年工作总体思路和目标，确定了 6 个方面的主要工作，并在深刻分析当前地质工作面临的形势基础上，提出了构建新机制，实现新突破，全面推进国家地质工作实现新跨越的决策部署。汪民副部长的工作报告对做好当前和今后一个时期地质工作具有重要指导意义。

四是专题研究了地质调查业务、财务和队伍建设事项。两个专题报告分别对 2009 年地质调查业务和财务情况进行了全面系统的总结，对 2010 年业务和财务工作进行了具体明确的部署。通报了地方公益性地质调查队伍能力建设评估情况，并颁发等级证书。

五是分组讨论交流了学习体会和实践经验。大会安排了 6 个组讨论和交流发言。大家针对当前面临的新形势新要求、“三个跟不上”的突出问题、2010 年目标任务，以及地质调查工作的定位、地位、部署、实施、机制、科技、人才、队伍建设与业务建设等议题，谈体会，谈经验，谈意见，谈建议，也提出了一些亟待解决的问题和解决问题的对策思路。大家踊跃发言，献计献策，其中不乏真知灼见。这些交流发言突出重点，各具特色，具有较强的典型性和启发性，很多做法和经验值得大家认真学习借鉴。

（三）会议收获很大。

一是进一步提高了认识。通过学习讨论中央领导同志关于地质工作的重要指示，通过学习讨论徐绍史部长到国土资源部工作以来关于地质工作的 10 次重要讲话，特别是昨天的重要讲话，通过学习讨论汪民副部长的工作报告，大家进一步深化了对做好地质调查工作重要性的认识，同时也感到压力大、难度大、责任大。通过分组讨论和大会发言，大家交流了体会，分享了经验，找到了差距，开阔了视野，拓宽了思路，明确了方向。大家一致认为，通过学习讨论，对过去一年地质调查工作取得的成绩有了更全面的了解，对地质调查工作所面临的机遇和挑战有了更准确地把握，对地质调查工作所肩负的重大使命和主要任务有了更深刻的认识。

二是进一步明确了任务。这次会议认真学习贯彻李克强副总理 4 次重要讲话、徐绍史部长 11 次重要讲话精神，在总结工作、分析形势的基础上，按照部党组确定的“理清工作思路，设计工作抓手，搞好工作布局，创新工作机制”的总体要求，确定了新时期全国地质调查工作的基本思路：工作定位是充分发挥国家地质工作“四两拨千斤”的调控作用、引导和促进商业性地质工作；工作中心是加快地质找矿突破、增强社会服务功能；工作主线是解放思想，改革创新，构建完善地质找矿新机制；工作抓手是实施地质矿产保障工程、海洋地质保障工程和油气资源战略调查专项。按照这个思路，2010 年全国地质调查系统必须全面完成 6 个方面 27 项重点任务。大家认为，通过学习讨论，工作思路更加清晰，工作任务更加明确，工作措施更加有力。

三是进一步增强了信心。徐绍史部长代表部党组从 3 个方面充分肯定了地质调查工作的成绩：第一，服务经济社会发展更加主动，第二，体制机制创新更加自觉，第三，地质调查成效更加显著。徐绍史部长的高度评价大大振奋了大家的精神，大大鼓舞了大家的干劲。当前，我国地质调查工作正面临前所未有的良好机遇。第一，中央和地方人民政府高度重视。第二，经济社会发展对地质工作的需求强劲。第三，地质工作投入加大。第四，有一支素质优良的队伍。第五，有 12 年探索实践的经验和基础。第六，资源潜力很大。大家坚信，在部党组、局党组的正确领导下，我们一定能够破解“思想观念转变跟不上、体制机制改革跟不上、素质能力建设跟不上”三大难题，进一步解放思想，转变观念，不断探索，持续创新，构建新机制，实现新突破，开创国家地质工作新局面。

二、全面落实会议精神，打好五场攻坚战

2010 年是贯彻中央“夺取应对国际金融危机冲击全面胜利、加快转变发展方式”决策部署、服务经济平稳较快发展的关键之年，是国土资源大调查专项收官、谋划“十二五”规划的关键之年，是启动地质矿产保障工程、加快构建地质找矿新机制、实现矿产勘查重大突破的关键之年。各单位要坚决贯彻徐绍史部长的要求，牢牢把握地质调查工作的重大机遇，更加积极有效地推进地质调查工作。要着力转变观念，解放思想，持续探索创新。要着力巩固和扩大“大讨论”成果，担负起历史赋予的重任。要着眼长远，整体谋划，力争实现地质调查工作新跨越。

当务之急，要按照徐绍史部长提出的地质调查工作要完成“矿产资源保障、地质环境保护和技术信息服务”三大任务的要求，按照汪民副部长全面部署的 6 个方面主要工作 27 项重点任务的要求，组织实施好各项工作，特别是要打好 5 场攻坚战。

第一场攻坚战是加快构建地质找矿新机制。要坚定不移地按照巩固扩大“大讨论”成果、加快构建地质找矿新机制的要求，充分利用部省合作平台，整合矿权、资金、技术、装备、人才、队伍、信息等资源，构建中央与地方联合、公益性引导商业性、勘查开发一体化、产学研相结合的地质找矿新格局。要切实落实这次会议的要求，搞好部署、分区管理，搞好协调、统筹推进。当务之急，要充分发挥部省合作项目办公室的作用，积极主动地向部和省厅汇报协商，妥善解决影响新机制的 6 个关键问题。一是切实做好统一部署和组织实施。二是推进整装勘查区的矿业权协调。三是制定中央、地方、企业多元化投资情况下的利益分配政策。四是建立有效的地质找矿激励机制。五是改善地质工作野外作业环境。六是加强地质资料信息共享和技术交流。

第二场攻坚战是着力推进地质找矿重大突破。要坚持“公益工作先行，地勘基金衔接，社会资金跟进，整装勘查，加快突破”的原则，按照“三年见成效、五年大突破、八年重塑新格局”的总体要求，在部的指导协调下，以构建新机制为抓手，努力实现地质找矿重大突破。一是深入推进部省合作。以启动地质矿产保障工程为契机，遵循地质工作规律的要求，从 3 个层面梯次部署和实施矿产勘查工作。第一，加快开展重点成矿区带矿产远景调查。第二，择优开展重要矿产地调查评价。第三，探索推进重点矿区整装勘查。二是组织实施海洋地质保障工程。第一，开展海洋区域地质调查，基本查明基础地质要素。第二，开展重点海域油气资源调查，圈定油气等重要矿产资源富集区。第三，建立海洋地质数据库，及时提供技术信息服务。第四，改进海洋地质调查技术装备，提升调查、科研和服务能力。三是尽快启动油气资源战略调查。协调推进油气资源战略调查专项实施。继续开展油气基础地质调查。加强天然气水合物、油页岩、页岩气等非常规油气地质调查评价。四是加大境外地质工作力度。组织开展境外前期基础地质调查。开展跨境成矿带国际合作对比研究和地质图编制。利用各种渠道收集境外地质矿产信息。迅速扩展全球矿产资源信息系统。及时有效地提供境外技术信息服务。

第三场攻坚战是全力做好大调查收官。一是精心组织实施好 2010 年地质调查项目。二是以项目实施为抓手，全面梳理和综合集成大调查成果。三是科学规划部署“十二五”国家公益性基础性地质调查工作。四是抓好成果的转化应用和对外宣传。上半年要完成对 12 年大调查成果与经验的总结和对“十二五”常态化地质调查的规划部署，形成给国务院的报告，并积极主动地配合部与财政部、发展改革委等有关部门协调，将其纳入国家“十二五”规划中实施。对地方公益性地质调查工作，也要积极汇报协调，纳入省级“十二五”规划。

第四场攻坚战是尽快启动地质矿产保障工程。一是积极配合部做好总体方案和实施方案的论证。二是研究制定项目管理办法。三是选好首批启动项目。四是按照新思路和新机制，依托部省合作平台，精心组织实施地质矿产保障工程。对重点成矿区带矿产远景调查（包括基础地质调查），主要由中央财政联合地方财政出资开展。对重要矿产地调查评价，由中央和地方财政出资开展前期基础性工作，地勘基金积极跟进，引导拉动社会资金投入。对重点矿区整装勘查，主要由社会资金投入勘查，或由地勘基金开展工作引导拉动社会资金投入，特殊情况下国家财政资金可以开展必要的攻关示范。

第五场攻坚战是积极推进国家公益性地质调查队伍建设。中央关于国家公益性地质调查队伍建设的目标和方向是非常明确的。《国务院关于加强地质工作的决定》规定：以地调局直属单位为基础，按照人员精干、结构合理、装备精良、能承担重大任务的要求，抓紧建精建强中央公益性地质调查队伍；省级政府也要尽快建实建强地方公益性地质调查队伍，地调局通过项目联系对其进行业务指导。建设队伍的目标不能动摇，力度必须加大，步伐必须加快。2009 年，部确定了加强中央公益性地质调查队伍建设方案，向中编办、财政部进行了初步汇报协商，取得了积极的进展。局确定了地方公益性地质调查队伍能力建设评估办法，组织开展了部分省级地调院、环境监测总站能力建设评估。2010 年，要在现有工作基础上，抓紧协调推进中央公益性地质调查队伍建设方案的落实。要全面完成对所有省级地调院、环境监测总站能力建设的评估，促进地方公益性地质调查队伍建实建强。

三、关于传达贯彻会议精神的几点要求

关于 2010 年地质调查工作，徐绍史部长在重要讲话中提出了明确的要求，汪民副部长在工作报告中做出了系统的部署。目标非常明确，任务非常具体，关键是要一件一件地安排部署，一步一个脚印地抓好落实，确保会议确定的各项工作得到顺利完成。

（一）抓好会议精神的传达和宣传。

首先，请地调院、环境监测总站、中央管理的地勘单位、有关院校的负责同志及时向主管的厅、局或部门汇报这次会议的精神，特别是徐绍史部长重要讲话和汪民副部长工作报告的精神。其次，各单位要向全体干部职工及时传达，组织学习讨论，使全体干部职工充分认识地质工作面临的形势，全面把握会议的各项部署和安排，进一步增强加快地质找矿重大突破、提高支撑服务能力的责任感和紧迫感。第三，要加大对会议精神的宣传，让全社会都了解地质工作在国家经济社会发展中的重要地位和作用，形成全社会关心地质工作、支持地质工作的良好氛围。

（二）做好重点任务分解和落实。

各单位要紧密结合各自实际，研究制定贯彻落实的具体措施和实施步骤，将会议的各项部署切实分解和落到实处。要细化工作目标，分解任务责任，把目标任务落实到整体工作部署、项目计划安排、野外地质作业、质量安全监控、资金使用监管等各个环节，落实到每个单位、每个项目组、每个工作岗位，确保地质调查项目实施及时启动、顺利实施、如期完成。

局机关各部室要按照“高标准、严要求、快节奏”的原则，加快工作进度，提高工作效率，特事特办，急事急办。要跟踪、指导各单位落实重点工作任务，加强督办、评估，与各单位协调联动，为各单位排忧解难。大区地调中心要切实履行区域地质调查技术业务管理职能，在组织实施地质调查项目全过程中，加强指导、协调、服务、监督。

（三）提高执行力。

各单位领导班子特别是主要负责同志，要按照徐绍史部长的指示和汪民副部长的要求，立即行动起来，雷厉风行，真抓实干，把时间和精力集中到抓落实上来，切实提高执行力。要在解放思想、转变观念过程中提高执行力，在组织实施过程中提高执行力，在完善制度过程中提高执行力，在业务建设和队伍建设过程中提高执行力。对重点工作和难点问题，要抓住不放，一抓到底，抓出成效。

（四）加强监督检查。

2010 年工作任务具有紧迫性与艰巨性。各单位必须高度重视并建立目标任务考核机制，保证各项工作都能有布置，有督促，有检查，有考核，有奖惩。要充分发挥各单位纪检、监察、审计等部门的作用，加强对地质调查项目全过程的监督检查，特别要防止在项目质量控制、资金管理和安全生产等关键领域和关键环节中出现大的问题，确保“项目安全、生产安全、资金安全、干部安全”。

（五）组织开展向李向同志学习的活动。

部党组已经做出在全国国土资源系统开展向李向同志学习的决定。3 月 4 日下午，部将专门召开大会，部署开展学习活动的具体安排。李向同志是我们地质调查系统涌现出来的先进模范代表，李向同志的事迹是发生在我们身边的实实在在、真真切切的先进模范行为。局党组要求，全国地质调查系统要率先开展学习活动，为整个国土资源系统带个好头。广大地质调查工作者要以李向同志为榜样，兢兢业业，扎扎实实，全面完成 2010 年各项工作任务，以更辉煌的成绩，向党、国家和人民交一份满意的答卷。各单位要以开展向李向同志学习活动为契机，以李向精神抓好这次会议要求的落实，推动各项工作再上新台阶。

局直属单位、省级地调院、环境监测总站要抓紧贯彻落实会议精神，在 3 月 20 日前向局报告贯彻落实情况。局机关将在年中和年末组织开展对会议贯彻落实的检查。

谢谢大家！

坚持“三围绕三创新” 开创党群工作新局面

——中国地质调查局副局长钟自然在中国地质调查局党群工作座谈会上的讲话

（2010年10月26日）

同志们：

根据局党组的部署，局直属机关党委组织召开这次局系统党群工作座谈会。会议的主要任务是，贯彻落实党的十七届四中、五中全会精神和习近平同志9月20日到我部视察时的重要讲话精神，总结经验，分析问题，研究对策，探讨在新形势下如何围绕“服务中心、建设队伍”这一核心任务，充实党群工作内容，拓展党群工作领域，创新党群工作方式，提高党群工作成效，增强队伍的凝聚力、战斗力和创造力，促进地质调查事业的科学发展。

我们非常高兴地邀请到部直属机关党委常务副书记侯海生同志莅临会议指导工作。借此机会，向部直属机关党委长期以来对地调局工作的指导和支持表示衷心的感谢！

局属各单位、局机关各部室从事党群工作的同志任务重，压力大，很努力，有成效。在部、局党组和地方党委的领导下，局属各单位、局机关各部室认真贯彻落实科学发展观，坚持围绕中心、服务大局，以建设一流队伍、培育一流作风、创造一流业绩为目标，不断加强基层党组织的思想、组织、作风、制度和反腐倡廉建设，持续开展精神文明创建活动，组织实施凝聚力工程，深入开展作风建设和创先争优活动，使广大党员干部职工的思想政治素质和综合素质明显提高，党委的政治核心作用、党支部的战斗堡垒作用和党员的先锋模范作用得到充分发挥，为地质调查事业的发展提供了有力政治保障。这些成效的取得，是部党组、局党组正确领导的结果，是部直属机关党委悉心指导的结果，是局属各单位、局机关各部室党组织和广大党员辛勤努力的结果。我代表局党组向大家表示感谢和慰问！

谈几点想法，供大家参考。

一、认清形势，明确目标，切实增强做好党群工作的责任感和使命感

（一）中央十七届四中全会对新时期党建工作提出了新要求。

2009年9月18日，党的十七届四中全会通过了《中共中央关于加强和改进新形势下党的建设若干重大问题的决定》（以下简称《决定》），全面分析了世情、国情、党情的深刻变化，指出这些变化对党的建设提出了新的要求。《决定》总结了6条基本经验。以“四个着眼于”作为党建工作着力点，确立了思想、组织、作风、制度和反腐倡廉建设“五位一体”的总体布局，提出了提高党建科学化水平的新要求，明确了党建的总体目标。抓好全会精神的落实，是我们当前和今后一段时期党建工作的重要任务。

（二）习近平同志到我部视察时对机关党建工作提出了新要求。

2010年9月20日，中共中央政治局常委、中央书记处书记、国家副主席习近平到我部视察并作了重要讲话，对党建工作提出了新要求。一是国土资源系统各级党组织要深刻认识和把握经济社会发展的新形势对国土资源管理工作的新要求，不断提高国土资源管理水平，以改革创新精神进一步加强和改进机关党的建设，更好地发挥机关党建工作服务大局、推动中心工作的作用。二是认真贯彻落实新修订的《中国共产党党和国家机关基层组织工作条例》。三是各级党组织在创先争优活动中要走在前、作表率。要紧紧围绕服务党和国家工作大局创先争优，在推动科学发展中走在前、作表率；紧紧围绕保障和改善民生创先争优，在促进社会和谐中走在前、作表率；紧紧围绕改进机关作风创先争优，在服务人民群众中走在前、作表率；紧紧围绕创新机关党建工作创先争优，在加强基层组织中走在前、作表率；紧紧围绕提高干部素质创先争优，在建设一流队伍中走在前、作表率。讲话精神的切实贯彻落实，需要我们党群工作有效地推动。

（三）中央十七届五中全会对地质调查工作提出了新要求。

一是要破解资源瓶颈约束。十七届五中全会做出的《中共中央关于制定国民经济和社会发展第十二个五年规划的建议》（以下简称《建议》）中明确提出，要加强资源节约和管理，落实节约优先战略，全面实行资源利用总量控制、供需双向调节、差别化管理。要加强能源和矿产资源地质勘查、保护、合理开发，形成能源和矿产资源战略接续区，建立重要矿产资源储备体系。

二是要改善民生，提高防灾减灾能力。《建议》就加快地质灾害易发区调查评价体系、监测预警体系、防治体系、应急体系等提出了专门要求。国务院刚刚印发了《关于切实加强中小河流治理和山洪地质灾害防治的若干意见》，要求尽快提高防灾减灾能力，建设地质灾害防灾减灾体系。

三是海岸带、经济区、城市群重大基础设施建设对环境地质工作提出新的更严的要求。

此外，解决“三农”问题、应对全球气候变化、维护海洋权益、参与国际经济政治合作、服务国防等，都对地质工作提出了新的更高要求。

完成上述任务，党建工作必须提供强有力的思想政治保障。

（四）党建工作存在不适应新形势新任务要求的问题。

党的十七届四中全会做出的《决定》中，指出了党内不适应新形势新任务要求的6类问题，包括忽视理论学习、贯彻民主集中制不力、领导班子整体作用发挥不够、基层党组织软弱涣散、有些领导干部宗旨意识淡薄、一些腐败案件影响恶劣等。中央指出，这些问题必须引起全党警醒，抓紧加以解决。

徐绍史部长多次强调，面对新形势新任务，部党建工作的不足主要体现在3个方面：一是党建工作和业务工作“两张皮”、“一般化”的问题还没有很好的解决。二是党的思想建设、组织建设、作风建设、制度建设和党风廉政建设这五大建设如何相互衔接、配套，特别是制度配套的问题，没有很好的解决。三是创新党建工作方式方法，使之更适应形势的需要、党员的需要，这个问题没有很好的解决。这3个方面的不足，也是局系统党建工作中普遍存在的问题。

汪民同志指出，与新形势新要求相比，地调局在思想观念、管理方式上还需要转变，工作上还需要解决基础薄弱、体制机制不顺、服务功能不强、队伍建设不到位等问题。突出地质调查工作的重点，突破地质调查工作的难点，需要党建工作不断创新、发挥作用。

上述情况说明，加强局系统党群工作，增强党群工作服务中心工作的能力，已经迫在眉睫。

二、服务中心、建设队伍，不断提高创新党建工作的能力

（一）围绕中心工作和重点环节，创新党建工作内容。

地调局的中心工作就是科学规划部署和组织实施地质调查工作，为国家经济社会发展、国土资源管理和社会公众提供服务。重点环节就是抓业务、带队伍、出成果、出人才。党建工作要始终围绕地质调查中心工作和重点环节，不断创新工作内容。

一是深入开展学习型党组织和学习型党员活动。抓好十七大和十七届四中、五中全会精神的学习贯彻落实，学习好、贯彻好党的路线方针政策和国家法律规定，准确把握国家经济社会改革发展形势和地质工作任务，加强业务知识、技能学习，不断提高队伍理论素质和业务素质。

二是充分发挥先进典型的激励和导向作用。组织开展评先评优活动，大力发掘、培育、宣传先进典型。在全体干部职工中开展“立足岗位、建功立业、创先争优”活动，评选“建功立业标兵”、“优秀青年”、“巾帼标兵”。当前，要通过创先争优活动营造良好氛围，带动各方面创先争优。

三是加强临时党组织建设。适应地质工作特点，针对地质工作艰苦、流动、分散、突发事故多等特点，总结、推广野外临时党组织建设经验，把党的工作延伸到野外一线，靠前发挥作用。

四是实施好“凝聚力工程”。要发挥党政工团合力，进一步设计好工作抓手，丰富活动内涵，利用这一有效平台，凝聚人心，构建和谐，激发广大干部职工献身地质调查事业的激情。

五是完善惩治和预防腐败体系。围绕权力运行的关键环节、薄弱环节，加强源头防控，完善教育、制度、监督一体化的惩防体系，保证地调工作顺利实施，保证干部职工健康成长。

六是加强地质文化建设。把地质文化建设作为精神文明创建工作的重要载体，坚持继承与创新的结合，提升局系统的软实力，对内营造团结进取、健康活跃、积极向上的氛围，对外树立地调局系统良好外部形象。

七是加强党建研究。坚持理论创新与实践创新相结合，加强总结、提炼规范，不断提高局系统党建工作的科学性、有效性和针对性。

（二）围绕工作难点和薄弱环节，创新党建工作机制。

要按照徐绍史部长关于“把业务工作的薄弱环节作为党建工作的重要抓手”的要求，找准当前中心工作的难点和薄弱环节，调动各方力量，发挥各方面尤其是业务部门的积极性，建立完善相关工作机制，确保党建工作发挥作用。一是通过务虚会等形式，共同查找中心工作中存在问题和难点，达成共识。二是党群部门经常与业务部门交流、对接，共同商讨提高工作效果。三是落实党建工作责任机制，制定可操作性的考核办法，严格奖惩。四是加强党群工作队伍自身建设，选拔事业心强、素质高、群众关系好的同志，充实党群工作部门力量，加大党群干部的交流力度，完善党群干部培养和使用工作机制，不断增强党群工作部门服务能力。五是探索、完善党政领导班子统一研究部署、统一检查落实、统一考核奖惩，党组织和工会、青年团、妇联齐抓共管的党建群建工作机制。

（三）围绕自身特点和工作实际，创新党建工作方式。

地质调查行业总体上具有人员素质较高、知识分子多，工作流动性大、人员分散，作业环境比较恶劣和不确定性等特点。局系统不同类型单位又各具不同的性质、特点和实际情况。各级党组织要结合本单位、本部门的实际情况，不断创新党建工作方式。一是党群工作部门要主动了解中心工作，树立主动服务中心的意识，增强解决问题能力。二是坚持集中与分散相结合，在加强党支部建设的同时，通过建立临时党组织等有效形式，延伸党的工作、扩大覆盖面。三是扩展教育方式，利用互联网、手机等现代化手段开展宣传教育、沟通联系。四是深入一线，主动服务基层。加强一线调研，开展野外慰问，及时反映一线工作生活存在的问题，提出解决问题的建议。五是坚持以人为本，发挥思想政治工作作用。注重人文关怀，加强心理疏导，深入了解党员干部的所思所想，及时交流沟通、答疑解惑，帮助解决实际问题，尤其是在单位改革发展关键时期，更要创造性地工作，发挥党建工作保障稳定的作用。

三、突出重点，突破难点，努力提高党建工作对中心工作的政治保障能力

（一）深入开展好局系统创先争优活动。

局系统的创先争优活动，在部直属机关党委的指导和局党组的领导下，取得了很大成效，要继续加以推进。

一是坚持以“建设一流队伍，强化服务支撑，全面提升地质业务管理和调查服务能力”为主题，完成好推动科学发展、促进单位和谐、服务人民群众、加强基层组织的目标任务。

二是落实好习近平同志“五个走在前、做表率”的要求，推进活动的深入开展。局创先争优活动开展以来，除认真做好中央和部党组要求的规定动作外，局自选动作开展的也很有成效，“六个一”活动、公开承诺活动都具有自己的特点，效果很好。要以学习贯彻习近平同志重要讲话为契机，重新审视局创先争优工作，继续紧密结合地质调查的中心工作来谋划和推动创先争优。要结合本单位本部门实际，在前一阶段活动的基础上，围绕主题，丰富活动载体。要加强舆论宣传，发挥典型示范引领作用，局系统李向、张永双、王宏、石磊等个人典型和青海天然气项目组临时党支部、曹妃甸项目组党支部等基层组织典型要大力加强宣传，形成良好氛围。要继续加强领导，充实创先争优办公室的力量。局系统各级党组织一定要把习近平同志重要讲话精神落实到位，推进好创先争优活动，使基层党组织和广大共产党员成为学习贯彻科学发展观的组织者、实践者、推动者，真正做到走在前、作表率。

三是党建带群建，群建服务党建，党群共建创先争优。工青妇组织要围绕局和本单位创先争优的主题，结合各自的工作实际和特点，明确各自创先争优的主题，找准各自创先争优的载体，充分发挥工青妇组织紧密联系群众的作用。工青妇组织本身就融合在群众之中，在创先争优活动中应该大有作为。

（二）协调推进作风建设常态化、凝聚力工程和廉政建设行动。

要把作风建设常态化、凝聚力工程和廉政建设行动作为局系统创先争优活动的有效载体，与创先争优活动一起协调推进。

一是协调推进作风建设常态化。坚持党密切联系群众的优良作风，坚持求真务实，坚持高标准、严要求、快节奏，提高执行力。要深入调查研究，推进作风建设常态化，做到常抓不懈、常抓常新。

二是继续推进凝聚力工程建设。凝聚力工程是由局党组部署、局直属机关党委牵头组织实施的一项系统工程，其主要目的就是要以科学发展观为统领，认真贯彻执行部、局党组的各项重大决策，努力建设和谐系统、和谐单位，为凝聚队伍、促进发展提供有力支撑和保障。地调局是一个大家庭，要用事业凝聚人心，给想干事、能干事的人提供舞台。要用感情凝聚人心，开展关爱行动、爱心工程，营造人与人之间相互关心，相互支持的氛围。要用地质文化凝聚人心，继续发扬“三光荣”精神，根据新形势，创造并开展符合时代特点的新的地质文化建设，增强活力，凝聚人心，努力建设和谐系统、和谐单位。

三是认真搞好廉政专项行动。部党组专门部署了在国土资源系统开展“两整治一改革”专项行动，着力整治土地和矿业权交易市场存在的突出问题，着力整治干部队伍廉洁从政存在的突出问题，建立健全制度，有效遏制腐败案件易发多发的态势。局党组及时印发通知，要求加强领导，按照部党组的统一部署，与局党组廉政建设部署安排、巡视、内部审计等工作结合起来，推进专项行动，重点突出项目、经费、装备等重点环节，开展廉政风险点排查托工作，确保不留死角。

（三）务求突破党建工作与业务工作“两张皮”“一般化”的难点。

准确把握党建工作定位，以“服务中心、建设队伍”为核心，发挥党组织在完成本部门各项任务中的协助和监督作用。

一是注意克服“两张皮”。围绕地质调查中心工作抓业务工作与党建工作的结合，坚持把业务工作的薄弱环节作为党建工作的重要抓手，把权力运行的薄弱环节作为党风廉政建设的重要切入点。要把“服务中心、建设队伍”党建试点工作，“两整治一改革”、构建惩防体系的党风廉政工作，凝聚力工程建设工作与创先争优活动在薄弱环节交汇融合，做到相互结合、相互促进。

二是要防止“一般化”。鼓励探索创新，加强党建理论创新，提高党建科学化水平，充分发挥党的组织资源优势，调动各方面积极性和创造性，构建局系统各级党组织和党员凝聚人心、服务中心、推动科学发展的工作体系，增强各级党组织的影响力、凝聚力和战斗力，指导基层更好更快地破解党建工作难题。

四、加强领导，改善条件，不断提高党群工作队伍能力

（一）高度重视，加强领导。

局机关和各单位要牢固树立“抓好党建是本职，不抓党建是失职，抓不好党建是不称职”的责任意识，加强对党建工作的领导和指导，将党建工作纳入单位总体布局，切实抓好，抓出新成效。

（二）为党群工作提供必要的保障条件。

一是经费保障，局要给党群工作的开展提供充足的经费，使党群工作的开展更加有力，活动形式更加丰富，效果更加突出。二是制度保障，要进一步健全工作制度，各单位、各部门要按制度支持党群工作，积极参与，促进党群工作的顺利开展。

（三）加强党群干部队伍建设。

党群干部是党建工作的骨干力量，为加强党建工作做出了重要贡献。各单位要把建设政治强、业务精、作风好的党务干部队伍作为重要任务来抓，配齐配强机关党群干部。通过集中培训、轮岗交流、实践锻炼等途径，帮助提高政治素质和工作能力。要关心党务干部的成长进步，把党务工作作为培养领导人才的重要岗位，注重从优秀年轻干部中选拔党务工作者，加大交流力度，使队伍保持活力。

（四）充分发挥工青妇群众组织的作用。

工会、共青团和妇联等群众组织要围绕中心任务开展适合自身特点的工作。工会组织要发挥职代会的作用，贯彻重要情况通报等制度，推动民主管理，积极维护职工合法权益。要建立健全利益协调、诉求表达、矛盾调处和权益保障机制，认真解决群众最关心、最直接、最现实的利益问题。要扎实开展建设“职工之家”和健康有益的文体活动。要加强团组织建设，开展适合青年特点的主题活动，调动团员青年的积极性和创造性。妇女工作的重点是以全面提高女干部职工素质为主线，深入开展“巾帼建功”活动。要建立健全局直属机关工会、共青团和妇女组织，理顺管理关系，切实加强和改进群众组织工作。

同志们，党群工作是非常重要而且无上光荣的工作，是我们党的政治优势和优良传统。建局12年来，党群工作为地调局事业改革发展做出了重要贡献，积累了宝贵经验。希望大家借此机会，广泛交流，深入研讨，总结过去，谋划将来，互相借鉴，互相学习，不断提高党群工作水平，更好地为加强队伍建设、推进地质调查工作服务。

加强技术与经济管理统筹协调　努力为地质调查工作科学发展做好服务

——中国地质调查局副局长王学龙在中国地质调查局2010年预算财务培训班上的讲话

（2010年12月2日）

同志们：

为了深入学习贯彻党的十七届五中全会精神，持续加强我局经济管理，提升经济工作服务能力。今天在成都举办局属单位技术业务和财务部门主要负责人、六大区项目办经管处负责人共同参加的预算财务培训会议。主要内容是学习培训新近出台的预算财务管理有关法规制度，通报“十二五”地质调查工作部署构思，座谈进一步加强技术与经济统筹协调、努力提高预算执行与财务支出管理水平的措施。

2007年局西峰寺加强经济管理工作专题研讨会以来，各单位按照局党组的总体要求，从转变理财观念、健全完善制度、建立各级责任机制、加强监督检查、实行责任追究等多方采取措施，有力促进了我局经济管理水平的持续提升，困扰我局财政预算执行缓慢、财务支出问题频发的局面得到改观，为地质调查任务顺利推进提供了经济保障。在此，我代表局党组对同志们付出的辛勤劳动表示衷心的感谢。借这次会议，我就几年来预算财务管理的主要工作进展，以及进一步加强技术与经济管理有机协调，不断提升服务能力讲几点意见。

一、几年来预算财务管理工作回顾

按照局党组加强经济管理工作的总体要求，预算财务管理始终坚持“围绕中心、服务大局”的宗旨，以“财务支出行为规范、保障预算执行和加强基础能力建设”为核心，以“强化预算精细化管理、健全完善内部控制制度、加强监督检查、严格制度执行”为抓手。各级领导高度重视，相关部门齐抓共管，有力促进了全局预算财务管理整体水平稳步提升。主要体现在以下六个方面：

（一）坚持财经法律法规学习教育，各级领导依法理财意识不断牢固。

近年来，为了进一步扭转经济管理与国家财经制度改革要求不相适应的局面，局党组决定从转变理财理念入手，狠抓对各级领导财经法律法规学习教育。局利用每年的年度工作会议、党风廉政建设等党政主要负责人集中开会之际，聘请财政部、中央党校、国家审计署等部委的专家学者，向各单位及局机关部门主要领导同志讲授国家财经法律法规。各单位也认真落实局党组的要求，有的单位多次聘请审计署、财政专员办等部门的领导专家，有的单位由财务部门自行组织讲解，坚持开展以单位主要领导、项目技术管理部门、项目负责人及项目组成员等为重点的，全员财经法律法规学习宣传教育活动。据统计，3年来局和局属单位，先后专门举办，或利用专业会议之际聘请主管部门领导专家进行专题讲座的财经法规学习教育活动近百次。通过广泛的学习教育，各级领导和职工对《预算法》、《政府采购法》、《会计法》，以及财政专项资金管理新要求得到进一步了解，有力的促进理财观念的转变。

（二）预算管理从建立责任制入手，强化源头控制，预算编制与执行水平明显提高。

为了解决因项目任务安排不够合理，预算下达后工作难以如期推进，预算支出缓慢，年年成为部、局主要领导关注的重大问题。几年来，我们坚持从以下方面不断强化管理措施，并取得初步成效。

一是不断强化预算管理责任机制。局党组明确各单位“一把手”对本单位预算执行负总责，并将预算执行率作为主要领导和班子，年度考核及评优评先“一票否决”的硬性指标。局属各单位也不同程度地建立了从分管领导、研究室负责人、到项目负责人，由预算申请到执行的全程管理层级责任制。发展研究中心、物化探所、矿产资源所等单位还采取了与相关责任人绩效工资挂钩的惩罚措施。2010年，局进一步强化责任机制，将局机关各专业部室纳入考核范畴，明确各部门所安排项目的预算执行情况与本部室年终评优评先挂钩。同时，对各单位主要负责人，实行预算执行考核单项经济奖惩制度。

二是持续强化项目任务规模和预算总量的源头控制。局充分注重发挥总工室、财务部的统筹协调作用，赋予总工室对专业部门对局属单位任务不合理安排具有调整权，也承担预算下达后可否如期推进的责任。赋予财务部对各单位预算总量是否通过“一票否决”的权力，也要对总量控制不严、预算执行不力负责。近年来，局总工室从项目任务规模与结构，财务部依据各单位编制的年度“收支计划”，从项目预算总量控制的力度不断加大。如在2010年第一批地质矿产调查评价项目计划编制中，总工室会同财务部，对一些预算总量大、执行问题多的重点单位，请单位负责人一起研究任务安排、预算总量调减事宜。在2011年度项目计划编制时，将“项目结构合理、预算规模适度”作为局属单位项目安排的主要目标。局属大部分单位也能积极转变预算申请理念，通过“收支计划”测算，合理申请预算总量。如，环境监测院、发展研究中心，近2年预算申请总量与以2008年度相比大幅度减少，这2个预算执行“困难大户”的状况得到根本扭转。西安地调中心、发展研究中心、物探所等单位财务与业务主管部门密切协作，在预算下达后，通过编制项目工作推进和预算支出的精细执行计划，分解落实具体执行目标，为预算有序执行起到重要作用。

三是及时开展生产进度、预算执行信息通报与重点跟踪。近年来，局坚持从4月份开始，对各单位预算执行率实行月度通报制度，为各单位领导研究加快任务完成、预算执行及时提供信息，也对各单位中心工作推进起到了重要的敦促作用。2009 年，在局机关内网开辟了预算执行动态窗口，每月将各单位预算执行率综合指标、各类专项、各部室所管理项目的预算执行率等信息及时在网上公布。2010 年，从 3 月份开始，局每月召开生产调度视频会议，通报工作进度与预算执行情况，研究解决项目执行中存在问题。近 2 年来，局领导带队，总工室、财务部以及项目主管部室参加，先后深入一些预算执行缓慢的单位近 30 多次，帮助解决预算执行中的难题。部分单位财务人员，也多次深入野外一线、现场服务，解决财务支出中的问题，深受野外一线技术干部的好评。2010 年，财务部依据各单位年初制定的预算“月执行率计划”指标，结合实际执行情况，从 4 月份开始，坚持对重点单位、重点项目进行跟踪敦促。

几年来，通过全局各级领导和广大职工的不懈努力，全局预算编制与执行总体情况不断好转，预算执行率逐年提高。2007 年全局财政预算执行率比 2006 年提高了 6 个百分点，2008 年较 2007 年提高 9 个百分点，2009 年财政国库预算执行率达到了国土资源部考核指标 80% 的要求。2010 年部门预算与 2009 年结转资金执行率，在财政部、国土资源部 6 ~ 9 月的考核中，全局总量均达到了 45%，52%，60%，70% 的指标要求；11 月底，发展研究中心、环境监测院、航遥中心、广州海洋局、青岛海地所，天津、成都、西安、武汉、南京地调中心，实物资料中心、地质图书馆、物探所、地质力学所、实验测试中心、成都综合所、郑州综合所、勘探技术所、探矿工程所、地质局机关（野战军装备专项预算除外）共 20 个预算单位，执行率达到了 90% 的考核要求。6 月份以来下达的地质矿产调查评价等专项，预算执行率也比往年有所改观。截至 11 月底，全局累计完成国库预算支出近 28.3 亿元，比 2009 年同期增加 4 亿多元。

（三）财务管理制度不断完善，强化监督检查力度，有力促进了财务行为进一步规范。

针对各级审计发现部分单位财政预算资金支出不够规范、甚至严重违法的问题，2007 年以来，局从审计问题整改入手，采取不断强化财务制度健全完善、加大监督检查力度等措施，有效促进了财务支出行为的规范运行，重大财经违法案件频发的势头得到有效抑制。

一是以问题整改为契机，有力促进内部制度健全完善，制度执行力稳步提升。为了有效解决财务支出中违纪违规现象屡查屡犯的问题，局党组明确要求从局机关到各单位，以问题整改为契机，举一反三的分析原因，查找漏洞，健全完善管理制度，强化制度执行力，尽快营造依章依规理财的氛围。按照国家有关法律法规、国土资源部关于加强财务管理的新要求，局于 2007 年出台了《关于加强财务管理工作的若干意见》、《关于加强对外投资管理的意见》、《关于加强企业财务监督管理的意见》、《中国地质调查局行政事业类项目立项管理暂行规定》、《中国地质调查局会议费管理暂行规定》等制度。2008 年出台了《中国地质调查局关于加强经济管理工作的意见》，对局属各单位全面加强经济管理工作，从加强经济工作领导、健全完善制度与运行机制、强化制度执行、加强财务管理基础能力建设等方面提出了系统要求。2010 年，针对大项目机制推进和项目经费总量大幅度增加等管理的需要，出台了《关于加强地质调查项目委托业务费管理的要求》，对委托业务费必须实行集体决策、公开、透明管理提出明确要求。

各单位结合本单位机构设置和运行模式，在资金、资产、业务活动、会议、企业经营等财务制度健全完善方面开展了大量工作。多数单位已经初步建立起与各项业务活动相适应的财务管理制度体系。据不完全统计，局属单位近年来累计废止财务管理制度 60 多项，修订完善和新建 300 多项。水环地调中心等单位，还初步建立了项目费用支出的，从业务部门、财务部门到单位领导，共同管理的内部控制制度。大多数单位还将财务制度装订成册，为全员共同按章依规办理资金业务提供便捷服务。

在健全完善制度的同时，我们始终将增强制度执行力作为一项重要工作来抓，制度“形同虚设”、有章不循的现象基本得到抑制。通过几年来的不懈努力，局系统各单位初步形成了财务管理有章可循、有章必循的良好端倪。

二是借助中介审计机构技术优势，不断加强审计监督工作力度，财务支出规范化程度大幅度提升。从 2009 年起，局委托中审亚太会计师事务所，对局属 28 个预算单位 2005 ~ 2009 年经济管理与财务运行状况开展全面审计。2 年来，中审亚太事务所先后派出审计组 50 多个，投入 130 多名审计人员，累计工作时间 4000 多天。通过审计摸清了各单位 5 年来经济运行状况的家底。从预算收支、基本建设、资产与技术装备、经济实体、会计核算、制度建设等方面，对各单位财务管理情况进行了一次较为缜密的体检，查找出了存在问题与薄弱环节。并结合各单位实际情况，提出了进一步完善管理的措施建议。在审计过程中，各单位高度重视，积极配合，为这项工作顺利完成提供了极大支持。

局依据中审亚太事务所提交的审计报告，就审计发现的经济管理不足之处、财务支出存在的具体问题以及整改办法，及时与各单位交换意见。局下发了《关于认真开展审计问题整改的通知》。各单位成立了“一把手”挂帅、相关部门组成的整改工作小组，认真开展自行整改和相关问题的查处。2010年，局组织整改验收小组，对已经完成整改的单位，逐项检查验收整改事项，已完成对天津地调中心、环境监测院、广州海洋局等24个预算单位整改的验收。从对24个单位的检查验收来看，各单位整改工作组织得力，态度坚决，除一时无法自纠的疑难问题外，绝大部分违规违纪问题得到了纠正。多数单位以审计整改为契机，积极促进职工理财理念的进一步转变、内部管理制度与运行机制健全完善，以及长效机制的构建。部分单位通过整改，使多年来遗留的财务往来资金拖欠问题、账外资产问题得到及时处理，不合时宜的管理方式得到纠正。如，勘探技术所、沈阳地调中心等单位，借助审计问题整改之际，理顺了单位与所属企业的管理关系，健全了企业经营管理制度。探矿工程所等单位对企业运营中不合时宜的资金管理方式进行了完善。

（四）企业清理规范有序推进，企业经营活动日趋规范。

2007年局决定开展企业清理规范工作以来，各单位按照局党组的要求，成立领导小组，认真组织，稳步推进，通过3年多来的有序推进，已经在以下方面取得了阶段性进展。

一是查清了局属单位投资兴办的各类企业共计105家。查明了这些企业的成立背景、法定代表人、注册资金额度与真实性、产权关系、主要经营业务范围、人员安置现状、资产保值增值或损益、经营现状、发展趋势等详细情况。

二是制定总体清理规范实施方案。在充分尊重各单位意见基础上，按局党组总体要求，逐步厘定出对“105家企业、撤销66家、保留或者改制规范发展39家”的总体清理规范实施方案。

三是按照“一个企业一个方案”的要求，制定了每个企业撤销或规范工作方案。目前，66家决定撤销的企业，已经有序完成了20家企业撤销清算的相关工作，46家企业正在按照撤销方案逐步推进。决定保留（包括改组改制）的39家企业，有的已经完成了规范工作，有的正在进行之中。

（五）稳步推进基础能力建设，预算财务管理队伍素质大幅度提升。

局党组和各单位高度重视经济管理的基础能力建设工作，针对地质调查工作任务持续增加的需要，从局机关到各单位也都不同程度地，稳步推进预算财务管理方面基础能力建设。

一是进一步完善了机构和岗位设置、补充了一批新生力量。继2006年以来，地科院机关、矿产资源所等4个单位，将财务管理职能从办公室分离，设立了财务处，使局属28个预算单位都有了独立的财务管理机构，部分单位新成立了装备资产专门管理机构，水环地调中心、沈阳地调中心等单位创新管理模式，在项目业务部室增设预算财务综合管理岗位，协助财务处对本研究室的预算执行、费用支出等日常工作进行管理。局机关和各单位通过接收毕业生、选调、招聘等方式，为财务管理部门补充财会人员。据统计，目前全局财务管理人员由2006年不足170人增加到230多人。这些新增人员中有一部分来自专门的财经大学，10多名是硕士研究生，有的还具有2～3年的工作经历，这些新增人员的及时补充，大大改善了财务管理队伍结构。

二是业务培训持续加强。局和各单位财务处除每年有序组织财会人员参加统一继续教育培训外，局还坚持每年组织财务人员，开展新财经制度的培训与研讨。通过培训交流，开阔了广大财务人员的工作思路，加深了对新制度的理解，保障了国家财经制度的全面落实。有的单位积极鼓励支持财务人员的学历再教育。部分财务人员也积极争取参加高层次的再学习，如严兴华同志2008年通过考试，成为国土资源部唯一一位被录入财政部全国百名会计领军人才培训计划的行列。王香萍同志通过中组部、国家行政学院联合组织的全国考试，被北京师范大学录入攻读硕士学位。

三是财务管理信息技术得到提升。各单位以部“财务管理信息系统”为技术平台，逐步扩大业务处理与管理范畴。几年来，各单位努力克服系统软件及硬件环境存在的诸多问题，已经使该系统真正进入到应用阶段。2010年，局还深入每个单位调查了解系统运行情况，及时帮助解决运行中的问题。发展研究中心、物探所、水环所、测试所等单位，还开发出了内部管理信息系统。信息技术的应用，对强化预算执行、规范会计核算行为、增强经济活动分析能力、实时监控与预警等方面发挥了重要作用。

（六）精心组织，主动应对，及时为重大地质调查专项组织实施提供有力支撑保障。

我局相继组织实施的国土资源大调查地质调查、海洋质地调查以及2010年开始的地质矿产调查评价专项，涉及的承担单位数量众多、不同承担单位执行的财务制度差异大，经常遇到随时发生变化的新情况，预算财务管理任务相当繁重。为了确保财政部、国土资源部关于专项资金管理要求与政策的全面落实，局和六大区项目办、地科院项目预算财务管理部门，始终坚持积极应对、主动服务，为这些专项组织实施任务的顺利完成及时提供了支撑保障。

一是不断加强制度建设，确保项目预算编制与执行有章可依。近年来，为了全面贯彻落实中央财政关于预算管理科学化、精细化、绩效化的新要求，结合地质调查工作特点，以已有的《地质调查项目设计预算编制暂行办法》、《地质调查项目设计预算标准》、《地质调查项目专项经费管理暂行要求》、《地质调查项目经费监督审查暂行办法》等为基础，不断加强相关制度健全完善。如，2008 年以来，为促进局地质调查大项目机制、找矿新机制的落实，多次组织专家修订完善预算财务管理制度，保障了项目预算编制和经费核算，从制度层面更加全面科学，更加贴近地质调查项目的实际。2009 年，在国土资源部、财政部指导下，局组织有关单位完成了对《地质调查项目预算标准》的修订，并建立了动态调整机制。2010 年，地质矿产调查评价专项启动后，我局主动承担完成了财政部、国土资源部专项资金管理办法制定基础工作，通过大量沟通使以往存在的部分问题，如预算支出中的“五险一金”、取暖费、不可预见费等得到合理解决。财政部、国土资源部关于《地质矿产调查评价专项资金管理办法》（财建〔2010〕174 号）于 6 月份正式下发后，局制定了《地质调查项目预算编制与审查要求补充要求》（中地调函〔2010〕255 号），对 4 月份下发的《地质调查项目预算编制与审查要求》（中地调函〔2010〕88 号）及时予以补充完善。

二是不断加大监督检查力度，积极促进项目费用支出行为规范。2008 年，局对地质大调查专项实施以来的有关情况，完成了一次“大盘点、大检查”工作。184 个承担单位，按照统一要求，累计对 1999 ~ 2007 年的 3000 多个项目，包括设计工作量完成、成果报告与资料汇交、预算执行、费用支出等进行了全面自查。局组织六大区项目办、地科院采取随意抽样方式，对 78 个单位、233 个项目的自查结果进行了抽查，下发了《关于开展地质调查项目预算财务管理自查自纠工作的通知》，对促进项目承担单位加强预算执行和财务支出规范管理起到重要作用。

2010 年，地质矿产调查评价专项启动后，针对资金总量增长幅度较大的新情况，5 月份，我们召开了关于加强项目经费管理的全国视频会议。并决定委托中介审计机构，利用 2 ~ 3 年时间，对承担项目数量较多、项目经费总额度较大，主要是省（区）地调院、院校、工业部门的近 40 个承担单位，1999 ~ 2009 年项目的预算执行、财务支出、会计核算等情况开展一次全面审计。2010 年计划完成 20 个单位的审计，截至 11 月底，已经完成了对甘肃、宁夏、河北、吉林、山东省（区）地调院、中国地质大学（北京）、长安大学等 18 个单位的审计。

三是及时组织开展项目经费使用情况总结与验收。据不完全统计，自 2007 年以来，局组织六大区地调中心和地科院，完成了 1500 多个项目经费使用情况总结报告的验收工作。2010 年是国土资源大调查专项收官之年，为了确保这项工作及时完成，局对《项目使用情况总结与验收工作要求》进行了修订，并分别对华北、西南、东北、华东、西北和中南大区，以及冶金、核工业、煤田地质总局等所有承担单位，组织开展了专项业务培训，培训人员 800 多名。为大力推进项目经费使用情况总结报告编制与验收备案工作奠定了坚实的基础。

为了积极促进承担单位快速适应国家财政预算管理改革发展新要求，我局特别重视行业项目预算财务管理业务队伍的建设。2007 年以来，先后在成都、西藏、青海、黑龙江、福建等省（区）举办预算编制培训班 7 期。目前，已经为地质调查项目承担单位培训预算编制、预算审查专业人员累计近 1500 名。2010 年，根据甘肃、宁夏、江西省国土资源部门的要求，还将专门为他们举办培训班。

10 年来，我局通过地质大调查、海洋地质调查等重大专项的组织实施，已经建立起了项目管理办法、技术业务标准、预算标准和财务管理等配套完善的制度体系，监管机构设置合理、权责清晰、运行顺畅的管理体系。

上述 6 个方面表明，无论是局属单位内部经济管理，还是对非局属单位的地质项目管理，以及“小金库”治理、“四项费用”控制、“厉行节约”等专项行动的完成，得益于局党组和各单位高度重视，与技术业务、财务等相关部门的不懈努力是分不开的，在大家共同努力下，我局经济管理水平明显提升。但是，从国家审计、内部审计所反映出情况来看，仍然存在着诸多不容忽视的方面。例如，个别单位领导层至今财经法律意识不强，重大经济事项决策随意；部分职工的守法意识还没有真正树立，个别人员采用虚假发票报销套取资金的违规违法现象时有发生；“小金库”治理专项检查发现，个别单位还存在着不同形式的“小金库”。在财务管理方面，部分单位财务部门人员数量不够，有的业务能力低下，不能正确执行财务制度，会计核算随意；少数单位至今仍由一个岗位兼办应该属于不同岗位办理的业务，与不相容岗位相互分离的要求严重不符；个别单位受集体或个人利益驱动，财务制度已经明显与新的财经法规脱节，也不及时废止或修改完善；大部分单位亟待健全完善或新建地质调查项目费用支出的内部控制制度。预算管理方面，少数单位计划经济时期申请预算“占盘子”、执行“留底子”的观念仍很严重，所申请的年度预算总量与实际可执行能力严重脱节。这些都是需要各级领导和相关部门必须高度重视，亟待解决的问题。

二、正确认识形势，努力工作，为地质调查事业又好又快发展提供保障

（一）地质调查经济管理工作面临的形势。

“十二五”期间，我局将承担地质矿产调查评价、海洋地质调查等公益性地质专项的组织实施任务，中央财政初步确定每年投资保持在70亿元左右。局属单位还将承担完成，诸如行业科研、危机矿山接替资源勘查、境外资源风险勘查、矿产资源综合利用、地质灾害防治、油气战略资源调查等专项的部分任务。上述工作任务的实施，资金总量大幅增加，技术业务与预算财务管理任务繁重，加之国家财政制度改革深入推进，部门预算、国库集中支付、政府采购、“收支两条线”、国有资产管理等现行制度不断完善，对财政资金使用的科学化、精细化、公开透明、效益效能等要求越来越高。国家层面对各级预算安排、预算执行、资金支出等方面的监督检查审计，以及责任追究与处罚力度持续加大。这就是我局经济管理必须面对的基本形势。（关于“十二五”地质调查工作任务，总工室还要专题报告）。

（二）加强预算财务管理工作基本要求。

中央财政对公益性地质调查经费投入的加大，既给地质事业又好又快发展带来良好机遇，同时也给我们如何管好用好财政资金，提交更多成果、更好为社会经济发展提供服务带来严峻挑战。面对新形势、新任务，我重点就进一步加强业务与经济统筹协调，不断促进预算财务管理水平提升提出以下意见，供参加本次培训的同志们研讨。

1. 继续坚持财经法规学习教育，切实筑牢依法理财思想防线。近两年，各单位利用各种形式开展的全员财经法律法规学习教育活动，对经济规范运行起到重要促进作用。面对经费总量增加，财政资金支出要求科学化、精细化、公开透明、绩效化程度不断提高，各级监督检查力度持续加大等新情况，继续坚持开展全员财经法律法规学习教育就更为重要。各单位要按照局《关于加强经济管理工作的意见》要求，采取学习研讨、专题讲座、网络专栏、橱窗板报等多种形式，利用部署工作、落实任务、野外出队、工作检查等各种机会，坚持开展部门预算、国库集中支付、政府采购以及财经违法处分条例等法律法规的宣传教育，坚持警钟长鸣，确保时刻筑牢依法理财思想防线。各单位财务部门首先要坚持相关制度的不断学习，教育单位领导、部门领导要正确处理好国家、集体和个人利益关系。财务部门牵头组织，每年利用本单位年度工作、党风廉政建设等会议，开展一次全员财经法规教育活动，把每年新出台的财经制度和新要求及时传达给广大职工，并使这种学习教育活动常态化。六大区项目办也要利用各种机会对非局属单位，开展项目预算财务管理相关法律法规的宣传教育工作，为促进项目规范管理夯实思想基础。

2. 进一步强化地质调查任务规模和预算总量安排的统筹协调，尽快从根本上解决预算执行难题。在项目预算管理方面，从局到各单位主要领导以及相关部门，花费大量精力，多方采取措施，经过几年的不懈努力，到2010年才算得到缓解，但是，并没有从根本上得到解决。究其深层次原因，部分项目确有客观原因，如基建、修缮购置等项目审批环节多，执行周期长，固然有我局无法克服的体制机制障碍。但主要还是我们自身对局属单位年度项目任务安排过重、预算总量过大造成的。因此，进一步采取有效措施，各级建立预算统筹协调机制，实行严格的源头总量控制，才是根本出路。在这里就如何进一步落实预算管理统筹协调机制问题，提出以下方面的意见，供大家研究。

（1）各单位财务、技术管理部门密切协作，切实做好本单位申请项目任务与预算总量的内部统筹协调。

首先，各单位财务处作为资金统筹的职能部门，在每年9月份之前就要做好年度“收支计划”测算工作。要根据上年实际支出，本年预算现时实际支出和预计结转，油气、行业科研、危机矿山等各类项目预算可能来源、部门预算可能安排的人员和公用经费额度、下年度人员及运行支出等综合因素，按照规模适度的原则，据实编制本单位全口径的“收支计划”。并从“收支计划”中提出来年地质调查项目预算总量需求，为单位申请预算总量决策提供最为基础的数据。

第二，各单位技术管理部门（总工室或科技处）在每年局立项工作正式开始之前，要根据局关于地质调查项目部署要求和财务部门确定的预算总量需求，对本单位项目设置进行统筹，要根据本单位专业结构、技术人员数量等要素，提出项目设置数量、各个专业费用比例结构建议，为单位申请项目数量和相应预算决策提供依据。如果涉及通过项目经费购置设备仪器的，各单位装备管理部门（条件保障部门）还应进行统筹，提前编制购置计划申请，并报局装备管理部门审批。

第三，各单位要通过会审对每年拟申请的项目预算总量和项目结构进行一次认真研究后再报局。

（2）局总工室、财务部2个综合部门，要与项目主管部门密切协作，做好对各单位项目任务、预算总量需求具体落实的统筹协调。

首先，财务部要在局每年开始立项之前，通过对各单位“收支计划”的严格审核与沟通，提前确定出各单位地质项目预算总量的控制额度。为总工室进行各个专业任务结构的统筹协调提供依据。

第二，总工室根据各单位申请的项目数量和专业需求比例，向基础部、资源部、水环部、科外部提出应给各单位安排项目预算总量的计划建议，作为各专业安排局属单位项目任务和预算的依据。

第三，项目计划建议最终确定阶段的平衡协调。总工室将各部门提交的项目计划建议汇总后，要对局属单位任务安排和预算总量情况做出专门统计，发现问题要进行调整，最终基本符合局对各单位预算总量控制指标后，再提交局务会议审定，否则，财务部门要必须认真负起“一票否决”的责任。

（3）预算下达后各单位财务、技术管理部门，对项目预算支出计划的具体落实统筹。

各单位在项目设计编制过程中，财务、技术管理部门要对任务与预算支出的具体进行监督管理。每个项目在设计中按照申请时的计划，认真落实工作任务和相应预算支出。尤其是业务委托、设备购置等重大支出以及国家严格控制的出国（境）、业务招待等费用，一般不得随意变动。各单位财务部门牵头、技术业务管理部门协作，对本单位所有地质调查项目设计预算中安排的业务委托、设备购置、出国（境）等费用进行一次全面统计。不合理的部分，如业务委托费预算安排严重小于申请计划、严控的费用超标等问题，在设计提交审查前必须予以调整。

局正在研究制定预算执行率考核的奖惩办法，总体思路是在继续对各单位实行预算执行率不达标“一票否决”、调减预算安排的基础上，增加对各单位领导班子成员实行单项经济奖惩的措施。

3. 继续加强制度健全建设，为各类经济业务规范运行提供制度保障。各单位要将经济管理制度健全完善作为一项永恒的课题。要根据财经法规制度新要求和本单位管理需要，及时健全完善各类经济业务管理制度，不适宜地要及时完善或废止，保证制度的有效性。近期，借审计问题整改之际，要着重抓好野外工作津补贴管理、地质调查与科研项目经费支出内部控制等制度的健全完善。

各单位财务部门牵头，按照局《关于加强经济管理工作的意见》要求，结合本单位实际，限期完善或制定法定代表人负总责（或授权分管领导）、相关部门齐抓共管、责权清晰、便于运行和责任追究的项目经费支出内部控制制度。明确业务办理人、项目负责人、项目所在研究室负责人、技术管理部门、财务部门、单位分管领导，在项目费用支出从用款申请开始到完成报销各个环节，审核、批准的权力与责任，切实强化项目实施中易发违规现象的业务委托、野外雇工、车辆租用、购置、会议等费用的支出管理，为防止违纪违规问题发生提供制度保障。

4. 坚持基础能力建设不放松，为促进预算财务管理服务水平稳步提升夯实基础。加强预算财务管理的基础能力建设是做好日常管理的基本保证。各单位要根据经济总量持续增加的管理需要，按照《内部会计控制基本规范》要求，进一步完善岗位设置，充实必要人员。局在领导班子建设中，要注意把政治可靠、品行好、懂业务、会管理的优秀人才，选拔充实到经济管理的领导岗位上来。各单位财务部门要大胆管理，严把关口，切实履行好日常管理与监督职能。各单位要积极鼓励支持财务人员参加必要的业务培训和再学习，财务部门也要坚持对财经法律法规的不断学习，定期不定期地组织财务管理人员进行业务培训，促进自身业务素质不断提高。要充分利用“财务管理信息系统”这一技术平台，不断提升预算、财务、资产等信息化管理水平，力争逐步实现经费支出的全程监督。各单位要加快企业清理规范步伐，对撤销企业尽快完成债权债务清理、最终清算等工作，确保不留后患；对保留发展的企业，对不符合要求的事项要尽快完善，为企业合法合规运行、确保国有资产增值保值夯实基础。

5. 继续强化监管，为公益性地质调查工作科学发展提供保障。“十二五”期间，我局组织实施好财政地质调查重大专项的任务十分繁重，局新修订后的《地质调查项目管理办法》即将出台。各大区项目办和地科院要按照职责分工，健全完善监管机构、补充必要人员，切实履行好局赋予的各项监管职能。近期，要抓紧推进国土资源地质大调查项目经费使用情况总结与验收工作。局要继续加强相关制度、标准的完善，按照对非局属单位的审计工作计划加快推进，及时组织完成整改工作。要继续完善内部审计制度，对资金的安排运行使用等环节加强监管，确保不出现重大违法违规的问题。

需要强调的事项：一是关于2010年局工作会议拟于1月中旬召开，财务支出结论要在1月5日前报局，请各单位财务处提前做好汇总。二是关于预算执行要求各单位把握好最后一个月，在保证资金安全前提下，抓紧推进，力争达标。

同志们，过去的几年，各级领导高度重视，各单位相关部门齐抓共管，为促进我局经济管理稳步提升做出了重要贡献。我代表局党组再次对大家表示衷心的感谢！面对新要求，我们要继续解放思想，创新管理模式，促进管理水平再上新台阶，为地质调查事业科学发展做出更大贡献。

中国地质调查局副局长王研在中国地质调查局综合治理、安全生产和保密工作会议上的讲话

（2010年12月7日）

同志们：

经局研究决定，我们召开会议，学习贯彻中央和部有关精神，研究部署我局综合治理、安全生产和保密工作。这几项工作都是涉及全局性的重要工作，局党组始终高度重视，多次召开会议专门进行研究部署。局领导班子调整后，根据班子新的分工，及时调整了各工作领导小组，保证了相关工作的连续性。刚才，局办公室主任刘延明同志传达了《国务院办公厅关于进一步做好政府信息公开保密审查工作的通知》和王世元副部长在部保密工作会议上的重要讲话，通报了国家保密局查处的几起保密重大案件和对国土资源部油气中心保密问题的检查情况。局人教部主任赵奇同志通报了我局2010年安全生产检查情况。请同志们认真学习贯彻相关文件精神。

下面，受局党组的委托，我讲几点意见。

一、肯定成绩，局系统综合治理、安全生产和保密工作扎实有效

近年来，局机关、局属各单位认真贯彻落实中央精神和部、局党组决策部署，坚持围绕中心、服务大局，保安全、保稳定、保发展，狠抓制度建设、宣传教育和监督检查，扎实开展综合治理、安全生产和保密工作，取得了明显成效，为地质调查事业又好又快发展营造了良好氛围，提供了有力保障。局机关、局属各单位的工作也得到了上级有关部门的充分肯定，在平安建设、保密工作、社会综合治理等方面获得了一批荣誉称号。这些成绩的取得来之不易，同志们都付出了艰辛劳动，做出了重要贡献。借此机会，我代表局党组向大家表示衷心感谢！

二、提高认识，进一步增强做好工作的责任感和紧迫感

当前，国内外政治经济形势在不断发生变化，对做好综合治理、安全生产和保密工作提出了新的要求。各单位要牢固树立“发展是硬道理、是第一要务，稳定和安全是硬任务、是第一责任”的观念，进一步增强责任意识和忧患意识，提高工作预见性、有效性和针对性，把综合治理、安全生产和保密工作摆在更加突出的位置，把可能出现的风险和困难估计的更加充分，把应对方案准备的更加周密，把各项制度措施落实的更加到位。

三、突出重点，继续毫不松懈地推进各项工作

要按照中央和部的要求，立足超前防范，认真查找当前工作中存在的问题，突出工作重点，狠抓薄弱环节，毫不松懈地推进综合治理、安全生产和保密工作，为全面完成地质调查各项任务提供有力保障和良好外部环境。

（一）以平安建设为重点，做好综合治理工作。

综合治理工作涉及方方面面，各单位要切实增强政治意识、大局意识，把思想和认识统一到中央对当前形势的分析判断和决策部署上来，充分发挥党政工团合力，努力营造和谐稳定的发展氛围。要加强法制宣传教育，引导职工知法、守法。要有针对性地做好职工思想教育和矛盾纠纷排查化解工作，切实关心职工群众生活，真心诚意帮助职工群众解决实际问题。对困难职工、法轮功已转化人员等特殊群体，要给予更多的关心和照顾。元旦、春节前，各单位要按照部、局的统一部署，开展一次集中、全方位的检查，消除各类隐患，确保一方平安。

（二）以开展安全生产年活动为重点，抓好安全生产工作。

2010年9月，局组织了一次全面安全生产检查，有关情况刚才已经做了通报。总体上看，全局安全生产形势比较平稳，但检查中也反映了个别单位安全生产工作仍存在不少问题。特别是随着地质调查任务的大幅增加，给安全生产工作带来了巨大压力。各单位一定要克服侥幸心理和麻痹大意思想，树立“安全就是稳定、安全就是效益、安全就是幸福”的观念，明确责任，加强管理，规范操作，全面落实局年度安全生产工作会议各项部署。

当前，要着力抓好以下5个方面的工作：一是认真落实局安全生产检查组提出的整改意见，针对自身安全生产管理的薄弱环节，采取切实有效措施，抓好隐患整改。二是严格安全生产管理，加强对野外项目组的监督管理，落实好野外地调项目安全生产责任制，杜绝违章指挥、违章作业，做好2010年野外地调项目收尾工作，确保安全生产无事故。三是利用野外地调项目收队后相对集中的时间，开展冬季安全培训和宣传工作，重点抓好《野外地质调查安全手册》和《野外安全行车手册》的学习，增强职工安全生产责任意识，提高职工防灾减灾、自救互救技能。四是抓好基地大院安全工作，落实好资料馆、档案馆、图书馆、样品库等消防措施，加强监控，不断改善基地大院环境，努力创造一个安全、舒适、和谐的办公、生活环境。五是做好安全生产年终考核工作。按照局安全生产责任制考核要求，抓好年度工作总结，查找不足，提前安排明年工作计划。

（三）以加强计算机网络安全为重点，抓好保密工作。

随着我局承担国家地质调查工作任务的增加，地质调查与科研项目中涉密事项也在逐年增多，承担单位与合作单位比较多，对外交流与国际合作不断扩大，涉密地质资料应用更为广泛，数字化的涉密信息管理难度不断增加，保密工作的任务也越来越繁重。近期，部油气中心发生的一起泄密事件给我们再次敲响了警钟。保密工作无小事，必须细而又细、严之又严。关于保密工作的要求，部党组做出了明确指示，局党组也提出了明确要求，我们一定要认真贯彻落实，特别是要在涉密地质调查项目管理、对外科技交流合作、科研业务人员成果资料管理等方面加强保密管理。

下一步，要重点抓好以下四项工作。一是加强保密宣传教育与培训工作。各单位要按照部的统一安排，召开专门会议，通报国家保密局查处的典型泄密案例，组织好新《保密法》的宣传教育，切实增强干部职工的保密意识。二是完善保密制度，依据相关法规和规章，结合地质调查工作实际修订和完善保密工作相关制度，形成一整套保密制度规定，进一步严格涉密人员管理，完善保密工作措施，充分利用现代技术手段，坚决实行内外网计算机物理隔离、移动存储介质内外网分离，不断改进和提高局机关和全局系统的保密管理工作水平。三是组织开展好保密检查活动。按照部的要求，年底前要开展一次以计算机网络保密为重点的全方位自查活动，堵塞漏洞、消除隐患。要严格依据有关标准和规定，发现问题及时整改，建立起规范的设备台账和检查档案，一旦发现问题严肃追究责任。四是加强保密设备和保密队伍建设，做好人防、物防、技防的结合。大力推进局信息系统安全等级保护建设工作，确保我局信息系统和网站的安全、可靠、稳定运行，支持局属单位改善保密设备，在涉密部门全面实现内外网计算机物理隔离。要抓好保密员队伍的教育培训，建设一支政治可靠、技术过硬的保密员队伍，提高保密工作水平。

四、狠抓落实，传达好贯彻好本次会议精神

这次会议的内容十分重要，能否取得实效，关键还要看落实。希望参会同志做好本次会议精神的传达落实，把局党组的希望和要求带回去，向单位主要领导做好汇报，向全体职工做好传达。各单位要进一步强化责任意识，克服麻痹大意思想，紧密结合自身实际，制定切实有效的措施办法，加大工作力度，狠抓工作落实，真正做到组织领导到位、宣传教育到位、执行规章制度到位、技术防范到位、监督检查到位、责任追究到位，为构建和谐地调局、促进地质调查事业又好又快发展而共同努力！

中国地质调查局副局长李金发在内蒙古航空物探合作项目成果验收会议上的讲话

（2010年12月14日）

同志们：

大兴安岭地区是我国重要的成矿带之一，近年来通过基础地质调查工作，新发现了多处钼、铜等重要多金属矿床和找矿靶区，初步显示了该区巨大的找矿潜力。今天我们召开会议，对“内蒙古二连-东乌旗地区1:5万航空综合站测量”项目成果进行评审验收。首先，我代表中国地质调查局对参加会议的各位专家、领导和代表表示热烈欢迎！对关心和支持此项工作的内蒙古自治区国土资源厅表示衷心感谢！向参与项目工作的广大地质工作者致以诚挚的问候！

为加强大兴安岭成矿带地质矿产勘查，中国地质调查局与内蒙古自治区国土资源厅通过研究协商，于2006年6月13日签署了合作协议，共同开展“内蒙古二连-东乌旗地区1:5万航空综合站测量”项目，由航遥中心、物化探所和内蒙古地调院合作实施。经过3年多的工作，完成1:5万航空物探（磁、电、伽马能谱）综合勘查12万测线千米，并开展了地面异常查证，为寻找钼、铜、金等多金属矿产提供基础资料。在项目实施的同时，地调局还在该区部署了1:25万区域地球化学调查和区域重力调查，以及1:5万区域地质调查和1:5万矿产远景调查。内蒙古地方地勘基金安排了1:5万矿产远景调查和异常查证工作。该合作项目的启动实施，极大地带动了中央和地方对大兴安岭成矿带基础地质调查工作集中投入，加快了区域地质、区域地球物理和区域地球化学调查进度，快速提高了基础地质调查的工作程度，为在该区尽快实现找矿重大突破奠定了坚实基础。

新一轮国土资源大调查实施以来，共完成1:100万航空磁力测量104万km^2，实现了全国覆盖；1:20万航空磁力测量80万km^2、1:5万航空磁力测量45万km^2、1:5万航空伽玛能谱测量25万km^2，大幅度提高了大兴安岭、西南三江、冈底斯、青藏铁路沿线等重要成矿区带和地区的工作程度，新发现航空物探异常8000个。航空物探凭借其快速、经济的技术优势，经后期异常查证，先后发现了辽宁本溪桥头大台沟、山东济宁、安徽泥河等大型铁矿和云南普朗大型铜矿，新增铁矿资源近60亿吨，为缓解我国铁矿石等资源紧张程度发挥了重要作用。据统计，我国近90%隐伏磁性铁矿是以航磁异常为线索发现的。

航空综合物探是高精度、多参数、高效率的地质调查技术方法，受到国内外地质界的重视和关注，本项目重点开展了航空高精度磁测、放射性能谱、三频航电等多种参数测量，获得大量的地球物理调查资料，这些数据资料的深度开发利用，可为大兴安岭成矿区基础地质填图，黑色金属、有色金属和贵金属以及能源矿产勘查等发挥重要作用。

前不久，国土资源部在河南郑州召开了全面推进地质找矿新机制座谈会，讨论了“十二五”地质矿产工作的组织和部署要求，提出要高举地质找矿新机制的旗帜，“公益先行、基金衔接、商业跟进、整装勘查、快速突破”，加强地质找矿工作的组织和协调，以“358”为奋斗目标，为“十二五”国民经济与社会发展总体目标的实现提供矿产资源和地质环境保障。内蒙古二连浩特-东乌旗地区航空物探综合测量合作项目的实施，是地调局落实地质找矿新机制的具体行动，也为部省合作开展地质找矿工作提供了范例。

“十二五”期间，全国航空物探每年将部署60万测线千米，力争完成重点成矿区带中比例尺航磁调查，加强长江中下游、华北地台等深部找矿地区的1:5万航磁调查。充分发挥全国航空物探单位、航空公司和地勘单位的作用，积极构建航空物探调查与地面异常查证紧密衔接、空地一体化的工作新机制，实现公益性航空物探工作中央与地方统筹部署、协调推进、成果共享。着力提高我国航空物探工作程度，提供一批新的找矿异常和找矿靶区，提高航空物探对地质找矿突破的支撑能力。

中国地质调查局将与内蒙古自治区国土资源厅进一步加强协调与合作，按国土资源部的总体部署和要求，贯彻落实地质找矿新机制，加快推进大兴安岭成矿带地质找矿工作，为实现地质找矿“358”宏伟目标做出贡献。

最后，祝各位专家身体健康、工作愉快，预祝评审验收会取得圆满成功！

精心组织 狠抓落实 全面实现局惩防体系建设第二阶段目标

——中国地质调查局纪检组组长李广湧在中国地质调查局2010年党风廉政建设工作会议上的报告

（2010年3月4日）

同志们：

根据局党组的安排，今天我们召开局系统2010年党风廉政建设工作会议。主要任务是，认真贯彻党的十七届四中全会、中纪委第五次全会精神，按照国土资源部党组要求，回顾总结2009年局系统反腐倡廉工作，研究部署2010年反腐倡廉任务，进一步统一思想，坚定信心，巩固成果，保持工作力度，提升工作能力，注重工作效果，为全面实现局惩防体系建设第二阶段目标而努力工作。受局党组委托，我向大会作工作报告。

一、突出重点抓落实，2009年反腐倡廉建设取得新进展

2009年，局系统反腐倡廉建设在驻部纪检组监察局的关心和指导下，全面贯彻党的十七大和十七届四中全会、中央纪委三次、四次全会和国务院廉政工作会议精神，认真落实部党组的工作部署，按照局党组“以加强经济管理为重点，强化监督检查为抓手，扎实推进惩防体系建设”的总体要求，上下联动，多管齐下，攻坚克难，取得了新的进展，新的成效。

（一）点面结合，廉政教育深入开展。

总结局系统近年来发生的违法违纪典型案例教训，法纪意识淡薄、管理工作松弛、个别人员经不起物质利益的诱惑是重要的原因。对此，局党组要求，由局监察审计室和财务部联手在局系统组织开展一次广泛深入的案例警示和财经法规的普遍教育。监察审计室根据近年来查处的6起经济案件，通过案件的原因分析、教训总结，提出防范的要求。财务部根据审计发现的问题，从分析违规问题和管理薄弱环节入手，宣讲财经法规明确整改要求。宣讲组历时3个月，深入26个局属单位逐一进行宣讲，近2500名干部职工接受教育。领导干部和项目组负责人带头参加，一些高龄院士和老专家也积极参加，发展研究中心等单位还采取补课的方式，让更多的干部职工受到教育。这次活动，使广大干部职工受到震动，提高了对违规违纪违法行为危害性的认识，增强了遵纪守法的思想观念。干部职工一致认为，以案说法、以案明纪、以案促廉的教育形式，联系实际紧密，有深度、受触动，说服力强。

各单位配合这次教育活动，根据单位实际也组织开展了形式多样的廉政教育。物化探所、地质力学所、矿产资源所等单位邀请审计署的有关领导讲课，进行遵守财经纪律的法制教育。岩溶所在对干部进行学习教育中，还组织党风廉政法律法规测试。南京地调中心举办预防职务犯罪图片展览。天津地调中心组织中层干部参观反腐倡廉教育基地，并开展“做党的忠诚卫士、当群众贴心人”主题实践活动。

在普遍教育的基础上，针对不同层次人员、不同时机开展个别教育。新提拔干部任前和新进入人员岗前廉政教育，野外出队前的廉政教育，对存在苗头性倾向性问题进行提醒谈话，已成为各单位的普遍做法。2009年局系统各级领导干部述职述廉675人，纪委负责人同下级党政主要负责人谈话214人，各级领导干部任前谈话144人，诫勉谈话54人。

（二）查改并举，经济管理逐步规范。

针对局系统经济管理中存在的问题，为了尽快扭转被动局面，局党组下决心加大审计力度，委托社会中介组织会计师事务所，从2009年开始，用两年时间对局机关和局属单位经济运行情况进行全面审计。2009年完成对局机关和18个单位的内部审计，基本摸清了被审计单位财务管理状况，发现了一些违规违纪问题和线索。对此，局党组高度重视，全面部署整改工作。

各单位成立了“一把手”挂帅的整改小组，组织力量，明确责任，采取措施，迅速开展整改工作并取得进展。一是认真核实问题。通过对13个单位审计发现疑点问题核实工作情况的调查了解，截至2009年年底，需要核实的43个问题，有29个已初步完成，占问题总数的67%，正在核实的14个，占

33%。二是主动进行纠正。各单位对审计提出的问题认真梳理研究，属于自身管理方面的问题逐个进行整改，属于现行财政体制而出现的问题研究措施予以规范。三是完善相关制度。针对审计发现的问题健全完善规章制度，航遥中心、武汉地调中心、成都地调中心、成都工艺所等单位，结合审计整改，制定和修改完善了预算管理、财务管理等规章制度。广州海洋局、青岛海地所等单位加强对所属企业的内部审计，强化监督与控制。

通过强化内部审计与整改，使各级领导增强了依法理财理念，加强了对经济管理工作的领导，强化了对管钱和用钱人员的教育和管理，促进了经济管理工作水平的提高。

（三）督导同步，监督效果明显体现。

局党组始终把监督检查作为发现问题、改进工作的重要抓手，针对管理工作的薄弱环节，不断拓宽监督领域，改进监督方式，提高监督水平，转化监督成果。

——高度重视发挥巡视的监督作用。把巡视作为对领导班子和领导干部的全面“体检”，定期检查，把发现问题作为着力点，对症下药将问题解决在萌芽之中。在以往对8个局属单位巡视的基础上，2009年组织开展对沈阳地调中心、武汉地调中心、青岛海地所、郑州综合所、成都工艺所、地质研究所、矿产资源所、水环所、岩溶所9个单位的巡视工作。通过民主测评、个别谈话、查阅工作资料等方式，广泛获取了干部职工的评价和意见，基本了解掌握了被巡视单位领导班子和领导成员的真实情况，及时发现了班子建设和工作中存在的问题。局党组既重视巡视的结果，更注重思想的疏导、工作的改进。及时听取巡视工作汇报，认真研究班子运行情况，对于反馈的意见和需要改进的工作提出了明确要求，对表现突出的给予通报表扬，对存在的苗头性、倾向性问题给予高度关注。分管的局党组成员和巡视组长一起反馈巡视结果，提出整改要求。对存在的一般性问题和苗头性问题，及时提醒引起注意。对存在的较突出问题，由局党组成员进行个别谈话，指出问题，批评教育，思想疏导。同时，注意跟踪了解改进情况，适时做好说服教育工作。被巡视单位对巡视非常重视，积极主动地配合巡视组开展工作，通过巡视意见反馈和整改，领导干部接受监督的意识进一步增强，领导班子思想作风建设进一步加强，比较好地促进了各项工作的开展。

——加强“四项费用”支出的监督。按照国务院、国土资源部的统一部署和要求，加强出国（境）费、购车及运行费、会议费、公务接待费“四项费用”支出的控制与监督。局在调查摸底的基础上，及时下达了预算控制指标，局属单位根据预算控制的要求，积极采取措施，落实工作责任，加强预算管理。局监察审计室组织对20个局属单位“四项费用”支出情况进行专项监督检查，对发现的支出不规范、超额支出等问题，及时提出整改要求。对检查发现的疑点问题，责成相关单位进一步核查。对问题较多的单位，采取约谈方式督促整改，由局领导向领导班子通报情况、指出问题、分析原因，提出核实和整改的要求，监察审计室跟踪督促检查。航遥中心领导班子对存在的问题高度重视，对需要核实的抓紧进行核实，对需要纠正的认真进行纠正，并及时反馈核查整改情况。经过局和局属单位的共同努力，违纪违规问题得到较好控制。

——继续加强对易发腐败关键点的防控。多渠道、多方式开展对重点部门、重点部位、重点环节的监督检查。局重点加强了“野战军”技术装备政府采购、局属单位人员招录、副局级领导干部选拔、局大型会议费支出结算、重大项目合同谈判以及地质调查项目立项论证评估等活动的监督，发现问题及时提醒纠正，有针对性地提出改进工作建议，促进了工作的规范有序开展。局属各单位充分发挥纪检监察审计部门的监督作用，认真履行职责，积极参与本单位基建、物品采购、选人用人、合同谈判等方面的相关工作，强化对重点环节和部位的监督检查，对管理工作规范有序开展起到了积极的作用。

（四）惩防并举，标本兼治力度加大。

2009年，是局系统查处案件力度最大的一年。针对审计发现的问题和线索加大查处力度，重点查处了挪用公款、私设“小金库”、套取资金私存私放、虚开发票报销等问题。局和局属单位共查办案件7起，其中4起为上年度结转。查办案件工作坚持以事实为依据，以党纪法规为准绳，充分考虑主客观因素和本人态度，本着批评教育从严处分处理从宽的原则，实事求是地作出处理。给予党纪政纪处分9人，其中开除党籍开除公职2人，对3名领导干部进行了责任追究给予通报批评，对5名干部进行了诫勉谈话。

涉案单位认真进行案例分析，深刻吸取教训，举一反三，加强教育，完善制度。广州海洋局制定印发了“加强处级领导班子和机关处（室）主要负责人监督暂行办法”。沈阳地调中心陆续制定和修订了20余项规章制度，进一步强化内部控制与管理。青岛海地所结合本单位经济案件的查处，对全体中层干部进行警示教育，还采取措施进一步加强所属企业的监管。

局和局属单位重视来信来访，设立举报信箱和举报电话，拓宽反映问题的渠道，认真组织信访举报的调查核实工作。对重要信件主要领导亲自批示、对重要来访分管领导亲自接待，纪检监察部门严格按照规定的程序，对具备调查条件的认真进行核实，区别不同情况进行处理。2009年局系统受理信访举报28件，已办结26件，其中：局收到信访举报13件，已办理12件。经过初步核实，对举报失实的在一定范围予以澄清，对苗头性的问题及时谈话提醒，对存在明显问题的予以及时纠正，对管理中的薄弱环节及时督促整改。

一年来，我们共同的努力取得了成果，我们共同的付出得到了认可。2009年度党风廉政建设责任制考核结果表明，26个局属单位领导班子综合测评得分都在84分以上，其中20个单位在90分以上；局机关和局属单位参加考核的112位领导干部综合测评得分都在80分以上，其中95位在90分以上。测评结果好于往年。在此，我代表局党组，向局属单位领导班子、广大干部职工以及从事纪检监察审计工作的同志们，表示衷心的感谢！

二、正确把握形势，明确2010年反腐倡廉建设主要任务

2010年是全面贯彻党的十七届四中全会精神，加强和改进新形势下党的建设的重要一年，也是我局构建惩防体系全面实现第二阶段目标的关键一年，反腐倡廉形势既面临着积极向好的趋势，又要经受实践的检验。

——我们在加强经济管理方面虽然做了大量工作，也取得了一定成效，但成果还不够巩固，基础还不够牢靠。审计整改任务的完成，财经法规意识的增强，各项制度的完善，执行力的进一步提高，都需要做大量艰苦细致的工作。如果思想稍有放松，工作稍有懈怠，我们的努力将会前功尽弃。

——当前，地质调查工作面临着很好的发展机遇，中央领导的关心，财政投入力度的加大，对管理工作提出了更高的要求。我们要继续把转变思想观念、改进管理方式、完善管理制度、提高管理能力作为一项重要而紧迫的任务，认真解决好不相适应的问题，为用好资金、出大成果打好基础。

——中央提出要加快推进惩防体系建设，与此相比，我们工作的深度和力度还需要进一步加强。单位之间开展工作还不够平衡，教育、制度、监督等方面还存在薄弱环节，引发违纪案件的因素还没有得到有效控制等问题，需要我们认真对待。全面实现局系统构建惩防体系第二阶段目标，还需要我们加倍努力工作。

2010年局系统反腐倡廉建设总的要求是，全面贯彻党的十七届四中全会、中纪委五次全会和胡锦涛总书记重要讲话精神，认真落实部党组的部署要求，以全面实现局构建惩防体系第二阶段目标为主线，精心组织，狠抓落实，着力完善廉政教育长效机制，尽快完善反腐倡廉制度体系，努力提高监督检查的质量效果，积极营造风清气正的良好环境，坚决维护党政纪律的严肃性，以反腐倡廉建设的新成效为事业发展、队伍稳定、干部成长提供有力保障。

重点抓好以下5个方面的工作：

（一）紧密结合学习型党组织建设，着力完善廉政教育长效机制。

建设学习型党组织是党的十七届四中全会提出的战略任务，是党组织保持先进性、充满生机活力、始终发挥引领作用的重要举措。各级党组织要切实加强领导，不断充实和完善学习制度和工作机制，提供组织和制度保障。继续将廉政教育纳入党委宣传教育和干部职工培训年度工作计划，统筹考虑，统一安排。继续完善党委统一领导，党办牵头，纪检监察部门协调，有关部门参加，各负其责，形成合力的廉政大宣教机制，并作为创建学习型党组织的一项长效机制。

要坚持把理想信念为主要内容的核心教育、道德与法纪为主要内容的防线教育、正反典型为主要内容的示范警示教育，作为反腐倡廉教育的重点，全面提高干部职工的综合素质。2010年的重点是：认真组织学习中央纪委五次全会和胡锦涛总书记重要讲话精神，使党员干部进一步认清形势，坚定信心，明确任务，共同做好反腐倡廉建设各项工作；认真组织学习宣传中央印发的《中国共产党党员领导干部廉洁从政若干准则》及相关规定，通过宣讲、辅导等多种形式，对党员领导干部进行普遍的思想教育，切实增强遵守《廉政准则》对于保证党员领导干部廉洁从政和加强干部队伍建设重要意义的认识，进一步促进党员领导干部规范行为、清正廉洁；加强对本单位相关规章制度的学习，使干部职工了解掌握规章制度的主要内容、办事程序、管理要求，进一步提高遵章守规的自觉性。进一步加强廉政文化建设，着力培育和弘扬廉洁价值理念，广泛开展廉政文化创建活动，在全系统营造以廉为荣、以贪为耻的良好风尚，为反腐倡廉建设的深入开展提供思想保障和文化支撑。

反腐倡廉教育要以有权、管钱、用钱人员为重点，以依法理财和遵纪守法的有关规定要求为主要内容，采取多种形式，分层次分对象因人施教。对各级领导干部，要以树立正确的权力观、地位观、利益观为重点，深入开展理想信念、党风党纪、廉洁从政和艰苦奋斗教育，引导领导干部正确对待和依法依规行使权力，讲党性、重品行、作表率。对职能部门重要岗位工作人员，要以认真履行职责、增强责任感为重点，深入开展爱岗敬业、按章办事、遵纪守法教育，引导重要岗位工作人员恪尽职守，不谋私利。对专业技术和业务人员，要以增强廉洁自律意识和遵守财经法规为重点，加强财经法规和廉洁办事教育，不越红线，不存侥幸，合法合规获得报酬。

（二）抓住管理工作薄弱环节，尽快完善反腐倡廉制度体系。

胡锦涛总书记在中纪委五次全会的重要讲话，特别强调要加强反腐倡廉制度体系建设，并明确提出了建立内容科学、程序严密、配套完备、有效管用的制度体系标准，为我们进一步加强制度建设，尽快完善反腐倡廉制度体系指明了方向。各单位要在以往工作的基础上，认真对照局党组《关于贯彻落实建立健全教育、制度、监督并重的惩治和预防腐败体系实施纲要的实施意见》中关于制度建设的要求，拾遗补缺，尽快充实完善相关制度。要以经济管理的薄弱环节为切入点，认真查找制度的空白和漏洞，结合审计问题整改，进一步充实完善预算、财务、资产、基建、采购、企业管理等制度和配套措施。适应地质调查管理需要，尽快修订项目管理办法及配套制度，进一步规范项目安排、立项程序、项目负责人选拔、项目论证方式，促进项目安排与管理公开透明、公平公正。针对工作存在的问题，进一步充实完善决策、干部选拔任用、干部教育管理等方面的基本制度。为了提高监督的有效性，进一步充实完善巡视、民主管理、考核、责任追究等方面的基本制度。

切实抓好反腐倡廉制度建设，必须提高制度的执行力。各单位要加强对制度执行的组织领导，明确责任，采取措施，使各项制度得以贯彻落实。要加强制度的学习宣传教育，增强干部职工的制度意识，把制度转化为干部职工的行为准则和自觉行动。要切实加强制度执行情况的监督检查，把制度的执行情况量化为考核的指标，作为考核的内容，与干部的政绩挂钩，加大问责力度。要发挥领导干部的表率作用，认真学习制度，树立制度面前没有特权，制度约束没有例外的意识，严格执行制度，自觉维护制度。

（三）围绕重点工作加强监督检查，确保局党组决策部署落到实处。

监督检查要以多种方式为载体，以提高质量效果为重点，深入实际，了解实情，督导同步，充分发挥对推进工作改善管理的积极作用。2010 年重点做好以下工作：

继续开展巡视工作。抓紧印发《局党组巡视工作实施意见》，进一步加强和规范巡视工作。开展对尚未巡视的 9 个局属单位的巡视。巡视的重点：一是监督检查领导班子落实科学发展观，巩固和扩大地质找矿改革发展大讨论成果，贯彻局党组决策部署，结合单位实际创造性开展工作的情况。二是监督检查领导班子和领导干部贯彻落实民主集中制、畅通民主渠道情况，切实做到少数服从多数，下级服从上级。三是监督检查领导班子在重大决策、干部任免、重大项目安排和大额度资金使用方面坚持集体讨论决定的情况，防止和纠正一把手或少数人说了算等问题。四是监督检查干部选拔任用情况，匡正选人用人风气，防止和纠正任人唯亲、带病提拔、不公正上岗等问题。五是监督检查领导干部收入申报及报告个人有关事项情况，加强对配偶子女已移居国外公职人员的监督管理。巡视中，要继续坚持在发展中看班子、看干部、看队伍，发现问题，查找不足，落实整改，促进领导班子建设，推动各项工作开展。充分运用巡视成果，对发现的突出问题，区别不同情况提出批评、限期整改、追究责任；对发现的好做法好经验，及时进行总结宣传；将巡视结果作为局党组选任干部、调配班子和调整工作的重要依据。各单位也要探索建立对中层干部监督、考核和管理的相关制度。

继续开展“四项费用”的监督检查。按照中央的部署和要求，结合实际，局将继续对会议费、公务接待费、出国（境）费和公务用车费进行监督检查，同时开展对劳务费发放和野外租车费使用情况的检查。巩固已取得的成效，严肃纠正新发现的问题，进一步完善会议费、公务接待费、出国（境）费支出管理制度，研究探索加强劳务费和野外租车费管理的有效措施。要把治理“小金库”作为一项经常性的工作，纳入监督检查的范围，及时发现问题，认真予以纠正。各单位要加强对“四项费用”支出的控制、管理与监督。

继续开展内部审计和整改工作。按照局的安排，抓紧完成对 9 个单位的委托审计工作。已经审计的单位，要对存在问题抓紧进行整改。要集中时间，集中力量，按照统一部署和要求完成整改工作。局适时组织重点跟踪检查，重点了解需要核实的问题是否核实清楚，需要纠正的问题是否主动纠正，需要处理的人员是否已经处理，需要改进的工作是否采取了有力措施，管理存在的问题是否建立完善了相关制度。

开展惩防体系建设第二阶段工作进展情况的检查评估。4月底前局完成检查评估标准和要点，5月至8月各单位依据评估标准进行自查，9月开始检查评估，年终结合考核反馈结果。

（四）大力弘扬党的优良作风，积极营造风清气正的良好环境。

作风关系形象，决定凝聚力和战斗力，良好的作风是战胜困难、开拓进取的不竭动力。局机关和局属单位都要把作风建设作为一项重要任务，纳入常态管理，做到常抓不懈，依靠自身力量及时发现和解决存在问题。

2010年，要在巩固作风建设成果的基础上，重点抓好以下5个方面作风的养成：一是密切与职工的联系。坚持和完善领导干部定期接待职工来访、民主恳谈、个别谈心、走访慰问等制度，畅通与职工广泛联系的渠道，倾听意见，关注诉求，了解困难，合理解决问题，增进与职工的感情。二是着力改进工作方式。科学合理安排会议，严格控制计划外会议，充分利用网络视频技术，逐步扩大视频会议数量，进一步提高会议的质量和效率。继续加强发文管理，合理控制发文数量，严把发文质量。领导干部要尽量减少参加应酬、庆典等活动，安排更多的时间下基层去一线，调查研究，了解情况，解决问题，总结经验，指导工作。三是努力培育勤俭节约的风气。严格规范公务接待标准，有接待条件的单位尽量安排在机关内部招待所住宿，在内部食堂就餐。严格控制系统内各单位之间互相宴请，单位内部各部门之间互相宴请，不得违反规定安排高消费娱乐、健身活动。科学合理安排出国（境）计划，严格控制出国团组数量、规模和时间。四是不断提高解决自身问题的能力。领导班子要坚持民主生活会、谈心和工作通报制度，加强沟通，加强了解，化解矛盾，正确开展批评和自我批评，及时解决影响班子建设的倾向性、苗头性问题。五是大力推进阳光工程建设。坚持和完善政务公开制度，探索推行党务公开，加强党政重要事项情况通报和报告，重大决策前要广泛听取意见，充分调动和发挥干部职工的积极性。

加强作风建设，局机关要带好头，领导干部要做好表率，用领导机关的良好作风，影响和带动局系统良好作风的形成，用领导干部的良好形象，影响和提升局系统的整体形象。

（五）严肃查处违法违纪案件，坚决维护党政纪律的严肃性。

2010年查处案件的重点是，权钱交易、以权谋私案件；项目管理、采购、基建、招标活动以及对外经营活动中的行贿、受贿等商业贿赂案件；违反财经纪律、私设“小金库”、虚假发票报销、做假账等案件，以及失职渎职造成严重后果的案件。

要通过内部审计、监督检查、信访举报等渠道，及时发现违法违纪问题和案件线索。对重大案件线索，要组织力量，集中时间快查快结。要严格执行相关规定，充分考虑不同情况，作出宽严相济的处理。要认真受理职工群众信访举报，对反映问题线索比较清楚的要认真组织核实，核实后要根据具体情况作出相应处理。构成违纪行为并需要给予党政纪处分的要严肃查处，举报失实的要在一定范围内给予澄清，需要纠正的要及时纠正。对存在违纪行为但尚不构成党政纪处分的，要根据具体情况，进行诫勉谈话或作出组织处理。

各单位要认真做好信访举报相关规定的宣传教育，引导干部职工实名举报，逐级反映情况。教育干部职工以平和的心态客观公正地评价干部和看待工作，要正确处理权利和义务的关系，举报问题要有根据、重事实。

三、强化责任狠抓落实，确保2010年任务完成

2010年局系统反腐倡廉建设任务比较繁重，工作量比较大。局机关和局属单位要高度重视、统筹安排，突出重点，强化责任，整体推进，狠抓落实。

（一）深化认识，加强领导。

各级领导班子要认真学习党的十七届四中全会、中纪委五次全会和胡锦涛总书记重要讲话精神，深刻领会精神实质，认清反腐倡廉形势，明确反腐倡廉任务。进一步深化对反腐倡廉建设长期性、复杂性、艰巨性的认识；进一步深化对“两手抓两手都要硬”的认识，把反腐倡廉建设摆在更加突出的位置；进一步深化积极开展预防工作对改善管理、促进事业发展、保持队伍稳定重要作用的认识。把思想统一到中央的要求上来。

要认真分析研究本单位反腐倡廉形势和工作进展情况，明确工作重点。要按照局的要求统筹谋划，做好年度工作安排，采取有力措施，保证任务的完成。要及时了解掌握工作推进情况，研究解决存在的问题，认真做好督促检查。

（二）精心组织，强化责任。

2010年反腐倡廉工作任务涉及的范围广、部门多，需要调动方方面面的力量齐心协力共同完成。要按照工作安排，把任务分解到部门、量化到岗位、细化到人头，明确完成的标准和时限。要加强跟踪检查，及时了解工作进展情况，解决问题和困难。

要以强烈的责任意识抓好落实。按照党风廉政建设责任制的要求，党政一把手要切实承担起第一责任人的职责，在谋划重点工作，抓好部署组织，推动工作进展等方面下工夫。领导班子副职要对分管工作和部门严格要求，积极推动工作的开展，检查掌握工作的落实情况。部门负责人要认真履行职责，严格管理，按要求开展工作。各级纪委要认真履行职责，协助党委抓好组织协调。对直接抓的工作，毫不放松，一抓到底；对牵头抓的工作，注意发挥相关部门的主动性和积极性；对责任部门承担的相关工作，要及时沟通协调，做好督促检查。

要以务实的工作作风抓好落实。各级领导班子要着眼长远发展，扎实做好基础性工作。在廉政教育方面，要重点探索建立反腐倡廉教育的长效机制，探索创新廉政教育的形式，促进教育经常化、增强针对性、富有实效性。在制度建设方面，必须把务实管用、保证执行效果作为第一准则。要把牢两端，即符合法律法规和大政方略精神，又符合对象实体的实际情况。措施要得力易操作，既要注重制度创新，又要注重制度的可操作性。既要加强实体制度建设，又要加强程序制度建设。既要有执行和落实制度的要求，又要有惩处违反制度的措施。在监督检查方面，要注重完善和丰富监督检查方式，着力提高监督检查的质量和效果。

（三）履行职责，创新工作。

各级纪委、纪检监察审计部门是协助党委开展反腐倡廉建设的主要力量，加强自身建设，充分发挥作用尤为重要。纪检监察审计人员要带头努力学习，加强党性修养，提高综合素质和工作能力。要带头转变观念，开阔视野，围绕中心，贴近业务，创造性地开展工作。要带头严格要求，认真执行廉政制度规定，勤奋工作，清正廉洁。各级纪委、纪检监察审计部门要切实履行职责，充分发挥好 3 个作用：一是承上启下。出主意、想办法，当好参谋和助手。把上级的部署要求转化为本单位的工作安排；指导帮助相关部门和基层开展工作。二是组织协调。通过多种方式协调调动各方参与的积极性，形成齐抓共管的局面。三是督促检查。积极主动参与业务和管理工作，加强事前、事中监督，及时发现和纠正苗头性问题。

要重视纪检监察机构的建设，对纪委书记缺位的要尽快补充，要结合党委换届，充实纪委成员。根据工作需要，及时选拔充实纪检监察审计干部。

同志们，我们要在局党组的领导下，坚定信心，同心协力，扎实工作，狠抓落实，努力取得反腐倡廉建设的新成效。

重要会议简介

中国地质调查局2010年重要会议

一、全国地质调查工作会议

时间：2010年3月1~2日

地点：北京

参加人员：国土资源部部长、党组书记、国家土地总督察徐绍史，国土资源部副部长、党组成员、中国地质调查局党组书记、局长汪民，局领导班子成员，国土资源部原副部长、中国地质调查局原局长寿嘉华，中组部司局、中编办四司、国办秘书二局、国家发改委、科技部、财政部、国家公务员局、国家审计署、自然科学基金委等中央国家机关的特邀嘉宾，国土资源部相关司局、部有关直属单位的负责同志，院士专家以及地科院领导班子成员、局属单位党政主要负责人、各省（区、市）地质调查院院长、地质环境监测站站长、中央管理的地勘单位负责人、地质院校代表。

主要内容：国土资源部部长、党组书记、国家土地总督察徐绍史出席会议并作重要讲话，国土资源部副部长、党组成员、中国地质调查局党组书记、局长汪民作了题为《构建新机制 实现新突破 努力实现国家地质工作新跨越》的工作报告。

会议全面贯彻党的十七大、十七届三中、四中全会、中央经济工作会议和全国国土资源工作会议精神，以邓小平理论和“三个代表”重要思想为指导，深入贯彻落实科学发展观，巩固和扩展地质找矿改革发展大讨论活动成果，进一步解放思想，改革创新，加快推进地质找矿新机制，总结2009年工作，部署2010年任务，谋划“十二五”，增强资源保障能力和社会服务功能。

二、中国地质调查局2010年工作会议

时间：2010年3月3~4日

地点：北京

参加人员：局领导班子成员，国土资源部规划司、财务司、勘查司、人事司、机关党委、驻部纪检组（监察局）、国家审计署资源环保审计局有关负责同志，局机关各部室主要负责同志、局属各单位党政主要负责人和业务主管领导。

主要内容：国土资源部副部长、党组成员、中国地质调查局党组书记、局长汪民作了题为《抓住机遇 迎接挑战 全面提升地质业务管理和调查服务能力》的工作报告。

会议深入学习贯彻中央领导关于加强地质工作重要指示精神，按照全国国土资源工作会议和全国地调工作会议的要求，总结2009年工作，部署2010年重点工作，表彰考核优秀单位。会议期间，套开党风廉政建设工作会议。

三、中国地质调查局2010年党风廉政建设工作会议

时间：2010年3月4日

地点：北京

参加人员：局领导班子成员、国家审计署资源环保审计局、中纪委驻部纪检组监察局及部直属机关纪委有关领导、局机关处以上干部、局属单位党政负责同志、业务主管领导、纪委书记。

主要内容：会议总结回顾了2009年局系统反腐倡廉工作，部署了2010年的主要工作任务。局党组成员、副局长王学龙主持会议，局党组成员、纪检组组长李广湧作工作报告。会上签订了廉政建设责任书。

会议部署2010年局系统党风廉政建设工作要重点抓好5个方面的工作：一是紧密结合学习型党组织建设，着力完善廉政教育长效机制。二是抓住管理工作的薄弱环节，尽快形成反腐倡廉制度体系框架。三是围绕重点工作加强监督检查，确保局党组决策部署落到实处。四是大力弘扬党的优良作风，积极营造风清气正的良好环境。五是严肃查处违法违纪案件，坚决维护党政纪律的严肃性。

四、加强地质调查项目经费管理视频会议

时间：2010年5月27日

地点：北京

参加人员：部党组成员、中纪委驻部纪检组组长王寿祥、国土资源部规划司、财务司、地质勘查司、机关党委的领导，在京局党组成员，地调局机关全体干部，局属单位领导班子成员、中层干部以及项目负责人，承担项目的中央管理的地勘单位、国土资源部直属事业单位、各省（区、市）地调院和地质环境监测总站、院校以及其他项目承担单位的领导、财务和技术管理负责人等。会议设20个分会场，参加会议的单位有170余个。

主要内容：部党组成员、中纪委驻部纪检组组长王寿祥同志作重要讲话，部党组成员、副部长、局党组书记、局长汪民同志代表局党组作动员讲话，局党组成员、副局长王学龙同志通报了地质调查项目经费管理情况及下一步工作安排。

会议认真分析了地质调查工作面临的新形势新任务，针对当前地质调查项目经费大幅增加和自身管理中存在的问题，对管好用好项目经费确保国家资金安全进行部署，提出了具体要求：一是全面开展自查。二是加大检查力度。三是加强思想教育。四是强化管理责任。

五、中国地质调查局2010年纪检监察工作座谈会

时间：2010年10月9~11日

地点：广西桂林

参加人员：局党组成员、纪检组组长李广湧，局属各单位纪委书记及纪检监察干部、局巡视组部分成员、局机关相关部室的代表。

主要内容：局党组成员、纪检组组长李广湧就扎实开展廉政专项行动、全力以赴做好惩防体系建设检查评估工作、新形势下如何开展好纪检监察工作发表重要讲话。会议回顾交流了局系统惩防体系建设第二阶段（2008至2010年）工作进展情况、主要做法及取得的成效，通报了局惩防体系建设调研情况，对开展的惩防体系建设检查评估工作进行了部署安排。会议还就当前深入开展的廉政专项行动提出了要求。

六、2010中国国际矿业大会地质调查专题论坛

时间：2010年11月16日

地点：天津

参加人员：局领导，局机关有关部室负责同志，局属单位有关项目负责人。矿业大会参会代表。

主要内容：在2010中国国际矿业大会期间，地调局举办“中国地质找矿进展”专题论坛。论坛重点介绍地调局自1999年以来，在基础地质调查、资源评价、找矿领域、地质调查方法技术、国际合作等领域的重大进展与成果，以及地质资料社会化服务的内容和方式，为中外参会代表提供局十年来总体地质调查进展情况，吸引矿业投资。

七、国际城市地质研讨会

时间：2010年9月18~22日

地点：上海

参加人员：国土资源部副部长、党组成员、中国地质调查局党组书记、局长汪民，国土资源部总工程师张洪涛，上海市人民政府副市长沈骏和国际地质科学联合会前主席张宏仁出席开幕式并讲话。中国地质调查局副局长李金发主持会议，英国、德国、俄罗斯、巴西、挪威、新西兰、新加坡、印度等国专家及国土资源部地质环境司领导、全国各省（区、市）国土资源厅领导、地质调查机构专家参加了会议。

主要内容：会议由地调局与国际地质科学联合会共同组织召开，主题为“城市地质与城市可持续发展”。针对国际城市地质研究中的重点热点问题，会议共设“城市地质理论与研究进展”、“城市地质调查技术方法”、“城市地质成果与应用”和“城市地质信息系统与社会化服务”等4个专题。会议设主题报告5场，专题学术报告共计48场。此次国际会议交流了各国城市地质工作现状、主要方法技术和主要成果与进展，并重点展示了我国城市地质调查的成果，宣传了我国城市地质调查的理念，丰富和完善了城市地质调查理论和方法技术。

八、全国地质调查院（所）总工程师培训班

时间：2010年12月20~26日

地点：广西　南宁

参加人员：各省（区、市）地质调查院，行业地勘单位，地质院校、有关局属单位的总工或技术主管领导及特邀专家

主要内容：培训采用室内理论学习和野外典型矿床考察相结合的形式，更加注重野外实地考察，着重培养省级地质调查队伍的高级技术人才。重点围绕斑岩型铜钼矿床的控矿条件及找矿前景进行理论研讨和实地考察，兼顾考察次火山岩-斑岩型金铜矿床。本次培训为省级高层次地质人员全面了解当前地质工作形势、学习交流找矿经验、拓展找矿思路、明确找矿方向提供了平台，对促进各省地质找矿，特别是寻找斑岩型铜钼矿床、铜金矿床具有重要意义。

九、西藏地质技术人员高级培训班

时间：2010年11月8~13日

地点：西藏拉萨

参加人员：西藏地勘系统地质高级技术人员。

主要内容：培训内容涉及基础地质、矿产调查、

物探技术、地球化学、地质钻探技术等多个方面，主要包括：地质调查“十二五”部署安排、青藏高原碰撞造山过程与主要类型矿床的成矿作用、青藏高原大地构造特征及演化、重磁勘查技术在地质找矿中的应用、青藏高原条件下电/电磁勘查技术的应用、青藏高原地球化学勘查方法技术、深部钻探技术、遥感找矿新技术新方法及应用等。

十、海峡两岸天然气水合物学术交流会

时间：2010 年 10 月 28 ~ 29 日

地点：山东青岛

参会人员：国务院参事、国土资源部总工程师张洪涛，国务院参事、国家开发银行信息总监胡本钢，中国地质调查局副局长李金发，中国科学院汪集旸院士、秦蕴珊院士和“台湾大学”刘家瑄教授、台湾成功大学黄奇瑜教授以及加拿大国家科学研究院卢海龙博士。中国地质调查局、国家开发银行、国家海洋局、中国科学院、教育部、中石油、中石化等所属单位及青海省煤炭地质局、海南省地质局、通用电气等 41 个单位，中国台湾地区台湾大学、成功大学、中央大学和中央地质调查所等 4 个单位参加了交流会。

主要内容：国务院参事、国土资源部总工程师张洪涛出席并作“大陆天然气水合物研究与勘查”的主题发言，中国地质调查局副局长李金发致开幕词。两岸专家在天然气水合物资源勘查、成藏理论、环境评价、钻探技术、实验室模拟、开发实验等多个领域进行了广泛交流，充分展示了海峡两岸近年来在天然气水合物调查研究方面所取得的最新进展，增进了两岸科学家之间的交流与合作。

十一、国土资源大调查找矿成果报告会

时间：2010 年 10 月 9 ~ 10 日

地点：北京

参加人员：国土资源部副部长、党组成员、中国地质调查局党组书记、局长汪民，国务院参事、国土资源部总工程师张洪涛，院士陈毓川、赵鹏大、翟裕生、汤中立、赵文津，中国地质调查局副局长钟自然、王学龙、王研、李金发，国土资源部办公厅、调控司、规划司、财务司、勘查司、开发司、储量司、科国司，财政部预算司等司局领导以及矿产勘查专家王世称、严铁雄、王保良、王瑞江等出席会议。中央地勘基金管理中心、各中央管理地勘单位、各省（区、市）地调院、相关院校、五矿集团、中铝集团负责人以及地调局机关各部室主任、副主任、业务部室处长，相关局属单位负责人参加会议。

主要内容：国土资源部副部长、中国地质调查局局长汪民同志发表重要讲话。局资源评价部分别做国土资源大调查找矿成果主题报告和铜矿找矿进展与成果、铁矿找矿进展与成果、铀矿找矿进展与成果、战略性矿产远景调查成果、全国矿产资源潜力评价阶段性成果、油气远景调查新进展等专题报告。王研副局长对会议进行了总结。会议还对“十二五”矿产资源调查评价工作及 2011 年工作部署进行了研讨。

十二、西部复杂山体重大地质灾害防治学术论坛

时间：2010 年 7 月 27 ~ 28 日

地点：重庆

参加人员：国土资源部副部长、党组成员、中国地质调查局党组书记、局长汪民，重庆市副市长凌月明，国土资源部总规划师胡存智，国土资源部地质环境司司长关凤峻，中国地质调查局副局长李金发，重点地区 19 个省（区、市）国土资源厅有关负责人，地调局有关单位及相关科研院所、院校的专家和学者。

主要内容：国土资源部副部长、党组成员、中国地质调查局党组书记、局长汪民作重要讲话。

王思敬院士、郑颖人院士、关凤峻司长、黄润秋教授等作大会特邀报告。十余位专家分别就滑坡灾害监测预警、地质灾害风险评估、震后泥石流防治对策、特大崩塌滑坡灾害成因及启示等内容作专题报告。

论坛交流研讨了我国重大地质灾害的成因机理、监测预警、风险评估及防治对策，对提高我国重大地质灾害的防治水平有很好的促进作用。

十三、全国地质环境监测总站站长、总工程师研讨班

时间：2010 年 12 月 11 ~ 15 日

地点：福建福州

参加人员：局属有关单位、全国 31 个省（区、市）的地质环境监测总站站长、总工程师。

主要内容：李金发副局长在开班仪式上发表重要讲话。研讨班就特大地质灾害、大旱与供水安全、地震诱发地质灾害、水工环地质大调查主要成果、十二五工作部署等内容进行了讨论交流。

此次研讨班让参会的站长总工程师们清晰地认识新时期水工环地质工作所面临的新形势，深刻领会中共中央关于第十二个五年规划建议的文件精神，牢牢把握发展机遇，为全面开展“十二五”水工环工作部署进行战前动员，大大激发了工作热情。

十四、2010 年全局安全生产工作会议

时间：2010 年 4 月 8 ~ 9 日

地点：广东广州

参加人员：局党组副书记、副局长王宝才同志，局安全生产委员会组成部门主要负责同志，局属大区地调中心、地科院、广州海洋局、航遥中心行政主要负责同志，各局属单位分管安全生产工作领导、安全生产管理部门负责同志、大区地调中心车队队长，各野外工作站（分站）负责同志。

主要内容：局党组副书记、副局长王宝才同志出席会议并作重要讲话，局安委会办公室主任、人事教育部主任赵奇同志作了题为《开拓创新服务大局全面扎实做好安全生产各项工作》工作报告，局安委会成员，局办公室主任刘延明同志作会议总结。

会议全面总结了2008~2009年全局安全生产工作，对2010~2011年安全生产工作进行了全面的部署。会议通报了2008~2009年度局属单位安全生产责任制考核结果，表彰了2008至2009年度安全生产先进单位，签订了2010~2011年度安全生产责任书。西安地调中心、广州海洋局、岩溶所、成都综合所、乌鲁木齐工作站4个单位在大会上做了典型工作经验发言。会议期间，进行了分组座谈讨论，听取了局安全生产管理平台建设情况介绍和中国地质大学（北京）罗云教授关于安全文化建设的专题讲座。

十五、中国地质调查局党群工作座谈会

时间：2010年10月26~27日

地点：辽宁沈阳

参加人员：局党组副书记、副局长钟自然，部直属机关党委常务副书记侯海生，局属单位党办、工会负责人和会议特邀代表。

主要内容：会议认真贯彻落实党的十七大和十七届四中、五中全会精神，总结交流基层党建工作、开展创先争优活动以及实施凝聚力工程、精神文明建设取得的成效和经验体会；分析工作中存在的主要问题和改进措施；探讨新形势下党群组织如何进一步围绕服务中心、建设队伍，创造性地开展工作。

会议期间，钟自然副局长就“服务中心、建设队伍，牢记党群工作的神圣职责”作了重要讲话，部直属机关党委常务副书记侯海生同志到会指导并讲话。天津地调中心、矿产资源所、环境监测院、沈阳地调中心、广州海洋局、地科院、航遥中心、勘探技术所等8个单位的代表进行了大会发言，介绍了党群工作的经验和体会，27个单位都作了书面交流。通过学习交流和深入讨论，与会同志对党群工作当前的作用与任务、机遇与挑战有了更为清晰的认识，对地质工作面临的新形势、新任务、新要求有了更加深刻的理解，进一步明确了当前和今后一个时期加强局系统党群工作的目标任务和要求，增强了做好党群工作的自觉性和坚定性。

（张　娜）

重要文件与规章制度

中国地质调查局机关公费医疗管理办法

（中地调办发〔2010〕1号 2010年1月5日）

根据《国土资源部公费医疗管理办法》（国土资厅发〔2007〕98号）等文件精神，为加强局机关公费医疗管理，特制定本办法。

一、公费医疗管理范围

局机关在职职工和离、退休职工。

二、就诊医院

（一）局医务室负责局机关享受公费医疗人员的日常医疗保健、疾病预防和公费医疗管理工作。局机关的合同医院为北京大学人民医院。

（二）因患急病需就近诊治的、出差人员在外地急诊的，必须在县（区）级以上基本医疗保险定点医疗机构就诊，同时开具急诊证明，在报销时查验。

（三）因诊断、治疗需要转院，经合同医院出具转院证明，方能在指定的医院和时间内门诊或住院治疗。报销费用时需附转院证明方可报销。

（四）孕、产妇职工产前检查和分娩，可在户口所在地自选离家较近的一家基本医疗保险定点医疗机构进行检查、治疗、住院。

（五）经合同医院确诊患有精神病、结核病、恶性肿瘤病的病人可去相应的专科医院治疗。

（六）离、退休人员除在合同医院和个人选择的一家就近定点医疗机构进行门诊和住院治疗外，还可在居住地选择一家社区定点医疗机构（处方左上角印有医疗机构编码）就诊。

（七）长期派驻外地工作的干部职工、异地安置的离、退休人员、休探亲假期间，由个人提出申请，经局人教部审定、局医务室备案后，可在当地选定一家乡级以上基本医疗保险定点医疗机构进行门诊或住院治疗。

三、医疗费用的报销及用药量规定

（一）享受公费医疗人员应办理公费医疗证（就诊卡）。患病就医时，凭证办理就医、取药。

（二）享受公费医疗人员报销医疗费用时需提供公费医疗的专用处方（处方左上角印有定点医疗机构编码），原始收费票据，急诊证明，转院证明，药品及检查、治疗的明细单，住院费用清单，住院费用结算单。

（三）门诊开药量急病不得超过3日量，慢性病不超过七日量，行动不便的可开两周量；离退休人员患高血压、冠心病、糖尿病、慢性肝炎、肝硬化、结核病、精神病、癌症、脑血管病、前列腺肥大等疾病，因病情稳定需长期服药的，可放宽至一个月药量。中药汤剂一般限开5剂，慢性病及其他特殊病患者可适当增加到7剂。局医务室开药量最多为一周。

（四）因病情需要外购药品，必须持医院加盖的外购药品专用章的公费医疗处方，到北京市医疗保险定点零售药店购药，报销费用时需附外购处方和定点药店的收费凭据。

（五）因病情需要，使用大型医用设备进行检查、治疗的费用（含经批准列入报销范围单项检查、治疗费用在200元以上的项目）个人先负担8%，其余部分纳入公费医疗支付范围按公费医疗规定报销，退休人员减半，离休干部个人不负担。

（六）因病情需要在检查、治疗项目中单项费用超过500元（含500元）的医用材料属贵重医用材料，使用贵重医用材料（含一次性医疗器械、一次性进口医用材料等）经费报销所发生费用的70%（吻合器只限食道、直肠吻合术）。

（七）在天坛医院使用伽玛刀治疗颅内深部、小的实质性病变的（限3 cm以下），报销所需费用的60%。

（八）因病情需要使用人工器官的，按照下列标准报销，超过部分个人负担。

（九）器官移植、组织移植医疗报销范围的项目为：肾脏、角膜、皮肤、血管、骨、骨髓移植。其他器官移植、组织移植的医疗费用公费医疗不予报销。器官移植、组织移植中器官源、组织源及其相关费用公费医疗不予报销，由个人负担。

（十）干部职工住院床位费标准为：享受司局级医疗照顾人员每人每天不超过80元。一般干部职工每人每天24元。按照标准超出部分个人负担。

（十一）医疗费用应及时报销，因故需跨年度的，最长可延至次年一月底，过期不予报销。

四、公费医疗报销范围及报销比例

就医报销范围按北京市基本医疗保险的药品目录、诊疗项目目录和医疗服务设施目录（以下简称“三个目录”）执行，符合“三个目录”规定的医疗费按照下列办法支付。

（一）门诊、急诊。门诊、急诊医疗费需先扣除乙类项目的自负10%、报销范围内的进口药品自付50%、大型设备检查治疗费自付8%，和贵重材料费自付30%后，在职人员报销90%，退休人员报销95%。

医务室医药费在职人员报销95%，退休人员报销97.5%。

（二）住院医疗费用。住院所发生的医疗费用需先扣除乙类项目、大型检查费用和贵重材料费等需自负部分后，在职人员报销94%，退休人员报销97%。

（三）门诊放化疗、血液透析的费用、器官组织移植服用抗排异药的费用在职人员报销94%，退休人员报销97%。

（四）急诊留观后收住院治疗的，其住院前七日内发生的医疗费用与住院费用合计按照一次住院费用的比例给予报销；急诊抢救留观七日内死亡发生的医疗费用按照一次性住院费用的比例报销。

（五）因病住院需领取支票时，应持医疗证和医院开出的住院通知书，领取支票时需付押金，按照20%的比例交付，出院结账报销时根据自负费用，多退少补。

（六）计划生育所发生的医疗费用个人不负担。

五、医疗照顾人员和优诊人员报销规定

符合公费医疗管理规定的医疗费用，医疗照顾人员、两院院士、离休人员（优诊人员）按照有关规定报销。1996年以后享受医疗照顾人员（有蓝本者）参照北京市医疗保险中心医疗照顾人员报销标准执行。

六、公费医疗经费不予支付的医疗费用

（一）在非合同医院或非本人选择的就近医院就诊的（急诊除外）；

（二）在非基本医疗保险定点医疗机构就诊的；

（三）因交通事故、医疗事故或其他责任事故造成伤害的；

（四）因本人吸毒、打架斗殴或者因其他违法行为造成伤害的。

（五）因自杀、自残、酗酒等原因进行治疗的；

（六）在国外或者香港、澳门特别行政区以及台湾地区治疗的；

（七）按照国家和本市规定应当由个人自付的。

七、对违反公费医疗管理规定的处理

享受公费医疗的干部职工，应自觉遵守公费医疗管理规定，如发生弄虚作假，骗取或造成公费医疗资金损失的，将给予通报批评，并追回损失。情节严重的依法追究行政和刑事责任。

八、其他

本办法自印发之日起正式实施，以往与本办法相抵触的有关文件同时废止。

中国地质调查局医务室管理办法

（中地调办发〔2010〕4号　2010年2月4日）

总　则

一、中国地质调查局医务室（以下简称医务室）是经北京市卫生行政管理部门正式批准的，为局机关、局发展研究中心（以下简称“中心”）职工和局机关物业中心人员提供卫生保健和医疗服务的内部医疗机构。

二、医务室应严格执行国家和卫生行政管理部门颁布的各类法律法规，确保医疗安全和服务质量。

三、医务人员应具备符合国家规定的从业资格，并具有良好的医德、医术和医风，恪守职业道德。

四、医务室人员的行政及党务关系隶属局机关和中心，人员的任命、聘用及工资发放等由各自的单位负责。

五、医务室的日常工作由中国地质调查局管理委员会负责管理。

岗位职责

六、医务室负责局机关全体职工，中心全体职工及局机关物业中心人员的卫生保健、医疗服务及保健科普知识的宣传。

七、做好每年度职工健康体检工作，对每位职工的查体结果进行计算机登记管理，以便了解职工的健康状况。

八、努力做好保健和疾病防治工作。正确行使处方权，因病施药，合理用药，不开人情方，大处方，保证医药费的合理支出。

九、发现传染病患者及时转入相关医院治疗并做好环境消毒工作，同时报告上一级疾病控制中心。

十、负责局机关、中心职工的公费医疗和独生子女医疗统筹的管理工作，严格执行公费医疗报销规定。还负责局机关的计划生育工作。

十一、按照国家规定组成采购小组，确定药品供应商，保证用药安全、有效、经济，保障人民身体健康。

十二、严格管理标有医疗机构标识的票据、印章、处方笺、诊断证明，避免造成严重后果。

十三、严格管理医务室的各种医疗器具，定期检查、保养，不得随意外借或任意拿出。

十四、协助本单位管理部门对本单位的食堂、办公环境进行卫生监督。

十五、组织医务人员加强业务理论学习，不断提高业务水平和服务质量。

十六、遵守劳动纪律，坚守工作岗位，不擅离职守。

十七、完成局和中心领导交办的其他医疗保健服务工作。

日常工作管理

十八、医务室日常经费采取实报实销。经费支出由局机关物业中心财务单独列支，每月再由局机关物业中心财务到局机关财务报账。

十九、局机关、中心的职工和局物业人员就诊时每人每次需交5角挂号费，药费按药品实际购进价收取。

二十、局发展研究中心财务提供购药流动资金，局机关物业中心负责管理。局机关、中心职工和物业人员在医务室就诊的药费采取记账的方式，每月由该单位负责核算，每半年（或一年）将核算过的药费，收取的挂号费一并交至局机关物业中心财务。

二十一、医务室的日常经费：主要是每人每月的卫生岗位津贴、办公用品、材料（资料）费、洗涤用品、消毒用品、每人每月的劳保费、每2年购一次冬夏工作服、劳务费、交通费、维修费、招待费、经领导批准的外聘人员工资等。上述费用由局机关财务列支。

二十二、医务室发生的日常经费除医务室负责人签字外还需经局机关物业中心主任签字后方可去局机关物业中心财务报销。

二十三、药品采购应以《北京市基本医疗保险药品目录》为依据，采用少量多次的方式。建立药品验收、出入库登记，每季对库存药品进行全面清点，对合理损耗的过期的药品履行核销手续。

二十四、医务室应实行科学化管理。如职工医药费、健康体检结果、药品出入库等采用计算机管理。

二十五、医务室可以提取药品批发价与折扣价之间的差额部分，作为医务室年度奖励资金。

二十六、每周三下午为医务室人员接受继续教育学习时间。

二十七、本办法自发布之日开始实行。

中国地质调查局公文文书档案及印章管理办法

（中地调办发〔2010〕12号　2010年4月19日）

第一章　总　则

第一条　为了加强公文处理工作，规范文书档案的整理方法，实现公文处理、文书档案整理及印章管理工作的科学化、制度化和规范化，根据国务院、国家档案局和国土资源部公文处理、档案整理及印章管理的有关规定，结合我局实际，特制定本办法。

第二条　公文处理、文书档案整理及印章管理工作应坚持实事求是、精简、高效的原则，做到及时、准确、安全。

第三条　局机关各部（室）和各局属单位的负责人应重视公文处理、文书档案整理及印章管理工作，模范遵守本办法并加强对本单位公文处理、文书档案整理及印章管理工作的领导和检查。

第四条　局办公室是局机关公文处理、文书档案整理及印章使用的管理机构，主管局机关的公文处理、档案管理及印章管理工作。各局属单位办公室负责本单位的公文处理、档案管理及印章管理工作。

第五条　局机关和各局属单位负责公文处理、文书档案整理及印章管理工作的人员必须政治可靠、作风严谨、忠于职守、廉洁正派、保守秘密，熟悉领导工作分工和各职能部门职责，具备有关专业知识，熟练掌握现代办公设备的操作和使用。

第二章　公文种类及格式

第六条　公文（包括电报、传真、电子函件、内部签报等，下同）是各单位在行政管理过程中形成的具有法定效力和规范体式的文书，是进行公务活动的重要工具。

第七条　局公文种类主要分为：

（一）决定。适用于对重要事项或者重大行动作出决策、规定和安排，表彰先进等；奖惩有关单位及人员，变更或者撤销下级单位不适当的决定事项。

（二）通知。适用于批转下级单位的公文，转发上级单位或不相隶属单位的公文；传达要求下级单位办理和需要有关单位周知或者执行的事项；任免人员。

（三）通报。适用于表彰先进，批评错误，传达重要精神或情况。

（四）报告。适用于向上级单位汇报工作，反映情况，答复上级单位的询问。

（五）请示。适用于向上级单位请求指示、批准。

（六）批复。适用于答复下级单位的请示事项。

（七）意见。适用于对重要问题提出见解和处理办法。

（八）函。适用于不相隶属单位之间商洽工作，询问和答复问题；请求批准和答复审批事项。

（九）会议纪要。适用于记载、传达会议情况和议定事项。

第八条　公文格式。公文一般由秘密等级和保密期限、紧急程度、发文机关标识、发文字号、签发人、标题、主送机关、正文、附件说明、成文日期、印章、附注、附件、主题词、抄送机关、印发机关和印发日期等部分组成。

（一）涉及国家秘密的公文，必须标明密级和保密期限。密级和期限以“★”号隔开。密级分“秘密”、“机密”和“绝密”3种。其中，“机密”和“绝密”公文应当标明份数序号。

（二）紧急公文应当根据紧急程度分别标明“特急”和“急件”。其中电报应当分别标明“特急”、“加急”、“平急”。

（三）发文单位标识应当使用发文单位全称或者规范化简称。

（四）发文字号，由单位代字、年份、序号组成。

（五）上行文应当注明签发人姓名。同时，应当在附注处注明联系人的姓名和电话。

（六）公文标题应准确简要概括公文的主要内容并准确标明公文种类，一般应标明发文机关名称。标题中除法规、规章名称加书名号外，一般不用标点符号。

（七）主送单位指公文的主要受理单位，应当使用其单位全称或规范化简称、统称。

（八）公文正文是公文的主体，表述公文的内容。

（九）公文如有附件，应当标明附件顺序和名称，置于主件之后，与主件一起装订。

（十）公文除“会议纪要”和以电报形式发出的以外，应当加盖单位印章。联合上报的公文，由主办单位加盖印章；联合下发的公文，发文单位都应加盖印章。

（十一）成文日期以负责人签发的日期为准；联合行文以最后签发单位负责人的签发日期为准。电报以发出日期为准。

（十二）联合召开会议形成纪要的，各联合单位的负责人应签署姓名。

（十三）附注是公文需要说明的其他事项，应当加括号标注。

（十四）公文应当标注主题词。主题词的个数，除类别词一般不超过5个，上行文，应当按照上级机关的要求标注主题词。

（十五）抄送单位是指除主送单位外需要执行或知晓公文内容的其他单位，应当使用全称、规范化简称或统称。

（十六）印制版记由公文印发单位名称、印制日期组成。

第九条　公文中各组成部分的标识规则，参照《国家行政机关公文格式》国家标准执行。

第十条　公文用纸一般采用国际标准A4型（210 mm×297 mm），左侧装订。

第三章　行文规则

第十一条　行文应当确有必要，注重效用。

第十二条　行文关系按照隶属关系和职权范围确定，不得越级行文。

第十三条　除办公室外，局机关各部（室）不得向外正式行文。

第十四条　凡是与局无隶属关系的上、下级单位及平级单位不发生上书或下达的行文关系，如确有必要行文，则是知照性、联系性、回复性文书，用局函。

第十五条 局机关各部（室）不得将公文直接送局领导，各局属单位报局的公文也不得直接送局领导或各部（室），应直接送或寄局办公室，由办公室按程序办理。

第十六条 “请示”应当一文一事，不得数事一文；应只写一个主送机关，如需要同时送其他机关，应当采用抄送形式，但不得抄送其下级单位。

“报告”中不得夹带请示事项。

第四章 发文办理

第十七条 发文办理指以本单位名义制发公文的过程，包括草拟、审核、签发、编号、制文、用印、分发等程序。

第十八条 草拟公文应由掌握相关政策、熟悉工作内容、文字能力强的人员承担。草拟公文应做到：

（一）符合党的路线、方针、政策和国家的法律、法规以及上级机关的指示、意见和要求，完整、准确地体现发文机关的意图，并同现行公文相衔接。

（二）实事求是，全面、准确地反映客观实际情况，如提出新的政策、规定等，要切实可行并加以说明。

（三）观点明确、内容充实，条理清晰、结构严谨，表述准确、语言精练，文风端正，篇幅力求简洁。

（四）定密准确，文种、格式使用正确，主题词标注符合要求。

（五）人名、地名、时间、数字、引文应核实无误。引用公文应先标明发文机关、标题，后引发文字号。引用外文应当注明中文含义。日期应当写明具体的年、月、日。

（六）公文使用国家法定的计量单位；标点符号的用法符合国家发布的标准方案；数字用法符合国家主管部门的规定。

（七）除已被社会广泛使用并认可的简称外，其他简称一般应先用全称并注明简称，使用国际组织外文名称或其缩写形式，应当在首次出现时注明标准的中文译文。

（八）结构层次序数，第一层为“一、”，第二层为“（一）”，第三层为“1.”，第四层为“（1）”。

（九）公文中的数字，除成文日期、部分结构层次序数和在词、词组、惯用语、缩略语、具有修辞色彩语句中作为词素的数字必须使用汉字外，应当使用阿拉伯数字。

第十九条 拟制公文，对涉及其他部门职权范围内的事项，由主办部门请有关部门会签，取得一致意见后方可行文；如有分歧，主办部门的负责人应出面协调，仍不能取得一致时，报主管局领导协调或裁定。部（室）会签文件，必须在48小时内完成，超过时限的要作出说明。

第二十条 公文送局领导签发前，公文的各审核环节要逐级对草拟公文进行审核。审核的重点是：是否确需行文；报批程序是否符合有关规定；相关单位是否会签，意见是否一致，相关材料是否齐备；是否符合政策、法规要求；提出的办法和措施是否符合实际，切实可行；文种使用、格式是否符合本公文管理办法的规定和要求。

第二十一条 拟制紧急公文，应当体现紧急的原因，并根据需要确定紧急程度。

承办公文至少提前2个工作日报局领导签批，需上会研究或涉及多位局领导分管业务的至少提前5个工作日报局领导签批。需要在5个工作日办理完毕的，应作为“急件”运转；需要在3个工作日办理完毕的，应作为“特急件”运转；特殊原因需2个工作日内办理完毕的，应作为“速退”件即批即传。

办理紧急公文时，主办单位及相关单位必须严格遵守时限要求加快办理和运转。主办单位指定专人跑签，跟踪办理，按要求修改补充完善，按时办结。

第二十二条 局机关公文审核实行责任制。公文审核责任详见附件。

第二十三条 局发一般性文（函）由局长委托分管局领导签发。局发重要文（函）由分管局领导核签后，局长签发。局向部报送的文件，由分管局领导核签，局长签发。

以局办公室名义发文，由办公室主任签发。其中，重要发文，由办公室主任核签后，分管局领导或局长签发。

第二十四条 领导签发后的公文，由文秘部门编发文号，承办部门制文，用印后分发，同时将电子文档发送给每位局领导和有关部（室）。公文办理结束后，各部（室）保留底稿和正文存档。

第二十五条 局机关和各局属单位要精简公文，减少公文数量，提高公文办理质量。

第五章 收文办理

第二十六条 收文办理是指对收到公文的办理过程，包括签收、登记、审核、拟办、批办、分发、承办、催办、查办等程序。

第二十七条 局收到的各类公文由局办公室负责启封、签收、登记后，送办公室主任或副主任签批拟办意见。拟办意见应按局领导及部室职责分工，对公文提出简明扼要并具有可操作性意见。

第二十八条　阅知性公文按照先局领导、后部（室）的顺序安排阅批。时效性强的紧急公文，由办公室提出建议，局安排会议集体传达。

阅知性公文在领导阅批过程中批有明确办理意见时，或者公文本身具有阅知性和办理性双重属性时，先安排分管部门及经办人阅办后，再继续按阅知性公文阅批。

第二十九条　办理性公文按照以下要求办理：

局收到国土资源部文件送局长或主持工作的局领导阅批后办理。收到国土资源部各司局、部其他直属事业单位的文件，按各部（室）职责分工送有关部（室）提出意见后，报分管局领导阅批，重大问题报局长阅批。

局机关各部（室）的请示和报告由局办公室按局领导职责分工呈送审批，重大事项报局长审批。

各局属单位和项目联系单位的请示和报告，按部（室）职责分工送相关部（室）进行办理。重要事项部（室）提出意见后呈送分管局领导或局长阅批后办理。

第三十条　涉及多个部（室）职能的公文，应明确主办部（室）与协办部（室）。主办部（室）要主动与协办部（室）协商，协办部（室）要积极配合，明确办理分工要求后，予以办理。各方不能取得一致意见的，由主办部（室）列出各方理由，提出建设性意见，报分管局领导负责进行协调或裁定。公文办理过程中要不回避矛盾和问题，加强沟通与协商，防止推诿扯皮。

第三十一条　分管局领导出差，公文急需办理时，由局长或局长委托其他局领导阅批，承办单位负责事后向分管局领导报告。

第三十二条　阅批办理应按程序逐级进行。紧急情况越级批办后，由承办单位负责及时向有关方面报告。

第三十三条　承办部（室）收到交办的公文应当及时办理，不得延误、推诿。公文应在限定期限完成，特急件不超过4～6小时完成，急件不超过8～16小时完成，一般文件不超过48小时完成。

第三十四条　局办公室、机关各部（室）和各局属单位要加强各类公文的催查办理工作，做到紧急公文跟踪催办，重要公文重点催办，一般公文定期催办。

第三十五条　为确保公文安全、高效运转，各部（室）之间不得横传公文。

第六章　公文管理

第三十六条　局机关公文由办公室统一管理，各局属单位的公文由本单位办公室管理。局机关各部（室）应有专人分管文件。

第三十七条　局办公室要定期或不定期对公文的质量及公文运转情况进行检查。

第三十八条　公文处理涉及当事人职务任免、工作调动、晋级、评聘专业技术职务、评选先进或涉及处分、检举内容等事项的，有关人员应予回避。

第三十九条　公文复印件作为正式公文使用时，应当加盖复印单位证明章。

第四十条　不具备归档和存查价值的公文，经过鉴别并经办公室主任批准，可以销毁。

第四十一条　公文被撤销，视作自始不产生效力；公文被废止，视作自废止之日起不产生效力。

第四十二条　公文保密按照国土资源部保密文件管理有关规定和《中国地质调查局保密工作规定》的要求严格执行。

第四十三条　人员调动时，应当将本人暂存、借用的公文按照有关规定移交、清退，并做好涉密文件、资料的清理、登记交接工作，经核查无误，双方签字后，方可办理调动手续。

第七章　文书档案整理原则和质量要求

第四十四条　文书档案是本单位在工作活动中形成的、具有保存价值的各种门类和载体的档案。

第四十五条　文书档案的整理是将归档文件以件为单位进行整理，使之有序化，以便查找利用。

第四十六条　文书档案的整理原则是遵循文件的形成规律，保持文件的有机联系，区分不同价值，便于保管和利用。

第四十七条　文书档案的质量要求

（一）按照归档范围的规定，凡应归档的文件都必须齐全完整。

（二）归档文件已破损的应予修整。永久保存的归档文件应进行必要的修裱和装订；定期保管的归档文件一般保持原貌即可；热敏纸传真件、铅笔书写的文件以及字迹模糊的文件应予复制。

（三）整理归档文件所使用的书写材料、纸张、装订材料等应符合档案保护要求。

第八章　归档整理方法

第四十八条　归档整理方法：顺其自然，单件归档。即顺应文件形成时的本来状况，以自然件为归档单位进行逐件整理归档并装订、分类、排列、编号、编目、装盒。

第四十九条　以件归档。归档文件的整理单位，一般以每份文件（自然件）为一件，文件正本与定稿为一件，正文与定稿相同时，定稿可不归档；正文与附件为一件；正文与发文稿头纸或文件处理单为一件；原件与复制件为一件；转发文与被转发文为一件；来文与复文各为一件；报表、名册、图册、图纸等一册（本）为一件。

第五十条 装订。归档文件可采用不锈钢卡钉或用牛皮纸角套装订，也可采用其他办法进行装订，原则是不能损坏档案。采用左侧装订的应将左、下侧对齐；采用左上角装订的应将左、上侧对齐。装订时，正本在前，定稿在后；正文在前，附件在后；原件在前，复制件在后；转发文在前，被转发文在后。

第五十一条 分类。中国地质调查局档案分类方案为：年度-机构-保管期限。

（一）年度分类：将归档文件按其形成年度分类。

一般的文件材料，应以文件签发日期（即落款日期）为准，据以判定文件所属年度。对于计划、规划、总结、预算、决算、统计报表以及法规性文件等内容涉及不同年度的文件，统一规定为按文件签发日期判定文件所属年度。

跨年度形成的文件，统一在办结年度归档。

（二）机构分类：将归档文件按承办机构分类。

按承办机构分类，即有一个机构就设置一个类，机构名称就是类名。局机关各部（室）的文件各自单独成一类。

原则上谁承办的文件谁归档。联合发文，应由主办单位归原件，协办单位归复印件。

（三）按保管期限分类：将归档文件根据划定的不同保管期限进行分类。

归档文件按“永久”、“定期”保管期限分类。“定期”一般分为30年、10年。

第五十二条 排列。归档文件应在分类方案的最低一级类目内（“保管期限”即为最低一级类目）排列，即先将归档文件按保管期限分开，按事由结合时间、重要程度先后排列，并且尽可能将关系密切（如同一次活动，同一项工作）的文件材料排列在一起。会议文件、统计报表等成套性文件可集中排列。一般情况下，同一事由的归档文件应该在办理完毕后收集齐全，结合时间或重要程度依序排列在一起。不同事由的归档文件即可按事由形成时间和重要程度排列，也可按事由具有的共同属性分别集中排列。

第五十三条 编号。归档文件应在分类方案的最低一级类目内，按文件排列顺序从“1”开始逐件编流水号。即每年按永久、定期（30年、10年…）分别从“1”开始逐件编流水号。

第五十四条 盖章。在文件处理单或文件的首页上端的空白处加盖归档章，并填写有关栏目的内容。

全宗号：不填。

年度：文件形成年度，以四位阿拉伯数字标注公元纪年。

机构：文件归档单位的全称或规范化简称。

保管期限：标注归档文件保管期限的简称，永久为“永”、定期为“定”加保管年限。

件号：文件排列的顺序号。各部（室）分别整理档案的，每个部（室）按保管期限分别编顺序号。

第五十五条 编目。归档文件应依据分类方案（年度-机构-保管期限）和室编件号顺序编制归档文件目录。每年每个机构一册，一式三份。不同保管期限之间插入“归档文件目录”封面隔开。归档文件目录包括件号、责任者、文号、题名、日期、页数和备注项目。

件号：文件归档时编制的顺序号。

责任者：制发文件的组织和个人，即文件的署名者或发文机关。填写时应使用全称或规范化简称。

文号：文件的发文字号，是由发文机关按发文次序编制的顺序号。文号栏内不得填写诸如“会议文件之一”、“第一期”等文件顺序号。

题名：文件标题。文件只有一个题名（正题名），填写目录中题名应照实抄录。有的文件还有副题名或并列题名，副题名即文件标题中破折号后面的部分，在正题名能够反映文件内容时，副标题无须抄录。有的文件没有题名或标题不完整，应根据文件内容重新拟写或改写，并在新拟部分之外加“〔〕”填写在目录中。

日期：文件的落款时间。具体填写日期时可省略年、月、日，用8位阿拉伯数字标注。

页数：每件文件的总页数。文件中有图文的页面为一页，空白页不计。

备注：用于填写归档文件需要补充和说明的情况，包括密级、缺损、修改、补充、移出、销毁等。如果有些条目需说明的情况较多，备注栏难以填写时，可在备注栏中加注“*”号，将具体内容填入备考表中。

归档文件目录及目录封面均采用国际标准A4型纸，归档文件目录封面设置全宗名称、年度、保管期限、机构等项目。

第五十六条 装盒。将归档文件按室编件号顺序装入档案盒，不同年度、不同保管期限的文件不得装在同一盒内。

填写档案盒封面、盒脊及备考表项目。

档案盒：档案盒封面填写归档单位名称；档案盒

脊设置全宗号、年度、保管期限、机构、起止件号、盒号等项，其中，起止号填写盒内第1份文件和最后1份文件的件号，中间用“－”号连接；盒号为馆编号。

备考表：备考表置于盒内文件之后，项目包括盒内文件情况说明、整理人、检查人和日期。

盒内文件情况说明：填写盒内文件缺损、修改、补充、移出、销毁等情况。

整理人：负责整理归档文件的人员姓名。

检查人：负责检查归档文件整理质量的人员姓名。

日 期：归档文件整理完毕的日期。

第九章　档案的移交及保管

第五十七条　局机关各部（室）负责本部（室）文件归档和归档文件的移交工作，办公室文秘档案处负责局机关归档文件的接收工作。文件归档及归档文件移交工作应在每年的6月底前完成。

第五十八条　局机关办公室要做好档案的保管工作。要建立档案室管理制度。配置专门库房，配备防盗、防火、防潮、防高温，防有害生物的必要设施。同时，配备适应现代化管理需要的技术设备。

第五十九条　各局属单位的归档文件由各单位档案室自行保管，并按第五十八条要求建立制度，配置设备。

第六十条　对工作中产生的应当归档的其他门类和载体的档案，如：人事、会计、审计、案件、基建等以及特殊载体形式的文件材料，按相关规定整理归档。

第十章　印章管理

第六十一条　印章管理是各单位办公室一项重要工作，应加强用印管理，严格审批手续，建立登记制度。

第六十二条　使用印章，需经各级领导按管理权限审批。中国地质调查局机关用印批准权限为：

（一）使用中国地质调查局党组印章，须经党组书记批准。使用中国地质调查局印章，重要事项的用印须经局长批准，一般事项的用印须经分管局领导批准。

（二）以下事项可由局长或分管局领导授权，由办公室主任或主持工作的副主任审批后用印：

1. 以中国地质调查局名义发出的例行公务、行政事项的文件、便函、介绍信、及报表等。

2. 各类证书、证明、退休人员退休证及有关证明材料等。

（三）使用中国地质调查局办公室印章，须经局办公室主任或主持工作的副主任审批。

（四）使用中国地质调查局党组、中国地质调查局、中国地质调查局办公室印章领导签批后，须经办公室登记后方可用印。

（五）使用各部（室）印章，须经部（室）主任审批。各部（室）印章只能在内部使用，不能对外正式使用。

第六十三条　印章刻制、启用和销毁。

（一）新成立单位或机构，单位和机构增加名称、更名，原印章损坏，可刻制印章。

（二）各局属单位刻制印章须局出具证明，要填写刻制印章批办单，经办公室主任审批后，方可出具证明。

（三）印章制成后，由所在单位办公室启用。

（四）启用新印章后，原有印章作废。局机关作废的印章交办公室封存。任何单位和个人不得使用已废止的印章。

第六十四条　对印章保管不善，造成印章丢失，根据情节给予当事人批评教育、行政处分。审批部门或单位把关不严，用印后造成错误和损失的，根据情节给予当事人批评教育、行政处分。未经批准自行留存、使用应予销毁或上交的印章，根据情节给予当事人批评教育、行政处分直至依法惩处。对非法使用印章，根据情节给予当事人批评教育、行政处分直至追究法律责任。

第十一章　附　则

第六十五条　本办法由中国地质调查局办公室负责解释。

第六十六条　本办法自印发之日起施行。原有《中国地质调查局公文文书档案及印章管理办法》（中地调发〔2003〕112号）同时废止。

附件：

中国地质调查局机关公文审核责任制

一、拟稿人的责任

（一）草拟公文要符合党的路线、方针、政策和国家的法律、法规以及上级机关的有关精神，符合局总体工作要求及局相关规章制度的要求，完整准确地体现公文的意图。

（二）正确选择公文文种、格式，实事求是、观点明确、内容充实，条理清晰、结构严谨，文风端正。

（三）草拟公文要语言精练、语句通顺、表述准确、用词规范，没有错别字。

二、处（室）负责人的审核责任

（一）本处（室）草拟的公文是否符合党的路线、方针、政策和国家的法律、法规以及上级机关的有关精神，是否符合局总体工作要求及局相关规章制度的要求。

（二）公文中提出的工作意见及要求是否符合实际，切实可行。

（三）公文的结构层次是否清晰、语句是否通顺、有无错别字，公文中引用的数字是否准确、业务专用词是否规范。

（四）提出公文会签意见。

处（室）负责人作为拟稿人时，由处内其他人履行审核职责。

三、部（室）综合人员的审核责任

（一）公文报批程序是否符合有关规定。

（二）文种使用、格式是否符合公文管理办法的规定和要求。

（三）公文的结构层次是否清晰，语句是否通顺，有无错别字。

（四）根据部（室）负责人审定意见组织文件会签，审核应会签单位是否会签，会签意见是否明确。

四、部（室）负责人的审核责任

（一）本部（室）草拟的公文是否确需行文。

（二）本部（室）草拟的公文是否符合党的路线、方针、政策和国家的法律、法规以及上级机关的有关精神，是否符合局总体工作要求及局相关规章制度的要求；是否完整准确地体现局发公文的意图。

（三）公文中提出的办法和要求是否符合实际，切实可行。

（四）公文的文种、格式是否正确，结构层次是否清晰、语句是否通顺、有无错别字，公文中引用的数字是否准确、业务专用词是否规范。

（五）审定会签部（室），落实会签部（室）提出的意见。

局发公文应先送拟稿处（室）的分管部（室）副主任审核后，再送部（室）主任核签。

部（室）主任作为局发公文办理的第一责任人，对公文质量负主要责任。

五、局办公室文秘处的审核责任

（一）是否确需行文。

（二）公文报批程序是否符合有关规定。

（三）文种、格式是否符合公文处理办法的规定和要求。

（四）公文的结构层次是否清晰，语句是否通顺，有无错别字。

六、局办公室负责人的审核责任

（一）是否确需行文。

（二）公文是否符合党的路线、方针、政策和国家的法律、法规以及上级机关的有关精神，是否符合局总体工作要求及局相关规章制度的要求。

（三）相关部（室）是否会签，会签意见是否采纳，未采纳意见是否说明原因。

（四）公文的结构层次是否清晰，语句是否通顺，有无错别字。

七、局领导的审核责任

（一）公文是否符合党的路线、方针、政策和国家的法律、法规以及上级机关的有关精神。

（二）公文是否符合局总体工作要求，公文中提出的意见及工作要求是否符合实际，切实可行，是否完整准确地体现局发公文的意图。

中国地质调查局机关经费管理办法

（中地调办发〔2010〕13号　2010年4月19日）

第一章　总　则

第一条　为规范局机关的经费管理工作，依据国家有关法律、法规和部局的有关规定，结合局机关实际情况，制定本办法。

第二条　局机关经费管理要严格遵守国家有关法律、法规和财务规章制度，正确处理国家、单位和个人的关系，坚持勤俭办事、反对铺张浪费，努力提高资金使用效益。

第三条　局机关经费管理工作必须坚持合理编制部门预算，如实反映单位财务状况，建立健全管理制度，加强会计核算，认真执行财经纪律，切实履行财务监督职能，严格国有资产管理，努力节约经费支出，保障机关各项活动正常进行。

第四条 按照“统一管理，分别核算”的原则，强化经费预算管理，制订定额标准，严格审批程序，大力推进机关经费管理制度化、规范化、科学化。

第二章 编制部门预算

第五条 局机关经费预算包括行政运行、住房改革支出、事业单位离退休经费、地质及矿产资源调查经费、国土资源地质调查等专项相关经费。

第六条 坚持全面覆盖、统筹兼顾、保证重点、注重效益的原则，遵照财政部和部、局的有关要求编制局机关经费预算，按照不同的经费渠道分别上报。

第七条 局办公室统一组织，各有关部室协助编制局机关经费预算。

第八条 各归口管理部室组织编制各自管理的经费预算，办公室汇总平衡后形成上报的机关年度经费预算建议。

人教部组织工资及津贴（含其他工资性支出）、职工培训、安全工作、退休人员经费的预算编制。

科技外事部组织外事工作经费预算的编制。

办公室组织其余日常经费预算的编制。主要为办公费、印刷费、邮电费、差旅费、会议费、培训费、水电费、取暖费、交通费、咨询费、劳务费、设备购置费、维修费、招待费、报纸杂志订阅费、物业管理费、社会费用以及职工医药费、职工福利费等公用经费和机关软课题研究经费。

第九条 部室责任

（一）履行经费归口管理职责的部室，要认真组织好机关各部室对各自管理的经费项目的预算编制工作，作好汇总及综合平衡。

（二）各部室要根据年度工作计划和主要任务，认真测算、实事求是地编制本部室各项有关经费的年度预算。

（三）办公室要认真组织、指导好有关部室归口管理经费的预算平衡工作；搞好审查、汇总及综合平衡工作。

（四）预算编制的测算要有依据，严格遵守有关财务规章制度。

第三章 编制机关支出预算

第十条 办公室根据部下达的年度预算控制数，组织预算细化，形成机关经费支出预算建议，经局长办公会议审定后作为支出预算控制数执行。待部门预算正式下达后，编制印发机关年度经费支出预算。

第十一条 各部室编制本部室办公用品费、印刷费、交通费（市内）、差旅费、会议费、培训费、招待费、劳务费（咨询费）、设备维修费、专用材料购置费、设备购置费、图书资料购置费、外部协作经费等年度支出预算。

年度支出预算为各部室全年各项工作任务支出的预算。包括行政运行、地质及矿产资源调查经费、国土资源调查管理项目、部室专项等各资金渠道的经费支出。

办公室根据各部室预算需求，统筹平衡，下达年度支出预算控制数，其中市内交通费、工作餐及招待费实行限额包干使用。

第十二条 有关部室负责编制机关集中使用经费的支出预算。

人事教育部：工资及津贴（含其他工资性支出）、退休人员经费、安全工作经费、培训经费支出预算。

科技外事部：外事工作经费支出预算。

直属机关党委：党团组织活动、文明单位建设、工会活动补助经费支出预算。

监察审计室：党风廉政教育、案件查处、内部审计、巡视经费支出预算。

办公室：邮电费、水电费、取暖费、交通费（车队费用）、招待费、福利费、物业管理费、维修费、报纸杂志订阅费、社会费用以及政府采购经费支出预算，以及部分集中使用的办公费、印刷费、差旅费、会议费、劳务费（含咨询费）、设备维修费、专用材料购置费、设备购置费、图书资料购置费等支出预算。

第十三条 支出预算编制的基本要求

（一）遵循实事求是、勤俭节约、量入为出的原则，尽量细化部门预算。

（二）各部室依据年度工作计划，合理编制年度公用经费支出预算，认真完成工作任务，确保预算执行。

（三）集中使用的经费支出预算应细化支出项目，合理统筹安排。

（四）机关财务管理部门要做好综合平衡及各项财会业务处理工作。

第十四条 局长办公会议对部室公用经费支出预算及集中使用经费支出预算方案进行审定后，正式形成机关经费年度支出预算。

第十五条 机关财务管理部门按月为部室提供预算实际支出情况表，根据预算执行及工作完成的进度，适时调整局机关年度支出预算。

第四章 经费支出

第十六条 支出预算是各部室日常工作各项经费开支的依据，经费使用部门和经费管理部门均不得在未纳入预算的情况下使用或报销经费。

第十七条 因临时急需安排的重要工作，未纳入年度支出预算（以下简称计划外）的经费支出，须事前办理申请、审准手续。

一般额度在5万元以下的由办公室核报分管局领导批准，额度在5万元（含5万元）以上的须以签报形式，提交局长办公会议批准。

年度工作虽已纳入支出预算（以下简称计划内），但使用额度超过预算批准额度，或改变支出预算批准使用用途的经费支出项目，按计划外办理。

第十八条 部室公用经费支出预算由各部室自行管理，集中使用的公用经费支出预算由预算编制部门负责管理。

第十九条 限额包干使用经费由各部室集中使用，机关财务按单位建账、统一管理。

第二十条 不同预算渠道来源的经费分别核算，统一管理。实行统一的财务管理形式，执行统一的开支标准，履行统一的财务支用、报销手续。

第二十一条 经费支用须经批准方可支用，审批实行分级负责制。

（一）公用经费支出实行分级审批：支出额度2万元以下的由负责该项经费管理的部室主任审批，2～10万元由办公室核报分管局领导审批，10万元以上由局长或主持工作的副局长审批。

（二）咨询费、劳务费等发放给个人现金的，由经办部室的主管局领导审批。

第二十二条 工作人员支用现金、支票时，须办理借款手续。先填写“借款单”，注明借款日期、所属部门、借款人、借款事由、借款金额，并按规定程序审批后，经财务审核后办理借款。

办理的审批程序为：经办人、处长、部室主任、机关财务处审核……依次进行。

第二十三条 机关工作人员要严格执行现金管理制度，使用现金超过1000元时，原则上须用转账支票进行结算。

第五章 经费报销

第二十四条 经费报销要严格履行处、部室及财务审核程序，经具有审准权限的领导审准后，予以报销。

经费报销审批权限与第二十一条规定的经费支用批准权限相同。

第二十五条 报销各种费用必须出具真实合法的原始凭证。发票必须同时具备以下必备的要素：

（一）必须具有税务局或财政局监制字样的专用章；

（二）必须具有出据单位加盖的业务或财务专用章；

（三）必须具有填制日期、付款单位或付款人、费用项目及名称、相等的大小写金额、开票人等；

（四）用于购买物品或设备的原始凭证，还必须具有品名、数量、单价、规格、型号等。

（五）会议费、培训费发票后必须附支出明细单。

第二十六条 对不能取得正规原始凭证的业务，应填写特制的报销凭证，由部室主任、证明人、经办人等3人以上签名，金额在5000元以下的，经办公室主任审核后报销；金额在5000元以上的经办公室主任核报分管局领导审批后方可报销。

第二十七条 报销固定资产及耐用消耗品购置费用，必须事前办理入库手续，凭发票及入库单办理报销手续。

报销医药费时，需先经医药费审核部门审核、签字后到财务处报销。

按规定享受探亲假的职工，探亲路费的报销须经人事部门的审批。

第二十八条 机关工作人员报销各种费用，须准确、齐全地填写报销单所列内容，完整地履行审批手续。

办理报销手续的审批程序与第二十二条规定的借款审批程序相同。

第二十九条 机关工作人员各种支出的报销，原则要求当月开支当月报销；凡有借款，但未报账，不得再次借支款项，做到“前账不清，后账不借”。一般不得跨年度报销。

第六章 差旅费报销有关规定

第三十条 乘坐交通工具

（一）按规定出差人员须按照等级乘坐交通工具，凭票据实报销城市间交通费（见下表）。

级别 \ 交通工具	火车	轮船（不包括旅游船）	飞机	其他交通工具（不包括出租小汽车）
副部长及相当职务人员	软席（软座、软卧）	一等舱	头等舱	凭据报销
中央国家机关正副司局长，以及相当职务 人员	软席（软座、软卧）	二等舱	普通舱（经济舱）	凭据报销
其余人员	硬席（硬座、硬卧）	三等舱	普通舱（经济舱）	凭据报销

（二）出差人员乘坐飞机要从严控制，出差路途较远或出差任务紧急的，经各部室分管局领导批准方可乘坐飞机。出差目的地运行夕发朝至列车、乘车时间在10小时以内的，除特殊紧急公务外，应当乘坐火车前往。

（三）工作人员出差，可以乘坐全列软席列车。全列软席列车设有一、二等软座的，副司（局）级及以上人员出差，可以乘坐一等软座，并按照一等软座车票报销；处级及以下人员出差，可以乘坐二等软座，并按照二等软座车票报销。

（四）乘坐全列软席列车，从当日晚8时至次日晨7时乘车时间6小时以上的，或连续乘车超过12小时的，可以乘坐软卧，并按照软卧车票报销。

第三十一条 住宿标准

（一）出差人员可以在定点饭店住宿，也可以在非定点饭店住宿，住宿费必须在出差地住宿费开支标准上限以内凭据报销。一般副部级住套间，局级（含副局级）住单间，处级及以下两人合住标准间。

出差人员可以通过网上（网址 WWW. hotel. gov. cn）或已下发的《党政机关事业单位出差和会议定点饭店目录》，了解目的地定点饭店价格等情况。

（二）出差人员无住宿费发票的，不发放伙食补助费及公杂费。

第三十二条 补助标准

（一）伙食补助。

1. 出差人员的伙食补助费按出差自然（日历）天数实行定额包干，每人每天50元。

2. 到局属单位出差的人员，原则上取消统一安排伙食的做法，鼓励在单位食堂用工作餐。出差人员必须向接待单位每天缴纳10元伙食费。

3. 如果接待单位没有食堂、或不便于出差人员用餐，不得不统一安排伙食，出差人员须向接待单位每天缴纳50元伙食费。

4. 接待单位向出差人员出具所交伙食费用的收据，回局报销时，以收据为依据，一律按每人每天50元进行核算，不足部分补发给个人。

5. 出差人员所到地区没有单位接待，或出野外，伙食补助实行包干办法。

（二）公杂费补助。

1. 出差人员的公杂费按出差自然（日历）天数实行定额包干，每人每天30元，用于补助市内交通、通讯等支出。

2. 出差人员由所在单位、接待单位或其他单位免费提供交通工具的，应如实申报，公杂费减半发放。

3. 出差人员经批准乘坐飞机的，其往返机场乘坐专线客车的费用、民航机场管理建设费和航空旅客人身意外伤害保险费（限每人每次一份），凭据报销，不在公杂费定额包干之内。出差人员前往专线客车车站的交通费用，在公杂费定额包干范围之内，不再发放补助。

4. 到基层单位实（见）习、工作锻炼、支援工作以及各种工作队等人员，在途期间的住宿费、伙食补助费和公杂费按照差旅费开支规定执行；在基层单位工作期间，每人每天发放伙食补助费15元，不报销住宿费和公杂费。

第三十三条 其他

（一）出差人员借款、报销时，应附经领导审批后的《局机关出差审批单》，并如实申报是否有接待单位。

（二）机关工作人员乘坐汽车出差，应严格控制使用单位公务车辆，尽量选用公共交通工具，以减少能耗和经费开支。如乘坐公务车辆，日连续行车6小时以上，可按出差报销伙食补助费。

（三）机关工作人员参加局机关举办内部各类会议，因会议统一安排食宿及交通，原则上不发放伙食补助费及公杂费。如会议在北京地区以外（外省市）举行，减半发放公杂费。

（四）机关工作人员参加外部（北京地区以外）举办的各类会议，按规定缴纳住宿费、伙食费，回局后凭缴费票据在差旅费标准上限以内报销住宿费、伙食补助费，发放公杂费；会议免费提供市内交通工具的减半发放公杂费；会议不收取住宿费、伙食费的（综合性会议）不发放补助；参加会议在途期间的住宿费、伙食补助费、公杂费按规定报销。参加在北京地区内举办的会议，只在标准定额内凭票据实报销住宿费、伙食费，不发放公杂费。

第七章 现金、支票及财务印鉴使用管理

第三十四条 现金主要用于支付人员咨询费、劳务费等个人报酬；出差人员必须随身携带的差旅费，无法以支票进行结算的零星支出等。

第三十五条 领用现金必须出据审批齐全的借款、报销单据，严格按规定的开支范围使用现金。除支付个人报酬及差旅费外，购买各类物品的现金限额为1000元，单位之间不得相互借用现金。

职工报销退回现金时，出纳必须开具“收款收据”。

职工借支现金发生丢失，由职工个人负责赔偿。

不得以公款办理信用卡供个人使用。

第三十六条 支票用于同外部单位、个人在同城或票据有效地区的商品交易和劳务供应以及其他款项的结算。局机关使用现金支票和转账支票。

现金支票，只能用于支取现金。

转账支票，只能用于资金转账，不得支取现金。

第三十七条 现金支票由分管货币资金的会计人员根据现金需要量，在财务负责人的监督下自行办理。在任何情况下，分管货币资金的会计人员不得开具空白现金支票。

转账支票一律记名，金额起点为100元，付款期为10天。职工借用转账支票时，履行领用手续，支票发出后，分管货币资金的会计人员要督促支票借用人及时报账。

第三十八条 为保证现金安全，持现金支票离开机关必须使用公务车。

办理转账支票必须提供准确的收款单位和开户行名称及账号。

转账支票开出后，持有人必须妥善保管，不得折叠损坏；发生支票丢失，必须及时报告、挂失。

第三十九条 出纳人员应在每日业务终了时，计算当日现金收、支合计数和结余数，并将结余数与实际库存数核对，做到账款相符。

财务负责人应定期对现金库存进行核实。

第四十条 加强财务印鉴、票据管理。印鉴、印章及票据（空白支票与发票）必须由会计和出纳分别管理，即出纳保管法人代表印章和票据，会计保管财务专用章。会计人员在严格审查票据填写内容、金额后，方可加盖财务专用章。

第四十一条 分管货币资金及保管财务专用章的会计人员，如遇出差、病事假或其他特殊原因，业务工作需临时移交其他会计人员时，必须办理临时交接手续。

第八章 附 则

第四十二条 本办法由局机关办公室负责解释。

第四十三条 本办法自2010年1月1日起实施。《中国地质调查局机关经费管理办法》中地调发〔2003〕156号同时废止。

中国地质调查局机关保密工作制度

（中地调办发〔2010〕14号 2010年4月26日）

第一章 总 则

第一条 为确保国家秘密安全，保障各项工作顺利进行，根据国家有关法律和国土资源部的规定，结合我局实际，制定本制度。

第二条 局保密工作既要保障国家涉密项目的安全，又要有利于地质调查工作的开展，有利于地质调查成果为社会服务。

第三条 局保密委员会负责局机关保密工作，并对局属单位保密工作进行指导、检查与监督，局保密办公室负责承办保密委员会日常工作。

第四条 局保密工作应依靠全体工作人员，保守国家秘密是每个工作人员应尽的职责和义务。

第二章 技术业务保密

第五条 技术业务保密范围包括以下事项：

（一）公开或泄漏后会严重损害国家形象和社会安定的地质调查、地学研究的原始资料、统计分析数据和成果资料；

（二）公开或泄漏后会引发严重外交纠纷、边界争端及不利于边界问题解决的地质调查、地学研究资料；

（三）涉及我国具有争议的边界地区和涉密地区等地质调查工作及资料；

（四）为国防建设和军事目的服务的地质调查工作及资料；

（五）为地质调查工作需要而收集和保管的属于国家秘密的数据和资料；

（六）涉及国家安全的区域重力测量绝对值与高程值资料；

（七）根据工作需要，局保密委员会确定的其他保密事项。

第六条 带有涉密内容的文件、资料和其他物品，应按照有关规定标明密级。首次确认的保密事项，须经局保密委员会批准并备案。

第七条 属于本规定保密工作范围的文件、资料和其他物品，采取下列保密措施：

（一）根据保密工作需要，限制接触涉密内容的人员范围。

（二）经本单位主管领导按照有关规定批准后，方可进行复制和摘抄。

（三）收发、传递和外出携带，须由指定的专人负责，并采取相应安全措施。

（四）在设备完善的保险装置中保存。

第八条 为广播、电视、报刊等各类社会宣传媒体和公开出版物提供的各类宣传材料和文稿（含图文材料、声像制品和其其他物品），涉及保密事项的必须进行相应处理，确保国家秘密安全。

第九条 在对外交往与国际合作中，不得泄露国家秘密和地质工作中的秘密事项，不得对外提供或携带涉密资料，确因工作需要，必须进行相应处理。凡是界定不清的保密事项，须经保密办公室审核，主管局领导或局保密委员会审定；重要事项须报部保密办公室批准。

第十条 在国内学术交流和业务合作研究中，需要提供涉密资料时，一般事项须经局保密办公室审核，主管局领导批准，重要事项，须经局保密办公室审核，主管局领导同意，报部保密办公室批准。

第十一条 任何工作人员要严格遵守保密规定，不得在私人交往、通信及公共场所泄露国家秘密和地质工作中的秘密事项。

第三章 网络系统保密

第十二条 局网络系统国际互联网的保密管理，实行控制源头、归口管理、分级负责的原则。

第十三条 局联网计算机必须实行内外网物理隔离。内网机只允许连接内网，外网机只允许连接外网，不得混用。

第十四条 涉及国家秘密的信息，包括在对外交往与合作中经审查、批准与境外特定对象合法交换的国家秘密信息，不得在外网机中存储、处理、传递。

第十五条 向国际互联网站点提供或发布信息，应遵守上网信息发布程序，并认真填写局规定的上网信息发布申请表，经过审查批准方可发布。

第十六条 使用电子函件进行网上信息交流，应遵守国家有关保密规定，不得利用电子函件传递、转发或抄送涉密信息。

第十七条 局机关工作人员应当接受并配合局保密委员会实施的保密监督检查，协助查处和纠正利用国际联网泄露国家秘密的违法行为。

第十八条 局保密委员会接到举报或检查发现网上有泄密情况时，应立即组织查处，并督促有关部门及时采取补救措施，监督有关单位限期删除网上涉及国家秘密的信息。

第十九条 对于存在保密隐患的部门或单位，局保密委员会有权责令其进行整改，整改后仍不符合保密要求的，停止国际联网。

第四章 文件保密

第二十条 保密文件分为机要文件和涉密文件。机要文件系指标明为绝密、机密、秘密的党内各种文件和未注明可公开的内部刊物、资料。涉密文件系指标明为绝密、机密、秘密的各种行政文件和未注明可公开的内部刊物、资料。

第二十一条 局机关必须指定专人负责保密文件的管理。单位负责人对保密文件负主要领导责任，分管负责人负直接领导责任。

第二十二条 保密文件必须先登记后传阅。机要文件运转的每个环节都必须履行签字手续，签收者对文件的安全保密负有完全责任。

第二十三条 保密文件必须按照规定组织传阅，不得缩小或擅自扩大范围，不得上网或用其他媒体进行传阅，不得将机要文件带到宿舍或其他公共场所。

第二十四条 办理各类公文，应按照国家有关规定，拟定密级及保密期限，经文秘部门审核呈主管领导签发。保密文件的制作必须在单机上操作并设密码，严禁在连接内网和外网的计算机上操作。发送文件时应标注顺序号并登记发送范围。

第二十五条 保密文件的传递必须使用保密专用信封并加盖密封章，专人专车进行传递。邮寄涉密文件必须通过机要通信部门，不得使用普通邮政通讯和互联网电子邮件。

第二十六条 机要文件一律不准复制。国家绝密、机密级文件和发文机关规定不准翻印的文件，禁止复制。国家秘密级文件（含国务院文件）一般不准复制，确因工作需要必须复制时，须经局保密办公室主任批准。凡经批准复制的文件视同原件一样严格管理。

第二十七条 存放机要文件的场所必须符合保密和防火、防盗等安全要求。保密文件应用带密码的专柜保存，并按要求专人专柜保管。日常工作中使用的保密文件，要随用随取，人走入柜。

第二十八条 保密文件的销毁由办公室负责并登记造册，报局保密办公室审核后统一销毁。个人不得销毁保密文件。应销毁的保密文件必须由专人送定点造纸厂监销。

第二十九条 定期检查保密文件管理情况，发现丢失文件，应立即组织追查，同时上报局保密办公室。局保密办公室每年对局机关各部室和在京直属单位机要文件管理进行检查，并将检查情况在全局进行通报，确保机要文件的安全。

第五章 附 则

第三十条 违反本制度，故意或者过失泄露秘密事项，情节严重者给予行政处分，直至追究刑事责任。

第三十一条 本制度自发布之日起实行。

附件：

中国地质调查局保密守则

一、不该说的国家秘密不说，不该问的国家秘密不问。

二、不该看的国家秘密不看，不该记的国家秘密不记。

三、不准在外事活动中涉及国家秘密。

四、不准在公共场所办理、谈论属于国家秘密的事项和涉密项目。

五、不准在没有保密保障的地方和设备中存储、处理涉密信息、涉密文件和涉密项目资料。涉密办公室在无人时必须锁门、关窗。

六、不准通过普通邮局和在普通电话、传真机、互联网及明码电报中传递国家秘密事项。不准将涉密计算机与互联网相连接，不准将存储涉密信息的软盘、移动硬盘等存储介质在与互联网连接的计算机上使用。

七、不准携带涉密文件、涉密项目资料和涉密笔记本、移动硬盘等载体参观游览、探亲访友和出入公共场所。

八、不准在未采取安全措施的情况下使用个人或公共交通工具携带涉密文件、涉密项目资料和各种涉密载体。

中国地质调查局政务信息和新闻宣传工作暂行办法

（中地调办发〔2010〕16号　2010年5月12日）

第一章　总　则

第一条　为规范中国地质调查局（以下简称“地调局”）政务信息与新闻宣传工作，探索建立信息快速报送、综合分析、及时应对机制，更好地发挥政务信息在沟通情况、反映问题、交流经验、服务决策等方面的作用，确保新闻发布的准确性、权威性和时效性，根据国土资源部有关规定，结合地调局的实际，制订本办法。

第二条　政务信息工作是领导把握全局、科学决策的重要依据；是了解情况、掌握动态的重要渠道；是宣传工作、交流经验的重要平台；是指导工作、抓好落实的重要措施。政务信息应全面反映内部工作情况、工作进展、工作成果以及工作中存在的问题和建议，及时通报地质调查工作部署落实情况、重要规划计划执行情况、地质调查重要成果及重要项目进展情况、地调科研重大成果和进展、地质调查成果社会化服务情况、公益性地质调查队伍建设与突出问题解决情况等重要事项。

第三条　新闻宣传工作是指通过新闻媒体以多种形式向社会发布地质调查的重大成果和重要进展，宣传地质调查中典型经验和先进人物，以及在国民经济建设和经济社会发展中的地位和作用，以提高地质调查成果的社会影响力和地调局的社会知名度，为地质调查工作营造良好舆论氛围。

第四条　按照“围绕中心、服务大局、分级负责、严格把关”的原则，地调局办公室统一归口管理局政务信息和新闻宣传工作，各直属单位负责本单位政务信息和新闻宣传工作。

第二章　政务信息工作

第五条　政务信息工作要及时反映党和国家的路线、方针、政策以及国土资源部和地调局重要决策的执行和落实情况。紧密围绕国土资源部和地调局的中心工作及本单位领导和群众关心的重大问题、重要情况，及时采集、准确传递信息，为领导决策提供信息服务。

第六条　政务信息应当主题鲜明，内容完整，层次清晰，言简意赅，格式规范，翔实具体；反映的事件应当实事求是，客观全面，防止以偏概全。政务信息反映的情况、问题、进展、经验等，要有代表性和方向性，具有一定的决策参考价值，做到有情况、有分析、有预测、有建议。

第七条　各局属单位、局机关各部室要高度重视政务信息工作。按照统一管理的原则，逐步建立和完善政务信息工作体系，设立专职或兼职政务信息员，负责本单位、本部室的政务信息工作。各单位要加强政务信息员的业务培训和工作交流，不断提高政务信息工作水平。

第八条　政务信息员应当熟悉党的路线方针政策和国家的有关法律、法规；热爱政务信息工作，熟悉本单位的业务工作，具有较强的事业心、责任心；掌握政务信息工作的基本知识和技能，具有较强的综合分析、文字表达和组织协调能力；能够严格遵守国家有关的保密制度。

第九条 局机关各部室的信息报送局办公室，由办公室筛选汇总后上报。各局属单位的信息和简报在报送局办公室的同时，可直接向国土资源部办公厅及其他司局报送。

第十条 各局属单位、局机关各部室原则上每周至少报送一篇反映工作进展和重大部署落实情况的简短信息，每月至少报送一篇重大工作进展、重要成果、典型经验或决策参考类的长篇信息。

第十一条 政务信息内容主要包括：

（一）党和国家领导人对地质调查工作的指示、批示及落实情况；

（二）国土资源部领导、地调局领导参加各类会议或活动及讲话；

（三）中央或地方副部（省）级以上干部到局属单位或地质调查工作现场进行视察、考察活动；

（四）地质调查工作部署、重大项目实施进展；

（五）地质调查与科研工作中的重要发现、重大突破；

（六）公益性地质调查成果与资料服务经济社会发展的情况；

（七）公益性地质调查队伍建设重要进展或重大问题；

（八）党建和精神文明建设等方面的情况和开展的主要活动；

（九）重大突发事件及其处理情况；

（十）各局属单位的重要会议、活动和工作安排；

（十一）各局属单位在开展工作中的先进经验或重要工作建议；

（十二）其他需要及时报告的事项。

第十二条 地调局政务信息载体主要包括：情况通报、地质调查要情专报、局内要情、地调工作动态。

（一）情况通报：通报地调局领导在各类重要会议或活动上的讲话。局属各单位、局机关各部室提供领导讲话整理稿，办公室审核后报请局领导签发。情况通报不定期编发。

（二）地质调查要情专报：向国土资源部及部领导报告地质调查重大成果、重大突破、重要进展及队伍建设等方面的重要事项，并可视内容抄送部有关司局。各局属单位、局机关各部室负责提供稿源，局机关相关部室会签，局办公室编辑审核，局领导签发。地质调查要情专报不定期编发。

（三）局内要情：用于定期通报国土资源部、地调局领导重要批示，局领导参加重要会议或活动情况，局重要发文情况。信息内容一般是上一周的局领导重要批示、内部发文、领导出席或参加的重要会议和活动情况。局办公室负责编辑，办公室主任签发。局内要情每周一期。

（四）地调工作动态：向国土资源部报告以及向地调局领导、各局属单位、局机关各部室通报工作情况、工作进展及其他重要信息。各局属单位、局机关各部室提供信息素材，局办公室负责采编，办公室主任签发。地调工作动态一周两期。

第十三条 各局属单位原则上只能主办一份以地质调查类、科学技术类或综合类为主的简报，不能单独编发政务类简报。各局属单位主办的简报，须报地调局办公室核准备案。

第十四条 各局属单位和局机关各部室报送的政务信息，必须经本单位领导审核。涉及保密的政务信息要严格遵守保密制度，按照有关保密规定办理。

第十五条 可公开的政务信息应及时通过地调局门户网站发布。信息公开必须符合国土资源部和地调局的有关规定，严格执行信息发布审批程序，做好信息审查把关，确保信息共享和数据安全。

第十六条 各局属单位、局机关各部室应本着节约的原则，控制简报印刷份数和报送范围。充分利用现代网络技术报送政务信息，实现信息传递的迅速、准确和安全，推行无纸化信息编发。

第十七条 地调局办公室负责对各单位、各部室政务信息采用情况进行统计计分，并定期通报计分情况。采用的信息以“条”为计数单位。计分办法如下：

（一）被《地调工作动态》采用1条信息计3分，被《地质调查要情专报》采用1条信息计8分；同一信息被上述不同的刊物采用，按最高分值计。

（二）有领导批示的计分标准：地调局领导有批示的，每条计10分；国土资源部领导有批示的，每条计15分；党和国家领导人有批示的，每条计30分。

第十八条 地调局根据各单位、各部室当年政务信息数量和质量以及累计总分情况，对工作成绩突出的单位进行表扬。受到表扬的单位应给予政务信息员适当奖励。

第三章 新闻宣传工作

第十九条 新闻宣传的主要内容包括：

（一）党和国家的路线、方针、政策以及国土资源部重大部署和重要决策的落实执行情况；

（二）地调局统一部署和组织实施的地质调查项目及其他国家专项的工作部署、重要举措、重要进展、重大成果；

（三）公益性地质调查成果、信息、资料、数据；

（四）中央公益性地质调查队伍建设的重要进展；

（五）地调局重要会议、重大活动；

（六）其他重要新闻。

第二十条 新闻宣传活动的主要形式：

（一）举行新闻发布会；

（二）举行记者招待会；

（三）召开新闻通气会；

（四）邀请新闻单位记者采访；

（五）向新闻单位提交报道材料；

（六）在地调局门户网站发布新闻信息。

第二十一条 地调局实行新闻发言人制度，设立新闻发言人。新闻发言人由局办公室主任担任，或由局长指定人员担任。新闻发言人负责审核新闻发布内容，组织协调新闻发布活动，代表地调局对外发布新闻。

第二十二条 新闻发布的主要程序：

（一）局领导研究决定发布的新闻，可直接安排新闻发布活动。

（二）各局属单位、局机关各部室要求发布的新闻，需事先提出新闻宣传方案，明确新闻发布主题和内容，经局办公室审核报主管局领导审批。

第二十三条 地调局办公室为新闻发布工作机构，负责新闻发布工作的组织实施与协调管理工作，负责统一对口联系新闻单位。各局属单位明确一名负责同志分管本单位的新闻宣传工作。各局属单位、局机关各部室明确新闻宣传联络员，负责新闻宣传的工作联系，协同落实新闻采访活动、新闻稿件审核和新闻发布事宜。

第二十四条 新闻宣传要严格遵守国家新闻宣传法律法规和国土资源部有关新闻宣传工作规定，要严格遵守国家保密规定。新闻发布的内容，以及提供媒体的各种材料，要按程序认真进行保密审查。对违反新闻宣传工作纪律和国家有关保密规定的，要追究当事人的责任。

第二十五条 对地调局重要会议活动、重点工作、重大事项的宣传，应拟订新闻宣传方案，提供新闻通稿或背景材料。新闻宣传方案和新闻通稿由主办部室或单位负责起草，经局办公室核报局领导审定。

第二十六条 新闻稿件要严格履行审批手续。凡涉及国家重大专项、重大涉外活动、重要数据等内容，必须经本单位、本部室负责同志审核、分管局领导审批。涉及局领导的重要新闻稿件，由有关单位、有关部室核改后，由局办公室核报局领导审定。

第二十七条 各单位要加强新闻宣传业务培训，着力提高新闻宣传联络员的新闻选题能力、新闻策划能力、新闻写作能力、报道把关能力，增强应对媒体、引导舆论的能力，提高新闻发布的质量和水平。

第二十八条 各单位应为新闻宣传联络员开展工作创造条件，安排参与宣传报道材料的起草，配备照相机、录音笔等必要的办公设备。

第二十九条 地调局实行统一新闻发布。各局属单位、局机关各部室及任何个人未经批准不得发布应由地调局统一发布的新闻消息，不得以地调局的名义举办新闻发布活动。

第四章 附 则

第三十条 本办法自发布之日起施行。原《中国地质调查局政务信息工作暂行办法》（中地调发〔2006〕98号）、《中国地质调查局新闻发布暂行办法》（中地调发〔2006〕184号）同时废止。

中国地质调查局机关公务卡结算报销管理暂行规定

（中地调办发〔2010〕19号 2010年6月4日）

第一条 为了推行局机关公务卡改革，规范公务卡结算报销业务，减少现金支出，同时方便报销人报销用款，根据《财政部 中国人民银行关于印发〈中央预算单位公务卡管理暂行办法〉》（财库〔2007〕63号），结合局机关实际，制定本规定。

第二条 本办法所称公务卡是指局机关工作人员持有的，主要用于日常公务支出和财务报销业务，并兼顾私人消费的特种信用卡（贷记卡）。

第三条 公务卡主要用于公务支出的支付结算。公务卡也可用于个人支付结算业务，但不得办理财务报销手续，单位不承担私人消费行为引致的一切责任。

第四条 试点阶段，公务卡仅用于办理人民币支出结算业务。

第五条 公务卡结算报销只是结算方式上的转变，不改变局机关现有的财务管理制度和报销审批程序。需事前审批的业务，仍应按照局财务管理制度的相关规定事先履行审批手续，否则不予报销。

第六条 局机关财政授权支付业务中原使用现金结算的公务消费支出，包括差旅费、会议费、招待费和5万元以下的零星购买支出等，凡具备刷卡条件的，均应使用公务卡结算；原使用支票结算的支出也可使用公务卡结算。

第七条 除发放支付评审、讲课等劳务费、各项补助以及野外出差等不具备刷卡条件的业务可预借并报销现金外，其他具备刷卡条件的支出，原则上不再办理预借和报销现金。持有公务卡的工作人员（以下统称持卡人）应根据银行卡受理环境等情况，充分利用公务卡在结算上的便利，积极扩大公务卡使用范围，减少对现金、支票等传统结算方式的依赖，尽量减少现金支出。

医药费暂不实行公务卡结算，仍按原规定办理报销。

第八条 与公务卡管理有关的信息维护、财务报销、银行划款和动态监控等业务，通过专门的公务卡支持系统辅助办理。

第九条 公务卡实行“一人一卡”实名制管理，由局机关财务部门统一组织机关在职工作人员向发卡行申办。公务卡申办成功后，经局机关财务部门确认核实，由发卡行将持卡人姓名和卡号等信息统一录入公务卡支持系统管理。

第十条 局机关工作人员新增和退休、调动，应及时到局机关财务部门办理公务卡的申领或停用等手续。现有工作人员涉及公务卡的相关信息变动时，应及时告知局机关财务部门，由局机关财务部门通知发卡行维护公务卡支持系统。

第十一条 公务卡的卡片和密码均由个人负责保管。公务卡遗失或损毁后的补办等事项由个人自行到发卡行申请办理，并及时告知局机关财务部门，由局机关财务部门通知发卡行维护公务卡支持系统。

第十二条 只有统一办理的公务卡，才能被纳入“中央预算单位公务卡支持系统”进行管理，才能适用国家有关公务卡报销的相关条款。使用其他银行卡进行消费结算的将被视同为现金结算方式。

第十三条 局机关工作人员公务卡的信用额度，由局根据银行卡管理规定和业务需要，与发卡行协商设定。原则上每张公务卡的信用额度不超过5万元、不少于2万元。持卡人在规定的信用额度和免息还款期内先支付，后还款。

第十四条 发卡行可根据持卡人资信情况对其公务卡信用额度进行调整，并及时通知持卡人和局机关财务部门。其中，调增信用额度的须事前商局办公室同意。

第十五条 特殊情况下公务卡信用额度不能满足公务支付需要时，持卡人可通过局机关财务部门提前向发卡行申请临时增加信用额度，增加的额度和使用期限等具体事项，按照发卡行有关规定执行。

第十六条 发卡行按月向持卡人提供公务卡对账单，并按照与持卡人约定的方式，及时向持卡人提供公务卡账户资金变动情况和还款提示等重要信息。

持卡人对公务消费交易发生疑义，可按发卡行的相关规定等提出交易查询。

第十七条 对于差旅、会议、招待及购买等公务支出，应在公务卡信用额度内，先通过公务卡结算，并须取得发票等财务报销凭证和银行卡消费凭证。

第十八条 使用公务卡同时进行公务消费和个人消费时，必须分别刷卡支付，并分别打印消费交易凭条和开具发票。

第十九条 原则上同一持卡人信用消费单笔不得超过2万元，月透支余额不得超过5万元。

第二十条 持卡人在执行公务中原则上不允许通过公务卡提取现金。确有特殊需要，应当事前经过局机关财务部门批准，未经批准的提现业务，提现手续费等费用由持卡人承担。

第二十一条 公务卡刷卡消费行为，在未经局机关财务部门审核报销前均被视为个人消费行为，相关事宜由持卡人个人负责。

第二十二条 持卡人使用公务卡消费结算的各项公务支出，必须在消费后15日内，到局机关财务部门报销。

第二十三条 因个人报销不及时而造成的银行罚息、滞纳金等相关费用及个人信用损失，由持卡人个人承担；因单位报销不及时造成的利息等费用，以及由此带来的对个人资信影响等责任，由单位承担。

第二十四条 确因工作需要，持卡人不能在规定的时间内（公务卡消费后15日内）返回单位办理报销手续的，可由持卡人委托其所在部室相关人员向局机关财务部门提供准确的持卡人姓名、每笔交易的刷卡日期和刷卡金额等明细信息，填制借款单先行办理借款手续，经局机关财务部门审核同意，于免息还款期内，先将资金转入公务卡。持卡人返回单位5日内按规定补办报销冲抵借款手续。

第二十五条 持卡人在办理公务卡消费支出报销业务时，应按照局财务报销的有关规定，填写费用报销单和公务卡刷卡记录单（见附表），并同时附发票等财务报销凭证。公务卡刷卡凭证由持卡人保管。

第二十六条 报销人应按结算方式的不同，将公务卡支出的报销单据与现金、支票支出的报销单据分开单独粘贴。发票金额与公务卡刷卡记录单报销金额应严格相符，如两者出现差异则以金额小者为准给予报销。

第二十七条 局机关财务部门在审核发票等财务报销凭证的合法性的同时，根据刷卡记录单上的持卡人姓名、商家名称、交易日期和交易金额等信息，通过“中央预算单位公务卡支持系统”核对公务消费的真实性，经审核确认无误后予以报销，按报销金额还款到报销人的公务卡上。

第二十八条 持卡人应根据银行对账单查询公务卡消费报销后的资金到账情况，若有异常，应尽快报告局机关财务部门以便及时处理。

第二十九条 公务卡消费报销后，因向供应商退货等原因导致已报销资金退回公务卡的，持卡人应于5日内将相应款项退回局机关财务部门，由局机关财务部门退回零余额账户。持卡人退款时，由局机关财务部门开具“收款收据”。

第三十条 本规定由局办公室负责解释。

第三十一条 本规定自2010年7月1日起执行。

关于表彰女职工建功立业标兵的决定

（中地调党发〔2010〕4号 2010年3月4日）

局直属单位党委、局机关各党支部：

近年来，局系统广大女干部职工，以邓小平理论和“三个代表”重要思想为指导，认真学习贯彻党的十七大和十七届三中、四中全会精神，深入贯彻落实科学发展观，积极投身地质调查工作，为推进地质调查事业发展做出了积极的贡献，取得了优异的成绩、涌现出一批优秀妇女干部职工。

为激励先进，弘扬正气，在各级党组织、工会组织自下而上推荐和评选的基础上，经局党组研究决定：授予陈安蜀等27名同志为中国地质调查局女职工建功立业标兵荣誉称号（名单附后）。

这次受到表彰的同志中有勇于改革创新、开拓进取的领导干部和取得重大成就的科学家；还有工作中脚踏实地、在平凡岗位上做出重要贡献的党务、行政、技术干部。她们虽然工作岗位不同，专业特长不同，但都在各自岗位上做出了不平凡的业绩，集中体现了我局广大妇女干部职工自强不息、吃苦耐劳、甘于奉献、勇于创新的巾帼风采。

局系统各级党组织、工会和妇女组织要采取多种形式，广泛学习宣传先进典型的事迹。希望受到表彰的女职工建功立业标兵要珍惜荣誉、谦虚谨慎、戒骄戒躁、再接再厉，为推进地质调查事业做出新的更大的贡献。

附件：中国地质调查局女职工建功立业标兵名单

中国地质调查局女职工建功立业标兵名单
（共27名）

陈安蜀 天津地质地调中心教授级高工
张秋艳 沈阳地质地调中心教授级高工
唐亚明 西安地质地调中心高级工程师
冯小铭 南京地质地调中心研究员
杨小丽 武汉地质调查中心工程师
王淑平 青岛海洋地质研究所统计师
姚永坚 广州海洋地质调查局教授级高工
张 莉 广州海洋地质调查局海洋矿产地质调查所副所长、教授级高工
王治华 中国国土资源航空物探遥感中心遥感部教授级高工
李 颖 中国国土资源航空物探遥感中心《物探与化探》编辑部主任
刘 佳 中国地质调查局发展研究中心助理研究员
任香爱 国土资源实物地质资料中心科技处处长、教授级高工
汪孙锦 中国地质环境监测院办公室主任科员
刘丽兰 中国地质图书馆副馆长、党委副书记、纪委

书记
史　云　水环地调中心地下水监测技术室室主任、教授级高工
龚会义　中国地质科学院财务处副处长
许志琴　地质研究所院士
李红艳　矿产资源研究所部“成矿作用与资源评价”重点实验室副主任、研究员
冯　梅　地质力学研究所副研究员
申建梅　水文地质环境地质研究所科技处长、研究员
钟　清　地球物理地球化学勘查研究所油气与深部物探研究室副主任
饶　竹　国家地质实验测试中心环境有机分析室主任、研究员
李翠先　探矿工艺研究所高级工程师
贾美玲　探矿工程研究所金刚石钻头技术研发中心副主任、教授级高工
夏兰田　成都矿产综合利用研究所高级会计师
王秋霞　郑州矿产综合利用研究所研究员
唐　兰　中国地质调查局机关装备部处长

中共中国地质调查局党组巡视工作实施意见

（中地调党发〔2010〕5号　2010年3月18日）

为规范对局机关部门领导、局属单位领导班子及成员的巡视工作，根据《中国共产党巡视工作条例（试行）》以及《中共国土资源部党组巡视工作暂行办法》，结合局系统实际，对开展巡视工作提出如下实施意见。

一、指导思想与基本原则

巡视工作以邓小平理论、“三个代表”重要思想为指导，深入贯彻落实科学发展观，坚持党要管党、从严治党的方针，在局党组的领导下，依靠被巡视单位的党组织，认真履行发现问题、查找不足、推动工作的职能，遵循实事求是、客观公正、发扬民主、依靠群众和廉洁高效的原则开展工作。

二、巡视对象与主要内容

巡视对象为局机关部门领导、局属单位领导班子及其成员。巡视的主要内容：

（一）贯彻执行党的路线方针政策以及贯彻落实中央和部、局党组重大决策情况；落实科学发展观，转变观念、理清思路、履行职责、促进发展情况。

（二）领导班子及成员思想作风、工作作风状况；领导班子执行民主集中制情况，特别是在重大问题决策、项目安排和大额资金使用等事项的决策情况；选拔任用干部情况。

（三）领导班子落实党风廉政建设责任制以及构建惩防体系情况；领导干部遵守廉洁自律各项规定情况。

（四）基层党组织建设、执行党内生活基本制度、对党员教育管理的情况。

（五）局党组要求了解的其他事项。

三、巡视工作组织

（一）对局属单位领导班子及成员的巡视，一般每3年开展1次。对局机关部门领导的巡视，由局党组根据具体情况确定。

（二）局党组设立巡视组，设组长、副组长。每组由4至5名成员组成，组长由局级干部担任。巡视组人员由局纪检组（监察审计室）、人事教育部、直属机关党委选派或在局属单位抽调。巡视组实行组长负责制。巡视工作人员实行公务回避制度。

（三）局纪检组（监察审计室）负责巡视工作的组织协调。主要工作任务是：研究提出巡视工作计划、方案以及相关制度；协调安排巡视工作有关事宜；负责巡视工作的督促检查、综合汇总和组织培训；向巡视组传达领导指示和向领导报告巡视中的重要情况；向局党组报告巡视工作情况；办理局领导交办的其他事项。

（四）巡视工作人员基本条件：

1. 政治坚定，同党中央保持高度一致，认真学习马克思列宁主义、毛泽东思想、邓小平理论和“三个代表”重要思想，深入贯彻落实科学发展观，坚决执行党的路线方针政策，具有履行职责所需的政治理论水平；

2. 坚持原则，依法办事，实事求是，公道正派，联系群众，清正廉洁，组织纪律性强，严守党的秘密；

3. 有强烈的事业心和责任感，思想敏锐，有一定的工作经验，熟悉党务政务和政策法规；

4. 有较强的调查研究和文字综合能力；

5. 身体健康，能胜任工作要求。

四、巡视工作程序

（一）纪检组（监察审计室）制定年度巡视工作

方案，报局党组审定；召开巡视工作培训动员会。

（二）巡视工作开始前，巡视组向被巡视单位的联系局领导报告，并征求意见；向局纪检监察审计和人事部门了解被巡视部门领导、单位领导班子及其成员的有关情况。

（三）纪检组（监察审计室）提前10个工作日，将巡视工作安排书面通知被巡视部门和单位，并协调安排巡视组进驻有关事宜。

（四）巡视组召开动员会，向被巡视单位（部门）领导班子及成员和干部群众，分别通报开展巡视工作的计划安排和要求，说明巡视目的、任务；听取被巡视单位的工作汇报。被巡视单位联系局领导视情况参加。

（五）巡视组在一定范围内组织民主测评、问卷调查。

（六）巡视组与被巡视单位领导班子成员、中层干部和部分职工代表个别谈话，查阅有关文件、会议记录等资料。

（七）巡视组根据工作需要，列席被巡视单位有关重大事项决策会议。巡视期间，被巡视单位召开一次专题民主生活会，巡视组成员列席参加。

（八）被巡视单位提前向职工群众公告被巡视情况，设立巡视信箱，公布巡视组电话。巡视组受理反映被巡视部门、单位党政领导班子及其成员问题的来信、来电、来访等，对反映的重要问题可以进行深入了解。

（九）巡视工作结束后，巡视组将巡视工作情况向被巡视单位的联系局领导及局人事教育部反馈，并向局党组提交巡视报告。重要情况可以形成专报。

（十）纪检组（监察审计室）根据巡视组提交的巡视报告，提出处理意见，经主管局领导审批后报局党组决定。

（十一）巡视报告经局党组同意后，巡视组写出巡视反馈意见，经被巡视单位联系局领导审定后，由巡视组长及时向被巡视的部门和单位领导班子反馈并提出要求。被巡视单位联系局领导参加。巡视组反馈意见后，及时向纪检组（监察审计室）提交书面反馈意见情况报告。

（十二）被巡视部门、单位在收到反馈意见之日起15个工作日之内，向局党组报送整改方案，自整改方案报送之日起30个工作日内，向局党组报送已经整改情况报告，180个工作日内，向局党组报送全部整改情况报告。

（十三）巡视组在反馈意见之日起7个工作日内，将巡视工作的有关材料分类整理后交局纪检组（监察审计室）归档。

（十四）纪检组（监察审计室）将巡视意见和巡视整改情况提供有关部门，作为干部考核评价、选拔任用、奖励惩处和对干部进行调整、免职、降职等组织处理的重要依据。

五、巡视工作要求与工作纪律

（一）局党组要加强对巡视工作的领导，及时解决巡视工作中遇到的重大问题。

（二）巡视组在巡视期间，不干预被巡视单位（部室）的正常工作，不承办案件，不处理被巡视单位的具体问题，对发现的问题不随意表态。

（三）巡视组要深入基层、深入实际，密切联系群众，加强调查研究，广泛听取意见，掌握真实情况。

（四）巡视组要坚持客观公正、实事求是的态度，正确分析评价被巡视单位的工作和领导班子及成员，及时请示报告工作中遇到的重要问题，如实地向局党组反映巡视情况。

（五）遵守廉洁自律有关规定，工作条件和就餐从简。

（六）严格保守工作秘密，妥善保管相关材料。

（七）巡视工作人员有下列情形的，根据情况给予责令书面检查、通报批评或者调整、免职等组织处理，构成违纪的，给予纪律处分：

1. 利用巡视工作的便利谋取私利或者为请托人谋取不正当利益的。

2. 不如实反映情况，隐瞒或者歪曲、捏造事实的。

3. 泄露、扩散巡视工作中掌握的情况的。

4. 违反廉洁自律和回避等有关规定的。

（八）巡视组对被巡视单位干部群众反映强烈、属于巡视工作职责范围内的重要问题，应当了解而没有了解，应当报告而没有报告的，按有关规定追究责任人的纪律责任。

六、对被巡视单位要求

（一）要充分认识巡视工作对促进领导班子政治思想建设、党风廉政建设和各项工作的重要意义，积极配合巡视组开展工作，营造良好的巡视工作环境和提供工作条件。

（二）了解巡视工作的纪律要求，对巡视组及工作人员遵守工作纪律和廉洁自律的情况进行监督。

（三）重视巡视工作中发现的问题，积极进行整改并及时向局党组报告整改情况。

（四）被巡视单位及工作人员有下列情形之一的，对单位领导班子主要负责人和其他直接责任人给予责令书面检查、通报批评或者调离、免职等组织处理，构成违纪的，给予纪律处分：

1. 隐瞒不报或者向巡视组提供虚假情况的。

2. 拒绝或者不按要求向巡视组提供相关文件材料的。

3. 无正当理由拒绝纠正存在问题或者不按要求整改的。

4. 指示、暗示、强令有关单位或人员干扰、阻挠巡视工作和有打击报复行为的。

5. 有妨碍巡视工作的其他行为的。

（五）被巡视单位的干部群众，发现巡视组工作人员有违犯本实施意见第五部分第七款所列行为的，有权向局纪检组（监察审计室）及局领导反映，也可以依照有关规定直接向有关部门反映。

中共中国地质调查局党组工作规则

（中地调党发〔2010〕8号　2010年4月19日）

第一章　总　则

第一条　为认真贯彻执行党的路线、方针、政策和决定，坚持和健全民主集中制，做好中国地质调查局党组工作，根据《中国共产党章程》和国土资源部党组有关规定，修订本规则。

第二条　中国地质调查局党组高举中国特色社会主义伟大旗帜，坚持以马克思列宁主义、毛泽东思想、邓小平理论和“三个代表”重要思想为指导，全面落实科学发展观，解放思想、改革创新、保障和促进科学发展，在国土资源部党组领导下，对中国地质调查局工作实行政治、思想和组织领导。

第三条　党组书记全面主持党组工作。党组成员根据党组决议，按照授权分管有关工作，行使相关职权。

第四条　党组必须加强自身建设，努力提高政治鉴别能力、战略思维能力、工作推动能力、持续创新能力和自我提升能力。

第二章　职　责

第五条　党组的职责：

（一）组织学习、贯彻党和国家的方针、政策、决定和各项部署，贯彻落实国土资源部的重大决策，研究确定地质调查工作的重大方针、政策和重大改革方案，审议地质调查工作的中长期规划和重要工作部署，并向国土资源部党组报告有关重要情况、提出相关建议。

（二）研究、审议局机关、直属单位机构设置；讨论决定局管干部的任免、调动、交流、考核和奖惩；对局管干部进行教育、监督，开展巡视工作，加强对局属单位领导班子主要负责人监督，抓好干部队伍特别是局属单位领导班子和后备干部队伍的建设；研究解决涉及群众切身利益的重大问题。指导局直属机关党委工作，领导局党组纪检组工作.

（三）切实加强党组自身建设，不断加强政治、思想、组织、作风和党风廉政建设。

（四）完成国土资源部党组交办的其他工作。

第三章　组织原则

第六条　党组及其成员必须遵守党的组织原则，维护党的集中统一，在思想、政治、行动上同党中央保持高度一致。

第七条　对局属单位相应人员任免等意见，应经党组研究决定。

第八条　党组实行集体领导和个人分工负责相结合的制度。凡属党组职责范围内决定的问题，必须集体研究决定。

党组成员要服从全局，积极主动作好相关工作，对分管的工作要勇于负责，切实履行职责；对于不属于自己分管的工作，也要主动关心，提供意见和建议。

第九条　党组决定重要问题，应充分酝酿讨论，然后进行表决。重视并认真考虑少数人的不同意见。对重要问题如有不同意见，除在紧急情况下必须按多数人意见执行外，应当暂缓决定，进一步调查研究，交换意见后再作决定。

第十条　党组书记负责协调党组各成员的工作，带头执行民主集中制，充分发扬党内民主，善于集中正确意见，自觉接受其他成员的监督。党组其他成员应支持党组书记的工作，接受党组书记对自己工作的指导、督查。

党组成员自觉维护党组内部团结，互相信任，互相谅解，互相支持，互相帮助，互相监督。

第十一条　党组成员在调查研究、检查指导工作或参加其他活动时，所发表指导工作的意见必须符合党组集体决定的精神。

第四章 会议制度

第十二条 党组的会议包括党组会议、党组民主生活会、党组理论学习中心组会议和党组务虚会议。

党组的会议由党组书记召集主持，全体党组成员参加。因故不能参加的应向会议主持人请假。

第十三条 党组会议：

（一）党组会议主要内容是贯彻落实党中央、国务院和国土资源部的重大方针、政策和决定，研究部署地质调查重要工作，研究部署党风廉政建设工作和班子队伍建设工作，研究局重大改革工作，研究干部问题等。

（二）党组会议应有三分之二以上党组成员到会方能举行。党组会议根据会议内容，由会议召集人确定有关部室主要负责人列席。

（三）讨论干部问题时，推荐、提名干部任免、调动、交流、考核和奖惩等事项，党组成员应充分讨论，以应到会成员超过半数同意形成决定。

（四）党组会议决定的事项，由党组成员按分工分头落实或组织实施。落实情况应及时督促检查，并做好信息反馈。执行中如发现问题，要及时向党组报告，在党组未作出新的决定之前，按原决定执行。

（五）对突发事件和紧急情况，来不及召开党组会议或因人数不足无法召集会议，但又必须尽快作出决定的，由党组书记应急处置，事后向党组会议报告。

（六）党组会议要编发纪要，原始记录按规定归档保存，查阅须经党组书记批准。

第十四条 党组民主生活会：

（一）党组民主生活会根据中央要求和中央纪委、中组部确定的主题召开，原则上每年召开一次，列席会议人员由会议召集人确定。

（二）会议召开之前，由局直属机关党委和其他有关部门广泛征求意见和建议，并转告出席会议人员或在会上通报。党组成员要认真准备，相互谈心，沟通情况，交换意见。

（三）党组民主生活会上，党组成员认真开展批评和自我批评。因故缺席应提交书面发言，在会上代为宣读，列入会议记录。会后由主持人或由主持人委托参加会议的其他同志将会议情况和评语意见转告缺席人。

（四）针对会议检查和反映出来的问题，要积极制定整改措施，切实加以解决。要在局机关通报会议情况和整改措施，按要求进行测评。

（五）党组民主生活会后15天内按要求向中央纪委、中组部和国土资源部党组报送有关情况和材料。

第十五条 党组理论学习中心组会议每季度举办一次，结合形势需要和重点任务、热点问题，由局直属机关党委拟订年度学习计划和相关专题。

第十六条 党组务虚会议每年召开一到两次，传达学习党中央重要会议精神，讨论贯彻落实措施，研究解决地质调查工作重大问题的思路，局机关各部室和直属单位主要负责人参加。

第五章 思想作风建设

第十七条 党组成员必须与党中央、部党组保持高度一致，坚持解放思想，实事求是，与时俱进，改革创新，讲实话，办实事，求实效。

第十八条 党组成员必须以身作则，践行“八荣八耻”，廉洁勤政，艰苦朴素，公道正派，自觉接受组织党员、群众和舆论监督。

第十九条 党组成员必须密切联系群众，深入调查研究。下基层要轻车简从，简化接待。

第二十条 党组集中精力议大事、抓大事，精简会议、文件，提高工作效率和质量。党组成员要减少事务性和应酬活动。

第二十一条 党组定期听取分管部门关于局机关各部室和直属单位领导班子思想作风和工作情况报告。

第六章 附 则

第二十二条 党组文件按地调局公文管理办法统一管理。

第二十三条 本规则由中共中国地质调查局党组负责解释，自党组讨论通过之日起实施。

中国地质调查局后备干部工作暂行办法

（中地调党发〔2010〕10号 2010年4月28日）

第一章 总 则

第一条 为认真贯彻执行干部队伍革命化、年轻化、知识化、专业化的方针，建立科学规范的党政领导班子后备干部工作制度，培养造就一支政治过硬、作风正派、奋发有为、有发展潜力，能够担当重任的后备干部队伍，根据《党政领导干部选拔任用工作条例》、《党政领导班子后备干部工作规定》，结合我局实际，制定本办法。

第二条 本办法后备干部指局属单位党政领导班子正职、副职后备干部和局机关部室领导正职、副职后备干部（以下简称正职、副职后备干部）。

第三条 后备干部工作必须坚持以下原则：

（一）党管干部的原则；

（二）德才兼备、以德为先的原则；

（三）群众公认、注重实绩和发展潜力的原则；

（四）平等、竞争、择优的原则；

（五）民主集中制的原则；

（六）备用结合、动态管理、重在培养的原则。

第二章 条件和资格

第四条 后备干部应当具备以下基本条件：

（一）理想信念坚定，坚持用中国特色社会主义理论体系武装头脑。忠于党，忠于祖国，忠于人民。政治立场坚定，在重大问题上旗帜鲜明，在关键时刻经得起考验，与党中央保持一致；

（二）有强烈的事业心和责任感，热爱地质事业，能够把党的方针、政策同本单位、本部门的实际相结合，创造性地开展工作，在本职岗位上做出明显成绩；

（三）具备领导科学发展的能力、驾驭全局的能力、处理复杂问题的能力和做好群众工作的能力，具有胜任本职工作的文化水平和专业知识，有较丰富的实践工作经验；

（四）保持优良作风，坚持实事求是，贯彻民主集中制，作风民主，顾全大局，密切联系群众，善于团结同志。牢记“两个务必”，品德高尚，情趣健康，始终保持蓬勃朝气、昂扬锐气、浩然正气；

（五）坚持秉公用权，廉洁从政，抵制腐朽生活方式的侵蚀，自觉践行共产党人的道德观和社会主义荣辱观，品行正派，自觉接受群众的监督；

（六）身体健康。

第五条 后备干部应当具备以下资格：

（一）正职后备干部。局属单位领导班子正职后备干部一般应当是班子副职；局机关部室领导正职后备干部一般应当是部室领导副职。特别优秀、发展潜力大的下一级领导职务的正职，也可以列为正职后备干部。

（二）副职后备干部。一般应当是担任下一级领导职务的正职。特别优秀、发展潜力大的下一级领导职务的副职，也可以列为副职后备干部。

（三）具有大学本科及以上文化程度。

第三章 数量和结构

第六条 后备干部数量。正职、副职后备干部的数量一般按照领导干部职数的1:1比例配备。

第七条 后备干部年龄结构。

正职后备干部，年龄一般不超过53周岁，以48周岁以下的干部为主体；列入中长期培养的后备干部，年龄一般不超过48周岁，以45周岁以下的干部为主体。

副职后备干部，年龄一般不超过53周岁，以45周岁左右的干部为主体，40周岁以下的干部要有一定的数量。

第八条 后备干部要形成合理的梯次结构，条件比较成熟、近期可提拔使用的人选，一般不少于同级后备干部总数的三分之一。

第九条 后备干部队伍应符合领导班子建设的需要，形成合理的专业结构、知识结构、能力结构和性格气质结构，注意选拔女干部和少数民族干部进入后备干部队伍。

第四章 选 拔

第十条 选拔后备干部的主要程序：

正职后备干部，由局人事教育部进行民主推荐或个别谈话推荐，组织考察，提出建议人选名单，报局党组审定。

副职后备干部，由本单位党委（部室）组织民主推荐，并依据民主推荐情况和班子结构要求，集体研究提出建议人选名单。在此基础上，由局人事教育部商本单位党委（部室）提出考察对象人选，实行差额考察认定后，报局党组审定。

中国地质科学院院属单位正职、副职后备干部，须经中国地质科学院党委研究同意，报局党组审定。

第十一条 选拔后备干部参照《党政领导干部选拔任用工作条例》的有关规定进行，后备干部人选确定前应征求本单位纪检监察部门意见。

第十二条 选拔后备干部必须按照规定的条件和资格严格把关，特别要把好政治关，全面考察建议人选的德、能、勤、绩、廉，注重考察工作实绩、发展潜力，注意了解其熟悉领域和主要专长。

第十三条 选拔后备干部工作可以单独进行，也可以结合干部调整、年度考核一并进行。在公开选拔和竞争上岗中暂时不能提拔使用的优秀干部，如符合后备干部条件，可以按照规定程序列入相应的后备干部名单。

第五章 培 养

第十四条 后备干部的培养工作，由局人事教育部和所在单位（部室）共同负责。根据后备干部的培养方向和主要不足，按需培养，制定培养锻炼计划，落实培养措施。后备干部3年内至少参加1次干部院校主体班次的培训。后备干部参加学习培训时间，5年内累计不少于3个月。对近期拟提拔使用的后备干部，优先安排，重点培养。

（一）加强理论武装，提高后备干部的思想政治素质。加强中国特色社会主义理论体系教育培训，不断提高后备干部的党性修养、道德品质和精神境界，提高运用马克思主义立场、观点、方法解决实际问题的能力。有计划、有针对性地选送到各级党校、行政学院以及其他培训机构学习培训。

（二）加强实践锻炼，提高后备干部实际工作能力。把多岗位锻炼、交流任职、挂职锻炼等作为实践锻炼的主要方式。有计划地安排后备干部到野外一线、基层单位和环境复杂、条件艰苦地区或上级机关挂职、任职。

（三）加强业务培训，提高后备干部业务本领。有计划地组织选派后备干部参加各类专业培训和国（境）外培训，掌握做好工作必须具备的新知识新本领。

第六章 管 理

第十五条 后备干部实行动态管理，后备干部队伍数量和结构不符合要求的或人员情况发生变化时应及时调整。对新发现表现突出、符合后备干部条件的要及时补充进后备干部名单，促进后备干部的合理流动，形成后备干部争先创优、奋发向上的良好氛围。

凡有下列情况之一的，应当调整出后备干部名单：

（一）政治思想、道德品质、廉洁自律等方面发现问题，不宜提拔使用的；

（二）工作失职，造成较大损失或者不良影响的；

（三）工作实绩不突出，发展潜力不大的；

（四）年度考核基本称职、不称职的；

（五）作风不实，威信不高，群众意见较大的；

（六）由于健康原因，不能担负繁重工作任务的；

（七）年龄偏大的；

（八）因其他原因，不适宜继续作为后备干部的。

第十六条 严格后备干部名单管理。后备干部名单确定后，严禁对外公开。正职后备干部名单由局人事教育部内部掌握，副职后备干部名单向本单位主要负责同志书面反馈。

第十七条 加强对后备干部的考核工作，重点了解后备干部的思想政治表现、工作实绩、工作作风、廉洁自律以及心理素质等情况。局人事教育部收集汇总后备干部选拔、培养、管理、使用情况，定期进行综合分析，研究存在问题，及时提出意见和建议。

第十八条 加强后备干部工作信息建设，后备干部职务变动、年度考核、奖惩、培训以及个人重大事项等信息，局人事教育部要及时更新，逐步建立内容完备、信息准确、运转高效的后备干部管理信息系统。

第七章 使 用

第十九条 任用后备干部，坚持与其他干部同样标准、同样程序。对德才兼备、成绩突出、群众公认、各方面条件比较成熟的后备干部，根据工作需要，按程序予以任用。对特别优秀的后备干部，可按照《党政领导干部选拔任用工作条例》和有关规定破格提拔使用。

第二十条 根据领导班子建设的需要，后备干部在局系统统一调配使用，促进干部交流，加强干部培养，优化干部资源配置。

第八章 纪 律

第二十一条 后备干部工作必须严格执行党政领导干部选拔任用工作有关规定。

第二十二条 严格控制后备干部名单及有关材料的知情、参与范围，做好保密工作。

第九章 附 则

第二十三条 本办法自印发之日起施行。原《中国地质调查局后备干部管理暂行办法》（中地调党发〔2006〕38号）废止。

中共中国地质调查局党组关于党政领导干部选拔任用工作监督检查办法（试行）

（中地调党发〔2010〕34号 2010年12月25日）

第一章 总 则

第一条 为规范和加强中国地质调查局（以下简称“局”）党政领导干部选拔任用工作的监督检查，根据《党政领导干部选拔任用工作条例》（以下简称《干部任用条例》）、《党政领导干部选拔任用工作监督检查办法（试行）》，以及《党政领导干部选拔任用工作责任追究办法（试行）》（以下简称《责任追究办法》）、《地方党委常委会向全委会报告干部选拔任用工作并接受民主评议办法（试行）》、《党政领导干部选拔任用工作有关事项报告办法（试行）》、《市县党委书记履行干部选拔任用工作职责离任检查办法（试行）》和国土资源部党组有关规定，结合我局干部选拔任用工作的实际，制定本办法。

第二条 干部选拔任用工作的监督检查，坚持以邓小平理论、“三个代表”重要思想和科学发展观为指导，坚持党要管党、从严治党的方针，加强对党政领导干部选拔任用工作全过程的监督，规范监督检查工作，坚决防止和纠正选人用人上的不正之风，提高干部选拔任用工作的满意度，保证党的干部路线、方针、政策全面正确地贯彻执行。

第三条 党政领导干部选拔任用工作的监督检查遵循下列原则：

（一）党组（党委）领导、分级负责；

（二）实事求是、客观公正；

（三）发扬民主、群众参与；

（四）预防为主、违规必纠。

第四条 本办法适用于对中国地质调查局人事教育部及局属单位党委及组织人事部门干部选拔任用工作的监督检查。局党组、局属单位党委及其组织人事部门按照干部管理权限对干部选拔任用工作的情况进行监督检查，受理有关干部选拔任用工作的举报、申诉，制止、纠正违反干部选拔任用工作有关规定的行为，并对有关责任人作出处理或者提出处理意见。

第二章 干部选拔任用工作记实和有关事项报告

第五条 干部选拔任用工作记实制度和干部选拔任用有关事项报告制度是监督检查的基础和主要依据。

第六条 实行干部选拔任用工作记实制度。干部选拔任用工作记实是指在选拔任用领导干部工作中，按照干部管理权限组织（人事）部门及时翔实记录动议、推荐提名、考察、酝酿、讨论决定和备案任职等实际情况，填写《中国地质调查局领导干部选拔任用工作记实表》（以下简称《记实表》），形成完整的文书档案，真实客观反映干部选拔任用工作中各环节的运行情况和责任主体。

（一）干部选拔任用工作记实适用于局机关、局属单位处级以上干部的选拔任用工作。

（二）干部选拔任用工作记实，坚持实事求是、客观公正、责任明确、及时全面、易行管用的原则。

（三）干部选拔任用工作记实统一使用《记实表》，实行一人一表、一事一记。

1. 动议环节。主要记录拟聘职位基本信息、拟任职务、职位空缺数，有无工作计划和方案等。

2. 推荐提名环节。分为民主推荐和竞争性选拔两种方式记实。《记实表》登记民主推荐产生人选或符合竞争上岗资格审查后人选的基本情况。

“民主推荐”主要记录民主推荐参加范围、人数、推荐得票和排名等情况；

“竞争性选拔”主要记录资格审查情况、笔试、面试或陈述及测评得分和排名等情况；

“考察对象建议”主要记录提名人选是否被列为考察对象。

3. 考察环节。主要记录考察组人员组成、考察谈话、民主测评及征求意见、考察对象干部档案审核等情况。

4. 酝酿环节。主要记录拟任人选在局党组成员或局属单位党委成员中进行酝酿的情况，以及征求纪检监察部门意见的情况。

5. 讨论决定环节。主要记录会议研究的意见，拟任人选任前公示中反映问题的查核结论。

6. 备案任职环节。主要记录任前公示、报上级组织人事部门审批或备案、任职谈话与廉洁谈话、履行任职手续等情况。

7. 试用期满考核环节。主要记录试用期满民主测评、考核、正式任职等情况。

8. 重要情况记实。出现以下情形的，作为干部选拔任用工作重要情况进行记录：

（1）民主推荐得票不高但被确定为考察对象的；

（2）在酝酿或讨论中，对拟任人选意见不一致或有重大分歧的；

（3）征求纪检监察部门意见中有需要说明情况的；

（4）受组织处理或纪律处分，影响期满重新任用的；

（5）《党政领导干部选拔任用工作有关事项报告办法（试行）》规定要报告或征求有关部门意见的；

（6）其他重要情况应当记实的。

（四）干部选拔任用工作记实应当表述准确、客观真实。对选任程序的记录，应当在履行完一个程序后，及时在《记实表》相应栏目中按要求详细记载时间、事由和结果等有关事项。

（五）应当将《记实表》与干部选拔任用工作形成的提名情况记录、民主推荐、干部考察、征求意见反馈、重要问题的调查及结论、干部任免审批表、任职文件等有关原始依据材料，由相关责任人及时收集整理，归入干部选拔任用文书档案。

第七条 实行干部选拔任用工作有关事项报告制度。严格执行《党政领导干部选拔任用工作有关事项报告办法（试行）》，报告单位按照干部管理权限，在干部选拔任用工作中对有关事项进行报告。

（一）有下列情形之一的，以书面形式报告上级组织人事部门征求意见。

1. 在机构变动或者主要领导成员已经明确即将离任时确因工作需要提拔、调整干部的；

2. 一批集中调整干部 10 人以上的或集中调整干部比例占同级干部总数的 30% 以上的；

3. 越级或破格提拔干部的；

4. 不经民主推荐，由组织推荐提名为考察对象的；

5. 单位领导的近亲属（指与领导有夫妻关系、直系血亲关系、三代以内旁系血亲以及近姻亲关系的人员）在领导干部所在单位内提拔任用的；

6. 领导干部因被问责受到组织处理或者纪律处分，影响期满重新任用的；

7. 超过任职年龄要继续留任的；

8. 其他应当事先报批的事项。

（二）报告内容包括：

1. 提拔调整干部的缘由；

2. 拟提拔调整对象个人情况；

3. 任用意向；

4. 职数配备；

5. 纪检监察部门对拟提拔调整对象的鉴定意见；

6. 其他需要说明的情况。

（三）上级组织人事部门负责受理干部选拔任用工作有关事项报告。对报告单位提交的有关事项报告和相关材料进行初步审核并提出意见，对意见分歧较大或者有重大问题不清楚的应缓议，待对有关情况调查了解后再作出决定。重大事项需报党组（党委）研究决定。

（四）上级组织人事部门对选拔任用工作有关事项报告的审核工作，自受理之日起 15 个工作日内完成并予以答复。未经答复，报告单位组织人事部门不得提交党委会议讨论决定相关任用事项。

第三章 监督检查的主要内容和方法步骤

第八条 监督检查的主要内容：

（一）学习宣传贯彻执行《干部任用条例》和有关规定的情况；

（二）坚持干部选拔任用工作原则、工作程序、选拔标准、任职条件、任职资格及干部选拔任用工作有关事项报告的情况；

（三）落实记实制度的情况。重点是如实记录民主推荐、组织考察、讨论决定的情况，以及考察预告、任前公示、考察任免材料归档等情况；

（四）按照职数配备干部的情况；

（五）执行公开选拔和竞争上岗规定的情况；

（六）执行干部交流、回避和免职、辞职、降职等制度的情况；

（七）遵守干部选拔任用工作纪律的情况；

（八）对干部选拔任用工作监督检查的情况；

（九）整治用人上不正之风情况，对群众反映的有关干部选拔任用方面问题调查处理的情况；

（十）其他需要监督检查的情况。

第九条 监督检查的方法步骤：

（一）拟订工作方案，组织检查组并进行培训；

（二）向被检查单位党委说明检查的目的、要求、内容和程序，并在一定范围内发布检查公告，设立意见箱，受理干部群众来信来访；

（三）听取被检查单位党委关于干部选拔任用工作情况的汇报，在规定的范围内进行民主评议；

（四）采取个别谈话、召开座谈会、发放调查表等方式，广泛深入了解情况；

（五）查阅材料，包括干部选拔任用工作记实、党委及其组织人事部门研究干部任免事项的会议原始记录、民主推荐、考察、干部档案等有关材料，以及调查处理群众反映有关问题的材料；

（六）检查组向被检查单位的主要领导和被检查干部反馈检查情况，提出加强和改进干部选拔任用工作的意见和建议，向派出党组（党委）写出专题报告；

（七）党组（党委）根据检查情况，对被检查单位党委、党政领导干部特别是主要领导成员执行《干部任用条例》等情况进行综合分析。对认真执行的，在适当范围内通报表扬；对执行不认真的，提出批评，督促其改正；对存在突出问题的，依据有关规定作出处理。

第四章　监督检查的方式

第十条　对干部选拔任用工作的检查，坚持上级检查与内部自查相结合，实行年度检查、巡视检查、离任检查和单位内部自查。监督检查工作每两年开展一次，本年度内已经进行巡视检查或离任检查的，一般不再进行年度检查。

第十一条　年度检查一般结合年度考核和巡视检查进行，采取“一报告两评议”的方式对局属单位干部选拔任用工作进行检查。

（一）局属单位党委向局党组派出的年度考核组或巡视组报告工作时，要报告干部选拔任用工作情况；对本单位干部选拔任用工作情况和新提拔任用的处级领导干部情况进行民主评议，即“一报告两评议”。

（二）被检查单位主要领导在一定范围（一般为年度考核、巡视规定范围）报告本单位干部选拔任用工作。干部选拔任用工作情况报告可以为工作报告的一个专项内容，也可以作为专题报告。报告内容除本办法规定的监督检查内容外重点还包括创新选人用人措施和办法情况、建立健全干部选拔任用和监督机制的情况、整治用人不正之风的情况、存在主要问题和整改的措施等内容。

（三）参加民主评议人员采取无记名方式填写《干部选拔任用工作民主评议表》和《新提拔任用干部民主评议表》。新选拔任用干部民主评议的对象包括本年度内选拔任用且任现职半年以上的所有处级以上干部，任现职不满半年的，在下一年度进行评议。民主评议分为满意、基本满意、不满意和不了解4种情况。

（四）“一报告两评议”工作结束后，年度考核组或巡视组要对民主评议结果和了解的情况进行分析，研究提出反馈意见，向被检查单位反馈，反馈的形式可以作为单独的反馈意见，也可以作为年度考核（巡视）工作反馈意见的一项专题内容。被检查单位要采取适当方式向班子成员通报干部选拔任用工作民主评议结果和相关整改措施。

（五）干部选拔任用工作民主评议满意和基本满意率明显偏低的（不足三分之二），干部群众对选人用人问题反映强烈的单位，党委要做出分析和说明。经调查核实，确实存在违反规定选拔任用干部的，按照《责任追究办法》规定追究有关责任人员的责任。

新选拔任用干部民主评议满意和基本满意率明显偏低（不足三分之二）的，各单位党委和组织人事部门要进行分析，对有关情况作出说明，同时要与干部本人进行谈话提醒，并根据情况作进一步调查处理。必要时，由上级组织人事部门直接进行调查处理。

第十二条　离任检查。对因提拔使用、平级交流、到龄退休等原因即将离任的党政正职，上级组织人事部门对其任职期间履行干部选拔任用工作职责的情况进行专项检查。对因提拔使用即将离任的党政正职的离任检查一般结合干部考察进行。

（一）被检查的党政正职在一定范围内（一般为干部推荐考察范围）报告其任职期间履行干部选拔任用工作职责的情况。报告内容除本办法规定的监督检查内容外重点包括任职期间本单位选拔任用干部的情况、任职期间本单位用人风气的情况、任职期间遵守组织人事纪律的情况，特别是离任前有无突击提拔调整干部的情况。

（二）在规定的范围内对即将离任的党政正职任职期间履行干部选拔任用工作职责情况和近期新任用的干部情况进行民主测评，填写《××同志履行干部选拔任用工作职责情况民主评议表》和《近期新任用干部民主评议表》，组织人事部门填写《××党委管理的干部违纪违法受处理情况表》，一并报考察组或检查组。

（三）检查结果作为评价、使用干部的重要依据。对民主评议中履行干部选拔任用工作职责总体评价“满意”、“基本满意”两项比率，或者用人风气总体评价“好”、“较好”两项比率偏低的，经组织考核认定，要采取相应的组织处理措施，其中拟提拔使用的，应当取消其资格。拟提拔使用干部的考察材料中应当反映检查情况和民主评议结果。

（四）检查发现即将离任的党政正职任职期间存在严重违反干部选拔任用工作规定问题的，以及在干部选拔任用工作中不履行或者不正确履行职责导致用人失察失误、造成严重后果或者恶劣影响的，要进行调查核实。经调查属实的，根据有关规定追究其责任，给予相应的组织处理或者纪律处分，对于拟提拔使用的，先取消其提拔资格，再视情况作进一步处理。

（五）对于在新任用的干部民主评议中满意度明显偏低的干部，党政正职应当就其任用情况作出说明。考察组或者检查组应当对其任用过程进行调查了解。

第十三条 自查。局属单位党委每年根据局党组的检查工作安排，对本单位干部选拔任用工作情况进行一次自查，对不符合规定的情况及时纠正，并形成专题报告，每年1月底前报上级组织人事部门。

第五章 内部监督

第十四条 局属单位党委负责本单位干部选拔任用工作的日常监督，党委书记是第一责任人。

第十五条 加强领导班子内部监督。

（一）各单位党委在干部选拔任用工作中，要严格遵守选拔任用程序和标准，遵守有关纪律规定。研究干部任免事项时主要领导应当充分发扬民主，认真听取大家的意见；其他成员应当充分发表意见，发现不符合规定的情况，应及时提醒或要求纠正，必要时可直接向上级党组（党委）反映。

（二）各单位党委要把执行《干部任用条例》情况和贯彻落实四项监督制度情况作为党员领导干部民主生活会一项重要内容，发现问题及时纠正。

（三）各单位党委要认真听取考核（巡视）组提出的意见和建议，落实整改意见。

第十六条 加强组织人事部门干部选拔任用工作的内部监督。进一步细化干部选拔任用的工作程序，完善民主推荐、民主测评工作制度，健全完善监督机制。

第十七条 加强群众监督，认真听取群众对干部选任工作的意见建议，切实维护群众的知情权、参与权、选择权和监督权。

第十八条 认真执行考察预告、任前公示制度，受理群众举报，凡内容具体、线索清楚的，要认真调查核实，对实名举报的采取适当方式向举报人反馈查核情况。

第六章 调查处理和纪律责任

第十九条 各单位纪检监察部门和组织人事部门按照干部管理权限，对违反《干部任用条例》和相关规定的问题要及时进行调查。

（一）对于在监督检查中发现的或群众举报的违反《干部任用条例》的行为，组织人事部门应认真调查核实，必要时可与纪检监察部门组成联合调查组进行调查。

（二）对于严重违反《干部任用条例》行为的责任人，纪检监察部门应当依据有关规定立案查处。

（三）纪检监察部门在查办案件等工作中发现有违反《干部任用条例》的问题，应及时向同级组织人事部门通报。

第二十条 对被检查单位违反《干部任用条例》和相关政策法规的行为和有关责任人，党组（党委）依据《责任追究办法》作出处理。

（一）对于违反《干部任用条例》规定做出的干部任免决定，要坚决予以纠正。

（二）对违反《干部任用条例》选拔任用干部、用人失察失误造成严重后果的责任人员按照《责任追究办法》进行处理。

（三）对于被检查单位自行制定的违反《干部任用条例》和相关政策法规的办法，限期清理，责令废止或进行修订。

（四）根据工作需要，采取适当的方式对检查出的问题和整改情况，在一定范围内进行通报。

第二十一条 实行干部选拔任用工作记实责任追究制度，对没有坚持干部选拔任用工作记实或未按规定全面如实记录的单位和人员，给予批评教育或者责令作出书面检查；情节较重或造成严重后果的，要严肃追究有关责任人的责任。

第二十二条 接受检查的党委应当积极配合监督检查工作，如实报告党政领导干部选拔任用工作的情况，提供有关材料。凡弄虚作假以及对检查组成员打击报复的，依据有关规定严肃处理。

第二十三条 党组（党委）派出的检查组，应自觉接受被检查单位干部群众的监督，坚持原则，实事求是，深入细致，如实反映检查情况。检查组成员要公道正派，保守秘密，廉洁自律。对违反纪律的，按照有关规定追究有关人员的责任。

第七章 附 则

第二十四条 中国地质科学院、中国地质调查局发展研究中心党委及其组织人事部门负责对所属单位干部选拔任用工作情况进行监督检查。

第二十五条 本办法由中国地质调查局人事教育部负责解释。

第二十六条 本办法自发布之日起施行。

中共中国地质调查局党组关于深入推进创先争优活动努力在保障和促进地质调查工作科学发展中走在前的工作方案

（中地调党发〔2010〕36号 2010年12月21日）

为进一步贯彻落实中央关于深入开展创先争优活动的部署、习近平同志2010年9月20日到国土资源部视察指导工作时所作重要讲话和《中共国土资源部党组关于深入推进创先争优工作努力在保障和促进科学发展中走在前的总体方案》的精神，进一步加强和改进局系统党的建设，巩固和扩大学习实践科学发展观、地质找矿改革发展大讨论活动成果，深入推进创先争优工作，努力在地质调查事业科学发展中走在前、作表率。现制定如下工作方案。

一、指导思想

以邓小平理论和“三个代表”重要思想为指导，巩固和扩大学习实践科学发展观活动成果，以贯彻落实“十二五”规划建议为主要内容，以业务工作的薄弱环节为重要抓手，以服务中心、建设队伍为核心任务，以创先争优活动、贯彻落实新修订的《中国共产党党和国家机关基层组织工作条例》（以下简称《基层组织工作条例》）和构建地质找矿新机制为主要平台，紧紧围绕“建设一流队伍，强化服务支撑，全面提升地质业务管理和调查服务能力”主题，进一步加强和改进局系统党的建设，将党建工作与业务工作有机交融，克服“两张皮”，避免“一般化”，努力实现党建工作与业务工作“双促进”。

二、目标任务

在前一阶段工作的基础上，通过认真学习贯彻习近平同志重要讲话精神，深入推进创先争优工作，局系统各级党组织和广大党员干部进一步统一思想认识，进一步增强做好地质调查工作和局系统党的建设工作的责任感和紧迫感，基层党组织的战斗堡垒作用、党员的先锋模范作用进一步发挥，地质调查事业的目标任务进一步实现。

（一）在推动科学发展方面，认真学习贯彻十七届五中全会精神，贯彻落实中央对缓解资源环境瓶颈的要求，按照部党组部署，全面构建地质找矿新机制，努力实现“358”找矿目标，切实增强国内能源资源保障能力，强化地质环境对社会经济发展保障支撑能力，推进地质工作科学发展。

（二）在加强队伍建设方面，围绕建设世界一流队伍目标，全面提升局地质业务管理和地质调查能力，全面提升为国土资源部中心工作服务支撑能力。大力加强业务建设，完善业务运行体系，完善项目管理，坚定不移地推行大项目机制。加快人才队伍建设步伐，建实、建强公益性地质调查队伍。局机关要在国家地质工作统筹部署、统一管理和重大项目组织实施上下工夫，对局属单位多关心、指导，切实帮助解决问题和困难。局属单位要通过实施重大项目，吸引人才、锻炼队伍，提升调查和研究能力，多出有重要影响、高质量、高水平的地调科研成果。

（三）在促进单位和谐方面，大力推进凝聚力工程，坚持以人为本，兼顾在职和离退休、业务和管理等各方面利益。加强宣传教育和思想政治工作，传播先进文化，塑造美好心灵，弘扬清风正气。多做好事实事，多做绝大多数人拥护的事情。认真倾听群众心声和合理诉求，时刻把职工安危、冷暖放在心上，尊重离退休老同志，帮助职工解决实际困难和问题，采用多种方式化解矛盾，内聚干群力量，外树良好形象，为构建和谐地调局、促进事业发展提供良好环境和保障。

（四）在加强基层组织方面，以改革创新精神全面推进局系统党的思想、组织、作风、制度和反腐倡廉建设，“五大建设”和谐发展，贯彻落实《基层组织工作条例》，扩大党内民主，全面推行基层党组织党务公开，加强党建工作创新研究，基层党组织要坚持党建带群建，群建促党建，党群共建，为中心工作提供强有力的政治保障。

三、范围对象

局系统各级党组织和全体党员、干部。

四、方法步骤

2010年以来，在部党组的正确领导下，局系统创先争优活动进展顺利，取得一定成绩。要进一步提高认识，努力奋斗，继续做好创先争优工作。

（一）深化认识、完善方案阶段（2010年10月下旬—2010年12月下旬）。

1. 开展深化学习活动。深刻学习领会习近平同志重要讲话和国土资源部党组相关文件、国土资源部领导重要讲话精神，通过支部学习交流、学习体会等形式，结合工作实际，深化学习。各级党组织和广大党员、干部对深入开展创先争优工作重要性和必要性的认识要进一步提高。

2. 召开专题组织生活会。结合年度工作总结，围绕创先争优主题，以党支部为单位，集中召开一次组织生活会，在深入学习领会习近平同志重要讲话精神的基础上，对照“五个围绕”开展“走在前、作表率”学习大讨论，梳理2010年以来各项工作的进展情况，总结成绩，查找问题和不足，进一步明确本单位创先争优工作重点，做到争创目标心中有数。各单位形成专题组织生活会情况报告，提交国土资源部深入推进创先争优工作办公室（简称“部推进办公室”）和局创先争优活动办公室。

3. 完善工作方案和公开承诺。对照“五个围绕”重新审视各单位创先争优活动方案以及各级党组织和党员公开承诺，在学习领会和对照梳理总结的基础上，各级党组织和党员结合本单位职责和岗位职责，重新审视原有工作方案和各自的公开承诺，使争创目标更加明确、措施更加具体。完善后，提交部推进办公室和局创先争优活动办公室。

4. 梳理学习实践科学发展观活动和地质找矿改革发展大讨论活动整改后续工作。检查梳理整改后续工作，将现在时机和条件都已成熟、能够完成的工作纳入创先争优工作之中。

（二）践行承诺、岗位争创阶段（2011年1月—2011年底）。

按照部的要求，结合局和本单位的实际，开展“五比五在前”活动，立足岗位，创先争优。

1. 比学习，在提升理论素质、增强分析和解决问题能力中走在前、作表率。比学习，就是比学习能力和态度，比真学真懂真信真用，比理论联系实际和解决问题的能力，比综合素质和业务能力的提高。要认真学习党的基本理论、基本路线、基本纲领、基本经验，学习社会主义核心价值体系，学习现代科学文化知识和政策法规，不断提高综合素质。要强化地质专业知识的学习，不断提高业务能力。地质事业专业性强，要求从事业务工作必须精通地质业务，成为专家型人才，从事管理工作必须熟悉地质工作，成为地质工作的行家里手。各单位党组织要拓宽学习渠道，创新学习手段，改善学习行为，通过开展专题学习、研讨交流、业务论坛、辅导讲座、演讲比赛、技术比武等方式，不断加强学习的有效性和针对性，努力营造争创学习型党组织、争做学习型党员的氛围，着力提高广大党员的思想政治素质和业务能力。

2. 比作风，在高标准、严要求、快节奏的高效率工作中走在前、作表率。比作风，就是比求真务实，比真抓实干，比心系群众，就是比群众的满意、支持和拥护度，比攻坚克难的能力，比开拓创新的意识。各级领导班子和广大党员、干部要牢固树立群众观念，了解广大职工的所思、所想、所盼，密切党群关系。要进一步转变观念、职能、工作方式和作风，主动作为，积极跟进，沟通协作，开拓创新，强化责任意识、谋划意识、协作意识和创新意识，工作上严格标准、讲究成效，真正体现高标准、严要求、快节奏的工作理念。要结合年度考核，开展好作风评议工作，局属各单位要对局机关作风进行评议，单位群众对局属单位领导班子和干部进行作风评议，不断完善作风建设评价体系。

3. 比实绩，在履行职责、狠抓落实求实效中走在前、作表率。比实绩，就是比推动单位和事业发展的贡献度，比履行服务社会、为政府管理提供支撑的能力，比促进专业领域技术进步的引领作用，比立足岗位建功立业。广大党员干部要紧紧围绕推进地质调查工作新机制、实现地质找矿重大突破、缓解资源环境瓶颈制约这个中心任务，改革创新，踏实工作，奋发有为，认真推进，为实现地质找矿“358”目标贡献力量。广大党员干部要立足岗位，立足本职，以岗位为平台，以实践为课堂，甘于牺牲奉献，努力在平凡岗位上创造一流业绩。

4. 比创新，在破解难题、出新思路、新举措中走在前、作表率。比创新，就是比创造力，比解放思想、转变观念，比破解难题的思路和能力，比解决问题的办法和效果。要准确把握地质工作改革发展面临的新形势新任务，大力营造浓厚创新氛围，充分尊重广大党员干部的主人翁地位和首创精神，从研究解决长期困扰局和各单位发展的构建地质找矿新机制、建立适应社会主义市场经济条件下地质工作管理体制和运行机制、实现地质找矿“358”目标、党建工作如何围绕和服务中心工作等重大问题入手，切实强化创新意识，破除因循守旧、墨守成规的思维模式，善于从新视角思考新情况、探寻新办法、解决新问题，增强破解难题的实际工作能力，在解决问题中求创新，在积极创新中求发展。各单位要从地质事业发展的高度，从业务、队伍建设、技术方法、人才培养等方面加大创新力度，弘扬勇于思考的钻研精神、敢为人先的开拓精神、锲而不舍的探索精神，提高创新能力，切实推动关键问题、老大难问题的解决。

5. 比廉洁，在健全惩防体系、严于律己中走在前、作表率。比廉洁，就是比制度执行力，比规范办事，比阳光运作，看是否真正做到了用制度管权、按制度办事、用制度管人。各单位要全面推行事务公开，根据公开内容的不同，按照“全方位、多层面、立体化”的要求，采取灵活多样的公开形式，把单位重要决策、重大资金使用、干部选任、政府采购、项目负责人确定、项目外协管理、招待费、党风廉政建设情况以及广大干部职工关心的热点问题等进行公开，大力推进事务公开。根据不同的内容确定不同的公开形式，确保广大干部职工的知情权、参与权和监督权。要认真贯彻落实部党组“深入开展廉政专项行动的通知”精神，巩固和扩大局第二阶段惩防体系建设成果，加强现代科技手段在反腐防腐工作中的运用，不断完善反腐倡廉长效机制。

（三）树立典型、巩固提升阶段（2010 年 11 月—2012 年 10 月底）。

1. 评选先进典型。局系统各单位根据各级党组织和广大党员、干部参与创先争优工作情况和日常工作情况，采取自荐、支部推荐、班子讨论、集体投票等多种方式，评选出若干“五个好”先进党支部、先进党委和“五带头”优秀共产党员。局创先争优活动办公室在局党组的领导下，根据平时掌握的情况和各单位推荐情况，综合评选出一批“五个好”先进基层党组织和“五带头”优秀共产党员，并择优报部，参加部“五个好”先进基层党组织和“五带头”优秀共产党员评选。

2. 推荐和挖掘先进典型。各单位向局创先争优活动办公室推荐先进典型候选名单及材料。局创先争优活动办公室根据各单位推荐情况，按照“五个好”和“五带头”标准，逐个审核，从中选取先进基层党组织和优秀共产党员，并上报部推进办公室，与部推进办公室一起进行深入挖掘。各单位要按照中组部的要求，积极培育、推荐创先争优活动中的优秀团队和优秀个人。

3. 表彰先进典型。2011 年 7 月底前，各单位结合实际，对本单位创先争优工作进行总结表彰。2011 年 9 月底前，局召开深入推进创先争优工作会议，集中表彰创先争优工作中涌现出的先进党组织和优秀共产党员。2011 年 10 月底前，择优报部，参加部里表彰。

4. 总结经验，完善机制。局系统各级党组织形成各具特色的创先争优工作经验，局创先争优活动办公室及时总结提炼，形成创先争优工作制度成果，并用于今后指导局系统党组织和党员创先争优常态化工作。局创先争优活动办公室将编辑出版局系统先进典型事迹汇编。

五、组织保障

（一）加强领导。各级党组织主要负责人要带头抓好创先争优活动。局党组直接领导局创先争优活动。各单位要高度重视，将创先争优活动纳入本单位总体工作布局，与中心工作一同谋划、部署和落实，每月 25 日前将该月创先争优活动进展情况报部推进办公室和局创先争优活动办公室。

（二）加强调研。局创先争优活动办公室将加强调查研究，及时了解各单位创先争优活动落实过程中存在的问题，提出解决的意见和建议。主动向部推进办公室汇报我局创先争优活动进展情况，接受指导。

（三）加强考评。按照《中共中国地质调查局党组关于印发在局系统党的基层组织和党员中深入开展创先争优活动实施方案的通知》（中地调党发〔2010〕13 号）的要求，在践行承诺、岗位争创阶段，局党组成员对分管部室和联系单位创先争优活动开展情况进行点评。各直属单位党委负责对本单位党支部开展创先争优活动情况进行点评。创先争优活动开展情况将作为各单位年度工作考核的重要内容，作为评选先进的重要依据。

中共中国地质调查局党组关于进一步加强人才工作的意见

（中地调党发〔2010〕38 号　2010 年 12 月 28 日）

局属各单位、局机关各部室：

为贯彻落实《国家中长期人才发展规划纲要（2010～2020 年）》（以下简称《国家人才规划纲要》）、《中共国土资源部党组关于进一步加强国土资源人才工作的指导意见》（国土资党发〔2010〕51 号）（以下简称《部人才工作意见》）和《局人才队伍建设规划》，进一步加强中央公益性地质调查人才队伍建设，实施“人才强局”战略，特提出如下意见：

一、深刻认识加强人才工作的重要性、紧迫性

人才是地质调查事业科学发展的第一推动力。本意见中的人才是指在中国地质调查局系统工作的，具有一定的专业知识或专门技能，能够进行创造性劳动并为地质调查事业改革发展作出贡献的人，是地质调查人力资源中能力和素质较高的劳动者。

局党组历来高度重视人才工作，始终坚决贯彻落实党中央、国务院和国土资源部党组关于人才工作的重大决策部署，围绕国家资源环境工作要求和地质调查事业持续发展需要，加快人才队伍建设步伐，取得了明显成效。建局以来，中央公益性地质调查人才队伍初具规模，结构进一步优化，能力素质明显提高，人才成长环境明显改善，为地质调查事业科学快速发展提供了坚实的人才保障。

当前和今后一个时期，是地质调查事业发展的关键时期。随着我国经济社会的全面发展，工业化、信息化、城镇化、市场化、国际化进程加快，资源环境与经济社会发展的矛盾日益突出，全球资源垄断加剧，资源环境生态问题进一步凸显。党中央深刻把握国内外发展的新变化、新特点，准确研判“十二五”时期所面临严峻资源环境的基础上，提出建设两型社会，落实节约优先战略，提出立足国内，加大地质工作投入，提高资源保障程度。地质调查工作保障经济社会全面协调可持续发展，促进经济结构调整，服务民生和生态文明建设的任务更加艰巨和繁重。

面对严峻复杂的资源环境形势和新任务、新要求，中央公益性地质调查人才队伍总体水平还不能适应国家公益性地质调查工作，不能满足国家经济社会发展的需要。主要是中央公益性地质调查人才队伍规模偏小，人员余缺并存，高层次领军人才、中青年骨干人才和野外一线地质人才缺乏，高水平团队不多，人才的素质能力尤其是创新能力不强，人才培养开发投入不足，人才工作体制不顺，机制不健全，已成为制约地质调查事业发展的瓶颈。

人才资源是第一资源。党中央发布了《国家人才规划纲要》，国土资源部党组印发了《部人才工作意见》，为中央公益性地质调查队伍发展带来难得的机遇。我们必须牢牢把握这一重要的战略机遇期，进一步增强紧迫感、责任感和使命感，积极应对日趋激烈的人才竞争，主动适应地质调查事业发展需要，坚定不移地走人才强局之路，进一步深化改革、勇于创新、科学谋划、突出重点，加速人才发展，加快推进中央公益性地质调查人才队伍建设，促进地质调查事业科学发展。

二、指导思想和目标任务

（一）指导思想。

以邓小平理论和“三个代表”重要思想为指导，坚持党管人才原则，深入贯彻落实科学发展观，全面贯彻落实《国家人才规划纲要》、《部人才工作意见》和《局人才队伍建设规划》。紧密围绕地质调查事业科学发展总体要求，牢固树立人才资源是第一资源的理念，以提高人才能力素质为核心，以培养开发高层次地质科技领军人才、中青年骨干人才、党政管理人才、野外一线地质人才、优秀创新团队为重点，以实施重大人才计划为抓手，坚持统筹规划、协调推进，高端引领、整体开发，创新人才工作体制机制，统筹推进各类人才队伍建设，为地质调查事业科学发展提供坚强的人才保障和智力支持。

（二）目标任务。

全面实施高层次创新型地质科技人才培养计划、地质调查高层次人才引聘计划、百名青年地质英才培养计划、党政管理后备人才培养计划、优秀创新团队培育计划等5项人才计划。到2020年，新增高端人才（指院士、国家“千人计划”引进人才、新世纪百千万人才工程国家级人选、国家科技奖项负责人、李四光地质科学奖获得者、享受国务院政府特殊津贴人员、有突出贡献的中青年专家等国家级人才）100人，新增高层次创新型地质科技人才（指省部级科技奖项负责人，以及黄汲清青年地质科学技术奖、金银锤奖获得者，国土资源部杰出青年科技人才等省部级人才）200人，自主培养100名中国地质调查局青年地质英才、200名党政管理后备人才、50个优秀创新团队，使人才队伍规模与地质调查事业发展需求基本相适应，人才素质大幅度提高，人才分布、层次、类型趋于合理，能级结构、专业结构、年龄结构进一步优化，人才梯队基本形成，人才竞争比较优势明显增强，人才使用效能明显提高，人才工作体制机制进一步完善，人才辈出、人尽其才的环境基本形成，为地质调查事业科学发展奠定人才基础。

三、突出重点，统筹推进各类人才队伍建设

（三）突出培养造就高层次地质科技领军人才。

实施高层次创新型地质科技人才培养计划。适应地质科技创新要求，围绕提高人才自主创新能力和国际竞争力，在地质调查重点学科和领域，通过创新人才培养模式、搭建人才培养平台、改善人才成长环境等方式，培养和造就一批高水平的高端人才和高层次创新型地质科技人才。依托国家“973”计划、“863”计划、自然科学基金和部局重大专项（或工程）、重点实验室等，进一步加强人才培养。鼓励和支持人才积极参与国际合作和学术交流，积极推荐人才在国际科技组织中任职，加强人才国际化培养。合理布局和设置局地质调查业务中心，加强设立或挂靠在我局或局属单位的各类国际研究中心、国家工程技术中心、国家和部级重点实验室、博士后科研工作

（流动）站、校所（中心、院、局）合作人才培养基地等建设，充分利用和发挥各自优势加强人才培养。改善人才成长环境，服务人才发展，统筹做好院士增选推荐、国家级和省部级科技奖项申报推荐，以及优秀人才、专家推荐工作，积极营造鼓励创新、团结协作、科学民主、学术自由、严谨求实、开放包容的有利于人才成长的环境氛围。实施地质调查高层次人才引聘计划。充分利用国家“千人计划”，加大海内外高端地质调查人才引进力度，建立完善高层次人才引进配套政策措施，开展高层次人才引进工作试点，面向国内外公开引聘地质调查重点学科、重点领域急缺领军人才和学科带头人。

（四）抓紧培养中青年骨干人才。

实施百名青年地质英才培养计划。围绕地质找矿新突破、破解重大地质问题等人才智力支持需要，以提高人才实践和创新能力为重点，采取择优项目资助、团队培育和国内外教育培训等方式，重点培养一批在地质调查重点学科和重点领域有重大建树的青年地质英才。每年选拔30名左右优秀青年地质人才，结合局年度地质调查工作部署和项目安排，加大对优秀青年地质人才培养力度。同时，鼓励局属各单位利用院所长基金或设立专项经费加强青年地质人才培养。依托地质调查项目部署，逐步扩大优秀青年地质人才担任项目负责人比例，在局重大项目中设立项目副负责人、专题负责人等岗位，为优秀青年地质人才创造实践锻炼机会。依托重大项目组、重点实验室、研究中心、业务中心等，加速青年地质人才团队培育。建立与高等院校联合培养人才的长效机制，有计划选派优秀青年地质人才到高等院校进行学历学位教育或进修，加大选送优秀青年地质人才出国进修学习、技术交流力度，定期举办局青年科技人才论坛或培训班，鼓励和支持局属各单位举办各类青年学术、技术交流活动，为青年人才成长营造良好的学术氛围。

（五）加快培养党政管理人才。

实施党政管理后备人才培养计划。以提高政治素质、领导水平和综合协调管理能力为核心，通过深化干部人事制度改革、大规模培训干部、加大干部交流等方式，建设一支政治坚定、业务精湛、勇于创新、勤政廉洁、求真务实、奋发有为、善于推动地质调查事业科学发展的高素质党政管理人才队伍，加强地质调查经济管理人才培养。印发实施《中共中国地质调查局党组关于贯彻落实〈2010～2020年深化干部人事制度改革规划纲要〉的实施意见》，推进局属单位党政领导干部选拔任用制度改革，拓宽选人用人渠道，提高干部工作科学化水平，促进优秀党政管理人才脱颖而出。适应科学发展要求和干部成长规律，构建理论教育、知识教育、党性教育和实践锻炼“四位一体”的干部教育培养体系；定期举办高级干部研修班，加强政治理论、党性修养、道德文化、管理科学、经济金融、政策法规、国际知识、岗位业务培训；加大力度选送干部到各级党校、行政学院、干部学院等学习或出国培训。加强沟通协调，扩大干部挂职锻炼途径，加大局机关与局属单位之间干部交流、重要岗位干部定期交流力度；落实后备干部培养计划，有计划地选派优秀中青年后备干部到重要岗位或艰苦地区挂职锻炼。安排缺乏基层工作经历的干部到基层锻炼。

（六）加快培养野外一线地质人才。

针对地质工作的地域性、实践性和经验性，以提升人才的野外工作技能为核心，通过岗位练兵、教育培训、产学研培养等方式，培养和造就一批有现代地学理论武装、熟练掌握野外一线地质工作技术方法，能够担当野外地质调查工作重任，与野外地质调查工作任务相适应的野外一线地质人才。广泛开展野外地质调查业务练兵活动，严格落实青年地质人才野外工作锻炼制度，定期开展野外地质工作技能大赛，提高人才野外一线工作技能。以落实“两部共建”、“部省共建”为重点，充分依托高等院校教育、人才资源优势，加强局属单位与高等院校在项目实施、人才培养等方面的合作，进一步加大产学研培养野外一线人才力度。依托高等院校建立教育培训基地和依托地勘单位建立野外实训基地，进一步加大野外一线地质人才新理论、新技术、新方法等技术业务培训力度；扩大中国地质科学院研究生部招生规模，依托高等院校加强野外一线地质人才学历学位教育和业务能力培训，加强野外一线地质人才素质能力教育，稳步扩充野外一线地质人才规模。

（七）加快培育优秀创新团队。

实施优秀创新团队培育计划。遵循地质工作专业性、集成性特点和地质人才成长过程的长期性、复杂性规律，通过加强战略统筹、完善管理机制、构建团队文化、加强优秀团队宣传，在地质调查重点学科和重点领域加快培育一批以高层次领军人才为核心，学科、年龄、知识、能力结构合理，梯次明显，机制灵活，能够进入地球科学前沿的基础和应用开发研究优秀创新团队。科学分析创新团队建设需求，明晰学科和领域布局，依托重大项目和重点实验室、研究中心、业务中心等，统筹项目部署，优化资助结构，加强目标引导，促进学科交叉，长期稳定支持优秀团队开展基础和应用开发研究。加强创新团队之间的学术交流和团队管理交流，建立开放的创新环境，支持团队与国际高水平研究机构和团队之间开展合作，加强团队人才配置、条件支撑等团队建设配套支持。大力弘扬求真务实、勇于创新的科学精神，不畏艰险、勇攀高峰的探索精神，敢于担当、乐于合作的团队精神，报效祖国、服务社会的奉献精神，打造团队文化，最大限度地发挥人才团队的积极性，激发人才创造力。加大优秀团队宣传，及时总结优秀团队的成功经验，广泛宣传优秀团队的先进事迹，营造有利于团队发展的良好环境，加快优秀创新团队培育。

四、改革创新，健全完善人才工作体制机制

（八）建立协调高效的人才工作体制。

坚持党管人才的原则，落实党组（党委）管宏观、管政策、管协调、管服务的人才工作总体要求，发挥局党组和局属单位党委领导核心作用，建立健全人才工作领导机构和“一把手”负总责、领导班子成员分工负责的人才工作责任制，建立党组（党委）成员分工联系高端人才工作制度，提高领导班子综合考核指标体系中人才工作考核权重。理顺有关职能部门人才工作职责，落实综合管理职能部门和技术业务部门培养人才责任，建立组织人事部门牵头总抓，相关职能部门各司其职、密切配合的人才工作格局。深化干部人事管理制度改革，扩大和落实局属单位在人才培养、使用、激励中的自主权。

（九）构建人才培养开发机制。

坚持以地质调查事业发展需要为导向，以提高人才素质能力为核心，遵循人才成长规律，构建人人能够成才、人人得到发展的人才培养开发机制。健全教育培训工作体系。构建终身教育体系，加强考核评价、激励约束、质量评估、人员选送、培训统计等教育培训管理制度建设；按照分级、分类负责原则，有计划、有步骤地大规模开展各类人才业务知识更新培训。制定出台《加强依托高等院校培养人才的意见》，充分依托高等院校和科研机构培养人才。建立人才继续教育培训基地，科学确定人才教育培训内容和方式，研究开发地质调查人才培训教材，加强地质调查工作实践培训，增强人才培训的针对性和时效性。构建“基地 + 项目 + 人才”培养机制。制定出台《依托项目及重点实验室培养人才暂行办法》，强化项目部署、项目实施与人才培养紧密结合，建立重大项目首席科学家、首席工程师制度，建立重大项目“双负责人”制度，必须安排一名 45 岁以下青年科技人才担任重大项目负责人。建立新职工“导师制”，发挥以老带新的传帮带作用。完善重点实验室运行机制，着力推动重点实验室客座研究人才流动，发挥重点实验室“基地 + 项目 + 人才”的人才培养作用。建立人才国际化培养机制。科学制定公派留学及访问学者计划，拓宽与国外地学机构及院校合作渠道，支持优秀科技人才到国外学习，开展合作研究。完善交流和挂职锻炼制度。拓宽人才交流渠道，开展局机关与局属单位、局属单位之间、局系统与局系统外单位之间交流挂职。注重发挥专业技术学会、协会在人才培养方面的作用。

（十）创新人才引聘机制。

坚持引进人才与引进智力并举原则，突出重点、按需引进、讲求实效，进一步完善人才柔性引聘流动机制。加强地质调查人才信息平台建设，围绕重点学科和领域，开展人才需求预测，明确急需紧缺人才的类型、层次、专业、数量，定期发布急需紧缺人才目录。争取国家和国土资源部政策支持，开展高端人才引进工作试点，建立人才引进专项资金，提供项目启动资金，用优越的工作环境和生活条件，吸引海内外高端人才。探索建立灵活多样的用人制度，鼓励用人单位以流动岗位、项目聘用、任务聘用、项目合作、兼职、咨询、讲学、技术交流等方式吸纳海内外人才和智力。加强局属单位博士后科研工作（流动）站建设，改善博士后工作生活环境，吸引优秀人才留在单位工作；扩大国际交流途径和合作渠道，吸引海外留学博士和优秀外籍博士进入局属单位博士后科研工作（流动）站工作。进一步推进人事代理制度，鼓励新进人员实行人事代理制度，鼓励特定岗位实行人才派遣等新型用人机制。

（十一）完善人才考核评价机制。

根据地质调查职业岗位性质、任务和任职基本要求，建立健全地质调查各类岗位职责规范和能力素质标准，逐步完善局属单位领导班子和领导干部考核标准，建立各有侧重、各具特色的考核内容和考核指标。以思想品德、创新能力和业绩成果为核心，建立不同类型（基础研究、应用开发研究、地质调查等）专业技术人才不同的考核评价指标体系。以职业道德、职业能力、工作业绩为重点，建立高技能人才考核评价体系。完善人才年度考核、聘期考评和同行评议方法，简化考评程序。注重在重大项目实施和急难险重工作任务中评价和发现人才。探索重大项目人才团队建设考核评价办法。强化考核评价结果的运用，建立考核评价结果反馈制度，把考核评价结果作为选人用人的重要依据。

（十二）创新人才选拔任用机制。

贯彻落实党政领导干部公开选拔、竞争上岗制度，积极推行处级以上领导干部选拔任用“一公开三推荐一陈述”制度，规范领导干部选拔任用提名，健全完善局属单位领导干部委任、聘任、选任等任用方式，加大竞争性选拔人才力度，逐步推行差额推荐、差额考察的用人方式。深化局属单位用人制度改革，大力推行公开招聘、竞争上岗和合同管理制度，规范和加强局属单位干部人事管理。建立局属单位首席科学家制度和重大项目负责人、关键岗位人才公开招聘制度。建立专业技术优秀人才遴选制度，定期遴选领军人才、学科带头人及其后备人才、优秀创新团队。

（十三）健全人才激励保障机制。

建立健全与工作业绩紧密联系、充分体现人才价值、有利于激发人才活力和维护人才合法权益的激励保障机制。根据国家政策法规，积极推进局属单位收入分配制度改革，研究试行高端人才、高层次人才协议工资制、年薪制和项目工资制，探索开展高端人才收入分配制度改革试点。完善局属单位岗位绩效工资制度，鼓励和支持局属单位建立健全重实绩、重贡献，向优秀人才和关键岗位倾斜的薪酬机制。积极协调完善野外津贴制度，进一步改善野外一线地质专业人员工作和生活条件。探索建立拥有地质调查科技知识产权和核心技术产权人员分配制度。加强对局属单位工资总额、绩效工资的宏观管理。坚持物质奖励与精神奖励相结合，探索建立地质调查人才奖励制度。建立局级首席科学家、首席专家及技术能手制度，设立局级创新人才奖和地质青年英才荣誉制度。完善局属单位领导班子和领导干部年度考核奖励制度。开展中国地质调查局年度十大地质调查成果、十大科研成果评选。拓宽人才培养资金来源渠道，加大人才培养经费投入，在项目经费中以适当比例列支人才培养经费。加强科研服务，探索设立科研秘书岗位，保障优秀科学家集中时间精力，潜心钻研，自由探索，勇于冲击世界科技前沿。关心人才的学习和工作，努力改善工作、学习及生活条件。

五、加强组织实施，抓好各项人才工作措施落实

（十四）加强组织领导，明确落实责任。

中央公益性地质调查人才队伍建设在国土资源部党组的统一领导下，由局党组牵头，统筹局属单位人才发展工作，协调解决人才发展重大问题。局属单位党委要制定本单位人才发展目标任务和具体落实措施，加大人才培养投入，着力解决制约人才发展的突出矛盾和问题，激发各类人才的创新活力和创造智慧，为地质调查事业科学快速发展提供人才支持和智力保障。

（十五）加强舆论宣传，营造良好氛围。

加强人才发展目标、人才工作措施和优秀人才成就的舆论宣传，努力营造有利于推动人才工作，有利于促进人才健康成长的良好氛围。及时总结和推广人才工作的新思路、新举措、新经验，加大对重大地质调查成果和优秀地质调查人才的宣传力度，弘扬求真务实、勇于创新，不畏艰险、勇攀高峰，团结协作、淡泊名利，报效祖国、服务社会的精神，形成见贤思齐、奋发努力的良好风尚，积极营造“尊重劳动、尊重知识、尊重人才、尊重创造”的良好舆论环境和氛围。

（十六）夯实工作基础，强化督促检查。

加强组织人事干部队伍建设，理顺局属单位人才人事管理职能，加快推进局系统人才人事工作信息化建设，建立中央公益性地质调查人才数据库。建立局属单位人才发展目标考核和人才工作年度考核制度，及时分析研究解决人才发展中遇到的新情况、新问题，表彰在人才发展中做出突出贡献的单位和个人，确保人才队伍建设各项制度措施落实。

中国地质调查局关于公布第一批省级公益性地质调查队伍能力建设评估结果的通知

（中地调发〔2010〕38号　2010年2月25日）

天津、沈阳、南京、宜昌、成都、西安地质调查中心，各省、自治区、直辖市地质调查院、地质环境监测总站（院、中心）：

省级公益性地质调查队伍，既是解决各省（区、市）资源环境问题、完成国家公益性地质调查任务的骨干力量，又是全国公益性地质调查队伍不可或缺的重要组成部分。为加强同省级公益性地质调查队伍的紧密联系，提高其地质工作业务能力，进一步促进省级公益性地质调查队伍建实建强，依据《国务院关于加强地质工作的决定》（国发〔2006〕4号）和《关于加强地方和行业公益性地质调查队伍建设的意见》（国土资发〔2003〕358号）精神，中国地质调查局制定了《地方公益性地质调查队伍能力建设评估办法（试行）》（中地调发〔2009〕225号文件，以下简称《评估办法》）。

《评估办法》印发后，得到各有关单位的高度重视和积极响应，2009年有20家省级公益性地质调查单位，主动做好相关准备工作，经过单位自评和上级主管单位认可，及时向中国地质调查局提出了评估申请。为此，中国地质调查局组织专门力量，对部分省级公益性地质调查单位，系统开展了能力建设评估，确定授予河北省环境地质勘查院、内蒙古自治区地质调查院等16家单位，为省级公益性地质调查队伍能力建设评估A级单位。

通过评估，以上16家单位公益性事业实体的特点突出，地质调查队伍能力建设取得明显成效。希望首批评估达到A级的单位，不断巩固和发展队伍能力建设成果，持续提高地质工作业务能力，切实增强资源保障能力和社会服务功能。

尚未进行评估的省级公益性地质调查单位，要向首批A级单位学习，积极主动开展自评工作，及时提出评估申请，按《评估办法》规定的内容和时间要求，抓紧推进评估工作。

附件：第一批省级公益性地质调查队伍能力建设评估A级单位名单

第一批省级公益性地质调查队伍能力建设评估A级单位名单

河北省环境地质勘查院
内蒙古自治区地质调查院
山东省地质调查院
吉林省地质调查院
黑龙江省地质调查研究总院
上海市地质调查研究院
江苏省地质调查研究院
浙江省地质调查院
安徽省地质调查院
安徽省地质环境监测总站
福建省地质调查研究院
湖南省地质调查院
四川省地质调查院
贵州省地质环境监测院
甘肃省地质调查院
宁夏回族自治区国土资源调查监测院

中国地质调查局工作规则（修订）

（中地调发〔2010〕69号　2010年4月19日）

第一章　总　则

第一条　根据《国土资源部工作规则》和中国地质调查局工作的要求，制定本规则。

第二条　中国地质调查局要高举中国特色社会主义伟大旗帜，以马克思列宁主义、毛泽东思想、邓小平理论和“三个代表”重要思想为指导，深入贯彻落实科学发展观，按照党中央、国务院要求，在国土资源部领导下，统一部署和组织实施中央政府负责的基础性、公益性地质调查和战略性矿产勘查工作，强化相关技术、质量、成果管理和社会化服务，统一管理中央公益性地质调查队伍，对地方公益性地质调查队伍进行业务指导。

第三条　推进转变思想观念、转变工作作风、转变工作方式，解放思想，大胆创新，勇于实践；精简会议，规范程序，提高效率；完善管理，强化服务，切实履行好党中央国务院赋予的职能。

第四条　实行科学民主决策，推进事务公开，健全监督制度，加强廉政建设，不断提高公信力和执行力，建设服务型地调局。

第二章　职责分工

第五条　实行局长负责制，局长领导局的全面工作。

第六条 副局长和其他局领导协助局长工作，按分工负责分管工作；受局长委托，负责其他方面工作，并代表局进行公务活动。

第七条 局长出访、出差期间，由局长指定的副局长代行局长职责，主持工作。副局长和其他局领导出访、出差期间，由局长或由局长指定的其他局领导代行其职责。

第八条 局机关办公室主任负责处理局机关日常工作。局机关各部室主任负责本部室工作。局属各单位负责人负责本单位工作。

第三章 实行科学民主决策

第九条 强化地质调查战略、规划、改革和制度的顶层设计，研究解决重大问题，着力构建保障和促进科学发展的新机制。

第十条 由局代部起草的文件材料、以局名义颁发的各类规章制度、重要工作规划部署、重大项目立项、年度计划建议和预决算、基本建设规划与年度计划、项目重大调整、队伍建设等重大事项，须经局务会议、局长办公会议研究审议。

第十一条 报局务会议或局长办公会议研究决定的重大事项，事前必须通过座谈、咨询、研讨等形式，充分听取有关部门、单位和专家的意见建议。

第十二条 各部室、各单位要建立完善工作报告制度，紧紧围绕局的中心工作，深入调查研究，及时准确向局报送地质调查、科研、队伍建设等方面工作的进展、成果、经验、措施、建议等信息，为局决策和解决重大问题提供可靠的第一手资料。

第四章 工作推进与督办

第十三条 局提出的年度重点工作目标，地质调查工作部署、国家重大专项申请、队伍建设、规章制度建设、党建与精神文明建设、重大问题调研、对外合作与交流、重要会议等事项，形成年度工作安排布局，报送国土资源部，并在年末向国土资源部报告执行情况。

第十四条 各部室、各单位根据局年度工作安排，结合本部门、本单位实际，制定年度工作计划，并在每个季度末、年中和年末向局报告执行情况。重要工作完成情况作为干部日常考核和年度考核的重要内容。

第十五条 局领导和各部室、各单位都必须认真贯彻落实部工作部署和部领导指示，坚决贯彻局重大决策部署，及时跟踪和反馈执行情况，推进工作落实，确保政令畅通。

第十六条 局重要情况及时向部报告，重大紧急情况限时向部值班室报告。各单位重要情况及时向局报告，重大紧急情况可直接向部值班室报告，并同时报局。

第十七条 办公室要加强督办工作，建立完善局督办工作制度，及时掌握会议议定、文件部署、领导批办以及来局征求意见等事项的办理情况，定期督办，专项反馈，适时以函报、专报、值班信息、督办情况等进行报告。

第五章 会议制度

第十八条 局办公类会议实行局务会议、局长办公会议、局专题会议和局机关职工大会制度。局领导工作碰头会一般每周召开一次。及时做好局领导每周活动安排，推行每月无会周、每周无会日制度。

第十九条 局务会议一般每月召开一次。局务会议由局长、副局长、局纪检组长、总工程师、各部室主任组成，由局长或局长指定的副局长召集和主持。会议召集人根据需要确定有关人员列席会议。

局长办公会议由局长、副局长、局纪检组长、总工程师组成，由局长或局长指定的副局长召集和主持。会议召集人根据需要确定有关人员列席会议。

局专题会议按照分工由分管局领导召集和主持，或由局长委托其他局领导召集和主持，研究、协调和处理日常工作中的一些专门问题。会议召集人根据需要确定出席会议人员。

局机关职工大会由局长或局长委托的其他局领导主持，局机关全体职工参加。

第二十条 提交局务会议、局长办公会议审议的事项，要严格履行规定的程序，形成切实可行的方案，经分管局领导协调或审核后提出，局办公室汇总，报局长审定。

涉及相关部室和单位的议题，由主办部室加强协商，进行会签，达成一致意见后方可提交会议；不能达成一致的，由分管局领导组织有关部室研究协调；经协调仍有意见分歧的，要说明分歧点并提出解决问题的建设性意见，供局审议。

第二十一条 局务会议、局长办公会议、局机关职工大会由办公室负责组织。议题提出部门应将领导批示、上会文件、汇报说明等会议有关材料，提前1～2天印送办公室。办公室及时将会议材料发送至参会人员。

参会部门按会议通知要求及时报名，并准时参加会议。因故不能参加会议的，应在会前向会议主持人请假，同时告知办公室。

局专题会议由会议召集人指定有关部室负责组织。

第二十二条 议题汇报部门和参会部门要认真做

好参会准备。汇报人应简明扼要，突出重点，汇报时间在10～15分钟；其他与会人员发言应紧扣主题，直陈观点，时间一般不超过3分钟。没有重大原则性意见的，会上可以不发言。

第二十三条 局务会议、局长办公会议由指定人员负责记录，按照会议要求及时编写会议纪要。专题会议记录及纪要的编写由专题会议召集部门负责。局务会议、局长办公会议纪要经办公室主任或副主任审核，局专题会议纪要经主办部室主任或副主任审核，均由主持会议的局领导签发。

会议记录和资料按有关规定整理、归档。会议讨论决定的事项，宜于公开的，应及时通报；不宜公开的内容，有关人员必须严格执行保密规定。传达、贯彻会议做出的决定事项，以会议纪要为准，并按规定范围传达。

第二十四条 严格一般性会议审批制度。办公类会议以外由局及各部室召开的各种会议统称一般性会议，均实行计划管理。

严格控制召开全国性会议。各部室会议计划经分管局领导审核后报局，由办公室汇总后提请局长办公会议审定。遇有特殊情况须临时召开全国性专业会议的，另行报批。

召开全国性会议必须提前做好筹备工作。以局名义召开的全国性综合会议，筹备工作由局办公室会同有关部室负责；各部室名义召开的专业性会议，筹备工作由各主办部室负责。拟请局领导出席会议并讲话，由主办部门负责准备讲话素材稿和新闻宣传方案，并按程序报批。

第二十五条 提倡召开电视电话会议和视频会议。在符合保密要求的情况下，应尽量用局视频系统召开会议，组织培训。

第二十六条 贯彻精简、务实、高效、节约的原则，尽量缩短会期，精减会议人员。会议应到政府采购的定点饭店召开，不得违规在高级宾馆和风景名胜区开会。

第六章 公文审批

第二十七条 按照《国家行政机关公文处理办法》和《国土资源部公文处理实施细则》执行。

第二十八条 局收到国务院、国土资源部等上级单位来文，由办公室报送分管局领导阅批，重大问题报送局长阅批。

各部室的请示和报告由局办公室按局领导分工呈送审批，重大事项报局长审批。

各单位、项目承担单位的请示、报告，按部室职责分工送相关部室进行办理，重要事项呈送分管局领导或局长阅批后办理。

除局领导交办事项外，一般不得直接向局领导个人报送公文。

第二十九条 以局名义报送国土资源部的请示、报告，由分管局领导核签后，由局长签发。

以局名义发文（函），由分管局领导签发。重要文件由分管局领导核签后，由局长签发。

以局办公室名义发文，由办公室主任签发。重要发文由办公室主任核签后，分管局领导或局长签发。除办公室外，各部室原则上不得对外正式行文。

第三十条 严格执行办文程序，加强公文办理协调工作。各部室办文，涉及其他部室职责和业务范围的，必须会签。经沟通与协商仍无法取得一致意见的，由主办部室列出各方理由和建议，报分管局领导协调或裁定。

第三十一条 各单位办理的公文，内容应与局的决策部署精神相一致，涉及的业务数据应与局确认的数据相一致。

各单位向局报送的请示、报告，由其主要负责人签发。

第三十二条 提倡少发文、发短文。推行发文计划管理，控制文件数量。凡是可以用函、电方式办理的，一律不发文件。提高公文质量，压缩公文篇幅，行文要观点鲜明、简明扼要、体例规范、准确得当。加强公文质量管理，开展公文质量考核与评比，加强公文培训。

第三十三条 公文必须高效运转。负责承办单位要加强公文及领导批示的催查办理，特急件要特办，急件要急办，特急件和急件要明确办理的时间要求，并在规定时限内办结。一般文件也要抓紧办理，不得拖延误事。除需要保密的外，所有文件网上运行，提高效率。

第七章 纪律和作风

第三十四条 严格执行中共中国地质调查局党组的各项重要决定。

第三十五条 切实加强学习，建设学习型机关。局机关工作人员要密切关注国际国内政治、经济、社会、科技、文化、教育等方面的新情况，充实新知识，丰富新经验。通过不定期举办讲座等方式，组织学习政治、经济、科技、法律、现代管理和地质调查工作等方面知识。

第三十六条 加强调查研究，围绕工作重点和难点问题，制定调研计划，深入基层，掌握实情，提出建议，解决问题。建立局领导广泛联系基层和深入基层调研制度。

第三十七条 按照《信访条例》和《国土资源部信访规定》，完善信访制度，确保信访渠道畅通；局领导、各部室、各单位负责人要亲自阅批重要的群众来信，妥善处理好群众来信来访的接待办理工作。

第三十八条 克服官僚作风和形式主义。局领导外出调研、考察，根据工作需要，可安排有关人员随行，要严格执行国家有关规定，尽量减少随行人员。

第三十九条 局长离京公出或休假，由局办公室向国土资源部办公厅报告；副局长及其他局领导公出或休假，须向局长请假。局领导离京公出或休假，应将前往地点、时间、联系方式等有关事项告知局办公室。局办公室汇总、通报局领导一周会议、活动安排计划。

各部室主任离京出差（出访）或休假，要经分管局领导批准，并确定一位副主任主持工作（未设副主任或副主任也外出的，可指定一名处长临时主持工作）。离京前由所在部室告知局办公室。各单位主要负责人出访或休假，要报经局领导批准，并确定一名副手主持工作，行程有关情况告知局办公室。

局办公室要随时掌握各部室主要负责人离京外出的情况，及时向局领导报告。

第四十条 局务会议组成人员必须带头坚决执行认真落实局的各项决策部署。如有不同意见可在内部提出，在没有重新作出决定前，不得有违背的言行；代表局发表的讲话或文章，或个人名义发表涉及未经局研究决定的重大问题及事项的讲话和文章，事先须经局同意。

第四十一条 严格遵守外事纪律，根据工作需要，本着务实、精干、节约的原则安排出访。局领导出访由科技外事部提出方案，经局长办公会议研究确定。机关工作人员出访一般一年内不多于一次，工作访问原则上不安排顺访。

第四十二条 加强廉政建设。全局人员必须严格遵守党中央、国务院以及部、局廉政建设的规定，廉洁自律，自觉接受上级主管部门、监察审计部门的监督指导，对检查中发现的问题，及时认真查处和整改。

中国地质调查局外事工作管理办法

（中地调发〔2010〕70号　2010年4月19日）

第一章　总　则

第一条 为规范中国地质调查局的外事工作管理，根据中共中央、国务院《关于全国外事管理工作的若干规定》、中办、国办《关于进一步加强因公出国（境）管理的若干规定》、财政部等5部委《加强党政干部因公出国（境）经费管理暂行办法》、国土资源部办公厅《国土资源部组团出国（境）考察项目管理办法》等有关规定以及中国地质调查局“三定”方案，按照国土资源部“统一领导、归口管理、分级负责、协调配合”的外事管理原则，制定本办法。

第二条 本办法的适用范围包括中国地质调查局机关和所有局属单位。

第三条 局外事工作的内容包括：编制国际合作与交流规划、外事年度计划；审查、报批和组织实施外事项目，包括地质工作“走出去”和“两种资源，两个市场”内容；国际合作项目成果的验收、评价和推广；与国外有关机构和国际地学组织签订双边和多边国际合作协议；局属单位涉及的其他外事活动等。

第四条 本办法涉及的外事项目：出国（境）访问、考察、讲学、培训、合作研究、国际会议、来华接待、智力引进和境外地质调查等。

第二章　外事计划管理

第五条 局外事计划实行总量控制、分类管理、分级负责、统一调整。局外事计划包括出国（境）项目计划和在华举办国际会议计划。出国（境）项目计划分为公务出国（境）项目和境外地质调查出国（境）项目，公务性出国（境）主要为执行考察、协议签订、讲学、培训、合作研究、国际会议等出国（境）任务。

严格控制公务出国（境）项目，鼓励境外地质调查出国（境）项目。公务出国（境）项目实行总量控制，境外地质调查出国（境）项目不实行总量控制。

第六条 局属单位应在每年10月底前将本单位下一年度的外事计划，12月底前将本年度的外事工作总结报局。局外事管理部门负责提出局外事计划建议报局务会审议后报国土资源部外事管理部门。各单位申报外事计划材料要求：单位主要负责人签发的文件、外事计划汇总表，出国（境）项目附中国地质调查局因公出国（境）项目申请表，在华举办国际学术会议附在华举办国际学术会议申请表。

第七条　因公出国（境）经费全部纳入预算管理。财务管理部门和外事管理部门实行审批联动。申报年度外事计划，必须注明每一个项目经费的来源，并由所在单位财务部门出具经费审核意见。不得超预算或无预算安排出国（境）团组。

第八条　各单位要严格按外事计划管理出国（境）团组，如需调整，要在不突破计划总量的基础上，报局外事管理部门统一调整和审核同意。境外地质调查出国（境）项目不能调整为公务出国（境）项目。

第三章　外事项目的审批

第九条　局属单位的外事项目，必须按程序逐级申报，经局同意并报国土资源部批准后组织实施。申报外事项目，按照项目类别编制局统一要求的相关文件，连同请示文件提前2个月一并报局。

第十条　申报出国（境）项目，申报单位要编制项目可行性报告并由本人填写中国地质调查局职工因公出国（境）申请表，同时提供境外有效邀请信。参加国土资源部以外单位组团的出访，需同时提供派出单位的《关于双跨团组征求意见函》和《出国、赴港澳任务通知书》。参加出访团组如有外单位人员，须由该人员人事关系所在单位在职工因公出国（境）申请表中签署同意意见并盖章。参加国际会议须提供外语能力证明，具体要求参照国土资源部国土资国科〔2002〕28号《关于赴国（境）外参加国际学术会议人员需提供外语水平证明的通知》。若有论文参会交流，应同时附上参会论文摘要。

第十一条　出国（境）项目按以下权限由局审批后报部批准：

局长出访，按中央有关规定报批；

副局长及党组成员出访，由局长审批；

机关各部室主任、局属单位党政主要负责人出访，由局长审批；

其他人员出访，由局主管外事工作的副局长审批。

第十二条　出国（境）团组人员人数原则上不超过6人。一次出访国家（地区）原则上控制在2个以内。出访1国，在外停留时间原则上不超过6天；出访2国，不超过10天；出访3国以上，不超过12天（均含旅途时间）。对合作研究等可根据具体情况适当放宽时间限制。如有特殊情况，报批时应说明。

同一单位的党政主要领导，原则上不得同时分别组团出访同一国家或同一地区。司局级人员按照工作需要出访，原则上每年不超过一次。

第十三条　离退休人员一般不再派遣出国（境）执行公务。派出单位如需要聘用外单位的离退休人员出国执行公务，需征得离退休人员关系所在部门的同意。派出单位如需要聘用本单位的离退休人员出国执行公务，需由派出单位向局提出书面材料说明理由。超过65周岁的退休人员一般不再派遣出国和赴港澳台执行公务。

第十四条　邀请国（境）外人员来访，要说明邀请事由、外宾人数、停留时间、活动地点和经费情况。去非开放地区考察的项目须提供当地政府和军方批准证明。

第十五条　申报在华举办国际学术会议，须编制在华举办国际会议申请表，并提前4个月报局审核后报国土资源部外事管理部门审批。京区单位异地举办国际会议、京外地区单位在本地和北京以外的异地举办国际会议，由举办或承办单位征得当地政府外事主管部门同意后再报局。未经批准，任何单位和个人不得对外申办、承诺举办国际会议。

第四章　出国（境）项目管理

第十六条　出国（境）项目批准后，副处级（含）以下人员按照国家有关规定办理政审手续。局级和正处级人员出国免政审，派出单位需填写政审备案表报局备案。局人事管理部门负责除中国地质科学院、中国地质环境监测院以外单位出国（境）人员的政审，中国地质科学院、中国地质环境监测院负责本单位出国（境）人员的政审。

出国（境）人员政审批准后，出国（境）人员到国土资源部外事服务中心办理因公护照和出国签证手续。

第十七条　组团单位、部门应对出国（境）团组人员进行出国前的外事纪律教育和安全教育。组团单位外事管理部门应在团组出境后2日内以传真及电子邮件方式向局外事管理部门报告团组出入境时间、人员组成和活动地点等。

出国（境）团组在外期间，实行团长负责制，团员要自觉服从团长的领导。出国（境）团组在外期间要自觉接受我国驻当地使、领馆的领导和监督，遇有重要问题及时报告。

第十八条　所有因公出国（境）访问、考察、培训、参加国际会议、进行合作研究和交流活动的项目，均需持因公护照并履行报批手续，不得持因私护照执行公务。除特殊情况并经批准外，一律不得报销因公出国（境）人员持因私护照出国（境）的费用。

出国（境）人员在出访期间要保管好因公护照等重要证件，防止丢失。回国后一个月内需由本人把因公护照交回国土资源部外事服务中心统一保管，以备再次出国（境）使用。个人不得保存因公护照。

第十九条 局机关和各局属单位应切实加强因公出国（境）经费核销管理，严格按照批准的出国（境）团组人数、天数、出国路线、经费计划进行核销。出国（境）人员的出国（境）费用开支标准按照《临时出国（境）人员费用开支标准和管理办法》（财行〔2001〕73号）执行。出国人员回国后应在30天内向本单位财务部门办理出国（境）费用报销手续。

第二十条 加强对出国（境）人员安全防范意识的教育，出国（境）团组尽量少带外汇现金，在国外能够使用旅行支票或者信用卡支付的费用，务必使用旅行支票或者信用卡。对外汇携带人保管不当在国外被抢或者被盗，原则上由外汇携带人负责赔偿。

第二十一条 对在外事活动中不按政策办事、弄虚作假、造成严重后果和在国（境）外期间不遵守外事纪律、违法乱纪、造成不良影响的，将追究有关人员和单位主管领导的责任。

第五章 接待项目管理

第二十二条 未经有关省（市、区）政府和军方批准，不得带外国人进入非开放地区。外国人在华不得使用测量用的GPS。

第二十三条 邀请外国人赴西藏的项目须由部外事管理部门出具给西藏自治区外办的申请函，接待单位获得该机构提供的“国（境）外人员进藏许可函”后，才能向被邀请人寄发由部外事管理部门签发的签证通知表。

第二十四条 外国人采集和携带标本、样品出境须按有关文件执行。不允许采集标本和样品时，应事先向外国人说明。

第六章 对外合作协议管理

第二十五条 以局名义与国外地质调查机构和国际地学组织签订地学科技合作协议或合作谅解备忘录，由局外事管理部门报局批准后在协议签署前15天报国土资源部外事管理部门备案。局属单位以本单位名义与国外机构签订合作协议，事前报局外事管理部门备案。

第二十六条 局与国外地调机构和地学组织签订地学科技合作协议或合作谅解备忘录，由局领导或授权局外事管理部门负责人与外方签署，中外签署人职务应原则对等。局属单位与外方签署协议，由该单位负责人或授权相关人员与外方签署，中外签署人职务应原则对等。

第二十七条 以局名义签署的协议，在协议签署1个月内由局外事管理部门牵头组织相关部门和单位，制定落实方案，报国土资源部外事管理部门备案。局属单位与外方签署的协议，由协议执行单位在协议签署20日内，制定落实方案，报局外事管理部门备案。局外事管理部门建立局系统国际合作协议沟通机制。

局及局属单位签署的国际合作协议，由局外事管理部门在每年年底组织检查执行情况，并进行总结评估。

第二十八条 局机关各部门和各局属单位未受局委托或授权不得以中国地质调查局的名义与国外地质调查机构和国际地学组织签订任何合作协议。任何个人，未经本单位同意，不得以单位名义与外方签订任何协议。

第七章 在华举办国际会议管理

第二十九条 以局名义举办的国际会议，由局外事管理部门负责组织。以局属单位名义举办的国际会议，由该单位负责组织。组织单位应在会议召开前45天向局外事管理部门提交会议筹备方案，并由局外事管理部门报国土资源部外事管理部门。

第三十条 一般性国际会议原则上不邀请国家领导人和部领导出席，部领导原则上不担任会议组织机构的职务。如确有必要邀请领导出席或担任会议组织机构职务，需经局报国土资源部外事管理部门批准。

第三十一条 未经批准，任何单位和个人不得邀请国外政要和前政要、国外正部长及以上政府官员和台湾地区敏感人员出席会议。任何单位和个人不得为提高会议规格随意使用“峰会”、“国际论坛”等称谓。

第三十二条 举办国际会议应遵循国际惯例，同时严格执行财政部《在华举办国际会议财务管理暂行规定》，加强对国际会议经费收支的财务管理和监督。

第八章 外事工作成果管理

第三十三条 出国（境）团组或个人回国后，需在1个月内向局外事管理部门提交书面出国报告（10份）和电子文档。出国报告内容包括出访目的、任务、主要活动、收获、体会和建议等。局外事管理部门定期对出国（境）报告组织评比。

出访期间搜集的技术资料，回国后由出国（境）团组团长负责汇交到局发展研究中心统一保管，实现资料共享，不得据为己有。凡在国（境）外公费购买资料的，财务部门须凭发展研究中心出具的资料入库单才能予以报销。

第三十四条 国际合作项目结束后，合作单位要向局外事管理部门提交国际合作成果报告，内容包括通过国际合作所解决的理论和技术问题，社会和经济效益，国内外水平比较，合作成果的应用和推广等。对重大的国际合作研究项目成果，局组织专门评审。

第三十五条 对违反规定不按时上交出国报告和国际合作成果报告的个人和单位将给予通报批评，在改正之前，停止其再次申报出国（境）任务的资格。

第九章 外事保密工作管理

第三十六条 在外事活动中，要严格执行保密制度，明确保密责任，严肃保密纪律。不得泄露国家秘密和地质调查工作中的秘密事项。

第三十七条 在国际合作与交流中，因合作需要向外方提供或展示的技术资料，应该是公开发表的。未公开发表的数据和资料，必须按局保密工作规定的程序事先经过本单位主管领导、局保密委员会，乃至上级主管部门的批准。

第三十八条 未经保密部门批准，出访团组和个人严禁携带我国规定的属于保密范围的各种地形图和地质图件、资料以及有涉密内容的各类电子和纸质载体。不得将携有内部资料的行李托运；经保密部门授权批准携带的涉密文件、资料和其他涉密载体要指定专人保管。因工作需要携带储存介质出国（境）时，必须携带未存储过或使用过涉密信息的储存介质。

第三十九条 发生任何失、泄密事故，必须在第一时间向所在单位保密委员会及上级主管部门报告，并立即采取补救措施。

因不遵守保密制度在对外科技合作活动中造成失、泄密事故的，必须严肃处理，情节严重的给予行政处分，触犯法律的追究法律责任。

第十章 附 则

第四十条 涉外经贸项目按照国家有关规定并参照本办法执行，但需通过所属挂靠单位上报局备案。

第四十一条 与香港、澳门特别行政区和台湾地区的合作交流，在遵守国家有关规定的前提下参照本办法。

第四十二条 本办法由中国地质调查局负责解释。

第四十三条 本办法自印发之日起施行。

中国地质调查局安全生产管理规定

（中地调发〔2010〕78号 2010年4月26日）

第一章 总 则

第一条 为加强安全生产管理，保障职工生命和国家财产安全，根据国家有关安全生产法律、法规，制定本规定。

第二条 本规定适用于中国地质调查局（以下简称局）及其所属单位的安全生产管理。

第三条 安全生产管理，坚持安全第一、预防为主的方针，遵循管生产必须管安全、谁主管谁负责的原则。

第四条 实行安全生产责任制。单位主要负责人对本单位的安全生产工作全面负责，建立、健全安全生产责任制度，确保安全生产经费投入，不断改善安全生产条件。

第五条 实行安全生产事故责任追究制度。局依照法律、法规和本规定，追究安全生产事故责任人员的责任。

第二章 安全生产责任制

第六条 局及局属单位实行安全生产责任制，单位主要行政负责人是本单位安全生产第一责任人，对本系统、本单位的安全生产全面负责；分管安全生产的行政负责人对安全生产工作负直接领导责任；分管其他业务的行政负责人对其分管业务范围内的安全生产负领导责任；各级安全生产管理职能部门对本系统、本单位安全生产工作具体负责。

第七条 局安全生产委员会是局系统安全生产工作领导机构。其主要职责：

（一）在局的领导下研究部署和指导局系统安全生产工作；

（二）贯彻落实国家安全生产工作方针、政策及国土资源部有关安全生产工作的重要文件和会议精神；

（三）定期分析局系统安全生产形势，听取、审议局安全生产管理部门的安全生产工作汇报和工作安排，研究、协调和解决安全生产工作中的重大问题；

（四）负责组织实施重大突发生产安全事故应急救援工作；

（五）审议、提出在安全生产工作中取得突出成绩的单位和个人的表彰奖励意见，以及对事故责任单位及责任人的处理建议。

第八条 局安全生产委员会办公室是局安全生产委员会办事机构，设在局人事教育部。其主要职责：

（一）督促检查各单位贯彻落实安全生产工作部

署情况，并向局安全生产委员会报告；

（二）定期汇总局系统安全生产情况，分析安全生产形势，提出改进工作的措施和意见；

（三）具体组织实施突发生产安全事故应急救援工作；

（四）承办局安全生产委员会召开的会议及重要活动；

（五）承办局安全生产委员会交办的其他事项。

第九条 局长安全生产职责：

（一）局系统安全生产第一责任人，全面负责局系统安全生产工作；

（二）负责审查批准局安全生产规章制度，建立健全安全生产责任制，督促检查、考核同级副职和局属单位行政正职落实安全生产责任制和规章制度情况；

（三）主持研究并批准重大安全生产措施，及时消除重大生产安全事故隐患。

第十条 分管安全生产工作副局长安全生产职责：

（一）负责组织制定安全生产规章制度；

（二）负责主持召开局安全生产委员会会议，分析安全生产形势，研究、部署、落实安全生产措施；

（三）负责组织、领导开展安全生产检查，落实隐患整改计划；

（四）负责重大事故应急救援指挥、协调和重大安全事故调查处理。

第十一条 其他局领导安全生产职责：

（一）负责分管业务范围内的安全生产工作，研究、解决分管业务范围内涉及安全生产方面的问题；

（二）督促分管的职能部门在相关业务工作中纳入安全内容，并督促、检查实施；

（三）协助做好安全生产法律、规章制度、规程和岗位职责的贯彻落实。

第十二条 局属单位主要行政负责人安全生产职责：

（一）本单位安全生产第一责任人，全面负责本单位安全生产工作；

（二）负责建立、健全本单位安全生产责任制，检查并考核同级副职和所属单位行政正职安全生产责任制的落实情况，

（三）负责审查批准本单位安全生产规章制度；

（四）负责保证本单位安全生产资金投入，主持研究并批准安全技术措施和隐患治理方案；

（五）负责健全本单位安全生产管理机构，落实专（兼）职安全生产管理人员，听取安全生产工作汇报，决定安全生产工作奖惩。

第十三条 局属单位行政副职和其内设机构、下属单位、项目组以及职工岗位安全生产职责，由各局属单位按照责任制的要求制定，并报局人事教育部备案。

第三章 安全生产检查

第十四条 安全生产检查主要包括安全管理和现场安全检查。安全管理包括安全生产责任制、安全管理制度和安全管理基础工作的落实及执行情况；现场安全包括工艺、设备、储运、交通工具、仪器仪表、变配电、消防、维修和工业卫生等方面。

第十五条 局对局属单位每年进行一次安全检查；局属单位每半年对其下属单位（部门）进行一次安全检查；局属单位所属生产、作业单位（部门）每季度进行一次安全检查；车间、交通车辆、野外施工作业组每月进行一次安全检查。

第十六条 安全生产检查由同级分管安全生产的行政负责人组织，安全生产管理部门具体组织实施。安全检查前要制定安全检查工作方案，明确安全检查的重点内容和要求。

第十七条 实行隐患登记、分级管理制度。安全检查发现的隐患应进行登记，填写《隐患登记表》，并根据检查情况下达《隐患整改通知单》。

第十八条 局属单位对本单位隐患整改负全面责任。对因故暂时不能整改的隐患，要采取防范措施，确保安全。

第四章 安全教育培训

第十九条 局属单位要开展经常性的安全教育培训，建立、健全相应的安全教育培训制度，普及安全知识，不断提高职工安全生产意识。

第二十条 局属单位分管安全生产工作负责人、安全管理人员按照国家安全生产法规规定，参加专门安全教育培训机构培训，或由局安全生产管理部门组织培训。

第二十一条 局属单位要开展经常性的职工安全教育培训。培训主要内容：

（一）国家、部、局和本单位职业安全卫生法律、法规、规章制度和技术规范、规程；

（二）本单位安全生产管理、安全技术、职业卫生知识，安全文化；

（三）有关事故案例及事故应急处理措施。

第二十二条 特殊工种作业人员安全教育培训按照国家有关规定，接受地方政府专门培训机构培训，持证上岗。

第二十三条 野外地质调查作业人员安全培训由

项目管理部门或地质调查项目组组织，每年培训不少于一次。培训内容：

（一）国家、部、局和本单位野外地质调查作业安全规定、规程；

（二）工作作业区人文、地理知识和野外生存、急救技能；

（三）有关事故案例和野外地质调查安全保障、应急处理措施。

第五章 安全生产报告与事故处理

第二十四条 局实行安全生产工作季报制度。安全生产工作季度报告于下一季度第一个月的上旬报局安全生产主管部门。

第二十五条 发生重伤、死亡事故，要根据局应急预案规定程序和要求采取措施自救，事故现场有关人员应当立即向本单位负责人报告；单位负责人接到报告后，应当于1小时内将事故发生时间、地点、经过、造成的后果、原因初步分析、已采取的措施等情况，报告局安全生产主管部门。

第二十六条 事故处理要坚持“四不放过”原则，即事故原因没有查清不放过，事故责任者没有严肃处理不放过，广大职工没有受到教育不放过，防范措施没有落实不放过。

第二十七条 因忽视安全生产、违章指挥、违章作业、违反劳动纪律，或者发现隐患、危险情况不采取有效措施、不积极处理等失职、渎职行为造成事故；或对重大事故负有领导责任；或瞒报、隐报、谎报、故意拖延不报事故和故意破坏事故现场的，按照国家有关规定，追究行政责任直至刑事责任。

第二十八条 局实行安全否决制度。发生责任伤亡事故，局一年内对事故责任单位、责任领导、责任职工的重要表彰、奖励实行安全否决。安全否决不替代事故处理和处罚。

第六章 安全生产考核

第二十九条 局实行安全生产年度考核制度。安全生产年度考核坚持实事求是的原则，以年度安全生产责任书为主要考核依据。

第三十条 安全生产年度考核由各局属单位自评、局复核考评两部分组成。

各局属单位根据局年度安全生产责任书考核评分标准进行自评后，向局提交年度自评考核报告和年度安全生产工作总结。

局复核考评主要以书面考核的方式进行。局复核考评书面材料包括：各局属单位年度安全生产自评考核报告和年度安全生产工作总结、年度内报送的安全生产工作文件（材料）和局组织的年度安全生产检查材料等。

中国地质科学院所属单位安全生产年度考核等次由中国地质科学院负责提出初步意见报局。

第三十一条 各局属单位安全生产年度考核等次由局安全生产委员会办公室提出初步意见，经局安全生产委员会会议审议同意后，报局党组会议审定。

第三十二条 安全生产年度考核事故责任认定以地方政府安全生产、交通、消防监管部门裁定的意见为准。没有责任裁定，或者需要界定考核责任的事故，由局安全生产委员会认定。下列事故列入本单位安全生产年度考核：

（一）冠以本单位名称的单位或部门发生的事故；

（二）本单位控股经营的单位发生的事故；

（三）本单位将工程（任务）发包给不具备法人资格的单位（部门或个人）发生的事故。

第三十三条 因安全生产工作受通报批评，或年度内发生非责任或非因工伤亡事故的单位，安全生产年度考核等次降低一档次评定。

第七章 奖 惩

第三十四条 安全生产年度考核奖惩，依据年度安全生产责任书规定进行奖惩。局对改善安全生产条件、防止安全生产事故、参加抢险救护等方面取得显著成绩的单位和个人，给予奖励。

第三十五条 安全生产年度考核为优秀的单位，给予单位安全生产第一责任人、分管安全生产工作负责人和安全生产管理部门负责人（专职安全生产管理人员）适当奖励。

在一个安全生产责任书考核期内（两年），连续两个年度考核为“优秀”的单位，授予“安全生产先进单位”称号，并当年按照“优秀”单位奖励标准的150%给予奖励。

年度考核为“合格”的单位，按照“优秀”单位奖励标准的70%，给予单位安全生产第一责任人、分管安全生产工作负责人和安全生产管理部门负责人（专职安全生产管理人员）奖励。其中，发生非责任重伤、死亡事故或重大经济损失事故的，不给予奖励。

安全生产年度考核为“不合格”的单位，给予单位通报，或安全生产第一责任人、分管安全生产工作负责人和安全生产管理部门负责人（专职安全生产管理人员）通报批评，取消单位和相关责任人年度评优、评先资格。

第三十六条 局属单位负责其所属单位（部门）、职工的安全生产奖惩。

第八章　附　则

第三十七条　中国地质科学院所属单位安全生产管理由中国地质科学院负责。

第三十八条　本规定由中国地质调查局负责解释。

第三十九条　本规定自印发之日起实行。2003年11月12日局印发的《中国地质调查局安全生产管理规定》（中地调发〔2003〕157号）和2006年12月28日局印发的《中国地质调查局安全生产责任制考核暂行办法》（中地调发〔2006〕283号）同时废止。

中国地质调查局关于依托项目及重点实验室培养人才暂行办法

（中地调发〔2010〕276号　2010年12月28日）

第一章　总　则

第一条　为加强中国地质调查局人才队伍建设，建立以地质调查、科研项目和重点实验室为依托的人才培养机制，根据《中国地质调查局人才队伍建设规划》、《中共中国地质调查局党组关于进一步加强人才工作的意见》（中地调党发〔2010〕38号），制定本办法。

第二条　本办法旨在依托地质调查、科研项目和重点实验室，培养一支人员精干、结构合理、创新能力强、全面支撑地质调查事业发展需要的高素质人才队伍。

第三条　本办法项目是指地质调查项目和科研项目。

地质调查项目是指列入国土资源部计划由中国地质调查局组织实施的地质调查计划项目和工作项目。

科研项目是指国家高技术研究发展计划（“863”计划）、国家重点基础研究发展计划（“973”计划）、国家科技支撑计划、国家自然科学基金、部门公益类行业专项等国家专项。

重点实验室是指国家、国土资源部和中国地质科学院重点实验室（含科学实验基地）。

第四条　依托地质调查、科研项目和重点实验室培养人才应坚持以下原则：

（一）统筹规划、分级管理、各负其责；

（二）明确方向、持续支持、突出重点；

（三）竞争择优、岗位锻炼、实践成才。

第二章　培养对象

第五条　培养对象以中国地质调查局专业技术人员为基础，培养能够支撑地质调查事业发展需要的专业技术人才，重点培养一批领军人才、学科带头人、专业技术骨干和创新型地质调查、科研团队。

第六条　培养对象应符合以下基本条件：热爱祖国，热爱地质事业。爱岗敬业，遵纪守法，务实肯干，具有较强的事业心、责任感和团队意识。

第七条　领军人才培养对象资格条件：具有较强的地质调查、科研和组织管理能力，能够带领一个研究方向明确相对稳定的团队，多次主持过地质调查项目或科研项目，获得过省部级二等奖以上奖励；或曾主持过国家级重大（或重点）项目。年龄一般50岁以下。

第八条　学科带头人培养对象资格条件：具有较强的地质调查、科研和一定的组织管理能力，承担过两个以上地质调查项目或科研项目，为项目负责人或主要承担者。年龄一般40岁以下。

第九条　专业技术骨干培养对象资格条件：作为主要承担者参加过一个以上地质调查项目或科研项目。年龄一般35岁以下。

第十条　创新型地质调查、科研团队培养对象的资格条件：由领军人才或学科带头人担任负责人，以中青年专业技术人员为主体（40岁以下的不少于60%），专业结构合理、专业特色突出，具有较强的创新意识和创新能力。团队人数5人以上。

第三章　培养措施

第十一条　人才培养工作贯穿于地质调查、科研项目实施和重点实验室建设全过程，局及局属各单位在项目立项、实施和实验室建设计划、实施方案中应包含人才培养计划，明确人才培养对象和培养目标，并持续给予稳定支持，促进人才成长。

第十二条　局属各单位应优先安排领军人才培养对象担任地质调查计划项目或重点工作项目负责人；

优先安排学科带头人培养对象担任地质调查计划项目的副负责人或重点工作项目负责人；

优先安排专业技术骨干培养对象担任地质调查工作项目的副负责人；

优先安排创新型团队培养对象承担地质调查计划

项目或重点工作项目。

第十三条 局在组织实施的地质调查项目中设立专项青年人才培养项目（经费不低于地质调查项目总经费1%），纳入相应的地质调查计划项目，支持交叉学科、边缘学科或重点学科方向的探索性预研究，促进青年人才成长。

第十四条 局鼓励、支持培养对象申请国家专项以及重大科研项目，并按地质调查项目管理办法有关规定给予优先支持。

对成绩显著的培养对象，在项目安排上，给予持续、稳定的支持；对做出重大贡献的给予表彰和奖励。

第十五条 优先安排培养对象参加国际合作研究、学术交流活动及短期培训、进修。领军人才、学科带头人培养对象每3年不少于两次。

第十六条 局在技术装备和项目安排上，优先支持重点实验室建设。重点实验室优先安排培养对象承担开放课题，有计划安排培养对象进入重点实验室开展学术研究，提高创新能力和理论水平。

第四章 组织管理

第十七条 局负责人才培养工作的统筹规划，做好组织、协调、监督和检查工作，加强人才培养的跟踪与服务。

第十八条 局属各单位按照业务定位、专业特色和发展方向，制定本单位人才培养工作计划，确定培养对象，做好人才培养和团队建设日常管理工作。

第十九条 建立公开、平等、竞争、择优的人才培养机制，对领军人才、学科带头人、专业技术骨干、创新型团队培养对象进行定期考核评估和淘汰。

局负责领军人才和学科带头人培养对象的考核评估。

局属各单位负责本单位的专业技术骨干和创新型团队培养对象的考核评估。

第二十条 依托项目及重点实验室培养人才工作纳入局机关相关部室和局属各单位领导班子年度考核述职内容，接受职工群众监督和评议。

第五章 附 则

第二十一条 本办法由中国地质调查局负责解释。

第二十二条 本办法自印发之日起实施。

中国地质调查局关于加强依托高等院校培养人才的意见

（中地调发〔2010〕277号 2010年12月28日）

局属各单位、局机关各部室：

为贯彻落实《国家中长期人才发展规划纲要（2010～2020年）》和《中国地质调查局人才队伍建设规划》、《中共中国地质调查局党组关于进一步加强人才工作的意见》（中地调党发〔2010〕38号），创新人才培养开发机制，加快推进中国地质调查局人才队伍建设，现就加强依托高等院校培养人才工作提出以下意见：

一、加快实施人才强局战略，把依托高等院校培养人才工作作为加强人才队伍建设的一项重要措施来抓

（一）充分认识依托高等院校培养人才的重要性。我国经济社会的可持续发展和工业化、城镇化进程的加快对地质工作提出了新的要求。高等院校是培养地质调查人才的摇篮，是培养地质科技创新人才的重要基地。依托高等院校培养人才，是加快人才队伍知识更新、素质提高、能力拓展、结构调整的有效途径，是实施人才强局战略、促进地质调查事业科学发展的重要措施。近年来，局属各单位依托高等院校共建人才培养基地，采取订单式、双导师制等多种形式联合培养人才，取得了良好成效。但在合作培养过程中还存在着渠道不够宽、管理不完善、机制不健全、发展不平衡等问题。局属各单位要进一步树立科学的人才观，充分认识依托高等院校培养人才工作的重要性，进一步加强领导，规范管理，健全机制，加快推进依托高等院校培养人才工作。

（二）依托高等院校培养人才工作的指导思想。以邓小平理论和“三个代表”重要思想为指导，全面贯彻落实科学发展观，大力实施人才强局战略。坚持优势互补、互利互惠、共谋发展的原则，充分依托高等院校师资力量、学科专业、教学组织、场地设施等优势，进一步搭建局校合作平台，拓宽人才培养渠道，规范人才教育培训管理，创新人才培养开发机制，培养和造就素质高、业务精、能力强的复合型、领军型地质调查人才，为地质调查事业科学发展提供智力支持和人才保障。

二、加强共建研究生培养基地建设，建实建强依托高等院校培养人才合作平台

（三）科学谋划专业和学科。根据中国地质调查局业务中长期发展规划和各单位业务发展方向、专业优势及人才需求，加强与地质高等院校的合作，共建研究生培养基地。科学谋划基地专业和学科建设，研究高层次人才培养标准和要求，合理设置培养课程，突出地质新理论、新技术和新方法的培养，为局业务发展和学科建设提供有效支撑。

（四）强化导师合作交流。坚持研究生培养基地“双导师”制度。进入基地的研究生，选配学术水平较高、年富力强的技术骨干作为科研实践导师。加强与高等院校协商，积极支持局属单位高级专业技术人员进入高等院校担任研究生导师。聘请高等院校教师到局属单位开展科学研究、项目合作，促进人才合作交流。

（五）共建博士后科研工作站。支持局属单位建立博士后科研工作站，依托高校联合招收博士后；鼓励暂未设站的单位与高校共建博士后科研基地。建立多元化的博士后培养投入渠道和培养方式，坚持培养与使用相结合，岗位支持与项目支持相结合，加快培养高层次人才。扩大国际交流途径和合作渠道，吸引海外留学博士和优秀外籍博士进站工作。

（六）建立人才培养工作基地。建立有研究生培养基地的局属单位要加强实训基地建设，充分利用地质调查、科研项目和重点实验室，加强研究生地质调查和科研实践能力的培养，同时通过实训基地和基地研究生培养带动人才队伍能力建设。

三、加强与高等院校的教育培训合作，进一步提升人才队伍整体素质

（七）建立人才再教育培训基地。利用高等院校师资力量、学科专业、教学组织、场地设施等优势，建立局人才教育培养基地，开展人才在职培训、继续教育，努力拓宽人才教育培训渠道。

（八）加强人才学历学位教育。根据需求有计划选派中青年人才到高等院校进行学历学位教育，重点加强地学类专业骨干人才的培养，大力培养一批创新型人才和复合型人才。

（九）委托开展短期培训。委托高等院校举办专业技术人员、技术骨干、项目负责人等业务培训班，更新人才知识，拓展人才视野，提高人才理论水平和运用新技术、新方法的能力。

四、充分发挥中国地质科学院研究生部、博士后科研流动站作用，加强人才队伍创新能力建设

（十）加强人才创新能力培养。加大对研究生部、博士后科研流动站的投入和建设，争取国家有关部门在办学政策、招生规模、经费投入等方面给予支持，把研究生部、博士后科研流动站建设成局创新型人才培养重要基地。

（十一）发挥优势学科、专业的引导作用。要围绕全局学科、专业建设需要，统筹规划，加强研究生部、博士后科研流动站的优势学科和专业建设。合理布局导师队伍，引导和带动局属各单位加强学科和业务建设。

（十二）加强高层次人才学术交流和研修。充分利用院士、专家在学术理论、技术能力方面的优势，搭建平台，举办高层次学术交流和研修，促进科研与调查结合，提升人才队伍整体科研创新能力。

五、进一步拓宽渠道，多种合作形式培养人才

（十三）依托项目合作培养人才。充分利用局及局属各单位与高等院校合作承担的国家重大项目平台，发挥各自优势，加强产学研结合，促进人才在共同合作中提高素质和科研能力。

（十四）依托国际地学机构培养人才。积极拓宽与国外地学机构的合作渠道，建立高层次人才定期互访和学术交流、业务培训制度，定期邀请国际知名专家来局开展学术讲座，选派重点技术骨干和高级专家参加国际地学学术交流活动，积极推荐我局高级专家担任国际地学组织机构成员，为高层次人才成长搭建良好的国际合作和技术交流平台。

六、加强组织领导，进一步完善依托高等院校培养人才合作机制

（十五）加强组织领导。局加强对局属各单位依托高等院校培养人才工作的组织协调与领导。局属各单位要高度重视，加强与各协作方的联系沟通，认真组织协调，努力推进依托高等院校培养人才工作。

（十六）健全完善合作机制。局机关相关职能部室和业务部室要加强与高等院校的联系沟通，加强合作，建立协调机制。局定期召开局校合作培养人才联席会议，沟通情况、探讨合作、交流经验，研究解决合作培养人才工作过程中的相关问题。局属各单位要加强与高等院校的联系，进一步拓宽合作渠道、创新合作机制、营造良好氛围，努力建设和完善依托高等院校培养人才的平台，健全完善人才培养机制，为建立世界一流地质调查机构提供坚强的人才保证和智力支持。

中国地质调查局百名青年地质英才培养计划实施办法

（中地调发〔2010〕278号 2010年12月28日）

第一章 总 则

第一条 为落实人才强局战略，加大青年人才培养力度，充分调动和激发青年人才的积极性、主动性、创造性，促进青年人才加快成长，根据《中共中国地质调查局党组关于进一步加强人才工作的意见》（中地调党发〔2010〕38号）和《中国地质调查局关于依托项目及重点实验室培养人才暂行办法》（中地调发〔2010〕277号），制定本办法。

第二条 中国地质调查局百名青年地质英才培养计划（以下简称青年地质英才计划），是指局每年选拔一批优秀青年人才，资助其在地质重点学科和领域自主选择方向开展创新性地质调查基础、应用研究。

第三条 青年地质英才计划每年选拔资助30名左右优秀青年地质人才，通过持续支持培养，力争到2020年培养数百名在地质调查领域有重大建树的青年地质人才，培养近百名中青年地质调查学科带头人。

第二章 范围条件

第四条 申请范围：局属单位35周岁以下从事地质工作的正式在册职工（含在站博士后）。

第五条 申请者应具备以下基本条件：

（一）热爱祖国，热爱地质事业，有强烈的事业心和奉献精神；

（二）德才兼备，有一定的组织协调能力，具备良好的学术道德和学风，具有较强的创新意识和团队精神；

（三）具有扎实的专业知识，有明确的发展目标和研究方向，了解国内外本学科、领域的发展趋势，对从事的学科、领域发展有预见性；

（四）作为业务骨干参与过两个以上地质项目；或在国内外核心期刊发表2篇以上论文（第一作者）；或在地质调查、科技开发、科技成果转化等方面取得一定成绩；

（五）熟练掌握一门外语，一般应具有硕士学位或中级以上专业技术职务。

第三章 申报程序

第六条 青年地质英才计划按照公正、公平、竞争、择优的原则进行。申报程序为：个人申请、单位推荐、专家评选、局党组审定。

第七条 青年地质英才计划原则上每年评选一次，实行限额申报，每个单位每年推荐一般不超过2人。

第八条 局根据地质调查工作战略部署和人才培养规划，制定并发布年度青年地质英才计划资助项目指南。

第九条 申请人应当按照年度资助项目指南，填写《中国地质调查局百名青年地质英才培养计划申请表》，并提交相关附件材料。

第十条 申请人所在单位应当认真审核申请人的申请材料，提出推荐意见后报局。

第十一条 申请材料由局初步审查通过后，提交局青年地质英才计划专家评审委员会评审。

有下列情形之一的，不受理申请：

（一）申请人不符合本办法规定的；

（二）申请材料不符合年度资助项目指南的；

（三）申请材料不全或有弄虚作假等情形的。

第十二条 局青年地质英才计划专家评审委员会由相关专业领域专家组成。申请人应到会答辩，获专家评审委员会半数以上赞成票的方可成为资助建议人选。

第十三条 资助建议人选及申请材料经公示无异议后，由局党组审定并公布入选青年地质英才计划人员名单。

第四章 培养支持

第十四条 青年地质英才计划每年资助每名计划入选者项目经费不低于50万元，资助期一般为3年。资助经费主要用于：

（一）开展其选定的重点研究方向研究工作，包括基础研究、应用研究或交叉学科、边缘学科创新性研究；

（二）收集文献资料、发表学术论文、出版学术专著、申请知识产权等；

（三）参加国内外学术交流、学习进修、培训等活动；

（四）与研究方向相关的研究活动。

第十五条 局优先支持青年地质英才计划入选者参加其研究领域的国内外高层次学术交流会议或论坛。选派优秀青年英才计划入选者赴国外进行为期

3～6 个月的短期进修或访问。

第十六条 局定期举办青年地质英才新技术、新方法、新理论专题培训班或学术论坛。

第十七条 青年地质英才计划入选者所在单位应加大对入选者的培养支持力度，优先安排入选者担任重大项目副负责人，为其提供更广阔的实践锻炼平台或机会。

第十八条 对资助期满考核评估特别优秀的青年地质英才计划入选者（不超过 35%），局将授予其“中国地质调查局青年地质英才”称号，并给予两年的项目后续支持，在后续支持期间其岗位可不受本单位岗位设置指标限制高聘一级。

第十九条 局优先推荐获得“中国地质调查局青年地质英才”称号的青年参加国土资源部或国家人才计划选拔。

第五章 组织管理

第二十条 局成立青年地质英才计划领导小组，负责对青年地质英才计划相关事宜的决策和指导。领导小组由分管局领导以及人事教育部、总工程师室、财务部、基础调查部、资源评价部、水文地质环境地质部、科技外事部、直属机关党委等部门领导组成。领导小组下设青年地质英才计划办公室，负责青年地质英才计划的日常管理和服务工作。青年地质英才计划办公室设在人事教育部。

第二十一条 青年地质英才计划资助项目由局相关业务部室统筹部署研究确定，纳入年度地质调查项目统一部署计划，并按照局地质调查项目管理办法进行管理。

第二十二条 青年地质英才计划入选者赴国外短期进修或访问计划由科技外事部负责制定，纳入局年度外事计划统一安排，并按照局外事管理办法进行管理。

第二十三条 青年地质英才计划资助项目经费按照本办法和地质调查项目经费管理办法、本单位财务管理规定进行管理。

第二十四条 青年地质英才计划入选者发表、出版与青年地质英才计划资助项目有关的论文、著作、研究报告、研究成果和应用成果等，须标注：“中国地质调查局百名青年地质英才培养计划资助”字样。

第二十五条 青年地质英才计划实行动态跟踪管理。青年地质英才计划办公室应及时了解入选者项目进展、科技创新、培训学习、学术交流、发表文章、成果业绩等情况。

第二十六条 青年地质英才计划入选者由所在单位负责进行年度考核，并于每年 1 月 30 日前向局青年英才计划办公室提交《中国地质调查局百名青年地质英才培养计划年度考核表》。年度考核结果作为资助期满考核评估依据。

第二十七条 资助期满，青年地质英才计划入选者填写《中国地质调查局百名青年地质英才培养计划考核评估表》，局组织对入选者进行全面考核评估。评估内容包括：项目主要成果、重大创新和突破、理论意义和实际应用突破；发表论文情况、获奖情况、经费使用等情况。

第二十八条 青年地质英才计划入选者如有违反国家法律法规或弄虚作假，经核实后取消其入选资格并停止资助，并追究其相应责任。

第二十九条 青年地质英才计划入选者所在单位应及时了解入选者的思想状况、工作情况和发展需求，及时解决他们在工作、学习和生活方面的困难。

第三十条 局加强对青年地质英才计划入选者先进事迹和工作业绩的宣传报道，树立先进典型。

第六章 附 则

第三十一条 本办法自印发之日起施行。

中国地质调查局机关党支部考核办法

（中地调机党发〔2010〕5 号 2010 年 4 月 19 日）

为切实加强中国地质调查局（以下简称“局”）机关党组织建设，实现局机关党支部建设目标化管理，充分发挥机关党支部的战斗堡垒作用和党员的先锋模范作用，进一步增强基层党支部的创造力、凝聚力和战斗力，根据《中国共产党章程》和有关工作条例，结合局机关党支部建设的实际，特制定本办法。

一、考核内容

（ ）党支部作用的发挥。

1. 认真宣传和执行党的路线、方针、政策和上级党组织的决议；认真传达部、局党组的工作部署，年初有工作计划，年末有工作总结，工作计划和工作总结及时向支部大会报告，接受党员监督。

2. 支部围绕局的中心工作，根据各自特点创造性地开展工作，活动方式、内容有创新，有实效性，有吸引力。原则上，各支部每年至少开展一项主题活动。支部各项活动要有记录，包括出席人数、活动内容、发言情况等。

（二）对党员的教育、管理和监督。

1. 经常研究、分析党员的思想状况，有针对性地制定并实施党员教育计划。

2. 严格管理党员，教育党员遵纪守法，在重大事件、重要工作中对党员有明确具体的要求，党员能够在各项工作中发挥先锋模范作用，带头并做好群众工作。

3. 遵纪守法，按时收缴党费。

（三）坚持党内各项制度。

4. 坚持理论学习制度。及时制订理论学习计划，保证学习时间，完成学习任务，自主安排专题学习，及时上报学习情况。积极参加局组织的活动，平均出席率70%以上。

5. 坚持组织生活会制度。按规定程序和要求及时召开组织生活会，尊重党员民主权利。民主生活会每年不少于1次，认真开展批评和自我批评。做好党员民主评议工作，联系实际整改见实效。

6. 坚持“三会一课”制度。全年坚持召开支部党员大会、支部委员会、党小组会议，党课制度落实好。

（四）做好发展党员工作。

7. 每年度有培养教育和发展党员计划，有落实措施。

8. 重视对入党积极分子的培养、教育和考察，落实联系人制度，每半年对入党积极分子进行一次考察，并有考察记录。

9. 严格发展党员程序，确保新党员质量。做好预备党员的教育、考察及转正工作。

（五）加强思想政治工作。

1. 根据支部党员、职工的思想状况，开展思想恳谈活动，分析干部职工思想状况，针对苗头性问题及时进行提醒谈话。

2. 关心群众，及时反映党员、职工的意见和建议，帮助解决实际困难，及时化解矛盾，党群关系密切。

（六）党风廉政建设工作。

建立党支部党风廉政建设责任目标，支部每年对党员进行1～2次党风党纪教育，进行1次廉洁自律检查，自觉执行中纪委有关党风廉政建设和反腐败的有关规定。

（七）精神文明建设工作。

1. 重视精神文明建设和工会工作，认真开展、积极参加精神文明创建活动，在本支部营造团结、进取、敬业、奉献的和谐氛围，推动单位作风建设和文化建设。

2. 积极为局机关开展活动创造条件。

二、考核的组织领导

（八）成立局机关党支部考核领导小组，局直属机关党委书记任组长，局直属机关党委常务副书记任副组长，局直属机关党委常委为成员。领导小组下设办公室，负责组织协调、日常管理和具体的考核评比等工作。办公室由局直属机关党委组宣处人员和人教部、监审室、办公室各一人组成，组宣处处长负责。领导小组办公室年底考核时组织测评组开展工作。局机关各党支部具体负责组织支部自评工作和相关材料准备工作。

（九）党支部考核工作与年终干部考评、党风廉政建设责任制考核同步进行。考核结果作为评定各党支部考评档次的重要依据。

三、考核的步骤和办法

（十）局机关党支部考核由支部自评、支部互评、领导小组办公室测评3部分构成，权重分别为3:5:2。

1. 支部自评。每年一次，与局年度考核工作同步进行，党支部书记在年终班子业务述职的同时，总结报告党支部工作。全体党员听取党支部书记支部工作报告后，根据考核内容和评分标准，对党支部当年工作进行客观和实事求是评议并打分。局机关各党支部应及时将党支部工作书面总结、党支部工作记录等材料报局党支部考核领导小组办公室。

2. 支部互评。每年一次，局党支部考核领导小组召开局机关支部书记和支委会议，对各个支部相关情况进行公布，由各部（室）党支部书记总结汇报本支部一年的工作，以支部为单元、按照党支部评议内容和标准，进行评议和相互打分。

3. 考核领导小组办公室测评。每年一次，局党支部考核领导小组办公室按照机关党支部评分标准，对机关党支部工作进行检查，查阅党支部活动记录和相关资料，查阅人事部门对相关部室领导班子及成员的年度考核情况，根据平时活动记录，征求纪检监察、审计等部门的意见，对各党支部工作进行评议并评分。

4. 综合评定。每年一次，局党支部考核领导小组办公室根据支部自评、支部互评、党委测评结果，按照权重计算综合得分，提出考核意见，提交局党支部考核领导小组讨论确定考核等级。原则上优秀比例不超过支部总数的35%。

（十一）考核采用定量和定性相结合的办法，全面评价党支部工作。分为优秀、合格、基本合格、不合格4个档次。考核满分为100分。90分以上为优秀，75~89分为合格，60~74分为基本合格，59分以下为不合格。

四、其他

（十二）通报结果。局直属机关党委每年对局机关党支部考核结果进行通报。连续两年考核结果为优秀的党支部可评为局机关先进党支部，同时作为向上级单位推荐先进党支部的候选支部。对不合格党支部，要采取切实可行的有力措施进行整改，促使其尽快改变工作面貌。对于连续两次被评为不合格或基本合格的党支部，将对支部委员会进行改选。

（十三）有下列情况之一的机关党支部，不得评为局机关优秀党支部：

1. 党支部有党员受到党纪、政纪处分或治安、刑事处罚的。

2. 党支部班子不健全、支部书记空缺1年以上的。

3. 财经审计、安全稳定、综合治理、计划生育、保密等发生严重问题的。

（十四）中国地质调查局在京直属单位党委对所属党支部的考核工作，参照本办法执行。

（十五）本办法由局直属机关党委负责解释。

（十六）本办法自印发之日起执行。

附表：中国地质调查局机关党支部考核评分表

中国地质调查局机关党支部考核评分表

项目及分值	序号	考核标准	分值	得分
党支部作用的发挥（20分）	1	宣传党的路线、方针、政策；传达执行部、局党组的工作部署；支部工作有计划、有总结	10	
	2	支部工作能够围绕局中心工作创造性地开展工作，方式方法有创新，有实效，有吸引力；支部活动有记录	10	
党员的教育管理和监督（15分）	3	有针对性地制定并实施党员的教育计划；党员每半年向党组织汇报一次思想和工作情况	5	
	4	严格管理党员，教育党员遵纪守法，在各项工作中发挥先锋模范作用，党员能够带头并做好群众工作	5	
	5	遵纪守法，按时缴纳党费	5	
坚持党内各项制度（15分）	6	坚持理论学习制度。及时制订理论学习计划，保证学习时间，完成学习任务，自主安排专题学习，及时上报学习情况。积极参加局组织的活动，平均出席率80%以上	5	
	7	坚持组织生活会制度。按规定程序和要求及时召开组织生活会，尊重党员民主权利，民主生活会每年不少于一次，认真开展批评和自我批评。做好党员民主评议工作，联系实际整改见实效。	5	
	8	坚持“三会一课”制度。全年坚持召开支部党员大会、支部委员会、党小组会议，党课制度落实好	5	
做好发展党员工作（15分）	9	每年度有培养教育和发展党员计划，有落实措施	5	
	10	重视对入党积极分子的培养、教育和考察，落实联系人制度，每半年对入党积极分子进行一次考察，并有考察记录	5	
	11	严格发展党员程序，确保新党员质量。做好预备党员的教育、考察及转正工作	5	
加强思想政治工作（10分）	12	根据支部党员、职工的思想状况，及时开展思想恳谈活动，针对苗头性问题及时进行提醒谈话。每年分析干部职工思想状况	5	
	13	关心群众，及时反映党员、职工的意见和建议，帮助解决实际困难，及时化解矛盾，党群关系密切	5	
党风廉政建设工作（10分）	14	建立党支部党风廉政建设责任目标，支部每年对党员进行1～2次党风党纪教育，进行一次廉洁自律检查，自觉执行中纪委有关党风廉政建设和反腐败的有关规定	10	
精神文明建设工作（15分）	15	重视精神文明建设和工会工作，认真开展、积极参加精神文明创建活动，在本支部营造团结、进取、敬业、奉献的和谐氛围，推动单位作风建设和文化建设	10	
	16	积极为局机关开展活动创造条件	5	
总得分				

（汪汶燕）

地质调查进展与成果

地质调查项目实施概况

中国地质调查局总工程师室

2010 年，开展地质调查项目共 2468 个，其中新开项目 846 个，续作项目 792 个，结转项目 830 个。

项目经费总额 634 172 万元，其中：2010 年地质调查项目预算 546 408 万元，比 2009 年增加 351 620 万元，增长 181%，2009 年项目结余资金 87 764 万元。

完成地质调查项目费用 437 386 万元，为计划的 69%，预算执行率比 2009 年提高 2 个百分点。完成经费比 2009 年增加 222 957 万元，增长 51%。

一、取得的主要地质调查成果

（一）新发现矿产地和物化探异常情况。

新发现矿产地 50 处，比 2009 年增加 22 个，按矿种分：煤矿 3 处，铀矿 1 处，铁矿 3 处，锰矿 1 处，铜矿 6 处，锌矿 1 处，铝土矿 7 处，钨矿 11 处，锡矿 2 处，钼矿 2 处，铅锌矿 11 处，银矿 1 处，石墨矿 1 处。

新进展矿产地 10 处，提交可供普查矿产地 43 处。提交可供详查矿产地 6 处。

新发现物化探异常 5699 处，检查物化探异常 1779 处，验证物化探异常 683 处，查证物化探异常 112 处，见矿物化探异常 326 处。

（二）查明矿产资源量情况。

有铜、铅、锌、铝土矿、镍、钨、锡、钼、金、铅锌矿等 10 种矿产提交了资源量（$333+334_1$），其中：铜 26.99 万吨、铅 0.98 万吨、锌 15.86 万吨、铝土矿 3693 万吨、镍 3.66 万吨、钨（三氧化钨）43.36 万吨、锡 21.17 万吨、钼 15.28 万吨、铅锌 236.16 万吨、金 5.13 吨。

（三）提交地质调查报告情况。

2010 年提交地质调查报告审定稿 88 份。其中：矿产资源调查评价 30 份，海洋地质调查 1 份，水文、工程、环境地质调查 9 份，区域地质调查 14 份，地球物理地球化学调查 8 份，地质灾害预警工程 6 份，数字国土工程 2 份，国土资源科学研究 10 份，技术发展工程 4 份，其他 4 份。

提交正式报告 161 份。其中：矿产资源调查评价 58 份，水文、工程、环境地质调查 15 份，区域地质调查 15 份，地球物理地球化学调查 9 份，遥感 3 份，地质灾害预警工程 14 份，数字国土工程 6 份，国土资源科学研究 15 份，技术发展工程 19 份，其他 7 份。

（四）地质灾害调查情况。

县（市）地质灾害调查共建立群策群防点 4022 处，专业监测点 586 处，应急处置点 372 处；查处危险点：崩塌 1801 个，滑坡 3981 个，泥石流 1495 处，地面塌陷 353 个，地裂缝 321 条；受威胁人口 21.61 万人，受威胁财产 35.38 亿元；避免直接经济损失 0.89 亿元，避免人口伤亡 1716 人。

二、主要实物工作量完成情况

包括以往年度未完结转和 2010 年计划安排的主要实物工作量完成情况：

——1∶5 万区调 99 264 km^2，为计划的 97.5%。

——1∶25 万区调修测 394 052 km^2，为计划的 102%。

——1∶5 万矿产调查 63 659 km^2，为计划的 101%。

——1∶20 万区重 385 035 km^2，为计划的 109%。

——1∶5 万区域水文 54 922 km^2，为计划的 120%。

——1∶10 万区域水文 54 100 km^2，为计划的 100%。

——1∶20 万区化 365 087 km^2，为计划的 95%。

——1∶5 万区化 123 650 km^2，为计划的 108%。

——1∶5 万航空遥感 178 848 km^2，为计划的 100%。

——1∶5 万航空物探 655 758 测线千米，为计划的 102%。

——机械岩心钻探 328 134 m，为计划的 79%。

三、承担地质调查项目工作单位及人员情况

2010 年承担地质调查项目的工作单位 187 个，比 2009 年增加 61 个，其中：地调局及局属单位 28

个，地方公益性地调单位56个（省级地调院31个，省级环境监测站25个），各省（区、市）国土厅、地勘局及下属单位46个，中央管理的地勘单位8个，属地化的工业地勘单位24个，院校14个，部直属单位6个，其他单位5个。

2010年承担地质调查项目的期末投入地质调查工作人数34 206人，比2009年增加15 176人，其中：地调局及局属单位9084人，公益性地方地调队伍14 456人（省级地调院12 972人，省级环境监测站1484人），属地化的工业地勘单位1348人，各省（区、市）国土厅、地勘局及下属单位3957人，中央管理的地勘单位1993人，院校2836人，其他单位532人。

（高延光　张　敏）

基础地质调查

中国地质调查局基础调查部

一、区域地质调查

2010年完成1:5万区域地质调查94 228 km^2，全国累计完成220万km^2，占陆域国土面积23%。完成1:25万区域地质调查384 200 km^2，全国累计527万km^2（实测161万km^2，修测366万km^2），占陆域国土面积55%。全面完成了全年工作量，提交了一批高质量的图件和数据。青藏高原基础地质调查成果集成和综合研究、六大区基础地质综合研究、全国和省级地质志修编、全国重要地质遗迹调查进展顺利。取得以下主要成果：

（一）区域地质调查发现矿（化）点、矿化线索320余处，圈定出一批新的找矿靶区，为下一步资源勘查、实现找矿突破提供了重要的支撑。

1. 大兴安岭成矿带：发现金、银、铅、锌、铜钼、铁等多金属矿化点130余处，发现含油页岩层位。如：内蒙古1:5万乌日尼图幅区调发现铁、铜、铅、锌、钨、钼等矿（化）点26处，划分出8个成矿远景区。内蒙古1:5万南木等4幅区调发现根头河铅银多金属矿化点、柴河铜铅银多金属矿化点、百里河黄铁绢英岩化蚀变带和固里河东南部黄铁青磐岩化带。内蒙古1:5万敖包查干等4幅区调发现敖包查干钨钼金银多金属、宾巴勒查干钨钼铅锌、沙巴尔台高勒铅锌银等9个可进一步工作的矿化（带）点，划分出找矿预测区8个。黑龙江1:5万嫩北农场等4幅区调发现三合屯金矿化点、2处金矿化信息地，6处硅化、黄铁矿蚀变信息地和1处1:2万土壤金异常。

2. 冈底斯成矿带：发现矿（化）点48处，其中铜矿（化）点21处。如：西藏1:5万拉果错幅区调在蛇绿岩带内发现铬铁矿、磁铁矿、铜矿矿化带等矿化线索16处，在则弄群火山岩中发现2处磁铁矿化线索。西藏1:5万谢通门幅区调发现铜矿点1处，铜矿化点2处，磁铁矿点2处，磁铁矿化点1处。西藏1:5万塔惹错幅区调发现铁、铜矿（化）各3处，查清了含矿层位，显示有良好的找矿潜力。

3. 西昆仑－阿尔金成矿带：发现铜、金、铁、铅锌等矿化点和矿化线索41处。如：新疆1:5万苏巴什等5幅区调发现磁铁矿点2处、菱铁矿点1处。新疆1:5万昆盖山等5幅区调发现铁、锰、铜、金等矿（化）点8处。

在阿尔泰、天山、柴达木周缘、班公湖－怒江、西南三江等重要成矿带均发现了一批矿化点和矿化线索。阿尔泰成矿带发现铜、铁、金矿化点和矿化线索13处，其中1:5万老裕民、塔斯堤幅区调在统巴尔鲁克组绿灰色细砂岩中发现具有良好前景的沉积变质型磁铁矿。天山成矿带发现铜、铁、铅锌矿化点和矿化线索16处，其中新疆1:5万撒尔塔拉等6幅区调发现5处铜矿化点和1处铅锌矿化点。柴达木周缘及邻区成矿带发现铜、金、铁化点和矿化线索17处，其中青海1:5万木里等6幅区调发现石英脉黑钨矿化点1处、沉积型铜矿化线索4处。班公湖－怒江发现铜、铁、金、银等矿化点14处，其中西藏1:5万弗野幅区调发现3处铜多金属矿化点、1处磁铁矿点和一套厚约100 m似层状赤铁矿层。西南三江成矿带发现铜、金、铅锌等矿化点14处，其中云南1:5万九农等4幅区调发现铜矿化点4处、铜铅矿点1处。

（二）地层：发现大量有价值的化石，填绘出许多新地质体，发现一批重要地质界面，修订、完善了区域地层层序。

新疆1:5万散尔塔格等6幅区调在上石炭统喀拉治尔加组中采集到腕足、珊瑚类、海百合及植物化石，其中拟鳞木化石是区内首次发现，为地层时代的划分提供了新的生物年代学的有力证据。西藏1:5万谢通门区调在原1∶25万区调所划分的桑日群旦师庭组粉砂岩中首次发现白垩纪水杉植物化石，据此厘定出秋乌组。宁夏1∶5万白疙瘩、白墩子等4幅区调在吴家庙洼以北原划奥陶系中发现了植物化石，将含化石地层修订为三叠纪西大沟组；在尖山子上泥盆统沙流水组中采获了鱼化石，填补了该地区晚泥盆世地层无时代依据的空白。

西藏1∶5万弗野幅区调首次发现上三叠统日干配错群与龙格组或更老地层呈角度不整合接触。新疆1∶25万捷尔任斯克、托里县幅区调修测在禾角克一带确认中泥盆统库鲁木迪组与中-上志留统玛依勒山岩群之间的角度不整合关系，确认了西准噶尔地区存在早古生代加里东造山运动。云南1∶5万大寨等5幅区调在上平寨地区发现一套大型古侵蚀面，缺失众多古生代及部分中生代地层，表明新元古代以后该地区曾经有过较长时间的暴露和沉积间断。

内蒙古1∶5万1314.4高地等4幅区调在白音高老组之下发现了并划分出上侏罗统土城子组红层，确认大兴安岭中部地区存在土城子期干旱环境沉积地层，对于研究大兴安岭地质发展史具有重要意义。云南1∶5万师宗县等4幅区调在南盘江边首次发现一套深水相硅质岩，并采集了放射虫、牙形石等化石，其上覆岩层为一套浊积岩，可见到完整的鲍马序列。西藏1∶5万亚莫幅区调将雅鲁藏布江结合带的“浪错岩块”厘定为中二叠世姜叶玛组，对区域地层格架及雅鲁藏布江结合带形成演化研究具有重要意义。云南1∶5万大寨等5幅区调新发现原屏边群之下一套厚100余米铁锰质浅变质细碎岩系与锰质碳酸盐岩组合，大致可与湘西、黔东地区扬子地台东南缘南华系大塘坡组含锰层位对比，对哑地层“屏边群”的分解和时代的确定有重要意义。

（三）*岩石：获得了一批重要的同位素年龄数据，发现许多具有重要价值的岩石，对大型岩体进行了解体，为岩浆-构造演化、区域地层对比和成矿作用研究提供了重要资料。*

内蒙古1∶5万宝日根幅区调首次在大兴安岭地区发现钠闪石流纹岩，对该时期火山岩形成构造背景研究提供了重要资料，对于寻找铌、铱等稀土矿产也具有重要的指示意义。西藏1∶5万德庆幅区调首次在测区楚木龙组内发现火山岩，并采集锆石U-Pb同位素样品26件。新疆1∶25万捷尔任斯克、托里县幅区调修测在下二叠统卡拉岗组陆相火山岩中发现了4处古火山机构，其中3处火山颈相次火山岩特征清楚，由次火山岩过渡为火山岩的产状及演化系列完整，对二叠系陆相火山岩的研究具有重要意义。浙江1∶25万衢州区调修测在金衢盆地腹地发现了双峰式火山岩，对于研究金衢盆地的形成时代、成因以及与永康群盆地的对比有重要意义。

新疆1∶5万小勒布隆等4幅区调解体出一套酸性侵入岩体——克其克伦岩体；在斑状花岗岩、花岗闪长岩分别获得的锆石U-Pb年龄为220.8±5.3 Ma、211.7±5.9 Ma。内蒙古1∶5万敖包特陶勒盖等8幅区调系统测定了晚奥陶世辉长岩448～461 Ma，花岗闪长岩445 Ma，早石炭世花岗岩325～326 Ma，早石炭世花岗岩298～311 Ma，晚侏罗世花岗岩160～161 Ma，早白垩世花岗岩132～138 Ma等不同时代岩浆岩的侵位年龄。内蒙古1∶5万敖包查干等4幅区调将深成侵入岩解体为20余个侵入体，划分为晚石炭世—早二叠世（291.0±3.9 Ma）、三叠纪（220.4±2.5 Ma）和白垩纪3个时代7个期次侵入岩单位。

冈底斯成矿带综合研究项目在前奥陶系岔萨岗岩组中发现果洛藏布三叠纪榴闪岩，SHRI MP锆石U-Pb年龄一组为270 Ma左右，为俯冲型榴闪岩，另一组为230 Ma左右，为折返型榴闪岩，为松多高压变质带的展布和拉萨地块印支运动的存在提供了新资料。黑龙江1∶5万十六站等4幅区调新获得一批锆石的同位素年龄，进一步确认额尔古纳地块存在2000 Ma左右的碎屑锆石，基本认定兴华渡口岩群时代为古元古代晚期（1800 Ma左右），同时认定兴华渡口岩群发生混合岩化变质作用时间为430 Ma。

（四）*构造：发现了一批重要的构造现象，完善了区域构造格架，为地质演化历史和成矿作用研究提供了重要资料。*

1. 羌塘龙木错-双湖构造带：西藏1∶5万冈玛日幅、冈玛错区调采用构造混杂带中构造解析方法开展双湖-龙木错带填图，认为其为晚古生代古特提斯洋南部的增生楔，包括陆源深水半深水复理石沉积岩、陆源深水半深水复理石沉积岩、洋壳残片推覆构造。

2. 雅鲁藏布江构造带：西藏1∶5万仲巴县城北幅区调查明发育于仲巴县城北雅鲁藏布江结合带的古近系蹬岗组和郭雅拉组为构造混杂岩，在南部构造混杂岩带、仲巴地体中解析出3期构造变形。

3. 金沙江构造带：四川1∶25万理塘县、乡城县幅区调修测在巴塘—中心绒一带发现并拼贴出较完整的蛇绿岩套组合，为金沙江蛇绿岩研究提供了新资料。

4. 兴蒙造山带：宁夏1∶5万白疙瘩等4幅区调初步厘定了香山群面理类型和置换关系；在营盘水幅中北部填绘出叠瓦状推覆构造系统，初步圈定出4个推覆体。宁夏1∶5万水磨沟等5幅区调在贺兰山东部大水沟一带发现了中生代逆冲推覆构造。内蒙古1∶5万沙日勒昭等4幅区调新发现前二叠系蛇绿混杂岩，与二叠系林西组呈断层接触，或被中生代石英斑岩侵入。内蒙古1∶5万乌日尼图等5幅区调新填绘出加里东期大型区域褶皱构造。内蒙古1∶25万巴音查干半幅、乌拉特后旗幅区调修测项目在索伦陆缘增生带新填绘出一系列近东西向的褶皱和构造，形成于强大的南北向的挤压运动，主要形成于古生代。内蒙古1∶5万哈丹沟巴润布郭等4幅区调在测区西北部发现大型变形带。

5. 阿尔泰构造带：新疆1∶25万捷尔任斯克、托里县幅区调修测在北部巴尔鲁克山南坡新发现一条可能为志留纪—泥盆纪的蛇绿构造混杂岩带。新疆1∶25万铁厂沟镇、克拉玛依市幅区调修测认为达尔布特蛇绿混杂岩带代表了石炭纪残留海盆地的基底，现今蛇绿岩带的空间分布不能反映原始不同陆块或板块间的缝合边界。

6. 西昆仑－阿尔金构造带：新疆1∶5万若羌县阿尔金山沟口泉等4幅区调首次在测区发现新太古代—古元古代沟口泉蛇绿混杂岩和早奥陶世红柳沟－拉配泉蛇绿混杂岩带。新疆1∶5万阿尔金山清水泉地区4幅区调查明了阿南构造混杂岩带的构造岩块和基质，岩块物质组成有洋壳残片及外来岩块。新疆1∶5万祁漫塔格喀尔瓦地区4幅区调将阿尔金南缘蛇绿构造混杂岩带划分为变质基底岩片、碳酸盐岩片、复理石岩片、蛇绿岩岩片，并在其中的变质基底岩片含透闪石榴石片岩中获得708±17 Ma的Sm－Nd模式年龄，在镁铁质岩岩片中获得了1027±81 Ma的Sm－Nd模式年龄。

7. 炉霍－道孚构造带：四川1∶5万炉霍县城地区3幅区调进一步厘定了炉霍构造带内的构造格架，提出格依日涅玛山脊的灰岩体为推覆构造；确认了如年各蛇绿混杂岩群的存在，推动了炉霍－道孚小区的建立，进一步证实了原炉霍－道孚古裂谷曾拉伸至大洋壳这一论述；在鲜水河断裂带上发现一处断层破碎带，对研究鲜水河断裂发震机制有较大意义。

（五）第四纪、旅游地质、工程地质、灾害地质调查取得新进展。

内蒙古1∶5万敖包特陶勒盖、拉名海尔罕等幅区调查明东乌旗中蒙边界地区晚更新世末期湖相沉积地层覆盖于前泥盆纪湖盆基底之上，属晚更新世末期，平均沉积速率6.991 mm/a，通过沉积地层和孢粉分析反演了该阶段的古植被、古气候。四川1∶25万成都市幅区调修测新获得了一批第四系测年资料，将前人认为的中更新世的堆积物厘定为下更新统，晚更新世的堆积物定为中更新统；查明龙泉山西坡龙泉驿—金堂线广泛分布有晚更新世的风尘黄土堆积；确定分布广泛且具有较大争议的成都粘土为风尘堆积物。安徽1∶5万和县、当涂县等5幅立体地质填图示范初步查明了第四纪地层空间变化规律和“长江深槽”的分布特征。云南1∶5万潞西县、平达幅区调首次在测区第四系全新统碳质层、西侧邻区新近系陆相盆地含煤地层中采获丰富的孢粉化石。河北1∶5万南堡新生盐场等幅区调建立了晚更新世以来的地层序列，在曹妃甸国际生态城施工了600 m深的第四纪地质综合研究孔。河北1∶25万邯郸市、邢台市幅区调修测开展的第四纪地质钻孔和综合研究表明，12～16 m为湖沼沉积、30～34 m贫营养湖沉积、64～66 m贫营养湖沉积、160 m以上洪泛作用增强、462 m以下开始出现锰质结核，并显示离子迁移活跃。

四川1∶5万扒冲堆等4幅区调对测区旅游资源进行了较为全面的调查。查明海子山地区旅游资源以高山海子风光为主，冰川冰碛地貌景观为辅。高山海子风光主要分布于兴伊错－辛开错、希错－冬错两个片区，其成因有冰川堰塞型和冰蚀型两类，绝大多数属冰川堰塞型。

泛亚铁路大理—瑞丽段沿线区域地质调查，编制了地质条件极其复杂的铁路优选线两侧各2000 m范围内的1∶2.5万地质图和工程地质图。深入研究了断裂带的构造性质与活动性，查明了区内主要构造形迹特征，对断裂活动性进行了划分，厘定出该区61条断裂带，确定了其中24条第四纪活动断裂，系统评价了活动断裂带对线路工程的影响，提出了防治建议。查明铁路建设区工程地质条件，划分出了工程地质岩组，进行了工程地质分区。查明铁路建设区地质灾害类型和分布，并指出了特殊岩土体，特别是“破灰岩”的工程影响及应考虑的处理措施。进行了隧道围岩分级与评价，评价了岩体强度的不均一性可能带来的影响。综合活断层研究成果和历史地震资料，对大瑞铁路沿线区域进行了地震烈度区划，并对该区进行初步的地壳稳定性分析与评价。为铁路设计与施工的抗震设防提供了重要参考。完成了大瑞铁路高黎贡山越岭段地应力场的数值模拟专题研究，建立了多尺度和多层次的数值模拟地质模型和高黎贡山越岭段优选线三维地质模型，指出该区的主要地应力是垂直地应力，岩爆危险性以中等和弱为主，但局部地段存在强岩爆和软岩大变形危险性，为铁路隧道安全施工提供了科学依据。

四川1∶25万西昌市、甘洛县幅区调初步查明了区内地质灾害，发现滑坡485处、崩塌111处、泥石流468处、不稳定斜坡55处。河北省1:5万南堡新生盐场等幅区调查明了曹妃甸地区柏各庄断裂、西南庄断裂、高柳断裂以及南堡断裂在第四系中的形态、位置、上断点埋深等。

（六）基础地质成果集成和综合研究。

1. 青藏高原基础地质成果集成与综合研究。系统编制了青藏高原1:150万地质图、大地构造图、构造－岩浆岩图、前寒武纪地质图、变质地质图、新生代地质图、矿产资源图、旅游资源图、构造－岩相古地理图、第四纪地质与地貌图、新构造与地质灾害图，以及航磁、重力、地球化学等系列图件共计85张。首次提出班公湖－双湖－怒江－昌宁对接带是特提斯大洋最终消亡的残迹。提出了青藏高原“一个大洋、两个大陆边缘、三大多岛弧盆系”构造格局新认识和大陆边缘“多岛弧盆系构造理论”。以大陆边缘多岛弧盆系构造理论为指导，以大地构造相分析为主线，采用沉积相、古地理要素为载体和优势相方法，开创性地编制完成的显生宙17个重要地质断代构造－岩相古地理系列图，总结了一套造山带构造－岩相古地理研究新的方法体系。以青藏特提斯大洋俯冲、碰撞、转换、伸展等地球动力学背景的构造－岩浆组合为依据，划分了秦祁昆、羌塘－三江、喜马拉雅－冈底斯三大岩浆岩省和13个构造－岩浆岩带，建立了青藏高原构造－岩浆演化与时空格架；提出“陆缘侧向增生、陆壳垂向增长”的“新生与再循环”青藏高原两类地壳，“挤压缩短及地幔物质注入”两种机制的高原地壳增厚模式。在系统分析青藏高原大量低温热年代学数据和综合研究新构造活动特征与不同成因类型新生代残留盆地的基础上，提出了渐新世末期—中新世是青藏高原构造地貌由东高西低到西高东低转折期的新认识。建立了青藏高原65～35 Ma为碰撞－陆内俯冲挤压构造抬升、25～17 Ma为陆内挤压构造抬升、17～8 Ma（藏南18～13 Ma）为拆沉热隆抬升、大约5 Ma以来构造－气候联动抬升的4阶段隆升模式。系统开展了新构造、地质灾害、第四纪地质与地貌等调查研究，揭示了青藏高原构造隆升－地貌水系演化－气候与环境演变的耦合关系。首次系统建立了青藏高原及邻区177幅1:25万地质图空间数据库及1:150万地质－资源－环境系列成果图数据库，实现了地－物－化－遥等海量数据的集群化管理，为青藏高原地质成果资料的社会化服务搭建了共享平台。

2. 全国地质志修编。完成制定了全国、地区和省级不同层次地质志和系列地质图件编制与数据库建设技术要求，确定了统一的技术标准，以及各类术语、分类命名原则和划分方案，并已下发各单位试用。制定了全国地层区划、构造区划方案、岩浆岩、变质岩分期、分区（带）方案。对江南造山带地区前南华系的研究取得重大进展，提出了新的“江南古陆”元古宙地层划分对比方案。辽宁、山东、安徽、陕西等7个省级地质志修编试点已基本完成地质图、岩浆岩地质图、地质构造图、第四纪地貌地质图、航磁异常图和重力异常图等图件编制，编写了各省地质志报告初稿，初步建立了各省数据库。

3. 重要成矿带成矿地质背景研究和大区基础地质综合研究。围绕解决制约找矿突破的关键地质问题，开展了19个重要成矿带的成矿地质背景综合研究。完成了班公湖－怒江、雅鲁藏布江等成矿带成矿地质背景系列图编制，更新了华北、东北、华东、中南、西南、西北六大区地质图和成果数据库。

4. 全国地质遗迹资源区划与保护规划研究。制定了重要地质遗迹调查技术要求征求意见稿。编制了中国重要地质遗迹资源分布图、全国重要观赏石资源分布图、中国重要恐龙化石产地分布图和中国重要硅化木产地分布图。建立了地质遗迹调查数据库采集软件和验收软件子系统。建立了中国重要古生物化石分类分级标准。提交了第一批、第二批古生物化石保护名录推荐名单，对古生物化石保护条例进行了修改完善。河南和四川两个省级地质遗迹调查试点工作基本完成，查明了省地质遗迹资源分布，编制了全省地质遗迹分布图，建立地质遗迹数据库；提出了地质遗迹区划方案。初步提出了地质遗迹保护措施和建议。

二、区域地球物理调查

2010年共完成1:25万区域重力调查385 035 km^2、1:5万航空物探655 758测线千米，全年主要实物工作量已全面完成。

（一）青藏铁路沿线航磁成果综合研究。

全区共推断一级断裂6条、二级断裂20条，圈定各类隐伏岩体468处、火山机构21处、穹隆构造8处，其中数条北西向和北东向断裂为航磁首次发现，为青藏铁路沿线基础地质研究和矿产资源预测提供了依据。根据航磁异常反映的矿产分布规律，将青藏铁路沿线划分为东昆仑、沱沱河－囊谦、唐古拉、班戈－那曲、冈底斯、雅鲁藏布江、喜马拉雅等7个成矿带，共圈定铁、铜、铅、锌、金、银、铬等多金属找矿远景区126个，其中一级找矿远景区48个，二级找矿远景区47个，三级找矿远景区31个。根据各类金属矿床的找矿标志，从全区2115处航磁异常中优选航磁异常375处，并对4处航磁异常进行了地面踏勘。

（二）西南三江重点成矿区带中段1:20万航磁调查。

利用航磁资料对测区内的断裂进行了划分，共划出断裂80多条，圈定了全区各类磁性侵入岩、火山岩、变质岩等。共选编航磁异常647处，确定甲类异常2处，乙类异常448处，丙类异常5处，丁类异常182处。查证异常5处，发现1处含镍基性火山岩体。在航磁局部异常解释分析的基础上，结合航磁反映的岩浆岩条件、构造环境和地质、化探等多元信息，共圈定找矿远景区30个，对西南三江重点成矿区带中段的矿产勘查具有重要的指导意义。

（三）新疆东昆仑祁漫塔格地区1:5万航磁调查。

收集区内及周边地区的地质、矿产、物探、化探、遥感等资料，系统分析区内磁性层、构造环境、岩浆活动特征和成矿规律，在深入研究蟠龙峰、维宝、迪木那里克、白干湖钨锡矿等典型矿床的成矿特点、控矿规律和地球物理异常特征和地质构造环境的基础上，建立适合磁异常解释的地质－地球物理模型。优选了50余处航磁异常开展地面查证，发现多处矿点、矿化点。

（四）新疆西天山赛里木湖－阿吾拉勒地区1:5万航磁调查。

初步选编航磁异常497余个，筛选94处航磁异常进行地面查证，编写航磁异常查证建议书3份，查证异常66处，有6处异常见矿，5处异常见铁、铜等矿化和蚀变带、蚀变岩等，获得了较好的找矿效果。

（五）中国陆域航磁特征与地质构造研究。

完成全国航磁数据的拼接、网格化水平调整工作，基本完成1:100万中国陆域航磁ΔT等值线图的编制工作。基本完成了全国磁场位场转换（包括化极，上延5 km，10 km，20 km和50 km及垂向一次导数）处理，初步编制了6套中国陆域1:100万航磁数据处理图件，即：中国陆域航磁ΔT化极等值线图、中国陆域航磁ΔT化极上延5 km，10 km，20 km，50 km等值线图和中国陆域化极垂向一次导数图。

（六）江西武夷山北部地区直升机航空物探（电磁、磁）测量试生产。

全区共划出16条断裂，圈定15个加里东期隐伏或半隐伏花岗岩体，为研究本区构造特征、岩浆活动以及寻找相关的铁、铅、锌、铜、金、银等多金属矿产指出了方向。编选出航磁异常70个，航电异常186个。地面检查庙上—千步岭、宜黄等7处航空电磁、磁异常，显示空地异常对应，具有良好的铁矿、铅锌多金属矿、矽卡岩型铜铅锌钼等硫化物矿床等找矿前景。

（七）航空物探方法技术与数据处理解释系统研究。

完成了航空电磁数据可视化调平方法调研和基于Matlab的程序编写与试算，实现了数据的一维调平方法，并加入到二维自动调平和二维微调平的软件中。确定了地球物理数据处理解释系统软件总体架构。在新的框架软件平台上，采用插件技术完成航空物探质量控制模块，磁力数据处理模块，空间数据与属性数据编辑、物性参数统计、航磁异常数据处理、放射性参数统计模块升级改造工作。

（八）航磁梯度及伽马能谱仪试验。

集成和改装了试生产用的AGS－863航磁全轴梯度勘查系统、AGS－863航空伽马能谱勘查系统及Y12飞机。基本掌握国产能谱仪的标定方法，基本形成航磁全轴梯度及伽马能谱测量方法技术流程和数据预处理方法，搭建获得原子磁力仪的实验平台，确定了航空物探试验场施工参数，并在试生产中得到了应用和完善。统一全数字航空物探异常地面查证系统、野外调查数据传输方法应用示范等的开发运行环境，构建了管理信息系统的数据整合与在线分析平台。

（九）青海1:20万章岗日松幅、扎河幅、索加幅、尕乌促纳幅区域重力调查。

根据重力场特征，共划分出2个二级构造单元和4个三级构造单元，划分出34条断裂。全区划分局部重力异常68个，认为其主要为中新生界引起的重力低27个，中、酸性侵入岩与中、新生界共同引起的重力低7个，基底隆起与基性－超基性岩共同引起的重力高6个，基底隆起引起的重力高28个。根据重力推断成果，结合地质、矿产、化探等资料，提出3个找矿有利地段及两个找矿靶区。

（十）新疆1:20万阿雅格库木库里幅区域重力调查。

依据重力场特征，结合地质、航磁、遥感等资料，工作区内划分出Ⅲ级构造单元4个，划定Ⅲ级断裂5条、Ⅳ级断裂10条。圈定局部重力异常66个，推断断陷盆地带4条。综合分析地质及重力、航磁异常等资料，提出了3个找矿有利地段。

（十一）青海1:20万伯喀里克幅、塔鹤托坂日幅、可可西里湖、幅错达日玛幅区域重力调查。

根据重力场分区特征和推断解释成果，结合地质、化探等资料推断断裂58条，提取局部重力异常61个，划出Ⅰ级构造单元2个、Ⅱ级构造单元6个、Ⅲ级构造单元11个，提出成矿有利区11个。根据1∶5万重磁剖面结合航磁异常，认为可可西里盆地具有变质基底起伏不大、岩浆活动极其微弱的特征；在地面磁测工作中圈定可能的磁铁矿致异常2处。

（十二）湖南大庸－吉首地区1∶25万区域重力调查。

研究认为：测区东部异常处于麻阳幔隆区与常德幔隆区之间的过渡地带，主要反映了元古宇较高密度老地层和较高密度结晶基底上隆及莫霍面抬升等地质现象的存在；中部异常比较清晰地反映出沅麻红层盆地东北段的基本轮廓，主要是较低密度白垩系红层和较高密度结晶基底上隆及莫霍面抬升的叠加反映；西部重力梯级带是中国东部规模巨大的大兴安岭－太行山－武陵山区域重力梯级带的一个区段，它反映了大规模的北东向带状质量分布的不均匀性。其区域地质属性是存在上地幔的陡坡带和深大断裂。

（十三）广西钦州地区1∶25万区域重力调查。

初步推断北东向梯级带为调查区的主体构造特征线，长条状北东向的重力低异常圈闭为六万大山超单元花岗岩，而北东向断裂控制着本区的沉积建造、岩浆活动和中新生代断陷盆地的形成和发展。初步划分了断裂构造7条，其中北东向断裂为测区主要的断裂构造，该断裂对钦州地区的区域成矿构造带划分具有重要意义。

（十四）内蒙古博克图、喜桂图旗、沟口、小二沟地区1∶20万区域重力调查。

依据调查结果识别出局部重力异常25个，异常形态较复杂。其中重力高异常基本与古生界对应，重力低异常多与中生界火山盆地对应。测区内梯级带多呈北东向和北西向展布，东西向次之，北东向梯级带展布为测区主要特征。

（十五）内蒙古1∶20万巴彦公社、加格达奇、松林区、十五里河区域重力调查。

区内重力梯级带呈北东－南西走向，主要为大杨树坳陷地带、加格达奇—扎兰屯隆起地带、兴安里—乌兰河坳陷地带的反映。存在5个较大的局部异常，反映了不同方向的次级构造带和局部断陷带、隆起带及不同地质单元的构造特征。

（十六）内蒙古1∶20万阿荣旗、布特哈旗、绰尔、塔尔其幅区域重力调查。

区内布格重力异常由西往东逐渐递增，至中部反映为明显的重力梯级带，叠加有近南北向串珠状相邻的重力高值带或重力低值带。布格重力异常变化非浅部地层引起，而是基底自西向东的抬升而引起。局部重力高或重力低则是由局部地层隆起或岩浆岩侵入或地层密度差所引起。区内初步划分2个重力梯级带，4个局部重力高异常（区），5个局部重力低异常（区）。

（十七）青藏高原1∶100万区域重力调查成果综合。

在整理分析重力资料与进行重、磁异常特征分区的基础上，划分了青藏高原区域构造分区、推断了一级和二级等断裂构造、圈定了主要岩浆岩体（带）及沉积盆地分布范围，反演了研究区内主要盆地密度界面深度，初步研究了青藏高原莫氏面深度及其起伏（地壳厚度变化）。

（十八）华南地区深部岩体圈定与形态研究。

选择南岭多金属成矿带的成矿有利地区湖南郴桂地区（香花岭—骑田岭一带）作为试验区，建立不同类型、厚度、埋深、形状的单一或组合侵入岩体地质－地球物理模型组，进行正演计算，评估各类网格化插值方法和考虑地形的网格化插值方法，评价地形对正演计算结果的影响。同时进行区内火成岩体的圈定和定量反演计算，推断其空间形态，形成一套华南地区岩体定量解释的物化探数据处理与反演解释的方法技术流程。

三、区域地球化学调查

2010年共完成1∶20万区化365 087 km^2，完成全年主要实物工作量的95%。

（一）甘肃1∶20万明水、红石山幅区域化探。

发现多处钼（铋、钨）矿化线索和多条矿化体，矿化体普遍具钼多金属矿化，含矿岩性为石英脉（脉宽0.2～0.6 m），延长大于300 m，钼品位达0.1%（化学样），具良好找矿前景。此外发现铷矿化一处和多条矿化体，含矿岩性为伟晶脉和斑岩脉（脉宽1～3 m），延长大于1000 m，具良好找矿前景。

（二）青海1∶20万塔鹤托坂日幅、布伦台幅、可可西里湖幅、库赛湖幅区域化探。

查证多处区域化探异常，找矿效果良好。其中龙山异常区发现一条东西向铜矿化蚀变破碎带，平均宽1.9 m，地表出露长150 m，快速分析显示铜品位0.1%～2%；在库热格特异常区，经探槽和剖面测量在该区发现3处热液充填石英脉型铜矿化体：矿体1初步控制长度达1300 m，宽1～3 m，野外快速分析显示铜品位为2%～5%；矿体2初步控制长度达100

多米，宽3～5 m，野外快速分析显示铜品位为2%～5%；矿体3初步控制长度大于80 m，宽0.25～0.8 m，野外快速分析显示铜品位为2%～5.3%；额尔滚异常区铜矿体宽0.1～0.7 m，矿化特征为孔雀石化、黄铜矿化变粒岩，目估铜品位约4%，快速分析显示钼含量0.56%、铋含量0.01%；阿勒坦异常区发现含Pb破碎带一条；开木棋异常区发现含Sn蚀变带一条。

（三）新疆1:20万阿羌幅、怀玉岗幅、黄羊沟幅、银水湖幅区域化探。

异常查证发现多处矿化线索。其中穷格察尔综合异常发现较好的矿化蚀变带4条，宽10～30 m，长500～800 m，多见孔雀石化和铅锌矿化，在局部地区出露有零星的孔雀石化。怀玉岗综合异常在闪长岩岩体接触带上可见孔雀石化、黄钾铁钒化蚀变带，宽10～30 m，探槽内见较强孔雀石化、黄钾铁钒化，局部地段可见铜蓝，光谱样初步分析结果铜品位2%～5%。灵仙湖异常发现弱硅化、褐铁矿化片理化砂岩。哈拉木兰综合异常发现虹玉铅锌矿，见长约400 m，宽5～15 m以上的闪锌矿化体，局部闪锌矿物含量在3%以上。

（四）新疆西昆仑岔路口－甜水海地区1:5万区域化探。

在化探扫面过程中发现多处矿点和矿化点，为后期异常查证工作提供重要依据。其中岔路口地区新发现赤铁矿点1处，铜矿化点4处，铅矿化点2处。甜水海地区新发现铜矿点1处，位于卡孜勒谷地中部一带，宽30～50 m，长约150 m，产于北西向高角度逆压构造内，见有辉铜矿矿化、孔雀石矿化，孔雀石呈致密块状。对矿化带揭露后，刻线法（受永冻层影响）采集化学样5件，分析结果铜含量为42.75%，41.87%，24.32%和32.85%，40.77%，控制富矿体宽6 m，平均品位37.37%。

（五）黑龙江1:20万呼中区、东方红林场、塔河区幅区域化探。

共圈定Au，Ag，As，Sb，Bi，Hg，W，Mo，Cu，Pb，Zn等11种单元素异常564个，组合异常总数为80个。其中甲类异常6个，乙类异常35个，丙类异常25个，丁类异常14个。发现5条钼矿化体，有样品钼含量达边界品位以上。

（六）内蒙古1:20万达莱滨湖、阿里河镇幅区域化探。

共划定Ⅰ级找矿远景区1个，Ⅱ级找矿远景区4个；圈定找矿靶区A级4个、B级8个。圈定单元素异常2827个、主要成矿元素综合异常75处。查证发现了多金属和银矿化点2处，取得了突出的异常查证见矿效果。

（七）内蒙古1:20万兴安里、克一河镇幅区域化探。

圈定了主要成矿元素综合异常43处、铁族元素综合异常35处，稀有、稀土和放射性元素综合异常22处，并结合区域地质条件，共划定Ⅰ级找矿远景区2个，Ⅱ级找矿远景区1个；圈定找矿靶区A级4个、B级5个、C级2个。初步查证8处重要异常，发现了铜铅锌、钼矿点2处，银铅锌多金属矿化点4处，地质找矿效果明显。

（八）区域化探方法技术研究与成果集成。

收集整理了武夷山成矿带、豫西成矿带、大兴安岭成矿带中段、钦杭成矿带西段、西南天山及川滇黔成矿带等地区的区域化探及地质、矿产、物探、遥感等相关资料，分析成矿带的元素地球化学分布分配特征，初步开展成矿带典型矿床的地球化学研究，为成矿带的资源潜力地球化学评价提供依据。

（九）福建省龙岩地区多目标区域地球化学调查。

初步查明龙岩地区表层土壤养分丰缺状况和环境质量状况，发现大面积的富硒土壤资源，其中硒含量大于0.46 mg/kg的土壤达7232 km^2。同时发现了一批金、铜、钼、铅、锌、锰等金属矿产及稀有、稀土元素异常，具有良好的找矿远景。

（十）江西省信丰地区多目标区域地球化学调查。

全面查清了信丰地区土地质量地球化学状况，表明信丰脐橙种植区土壤环境质量总体良好，土壤养分总体偏低，土壤保肥能力较差。研究分析了元素在岩石、根系土、脐橙等介质间的迁移转化，初步查明了脐橙品质与土壤、成土母质的关系，提出了信丰脐橙种植适宜性建议方案。

（十一）安徽省池州地区土地质量地球化学评估。

摸清了土壤养分元素全量丰缺状况和环境质量状况。池州市环境质量总体良好，但镉含量较高，主要分布二类和三类土壤，三类土壤主要沿梅龙段沿江地带、秋浦河沿岸分布。氮和有机质主要以适中以上土壤分布，磷适中—极缺的土壤面积占76.63%，而钾元素丰富土壤则集中分布在梅龙沿江平原区、南部山区和秋浦河沿岸等。

（十二）福建龙海市土地质量地球化学评估。

显示表层土壤环境质量总体良好，大部分地区为一类土壤；土壤氮、磷、钾及有机质等含量普遍较高，微量营养元素铜、锌、硒等含量丰富。同时局部地区也存在土壤酸化及重金属元素含量异常问题。农田灌溉水水质良好，所有指标含量均符合国家灌溉水质标准。底泥中有Cd和Hg元素含量存在超标问题。水稻中Cu，Zn，Se，Hg，六六六和滴滴涕等含量均符合粮食卫生标准，但水稻中As，Cd和Pb存在超标现象。

（十三）上海市土地质量地球化学评估。

建立了上海市土地质量地球化学评估指标体系，划分了土地质量地球化学等级，进行了土地质量地球化学评估成果与农用地分等定级成果的对接方法探索，比较了叠加法和指标参评法等不同对接方法的优缺点，为综合评价土地质量、服务土地质量管护提供了基础依据。

四、遥感地质调查

（一）青藏高原生态地质环境遥感调查与监测。

完成青藏高原（新疆地区）3期现代冰川雪线、土地荒漠化、城市扩展等生态地质环境专题因子分布与动态变化遥感调查。

1. 冰川雪线。北部新疆地区冰川总体呈明显减少趋势，以冰川体积性消减为主，其中又以面积小于5 km^2 的小规模冰川变化最为明显。1963～2008年，冰川面积减少2217.43 km^2，面积减少率为18.15%。由于冰川强烈退缩，增加的水资源量使得距离较近的高山湖泊面积增加，同时由于一些小冰川面积急剧减小或消失使得高原面状供水系统遭到破坏，草场沙化和土地荒漠化程度加剧。

2. 荒漠化。北部新疆地区荒漠化严重，占全区面积的48.66%，以砂砾质荒漠化和盐碱质荒漠化为主。其中又以新疆塔克拉玛干沙漠东南缘及其东部荒漠化形势最为严峻。1975～2007年，荒漠化土地面积减少2万 km^2，年均减少率为0.09%。

3. 城市扩展。青藏高原和北部新疆地区城市扩展速率远低于中、东部城市和省内其他城市，与人口数量、经济社会发展、空间（土地资源）、地质条件和水资源量等因素相关。

（二）黄河流域基础地质环境遥感调查与监测。

利用1975年、2000年和2007年3期遥感数据，初步查明了黄淮海流域荒漠化、湿地、水土流失等类型、强度、面积、分布和变化特征，研究了黄淮海流域第四纪地质空间分布、类型，划分了9个生态地质环境区，为地区经济社会发展和生态环境保护提供了重要的基础数据。

1. 荒漠化。荒漠化类型主要是砂质荒漠化、水蚀荒漠化和盐渍化，极重度和重度荒漠化主要分布在青海、甘肃、内蒙古和陕西北部，盐碱化主要分布在山东沿海地区和毛乌素沙漠等西北干旱区。30年间荒漠化总体呈加重趋势，增加11 903 km^2，但是从2000年开始荒漠化有所缓解。

2. 湿地。30年间湿地总量呈减少趋势，平均每年减少49.23 km^2。其中湖泊湿地、沼泽草甸湿地和近海及海岸湿地均存在不同程度的减少，但是人工湿地，尤其是库塘面积却呈增加趋势。

3. 水土流失。全区有41.58%的土地面积存在不同程度和不同类型的水土流失，以水蚀区所占面积最大，总体变化趋势是加重区大于减轻区。其中冻融侵蚀主要分布于黄河源区，风蚀区主要集中在黄河中上游的西北干旱地区，水蚀区上中下游均有分布。

4. 城市扩展。30年间，城镇面积呈增加趋势，平均每年增加1457.22 km^2。城镇扩展量与城镇大小和地域关系密切。

（三）中国东部重要经济区带基础地质环境遥感调查与监测。

近30年来，中国东部重要经济区海岸线的总长度逐渐缩短，自然海岸急剧缩短，人工海岸急速增长。滩涂总面积逐渐减少，其中潮间淤泥质海滩和生物海滩急剧减少。湿地总面积也逐渐减少，其中沼泽湿地、河流湿地、湖泊湿地、近海及海岸湿地明显减少，但人工湿地急剧增加。风蚀荒漠化、盐渍化的总面积亦逐渐减少，而水蚀荒漠化和工矿型荒漠化的总面积是逐渐增加的。县级以上城镇总面积快速扩张。

同时利用遥感技术，完成了中国南方岩溶石山地区石漠化现状和变化趋势调查。2008年石漠化面积达7万 km^2，占工作区出露碳酸盐岩面积的13%，其中以轻度石漠化为主。从20世纪90年代末到2008年，石漠化程度降低，年平均减少率为4.7%，尤其中、重度石漠化明显减少，但轻度石漠化有所增加。研究显示石漠化空间分布特征明显，主要分布在岩溶强烈发育的纯碳酸盐岩或以碳酸盐岩为主的岩石类型中，同时也多分布在正地形凸出部位。

（四）全国生态地质环境遥感监测成果集成与综合研究。

利用1975年MMS、2000年ETM+、2007年CBERS三期卫星数据，系统查明了我国陆域现代冰川、海岸线、河流湖泊、湿地、荒漠化、石漠化、城市扩展等生态地质环境系统的分布现状及动态变化规律，首次获取一批陆域全覆盖的大型、整装、多期次、无缝遥感监测定量数据集，建立了全国区域地质环境遥感调查与监测信息管理平台，为我国生态地质环境状况研究和经济社会发展提供基础数据。30多年来，我国生态地质环境表现出由环境恶化到回转的阶段性变化，但形势依然严峻。其中1975～2000年，天然湿地面积减小，现代冰川退缩，沙质荒漠化面积增加，为生态地质环境强烈恶化阶段；2000～2007年，湿地面积增加，荒漠化面积减小，生态地质环境有所回转。

（五）长江中上游（江津－宜昌段）1:5万航空遥感地质调查。

完成了全区1:1万空间分辨率为0.5 m的正射影像图制作和库区40 000 km^2三维仿真系统建立，并开发基于三维场景的地质灾害解译工具。利用2003年、2009年两期航空遥感数据，并结合三维仿真系统开展了长江中上游地质灾害调查，同时还开展了长江中上游生态地质环境专题因子调查和动态监测，总结了地质环境变化规律，为长江流域重点区资源开发利用、环境保护与经济可持续发展提供了基础数据和科学依据。

（六）重要成矿带遥感地质调查综合研究。

初步完成了《重点成矿带遥感地质调查技术标准》草稿，开展了东昆仑试验区遥感地质调查，正射纠正了东昆仑试验区都兰县金水口幅、小庙幅、德特郭勒幅和得里特幅Worldview－2遥感图像，完成了基于Worldview－2图像的1:1万比例尺遥感地质解译工作，开展了Fe^{2+}、Fe^{3+}、Al－OH、Mg－OH等有关的遥感异常提取。

（七）西昆仑成矿带矿产资源遥感综合调查。

利用ASTER数据，完成了西昆仑成矿带异常提取工作，并分别采用主成分分析法、比值法等对不同区域的遥感异常进行信息提取和筛选。完成了重点地区4000 km^2的WV－2数据遥感影像的纠正、镶嵌、彩色合成、图像增强等数字图像处理，对工作区内的地层、岩浆岩、火山岩等成矿、赋矿地层进行了遥感解译和信息提取，建立工作区典型岩矿波谱库。依据成矿规律总结和野外验证结果，圈定划分B级找矿靶区2处，C级找矿靶区6处。

（八）西藏班公湖－怒江成矿带中西段矿产资源遥感综合调查。

重点研究了班公湖－怒江成矿带中西段典型矿床尕尔穷夕卡岩铜金矿、多不杂斑岩铜矿床的成矿规律与遥感信息提取研究，初步在班公湖－怒江成矿带中西段建立了夕卡岩铜金矿、多不杂斑岩铜矿典型矿床的遥感找矿模型。在西藏班公湖－怒江成矿带中西段进行找矿靶区优选，优选了49个找矿靶区。选择多处找矿靶区进行实地查证，发现多处矿化线索。

（九）三维遥感地质调查系统建立及示范应用。

整理了4期环渤海经济区的MSS\TM\ETM\CBERS遥感数据和重点区的SPOT5遥感数据，并生成三维场景。优化组合了SKYLINE的部分功能，初步设计了系统查询、多期图像、多期矢量数据的对比分析功能。三维遥感地质调查系统采用三维数字影像地球模型，显示方式真实直观，地图操作模块采用人性化设计理念，通过简洁的方式向用户提供灵活的地图浏览操作手段以及实用的地图控制功能。

（十）矿山开发遥感调查与监测成果集成与综合研究。

2010年矿山开发遥感调查与监测表明：

1. 矿产资源开发秩序有好转趋势。随着整顿和规范全国矿产资源开发秩序工作的深入，大量违规矿业开采点被关闭，界外开采点大幅减少，乱采滥挖现象正在得到有效遏制。2006年，全国矿山遥感监测查明的界外矿业开采点平均7处/100 km^2；2007年、2008年、2009年、2010年分别下降至3处/100 km^2、2处/100 km^2、1处/100 km^2、1处/100 km^2。矿产资源开发秩序总体好转趋势明显。

2. 局部矿产资源开发秩序问题依然突出。局部地区界外开采点数量大规模回升，反弹趋势明显。累计查明各类涉嫌违规开采活动4733处，以越界开采和无证开采为主；建筑石材等非金属矿产的违规开采现象突出，占其中的53%，金属矿涉嫌违法开采占31%，煤矿涉嫌违法开采占16%。2009～2010年新增监测矿区涉嫌违规开采现象尤为严重。

3. 矿产资源开发引起的矿山地质灾害（隐患）问题突出。累计查明各类矿山地质灾害2310处、重大地质灾害隐患区67处；圈定采空塌陷区429处，面积53.45万hm^2。山西、陕西、内蒙古、黑龙江、甘肃等以煤炭开发为主的传统矿产资源开发大省存在大量矿山地质灾害（隐患）。

进一步完善了矿产资源开发多目标遥感调查和监测技术体系，开展了雷达数据试验应用研究和高分数据DEM应用研究、矿山监测PDA的升级改造及相关野外实验和以无人机遥感技术为主的矿山开发应急监测体系研建工作，构建了矿产资源开发多目标遥感调查与监测信息系统。

五、海洋地质调查

2010年度继续开展1:100万大连幅、上海幅、海南岛幅、中沙群岛幅海洋区域地质调查，1:25 万青岛幅海洋区域地质调查试点，我国海域 1:100 万地质地球物理系列图编制，中国海及邻域地质地球物理及地球化学系列图编制，长江口以北沙泥质海岸带、黄河三角洲滨海湿地、华南西部滨海湿地、北部湾广西近岸的海洋环境地质调查与评价，南海北部湾全新世环境演变及人类活动影响研究，浙江舟山海域海底淡水资源调查试点，南海北部陆坡深水区和南黄海海域油气资源普查，2009 年度采集样品测试分析，资料数据处理和解释，以及相关综合研究工作。完成海域航空物探测量 63 978 km，海底地质取样 64 个站位。

（一）海洋区域地质调查。

1. 1:100 万大连幅海洋区域地质调查。完成海底地质取样 64 个站位、海域航空物探测量 63 978 km，以及 2009 年度采集样品的测试分析，单道地震、浅地层剖面等资料处理。开展了综合地质解释和地层层序、构造格架、新近纪以来的构造运动、火山活动等研究。根据高分辨率地震资料，发现新近纪以来地层存在 11 个反射界面，同时圈定浅层火成岩分布区 5 个。编制了海域空间重力异常、布格重力异常、磁力异常等草图，以及 1:100 万胶东半岛第四纪地质图、构造地质图、矿产资源图和环境地质图，制订了地层单元统一划分方案。

2. 1:100 万上海幅海洋区域地质调查。完成了 2009 年度采集的单道地震、多道地震、重力、磁力等资料处理，开展了资料对比解释、地震层序分析、综合研究，建立了区域地层和构造格架，编制了空间重力异常、布格重力异常、磁力异常、区域构造等图件，初步总结了不同类型矿产的控矿因素。

3. 1:100 万海南岛幅海洋区域地质调查。重点开展了综合研究工作，通过海底沉积物样品的粒度、矿物、古生物、地球化学、古地磁等测试分析，识别出了全新世、晚更新世底界及晚更新世理斯 - 玉木间冰期、早玉木冰期、中玉木冰期和晚玉木冰期之间的界线。综合研究认为，该区新生代构造活动强烈，断裂构造主要有北东、北西西和北西向 3 组，潜在的地质灾害类型主要有海底滑坡、泥底辟、埋藏古河道、陡坎（陡坡）、浅活动断层等。

4. 1:100 万中沙群岛幅海洋区域地质调查。重点开展了综合研究工作，通过高分辨率单道地震资料、重磁资料，以及沉积物、矿物和古地磁等测试数据的综合分析和研究，结果表明，陆坡区柱状样沉积物以粉砂为主，夹薄层砂质粉砂，水动力条件相对较强，沉积环境相对动荡，海盆区柱状样沉积物以粉砂为主，夹有薄层泥，水动力条件较弱，沉积环境和沉积物物源供给稳定。晚新近纪以来，沉积体系类型多样，北部地区经历了从浅海到半深海沉积，主要发育扇三角洲、斜坡扇、三角洲等沉积体系，南部地区经历了从半深海到深海平原沉积，主要发育扇三角洲、斜坡扇、三角洲等沉积体系，南部海盆区浊积扇沉积发育。晚中新世以来断裂构造发育，均为正断层，可分为近东西向、北西—北西西向和北东东向 3 组。喜马拉雅期岩浆活动十分强烈，局部有多次火山喷发，本期岩浆活动对该区海底地形地貌的塑造起了重要作用，星罗棋布的岛礁基座大多由这期玄武岩构成。

5. 1:25 万青岛幅海洋区域地质调查试点。完成了 2009 年度采集的浅地层剖面资料处理和解释，将本区的浅部地层划分为 5 个地震相单元，系统揭示了区内浅地层（50 m 以浅）层序结构，基本查明了胶州湾潮流沉积体系的动力因素。

6. 我国海域 1:100 万地质地球物理系列图编制。修改完善我国南海 1:100 万空间重力异常图、布格重力异常图、磁力异常（ΔT）图、沉积物分布图、区域构造图，以及编图说明书。正式出版了黄海、东海 1:100 万地质地球物理系列图。

7. 中国海陆地质地球物理及地球化学系列图编制。进一步收集了陆地和海洋的各种地质地球物理资料，完成了中国海陆 1:500 万地理底图、空间重力异常图、布格重力异常图、磁力异常图、莫霍面深度图、地震层析成像图、地质图、大地构造宏观格架图等草图的编制。同时，开展了滨太平洋域板块活动及其在中国海区的构造效应、中国海区及邻域岩石层结构特征及其动力学特征、中国及周边地质构造与全球构造研究进展等科学问题研究。重点研究了中国海陆主要块体在不同地质历史时期的地理位置，根据中国海陆大地构造演化史，选择了 8 个时间断面，绘制了中国海陆大地构造宏观格架演化系列图件。

（二）重点海岸带环境地质调查与评价。

1. 长江口以北沙泥质海岸带地区环境地质调查评价。系统总结了南黄海西部陆架区的地质灾害分布规律及形成机制，将地质灾害归纳为 3 种类型，第一类海岸地质灾害，主要包括海岸侵蚀和海岸淤积；第二类海底表层地质灾害，主要包括沙波、沙丘、潮流沙脊、冲刷槽、陆架浅谷、滑坡、差异性压实断层、海山、陡坎、水下三角洲、古三角洲等；第三类海底浅层地质灾害，主要包括埋藏古河道、埋藏古三角洲、浅埋起伏基岩、浅层气（麻坑）、底辟与泥丘、沙层液化等。

2. 黄河三角洲滨海湿地系统综合地质调查与评

价。完成了采集样品的测试分析，数据处理，图件编制等工作，初步查明了湿地浅层地下水常量元素、微量元素、重金属元素、营养盐组分的分布特征，以及黄河三角洲滨海湿地沉积体系与植被供水系统的时空结构，发现湿地逐年亏损主要发生在三角洲的废弃叶瓣。为此，建立了黄河三角洲湿地系统水文地质数值模型及预测系统，提出了黄河三角洲滨海湿地生态修复建议。

3. 华南西部滨海湿地地质调查与生态环境评价。开展了采集样品的测试分析、数据处理和综合研究，建立了湿地分类体系并对湿地进行了分类，湿地类型主要为潮上带的河流、湖泊、水塘和盐田区，潮间带的红树林、沙（砾）质滩涂、泥质滩涂区、潮下带的浅海区等。其中红树林区是热带、亚热带滨海的主要湿地类型之一，位于陆地与海洋之间，在全球生态平衡中具有重要作用。1973 年以来，北部湾红树林分布区面积变化明显。总体上表现为，1996 年之前面积在逐步缩小，此后面积逐渐恢复增大，其中 1973 年为 4184 hm^2，1987 年为 3223 hm^2，1997 年缩小为 2587 hm^2，2000 年恢复至 4503 hm^2，2008 年增至 7127 hm^2。同时，初步查明了湿地沉积物类型和重金属污染分布状况等，重金属总体潜在生态危害程度低，近表层沉积物重金属含量较深部呈增加趋势。

4. 北部湾广西近岸的海洋环境地质调查与评价。通过北部湾北海银滩海域采集数据处理、样品测试分析和综合研究，查明了该海域的海底地形地貌、沉积物类型分布、海水质量、水动力特征、海底浅地层结构、潜在的地质灾害因素和海底土的工程地质特性等，并进行了海洋地质环境综合评价，结果显示：北海银滩海洋地质环境质量总体上为良好状态，但某些地段海水有害因子超标。通过海岸线变迁、红树林动态变化及沿岸土地利用状况等综合分析，认为人类开发活动是本区海洋环境影响的重要因素。

5. 南海北部湾全新世环境演变及人类活动影响研究。开展了地球物理资料处理、样品测试分析，并与德国波罗地海研究所共同开展了北部湾海域水深、海底地貌、沉积物来源、沉积速率等综合研究。研究结果表明，该区自全新世初期至今经历了多次气候变化和海平面升降，在距今 6500 年左右海平面达到最高（高于当今海平面的 4 ~ 5 m），随后缓慢下降，直至当今海平面。

6. 浙江舟山海域海底淡水资源调查试点。通过高分辨率单道地震、浅地层剖面等资料处理解释，结合以往地质浅钻和水文地质孔资料进行了综合研究，并对海底第四纪地层进行了划分，发现舟山北部海域的西部钱塘江口北侧、嵊泗列岛和“嵊泗二井”以北、东北部海域第四纪松散沉积层发育，早更新世古河道分布区是寻找海底淡水资源的有利区。

（三）海洋油气资源调查。

1. 南海北部陆坡深水区油气资源普查。主要开展了多道地震和重磁资料处理和综合研究。重新追踪解释了 8 条区域地震大剖面，识别出 8 个重要的构造界面，建立了骨干剖面的构造 - 地层格架，初步划分了超层序、层序组以及三级层序，对碳酸盐岩和陆架 - 陆架边缘三角洲两个典型层序模式进行了探讨。认为西沙海槽盆地与琼东南盆地同属一个构造区，具有良好的油气地质条件。南海北部陆坡深水区的中、新生代沉积地层发育，西部以新生界为主，东部以新生界和中生界为主。初步圈定了南海北部海域中生界分布范围，进一步预测了潮汕坳陷等重点区域的中生界分布特征及其残留厚度。发现断陷期的湖相沉积和坳陷期的稳定海相沉积发育了多套烃源岩，在坡度较大的局部地区形成了一定规模的深水扇，局部发育的三角洲砂体是油气的有利储层。

2. 南黄海海域油气资源普查。开展了海底地震仪系统（OBS）的海上试验和采集数据处理，重力、磁力、地震资料联合反演，以及地震多次波压制、振幅补偿、预测反褶积、精细速度分析、DMO 倾角校正、偏移归位等技术方法研究，完成了地震多次波压制处理程序编制和调试工作，进一步获取了崂山隆起深部中生界、古生界地震反射信息。根据地震资料反射信息特征，将其划分为 10 个地震层序，并识别出上二叠统龙潭组（含大隆组）、志留系—下二叠统、中寒武统—奥陶系、下寒武统等 4 套海相地震反射标志层，发现南黄海海相中、古生界发育，厚度大、分布广，控制盆地边界断层以正断层为主，盆地内部逆断层发育，古生界变形程度北部强于南部，西部强于东部。另外，发现南黄海油气地球化学异常主要沿崂山隆起与烟台坳陷的结合带分布，呈东西向展布，长度约 130 km。

（毛晓长　贺　颢　秦绪文　李　敏　郭洪周）

矿产资源调查评价

中国地质调查局资源评价部

2010年，在“公益先行、商业跟进、基金衔接、整装勘查、快速突破”地质找矿新机制指引下，矿产资源评价继续实施“立足国内”能源资源战略，发挥“技术引领、科技攻关、夯实基础、做好服务”作用，大幅加强中央公益性、基础性地质找矿工作，年度总经费达25.7亿元，设置工作项目538项，安排钻探工作量32.5万m（其中，青藏专项约8.5万m），取得了卓有成效的成绩。

一、矿产资源国情调查

为了合理规划、管理、开发、利用我国矿产资源，国土资源部于2006年起先后启动全国矿产资源潜力评价、全国矿产资源利用现状调查和矿业权实地核查等3项矿产资源国情调查。历经4年努力，均已基本完成，取得了一系列重要成果，意义十分重大。

通过开展全国矿产资源潜力评价，基本摸清我国铁、铝、铜、金、铅、锌、钨、锑、稀土、钾、磷、煤炭和铀矿等13个矿种资源潜力家底，预测资源量成果提交矿政管理“一张图”工程使用。全面完成省级基础地质编图和基础数据库建设，进一步夯实了我国地质找矿基础性工作，圈定和优选一批重要远景区，提供大量找矿预测区，使得地质找矿实现“按图索骥”。评价成果广泛应用于矿产资源规划和勘查工作部署，为找矿突破行动计划提供依据，成果转化应用凸显巨大的经济社会效益。同时，涌现出大量成矿地质理论和创新技术方法。

通过开展全国矿产资源利用现状调查，基本核准我国石油、天然气、煤炭、铀、铁、铜、铅、锌、铝土矿等28个矿种的储量数据，探索建立了我国储量动态监督管理支持系统。对维护国家矿产资源权益、摸清矿产资源家底、服务国家和地方经济社会发展决策，具有重要意义。

全面完成全国矿业权实地核查，通过对我国15万个矿业权开展外业实测工作，全面查清矿业权现状，获得110 469个采矿权、35 790个探矿权的基本数据，推进了矿业权申请登记管理流程的规范化。矿业权实地核查成果已经广泛应用于各地的矿政管理实践中，在矿业权问题处理、登记数据库更新、日常矿政监管等方面发挥了重要数据支撑的作用。

二、重要矿产资源调查评价

通过开展重要成矿区带矿产远景调查，提交大量新发现矿产地和找矿靶区，引导拉动了商业性矿产勘查，提高了我国矿产资源保障能力。

积极推进新疆“358”和青藏专项等工作，找矿效果显著。其中，新疆地区地质找矿成绩斐然，目前已形成2处大中型可地浸砂岩型铀矿和16处大型固体矿产勘查开发基地或大型－超大型矿集区，累计新增资源量：铁矿石11亿吨、铅锌560万吨、钨（锡）26万吨、铜镍116万吨、钼77万吨。第一阶段目标已经基本实现，实现第二阶段目标的条件基本具备。青海地区新发现12处矿产地（团鱼山煤矿、孔莫陇铅锌矿、卡里果玛钨钼矿、四角羊外围多金属矿、按纳格金矿、三岔北山多金属矿、阿斯哈金矿、玛多县肯得弄舍金多金属矿、莫海拉亨铅锌矿、楚多曲铅锌银矿、陆日格铜钼矿、纳保扎陇多金属矿）和一大批异常、矿（化）点，显示了青海主要成矿带具有形成和发现一批战略性矿产大型－超大型矿产资源基地的条件、潜力与前景。西藏地区找矿工作稳步推进。目前，驱龙铜矿和甲玛铜金矿两大资源开发基地基本形成；通过勘查，多不杂铜金矿、朱诺铜矿、亚贵拉铅锌矿、程巴铜钼矿等重要普查区均已达到或超过大型、超大型矿床规模；全区累计新发现140余处矿（化）点，新发现矿产地12处，凸显了西藏地区巨大的找矿前景。

通过开发已有地质资料，利用先进的技术设备，在东部部分重点成矿区带开展的“攻深找盲”等工作，取得找矿突破。辽宁本溪大台沟铁矿通过2010年钻孔深部验证，由23～39线控制矿体走向长1600 m，控制矿体水平宽度200～330 m，垂向延深395～695 m。初步估算新增333类铁矿石资源量约10亿吨，矿床平均品位（目估）TFe 32%。内蒙古达来庙一带铜多金属矿勘查共圈出65个矿体，均呈脉状或大脉状，初步估算钼资源量1万吨以上。山西交口－汾西铝土矿远景调查初步估算该区铝土矿资源量约6700万吨，有望形成一处可供进一步工作的矿产地。豫西陕县－新安－济源铝土矿远景调查估算资源量1000万吨，有望成为一个中型铝土矿床。福建龙岩马坑外围铁矿调查评价钻获13 m的厚大磁铁矿体。山东单县地区铁矿调查评价估算资源量大于1亿吨，另外在两个孔中见有铜矿体和钼矿体。

三、能源资源调查评价

油气基础地质调查在西北银额盆地、柴达木盆地的石炭－二叠系、松辽盆地外围的中生界和上古生界、雪峰山地区的下古生界等取得新发现，进一步证实有较大找油前景，为后续油气勘查提供一批战略选区。其中，西北中小盆地群发现了与石炭－二叠系烃类生成、运移和赋存有关的信息与线索，指出额济纳旗—务桃亥一带为石炭－二叠系有利目标区。松辽盆地外围在大兴安岭中南部发现上二叠统林西组暗色泥岩、页岩类分布范围广、沉积厚度大、沉积序列完整，TOC 指标较高，TMAX 数值较大，可望成为“页岩气”的未来勘探开发区域。中上扬子海相含油气盆地提出 4 个相对有利的勘探区带，即：石门－桑植凹陷带、恩施东凹陷、武隆－道真凹陷带、黔西金沙凹陷带，为进一步勘探选区奠定基础。

新疆东部吐哈盆地在原探获的 1117 亿吨煤炭资源量的基础上，成果进一步深化，资源量升至 3492 亿吨。南方缺煤省份煤炭资源调查评价初战告捷，福建永安小篠－安溪剑斗地区在构造推覆体下钻获多层可采无烟煤，湖南省涟源市岛石－渡头塘地区发现 2 层可采无烟煤和 4 层石膏，广西十万大山地区在上三叠统和下侏罗统发现可采无烟煤，四川盐源地区圈定 8 个含煤远景区。

北方可地浸砂岩型铀矿，在伊犁、吐哈、鄂尔多斯、二连、松辽等重点盆地的调查工作取得重要进展，新发现一批有利的成矿地段。

四、钾盐调查评价

“油钾兼探”取得积极进展，初步形成《油钾兼探实施方案》、《油钾兼探技术要求》，完成国外矿床地质丛书《钾盐矿床》重刊和《盐类矿物鉴定手册》再版，为指导下一步找钾工作开展提供指导。

在陕北奥陶纪盐盆地，吸收长庆油田骨干力量参加“油钾兼探”工作，新识别出西部镇川－子洲盐凹，圈定出盐层厚度达 200 m 的最深盐凹分布范围，通过论证和现场踏勘确定“镇钾 1 井”井位。在柴达木西部富钾卤水勘查中，与青海油田密切合作，选定钻探井位和富钾卤水射孔井位，在油墩子构造钻遇丰富卤水层。四川西部的富钾卤水调查，油田公司提供了大量的相关油气勘探资料，在中三叠世松潘海槽周缘发育有多个滨海盐盆地，扩大四川盆地三叠系找钾范围。滇西南和塔里木固体钾盐调查，中石化、中石油提供大量的钻井、测井、地震等相关资料，取得珍贵的岩心和岩屑实物样品，以此为据，确定了 2011 年找钾新区。

（张大权）

水文地质、环境地质、灾害地质调查

中国地质调查局水文地质环境地质部

2010 年水工环专业共安排计划项目 32 项，其中，水文地质 9 项，环境地质 11 项，地质灾害 12 项。工作项目 188 项。

一、全国地下水资源及其环境问题调查评价

1. 完成了中国北方主要盆地地下水资源及其环境问题调查成果综合集成项目总成果报告初稿；完成了含水层系统图初稿；完成了成果图集样本。总成果报告分上下两篇。上篇为总论，以北方 11 个平原盆地地下水资源及其环境问题调查评价成果为基础，从理论层面，提炼总结了我国北方 11 个主要平原盆地区域水文地质规律或特征，反映了我国北方区域水文地质客观条件和规律的认识。下篇为分论，按照统一提纲和要求对华北平原等北方 11 个主要平原盆地的区域水文地质条件和地下水资源及其环境问题调查评价成果。

2. 完成了河套平原 1:10 万水文地质调查 3 万 km^2、水文地质钻探 7794.7 m、环境地质钻探 2007.3 m，同时基本完成了物探、水土样品采集与分析、水位统测、包气带水盐运移试验场建设、抽水试验、高程点测量、数据库建设、模型建设、信息系统建设等工作。修订了河套平原边界，较为全面地了解了地表第四纪地质特征和环境地质属性，查明了河套平原地层和含水层结构特征，较为全面地掌握了河套平原地下水动态变化、水化学特征，初步认识了河套平原地下水水质现状，建立了河套平原区地下水同位素剖面和社会经济数据库系统，查清了土地利用、盐渍化、沙漠化及与地质环境相关的地方病状况，初步建立了地下水数值模型，建立了野外包气带水盐运移试验场，建立了河套平原地下水与环境信息网站，开发了动态评价网络软件。

3. 综合分析研究亚洲地下水资源及地质环境状况，2010 年完成编制 1:800 万地下水资源与环境地

质系列图件，包括亚洲水文地质图、地下水资源图、地热分布图和地下水环境背景图，建立相应的信息平台。同时，开展澜沧江－湄公河流域和克鲁伦河流域两个样板区的专题研究。为亚洲各国和跨国的自然资源开发利用，水资源规划，地质环境保护防灾减灾，为增进国际间学术交流，提供科学依据。

4. 青藏铁路沿线水文地质环境地质调查评价已完成全部实物工作量，野外工作期间重点对青藏铁路沿线工作区内的供水现状进行了实地调查，并在该区域开展了物探和钻探工作，查明了工作区内水文地质条件，合理划分了地下水类型和富水性等级，查清了工作区内青藏公路九十道班南开心岭控水构造上升泉成因，并对沱沱河地区水质型缺水现状战略水源地供水水文地质条件及开采利用方向进行了研究。环境地质方面，重点对影响青藏工程走廊安全的灾害点进行了调查，并对工程地质灾害进行了分类，分析了其成因，提出了相应的预防治理措施，为铁路的安全运行提供了防治依据。

5. 开展了全国 1∶500 万二氧化碳地质储存潜力评价编图研究，评估了二氧化碳地质储存潜力和远景区；论证了鄂尔多斯神华煤制油二氧化碳地质储存示范工程实施方案；研究、总结了适宜我国地质背景的二氧化碳地质储存勘查、评价、灌注、监测、管理关键技术。

二、中国北方主要平原（盆地）地下水动态调查评价

1. 经过 2008～2010 年共 3 年的地下水动态调查评价工作，北方 6 个平原（盆地）内共完成水文地质调查面积 16.77 万 km^2，水文地质钻探 9414 余米。已经初步建成覆盖北方六大平原盆地的区域地下水监测网点 1105 个，其中新增自动化监测网点 495 个，实现六大平原盆地地下水骨干剖面的自动化监测；开展了地下水水位动态统测数据记录 15 672 条和水质采集分析 1277 组。

2. 截至 2010 年第三季度，已完成总体工作量：① 1∶10 万及 1∶25 万水文地质调查 16.77 万 km^2；② 水文地质钻探 9414 余米；③ 新施工监测井（含多级监测井）93 个；建成了一口具有国际先进水平的一孔多层地下水动态监测井；④ 监测井修复、清淤 306 个；⑤ 自动监测仪安装与保护 403 个；⑥ 初次在河西走廊疏勒河流域建立起了区域地下水动态监测网络，其他各平原（盆地）区的地下水动态监测网络也得到了进一步的完善；⑦ 掌握和查明了重点区地下水的水质状况，为开展典型区地下水超采指标研究提供了翔实的基础数据。

3. 在各平原（盆地）丰枯水期开展的地下水水位统测工作，弥补了区域监测井的不足，较为准确地刻画了重点区主要开采层地下水流场，为区域地下水动态调查评价和地下水资源量的估算奠定了良好的基础。开发完善中国北方主要平原（盆地）地下水动态调查评价基础信息系统与成果集成信息平台。

三、鄂尔多斯盆地能源基地地下水勘查

1. 宁东能源基地找水获得新进展。通过在盐池北部骆驼井水源地的物探及钻探施工，进一步证实了地面以下 100～200 m 深度内，白垩系砂岩含水层中含有矿化度小于 1 g/L 的地下淡水，改变了该地区地下淡水仅分布于 100 m 以浅的认识，为进一步扩大地下淡水分布范围提供了水文地质依据。施工 LD5 孔深 200 m，钻孔涌水量达到 730 m^3/d，矿化度 0.72 g/L，水质满足城市及工业生活供水要求。

在陶乐水源地，通过陶乐地区地球物理勘查工作，初步推断陶乐地区第四系凹陷带的西边界与黄河相通，改变过去第四系凹陷带为封闭构造的水文地质认识。通过水文地质勘探，一眼 300 m 探采结合钻井在钻进至 86 m 时，自流涌水，现场检测地下水矿化度 0.54 g/L，涌水量 600 m^3/d，这是在鄂尔多斯台地宁夏境内首次找到优质淡水。通过勘查评价，有望增大该地区的可供饮用的地下淡水资源量。

经过水文地质调查，圈定兴武营、红井子、杨儿庄、红山沟、长流水沟 5 处富水地段，水质较好，预计各地段涌水量将达到 3000～5000 m^3/d，可作为生态或生活饮用水源地。

2. 在陈东能源基地发现了两个具有集中供水意义的水源地，为陇东能源基地建设提供了水资源支援。通过地下水勘查，在长庆桥、巴家嘴等地发现了白垩系洛河组集中供水意义的水源地，为陇东能源基地建设提供了水资源支援，取得了较好的示范效果。通过开展能源开发对水环境影响评价专题研究，对石油、煤炭开发对水环境的影响有了进一步认识。认为石油开采主要因采油作业及事故而对地下水造成水质变化；煤炭开发对地下水环境的影响主要是通过疏干开采改变地下水的流场，并导致含煤地层中地下水资源枯竭。

3. 鄂尔多斯盆地北部地区地下水补给机理研究取得新进展。以多方法、多视角和多尺度研究地下水的补给量为技术路线，综合使用了 8 种方法，从地表水、包气带水和地下水的视角，从局部和区域尺度对鄂尔多斯盆地北部地区地下水的补给进行了研究。首先利用大气降水和地下水的氢氧稳定同位素分析了地下水的补给源和补给机理；然后利用 7 种方法估算了地下水的多年平均补给量；最后依据全球地下水补给的研究实例，结合鄂尔多斯高原的研究成果，对16种常用的地下水补给量方法从时/空尺度和精度方面进行了总结，并提出了地下水补给量方法的选取原则，是目前国际水文地质界最全面最系统的地下水补给量估算方法的总结。

四、地方病严重区地下水勘查及供水安全示范

在东北、华北、西北和西南9省（区）选择典型地区开展了地方病严重区和严重缺水区地下水勘查与供水安全示范。完成1∶5万专项水文地质调查面积22 323 km^2、1∶10万水文地质调查面积37 170 km^2、水文地质钻探24.8万m、岩土水样测试4913组；施工探采结合井和供水示范井2954口，解决了540万人的饮水安全问题，改善了群众的生存生活条件，促进了社会的和谐发展。

1. 查清了示范区水文地质条件，为实施地质工程提供了依据。查清了示范区水文地质条件，确定了取水目的层；编制的示范区地下水开发利用区划，为地方政府进一步实施地质工程全面解决饮水安全问题提供了水文地质依据和技术支持。在西南滇黔桂3省（区）开展的抗旱打井找水工作，极大提高了旱区水文地质研究程度，为今后合理开发利用地下水提供了水文地质依据。

2. 高砷地下水形成机理研究取得新进展。综合比较分析大同盆地、河套平原、银川平原和松嫩平原松散岩还原型高砷地下水形成机理，其形成的条件是有砷的物源、将含水层固相中的砷释放到地下水中的地球化学机制和地下水中砷不流失且富集的水文地质条件。盆地周边富砷地层是盆地高砷环境的主要原生物源，盆地内富有机质的湖相沉积物是次生富砷介质，含水层系统中铁磁性矿物为砷的主要载体。高pH、低Eh还原条件使沉积物中的砷解吸和溶解进入地下水中。大同盆地、河套平原等盆地处于封闭-半封闭沉积环境，在富含有机质的地层中，有机质在细菌或微生物作用下不断发生分解，消耗大量氧气，并产生CO_2和H_2S，使得地下水环境呈还原性。同时，干旱半干旱地区的蒸发和CO_2与碳酸钙的反应也使得含水系统的pH值增大，一般为7.2~9.4。高pH、低Eh还原条件使沉积物中的砷进入地下水中，这些封闭、半封闭盆地中心低洼平坦的地形、细颗粒的含水层使地下水径流滞缓，进入地下水中的砷得以不断积聚，从而形成高砷地下水。这些盆地高砷水的形成机理可以概括为“盆山模式”。

3. 大骨节病区地下水勘查及供水安全取得新认识。利用物探、遥感等手段，结合地面调查，进一步查明了四川省汶川县、黑水县、南江县、旺苍县和西藏谢通门县病区的水文地质条件，包括地下水类型及分布埋藏条件、地下水的补径排特征、地下水水化学类型及水质特征等，确定了不同地层岩性、不同水文地质单元的找水方向。完成示范井和探采结合井60口，出水量一般大于30 m^3/d，水质满足国家农村饮用水标准，TDS含量多大于150 mg/L，如汶川县的10口井多为200~400 mg/L，解决了部分群众饮水安全问题。

川、藏大骨节病区多分布于中、高山地区河流上游或支沟，岩性四川以三叠系砂板岩为主，西藏谢通门县主要为酸性花岗岩。饮用水源矿化度低，一般低于150 mg/L，西藏重病区仅为20~50 mg/L；腐殖酸总量高，大于5 mg/L；F含量低，小于0.2 mg/L。饮食习惯也与病情相关。西北、东北大骨节病区水质也有类似特点。

4. 北方严重缺水区地下水勘查及供水安全示范取得新突破。在宁夏中南部、豫西、河北太行山严重缺水区及东北地方病区开展了地下水勘查及供水安全示范，取得了新突破。

在宁夏中南部严重缺水地区，进一步证实了罗山西麓储水构造往南部延伸。

在香山山前发现良好的储水构造，在海原县麻春堡地区发现新近系干河沟组向斜储水构造，原州区河川乡找到富水有利地段，这些新的发现对解决宁南严重缺水问题具有历史性突破意义。

在豫西、河北太行山区查明了示范区水文地质条件，划分了地下水类型，总结了构造对基岩水的控制规律，针对不同类型地下水提出了有效的地球物理勘查方法。查清了河北太行山前平原区水文地质条件的变化规律，为进一步合理开发利用地下水提供了依据。

在东北黑龙江高氟水区，查清了肇东市致病含水层及防病改水目的层。安达市示范工程在火石山乡地区示范井的成功实施，带动当地政府和居民防病改水，起到很好的示范作用。

五、西南岩溶石山地区地下水与环境地质调查

主要开展了3方面工作：① 在云南省南盘江源区、贵州省赤水河流域和湘江流域、广西武鸣岩溶盆地、湘南澧水等典型岩溶流域开展了1∶5水文地质及环境地质综合调查，查明了岩溶发育规律、岩溶水文地质和环境地质条件、岩溶水系统和水资源特征及岩溶水开发利用条件，查明了流域内石漠化、干旱洪涝和水污染等环境地质问题；② 继续探索岩溶地下水有效开发利用与流域生态环境综合整治优化模式，对调查流域内有开发前景的岩溶水系统，结合当地需求，提出了岩溶水开发利用工程方案；③ 开展了地质调查成果的综合集成和系列图件编制工作，编制了岩溶地下河分布图，对岩溶地下水污染等重大环境地质问题进行了对策研究。

通过开展典型流域1:5万水文地质条件和环境地质问题调查，为岩溶地下水开发利用规划提供了依据，在西南抗旱找水中发挥了重大作用。完成调查面积31 000 km^2，开展水文地质钻探5400 m。在查明了工作区的岩溶发育特征和水文地质条件的基础上，重点调查了岩溶大泉和地下暗河400处，总流量大于35 000 L/s；调查其他泉水点2500余个，总流量8700 L/s。

对岩溶地下水水质状况开展了初步调查，并与20年以前的水质进行了对比，为全面开展地下水污染调查工作打下了基础；查清了工作区岩溶石漠化的分布状况及其发展趋势，掌握了岩溶石漠化形成的主要机制，为正在开展的石漠化治理提供了依据；通过调查，查明了区内存在的主要地质灾害问题，岩溶地质灾害给区内经济建设和人民生命财产带来了严重影响和威胁。

针对不同类型区开发条件，因地制宜，采取堵洞蓄水、暗河截流、大泉壅水、钻井、大口井、斜井等多种方式，开展了岩溶地下水开发利用与生态环境综合治理示范，解决了10万人饮水困难问题，取得了明显的社会效应与经济效益；将西南岩溶水资源开发利用与生态建设和经济发展相结合，初步建立了岩溶地下水资源可持续利用模式。

六、华北平原地下水污染调查评价

1. 完成1:25万区域地下水污染调查152 586 km^2，1:5万重点区地下水污染调查22 200 km^2，采集地下水样品7379件，土样666件。制定了地下水调查、采样、测试、评价等方面技术要求6个；研制了地下水污染调查评价信息系统软件，包括野外数据采集系统、数据整理与录入系统、数据管理与综合分析系统；建设了集用户平台、应用平台、数据处理平台、数据平台于一体的地下水有机分析远程实时质量监控管理系统；组织了14次方法培训和工作经验交流会；研发的地下水样品采集设备，保障了样品质量；制定了一套野外工作质量管理体系。

2. 华北平原区域地下水质量现状。单指标综合评价结果显示，不用任何处理直接可以饮用的地下水资源占36.49%，经适当处理可以饮用的地下水资源占24.25%，有39.37%的地下水资源不能直接利用，需经专门处理后才可利用。影响区域地下水质量主要是常规化学指标，影响程度52%；其次是无机毒理指标，影响程度34%；毒性（类）重金属指标影响程度12%；有机指标对地下水质量影响甚微，影响程度仅为1%。

3. 华北平原地下水污染状况。污染指标以三氮、毒性（类）重金属和痕量有机污染物为主，浅层地下水砷和铅检出率为32.13%和9.23%，砷超标率为13.46%；深层地下水砷、铅和六价铬，检出率分别为18.89%，6.11%和5.19%；污染特点多为点状分布，以浅层地下水污染为主。

4. 我国东部主要平原地下水质量及污染。地下水质量总体尚可，不用任何处理直接可以饮用的地下水资源占25.53%，经适当处理可以饮用的地下水资源占29.36%，有45.11%的地下水资源不能直接利用，需经专门处理后才可利用。区域地下水污染呈加重态势。总体呈现4个特点：① 污染指标多，以三氮、（类）重金属和44种微量有机污染物为主；② 多为点状污染，分布较广，多集中在城市周边和重化工开发区及影响带范围内；③ 以浅层地下水污染为主，深层地下水亦有多点检出污染物；④ 往往有机污染和无机污染并存，呈多种指标的复合污染特征。

七、淮河流域平原地区地下水污染调查评价

（一）区域地下水质量状况。

淮河流域平原区地下水直接可以饮用的地下水资源占13.00%，经适当处理可以饮用的地下水资源占35.14%，需经专门处理后才可利用的地下水资源为51.86%；主要影响指标总硬度、三氮、铬、氟、氯离子、锰、苯并（a）芘等。淮河流域平原区直接可以饮用的浅层地下水资源分布在郑州西南、许昌西部、漯河西部、江苏盱眙、安徽天长以及江淮波状平原等农村地区，经适当处理可以饮用和经专门处理后才可利用的地下水资源主要集中分布在南四湖地区、沂沭泗地区、菏泽、济宁，淮北、亳州、宿州，开封、周口，徐州、淮安等地。深层地下水好于浅层地下水，在山前平原的平顶山市、郑州西部，中北部的徐州—淮北部分岩溶水，枣庄、济南岩溶水以及其他大部分地区的深层孔隙水均多为可以直接饮用的地下水，经适当处理可以饮用和经专门处理后才可利用的深层地下水资源主要分布在南四湖地区、沂沭泗地区、黄河南岸、徐州、淮北等地。

（二）区域地下水污染特征。

1. 重金属污染：淮河流域平原区地下水中毒性重金属砷、镉、铅、汞和六价铬检出率分别为30.52%，29.21%，22.17%，3.94%和3.25%，其中，砷、镉和铅检出率相对较高。砷、镉、铅、汞和六价铬超标率分别为6.45%，0.95%，8.12%，

0.31%和0.16%，以砷和铅超标相对较多。检出和超标组分在区域上呈散点状发布，仅砷在安徽淮北—阜阳—河南周口—漯河一带稍微突出。

2. 氮污染：淮河流域平原区地下水硝酸盐、铵离子和亚硝酸盐检出率分别为72.92%，39.01%，38.76%，超标率分别为38.46%，4.16%，22.26%。淮河流域平原区硝酸盐超标率明显较高，是地下水污染的主要影响因子，亚硝酸盐超标率排在次位。“三氮”组分广泛分布于淮河流域，呈面状分布特征，尤其在人口密集区更为突出。

3. 有毒有害有机污染：淮河流域平原区地下水中有机组分在本次参评的29项指标中有27项检出，其中，二氯甲烷、甲苯、苯、乙苯、三氯甲烷、四氯化碳检出率较高，尤以二氯甲烷和甲苯为最，分别达12.47%和10.96%。超标程度除苯并（a）芘达到11.62%外，其他超标率均位于1%以下。有机组分在区域上呈点状分布。

八、东北平原地下水污染调查评价

1. 东北平原区域水文地球化学特征研究取得的主要成果。初步调查查明，三江平原水田区地下水类型单一，主要为$HCO_3^- - Ca^{2+} \cdot Mg^{2+}$型水；铁、锰、亚硝酸盐、氨离子、COD、氟离子、挥发酚超标，其中铁超标率达75%，亚硝酸盐超标率55.56%；有机物检出α-六六六、β-六六六和苯并芘，均未超标。松嫩平原高平原旱田区潜水地下水化学类型主要为$HCO_3^- - Ca^{2+} \cdot Mg^{2+}$型水，次要类型为$HCO_3^- \cdot Cl^-$ $Mg^{2+} \cdot Ca^{2+}$及$HCO_3^- - Na^+ \cdot Ca^{2+}$型；地下水中无机指标超标10种，其中COD超标率最高，达到66.67%，其次是铁和氟离子，超标率均达到50%；有机污染物未检出。

2. 浑河冲洪积扇典型地区地下水污染及其对饮用水源影响评价专题研究取得的成果。研究区地下水以弱酸性、低矿化度、软水为特征。无机超标组分种类较多，其中铁、锰、挥发酚超标率较高；有机污染呈现“二多三少”现象，即检出的污染物种类多，检出污染物的采样井点多，单点检出有机污染物种类较少，有机污染物浓度普遍较低，超标点也较少。Ⅰ类、Ⅱ类地下水呈小条带状分布，Ⅲ类水片状分布在研究区东北部、北部和南部部分地区，Ⅳ类、Ⅴ类水分布面积较大。初步建立了地下水数值模拟三维地质模型。

3. 下辽河平原地下水污染调查评价工作项目。查明了下辽河平原区的地形地貌、微地貌、地形切割程度、土地利用类型及植被发育程度；系统分析了下辽河平原区新构造运动特点与新生代以来地层沉积特征，尤其是第四纪地层岩性与结构；初步分析了下辽河平原第四系松散岩类孔隙水亚系统的含水层结构及富水性，研究了地下水资源的形成与补、径、排循环特征，建立了地下水系统水文地质概念模型；调查了区域地下水资源条件、开采状况及其存在的主要水文地质问题；初步分析评价地下水水质和污染程度，铁、锰、氨氮、硫酸盐、氯化物、硝酸盐氮、亚硝酸盐等主要污染物超标区比较广泛，有机污染主要为苯并（a）芘和甲苯；下辽河平原区地下水污染程度不仅受污染源污染物的排放量、浓度的控制和影响，还与水文地质条件、含水层结构，尤其是包气带的地层岩性、结构有关；地下水污染机理比较复杂，总体看来，影响地下水污染的因素有两大方面，一是自然因素，二是人为因素。

九、紧急部署开展西南应急抗旱打井找水工作

2010年，云南、贵州、广西部分地区遭受极为罕见的干旱，国土资源系统坚决贯彻落实党中央、国务院部署，发挥优势，主动服务，快速响应，紧急动员，迅速制定国土资源部应急抗旱打井紧急行动方案，快速抽调成都地调中心、西安地调中心、水环地调中心、水文环境所、探矿工艺所、岩溶地质所、地质环境监测院等局属单位和四川、山西、河北、甘肃等14省共85家地勘单位的精干力量2600多人，调集钻机306台赴云南、贵州、广西一线开展应急抗旱打井工作。各省队伍累计已完成钻孔2703眼，钻探进尺23万多米，成井2348眼，累计日出水量36万m^3，解决了滇黔桂3省（区）520万人的饮用水困难。

十、全国主要城市环境地质调查评价

1. 截至目前，共查明了28个省310个城市的环境地质条件，为城市建设发展奠定了基础。初步查明了城市的地下水污染、地下水资源衰减、特殊土分布、土壤污染、海岸线变迁等环境地质问题现状，分析了其变化趋势。据目前统计表明存在地下水降落漏斗的城市有65个，共154处；地下水污染的城市共129个；土壤污染的城市65个，共369处；存在特殊土工程问题的城市有56个，共278处。

2. 基本查明了310个城市崩塌、滑坡、泥石流、地面塌陷、地裂缝、地面沉降等地质灾害特征与发展趋势。根据已有成果统计显示，崩塌、滑坡、泥石流、边坡失稳等在内的突发性地质灾害共7616处，分布在122个城市；地面沉降109处，分布在28个城市；地裂缝83处；分布在19个城市；地面塌陷685处，分布在55个城市；岸坡失稳及海岸侵淤积危害159处，分布在36个城市。

3. 对环境地质问题或地质灾害对这些城市造成

的危害、经济损失进行了评估。根据目前已调查310个城市各类环境地质问题危害与造成的损失总体情况，不完全估计结果显示，各类问题发生数量为9876处，毁坏房屋数量为97 768栋（间），造成直接经济损失2749.1亿元，间接损失7254.38亿元，总损失18 799.43亿元，仍然威胁着147.659万人城市居民的生命财产安全，如不采取措施防治，还将造成9067.26亿元的经济损失。

十一、环渤海湾重点地区环境地质调查及脆弱性评价

1. 天津滨海新区海岸带环境地质调查评价。通过浅地层剖面与钻孔数据的综合解释揭示了渤海湾西北部冰消期以来，在海面变化、沉积供给变化条件下，形成的地震层序、沉积环境和物源演化进程。采用岩石学、年代学、生物学等综合研究方法，对调查区晚更新世以来，特别是中晚全新世以来的地层结构及沉积环境变化特征进行了探讨。采用^{210}Pb和^{137}Cs测年技术，分析了天津滨海新区不同区域近百年来的沉积速率。

2. 河北曹妃甸滨海地区海岸带环境地质调查评价。基本确定穿过曹妃甸新区重点规划区的高柳断裂、柏各庄断裂为活动断裂，初步圈定了可能影响范围；基本掌握了区内地面沉降现状、发生机理及变化，提出了海岸防潮堤顶面高程设计建议方案。对广为关注的甸头深槽、老龙沟潮道等重点地段的冲淤变化提出了最新调查监测数据，基本掌握了近年来填海造地工程与海洋水动力环境的相互影响程度。初步提出近岸海域优化开发利用区划建议。初步查明曹妃甸国际生态城等重点规划区工程地质条件及适宜性。进一步查明水文地质条件变化和地下水资源开采潜力，初步圈定2处应急水源地远景区。

3. 环渤海重点地区活动断裂与区域地壳稳定性调查评价。基本完成区域1∶50万以及天津－唐山－秦皇岛重点地区1∶25万、1∶5万基础性图件编制。完成地应力监测设施安装与动态监测，取得2个月的地应力动态监测数据。

4. 环渤海地区国土规划与资源环境承载力综合评价关系研究。确立了国土规划与资源环境承载力关系中8个基本问题，奠定了本项目的理论基础和技术框架。对国外资源综合调查评价和国土规划工作现状进行了对比研究，提出可以借鉴的经验。确定了资源环境承载力评价的方法框架体系。对曹妃甸新区地质环境综合评价取得相关成果进行了调查、研究及整合，在建筑适宜性评价、土地工程能力评估、地质安全性评价、地质资源保障程度评价、地质环境功能区划等方面取得重要阶段性成果。

十二、长江三角洲经济区地质环境综合调查评价与区划

基本查明区域地下水环境质量状况、污染状况及影响水土的主要因素，对浅层地下水防污性能进行了评价，完成了地下水污染防治区划，建立了长江三角洲地区地下水污染调查评价信息平台系统。在开展上海沿海地区、浙江沿海地区和长江三角洲地区（长江以北）环境地质综合调查评价过程中，对地面沉降进行了调查，获得了新的相关资料，并通过综合研究项目建立了地裂缝光纤监测示范点一个。通过对长江三角洲（长江以北）钻孔资料分析，发现北缘沉积物物源与黄（淮）河水系有关，而南部沉积物物源主要来自长江水系。认为长江三角洲（长江以北）部分深层承压水的咸化现象主要是由成井结构工艺差或者由承压含水层间隔水层缺失或减薄引起。初步建立了苏北、上海沿海及其海域第四纪地层结构模型。根据水下地形监测资料、遥感解译等成果，分析了部分地区江海岸线以及河（海）床冲淤变化规律及演化趋势，并对金山深槽、长兴岛南岸、台州湾等典型岸段进行了详细分析。确定了江苏省地质环境综合区划思路，初步建立了各专题区划评价指标体系，建立矿山地质环境调查、地质遗迹资源调查、地质灾害调查数据库。

十三、海峡西岸经济区地质环境调查评价与区划

1. 编制了区域性的系列图件。主要有海峡西岸经济区遥感影像图、区域地质图、环境地质图、水文地质图、工程地质图、主要活动断裂及抗震设防烈度分布图、地下水资源分布图、水文地质工程地质工作程度图、环境地质地质灾害工作程度图等。

2. 开展了重大环境地质问题调研工作，对区内的重大环境地质问题进行了总结，对海岸带的类型、侵蚀淤积、环境污染情况，区域地壳稳定性特征、地下水质量、地质灾害现状、矿山环境地质问题、闽东滨海断裂问题等进行了调研。

3. 以福州市为试点开展了地质环境质量评价和区划方法研究。结合研究区内的区域构造分区、震源分布、地形坡度等因素，对研究区地质环境质量进行了综合评价。评价结果表明，研究区建设用地地质环境质量总体为中等—较好，占全区89.46%；环境稍差—差区，仅占全区5.27%，主要为人口密集区、软土分布区、土壤重度污染区。

十四、珠江三角洲经济区地质环境综合调查评价与区划

制定并完善了珠江三角洲经济区地质环境调查评

价与区划实施技术细则；进一步完善了珠江三角洲地区地质环境保障工程“协调联动”机制，初步完成了珠江三角洲经济区地质环境承载力评价与区划方法的研究；对珠江三角洲经济区重要环境地质问题进行了专题调研，并着手梳理珠江三角洲经济区重要环境地质问题。

初步编制完成了1∶25万珠江三角洲经济区地貌单元分区图、地质图、第四纪地质图、水文地质图、地下水水化学图、人口密度图、土地利用现状图、活动断裂与历史地震分布图等基础图件13幅；初步编制完成了8条控制性第四纪地质剖面和4条潮间带地质剖面；遥感解译在遥感图像预处理、解译方法等方面进行了对比探索，取得了新进展；软基沉降主要分布在环珠江口地区，以广州南沙区、珠海西区软土分布的区域最为典型；对填海造地、海岸变迁等环境地质问题进行调查，分析研究了填海造地对海岸变迁的影响、海岸变迁的地质与生态环境效应。

十五、北部湾经济区地质环境综合调查评价与区划

对北部湾经济区主要环境地质问题进行梳理后，表明断裂活动性与地壳稳定性、地下水引起的相关环境地质问题、煤矿采空区及膨胀性岩土工程地质条件是经济区在不断扩大经济建设规模之后需要引起高度关注的重大环境地质问题。

通过对灵山重点工作区断裂活动性特征的野外调查与地质填图工作，表明灵山地区断裂构造存在一定的活动性，且对本地区地壳稳定性有一定的影响；本地区地貌成因和第四系沉积特征与断裂活动直接相关。

地下水引起的相关环境地质问题包括地下水资源潜力、地下水污染和海水入侵（咸化）等，在经济区南部（也就是北海、钦州、防城港区域）这一问题相对严重；煤矿采空区及膨胀性岩土类问题在经济区北部（也就是南宁市）显得尤其突出。这一特点可以为下一阶段工作部署提供依据。

十六、长江中游城市群地质环境调查与区划

查明了区内主要活断层分布状况，对区内主要34条活断裂进行了调查，主要分布于长株潭城市群区北部，多以北北东向断裂为主，其中18条为12万年以来的活动断裂，公田-宁乡断裂、庙湾-罗家屋场断裂、汉背-枣市断裂为3条区域性的大型活动断裂。

完成了长株潭城市圈区域环境地质问题调查研究。初步查明了工作区地下水污染状况，工作区地下水污染总面积1410.01 km^2，其中单元素污染区面积677.5 km^2，污染元素为S，Cu，Co，Pb，Zn，Ba，As，Sr，Mo，Cd，Hg、酚；双元素污染区面积188.82 km^2，污染元素组合为Mo与As，Zn与Pb，Zn与Cu，Co与Cr^{6+}，Cu与Sr；多元素污染区面积543.69 km^2。初步查明了工作区土壤污染状况，调查区内的土壤污染大致可分为工业、生活污染和矿山污染两大类，工业、生活污染所导致的土壤污染主要分布于望城县靖港—长沙市—株洲县的湘江沿岸，呈近北北西向不规则带状展布，面积约2370 km^2，污染元素组合为Cd，Hg，Pb，As，Sb，Bi，Sn，W，Ag，Au，Zn，Cl，P，S。矿山所导致的土壤污染包括3处，湘潭鹤岭锰矿土壤污染区位于湘潭市鹤岭镇，面积约63 km^2，污染元素为Cd，Mn，Se，Sb，Mo，Hg，As，S；宁乡灰山港-煤炭坝煤矿土壤污染区位于宁乡县灰山港—煤炭坝一带，面积约87 km^2，污染元素为Cd，Sb，Se，S，V，Mo，As。湘潭九龙桥锰矿-杨家桥煤矿土壤污染区在湘潭县石潭镇—黄荆坪一带，面积约181 km^2，污染元素为As，Sb，Hg，Mo，Mn，Cd，Ni，Se，F。

十七、全国矿山地质环境综合研究与动态评估

1. 初步完成了全国矿山地质环境动态数据库建设。在全国矿产资源集中开采区矿山地质环境调查与评估数据库的基础上，结合动态调查评估的实际需要，提出了全国矿产资源集中开采区矿山地质环境综合研究与动态评估数据库的基本框架，设立了相关的数据表及数据结构。修改完善了全国矿产资源集中开采区矿山地质环境调查信息系统，更新了数据库的部分数据。将示范区调查数据录入矿山地质环境调查信息系统数据库，对原有数据库的数据进行了更新。对调查的各种数据源，如遥感调查数据、实地调查数据等资料，进行了分类汇总和整理。

2. 选取典型矿产资源集中开采区和典型矿山进行了地质环境动态调查工作。按照项目的总体目标任务要求，结合全国矿产资源主要开采区的划分及分布情况，考虑到工作地域以及已有工作基础，本年度主要在山西太原东西山煤炭集中开采区、贵州省纳雍县北部煤炭建材矿区、淮南煤炭开采区大通-九龙岗矿区和张集-新集矿区、江西安远县道树坑稀土矿区、龙南县稀土矿区、湖北大冶矿区开展了矿山地质环境动态调查工作。开展了矿区1∶5万矿山地质环境调查面积约5000 km^2，完成遥感调查面积约800 km^2。重点调查了矿区内矿山的分布、数量、生产规模、矿区面积、矿山地质灾害、矿区主要地质环境问题、矿山地质环境恢复治理等情况，通过资料收集、遥感解译、数据整理等工作进行调查、分析，对区内的矿山环境动态变化情况进行了初步分析。

3. 开展了典型矿山地质环境治理关键技术示范研究，为矿山地质环境恢复治理提供技术支撑。在消化收集资料、总结调研认识和补充调查的基础上，初步分析、对比了不同矿产类型、不同开采方式、不同地质环境条件下，矿山地质环境综合治理的技术方法，总结了矿山地质环境问题治理的技术组合、模式，为西北地区生态环境脆弱条件下矿山地质环境综合治理和典型矿区治理示范工程提供了依据。

十八、全球气候变化地质记录研究

围绕更新世晚期以来气候变化的精细记录，分别从湖泊、洞穴石笋、黄土、河谷阶地与地貌、泥炭、冰碛物及冰水沉积等方面开展了野外地质调查，并取得了阶段性研究成果。

1. 获得了青藏高原古大湖与冰川消长的高分辨率气候变迁记录，以晚更新世以来巨厚泥炭沉积为主线，结合冰川纹泥及硅藻沉积的纹层季节变化分析，为研究区内晚更新世以来气候变化精细特征提供了条件。

2. 开展了10～15万年来石笋记录的详细研究，初步建立了晚更新世以来高精度年代学标尺及气候变化的精细特征，为各项目间开展区域气候演化特征对比及形成机制研究提供了基础。目前，已通过15万年来石笋记录，对晚更新世以来的不同气候阶段的时间标尺进行了标定，确定了末次间冰期起始的精确年龄（129.3±1.0 kaB.P.）。

3. 开展了中国东部季风边缘区典型湖相沉积的气候记录调查，初步建立了黄旗海、阳原盆地等典型湖泊沉积的年代格架、环境指标及物源等方面的演化特征。

4. 对青藏高原东缘分布的黄土、泥炭、风成砂及冰川遗迹等气候变化的典型地质记录开展了地质调查，并对已有环境指标开展了初步分析。

5. 完成了罗布泊43 m湖相地层连续取心及克里雅河河谷地貌调查，对北极深海岩心等气候演化资料进行了初步分析。

通过对溶洞石笋、泥炭及湖泊沉积等过去气候地质记录的初步研究表明，在所记录的地质历史时期内，气候存在稳定的周期性变化特征。而CO_2浓度变化的周期性与气温指标的周期性并不对应。南极Vostok冰心记录显示CO_2浓度变化往往滞后于温度指标的波动。这本身对CO_2浓度增加是导致气温增高的原因提出质疑，特别是极端寒冷事件和寒冬现象的频繁出现，充分体现了气候系统的复杂性。对于全球气候变化的驱动，以及CO_2浓度的周期性变化的认识，都需要对气候系统作用过程进行深入分析。

CO_2作为温室气体，需要同地表产生的红外辐射一起完成大气升温过程，当CO_2浓度达到一定程度之后，其升温效应主要依赖于地表辐射的增加。此时由CO_2带来的大气辐射强度仅与其浓度变化成对数关系。这就是说CO_2浓度的改变对温室效应的影响已十分有限，而地表新增热源会使CO_2大气辐射强度迅速增加，从而加剧了城市热岛的形成。而现有气象观测站点的分布大多在人类居住区附近，因此需要对气象观测结果进行评估，进一步深入认识大气变暖过程。

正是由于现今CO_2带来的大气辐射强度仅与其浓度变化成对数关系，因此在应对全球气候变暖方法上，不应仅局限于CO_2减排一个方面，而是综合考虑气候系统的整个环节，从能量入射、地表升温、辐射到大气对流等各个方面进行应对，其效果最终可以折算成减排量，起到事半功倍的效果。

十九、中国地质碳汇潜力研究

提出了中国CO_2地质储存潜力与适宜性评价阶段和各阶段评价精度，建立了CO_2地质储存潜力评价方法体系。通过对中国CO_2地质储存沉积盆地地质基础研究从宏观的角度对沉积盆地CO_2地质储存条件有了进一步掌握。明确了中国沉积盆地CO_2地质储存研究的主要思路。制定了切实可行的全国碳编图方案。

基本完成了全国1:500万碳编图成果图系编图工作。制定了盆地级图册编制提纲，明确了编图内容和表达方式，2010年度盆地级图集编制工作基本完成。探索了盆地级CO_2地质储存遥感技术的应用前景和优势。完成了鄂尔多斯盆地→银川盆地→六盘山盆地→山西亲水盆地和宣化盆地→大同盆地→太原盆地→渭河盆地路线考察，发现了一批小盆地、大碳源的地区，有待深入思考和研究。

CO_2地质储存灌注场地遥感解译有着其他专业无法替代的作用。建立热力学、动力学数据库，为数值模拟系统的运行提供了基础和前提条件。建立CO_2注入深部含水层中多相流多组分迁移数值模拟系统。对现有的CO_2地质储存的数值模拟软件源代码进行初步改进，为今后实现超大规模的CO_2地质储存的数值模拟运算奠定基础。CO_2地质储存逃逸通道分为人为逃逸通道、地质构造逃逸通道以及跨越盖层和水力圈闭逃逸通道3类。

提出CO_2地质储存环境风险评价的重点是CO_2泄漏造成的对人身安全与环境的影响和损害程度。确定了CO_2地质储存调查、选址、勘探、钻探、监测技术方法体系，为神华 CCS 示范工程提供了技术支撑。提出了基于测井数据和加权函数法的地质模型校正方法，提高了示范工程地质结构模型的可信度，同时模拟了不同条件下 CO_2 地质储存示范工程的可灌注量。

二十、地面沉降调查与评价

（一）长江三角洲地区。

1. 继续进行区域地面沉降监测。根据统一技术标准，对长江三角洲地区已有的地面沉降监测设施进行监测，结果表明，长江三角洲地区地面沉降空间分布格局随着不同地区控沉效果的不同，与 2009 年有较大变化。2009 年度沉降量大于 20 mm/a 的地区，仍位于浙江嘉兴西北部、嘉善—平湖一带，但空间分布已不连续；年度沉降量大于 10 mm/a 的地区，苏锡常地区分布格局基本与 2009 年一致，江苏扬泰通地区、浙江和上海地区变化较大，分布格局和范围明显减少；小于 5 mm/a 的分布范围在不断扩大。

2. InSAR 技术监测地面沉降取得初步成果。针对长江三角洲地区的环境特点，建立了“基于相干目标干涉测量”的区域性地面沉降监测方法。以上海市、江苏省和浙江省地面沉降为调查与监测目标，开展了干涉雷达地面沉降信息提取应用方法技术试验。通过对长三角地区从 2003 年到 2010 年 267 景 SAR 影像的集成处理，完成了工作区地面沉降速率提取，得到了长三角工作区 2003 ~ 2010 年度年均沉降速率分布图，查明了重点沉降区的分布位置和沉降速率状况。

3. 完成了地面沉降风险区划。在地面沉降监测及地面沉降风险评价基础上，结合地面沉降防治管理相关规定，以行政区为管理单元进行风险划分，从而有利于地面沉降风险的实际管理。并针对不同风险程度区域，制定风险控制目标。

（二）华北平原地区。

通过区域 GPS 测量、分层标测量、地面沉降水准测量及监测数据综合分析，全面掌握华北平原地面沉降灾害发育现状。初步查明了华北平原大于 1000 mm 的沉降面积达 8700 km^2，大于 500 mm 的沉降面积达 3.2 万 km^2，大于 200 mm 的沉降面积 6.2 万 km^2。天津地区主要沉降中心为塘沽、汉沽、市区、武清，中心最大累计沉降量分别为 3.332 m，3.096 m，2.955 m，2.943 m；河北地区主要沉降中心为沧州、泊头、任丘、河间、献县、冀枣衡、饶阳（肃宁县）、唐海、廊坊，最大累计沉降量分别为 2.518 m，0.84 m，1.39 m，1.28 m，1.027 m，0.981 m，1.138 m，0.686 m，0.845 m；山东德州沉降区，最大累计沉降量达 0.992 m。调查和监测结果显示，华北平原不同区域的沉降中心仍在不断发展，并且有连成一片的趋势。其中北京地区主要沉降中心为东八里庄 - 大郊亭、通州区、朝阳区来广营、昌平沙河 - 八仙庄、顺义杨家营、平各庄（沉降中心移动）、大兴区，最大累计沉降量分别为 0.759 m，0.347 m，0.864 m，1.096 m，0.445 m，0.431 m，0.845 m。

同时，完成了华北平原京、津、冀约 13 万 km^2 的 InSAR 地面沉降状况调查。实现了北京、天津、河北及山东北部地区 23 个卫星雷达图幅地面沉降状况调查，编制了年度地面沉降速率图，查明了工作区内各主要沉降区的分布和时空变化状况，对重点沉降漏斗进行了时间序列分析。从 2005 年开始陆续开展了工作区内的地面沉降 InSAR 调查与监测，截至 2010 年末，将完成华北平原约 13 万 km^2 全覆盖监测。

（三）汾渭盆地。

1. 继续完善了地面沉降监测网络。为了全方位监测汾渭地区地面沉降地裂缝形变情况，在太原、西安等地新布设了地面沉降 GPS 监测点，在临汾、运城盆地埋设水准标石 78 点，普查维护太原市地面沉降二等水准监测点 104 个。

2. 继续开展地裂缝地面沉降监测。2010 年，完成了西安、太原、大同 GPS 测量监测作业任务，得到了 2010 年地裂缝地面沉降活动情况。开展了山西盆地 InSAR 监测及其关键技术研究，获取了山西盆地典型城市地面沉降的时间序列成果，并为大西高铁提供重要设计依据。采用 InSAR 小基线集技术获取了大同、太原、祁县、平遥、介休、临汾和运城 7 个城市的地面沉降分阶段形变结果。在清徐地区安装了 5 个 CR 点，其中 1 个为基准点，2 对为地裂缝监测点，分别采用 C 波段和 X 段 SAR 数据对清徐地裂缝进行监测，获取了多个时间段的基于 Envisat 和 TerraSAR 数据的地裂缝和地面沉降形变结果。

3. 重点地区地裂缝调查与勘查。2010 年新完成渭河盆地 1∶1 万地裂缝调查共计 600 km^2，总共调查了 16 条（带）地裂缝。调查结果显示，大多数地裂缝为构造地裂缝，走向上与断裂具有很好的一致性。调查的地裂缝大多在地表形成方向一致性较好的破裂带或串珠状陷穴，经过村庄或建（构）筑物的地裂缝一般沿地裂缝延伸方向，形成明显的房屋和道路等的破坏迹象，两者在位置上具有很好的对应关系。

为了进一步揭示地裂缝剖面结构特征及其与下伏断层的关系，在前期工作的基础上，2010 年确定陕西省的渭南市、临潼区、蒲城县、富平县、咸阳市和泾阳市为本年度重点工作区。其中渭南市 2 km，临潼区 2 km，蒲城县 4 km，富平县 3 km，泾阳县3 km，咸阳市 6 km，合计地震勘探总剖面 20 km。目前野外工作已全部完成，室内资料处理和解译工作正在进行。

结合新建大同至西安客运专线铁路工程，项目在 2009 年对大运高铁沿线的太原 - 晋中盆地、临汾盆地和运城盆地等地区进行了地裂缝勘察，对重点地裂缝地段进行了地裂缝位置测量、槽探、钻探和物探工作，确定与大运高铁线路相交或可能相交的地裂缝有 24 条，其中有的裂缝存在分支裂缝或次级裂缝，这些裂缝与高铁线路相交或可能相交的地点有 30 处。在此基础上，2010 年对沿线地裂缝进行了活动速率、活动性评价和工程场地适宜性评价，并提出了灾害防治措施的建议。这些成果已经应用于线路规划和设计工作之中。

4. 地裂缝成因机理和防治研究。为揭示抽水导致西安市地面沉降的致灾机理，2010 年继续开展地面沉降机理的物理模型试验，以研究西安市沉降区下伏土层的渗流变形特性，包括水位升降与土层的应力关系，水位变化（包括承压水和潜水）与地层变形之间的定量关系，地层变形相对水位升降滞后的定量描述等问题。

二十一、国家重大工程区域地壳稳定性调查与评价

（一）开展了北京地区主要活动断裂工程地质稳定性评价与地应力测量。

对八宝山 - 黄庄 - 高丽营断裂带的南段（涞水段）开展野外路线地质详细调查，调查面积约 80 km^2，地表开挖发现多处断裂变形迹象，但未错断上覆第四纪地层。

（二）开展了北京主要隐伏活动断裂微地震监测，希望通过微地震的监测确定隐伏活动断裂的位置和深部结构。

从 2008 年 10 月至 2010 年 5 月，记录的原始地震波形压缩数据量已多达 1232 GB。研究区包括了人类活动比较频繁的城镇，所以环境噪音水平非常高。此外研究区较厚的沉积物对高频微地震信号存在明显的吸收作用。所以从 2008 年 10 月地震台站安装以来记录的最小地震震级是 1.3 级，最大地震震级是 2.9 级，识别出有效微地震事件 60 个。在大约 21 个月的时间里只发生了 60 个震级介于 1.3 到 2.9 级的微地震事件，这一方面说明研究区的地震活动性本来就不强，另一方面也可能说明震级小于 1.3 级的地震信号被强的环境噪音掩盖或被厚的沉积物吸收，从而无法从波形记录中识别出来。

（三）开展了地应力测量及监测。

1. 平谷地应力实时监测。对 2008 年所建地应力监测台站已有实时监测数据进行了初步分析，初步结果表明该监测点现今地应力大小相对变化较平稳。考虑监测深度地应力绝对测量结果，运用探头室内厘定值，对地应力实时监测数据进行处理分析，获得地应力大小相对变化曲线。已有监测数据表明该监测点现今地应力大小较平稳，呈微小增大趋势，长期变化趋势分析仍需更长时间的监测数据。

自 2010 年 7 月 6 日开始获取地应力实时监测数据。考虑监测深度地应力绝对测量结果，运用探头室内厘定值，对地应力实时监测数据进行处理分析，获得地应力大小相对变化曲线。其中对比悬空探头位于孔内监测探头深度，受环境干扰影响小。已有监测数据表明该监测点现今地应力大小较平稳，呈微小增大趋势，长期变化趋势分析仍需更长时间的监测数据。

2. 地应力测量与监测钻探工程。2010 年西峰寺地应力测量与监测钻探工程，目前已完成钻探 612 m，预计 11 月 20 日完成钻探工程；然后进行地应力测量与监测，预计 11 月底完成；最后全部钻探岩心将入国土资源部实物地质资料中心。

二十二、全国地质灾害调查与综合研究

完成了 1∶5 万地质灾害详细调查信息系统录入系统编制工作，完成 2010 年年底前已提交报告的 115 个县地质灾害数据录入，初步完成检查系统。

完成全国山地丘陵县地质灾害调查 1640 个县信息系统建设及成果综合集成工作，完成全国 33 个省山地丘陵县地质灾害调查成果集成。

二十三、西北黄土高原区地质灾害详细调查

2010 年共调查了陕西延安市安塞县、宜川县、铜川市耀州区、宝鸡市太白县、天水市甘谷县、新疆伊犁地区昭苏县、陇东地区崆峒区、崇信县、宁夏宁南原州区，青海海东地区乐都县 10 个县（市、区）的地质灾害。完成面积 30 795.69 km^2。完成 1∶5 万遥感解译 30 795.69 km^2，1∶5 万地质灾害测量 22 232.69 km^2，1∶1 万地质灾害测量 243.6 km^2，工程地质钻探 2730.7 m。调查点 2916 个，查明隐患点 1751 个（其中滑坡 723 个、崩塌 286 个、泥石流 192 个、不稳定斜坡 507 个、其他类型 43 个）。综合研究项目获得了西北 17 个县（市）1∶5 万正射遥感影像，完善了黄土高原区地质灾害遥感信息发掘方法，初步建立了黄土高原区地质灾害遥感解译标志。

二十四、西南山区地质灾害详细调查

完成乌江流域（重庆段涪陵区、贵州段凤岗县）、甘孜地区（炉霍县、雅江县）、哀牢山地区

(屏边县)、岷江流域(黑水县、松潘县)7个县22 985 km^{2}的地质灾害详细调查工作，完成了遥感解译22 985 km^2、地质灾害测绘13 765 m^2、重大地质灾害体的勘查钻探2783 m、物探测线159 km，查明地质灾害隐患点1354处。完成怒江流域环境工程地质调查，查明该区地质构造及新构造运动情况及地质灾害发育情况。典型泥石流防治关键技术及示范项目有针对性地提出了中小型泥石流沟防治的“关键段防治模式”，并通过示范实施，已避免了可能因泥石流灾害造成800万元的经济损失和重大人员伤亡，经济效益和社会效益非常显著，示范工程的防治思路已为地方政府、景区索道公司及景区商家广泛接受。西南山区城镇建设地质灾害风险管制方法及示范项目建立高地震风险区强震条件下斜坡失稳(崩塌和滑坡)的识别指标体系，构建了地质灾害易发性评价指标。

二十五、湘鄂桂山区地质灾害详细调查

完成湖北远安县、清江流域建始县、利川市、鹤峰县、宣恩县、咸丰县、来凤县、宜都市8个县(市)19 973 km^{2}的1∶5万地质灾害详细调查工作，共完成1∶5万遥感解译19 973 km^2、1∶5万地质灾害测量2252 km^2，1∶1万地质灾害测量227 km^2、工程地质钻探2379 m。实际调查点4340处，查明各类地质灾害2400处。长江上游宜昌—江津环境工程地质调查项目完成了抱龙河、神女溪、大溪河等3条流域的环境工程地质调查，完成抱龙河流域卫生院滑坡、神女溪流域官渡中学滑坡、大溪河流域曾家棚子滑坡等3处灾害点开展了勘查，对流域进行了工程地质分段，开展了岸坡结构、重要环境工程地质调查与评价。

二十六、西部复杂山体地质灾害成灾模式研究

分析建立了三峡库区高陡岸坡及变形体的形成条件和变形失稳模式、初步建立汶川特大地震灾区地震后期滑坡泥石流的早期识别标志和危险性评价方法，提出龙门山地区地震滑坡-碎屑流-泥石流的6种成灾模式，开展了高速远程特大滑坡泥石流的形成机理和运动机理研究，初步揭示了高陡危岩体和类似武隆鸡尾山特大高速远程滑坡结构类型和成灾模式，建立了红层地区近水平岩层滑坡和“关键块体”控制型滑坡形成模式及“关键块体”控制型岩体结构斜坡失稳判据，基本查明了黄土地区典型灌溉黄土(黑方台)滑坡灾害高发区的水文地质结构及水文地质条件，首次获取了黑方台地区水文地质参数，通过不同时段DEM数据，探索黑方台地区滑坡变形分析方法，建立了黄土地区季节性冻结滞水效应监测断面。

二十七、汶川地震地质灾害调查评价

编制了鲜水河构造带2.5 m分辨率、1∶2.5万的遥感影像图，揭示了鲜水河断裂带空间展布特征与全新世活动特征，提出鲜水河断裂周边斜坡灾害发育特征。首次取得了安宁河地区高质量的地球物理勘查野外实测数据。完成了对龙门山断裂、小江断裂带、安宁河断裂带、则木河断裂带、鲜水河断裂带、红河断裂带及其附近区域GPS测站的第二次监测，初步完成了青藏高原东缘主要活动断裂的GPS控制，计算出青藏高原东部地震前后地壳运动速度场，计算出该地区主要断裂的运动性质及活动量。完成对青川、绵竹、石棉等斜坡地震动峰值加速度监测，提出了斜坡地震动力响应程度。开展了顺层结构岩质边坡的振动台试验，揭示了该类型边坡在地震作用下的加速度、速度、位移等的动力响应特征。完成地脉动测试点53个，地脉动地质剖面10 182.8 m，提出了地脉动卓越频率与地层结构、岩性和地形的关系。完成了31个县(市)地质灾害详细调查成果及55个地质灾害勘查成果的收集、初步分析，编制了汶川地震灾区区域工程地质条件图(1∶50万)、汶川地震灾区典型地质灾害分布图(1∶50万)、地质灾害易发程度分区图(1∶50万)、地质灾害防治区划图(1∶50万)、汶川地震灾区地质灾害遥感影像及解译图、15个县地质灾害易发分区图、防治区划图和搬迁避让图。完成了全区39个县和部分重点调查区卫星数据的购买及工作区相关地形数据的收集。

二十八、地质灾害监测技术方法研究

开展了ISS微震监测系统试验的施工和建站工作，维护巫山示范站正常运行10个月，取得各类数据132万余条，得出了滑坡监测技术的优化方案及原则，提出了不同类型、不同变形特征滑坡监测系统推荐方案。研制组装地质灾害无线监测警示牌等9种监测仪样机2套；组装示范用各类地质灾害监测预警仪器7500套。完成不同种类光纤室内拉伸模拟试验及基于嵌入式微处理的光纤光栅监测解调仪优化设计。完成《滑坡防治技术指南》编制。

(姜　义)

地质科技进展与成果

地质科学研究

中国地质调查局科技外事部

一、地质调查基础科学研究

（一）古生物与地层研究又有新发现。

在辽西义县地区白台沟早白垩世地层中首次发现软壳蛋含胚胎的离龙类化石，新发现保存19对发育成形幼崽的白台沟潜龙化石；在蓟县剖面高于庄组发现碳质宏观多细胞生物群（迁西生物群），将世界多细胞生物的地质纪录至少向前推进了3.5亿年；首次在陡山沱组中部获得锆石年龄（614.0±7.6 Ma）；提出中国中元古界年代地层划分新方案，将习用的“蓟县系”底界下拉到高于庄组底界，新的蓟县系将完全对应于国际中元古界盖层系。

（二）小比例尺基础地质图件编制及其专题研究成果丰硕。

编制完成了1∶500万国际亚洲地质图及其数据库建设框架；编制了1∶250万中国南部及邻区地理底图、大地构造图、地质图（中、英文版）；获得马岭组、盐边群、梵净山群、四堡群、双桥山群等重要地层的年龄数据和彭灌杂岩、宝兴杂岩、康定杂岩、磨盘山一米易杂岩等一批岩体的年龄；研究发现中朝克拉通太古宙与元古宙之间存在26～23亿年或25～22亿年间约3亿年的沉积间断；系统厘定了中国及亚洲的主要蛇绿岩带的时空展布；提出在太古宙末华北克拉通通过地幔柱方式发生了大规模的岩浆作用和变质作用，形成华北克拉通雏形的基本认识。

（三）重要造山带研究进展显著。

建立了整个阿尔泰造山带花岗岩年代学格架和北秦岭地区早古生代洋壳/陆壳俯冲的年代学格架；中央造山带研究结果显示，丹凤岛弧杂岩带形成于洋壳俯冲环境，其主要源区为原特提斯洋壳，二郎坪弧后盆地杂岩带是原特提斯洋壳俯冲和秦岭群陆壳俯冲双重作用的产物，其源区具有原特提斯洋壳和秦岭群基底副片麻岩的双重属性。

（四）青藏高原天然气水合物调查研究进展顺利。

调查研究结果初步认为羌塘盆地具备生成与保存天然气水合物的地质条件，羌塘盆地自地下1.65～3.0 m以深普遍发育永久冻土层，最大厚度达180 m；盆地中侏罗统的索瓦组、布曲组等都发育良好的气源岩；半岛湖地区发现高孔隙的礁灰岩，是天然气水合物的重要储集层，微生物调查显示，该区存在烃类富集区与非富集区。

（五）重要地质体边界性质、演化特征及成矿研究取得新成果。

识别出阿尔泰地区300 Ma的变质事件，研究发现华北地块北缘晚古生代—早中生代期间至少经历了泥盆纪、早石炭世晚期—中二叠世及二叠纪末—三叠纪等3期明显的岩浆作用过程；将内蒙古中部的构造格局划分为两大构造域和9个构造－地层单元，阐明了断裂形成作用与岩浆活动、沉积作用和成矿事件的耦合关系；建立阿尔金山南缘镁铁－超镁铁质岩体的成岩－成矿综合模式和阿尔泰铁矿区域成矿模型。

（六）青藏高原基础地质科学研究有多项新发现、新认识。

在日干配错幅错俄错地区、加措幅的先遣乡萨门熊地区“中二叠统”海相碳酸盐岩地层中识别出早三叠世的牙形石化石；在改则县古姆乡座倾错新发现含有中三叠世安尼期晚期—拉丁期早期放射虫硅质岩剖面，放射虫计有11属18种；在改则县物玛乡地区原来划分的下二叠统“下拉组”中发现丰富的晚侏罗世珊瑚化石，计有33属47种及未定种（1个新种）；冈底斯地层区南部鸭洼地区发现晚三叠世珊瑚和牙形石。提出印度/亚洲板块碰撞5阶段论，在拉萨地块中确立了一条新的板块边界，把拉萨地块分为南、北拉萨地块，为特提斯多岛洋增添了新成员。研究认为拉萨地体内的松多榴辉岩带主碰撞造山时间为220~240 Ma，确立了松多古特提斯缝合带，获得洋壳的形成年龄306 Ma。在安多微陆块发现高压基性麻粒岩，并认为其与安多微陆块和羌塘地体中生代时期的弧-陆碰撞作用有关；获得班公湖-怒江带特提斯洋的俯冲作用由东向西依次进行的花岗岩形成时代证据。在冈底斯岩浆岩带的东南部发现紫苏花岗岩，在拉萨地体南部林芝岩群中识别出石榴石二辉麻粒岩，在拉萨地体南部发现泥盆纪岩浆作用，在拉萨地体中北部鉴别出前寒武纪变质岩。研究发现南迦巴瓦俯冲杂岩带的折返受米林-东九左行走滑断裂和墨脱右行走滑断裂制约，获得墨脱断裂带的南段形成年龄和南迦巴瓦构造节形成年龄，推算南迦巴瓦地区的隆升速率达到9 cm/a。首次在印支地块东南缘厘定出晋宁期岩浆岩，提出印支地块与扬子地块于新元古代发生俯冲碰撞的新认识。提出高喜马拉雅北界藏南拆离系形成的新观点。在柴北缘都兰超高压变质带榴辉岩中发现柯石英，并获得含柯石英锆石的年龄（430~446 Ma）；提出了北祁连榴辉岩相变质沉积岩的原岩形成于弧前盆地环境，并通过俯冲剥蚀作用被卷入到俯冲带深部，发生高压变质作用的观点。获得青海祁漫塔格黑山火山岩属于岛弧或弧后盆地玄武岩，祁漫塔格群形成于大陆边缘的海盆环境的地球化学证据。

二、国家“973”计划项目

“南海天然气水合物富集规律与开采基础研究”项目补充采集96个站位地质、地球化学样品以及相应的地热测量，在神狐海域水合物钻探区采集了高分辨率地震剖面1120 km；完成实验室水合物成藏热力学、动力学和开采（分解）模拟工作，初步建立南海北部陆坡水合物识别的地质、地球化学、地球物理标志，初步总结了南海北部陆坡海底天然气水合物赋存位置及分布规律。在水合物成藏的主控因素、地球物理及地球化学识别和资源潜力预测以及水合物成核的笼子吸附假说、渗漏型水合物成藏动力学机制等基础理论研究等方面取得实质性进展。

“华北平原地下水演变机制与调控”项目初步分析了区域地下水流变化规律与影响因素，对华北平原5个典型区的地下水补给量进行了模拟；研发了垂向咸水入侵模拟试验仪；开展了不同灌溉定额、灌水频次的微咸水膜下滴灌大田试验，揭示了秸秆覆盖对农田土壤水分调控机理；建立了华北平原地下水系统危机临界识别指标体系的框架；提出了基于遥感数据的定量估算水土流失MUSLE模型中植被覆盖因子方法，开发基于小生境技术的Pareto改进遗传算法（INPGA）应用程序和基于小生境技术的Pareto禁忌搜索算法（NPTS），建立了高性能区域地下水流动数值模拟平台，建立了北京地区地下水系统动力学模型；初步建立了去除高频监测水位中大气压和固体潮组分的技术方法，并在北京平原区地下水位分析中得到成功运用。

三、地球深部探测计划

累计完成了1960 km的深地震反射剖面，并在地球深部物性探测、地壳活动性监测、动力学模拟等方面取得重要进展和重大发现。发现鄂尔多斯岩石圈具有异常的导电性结构；获得青藏高原腹地巨厚地壳下地壳和莫霍面的强反射；获得东北岩石圈地幔的深地震反射证据；揭示我国长江中下游庐江-枞阳火山岩盆地铁、铜矿集区三维精细结构和成矿动力学过程，初步实现大型矿集区三维“透明化”；隐伏金属矿上方发现纳米级金属微粒，直接获得了深穿透地球化学科学实证；首次发现我国楚雄-兰坪盆地白垩纪/古新纪（K/T）界面铱异常；雅鲁藏布江缝合带发现含特殊深地幔矿物的超基性岩群，预示了寻找铬铁矿的良好前景；中国大陆地壳演化研究取得新进展。

（韦延光　刘凤山）

地质调查方法技术研究

中国地质调查局科技外事部

一、勘查地球物理技术

已研制出以Y12飞机所能提供的电源功率、载重量、发射线圈等基本参数为条件，基于谐振沿技术的发射样机系统。完成收录系统样机，新型接收探头绕制，接收吊舱设计与制作等。完成航空物探数据处理解释系统需求分析，在研究数据结构的基础上，开发数据访问接口，包括网格数据接口、数据库数据接口等；开展了系统框架软件的研发，进行了插件技术、虚拟内存技术等的研究；完成了坐标转换参数及投影公式的收集。针对频率域直升机航空电磁测量系统开展了数据处理解释方法研究工作，通过对目前国内外主流的、具有先进水平的处理解释方法进行综合研究，选用最优化算法，并作了技术上的改进，在WINDOWS操作系统下集成为统一的软件系统，达到了实用化的目的。提交了一套具有完全自主知识产权的、拥有全部源代码的、实用化的频率域吊舱式直升机航空电磁处理解释软件——频率域航空电磁解释系统（HE MInv1.0）。整体上提高了航空电磁数据处理解释水平，增强了从原始数据中提取有效信息的能力，填补了国内在该应用技术领域的空白。

对自主研制的阵列式多功能电法仪多功能接收及发射样机进行了实用化开发，研制出实用化可供推广的多功能电法仪两套；研制了一套磁激电发射机及两套接收机；研制了中功率的相位激电发射机一部。研究了带地形的AMT二维正反演技术及三维正演技术，研究了CSAMT的三维正演技术及一维正反演技术，研究了SIP的三维正演技术，研究了磁激电的数据处理技术。编制了相应的程序。通过与引进的多功能电法仪（GDP32、V8）的实验对比表明，自主研制的多功能电法仪实现了AMT、CSAMT、IP的测量功能，填补了国内空白，具有良好的推广应用前景。研究的磁激电测量系统及中功率相位激电测量技术在野外实验中也取得良好效果。

高精度重力仪器研究工作从系统结构、传感器、恒温系统以及电子系统等几个关键问题入手，进行了箱体的总装图设计和全部零件图的设计，严格控制了整机尺寸；为了石英系统工作稳定，大力改进样机的制备条件和工艺；恒温系统采用航天技术重新加工保温桶，采取选用当今最好的器件如零漂移仪表放大器，使之加热元件分布更加合理等措施，改善恒温系统性能。重力仪主要关键技术问题得以解决。优化了整机结构，改进了传感器制作工艺，采用新材料重新加工保温桶并合理布局加热元件，增加了4阶低通滤波器，同时设计一种全数字“地震滤波器”，进一步提高抗震性能。

进一步完善高温超导磁强计的生产工艺，研制高温超导磁强计产品化样机2台；开展了野外实用的玻璃杜瓦瓶研制；通过完善GPS同步系统，进一步完善了与高温超导磁强计配套使用的瞬变电磁仪；对高温超导磁强计产品化样机进行野外试验。在井中磁场三分量梯度仪研制方面，完成信号长距离传输（2 km），信号采集等调试；进行整机联调，硬件参数满足设计要求；完成偏差角校正理论研究，并编写完相关软件。

二、勘查地球化学技术

固体金属矿产地球化学定量预测与矿床定位，利用异常参数统计以及异常参数统计中的NAP值方法，确定了在区域化探异常中提取形成异常的主成矿元素的技术指标；利用同元素的各类比值判断矿体出露和剥蚀程度，建立了矿体地球化学定量预测的方法技术；研究总结典型矿田（床）的地质、地球化学特征，建立了大兴安岭成矿带和长江中下游成矿带（矿田）的地球化学找矿模式和矿床地球化学模型，确定了以相似度和类比法为主的成矿带地球化学定量预测方法技术。

通过应用机动浅钻的地球化学勘查方法技术试验研究，基本确定了将机动浅钻应用于1∶25万和1∶5万化探扫面中的具体方法技术，1∶25万采样密度为1～2个点（孔）/km^2，1∶5万采样密度为8个点（孔）/km^2，并根据观察和对比等确定了目标层的判别方法，同时，确定了3种钻探取样工艺方法：① 山坡浅覆盖地区直接采用普通双管钻进，操作简单，采取率也较高；② 对于覆盖层比较厚的地区，采用普通单管开孔钻进2 m，更换为绳索取心钻具钻进。③ 对于复杂覆盖层（如含水，易坍塌，缩颈地层），采用ϕ60螺旋钻杆钻进8～12 m，下套管2～3根（4 m/根）然后更换ϕ46 mm绳索取心钻具继续钻进。

深穿透地球化学异常形成机理研究项目通过浅钻取样分析工作，清楚显示了元素在覆盖层中的三维分布情况，揭示干旱荒漠区准平原化过程中异常的侧向分散和垂向迁移规律；通过对矿体上方地气样品的原位测试研究，证实了气体中纳米级团粒的存在，并分析测试了纳米级金属颗粒物的形态、成分；通过对地表样品的测试，查明了地表土壤样品的理化性质。这部分成果的获得为接下来进一步建立元素的三维分散模型，并最终解释深穿透地球化学异常的形成机理奠定了基础。

通过典型矿床中元素富集贫化规律研究，提出了反映北山地区铜矿床成矿环境特点的地球化学指标，综合利用富集贫化指标对北山地区铜多金属矿床的成矿远景进行了预测，圈定具有成矿远景的地段100余处，结合北山地区自然景观条件特点提出了靶区优选方法技术。

三、遥感技术

利用Hyperion数据对云南普朗－怒牛场地区进行了矿物填图，并圈定了9个远景区。其中一个远景区在野外验证中，发现了铜矿化，经化验达到了工业品位；完成了《高光谱遥感矿物填图工作方法指南》征求意见稿的编写。完成了机载高分辨率矿物成像光谱仪载荷中传感器、二色镜、光栅和离轴抛物镜等主要部件的设计与加工。完成了便携式热红外矿物分析仪的仪器设计与加工，控制系统和数据采集软件、硬件设计，并通过调试与实验；完成实验场苦水幅（1:5万）区域的野外地质和光谱测量，形成了相对规范的测试技术方法和相关记录表格。基本建立苦水幅（1:5万）本底数据库；依托资源一号02B星的应用和研究基础，完成其后续星资源一号02C星应用系统立项建议书编写以及立项等工作；建立以国土资源艇基低空遥感应急监测为目标的技术指标配置方案，建立不同气候和地形条件下的艇基低空高分辨率遥感应急监测技术方案。开发集成了满足国土资源遥感应急监测为目标的艇基低空高分辨率遥感图像快速处理原型系统，以及艇基低空高分辨率遥感成像系统，并编制了艇基低空高分辨率遥感地质应急监测操作手册；初步建立了青藏高原示范区地质调查信息资源数据库，开发了野外地质调查服务与管理原型系统，并初步进行了野外试点应用；完成了全球矿产资源遥感探测支撑系统总体设计，厘定了系统六大主要关键技术。开发了全球矿产资源遥感探测支撑原型系统1.0，为后续研究建立了实验平台；初步研究了植被-土壤-岩石的光谱混合机理、元素在岩石-土壤-植被（根、茎、叶）中运移及其光谱响应、植被-土壤-岩石辐射传输模型；初步优选了适合3个试验区岩性弱信息提取的算法与模型，并对黑龙江大兴安岭森林沼泽试验区卫星高光谱数据进行初步处理。

四、钻探技术

完成了1500 m地质取心深孔钻机总体方案的设计与各主要部件的设计，外购件及配套附属器具完成选型，钻机零部件及配套机具的加工试制、整体组装、调试、台架检测，在海拔4200余米的青海省都兰县香日德镇果洛龙洼金矿完成了钻孔深度1500 m的生产试验。这是该矿区最深的钻孔。

600 m全液压坑道钻机研制完成了设备试制、组装、调试、台架试验，野外生产试验用钻杆、钻头、扶正器等器具的配套，正在山东海阳郭城金矿进行生产试验。

岩心钻探孔内事故处理工具的研究已经完成孔内事故处理工具数据库的建立、孔内事故处理工具实物库的建立、孔内事故处理工具手册的编写。

定向钻进高精度中靶系统研究先后在土耳其Beypazari天然碱矿三期、江西赣州九二盐矿对接井工程中实施中靶作业试验，对入井探管和磁信标接头进行了改型设计和加工。到9月底已全部完成土耳其23对井的对接引导中靶工作，已基本达到工业试验的目的。为拓展应用领域，该系统正在国内进行煤层气抽采对接井施工中靶作业试验。

试制完成了普通外丝铝合金钻杆1500 m，反循环双壁铝合金钻杆30 m。进行了$\phi52\times7.5$ mm铝合金钻杆成品静拉、静扭破坏性试验，确定了螺纹副最优机械组配工艺。按此工艺批量生产的$\phi52\times7.5$ mm铝合金钻杆平均静态拉断力大于450~630 kN，抗扭能力超过4900 N·m。$\phi52\times7.5$ mm铝合金钻杆在安徽省地勘局325地质队承担的彭桥煤矿ZK504钻孔中正在进行野外试验，试验钻孔深度超过了1000 m。铝合金钻杆使用情况良好，显示了轻合金钻杆回转功耗低、扭矩小，卸扣轻松，钻工劳动强度低等优势。本项目已完成3项实用新型专利申请。

隔液取心结构与大公差卡簧结构全面应用于汶川地震科学钻探（WFSD）各子工程，复杂多变地层的岩心采取率获突破性的稳定提高；半合管加工技术不断提升，半合管长度梯次增加，WFSD-2孔的回次进尺已突破6 m，KT-150成为WFSD工程提钻取心钻进的主打钻具；形成全新的绳索取心钻具设计思路，将彻底解决传统钻具无到位报讯或报讯不清晰、“打空管”、“弹卡卡钻”等问题。

提高了高效长寿命金刚石钻头胎体性能的稳定性和对地层的适应性；研制成功的双水口金刚石钻头在山东乳山危机矿山2000 m钻探示范孔中以及多种金属矿的勘探中取得了优良的效果，钻头寿命较常规钻头提高2~5倍。在辽宁本溪1000~2000 m深度9~11级坚硬的磁铁矿中钻进，钻头机械钻速提高20%，钻头平均寿命超过80 m（最高寿命198 m），解决了该类地区钻头钻速低、寿命短的难题，加快了本溪铁矿勘探区的钻进效率。该高效长寿命金刚石钻头的研制成功，突破了我国在深孔硬岩中钻进用钻头寿命短的难题，大大减少辅助工作时间，对加快了中国资源勘探的进度具有重要的现实意义。

研制了100 m内的系列钻机、泥浆泵；研究了空气正循环、空气反循环、长螺旋钻进、套管钻进等较完整的钻探工艺；摸索出一套使用无固相泥浆材料护壁堵漏的钻探工艺；摸索出一套孔内事故处理工艺；积累了浅钻施工的现场组织管理经验。完成了过去传统化探方法难以完成的取样任务，得到了化探专家的一致认可，为浅覆盖区化探高效快速取样奠定了基础。

针对我国多类型的复杂地层研究了系列钻井液材料，完成接枝淀粉共聚物研制，已分别在甘肃天水有色总队及甘肃煤田地质145队的两个矿区进行现场试验，完成钻探工作量2450 m。以甘肃天水武山温泉钼矿区为例，该矿区地层破碎严重，孔壁易坍塌，严重影响了施工进度和施工成本。采用该项目成果接枝淀粉共聚物配制的泥浆，对保护孔壁、降低扭矩、岩屑携带与沉降、防止钻杆内壁结垢及防止黏附卡钻等方面，效果显著，创造了该矿区的5个之最：即已钻钻孔深度最深（810 m）、施工速度最快（46天）、施工成本最低、经济效益最好及施工最顺利。该项目成果为武山钼矿区的勘探施工提供了良好的技术支撑。

研制的抗盐共聚物及低摩阻抗盐侵泥浆体系，解决了用卤水配浆、盐膏层钻进及冻土层钻进所面临的诸多技术难题，为西部科学钻探及环境钻探提供了技术支撑；为实现在高温高压环境下的动态搅拌，采用磁隔离驱动技术。在测试体的结构上进行必要的改进设计，使其既能满足压力控制和温度控制的同时，也能满足动态模拟测试的需要。高温高压精密无触点线性位移传感器系统的选型和设计，线性位移传感器能够在高温高压条件下精确测量连续的线性位移值，并达到很好的重复性。

完成了沼泽浅滩多功能钻车底盘的改装，钻机、冷却器、主卷扬、操作台均已安装到位，钻车的机械部分改装已经完成。目前正在进行液压管件的连接，预计中旬钻机能全部组装调试完成，并进行试验孔的实验。钻车的成功研制，必将弥补我国在湖泊、滩涂和山脉等地质比较恶劣条件下取样设备的空白，对我国实施国土资源大调查有很大的意义；已经完成湿地沉积岩快速取样钻机和钻具试制，同时完成室内试验。申报2项专利保护知识产权；完成300 m岩心钻机研究工作；研制出适合于金刚石岩心钻探的离心除砂器和水力旋流除砂器组成的泥浆固相控制系统。通过室内试验和调试重点解决设备小型化和清除金刚石岩心钻探产生的微细岩粉，最小清除粒度达3～5 μm。完全可以满足金刚石岩心钻探对固控设备的要求。通过二级固控还可以满足全面钻进和扩孔钻进时清除较粗岩屑的要求。固控设备在山东乳山危机矿山项目试验孔钻探中出色地完成了任务。从开钻到终孔一直采用本课题研制的离心机维护泥浆性能：及时清除有害固相，清除固相最小颗粒可到10 μm，保持了泥浆流变性能稳定，减少了泥浆排放对环境的污染。对防止钻杆结泥皮起到了很重要的作用。

五、分析测试技术

完成了黄铁矿、闪锌矿、钴镍多金属矿石中主次微量元素的ICP－AES、ICP－MS、分析标准方法征求意见草稿的编制工作及生态环境地球化学调查动植物样品分析标准方法4个征求意见稿；完成了污染土及矿山废渣废料等固体污染物、地下水中As形态标准物质样品制备、均匀性检查及部分稳定性检查工作。

建立了土壤、果蔬类植物样品、粮食作物、动物组织等中的有机氯农药、多氯联苯分量和多环芳烃的系列分析方法；围绕全国地下水水质调查和污染评价的急迫需要，研究和解决地下水中有机污染物检测的技术难题；进一步完善和建立了地下水样品中挥发性卤代烃和苯系物、有机磷农药、多环芳烃、多氯联苯总量、酚类化合物、酯类化合物等分析方法；开展了金属有机化合物形态分析方法与技术研究，建立了砷（As）、锡（Sn）形态分析方法；初步建立了GC/C/IRMS分析氯代烃碳同位素的方法；建立了用加速溶剂萃取技术（ASE）、中压液相色谱技术（MPLC）和棒色谱－火焰离子化检测技术（TLC－FID）进行石油地质样品的提取、分离制备和石油族组成分析的方法，已编写相关作业指导书12份；完成了微量有机组分高效分离富集装置的整体结构设计和主要单元、控制电路及接口部件的制作以及装置的整体结构组装。

建立了硫化物矿和黑色页岩中铂族元素的锍镍试金－ICP－MS分析方法、适合岩石、土壤、沉积物等样品中约20种元素的车载定量分析方法、适合多金属矿石车载多元素分析的方法，并对多金属矿石车载多元素分析的方法进行了总数为600余个样品的内蒙古、新疆、青海现场（驻地）制备和分析，证明了该方法的有效性；完成砷矿石的分析方法和作业指导书；开展了铜矿石、锌矿石、铅矿石、黄铁矿样品验证工作，并编写完成作业指导书。建立开发和优化X射线光谱采集与分析软件，提高微区原位分析的准确度，重点开展了微区原位分析技术的环境中有毒金属元素的生物地球化学行为研究；建立了锂同位素实验方法，分析精度优于国际同类实验室水平，基本完成碳酸岩－正长岩以及盐湖样品的锂同位素组成分析；建立了多矿物相土壤中微量元素分析方法，并初步分析了矿区土壤污染特征，初步开展了多物相土壤中形态分析，分析了重金属元素分布特征，对不同形态的铅初步开展了铅同位素分析研究，探讨不同形态中铅的来源等。

针对全国地下水污染地质调查评价样品采集与保存中存在的问题，开展了地下水样品中部分易变无机组分不同保存条件稳定性研究；初步确定了《地下水污染地质调查评价样品分析质量控制技术要求》；建立了土壤样品中多环芳烃检测分析方法，进一步优化了分析条件，开展了实验室内分析方法的准确性、可靠性、稳定性考察，形成了《土壤质量多环芳烃测定液相色谱法作业指导书（征求意见稿）》。

六、综合利用技术

开发出低品位碳酸锰矿加压浸出选冶新技术，可使碳酸锰矿的回收率和氧化锰产品的质量大幅提高，将为释放我国2.3亿吨的呆置低品位碳酸锰矿资源起到积极的推动作用；研制成功一种新溶选药剂，对碳酸锰矿脱磷提锰效果显著，溶选剂可再生率高达95%以上，因而成本十分低廉；技术水平及技术经济指标达到国内领先水平。与现行工艺相比，锰平均浸出率90.90%，锰回收率可提高10%～20%。制取的“人造氧化锰”精矿含Mn≥48%，达到冶金标准要求。申请成功发明专利1项；申请发明专利（已通过初步审查）2项。

研发出一套煤系硫铁矿清洁生产技术体系，硫精矿品位提高10～15个百分点，回收率可提高近30个百分点（获得硫品位49.63%、回收率95.5%的优质硫精矿）；硫精矿采用沸腾焙烧工艺进行焙烧，可获得全铁含量62%～65%、含硫仅0.2%的烧渣，成为合格的炼铁原料；其选矿尾矿制作质量优良的建筑材料。该项清洁生产技术，实现了煤系硫铁矿资源全面综合利用，不仅能使煤系硫铁矿资源开发效益倍增，而且极大地改善了环境；采用该项技术仅用于开发我国川南地区的煤系硫铁矿资源，即可获得约10亿吨硫和9亿吨金属铁，相当于同时获得一座特大型硫矿山和一座特大型铁矿山。以年处理150万吨原矿的生产规模计，利用该技术每年盈利高达2亿元以上。与此同时，从根本上解决了煤系硫铁矿开发利用过程中尾矿造成的环境污染问题，达到变废为宝、化害为利的效果；该项目技术水平及技术经济指标达到国内领先水平。

完成了滇东南地区锡多金属矿选矿小型试验研究及连续扩大实验；研制并成功应用了3个新药剂产品；采用优先浮选流程和部分混合浮选流程均获得了优异的技术指标。实现了铜、铅、锌、银、硫、锡的综合利用（其回收率分别为85.98%、80.77%、87.21%、75.64%、74.20%、67.00%），该工艺技术、新药剂、技术经济指标等达到国内领先水平。新药剂产品等技术成果已申请发明专利（已通过初步审查）。

针对鄂西宁乡式铁矿开发成功脱硅药剂和脱磷药剂。开发成功重选脱泥－反浮选脱磷脱硅新工艺。完成鄂西官店铁矿扩大连续试验。铁精矿品位达57.32%（烧结后TFe品位将达到60%以上），回收率80.70%，含磷降到0.28%。工艺流程结构简便，采用脱泥—反浮选工艺（一段磨矿免焙烧），生产成本为112.96元/吨，比还原磁化焙烧—弱磁—反浮选工艺降低34%，工艺运行连续稳定，易于工业化生产；研究开发出了钛铁矿制备氯化钛白用高钛渣的新工艺技术，该技术适合攀西钒钛磁铁矿资源特点，获得的二级高钛渣含TiO_2大于92.0%，TFe小于2.0%，（MgO＋CaO）小于2.0%，MnO小于0.2%，P小于0.02%。可直接作为氯化钛白用原料。钒、钛、铁混合精矿的选矿除杂、还原熔炼、分离提取新工艺技术路线，钛的利用率提高了50%以上；开展了复杂共生矿玉米秸秆浸锰浸出液和银浸出液回收锰和银的工艺研究，产品质量达到了国家标准，新工艺已申报国家发明专利；对滑石型钼矿进行了物质组成、矿石可磨度、磨矿细度试验研究，进行了浮选药剂条件和工艺流程验证试验，完成了滑石型钼粗精矿再磨新设备样机设计及制备研究；完成了内蒙古801稀有多金属复合矿粗精矿的粒度分析和磁性分析试验，完成了磁选分离工艺流程。内蒙古801矿开发利用技术成果由矿方组织投资10亿实施工业生产转化。

研究建立了X射线荧光光谱同时测定萤石矿中CaF_2、SiO_2、Fe_2O_3、K_2O、S、P等多元素的分析方法。方法简便、快速、准确，结果满足DZ/T0130—2006的要求，该方法可用于萤石矿的常规分析。研究建立了X射线荧光谱同时测定重晶石矿选矿样品尾矿、中矿、精矿中Ba、Sr、Fe、Ca、Mg、Al、Si、K、Na的分析方法，本方法可代替传统化学法用于选冶实验分析，具有简便、快捷的优点和良好的精密度、准确度。该项目成果达到国内先进水平，已应用到测试工作中。

七、勘查技术培训

共组织完成了矿产资源遥感探测支撑系统关键技术、中国典型地物波谱库培训与高光谱地质应用、全国地质调查浅层取样技术、2010年水分析测试技术、地质勘查探矿者软件、西部现代实验测试技术应用和深部地质钻探技术等8个培训班的培训工作。涉及物探、化探、遥感、钻探、分析测试及综合利用等领域，共有60多位专家授课，约600位一线地质工作者接受培训。培训工作依托“863”项目和地调项目成果开展，有效提高了地质勘探技术在地质找矿方面的应用程度，推动了新技术新方法在国内的应用。

（张学君）

地质调查信息化建设与服务

地质调查信息化建设

中国地质调查局总工程师室

一、地质调查信息集成与共享平台建设

基于网格 GIS 平台构建了中国地质调查信息网格平台与体系。采用对等式 PORTAL 技术，实现门户自治、结点资源与门户资源的共享与协同，基本实现多结点、多源数据、多窗口数据发现（与评价）。连通 16 个网格结点，并开始提供分布式在线服务。目前数据量已达 1 TB 左右，涉及 1∶20 万地质图、1∶20 万水文地质图、1∶20 万地球化学图、1∶50 万地质图、1∶50 万矿产地、全国二轮区划数据库、自然重砂、同位素和全国地质工作程度（2010 年更新）等基础数据。

二、资源与遥感信息化基础平台建设

完成西南三江测区面积 7.23 万 km^2 共 1847 张航片的影像处理制作和入库工作，总计数据量达 679 GB。完成航空物探遥感成果资料目录 3 个层次 2155 个条目的数据整理和采集。完成航空物探遥感数据集成与管理系统、航空物探遥感资料目录服务系统、专题成果资料信息服务站点的设计开发。

三、实物地质资料管理信息系统建设

建立了中国实物地质资料信息网。完成实物地质资料管理信息系统集成，提供在线服务。编录了 4 万 m 实物地质资料服务数据，20 个钻孔岩心图像提供在线服务。完成全国地质资料监管平台的开发和测试。编写了地质钻孔数据库建库要求（地质矿产、水文地质、煤田地质、工程勘查），完成 20 万 m 重要地质钻孔数据的实验性录入与建库。建立地质钻孔基本信息数据库 89 万 m。

四、区域地质图空间数据库建设

完成 2719 幅 1∶5 万区域地质图空间数据库的建库工作，数据量达 870 GB。完成 197 个标准图幅 1∶25 万区域地质图空间数据库的建库工作，包括青藏高原地区 122 幅，覆盖国土面积约 275.8 万 km^2。完成了 140 幅区域地质图空间数据库成果数据的综合整理。

五、海洋地质数据库建设

完成“全国油气战略选区－南黄海前第三系油气前景研究”与“920 专项”资料的采集和入库。完成“长江口以北沙泥质海岸地区环境地质调查与评价”与“1∶100 万大连幅海洋区域地质调查”项目调查与分析数据的采集入库。目前，总数据量超过 2.7 GB（不包括地震剖面资料），数据集共 42 个。对“海洋地质数据库信息共享系统”和“专业应用系统中的网络应用模块”进行综合集成，建立了统一的网络共享系统平台。

六、国家基础地质数据库更新与维护

完成全国矿产地数据库 2006～2009 年间的新增矿产地数据更新维护工作，更新矿产地数据 20 818 套，更新后的矿产地数据达到 42 458 套。完成全国地质工作程度数据库 2006～2009 年间新增数据的更新维护，更新工作程度数据 29 490 条。地质信息元数据库的更新维护工作共采集元数据 2116 条。2010 年，向社会提供地质图、区域重力、地球化学、矿产数据合计 93 128 幅次（折合成 1∶20 万标准图幅）；制作不包含涉密信息的 1∶20 万地质图公众版数据 1163 幅，地球化学数据 45 045 幅。

七、地质科学数据集成及服务系统建设

完成中国典型岩溶地貌数据集 60 个数据子集的集成，数据现势性到 2009 年。完成 2009 年批准设立建设的 44 个国家地质公园的数据子集集成。岩溶地质数据库集成方面，集成典型岩溶地貌景观数据集。

八、地质环境数据集成及服务系统建设

完成了地质环境相关数据库元数据采集工作，集成整合了地下水动态监测、地质灾害监测、县市地质灾害调查、矿山地质环境等数据库综合信息。运行与维护 123 个地下水实时动态监测点监测数据，四川雅安、云南新平等地区 10 个地质灾害动态监测点监测

数据，并提供网络在线服务。完成动态监测数据服务系统集成及地质环境服务系统的设计和研发工作。

九、地质文献资料共享服务体系建设

文献信息联机联合编目系统开始试运行，完成局属13个单位的系统安装和培训工作，共完成客户端数据移植5万多条，向各单位导入中国地质图书馆书目数据18万条。完成中外文期刊的订购及编目工作。完成13个客户端编目数据集成，累计集成数据5万余条。

十、地质调查信息化新技术适用性评价与推广

进一步完善了地质调查信息化建设与资料服务中长期发展专题规划。完成基于各种复杂地质剖面的二维建模算法研究和基于层间轮廓的三维重构算法研究，为实现复杂地质体的三维建模提供了技术基础。基本摸清了英国三维地质调查的总框架，归纳总结了国际地质三维建模软件的新趋势，提出了中国开展三维地质调查的初步对策。

十一、主要盆地地下水资源信息系统建设

根据《地下水资源数据库标准》，对前期已有的数据库进行了整合集成。目前，原始资料数据库中共包含记录680 933条，有效数据5 879 125个，数据量占2109.4 MB。开展11个盆地水文地质调查综合研究成果（图件）的数字化和数据库建设与整合工作，新数字化建库和整合改造建库图件共103幅，新建单要素专业数据库图层221层。开展区域水文地质成果数据库补充数字化、建库、改造整合及整体集成等工作，新建单要素专业数据库图层163层、整合1215层。完成主要盆地地下水资源信息系统的整体设计，并开展了主要盆地地下水资源数据共享与社会服务系统的开发与完善工作。

十二、矿产资源调查数据处理与综合分析子系统建设

新开发了基于PDA（3.5吋屏幕）的探矿工程数据编录系统。完成数字地质调查软件（2010版）框架设计，并升级了界面库（采用BCG构架）。对数字地质调查软件（2010版）进行打包测试（待发布）。新编写了数字地质调查系统操作指南（上、中、下册）。开展了7期数字地质调查技术培训班，同时通过网络、电话、邮件等方式为各单位用户提供日常技术支持。

十三、水工环地质调查技术方法应用服务系统建设

对水工环地质调查领域应用到的技术方法资料、规范规程资料、典型案例进行了收集与整理，实现了近百种技术方法资料内容的入库。建立了基于SQLServer2005的技术方法信息数据库、规程规范数据库和典型案例数据库，总体数据量达到10 829条记录。搭建了较为完整的水工环地质调查技术方法应用服务平台。开发了一维电测深反演程序和污染场地风险评估计算模型。

十四、地质环境数据处理与综合分析系统建设

完成顺层连续缓变型滑坡过程模拟和地下水漏斗动态展示程序开发。完善了地质三维建模技术流程。改进了钻孔-剖面-结构模型-实体模型-力学模型的技术流程。继续推进大渡河流域试点示范。完成了系统的安全设计。

十五、国家地质工作业务管理信息系统建设

保障了地调局机关、发展研究中心办公系统的正常运行。完成了局办公系统改版工作，增加了“外网信息发布审批”工作流程。业务网办公系统应用继续推进。完成3轮局机关内外网主机保密检查工作。完成了项目管理系统数据库的扩展，以及项目进展情况统计功能模块的开发。

十六、地质调查基础网络应用支撑系统建设

完成了20条MSTP链路的广域网连接，保证了局骨干链路的开通，实现了数据共享、视频会议、IP语音电话、互联网访问、信息服务的多方位网络应用，并已开始进行运维管理。开展了机房信息安全等级保护测评工作。完善了应用服务系统上线安全检测技术要求。开发了基本满足地调局互联网门户网站群安全与需求的管理与发布平台，并实现了网站群门户主站和子站之间的数据交换。搭建了地调局业务网门户网站群主网站，并新部署了3个节点门户，实现了网站群内各子网站与局主网站之间的消息推送。保证了局互联网网站正常运行，并进行信息维护工作。截至2010年12月15日，中国地质调查局国际互联网站访问总量为4 028 221次。2010年1月到12月15日访问量达616 682次，比2009年度同比增长6.8%。

十七、地质调查实时传输示范系统建设

进行了卫星通信系统的设计优化和卫星网络资源使用规划。优化了卫星系统工作模式，实现了业务与信令分开调度使用，补充卫星通讯相关设备，提高了卫星设备资源利用率。进行野外系统测试，完成重庆、四川、贵州等多地地质灾害会商数据传输任务。搭建了地质调查数据实时传输网络安全体系框架。

十八、地质调查信息化标准建设

完成《地质数据质量检查与评价》（DD2006—07）标准修订。开展了《地质数据库建设指南》标准研制工作，基本完成了初稿的编写。

（曹　黎）

地质资料社会化服务

中国地质调查局总工程师室

一、地质调查数据资料社会化服务基础建设

截至2010年底，全国地质资料馆共接收地质资料3334种，电子文档2798种；馆藏资料达12.32万余种，馆藏电子资料总量达6.18万余种；单套电子数据量达15 TB，馆藏资料数字化程度从2009年的41%上升为50%。全国地质资料馆不断丰富服务手段，创新服务形式，对网站进行改版完善，建立全国馆馆藏地质资料目录与图文数字化成果集群，实现了馆藏地质资料智能查询、电子浏览、在线下载的一体化，上网数据达1.4万多种。2010年，服务人次达12 988人次，服务资料份次达35 282份次，网站访问量达139 222人次，纸质资料复印280 623页，电子数据复制1 111 394页。玉树地震灾后重建和西南5省抗旱救灾过程中，主动提供大量基础地质资料。提前介入地质资料汇交验收工作，分别派专人赴多个省馆，指导并验收资料1000档，大大提高了省馆地质资料制作水平和汇交地质资料的合格率。组织召开了“第七届全国地质档案资料学术研讨会”。开展了“地质资料服务进校园”主题宣传活动，进一步加强了地质资料服务宣传工作，提高地质资料的社会认知度。编辑分发《地质资料动态与参考》12期。继续开展了地质调查数据资料社会化服务评价。继续开展中国矿业企业基本信息集成与服务系统建设，实现1万条企业基本信息入库。

二、地质资料转换与服务体系建设

完成了8237种成果地质资料的数字化。完成3000种拟上网公开服务的图文数字化成果数据的加工处理。开展了图文数字化成果转换成双层PDF格式的试验工作。

三、大调查重要岩心、标本筛选与服务体系建设

完成《岩心管理规程》的编制。落实需汇交的实物地质资料12 881.71 m岩心。收集青藏高原1∶25万区调86个图幅的实物资料，薄片数量达3万片，代表了1000多条实测剖面地质信息。完成关岭生物群古生物化石标本采集工作。完成本年度采集实物地质调查资料相关文本资料、电子文档的制作和5000 m岩心扫描。开展了标本照相和薄片显微照相技术研究，初步掌握了标本和薄片数字化技术。

四、实物地质资料清理研究

对全国实物地质资料摸底调查数据进行汇总与统计分析，形成了实物地质资料现状调查总结报告。继续开展了6个实物库房的清理试点工作。完善了实物地质资料清理登记管理软件和全国实物地质资料清理指南与工作方案。汇总了两个省库房清理试点成果。

五、馆藏重要地学文献数据库建设

完成10 270册馆藏文献元数据制作发布和19 000条已发布文献数据的修正和完善。完成珍本再造书的遴选，完成43种、215册珍本再造工作。中国地质文献数据库（中文）运行、维护及更新方面，完成遴选加工入库文献14 760条。中国地质文献数据库（英文）建设方面，完成遴选加工入库文献数据库数据3964条。完成SpringerLink、PA、GeoRef、Elsevier、PQDT、读秀知识库、维普期刊等多个数据库的续订、更新、维护等工作。

六、青藏高原地质资料开发利用与服务

编制了青藏高原地区地质工作程度图。统计了2009年以来在青藏高原地区投入的主要实物工作量及取得的主要地质成果。编制印刷了青海玉树地震灾区基础地质资料图集。开展了新疆“358”项目地质资料集成和青藏高原地学文献信息数据库建设。

七、地质资料集群化关键技术及标准体系研究

研究提出了地质资料信息服务集群化建设关键技术初步框架和地质资料信息服务“两化”标准体系初步方案及框架。初步完成全国地质资料管理信息统计系统开发。

八、全国地质资料馆信息服务集群化产业化试点研究

完成地质资料信息服务集群化产业化基础理论分析，界定了地质资料信息服务集群化与产业化的内涵与外延；了解了国外地质资料信息服务新的发展趋势；较全面地总结、分析了我国6个试点省（市）地质资料信息服务集群化和产业化的主要经验做法与启示；对现有的地质资料信息服务管理政策法规做了全面梳理，确定了地质资料信息服务集群化和产业化的政策目标；进一步明确地质资料信息服务集群化产业化基本思路。研发基于Web的大调查地质资料联合编目与目录服务系统，开展目录集群发布，研发地质资料一张图展示。推进馆藏地质资料网络集群服务，开发系列集群服务产品，开展专题服务，开展抗

震救灾、抗旱救灾、扩大内需等应急服务。

九、城市地质信息服务集群化产业化试点研究

上海、北京提出大型城市地质资料集中管理和统一服务模式及其技术方法体系，开展三维可视化城市地质信息服务和管理系统建设技术指南、社会化服务产品体系、工程地质资料汇交标准、省级地质资料数据中心建设指南研究。安徽、湖北开展县级城市地质集群化试点工作，开展县级三维可视化城市地质信息服务和管理系统建设技术指南、地方社会化服务产品体系、县（市）地质资料管理、县级地质资料数据中心建设研究。上海进一步完善城市地质管理系统，完成2016个地质钻孔建库工作；完善城市地质管理系统。安徽研建地质资料信息服务系统平台框架设计，试点建立数据库。湖北探索提出“两化”技术路线，初步完成系统功能架构设计，初步建立了铁山区三维地质模型、黄石市城区灾害地质查询管理。

十、重要成矿区带、重点勘查区、典型矿床地质资料信息服务集群化产业化试点研究

湖南开展重要成矿区带地质资料信息服务集群化试点工作，开展典型矿床地质资料信息服务集群化技术指南、社会化服务产品体系、原始地质资料汇交试点、省级地质资料数据中心建设指南研究，开发“湖南省地质矿产三维空间储量数据库管理系统”，构建单工程矿体圈定三维模型，完成“坪宝”地区5个矿区的钻孔数据建库工作。青海开展重点勘查区地质资料信息服务集群化试点工作，开展地质资料为宏观部署服务、结构化与非结构化数据查询研究，开展数据库整合和钻孔数据库建设，完成400个钻孔数据建库工作。山东开展典型矿床地质集群化试点工作，开展典型矿床地质资料信息服务集群化技术指南、社会化服务产品体系、地质资料为矿业开发服务研究，建立山东省“焦家式”金矿基础地理信息数据库、重点矿区化探数据库、钻孔地质数据库、地质资料目录数据库、地质资料图文数据库等多个数据库产品，开发“焦家式”金矿地质资料信息服务集群化产业化服务管理系统。

十一、大区及专题地质资料信息服务集群化产业化研究

西安地调中心开展大区级地质资料集群化建设、“358”项目地质资料信息集群化研究，形成重要成矿区带地质资料信息服务集群化技术指南研究；开发地质资料信息空间检索服务系统，实现集群式地质资料信息发布、检索、图形要素“一张图跨比例尺”浏览器窗口操作；完成录入“358”重点成矿区带工作程度数据和700种案卷级、900种文件级目录数据。武汉地调中心针对已建基础性、大型地质数据库，研究基础数据更新维护机制、技术方法及分级服务模式，开展文件级目录数据库建设，录入文件级目录数据2260条。

十二、实物地质资料信息服务集群化产业化研究

开展虚拟现实技术及实物标本互动演示技术的适用性研究，初步实现地质实物标本的数字化采集、网络化服务，形成实物地质资料数字化技术指南。挑选了地质调查标本100块，完成了三维图像采集，正在开展建模和编录地质背景和图像特征描述。开展实物地质资料目录数据库建设研究。

十三、地学文献信息服务集群化产业化研究

研究地学领域文献资源分布、分类特征，以及采集、整合的技术方法，提出地学文献资源聚合的总体方案；针对地质调查、地质找矿的专业需求，研究基于现代信息技术的检索方法；开展地学文献“一站式”服务结点示范建设。

（曹　黎）

地质调查项目管理

项目立项管理

中国地质调查局总工程师室

2010 年是承前启后的关键一年，地质调查项目部署既要做好国土资源大调查专项收尾工作，又要按照地质找矿新机制要求启动好地质矿产调查评价专项工作。项目分 3 批进行部署，共安排工作项目 1560 项，经费 549 801 万元。

第一批主要考虑到国土资源大调查专项即将结束，重点做好与国土资源大调查专项衔接，安排的项目主要为大调查收尾工作。第二批主要贯彻落实地质找矿新机制，启动地质矿产调查评价专项，围绕“358”目标，重点加强基础地质调查、矿产资源潜力评价和重点成矿区带矿产远景调查。第三批重点支持国土资源调查评价“十一五”未完成且“十二五”需延续开展的工作，并与“十二五”工作做好衔接。

一、地质调查项目第一批计划安排情况

按照2010 年国土资源大调查计划编制要点（立项指南）的要求，2010 年第一批地质调查项目重点体现以下几个方面：一是做好国土资源大调查专项收尾工作，二是做好与地质矿产调查评价专项的衔接，三是统筹协调做好与其他专项的衔接，四是保障国土资源部重点工作、地质调查重点工作，促进形成重大成果。

第一批项目计划，共安排工作项目 661 项，经费 177 958 万元。其中，基础地质调查工作项目 83 项，经费 15 520 万元；矿产资源调查评价工作项目 47 项，经费 14 495 万元；地质灾害预警工作项目 108 项，经费 23 620 万元；资源调查与利用技术发展工作项目 90 项，经费 17 000 万元，地质调查信息化建设项目 17 项，经费 4060 万元；青藏高原地质矿产调查与评价工作项目 109 项，经费 43 030 万元；基础性公益性地质调查工作项目 191 项，经费 54 393 万元；成果整合集成与区域部署工作项目 8 项，经费 2300 万元；组织实施费工作项目 8 项，经费 3540 万元。

二、地质调查项目第二批计划安排情况

2010 年第二批地质调查项目主要围绕贯彻落实“公益先行、商业跟进、基金衔接、整装勘查、快速突破”地质找矿新机制，加强基础地质工作和区域矿产资源调查评价工作，大幅提高重要成矿区带地质矿产工作程度，发现一批找矿靶区和矿致异常，为社会资金开展矿产勘查提供基础服务，做好与地勘基金的衔接。主要开展重点成矿区带基础地质调查、矿产资源潜力评价、矿产远景调查以及必要的攻关示范，发挥好先行、引领和拉动作用。

工作部署上按重点成矿区带地质矿产调查评价、青藏高原地质矿产调查与评价、基础性地质调查 3 个方面安排，注重区域地质调查和矿产远景调查的结合，区域地质调查主要解决基础地质问题，矿产远景调查主要采用有效技术方法手段，注重综合研究，形成总体资源潜力评价，为后续勘查和矿业权设置提供支撑。部署原则一是突出重点、夯实基础，二是统筹部署、多学科综合，三是多方衔接、推进地质找矿新机制，四是调查与科研相结合、推进大项目机制。工作安排上在重点成矿区带实现了综合部署，按照大项目机制统筹考虑队伍建设和人才培养，计划项目负责人主要由中青年技术专家担任。

项目安排和论证工作按照“统一要求、分别组织、相对集中”的原则，以计划项目为单元，由大区地调中心组织辖区内项目立项论证工作，全国性、综合性、跨区域的项目，由局业务部室组织论证。同时省级国土资源行政管理部门积极参与工作部署和工作论证，保障了中央和地方地质工作的衔接。

第二批项目计划，共安排工作项目 781 项，经费 322 000 万元。其中，重点成矿区带地质矿产调查评价工作项目 538 项，经费 227 820 万元；青藏高原地区地质矿产调查与评价工作项目 78 项，经费 33 350 万元；基础地质调查工作项目 159 项，经费 59 430 万

元；组织实施费工作项目 6 项，经费 1400 万元。

三、地质调查项目第三批计划安排情况

2010 年第三批项目重点支持国土资源调查评价“十一五”未完成且“十二五”需延续开展的工作，主要依据国土资源大调查“十一五”规划、国土资源调查评价“十二五”及长远规划框架，同时做好与地质矿产调查评价专项、海洋地质保障工程等衔接。主要体现以下特点：一是贯彻落实地质找矿新机制，部署开展国土资源调查评价项目。二是全面推进大项目机制，以计划项目分解任务，设置工作项目，统筹推进业务建设。围绕出大成果、出大人才的思路，项目设置与人才培养紧密结合。三是强化统筹部署，聚焦主要目标任务，多专业、多手段、多技术综合部署。四是加强调查与科研相结合，围绕成果目标，产学研相结合，共同促进出大成果。五是做好国土资源部各项工作的技术支撑，保障部重点工作。六是地质调查任务安排与实施单位、承担单位业务定位与发展相适宜，统筹考虑承担能力和预算执行能力。

第三批项目计划，共安排项目 118 项，经费 49 843 万元。其中：基础地质调查项目 11 项，经费 6285 万元，矿产资源调查评价项目 31 项，经费 7190 万元，地质环境与地质灾害调查监测项目 58 项，经费 33 820 万元，地质调查信息化项目 18 项，经费 2548 万元。

（高延光）

地质调查项目组织实施管理

中国地质调查局总工程师室

一、地质调查项目任务下达、设计审查及进展跟踪管理

2010 年，中国地质调查项目分 3 批部署，共安排工作项目 1560 项，经费 549 201 万元，较 2009 年增长 175% 。

针对工作量和经费大幅提升等情况，采取积极有效措施，狠抓项目组织实施和督促检查落实。一是及时完成项目任务书下达与设计审查。赋予大区地调中心组织辖区内项目设计审查职责，加快了工作进度，所有大调查项目 3 月底完成设计评审，4 月初完成设计审批，为各项工作及时铺开争取了时间。二是加强工作调度。密切关注项目进展情况，自 4 月份开始，对出队情况和 1 ~ 10 月地调项目进展情况进行跟踪，举行了 4 次生产调度会议，根据需要及时调整部分项目的工作量及经费。三是严格质量监管检查。全面开展年度质量抽查工作，及时向领导和有关单位通报抽查情况，及时整改解决发现的问题。四是继续落实责任制，将预算执行率达到 80% 作为单位主要领导和领导班子的考核依据，实行一票否决。

经过全局上下共同努力，全年除个别钻探工程外，主要工作量都按时完成，并取得了一批重要成果。

二、地质调查项目进展统计及成果编报

编制了 2009 年地质调查项目进展年报和统计年报。全面总结了地质大调查 12 年来地质调查项目进展情况及取得的主要成果，上报国土资源部。完成了 2009 年国土资源综合统计快速年报和年报的上报工作及国土资源公报、国土资源大调查成果公告的编制工作。

加强了地质调查项目进展情况月报（6 ~ 11 月）的信息反馈工作。将进度和存在问题及时反馈各相关单位，紧密围绕项目实施进展中的主要问题，开展地质调查工作进展情况形势分析，寻找存在的问题及原因，及时提出解决问题的建议，促进全年各项任务的完成，充分发挥了统计的监督与服务作用。

（张海泉）

地质调查质量管理

中国地质调查局总工程师室

一、质量监督管理

在全面总结 2009 年地调项目质量抽查工作的基础上，2010 年 4 月全面布置了年度质量抽查工作，5 月编制了局机关地调项目质量抽查方案，并与大区地调中心、地科院进行了充分的沟通与协调，6月下发了《关于开展2010年地质调查项目质量抽查工作的通知（中地调函〔2010〕43号）》，从6月15日起启动了质量抽查工作，局机关各部室、大区地调中心及地科院，分别组织专家和技术管理人员，组成了90多个专家组，开展了地调和科研项目质量及管理方面的抽查工作。截至2010年12月底，全局共抽查了192个地调和科研项目，覆盖了各地质专业项目和各种类型的项目承担单位，全面完成了年度质量抽查任务，未发现严重的质量问题，但发现一些一般的质量问题和管理上的问题：如项目技术力量不足、施工进度滞后、技术规范执行不到位、综合研究薄弱、三级质量检查流于形式等。抽查期间，通过生产调度会和阶段性总结报告等形式，将质量问题及时向领导和有关单位作了通报，绝大多数一般问题得到了整改或解决，确保了地质调查项目野外施工质量。

二、质量管理体系建设

为确保各单位质量管理体系精练、健康、高效运行，2010年上半年以培训班、文件编制指导、咨询服务等方式，对黑龙江环境监测院、四川地调院、陕西地调院、吉林地调院、南京地调中心、天津地调中心等10个单位进行了业务指导，取得了明显效果。此外，为做好GB/T 19001—2008标准的换版认证工作，4月份开始，陆续与二方认证的所有单位进行了沟通，督促各单位做好换版文件的修改和体系运行工作，5月份举办了质量管理体系审核员培训班，下半年对11个单位开展了2008版质量管理体系换证审核，在推动项目承担单位质量管理体系的健康发展方面起到了积极而有效的作用。

在网上建立了质量管理体系建设专栏，及时更新和发布质量管理体系建立与认证的相关标准和信息，对宣传GB/T 19001—2008标准、指导项目承担单位质量体系改版、培训等方面发挥了重要作用，取得了良好的效果。

三、地质调查标准化建设

2010年，在完善地质调查标准体系的基础上，完成了“十二五”地质调查技术标准规划的编制，为“十二五”期间地质调查标准化工作布局提供了科学依据。在标准的制修订、升级、发布、推广等方面均取得了明显的成效，对满足地质调查和勘查领域工作需求，推动技术进步，促进地质工作规范化程度的提高和工作质量的稳步提升起到了重要作用。

2010年，继续加大了对地质调查标准制修订工作的投入，经费比2009年翻了一番。根据不同专业需求，年初安排了基础标准、专业调查标准、技术方法标准、测试及管理标准等，覆盖了区域地质调查、海洋地质调查、矿产调查勘查、水工环地质调查、物化遥地质调查、探矿工程、地质试验测试、地质信息资料等各专业领域，续作标准制修订项目30个，标准制修订项目38个，总体实施情况良好。截至2010年12月31日。已有20余项标准通过了专家评审。

同时，对已具备发布条件的标准及时发布实施。2010年共发布了6项局工作标准，并向行业标准化委员会申报了8项行业标准，其中，《航空磁测技术规范》、《地质调查岩心钻探规程》、《矿产综合勘查规范》等已由行业标准化委员会发布实施，《煤层气资源/储量规范》即将发布，这些标准的发布实施，为相关地质调查勘查工作提供统一的内容和方法要求，对于确保地质调查工作精度、质量、成果等具有重要意义，地质调查勘查标准已成为地质调查勘查工作强有力的技术支撑。

在标准的推广方面，举办了一期标准培训班、两期技术骨干培训班，免费发放地质调查标准汇编800余册，标准单行本1500册，培训教材250本，并将电子版文件上传至局网站供使用者下载。

（白　冶）

国际合作与对外交流

重要国际合作与交流

中国地质调查局科技外事部

2010年，中国地质调查局与印度尼西亚、沙特阿拉伯、菲律宾、巴基斯坦、澳大利亚、新西兰、德国、瑞典、挪威、俄罗斯、塔吉克斯坦、加拿大、巴西、阿根廷、秘鲁等15个国外地学机构签订了17个地学合作谅解备忘录和合作项目协议。其中新签和续签地学合作谅解备忘录11个，合作项目协议6个。在地质灾害、二氧化碳地质储存、地质矿产对比研究以及矿山环境、海洋和海岸带调查、地球化学填图、地质灾害、地学信息技术等领域开展了国际合作。

一、安排重要团组出访和接待国外重要团组来访，签订地学合作谅解备忘录和项目合作协议，拓宽国际合作渠道，积极推进与重点国家的合作与交流

（一）安排重要团组出访。

1. 中国地质调查局副局长王宝才2010年5月23日—6月2日率团访问沙特阿拉伯、埃及，与沙特阿拉伯地质调查局签订了中华人民共和国国土资源部中国地质调查局与沙特地质调查局科学技术合作文件，基本了解了沙特、埃及国家地质调查工作的目标、性质、任务与基本情况，与沙特地质调查局和埃及地质调查局达成了合作意向。确定了近期合作的目标和任务：① 与沙特地质调查局合作开展区域地球化学填图计划，在技术方案制定和人员培训等方面提供帮助；② 开展同位素年龄测定及地质图空间数据库建设等方面的合作；③ 与埃及地质调查局合作开展区域地球化学填图技术的培训，并帮助埃及地质调查局开展阿拉伯国家地质调查和矿产开发利用等领域的技术培训工作。

2. 中国地质调查局副局长钟自然2010年7月19~31日率团访问菲律宾、新西兰，与菲律宾地球科学局共同听取中菲合作“菲律宾中南部镍铜资源潜力评价”项目进展情况汇报，研究确定下一阶段合作内容，并签署了继续推进两国地质矿产合作的框架协议，合作内容主要包括中菲双方合作编制菲律宾1:50万地质矿产图，建立空间数据库；合作开展铁、镍、铬、铜及伴生矿产的区域成矿地质条件与成矿规律研究；选择重点地区（达沃、内格罗斯岛西南部）开展中比例尺化探扫面和资源潜力调查评价工作。在新西兰考察了地热资源、地下水、地质灾害和海洋地质情况，双方交流了在地热、地下水、地质灾害（核废料地质储存选址）、海洋地质（天然气水合物）、三维城市地质调查等方面最新进展。

2009年中国地质调查局与新西兰地质和核科学局签署了地学合作协议。针对新西兰的技术优势，结合中国地质调查局地质工作需要，经双方认真讨论，确定了未来两国地学合作的六大优先领域：① 海洋地质对比研究和天然气水合物研究；② 地热资源与地下水勘查评价；③ 地质灾害研究，包括地震地质、火山地质和核废料处置；④ 城市地质；⑤ 油气勘查；⑥ 同位素测试技术。目前重点开展专属经济区和地热资源合作研究。

3. 中国地质调查局纪检组组长李广湧2010年8月22~31日率团访问瑞典地质调查局和德国波罗的海海洋研究所。与瑞典地质调查局签署了地学合作谅解备忘录，探讨了双方在城市地质、海洋地质等方面的实质性合作，并邀请瑞典地质调查局派人参加在上海举行的城市地质国际研讨会。与德国波罗的海海洋研究所就中德《南海北部湾全新世环境演变与人类活动影响研究》合作项目举行了工作会晤。2009年利用中方“奋斗五号”船联合开展了南海北部湾航次，2010年广州海洋地质调查局已派出一名培训技术人员赴德国进行为期一年的海洋地质技术培训，由德方提供资助。两年来已完成了项目的部分工作，取得了阶段性成果。在访问期间双方商谈并确定了合作项目下一阶段的工作内容，包括争取德方资助，利用德方设备开展第二次联合航次调查、德方为中方培训人员和联合举行研讨会等。10月下旬在广州召开了项目技术研讨会，双方交流了一年来的研究成果，确定了下一阶段的工作计划。

4. 中国地质调查局副局长王学龙2010年11月22日—12月3日率团访问巴西、阿根廷，与两国地质调查局续签地学合作谅解备忘录；与巴西地质调查局商谈开展区域矿产地质调查研究和前寒武地质研究，特别是巴西中东部铁锰成矿区成矿规律研究及矿产资源潜力评价合作研究，以查明巴西中东部铁锰成矿带的含矿建造时空展布规律与区域成矿地质背景，划分成矿带、成矿亚带和找矿远景区，评价区域铁锰矿找矿潜力，为今后开展巴西铁锰矿找矿勘探与开发利用提供前期基础性地质工作保障；商谈开展城市地质工作交流和数字填图培训，地球物理勘探技术与解释，承担巴方地球化学样品分析测试任务，双方地质技术人员学术交流等内容。商谈帮助巴方开展城市地质工作培训，数字填图培训，巴方为中方举办地球物理解释培训等。与阿根廷地质调查局讨论2010年1月和7月中阿双方在北京和上海举办的矿业投资研讨会后双方下一步要开展的地球化学填图和矿产资源评价、化学样品分析、人员培训等，并考察合作项目工作区。

5. 中国地质调查局副局长王研2010年12月14~27日率团访问加拿大和美国，与加拿大国家科学研究院商谈开展天然气水合物实验与开发技术合作研究，签订合作谅解备忘录和项目合作文件。考察美国地质调查局湿地中心、海岸带与环境，商谈具体合作，特别是在滨海湿地研究及海岸带调查方面的新技术和经验。

（二）接待重要团组来访和参加重要外事活动。

1. 组织澳大利亚高光谱专家开展培训。为落实中国地质调查局2009年与澳大利亚联邦科工组织签署的合作谅解备忘录，2010年1月27~29日在南京举办了第六届全国遥感及蚀变矿物填图培训班，邀请澳大利亚联邦科工组织4位专家和3位国内近红外蚀变矿物填图专家和高光谱遥感专家，围绕国际遥感前沿技术、蚀变矿物填图方法和岩心光谱扫描仪原理及应用开展交流，内容包括：① 遥感找矿最新技术；② 蚀变矿物填图技术；③ 数字化岩心扫描仪及便携式近红外矿物分析仪的原理及应用；④ 我国高光谱卫星有关进展；⑤ 仪器操作培训。澳大利亚专家全面介绍了联邦科工目前研制出的数字化岩心扫描及解译系统 Hylogging System。该系统包含硬件及软件系统，是面向对象，多层次的岩心矿物分析编录系统，并对该系统的解译处理软件 TSG - Core 进行了详细演示。展示了天 - 空 - 地一体化的高光谱矿物成像模式，为未来高光谱遥感在地质矿产保护中的应用和发展提供了思路。

2. 与欧洲G3签署海洋合作协议。2010年2月23~24日，地调局与欧洲3国（法国、德国、英国）海洋地质研究机构在广州共同举办了“中国 - G3海洋地质研讨会”，中国地质调查局副局长王学龙出席本次会议。法国国家海洋开发研究院、英国国家海洋中心和德国基尔大学海洋研究所8位专家和国内的海洋地质专家共50多人参加了会议。会议期间，副局长王学龙代表中国地质调查局与法国国家海洋开发研究院、英国国家海洋中心和德国基尔大学海洋研究所签署了海洋地学合作谅解备忘录。

中国地质调查局和G3海洋地质研究机构将在天然气水合物、海岸带和海洋沉积、大洋矿产、技术方法、二氧化氮储存等方面开展合作研究。

3. 亚洲备灾中心主任来访。2010年3月15日，亚洲备灾中心主任 Bhichit Rattakul 先生访问中国地质调查，中国地质调查局副局长王学龙会见。双方探讨了在地震地质灾害调查、人员培训和共同组织地质灾害学术研讨会等方面的合作。双方表示希望签署合作框架协议，建立长期稳定的合作关系。

4. 印度尼西亚地质局局长代表团来访。2010年3月18日，国土资源部党组成员、副部长、中国地质调查局党组书记、局长汪民在局机关会见了印度尼西亚地质局局长苏克亚一行。双方签署了中国地质调查局与印尼地质局双边合作谅解备忘录，同意在地学合作谅解备忘录的框架下建立长期合作机制，在基础地质研究、地质编图和区域成矿作用对比、地学数据库建设与共享、矿产资源勘查技术方法、环境地质与水文地质、地质灾害预警预报等领域开展平等、互惠和互利合作，促进双方地学技术和矿业的发展。副局长王学龙陪同会见。

5. 厄里特尼亚驻华大使来访。2010年3月31日，厄里特尼亚驻华大使泽盖·特斯法齐翁先生来中国地质调查局访问，中国地质调查局副局长王学龙受中国地质调查局局长汪民委托，会见了厄里特尼亚驻华大使。双方就两国合作开展矿产资源勘查开发进行了会谈。

中国地质调查局副局长王学龙向泽盖大使表示，为落实中国国土资源部和厄立特里亚能源矿业部签订的合作谅解备忘录的相关内容，2010年中国地质调查局将联合中国五矿集团在厄立特里亚中南部地区开展铜多金属矿产资源潜力评价合作研究。

6. 参加世博会巴西国家馆日活动，接待巴西地质调查局局长。为庆祝巴西国家馆日，2010 年 6 月 3 日巴西矿能部在上海世博园巴西馆组织了“巴西的矿业商机”研讨会，中国地质调查局副局长李金发参加会议，并与巴西地质调查局局长商谈了地质矿产合作。参加巴西国家馆日庆祝活动后巴西地质调查局局长访问了南京地调中心。

7. 参加澳大利亚国家馆日活动。为庆祝澳大利亚国家馆日，2010 年 7 月 18 日澳大利亚联邦政府矿业部在上海世博园澳大利亚国家馆举行了“澳大利亚矿业投资推介会”，中国地质调查局副局长李金发参加会议。

8. 澳大利亚西澳洲地质调查局局长代表团来访。2010 年 7 月 12 ~ 17 日，澳大利亚西澳洲地质调查局局长代表团一行 3 人访问中国地质调查局，与中国地质调查局商谈落实地学合作项目，并访问中国地质调查局西安地调中心。

9. 接待挪威地质调查局长代表团来访。2010 年 10 月 11 日，国土资源部副部长、中国地质调查局局长汪民在局机关会见了来访的挪威地质调查局斯梅尔洛·莫滕局长一行 4 人，双方就 2009 年签署的地学合作谅解备忘录下开展地球化学填图、数据库、地质灾害和全球气候变化、第四纪地质和城市地质环境等方面合作进行了商谈。双方确定在人员培训、地质灾害、海洋地质领域开展合作研究。挪威代表团还考察了发展研究中心、地科院离子探针实验室、航遥中心，并赴天津地调中心、物化探所和广州海洋局进行考察。中国地质调查局副局长李金发参加了会见。

10. 澳大利亚昆士兰州矿业部长代表团来访。2010 年 10 月 28 日，中国地质调查局副局长王学龙在中国地质调查局机关会见了来访的澳大利亚昆士兰州自然资源、矿产及能源部长兼昆士兰州贸易部长斯蒂芬·罗伯森先生一行 4 人。中国地质调查局副局长王学龙和斯蒂芬·罗伯森部长签署了中华人民共和国国土资源部中国地质调查局与澳大利亚昆士兰州就业、经济发展和创新部地质调查局地学合作谅解备忘录。

11. 加拿大育空政府经济发展部长代表团来访。2010 年 11 月 12 日，加拿大育空政府经济发展部长代表团一行 3 人来访，与中国地质调查局商谈加强地质领域的合作，促进相互间的资源及经济发展领域的交流与合作。

二、组织举办重要国际合作会议

（一）举办中国 – 阿根廷矿业投资研讨会。

由国土资源部和阿根廷联邦规划、公共投资和服务部共同主办，中国地质调查局和阿根廷矿业国务秘书处承办的中阿矿业投资研讨会 1 月 26 日在中国国际俱乐部举行。

国土资源部副部长、中国地质调查局局长汪民代表国土资源部出席研讨会开幕式并在会上致辞，研讨会结束后参加中国地质调查局和阿根廷地质调查局的地质矿产研究合作协议签字仪式，中国地质调查局副局长钟自然与阿根廷矿业国务秘书分别在合作协议上签字。

（二）举办津巴布韦、坦桑尼亚矿业投资推介会。

由国土资源部和津巴布韦、坦桑尼亚矿业部联合主办，中国地质调查局承办，天津地调中心和发展研究中心共同协办的津巴布韦、坦桑尼亚矿业投资推介会 2010 年 6 月 30 日在北京举办。中国地质调查局副局长钟自然代表中国地质调查局出席研讨会开幕式并在会上致辞。此次推介会的主题是以资源开发为纽带，通过构建平台、加强交流，开拓商机，实现合作共赢、共谋发展。

津巴布韦和坦桑尼亚两国地质调查局局长和政府官员向中国参会代表介绍了两国的地质情况、矿业投资政策、矿业开发程度和重点矿业投资项目。来自国内有关矿业和融资公司的代表 200 多人参加了推介会。

（三）举办城市地质国际学术研讨会。

2010 年 10 月 19 ~ 21 日，由中国地质调查局与国际地质科学联合组办，上海市规划和国土资源管理局协办，上海地调院和南京地调中心承办的城市地质国际学术研讨会在上海召开。此次会议的目的是交流各国城市地质工作进展，分享经验，促进应用。同时充分展示我国城市地质调查的成果，宣传我国城市地质调查的理念，推广城市地质调查的方法技术体系和成功经验。本次会议的主题是城市地质与城市可持续发展。

来自中国、英国、俄罗斯、德国、挪威、巴西、印度、新西兰、新加坡的专家学者，中国国土资源部、中国地质调查局、各省（市、区）国土资源厅（局）、有关院校和研究所以及新闻界代表共计 215 人出席了会议。国土资源部副部长汪民，上海市副市长沈骏，国际地质科学联合会前主席张宏仁，中国科学院、中国工程院院士张宗祜，中国工程院院士王思敬，国土资源部总工程师张洪涛出席开幕式。

城市地质国际学术研讨会开幕式由中国地质调查局副局长李金发主持。国土资源部副部长汪民、上海市副市长沈骏在开幕式上发表重要讲话。

（四）参与中德科技合作年度预备会议。

受国土资源部科技与国际合作司委托，中国地质调查局负责筹备2010年4月29日在北京举行的中德科技年度合作年度预备会议。中国地质调查局汇总编辑了5个单位（广州海洋局、航遥中心、环境监测院、天津地调中心、南京地调中心）与德国教研部有关机构的合作项目。在年度预备会议上，中国地质调查局5名专家分别介绍了与德国波罗的海海洋研究所开展的南海北部湾全新世环境演变与人类活动影响研究项目，与德国奥尔登堡大学开展的中国环渤海湾海岸带近现代地质环境变化重建与评价合作项目，与德国波茨坦地球科学研究中心开展的三峡库区卡子湾滑坡InSAR监测合作研究和大庆油田InSAR地面变形监测合作研究，与德国地球科学研究中心开展的InSAR技术用于地质灾害监测和航空物探技术用于探测内蒙古、宁夏地下煤自燃合作项目。

中德地学合作，国土资源部为中方地学主管部门，中国地质调查局为中德地学合作项目执行单位，负责组织、协调、落实局属项目执行单位的国际合作活动。

（五）参加中德地学合作联合指导委员会第三次会议。

2010年7月2~9日，由国土资源部科技与国际合作司组团，中国地质调查局4人赴德国参加中德地学合作联合指导委员会第三次会议，主要内容是回顾过去2年中德双方在地学领域的合作情况，商讨下一步双方合作领域。商谈落实中国地质调查局与德国教研部有关地学部门在航空遥感、矿山环境、海岸带等领域的合作研究项目。

三、与CCOP组织的合作

2010年1月19日，环境监测院何庆成当选CCOP技术秘书处主任，为支持中国代表在CCOP组织技术秘书处的工作，发挥中国在CCOP地区大国的作用。3月24日，国土资源部科技与国际合作司司长姜建军会见何庆成，并召开了司专题会议，研究国土资源部、中国地质调查局及国内有关部门与CCOP组织合作事宜。3月29日，国土资源部副部长汪民会见了何庆成，对他成功竞选CCOP技术秘书处主任表示祝贺，希望在担任CCOP技术秘书处主任期间，为中国开展国际地学合作创造有利条件，维护好国家的权益，不忘国家的强大后盾支持，以全球的视野，主动谋划，积极开展工作，不辜负祖国的信任。

（一）与CCOP组织联合在华举办业务研讨会。

1. 举办CCOP地学信息元数据系统培训暨第三次研讨会。2010年7月22~25日，中国地质调查局和CCOP组织在上海联合举办CCOP地学信息元数据系统培训暨第三次研讨会，CCOP成员国、东盟国家及CCOPEPPM项目石油天然气元数据工作组共41人参加培训和会议。发展研究中心专家向参会人员系统培训了基于“CCOP地学信息元数据标准”和基于互联网的“CCOP元数据管理系统软件CCOP－GIMS”的使用，研讨了CCOP地学信息下一阶段工作。培训使用了各国真实数据进行操作，并进行了考核，圆满实现预期目标。

2. 举办CCOP地下水研讨会。2010年9月1~4日，由CCOP组织、日本产业技术综合研究所、中国地质调查局联合主办，西安地调中心承办的CCOP地下水研讨会在西安召开。来自泰国、越南、柬埔寨、日本、印度尼西亚、印度、马来西亚、韩国、马来西亚、巴布亚新几内亚、菲律宾、东帝汶等12个国家的专家学者共15人参加了会议。

CCOP组织成员国代表介绍了各自国家在地下水污染和风险管理方面所做的工作，中国代表介绍了鄂尔多斯盆地水文地质研究方面的做法和经验。

3. 举办CCOP泥质海岸带地质环境与气候变化研讨会。为提升中国海岸带地质研究在CCOP组织成员国的地位，引领CCOP海岸带全球变化研究，2010年9月12~16日，由中国地质调查局与CCOP组织联合主办，天津地调中心承办的东亚－东南亚泥质海岸带地质环境与气候变化研讨会在天津召开。

该研讨会由我国海岸带地质专家向参会人员介绍泥质海岸带地质环境调查评价涉及的海岸带地质学、年代学、海平面变化的影响因素等问题，同时就海岸带地质环境与气候变化等问题与参会人员交流与研讨。来自泰国、越南、柬埔寨、印度尼西亚、马来西亚、韩国、菲律宾、东帝汶、中国等10个国家的专家学者共30人参加了会议。

（二）参加CCOP组织年会和指导委员会会议。

1. 参加第53届CCOP指导委员会会议。中国地质调查局1人参加了2010年3月15~17日在韩国举行的第53届CCOP指导委员会会议。中国地质调查局在地质矿产、油气、地下水、地质灾害、海岸带、地学信息领域与CCOP组织开展合作与交流。中国地质调查局作为CCOP组织国内项目业务的总协调单位，负责组织、协调、落实、汇总国内各项目执行单位参加CCOP组织开展的各项活动。

2. 参加第47届CCOP年会和56届CCOP指导委员会会议。中国地质调查局3人参加了2010年10月17~24日在印度尼西亚召开的第47届CCOP年会和第56届CCOP指导委员会会议。中国地质调查局负责向CCOP组织提交2010年中国国家报告，内容除油气外的地质、矿产、地下水、海岸带、地质灾害、地学信息等。中国地质调查局借助于CCOP组织这个平台，根据以我为主，为我所用的原则，有选择，有重点地积极开展与CCOP组织有关国家的合作，了解和收集周边国家的矿产资源、地下水资源、地质灾害、地学信息技术等情报。通过项目合作，参加和举办专题研讨会和技术培训等，提高中国地质调查局地学人员对这一地区的地学认知程度。

四、加强中国地质调查局外事工作管理，规范健全各项规章制度

（一）修订中国地质调查局外事工作管理办法。

根据新的形势并结合中国地质调查局开展国际合作与交流的实际需要，对2003年中国地质调查局外事工作管理办法进行了修订，并下发局属单位执行。

（二）举办中国地质调查局外事管理工作培训。

为规范中国地质调查局系统的国际合作与交流工作，2010年6月30日—7月1日在南京对中国地质调查局系统的外事工作管理人员进行了外事工作管理培训，内容为国家外事政策、外事项目管理、出访和接待项目申报及工作流程以及外事礼仪等。培训邀请了国土资源部国际合作司和部外事服务中心有关人员就国土资源部国际合作工作方针、政策和总体思路，国际合作工作管理，国际合作工作的办事程序，港、澳、台项目申报及办理程序，出国护照、签证及有关手续办理等向参加培训的人员作了系统介绍。

（三）汇总出版中国地质调查局2009年出国（境）报告。

为最大限度地做到中国地质调查局出国人员在出国考察、参加国际会议、开展合作项目研究、开展境外地质调查等任务完成后提交的出国报告和有关资料能够在全局系统内共享，汇总出版了全局系统的2009年出国（境）报告（上下册），在2010年6月举办的局外事管理工作培训班上发放给各单位参会代表。

（四）编写出版中国地质调查局国际合作与交流成果材料。

为宣传中国地质调查局十年来取得的国际合作与交流成果，根据中国地质调查局统一部署，编写出版了中国地质调查局国际合作与交流成果材料，内容包括建立的国际合作网络，签订的地学合作协议，开展的重要合作项目和取得的合作成果，举办的重要国际地学会议和为发展中国家举办的管理与技术培训、境外地质调查、外事工作管理等内容。

（蒋仕金）

境外地质工作

中国地质调查局科技外事部

2010年中国地质地质调查局积极利用国土资源大调查资金、商务部援外资金、科技部国际合作资金开展境外地质调查工作。

一、国土资源大调查项目

2010年，中国地质调查局利用国土资源大调查资金继续开展“中国大陆周边地区主要成矿带成矿规律对比及潜力评价”计划项目并开设了21个工作项目，对“中越合作哀牢山－红河－马江成矿带成矿背景与成矿规律研究”和“巽他群岛－新几内亚岛地区地质矿产综合图件编制”两工作项目的成果进行了验收。

二、科技部国际合作项目

中国地质调查局承担了14项科技部国际合作项目，项目总体进展顺利。其中“青藏高原油气地震探测技术试验研究”等5项项目顺利通过科技部验收。

发展研究中心、航遥中心、武汉地调中心和五矿集团公司成功申报了科技部国际合作专项“厄立特里亚中南部地区铜多金属矿产资源潜力评价合作研究”项目。项目组对厄立特里亚全境和局部重点区域开展了遥感解译工作，并于2010年9月7～27日完成了厄立特里亚BISHA和ASMARA两个主要成矿带地质矿产的前期考察，提出了3个矿权登记选区（共计4343 km^2）供五矿集团公司登记矿权。

此外，“重大工程缓变形高分辨率星载干涉SAR监测关键技术研究”已获科技部批准立项。

三、商务部援外地质调查项目

2010年9月，中国地质调查局承担的“援津巴布韦东部Chimanimani地区1∶25万地球化学调查”和“援埃塞俄比亚Gimbi－Nejo地区1∶25万地球化学测量”通过国土资源部的验收。

天津地调中心项目组在津巴布韦 Chimanimani 地区划分出5个A类找矿远景区和4个B类找矿远景区，提交可供勘查靶区4处。

武汉地调中心项目组在埃塞俄比亚工区完成1∶25万水系沉积物测量采样面积9040 km^2，测试分析了Au，Ag，Cu，Fe，Ni，Co，Pt，Pd等42种元素。共圈出组合异常32处。其中甲类异常5处，乙1类异常4处，乙2－3类异常9处，其他异常14处，有效地获取了工区地球化学找矿信息。根据异常分布、组合特征，结合异常所处地质背景划出了15个地球化学区（带），建立了工区基本区域地球化学格架。

根据中国和赞比亚两国政府换文，受商务部委托，国土资源部中国地质调查局于2010年10月8日—11月9日派出了地质、矿产、油气和航空物探等专业的6名专家，商务部援外司派出1名业务主官，组成援赞比亚地质矿产和航空物探调查前期考察工作组，对赞比亚卢阿普拉省、北方省、南方省和铜带省的基特韦、曼萨、卡萨马、西旺尕等多个地区，开展了区域地质、矿产、航空物探工作条件等实地考察。

四、财政部国外风险勘查项目

2011年中国地质调查局组织局属单位申报国外风险勘查项目12项，累计金额10 186万元，各项目进展顺利。其中“全球地质矿产与资源环境卫星遥感‘一张图’工程”项目初步编制了全球1∶500万遥感解译图件。完成重点成矿区带1∶20万、1∶10万和1∶5万解译图。

五、外交部亚洲区域合作项目

外交部资助“东盟国家和地区地质填图能力建设”项目已顺利完成。通过项目实施，为东盟地区8个国家9名地矿官员提供了培训并颁发了毕业证书。

六、境外论坛

2010年，中国地质调查局举办了第四届境外论坛，为来自外交部、发展和改革委员会、商务部等政府部门，国家开发银行等金融机构，五矿集团公司等大型矿业公司，江西、河南、江苏等具有丰富“走出去”经验的省级地勘单位，以及相关科研院所等155家单位约400名代表提供了境外矿产资源信息服务。

七、矿业大会地调论坛

中国地质调查局利用矿业大会平台，举办“地质调查进展与成果”分论坛，向国内外地矿机构宣传中国地质调查局境外地质调查成果。

（舒思齐）

综合行政管理

文秘档案与保密工作

中国地质调查局办公室

一、公文管理

2010年，全年共办理普通内部发文855件、普通内部签报348件、涉密内部发文及签报83件；普通外部收文1403件、普通外部来函21件，涉密外部收文123件，参阅文件104件。同时，还收发91件中央文件、100期内部参考、51期内部选编。总体来看，内部文件、签报和机要文件较上年有所增多，其余文件较上年略有减少。

（一）健全完善制度，规范公文办理程序。

2010年初，根据国土资源部、国家档案局有关文件精神，对《中国地质调查局公文文书档案及印章管理办法》中不适应新形势发展要求的制度规定进行了修订，增加了规范公文程序、加快公文运转等方面的内容，使公文文书档案管理制度更加完善、更加符合要求、更加切合实际。2010年9月，召开了在京局属单位文秘工作座谈会，强调从公文开始理顺部、局、局属单位三者之间的关系，进一步明确了公文报送程序和要求。

（二）改进工作方式，加快公文运转速度。

为保证公文高效运转，规定了各种文件的办理时限，普通文件要在2天内处理完毕、急件6~8小时内办理完成，特急件2~4小时内拿出办理结果。特殊情况下，还采取先办事、后补办签批手续的办法，真正体现“急事急办、特事特办”，保证了文秘工作不耽搁，不误事。合理减少运转环节，加快文件办理速度。对于局属单位一些紧急文件，改变原来“办公室分批—领导批办—部室承办”的做法，先直接进部室承办，然后报领导审批，大大提高了办文办事效率。同时加大了公文催办、督办力度，对于急件、特急件要求安排专人负责跑签，利用电话、短信、传真、邮件等方式加快公文的传批速度，保证了领导和承办人员出差时，公文办理照常运转。

（三）加强沟通协调，切实提高公文质量。

根据机关各部室公文办理的实际情况，针对机关公文运转中存在的突出问题，与机关党委等部室加强沟通协调，交流思想，取得共识，明确部室在公文办理中的职责，要求部室把好公文质量的第一道关，共同提高机关办文水平。同时，针对特殊具体问题，指导协助武汉地调中心、矿产资源所、天津地调中心、成都综合所等局属单位规范公文报送程序，提高公文质量。

（四）开展业务培训，提高公文写作水平。

2010年八九月间，按照局领导的要求，在局机关举办了公文写作知识培训和公文知识竞赛活动。在培训和竞赛活动中，邀请中央办公厅北京电子科技学院姬瑞环教授在局机关举办公文知识讲座，局机关和在京局属单位100余人参加了培训。在培训的基础上，局机关11个部室组成10支参赛队，参加了第一阶段书面比赛，6支成绩排前的参赛队进入第二阶段比赛。第二阶段比赛为现场答题，经过3轮激烈的争夺，最终财务部、办公室、装备部取得比赛前3名。公文培训与竞赛活动的成功举办，不仅普及了公文知识，明确了公文规范，提高了公文处理与写作水平，同时还增强了干部职工的凝聚力和集体荣誉感。

二、档案管理

（一）文书档案的立卷归档工作。

局机关2009年文件归档工作仍然采取培训与实际操作相结合的集中归档方式，归档前先培训，掌握归档要领和要求；归档后再研讨，总结归档工作经验，交流归档工作体会，提出进一步改进措施，不断完善归档工作程序，保证了归档工作的科学性和合理性。2010年8月，组织局机关各部室档案工作人员在天津召开了机关档案归档工作座谈会，对2009年档案的归档工作进行了总结和回顾，为今后的机关档案归档工作提出了进一步改进和完善的建议。2009年归档的文件包括内部文件、签报、相关的外部文件、部室发文、重要信息刊物、重要会议材料、局党组会（局长办公会、局务会）会议记录、调研（考察）报告、协议、年鉴等内容。

（二）组织开展局机关文件材料归档范围和文书档案保管期限规定的编制工作。

为贯彻落实国家档案局8号令和国土资源部机关档案管理有关规定，组织开展了局机关文书档案保管范围和保管期限规定的编制工作。该工作始于2008年，经过2年多的学习、调研、培训、试编等工作，2010年取得实质性突破。2010年，组织局机关各部室档案管理人员进一步学习了国家档案局8号令及其相关辅导材料，认真学习研究国土资源部机关文书档案管理规定和部机关文件材料归档范围和文书档案保管期限表。同时派遣人员参加国家档案局的专题培训班，准确把握8号令的主要精神和要求。在组织机关各部室试编并反复修改的基础上，2010年10月组织召开了文秘档案工作研讨会，对局机关文件材料归档范围和文书档案保管期限规定进行了研讨。通过研讨交流，互相学习，取长补短，统一了思想，明确了要求，规范了格式，为科学界定文件材料归档范围、合理划分文书档案保管期限、顺利开展档案归档工作打下了良好基础。研讨会后，机关各部室根据研讨会的修改意见，进一步修改完善并经各部室负责人审定后形成了送审稿。12月，邀请国家档案局、国土资源部等部门和单位的专家对局机关文件材料归档范围和文书档案保管期限规定进行了专家评审，得到了专家们的高度认可和评价。

三、保密工作

（一）健全保密机构和制度，明确工作要点。

2010年初，根据国土资源部、国家保密局有关文件精神，对《中国地质调查局机关保密工作制度》中不适应新形势发展要求的制度规定进行了修订，经局务会审议通过印发执行，为确保国家秘密安全，保障局各项工作顺利进行提供了制度保证。7月，经局保密委员会研究同意，印发了《中国地质调查局2010年保密工作要点》（中地调办发〔2010〕23号），明确加强计算机网络保密管理和做好重点领域保密工作作为2010年局保密工作的重点来抓，同时还要进一步做好健全保密机构和制度、开展保密宣传教育、强化督促检查力度等工作。9月，经局党组研究，按照局领导成员分工安排，调整完善了局保密委员会（含密码工作领导小组）领导机构。副局长王研、副局长李金发分别担任了局保密委员会（密码工作领导小组）主任和副主任。

（二）补签保密承诺书。

按照中央保密办、国家保密局等部门的要求，对机关工作人员和未过脱密期的离岗退休人员均应签订保密承诺书。2009年6月，局机关已经实现了保密承诺书全覆盖，2010年主要针对2009年7月至2010年底进入机关的工作人员以及退休人员组织签订保密承诺书，共涉及26人，全部进行了承诺书的补签。经与人教部协商，为保证保密承诺书能够及时签、随时签，从2011年起，将把签订保密承诺书作为办理人员进出手续的必须程序，实现保密承诺书签订工作的日常化、常态化。

（三）组织开展保密检查。

按照工作计划和国土资源部的部署，分别于2010年3月、10月和12月份，组织开展了局机关3次大规模的计算机网络信息安全检查工作。重点针对计算机网络系统（含网站）的安全管理；涉密计算机及移动存储介质的登记、保管和使用；涉密计算机连接互联网、接入非涉密系统、安装未经批准的软硬件和交叉使用现象；非涉密计算机（含笔记本电脑、移动存储介质）是否存储涉密信息或交叉使用，是否有木马病毒；涉密文件资料的保管存放场所是否安装“三铁一器”；工作人员签订保密承诺书和规章制度等情况。同时，组织局属单位进行保密自查工作，督促局属单位加强保密工作。通过开展经常性的保密检查，提高了机关工作人员的保密意识，确保了局机关没有出现重大失泄密现象，维护了局机关计算机和网络的运行安全。

（四）开展保密宣传。

为配合新保密法的学习宣传，制定了保密法学习宣传方案，为局机关全体干部职工购买发放了新保密法单行本，为机关各部室购买了新保密法学习问答、新保密法解读等其他相关书籍和资料，在机关宣传栏内张贴新保密法的有关宣传画等供职工学习参考，借此宣传保密工作，增强干部职工的保密意识。

（五）做好与部机关密码传输的接入工作。

按照《国土资源部办公厅关于做好全国国土资源涉密信息传输系统接入终端安全保密工作的通知》（国土资厅函〔2010〕235号）的有关要求，积极开展了对接各项准备工作。局专门成立了密码管理工作领导小组；在办公用房十分紧张的情况下，专门设置了密码传输独立办公室并配备了“三铁一器”；采购完成了密码传输各项专用设备设施；有2名同志参加了部组织的密码管理培训班并取得了资质证书，分别负责密钥管理及密码设备管理维护工作；同时，专门制订了密码传输管理工作专项规章制度。2010 年 10 月，经部专项领导小组调试联通并验收合格，2010 年底，局机关密码传输终端已正式投入使用。

（周绪辉　杨妮娜）

新闻宣传和政务信息工作

中国地质调查局办公室

2010 年，新闻宣传和政务信息工作始终围绕部、局的重大决策部署和年度重点工作安排开展，围绕中心、服务大局，快速反应、主动策划，正面宣传、注重实效，及时了解掌握和动态交流局系统的主要情况、工作进展和重大成果，并将重要事项及时进行上报；同时，大力加强地质调查工作和成果的宣传，大力弘扬地质工作“三光荣”精神，逐步形成全面加强地质调查新闻宣传的大格局，打造“中国地质调查”的品牌形象。通过新闻宣传和政务信息工作，为地质调查事业发展争取了支持、营造了良好舆论氛围和外部环境。

一、新闻宣传工作

新闻宣传工作以部、局的中心工作和年度重点工作布局为主线，加大对国土资源大调查成果的策划宣传，分专业对基础地质调查、矿产资源调查评价、地质科技与国际合作的成果进行了系统全面宣传；开展“回眸‘十一五’展望‘十二五’”的系列宣传；对新疆“358”项目成果、全国铝土矿找矿成果、湖南锡田和云南麻栗坡找矿成果、宁乡式矿产资源综合利用成果进行了策划宣传；对局系统开展玉树抗震救灾、舟曲抢险救灾以及汛期地质灾害防治的工作进行广泛宣传。加强对局重要会议活动和重点工作的及时报道，组织新闻媒体对全国地质调查工作会议、地调局工作会议、局党组务虚扩大会议等 75 项会议和活动进行宣传；对局领导出席的重要活动和外宾活动进行了报道；对深入开展创先争优活动、生产调度、加强地质调查项目经费管理等局的重要工作进行了策划宣传。

在新闻宣传策划上注重打造 3 个平台。一是在部的主平台、主渠道上发出强音。从 2010 年 9 月起在中国国土资源报、地质勘查导报进行了 30 多篇的连载报道，以 6 篇评论的方式对国土资源大调查的总体成效进行了评价；矿业报加大了对矿产资源评价成果的宣传。二是扩大了在中央媒体的宣传力度，通过电视、广播、报刊、网络开展立体宣传；加强与报社合作，开展了系列宣传策划，进行连续报道。全年播发稿件 300 余篇，转载达数千条。三是打造地调局自己的宣传平台。创办了局报，推进了局门户网站的改版。

为全面宣传展示中国地质调查工作年度进展与成果，开展了“2010 年中国地质调查十大进展”评选活动。经局领导审定后，十大进展在中国国土资源报、中国矿业报以及相关网站上进行了整版宣传。2010 年中国地质调查十大进展是：

一是地质找矿新机制落地，“358”宏伟目标确定。按照国土资源部的总体部署，高举推进地质找矿新机制和“358”宏伟目标两面旗帜，科学制订“358”战略目标，在《地质矿产保障工程实施方案》基础上，借鉴“泥河模式”、“嵩县模式”的成功经验，组织编制《全国地质找矿行动计划》和《全国地质找矿“358”行动纲要》，以铁、铜、铝、钾盐、金、铅、锌、铀等为主攻矿种，优选并部署全国 47 个重点勘查区。准确定位公益性地质调查工作，重点加强重点成矿区带基础地质调查、矿产远景调查和科技攻关示范，强化技术指导和业务支撑。以省部合作为平台，大力推进新疆“358 项目”，圆满完成第一阶段目标，初步形成了五处大型矿产勘查开发基地和 11 处大型 - 超大型矿集区。青藏专项进展顺利，探明千万吨级的驱龙铜矿，形成中国规模最大的铜矿资源战略接续基地。湖南锡田在空白区探获钨锡资源量 32 万吨，云南麻栗坡在外围新发现钨矿 30 余万吨，为建设新的国家级钨锡生产基地奠定了基础。与黑龙江、云南、甘肃、宁夏等十多个省（区）在推进地质找矿新机制方面取得积极成果。

二是矿产资源国情“三项”调查取得决定性进展。全国矿业权实地核查，完成 15 万个矿业权野外实测工作，单矿种数据汇总基本完成，全面查清了矿业权现状，推进了矿业权申请登记管理流程的规范化。全国矿产资源潜力评价，完成海量基础地质系列编图及数据库建设，圈定和优选一批重要远景区，提供大量找矿预测区，基本摸清中国铁、铝、煤、铜、钾等 13 个重要矿种的资源家底，实现地质找矿“按图索骥”。全国矿产资源利用现状调查，核实了我国石油、天然气、煤、铀、铁、铜、铅、锌、铝土矿等28个矿种的储量数据，建立了储量动态监督管理支持系统。

三是青藏高原重大地质问题研究揭示高原隆升过程。在青藏高原空白区1:25万地质填图基础上，地调局组织开展了成果集成和专题研究，在青藏高原重大地质问题的研究上取得创新性认识和成果。系统编制了青藏高原及邻区1:150万地质－资源－环境系列图件，首次系统建立了177幅1:25万地质图空间数据库，实现了地、物、化、遥等数据的集群化管理和共享服务；提出了“多岛弧盆系构造理论”，建立了“一个大洋、两个大陆边缘、三大多岛弧盆系”特提斯形成演化模式，创新性编制了17个时代的构造岩相古地理图，重塑了特提斯洋演化、高原隆升过程及大陆动力学机制，为大陆碰撞理论的建立和区域成矿学的发展做出了贡献。项目成果已移交西藏、青海、新疆等省（区），在区域国土规划、资源勘查、生态环境保护、重大工程建设及地质科学研究中发挥重要作用。

四是重要矿产资源评价实现重大突破。2010年，按照地质找矿新机制的要求，充分发挥公益性地质工作的基础先行作用，全面推进重点成矿区带基础地质调查和矿产远景调查，青藏、天山、西南三江等成矿带取得一批重要找矿成果，引领和拉动了商业性矿产勘查。新疆阿吾拉勒成矿带实现铁矿勘查快速突破，初步控制铁矿石资源量7.8亿吨，预测远景资源量在20亿吨以上，该地区多个矿床已建成或正在筹建矿山，全部达产后预计年产能将达2000万吨；西藏山南矿集区，初步控制百万吨铜，形成大中型勘查开发基地3个，找矿前景乐观；青海祁漫塔格尕林格铁矿、卡而却卡铜多金属矿、野马泉铁铜多金属矿新增铁资源量超亿吨、铜多金属矿50万吨；东昆仑新增金矿资源量超过50吨，累计控制金资源量300吨；新疆东疆地区新增煤炭资源量1275亿吨，提供了三塘湖、淖毛湖、库木塔格等一批可供进一步勘查的超大型煤田，为实施“疆煤东运”战略提高了资源保障。积极推进攻深找盲示范，辽宁本溪大台沟铁矿外围深部找矿勘查示范全部见矿，且为易磨易选矿石类型，新增铁矿石资源量约10亿吨，预测远景资源量可达70亿吨；河南渑池礼庄寨新增铝土矿资源量1020万吨；福建马坑铁矿外围石岩坑新发现累计厚度58 m的隐伏富铁矿，平均品位42.62%；湖南铜山岭地区新发现139.4 m的厚大隐伏钨多金属矿，初步估算资源量达26万吨。这些地区后续商业性投资及时跟进，示范带动效果显著。此外，油气基础地质调查取得积极进展，进一步证实了松辽盆地外围、银额盆地、中上扬子盆地和羌塘盆地等区域具有良好资源前景。通过实施油钾兼探，发现四川三叠纪富钾卤水、柴达木盆地新近纪富钾卤水，成效显著。

五是应对自然灾害为百姓撑起安全网。2010年，中国极端自然灾害频发，人民生命财产受到严重威胁。在国土资源部的统一部署和指挥下，中国地质调查队伍在抗击西南百年不遇旱情和玉树地震、舟曲泥石流等特大自然灾害过程中，冲锋在前，圆满完成了应急打井找水和抢险救灾等任务，得到了各级政府的高度肯定，受到了当地群众的普遍赞誉。在西南应急抗旱找水行动中，地调局及时组织专家编制西南旱区地下水开发利用程度图、应急水源地分布图、抗旱打井技术条件图等图件，主动为打井找水提供地质资料信息服务和现场技术指导，直接参与到国土资源系统支援西南抗旱找水打井队伍中，艰苦奋战3个月，为云南、贵州、广西3省（区）解决了520万人饮水问题做出了突出贡献。抗旱找水工作得到了国务院的高度肯定。水环地调中心荣获“全国防汛抗旱先进集体”称号。在玉树地震、舟曲特大山洪泥石流等灾害发生后，地调局专业技术人员第一时间赶往灾区，开展地质灾害应急处置、隐患排查、监测预警与灾情评估工作。完成了玉树震区6个县21万 km^2 的地质灾害应急排查，查出新增地质灾害隐患点295处，影响3万余人。迅速开展活动断裂和地震破裂调查，编制玉树地区资源环境承载力与恢复重建选址评估报告，为抗震抢险救灾和服务灾区重建提供了重要依据。此外，重点开展了三峡库区、汶川地震灾区等地质灾害易发区的监测预警与地灾排查工作，加强汛期地质灾害气象预警预报，与群测群防相结合，防灾减灾效果显著。

六是地质调查服务国家重大工程建设竖新碑。主动服务国家重大工程建设，地调局在泛亚铁路云南大理至瑞丽段，部署开展22幅1:5万基础地质调查，铁路优选线两侧各2 km范围内的1:2.5万综合地质调查。在铁路沿线横穿地形－地貌与地质条件极为复杂的横断山区南段，地质工作者以200～400 m的平均点线密度，填绘了铁路优选线路的地质图和工程地质图，系统评价了活动断裂带对线路工程的影响，查明了铁路建设区的工程地质条件以及地质灾害类型与分布，全面完成了大瑞铁路沿线的工程地质调查与评价工作，为铁路的选线、设计与施工提供了重要的技术支撑，减少了工程设计与施工的盲目性，成为地质工作服务国家重大工程建设的典型范例。

七是物探仪器自主研发取得多项创新成果。航遥中心自主研发的首套国产化高分辨率航空伽马能谱测量系统研制成功。该测量系统与导航定位仪、测高仪等仪器集成后，在内蒙古赤峰地区完成了试飞行任务。试生产结果表明，航空伽马能谱仪性能稳定，部分技术指标超过了国际上同类产品，达到了实用化水平。物化探所开发出具有自主知识产权的大功率多功能电磁测量方法与仪器样机系统，填补了我国多功能电磁测量技术的空白。这些物探仪器的国产化，打破了少数发达国家的封锁和垄断局面，提升了中国地球物理勘查的装备水平。

八是矿产资源综合利用技术突破盘活呆滞资源。成都综合所在“宁乡式”鲕状赤铁矿脱磷脱硅等关键技术攻关方面实现突破。在磨矿过程中加入高效助磨矿剂，采用阶段磨矿 - 阶段分级流程，使湖北官店和重庆桃花铁矿的矿泥含量，从一次磨矿的 35% 和 32% 分别降至 19% 和 18% 。该项研究成果为中国 30 多亿吨“宁乡式”鲕状赤铁矿的开发利用提供了重要技术支撑，对盘活该类呆滞资源、实现资源高效开发利用具有重要意义。

九是青藏高原油气资源战略选区与调查圈定羌塘有利成油区域。成都地调中心科研人员经过 5 年的艰苦拼搏，在羌塘盆地首次发现了晚三叠世前的古风化壳和一套晚侏罗世—早白垩世油页岩 - 膏盐地层。通过羌塘盆地生、储、盖图件的编制与综合分析，结合钻井资料，提出了中侏罗统布曲组和上三叠统肖茶卡组为盆地的主要勘探目的层系，认为羌塘盆地的油气资源主要集中于北羌塘坳陷的中西部，优选出白云湖 - 龙尾湖等 6 个有利区带、光明湖 - 沙土湾湖等 9 个有利区块，建立了青藏非地震油气勘探方法技术组合，为下一步在青藏开展找油工作打下了坚实基础。

十是境外地质调查服务“走出去”迈上新台阶。以中国紧缺矿产资源为目标矿种，按照“优势互补、平等互利”的国际合作原则，与我国周边、非洲和拉丁美洲等国家合作，开展跨境成矿带基础地质编图、成矿地质条件对比和成矿规律研究，并在重点成矿区带开展了区域地质调查和矿产资源潜力评价工作。合作编制中国与周边国家 1∶250 万、1∶100 万系列基础地质矿产综合图件 71 幅，初步建立了覆盖全球的矿产资源信息系统数据库，数据量达 30 GB。以厄立特里亚国际合作项目为试点，探索“科技先导、基础先行、企业联动、快速突破”的境外矿产资源勘查开发国际合作新模式。通过境外矿产勘查论坛、网络服务和窗口服务等方式，为国内近 300 家单位提供境外信息服务，引导各类所有制企业有序在境外获得矿产勘查开发项目，有力支撑了我国矿产资源勘查开发的国际合作，为加快实施“走出去”战略起到了积极的推动作用。

二、政务信息工作

政务信息工作以局重点工作布局安排为重点，不断提高信息报送的时效和质量，在部政务信息报送中排在前列。全年编发《地调工作动态》56 期，《局内要情》28 期，《地质调查要情专报》50 期。

一是健全信息员队伍。建立完善的信息员队伍，加大了信息工作培训力度，加强与各单位信息员的交流沟通，全年各单位信息报送 2000 多条，采用近 600 条，报送数翻了一番，信息质量有提高。

二是不断提高信息质量。重点上报国土资源大调查项目结题成果的报告，及时上报局系统关于玉树地震灾情分析的专报。

三是规范信息报送工作。在对局属单位的政务类简报刊物进行清理的基础上，对加强重要事项报告提出了要求，进一步规范了信息报送工作。

四是进一步提高信息显示度。在部系统各单位中，地调局信息报送数和采用数最高，特别是上报中办、国办的信息数有较大增幅，使地质调查工作及成果有了更多显示度。

（夏　鹏）

经济与财务管理

地质调查项目经济管理

中国地质调查局财务部

一、地质矿产调查评价专项预算下达情况

2010年，财政部按照项目承担单位预算管理隶属关系，分3批下达地质调查项目预算549 076万元，安排182个计划项目、1653个工作项目。其中：第一批项目预算6月下达，预算177 233万元，安排108个计划项目、754个工作项目；第二批项目预算8月下达，预算322 000万元，安排41个计划项目、781个工作项目；第三批项目预算10月下达，预算49 843万元，安排33个计划项目、118个工作项目。按照项目主要工作内容分类：

——基础性地质工作，预算149 803万元，安排82个计划项目、618个工作项目。

——矿产资源调查评价，预算277 560万元，安排59个计划项目、707个工作项目。

——地质环境与地质灾害调查监测，预算33 820万元，安排21个计划项目、58个工作项目。

——青藏高原地质矿产调查与评价，预算76 380万元，安排9个计划项目、194个工作项目。

——地质调查信息化，预算2548万元，安排2个计划项目、18个工作项目。

——成果整合集成与综合研究，预算4025万元，安排7个计划项目、44个工作项目。

——组织实施费，预算4940万元，安排14个工作项目。

二、地质调查项目预算执行情况

（一）本年项目预算执行情况。

2010年年初，地质调查项目结余资金91 183万元，本年预算546 688万元，本年实际支出433 207万元，期末预算结余204 664万元，平均预算执行率为67.9%。

（二）成本费用构成情况。

2010年地质调查项目实际支出按成本费用分：人员费77 182万元，占当年支出总数的（下同）21.44%；办公费2527万元，占0.70%；印刷费6046万元，占1.68%；水电费3799万元，占1.06%；邮电费2301万元，占0.64%；交通费22 983万元，占6.38%；差旅费28 608万元，占7.95%；会议费7537万元，占2.09%；燃料费35 531万元，占9.87%；劳务咨询费30 435万元，占8.45%；委托业务费116 934万元，占32.48%；设备购置费9533万元，占2.65%；维护费1996万元，占0.55%；其他14 593万元，占4.05%。

（三）按工作手段支出情况。

2010年地质调查项目实际支出按工作手段分：地形测绘4495万元，占当年支出总数的（下同）2%；地质测量48 735万元，占19%；钻探53 053万元，占21%；槽探11 622万元，占5%；物探5799万元，占23%；化探16 300万元，占6%；岩矿测试16 482万元，占6%；工地建筑6071万元，占2%；出国费39万元，占0.09%；其他地质工作29 383万元，占12%。

三、项目经费使用情况总结报告完成情况

2002～2010年，共下达预算项目5125个，已完成经费使用情况总结报告的项目有3277个，未完成经费使用情况总结报告的项目有1848个，完成率为63.94%。

四、国家海洋调查专项预算下达情况

2010年，地调局组织实施的由中央财政资金安排的海洋地质调查专项共有3个，申报预算51 000万元，批复预算50 570.25万元，核减“三公”经费429.75万元。承担项目的工作单位有9个，包括局属单位7个，其他单位2个。

五、地质调查经济管理重要活动

（一）修改完善地质调查项目预算编制与审查制度。

为适应2010年地质矿产调查评价专项及时启动

的管理需要，根据财政部和国土资源部原则认可的《地质矿产调查评价专项资金管理办法》原则要求，对项目预算编制与审查要求进行了全面修改，4月14日印发《地质矿产调查评价项目预算编制与审查要求（试行）》（中地调函〔2010〕88号）。9月印发《关于地质矿产调查评价项目预算编制与审查补充要求》（中地调函〔2010〕255号），进一步规范专用设备使用和购置、不可预见费预算管理。

（二）开展非局属项目承担单位项目内部审计。

2010年5月关于加强地质调查项目经济管理工作视频会议后，组织协调中介审计机构完成了22个地调院、地质环境监测总站（院）、行业地勘系统等地质调查项目承担单位，1999～2009年的地质调查项目预算执行与经费支出审计。通过审计查明了这些单位项目预算执行和财务支出中存在的问题，为进一步采取措施，强化项目预算财务管理提供了依据。还开展了5个地质类院校的项目经费使用情况调研。

（三）举办三期地质调查项目预算编制培训班。

为继续加强地质调查项目预算编制基础工作，应中国煤炭地质总局、甘肃省地质矿产勘查开发局和宁夏地质矿产勘查开发局要求，分别在2010年7月、12月举办3期培训班，共培训人员476人，至此取得地调局地质调查预算项目编制培训合格证书人员达到1936人，进一步充实了预算编制人员队伍。

（四）按计划完成全成本地质调查预算标准研制。

继续推进地质调查预算标准跟踪评估和动态调整机制研究，针对热点问题和技术经济条件重大变化，及时开展专项评估提交报告（零报告制度）。组织完成全成本地质调查预算标准研制工作，为进一步合理确定不同资金渠道管理要求的地质调查项目预算标准奠定了良好基础。

（王旭光　才　宇）

局系统预算财务管理

中国地质调查局财务部

一、预算下达与预算执行情况

2010年国土资源部批复地质局各类财政预算共计15个批次，预算总额450 629.33万元（本年预算329 136.45万元，上年结转和结余资金121 492.88万元），其中：基本支出预算46 046.46万元（本年预算44 275.26万元，上年结转1771.20万元），项目支出预算404 582.87万元（本年预算284 861.18万元，上年结转119 721.69万元）。

2010年，全局预算执行工作取得较好成绩，全局国库资金累计完成支出338 028.92万元，总体预算执行率为82.65%，实现了全年预算执行率80%的既定考核目标。其中2009年结转和2010年部门预算国库资金累计完成支出184 563.15万元，执行率为87.52%；2010年年中追加的财政预算国库资金累计完成支出153 465.77万元，执行率为78.43%。

二、收入、支出与结转情况

（一）总收入。

全局28个预算单位2010年货币资金总收入64.90亿元，局属27个单位中年货币资金收入过亿元的单位有20个。总收入中：财政预算拨款收入45.95亿元（上年结转12.31亿元，本年预算33.64亿元）；企业经营、承接市场地质项目、社会服务等自行组织收入18.95亿元。

（二）总支出。

全局28个预算单位全年各类资金总支出50.79亿元。其中财政拨款支出35.36亿元，自行收入中的资金支出15.43亿元。

（三）结转和结余。

全局28个预算单位2010年度结转、结余资金总量14.19亿元。其中：基本支出结转0.18亿元，项目支出结转、结余14.01亿元。

三、固定资产和自有资金

截至2010年末，全局28个预算单位固定资产累计总值为34.70亿元，比2009年末的25.44亿元增加了9.26亿元，增长36.4%。

自有资金（事业基金和专用基金）累计总值为10.99亿元，比2009年期末的9.76亿元增加了1.23亿元，增长12.7%。

四、局系统预算财务管理重要活动

（一）全面完成28个预算单位五年经济运行情况全面审计。

全面完成28个预算单位2005～2009年经济运行

情况全面审计、问题整改与结果检查验收工作，及时纠正涉及财政预算、会计核算、企业经营、固定资产管理等7个方面的问题，通过审计整改有力地促进了经济行为规范，一批多年来遗留的财务问题妥善处置。各单位以审计整改为契机，完善制度，构建长效机制。据不完全统计，全局28个单位，借整改之际修订完善或新建财务管理制度125项。

（二）规范局属单位地质调查项目委托业务费支出管理。

针对局属单位承担项目的数量和资金规模大幅增长、委托业务活动增加的新情况，为规范委托业务费支出管理，2010年9月印发了《关于加强地质调查项目委托业务费管理的通知》（中地调发〔2010〕208号）。

（三）召开预算财务管理研讨班。

2010年12月在成都举办了局系统预算财务管理研讨班，结合贯彻落实“国土资源部财务处长培训班”有关精神，从局系统预算财务管理工作实际出发，专门邀请局属单位技术业务管理部门负责人（总工办主任、科技处长）、六大地调中心项目办经管处负责人参加。中国地质调查局副局长王学龙出席并作了重要讲话，总工室、财务部就“十二五”地质调查工作部署构思和近几年出台的预算财务管理新制度进行培训。培训班还就进一步落实局“关于加强经济管理工作的意见”，继续强化技术与经济统筹协调、进一步健全完善地质调查项目经费支出内部控制制度，从根本上解决预算执行难题，巩固和发展预算财务管理成果，更好为“中心工作”服务进行了研讨。

（王　蔚　余国栋）

局机关财务管理

中国地质调查局办公室

一、2010年局机关财务状况

地调局2010年财政预算收入31 403.39万元，上年结转53 044.35万元，本年财政预算支出57 771.78万元，本年财政预算结转和结余26 891.27万元（其中结转26 825.07万元，结余66.20万元），财政资金预算执行率68.41%。

2010年末总资产20 318.16万元，比上年增加4717.86万元，增加30.24%；负债总额3148.14万元，比上年减少451.14万元，减少12.53%；年末净资产17 170.02万元，比上年增加5169.00万元，增加42.97%。

1. 资产负债率为15.49%。

2. 人员支出与公用支出的比例：2010年局机关人员经费支出，在基本支出中开支68.42%，在项目支出中开支31.58%。公用经费支出，在基本支出中开支9.14%，在项目支出中开支90.83%。

3. 事业基金增长率9.83%。

4. 专用基金增长率41.50%。

二、不断加强制度建设

1. 按照局“立改废”的要求，重新修改印发了《局机关经费管理办法》。

2. 制定了《局机关公务卡结算报销管理暂行办法》，规范了公务卡申领、结算和报销工作。

3. 制定了财务报账流程，规范了业务操作。

三、切实抓好预算管理

1. 根据批复的部门预算和局机关年度工作计划，制定了2010年局机关财务收支计划，细化了2010年度局机关经费支出预算，作为预算执行的依据。

2. 狠抓预算执行，按月通报预算执行情况，按季度分析、查找薄弱环节、提出解决方案和建议，对重点支出项目及时提醒和催促。

3. 坚决贯彻落实中央关于厉行节约、反对铺张浪费的要求，严格控制交通费、出国费和招待费等“三项费用”支出，每项支出均在部下达的控制额度范围内。

四、努力提高工作效率

1. 正式启用国土资源部财务管理信息系统，完成系统初始化和财务建账工作，及时、准确、完整地完成了全年核算工作。

2. 全面推行公务卡改革，减少了现金支付结算业务，提高了资金使用透明度。

3. 开展局机关固定资产盘点清查工作，补充完善固定资产领用手续，重新登记固定资产卡片，打印、粘贴固定资产条形码。

（许晓梅　沈洁苟）

企业管理

中国地质调查局财务部

一、经济实体情况

截至2010年末，纳入统计范围的22个局属单位所属各类经营开发实体有60家。其中：制造业4家、建筑业7家、批发和零售业5家、住宿和餐饮业6家、科技服务和地质勘查业22家、居民服务和其他服务业6家、其他行业10家。

二、从业人员情况

2010年期末从业人员647人，比上年减少97人。本期平均从业人员646人，比上年减少161人。期末正式职工383人，比上年减少103人。

劳动报酬及补贴4310万元，年人均报酬66 720元。正式职工劳动报酬及补贴2682万元，年人均报酬66 440元。

三、经营状况

60家经营开发实体中，有11家处于停业状态。其余49家中，盈利的有29家，亏损19家，盈亏平衡1家。实现总收入64 191万元，总支出61 236万元，利润总额2955万元。

2010年末总资产为66 973万元，其中：流动资产48 092万元，固定资产9566万元，长期投资2547万元，无形资产及其他6768万元。

负债为34 218万元，其中：流动负债31 078万元，长期负债3140万元。

所有者权益为32 755万元，其中：实收资本16 482万元，资本公积金1503万元，盈余公积金2144万元，未分配利润8231万元。

四、企业管理重要活动

在以往工作基础上，2010年推进了3方面工作，一是借助审计工作，逐步查清了局属单位投资兴办的各类企业共计105家（含二级、三级企业）；二是在充分尊重各单位意见的基础上，按照局总体要求，逐步厘定出对“105家企业、撤销66家、保留或者改制规范发展39家”的总体清理规范实施方案；三是按照“一个企业一个方案”的要求，制定了每个企业撤销或规范工作方案。截至2010年底，66家决定撤销的企业，已经有序完成了20家企业撤销清算相关工作。

（刘雅彦）

基建与装备管理

基本建设管理

中国地质调查局装备部

一、京区科研实验基地建设

贯彻落实李克强副总理的讲话精神，按照政府投资项目建设程序规定，在京区科研实验基地建设项目小组的领导下，落实了建设用地选址意向，组织编写了项目建议书，并通过国土资源部上报国家发改委审批。

二、局属单位新基地建设进展

按照政府投资项目建设程序规定，组织实施局属单位新基地建设。沈阳地调中心新基地建设规划已经国土资源部批准；岩溶地质所国际岩溶研究中心基地建设项目建议书已通过国土资源部上报国家发改委；勘探技术所中试基地项目完成了项目可行性研究报告审批，并列入2011年年度投资计划；青岛海地所东部地调科研基地规划已经局业务会审查；西安地调中心新基地建设按规定程序办理规划和征地手续。

三、建设项目论证和审批情况

组织编制了年度项目论证计划；按照部组织、局承办的原则，完成了7个项目可行性研究报告、11个项目初步设计及概算、1个项目调整建设方案的审查报批工作；完成了4个项目政府采购方式的审批，并及时报部备案。

四、年度投资计划情况

国土资源部批准地质局2010年中央预算内投资8546万元，安排项目总数10个。

根据国土资源部2011年中央预算内投资计划草案编报要求，地质局申报2011年中央预算内投资计划建议10 102万元，安排项目总数10个。

五、建设项目监督管理

按照基本建设项目管理工作要求，围绕项目的审批、招标、开工、组织实施和竣工备案准备等主要环节，跟踪了解项目进展情况，对重点建设项目进行了实地调研，有针对性指导局属单位开展相关工作。

六、加强业务基础建设

召开了局属单位基本建设管理座谈会，总结交流了基本建设管理工作经验，研究提出了局属单位基本建设管理工作要求，完成了年度项目档案资料的整理和归档工作。

（唐　兰）

装备管理

中国地质调查局装备部

根据局2010年重点工作布局，以创先争优活动为契机，明确工作思路，搞好工作布局，完善工作机制，围绕贯彻落实局年度工作重点任务，以全面提升地质技术装备保障能力为工作重点，有序开展装备专项和装备管理相关工作。

一、启动了地质队伍“野战军”技术装备专项结余资金报批工作

以做好装备专项第一轮次项目总结为基础，通过开展装备规划编制工作，于2010年6月初启动结余资金新增项目4.14亿元的申报工作；8月下旬经部报国家发改委；4季度进入评估论证程序。

二、开展装备规划编制工作

按照地调局队伍建设总体方案的框架，统筹结合“地质矿产保障工程”、“海洋地质保障工程”、“中央级事业单位修缮购置资金项目”、“国家地下水监测工程”等重大专项的重点内容和部署，科学合理地规划确定规划期目标任务，及时开展了局装备规划编制工作。

三、推进“海保工程”装备计划的申报与评估工作

主动积极配合部规划司，进一步加强与国家发改委的沟通协调，加快落实项目立项批复，提交投资额度为21.47亿元；及时有序地组织推进项目可行性研究、评估等相关工作。2010年9月29日中国国际工程咨询公司组织专家对项目建议书进行了评审。

四、国家地下水监测工程

2010年11月8日，国务院批准国家地下水监测工程项目建议书。批复工程总投资17亿元，国家地下水监测工程由水利部和国土资源部按照“联合规划、统一布局、分工协作、避免重复、信息共享”的原则联合实施，建设内容主要由地下水监测中心、监测站点、信息传输系统和应用服务系统等组成。

五、装备管理工作

为加强局系统装备管理工作，围绕技术装备专项的实施，着重开展了两方面工作：一是设备报废审查工作，办理设备报废等资产处置工作6件次，涉及设备资产136台套；二是技术装备所购设备的验收和调拨工作，2010年完成约12 427万元地质技术装备调拨工作。

六、地质技术装备的基础管理工作

1. 开展地质技术装备规划研究。结合局属各单位上报的装备建设规划，在成都组织召开局装备建设规划编制工作会，汇总编制完成装备建设规划初稿。根据汇总编制完成的装备建设规划初稿，编制完成4.14亿元装备专项投资计划项目调整建议方案。经局专题业务会、局务会通过，报部。

2. 中央级科学事业单位修缮购置专项资金2011年项目申报工作。向部报送中央级科学事业单位修缮购置专项资金2011年项目。申报项目32项，申报资金11 096.06万元；其中：房屋修缮项目2项，预算1171.76万元；基础设施改造项目4项，预算2242.30万元；仪器设备购置项目26项，预算7682.00万元。

3. 结合推进设备资产信息化工作，在部财务司支持及环境监测院的努力下，局系统采购并统一配备了设备资产数字化盘点设备，组织局属各单位进行设备使用及资产管理数据库模块的培训，推进设备资产信息化。以资产数字化盘点为契机，组织开展设备资产整改验收工作，完善装备管理体系，总结分析问题，指导提出切实可行的措施，进一步改进装备管理工作。

4. 开展局机关设备资产管理工作。配合办公室清查2010年前的设备资产；完成2010年局机关办公设备采购工作及管理工作，2010年已购办公设备101台套，采购金额80余万元。

七、2010年局系统设备存量情况

截至2010年底，地调局系统约有仪器设备5.5万台套，原值约为21.3亿元。其中新增设备约12 452台套，原值约5.5亿元；报废设备约1224台套，原值约1425万元。

（王小华）

干部人事教育

局属领导班子建设

中国地质调查局人事教育部

一、思想政治建设

地调局加强学习型班子建设。各级领导干部积极参加创先争优活动，加强理论学习，提高政策理论水平。选派11名副局级以上领导干部参加中央党校、延安干部学院和井冈山干部学院学习，切实提高领导干部理论水平和党性修养。转发中纪委、中组部《关于以“贯彻落实〈党员领导干部廉洁从政若干准则〉切实加强领导干部作风建设”为主题开好县以上党和国家机关党员领导干部民主生活会的通知》（组通字〔2010〕37号），领导干部通过民主生活会着力查找存在的突出问题和不足，深刻剖析原因，提出整改措施，明确努力方向，促进领导干部提高党性修养，勤政廉政的作风。

二、班子补充调整

严格按照《干部选拔任用条例》的规定，坚持党管干部的原则，在调研分析局属单位领导班子结构、能力、成员特点的基础上，制定年度干部调整方案。2010年，地调局局属10个单位13名党政正职领导干部调整到位，包括天津地调中心、南京地调中心、武汉地调中心、西安地调中心、地质图书馆、水环地调中心、地科院、地质力学所、实验测试中心、勘探技术所；5个单位5名副职领导干部调整到位，包括西安地调中心、青岛海地所、发展研究中心、地质图书馆、地质研究所；其中10名领导干部交流任职。通过干部调整补充，进一步优化班子结构，促进领导干部队伍年轻化，增强了干部队伍活力。

三、班子年度考核

开展了对局属27家单位领导班子和122名领导干部年度考核工作，并结合考核开展干部选拔任用“一报告两评议”工作。根据年度考核结果，局党组研究决定，对2010年各项工作取得突出成绩的西安地调中心、成都地调中心、广州海洋局、发展研究中心、物化探所、成都综合所6个单位予以表彰。对取得明显成绩的南京地调中心、青岛海地所、环境监测院、地质图书馆、水文环境所、岩溶地质所、探矿工程所7个单位予以表扬。局属单位领导班子成员中金若时、张允平、郭坤一、潘仲芳、丁俊、樊钧、彭轩明、马申达、熊盛青、高新平、邓志奇、侯金武、顾晓华、侯增谦、王瑞江、龙长兴、尹明、韩子夜、石建省、姜玉池、张金昌、刘亚川、冯安生、胡时友、何远信等25名同志被评为“优秀”等次。

四、干部监督工作

根据中组部从严管理干部的要求，局党组着力强化干部选拔任用监督管理工作。一是广泛宣传中央的政策，及时转发干部选拔任用4项监督制度相关文件。二是规范规章制度。研究制定《中共地调局党组关于党政领导干部选拔任用工作监督检查办法（试行）》（中地调党发〔2010〕34号），对干部选拔任用工作记实、有关事项报告、“一报告两评议”、离任检查以及责任追究等进行详细规定。三是开展干部选拔任用工作监督检查。结合巡视工作完成9家单位干部选拔任用监督检查工作，结合2010年度考核对局属单位干部选拔任用工作进行了监督检查，完成2名领导干部离任检查工作。广大干部职工对局属单位干部选拔任用工作民主评议的4个项目满意、基本满意率平均在90%以上，对新提任的干部民主评议满意、基本满意率平均也在90%以上。四是扎实开展局属单位领导班子和领导干部年度考核工作。坚持“四位一体”的全方位考核模式，即民主测评考核、地调科研任务考核、经济指标考核、廉政和作风建设考核，并将“一报告两评议”工作纳入年度考核。

转发《关于领导干部报告个人有关事项的规定》和《关于配偶子女均已移居国（境）外的国家工作人员加强管理的暂行规定》，认真落实报告个人有关事项和配偶子女移居两项法规制度。

（宋时锐　聂大海）

干部人事工作

中国地质调查局人事教育部

一、职工队伍概况

2010年末，地调局局系统有在职职工6794人，其中干部5739人，工人1055人；其中局级干部131人，处级干部903人，科级及以下干部4705人；具有高级职称的2149人，中级职称1758人；本科以上学历的4136人，其中博士802人，硕士1333人。2010年，地调局系统公开招考录用工作人员404人，(其中应届大中专毕业生388人)，政策性安置2人，调入41人。

二、干部人事制度改革

深入贯彻落实干部人事制度改革精神，2010年12月5日印发实施《中共中国地质调查局党组关于贯彻落实〈2010～2020年深化干部人事制度改革规划纲要〉的实施意见》（中地调党发〔2010〕35号)。加大干部竞争性选拔和交流工作力度，2010年度，局属单位通过竞争性选拔干部方式选拔干部104人，其中公开选拔方式选拔干部7人，竞争上岗方式选拔干部75人；选派11名局属单位干部和2名西藏地勘局干部到局机关挂职，2名局机关干部到局属单位挂职，2名局属单位干部到西藏挂职锻炼，1名局属单位干部参加博士服务团到重庆挂职，干部选拔任用公开、民主、透明程度进一步提高，交流力度不断加大。按照“先入轨、后规范、逐步到位”的原则，稳妥推进岗位设置工作，在2009年完成5个局属单位岗位设置管理试点工作的基础上，全面推进局属22个单位岗位设置管理。2010年，全局设置管理岗位833个，专业技术岗位4043个，工勤技能岗位904个，119人通过专业技术二级岗位遴选，213人通过专业技术三级岗位遴选，局属单位岗位设置基本到位。

三、人才队伍建设

2010年，地调局大力推进“人才强局”战略，研究出台《中共中国地质调查局党组关于进一步加强人才工作的意见》（中地调党发〔2010〕38号）和《中国地质调查局关于依托项目及重点实验室培养人才暂行办法》(中地调发〔2010〕276号)、《中国地质调查局关于加强依托高等院校培养人才的意见》(中地调发〔2010〕277号)、《中国地质调查局百名青年地质英才培养计划实施办法》（中地调发〔2010〕278号）等一系列加强人才工作的意见和办法，人才培养、开发、选拔制度措施不断完善。加强局属单位与高等院校合作，截至2010年末，20个局属单位与26所高校签订59份人才培养合作协议，10月23～24日，与地质教育分会在成都理工大学联合成功举办首届全国大学生地质技能竞赛。博士后科研工作站设站工作取得突破，航遥中心、青岛海地所、环境监测院等3家单位获准设立博士后科研工作站。2010年末，地调局系统，有院士15人，突出贡献专家10人，享受国务院政府特殊津贴的79人（新增5人)，新世纪百千万人才工程国家级人选19人。

四、中央公益性地质调查队伍建设

按照“整体规划、急需先建、先易后难、逐步推进”的原则，配合部人事司多次与中编办、科技部、财政部沟通汇报，不断完善《加强中央公益性地质调查队伍建设方案（总方案)》、《中国地质调查局队伍规模论证报告》及油气地调队伍、地灾应急机构组建方案和5个转制所改组方案等8个相关建议。已经部长办公会、部务会、部党组会研究。

五、机构编制管理

积极配合部人事司与中编办沟通协调，推进局主要职责、内设机构和人员编制调整工作。编制局机关部室主要职责、内设机构、人员编制及职位设置规定，报局党组审议，局机关各部室职责进一步明确，设置更加规范科学。严格编制管理，局属单位“三定”方案进一步明确和落实，机构编制和人员管理进一步规范。审核西安地调中心等8个局属单位“三定”方案的具体实施方案，批复青岛海地所、发展研究中心和武汉地调中心内设机构调整方案。起草地科院等14个局属单位“三定”方案；组织完成局属事业单位法人年检、地科院等3个单位法人变更登记工作。

六、组织人事干部自身建设

结合局系统干部人事队伍建设实际，积极开展创先争优活动和组织人事部门“讲党性、重品行、作表率”巩固提高年活动，制定印发“活动”实施方案。2010年10月30日—11月2日在湖南省长沙市举办第二期组织人事干部业务培训班，中国地质调查局原局党组副书记、副局长王宝才同志总结自己近

20年从事组织人事工作的心得体会给大家上了一堂生动的党课，局人事教育部主任赵奇从组织人事干部应当具备的政治素质、职业道德和业务能力等方面给参加培训班的局系统组织人事干部上了一堂业务课。局人事教育部党支部按照局创先争优活动的部署要求，认真制订支部公开承诺书，组织支部党员参观湖南韶山毛主席纪念馆和狼牙山五壮士纪念馆，坚持“三会一课”制度，积极参加局举办的读书活动，开展以“下基层、听民声、办实事”为主题的调研活动，加强干部人事部门对口联系点工作。认真组织开展组织人事部门“讲党性、重品行、作表率”巩固提高年活动，编发活动简报5期。坚持周碰头、月小结、季总结制度，定期开展业务学习和研讨活动，传达学习中央关于干部人事工作有关精神，开展党风廉政教育，严格落实中组部“十严禁”和局系统组织人事干部具体要求，组织人事干部党性修养和业务素质能力得到进一步提高。

（安俊良　刘元宏）

职工教育培训

中国地质调查局人事教育部

一、培训计划

2010年，按照围绕中心、服务大局的原则，地调局局机关和局属各单位制定了本单位干部教育培训计划。从培训内容上分为3种：政治理论学习、专业知识（岗位任职、专业技术、岗位资质、特殊工种等）、学历学位教育。培训渠道一般为党校（中央党校及其分校、地方党校）、行政学院（国家行政学院及地方行政学院）、干部学院、地质院校、相关部委、国外相关组织机构以及内部培训。培训人员涉及综合管理人员、专业技术人员、工人等各级各类人员。

二、大规模培训干部

地调局系统教育培训工作以专业技术人员为主、以自我培训为主、以继续教育培训为主，突出地质调查主业，形成持续学习能力，为推动地质调查事业科学发展提供人才保障。2010年，局系统共有2368名在职职工参加了培训，总计5153人次。其中，综合管理干部551人，专业技术干部1659人，工人158人，专业技术干部培训占主体的约为70%；累计参加12天以内培训的2165人，13天—1个月的85人，1个月—3个月的77人，3个月以上的41人，短期培训占主体的约为91.4%。在5153人次中，按渠道分参加党校和行政学院的为37人次，其他为5116人次；按类型分，继续教育为5014人次，占培训的主体约97%，其他为学历学位教育，仅占培训人次的3%。

（一）政治理论学习。

一是结合局开展的创先争优活动以及“讲党性、重品行、作表率”巩固提高年活动，通过举办或参加辅导报告、讲座等，认真学习中国特色社会主义理论体系，认真学习十七届五中、六中全会精神，进一步提高干部职工政治素养和理论水平。二是坚持中心组理论学习制度以及党支部定期政治学习制度，认真学习习近平同志到国土资源部调研时的重要讲话精神，认真学习《党政领导干部选拔任用工作责任追究办法（试行）》、《关于深入整治用人上不正之风进一步提高选人用人公信度的意见》等4项监督制度和《关于领导干部报告个人有关事项的规定》、《关于对配偶子女均已移居国（境）外的国家工作人员加强管理的暂行规定》两项法规，增强干部职工大局意识和勤政廉政意识。三是选派干部参加外部理论学习。2010年选派2人参加中央党校省部级干部进修班，6人参加中央党校地厅级干部培训班，1人参加中央党校中青年干部一年制培训班，2人参加中国井冈山干部学院和中国延安干部学院党性教育专题培训班，28人参加中央党校国家机关分校培训。2010年局系统综合管理人员总计培训人次达2147人次，其中政治理论学习为378人次，约占总人次的27.6%。

（二）专业技术培训。

通过举办讲座、培训班、依托项目等方式对不同层次专业技术人员进行培训。一是提高高级专业技术骨干人员的宏观部署和组织实施能力。举办地质调查总工培训班、监测总站站长培训班、高级技术骨干等培训班，通过新技术、新方法、新理论培训以及考察矿区等方式，提高高级专业技术骨干人员的宏观部署和组织实施能力。二是提高中层专业技术人员的业务水平和实践能力。通过举办新技术、新方法、新理论及各类专业技术讲座和培训班，不断丰富中层专业技术人员的专业知识，提高他们承担地质调查项目的能力和水平。此外，各单位还在实践中通过承担重大地质调查项目和科研项目提高专业技术人员的业务能力，培养中坚技术骨干。三是提高年轻专业技术人员的野外技能和实际动手能力。针对年轻专业技术人员野外基本功、实际动手能力较差的状况，矿产资源所等单位组织野外工作经验丰富的业务骨干对年轻专业技术人员进行野外技能培训。对于年轻有潜力的专业技术人员，部分单位还派其出国进修或进行学术交流，成都地调中心选派3名技术人员赴美国进行填图培训。四是开展大规模集中培训练兵活动。各单位积极利用野外收队之际，围绕岗位业务知识、专业技能、野外地质调查能力，按照干什么练什么、缺什么补什么的原则，急用先学，全员参与，广泛开展以老带新、互帮互学、自学自练活动。

（三）开展综合管理干部培训。

一是举办初任或转岗培训。天津地调中心、航遥中心、发展研究中心、水环地调中心、郑州综合所、水文环境所等单位采取室内讲课与野外考察相结合的方式，对新进人员进行培训，内容涵盖保密制度、财务报销制度、科研制度、人事制度、安全教育等。沈阳地调中心还举办转岗人员培训，帮助这些人员尽快适应新岗位。二是举办综合业务培训班。举办外事、预算管理、综合统计、财务管理、成果宣传、基建管理、干部人事、质量管理体系、安全生产等各类培训班，提高综合管理干部的综合业务管理水平。三是鼓励人员参加职称计算机、英语、注册人员考前培训以及BFT等资质考试。四是选派人员参加学历学位教育。各单位积极选派有发展潜力、可承担重任的专业技术骨干人员进行在职硕士、博士学位学习，2010年共有155人在职攻读学历学位。

（四）选派干部参加基层工作锻炼。

2010年发展研究中心、实物资料中心等单位安排近几年新参加工作的年轻干部到基层或野外进行锻炼。发展研究中心安排8人、实物资料中心安排2人到省地调院、中国地质大学、下属企业等基层单位进行为期半年的锻炼，实物资料中心安排11人、探矿工程所安排2人到等野外进行短期锻炼，环境监测院安排1名年轻干部到四川雅安国土资源局挂职锻炼。发展研究中心组织没有野外地质工作经验的新职工赴内蒙古进行野外地质工作体验。

（五）依托地质高校开展培训。

一是继续加强联合培养基地建设。地质研究所与中国地质大学（北京），岩溶地质所与西南大学、南京大学签署了新的联合招生培养及科技合作协议，已签订协议的单位进一步完善与各地质高等院校的联合培养协议，进一步加强地学研究生联合培养示范基地，积极开展研究生培养工作，进一步提升专家队伍业务水平，扩大局业务专家知名度。二是局机关和局属单位积极拓宽培训渠道，利用地质高等院校的场地、师资等优势，加强与地质高校间的合作。沈阳地调中心依托吉林大学举办工程硕士课程进修班。

（华　英）

离退休干部管理

中国地质调查局人事教育部

一、离退休职工基本情况

2010年末，地调局系统共有离退休职工5845人，其中离休312人，党员261人；退休干部4245人，党员2097人；离退休干部党支部83个。2010年局系统当年办理退休152人。

二、离退休干部综合管理

一是联系指导局属27个单位的离退休干部管理工作；二是协助局机关退休支部做好支委换届工作；三是认真学习和贯彻落实中组部《关于进一步加强新形势下离退休干部工作的意见》，上报局系统贯彻落实《意见》的报告；四是举办2010年地调局离退休干部春节茶话会；五是组织局机关退休干部赴河北承德学习参观考察；六是组织参加部离退休干部局举办的“迎奥运象棋比赛”，获优秀组织奖，参加部离退休干部局在上海举办的离退休干部专题研讨会；七是部署开展《中国地质调查局2010年离退休干部统计报表》工作，做好局系统离退休干部报表的审核及上报工作；八是协助机关党委开展离退休干部、专家和困难职工慰问工作，做好离退休干部信访上访工作；九是协助局机关退休支部开展各项活动，做好离退休干部服务工作；十是做好老干部机关福利物品发放工作，为退休干部庆祝生日并看望生病老同志，组织老干部进行体检等。

（孙立君）

安全生产管理

安全生产工作

中国地质调查局人事教育部

2010年，地调局坚持安全发展、科学发展理念，围绕中心、服务大局，以有效防范和遏制责任伤亡事故为目标，深入开展“安全生产年”活动，重点突出预防工作、强化管理、落实责任（即“三个突出”），加强安全宣传培训、隐患排查治理、安全基础建设（即“三个加强”），安全生产形势持续稳定好转，确保地质调查工作任务顺利完成。2010年，地调局系统和地质调查项目承担单位没有发生重特大生产安全伤亡事故，地调局系统生产安全因工责任死亡事故为零，因工重伤事故为零。

一、安全生产部署

2010年4月8~9日，地调局在广州召开全局安全生产工作会议，总结2008年、2009年全局安全生产工作，分析形势，查找问题，全面部署2010年、2011年全局安全生产工作。研究提出了：“三个突出”和“三个加强”的整体工作思路。局属各单位认真落实局安全生产工作总体部署要求，牢固树立“安全第一、预防为主，安全发展、科学发展”的理念，局属单位和地质调查项目承担单位主要领导多次主持召开会议，专题研究部署安全生产工作，在以往着重抓好安全生产规章制度建设、建立健全组织机构、建立安全生产工作责任体系的基础上，进一步加强统筹协调，狠抓落实，在隐患排查治理、安全宣传培训、基础建设等方面多下工夫，进一步增强安全生产工作执行力，突出做好事故预防防范落实工作，严格工作部署、工作计划执行。

二、安全生产责任制

（一）责任制建设。

地质调查安全生产责任制建设坚持“一岗双责”、分级负责、层层落实的原则。2010年，地质调查项目承担单位逐级建实安全生产责任体系。根据地质工作面临的新形势新任务，地调局重新修订了安全生产责任书，2010年4月，中国地质调查局局长汪民与局属各单位行政主要负责人签订了2010~2011年度安全生产责任书。南京地调中心、武汉地调中心、成都地调中心、西安地调中心等单位，认真落实综合管理部门、技术业务部门、车辆管理部门等相关职能部门安全生产工作责任；航遥中心、水环地调中心、物化探所、地质图书馆等单位，进一步完善和落实行政“一把手”负总责、分管领导按照分工负责、职能部门按照职能负责、具体工作岗位具体负责的安全生产工作责任体系，安全生产工作责任体系建设得到进一步落实和深化。

（二）责任制考核。

根据《中国地质调查局安全生产管理规定》（中地调发〔2010〕78号）和局与局属单位签订的《2010~2011年度安全生产责任书》，地调局对26个局属单位2010年度安全生产责任制落实情况进行了考核，严格奖惩。南京地调中心、成都地调中心、广州海洋局、水环地调中心、航遥中心、发展研究中心、环境监测院、岩溶地质所、水文环境所、物化探所、探矿工艺所、成都综合所等12个单位2010年度考核为优秀。天津地调中心、武汉地调中心、西安地调中心、青岛海地所、地质图书馆、地科院、实验测试中心、地质研究所、矿产资源所、地质力学所、勘探技术所、探矿工程所、郑州综合所等13个单位2010年考核为合格。沈阳地调中心发生意外死亡事故，考核为不合格。

三、安全生产年活动

根据国务院办公厅《关于继续深入开展“安全生产年”活动的通知》（国办发〔2010〕15号）精神，地质调查单位认真开展安全生产年活动。2010年3月19日，地调局印发了《关于继续深入开展“安全生产年”活动的通知》（中地调发〔2010〕46

号）要求地调局局属各单位结合实际，围绕“安全生产年”活动，重点抓好“三个突出”和“三个加强”。地调局局属各单位均根据统一部署结合单位实际制定了具体实施方案，以有效防范和坚决遏制伤亡事故发生为目标，进一步严格落实安全生产责任制，深化安全生产“三项行动”，全面落实安全生产责任制，严格安全生产管理，提升地质调查安全生产管理水平，南京地调中心、探矿工艺所、成都综合所等单位，开展“安全生产年”活动各有特色，富有成效，保障和促进了地质调查各项任务顺利完成。

四、安全生产检查

（一）隐患排查。

2010 年，地调局局属单位开展各层次的安全生产检查 301 次，其中，88% 的单位开展了 4 次以上安全生产检查，广州海洋局、航遥中心、探矿工艺所开展各层次的安全生产检查超过 20 次。7 月，地调局印发《关于开展 2010 年安全生产检查的通知》（中地调办发〔2010〕22 号），组织局属各单位开展一次全面安全生产自检自查。9 月，在局属各单位自检自查的基础上，局组成 4 个检查组，采取分片检查与专项检查相结合的方式，分别对天津地调中心等 6 个局属单位、5 个西部野外工作站，以及在内蒙古等 6 个省（区）开展野外地质调查工作的 12 个项目组进行检查，提出整改意见 56 条，印发了《中国地质调查局关于 2010 年安全生产检查工作情况的通报》（中地调通〔2010〕14 号）。

（二）隐患治理。

地调局局属单位认真开展隐患治理，2010 年，局属各单位共计投入安全生产经费 4500 余万元，整改较大的事故隐患 103 处，一批消防隐患、管线老化、野外安保装备等难题得到及时解决，生产、工作、生活环境进一步改善。与 2009 年的 2410 万元相比，安全生产经费投入将近翻了一番。

五、安全生产宣传培训

（一）安全生产培训。

地调局局属各单位按照局《关于开展安全生产培训活动的通知》（中地调发〔2009〕299 号）的要求，以《野外地质调查安全手册》和《野外安全行车手册》为主要教材，充分依托各单位的集中培训业务练兵活动，广泛开展安全生产教育培训活动。2010 年，地调局局属单位举办各层次安全生产培训共计 196 次，开展应急演练 111 次，组织开展新职工入职安全培训，沈阳地调中心举办 1 次野外拉练提高野外驾驶技能，航遥中心坚持开展应急救援培训，自救防灾技能进一步增强，职工安全生产意识进一步提高。

（二）加强宣传培训。

地调局局属各单位充分发挥网络、板报、橱窗等的宣传优势，以及利用“安全生产月”、各类会议、专门组织比赛等形式，广泛开展安全生产宣传活动。据不完全统计，2010 年，地调局局属各单位共计发放安全生产宣传资料 5700 余份，张贴悬挂安全标语条幅 800 余条，编发安全专刊 90 余期，人人要安全、人人讲安全的安全生产文化氛围十分浓郁。

六、地质调查安全保障

（一）针对性保障。

2010 年，针对汛期、暑期安全生产工作问题，地调局着重抓好汛期、暑期、元旦、国庆等重点时段野外地质调查安全生产工作，在主汛期，针对部分地区自然灾害频繁发生，印发《关于进一步做好汛期安全生产工作的通知》（中地调电〔2010〕4 号）；在暑期，针对部分地区持续高温，印发《关于做好地质调查野外人员防暑降温工作的通知》（中地调电〔2010〕5 号），抓好野外防暑降温工作，保障职工身体健康。

（二）野外交通保障。

地调局进一步研究加强地质调查野外交通安全工作，进一步研究完善《地质调查野外交通车辆安全管理暂行规定》。沈阳地调中心先后组织 8 次驾驶员培训学习和 1 次野外拉练，南京地调中心组织 2 次驾驶员安全培训、5 次安全学习、4 次车辆全面检查、110 次车辆维保，成都地调中心分 3 次组织全体驾驶员进行交通安全法规和驾驶理论、野外实地驾驶培训，西安地调中心开展驾驶技术比武，对野外用车进行全面回访。2010 年，仅六大区地调中心安全行车超过 500 万 km。地质调查野外工作车辆交通安全管理得到进一步加强。

（三）野外应急保障。

地调局及时做好抗击玉树地震国土资源系统抗震救灾队伍安全保障和后勤服务工作，协调做好“5. 26”武汉地调中心被撞车辆意外事故、“6. 22”新疆地勘局第一区调队《新疆 1∶25 万巴什库尔干幅、石棉矿幅、芒崖镇幅区域化探》项目两名采样工突遇灾害性热风暴袭击遇难、“10. 12”沈阳地调中心《内蒙古阿荣旗地区金铜多金属矿调查评价》项目探槽坍塌一名人员遇难等应急处置工作。2010 年，地调局西部 3 省（区）拉萨、乌鲁木齐、西宁野外工作站和喀什、格尔木等 5 个野外工作站共计接待 214 个野外项目组、4315 人次、695 辆车辆，实施野外紧急救援 3 起，协调工作纠纷 45 起，解决了一批野外地质调查安全保障后勤服务问题。

（四）基地安全保障。

地调局局属各单位高度重视基地大院安全保障，每个季度或者重大节假日对基地大院进行安全检查，对资料库、档案库、标本库、图书室、网络运行控制室等部门（部位）重点管理，加大投入，改善基地大院环境，加强基地大院消防、用电和安保工作，保障办公秩序有序高效、职工生活安全和谐。

七、安全基础建设

（一）规章制度建设。

地调局加强安全制度建设，重新修订印发了《中国地质调查局安全生产管理规定》（中地调发〔2010〕78 号），发布实施了《地质调查劳动防护和野外救生、特殊生活用品（用具）配备标准（试行）》（中地调发〔2010〕239 号）。2010 年，地调局局属各单位共计新修订或制定安全生产规章制度 22 件，安全生产规章制度对当前安全生产工作更加具有针对性，更加符合安全生产工作实际。

（二）安全生产管理系统建设。

2010 年，地调局继续开展安全生产管理平台建设，并已在物化探所、水文地调中心开展试运行工作。进一步完善西部野外地质调查安全保障管理系统，并在 5 个野外工作站开始上线运行。根据局地质调查项目工作部署安排，开展“青藏高原地区地质调查后勤保障及紧急救援系统（地质调查紧急救援体系建设）”评估，组织开展地质调查安全生产远程监控系统建设调研，地质调查安全生产基础建设得到进一步加强。

（覃家海　唐承敏）

纪检监察审计工作

纪检监察工作

中国地质调查局监察审计室

2010年局系统反腐倡廉建设以全面实现构建惩防体系第二阶段目标为主线，着力完善廉政教育长效机制，尽快形成反腐倡廉制度体系，努力提高监督检查的质量效果，反腐倡廉建设得到持续推进。

一、周密部署，精心安排

认真贯彻党的十七届四中全会、中纪委第五次全会和国务院廉政工作会议精神，按照国土资源部党组要求，于2010年3月召开局系统党风廉政建设工作会议，回顾总结了2009年局系统反腐倡廉工作，正确分析把握形势，部署安排2010年反腐倡廉任务。完成局领导与局属单位、局机关部室主要负责人廉政建设责任书签订工作，进一步强化责任，落实任务。

3月份印发了《局党组反腐倡廉建设工作安排》、《局纪检监察审计工作要点》、《局2010年反腐倡廉工作任务分工》，进一步明确了具体工作任务、工作内容、工作安排、工作效果、责任领导和责任部室。

4月份筹备召开了局机关干部职工和在京局属单位纪委书记参加的大会，传达贯彻中纪委五次全会、国务院第三次廉政工作会议和全国国土资源系统党风廉政建设工作会议精神，随后印发《关于认真学习贯彻全国国土资源系统党风廉政建设工作会议精神的通知》，对做好局系统反腐倡廉工作做了进一步安排和要求。

二、多措并举，狠抓落实

（一）组织开展局系统惩防体系建设检查评估。

认真落实局党组关于反腐倡廉建设工作安排，组织开展局系统惩防体系建设第二阶段（2008～2010年）工作进展情况检查评估。在对12个局属单位调研基础上，研究提出检查评估标准，明确了工作任务、组织保障和工作机制3个方面23项具体内容及检查评估要点。组织局属单位在2010年5～8月开展自查活动，并对13个单位自查工作进行调研指导。认真研究制订检查评估实施方案，在10月局系统纪检监察工作座谈会上对检查评估工作进行了全面布置。11～12月局组成4个检查组对25个局属单位进行检查评估。结果表明，局系统以构建惩防体系为重点的反腐倡廉建设持续推进，呈现出良好的发展势头，主要标志：一是各级领导高度重视，政治意识、风险意识和责任意识明显增强的思想基础基本奠定。二是夯实基础、阶段推进、解决重点、构建机制的工作思路基本完善。三是党委统一领导、党政齐抓共管、纪委组织协调、部门各负其责、依靠职工支持和参与的反腐倡廉领导体制和工作机制基本形成。四是教育、制度、监督并重的惩防体系框架基本建成。五是干部职工对单位反腐倡廉建设成效给予充分肯定。

（二）组织开展巡视工作。

根据局党组工作安排，组织3个巡视组完成对航遥中心、发展研究中心、环境监测院、图书馆、物化探所、实验测试中心、勘探技术所、探矿工程所8个单位的巡视工作。制定巡视工作方案、编印巡视工作手册、召开巡视工作动员培训会，做好充分准备工作。按照局党组的要求，巡视组坚持工作程序、遵守工作纪律、履行工作职责，认真了解被巡视单位的真实情况，发现并分析存在的问题，客观准确地作出评价，有针对性地提出意见和建议。局党组高度重视，认真听取巡视情况汇报，研究解决存在的问题。积极配合部党组巡视组对地科院领导班子及主要负责人的巡视工作。至此完成了对局属26个单位的一轮巡视。巡视工作对加强领导班子和领导干部的监督、发现问题、改进工作、促进发展起到了重要作用。

（三）组织开展廉政专项行动。

根据部开展“两整治一改革”专项行动的统一部署，认真组织局属单位和局机关开展廉政专项行动。局成立廉政专项行动领导小组办公室，及时转发部领导讲话和部党组有关文件，印发了局党组关于深入开展廉政专项行动的通知，对专项行动进行部署并提出了要求。局机关和局属单位紧密结合惩防体系建设，认真开展廉政风险点的排查工作，针对存在的问题和薄弱环节，进一步加强制度建设和风险防控。在原有确立廉政风险点的基础上，深入进行再排查，确定廉政风险点共287个，查漏补缺，新建和完善制度144项。

（四）加强对领导干部及重要活动的监督。

切实抓好《廉政准则》的宣传教育，局机关和局属单位通过中心组学习、党课、专题讲座、图片展览、知识测试等方式，深入学习《廉政准则》，增强自律意识。认真学习贯彻干部选拔任用工作4项监督制度，坚持领导干部收入申报和重大事项报告制度。局系统共开展干部任前谈话122人次，其中局级15人次，处级107人次；纪委书记同下级负责人工作谈话230人次，其中局级17人次，处级213人次；诫勉谈话22人次（处级）。

组织对局机关11个部室负责人和26个局属单位领导班子及其112名领导干部2009年落实党风廉政建设责任制进行考核，总结分析落实党风廉政建设责任制情况。考核结果已作为评优奖励的重要依据。有的单位党政主要负责人因单位发生职工涉嫌贪污被司法机关逮捕案件受到责任追究，取消年度评优奖励资格。局机关部室和局属单位也按照廉政建设责任制要求对中层领导干部进行考核，处级领导干部述职述廉728人次。

加强对基建、物品采购、选人用人、重要专项招标与商务谈判等重点环节的监督检查。组织开展庆典、研讨会、论坛清理工作，未发现违反规定的情况。

（五）注重解决廉政存在的突出问题。

配合检察机关对局属两个单位3个涉嫌违法案件的侦察，对其中不予追究刑事责任的1人分别给予了党纪政纪处分。

重视和认真受理信访举报。2010年局机关和局属单位共收到信访举报13件（不含重复件），涉及局级干部4人，处级干部6人。对信访举报的问题，按照有关程序及时进行核查了解，属于一般管理工作问题，提交有关部门改进工作加强管理，对于反映领导干部工作作风和廉洁自律方面的苗头性问题，谈话提醒进行思想教育。对确实存在问题的，及时纠正。对于不实问题的举报，在一定范围内澄清。

（六）加强纪检监察干部队伍建设。

有计划有组织地安排局系统纪检监察干部进行脱产培训，不断提高业务能力和综合素质。2010年6月，组织9名纪检监察干部参加中纪委杭州培训中心为期半个月的纪检监察业务综合培训。7月下旬至8月上旬，组织5名纪委书记参加中纪委北戴河培训中心为期15天的厅局级领导干部培训班的学习。10月上旬，组织召开局系统纪检监察工作座谈会，部署检查评估工作和深入开展廉政专项行动，汇报惩防体系建设情况，交流做好纪检监察工作的经验体会，进一步推进党风廉政建设。

三、正视不足，努力改进

回顾惩防体系建设工作，取得了可喜的进展，积累了有效的经验。同时，也要清醒地看到在反腐倡廉建设的进程中，各单位工作进展还不一致，工作程度还不平衡，按照构建惩防体系基本框架的要求，在教育、制度、监督以及组织保障上还存在需要改进和完善的问题：一是个别单位廉政教育形式还不够多样，覆盖面上还有死角，内容针对性还不够强；二是反腐倡廉基本制度和源头防治腐败的制度还有缺项，制度的宣传还不够到位，制度的执行还不够严格；三是普遍存在自主开展监督工作的措施和办法还不多，自身发现和解决问题的能力还不够强；四是少数单位纪检监察审计组织保障没有完全落实，有缺编、缺岗、缺人现象。这些问题应当引起高度重视，需要在今后工作中进一步采取措施加以改进。

（马江芬）

内部审计工作

中国地质调查局监察审计室

一、开展部分局属单位内部审计问题核实工作

按照局的统一部署和要求，监察审计室根据局财务部提供的局属单位需要核实的审计问题，于2010年5~7月，对沈阳地调中心等13个单位核实工作进展情况进行了检查。在检查中听取了单位整改工作的汇报，查看了相关的会计账簿、凭证，并向相关人员了解情况。

各单位对审计整改工作十分重视，按照局通知要求积极组织开展审计问题核实及整改工作，有的单位召开专门会议研究部署开展工作，有的单位成立了组织机构加强领导和协调，也有的单位明确任务分工落实整改责任。

根据检查的情况，监察审计室对相关单位提出了整改要求和工作建议。

二、开展领导干部经济责任审计

按照局干部管理工作的要求，完成了武汉地调中心、南京地调中心和实物资料中心主要负责人的离任经济责任审计。

三、局属单位积极开展内部审计工作

按照局的要求，局属单位结合实际，积极开展内部审计工作。发展研究中心、广州海洋局等单位开展了所属单位负责人的经济责任审计。地科院所属部分单位结合实际，开展了地调科研项目经费审计。

（王　昭）

党群工作

党建工作

中国地质调查局直属机关党委

2010年，地调局党建工作坚持以邓小平理论和“三个代表”重要思想为指导，深入贯彻落实科学发展观，认真学习贯彻习近平同志在国土资源部视察指导工作时所作重要讲话精神和新修订的《中国共产党党和国家机关基层组织工作条例》（以下简称《条例》），以深入开展创先争优活动为契机，全面推进党的思想、组织、作风、制度和反腐倡廉建设，充分发挥党建工作在“统一思想、凝聚力量、推动工作、促进和谐”中的作用，为完成地质调查各项任务提供了有力保障。

一、创先争优活动

（一）明确活动主题。

紧紧围绕地质调查中心任务，分类确定活动主题，制定印发《关于在局系统党的基层组织和党员中深入开展创先争优活动实施方案》，在局层面研究提出“建设一流队伍、强化服务支撑，全面提升地质业务管理和调查服务能力”的活动主题，并分别针对局机关各部室、区域和专业地质调查单位、地质科技创新和技术支撑单位、公共服务单位等的不同性质，提出创建主题。局属各单位、局机关各部室紧密结合实际分别确定不同活动主题，落实组织机构，确定工作方案。

（二）创新活动载体。

一是在局机关认真组织开展“六个一”活动，即读一本书、看一部电影、讲一次党课、组织一次参观、进行一次培训和听一次先进事迹报告会。二是按规定作出开展创先争优活动公开承诺，在内网进行发布，征求群众意见，接受监督。三是分别召开党支部书记和非党员职工座谈会，了解情况，听取意见、建议。四是以学习习近平同志来部视察重要讲话精神为契机，重新审视、充实、完善创先争优活动方案，制定并印发了《关于深入推进创先争优活动 努力在保障和促进地质调查工作科学发展中走在前的工作方案》，提出开展“五比五在前”活动。五是全面开展点评，认真组织点评工作。

（三）党群共建创先争优。

组织召开局系统党群工作座谈会，提出了坚持“三围绕三创新”党建工作新思路，即围绕中心工作和重点环节，创新党建工作内容；围绕工作难点和薄弱环节，创新党建工作机制；围绕自身特点和工作内容，创新党建工作方式。“三围绕三创新”党建工作新思路的提出，丰富了党建工作的平台和抓手，为局党建工作注入了新鲜活力。局直属机关工会向全局干部职工发出“向石磊同志学习，立足岗位创先争优，争做建功立业标兵”的倡议，促进党群共建创先争优活动。

（四）树立先进典型。

切实将创先争优活动贯穿于推动地质找矿重大突破、完成国家急难险重任务、服务国土资源管理、加强基层党建等各项工作中，努力做到履职尽责创先进、立足岗位争优秀。局机关水环部支部、航遥中心、环境监测院、地质力学所、发展研究中心等10多个单位党组织和党员在抗击西南4省（区）抗旱救灾、玉树和舟曲抗震救灾、地质灾害防治等急难险重任务中，冲锋在前，涌现出一批先进典型，以实际行动践行创先争优庄严承诺，为创先争优活动的深入开展做出了示范。涌现出李向、石磊、张永双、张作衡、李晓春等一批优秀个人和矿产资源所青海天然气水合物项目组临时党支部、天津地调中心曹妃甸项目组党支部、地质力学所汶川地震灾区汛期应急地质灾害调查临时党支部、局机关水环部党支部等一批先进基层党组织。矿产资源所天然气水合物野外临时党支部党员黄霞同志，作为普通党员代表在国土资源部向习近平同志做了汇报，并在中央电视台新闻联播节目中播出，引起广泛关注，为局赢得荣誉。

二、基层组织和党员队伍建设

（一）开展学习型党组织建设。

制定局党组中心组2010年理论学习计划。组织开展党组务虚扩大会，研究破解制约局发展难题，落实地质找矿新机制，保障“358”目标实现。以建设学习型党支部建设为抓手，组织党员认真学习党的理论和业务知识，学习9月20日习近平同志在国土资源部视察时的重要讲话精神，学习党的十七届五中全会精神。航遥中心把学习理论知识同研究解决影响制约单位改革发展稳定的突出问题结合起来，做到学、思、议、用的有机统一。地科院党委继续深化学习型、创新型、服务型、节约型、和谐型机关的创建活动，着力打造“五型机关”。图书馆多次召开工作务虚会，在学习的基础上，围绕图书馆面临形势、发展中存在的问题等进行研讨，统一思想和认识。

（二）开展党建试点工作。

采用点面结合方式，积极做好“服务中心，建设队伍”党建试点工作。制订试点方案，明确试点重点单位和重点机关部室，从目标任务、工作内容、实施步骤、预期成效、组织领导和具体要求等各方面，召开重点单位和重点机关部室党建工作试点动员会，全面部署局系统党建试点工作。航遥中心、环境监测院、矿产资源所、探矿工程所等试点重点单位结合各自工作实际，制订方案，积极探索创新党建工作的方式方法，建立完善相关制度，推进队伍建设和地质调查工作发展，按时报交试点工作总结报告，党建试点工作取得重要成效。

（三）加强党建工作探索研究。

承担国土资源部“机关党建创新研究”软课题，组建软课题项目组，拟定课题工作方案，多次召开课题研讨会，开展实地调研和调查问卷，开展不同层面的工作调研和材料收集，全面开展党建创新课题研究，形成研究报告，获部专家组的好评。由局直属机关党委、航遥中心党委分别承担的两项中央国家机关党建研究会课题研究成果获得三等奖。局直属机关党委被中央国家机关党建研究会正式接收为团体会员。

（四）开展局系统党建工作交流和调研。

2010年，先后召开局系统党群工作座谈会、野外地质调查党支部书记培训班、青年党员培训班，学习中央和部、局党组关于党建工作的重要精神，交流局系统开展创先争优、实施凝聚力工程和党建工作的经验体会，研究新形势下进一步加强和改进党建工作的做法和体会，探讨加强野外临时党支部建设的意见、建议。积极开展调研，利用巡视、检查、考核等多种机会，深入武汉地质调查中心等20多个局属单位，广泛开展座谈讨论，发放调查问卷，开展野外调研慰问。通过全方位调研，掌握局系统党建工作基本情况，对加强局系统党建工作交流起到了积极的促进作用。

三、组织宣传工作

（一）组织开展纪念建党89周年党日活动。

局机关和各单位紧密结合工作实际和党员思想实际，采取讲党课、社会实践、参观革命旧址和建设成就展览等多种形式，组织开展了有成效、有活力、有特色的主题党日活动。局机关办公室、总工办、财务部、人教部、装备部、监察审计室、机关党委等党支部前往嘉兴南湖、京汉铁路工人大罢工旧址、西柏坡、平津战役纪念馆等爱国主义教育基地开展党日活动，切实将纪念建党89周年活动与推进创先争优和调研学习紧密结合，缅怀革命先烈，立足本职工作，积极投身创先争优。发展研究中心、地质研究所、实验测试中心、地质力学所组织党员参观一大会址接受党史和革命传统教育，参观世博会体验现代科技进步。图书馆组织党员参观李大钊纪念馆，实物资料中心组织党员参观平西抗日战争纪念馆，接受爱国主义教育，开展新党员入党宣誓、老党员重温入党誓词活动。

（二）党建宣传。

以“三网（中央国家机关工委紫光阁网站、部党建内外网）三刊（中央国家机关工委信息交流、部内要情、紫光阁杂志）两报（国土资源报、中国地质调查报）”和局内外网站为主要宣传平台，积极开展党建工作宣传，扩大局党建工作影响力。一是在局内外网开辟“党群工作”、“作风建设”、“创先争优”等专栏，2010年仅创先争优专栏就发布各类信息200余条。二是充分利用好“三网三刊两报”，宣传党建工作和创先争优活动。2010年各单位和局机关在“三网三刊两报”上发布信息量大幅度增加，特别是创先争优活动开展以来，各单位非常重视信息报送和宣传工作，仅发布的创先争优信息就达240余条，其中在中央国家机关工委紫光阁网站发布信息达94条。三是利用文件、简报、展版等宣传党建和创先争优活动。制作了创先争优、李向同志先进事迹、文艺汇演风采等各类展板6期。各单位也积极利用宣传橱窗、简报等各种宣传手段，开展党建和创先争优活动宣传，收到积极的宣传效果。

（三）组织发展。

按照“坚持标准，保证质量，改善结构，谨慎发展”的方针，局直属机关党组织全年共发展党员23名，预备党员转正30名。

（黄　海　楼红英）

精神文明建设

中国地质调查局直属机关党委

2010年，在局党组和部精神文明办的指导下，地质局精神文明建设工作以邓小平理论和“三个代表”重要思想为指导，全面贯彻和落实科学发展观，通过大力实施凝聚力工程、开展精神文明共建工作、充分发挥工、青、妇等群众组织的作用，凝聚力量，构建和谐，取得较好成效。

一、凝聚力工程

凝聚力工程建设得到有力推进，以主题党群活动为抓手，通过组织开展职工文艺汇演、举办健康知识讲座、开展群众性趣味运动会、举办地质风采摄影比赛等，充分展示新时期地质工作者的精神风貌，不断丰富职工业余文化生活，满足职工日益增长的精神文化需求，增强队伍凝聚力。特别是举办的地调局第一届职工文艺汇演，局属单位和局机关职工广泛参与，参演、观演人员达到1300余人，充分展示了地质工作者良好的精神风貌，同时，文艺汇演优秀节目还参加了部“三八”妇女节、全国土地日、全国地质工作会议的演出，得到广大干部职工的一致认可和广泛好评。

注重人文关怀，从工作发展、职务待遇、身体状况、工资福利等事关干部职工切身利益方面，主动了解干部职工需求，积极推进解决野外地质工作待遇过低问题；帮助解决工作调动、异地交流干部的实际困难。面向全局组织开展“我为发展建言献策”活动，对征求的137条意见建议逐条反馈落实情况。

积极开展地质文化建设，地质文化建设得到加强，实现了全局文化建设系列目标，设计了局旗、局徽，开设了局展览馆，出版了局报，组建了局文工团、文联，形成了“事业立局、业务兴局”的发展理念和“建设世界一流地调局”的奋斗目标，局整体形象得到进一步提升。

二、精神文明创建

为贯彻落实中央文明委“以城带乡，城乡共建”活动要求，经过长时间调研、优选方案，局机关与昌平区长陵镇签订精神文明城乡共建协议，发挥局在地质灾害排查、地下水调查、农业地质调查评价等方面优势，城乡携手，共建共享，为促进城乡经济社会全面协调可持续发展贡献力量，同时也为局机关在社会实践、社会调查、生态观光等方面创造条件。

2010年9月28日，地调局与昌平区长陵镇举行城乡共建协议签字仪式，正式启动相关共建工作。本着平等协商、互相支持、共同进步的原则，局与长陵镇发挥各自优势，在多方面达成共建协议。中央国家机关精神文明协调领导小组办公室、国土资源部精神文明建设领导小组办公室有关成员莅临签字仪式现场，并给予了高度评价。双方约定，将定期组织开展形式多样的精神文明和党建工作交流活动，推进创先争优活动开展，进一步加强合作，增进友谊，携手并进，共图发展。城乡精神文明共建活动的开展，为地调局实践地质工作“两个更加”提供了重要基地，为局开展党建工作特别是创先争优活动提供了交流平台，也为局广大干部职工深入基层，了解社情，体察民意提供了重要渠道。

三、维稳和综合治理

认真做好节日期间的各项安保维稳工作，坚持做到“两节”、“两会”、“敏感日”等期间的“零”报告制度。认真做好综合治理，注重安全防范，未发生安全事故，无内部责任性刑事案件，无交通方责任事故。抓好安全生产，提高安全意识。认真落实计划生育目标责任制，计划生育、晚育、综合节育率保持在100%、晚婚率保持在100%。积极开展元旦春节期间送温暖走访慰问工作，看望了局机关和在京单位困难职工和老干部代表，及时给局直属机关11户困难职工予以补助，共计1.1万元。局机关向玉树地震灾区、甘肃舟曲特大山洪泥石流灾区捐款共计1.9万元。

四、局属单位精神文明建设概况

局属各单位2010年精神文明建设以实施凝聚力工程为载体和平台，认真组织开展“城乡统筹文明先行”主题教育社会实践活动，围绕单位中心工作，积极营造和谐融洽的工作环境，开展了丰富多彩、形式多样的群众性精神文明创建活动，取得较好成效。地科院机关、环境监测院、地质图书馆、矿产资源所、发展研究中心的精神文明共建工作各具特色，环境监测院召开“迎国庆讲文明树新风”文明乡风建设活动启动仪式，图书馆为共建单位捐赠书籍、电脑等，发展研究中心与共建单位开展了“爱心无止境，助学见真情”助学活动，这些活动的开展，为扩大共建内涵、创新共建方式注入了实实在在的内容。

（楼红英）

工会、共青团和妇女工作

中国地质调查局直属机关党委

一、工会工作

2010年，局直属机关工会在上级党组织和国土资源部直属机关工会的领导和支持下，紧紧围绕单位的中心工作，从增强职工队伍的凝聚力和工作热情入手，组织开展各项活动。在推进民主管理、建设职工之家、促进文化建设、关心职工生活与加强自身建设等方面做了大量工作。

（一）扎实推进党群共建创先争优活动。

召开党群工作座谈会，认真学习领会党的十七届四中、五中全会精神和习近平同志在国土资源部调研时的重要讲话精神；深入学习思考局系统“三围绕三创新”党建工作新思路；总结交流局系统党群工作、创先争优活动的主要经验体会，探讨新形势下党群组织如何围绕“服务中心、建设队伍”开展工作，真正做到“走在前，作表率”。进一步提升党建带群建整体水平，以“加强组织，引导群众，加快推进地质调查事业科学发展”为主题，加强和完善党对群团组织的领导，不断提高群团组织的学习能力、服务能力、实践能力和创新能力，进一步密切党群、干群关系，提升党建带群建整体水平。组织了局系统巾帼建功立业标兵、工会积极分子、优秀工会工作者和优秀工会之友评选。

（二）积极推进民主管理。

各级工会组织认真落实《劳动合同法》，大力推进基层民主制度建设，职代会和政务公开民主管理深入推进。建立了职代会的单位坚持职代会决策重大事项制度，职工代表参与重大事项的决策，多数单位每年至少召开2次职代会或专题会，讨论决定关系职工切身利益的问题，参与领导班子作风建设民主测评等。

（三）关心职工生活，构建和谐单位。

各级工会组织定期或适时开展职工送温暖活动，了解职工关心的热点难点问题，及时反映民意，提升单位凝聚力。在建设职工之家活动中，各单位建立了相应的管理体制和工作机制，形成了党政齐抓共建、职工积极参与的良好机制。局直属机关工会通过举办健康讲座关心职工健康。根据2010年健康体检中以内科代谢综合征为主（即“三高”症），比例比2009年有所上升，高脂血症尤为突出等问题，邀请北医三院原院长、著名心血管病专家陈明哲举办健康讲座。

（四）促进文化建设，营造良好氛围。

各级工会组织以推进文化建设为目标，活跃职工生活，开展了读书竞赛、摄影展览、劳动竞赛及各类文艺演出和体育比赛等丰富多彩的活动。局直属机关工会配合局凝聚力工程的实施，在局系统组织了多项重大活动，各单位在参加中央国家机关、国土资源部和上级部门组织的文化体育活动中都有出色的表现，展现了地质工作者的风采。成功举办了地调局第一届职工文艺汇演。局系统27个单位及局机关近600名演职人员参加了汇演活动，整台表演形式多样、内容丰富，节目具有较高的思想性和欣赏性。通过文艺汇演活动，进一步增强了局系统意识，活跃了局系统气氛，为局属单位之间的友好交流提供了良好的平台，促进了局系统两个文明建设持续、健康发展。

（五）承办和参加中央国家机关运动会。

积极参与中央国家机关第三届职工运动会，局机关和在京单位承办了国土资源部代表团12个项目的组队和参赛工作，为国土资源部取得好成绩做出了重要贡献。其中，航遥中心职工代表国土资源部参与中央国家机关运动会开幕方阵队列表演并获广播操团体比赛二等奖；局机关张虹、航遥中心周砚文获得乒乓球女子团体赛金牌；发展研究中心李玉芝获跳绳比赛银牌，航遥中心张志瑜、汪劲分别获得游泳比赛银牌。获得由局机关组织的国土资源部篮球队活动西直门赛区第三名和体育道德风尚奖。在国土资源部参加中央国家机关第三届职工运动会总结表彰大会上，一大批单位和个人分别获得“特别贡献奖”、“突出贡献奖”、“优秀组织奖”、“优秀运动队”和“优秀运动员”、“先进个人”等荣誉称号。

局直属机关工会和各级工会组织以运动会带来的运动热潮为契机，全面贯彻《全民健身条例》，把开展体育活动作为推进创先争优和精神文明建设的抓手，激发干部职工参与热情，进一步推动群众性体育活动的开展。局机关在运动会后开展了秋季趣味运动会，局机关136人次参加了比赛。

二、青年工作

（一）坚持“党建带团建”。

局直属机关团委按照中央要求，坚持“党建带团建”，以基层党组织和党员的创先争优活动带动共青团等群众组织开展创建先进集体、争当先进个人的活动。向局系统广大青年党员、青年团员发出倡议：在创先争优活动中积极发挥作用，勇当工作、学习和生活中的模范先锋。倡导坚定信念、刻苦学习、争创佳绩和弘扬新风。

（二）组织开展形式多样的青年活动。

局机关和局属各单位团组织纷纷组织团员青年积极开展读书活动以及各种形式的传统教育活动，局直属机关团委组织局属在京青年干部赴枣庄革命教育基地参观学习，接受教育，激励广大青年刻苦学习、提升自我，扎实工作、岗位建功。

（三）积极开展评优表彰工作。

为激发广大干部职工的积极性、主动性。在“五四”青年节前夕，组织开展了局系统“优秀青年”的表彰活动，激励局系统广大青年干部职工以时不我待的精神状态、奋发有为的豪情壮志、爱岗敬业的工作态度，积极投身到中国地质调查事业发展的实践中来，为建设世界一流地调局作出自己应有的贡献。

三、妇女工作

妇女工作以全面提高女干部职工素质为主线，深入开展“巾帼建功”、“五好文明家庭”等活动。局机关和局属各单位利用重大节日举办丰富多彩的主题活动，组织开展了多项庆“三八”系列教育等活动，打造女职工喜闻乐见的文体活动品牌，推动和谐单位建设，推进党建和妇建联动，扩大党的工作覆盖面，充分发挥和调动广大女职工的积极性，形成推动单位发展的合力。在“三八”妇女节前夕，组织开展了局系统“女职工建功立业标兵”的表彰活动，激励局系统广大女职工立足岗位、在促进地质调查事业科学发展中建功立业。

（胡　影　黄　海）

局属单位工作

天津地质调查中心工作

天津地质调查中心

概　况

中国地质调查局天津地质调查中心（以下简称“天津地调中心”）又名天津地质矿产研究所，是中国地质调查局直属的事业单位，主要承担华北地区地质调查及相关综合研究工作，承担华北地区地质调查资料信息的接收、保管和服务，承担有关项目管理和监管工作。

内设机构包括办公室、党委办公室、总工程师室、人事教育处、财务资产处、项目监督管理处、科技与装备处、经营处等8个综合管理部门；基础地质调查院、矿产资源调查院、水文地质环境地质调查院、物化探勘查院4个二级调查机构；前寒武纪地质研究所、海岸带与第四纪地质研究所2个研究机构；实验测试室、信息资料室2个技术支撑部门；物业管理部1个后勤服务部门；天津科地基础有限公司等4个经济实体。另有19个非常设机构。此外，中央地质勘查基金华北项目监理部、国土资源部华北矿产资源监督检测中心、中国地质调查局天津地质资料馆、中国地质调查局前寒武纪地质研究中心、中国地质调查局同位素地质年代学研究中心等机构也设立在天津地调中心。

天津地调中心有在职职工222人，专业技术人员128人，管理人员44人，工勤人员25人，其他25人。在职职工中，具有中级以上专业技术职称的110人，其中有正高级职称者35人，博士21人，硕士59人。享受政府特殊津贴专家19人，4人被评为天津市授衔专家。

2010年，天津地调中心被天津市命名为“市级卫生先进单位”，被天津市科技工委评为“安全生产先进单位”。

地调与科研

一、地质调查工作进展和成果

2010年承担地质调查项目36个，其中基础地质调查项目15个，矿产地质调查与评价项目8个，水资源与环境调查项目4个，其他项目9个。钻探6310.8 m，完成计划的90%；槽探3739 m^3，完成107%；1∶5万地面高精度磁测1010 km^2，完成101%；1∶5万土壤化探测量1808 km^2，完成102%；1∶5万区调1950 km^2、1∶5万环境地质调查500 km^2、1∶5万工程地质调查600 km^2，均完成计划的100%。

在异常查证、矿产勘查选区、综合研究、水环评价诸方面取得重要进展与成果。

内蒙古二连浩特－东乌旗综合找矿：钼矿找矿取得突破，发现有一定规模钼矿集区，包括乌兰德勒钼铜矿、乌日尼图钼钨矿、准苏吉花钼铜矿，求得资源量24万吨。南部辉钼矿化带施工深度为603 m钻孔，见辉钼矿体50层，累计视厚度238 m，最大单层厚129 m，品位0.03%～0.41%，伴生铜品位0.1%～0.3%。另发现3个金矿体和1个钼矿体。

内蒙古四子王旗白乃庙地区矿产远景调查：初步圈出86处Au，Ag，Cu，Pb，Zn，W，Mo等单元素异常。

天津滨海新区海岸带环境地质调查评价：建立了地面沉降监测网；施工了控制深度达1218 m的分层标；对地壳稳定性进行了评价；提交2处应急水源地；自7月起对分层标沉降量、地下水水位及孔隙水压力开始监测并获得相关数据。

河北曹妃甸地区海岸带环境地质调查评价由国土资源部与河北省人民政府合作开展，天津地调中心负责项目统领，协调了河北省地方地勘单位、青岛海地所、河北海洋监测预报中心及大学院校等24家单位180余人。主要成果为：对地壳稳定性的评价为新区规划选址提供了依据；对海洋洋流的监测为海沟侵蚀情况提供依据；提交2处应急水源地；建立了三维可视化信息平台；初步评估了地热能资源和浅层地热能资源量。该项目成为中国地质调查局海岸带环境评价工作的示范项目。

华北基础综合研究：侏罗纪和白垩纪界限厘定为晚侏罗世土城子组和早白垩世张家口组之间的划分方案，被中国地质志编志委员会和全国地层委员会采纳；通过对大兴安岭南段中生代陆相火山沉积地层划分，将满克头鄂博组划分为晚侏罗世，将白音高老组时代重新厘定为早白垩世；在兴蒙造山带中段识别出3条加里东期构造岩浆岩带和3条弧岩浆岩带，初步分析了其大地构造背景和构造意义。

1:5万区域地质调查：在沙麦地区新发现5处矿化较好的蚀变带；在敖包查干发现9个矿化点。

中国和亚洲晚前寒武纪构造与地层划分对比：测得侵入下马岭组的基性岩床锆石和斜锆石U－Pb年龄13.2亿年；高于庄组中发现凝灰岩并测得15.57亿年锆石U－Pb年龄；铁岭组中发现凝灰岩并测得14.37亿年锆石U－Pb年龄，中－新元古界地层年代学研究领域取得突破，为中国中新元古界年代地层系统的重新厘定提供了重要的年代约束。

区域地球物理成果集成与方法技术研究：系统整理分析了华北地区岩石地层的物性特征，初步编制《华北地区1:100万布格重力异常图》等系列图件。

全球变化背景下泥质海岸带城市安全对策研究：对天津市潮间带高程、潮间带宽度的现状作了定量评估，对海面上升、地面下沉、围海造陆共同作用、净增水效应、河口增水效应等地质因素逐一做了定量预测。

二、地质科研工作进展和成果

自然科学基金项目有冀北地区古元古代钾玄武质花岗岩带的成因及其大地构造意义、华南锡多金属矿床中的锡石U－Pb同位素地质年代学研究、渤海湾西北岸埋藏牡蛎礁古环境重建、海兴新近纪洪泛－火山－海侵层序对构造气候旋回的响应。

科研工作与地质调查工作结合紧密。内蒙古二连－东乌旗成矿带成矿环境及找矿方向研究项目，以铜、金为主攻矿种，兼顾铁、铅、锌、银等矿种，开展了成矿地质条件研究，编制系列图件，探索了成矿规律。

锰矿石配套测试方法研究、非锆石类富铀矿物U－Pb同位素定年方法研究等研究项目紧密结合了实验测试工作。

中上元古界生物地层研究横向项目、中国前震旦纪大地构造和盆地演化项目，多细胞生物研究取得突破，确定了油气与古生物和碳酸盐岩地层之间的关系，编制了中国早前寒武纪基底类型和构造分区等图件。

三、地质调查信息化建设与服务

举办了华北地区地质资料管理暨业务研讨会；开展了华北大区地质调查资料检查；组织了成果地调资料的清理与已完项目资料的汇交；组织了华北基础学数据库建设与维护；开发了华北地区成果地质调查资料服务系统和天津地调中心地质资料管理系统。

四、地质调查项目管理

华北地区全年总经费3.64亿元，钻探总工作量5.93万m，新开项目71个，续作项目33个，共计工作项目104个，参加工作项目的单位32个。

主要围绕重要成矿带和主要经济区部署工作，包括大兴安岭成矿带南段、晋冀成矿区、豫西成矿带地质矿产调查和环渤海重点地区环境地质调查评价等计划项目。

组织了2010年、2011年度地质矿产调查评价专项及第三批项目共计211个工作项目立项的技术与经济论证；完成18个地调项目和84个地质调查评价专项项目的设计审查；组织了23个项目的野外验收；安排了野外施工项目数20%的野外抽查和原始资料的检查；完成18个项目成果报告评审；组织审查、汇总与编制了23个单位、234个项目2009年资金使用情况决算报表；组织审查、汇总编制了36个单位292个项目的2009年统计年报；组织审查了2010年211个地调项目设计预算和2011年84个项目立项论证申报预算；组织开展了38个项目经费支出使用情况总结报告的验收与17个项目的经费监督检查；组织举办了51个单位、146人参加的预算编制培训班和53个单位、130人参加的经费总结报告编制与验收培训班。

举办了大兴安岭成矿带南段资源评价项目野外现场研讨会、全国铝土矿地质找矿成果交流研讨会、主要成矿带区域地质调查项目成果汇报研讨会；与局资源评价部共同举办了中国东部铁矿地质找矿现场研讨会。

组织实施了44个勘查基金项目的监理工作；开展13个煤炭勘查项目的野外现场监理和3个项目的野外监理检查；组织完成了22个单位、26个中央地勘基金试点项目的成果报告评审和经费结算报告的审查。

国际合作与对外交流

继续与南部非洲、蒙古国加强合作，扩大了合作范围与领域；在坦桑尼亚、津巴布韦、赞比亚承担了援外项目，开展了风险勘查。

在坦桑尼亚开展的矿产资源勘查开发以多多马铜

矿勘查项目为依托，发现3处多点异常，铜矿品位1%～15%，优选并确定了找矿普查区；签订铜矿成矿带探矿权合同一份，探矿权申请3份，累计探矿权面积1000 km^2。天津市发改委和商委核发了天津地调中心境外投资许可证。考察了赞比亚地质工作，并向中国商务部提交项目选区报告。

承办了CCOP－CGS东亚、东南亚泥质海岸带地质环境与气候变化研讨会；举办了中蒙边界1∶100万成矿规律图编制与第四次项目工作会；组织了津巴布韦和坦桑尼亚矿业投资推介会。

改革与创新

天津地调中心积极探索与推进地质工作新机制。

一、推进整装勘查选区落实

选定整装勘查区11处，与各省国土厅联合编制实施方案，为各省（区）地质矿产行动计划安排选择整装勘查区提供了依据。

二、围绕整装勘查区，推动地质矿产调查评价部署工作

积极征求省（区）国土厅意见，为整装勘查区地质找矿基础工作提前开展创造条件；基础性公益性地质调查为工作部署提供技术保障与科学支撑；带动了地方和商业性投资。

三、推进省部合作

与国土厅充分协商和征求意见，相互尊重与理解，共同筛选项目工作区。先后与内蒙古、天津、河北、河南、山东等省份签订了部省、局厅等大项目合作协议。内蒙古二连－东乌旗项目的找矿阶段成果，及时与自治区国土资源厅沟通，工作得到地方政府的大力支持。

四、环渤海重点地区环境地质调查评价

积极与当地政府有关部门加强交流沟通，建立贯穿项目实施全过程的供需见面机制。发挥国家地质工作的引领作用，拉动了地方政府对重要经济区地质环境调查工作的经费投入。

干部人事管理

加强人才队伍建设。组织进行了人才公开招聘，从304名应聘人员中，招聘了16名博士、硕士；组织进行了政府特贴推荐申报和国土资源国际合作人才推荐申报；组织了与吉林大学、中国地质大学（北京）联合培养研究生的导师推荐申报与2011年招生计划等工作；组织了中心博士后工作站申报；选拔了6名青年业务骨干攻读在职研究生。

按政策提高职工收入水平。对在职职工薪级工资进行了调整，对岗位遴选聘任的45人兑现了工资；对208名在职人员增加工资补助，198名离退休人员增加生活费；完成了在职职工住房公积金及补充公积金缴费基数的调整；核定了222人社会保险缴费基数；为197名在职和外聘人员购买了人身意外伤害保险。

综合管理

组织完成质量管理体系文件的全面清理、修改、换版、发布与实施及培训、知识答题活动和内部审核。

加强装备建设。采购了电子探针、瞬变电磁仪等大型仪器设备；对车辆与办公设备进行了更新和补充；购置了野外专用设备、微机和照相机等436台（套）设备。

后勤保障到位。对院落进行了整体规划和整洁、绿化；维修了院落上下水系统，对部分房屋楼顶屋面防水修缮；对全中心人员安排了体检；补充配置了办公家具；安排了职工午餐；清理、平整了二期建设暂闲置土地。

实现安全生产。通过安全教育、制度约束、经费投入、严格检查，无安全责任事故发生。

经济管理

加强对预算执行和经济行为规范执行力度，顺利通过上级审计和有关部门检查。上年结转资金1828.61万元；2010年收入11 341.99万元，总支出11 419.21万元，收支结余1751.39万元。其中：结转下年使用的资金1746.25万元。财政资金国库执行率达86%，财政预算执行率为84%。

党建与精神文明建设

开展创先争优活动。成立了活动领导机构，制定了工作方案，各党支部开展了活动，曹妃甸项目组和王宏被地调局树为先进典型。

开展学习型党组织创建活动。组织党员干部学习胡锦涛总书记有关学习实践科学发展观的讲话、党的十七届五中全会精神等文件。

开展学习先进活动。组织了向优秀共产党员李向同志和全国先进工作者王宏同志学习的活动。

加强了党支部建设。制定了党支部考核办法。

组织广大党员干部职工为青海玉树地震灾区和甘肃省舟曲县泥石流灾区募捐4万余元。

落实廉政责任制，将反腐倡廉任务分解落实到主管领导、承办部门和承办人；举办了中层干部、党支部书记培训班。

开展惩防体系建设第二阶段检查评估和廉政专项活动。总结了2008～2010年惩防体系建设二阶段工作，开展了廉政风险点排查。

2010年，1人获全国先进工作者荣誉称号；1人、1部门分别获天津市科技系统“五一”劳动奖章和劳动奖状先进集体；1人获地调局系统女职工建功立业标兵称号。1人获天津市、地调局优秀工会、职工之友称号；1人获天津市科技系统、地调局优秀工会工作者、工会干部称号；1人获地调局工会积极分子称号；3人获天津市科技系统优秀工会积极分子称号。

（李效广 刘 洁 等）

沈阳地质调查中心工作

沈阳地质调查中心

概 况

中国地质调查局沈阳地质调查中心（以下简称“沈阳地调中心”）又名沈阳地质矿产研究所，是中国地质调查局直属的事业单位，主要承担东北地区地质调查及相关综合研究工作，承担东北地区地质调查资料信息的接收、保管和服务，承担有关项目管理和监管工作。

沈阳地调中心下设综合管理部门：办公室、党委办公室（纪检监察审计室）、人事教育处、财务处、装备与网络处、总工程师室、东北项目管理办公室、地方项目管理办公室、基地建设管理办公室。技术业务部门：基础地质室、油气地质室、矿产资源室、东北亚室、境外地质室、水文地质环境地质室、勘查技术室。其他部门：离退休管理处、物业管理处、信息室、制图室、实验测试中心、宝玉石检测站、汽车队。

沈阳地调中心现有职工381人，其中在职职工233人，离休10人，退休164人。在职人员中，专业技术人员196人，其中研究员11人，教授级高级工程师40人，副研究员、高级工程师25人，博士学位20人，硕士学位52人。

地调与科研

2010年，沈阳地调中心承担地质调查计划项目4项，工作项目46项。承担其他类别的国家项目6项，其中，科技部项目3项、国家土壤专项1项、财政部专项1项、中央勘查基金1项。

沈阳地调中心高度重视科技创新，注重工作进度和质量，深入开展了东北地区地质调查管理工作及中央地质勘查基金东北项目监理工作，统筹开展了东北地区地质调查规划部署工作，积极推进和实施中国地质调查局与大庆油田公司合作项目和与黑龙江省合作的多宝山矿产调查项目，完成了东北省级潜力评价工作项目的指导、管理、综合研究工作，积极实施“走出去”战略，开展了东北亚合作项目及马达加斯加境外矿产勘查与研究工作，较好地完成了地调科研项目的各项任务，完成或超额完成了年度实物工作量，完成钻探工作量总计2800 m，完成率为100%；完成槽探工作量25 010 m^3，完成率为104%；完成面积性地质调查工作48 418 km^2，完成率为100%。取得了一系列可喜的基础地质调查、油气地质调查、科研和找矿进展。

东北地区的大兴安岭成矿带北段地质矿产调查计划项目、辽东吉南成矿带地质矿产调查计划项目以及成矿带区域地球物理调查计划项目、成矿带区域地球化学调查计划项目中共实施各类工作项目126项，年度总经费为4.26亿元。参加项目工作的地勘单位共23家。全面完成了基础地质、矿产地质、水工环地质和物化遥地质全年工作量，并取得了预期成果。

开展了部省合作项目的组织协调和促进工作。组织了“黑龙江多宝山地区矿产远景调查”2010年度工作方案的审查工作。积极推动国土资源部与辽宁省的合作，先后两次与辽宁省国土资源厅会商。与部、局有关部门共同与辽宁省国土资源厅商讨了“合作协议”草案，并将部省合作总体方案上报地调局。与黑龙江省、吉林省国土厅探讨了部省合作开展地质勘查工作的设想。

一、基础地质调查

2010年，基础地质调查和综合研究工作扎实推进，获取了一批高质量的区域地质调查图件，取得了一大批珍贵的第一手资料，提高了东北地区及重要成矿带和重要经济区的基础地质工作程度。

岩浆岩调查获得了一批重要同位素年龄，为构造演化和成矿作用研究提供了重要资料，古亚洲洋构造体制与滨太平洋构造体制叠加转变综合调查和研究项目确定了大石寨玄武岩的喷发时间为 439 ± 3 Ma，是中奥陶世喷发产物，而不是前人认为的“二叠纪玄武岩”；张广才岭群新兴组沉积下限的最新年龄为 285 Ma，说明张广才岭群并非原来的志留－泥盆时代，而是晚古生代—中生代产物。东北经济区基础地质综合研究、大兴安岭地区基础地质综合研究和辽东吉南成矿带基础地质综合研究等综合研究项目更新了东北地区 1∶150 万地质图及属性数据，新编制了大兴安岭成矿带地区 1∶50 万地质图和辽东－吉南成矿区 1∶50 万地质矿产系列图件及空间数据库建设。

二、矿产资源调查评价

东北地区资源潜力评价、重要成矿带矿产远景调查、航空物探异常查证、重要找矿远景区矿产调查评价工作、大兴安岭成矿带和辽东－吉南成矿带综合研究工作及找矿方法技术示范等方面均取得了较好的工作进展。

东北地区矿产资源潜力评价项目进一步加大了组织协调力度，积极指导省级项目完成了铁、铝及其他 9 个预测矿种的预测工作和省级项目工作进度监督与质量管理工作；矿产调查评价项目取得了较好的找矿成果，内蒙古阿荣旗地区金铜多金属矿调查评价项目新圈定化探异常 6 处，异常规模好，经查证发现金铜多金属矿体（化）；系统开展了重要成矿带成矿规律和找矿预测综合研究工作，大兴安岭成矿带铜多金属矿勘查选区研究项目总结了 16 个成矿远景区的成矿背景和成矿条件，划分出了 12 个多金属矿床成矿系列，并建立了大兴安岭地区与铜、铅锌、钼、金等多金属矿成矿有关的找矿标志；鞍山－本溪 1∶5 万铁矿成矿规律和成矿预测项目，建立了“红透山式”铜矿成矿规律和找矿标志，建立了“塔东式”和“鞍山式”铁矿示矿信息和综合找矿标志。

三、水工环地质调查

地方病专项水文地质调查、地下水污染调查评价以及松嫩平原地下水动态调查评价项目都取得了新进展，获取了新成果。在东北地方病严重区黑龙江省肇东市开展了 1∶5 万专项水文地质调查，查清了病区水文地质特征，查明了致病含水层以及安全供水目的层，在黑龙江省安达市成功实施了供水安全示范工程，解决了病区群众安全饮用水问题，示范作用明显，社会效益显著。在浑河冲洪积扇地典型地区地下水污染研究中发现，地下水有机污染物检出种类较少，但分布区域广泛，其中苯并芘普遍检出，有机污染检出较多地方主要集中在化工、制药、造纸等工业厂区或城市排污沟渠附近，研究区内有机物污染可能已经威胁到居民的饮水安全。松嫩平原地下水动态调查评价项目查明了大庆工作区主要含水层地下水的补给、径流和排泄条件，动态特征及影响因素，查明了大庆地下水漏斗的演化过程、地下水开发利用现状及存在的地质环境问题。

四、松辽盆地及外围油气勘查

积极推进局与中石油大庆油田勘查公司签署“松辽盆地及外围油气勘查合作协议”，松辽外围中、新生代盆地群油气地质综合调查进一步确认松辽外围“中新生代火山－沉积盆地”和“晚古生代残留盆地”具有广阔的油气资源远景，一是提出下侏罗统红旗组煤系地层是中国北方侏罗系的一部分，可同西部吐哈盆地、准噶尔盆地以及二连盆地进行对比。深入认识了该区二叠纪古地理格局，恢复晚古生代残留盆地，将开辟松辽外围“晚古生代油气”勘探工作新局面；二是开展了松辽外围新区、新层系野外地质调查及勘探部署研究，确立了研究区主要的目的层位为突泉盆地的下侏罗统红旗组和中侏罗统万宝组。

五、地质科学研究

地质科学研究取得了较好成果，组织申报国土资源部科技成果奖 2 项，申报辽宁省国土资源厅科技成果奖 4 项，已发表科技论文 49 篇，其中核心期刊 28 篇，完成项目成果报告 5 项，其中 2 项为优秀成果报告，出版专著（初稿）1 部。

国际合作与对外交流

与俄罗斯远东地区开展成矿地质背景与成矿规律综合研究与编图工作。研究认为研究区的成矿作用与古生代和中生代各主要时期的构造－岩浆活动关系密切。其中，东北亚地区古生代时期形成的 3 条主要与成矿关系密切的构造岩浆岩带，分别为北蒙－斯塔诺夫构造岩浆带、中蒙古－近贝加尔构造岩浆岩带和南蒙古构造岩浆岩带。

境外地质工作：在马达加斯加实施了北部地区绿岩带成矿规律及找矿方法研究，项目组系统收集了马达加斯加北部地区绿岩带区域的相关资料，整理研究马达加斯加主要构造单元形成时代、岩石组成、构造特征、成矿作用等问题，研究工作表明马达加斯加岛主要由五大块体组成；初步认为金矿主要为石英脉型金矿，同中国夹皮沟金矿相似，区域上新元古代基性－超基性岩带内可形成大型的铬铁矿和钒钛磁铁矿，资源潜力大。

改革与创新

一、强化进度和质量监控

根据有关规定和技术标准，对地质调查项目的立项、设计、施工、质量检查、验收、成果资料汇交、经费使用、终结等全过程进行监督和管理。沈阳地调中心主要领导多次带队深入野外各项目组，检查指导工作，督促加强野外工作进度、质量和保证安全生产。总工办、项目办积极配合，加大了项目实施监管力度，加强了设计和成果报告的初审，聘请专家参与项目实施监管；各研究室和项目组负责人认真负责，严格把关，保证项目实物工作量的完成和成果质量。根据项目任务完成情况、工作质量、工作进展及成果、经费使用情况、技术业务管理等情况，对项目进行年度考核，进一步加强了项目实施进度和质量管理。

二、较好地开展了与上级机关和地方及同行业的沟通与合作

成功举办了局党群工作会议和东北地勘经济协会年会。进一步加强与地方的联系，就矿权和争取项目、改善工作环境等事项与阿荣旗政府、呼伦贝尔国土资源局、内蒙古自治区国土资源厅、黑龙江省国土资源厅及安达市国土资源局和火石山乡、吉林省长白县等进行沟通联系，密切关系，统一思想认识，解决了实际问题。

干部人事教育

一、深入开展了劳动人事管理工作

按照劳动人事等有关规定，开展了有关部门临时用工合同的签订工作和临时聘用老同志的劳务合同的签订工作。通过签订劳动、劳务合同等方式，加强了用人程序和劳动报酬规范化管理。经局批准，解决了历史遗留的集体职工社会保障问题，解决了多年来劳动人事关系不顺问题。

二、加大职工队伍建设力度

根据地质调查工作新形势、新任务的需要，坚持以人为本，以用人制度改革和创新激励机制为动力，紧紧抓住培养、引进、用好人才3个环节，认真组织开展了新技术、新方法以及保密工作等方面的业务岗位练兵培训活动。从加速培养现有人才和引进外部人才两个方面同时入手，努力提高专业技术队伍的综合素质和竞争实力。一是继续实行鼓励参加学历教育政策；二是决定与吉林大学地球科学院合作举办工程硕士研究生班和课程进修班；三是继续鼓励和为职工参加学习培训提供有利条件；四是结合项目实施，有计划地安排年轻科技人员担任项目负责人，参与项目实施的组织管理工作，为其成长进步创造条件；五是接收中心需要的相关专业不同学历层次的应届毕业生19名，调入2名，缓解了不同项目、不同岗位的人员需要；六是为身体健康具有一定专业特长的老同志发挥余热创造有利条件。

经济管理

按照局加强经济管理工作的要求，沈阳地调中心开展了“四查找，四整改，四提高”活动。加强项目预算管理，强调项目预算编制的规范性、合理性、全面性，从源头上引导、规范经济行为，强化预算执行全过程管理，为加快预算执行，对报账程序和时间做了严格要求，开展会计核算基础业务建设。合理分配用款计划，加强用款审批，保证野外生产用款。严格控制会议费、出国费、车辆购置费和招待费，堵塞资金收入和支出的管理漏洞，全面完成局各项经济指标。2010 年实现总收入 13 161 万元，总资产达 12 948 万元，净资产 12 631 万元。

党建与精神文明建设

深入开展创先争优活动，把2010年开展的“向李向同志学习，服务加快发展”等主题实践活动与创先争优活动紧密结合，充分发挥典型的引领作用。在“七一”前夕，评选表彰了2个先进党支部、10名优秀共产党员、2名优秀党务工作者。加强党组织建设，党员队伍不断巩固壮大。加强党员发展工作，有8名工作骨干被吸收为中共预备党员，有20名同志被列为入党积极分子培养。进一步增强了党组织的凝聚力、战斗力。

大力推进精神文明建设，倡导和弘扬以“团结、奉献、创新、发展”为主旋律的中心文化建设。组织在职和离退休职工新春团拜会；开展了春游、秋游；改善了职工食堂用餐条件，主副食品种不断增多，为职工提供了营养丰富的饭菜；关心年轻职工婚姻生活，为10名青年职工举办了集体婚礼，积极筹办青年职工联谊会；开展了丰富多彩的文体活动，关心职工身体健康，组织在职和离退休职工身体健康检查；组织老干部、老领导赴西安和延安参观考察；职工人均收入有了显著提高，实现了职工生活水平再上一个新台阶的目标，职工队伍的面貌焕然一新。

（郭常来）

南京地质调查中心工作

南京地质调查中心

概　况

中国地质调查局南京地质调查中心（以下简称“南京地调中心”）又名南京地质矿产研究所，是中国地质调查局直属的事业单位，主要承担华东地区地质调查及相关综合研究工作，承担华东地区地质调查资料信息的接收、保管和服务，承担有关项目管理和监管工作。

机构内部设置综合管理部门、业务技术部门、公益服务部门，并设有“中国地质调查局城市环境地质研究中心”、“中国地质调查局南京仪器维修研制中心”两个中心。

南京地调中心现有在职职工285人，其中专业技术人员252人，占88.4%，其他人员33人，占11.6%。其中2人为享受国家特殊津贴专家，1人获黄汲清青年地质科学技术奖，3人获中国地质学会银锤奖，2人为部百名优秀青年科技人才，3人为江苏省有突出贡献的人才专家，5人为江苏省“三三三”人才工程人才，6人为地调局优秀人才，10人为南京地调中心学术带头人。

荣获江苏省文明单位、国土资源系统“十五”科技工作先进集体称号等。

南京地调中心与德国、荷兰、日本、澳大利亚、韩国、菲律宾、秘鲁、巴西等国家开展科学技术项目合作。与台湾地区、香港地区有关院校建立了良好的合作关系。与南京大学、吉林大学、中国地质大学（武汉）、合肥工业大学等院校共建研究生联合培养基地，联办博士、硕士培养点。

创办有南京地调中心专业网站，建有华东地质资料分馆，主办的《资源调查与环境》刊物在国内外地学界有一定的影响。

地调与科研

2010年，南京地调中心实施地调科研项目共57项，项目总经费8430万元。总体工作量完成达到100%，全面完成了地调局下达的工作任务。

一、基础地质调查

江苏1:5万泰州市幅等4幅区调对第四系传统填图方法进行改进，利用钻孔结合岩石地层等手段确定了本区域第四纪地层层序，划分出沉积相和微相，分析各地质时期沉积古环境变化特征；对第四系钻探的传统岩心采取方法进行改进，使粘土、砂砾岩心的采取率大幅度提高，岩心采取率可达85%～95%。

浙江1:5万崇仁镇等4幅区调初步查明了前寒武纪陈蔡（岩）群在测区的分布范围及出露岩石类型；在浙江省嵊州市下白垩统西山头组火山岩中发现炭化木化石。

1:100万华东地质图完成最终审稿，准备出版。1:100万华南地质简图编制完成。组织召开了成矿带基础地质问题研讨会。查明了中国香港国家地质公园西贡火山岩园区核心地质景观粮船湾组火山岩是典型的流纹质碎斑熔岩，并确认其为世界上面积最大的流纹质碎斑熔岩石柱群之一，是珍贵的地质遗迹。

系统总结了中国东部、韩国和日本中生代构造－岩浆动力学特征，综合对比了中生代岩浆活动时空分布和构造演化的关系，总结了东南亚4国中新生代火山－侵入活动时空分布规律。

建立了南京城市地质调查数据库，实现了城市地质地表与地下一体三维可视化建模与分析，开发了城市地质调查信息系统和城市地质调查信息发布系统。进一步修改了《城市地质调查工作指南》，完成了“全国城市地质调查项目成果WebGIS服务系统”软件开发。

《多目标区域地球化学调查规范（1:25万）》升级修订工作完成。

二、矿产资源调查评价

开展了安徽枞阳高甸地区、安徽庐江裴岗－黄屯地区、江苏江宁南门头地区、江苏江宁横溪－小丹阳地区的找矿勘查示范工作，建立了长江中下游地区区域物性库。通过模型找矿，取得了初步找矿成果。在江宁南门头ZK4331钻探验证孔471.44～472.55 m处发现高品位铜矿体（铜含量5.44%）。

南岭成矿带广东始兴－连平地区钨钼多金属矿评价项目矿产勘查取得重要进展，发现了2条规模较大的钨锡多金属矿带，初步圈定了18个矿体。

重点区的矿产远景调查面积性工作完成，江西九江大城门－仙姑台铜多金属矿远景调查、永定虎岗地区铁锰多金属矿远景调查等项目提交10处找矿靶区和矿产查证区。在武夷山成矿带的闽北地区还新发现高品位铅锌矿矿石（锌含量6.2%）露头分布区。

钦杭成矿带萍乡－绍兴结合带铜多金属成矿规律研究项目通过对冷水坑铅锌矿的研究发现了火山机构与成矿关系的重要线索。

菲律宾中部镍、铜成矿带成矿地质背景及成矿规律调查研究项目通过1:20万化探扫面，在菲律宾中部圈定了水系沉积物地球化学综合异常区7个。

三、水工环地质调查

对长江三角洲经济区以往开展的水文地质、工程地质、环境地质工作进行了综合研究与成果集成；开展了长江三角洲地区地面沉降和地裂缝光纤监测试点研究工作；开展了区域地质环境承载力评价和地质环境功能区划工作。

分析评价了淮河流域平原区地下水质量状况、区域地下水污染特征及区域高碘地下水主要分布特征。淮河地下水污染调查评价项目工作紧密结合区内社会经济发展需要开展，受到当地政府的赞赏，淮北市政府向南京地调中心赠送了锦旗，以示感谢。

海峡西岸经济区地质环境综合研究和海西临港工业区工程地质水文地质调查项目取得的成果为海峡西岸经济区发展规划建设提供了基础资料。

四、地质调查项目管理

2010年华东地区管理地质项目总数达153项，总经费47 320万元。

为做好大区项目立项和结题工作，组织召开华东地区地质调查院、环境监测站总工程师会议、华东地区地质调查项目设置研讨会，邀请各省厅有关领导征求意见，对整体工作进行了初步总结和部署。组织召开2010年第三批地质调查项目立项论证会议和九瑞整装勘查区成果整合与部署研讨会。

认真梳理华东地区1999～2009年国土资源大调查近200个项目的成果。形成“非能源重要矿产资源调查评价”、“拓宽服务领域，贴近社会服务民生”、“服务于国家经济发展宏观布局和重大工程建设”、“提高基础地质工作程度”、“地质科技创新”、“基础支撑与社会化服务体系建设”、“地质工作队伍及装备建设”、“地质工作新体系新机制建立”等8个方面的成果。

南京地调中心参加了地调局组织的“地方公益性地质调查队伍能力建设评估二组（华东、中南片）”的工作，参与完成了华东地区和中南地区地调院、地质环境监测总站等20个单位的队伍能力建设评估工作。

五、地质调查信息社会化服务

共接收华东地区地质调查成果资料54份，转交发展研究中心22份，已发合格证12份。提供数字化服务达50 846 Mb，归档成果资料38份。完成13个科研项目的检查整理归档，原始资料清理建库155档。完成1～4期《资源调查与环境》的出版发行，发布和更新各类时事报道160篇。

六、地质科学研究

华南中生代火山岩浆活动研究取得新认识。通过周边对比，完善了中国东南部中生代火山岩年代地层格架，重新厘定了区域火山活动旋回，提出燕山期火山活动至少应划分为5个旋回。华南白垩纪晚期陆相红层年代学研究取得重要成果。在扬子东南缘发现一条较大规模的新元古代富铌玄武岩带。

便携式热红外傅立叶矿物分析仪、机载高分辨率矿物成像光谱仪、全自动数字化岩心扫描仪的研制与开发取得了成效，取得发明专利1项，实用新型专利4项。

实验测试中心顺利通过国家计量认证，获2010年首批重质量守信誉国家认可实验室，共测试样品18 767组（个）。

共发表论文47篇，其中在SCI、EI刊物以第一作者、单位发表论文7篇，在国内核心刊物以第一作者、单位发表论文31篇，出版专著1部。

改革与创新

南京地调中心积极推进省部合作项目，推进落实地质找矿新机制。按照国土资源部2009年7月发布的《长江中下游成矿带地质找矿工作部署方案》，组织实施该带地质找矿统一部署试点工作，提出了统一部署、多方联动、统筹协作、严格监督、创新机制等组织保障措施，形成一个地质工作新机制的示范区，为泥河铁矿的发现及所形成的“泥河模式”起到了积极的促进作用，对长江中下游乃至东部地区深部找矿具有重大指导意义。

积极推进福建“218工程”工作。部署开展“东海油气资源战略选区调查与评价”；完成海峡西岸经济区1:25万环境地质系列图件编测，主动介入福州（平潭）综合实验区建设，全面开展平潭县1:5万水文地质工程地质调查，积极推进福建全省多目标地球化学调查工作。

干部人事管理

一、完成了岗位设置及绩效分配工作

根据部、局的统一部署，经逐级遴选，共产生专业技术二级岗位人选4人，三级岗位人选12人，其余各级各类岗位也都按照岗位设置实施方案的要求产生了聘用人选。完成2010年绩效工资调整工作和年底绩效工资的总额测算、方案制定等一系列工作，不断完善分配激励机制，职工收入有较大提高。

二、实施人才战略，提高自主创新能力

加强特色学科建设。南京地调中心多年来坚持陆相火山地质与火山成矿作用的调查研究工作，以“中国地质调查局城市环境地质研究中心”、“中国地质调查局南京仪器维修研制中心”为平台，形成了陆相火山地质矿产研究、城市环境地质研究和地质仪器研制开发等多个特色与优势学科。

加强与地质院校的合作。与中国地质大学（武汉）签订科技教育合作协议，与合肥工业大学签订共建研究生联合培养实践基地协议，共同培养高层次人才。

南京地调中心35岁以下科技人员达127人。举办青年地学论坛，大力培养选拔青年人才。目前已选送15名青年职工攻读在职研究生，选拔5名优秀青年担任中层干部，10名担任项目负责人和副负责人。

依托重大项目培养和锻炼人才。依托所承担的各类重大项目，培养出一批技术骨干和10名学术带头人，他们已在行业内或专业领域有一定的知名度。

张传林同志荣获“国土资源部优秀青年科技人才”称号。邢光福同志荣获“江苏省地质优秀科技工作者”称号。

综合管理

一、政务信息和新闻宣传工作上新台阶

上报部、局政务信息约200篇，被国土资源部《部内要情》采用112篇，被地调局《地调工作动态》等采用53篇。政务信息工作得到了部办公厅督察室、局办公室的肯定，被评为2010年度国土资源系统和地调局系统信息报送工作先进单位。加强对外宣传工作，见载于《中国国土资源报》、《地质勘查导报》等报道22篇。

二、实现安全保密工作目标

签订了2010年度安全生产综合治理保密目标责任书。加强野外作业、车辆、实验室、档案室和计算机等的安全生产和保密监管，进行了11次安全检查、6次保密大检查、8次野外安全检查、4次车辆全面检查，进行了消防工作全面检查，开展了灭火演练。实现安全行车约71万km。被评选为地调局2010年“安全生产优秀单位”。

三、后勤保障能力进一步提高

合理调度车辆，为野外工作顺利开展提供后勤保障。坚持安全监控值班制和巡逻制，加强水电气管理，做好值班作业台账。加强对实物资产的管理，健全完善了固定资产统计资料。

经济管理

2010年实现货币工作总量11 965万元（含上年结转财政资金953万元），同比上年增加3475万元；本年形成11 012万元，同比上年增长55%。

本年形成总收入11 012万元，其中：财政资金拨款9216万元，占总收入84%；对外收入1796万元。2010年支出总额10 469万元，其中：财政拨款形成的支出8950万元；对外收入形成的支出1519万元。2010年形成资金结余1497万元，其中：财政拨款项目结余1152万元；基本建设项目结余68万元（野战军装备）；事业结余分配277万元。

2010年职工人均收入7.37万元，同比增长15.7%。

2010年末资产总额13 166万元，同比增长19.3%。其中：流动资产3419万元，同比增长17.6%；对外投资245.8万元，没有变化；固定资产8370万元，同比增长18.1%；财政应返还额度1131万元，同比增长41%。负债总额1921.37万元，主要含预收账款1532万元。资产负债率为14%，同比下降2个百分点。净资产总额11 245万元，同比增长22%。

南京地调中心强化预算约束，加强项目委托业务的规范管理，2010年基本支出预算执行率达到100%，地质调查项目支出预算执行率达到85.42%。其中2010年国库预算执行率为88.12%。完成地调局要求项目预算执行率达到80%以上的控制指标。

党建与精神文明建设

坚持中心组理论学习制度，及时组织学习贯彻中央、部和局的有关文件，尤其是认真学习党的十七届五中全会精神，贯彻落实全面推进地质找矿新机制座谈会会议精神。积极开展“创先争优”和“我为发展建言献策”活动，举办中层干部和党支部委员学习培训班，认真学习中国共产党党员领导干部廉洁从政若干准则，专题研究业务平台建设、队伍及能力建设、工作效率及作风建设工作，进一步加强党员教育工作，不断增强党组织的凝聚力。组织评选和表彰了2009~2010年度先进党支部3个、优秀共产党员10人。

签订了2010年度党风廉政建设目标责任书，强化对目标责任的监管工作。积极开展惩防体系第二阶段自查自纠和廉政风险点排查工作，分析总结党风廉政建设工作中存在的薄弱环节，提出解决问题的具体措施，制定了《南京地质调查中心深入开展廉政专项行动实施办法》。南京地调中心获得南京市白下区2008～2009年度无职务犯罪先进单位。

积极开展文明创建活动，组织评选和表彰了2010年度优秀职工18人、先进工作者13人、先进文明单位（集体）21个，荣获“2007～2009年江苏省精神文明创建工作先进单位”。车队获得江苏省教科系统“工人先锋号”称号，黄俊杰同志被江苏省教育科技工会评为省教育科技系统优秀工会工作者。冯小铭同志被评为地调局女职工建功立业标兵，葛伟亚和张雪辉同志被评为地调局优秀青年职工。与瑞金路街道创建读书文化小区，获得白下区文明和谐“学习读书特色小区”先进集体称号。

职工代表对南京地调中心年度工作会议、职工岗位遴选工作进行了全程监督、参加了局党组对南京地调中心领导班子和领导干部的年度考核，实现了对职工权益的源头维护，履行了民主监督职能。荣获“在宁部属科研院所职代会实施情况”优秀奖。

（程忠富）

武汉地质调查中心工作

武汉地质调查中心

概　况

中国地质调查局武汉地质调查中心（以下简称“武汉地调中心”）又名武汉地质矿产研究所，是中国地质调查局直属的事业单位，主要承担中南地区地质调查及相关综合研究工作，承担中南地区地质调查资料信息的接收、保管和服务，承担有关项目管理和监管工作。

武汉地调中心设置办公室、总工程师室（科技外事处）、财务资产处、中南地区项目管理办公室（内设技术管理处、经济管理处）、人事教育处、党委办公室（纪检监察审计室）等6个综合管理部门；基础地质室、矿产资源室、水文地质环境地质室、地层古生物室（油气地质研究室）、勘查技术室、信息资料室、实验测试室（同位素地球化学研究室）、境外地质调查研究室（宜昌地调科技开发研究院）、地质灾害调查研究室（宜昌长江地质灾害防治工程勘察设计院）、岩矿综合利用室等10个技术业务部门；物业管理部、离退休管理处（宜昌基地管理处）等2个综合服务部门。

国土资源部和中国地质调查局在武汉地调中心分别设有“国土资源部中南矿产资源监督检测中心”和“中国地质调查局资料馆中南分馆”。

2010年末，武汉地调中心从业人员335人，其中正式职工272人，外聘人员48人，返聘老专家15人。离退休人员206人。正式职工中专业技术人员217人、行政管理人员24人，其中，博士17人，硕士72人，本科及大专116人；正高级职称39人，副高级职称56人，中级职称67人。

地调与科研

2010年，武汉地调中心承担项目118项，年度总经费9312万元。其中，国土资源大调查及地质矿产调查评价专项54项，经费6690万元；境外项目4项，2010年到位经费1593万元；中央地勘基金项目1项，经费188万元；科研和横向市场项目59项，经费841万元。地质调查项目的项目设计、野外验收、成果报告优良率100%。项目野外验收优秀率50%，成果报告评审优秀率100%。“关岭生物群特征及其环境演化”获国土资源部科学技术奖二等奖。出版专著3部，发表学术论文75篇，其中SCI检索5篇，核心期刊43篇。实物工作量全面完成。

2010年，组织完成了辖区219个工作项目的立项论证，94个项目的设计审查，3个区域重力调查项目的设计审批；组织野外验收19项；完成12个项目质量抽查；组织成果验收6项。对6个单位及其19个地质调查项目“预算财务管理自查自纠工作”进行检查评估。对辖区内7个单位58个地质调查项目进行“经费使用情况总结报告”审查验收。

基本完成辖区内中央地勘基金试点结题项目的验收工作，其中14个已结题，4个续作。完成3个试点项目报告评审和审查工作；3个新开项目技术质量检查和经费监理；13个中央地勘基金项目经费结算工作；3个单位3个地勘基金项目经费检查工作。

一、基础地质调查

（一）开展利川地区1:5万区调工作。

完成4个图幅（汪家营幅、利川市幅、忠路幅、黄泥塘幅）的区调填图。在利川地区首次发现晚白垩纪地层。

（二）对中南地区成矿区带开展了基础地质综合研究。

1. 厘定和完善了湘西－鄂西成矿带各时代地层分区系统，编制了本区太古宙—新近纪岩石地层划分对比表。初步编制了湘西－鄂西成矿带1:50万地质图、矿产地质图、1:100万地质构造纲要图。

2. 对南岭成矿带江南古陆以南地区的前寒武系重新进行了厘定；总结了南岭地区区域成矿的时空分布特征。

3. 厘定了钦杭成矿带（西段）工作区的岩石地层单位，建立了工作区侵入岩编图单位、构造格架和变质变形序列。

4. 运用现代造山带理论和方法，总结了中南地区大地构造演化的基本轮廓。

（三）开展三峡库区基础地质综合研究。

完成野外调查路线100 km，实测或修测地层剖面10 km，实测第四纪剖面约300 m。编制完成1:25万三峡库区地质图、环境地质图。

二、矿产资源调查评价

（一）钦杭成矿带（西段）重要金属矿床成矿规律及找矿方向研究项目。

提交了《钦杭成矿带重要矿产勘查部署方案》，提出了钦杭成矿带（西段）主要找矿方向，建议以湘东北、粤西－桂东地区作为钦杭成矿带西段“十二五”地质矿产调查的重点选区；将钦杭成矿带（西段）划分出33个找矿远景区，进一步划分为104个重点勘查区。编制了钦杭成矿带1:100万地质矿产图、构造纲要图、岩浆岩分布图（草图）。

（二）南岭地区钨锡多金属矿项目。

在总结南岭成矿规律的基础上划分出11个成矿远景区；圈定了两处规模较大、总体呈南北向展布、大于6%的视极化率异常带。

（三）上扬子地块及其周缘铅锌多金属矿综合评价项目。

在上扬子地块及其周缘新发现矿化点3处。

三、油气、古生物等相关调查研究

（一）雪峰山西侧黔江走廊大剖面油气地质调查及地层研究。

开展以震旦系—下古生界为重点的地层划分与对比研究和总结，取得了初步成果，编制并提交了工区震旦系—古生界多重地层划分对比表。

（二）关岭生物群特征及其环境演化研究。

发现最为原始的长颈型海龙，为研究海龙的起源奠定了基础。首次发现幻龙胚胎，为研究幻龙的生殖方式及个体发育提供了线索。通过剖面测量，发现了从早三叠世奥仑尼克期至中三叠世拉丁期一系列事件沉积，尤其是在几个关键脊椎动物群中均发现了火山凝灰岩沉积，说明中三叠世盘县动物群和兴义动物群中海生爬行动物的集群死亡与火山活动有着密切联系。

（三）青海南部地区二叠纪蜓类生物群及其与火山事件的响应关系研究。

重新厘定火山－沉积背景下的岩石地层序列。鉴定并描述蜓类*Pseudofusulina*、*Schwagerina*、*Parafusulina*等，共计16属53种（包括30种，4相似种，8未定种，1亚种）。通过对阿日永剖面的综合研究，确定了重力流沉积的存在，重新划分出了异地与原地埋藏的沉积序列。在剖面的11层和37层发现蜓类*Misellina*属，确定了异地蜓类组合的近源快速混杂的特点，确定了异地型蜓类生物组合形成机制。确定昌都地块生物古地理区系、构造属性及晚古生代构造演化。

四、环境地质与地质灾害调查

（一）经济区（城市群）环境地质调查。

开展了珠三角经济区、北部湾经济区和长江中游城市群的环境地质调查评价工作。

1. 组织实施的计划项目有条不紊地推进。3个经济区计划项目依托各自的综合研究项目，组织协调各工作项目关系，与地方政府积极沟通，确保了整个计划项目年度目标的实现；结合各个经济区环境地质问题特点，对其主要环境地质问题进行了梳理，开展了相关的专题调研，召开了项目阶段成果研讨会和“十二五”及2011年度项目设置与协调研讨会。

2. 珠三角地区北西向活动断裂调查评价。系统总结了珠三角地区新构造运动的基本特征，对北西向向活动断裂的基本特征进行了初步评价。基本查明了西江断裂和沙湾断裂基岩区的平面展布情况和几何学、运动学基本特征。

3. 北部湾经济区断裂活动性调查。对区域上重要断裂构造进行了初步调查，对区内与地震关系较密切的断裂构造进行了较详细的研究。灵山重点区环境地质专项调查，初步查明了重点区主要活动性断裂分布及其活动特征。编制了灵山地区断裂构造遥感解译图、1:5万地貌第四系地质草图、1:2000地貌第四系地质剖面图等。

（二）地质灾害调查评价。

1. 清江流域地质灾害详细调查（建始县、利川市）。查明了典型灾害体的规模、发育特征、危险性及其稳定性，发现在清江下流车溪－马河口、资丘－

桃山－天池口、鱼峡口存在古宽谷、离堆山等特殊地貌形态与古河流变迁存在一定关系；发现在磨市—车溪一带存在谷清江 3～4 级阶地。更新和完善了地质灾害调查空间数据库建设。

2. 湖北省远安县地质灾害详细调查。查明了全县地质灾害类型、规模、危害及危险程度，更新了地质灾害调查数据。查明了地质灾害发育分布规律、地质背景条件及诱发因素、典型灾害体形成的地质环境条件及基本特征。

3. 长江上游宜昌－江津段环境工程地质调查。基本完成抱龙河、神女溪、大溪河等 3 条流域的环境工程地质调查工作，调查 3 条流域共发育地质灾害 144 处。对望霞桐新村危岩开展了应急调查，及时提出了应急处理措施，2010 年 10 月 21 日该处危岩体即发生整体破坏，由于应急处理措施得当，没有造成人员伤亡。

4. 三峡库区高陡岸坡成灾机理研究。通过调查，掌握了重点研究区结构面的发育特征和基本规律，发现和界定了一些不稳定斜坡的分布和发育特征，初步总结了巫峡口区域斜坡变形失稳特征模式。

五、实验测试项目

地质调查 LIMS 的完善与推广应用。完成了物化探所、广州海洋局 LIMS 系统安装调试、本地化编程，正在进行人员培训及试运行工作。实现了对同一元素采用多种方法同时分析的结果之间异常的智能发现和取舍的功能。

六、地质资料社会化服务

完成了中南地区地质调查成果接收验收工作。向各级国土资源资料管理部门汇交 69 个项目的成果地质资料。提供 23 407 页地质资料、291 幅地质图件的查阅、借阅、复制服务。

国际合作与对外交流

一、在埃塞俄比亚 Gimbi－Nejo 地区圈定 32 处综合异常，确认各类矿（化）点或矿化信息点 81 余处，更新了工作区地质图和地质矿产图。提出 4 个下一步勘查工作靶区。项目于 2010 年 9 月通过国土资源部和中国地质调查局组织的成果评审，获优秀级。

二、完成“埃塞俄比亚 Asosa－Gimbi 地区优势金属矿产成矿规律研究”项目野外工作，获得了一批重要的同位素年龄，基本厘定了研究区前寒武纪侵入岩时序和岩石地层序列。

三、“巽他群岛－新几内亚岛地区地质矿产综合图件编制”提出 35 处勘查－开发选区，选择了 9 处作为优先靶区。项目通过地调局组织的项目成果评审验收，被评为优秀级。

四、完成国家国际科技合作计划“厄立特里亚中南部地区铜多金属矿产资源潜力评价合作研究”项目下属子课题“厄立特里亚中南部地区地质与地球化学调查”项目总体设计、选区及踏勘，确定了下一步重点工作区域。

五、启动了“印度尼西亚巴东－明古鲁铜金矿产资源调查与评价”和“几内亚中南部铁矿等矿产资源地质调查与评价”两个国外风险勘查基金专项项目，完成项目可行性研究及年度工作方案。

改革与创新

武汉地调中心积极探索推进地质调查工作新机制。加强了与省级国土资源管理部门的联系，为探索新形势下地质找矿工作新机制，统一部署，全面推进地质找矿工作提供了新机遇。对《合作开展湖北省地质工作》协议书和实施方案（建议稿）进行了认真的研讨、补充、完善。建立了合作会商机制。通过厅局合作，建立信息共享平台。加强基础地质工作，圈定找矿远景区，并分级排序，对优选出的大型找矿远景区，引进社会资金进行整装勘查，加快找矿步伐，实现找矿重大突破。初步实现了统一部署。同时，引进矿产勘查新机机制，在查明矿床远景的基础上，引导商业性地质工作。2010 年 8 月，成功召开湖南锡田地区勘查新机制示范与成果交流研讨会，系统总结了“锡田模式”，即“公益先行、商业跟进；统一部署、有序推进；矿权整合、地方支持；快速突破、多方共赢”，受到高度关注。

干部人事管理

2010 年，调入科技骨干 2 人，接收博士 2 人，硕士 18 人，另不占编制聘用 6 人。正积极组织申报国家博士后科研工作站。全面完成了岗位设置遴选工作，229 人参加岗位申报遴选。

2010 年，举办内部培训班 5 期，参加外部培训班 21 期，培训人员 296 人次。毕业博士、硕士各 1 人，与中国地质大学联合培养博士 1 人。

综合管理

一、信息与宣传工作

2010 年，完成 149 份政务信息采编工作，《部内要情》采用 24 篇，《国土资源报》采用 1 篇，《地调工作动态》、《中国地质调查》、局网站采用 27 篇。编辑《工作简报》63 期、《工作动态》12 期。

二、基地建设

武汉基地配套设施和辅助工程建设项目初步设计

及概算通过国土资源部、中国地质调查局批复，核定投资预算1388万元。实验测试楼项目正在进行内部装修和净化实验室建设。完成了职工食堂建设，2010年9月正式投入运行。

经济管理

2010年，武汉地调中心实现总收入11 097.89万元，总资产12 502万元，净资产10 213万元，分别比上年增长了41.4%，15.7%，17.6%。

下属经营开发部门实现收入543万元，其中宜昌长江地质灾害防治工程勘察设计院实现收入345万元、宜昌地调科技开发研究院实现收入198万元。

统一实施应用国土资源部财务管理信息系统。全面实施财政国库支付制度改革，加强资金管理。加强财政财务监督检查，促进经济持续健康发展。认真执行事业单位国有资产管理和国有资产处置办法，开展设备清查工作，加强资产管理。

党建与精神文明建设

一、创先争优活动

加强组织领导。成立领导小组及工作机构，制订《深入开展创先争优活动实施方案》。广泛宣传动员。召开全体党员大会和党支部会议，围绕“五个好”和“五带头”要求，11个支部239名党员向全体职工作出公开承诺，并在网上公示。学习先进典型。号召广大党员干部向李向同志学习。开展改进作风活动。在干部队伍中开展“六要六不要”，在党员队伍中开展争做“六个模范”，在职工队伍中开展“三学三比”活动。5人分别获地调局“女职工建功立业标兵”、“优秀青年”、“优秀职工之友”、“优秀工会干部”、“工会积极分子”称号。

二、党建与精神文明建设

抓理想信念教育、廉政教育、先进典型教育。选送1名干部参加中央学校学习，2名干部参加湖北省直机关的“党政干部理论培训”。开展领导干部反腐倡廉专题教育、廉政专项行动和惩防体系建设第二阶段检查评估工作。

积极开展文明创建活动。自创音乐诗画《征服格拉丹东》获局系统第一届职工文艺汇演一等奖。节目被中国地质调查局选送参加国土资源部“全面推进地质找矿新机制座谈会”（郑州）文艺调演。组织干部职工为玉树地震中遇难同胞哀悼，为受灾同胞捐款73 810元。

（李海波）

成都地质调查中心工作

成都地质调查中心

概　况

中国地质调查局成都地质调查中心（以下简称“成都地调中心”）又名成都地质矿产研究所，是中国地质调查局直属的事业单位，主要承担西南地区地质调查及相关综合研究工作，承担西南地区地质调查资料信息的接收、保管和服务，承担有关项目管理和监管工作。沉积地质与能源地质、青藏高原地质、矿产资源调查与评价是成都地调中心的优势业务领域。

成都地调中心设有办公室、总工程师室、财务资产处、西南项目管理办公室、综合部署研究处、人事教育处、党委办公室（纪检监察审计室）7个综合管理部门，青藏高原地质研究室、沉积与能源地质研究室、资源评价与矿床研究室、水文地质环境地质室、勘查技术研究室、信息资料室、实验与分析测试室7个技术业务部门，以及物业管理部、离退休管理处、技术开发部。成都地调中心有成都环境地质与资源开发研究所、招待所两个所属企业。

截至2010年底，成都地调中心有在册职工331人。其中中国科学院院士1名，享受国务院特殊津贴者26人（含离退休人员）、博士导师5名、硕士导师9名、博士37人、硕士111人，具有高级技术职称人员91人，不断地补充年轻科技人员和自己培养研究生，从而形成了中青年为主的地调科技队伍。

2010年，成都地调中心被中国地质调查局给予了表彰。成都地调中心承担的大渡河流域的地质灾害调查项目成果获国土资源部科技成果二等奖。荣获2010年国土资源部系统政务信息报送工作先进单位和2010年局系统政务信息报送工作先进单位。

地调与科研

2010年，成都地调中心承担各类项目共66项，其中地质调查计划项目10个，工作项目46项，其他项目20项。各类项目总经费1.7亿元。中心全年累计完成支出 18 024 万元，执行率为 91%，其中部门预算（含上年结余）支出 6949 万元，执行率 97%；追加项目预算支出 9139 万元，执行率 86%。在全体职工的共同努力下，涌现了一批有重大影响的成果。

青藏高原重大地质问题研究。在青藏高原空白区 1∶25 万地质填图基础上，地调局组织开展了成果集成和专题研究，在青藏高原重大地质问题的研究上取得创新性认识和成果。系统编制了青藏高原及邻区 1∶150 万地质 - 资源 - 环境系列图件，首次系统建立了 177 幅 1∶25 万地质图空间数据库，实现了地、物、化、遥等数据的集群化管理和共享服务；提出了"多岛弧盆系构造理论"，建立了"一个大洋、两个大陆边缘、三大多岛弧盆系"特提斯形成演化模式，创新性编制了 17 个时代的构造岩相古地理，重塑了特提斯洋演化、高原隆升过程及大陆动力学机制，为大陆碰撞理论的建立和区域成矿学的发展做出了贡献。项目成果已移交西藏、青海、新疆等省（区），在区域国土规划、资源勘查、生态环境保护、重大工程建设及地质科学研究中发挥重要作用。

青藏高原油气资源战略选区与调查。在羌塘盆地首次发现了晚三叠前的古风化壳和一套晚侏罗世—早白垩世油页岩 - 膏盐地层。通过羌塘盆地生、储、盖图件的编制与综合分析，结合钻井资料，提出了中侏罗统布曲组和上三叠统肖茶卡组为盆地的主要勘探目的层系，认为羌塘盆地的油气资源主要集中于北羌塘坳陷的中西部，优选出白云湖 - 龙尾湖等 6 个有利区带、光明湖 - 沙土湾湖等 9 个有利区块，建立了青藏非地震油气勘探方法技术组合，为下一步在青藏开展找油工作打下了坚实基础。

成都地调中心以局企合作为平台，落实地质找矿新机制，与紫金矿业集团西南公司在云南麻栗坡地区合作开展的矿产调查，形成了新的找矿思路，初步圈出了 6 个成矿远景区及 26 个找矿靶区，新发现矿（化）点 12 处，其中新发现高棬槽钨矿，Ⅰ号矿体初步估算资源量 5.66 万吨，达大型矿床远景，目前可提交钨资源量约 30 万吨，为建设新的国家级钨、锡生产基地奠定了基础。

四川里伍黑牛洞矿段提交了勘探报告，探获资源储量（333 以上）铜 25 万吨、锌 17 万吨；外围在中嘴已探获 333 资源量铜 4.8 万吨。黑牛洞矿段 + 原里伍矿段 + 外围探获的铜资源储量已达大型以上，成为四川最大的铜矿床。

罗平生物群研究通过开展国际合作，人才引进与培养构建了国际化的研究团队，形成了一套可行的研究思路，发表了 16 篇具有一定影响的论文，搭建了深入开展国际合作研究的平台，为罗平地质公园规划以及推动地方经济发展提供了有力的技术支撑。

老挝境外矿产勘查基地落地。成都地调中心在老挝已形成 6 块找矿勘查基地，其中 2 块为铁矿普查基地，4 块为远景调查评价基地。为进一步探索境外公益性地质工作新的发展模式奠定基础。

成都地调中心提出的针对中小型泥石流沟防治的"关键段防治模式"，对 2010 年黄崩溜小沟两次泥石流灾害过程起到了显著的防治作用，取得了显著的经济和社会效益。

2010 年中国地质调查十大进展中，"青藏高原重大地质问题研究揭示高原隆升过程"、"青藏高原油气资源战略选区与调查圈定羌塘有利成油区域"由成都地调中心牵头完成。其余八大进展中，成都地调中心也参与了其中 6 项的工作。

改革与创新

成都地调中心通过加强沟通，创新性地组织实施青藏专项西藏片区地质工作，取得一批重要地质找矿成果，为青藏"358"宏伟目标的实现打下了基础。与重庆市国土资源与房屋管理局共同成功推进了重庆铁铝整装勘查，取得可喜进展，成为中央与地方公益性地质工作有效衔接的成功案例。大力推进局省合作协议，在云南形成了中央、地方公益性及地勘单位、企业共同投资，地质找矿成果突出的可喜局面。

2010 年，成都地调中心在业务建设与业务发展方向方面倾注了大量心血，进一步加强对项目的突出重点与任务分解工作，进一步强化项目承担与完成和业务建设的关系，切实加强各专业研究室的业务建设和组织能力建设。各研究室以项目实施为依托，在组织实施项目的同时，聚焦解决本专业、本学科领域的重大地质问题、资源问题和环境问题，为出成果奠定了基础。2010 年，中心发表论文 113 篇，其中 SCI 论文 11 篇、其他核心刊物论文 69 篇。

国际合作与对外交流

成都地调中心与四川里伍铜业公司继续紧密合作，双方保持了良好的合作关系和充分信任。与盾安集团合作，实现了四川扬子矿业有限公司的重组，成立了新的扬子矿业有限公司。与秦皇岛鑫河矿业公司合作开展爬立山铁矿普查，与西部汇源矿业公司合作开展帕莱通铁矿普查，有望提交 1 ~ 2 个大型富铁矿矿产地。成都地调中心对老挝资源及能源勘查分析服务中心开展岩矿分析测试技术培训，帮助其建立了实验室并顺利开展样品分析工作。全年共派出 11 批次

41 人次赴国外开展合作研究、进行地质矿产考察、参加国际地学会议等，初步形成了一支开展国际合作研究的人才队伍。

干部人事管理

2010 年，成都地调中心 13 个青年科技人员担任了项目负责人，占单位承担项目数的 20%。涌现出一些有思路、顾大局、能吃苦的年轻项目负责人。麻栗坡项目组中，专家的指导和年轻技术人员的作用得到了充分体现。老挝爬立山项目的物探小组扎实工作，勇于挑重担，敢于思考，为勘查工作提供了依据。在抗击汶川地震区特大山洪泥石流和西南百年不遇旱情等特大自然灾害过程中，年轻职工为数千人及时撤离，避免了重大人员伤亡做出了贡献。成都地调中心积极参与云南抗旱救灾工作，利用物探技术为云南旱区成功打出井水，得到了各级政府的高度肯定，受到了当地群众的普遍赞誉。

2010 年，成都地调中心有 9 名职工在职攻读学位，其中博士学位 4 名、硕士学位 5 名。青年基金共资助了 3 个项目，鼓励年轻科技人员成长。

综合管理

水工环地质勘查、地球物理勘查两个专业获得地质勘查甲级资质，取得了多项地质灾害及工程地质施工资质。开展了质量管理体系内部审核、管理评审、通过了第三方认证工作。

成都地调中心通过抓好安全生产和保密工作宣传培训，强化野外项目负责人安全生产责任意识和涉密关键岗位的保密责任意识，严格落实安全生产责任制和保密工作责任制，完善安全生产的管理和措施，加强事故隐患排查治理，实现了全年无重大责任安全事故发生，无泄密事件发生。

成都地调中心实验与岩矿鉴定大楼于 2010 年上半年完工，职工电梯公寓于 2010 年 10 月交付使用，极大地改善了职工工作生活环境。完成了帕纳科 X 衍射仪的安装调试，为 U－Th－He 实验室的运行奠定了基础。新添置了一批野外用车和设备仪器，工作条件不断改善。经过多种努力，职工收入水平较上年明显提高。

经济管理

一、收入支出情况

1. 承担中央财政资金项目：2010 年，成都地调中心承担中央财政资金项目 50 个，年度经费 15 570.1 万元。

2. 国库支付率：离退休费支付率为 100%，住房改革支出为 100%，事业运行为 100%，国土资源大调查为 100%，地质及矿产资源调查为 98%；矿产资源补偿费为 94%，国外风险勘查为 85%。

3. 年度收入：2010 年实现收入 19 740 万元，较 2009 年增加 3699.53 万元，增幅为 23.18%。

4. 年度支出：全年完成支出 18 023.67 万元，完成率为 91%。各项支出率均优于局考核标准。

二、经济管理工作进展

1. 审计整改。完成审计整改内容 35 项，修改完善相关制度 3 份，进行调账处理 7 笔，汇编审计整改资料 400 多页。经局监审室组织的审计核实检查、局财务部组织的审计整改验收，均获一次性通过。

2. “小金库”清理。按照部局要求，成立了专项治理领导小组和工作机构，重点自查了收支票据、库存现金，会议费、劳务费和外协费支出及 2009 年“小金库”整改到位情况。通过局财务部组织的“小金库”专项治理检查、重点抽查和审计署驻成都特派办开展的举报核查等工作，没有发现“小金库”和“挪用财政资金”问题。

3. 财务信息系统建设。通过 2 年多的试运行，建立了 ADSL 专用网线，配置了专用电脑，明确了内部使用分工及授权，开展了财务信息系统建账、记账、报账、核算、查询、预算录入和打账等工作。基本实现了财务信息系统共用、核算数据共享、项目预算支出三级控制的目标。2010 年，根据部、局的要求，进一步启用了出纳管理系统和固定资产管理系统。

4. 财政公务卡推进。比选了财政公务卡代理银行，从 2009 年底开始试用中央财政公务卡，2010 年研究制定了《财政公务卡管理暂行办法》，共申办了 116 张中央财政公务卡，并对中心主要野外工作区财政公务卡的可使用情况进行了摸底调查。

5. 财务内控制度建设。一是结合新一轮的人员聘用，进一步修改完善了财务资产处内部岗位职责，重点加强了内部稽核的落实到位。二是依据审计和“小金库”检查提出的问题，进一步健全完善财务、预算、现金、合同、外协、设备、基建和会议等管理规章制度，对暂时不能修改的部分，则采用中心办公会议纪要的方式，逐条明确补充要求和操作细则，及时堵住管理漏洞，防止类似问题的再次发生。三是进一步加强了野外劳务费、专题外协费和会议费的监督控制。

党建与精神文明建设

一、创先争优活动

各支部和党员，在开展活动中查找存在的不足，提出符合自身特点的活动计划，进行公开承诺，接受全中心职工的监督。各支部结合部门学科特点和岗位，把创先争优活动与促进业务建设、队伍建设、作风建设紧密联系在一起，组织开展了赴江西南昌、井冈山考察，参观“建川抗战纪念博物馆”进行党性教育、革命传统教育和爱国主义教育活动；开展了野外工作区、地震和泥石流灾区实地考察，进行业务交流、岗位培训、征求意见、联系沟通等活动。各野外临时党支部充分发挥支部的战斗堡垒和党员先锋模范作用，保证了野外工作顺利开展，涌现出了许多生动感人的先进典型事迹。水文地质环境地质研究室党支部，在执行“8.13”特大群发泥石流抗洪抢险及地质灾害巡排查任务中，发扬抗震救灾精神，徒步排查地质灾害隐患点6340处，培训地质灾害监测人员近500名，及时向国土资源部门提出应急处理建议和避险搬迁建议近50份，编写应急处置报告40余份，编写了“清平乡8.13灾后地质灾害防范注意事项”宣传单，有力指导了绵竹市、都江堰市的汛期防灾减灾和灾后重建工作，为政府决策提供了科学依据。

二、党建日常工作

1. 党员思想政治教育。组织党员干部传达学习党中央、国务院以及部、局重要会议和中央领导同志的重要讲话精神，统一党员干部的思想认识，提高思想政治觉悟。推荐党员干部参加政治理论培训，2010年共选送6名党员干部参加部、局举办的理论培训班学习，进一步提高党员干部的思想政治修养。组织开展党性教育实践活动，组织参观井冈山根据地、八一南昌纪念馆、中共庐山会议旧址、建川博物馆，在烈士墓前举行党员宣誓仪式等活动，不断牢记党的历史，增强党性意识，培养爱党、爱国情怀。

2. 党支部建设。建立野外临时党支部，发挥支部在野外工作期间的模范带头作用。开展对一线科技青年的组织发展工作，2010年共安排5名预备党员和入党积极分子参加由科技局组织的政治理论培训，吸收预备党员5人，预备党员转正2人，列为党员发展对象1人，新增入党积极分子4人。

3. 推进反腐倡廉建设。将惩防体系建设各项工作纳入目标管理责任范围，按照“谁主管、谁负责”的原则，分别落实到相关责任人。建立干部选拔、管理制度和财务经济管理规定。2010年，成都地调中心顺利通过了地调局对中心惩防体系建设第二阶段工作情况的检查和评估。加强对重点领域和关键岗位权力运行的制约监督。通过对会议、合同、外协、财务、基建等方面加强监督管理，同时加强内部审计监督，抓好信访调查，严格认真核实信访举报问题等，全方位加强了对重点环节的监督和制约。

4. 深入开展凝聚力工程建设。顺利通过创建四川省级文明单位的审查验收。坚持开展送温暖扶贫关爱活动，组织向青海玉树地震灾区、四川泥石流重灾区送温暖、献爱心募捐活动，职工捐款共5万余元；坚持对结对扶贫对象进行支助帮扶。坚持走访慰问离退休人员、困难职工、生病住院人员，送去组织的关怀和问候，加强与老同志们的沟通交流，适时召开情况通报会，让离退休老同志了解中心发展情况，组织春游、秋游等活动。

（张明春）

西安地质调查中心工作

西安地质调查中心

概　况

中国地质调查局西安地质调查中心（以下简称“西安地调中心”）又名西安地质矿产研究所，是中国地质调查局直属的事业单位，主要承担西北地区地质调查及相关综合研究工作，承担西北地区地质调查资料信息的接收、保管和服务，承担有关项目管理和监管工作。工作区域包括陕、甘、宁、青、新5省（区）（区域面积310万km^2）和内蒙古西部及中国西部周边国家。西安地调中心的基础地质调查、矿产资源调查、能源地质调查、水文地质与工程地质调查研究、地质工程技术应用、环境影响评价治理、地质灾害评价治理、岩矿测试分析、GIS应用开发等业务在国内外均享有一定的声誉。

西安地调中心设有办公室、财务资产处、人事教育处、党委办公室（纪检监察审计室）、总工程师室、管理体系办公室、项目监督管理处和基建办公室等8个综合管理部门，科技发展处、基础地质处、矿产资源处、能源地质处、水文环境处、工程技术处、实验测试中心、环境评价治理研究中心和GIS应用中心等9个技术业务部门；资料信息处、离退休管理处、物业管理处、西安中地工程勘查有限公司、西安中地信息工程有限公司、西安地矿宾馆等6个综合服务部门。国土资源部和中国地质调查局在西安地调中心分别设有国土资源部西北矿产资源监督检测中心、中国地质调查局西北地质资料馆。另有中央地勘基金西北项目监理部、新疆“358”项目办公室、青藏专项青海项目办公室等设在西安地调中心。

2010年末从业人员539人（中编办批准的人员编制310人），其中在职职工400人（财政补助开支人数291人，人事代理人员109人），外聘一年以上人员115人、返聘人员24人。2010年末离退休人员共232人，其中离休12人，退休人员220人。在职职工中技术人员363人，其中，博士46人，硕士156人，本科134人；正高级职称45人，副高级职称70人，中级职称125人。平均年龄37.9岁。另有基地研究生和博士后科研工作站流动博士后30余名。形成由领军人才、优秀骨干人才、优秀青年人才组成的三级人才梯队。

2010年，获得国土资源部西南抗旱先进集体、抗震救灾工作先进集体，青海省国土资源厅地质灾害排查先进集体等荣誉称号。鄂尔多斯盆地地下水勘查项目组被国务院授予“国家西部大开发突出贡献集体”荣誉称号。获得国土资源科学技术奖2项，国家专利1项。地调局地调科研考核中获68.5分（总分70分），连续第10年被地调局考评为优秀单位。

地调与科研

2010年，西安地调中心共承担地质调查项目（含地质矿产调查评价项目）60项，项目经费1.79亿元人民币。全年共完成设计或工作方案65份，优秀率突破50%。

一、基础地质调查

“天山及邻区石炭纪大火成岩省”和青藏高原北部“昆仑山及邻区地质”成果分别获得国土资源部科技成果奖二等奖。编制完成青藏高原1:150万前寒武纪地质图和古生代7个断代构造－古地理图，提出青藏高原古大洋闭合残存位置、古大陆边缘系统演化等创新认识。紫阳下中志留统层型剖面研究中新采获一批珍贵的笔石化石，并组织召开了知名专家院士参加的现场研讨会。通过矿产资源潜力评价工作，编制完成西北几个重要成矿带地质背景系列图件，重要矿产预测类型划分及成矿预测研究不断深入；祁连山火山岩浆作用与成矿、阿尔金南缘镁铁－超镁铁岩体时空格架及含矿性研究，对进一步找矿部署提供了依据。

二、矿产资源调查评价

充分利用新疆“358”项目及青藏专项等部省合作项目平台，依托重要成矿带计划项目，围绕新疆、青海等省（区）重要成矿带成矿地质背景、成矿地质条件和勘查靶区优选，全力推进综合部署研究工作，促进地质找矿突破，为省合作项目提供重要技术支撑，有效地促进了新疆“358”项目3年找矿目标的提前实现。祁漫塔格构造岩浆作用、祁连山－龙首山镁铁－超镁铁岩浆演化与成矿获得新认识。陕西省紫阳县－镇坪县铁铅多金属矿预查项目新发现一个有前景的钼矿化带。北山矿产远景调查发现重要找矿线索——营毛沱高精度地磁异常，钻探验证在200～240 m处发现3层磁铁矿体，矿石品位35%左右；月牙山磁异常钻探验证见到了隐伏的磁铁矿。

三、水文地质环境地质调查

地下水勘查在深化鄂尔多斯盆地基础上，开辟了柴达木盆地的调查工作。矿山环境调查研究经过10年的积累申请到了国家重要科研项目。关中城市群城市地质调查项目论证已初步得到了专家和地调局的认可。在西南抗旱、玉树灾区地质灾害应急排查、安康汛期地质灾害应急排查工作中做出贡献，受到部、局表彰和地方政府赞扬。

四、能源地质调查

银－额盆地及其邻区石炭－二叠系油气远景调查完成了第一阶段调查任务，在原形盆地恢复与盆地演化研究、生烃条件研究等方面取得了新认识、新进展，发现与石炭－二叠系烃源岩有关的油气赋存信息，该地区已列为地调局油气地质调查有望取得突破的重要新区。与内蒙古第一地质矿产勘查开发院联合承担的“内蒙古自治区东胜煤田新街勘查区煤炭资源普查”项目成果显著，证实含煤20～26层，煤层总厚度平均15.95 m，预计可提交煤炭资源量10亿吨。

五、地质科学研究

2010年，西安地调中心共有科研项目（专题）19项。其中国家自然科学基金在研和新申请的项目9项，陕西省自然科学基金项目3项，国家科技部项目1项，国际合作外方出资项目1项。成功申请国家青年自然科学基金4项，国土资源基础科学研究项目2项。全年发表学术论文134篇，其中SCI17篇、EI检索1篇，ISTP检索2篇，中文核心46篇。出版专著1部。西安地调中心青藏高原团队提出的“一个主大洋，两个大陆边缘系统”的理论模式成中国地质调查局青藏高原调查项目综合集成成果的第一原创成果。

六、地质调查项目管理

1. 大区项目管理。召开4次项目论证会议，组织起草、编写西北地区地质调查项目和地质矿产调查评价专项任务书共237份。共组织设计审查会8次，完成了237个项目的设计审查、审批工作。组织完成了48个项目的野外质量抽查工作。完成了西部地区10个地质调查公益性队伍建设能力评估工作。配合地调查局进一步推进和落实部省合作协议，组织召开了西北地区2011年地质调查工作部署研讨会。

2. 中央地勘基金项目监理。2010年对西北地区2007~2009年的中央地质勘查基金结题项目进行全面清理。38个结题项目共提交矿产地9处（资源量大于中型下限的1/5）。其中大型2处（煤矿），中型4处（铀、铁、铅锌、金各1处），小型3处（铁、铅锌、金各1处）。

七、地质调查信息化建设与服务

通过全国矿产资源潜力评价项目西北片区的工作，基本全面掌握了西北地区各省（区）的中比例尺地质构造建造图、矿产、航磁、重力、化探、遥感、重砂数据库，为地质信息化建设奠定了重要的数据基础，也为区域成矿规律研究提供了前提。

2010年新接收西北地区共66个项目82份成果地质调查资料。不断完善检索工具，建立健全各类数据目录数据库。已实现内、外网馆藏资料的现代化定位信息快速集成检索。积极推进成果地质调查资料开发利用工作。西安地调中心馆藏地学文献联合编目数据库基本完成，入库图书15 444册，期刊6102册。

国际合作与对外交流

一、重要国际合作与交流

按照中国和荷兰合作项目“鄂尔多斯盆地地下水与生态关系研究”安排，西安地调中心组织人员参加了由联合国教科文组织在荷兰举行的业务培训。与挪威地质科学研究院专家就中挪地质灾害合作研究工作进行洽谈。邀请美国地质调查局两位专家来西安就“用‘三部式’评价PGE矿床——以峨眉山地区为例”进行了学术交流。西澳大利亚州地质调查局代局长率队访问西安地调中心，就区域地质填图、地学信息系统等方面内容进行了交流。

二、境外地质工作

国际合作大地调项目6个，科技部科技支撑项目1个，国际科技合作与交流专项1个。年内西安地调中心共有13人次赴吉尔吉斯斯坦、塔吉克斯坦开展境外地质调查工作，中亚境外合作项目不断深入，中吉合作地球化学条件对比，兴都库什－西昆仑对比项目在合作关系深入、地质背景研究和远景区圈定上获得新成果。中亚板块内火山岩研究，连续保持国际水平的研究成果。在与吉尔吉斯合作过程中，对工作区内成矿元素的异常进行了择优筛选，在吉尔吉斯费尔甘纳断裂以东的塔拉斯、松库尔、库姆托尔等9个地区选择了14个矿权空白区，可供境外找矿登记。并对其中3个区已经进行了矿权申报。

改革与创新

西安地调中心积极推进部省合作。自新疆“358”项目实施以来，按照统筹规划、科学部署、分工实施、整装勘查的思路，以“三个成矿带、十大重点找矿远景区、十五处重要矿集区”为重点，突出国家和自治区急需的煤、铁、铜（镍）、铅锌、金、钨、锡、铀、钾盐、钠硝石等优势矿种，共部署各类地质勘查项目708个，中央和地方财政投入经费22亿元，引导社会资金投入60亿元以上。仅用2年5个月时间，新疆“358”项目第一阶段目标已提前实现。形成了5处大型开发基地、11处大型勘查基地。新增资源量超过了预期目标。青海和宁夏的部省合作专项均取得了显著成绩。甘肃的部省合作也已经启动实施。

综合管理

一、文秘档案与保密工作

文件控制更加规范，修订有关文秘档案等制度16项，新增了资质管理制度。开通了OA系统远程网络办公，实现了领导出差期间公文正常运转。汇编年度电子文档、《工作简报》和《信息通报》。保密工作纳入部门目标责任，加强职工保密意识的培养，开展全员保密知识培训和保密知识答题有奖竞赛活动，进行保密工作检查。

二、新闻宣传和政务信息工作

组织完成了庆祝建国60周年征文比赛活动。组织开展了向李向同志学习活动，印发了李向同志文集，制作李向同志先进事迹网上展厅。编发西北地调网站新闻稿件220篇，地调局网站及政务信息刊物采用42篇。编发《工作简报》53期，《信息通报》23期，更新宣传板报37期。政务信息工作连续多年受到地调局表彰。

三、管理体系建设

首次将干部考核与管理评审结合起来，推进管理体系科学有效实施。把业务领域推进管理体系作为重点，要求各项目组在出队前按照“三合一”管理体系的相关要求做好准备，针对项目特点识别环境因素和危险源，制定管理措施和应急预案。

四、安全生产管理

西安地调中心坚持“安全第一、预防为主、综合治理”的方针，加大安全培训教育力度，层层落实安全生产责任制，全面完成2010年度安全生产目标任务。

加强安全监督检查，积极开展隐患排查治理行动。安全生产资金保障有力，安全经费做到专款专用。2010年安技经费和劳动保护装备投入共计163.4万余元。在地调任务急增的情况下，项目组野外用车矛盾凸显，西安地调中心及时调配车辆，集中租用社会车辆，全年行车222万km，解决了项目用车问题，安全也得到了保证。

五、基建与装备管理

基本建设管理。新基地建设取得重要进展。年内土地勘测定界，确定统征建设用地面积为128.181亩；建设项目环评报告获批复；规划方案通过区规划局审核，被征地农民养老保险方案经市劳动和社会保障局审核通过；建设用地实施方案得到陕西省政府审核批复。

装备管理。全面清查盘点设备，对近5年中进口设备减免税情况进行自查，对配备给西北地区10个公益性单位野战军装备的设备管理、使用的有关情况进行了检查。截至2010年底，共完成装备配备616台（套），投资4329.06万元。

经济管理

2010年实现总收入2.81亿元，同比增加0.9亿元。其中中央财政拨款1.94亿元，对外收入0.87亿元。2010年末总资产1.99亿元，同比增加了0.47亿元。

一、预算执行情况良好

财政拨款预算执行率为82.55%，达到了地调局80%的要求。

二、财务管理更加规范

采取强化预算和决算管理的方式，加强财务管理工作。编制基本支出、“四项费用”的预算安排方案；落实内部预算制度，编制中心基本支出和开发部门的内部执行预算并下发执行。财务调控和项目执行之间的契合度得到提高。

干部人事教育

一、人才队伍建设

2010年西安地调中心接收毕业生51人，其中博士6人、硕士38人、本科5人，经考核确定中国地质大学（北京）和长安大学联合培养基地生8人，与长安大学修改完善博士后联合培养三方协议。积极派出人员参加国内外学术交流活动，邀请专家讲学。为了满足对外合作项目的需要，提高专业技术人员在境外合作中的沟通交流能力，举办为期5个月的俄语培训班。

二、离退休工作

做好离退休人员的管理与服务工作，认真落实各项离退休人员的政策。落实离退休职工护理费待遇。全年共探视、慰问离退休人员达88人次。组织离退休人员积极参加社会活动。

党建与精神文明

加强党建工作。2010年，修订、印发了《西安地质调查中心党支部考核办法》；明确了以“学习李向同志精神，发挥大区中心作用，推进省部合作机制，努力实现找矿突破”为创先争优活动主题，各支部开展多种形式的创先争优活动。

加强党风廉政建设，构建惩防体系。印发《西安地调中心2010年党风廉政建设和反腐败工作安排》；按照局工作安排，认真梳理惩防体系建设成果；举办廉政知识竞赛、专题讲座等，增强干部职工的廉政意识和廉洁自律自觉性。

推进扶贫工作，年内投入3万余元，改善扶贫村的基础设施，资助贫困大学生。为340名在职职工办理了“职工医疗互助保险计划”保险，为100名女职工办理了“在职女职工特殊疾病互助保障计划”保险。

2010年年初，陕西省文明委为西安地调中心“省级文明单位标兵”授牌；被西安市石化农林工会授予“先进职工之家”称号；张茂省研究员获西安市劳动模范称号；在地调查局举办的文艺汇演中，西安地调中心参演节目“踏歌”获（舞蹈类）一等奖。唐亚明、樊钧、李月琴、侯妙娟分别获得地调局建功立业女标兵、优秀职工之友、优秀工会干部、优秀工会积极分子称号。

（刘　倩）

青岛海洋地质研究所工作

青岛海洋地质研究所

概 况

青岛海洋地质研究所（以下简称“青岛海地所”）是中国地质调查局直属事业单位，主要承担国家基础性、战略性、公益性近海及海岸带地质调查和矿产资源评价及海洋地质实验和科学研究。

主要职责是：承担近海及海岸带海洋基础地质调查和矿产资源调查评价与研究；承担近海及海岸带水文地质、环境地质、灾害地质调查与研究工作；开展海洋地质科学研究、海洋地质样品测试分析、相关标准物质的研制；承担近海及海岸带地质调查研究数据库建设；开展与海洋地质调查研究相关的国际交流与合作；开展科技开发、技术服务和多种经营。

设有办公室、财务资产处、地调与科研处、人事教育处、党委办公室（纪检监察审计室）等5个综合管理部门；海洋区域地质室、海洋油气与水合物资源室、海洋环境地质室、海洋固体矿产地质室、海洋工程地质室、海洋地质调查技术方法室、海岸带与大陆架地质室、信息资料室、海洋地质实验检测中心、杂志社等10个技术业务部门；以及船舶与装备处、物业管理部（后勤服务中心）。

截至2010年底，在职职工255人，内有各类专业技术人员197人。其中，具有正高级专业技术职务42人，副高级52人，具有中级专业技术职务资格者76人，具有博士学位40人、硕士学位70人，博士生导师4人，硕士生导师14人。省部级百千万人才2人；青岛市百名优秀引进人才3人；青岛市专业技术拔尖人才1名；中国地质调查局中青年优秀人才8人；“国土资源部优秀青年科技人才”1人；国土资源部百人计划1人；获得国家政府特殊津贴4人。馆藏图书3万余册，各类中外文专业期刊160余种。青岛海地所拥有海洋地质调查甲级地质勘察资质，水文地质、工程地质、环境地质调查乙级勘查资质。所属的青岛海洋地质工程勘察院是国家建设部综合甲级勘察单位。

2010年全所共发表各类科技论文101篇，其中SCI、EI文章13篇。获批实用新型专利10项，软件著作权6项。“1∶100万南通幅区域海洋地质调查综合研究”成果获国土资源科技成果二等奖。《海洋地质与第四纪地质》执行主编获得了中国科学技术期刊编辑学会授予的银牛奖。

地调与科研

全年共承担各类地调科研项目40项，年度项目总经费1.196亿元。其中，国土资源大调查专项工作项目7项；矿产资源保障工程工作项目3项；国家海洋专项工作项目12项；国土资源公益性行业专项1项；全国油气选区项目2项，全球油气选区数据库项目3项；在研国家自然科学基金项目5项；大洋“十一五”专项研究课题2项；“863”项目子课题1项；“973”项目子课题1项；地方科技合作项目2项；国家外专局智力引进项目1项。新获批国家自然科学基金项目4项，国土资源公益性行业专项2项。

一、外业工作量完成情况

2010年度外业调查任务完成多道地震3151 km，浅剖/同步测深2280.5 km，柱状取样228站位，表层样34个，地质浅钻46口（总进尺1526 m），海洋沉积动力调查20站位，低层大气取样62个，剖面调查10条、取样199个、光谱测量点32个，外业验收结果均为优秀级。圆满完成2010年度外业工作任务。

二、重要项目进展

（一）海洋区域地质调查与编图。

开展1∶100万大连幅、上海幅和1∶25万青岛幅区域海洋地质调查综合研究工作。

1. 大连幅完成了地层层序、构造格架、火山活动的研究，划分了地震反射界面及重要的边界不整合面，完成了胶东半岛第四纪地质图、构造地质图、矿产资源图和环境地质图。

2. 上海幅完成了地球物理数据处理工作，开展综合研究和成果报告编写。划分了高分辨率地震反射界面，陆架浅钻分析测试获得新成果。

3. 青岛幅完成了遥感解译、海岸带地质环境调查、海滩监测、陆域地质与矿产考察等调查工作，基本查明了胶州湾潮流沉积体系的动力特征，划分了浅部地层层序结构和构造单元。

（二）海洋油气资源调查研究。

南黄海油气调查研究工作取得新进展。地震资料提高了中－古生界地震反射资料品质，通过新地震资料综合解释研究，识别出二叠系到寒武系4套海相地震反射标志层，得出中部隆起及南部坳陷古生代底界的埋藏深度深于先前认识深度，整个地层厚度大于先前认识厚度的新结论。

（三）海洋固体矿产地质调查。

1. 全面总结了珠江口区、舟山区、成山头区和辽东湾区海砂资源潜力调查成果，建立了我国近海海域海砂资源形成与晚第四纪海平面变化间的成因模式，提出了“物源”对海洋沉积物形成的控制作用的理论，创立了各类型砂矿的吨位－品位模型。

2. 辽东湾海砂资源调查项目全面查清了调查区浅表部地质特征，获得了海洋动力环境资料；基本查清了区域海砂赋存规律和成矿潜力。

3. 浙江舟山海域海底淡水资源调查项目建立了第四纪地层格架，划分了海底地下水赋存的有利层位，圈定了海底地下水资源有利赋存范围和沉积体，为下一步的地质钻探奠定了基础。

4. 现代与古代海底热液硫化物矿床成矿特征的比较研究项目提出了微生物在硅质沉积形成中的主导作用，首次建立了硅质烟囱体的生长模式，提出了在北祁连山、新疆北天山成矿带等古岛弧碰撞带上寻找塞浦路斯型矿床的可能性。

（四）海洋环境地质调查与评价。

1. 长江口以北沙泥质海岸带环境地质调查项目构建了南黄海西部陆架区地层结构，提出了黄河在苏北海岸的入海对长江口滨外区沉积作用有重要影响。

2. 黄河三角洲滨海湿地综合地质调查项目构建了湿地沉积体系与植被供水系统的时空结构，提出了三角洲滨海湿地形成演化模式和生态修复建议。

（五）海洋地质综合编图。

1. 我国海域1∶100万地质地球物理系列图项目完成了南海幅重力异常图、区域构造图等图幅成果的终审工作。完成了黄东海幅系列图的出版工作。

2. 中国海及邻域地质地球物理地球化学系列图项目完成了1∶500万空间重力异常图、大地构造宏观格架图、大地构造演化图（草图）的编制，提出了“块体构造学说”理论体系。

3. 中国海域油气勘探开发数据库及形势图项目总结了最新的勘探形势与动态，汇总了国家油气战略性调查工作成果，完成了2009年中国海域油气勘探开发形势图的编制工作，为国家相关部门提供了下一步可能的勘探区域。

4. 我国近海海域多目标区域地球化学编图项目完成全国近海海域地球化学图集、重点经济区近海海域地球化学图集与近海海域多目标区域地球化学分幅图集，以及具有自主知识产权的我国近海多目标区域地球化学图集光盘版。

（六）天然气水合物模拟实验。

水合物模拟实验和分析测试工作研究取得新进展，实验技术持续创新能力增强。申请并获批9项实用新型专利技术。研制了含水合物沉积物力学参数测定实验装置1套，开发了能同时测量松散沉积物纵横波速度的新型弯曲元技术；应用热－TDR技术进行了南海沉积物中水合物减压法开采实验，获得了水合物减压开采过程的产气规律；实验研究了不同温度场、压力场、孔隙流体化学场背景下水合物在沉积物孔隙中的形成条件、聚集过程与分布方式，分析了南海储层沉积物中水合物聚集成藏的地球化学响应；开发了激光拉曼光谱原位监测水合物生成过程和核磁共振成像技术原位监测水合物分解过程的实验技术；引进的X－衍射、X－CT两套大型分析设备完成了安装调试及初步实验，将推进水合物实验分析技术的发展。

（七）基础海洋地质研究。

1. 国家自然科学基金“南黄海西部近岸陆架晚更新世以来沉积体系演化研究”项目，通过对南黄海西部陆架区的综合研究，指出在距今约60～40 ka有一个大规模的古黄河三角洲分布在南黄海西部陆架的南部，在距今约40～20 ka南黄海西部陆架区发育深切河谷网，其中两个主要河道是古黄河。对长江口滨外区岩心的综合地质研究，揭示了过去600年内来自黄河沉积物对长江水下三角洲的发育有重要贡献，研究成果对正确认识黄东海地区沉积物输运具有重要意义，对于分析长江三峡工程之后长江口地区环境变化趋势有重要科学价值。

2. 国家自然科学基金项目“黄海北部晚第四纪沉积格架及其物源控制”通过钻孔综合研究，首次建立了西朝鲜湾第四纪氧同位素5期以来的沉积层序格架，提出本区的大型潮流砂脊均为“老砂新成”，即晚更新世的河流相砂在全新世期间被潮流改造而成的，为丰富陆架沉积作用的相关研究补充了国内研究成果。

三、科技创新平台建设

1. 继续做好“国土资源部海洋油气资源与环境地质重点实验室”的运行工作。颁布了《2010年度开放基金项目申请指南》，组织专家对22份项目申请书进行了评审，确定资助重点项目1项、面上项目13项。开展重点实验室中期评估的准备工作。召开了重点实验室2010年学术委员会会议，对实验室工作报告及“十二五”发展规划进行了审查。

2. 继续参与“青岛海洋科学与技术国家实验室”的筹建工作。参与了山东省计划资助的国家实验室平台建设方案的编制工作和各类学术交流活动。

3. 完成了国土资源海洋地质科普基地的申报整改、现场评估及挂牌运行工作。2010年10月27日在青岛揭牌启动。

四、中国地质调查局海岸带和大陆架中心的运行和管理工作

组织专家组赴山东省7个沿海地市和江苏、上海等10个沿海省（市）国土厅、地勘局和地调院相关单位，调研各省（市）海岸带经济发展总体规划、重大工程建设规划、海岸带地质工作需求和近期、长期工作规划，以及沿海省（市）海岸带地质工作队伍的基本情况和各省（市）海岸带建设发展中的工作需求，开展了海岸带地质工作需求调研和“十二五”规划调研工作，完成了《“十二五”海岸带地质工作规划纲要》（送审稿）。

五、学术期刊、实验测试和信息服务工作

（一）学术期刊。

1.《海洋地质与第四纪地质》在《中国科技期刊影响因子年报》（2010年版）影响因子为0.671，总被引频次为1017，分别列地质科学类期刊第23名和第18名。继续被国内外近20家文摘、数据库检索和收录，继续保持山东省优秀科技期刊称号。

2.《海洋地质动态》更名为《海洋地质前沿》（大16开，70页码）。该刊1982年8月创刊，2008年被评为山东省优秀期刊，2009年被评选为中文核心期刊，2010年5月经国家新闻出版总署审批通过2011年启用。

（二）实验测试。

1. 完成了珠江三角洲河口沉积物标准物质的研制，与已完成的黄河、长江河口和陆架沉积物标准物质一起构成了中国河口－大陆架沉积物标准物质系列，为我国大陆架和专属经济区资源与环境勘查研究中分析质量监控、分析方法评价、分析仪器校准和国际仲裁分析提供了可靠的计量标准。开展了^{238}U，^{210}Pb，^{137}Cs等8个海洋沉积物低本底放射性核素分析测试方法的研究，填补了国内在这一研究领域的空白，为今后开展相关研究、环境保护及评价工作提供了数据上和技术上的支持。

2. 建立了海洋沉积物的^{234}Th，^{210}Pb和^{137}Cs年代分析测试新方法。该方法测年不需要任何化学处理，分析测试简便，分析后的样品可继续进行其他相关分析，是一种绿色环保的分析技术。

3. 首次尝试编制标准物质定值数据处理软件，使海量数据的繁琐处理程式化、简单化，实现了数据不同格式的数据输出，功能强大、灵活，提高了数据处理的工作效率。

（三）信息服务工作。

1. 全年提供在线服务数据量0.8 G、离线数据量4.63 G、海洋地质信息共享系统用户访问总量1108次、数据及软件等资源下载量200余次。对海洋地质网络信息共享系统和数据库管理信息系统进行了重要改版升级。

2. 海洋地质样品库新入库钻孔样品344件，柱状样4404件，表层样1131件，深层样45件，柱状样留存副样3736件。

六、国际合作与学术交流和重大学术会议

1. 2010年，共接待美国、荷兰等8个批次、35人次的外事来访，其中接待来访与合作洽谈12人次，引智项目外国专家来华工作3人次，接待2人次外国专家参加海上调查工作。参加青岛海地所组织的国际和两岸会议18人次。派出40人次，其中参加设备培训21人次。

2. 中荷海岸带合作研究中心工作持续推进，中荷海岸带全球变化对比研究项目进展顺利。举办了“中荷海岸带地质灾害监测培训班”，来自全国22个单位的60多名学员参加了培训，邀请荷兰地质调查局和三角洲研究院的3名专家进行讲学和合作研究工作，双方就下一步合作细化了合作方案。

3. 派出10人次科技人员参加了由地调局在广州组织的与德国、法国和英国相关单位的海洋地质合作研讨会，在地调局与3G的合作框架下开展合作交流活动。

4. 与新西兰地质和核研究所开展了大陆架地质的交流工作，确定了在边缘海构造演化、全球变化和大陆架划界技术等方面开展合作的意向。

5. 与加拿大科学研究院分子技术研究所就水合物模拟合作研究工作达成合作意向，合作项目建议书列入地调局与加拿大科学研究院框架协议。

6. 2010年全所大力推进学术交流活动，积极组织开展各类学术交流活动。全年组织各类学术报告和交流活动30余次。与中国海洋大学在青岛共同主办了“美国滨海湿地可持续发展与全球变化学术前沿青岛夏季讲习班”。与广州海洋局、矿产资源所共同承办“海峡两岸天然气水合物学术交流会”。和舟山嵊泗县人民政府共同承办“近海海底淡水资源调查与评价学术研讨会”。

改革与创新

一、强化目标管理

加强目标管理。与各处室负责人签订了责任书，内容包括主要工作、经济目标、安全生产、保密工作、社会治安综合治理、人口与计划生育、党风廉政建设等责任目标。所保密委员会等7个专业委员会召开会议总结部署相关工作。

二、强化制度管理

在继续制定、修订完善8项管理规章制度的同时，重点加强制度的执行工作。出台了《所管理制度汇编》，建立督办制度，强化责任追究制度，提高工作效率。

三、加强质量管理体系建设

按照局关于质量管理体系认证换版（2008版）工作要求，完成体系认证换版工作。组织了内审员培训学习，与各部门签订了质量管理体系执行工作目标任务书，狠抓了质量管理体系的规范运行。

四、加大力度推进地质调查装备建设

编制了《地质技术装备建设规划》（2010～2020年）。完成了"业治铮"号调查船的上坞改造工作，启动了地震数据处理及解释中心建设，进一步提升了外业作业能力和室内资料处理解释能力。

五、继续推进东部地调科研基地建设工作

完成了东部基地建设规划前期准备工作，规划已经局同意，报部审批。

六、完成了部分机构、职能调整和岗位遴选工作

按照建设"北方海洋地质调查中心"的目标和要求，增设了"海岸带和大陆架地质研究室"、"海洋地质调查技术方法研究室"2个专业技术部门和"离退休管理办公室"。通过调整，进一步明确了职能，理顺了关系，强化了管理。

完成了全所专业技术人员的岗位遴选工作。

七、继续做好安全生产、保密工作

认真开展"安全生产年"系列活动，组织了全体职工参加的消防和交通安全专项培训活动，配合外业工作，组织了4次安全检查，保证了各项工作的正常开展。

强化保密工作。派人参加部、局及地方政府组织的保密知识及网络保密安全培训，建立健全涉密人员、涉密计算机登记台账，购置保密检查软件、手机屏蔽器，全年进行保密检查6次，及时整改隐患，全年未发生泄密事件。

八、队伍建设

1. 人才培养与引进。接收院校毕业生22名（其中：博士7人，硕士15人），向青岛市推荐"青岛市拔尖人才"2人、向相关院校推荐联合培养研究生导师25人；

2. 经国家人力资源和社会保障部与全国博士后管理委员会审核，获设立博士后科研工作站，使青岛海地所成为覆盖硕士、博士、博士后的综合性人才培养基地。

3. 对海勘院领导班子进行了调整。新班子上任后，强化内部管理，调整工作思路，不断加大市场开拓力度，更加主动地为地方海洋经济建设及海洋工程建设服务。

经济管理

1. 2010年，青岛海地所上年结转和部门预算国库财政资金预算执行率为97.9%，在局属单位名列前茅。

2. 做好企业的清理规范工作。所属海勘院结合审计中发现的制度缺陷将制度建设、规范化管理列为全年重点工作，完成了相关制度的修订和制订及设备物资的清理、盘点等基础性管理工作。

3. 积极配合局委托的中审亚太会计师事务所开展审计工作，认真开展审计整改工作。

4. 继续下大力气抓"小金库"治理和"四项费用"控制工作。严格审批程序控制会议费、招待费、出国费及公务用车费。

5. 海勘院共承揽项目86项，实现收入3321万元。

党建与精神文明建设

一、扎实开展作风建设年活动

按照部、局"转变作风，增强执行力"的统一工作部署，成立了专门小组，印发了《作风建设活动方案》。针对存在的相关作风问题，通过户外拓展训练等一系列活动，加强了队伍的凝聚力和团队建设。

二、党群工作

（一）围绕中心工作，扎实推进党建工作。

1. 做好学习教育。开展了中层干部理论学习班，围绕贯彻《廉政准则》、作风建设、争先创优活动、扎实开展反腐倡廉第二阶段验收工作等进行专题辅导学习和工作部署，学习效果显著。派出1名班子成员参加了中央党校为期3个月的学习；2名处级干部分别参加中央党校国家机关分校及青岛市委统战部组织的培训学习。邀请周恩来总理的侄子周保章同志进行革命传统教育讲座等。

2. 明确了工作重点和责任。党建工作会议全面部署了年度党委工作重点。党委与各部门签订了《廉政责任书》。

3. 开展创先争优活动。2010 年 7 月 1 日开始在 7 个党支部和 139 名党员中扎实开展创先争优活动。对照“五个好”、“五个模范”的目标要求，制定了《创先争优活动实施方案》，从指导思想、目标任务、主要内容、实施步骤及创建措施、组织领导等方面提出了具体要求。重点在加强地调科研项目实施、转变作风建设、促进和谐发展、推进凝聚力工程、推进学习型组织和加强党支部建设等 6 个方面创先争优，做到了规定动作不走样、自选动作有创新，实现了活动开展与日常工作两不误、两促进。全所党员和基层支部精神面貌焕然一新，取得了良好的效果。

4. 抓好基层党支部的建设。重新调整了 7 个党支部委员，增强了支部领导力；制定了《党支部工作细则》，规范了支部工作；加强支部书记及委员培训，增强了履行职责的能力。

5. 继续做好党内评先选优和党员发展工作。庆“七一”表彰暨创先争优活动动员大会，表彰了优秀党员 10 名、优秀党务工作者 2 名和先进党支部 3 个。全年发展党员 2 名，2 名预备党员转为正式党员。

6. 加强制度建设。出台了《党委工作规则》、《党委中心组学习制度》、《纪委工作规则》和《所反腐倡廉建设工作规定》等制度。

（二）完成了局系统惩防体系第二阶段评估验收工作。

局检查组听取汇报，主持召开了座谈会，进行了满意度测评，与重要工作岗位人员进行了个别座谈等，推动了党风廉政建设和反腐倡廉建设的工作开展。

（三）推进凝聚力建设。

通过慰问职工等活动的开展，凝聚了力量，促进了单位和谐发展。全年走访慰问住院职工 30 人，组织了“三八妇女节”外出考察、妇女健康知识讲座、运动损伤防护知识讲座，组织职工参加羽毛球比赛，趣味运动会等丰富多彩的文化活动，活跃职工文化生活。

（四）工会、共青团组织、统战工作。

各组织通过开展一系列工作，凝聚力量，保障发展。成立了党外知识分子联谊会，发展 47 名会员，为所内知识分子交流合作畅通了联系沟通渠道。2010 年，全所职工为青海玉树灾区捐款 43 250 元，为西南 5 省受灾地区捐赠 2.5 吨大米等。

（臧运波）

广州海洋地质调查局工作

广州海洋地质调查局

概　况

广州海洋地质调查局（以下简称“广州海洋局”）是直属中国地质调查局的多学科、多功能海洋地质调查研究机构，主要从事国家基础性、综合性、战略性和公益性的海洋地质调查研究工作。

设有局办公室、人事劳动处、计划财务处、安全保卫处、党委办公室（团委）、纪检监察审计室、局工会（女工委员会）、地勘科技处、装备管理处、经营管理处、生产调度处、船舶建造办公室、离退休管理处等 13 个处（室）和海洋区域地质调查所、海洋矿产地质调查所、海洋环境地质与工程地质调查所、海洋地质勘查技术方法所、海洋地质科学发展战略研究所、实验测试所、资料处理研究所、信息资料所、船舶大队等 9 个专业所（队）及矿业开发部、广州地质勘察基础工程公司、广东海锦房地产开发有限公司、广州基地管理处、南岗基地管理处等 5 个经营、物业管理单位。

现有职工 786 人。其中各类专业技术人员 540 余人，1 人当选为中国工程院院士，5 人荣获李四光地质科学奖，1 人获首届黄汲清青年地质科学技术奖、1 人获青年地质工作金锤奖，2 人入选新世纪百千万人才工程国家级人选，27 人享受国务院政府特殊津贴，有高级职称专业技术人员 141 人（其中 45 名为教授级高级工程师）。

地调与科研

一、地质矿产调查

2010 年地调局下达广州海洋局的调查项目共 3 批 14 个工作项目。其中属国土资源大调查项目的有 2 项、联合勘探工作项目 3 项、海洋地质保障工程的工作项目 7 项和水合物工作项目 2 项。按照地调局项目管理有关规定要求，广州海洋局积极组织编写了上述续作和新开项目的2010年度工作方案和项目设计，14个项目的年度工作方案或项目设计于2010年3月中下旬、4月上旬全部通过了地调局基础部、科外部和总工室分别在北京和广州组织的专家评审，全部为优秀，为项目工作全面开展奠定了良好基础。

2010年广州海洋局承担的地调项目，除了“联合勘探区块第二批井场工程地质调查”和“南海北部中生界油气资源潜力研究与战略选区”项目外，其他项目外业工作任务已在2009年全部完成，因此，2010年主要工作任务是开展内业的样品测试、资料处理和资料综合解释、综合研究和编制成果报告。“联合勘探区块第二批井场工程地质调查”和“南海北部中生界油气资源潜力研究与战略选区”项目的外业任务分别由广州海洋局“奋斗五号”和“探宝号”船执行，截至6月30日已全部完成。野外资料全部通过了地调局基础部组织的专家验收，资料合格率100%，野外工作质量评为优秀。

2010年10月上旬，根据地调局基础部的通知精神，2010年第三批地质调查项目中海洋地质调查项目的新开项目广州海洋局共申报了“华南海岸带矿产资源综合调查与评价”、“华南海岸带地质环境综合调查与评价”、“华南海岸带重点经济区地质环境监测与评价”和“南海北部陆坡双峰南海域油气资源潜力调查与研究”等4个项目，于10月13～14日在北京通过了由地调局组织的专家论证，同意立项。

此外，广州海洋局积极组织科技人员参加大洋科学考察“DY115－21航次”调查工作。

二、科研项目工作进展及主要成果

2010年广州海洋局的科研工作任务仍然繁重，在研的各类科研项目约32项，科研工作总体进展顺利，尤其是部分“863计划”研究课题和“973计划”研究课题取得了重要进展。

（一）国家“863”计划课题。

2010年度广州海洋局共负责国家“863”计划课题15项，其中以广州海洋局为主体承担的“十一五”“863”计划海洋技术领域“天然气水合物勘探开发关键技术”重大项目第一批启动课题已经基本完成，课题研制的样机海试效果明显，亮点突出。如由广州海洋局测试所牵头承担的“863”课题“天然气水合物流体地球化学现场快速探测技术”研制的气密性孔隙水原位采集系统成功采集了多个不同层位孔隙水样品共1198 mL，标志着课题研制的原位孔隙水采样技术获得成功，也是目前国际上首次直接从深海海底沉积物中获得原位孔隙水。

2010年上半年，广州海洋局还牵头编制了《国家“863”计划海洋技术领域“天然气水合物勘探开发关键技术”重大项目“十二五”可行性论证报告》，并提交项目总体专家组讨论。总体专家组认为，可行性论证报告对国内外相关领域技术发展现状与需求调研系统全面，集中了国内同行专家的智慧，具有较强的可操作性。

（二）国家“973”计划项目。

2010年广州海洋局负责国家“973”计划项目一项，“973”计划项目下属课题两项，目前各项研究工作进展顺利。特别是广州海洋局负责的水合物“973”项目“南海天然气水合物富集规律与开采基础研究”以及下属课题“天然气水合物成藏机制和富集规律研究”，利用神狐海域水合物钻探资料和数据，对南海北部陆坡的天然气水合物的晶体结构、产出特征、水合物成藏的地质环境特征以及南海北部陆坡水合物成藏机制和富集规律等基础理论进行了更为深入的研究，同时在国内外学术期刊上相继撰写和发表了一批具有一定影响力的学术论文。该项目于2010年9月7日在北京通过了科技部组织的中期评估。

改革与创新

2010年广州海洋局工作总体思路是：进一步解放思想、更新观念、拓宽思路，把深化改革创新精神贯彻到科学发展各个环节；不断破解妨碍科学发展和单位和谐的思想障碍和体制障碍；确保全年各项任务的完成。彻底克服安于现状不想改革，畏首畏尾不想改革，视野狭窄不想改革的思想和小进则满，小富即安的思想观念，为更快更好地推进海洋地质工作的改革发展注入了新动力。

一、以提高创新能力为目标，鼓励新技术、新方法的消化、吸收和创新，保持在海洋地质调查方面的优势并开拓新领域；加强科研与生产的紧密结合，努力将研究成果转化为生产力；鼓励科技人员努力学习、扎实工作、潜心研究，多出高水平、有影响力的成果。成果显著，亮点纷繁：荣获“十一五”国家科技计划执行突出贡献奖（先进集体），受到科技部表彰。科技人员全年公开发表论文84篇，出版专著2部。其中SCI刊物发表论文6篇（均为第一作者）、核心刊物发表论文50篇，一般刊物发表论文28篇。单独申请发明专利共4项。

二、以提高创新能力为目标，进一步提升海洋地质调查队伍的研究能力，促进调查与研究有机结合；继续加强与科研院所、高等院校的交流合作，通过优势互补，提高重大项目出高水平成果的攻关能力；继续加强国际间的合作与交流，把本单位海洋地质工作纳入国际合作的大空间，追踪海洋地质科学前沿领域信息，加速高新技术开发应用研究水平与国际接轨的进程。

三、深化用人制度改革。推进聘用制度和岗位管理制度，实现人才由固定用人向合同用人转变，由身份管理向岗位管理转变。建立和完善新进人员公开招聘制度，严把人员进口，疏通人员出口，建立人员的合理流动机制。推行劳务派遣用工，实行灵活用人制度。制订了《广州海洋地质调查局岗位设置实施方案》、《广州海洋地质调查局专业技术岗位遴选聘用办法》，全面完成了局首次专业技术岗位遴选工作和岗位设置实施工作。

经济管理

广州海洋局高度重视预算的执行，把预算执行作为重点工作列入日常管理；全面编制各项预算特别是项目预算，提高预算编制的准确性和可执行性；全面规划费用的开支，估算预测全年的各项费用，做好各项费用的测算，把处室、8个所、船队、基地管理处的费用按月分解到预算中，按计划开支，提高预算执行的预见性。2010年广州海洋局预算执行情况总体较好。在经济大环境疲软的情况下，取得如此成绩主要得益于在预算执行过程中目标明确，措施到位，保证了预算执行计划有序实施，促进了预算计划的有效实现。

一、按时完成了2009年度的各项财务决算工作和各种统计年报工作，包括：《部门财务决算》、《基本建设财务决算》、《国土资源大调查财务决算》、《大洋专项财务决算》、《广州二海海洋勘察公司财务决算》、《广州海洋勘探开发总公司财务决算》以及《项目统计年报》、《综合统计年报》、《政府采购信息统计年报》等。精心组织、精心策划，确保按时保质保量完成。其中：《部门财务决算》、《基本建设财务决算》、《企业决算》均获地调局质量综合评比一等奖。

二、认真组织了2010年度“海洋保障工程专项”、“水合物专项”、“920专项”、“油气资源战略选区调查”项目设计预算编制工作，“海洋保障工程专项”“水合物专项”“920专项”全部通过专家的终审。

三、进行2010年度小金库的清理工作。着重对企业和学会协会进行清理；机关各处室和各基层单位进行了小金库回头看的工作；上报了相关的报表和汇报材料；起草了项目结算管理办法和租船结算管理办法。完成了小金库清理的工作。

四、配合审计检查和进行审计整改工作。本年度接受了“863”、“973”项目的审计检查和地调局委托的审计检查工作。全面完成地调局委托亚太会计师事务所审计的整改工作，对2005～2009年审计出来的问题逐一进行了整改，上报整改报告，起草下发了《关于项目租赁船舶管理暂行办法的通知》（广海地调发〔2010〕91号）、《关于印发项目经费决（结）算管理暂行办法的通知》（广海地调发〔2010〕93号），对有关的经济行为进行规范。

党建与精神文明建设

一、开展创先争优活动以来，广州海洋局按照省直工委和局政治工作会议的统一部署和要求，周密部署、有序推进，把开展这项活动作为巩固和拓展学习实践活动成果的重要举措，在全局形成学先进赶先进、争创一流业绩的浓厚氛围，为推动海洋地质事业科学发展提供新的动力和保障。各级党组织和广大党员积极响应广东省委的号召，以“服务亚运当先锋”为主题开展创先争优活动。组队参加省直机关“创先争优迎亚运”动员大会和健身操展示活动，展现海洋地质工作者的良好精神风貌。

广州海洋局按照地调局党组、省直工委和局政治工作会议的统一部署和要求，深入贯彻落实科学发展观，着力创建学习型党组织。按照广东省直机关“抓落实促发展”主题实践活动的要求，明确把开展主题实践活动，作为本局加强党的建设，深化学习实践科学发展观活动的主题。及时开展工作，按要求进行汇报。拟写的局长马申达访谈文章《吹响海洋地质科学发展的号角》，在广东省直工委《跨越》杂志“厅（局）长谈实践科学发展观”栏目刊发，扩大了广州海洋局在地方的影响力。及时做好海洋国土资源大调查工作成果的宣传。与地勘科技部门共同完成了国土资源大调查重大成果资料的收集、整理及提炼，已按期提交地调局。

2010年广州海洋局宣传工作结合全局工作部署，以简报、局域网宣传栏、宣传橱窗等多种形式及时组织了对全局重要工作部署、海上生产、地勘科研、经营、党建与精神文明建设等各项工作进展情况的宣传报道，搭建起沟通全局情况、交流工作经验的有效平台。全年编辑《广州海洋地质》简报8期36个版约18万字；加强局域网宣传栏建设，设立了全局动态、地勘科研、理论学习、精神文明、政策宣传、反腐倡廉、创先争优、海洋文化等8个相关专栏，组织全局各单位、部门在局域网宣传栏发布信息超过1000篇；

编制宣传橱窗、张贴宣传图片、挂页等20多期次；为局40多项工作或活动提供了摄制影像资料。据初步统计，广州海洋局全年在科技日报、中国国土资源报、地质勘查导报等主流及专业媒体刊发有关报道30余篇，合6万多字。

为加大典型宣传力度，广州海洋局积极参与地调局《国家宝藏——二十一世纪初地质找矿重要成果》报告文学集的创作，按期完成《深海探冰》文稿。反映广州海洋局水合物突破成果的报告文学《圆梦南海》经《中国国土资源报》连续20期连载，扩大了广州海洋局水合物工作的成果影响力。还积极组织海洋地质科普宣传，安排局老专家王光宇在广州市委宣传部主办的羊城学堂上讲授南极科学考察知识，较好地宣传了广州海洋局开展的极地海洋地质事业。

二、局工会充分运用局域网、简报和宣传橱窗等舆论阵地，努力营造学习先进人物、尊重劳动创造、崇尚专业技能、热爱运动健身的良好氛围。共编发了4期宣传橱窗专刊，展现了巾帼英姿、文明家庭、先进人物和群体活动的靓影；推先选优11人次首次获得地调局系统女职工建功立业标兵和地调局直属机关优秀职工之友、优秀工会干部、工会积极分子等荣誉称号。编排节目赴京参加地调局系统首届职工文艺汇演获二等奖。广州海洋局体育协会获“广东省群众体育先进单位”称号。全局职工大力弘扬“民族同胞心手相连，一方有难八方支援”的中华民族优良传统，在组织“心系玉树 奉献爱心”的募捐活动中，共有899人捐款144 272元，再次彰显了广海人慷慨乐善、血浓于水的博大爱心。

（陈成毅）

中国国土资源航空物探遥感中心工作

中国国土资源航空物探遥感中心

概　况

中国国土资源航空物探遥感中心（以下简称“航遥中心”）是中国地质调查局直属全额拨款事业单位。

主要职责和任务：承担国土资源航空物探、遥感调查与监测及相关地球物理勘查和地质测绘、工程测量等工作；开展航空物探、遥感方法技术、仪器及软件的研发与推广；开展航空物探、遥感资料开发应用研究和信息化建设；开展航空物探、遥感科学研究和国际合作与交流；开展科技开发、技术服务与经营工作；承担国土资源部和中国地质调查局交办的其他工作。

内设办公室、党委办公室、人事处、财务资产处、总工程师办公室（含质量管理办公室）、科技外事处、纪检监察审计处、工会、离退休管理服务中心等9个综合管理处室；物探部、遥感部、信息中心、物业管理部、企业管理部、北京奥运大厦物业管理中心等6个业务部门。

2010年底，职工总数为1210人，其中：在职职工593人，离退休职工617人。具备专业技术职称人员总数467人，占在职职工的78.75%。其中：高级职称132人、中级167人、初级164人。

2010年，航遥中心在部、局的正确领导下，紧密围绕国家需求及部、局的工作重点，圆满完成年度工作任务，货币工作量达到历史最高水平，承担项目的数量和规模显著增加，工作量实现跨越式增长。获得各类集体奖18项，职工个人获得各类荣誉14项。全轴航磁梯度勘查系统研发团队获“‘十一五’国家科技计划执行优秀团队奖”；“长江上游（宜昌－江津段）高精度航空遥感摄影与地质灾害遥感动态监测示范”项目获国土资源部科技成果一等奖；“资源三号卫星数据压缩及验证系统”项目获国家测绘局、中国测绘学会“测绘科学技术进步一等奖”。航遥中心获国土资源部“青海玉树地震地质灾害应急排查”表扬单位、“参加中央国家机关第三届职工运动会‘优秀组织奖’和‘特别贡献奖’”、“政务信息报送先进单位”，获北京市海淀区2010年度交通、消防、社会综合治理先进单位，获地调局2010年度安全生产考核优秀单位、2009年度综合统计报表编报、项目统计、财务决算先进单位等。

地调与科研

全年共承担国土资源大调查计划项目7个，工作项目45项；国家专项计划项目6项；地质矿产调查评价专项计划项目3项；海洋地质保障工程项目3项；国家“863”计划课题10项；部、发改委等部门项目3项。

一、全面完成野外勘查飞行任务，成果喜人

全年累计完成航空物探勘查工作量72.05万测线

千米。通过室内资料处理和综合解释研究，全年编（选）异常3919处，优选472处重点异常，野外物性测量1760余处，野外查证异常193处，发现铁矿化58处，铜矿化33处。铜铅锌多金属矿化体9处。

承担遥感飞行项目11项，累积飞行面积10 562 km²。矿产资源遥感地质调查计划项目完成1∶10万遥感地质解译6万km²、1∶5万遥感地质解译4.4万km²，对103个重点地区开展了1∶1万遥感地质解译，新发现有找矿前景的金、铜金和磁铁矿（化）点50处。

二、开展环境地质调查与监测，效益显著

全国区域地质环境遥感调查与监测计划项目系统查明了我国陆域现代冰川、海岸线、河流湖泊、湿地、荒漠化、石漠化、城市扩展等生态地质环境因子的状况及动态变化规律，首次获取一批陆域全覆盖的大型、整装、多期次、无缝遥感监测定量数据。系统分析了我国生态地质环境变化的影响因素，为生态地质环境形成、演化与发展及治理提供了理论支持。

InSAR地面沉降监测完成长三角地区覆盖苏北平原地区、苏东南平原地区、上海市以及浙江省北部约8万km²地面沉降状况调查。完成了华北平原地面沉降区约13万km²地面沉降InSAR调查与监测以及河北平原区、山东西北部重点沉降区地面沉降InSAR野外调查工作。开展了唐山地区煤矿开采沉陷监测、京津高速铁路沿线地面沉降监测等多项InSAR技术应用。

国家“863”计划重点项目课题“非洲资源与环境遥感监测与评价”开展了非洲矿产资源与环境本底数据库建设、非洲与赞比亚和埃塞俄比亚不同尺度的矿产资源与环境遥感调查与评价技术方法研究，并开展研究区不同层次的矿产资源潜力遥感调查、监测与评价等研究工作。

三、海洋地质保障工程专项顺利实施，“863”重大项目取得重要成果，多个科研项目取得新进展

海洋地质保障工程专项3个项目按计划实施，2个已完成的项目均获得优秀评价。

“863”重大项目“航空地球物理勘查技术系统”重大项目的实施，极大地推进了航空物探测量技术的进步与应用。项目成功研制了我国首套全轴航磁梯度测量系统并获得试飞成功，集成了我国首套勘探型航空重力勘查技术系统，各项技术指标经测试已达到国际先进水平；研制出具有自主知识产权的国内首套高灵敏度航空伽马能谱勘查系统，已进入试生产阶段，将打破国外在航空伽马能谱系统研制领域的垄断。成功研制了航空物探遥感综合勘查系统新型固定翼航空频率域电磁仪样机、专用航空遥感相机；完成了航空重磁测量系统的集成飞行。这些仪器的研发使航空地球物理勘查技术整体水平大幅提升。

“高光谱应用及遥感新技术研究计划项目”、“星载对地观测技术研发及资源勘查应用”开展遥感新技术、新方法研究取得多项进展。“高光谱应用及遥感新技术研究”、“宽幅高光谱小卫星载荷关键技术研究”在关键技术研究、仪器研发方面取得阶段性成果。

四、不断发展遥感应用技术体系，为矿政、地政管理提供技术支撑能力进一步提高

实施矿产资源开发多目标遥感调查与监测，对全国163个重点矿区、16个重要成矿带的矿产资源规划执行情况、矿山开发状况、矿山环境等进行遥感调查与监测。查明违规违法采矿4616处，查明各类矿山环境问题3287处。

第二次全国土地调查统一时点底图生产和全国土地调查变更调查监测与核查项目遥感监测任务，全面完成了64个县（市）总面积26.18万km²的土地利用遥感影像图生产、变化信息提取、外业调查资料准备和外业后处理工作。完成了58个县（市）总面积为40.62万km²的监测任务。

在部、局的领导和指挥下，采用有人机航空遥感、无人机航空遥感、灾前灾后高分辨卫星数据相结合等调查手段，先后在青海玉树地震、江西抚州唱凯堤决堤、贵州关岭山体滑坡、陕西安康大竹园镇滑坡、甘肃舟曲特大泥石流、云南贡山县特大泥石流等6次地质灾害中，开展灾害调查工作。为国务院抗震救灾总指挥部、国务院应急办等33个部门提供资料43批次，提交图件82份，数据量达10.16千兆❶，为地质灾害应急救援、灾情调查和灾后重建提供了科学、直观的调查资料。

五、整合资源，信息化建设迈上新台阶

基本建成了能满足目前管理和业务需要的多功能、多场所、多结构的网络、存储系统和应用平台。完成了管理与决策支持系统的开发和试运行。

航空物探遥感数据资料的社会化服务能力不断提高，资源与环境遥感信息化基础平台建设取得阶段性成果。遥感影像数据库开发与入库基本完成。整理了近10年100余个国土资源大调查项目的航空物探遥感数据成果。接待资料查阅158人次，5000余件；

❶ 1兆=1024 kb。

对外提供资料30人次，400余件。

六、对地观测技术工程实验室建设成效显著，基地建设稳步推进

出台了《实验室建设与运行管理办法》等一系列规章制度，调整了实验室用房和仪器设备专用场地，邀请了国内外41位知名专家组建了首届学术委员会，邀请到国内外28位知名专家作为客座研究员，设置了航空物探技术和遥感术2个研究领域和9个研究方向。创立“航遥青年创新基金”，对16个课题给予资助。

航空物探仪器研发野外实验基地、动态试验场和遥感综合试验场建设稳步推进。与西藏自治区国土资源厅达成共建“西藏遥感实验应用基地”意向。

七、国内外学术交流与合作不断加强，科技水平和影响力不断提升

先后邀请了多位知名专家到航遥中心开展学术交流活动。全面完成年度出国考察和合作研究计划项目(6项)，接待来访外宾20多批（次）并与之进行学术交流和合作洽谈。与吉林大学签署了共建产学研基地的协议。

中国科技核心期刊《物探与化探》与《国土资源遥感》同时被美国“地质光盘数据库”、俄罗斯文摘杂志（AJ）收录。出版专著4部，发表论文67篇，其中：核心期刊44篇，SCI、EI刊物13篇。

改革与创新

一、积极探索野外工作新思路，推动航空物探调查能力显著提高

2010年，航遥中心统筹协调硬件设施，共装备航空物探测量系统15套、通过多种渠道调配航空物探测量飞机10架，为完成全年工作任务奠定了基础。利用多种方法充分调动野外工作人员积极性，辅以多项综合保障措施，保障了年工作任务顺利完成。全年完成航空物探测量72.05万km，实物工作量达到历史顶峰，航空物探调查能力得到显著提高。

二、通过实施“863”等重大项目，提高自主创新能力

通过实施“863”“航空地球物理勘查技术系统”重大项目，在硬件方面取得9项自主创新成果、5项集成创新成果。初步实现航磁多参量测量；航空重力勘查系统填补国内空白；自主研发成功航空伽马能谱勘查系统并用于试生产；突破时间域航空电磁勘查系统研制关键技术；航空物探遥感综合测量技术填补多项国内空白，极大地推进了航空物探测量技术的进步与应用。

三、加大信息化建设投入，信息化服务水平进一步提高

航空物探数据库、遥感影像数据库、航空物探遥感工作程度数据库及矿山监测、全国生态地质环境监测信息系统等网络信息系统的建立，提高了服务于国土资源管理的技术支撑作用，提升了资料信息社会化服务能力。

四、通过博士后科研工作站、产学研基地、青年创新基金等多种渠道，加强人才引进与培养工作

获得国内首家航空物探遥感领域博士后科研工作站建站资格。与吉林大学签署产学研基地共建协议，为培养专业人才提供新途径。青年创新基金得到落实，一批青年骨干人才在实践中得到锻炼。

五、强化综合管理，工作效能明显提升

严格执行任务目标督查机制，实行任务目标季报和年报制度。汇编了规章制度，废止23个，确认92个规章制度有效。完成ISO9001质量管理体系换版工作，质量体系得到持续改进。

六、认真落实离退休政策，创新离退休服务管理工作

创办《航遥桑榆情》，为加强与老同志的联系交流搭建了桥梁和平台。利用自有资金补助离退休人员各项经费1173万元。

经济管理

2010年航遥中心整体经济实力显著增强。经济总量为4.8亿元，超过2008年历史最高水平近1亿元。

为确保资金安全，积极开展财务管理办法革新，编制了切实可行的项目预算实施细则，及时推行公务卡使用。委托会计师事务所完成3项工程的结算审计，审减6.53万元。对14家所属企业资产和经营状况进行了疏理，确保国有资产保值增值。

为抓好预算执行工作，成立了预算监督协调小组，监督、检查、协调、落实各类项目预算执行情况。设立了安全生产调度会、月支出计划制度合理安排使用经费。经过全员努力，航遥中心圆满完成了2010年度预算执行任务，达到优秀要求。

党建与精神文明建设

2010年，航遥中心以“服务中心、建设队伍、开拓创新、促进发展”为主题，扎实开展了创先争优活动。紧密围绕推进业务工作开展创先争优，组织开展教育培训交流研讨系列活动，为完成全年勘查、科研工作任务提供了动力和组织保证。航遥中心党委主动承担中央国家机关工委党建课题研究任务，对基层党建工作规律进行深入研究和探索。党总支（支部）采取集中学习、座谈讨论、组织参观革命传统教育基地、重温入党誓词等活动，加强基层组织建设，党建工作科学化水平进一步提高；深入宣传石磊同志的先进事迹。党员干部专家全力投身应急救灾调查工作，用实际行动凸显先进性。

充分发挥党组织的思想政治优势，抓好理论学习，干部职工政治素养和大局意识得到进一步提高。以完善职工代表大会制度为重点，深入推进民主政治建设。坚持领导接待日制度，拓宽职工参与民主管理和监督的渠道，保障职工群众的合法权益。

注重发挥党政工团合力，注重人文关怀，为职工办实事、办好事，职工的生活水平不断提高。工会、团委、妇工等群众组织工作积极主动，组织开展丰富多彩的文体活动，激发广大职工的工作热情。结合“三八”、“五四”、“十一”等重大节庆日开展了系列主题活动，讴歌党的丰功伟绩，坚定改革开放、科学发展的信心，增强队伍的凝聚力和向心力。

加大反腐倡廉工作力度，党风廉政建设不断加强。从教育、制度、监督入手，扎实推进以惩治和预防腐败体系建设为重点的反腐倡廉建设，使廉洁自律、拒腐防变的意识和观念更加深入人心。召开了党风廉政建设工作会议，深入落实党风廉政建设责任制。通过廉政谈话、诫勉谈话、警示教育、分层分岗教育、问卷答题等多种方式，开展廉政教育。认真落实廉政专项治理活动，对照廉政风险点进行排查，针对排查中发现的薄弱环节和漏洞，制定防范措施。开展“读书思廉”、廉政演讲等形式多样的廉政文化创建活动，使廉洁自律、拒腐防变的意识和观念更加深入人心。

（杨 蓓 邵 帅）

中国地质调查局发展研究中心工作

中国地质调查局发展研究中心

概 况

中国地质调查局发展研究中心（以下简称“发展研究中心”）是中国地质调查局直属事业单位。承担地质和矿产勘查工作方向、发展战略、部署研究，负责全国地质资料接收、保管和服务，承担地质调查信息化建设工作；加挂“全国地质资料馆”的牌子，负责管理国土资源实物地质资料中心和国土资源部十三陵培训中心。

主要职责与任务：开展地质工作发展战略、规划研究；承担基础性、公益性地质调查和战略性矿产勘查工作部署研究；负责全国地质资料数据的接收、保管和社会化服务；承担地质调查资料数据管理的业务指导工作；承担地质调查数据库建设、维护和更新，开展相关软件的引进、开发与推广；承担地调局信息系统的建设、运行和维护；承担地调局机关办公自动化网络体系的技术服务；开展地质情报和境外矿产资源研究，开展国际交流与合作；开展科技开发、技术服务和经营工作；负责承办地调局主办的刊物；承担国土资源部和中国地质调查局交办的其他事项。

内设综合办公室、科技外事处、财务资产处、人事教育处等4个综合管理部门，部署研究室、战略研究室、境外矿产资源战略研究室、危矿办技术管理处、情报室、期刊编辑室、信息工程室、数据处理室、网络室、地质信息技术实验室、资料收整室、资料服务处、资料馆藏室、资料管理处、矿产资源勘查开发管理研究室（2010年根据地调局批复意见成立）等15个业务部门，以及物业管理部（后勤服务中心）、经营开发部、离退休干部管理处。

截至2010年底，共有职工295人，其中在职职工199人，离（退）休职工96人。在职职工中，具有高级职称专业技术人员95人，其中正高级职称46人，副高级职称49人；博士41名，硕士67名。

2010年，发展研究中心获省部级科技进步奖3项，全国地质资料馆被评为“国土资源系统西南抗旱找水打井先进集体”。发展研究中心被授予“2009年度中央国家机关文明单位标兵”称号、被评为“中央国家机关平安单位”。

地调与科研

2010年，发展研究中心各类在研项目130个，其中地质矿产调查评价项目84个，危机矿山接替资源找矿专项项目5个，国外矿产资源风险勘查项目3个，探矿权采矿权使用费和价款项目2个，公益性行业科研项目3个，科技支撑项目4个，行政事业费项目5个，国家海洋地质专项项目1个，横向项目23个。

共提交项目成果报告10个，“全国矿业权实地核查技术方法指南研究”和“国家地质图类数据模型标准与系统”两项成果获得2010年度国土资源科学技术二等奖；“基于GIS的重磁电数据处理系统”获2010年中国地理信息科技进步三等奖；1人获得黄汲清青年地质科学技术奖、1人获中国地质学会青年地质科技银锤奖。公开发表论文69篇，其中SCI/EI检索的7篇，核心期刊发表的32篇；出版专著10部，获国家外观设计专利1项（数字地质罗盘）。

一、战略、部署、境外、情报研究工作

（一）战略研究与管理支撑工作。

与地科院合作完成了国土资源部国家可持续发展国土资源战略研究重大项目——地质工作发展战略研究，参与“国土资源发展战略纲要”的编制工作，提交的《地质调查战略研究》、《地质工作信息化与资料社会化服务战略研究》、《地质工作管理体制与运行机制研究》等3个课题研究报告通过评审；协助局组织完成国土资源大调查成果集成与评估；基本完成《地质调查条例（建议稿）》的编制；组织开发的预算管理数据库投入使用；完善了中央公益性地质调查队伍统计信息系统；协助局组织完成地方公益性地质调查队伍能力建设评估工作，开展《局属单位2010～2020年装备规划》前期研究工作，形成《中国地质调查局地质技术装备总体优化方案研究》报告初稿；开展中央公益性地质调查人才队伍研究，为局《关于进一步加强人才工作的意见》等文件的起草提供了研究支撑；系统跟踪国内外矿业形势与地质勘查形势，每季度向局提交相关背景材料。及时向部、局提出开展西南5省区特大旱区抗旱打井工作建议。

（二）规划部署研究与业务支撑工作。

研究并协助部、局有关部门提出《国土资源调查评价“十二五”及中长期规划纲要（送审稿）》、《找矿突破战略行动方案（送审稿）》；全面启动“全国矿产资源勘查规划”研究，提出了规划编制方案。协助局编制完成《地质矿产保障工程总体方案》，据此方案提出《地质矿产调查评价专项总体方案》和《基础性公益性地质调查总体方案》，为局地质矿产调查评价专项2010和2011年度计划编制提供技术支撑。

提交《全国地质勘查成果通报及分析报告(2009年)》、《全国矿产资源勘查重大成果汇编(2009年)》等4份成果报告；开展能源与重要矿产资源跟踪、基础地质调查部署和成果集成等研究；完成煤炭资源后备基地勘查选区评价项目，研究并提出可供部署煤炭资源远景调查工作的选区。

（三）境外矿产资源研究与信息服务工作。

进一步充实和完善全球矿产资源信息系统数据库，更新全球矿产资源信息系统数据库资料目录3300余条，目前数据库中拥有各类基于GIS的数据量超过30 GB；牵头赴厄立特里亚开展铜多金属矿产资源潜力评价前期考察，初步确定了项目工作选区；收集、整理了东南亚中南半岛及中国西南邻区等大量地质矿产资料图件，研究提出了16个境外矿产勘查靶区；初步完成我国周边8个国家矿产资源勘查开发指南编制，提出了在周边国家开展地质调查与矿产资源勘查的总体思路和具体建议。

协助部、局举办“境外矿产信息发布与矿产勘查论坛2010”，发布了9本500万字信息量的有关境外地质与矿产资源的资料和2010版《中国地质调查局境外地质矿产资料目录清单》。

（四）情报期刊出版工作。

编辑出版《中国地质》6期和《地质通报》12期，接收作者来稿1100余篇，刊载文章427篇，超过650万字。据《中国科技期刊引证报告》（2010年版）的统计结果，两刊“影响因子”在1946种学科统计源期刊中总排列名次分别为第39名和第55名，比2009年分别提高了26名和19名；在地质学类期刊中分别排在第八和第十的位置。

策划编辑（写）出版《地质调查动态》24期、《地质工作战略研究参考》18期、《地质资料动态与参考》12期、《境外矿产资源勘查开发简讯》7期。研究出版《世界主要找矿模型与矿产勘查》、《世界矿情·独联体卷》、《中国斑岩铜矿砂岩铜矿资源潜力定量评价》、《中亚五国矿产资源勘查开发指南》、《我国地质矿产工作中长期发展战略与宏观部署研究》等专著，为我国的地质工作和实施“走出去”战略提供大量信息。

二、信息化建设工作

（一）信息系统开发和推广应用工作。

构建了基于网格与网格GIS技术的地质资料信息共享与服务平台。初步形成中国地质调查信息网格体系，已连通15个结点进行示范，部署了包括22种不同类型潜力预测数据库在内的多种数据和国家级10大基础数据库，数据量已超过1 TB。“对等式结点管理器及对等式管理方法”、“低成本高精度高集成度定位定向地质罗盘”已申报国家发明专利并进入实审期。开展危机矿山接替资源找矿项目管理系统数据信息动态建库与维护工作；开发的网络版地质调查项目管理信息系统已经部署并开始应用，开发了境外风险勘查项目管理系统软件模型。全年举办6期数字地质调查技术培训班，约430名地质人员参加培训；举办全国性“重磁电数据处理解释软件（RGIS）”培训班2期，培训人员320人次；向中国地质大学（北京、武汉）、吉林大学、长安大学、西安石油大学赠送中心研发的重磁电数据处理解释软件和多元地学空间数据管理与分析系统及区域地球化学数据管理与分析系统软件（网络版），推进产学研结合和合作。

（二）数据库建设和维护工作。

全年完成496个标准图幅的1:5万区域地质图空间数据库建设（累计完成2719个标准图幅）。完成全国矿产地数据库、全国地质工作程度数据库新增数据更新维护工作。完善了全国1:5万、1:25万区域地质图空间数据库管理系统、局地质信息元数据管理系统，研发了基础地质数据库集成管理系统。为便于提供社会化服务，根据部、局有关要求，对部分基础数据库图件进行了解密处理，共形成公众版1:20万地质图数据1163幅，公众版地球化学图数据45 045幅。

（三）网络系统维护与实验室建设工作。

实现了局业务网数据共享、视频会议、IP语音电话、互联网访问、信息服务的多方位网络应用；开展了信息安全等级保护测评工作；积极推进局业务网门户系统建设，局机关和发展研究中心办公自动化系统及业务网的运维管理正常，局互联网门户网站共发布各类信息3225条，网站新增专题8个，在局属单位试点部署“中国地质调查局业务网办公信息管理系统”。局互联网门户网站访问总量4 055 102次，网站首页全年访问总量643 563次，比2009年度同比增长6.86%（页面浏览量7 155 825次，日点击量平均12万次）。

地质信息技术实验室建设工作稳步推进，进一步完善了用于科学与实验研究的软硬件工作环境，先后有120人次到实验室开展研究工作；向同济大学、中国煤炭地质总局航测遥感局等单位提供服务60人次，累计超过300人月。开展了国家电子政务“自然资源和地理空间基础信息库项目”工作。完成了矿业权核查数据应用关键技术研究方面的9个（第一批实验室开放基金）项目的公开申报工作。完成了申报部重点实验室文本初稿的框架编制。

（四）信息标准化工作。

开展了地质调查信息化标准清理分析，对局立项制订的48项地质调查信息化标准工作进行了初步总结；完成了《地质数据质量检查与评价》（DD2006—07）的修订工作；确定了《地质数据库建设指南》的内容及标准的结构；完成对国标《区域地质图图例》（GB/T 958—99）的修订工作。协助局发布了5项地质调查信息化标准。

三、地质资料工作

（一）接收保管工作。

2010年共接收地质资料3470种，电子文档2934种；新增馆藏纸质资料3425种、电子文档12 303种（含图文数字化数据9172种），新增电子数据量3.23 TB；馆藏资料达123 864种，馆藏电子资料总量达63 175种（含50 450种图文数字化数据）；单套电子数据量达15.2 TB，馆藏资料数字化程度从2009年的44.7%上升为55.2%。

（二）社会化服务工作。

2010年度通过到馆借阅、电话、电子邮件、网上客服及网站接待阅者共计159 162人次。纸质地质资料复印服务293 404页，电子地质资料复制服务1 208 386页，加工处理和复制地质图件服务40 225幅（按1:20万标准图幅计算）。新增3000种图文地质资料上网服务，累计有14 274种图文地质资料网上提供社会服务；编制印刷了《新疆“358”项目地质资料信息服务图集》等8个图集。完成了《雅鲁藏布江成矿带金铜矿产资源勘查开发资料集成开发研究报告》等3个编研报告。

（三）做好地质资料应急服务工作。

为配合西南各省（区）开展的抗旱救灾行动，及时启动地质资料抗旱救灾应急服务，发布馆藏地质资料信息，公布服务数据17 078条、地下水资源分布图6张；设立应急服务电话，实施24小时值班服务；主动到抗旱一线服务，组织人员赴贵州为抗旱救灾提供地质资料服务。全国地质资料馆获西南抗旱找水打井先进集体的荣誉称号。青海玉树地震发生后，及时启动抗震救灾应急服务，开通24小时服务电话，紧急整理并公布灾区地质资料目录，牵头与青海省国土资源厅、青海省国土资源博物馆、中国地质图书馆共同编印了《玉树地震灾区基础地质资料图集》，为玉树抗震救灾工作提供了积极帮助。

（四）为部局支撑等工作。

按照部和局的要求，积极推进地质资料集群化产业化试点和地质资料清欠工作，协助起草了《推进地质资料信息服务集群化产业化工作方案（初稿）》、《地质资料信息服务集群化产业化“十二五”规划》；代部、局起草全国地质资料管理年报和地质调查资料管理季报、半年报、年报；完成馆藏成果地质资料涉密清理任务，成果获优秀评价。开展了“地质资料服务进校园”主题宣传活动；成功举办“第七届全国地质档案资料学术研讨会”。

四、重大专项支撑工作

（一）全国危机矿山接替资源找矿专项工作。

编制印刷了《全国危机矿山接替资源找矿专项2009年度成果报告》；组织进行40余个勘查项目和15个矿产预测项目和新技术新方法项目成果报告的终审，指导36个勘查项目野外验收工作。组织实施了2010年勘查项目监审工作；开展了危机矿山成果报告编制及资源储量计算GIS系统应用培训；组织召开了危矿专项广东省找矿成果现场交流研讨会和辽宁凤城白云金矿找矿成果现场交流研讨会。总结出危机矿山找矿专项运行模式，即“政府企业共同出资、主管部门精心组织、勘查开采紧密结合、一流专家监审指导、突出技术方法创新、严格项目全程监管”。

（二）全国矿业权实地核查专项工作。

组织完成了对省级矿业权实地核查成果数据的检查验收、全国矿业权实地核查数据汇总，完成了全国矿业权实地核查数据库和信息系统建设，编写了全国矿业权实地核查成果报告、工作报告和11本图册、图件等11个附件。全国矿业权实地核查项目成果顺利通过部的验收，得到部领导、院士专家和各级国土资源管理部门的高度肯定和评价。在湖北等4个省和重庆南川等4个市（区）开展了矿业权实地核查成果应用试点。通过试点探索，形成了将矿业权实地核查成果应用于矿政日常管理和“矿政管理一张图”建设的程序性模式和数字模式，并显示出很好的应用前景。

全国矿业权实地核查工作先后有1080多个单位的近2.3万人参加，为矿政管理技术支撑力量的形成奠定了扎实基础。

（三）全国矿产资源潜力评价专项工作。

开展了全国成矿地质背景汇总技术方案研究，全面完成物化遥、自然重砂信息与综合信息集成的技术支持工作，协助项目办指导全国31个省（区、市）完成铁、铝预测与成果复核和铜、铅、锌、金、钨、锑等11个矿种资源量预测和成果编图工作，完成了潜力评价基础地质编图数据库和预测成果数据库的验收工作，编制了重力、化探、自然重砂成果汇总方案。公开出版了“自然重砂资料应用技术要求”和“全国矿产资源潜力评价数据模型”；研制了成果汇总软件GeoMAG及元数据采集器工具软件。

五、科技外事管理工作

开展发展研究中心2011～2015年业务发展规划的编制工作。完成学术委员会的换届工作，举办了年度业务成果汇报与交流会。承办地矿经济学会2010年青年分会学术研讨会暨换届会；召开“中国地质学会情报专业委员会第二届学术研讨会”。

开展外事活动24项135人次，其中派出13项24人次，接待来访8项71人次，举办国际研讨会和培训班3项40人次。与美国地质调查局合作分别完成了美国与中国境内联合野外考察工作；组团赴加拿大、阿根廷等国开展地质矿产考察工作；与德国BGR、挪威地质调查局、西澳地质调查局代表团分别就地学信息技术进行深入交流，探讨合作；承办CCOP元数据标准与管理软件培训暨第三次研讨会；应邀出国为CCOP和东盟进行CCOP元数据标准与管理软件使用培训；举办东盟地质填图能力建设技术培训班。

改革与创新

一、队伍建设工作

完成发展研究中心首次岗位遴选聘用工作。认真研究政策，制定了《发展研究中心岗位设置实施方案》和《发展研究中心首次岗位聘用办法》，并顺利实施了遴选聘用工作。严格按照《党政领导干部选拔任用工作条例》有关规定，开展干部选拔任用工作，完成了2名副总工程师、6名处级干部的选拔聘用工作和3名处级干部的试用期考察工作。完成了对国土资源实物地质资料中心领导班子2009年度的考核工作。接收毕业生和引进人才共计15名，选派7名职工参加在职攻读学位的学习。

二、行政、保密、宣传、安全及后勤工作

办公自动化系统得以全面推广使用，基本实现了公文运转的无纸化。全年共办理外部文件1220份，内部文件176份，机要文件523份，办理各类合同451份，编发简报53期，报送政务信息121条，其中有47条信息被局工作动态采纳，有60条被部内要情采纳。

启动了发展研究中心质量管理体系建设工作，完成了调研和体系文件的编制工作，体系于2011年1月试运行。启动了新一轮制度修订工作，健全完善制度19项。全年召开保密委员会工作会议5次，进行保密检查4次，进行保密教育2次，组织开展了多层次多种形式的保密法（修订）学习宣传活动。全年无失泄密事故发生。

制定了《发展研究中心2010年安全生产年工作

方案》，修订了《发展研究中心安全生产综合治理责任书》，以发放书籍、观看光盘、内网专栏学习等形式加强了安全生产的宣传教育工作。研究制定了资料库房防汛应急预案，准备了充足的防汛应急物资，并组织了应急演练。坚持了季度、重大节日和野外生产安全检查工作。全年无安全事故发生。

对中心设备资产进行了全面清查盘点，做到账卡、卡物、物人一一对应。甘家口45号院东楼装修改造工程的初步设计和概算得到部局批复，完成了招投标备案。

经济管理

2010年，发展研究中心可用财政资金总额为26 112.88万元，其中上年结转7485.32万元，部门预算安排2154.86万元，2010年各类项目预算16 472.7万元。项目预算完成率达87%，上年结转和部门预算完成率达99%，超额完成局下达的“两项指标”考核任务。

企业清理规范工作取得突破，完成了上海中浦勘查技术研究所的整体转让工作，该企业全部职工得到了妥善安置，实现了国有资产大幅增值；加强对保留企业的规范和监管，保留企业全年合同额5163万元，利润约327万元；企业“走出去”工作取得初步进展；中心市场项目合同额518万元。

党建与精神文明建设

一、创先争优活动

高度重视创先争优工作，结合中心实际，明确中心主题为“建设一流队伍，强化服务支撑——推出大成果，服务上台阶，管理上层次，能力上档次”。形成了《发展研究中心创先争优活动——推出大成果落实工作计划》，提出了14项工作目标。

二、党建和精神文明创建工作

（一）基层组织建设工作。

开展了“追忆、感知、奋进”庆“七一”主题实践活动，组织党员职工赴嘉兴南湖追忆党的历史。举办新一届支部委员培训班。完成4名预备党员的转正、19名同志的组织关系接转，累计选派9名同志参加部、局的有关培训。

（二）党风廉政建设工作。

召开了党风廉政建设工作会议，贯彻部局廉政工作会议精神，分级、分层签订了廉政建设责任书。组织职工参加部“推进反腐倡廉建设科学化”论文撰写活动，有5篇论文获奖，中心获得“优秀组织奖”。认真开展“两整治一改革”、“小金库”专项治理工作回头看等廉政专项活动，落实廉政风险关键点24个、责任部门12个、责任岗位56个。推进惩防体系建设，全部完成了第二阶段任务，并通过局检查验收。全年未发现违法违纪问题。

（三）群团组织工作。

坚持职代会和党政与工会联席会议。组织参加局文艺汇演，组织参加并承办中央国家机关运动会3个项目的组织工作，获得集体“优秀组织奖”和“突出贡献奖”等多项荣誉。完成了共青团换届选举工作，开展了学习交流活动和野外拓展训练活动。

（四）精神文明创建工作。

与张山营镇下营村结成了共建对子，签订了共建协议，举行共建揭牌仪式，开展了“爱心无止境，助学见真情”助学颁奖仪式、“读书，让人生更精彩”等活动。还与共建单位联合开展了“做文明有礼的中国人”签名寄语活动，有关报道被紫光阁网站转载刊登。

所属单位

一、国土资源实物地质资料中心工作

国土资源实物地质资料中心（以下简称“实物资料中心”）是中国地质调查局直属的事业单位。专门从事实物地质资料保管、利用、服务的公益性事业单位，是国家级实物地质资料馆藏管理机构。承担国家重要实物地质资料的采集、管理、开发研究和利用，承担实物地质资料信息系统的建设与维护，向社会提供公益性资料信息服务和科普服务。此外还承担着区域地质调查、地质矿产调查评价、实验测试和海平面监测研究等工作。

共设15个处室。综合管理部门包括办公室、财务资产处、科技与装备处、人事教育处、党委办公室（纪检监察审计室）。技术业务部门包括综合研究室、汇交采集室、库藏管理室、资料服务室、网络信息室、地质调查室、岩矿测试实验室。其他部门包括离退休职工服务处、技术开发部、物业管理部。

实物资料中心人员编制为260人。现有在职职工191人，离退休职工217人，中心领导6人。从事科研工作的有84人，其中高级职称21人，中级职称20人，博士1人，硕士11人。

2010年，实物资料中心整体升格为四级职员单位，并进一步理清了发展思路，逐渐理顺了部分管理制度，人才队伍结构日趋合理，科研方向逐步明确，科研实力进一步增强，以实物地质资料管理、区域地质调查和实验测试为主的业务格局逐步形成。科研项目经费由2005年552万增加到2010年的3400余万

元，5年增长近7倍，中心业务工作实现了跨越式的发展。

（一）业务能力不断增强。

2010年，实物资料中心全面加强了业务能力建设。开发了地质资料监管平台软件系统，开展了实物地质资料清查试点工作。12月，首次在浙江长兴煤山“金钉子”剖面中的D剖面上，将涵盖两枚“金钉子”（二叠系—三叠系、吴家坪阶—长兴阶）的115层的分层标本采集入库。

依托“大调查重要岩心、标本筛选与服务体系建设”和“危机矿山勘查项目实物成果集成”等项目，开展了国家级实物地质资料的采集工作。2010年共接收、采集实物地质资料岩心6万余米，标本约2000件，及薄片、大标本等。对入库实物地质资料进行了整理、建档、著录，开展了岩心扫描数字化和图文图像库建设以及标本照相和薄片显微照相。

建成中国实物地质资料信息网，建立实物地质资料社会化服务网络平台。开始向社会提供实物地质资料检索、观察、取样、测试以及教学实习、科普宣传工作。

整理、录入钻孔数据20万m、基本信息数据约90万m；初步制定了全国地质钻孔资料数据库建设实施方案；编写了地质钻孔数据整理方法、建库工作方法、质量控制方法、汇交与验收要求。

完成测试样品2000多件，完成产值357万元。实物资料中心实验室经国土资源部审查认定，批准挂牌“国土资源部实物地质资料及煤炭监督检测中心”，成为部级质检中心，这是国土资源部系统唯一一家煤炭质量监督检测中心。

（二）管理工作逐步规范。

修订了《实物地质资料中心行政工作规则》，转变工作作风，强化服务意识，切实提高执行力。根据局批复的实物资料中心岗位设置方案，按要求完成了实物资料中心领导成员和中层职级调整工作，干部队伍建设取得突破。全年财政资金预算完成率达到局的考核要求，未发生安全和失泄密事故。

（三）党建与精神文明建设水平不断提升。

认真组织开展创先争优活动，召开以“贯彻落实《党员领导干部廉洁从政若干准则》，切实加强领导干部作风建设”为主题的民主生活会。全年共举办党员培训班4期，组织党员赴平西抗日战争纪念馆参观学习，全年发展党员5名，预备党员转正9名。按时完成2010年文明单位创建阶段性总结。召开了第二届六次职工代表大会，充分发挥职代会作用，组织广大职工群众积极参与各项活动。

二、国土资源部十三陵培训中心工作

国土资源部十三陵培训中心（以下简称“十三陵培训中心”）进一步完善了财务预算、成本核算体系，及时准确地分析各种财务数据。有针对性地对支出进行了严格的控制，电费、餐饮原材料成本、燃料成本均有较大幅度的降低，控制了成本，增加了收益。进一步加强了内部管理，完善了制度，落实了责任，避免了违纪、违规等问题的发生。

不断强化职工安全教育，认真落实安全责任制。与各部门负责人及汽车驾驶员均签订了安全责任书，多次进行内部安全隐患排查，举办消防安全知识培训，进行消防安全演练，加强了安保人员巡查，确保了培训中心的安全稳定。

培训中心实现了年度扭亏为盈的责任目标。全年实现总收入759.27万元（其中，事业收入48万元，经营收入711.27万元），总支出727.08万元（含折旧49.88万元），利润32.19万元。

（陈　昱）

中国地质环境监测院工作

中国地质环境监测院

概　况

中国地质环境监测院（以下简称“环境监测院”）是中国地质调查局直属事业单位，承担全国地质环境监测网的建设与管理和全国地质灾害的监测、预报、预警以及相关调查研究工作，开展水文地质、工程地质、环境地质信息服务。

环境监测院设有院办公室、财务资产处、地质调查与科技外事处、技术装备处、人事教育处、党委办公室（纪检监察审计室）7个综合管理部门，以及综合研究室、地质灾害调查监测室、地质灾害预警预报室、地下水调查监测室、信息网络室、期刊编辑室、科技情报资料室、三峡地质灾害监测室、地质灾害防治室、地质环境咨询评估室、应急办公室11个技术业务部门，以及离退休管理处、物业管理部（后勤服务中心）、西峰寺培训中心。

截至2010年底，环境监测院共有在职职工188人；其中博士34人，硕士50人，大学本科67人，大学专科22人；具有大专以上学历173人，本科以上学历人数占到了全院在职职工总数的80%；具有各类专业技术任职资格178人，其中教授级43人，副高级41人，有4名专家享受国务院政府特殊津贴待遇。

2010年，环境监测院以党的十七大和十七届三中、四中全会和中央经济工作会议精神为指导，深入贯彻落实科学发展观，紧紧围绕部、局中心工作部署开展了各项工作，以创新机制为突破口，继续优化业务结构，加强技术质量管理，大力推进地质环境监测试验基地（示范区）建设和地质灾害应急响应工作，组织实施了地质灾害应急技术体系建设计划、科普宣传计划、技术业务和管理培训计划。较好地完成了年初确定的业务布局全面到位、试验基地（示范区）建设取得阶段进展、地质灾害应急响应能力显著增强、执行能力和管理服务水平大幅提高等工作目标。

地调与科研

一、项目完成情况

2010年环境监测院承担各类财政地质项目31项，地质项目设计实物工作量完成率100%。其中，遥感地质调查2560 km^2，工程地质测绘200 km^2，地质遗迹路线观察1000 km，地质遗迹剖面观测60处，地下水水位统测1700点次，水土样品采集与分析测试694件，地面沉降GPS观测点测量28处，矿山地质环境现场核查25处，县（市）地质灾害调查成果验收29省（区、市）。

提交结题地质项目成果报告4项，获优秀2项、良好2项，成果报告优良率100%。

2010年开展科研项目11项。申报并获得科技成果奖2项。其中“三峡库区地质灾害防治工程”获得国土资源部国土资源科技一等奖，“区域地面沉降监测方法”获得国家测绘局测绘科技二等奖。

申报并被国家博士后管理中心授予地质工程博士后流动站。

发表科研论文25篇。出版专著5部，音像制品、科普读物8种。

二、地质调查项目工作进展

（一）地质灾害调查综合研究。

全国地质灾害调查与综合研究，完成了《全国山区丘陵县（市）地质灾害分布及易发程度分区图集》400余幅图的统编和整饰（共5册），构建了地质灾害专业数据库和信息管理平台。地质灾害详细调查信息系统建设与综合研究，开发了兼容1:50万、1:10万和1:5万地质灾害调查成果的地质灾害信息管理系统。完成了全国1640个县（市）地质灾害调查与区划综合研究的审查。

（二）重大工程地质灾害防治。

加强三峡库区汛期地质灾害巡查排查与监测预警，完成了三峡库区地质灾害信息系统建设，开展了重大地质灾害防治集成技术研究。完成西气东输、中俄原油管道等多项国家重点工程建设的地质灾害危险性评估，编制完成了《中国石油油气管道地质灾害防治规划》。

（三）国家级地下水监测工程。

组织申报的国家地下水监测工程项目建议书于2010年11月终获批复。北方平原盆地地下水动态调查评价和华北平原地面沉降监测防治工作，在华北平原、东北平原、银川平原、河西走廊、鄂尔多斯盆地、准噶尔盆地等六大平原（盆地）新建自动化监测点495个。依托31个省级地质环境监测总站，完成了全国国家级地下水监测网络的运行维护任务，实施了2009年度地下水监测数据入库管理，编制发布了《我国主要城市和地区地下水水情通报——2009》，编辑出版了《中国地质环境监测地下水位年鉴——2009》，对120个监测孔进行了洗孔修复，采集了250个有机污染样品，对300个监测孔资料进行了数字化。

（四）地下水监测示范区建设。

继续开展北京、济南、乌鲁木齐3个国家级地下水监测自动化监测示范区建设，自动监测井数保持474个。更新完善了示范区地下水监测设备管理系统，实现了对监测设备的远程控制和管理。研发了北京市地下水监测预警系统。

（五）矿山地质环境调查监测工作。

开展了全国矿山地质环境综合研究与动态评估，完成了典型区域矿山地质环境动态调查与重点矿山现场核查。开展了全国矿山地质环境治理项目部署研究和全国矿山地质环境保护与治理恢复标准研究，完成了全国矿山地质环境治理项目管理信息系统研制。开展了湖南冷水江国家级矿山地质环境监测示范。

（六）地质环境信息化建设。

完成了中国地质环境信息网站运行与维护、国土资源远程会商及应急指挥系统、地质环境数据集成及服务系统、地质环境数据处理与综合分析系统、地质调查数据实时传输示范系统建设、自然资源和地理空间基础信息库建设、部门应急平台技术研发与示范等工作。完善了基于卫星通信的地质环境远程数据传输网络和基于 GSM/GPRS/CDMA 的数据通信环境，基本实现了地质环境动态监测数据的实时管理。形成了地质环境信息平台建设框架。

（七）地质环境监测综合研究。

完成了《全国地质环境监测能力建设》、《国土资源部科技读本》、《国土资源公报》、《地质环境人才发展规划》、《国家地下水监测工程项目建议》、《国家重大地质灾害防治工程项目建议》、《国土资源部关于加强地质环境监测机构建设的指导意见》、《地质环境监测机构分级建设标准》、《地质灾害监测体系建设方案》、《国土资源部地质灾害防灾减灾体系建设方案》、《地质环境监测管理办法》等近 20 项图书资料和法规文件的编纂起草；完成了 40 余项技术标准、规划计划的修订完善。

编制完成了《事业单位定位建议》、《推进地质环境监测工作的必要性和紧迫性》、《院“十二五”技术业务工作初步设想》、《我国城镇化进程中的地质环境问题与对策》等文件资料。

开展了国家级地质环境监测与预报成果集成与专项总结、国土资源监测成果集成与指标体系研究，以及资源环境承载力调查评价立项论证等工作。

（八）地质遗迹调查评价。

组织 31 个省级地质调查院、地质环境监测总站和相关单位，开展了全国地质遗迹资源调查评价与保护规划工作，提出了地质遗迹调查技术要求，完成了重点地区重要地质遗迹的线路调查、剖面调查和区域调查，建立了地质遗迹数据库框架。地质遗迹调查评价工作由拓展领域变成主导专业，实现了 3 年完成业务布局调整的目标。

（九）监测试验基地建设。

截至 2010 年底，已经建成三峡库区、四川雅安、云南新平、陕西子长等 4 个地质灾害监测预警示范区，北京平原、济南泉域、乌鲁木齐河流域等 3 个地下水监测自动化监测示范区，湖南冷水江矿山地质环境监测示范区；正在建设福建德化沿海暴雨型、甘肃兰州黄土高原型等 2 个地质灾害监测预警示范区，华北平原沧州地面沉降监测预警示范区，湖北大冶金属矿山地质环境监测示范区，黄淮海平原、苏锡常地区等 2 个水土地质环境监测预警示范区；拟规划建设太原西山煤炭矿山地质环境监测示范区、河南三门峡水土地质环境监测预警示范区。

三、地质灾害应急响应能力

（一）地质灾害气象预警。

大力推进基于地质环境要素组合与地质灾害激发因素耦合的第二代预警系统。2010 年 5 ~ 9 月进一步加强了汛期地质灾害气象预警和应急值班，制作预警预报产品 153 份，在中央电视台发布地质灾害预警预报信息 84 次，在中国地质环境信息网上发布地质灾害预警预报信息 127 次。

（二）地质灾害应急响应。

作为国土资源部地质灾害应急中心，在国土资源部和中国地质调查局领导下，全面完成了青海玉树地震、贵州关岭滑坡、云南贡山泥石流、甘肃舟曲泥石流、广东凡亚比台风等 40 余次重大地质灾害的应急处置和技术支持任务，最大限度地减轻了灾害造成的损失。全年共派出地质灾害应急专家组 49 批次、722 人次。

（三）地质灾害应急演练。

研发的地质灾害应急远程会商系统基本成熟，实现了部地质灾害应急指挥中心与地质灾害现场之间的多点远程会商和数据传输，在 2010 年 11 月 26 日重庆市长寿区和河北省张家口市联合举行的地质灾害应急演练中得到应用。

四、技术服务支撑工作

（一）矿山地质环境恢复治理。

牵头完成了《全国矿山地质环境保护与治理规划（2009 ~ 2015 年）》，参与起草了国土资源部《矿山地质环境治理专项管理暂行办法》、《全国矿山地质环境治理和地质遗迹保护项目申报指南》和《矿山地质环境治理专项实施方案》。

（二）科普宣传工作。

组织编制出版了《全国地质环境监测能力建设》、《地质灾害这一年》、《重大地质灾害防治经验汇编》等图书资料，编辑制作了《倡导低碳生活，保护水土环境》、《防治地质灾害，保护地质环境》、《坚持可持续发展，保护地下水资源》等宣传折页，编辑出版了《地质灾害防灾避险知识》等宣传短片。

改革与创新

一、人才队伍建设

（一）试点招聘流动岗位人员。

为进一步深化事业单位人事制度改革，根据国家有关事业单位人事制度改革精神，环境监测院在局系统率先探索固定岗位与流动岗位相结合的选人用人机制，起草出台了《流动岗位设置及人员聘用管理暂行办法》，并面向社会公开招聘了 4 名流动岗位人员。

（二）教育培训和人才交流。

举办综合管理、经济管理、人事管理、政务信息、技术成果管理、装备管理和安全生产等培训班。

与中国地质大学（北京）签署共建“地学研究生联合培养示范基地”，与河南地矿局、河北地矿局和沧州市人民政府等单位建立了合作关系，搭建产学研相结合的人才培养和科技创新平台。

二、构建国土资源监测体系

（一）国土资源综合监测体系建设。

完成了国土资源综合监测工作需求程度分区及国土资源综合监测指标类型研究、国土资源综合监测顶层指标设计，实现统筹管理和分析国土资源综合监测信息。

（二）地质环境监测体系和地质灾害应急体系建设。

1. 地质环境监测业务体系和队伍体系建设。编制完成了中国地质环境监测院“十二五”技术业务发展构想。积极开展《地质环境监测管理办法》的调研和论证工作。编制完成了《全国地质环境监测机构分级建设标准》。

2. 全国地质灾害应急支撑体系建设。建成由31省（市、区）124名应急专家组成的国家地质灾害应急专家库，组建了7个重点片区巡查组，初步构建了全国应急队伍组织结构框架。指导甘肃、广西、宁夏、陕西等省（区）建立了地质灾害应急机构。积极探索应急组织机构建设和工作模式，研究制定了《地质灾害应急技术支撑体系建设方案（2010～2015)》，逐步建立西南、西北、中部、东南、东北和三峡库区6个国家级地质灾害应急分中心。

3. 全国地下水监测网络建设。积极做好地下水监测工程可研阶段的前期准备，起草了《国家级地下水监测井建设标准》、《国家地下水监测工程建设费用计价分析》、《区域地下水水位监测网优化设计技术要求》和《地下水水质监测网优化设计技术要求》。编制完成《国家地下水监测工程项目实施工作方案》。

三、管理和服务工作

（一）实行目标责任管理，修订规章制度，抓好保密工作。

编制了院2010年工作目标责任表，逐项明确了责任领导、责任部门、责任人和完成时间，并将任务的完成情况作为部门考核和职工考核的重要内容。

2010年先后修订了院科技与经营开发管理办法、院公费医疗管理办法和绩效工资实施办法，新制定了院公务卡管理暂行规定、院流动岗位设置及人员聘用办法。

2010年先后进行了两次计算机及网络安全保密检查，加强了涉密机、涉密移动存储介质的登记和管理以及计算机网络的安全管理。

（二）技术质量管理。

印发了《关于加强技术质量管理的通知》，加强了项目立项管理、工作过程管理、外协工作管理和成果资料管理。对2010年实施的项目进行了野外工作检查；对2009年委托的外协工作进行了全面清理，对大于10万元的外协成果进行了全面验收；对1999年以来未归档的项目采取多种方式，分期分类完成归档。

（三）安全生产工作。

坚持“安全第一，预防为主，综合治理”的方针，贯彻落实安全生产责任制，深入开展安全生产年和安全生产月活动，实现了安全生产零目标。

（四）装备管理和基地建设工作。

2010年，开展了资产数字化盘点工作，并结合盘点成果细化了装备管理制度。编制完成了《中国地质环境监测院技术装备规划》，受局委托牵头编写了《局系统水工环专业技术装备规划》，提出了未来5～10年装备建设的目标、重点任务和经费需求。

编制上报了“地质环境信息中心大楼的可行性研究报告”，并得到了地调局批准。

经济管理

2010年收入总额为27 653万元，其中：上年结转11 922万元、本年收入15 731万元，本年收入包括：财政拨款收入10 414万元、事业收入4547万元、经营收入及其他收入770万元。全年共计支出17 815万元，年末结转9838万元，财政拨款支出预算综合执行率约为90%。

按照“控制经济规模、压缩四项费用、抓好预算执行、强化岗位职责”的总体思路开展了各项经济工作。一是合理确定了年度经济规模，加强工作任务与预算执行能力的统筹协调；二是强化对外协费、出版费、会议费和招待费等经费的监督控制；三是严格执行批复的预算；四是建立经济工作组织领导与运行体制；五是积极配合国家审计、内部审计和社会审计。

党建与精神文明建设

一、加强党建工作

开展了以“服务中心建设队伍”党建试点工作制定了试点工作实施方案，成立了协调办公室。一是学习型党组织建设活动得到进一步深化。举办了党委中心组理论学习会，部分支部组织开展了“每人读一本书”活动。二是党组织的凝聚力和战斗力得到进一步加强。党政领导在工作中探索创立了“三分三合”工作法，支部自主活动能力得到提高。三是加强了组织发展工作，发展了5名同志为中共预备党员。四是结合共建活动，创新党建工作模式。与老君堂村党支部探索开展了党内活动互相渗透、互相融合的党建工作机制，与云南兴平县国土资源局党组签订了党建工作结对共建协议。五是建立党员关怀机制，开展了祝贺党员政治生日活动。六是加强作风建设，继续开展了“讲党性、重品行、作表率”活动。七是认真落实党风廉政建设责任制，院领导与分管部门签订了《廉政建设责任书》。

二、开展创先争优活动

制订了活动实施方案，成立创先争优活动办公室，层层落实责任，做到了思想认识到位，组织机构到位，工作措施到位。

三、加强精神文明建设工作

组织开展“三统一”文化主题实践活动，加强文化土壤的培育，组织开展了春节联欢会、职工摄影比赛等创建活动。深入推进城乡共建活动，开展了支持老君堂村建设农产品交易市场、地质灾害野外调查、农业地质踏勘等工作，承办了部推进城乡共建工作现场会。

（李凤燕）

中国地质图书馆工作

中国地质图书馆

概　况

中国地质图书馆（中国地质调查局地学文献中心，以下简称“地质图书馆”）是中国地质调查局直属的公益性事业单位，主要承担地学文献的收藏、加工和开发工作，开展相关研究和信息化建设，向社会提供地学文献信息服务。目前馆藏文献量已达60万卷（册），包括近代地质学启蒙时期以来近200年的国内外地学文献；世界各国地质图件1万余套；有10余个大型文献数据库；与60多个国家和地区的近400个地学机构建立了文献交换及互借业务联系。中国地质图书馆是国际地科联地学信息委员会成员，是中国图书馆学会常务理事单位、中国科技情报学会理事单位。

中国地质图书馆内设11个处室。技术业务部门包括采编室、典藏流通室、阅览室、研究室、文献信息服务室、文摘编辑室和网络室；综合管理部门分为办公室、财务资产处、人事教育处和物业管理部。

截至2010年12月31日，中国地质图书馆共有职工130人，其中在职职工96人，退休人员34人，党员57（退休党员15人）人；在职人员中，高级职称27人，中级职称46人；博士7人，硕士24人，本科及大专60人。2010年，图书馆引进正高级专业技术人才2人，处级干部2人；接收了博士生1名，硕士生2名，本科生1名。2010年开展岗位遴选工作，共有71人晋升到不同级别的岗位。

2010年，图书馆在地调局2010年度考核中获表扬。

地调与科研

一、文献信息资源建设

（一）印本文献资源建设。

2010年图书馆全年入藏印本文献资源总量15 315种（册）。其中，中文图书及地图1968种/3251册，外文图书843种/861册，中文期刊573种/5859册，外文期刊555种/4080册，国际交换图书、地图等437种（册），外文期刊827册。

2010年图书馆接待到馆读者31 101人次，印本文献流通量11.2万册，印本文献复印量55万余页。

（二）数据库资源建设。

2010年，图书馆可以提供服务的数据库资源20个，包括书目及文摘型数据库4个；电子图书6个；期刊数据库6个；论文及标准数据库4个。其中，自主开发建设数据库4个，采购15个，免费1个。2010年图书馆网站访问量突破40万人次，页面浏览数210万；访问人数比2009年增长33%，页面浏览数比2009年增长15%。电子资源下载量达到150万篇。

（三）三库建设与数字图书馆建设。

1. 馆藏书目数据库建设。完成中日文图书编目2559种/4147册；中日文地图编目50种/76幅；西文图书、光盘及西文博（硕）士论文编目1481种册；完成中、外文新旧刊编目62种；完成965册中文装订刊及1168册西文装订刊的编目入库工作；完成编目数据维护2181条。2010年书目数据库数据总量达

19 万条。

2. 中国地质文献（中英文）数据库建设。中国地质文献中文数据库完成 1408 册源文献选题，遴选加工入库文献 14 810 条；英文库完成 273 册选题，遴选加工入库文献 3985 条；完成中国地质文献数据库 2005 年 12 期网络版数据修改工作。2010 年中国地质文献数据库数据总量 33.2 万条。出版完成《地质学汉语叙词表》（第三版）。组织完成了“中国地学图书期刊网工程”规划。

3. 馆藏重要地学文献数据库建设。2010 年图书馆历时 5 个月，开展了清库工作，完成书库书刊分布勘查、整体布局设计、架位调整。全面清点、整理了原中国地质大学（北京）图书馆馆藏中外文书刊，合计工作量达到了 158 919 册；总计完成了原全国地质图书馆中外文书刊架位调整及书刊倒架工作，总数量达到了 387 301 册；补充完成了馆藏中外文书刊书目流通数据，系统整理了馆藏检索刊物。总计完成了 33 543 册，其中俄文期刊 26 174 册；西文期刊 6476 册；中文期刊 893 册。通过书库调整工作，使书库的可利用寿命比调整前延长了 10 ~ 15 年。

2010 年完成 8390 册中外文图书的元数据校对及修改验收、入库工作。馆藏重要地学文献数据库数据总量 4.5 万册。完成珍本图书再造 43 种约 230 册。

二、项目工作

2010 年共有纵向项目 4 项（其中续作 2 项，新开 2 项），地质矿产调查评价 3 项、危机矿山专项 1 项，经费总额为 1050 万元。新增项目经费 680 万元，承担学科课题 16 项，新增 6 项。服务对象涉及发展研究中心、部信息中心、实物资料中心、环境监测院、地质力学所、矿产资源所、郑州综合所等 7 家单位；内容涉及矿产资源勘查、海洋矿产资源、地质灾害、地质环境、地质力学、实物信息资料集成研究等十几个领域。

三、信息技术应用

（一）网络基础设施。

完成网络机房改造；完成网络出口带宽升级工作；完成与地调局骨干网的接入融合工作；完成全馆网络系统 IP 地址的重新规划和部署；安装并实施了新的防火墙系统，重新建立防火墙策略；部署全新的视频会议系统与 IP 电话。

（二）VPN 技术的推广应用。

为各省地调院、环境监测院等 50 家单位的总工、图书馆开通 125 个 VPN，2010 年图书馆拥有 VPN 用户 2032 个。完成 VPN 设备的系统升级工作，并解决了操作系统及杀毒软件的兼容性问题；并对 VPN 系统进行用户统计，保存 VPN 访问日志；对 VPN 性能进行分析和优化。

（三）联合联机编目系统建设。

2010 年共完成 13 家局属单位的系统安装、数据导入及图书自动化管理系统的使用培训工作；完成客户端数据移植 5 万多条；完成 13 家单位 1766 种中外文期刊的订购及编目工作。

改革与创新

一、构建科学发展新机制

2010 年 3 月，地质图书馆新一届领导班子成立。新班子把“准确定位，明晰思路、完善机制，加快发展”作为首要任务提上工作日程。2010 年，图书馆调研走访了全国 11 个省（区），对局属单位、专业图书馆、地学院校、地调院 27 家单位进行了调研；召开了业务骨干和青年同志座谈会，在全馆范围内开展了业务发展大讨论活动；召开了 3 次工作务虚会，围绕图书馆面临形势、发展中存在的问题、发展目标和业务定位、层级管理等进行研讨；结合存在的问题和形势变化的需要，进行了制度的立、改、废，2010 年初制定了规章制度任务目标，对图书馆 2004 年以来馆内 101 项制度进行了全面清理，沿用 29 项，修改合并 57 项，废除 6 项，新增 14 项。

二、创新服务方式方法

（一）传统三刊出版。

完成《国外地质资料目录——地质学》2009 年第 4 期和 2010 年 1 ~ 3 期的编辑发行工作；完成《中国地质文摘》2010 年 1 ~ 12 期三审三校工作，编辑出版约 480 万字，完成 12 期刊物发行工作；完成《中国地质文摘》2009 年年度索引审校工作，编辑出版约 167.8 万字，完成发行工作；完成《中国地质文摘》英文版 2010 年 4 期 160 万字的编辑和出版发行。

（二）创办《国外地学动态》。

2010 年，地质图书馆创办了内部刊物《国外地学动态》，设置“基础地质”、“矿产资源”、“水工环”和“技术方法”等 4 个栏目。完成 6 期《国外地学动态》编辑发行工作，累计完成 23 篇文章，11 条国内外会议信息，发行到部局直属单位、各省地勘局、地调院、环境监测总站等 250 家与地学工作相关单位，并作为宣传材料发放给图书馆举办的联机编目系统培训会和地质院校共建共享座谈会的代表，以及学科馆员服务单位科技人员手中。

（三）科技查新、专题检索服务。

国土资源部地学科技查新站、阅览室和文献信息服务室开展科技查新与专题信息检索服务。服务的对象由部局系统扩大到环保部、中科院、大学、中石油、企业等几十家单位和个人。2010年共完成科技查新32例，文献引证证明6例，文献专题检索20余例，检索文献4000余篇，满足了读者个性化的需求。

（四）学科馆员服务。

全面启动学科馆员制度。2010年10月成立了学科馆员推进领导小组办公室，提出了学科馆员推进的具体办法。学科馆员由高级职称人员、处级以上干部和热衷于学科馆员工作的中级职称人员组成。由64名馆员组成26个学科馆员服务小组与局属单位建立了对口联系，以“宣传资源、了解需求、建立联系、探讨共建”为目标，开展学科馆员服务。

（五）科普基地建设。

1. “世界地球日”宣传。围绕第41个“世界地球日”活动主题，设计了“‘低碳生活’为地球披上梦的衣裳”系列纪念宣传活动。一是设计了集知识性和趣味性于一体的地球日主题网站，开展在线有奖问答方式，实现了科普基地与青少年的网络互动。二是举办世界地球日专题展览。三是印制活动宣传册和“低碳生活”小贴士100份。四是通过链接部局网站，向《中国国土资源报》投稿，邀请《中国国土资源报》、《地质勘查导报》的记者对展览和科普讲座做专题报道等多种方式，宣传报道图书馆地球日活动。

2. 开展科普讲座与科普巡展。组织了“青藏高原之谜”和“奇妙的石头”两场科普讲座。图书馆先后在地质附中及中国地质大学（北京）的人文经管学院、海洋学院、土地科学技术学院等5个学院进行科普巡展活动，设计制作了面向小学生展板——《神奇的矿物》，进入海淀区第三实验小学和中关村第二小学巡展。

3. 筹建科普阅览室并初具规模。初步完成科普阅览室的布局设计及配套设施采买安装。从馆藏图书中提取科普相关书刊520册并贴磁条，挑选科普图书242种，科普期刊20种，音像制品110种，进行采购。

经济管理

2010年，地质图书馆适应财政管理改革形式，以预算管理体系为龙头，带动会计核算体系和会计监督与会计服务体系建设向前发展。

以规范和细化预算管理为重点，加强预算管理体系建设。通过加强沟通协调和预算审查，以处室为单位的预算管理责任制得到加强，并注重规范、抓落实，从源头上解决了预算管理不规范的问题。2010年全馆基本经费预算执行率达到100%，项目经费执行率达到了部、局规定的预算执行率目标以上。

以加强财务信息集中管理为重点，加强会计核算体系建设，提高核算质量，确保资金安全；三是根据财政改革需要，加强预算管理体系建设和会计核算体系建设，推进预算管理，坚持依法理财，勤俭治馆。认真完成审计整改验收工作，针对审计提出的问题，规范了内部4个处室货币资金收缴管理程序。

党建与精神文明建设

一、创先争优活动

按照部、局党组对创先争优活动的部署和要求，地质图书馆完成各项工作任务，达到了预期效果。一是结合工作实际创先争优。馆党委结合图书馆工作特点，制定创先争优实施方案，重点部署，迅速推进，并根据部、局的要求，重新审视和不断完善创先争优实施方案和馆党委创先争优工作承诺书，工作机制不断完善。二是结合加强和改进作风创先争优。与创先争优活动结合，继续深入开展“创建学习型党支部，争做知识型党员”活动。三是围绕中心工作开展创先争优。2010年以讲党课、先进事迹报告、实地参观、撰写读书报告等形式开展学习和研讨活动。组织以“如何把业务工作的薄弱环节作为党建工作的重要抓手?”为主题的征文活动。

二、惩防体系建设

（一）开展反腐倡廉宣传教育。

组织学习《廉政准则》；邀请北京市西城区法院法官开展“如何预防经济犯罪和职务犯罪”的廉政讲座，参观了北京市公安局西城区看守所，举办了以“提高制度执行能力”为主题的全员培训班。

（二）开展廉政专项行动。

开展了廉政风险点排查、查找和整改突出问题以及制度漏洞工作，共查出27个廉政风险点、36个重点环节，6个方面的制度漏洞，找准了存在问题的源头，并对排查出来的廉政风险点进行综合分析，深入查找原因，制定了6个方面的防范措施，形成了以完善和落实制度为主线的廉政风险防控机制。

（三）监督检查。

开展巡视和内部审计工作，建立了由纪委、人事、财务部门主要负责人组成的巡视工作联席会议制度，每季度安排专门时间，采取座谈讨论、察看账物和设立群众意见箱等办法，对领导干部和各处室廉政建设情况进行巡查，尤其在涉及人员调整、职称评聘、岗位安排、福利待遇、政府采购和基建工程维修等方面，按照组织程序和有关规定操作，全过程接受纪检监察和群众监督。

三、文明单位创建与构建和谐图书馆

（一）抓机制建设。

地质图书馆精神文明建设有中长期规划、有年度目标、有不同时期的主题、有不同阶段的重点，同行政业务工作、同党建工作统一部署、统一检查、统一考核、统一奖惩。

（二）抓结合点，文明创建活动贯穿于各项工作中。

文明创建工作同干部队伍建设、思想政治工作、行政业务工作、职工素质教育等结合，形成推进精神文明建设的有效抓手和整体合力。

（三）抓载体创新。

开展各类群众性文明创建活动，举办了“春节民俗”知识展览、“三八”劳动妇女节“我健康、我快乐”趣味运动会，安排职工外出参观和秋游，编排3个节目参加地调局第一届文艺汇演，获得优秀组织奖，组队参加了国土资源部第七届羽毛球团体赛，获得乙组第三名。

（四）抓城乡共建。

推进“共建文明京郊行”城乡结对子活动，与密云县不老屯镇不老屯村建立了长效的共建工作机制。

（五）开展安全生产、保密和综合治理工作。

层层落实安全生产责任制。多次对图书馆大楼安全进行了全面排查，开展安全生产教育和宣传，举办了消防安全知识讲座，启动安全改造工程项目。

（陈　萍）

水文地质环境地质调查中心工作

水文地质环境地质调查中心

概　况

中国地质调查局水文地质环境地质调查中心（以下简称“水环地调中心”）是中国地质调查局直属事业单位，主要承担水文地质、环境地质、工程地质调查及相关技术方法研究与开发工作。

现设有办公室、总工程师室、财务处、科技与装备处、人事教育处、党委办公室（纪检监察审计室）等6个综合管理部门；水文地质调查室、地质灾害调查室、环境地质调查室、物探技术室、地下水监测技术室、地质灾害监测技术室、遥感技术室、工程技术室、信息情报室、水环地质开发室、物探技术开发室、技术推广室等12个技术业务部门；以及物业管理部、离退休管理处和1个临时机构：基建办公室。

截至2010年底，水环地调中心共有职工464人，在职295人，离退休169人（离休9人，退休160人）。在职读博士学位8人，读硕士学位5人。

2010年，“长江三峡链子崖危岩体防治工程”项目获国土资源科学技术一等奖，“地质灾害预警关键技术方法研究与示范”项目获国土资源科学技术二等奖。水环地调中心西南抗旱突击队获得“全国防汛抗旱先进集体”荣誉称号；水环地调中心荣获“国土资源系统西南抗旱找水打井先进集体”称号、局“2008～2009年度安全生产先进单位”荣誉称号、“全国地质勘查安全生产集中培训活动先进单位”称号。郭建强等8位同志获得“国土资源系统西南抗旱找水打井先进个人”荣誉称号。傅秉锋、张维新、李建民3位同志分别获局“优秀职工之友”、“优秀工会干部”、“工会积极分子”荣誉称号；张俊义、李旭峰2位同志获局“优秀青年”荣誉称号；史云同志获局“女职工建功立业标兵”荣誉称号。

地调与科研

承担地调计划项目3项，工作项目24项（第一批18项，第二批6项），科研项目14项。全年外审地质调查年度设计24份，成果报告3份，野外资料验收4项，其中11份设计评为优秀，3份成果报告评为优秀，3项野外资料验收优秀，其他均为良好。整体优秀率为55%，优良率为100%。各项目组按照设计任务书的要求与进度开展工作，均已完成或超额完成设计工作量，取得了项目预期成果。

一、发挥专业优势，出色完成国家应急任务

（一）积极支援西南抗旱救灾，获得国家、部嘉奖。

百年不遇特大旱灾年初袭击我国广西、云南、贵州、四川等西南地区，按照国土资源部支援西南抗旱找水打井的部署精神，水环地调中心第一时间成立西南抗旱工作领导小组和现场指挥部，抽调水文地质、地球物理、钻探等专业技术骨干22人，钻探工20人，协调钻机4台，找水仪器18台（套），组成3个抗旱找水突击队，分别奔赴云南大理和广西隆安、南丹的抗旱第一线，开展找水打井工作。共定井位48处，钻井30眼，成井25眼，完成钻探进尺5030 m，累计日出水量15.792×10^3吨，可解决31.584万人和52.64万头大牲畜的饮水问题。

（二）情系灾险区，积极参加玉树、汶川、三峡库区地质灾害排查和应急监测工作。

按照国土资源部地震灾区和三峡库区地灾防治工作会议精神，成立了工作组，沿玉树巴塘河两侧和结古镇地区进行地质灾害调查，共发现地质灾害隐患点145处，保护受威胁人口约2.7万人。经过对比分析，对21个滑坡点进行监测仪器安装与测试工作，并对当地技术人员进行现场培训与指导。工作组还应地调局和四川国土厅的要求赴汶川地震灾区开展应急监测工作。成立了汛期三峡库区地质灾害排查小组，对三峡库区巫山、万州地质灾害开展了再排查工作，加强了175 m蓄水期地质灾害的加密监测。

（三）开展三峡望霞危岩实时监测，为保障航道航运安全发挥积极作用。

2010年8月28日，重庆市巫山县望霞危岩出现明显变形加大迹象，水环地调中心应急专业监测工作小组，抵达险情现场，建立了全自动裂缝位移计监测和视频监控手段于一体的专业监测系统，及时预警，避免危岩体变形破坏造成人员伤亡和重大财产损失。同时提交监测日报72期，监测周报14期，为政府决策部门及时了解灾害体动态变化和制定防灾减灾政策提供依据。

二、精心组织，地质调查成果丰硕

（一）地方病严重区地下水勘查与供水安全示范取得突破。

通过华北地方病严重区地下水勘查及供水安全示范，查明了唐县史家佐等6个村的水文地质条件，确定宜井孔位7处，成功实施供水示范孔4眼，日出水量2840吨，解决了8000余人饮水困难。通过四川旺苍县、南江县、壤塘县和青海贵德县以及西藏尼木县大骨节病区1:20万水文地质编测，划分了大骨节病区分布范围，初步总结了当地大骨节病与地质环境的关系，施工探采结合井和示范井9眼，水量、水质满足当地成井要求。通过在宁夏中南部严重缺水地区地下水勘查示范，进一步发现和总结了本地区储水构造的发育规律，这些新的发现和规律对解决宁南严重缺水问题具有历史性突破意义。

（二）全国二氧化碳地质储存研究成绩突出。

提出了中国二氧化碳地质储存潜力与适宜性评价阶段和各阶段评价精度，建立了潜力评价方法体系；宏观掌握中国沉积盆地二氧化碳地质储存条件，确定了我国二氧化碳地质储存的方针及对策。制定了切实可行的全国碳编图方案，初步编制了全国1:500万碳编图成果图系以及部分盆地级二氧化碳地质储存图集。探索研究了二氧化碳地质储存勘查与监测技术方法。初步建立我国二氧化碳地质储存空间分析信息系统。

（三）地质灾害监测技术方法研究与示范成果丰富。

通过对三峡库区巫山四道桥滑坡、李家坡滑坡和万州塘角村滑坡地质调查，建立滑坡地下水、孔隙水压力、降水、库水位、深部位移实时监测体系，获取滑坡体岩土体物理力学参数以及岩层渗透系数。通过监测三峡巫山玉皇阁崩滑体、向家沟滑坡和四道沟邓家屋场滑坡的变形趋势，建立了ISS微震监测系统试验点，总结了滑坡监测技术方法，提出了不同类型、不同变形特征滑坡监测系统推荐方案。完成无线网络传感器系统、3G视频平台、泥石流监测分析仪、自动传输预警雨量计、分布式电导率监测仪、磁致伸缩多点位移监测仪、倾斜预警仪、智能报警器、地质灾害无线监测警示仪等仪器的研发工作。

（四）地质灾害调查稳步推进。

通过陇东地区崆峒区和崇信县地质灾害详细调查，查明了崆峒区灾害点166处，其中滑坡灾害点65处、崩塌3处、泥石流20处、地裂缝23处、不稳定斜坡55处；查明崇信县地质灾害点54处，其中滑坡灾害点13处、崩塌6处、泥石流15处、地裂缝5处、地面塌陷3个、不稳定斜坡12处。通过选择华北典型地区石家庄、衡水、邢台、邯郸等地的地裂缝现状调查，查明地裂缝分布规律，分析其成因，为华北平原减灾防灾提供科学依据。

（五）环境地质调查工作进展顺利。

完成青海省清水河－五道梁段1:10万水文地质环境地质调查2500 m^2。查清了五道梁的水文地质条件，并指明了供水方向。对影响青藏工程走廊安全的灾害点进行了调查，提出了相应的预防治理措施。开展了建设用地示范区表层土壤补充取样调查和地下水井调查，实现了风险评价方法程序化工作。

（六）水工环技术方法发挥重要作用。

首次运用飞艇遥感系统在大石围天坑科考中，获取了天坑大比例尺、高分辨率的低空遥感图像，并搭载摄像机，获取了清晰的空中影像资料。在此期间，中央电视台进行了连续跟踪报道播出。在张家口举行国土资源部特大型地质灾害应急演练会上，无人飞艇模拟参加地质灾害应急调查获得广泛关注。

（七）水工环信息化建设和标准化建设迈出新步伐。

初步完成水工环地质调查技术方法应用服务系统。依据水工环专业领域，形成遥感、物探、钻探、实验、测试、监测、同位素、模拟等八大技术类别资料2400多条，建成数据表36个，总数据量达11 000多条。完善了水工环技术方法信息化服务系统前台应用功能和后台管理功能。完成了“地质灾害群测群防”、“西南抗旱找水”等6个专项综合信息系统建设，搭建了技术先进和应用方便的服务平台。

（八）地质调查安全保障体系研究取得成效。

编制《地质勘查劳动防护和野外救生、特殊生活用品（用具）配备标准》，通过地调局审查，在全局推广，提高了地质调查从业人员安全保障水平。研发的“地质调查安全生产管理平台”正在试点单位运行使用。

三、联合攻关，地质科技创新能力不断提高

全年共承担“十一五”国家科技支撑计划课题、国家自然科学基金项目、国家重点新产品计划项目、国土资源部“十一五”第一批重大科技创新课题，国土资源部公益性行业科研专项经费项目等各类科研项目14项，经费约1000万元。

（一）科学研究取得良好成绩。

成功研制了光纤光栅监测解调仪、分布式光纤传感监测系统，其技术性能达到国际同类技术产品水平；针对农村安全饮水问题，建立了咸淡水区找水、基岩裂隙水勘查、薄层含水层勘查等3套不同地质单元不同类型地下水勘查技术模式，研制了地下贫水区取水工程以及傍河取水工程技术设备；针对矿山地下水污染、矿山边坡稳定性及地面塌陷等问题，选择典型示范区，开展矿山地质环境监测预警关键技术研究。

（二）水工环地质仪器自主创新能力不断提高。

形成了以自主研发的地下水动态自动监测仪、裂缝报警器、滑坡预警伸缩仪为龙头的地质仪器20余款，并面向社会推广应用。其中，地下水动态自动监测仪在国家重点新产品计划项目支持下完成升级换代，水位、水温的测量更加稳定，功耗也大为降低；裂缝报警器、滑坡预警伸缩仪分别在全国范围内进行地质灾害应急预警监测。基岩水井水力压裂设备的研制及试验应用，填补了国内基岩水井水力压裂增水技术研究领域的空白。全年申请水工环技术方法专利4项，获得专利授权4项。

（三）对外交流合作更加广泛。

通过实施“走出去”战略，分别与加拿大联邦地质调查局、澳大利亚地球科学局和美国纽约市立大学就地质灾害监测、二氧化碳地质储存、高砷地下水研究方面共同开展合作研究。分别组织人员赴澳大利亚、孟加拉国开展国际交流，取得丰硕成果。成功承办西南抗旱地下水勘查与供水示范技术交流研讨会，120余位代表参加了会议。查恩来博士再次受邀参加第27次南极科学考察。全年参加各类培训、交流、论坛、会议134人次。全年公开发表学术论文63篇，其中SCI、EI等检索9篇。编辑《水文地质工程地质技术方法动态》6期。

四、主动服务经济社会，地质工作链不断延伸

（一）服务经济社会水平不断提高。

以地调项目为依托，主动服务经济社会发展，延长地质工作链。通过曹妃甸地区、潞安矿业集团、浙江舟山地下油库地球物理勘查，查明工作区断裂构造及其空间分布特征，为当地经济社会发展提供技术支撑。积极承揽山西森宇坐标城采空区探测以及山西朔州煤矿断层地震勘探。开展土壤碳呼吸数据远程传输技术研究，解决关键技术问题，完成数据远程传输系统组建。查明河北大午集团以及白沟和雄县温泉城的地热地质条件，编制地热综合开发利用方案，为区域经济的可持续发展提供绿色能源，推动可再生能源的科学开发。开展河北顺平县城供水水源地水文地质勘查以及顺平县常北庄石渣厂矿山地质环境保护与治理恢复调查。完成大唐保定热电厂“上大压小”2×330兆瓦机组热电项目建设用地地质灾害危险性评估，对其危险性提出防治对策和治理措施建议。

（二）科技成果转化力度逐渐加大。

前往大连、营口、盘锦、江苏等地调研，了解市场需求，创造销售契机。完成三峡库区40台地下水动态监测仪器检修。全年推广各类仪器3786台（套）。

改革与创新

一、创新工作方式，管理水平迈上新台阶

（一）财务管理不断加强。

开展“小金库”专项治理“回头看”，确保不走过场、不留死角。推行公务卡制度，制定公务卡管理实施细则，规范公务卡使用管理。落实厉行节约精神，努力压缩经费开支，实现“四项费用”的“零增长”。加大预算执行力度，确保预算执行率达到局的要求。

（二）制度建设形成体系。

制定《野外津贴补助实施办法（试行）》、《劳务派遣人员管理办法（试行）》、《公务卡管理暂行办法实施细则》3个制度。制度建设经过3年时间的修改制订，目前已经形成政务管理、人事教育管理、财务资产管理、党务管理、项目管理等5个方面48个规章制度。

（三）技术装备管理有序开展。

全年采购设备331台（套），其中政府采购151台（套），实现年度设备采购误差为零的目标

（四）新闻宣传成效显著。

全年编发简报59期。其中国土资源部《部内要情》采纳23条，部门户网站采纳2期，局地调工作动态采纳26条，局门户网站采纳34期，《地勘导报》发表文章5篇，进一步扩大水环地调中心知名度，提高了社会影响力。

（五）保密管理扎实推进。

开展学习宣传保密法活动，利用网络、展板、横幅、宣传画等形式，营造浓厚氛围，增强保密意识。开展计算机及网络保密情况自查，对检查违规部门进行通报，加强涉密计算机管理。

二、加强培养注重锻炼，人才队伍建设步伐逐渐加快

（一）岗位设置管理工作圆满完成。

按照“先入轨、后规范”的原则，经过充分酝酿、周密部署、精心组织，积极推进，历时5个多月水环地调中心岗位设置管理工作圆满完成。共遴选出三级专业技术岗位人员7名，四级专业技术岗位人员21名，五级及以下专业技术岗位人员126名和七级以下管理人员14名。基本实现了全员岗位设置入轨，是水环地调中心实现由身份管理向岗位管理转变的一次重大改革，对于理顺专业技术、管理和工勤岗位之间的关系，调动广大职工的积极性和创造性起到促进作用。

（二）人才引进、培养力度不断加大。

2010年，共招聘应届毕业生11名，其中硕士研究生9名。主动给青年人才压担子，35岁以下工作项目负责4人，工作项目副负责6人，占工作项目正副负责总人数18.5%，35岁以下工作内容负责以上人数达38人。年初下发培训计划21项，完成17项，完成率为81%，同时参加计划外培训10余项，进一步扩大了业务人员视野。

（三）探索新用人机制取得成效。

在临时性、辅助性以及替代性的工作岗位上实施劳务派遣14人，开辟用人新方式，解决了上述岗位占用编制的问题，减轻了管理负担。

三、安全第一，预防为主，全年无任何事故发生

（一）注重安全培训。

利用“冬末春初”时机，集中开展安全生产法规、知识培训；坚持出队前安全教育和备案制度；为赴重点区域野外作业人员进行安全教育6次。

（二）积极开展安全生产年、安全生产月活动。

悬挂大型安全横幅标语，举办安全宣传专栏2期，张贴安全宣传标语20幅，参加安全生产知识答题活动230余人次，有力营造了安全生产氛围。

（三）组织野外安全检查。

由水环地调中心领导带队，赴三峡库区、甘肃陇东和宁南、山西长治、四川广元、青藏高原等地进行安全检查。

四、加强监督注重安全，基建工程建设稳步推进

2010年，水环地调中心承担两个基建项目：地调综合实验楼和基础设施改造。地调综合实验楼于5月29日破土动工，楼主体工程已于11月22日11时完成封顶施工。基础设施改造各独立工程正积极协调，整体推进。

经济管理

2010年，水环地调中心实现总收入13 742.51万元，比上年增加6252.51万元，增长83.47%，超过了年初确定的力争突破1亿元大关的目标；科技开发收入785.53万元，完成年初确定的600万元的目标；职工收入6.1万元/人年，达到了增长10%的目标；新增固定资产1073.34万元，较上年增加了24.7%。地调科研项目经费8810.2万元，超过年初确定的4500万元的目标。

追加预算部分完成率为82.46%，完成了局确定的80%的目标，部门及上年结转部分完成率为78.07%，平均预算执行率为80.53%。

党建与精神文明建设

2010年，水环地调中心党委以创先争优活动为契机，加强党的思想组织建设，构建惩防体系，凝聚队伍力量，凝聚力指数达到9以上。按照党员发展计划，2010年发展党员3人。

一、创先争优活动成效显著

以“筑坚强堡垒，树先锋形象，建一流水环地调中心”为主题，开展形式多样的学习活动；“七一”唱红歌，激昂斗志；党员戴党徽、亮身份、树形象。2010年保定市委创先争优活动办公室确定水环地调中心安永会同志作为保定市优秀共产党员典型

加以培树。

二、党风廉政建设不断加强

加强反腐倡廉教育，深入推进惩防体系建设，顺利通过局工作组评估验收，构建起具有单位特点的惩防体系。以“小金库”专项治理回头看和廉政专项行动为重点，认真排查，严格把关，坚决杜绝“小金库”的产生。成立深入开展廉政专项行动组织机构，明确责任，层级管理，认真排查廉政风险点。加大监察力度，纪检监察审计部门积极参与项目招投标、基建工程材料调研询价、大型设备采购调研等工作，并对食堂进行了内部审计，提出了整改建议。

三、党建和精神文明建设迈出新步伐

积极开展向李向同志学习活动。舟曲特大泥石流灾害踊跃献爱心，共捐款18 980元。举办职工摄影比赛，组织歌咏比赛，召开职工体育运动会，开展共青团野外实践活动等，丰富职工文化生活；通过野外慰问，职工生日送鲜花蛋糕，职工住院探访慰问，节假日走访离退休人员等活动。全年无上访事件发生。

四、履行承诺，为职工办实事

2010年为职工办的4件实事，其中家属院一户一表改造和3个家属院上、下水管道改造以及改扩建机关、后家属院的自行车棚3件实事已经列入基建项目，正在落实。购置一套音响，恢复工间操，由于场地限制，待地调综合实验楼建设竣工后实施。

（刘迎娟）

中国地质科学院工作

中国地质科学院

概　况

中国地质科学院（以下简称“地科院”）是中国地质调查局直属的科研事业单位，属社会公益类科研机构，是国家科技创新体系的重要组成部分，开展地质科学研究与创新和地质调查工作。

地科院由院部和下属7个非营利性研究机构——中国地质科学院地质研究所、矿产资源研究所、地质力学研究所、水文地质环境地质研究所、地球物理地球化学勘查研究所、岩溶地质研究所、国家地质实验测试中心组成。院部下设8个职能处室、3个中心、3个业务部门。设有研究生部和2个博士后科研流动站。建有国家现代地质勘查工程技术研究中心，国家地质实验测试中心（2002年通过国家实验室认可）、4个国土资源部产品质量监督检验测试中心（国家地质实验测试中心、地下水矿泉水及环境监测中心、地球化学勘查监督检测中心、岩溶地质资源环境监督检测中心）；成功申报大陆构造与动力学国家重点实验室，建有同位素地质、岩溶动力学、大陆动力学、成矿作用与资源评价、盐湖资源与环境、地下水科学与工程、新构造运动与地质灾害、地球物理电磁法探测技术等8个国土资源部重点实验室，建有应用地球化学、地层与古生物、生态地球化学、古地磁、深部探测与地球动力学、岩溶生态系统与石漠化治理等6个院级重点开放实验室，初步形成了国家、部、院三级实验室格局。

2010年底，全院职工3399人，包括在职职工1793人、离退休人员1607人。全院在职职工具有本科以上学历的1084人；具有硕士以上学位的672人；在职职工中专业技术人员1227人，其中，两院院士14人，研究员及教授级高工292人，副研究员及高级工程师273人，中级职称人员382人，初级职称人员225人；专业技术人员中，有博士334人，硕士298人，本科309人，大专及以下286人，形成了以博士和硕士为主体、创新能力强、高层次人才密集的地质科技队伍。

地调与科研

一、总体情况

（一）承担项目情况。

全院共承担各类科技项目1086项，包括科技部项目46项、国家自然科学基金项目77项、行业科技专项项目90项、国家其他部委项目20项、基本科研业务费项目337项；地质调查项目323项（含计划项目41项）、横向项目193项。年度科技项目总经费达7.9亿元，比2009年增长45.5%，其中，国家科技项目经费39 057万元，地质调查项目经费32 821万元，横向项目经费7099万元。

（二）成果获奖、发表论文、出版专著、获得专利等情况。

全院获得各类科技奖励16项，其中2010年度国家技术发明奖二等奖1项，2010年度国土资源科学技术奖一等奖 4 项、二等奖 8 项（含参加 2 项）。2 项成果入选中国地质学会 2010 年度十大地质科技进展，部分成果入选 2010 年度中国地质调查十大进展，刘敦一研究团队精确测定月球雨海纪年代等成果入选地科院 2010 年十大科技进展。有 160 项科技成果通过评审验收，包括国家科技项目 28 项、地质调查项目 25 项、其他科技项目 107 项，45 个项目成果被评定为优秀级。共发表论文 801 篇，包括 SCI 与 EI 检索期刊论文 161 篇，国内核心期刊论文 497 篇，出版专著 29 部。获国家发明专利 1 项、实用新型专利 5 项。

二、创新研究亮点

不同部门近百个单位千余名科技人员参与“深部探测技术与实验研究”专项，初步建立适应中国大陆地质地貌条件的深部探测技术体系，在青藏高原东北缘发现地壳下部逆冲、壳幔边界重复错断及岩石圈缩短变形重要证据，对长江中下游大型矿集区开展三维透明化立体探测，深穿透地球化学理论和技术研究获突破性进展。汶川地震科学钻探穿过了控震断裂主断面，发现厚达 20 m 的断层泥，为揭示汶川八级地震的形成机理提供了重要的科学依据。国家重点基础研究计划（以下简称“973”项目）项目“青藏高原南部大陆聚合与成矿作用”和“中国陆块海相成钾规律及预测研究”正式启动，“华北平原地下水演变机制与调控研究”进展顺利。首次发现含胚胎的离龙类化石，发现了与蛋保存在一起的雌性翼龙化石，研究解决了翼龙性别鉴定这个关键问题，成果分别在德国《自然科学》、《科学》杂志上发表。建立中国成矿体系，发展了板内成矿理论。成功研制具有自主知识产权的深部找矿大功率多功能电法仪器等，为地质勘查和资源评价提供了快速高效的技术方法。

三、地质调查项目重要进展和成果

院属各单位组织实施地质调查项目合计 323 项，圆满完成年度工作任务。在青藏高原安多微陆块发现高压基性麻粒岩，精确测定兰坪盆地脉状铜矿与青海南部铅锌多金属矿等矿床成矿时代。完成全国铁铝资源潜力评价，为实施地质矿产保障工程和全国矿产勘查部署提供了重要依据。运用先进成矿理论指导找矿实践，在冈底斯成矿带、甲玛铜多金属矿深部、洞中拉铅锌铜矿床深部、江西武山矿区等地，实现了科技找矿重大突破。在西北地区优选了油气勘查有利区带；在柴达木盆地发现石炭系厚层油砂。

首次建立北方地区地下水功能评价指标体系，编制了地下水污染防治系列图件，建立了不同类型地区 1:5 万水文地质调查技术方法体系，发现增加岩溶碳汇潜力的新途径，提出了现代气温变化趋势新认识，建立岩溶石漠化脆弱性评价指标体系和石漠化治理工程评价方法等。

四、服务国家目标，部、局职能，地方经济情况

院属各单位发挥科技优势，积极投入抗震救灾与抗旱找水，服务经济社会发展。玉树地震发生后，地质力学所和地质研究所先后组织专家，奔赴地震灾区考察，编写玉树抗震救灾实用知识和技术手册，提出了灾后重建地质灾害防治建议。面对西南 5 省严重旱灾，水文环境所与岩溶地质所成立了抗旱找水突击队，找到多处水源地，解决了数十万人的饮水困难及农田灌溉用水。多个集体和个人获得表彰。

为部、局履行管理职能提供了科技支撑。积极参与部、局“十二五”科技、人才、气候变化等规划、建议的编写和国土资源战略研究工作。开展地质工作发展战略研究，提出“科学保障资源供给”和“科学保护国土环境”的理念及支撑引领国土资源可持续发展的地质工作发展战略，包括地质调查“双保障、三并重”战略、地质科技“两大体系、五深领域”引领战略以及地质教育、地质信息等战略思想，对中国地质工作发展具有长远指导意义和重要参考价值。完成深部金属矿产探测工程科技发展战略研究报告。建设国家地质公园管理数据库，宣传地质公园理念，为国土资源部地质遗迹保护和合理开发利用提供支撑。

服务国家工程建设、社会经济发展。地质力学所组织实施泛亚铁路大理至瑞丽段 1:2.5 万综合地质调查，完成 G213 国道都江堰－茂县段汛期应急地质灾害调查。岩溶地质所开展岩溶地面塌陷风险区划与石漠化治理规划，为国家重大工程建设和地质灾害防治提供了重要依据。水文环境所组织实施全国主要城市环境地质调查评价，为城市规划、建设与管理提供了科学依据。物化探所集成多目标区域地球化学调查成果，组织编制出版多目标区域地球化学图集，服务于土地质量评估和地方经济社会发展规划。地质研究所在西藏中部措勤盆地、南羌塘凹陷和冈底斯隆起发现晚二叠世—早侏罗世地层序列，对评价西藏油气资源潜力具有重要意义。

国际合作与对外交流

2010 年，全院共执行外事项目 113 项，483 人次，其中派出项目 69 项，224 人次，请进项目 44 项，259 人次。

一、国际科技合作取得成果

圆满完成“堪察加半岛－北极地区－贝加尔湖”

俄中联合地质考察，对实施“走出去”战略具有重要意义。1∶500万国际亚洲地质图（IGMA5000）、亚洲地下水资源与环境地质编图项目进展顺利，编制了最新的IGMA5000草图，编制完成了亚洲地下水资源图、水文地质图、地下水环境背景图、地热图，得到国际认同。成功举办了第三届国际翼龙学术研讨会等多个国际会议。

二、参加国际会议成效

在“世界地质图委员会理事会会议及全体大会”上，1∶2500万世界海洋矿产资源图项目和1∶500万国际亚洲地质图项目的进展情况汇报受到世界地质图委员会赞赏；任纪舜院士继续担任世界地质图委员会副主席和南亚与东亚分会主席、金小赤研究员当选世界地质图委员会南亚和东亚分会副秘书长；以裴荣富院士为首席科学家编制“1∶1000万亚洲成矿图”的项目申请获得世界地质图委员会批准。

三、国际组织工作取得成绩

在国际地球科学计划（IGCP）科学执行局第38次会议上，在中国廊坊建立“国际地球化学填图研究中心”的申请得到了国际地质科学联合会和IGCP科学执行局的支持。德国美因茨大学阿尔弗雷德·柯若纳尔教授荣获2010年度中国政府“友谊奖”。授予德国美因茨大学维尔纳·穆勒教授地科院“名誉研究员”称号。

人才队伍建设

完成《中国地质科学院高层次人才引进试点工作方案》，积极争取成为国土资源部人才工作试点，希望引进人才工作有所突破。院属多个单位对新近人员进行了入职培训；地质研究所积极探索了高端人才招聘办法；院推荐了迟振卿赴加拿大参加中期地政矿政培训。全院共接收应届毕业生126人，其中博士39人、硕士69人，本科18人；调入7人，充实了科研队伍。

加强研究生教育管理，在完善选拔机制、提高野外实践能力、增加就业等方面都有新举措：首次开展硕博连读研究生招生；申请设立“研究生野外教学基地建设规划”项目，首次开展研究生野外实践教学工作；首次组织院研究生运动会、研究生毕业生就业双选会；制定了院博士研究生发表学术论文的规定、院研究生学术道德规范及管理暂行办法。

科研条件建设

一、成功申报了国家重点实验室

地科院成立了以院党委书记为组长的申报协调小组，举全院之力推动申报工作并取得成功，实现了国土资源系统国家重点实验室零的突破。

二、全面提升了信息服务能力

主持完成“地质科学数据集成及服务系统”项目，集成整合岩溶地质、中国岩石地层名称辞典库等，其中岩溶地质的“一张图”试点取得进展，可面向各类用户提供地质科学数据网络共享服务。院网站实现工作日每日更新，日访问量大幅提升，荣获中国科技网“2010年度优秀单位用户”奖，获得2011年度增加10兆带宽的奖励。

三、加强了基础设施建设

据统计，自2006年修购专项启动以来，到2010年末，地科院累计获得国家财政支持3.05亿，主要用于仪器设备购置与升级改造，基础设施改造及房屋修缮，执行效果良好，改善了科技创新条件。地质力学所李四光纪念馆暨科研实验楼项目成功立项；经协调北京离子探针中心实验研究基地变配电项目获国土资源部支持，新增资金730万元，有效缓解了建设资金缺口；京区科研实验基地建设项目建议书已报发展改革委，北京市政府同意基地选址意向。

改革与创新

一、领导班子建设

2010年9月30日，“中国地质科学院领导班子成员任职宣布大会”在京举行。国土资源部党组书记、部长徐绍史出席会议并做重要讲话，部人事司司长张陟、中国地质调查局副局长钟自然出席会议。国土资源部副部长汪民主持了会议。部党组任命王小烈为地科院党委书记、副院长，主持全面工作，任命王瑞江为地科院副院长。至此，地科院领导班子得到了完善和加强，奠定了事业发展的基础。

二、改革发展调研情况

按照徐绍史部长提出的“准确定位、理顺关系、深化改革”以及汪民副部长提出的“从做事入手，从服务切入”的要求，地科院党委在广泛征求意见和调研基础上，形成了《中国地质科学院改革发展工作汇报》材料，提出了下一步改革发展思路和任务目标以及进一步深化改革的意见和建议，分别向部、局党组汇报并得到支持。院党委书记列席局党组会议，在院京区科研基地建设、地调科技项目统筹管理等方面都得到了局支持，为地科院改革发展创造了良好的外部条件。

三、改革与机制创新

院机关等6个单位先后完成了岗位设置和专业

技术岗位遴选工作，共遴选了专业技术岗位822个，其中二级岗位28个（待批），高级岗位374个。根据《党政领导干部选拔任用工作条例》等文件规定，竞聘选拔任用了70名中层领导干部。出台并实施了《中国地质科学院所属单位科技创新业绩年度考核办法（试行）》，对院属单位从承担国家科研项目、发表重要论文、获得重要科研成果、优秀人才培养和能力平台建设等5个方面进行量化考核。创新决策机制，建立了院所联席会议制度等。

经济管理

配合审计署完成对院机关、地质研究所和矿产资源所等3家单位2010年度预算执行及财务收支情况审计；配合国土资源部财务服务中心完成对地科院法人代表的离任经济责任审计工作，未发现经济违规问题。各所相继出台举措加强预算执行管理，确保了预算执行率。

2010年全院部门预算及上年结转财政资金预算共计5.8亿元，追加财政预算累计4.79亿元。全院实现总收入12.01亿元，事业费增加至2.12亿元，总支出9.64亿元，资产总额18.34亿元，固定资产7.95亿元；职工年人均收入9.09万元。

党建与精神文明建设

一、党建工作不断加强

地科院党委印发了“关于认真学习贯彻党的十七届五中全会精神的通知”，提出贯彻落实意见。地科院党委周密计划，精心组织开展了创先争优活动，紧贴实际、务求实效，着力提高党建科学化水平。

二、党风廉政和反腐倡廉工作不断深化

深入开展了廉政专项行动，进行廉政风险点排查，较好地落实了领导干部廉洁自律各项规定和党风廉政建设责任制，加强了对干部人事、重大项目运行和资金使用等重点部位和关键环节及预算执行情况的监督检查，取得良好效果；编印了《中国地质科学院管理制度选编》（1999～2010年），为单位的反腐倡廉建设和源头防制工作提供了有力的制度保障；配合国土资源部巡视组完成对院近3年工作的巡视检查。

三、精神文明建设结硕果

院机关开展了深化“五型机关”创建活动，着力打造学习型、创新型、服务型、节约型、和谐型机关，进一步转变了工作作风。建立了对单位困难职工救助的长效机制，体现人文关怀。各单位不断加强精神文明建设，保持了各类文明单位称号。组织参加扶危济困社会公益活动，地科院京区单位向玉树和舟曲灾区累计捐款41.3万元。积极组织工青妇开展丰富多彩的活动，促进了单位和谐发展。地科院多个单位和个人受到上级工青妇组织表彰；多个集体和个人获国土资源部、中国地质调查局系统“巾帼建功”先进表彰。

四、离退休工作得到加强

召开了地科院离退休工作座谈会，完善了共同责任机制，建立了专题联席会议制度、通报会制度，出台了《中国地质科学院京区离退休职工特殊困难帮扶试行办法》。认真落实党和国家对老干部有关政策，改善离退休职工活动场所，组织开展各项慰问、帮扶、丰富多彩的文体活动等，得到老同志好评。

（张　华）

中国地质科学院地质研究所工作

中国地质科学院地质研究所

概　况

中国地质科学院地质研究所（以下简称“地质研究所”）是国家科技创新体系的重要组成部分，是国家基础地质研究和地质调查的重要力量，主要从事基础性、公益性、战略性和前沿性的基础地质调查和基础地质研究工作，同时承担地质学、地球物理学和地球化学专业研究人才的教育和培养。

地质研究所现有4个职能处室、10个专业研究室、2个部级重点实验室、2个院级重点实验室，全国地质编图委员会、中国地质调查局地层与古生物中心、1个公开出版物《岩石矿物学杂志》和7个学术机构挂靠在地质研究所。

截至2010年底，在职职工203人，包括中国科学院院士5人、正高级职称63人、副高级职称43人，具有博士学位的101人、硕士学位的20人。

地调与科研

一、总体情况

（一）承担项目情况。

承担地质调查计划项目 11 项，其中续作 2 项，新开 9 项。工作项目 65 项（新开 57 项，续作 8 项），总经费 10 700 万元。

在研科技部项目及课题共 15 个，其中深部探测和汶川地震带钻探项目按计划开展了野外施工和室内研究工作。

获国家自然科学基金资助项目 15 项，其中面上基金 10 项，重点基金 1 项，青年基金 4 项，资助金额 798 万元，资助率达到了 32.6% 。

启动了“973”项目“青藏高原南部大陆聚合与成矿作用”，计划 5 年内完成。

（二）成果获奖、发表论文、出版专著、获得专利等情况。

1 项科研成果获国土资源科技进步一等奖（“青藏高原地体拼合、碰撞造山及隆升机制”）；2 项科研成果获国土资源科技进步二等奖（“中国花岗岩重大地质问题研究”、“扬子地台西缘变质基底演化”）。获得职务发明专利 3 项。以第一作者公开发表论文 153 篇，其中 SCI、EI 检索刊物论文 56 篇（在国外期刊发表的论文 21 篇），核心期刊论文 97 篇。出版专著 4 部。

二、科研成果突出

（一）科技部项目、国家专项。

1. 与美国华盛顿大学合作对 Appollo12 和 Appollo14 登月获得的毫米级撞击熔融岩屑进行了高精度的原位锆石离子探针测年，精确测定雨海纪月球遭受强烈撞击事件年龄为 39.2 亿年。改写了国际普遍接受的月球雨海纪强烈撞击事件年龄为 38.5 亿年的传统认识，对月球早期演化历史研究做出了重要贡献。

2. 白垩纪地球表层系统重大地质事件与温室气候变化研究项目，首次提出了生物群演化和更替的“避难所”模式。区域构造运动（燕山运动）并不能真正导致生物群的灭绝，早白垩世早 - 中期发生的生物群更替在性质上并不是“绝灭”与“复苏”的关系，而是“消亡”与“复苏”的关系。燕山运动之后，冀北 - 辽西地区的地理环境由原亚热带干热气候逐渐变为温凉、湿润气候，生态环境得以恢复，裸子植物和蕨类植物得以蓬勃发展，并出现少量原始被子植物，生物门类发展到 20 多个，形成多姿多彩的生态系统和稳定的食物链结构。

在辽宁早白垩世热河生物群中首次发现含胚胎的离龙类化石，提出了潜龙为卵胎生的新认识。相关成果在德国著名科学杂志《自然科学》上发表。

3. 汶川地震断裂带科学钻探项目研究发现 WFSD - 1 中 590 m 为映秀 - 北川地震主断裂面的地下位置，断层泥 7 m，汶川地震造成的断层泥 2 cm 厚。发现了 20 余条古地震断裂带。地应力测量确定映秀 - 北川地震断裂为逆冲兼右行走滑断裂；揭示彭灌杂岩为无根体，对隧道流的观点提出了挑战。

（二）国家自然科学基金（重点基金）项目。

1. “金顶超大型矿床构造 - 岩相填图与成矿模型”项目查明了金顶超大型矿床云龙组含矿建造时空分布和矿化特征；揭示了逆冲推覆构造系统对矿床矿体的控制式样、角砾岩型矿体的就位方式和形成过程；发现了多个残留的盐穹构造、沥青及其与矿床的成生关系；提出区域流体沿构造拆离系长距离侧向迁移、流体储集和金属堆积被膏盐穹隆构造控制的新模式，相关研究对金顶式铅锌矿找矿勘探具有重要指导意义。

2. “青藏高原东北缘岩石圈缩短变形 - 深地震反射剖面再处理”属国家自然科学重点基金项目、地调项目、深部探测专项和中石化科技项目联合资助。重新处理的松潘地块 - 西秦岭造山带 - 临夏盆地深地震反射剖面揭示出岩石圈变形的细节，特点是地壳上部的双重逆冲构造和地壳底部近水平的拆离断层的叠置，展现出青藏高原东北缘岩石圈变形以缩短变形为主要机制。上千千米展布大规模左旋走滑的昆仑断层，自地表向下陡倾延伸到地壳底部叠瓦状逆冲构造之上，提出青藏高原东北缘构造隆升与地壳下部逆冲、Moho 重复错断及岩石圈缩短变形存在成因联系。

（三）地质调查项目。

1. “西藏晚中生代生物群序列和海 - 陆相地层对比研究”项目建立了藏南地区侏罗 - 白垩系界线层的岩石地层序列，新建了一个岩石地层单位——柔扎组，代表了侏罗纪末期由海平面突然下降引起的缺氧事件，与当时全球温室气候事件、大西洋与太平洋打通时期以及碳循环转折事件相一致；识别出 3 个菊石带；对藏南地区 9 个实测剖面桑秀祖火山岩进行了 SHRIMP U - Pb 测年，获得了两组比较可靠的年龄值 141 ~ 142 Ma 与 137 ~ 138 Ma，这两组测年数据具年代地层学意义。

2. “磷灰石（U - Th）/He 同位素定年技术研究”专题建立了稀释剂法和非稀释剂法等离子体质谱准确测量磷灰石样品中 ^{238}U、^{232}Th 含量的实验流程；破解了磷灰石中 He 扩散参数的求解方法；标定了$^3He/^4He$比值标样——His-1锂辉石标样的^4He含量，并对其^4He含量进行了均匀性研究，为将其研制成为^4He含量标准物质奠定了基础；在现有的GV Helix MC多接收器稀有气体质谱仪上成功开发了准确测量磷灰石样品中^4He含量的测试技术，获得了一批实际地质样品的磷灰石（U-Th）/He同位素年龄，建成了中国第一家（U-Th）/He同位素定年的实验室。

（四）国土资源部油气中心专项。

“中亚-里海地区油气地质综合研究与区域优选”课题对中亚-里海地区的地质背景、石油地质条件以及油气资源潜力进行了深入的研究，对区内12个主要含油气盆地的油气地质特征、分布规律进行了全面的分析，优选了有利油气勘探目标区；对6个国家政治制度、人文环境、油气资源管理体制、地缘政治与税费政策、对外合作关系等投资环境进行了重点研究，筛选了油气资源投资环境较好的国家。这项研究为中国制定油气资源战略和能源外交政策提供了依据。

三、重点实验室建设取得成效

（一）国土资源部大陆动力学重点实验室。

国土资源部大陆动力学重点实验室圆满完成了“大陆构造与动力学国家重点实验室”申报、评估答辩等工作，获批准成为国土资源系统第一个国家级重点实验室。

实验室科研人员在西藏阿里地幔岩中发现了金刚石等特殊矿物，提出了雅鲁藏布江缝合带有可能发现铬铁矿较大矿床的新认识。

成功举办了“纪念中法喜马拉雅国际合作30周年暨青藏高原大陆动力学学术讨论会”。

（二）国土资源部同位素地质重点实验室。

2010年，该室的北京离子探针中心总运行机时达到2500小时。以离子探针中心为主要力量的地质研究所国际前寒武纪研究中心在南非和斯威士兰组织开展了第一次国际野外地质考察和学术研讨会。

自行研制的一次气体离子源获得成功，并在中心的SHRIMP II仪器上使用，延长了离子源保养清洗的时间间隔。

北京离子探针中心获科技部颁发的国家“十一五”科技计划执行优秀团队奖；中心的特聘客座教授Alfred Kröner荣获2010年度中国政府“友谊奖”。

该室的氩-氩热年代学实验室研究完成了对岩石低温冷却历史进行有效研究的新型放射性同位素定年方法——（U-Th）/He同位素定年方法，填补了中国在这一研究领域的空白。

（三）中国地质科学院地层与古生物重点开放实验室。

组织召开了“第三届国际翼龙学术研讨会”，出版了论文摘要集（《地球学报》第31卷增刊1）。金小赤、季强、姬书安、刘鹏举等4人在国内外学术组织中担任新职。

重要科研成果主要有：在辽西热河生物群中发现离龙类含胚胎化石；在西藏新发现了三叠纪—侏罗纪化石与地层，对研究区内的古地理格架研究有重要意义。

（四）中国地质科学院深部探测与地球动力学实验室。

中美合作在华北北部进行了主动源地震多方法、多分量联合采集实验。

在松辽盆地及外围地区获得地壳精细结构和岩石圈地幔内的地震反射。

在青藏高原开展了深地震探测方法技术实验，获得青藏高原腹地巨厚地壳莫霍面的有效反射记录和班公湖-怒江缝合带复活的地震证据。

改革与创新

加强了制度建设，完善惩治预防体系，修订出台了《实验室与大型仪器开放运行管理办法（暂行）》、《外聘人员管理办法（暂行）》、《合同管理暂行办法》和《关于野外工作期间差旅费报销管理办法（试行）》4项新的管理制度，并形成了《地质所规章制度汇编》。

经济管理

2010年总收入2.03亿元。各类科研经费16 020万元，其中矿产资源补偿费项目4630万元，深部探测专项5045万元，公益性行业科研专项1138万元，国家自然科学基金项目1140万元，基本科研业务费351万元，汶川地震断裂带科学钻探专项1258万元，其他科技项目经费2458余万元。

截至2010年12月23日，上年结转及部门预算部分预算执行率为92.14%。追加预算部分（地质矿产调查评价专项不含行业基金专项）预算执行率为83.81%。完成了局的预算执行率考核指标。

2010年度设备修购专项已完成1495万元的招投标工作，已签合同金额8 999 387.60元。

党建与精神文明建设

2010年12月7日，召开了全体党员大会，成功完成了新一届地质研究所党委、纪委换届选举工作。

选举工作实行党内民主、推进党务公开，严格遵循《中国共产党基层组织选举工作暂行条例》。

启动并开展了学习型党支部目标化建设活动，印发了《地质所学习型党支部目标化建设考核办法》。

按照部、局党组的统一部署和要求，紧紧围绕中心工作，深入开展了创先争优活动。涌现了许多受上级表彰的先进集体和先进个人。侯增谦同志被评为全国先进工作者；大陆动力学实验室被评为国土资源部“十一五”援藏先进集体；杨经绥同志被评为国土资源部“十一五”援藏先进个人；尤海鲁研究员和张建新研究员入选了“新世纪百千万人才工程”国家级人选；杨经绥获中国科协“全国优秀科技工作者”称号；杨天南、曾令森获第四批“国土资源部优秀青年科技人才”称号。

深入开展廉政专项行动，组织开展了廉政风险点排查工作，印发了《地质所“廉政风险点”和防控措施》。

为进一步加强革命传统和爱国主义教育，分两批举办了主题教育活动，组织职工参观了中共上海一大会址，接受党史教育。

组建了地质研究所合唱队、舞蹈队和摄影协会。举办了地质研究所职工趣味运动会、消防演练、野外风情职工摄影展等丰富多彩的文体活动。

151 位职工向青海玉树地震灾区捐善款 51 920 元。

2010 年初获得“国土资源部 2009 年度社会治安综合治理工作先进单位”和“中央国家机关平安创优单位”荣誉称号。2010 年全年无安全生产事故发生。

（李朋武）

中国地质科学院矿产资源研究所工作

中国地质科学院矿产资源研究所

概　况

中国地质科学院矿产资源研究所（以下简称“矿产资源所”）是中国唯一专门从事矿产资源研究的社会公益类非营利性科研机构，既是国家科技创新体系的重要组成部分，又是中央公益性地质调查队伍的主体力量和重要技术支撑。主要开展区域成矿规律、区域成矿预测、矿产勘查新理论新方法研究、矿产资源潜力评价、成矿远景调查、矿产资源战略和可持续发展研究，以及重大资源科学问题攻关示范研究。

矿产资源所现有 11 个研究室，4 个职能处室和 1 个所控股科技开发公司。在职职工 194 人，其中科研人员 168 人；研究员 58 人，副研究员 43 人，其中两院院士 2 人，国家级有突出贡献中青年专家 2 人；博士 89 人，硕士 38 人。中国地质学会矿床地质专业委员会、矿物专业委员会挂靠在所，主办学术刊物《矿床地质》。

矿产资源所获科技部“十一五”国家科技计划执行突出贡献奖；刘成林获中国科协“全国优秀科技工作者”称号；王登红获第五届黄汲清青年地质科学技术奖；张作衡、卢振权分别获得中国地质学会第十二届青年地质科技奖金锤奖、银锤奖；盐湖中心和唐菊兴分获国土资源系统“十一五”援藏工作先进集体和先进个人称号；肖克炎获全国国土资源系统管理先进工作者；曹殿华、王安建的国家发明专利“位场多方向多尺度边缘检测方法”获第十二届中国专利优秀奖。覃小锋获中国青年科技奖。张作衡获中央国家机关工委“五四”青年奖章，并当选全国青联委员。李红艳被国土资源部直属机关党委和中国地质调查局党组授予“巾帼建功”标兵称号。

地调与科研

一、总体情况

2010 年，矿产资源所紧紧围绕科技创新和地质调查两大要务，全力推进全国矿产资源潜力评价和全国矿产资源储量利用现状调查两个重大项目，加强重点实验室与科研条件建设，组织国内外重大学术交流活动，完成地调和科研任务、发表论文与专著、科研人员认真做好立项工作和项目组织实施，不断增强科技创新能力和服务于地质找矿主战场的能力。

2010 年，获国家科技发明二等奖 1 项（张荣华的“高温高压流体和流动反应原位观测装置、方法、整合技术”）、国土资源科技一等奖 1 项、有色金属行业协会科学技术一等奖 1 项、国土资源科技二等奖 2 项、中国地质学会十大进展 2 项、中国地质科学院十大进展 3 项。

二、全国矿产潜力评价和储量利用调查两个重大项目阶段性成果显著

（一）全国矿产资源潜力评价。

全面完成全国铁、铝资源潜力评价，铁、铝矿产

预测资源量成果提交部矿政管理“一张图”工程使用；基本完成省级基础地质编图和基础数据库建设，圈定了一批整装勘查区和重要找矿远景区，为实施全国地质矿产保障工程和“十二五”矿产勘查部署提供了依据；基本完成省级煤炭、铜、铅、锌、钨、锑、稀土、金、钾、磷和全国铀矿的资源量定量估算。

（二）全国矿产资源利用现状调查。

全国共落实地方财政资金12.7亿元，到位10.48亿元，中央财政资金到位4.1亿元，总计落实经费16.8亿元；全国一直保持700多支队伍共8000多人的核查力量；全国累计完成核查矿区18 090个，占计划总数的100%，已评审验收矿区11 244个，占全国核查矿区总数的62.5%；已初步完成铁、铜、金等11矿种的省级初步汇总，完成铝土矿、磷、钾盐3矿种的全国初步汇总，初步完成煤炭省级初步汇总；完成《单矿种省级汇总技术要求》编制和全国培训，指导完成28个矿种的矿区核查工作，完成12个矿种省级及全国初步成果汇总，完成矿产资源储量动态监督管理系统建设中期评估和模拟运行，基本完成两个项目成果的编辑出版。

三、地质科技创新和地质调查科技引领作用显著

（一）重要成矿区带成矿规律和勘查技术方法科技攻关研究成果丰硕。

围绕重要成矿区带部署的重要矿产调查评价和矿产勘查工作以及存在的重大科技问题，开展科技攻关和技术方法研究。在班公湖－怒江、兴蒙成矿带、钦杭成矿带、中国东北部陆缘、长江中下游、南岭、冈底斯、东昆仑、阿尔泰、天山、东秦岭等重要成矿区带开展勘查技术方法研究，取得了一系列丰硕成果。在班公湖－怒江成矿带找到了班－怒缝合带西段双向俯冲的证据，圈定出一批硫化镍矿（化）体，初步查明了班公湖地区硫化镍矿的矿化型式和控矿机理。揭示了中上扬子地块周缘铅锌等多金属成矿的构造制约与找矿方向。较系统总结了南岭地区的区域成矿规律，提出了“五层楼＋地下室”模式。建立了深部动力学过程驱动的成矿系统模型，为找矿勘查提供了理论依据。对比分析了冈底斯东、西段中新世埃达克质斑岩的成矿能力。建立了深部动力学过程驱动的成矿系统模型，为找矿勘查提供了理论依据。

（二）钾盐、油气、铁矿等重要矿产和其他非常规能源矿产调查评价、形成机理、成矿规律等研究进展显著。

青藏高原重要盐湖资源远景调查，发现锂、硼、钾等达到工业边界品位标准以上的湖泊有5个，其中3个达到大中型矿床。柴达木盆地中西部富钾硼锂深循环卤水矿产普查科学钻探及岩心综合研究，建立了柴达木盆地中部三湖区（QC－1孔）1166.74 kaB. P. 和西部大浪滩凹陷（梁ZK02和梁ZK05孔）连续的完整年代框架；建立了研究区140 kaB. P. 的年代模式。陕北奥陶纪盐盆地钾盐资源调查评价，预测陕北盐盆佳县－绥德凹陷、镇川－子洲凹陷2个有利成钾凹陷，发现了陕北盐盆西部靖边气田油田水具有高Br、高I值含量特征，为油田水的综合开发利用指出了新方向。塔里木盆地钾盐大规模成矿条件与找矿靶区预测技术研究，认为位于塔里木盆地西北缘的库车盆地属前陆盆地，具有较好的成钾远景。提出库车盆地可能的成钾远景区，圈定了找钾靶区。罗布泊盐湖钾盐超前富集机理研究，显示在罗布泊盐湖较深部的碎屑岩层中可能存在两个含钾的矿源层，对罗布泊盐湖的演化历史研究和深部找钾具有重要意义。羌塘盆地钾盐资源远景调查评价，认为羌塘和可可西里地区存在找钾的前景和潜力。松辽外围中新生代盆地群油气地质综合调查，认为三江盆地前进－抚远坳陷是潜在的最有利油气远景区，其下白垩统城子河组—穆棱组是有利含油气层系。

（三）矿产资源基础性重大科技研究。

中国主要金属矿床模型研究，完成了26组矿产110个矿床模型编写，编辑完成《中国矿床模型概论》，编著了《国外主要矿床类型、特点及找矿勘查》，编制了《中国东部中生代金属矿床图册》，总结提出中国东部的中生代成矿环境，构筑出主要不同类型矿床组合的矿床模型，为中国进一步开展找矿勘查提供重要参考。

（四）矿产勘查取得一系列重大突破。

西藏冈底斯东段和念青唐古拉地区找矿取得新突破，在甲玛铜多金属矿深部发现斑岩矿体，在雄村斑岩铜金矿北西侧发现3号矿体；在冈底斯成矿带确立存在钨钼铅锌成矿远景区，勘查成果表明，玛雄郎、哈海岗钨钼铅锌矿已经达到中型矿床规模以上；在洞中拉铅锌铜矿床深部发现隐伏矿体。在西藏班公湖地区圈定出一批硫化镍矿（化）体，在成矿带中段找到了新的斑岩型铜矿体。

（五）勘查和实验技术方法创新及应用成果喜人。

研制的国际上先进技术天然气水合物海底原位地球化学探测系统，在中国海底矿产资源勘查中发挥重要作用。西藏班公湖－怒江成矿带中西段矿产资源遥感综合调查，提供了很好的找矿前景。矿产勘查三维预测信息平台开发及应用示范，解决大规模等高线模型三维重建技术，提供给地质工作者一幅“显而易见”的彩色异常图。硝酸盐氮、氧同位素方法研究及应用和硼、锶、锂等同位素微区分析技术与应用达到国际先进水平。

（六）境外矿产资源勘查与对比研究及编图成效显著。

中老合作三江成矿带南段－老挝北部矿集区成矿作用与成矿规律对比研究进展良好。巴尔喀什－准噶尔－南蒙古成矿带整体研究与勘查技术集成，发现和圈定了一批具有良好找矿前景的金属矿预查区。中俄蒙合作阿尔泰成矿带成矿作用与成矿规律对比研究和1:2500万世界海洋矿产资源图项目取得重要进展，进一步完善世界海洋地质构造背景图、海洋地貌图、世界海洋矿产资源数据库等相关问题。

（七）全球矿产资源战略研究取得新成果。

全球主要能源与矿产资源总体规划及煤炭、铁、铜、铝、镍、铀、金资源专项规划研究，从国家高度首次系统开展全球资源规划研究，受到了发展改革委、国资委、国务院发展研究中心、国土资源部、中国科学院工程院、中国地质调查局等部门的高度认可，部分研究成果同时支撑了地质矿产保障工程、可持续发展矿产资源战略研究等课题。以该研究成果为核心支撑，开发银行制定了《“十二五”我国矿业境外投资规划》，并上报了国务院相关部门。

四、围绕地质找矿突破，加强实施与地方合作战略

2010年8月，分别与青海地勘局和西藏地勘局成功召开了东昆仑地质找矿研讨会和冈底斯地质找矿研讨会；12月与兴安盟联合主办矿业勘探开发大会。两次会议特邀了多位院士和专家到会指导，既全面展示了最新地质调查、矿产勘查和科研工作成果，又进一步梳理分析了制约该区地质找矿工作的重大科学问题，指明下一步工作方向。

国际合作与对外交流

2010年度列入外事计划的项目9项，参加外单位组团9项，共计18项。交往的国家包括美国、法国、加拿大、澳大利亚、德国、哈萨克斯坦等十余个国家。国内学术活动活跃，数次组织召开了学术交流会。在吉林长春组织召开了第十届全国矿床会议。

毛景文研究员当选新一届国际矿床成因协会主席，任期2012～2016年，中国乌鲁木齐被选定为2014年的第14届国际矿床成因协会大会举办地。

改革与创新

一、加强和规范管理

为规范管理，共出台14项行政管理规章制度。强化项目经费管理，对不能完成预算的项目，采取处罚措施，确保完成年度预算执行率。加快推进所属公司清理整顿工作。不断加强软硬件条件建设，进一步规范物业管理及职工住房管理。配备地调科研配套装备，并列入政府采购计划。完善固定资产登记与设备资产清理，严格执行办公用品管理办法。对车辆逐步实行统一管理。

二、加大开发管理力度

分别和新疆、青海、湖北等省（区）的政府、企业以及国内、国际的矿业公司联合立项，形成几个大型勘查项目。新立横向项目经费总额达2973万，实现了经济效益和社会效益的双赢。与中川国际矿业控股有限公司合作，在加拿大萨斯卡彻温省进行找矿勘查，找到了大型优质钾盐矿，是中国目前在国外拥有勘查开发权的唯一大型优质钾盐矿。内蒙古自治区正蓝旗羊蹄子山－磨石山钛矿床，已证实为一个大型沉积变质型以锐钛矿为主、伴有金红石和钛铁矿的新类型钛矿床，这在世界上是首例。

三、推进文化建设

在《国土资源报》、《中国矿业报》、《科技日报》、《科学时报》和《地质勘查导报》共发表通讯报道20余篇，宣传报道了科研和地调成果以及科学家在矿产资源理论领域的最新认识。重视安全生产和保密工作，全年无事故。在部2010年年终安全和社会治安综合治理会上，矿产资源所被推荐为国土资源部安全生产和社会综合治理先进单位；保密工作在局院检查工作中得到认可。

经济管理

2010年总收入28 769.81万元，其中财政补助收入25 214.38万元，事业收入3418.73万元，其他收入136.69万元。总支出25 983.94万元。

截至2010年底，资产总额26 454.66万元，其中固定资产8120.16万元；负债总额10 097.65万元；净资产16 357.01万元，其中财政补助结存6888.70万元。

2010年结转和部门预算资金预算执行率93%；追加预算资金预算执行率85%；综合预算执行率87.87%。

党建与精神文明建设

一、以坚持理论武装为宗旨，不断提高执行力

2010 年，所党委坚持以理论武装为宗旨，坚决贯彻中央、国土资源部和中国地质调查局关于加强地质找矿工作的系列重要指示和重大工作部署，带领全所广大干部职工实践地质找矿新机制，推进全国地质找矿突破战略行动，努力提升科技创新能力和公益服务能力。召开了党委中心组理论学习扩大会和领导班子专题民主生活会。组织干部职工认真学习李向同志的先进事迹，由所领导带队赴西安地调中心学习李向同志的先进事迹，充分发挥身边先进典型的示范带动作用，促进党员干部加强党性修养，增强宗旨意识，改进工作作风，进一步提高执行力，切实推进科研地调工作的科学发展。

二、创新党建工作，深入开展创先争优活动

2010 年，作为地调局党建工作试点单位之一，制定了“党建工作服务科研工作”的试点工作方案，同时，结合创先争优活动创新性地开展基层党建工作，制定了野外临时党支部工作制度，使党建工作促进科研业务工作，取得初步成效。

在创先争优活动中，矿产资源所在局系统内率先开展了领导点评活动，强调创先争优活动与所重点工作结合，重点突出“建设一流队伍，强化服务支撑，实现找矿突破”的主题，抓好 6 个结合，成为局系统创先争优活动的一大亮点。对创先争优活动的典型发掘和培育工作主动关怀指导，培育了在系统内有广泛影响的基层党组织，如青海陆域天然气水合物野外临时党支部和新疆钾盐野外临时党支部等。选派典型代表向国家领导人做了工作汇报，在中央电视台新闻联播节目中播出。在国土资源部召开创先争优活动经验交流会上，成矿远景区划室党支部以《地质找矿，我们践行承诺》为题在大会上做了典型发言。国土资源部部长徐绍史在地科院领导班子任职宣布大会上充分肯定了矿产资源所的党建工作。

“七一”前夕，所党委组织党员开展以新党员宣誓、老党员重温誓词为主题的党建活动，进行革命传统教育。

三、开展“城乡统筹，文明先行”活动，不断丰富精神文明建设活动的形式和内容

2010 年初，矿产资源所党委与精神文明共建单位的平谷区政府及结对子村召开座谈会，确定共建目标。在国际劳动妇女节 100 周年纪念日前夕，组织全所女职工前往平谷区新立村开展了走进新农村活动。组织 30 人参加第三届中央国家机关运动会开幕式，参与有关体育项目。

全体干部职工积极开展捐款赈灾活动，累计向青海玉树地震灾区捐款 104 100 元；向发生特大泥石流地质灾害的甘肃省舟曲县捐款 26 650 元；以 10 个党支部为捐款单元开展“向实行计划生育的贫困母亲献爱心”募捐活动。

四、加强廉政建设，建立惩防体系

2010 年，矿产资源所党委传达学习了中央纪委会议精神和中国地质调查局党风廉政建设工作会议精神，结合单位的工作任务，提出了党风廉政建设 5 项重点工作，提高干部职工的综合素质。加强经济工作管理，在完成预算的过程中全面监控，加强对管钱、用钱人的教育和管理。完善制度，强化责任，狠抓落实，党风廉政建工作责任，量化到岗，细化到人，明确完成目标的要求。逐步建立和完善对领导班子和领导干部的监督机制，形成了 5 个方面的做法。

（徐丛荣）

中国地质科学院地质力学研究所工作

中国地质科学院地质力学研究所

概　况

中国地质科学院地质力学研究所（以下简称“地质力学所”）是国家科技创新体系的重要组成部分，是国家基础地质研究和地质调查的重要力量，主要从事大地构造、大陆动力学、矿产与油气资源、第四纪地质与环境、新构造与地壳稳定性、地质灾害等方面的研究与调查工作。

地质力学所现有 5 个职能处室、7 个专业研究室、1 个部级重点实验室和 1 个院级重点实验室。中国地质学会地质力学专业委员会、第四纪地质与冰川专业委员会、古地磁专业委员会和国际工程地质与环境协会新构造与地质灾害专委会（IAEG－C24）秘书处挂靠在地质力学所，主办学术刊物

《地质力学学报》。

截至 2010 年底，地质力学所在职职工 176 人，其中 73 人具有博士学位（含博士后出站 17 人），87 人拥有高级职称，包括研究员及教授级高工 49 人（含国家级突出贡献中青年专家 1 人，国家杰出青年基金获得者 1 人），副研究员 38 人。

地调与科研

一、总体情况

2010 年地质力学所共承担项目 187 项，实到经费 8457.66 万元，其中科技部项目 28 项，国家自然科学基金项目 16 项，实到经费 690.7 万元，经费比例占 8.17%；国家和行业专项项目 27 项，实到经费 1790 万元，经费比例占 21.16%；地质调查计划项目 5 项，工作项目 30 项，地调外项目 19 项，实到经费 5241 万元，经费比例占 61.97%；基本科研业务费项目 25 项，实到经费 275.2 万元，经费比例占 3.25%；横向项目 37 项，实到经费 460.76 万元，经费比例占 5.44%。

各项目均按计划开展，顺利完成了年度任务。项目设计、检查、成果验收优良率 100%。组织地质调查项目设计评审 20 项，其中 6 项优秀，12 项良好，2 项通过；地质矿产调查评价专项项目设计评审 7 项，其中 3 项优秀，4 项良好；成果验收和结题 13 项，其中国家自然科学基金项目 5 项、危机矿山项目 1 项、地质调查项目 3 项、科技支撑项目 2 项、部油气专项项目 1 项、所基本科研业务费项目 1 项通过成果验收。完成项目野外验收 5 项，4 项被评为优秀，1 项良好。

地质力学所作为参加单位获国土资源科学技术奖一等奖 1 项；“云南大理至瑞丽基础地质综合调查”项目被评为地调局年度十大科技进展之一；“华北地块北缘造山带重大地质事件与成矿背景研究”项目成果被评为中国地质科学院年度十大科技进展之一；刘晓春研究员获得年度极地科学优秀论文奖一等奖、二等奖各一项；青藏铁路沿线活动断裂调查项目组、江万分别获国土资源系统“十一五”援藏工作先进集体、先进个人称号。

2010 年，地质力学所出版专著 4 部；发表科技论文 97 篇，包括 SCI 检索期刊论文 25 篇（其中国际 SCI 期刊论文 16 篇），EI 检索期刊论文 6 篇，国内核心期刊论文 58 篇。

青海玉树发生里氏 7.1 级地震当天，地质力学所即成立了地震应急地质调查小组，由马寅生、张永双、胡道功组成的专家组赶赴地震现场，开展活动构造、地震地质和地质灾害调查研究工作。首先发现并及时报告了发震断裂的分布与活动方式，确定了地震宏观震中位置，为抗震救灾工作部署提供了依据，为地震机制研究提供了第一手资料。2010 年 8 月地质力学所 9 位构造地质学家重回玉树灾区，对发震断裂会诊，确定山体稳定性。

遵照国土资源部汛期地质灾害排查统一部署，落实国土资源部和中国地质调查局下达的汶川地震断裂带山体稳定性调查评价紧急任务，地质力学所迅速组织了 20 余人的汛期应急地质灾害调查工作队伍，分 3 个组承担龙门山后山断裂带、中央断裂带、前山断裂带为期 3 个月的汛期应急地质灾害调查工作，排查地质灾害点，确立隐患点，并提出相关的防治措施建议。张永双研究员获得“全国抗震救灾模范”的称号，吴树仁研究员获“全国地质灾害防治工作先进个人”称号。

二、主要科研进展和成果

（一）基础地质研究。

“云南大理至瑞丽基础地质综合调查”计划项目，完成大瑞铁路沿线 22 个图幅的 1∶5 万基础地质调查成果野外验收。在工程地质、地层古生物、区域构造与岩浆活动、新近纪地质与新构造运动、矿产地质以及环境地质等多方面都不同程度地取得了重要进展。

“973”项目“北缘造山带重大地质事件与成矿背景”通过科技部结题验收，获得专家组高度评价，被评为代表性优秀成果。该项目以理清华北陆块北缘造山带重要地质事件序列与成矿事件序列、查明金属巨量堆积与大陆边缘演化阶段的耦合关系为目标，取得了一系列新的成果。

“开展现代地质填图新技术新方法的研究与示范”项目，在原二叠系、三叠系分布区内解体出早泥盆世和志留纪地层；在东昆南地区新厘定了志留纪和晚二叠世花岗岩；获得了区内不同地层中火山岩夹层的锆石 U－Pb 测年数据，为地层时代确定提供了重要证据。

（二）矿产资源调查评价。

“阿尔金喀腊大湾地区铁多金属矿构造控矿研究与找矿预测”项目找矿工作取得重要进展，发现并初步探明了其中一个铁矿体储量可达 5500 万吨。

“长江中下游基底结构与导矿－控矿要素研究”项目，在江西武山矿区发现了斑岩型矿床类型，预测和揭露厚度大于 150 m 的钼矿层。

“境内外天山成矿带的构造演化与成矿背景对比研究”项目，认为中国西南天山存在与境外大型

（超大型）矿床同样的成矿构造环境，提出不同地段的找矿方向和可能的矿产类型。

“柴达木盆地油气资源潜力评价”项目，首次发现柴达木盆地普遍发育石炭系厚层油砂，揭示了柴达木盆地古生代新层系良好的油气勘探前景，极大地提高了柴达木盆地石炭系的资源潜力。

“中国西北地区构造体系控油作用研究”项目，首次划分了西北地区主要盆地的构造体系类型，评价了油气资源潜力和有利区带的优选。

（三）区域地质与地壳稳定性调查评价。

“西部复杂山体滑坡成灾模式研究”项目，完成了三峡库区重点滑坡、高陡岸坡及重大危岩体、典型高速远程滑坡的大比例尺工程地质调查，以及成灾地质环境条件的综合研究。初步揭示了西南红层地区近水平岩层滑坡和“关键块体”控制型滑坡形成条件，建立了含“关键块体”控制型岩体结构斜坡间极限平衡分析模型。

“汶川地震灾区地质灾害调查综合研究”项目，调查核实了后山断裂和G213国道沿线的地质环境条件和地质灾害发育现状；划分出12种斜坡基本结构类型；确定了研究区内的主要地质灾害隐患点或隐患区段，并提出了相应的处置建议。

“陕西宝鸡地区地质灾害详细调查及综合研究”等项目成果在减灾防灾中发挥了重大作用，成效显著。

（四）第四纪地质与环境。

“川西河谷第四纪地质环境调查与灾害效应研究”项目，提出1.15 Ma以来青藏高原东南缘有逐步变干的气候变化特征；建立了大渡河、岷江河流阶地演化的时间序列；研究了川西河谷区古堰塞湖的形成时代和形成机制。

国际合作和对外交流

2010年，地质力学所派出项目共执行了10项，20人次；接待项目执行了5项，23人次。

组织召开“玉树震区抗震救灾应急地质调查汇报研讨会”、“地震地质工作思路咨询会”，提出了国土资源部开展地震地质研究和实施地震预报监测工作思路。“全球灾变事件与重大地质灾害战略研讨会”，研讨全球极端气候事件、构造活动、大规模工程建设与重大地质灾害的关系，分析地质灾害发生的内在动力机制及其成灾规律，为国家防灾减灾提供强力科技支撑。举办了“国际极地年及其后南极内陆地质地球物理研讨会”国际会议，来自7个国家的南极内陆地球物理著名专家和中国的30多位科学家参加了研讨会，提升了中国科学家在南极内陆地球物理和地质工作成果的国际影响。举办了“第三届全国矿田构造与地质找矿理论方法研讨会”，交流了20多年来的中国矿田构造领域的科研找矿成果。举办了多场学术报告会，邀请多名专家学者到地质力学所进行学术交流。

人才引进和培养

2010年，地质力学所选送2名干部到中央党校中央国家机关分校学习，2位科研人员作为访问学者在境外开展合作研究，3人短期出国考察和培训。通过岗位分级遴选，遴选出研究员二级岗9人、三级岗17人，副研究员一级岗4人、二级岗10人。新增博士生导师和硕士生导师资格人员各1名，目前具有博士生导师资格的研究员共20名，具有硕士生导师资格的研究员共24名。根据发展方向和需求，接收3名博士后研究人员进站，1名博士后研究人员出站。新招13名博士、硕士研究生，12名博士、硕士研究生毕业。接收应届毕业生7名，其中博士生3名、硕士生3名和本科生1名。

改革创新与综合管理

一、探索科技体制改革

积极探索科技体制改革，做好建章立制和制度执行工作，进一步加强和优化出成果、出人才的氛围和政策导向。努力打造有利于出成果、出人才的科研环境，为建立国际一流的现代化科研院所积累经验。

二、明确方向任务

以“十二五”科技工作部署为依据，结合中长期科技发展规划，深化科技体制改革，优化学科结构，加强科技创新。紧紧围绕经济和社会发展对资源、环境的重大需求，配合找矿突破战略和“358”行动宏伟目标，发挥科技引领和技术支撑的作用，全面支撑国土资源事业发展和地质调查工作。把承担地质调查任务与增强自主创新能力结合起来，通过承担地质调查任务，提炼出基础性、方向性、全局性、关键性重大科技问题，组织多学科、多专业、多技术方法联合攻关。加强基础研究，继承和发展地质力学，以构造地质研究为主线，贯彻、实施“一个基础，两个应用领域”的发展战略。组织实施大项目与培养人才结合，依托大项目，组建稳定的人才梯队。改善科研基础条件，营造宽松的科研环境，坚持地质调查和科学研究的融合，促进学科带头人和领军人才的成长，更加有效地服务政府决策，服务社会和公众。

三、加强制度建设

2010 年，地质力学所在统惩防体系建设第二阶段工作进展自查工作中，再次对各项制度进行认真梳理，重点围绕财务管理、科技管理、人事管理、政府采购、基建工程、后勤物业管理等方面进行查漏补缺，修改完善、制订了《地质力学所政府采购工作暂行办法》等 17 项制度。

2010 年，地质力学所完成了质量管理体系管理评审，体系持续有效运行。获得了固体矿产勘查，水文地质、工程地质、环境地质调查两个甲级地质勘查资质。

四、改善科研办公条件

地质力学所市政热力供暖改造的修购项目得到财政部批准，工程完工后，将结束所自己供暖的历史，不但保证了科研楼建设需要的空间，提高供暖质量，而且将改善大院环境，消除安全隐患，进一步节能减排。通过外租和挖潜的办法，增加科研办公面积，改善科研条件。招待所改造和租用办公用房达到 30 多间，1000 多平方米。将地下室进行装修，为下步基建等工作准备空间。

经济管理

2010 年，地质力学所年度总收入 11 712.54 万元，其中财政拨款 9224.47 万元，事业收入 2118.55 万元，其他收入 369.51 万元，年度总支出 12 010.19 万元。资产总额 14 920 万元，负债总额 3213.29 万元，净资产总额 11 706.71 万元。

为规范所财务管理工作，发布执行了《地质力学所经济行为控制暂行办法》等相关管理办法。为保证财政资金的使用效益，按时完成预算考核指标，发布了“关于进一步推进科研地调项目进度与预算执行的通知”，要求各项目组牢固树立“分配与管理并重，投入与绩效并重”的理念，在保证资金安全的前提下，切实加快预算执行进度。

党建与精神文明建设

一、学习贯彻党的十七届五中全会精神

地质力学所紧密结合实际情况，将学习贯彻十七届五中全会精神与科学谋划“十二五”规划紧密结合起来，及时将学习成果转化为促进科研地调工作健康发展的动力，全面完成全年的各项工作任务。

二、党风廉政和干部作风建设

组织党员干部认真学习《廉政准则》，重申 8 个“禁止”和 52 个“不准”。制订了纪检监察工作要点和党风廉政责任制实施细则。

深入开展廉政专项行动和惩防体系第二阶段工作进展自查工作，扎实推进惩治和预防腐败体系建设。

成立地质力学所纪律检查委员会，在党支部中增设纪检委员。加强对岗位遴选工作的监督，岗位遴选办法由职代会审议通过，成立了岗位聘用监督委员会。

三、创先争优和精神文明工作

制订了创先争优活动实施方案，明确目标任务和活动主题；召开全体党员大会集中进行动员部署，全面启动深入开展创先争优活动。

积极开展“做文明有礼的中国人”网上签名寄语活动；开展向优秀共产党员李向同志学习活动；组织党员、入党积极分子和中层以上干部观看电影《第一书记》；踊跃为甘肃舟曲灾区捐款。

举办健康知识讲座、消防安全知识讲座，对办公区域内的消防器材进行全面的维修与更新，并为在职职工购置手提式水基型灭火器 170 具。

积极参加中央国家机关第三届职工运动会。为部争得了荣誉，被国土资源部授予特别贡献奖。自编自导的文艺节目先后 6 次参加国土资源部、中国地质调查局和中国地质学会等单位重大活动时的文艺演出。地质力学所工会获得国土资源部 2009 ~ 2010 年度先进基层工会组织称号。

（杨　健）

中国地质科学院水文地质环境地质研究所工作

中国地质科学院水文地质环境地质研究所

概　况

中国地质科学院水文地质环境地质研究所（以下简称“水文环境所”）是全国唯一专门从事水文地质、工程地质、环境地质研究的国家公益性科研机构，是全国水文地质调查和地下水资源评价的科技支撑单位和技术发展核心，是全国水文地质环境地质专业编图中心。水文环境所以“开展水工环地质研究，促进地质科技发展”为宗旨，结合国家经济建设和社会发展的需要，从事地下水资源调查评价、开发利用和水环境保护的理论和技术研究，重视环境地质和地质灾害研究工作，推动水工环学科创新体系建设。重点研究和解决国民经济建设中带普遍性、关键性、战略性、公益性和区域性的水工环基础理论和技术问题，在区域水循环、水文地球化学、同位素水文地质、黄土与全球变化、农业地质、城市地质、地下水微生态学等分支学科和专业编图方面做出了开创性贡献，为国土资源开发、整治、保护和合理利用提供科学依据。

水文环境所共有24个内设机构，其中包括4个管理部门，10个研究室，4个科研保障中心，1个地热研究中心，3个开发部门，还有后勤服务中心和成果转化办公室。国际水文地质学家协会中国委员会、中国地质学会水文地质专业委员会、农业地质专业委员会均设在所内。

截至2010年底，水文环境所职工总数为478人，其中在职职工275人，离退休人员203人，拥有中国科学院和中国工程院院士2人，博士生导师6人。在职享受国务院政府特殊津贴的专家4人，具有高级技术职称34人，中级技术职称87人，初级技术职称67人。

地调与科研

一、总体情况

2010年，水文环境所承担地质调查工作项目13项，在研国家自然科学基金项目6项，“973”项目1项，所属课题2项，国家科技支撑项目课题3个，国土资源部公益性行业科研专项3项，国土资源部百人计划项目2项，国土资源大调查安排的科研项目3项，中国地质科学院基本科研业务费项目86项，中国地质科学院重点开放实验室专项4项。获批2011年国家自然科学基金面上项目1项，青年基金1项。发表核心期刊论文110篇，其中SCI（EI等）检索论文9篇，出版专著6部。

“华北平原地下水污染调查与评价”入选中国地质学会2010年度十大科技进展，“华北平原区域水资源特征与作物布局结构适应性研究”入选中国地质科学院2010年度十大科技进展，“华北作物布局灌溉耗水与区域水资源承载力适应性研究”成果荣获中国地质学会2010年度地质科技十大进展，水文环境所承担的“华北平原地下水可持续利用调查评价”项目成果获2009年度国土资源科学技术一等奖。

二、科研项目进展与成果

（一）“973”项目——华北平原地下水演变机制与调控。

2010年是该项目实施的第一年。项目取得重要成果并受到科技部指定咨询专家的高度评价。建设了高性能计算机（群）及其并行环境，开发了具有自主知识产权的软件工具MF2K - ARD和MODTOOL，可有效提高大规模地下水数值模拟的精度和效率；建立了深厚包气带入渗补给的实验场地，在典型地区建立了区域地下水补给模型；建立了包气带污染物迁移水动力学参数实用模型，对复杂孔隙介质地下水污染物弥散随机数值模拟进行了估算；初步建立了华北平原地下水系统危机临界识别指标体系和地下水资源调控方案评估指标体系。

（二）华北平原典型地区水资源约束下的土地合理利用与管制技术研究。

完成了整个流域38 000多平方千米农业种植结构遥感调查解译，开展了土地整理试验节水灌溉试验，节水38%，针对深州市埋深0.8～1.2 m存在粘土隔水层，开展了雨洪水利用实验工作，在降雨达到60 mm以上就可以积蓄雨水，同样也可以积蓄灌溉余水，达到改良土地质量的效果，该技术申请专利一项。

（三）人类活动影响下包气带水分运移规律与地下水补给非线性过程。

通过秸秆覆盖试验动态监测试验，研究表明，秸秆覆盖促进地下水补给增加幅度达25%，主要表现在雨季。通过建造深厚（45 m）包气带土壤水动态监测系统，对包气带剖面取样分析测试，结果表明砂土与黏性土互层结构抑制了地表降水对地下水的快速补给，粉粒含量越高越有利于重金属、易溶盐富集。

（四）咸水规模灌溉条件下水盐动态监测与地下咸水资源可利用承载力评估。

通过野外调查、监测和大量水土样品采集及测试，基本掌握了环渤海低平原区地下水咸水资源四维时空特征和潜水位现状动态特征，以及土壤全盐分布特征，初步查明直灌区和补灌区表层土水环境盐分、水分变化基本规律，夯实了阐明研究区地下咸水资源分布特征及其可利用承载力的科学研究基础。

（五）华北作物布局灌溉耗水与区域水资源承载力适应性研究。

开拓性地解决了“气象（降水）、水文水资源、地下水与作物布局结构”的四大系统之间监测和研究尺度不统一，以至难以耦合的领域重大难题。首次立足于华北平原区域水资源及地下水承载力为评判基值，阐明华北平原及各分区的农林耗水作物种植结构布局和灌溉用水强度分布现状；创建了作物布局结构与区域水资源特征适应性评价体系，奠定了科学诊断华北平原“作物布局结构与区域水资源承载力之间适应性”理论基础，并得到广泛应用。

三、地调项目进展与成果

（一）华北平原地下水安全与可持续利用。

在地下水开采约束因素分析的基础上，初步建立了华北平原地下水资源承载力评价指标体系和评价方法。重点阐明了地下水对京津唐社会发展的支撑作用及其在未来区域发展中的重要作用，建立了基于地下水合理利用的系统动力学模型；研制了全塑贴砾过滤器和预充砾过滤器，其中全塑贴砾过滤器已获国家专利，制定了贴砾过滤器企业标准，建立了水平双面井和盲井钻进技术体系和成井工艺体系。

（二）河套平原地下水资源及其环境问题调查评价。

修订了河套平原边界，查明了河套平原主要地表第四纪地层的岩性、成因、时代岩相结构框架，以及地层和含水层的结构特征，全面掌握了河套平原地下水动态变化、水化学特征，开展地下水循环演化研究，建立了野外包气带水盐运移试验场，获取了包气带水文地质参数，掌握了调查区内土地利用、盐渍化、沙漠化及与地质环境相关的地方病状况，建立了地下水数值模型以及河套平原地下水与环境信息网站，开发了动态评价网络软件。

（三）亚洲地下水资源与环境地质编图。

收集了亚洲主要国地下水资源与地质环境资料，利用卫星遥感，解译了北亚、中亚、西亚4000多万平方千米地下水资源与地质环境有关信息，制订了编图大纲，开展了克鲁伦、湄公河流域示范编图，《亚洲水文地质图》、《亚洲地下水资源图》、《亚洲地热分布图》和《亚洲地下水环境背景图》等1∶800万系列图件，突出了亚洲地质构造与地下水资源、地质环境关系规律、地下水地质环境背景及地热资源的分布情况，系统研究了亚洲主要跨界含水层问题。以ARCGIS平台建立了亚洲地下水资源与地质环境数据库。

（四）华北平原地下水污染调查评价。

完成了华北平原14万km^2的区域地下水污染调查，采集并测试了地下水样品近7000个，查明了拟修复治理的地下水污染场地32个，对整个华北平原的地下水质量和地下水污染状况等方面都有了比较清楚的掌握；探索性地研究了地下水污染调查方法、样品采集方法、质量评价方法、污染评价方法和防治区划分方法，并编写了相关技术要求，为今后指导中国其他地区开展地下水污染调查评价奠定了重要基础；构建了“华北平原地下水污染调查评价数据库”，实行全部信息入库，保证了数据的规范性、完整性和真实性，响应了数据规范化的号召，为研究成果的后续利用提供了科学储备。

（五）全国主要城市环境地质调查评价。

完成了四川、甘肃、云南、浙江、江西等28个省（区）310个主要地级以上城市的环境地质调查评价。该项目编写了《城市环境地质图系编制指南》、小比例尺全国主要城市环境地质图系的编制方法、城市环境地质信息评价系统建设、城市地质环境风险评价系列方法、地质灾害与环境地质问题造成的损失评价方法系列、地质环境评价方法系列，为全国城市环境地质调查、评价、制图提供了技术和方法支撑。项目成果已被哈尔滨、康定、昆明、南昌等多个城市的规划、建设与管理部门分别用于城市规划修编、后备或应急供水的水源地论证、地下水资源保护、垃圾场地的选择、地质灾害防治等方面。

改革创新与综合管理

一、理清了水工环工作思路

通过认真学习和贯彻落实国土资源部全面推进地质找矿新机制座谈会精神，为主动服务于“358”地质找矿目标，所党委研究提出了加强重要成矿区带水文地质环境地质调查评价工作、努力构建水工环工作新机制、以科技引领水工环地质工作创新发展的总体思路。针对水工环工作的公益性、动态性、需求多样性等特点，在初步总结“内蒙古厅局合作－延伸服务”模式基础上，提出“公益工作主导、中央地方协同、长期持续部署、动态监测预警、快速响应处置”的水工环工作原则。明确了充分发挥水文环境所创新科研机构的学术优势，在服务大局、支撑引领方面积极谋划，快速行动。

二、初步形成环境地质应急调查机制

在全面推进地质工作社会化服务领域，针对极端气候多发下的环境地质应急任务增多的社会需求，基于服务于社会公众的目的，水文环境所积极开展涉及国家安全、直接影响人民生活的环境地质调查应急工作，包括地下水污染突发事件应急调查处置、应对干旱缺水的水文地质调查和找水打井、山洪和地震地质灾害及其相关水文地质问题调查，水源地保护应急调查等。在积极应对、主动服务新机制探索方面取得显著成效，研究制定了《水环所环境地质应急调查工作方案》，明确了应急体系的构成、组织保障机制和措施，采用应急机制圆满完成了西南方抗旱找水工作。

三、财务预算责任控制实现新突破

水文环境所内部预算责任管理信息化平台正式投入运行，通过该系统能够使所领导及时掌握全所经济运行情况，科研管理部门及时了解所各科研项目支出及预算执行情况，部门、项目负责人能够及时掌握其部门、项目预算执行情况，保证部门、项目支出与预算的一致性，一般研究人员能够及时了解自己的个人借款与报销情况，对提升水文环境所预算编制的科学性、合理性，促进预算执行规范有序，及时跟踪监控预算执行中的问题具有重要支撑作用。

四、质量管理体系全面启动，实验室建设稳步推进

为加强所内质量管理体系建设，新组建了质量管理办公室，挂靠成果转化办公室，明确了职责任务，组织了负责人选聘工作，提出了全面贯标的工作思路。科技部、国土资源部认为水文环境所重点实验室的实验装备水平已经在国内同行业处于领先地位，具备了国家级重点实验室的硬件条件，已纳入国土资源部相关规划推进，目前正在积极创造条件、完善机制、集成成果、培育人才，争取早日成功申报国家重点实验室。

五、政务信息和新闻宣传工作受表彰，实现全年安全生产零事故

政务信息上报和新闻宣传工作，连续5年被评为部局政务信息报送先进单位，提高了水文环境所的影响力和显示度。加强安全生产重点部位、重点环节的监管，建立定期安全生产和社会治安综合治理会议、检查制度，及时排查隐患，实现全年安全生产零事故。

经济管理

2010年，可动用财政资金共计11 569.53万元，事业收入2952.77万元，合计可动用资金总量为14 518.78万元，其中，财政收入10 531.78万元，财政资金共支出10 917.19万元，财政资金执行率为94.39%。剔除合同预收款因素外，资产负债率为4.2%，没有对外偿债负担。事业收入增长率为48.36%。资产总额达到1.25亿元。职工人均年收入达到8.12万余元，较2009年的7.66万元增长6%左右。社会服务管理基本纳入规范的管理轨道，社会服务部门实现合同收入1111万元，到账经费590万元，上缴管理费107万元，较2009年增长75%以上。

党建与精神文明建设

一、认真贯彻落实全国地质调查工作会议精神和局务虚会议精神

高举地质找矿新机制和“358”宏伟目标两面旗帜，大力推进基础性水文地质调查，提高水工环科技支撑引领水平。围绕当前形势“怎么看，未来怎么干”提出的要求，通过讨论，认清形势，解放思想，明确新形势下创新发展的主攻方向和任务，找到实现创新突破的关键制约因素和破解方法，着眼于建设国际一流科研机构的宏伟目标。

二、创先争优和精神文明建设再上新台阶

围绕“出重大成果、出一流人才”的工作目标，确立“建坚强班子、树先锋形象、带一流队伍、促科学发展”的活动主题。制订了《党风廉政建设责任制实施细则》，积极开展“两整治一改革”专项活动和构建惩治和预防腐败体系的自查，扎实推进了惩防体系建设。

全面加强党的建设，积极推进精神文明建设活动，通过举办春节团拜会，青年节座谈会，组织全所职工到河北省人民医院进行身体体检，慰问野外一线工作人员，统一办理职工意外伤害保险，积极推进所务公开，增强了职工队伍的凝聚力，提高了民主参与和监督意识，为水文环境所营造了和谐、稳定的氛围。

（范建勇）

中国地质科学院地球物理地球化学勘查研究所工作

中国地质科学院地球物理地球化学勘查研究所

概　况

中国地质科学院地球物理地球化学勘查研究所（以下简称“物化探所”）是国家非营利性科研机构，既是国家科技创新体系重要组成部分，又是地质野战军的重要技术支撑体系，担负着中国地学领域中勘查地球物理（物探）与勘查地球化学（化探）两大学科的研究开发及推动相关技术进步的任务，承担国家

基础性、公益性和战略性地质调查工作，是中国物探与化探两大学科应用基础理论和新方法新技术的研究开发、成果转化的集散地和辐射源。

物化探所有21个内设机构，包括4个职能管理部门（所长办公室、组织人事处、科技处、计划财务处）；11个研究室（电磁综合研究室、地震方法研究室、地下物探室、矿产资源研究室、油气与深部物探室、航空物探研究室、应用地化研究室、化探方法研究室、矿产勘查地球化学与标准物质研究室、中心实验室、信息中心）；4个服务部门（离退休办公室、工会（保卫）、北京办事处、后勤服务中心）；2个市场开发与经营部门（廊坊开元高新技术开发公司、经营中心）。

截至2010年底，共有职工723人，其中在职职工377人，离退休职工346人。在职职工中科技人员293人，其中中国科学院院士1人，具有博士、硕士学位的121人，具有高级职称的121人。

地调与科研

一、总体情况

各类科研、地调项目按计划全面完成。2010年度，物化探所共承担（参加）各类科技、地调项目157项，其中：国家科技专项项目（课题）33项，地质调查项目46项，省级财政专项和社会服务项目50项，基本科研业务费项目28项，项目总经费12 106万元。2010年各项目进展正常，各类成果资料质量满足设计和规范要求，全面完成了年度工作任务和目标。

2010年，物化探所共有4项成果获奖，其中2项成果分获国土资源科技进步一等奖和二等奖，2项成果分别入选局、院十大科技进展。研究完成可供实验应用的新方法新技术15项，新仪器3台（套），新软件5套；申报国家专利3项，已获批准1项；发表论文53篇，其中SCI检索论文4篇，ISTP检索论文1篇，中文、科技核心期刊论文42篇，其他刊物6篇；出版专著1部。

二、科研地调项目取得重要进展和成果

用于深部找矿的大功率多功能电法仪成功实现实用化、产品化，性能和各项技术指标均达到国际先进水平，填补了中国多功能电磁测量技术的空白，提升了中国地球物理勘查的装备水平。

在河南南阳盆地400 m盖层的隐伏铜镍矿上方发现纳米级自然铜微粒，为深穿透地球化学迁移机理研究和含矿信息精确分离提取提供了直接微观证据。

研发组成航空地球物理勘查综合站，共完成航空物探勘查面积16万km^2，发现具有重要找矿意义的电导异常447处。

全国地球化学基准网已具雏形，在国际上首次建立81个指标（含78种元素）的分析配套技术。

为瞬变电磁实测数据的三维处理和解释技术的实用化提供了一套新的方法技术；进一步完善了高温超导磁强计的生产工艺；改进研制出高精度井中三分量磁力仪2套；解决了重力仪研制的一些关键问题；研制出了应用于1∶25万和1∶5万地球化学勘查的机动浅钻应用方法技术；建立和完善了3种特殊景观区的地球化学调查技术；物化探技术在冻土区天然气水合物勘查中初见成效。

对大兴安岭成矿带和长江中下游成矿带（矿田）的资源潜力进行了地球化学预测评价；提出了指示铅锌矿、铜矿类型、矿蚀变带范围、成矿溶液运移方向的地球化学新指标；

多目标区域地球化学调查与评价系列国家级成果问世，启动22部多目标区域地球化学图集的编制和出版工作，已有11个省和一个流域完成，是国家制定各种规划的重要依据，极大地提升了地球化学解决经济社会发展中遇到的重大科学问题和现实问题的能力；初步实现了基于HHT方法的大地电磁信号处理方法，形成了重要成矿区带地球物理深部探测的技术，为盆地带油气资源潜力评价及油气地质调查工作部署提供了重要依据；提出龙门山断裂带地壳内存在一个与“5.12”汶川地震关系密切的刚性体，分析了地震发生的可能机理。

重点成矿带综合地球物理立体地质填图示范取得重要进展，初步建立了数据库和三维模型可视化平台，为今后厚覆盖区开展地质调查和找矿工作的攻深找盲提供了重要方法和经验。

三、立项工作取得重要进展

2010年度获准立项60项，2011年度项目经费额达10 877万元，其中：国土资源行业专项12项（新开5项，续作7项）；地质矿产调查与评价专项项目46项；省级财政项目2项。另外，申报2011年修购专项4项，申报金额计1372万元。

四、科研交流和新方法新技术推广

（一）国际交流活动。

参加国际会议与科技交流5次，参加第21届ASEG国际地球物理年会与展览；组织接待来自美国、加拿大、挪威、安哥拉、秘鲁等国家或地区100余人次来所考察交流；接待了联合国教科文组织官员对该所拟申办的国际地球化学填图中心的评估工作。

（二）学术研讨会和讲座。

承办部、局业务研讨会议9次，全国性物化探技

术培训及成果交流会4次，所内业务培训、交流6次；邀请大专院校、科研院所教师、专家讲课8次，参加交流人员近400人次。

（三）新方法新技术推广。

承办“电法勘探工作站软件系统推广应用培训班”，在地调局主持下将物化探所具有自主知识产权的“电法工作站”软件50套赠送给相关地勘单位；研制的系列地球化学标准物质不仅推广至全国1000余家单位，而且还辐射至世界上各主要国家和地区；2010年，签订各类技术服务合同总计合同额约4327万元，技术服务领域涉及矿产资源勘查与评价、水资源（地热）勘查、地球化学样品分析及地质样品物性测试等，有效促进科研成果转化。

五、国家工程中心运行良好

依托物化探所建立的国家现代地质勘查工程技术研究中心运行良好，继续得到国家的支持，至今已有序运行13年。2010年，中心按照科技部的有关要求，结合物化探所实际，为促进该中心实施科技成果转化、推进勘查行业技术进步、发挥高新技术辐射源作用做了卓有成效的工作。中心的技术工程化水平明显提高，行业技术扩散能力和对行业的影响力显著增强，在巩固传统服务领域的基础上积极拓展新领域技术开发和服务，取得了较好的经济效益和社会效益。

人才队伍建设

2010年，共有210余人参加了各种业务创新技能培训；新增研究员4人、教授级高工4人、高级工程师4人、工程师8人；专业技术岗位遴选工作中，聘为二级教授10人、三级教授23人、四级教授33人、副高及其他职称235人；在职培养已毕业博士研究生2人、硕士研究生2人，在读博士1人、硕士4人；加强了与院校和科研院所及相关地勘单位之间的广泛联系与合作，目前列入地科院计划内在读研究生10人；共接收博士、硕士学历新进人员20人，为提高所的科研创新能力和创新管理方式补充了新生力量。

物化探所油气与深部物探研究室、卢景奇分别获国土资源系统“十一五”援藏工作先进集体、先进个人称号；陈晓东、方慧获第四批“国土资源部优秀青年科技人才”称号。

改革创新与综合管理

一、改革有力推进

为适应当前工作发展的新形势、新任务，进一步清理、规范了所属企业，全面完成上海京海工程技术公司的转让工作和开元公司重组工作；完成了部分研究室和项目组人员正式聘任和岗位调整工作；进一步加大了对优秀成果的奖励力度，鼓励科研人员科技创新。

二、创新装备和基地建设

2010年物化探所新增仪器设备784台（套）；改扩建后的标准物质样品楼投入使用；国际地球化学填图研究中心申办工作得到实质性推进，2010年11月，联合国教科文组织生态与地球科学部地学主管、IGCP秘书长罗伯特·米索顿博士受联合国教科文组织总干事委托来华对拟申报国际研究中心进行了可行性评估，并给出了建议和下一步中心申请工作的详细路线图。创新装备和基地建设显著改善了科研条件，将有效提升所科技创新能力。

三、加强质量管理体系建设

全面系统地对所质量管理体系进行修改完善，完成了换版工作，获得GB/T 19001—2008质量管理体系认证证书，加强了质量建设，项目的立项、设计编写、项目实施、野外生产到最终成果的质量等环节均得到有效控制与监督；所领导班子成员分别带队赴野外对科研项目进行综合检查。

四、安全生产与保密工作

（一）不断加强安全生产、综合治理工作。

签订2010年安全生产、社会综合治理任务目标责任书；在4次所内安全生产大检查中，对发现隐患责任单位要求整改；开展安全生产宣传活动，举办安全知识讲座培训；对重点部位进行多次检查，积极整改，消除隐患。物化探所被评为2010年度中央国家机关“平安单位”和局先进单位。

（二）不断创新保密工作。

不断创新管理方式，从组织领导、规章制定等方面不断强化保密工作，使其制度化、规范化、常态化；签署保密责任书、保密协议、涉密计算机及涉密移动载体管理和使用承诺书等；制定加强保密工作的实施方案，并强化软硬件建设和宣传教育，多次开展全面检查；完成了内外网分离；举办保密知识培训，学习新保密法，开展新保密法知识竞赛活动。

经济管理

2010年，物化探所经济形势保持良好发展势头，实现了良性循环、持续发展的良好局面。

一、经济规模及职工收入实现双增长

2010年全所总收入（不含企业）2.36亿元，总资产达4.47亿元，净资产3.09亿元。同时，职工收入实现增长，在职在岗职工年人均收入达到8.4万元，较2009年增加21.74%，离退休人员生活费年人均3.2万元，较2009年增加3.23%。

二、经济管理不断规范

物化探所通过不断转变观念、强化预算与财务监督检查、健全完善制度等措施，使“财政预算执行”和“资金规范支出”难题得到了初步破解。

1. 通过与研究室及项目负责人签订《物化探研究所项目预算执行目标责任书》，落实了责任机制和奖惩机制，实行了预算执行计划管理，确保了年度预算目标的完成。

2. 积极配合局委托审计组对2009年度决算审计工作并对提出的问题进行了全面整改。

3. 加强了项目工作调度和重点跟踪，强化了任务规模和预算控制等综合措施，使年度结转及部门预算执行率达到92.38%，国库预算执行率达到86.35%，圆满完成了预算执行目标，经济管理工作不断规范。

党建与精神文明建设

一、党建和精神文明建设

1. 所党委先后印发2010年《党委工作要点》、《反腐倡廉建设工作要点》、《精神文明建设工作要点》等，部署各项工作，落实工作责任；及时、高效传达上级文件、会议精神和中央领导系列讲话精神等，结合实际组织开展理论学习。

2. 加强党的建设。完成了对全所党支部进行调整和换届选举工作，加强学习型党支部建设；针对原纪委组织机构不健全的问题，成立了由6人组成的物化探所临时纪委。

3. 推进党风廉政建设和反腐败工作。以局巡视组对物化探所进行巡视和评估验收第二阶段惩防体系建设工作为契机，组织开展领导干部廉洁从政若干准则、四项制度、两项法规等学习活动；开展廉政风险排查，确定了9个方面35个廉政风险点，加强反腐倡廉基本制度、源头防治腐败制度的建设，进一步规范了工作程序，从源头加强预防。

二、深入开展创先争优活动

制定印发《物化探所党委关于深入开展创先争优活动的实施方案》，成立所领导机构和工作机构，有效组织开展争创活动。所党委委员深入基层一线，认真进行调研，开展检查、慰问，掌握第一手情况，帮助基层解决实际问题；各党支部多次召开专题会议，认真学习了相关文件精神，扎实开展争创活动，各支部和党员个人提交了“承诺书”，做到了公开承诺，公开接受群众监督。全所干部职工把创先争优活动和日常业务工作有机结合起来，达到了相互促进的目的。通过创先争优活动深入开展，提升了科技创新能力，促进了科学、和谐发展，加强了基层组织建设，更好地服务于职工群众。

三、为职工办实事、办好事

开办了职工食堂。认真对待原所家属工参加廊坊市基本养老保险统筹问题，先后为24位职工家属申报社会养老保险；根据上级文件精神，所垫发了津补贴，改善退休职工生活待遇，并对老职工和生活困难职工走访慰问。组织完成了职工集资住宅楼、东三栋旧住宅楼的入住搬迁，对新建住宅楼外网（水、电、暖）和东、西院区道路、路灯，部分老住宅楼水、电表和暖气管道进行了改造，改善了院区环境。

（王路阔）

中国地质科学院岩溶地质研究所工作

中国地质科学院岩溶地质研究所

概　况

中国地质科学院岩溶地质研究所（以下简称“岩溶地质所”）是中国地质调查局（中国地质科学院）直属的科研事业单位，为国家非营利性科研机构。

主要职责是，开展岩溶地质基础理论和学科创新工作、岩溶地质与全球变化研究；承担岩溶水文地质、工程地质、环境地质和地质灾害调查研究、监测评价及治理工作和岩溶矿产资源、洞穴资源调查评价工作；开展岩溶地质实验测试、信息化建设工作；开展岩溶地质国际交流与合作工作，承担联合国教科文组织国际岩溶中心相关工作；开展科技开发、成果转化、技术服务工作；承担地调局和地科院交办的其他工作。

内部机构设置：综合管理部门有办公室、党委办公室、科技外事处、财务资产处、人事教育处、条件保障处；技术业务部门有岩溶动力学研究室、岩溶区域地质研究室、岩溶资源研究室、岩溶生态与石漠化研究室、岩溶工程与灾害研究室、岩溶景观与洞穴研究室、岩溶探测技术方法研究室、岩溶地质与资源环境测试中心、岩溶资料信息中心；其他管理服务部门有后勤服务中心、离退休管理处、国际岩溶研究中心基建办。

2010 年，岩溶所职工 308 人，其中在职人员 176 人，包括中科院院士 1 人，研究员 27 人，副研究员及高工 47 人，中级职称 47 人，博士生导师 5 人，博士 14 人，硕士 46 人。

科研与地调

一、总体情况

在研科研项目 105 项。全年发表论文 69 篇，其中 SCI 论文 4 篇，EI 论文 5 篇，TSTP 论文 1 篇，核心期刊 33 篇，出版专著 3 部。

“岩溶峰丛洼地水土保持研究与示范”获中国水土保持学会科学技术奖二等奖，排名第一；参与的“中国水土流失与生态安全综合科学考察”获中国水土保持学会科学技术奖一等奖，排名第七。“岩溶动力系统与全球变化和石漠化治理”申报 2010 年度国家自然科学奖通过了初审。“放射性碳测年样品制备系统的集成控制装置”、“放射性碳测年制样装置的玻璃真空单元”获实用新型专利。

2010 年争取到了国家自然科学基金 3 项、广西科技研究与自然科学基金项目 2 项、国土资源公益性行业专项 1 项、其他部委科技项目 3 项。

二、基础性科研取得新成果

（一）岩溶动力系统与全球变化研究方面。

加强了不同环境的岩溶动力系统的监测，进一步完善了丫吉、毛村等岩溶动力监测场地，深化了岩溶动力系统与全球变化研究。10～15 万年来石笋记录的研究、人类活动对地质碳汇的影响以及岩溶水文系统的溶质运移研究均取得了新进展。

（二）岩溶资源与环境研究方面。

“碳酸盐岩缝洞系统模式及成因研究”建立了古岩溶有效识别研究方法，提出了塔河油田 10 种典型缝洞系统结构模式，为碳酸盐岩储层结构、岩溶作用对油气聚集的控制规律以及油藏模型建立提供了理论支撑。“中国北方岩溶区地下水环境问题成因机制与保护对策研究”开展了岩溶地下水环境问题补充调查工作，建立了来水量与碳酸盐岩渗漏段漏失系数之间的数学方程

（三）岩溶生态学研究方面。

广西平果果化、马山弄拉、环江古周 3 个喀斯特峰丛山地示范区进一步完善，尤其在峰丛山地水土流失防治方面取得新突破。还在建立示范区岩溶生态信息系统的基础上，对岩溶峰丛山地脆弱生态系统重建技术的服务价值功能进行了进一步评价。在石漠化坡耕地整治方式、石漠化坡耕地高效生态农业模式等方面获得了较大进展，初建了集雨面积与水池容量之间的关系。

（四）岩溶地质灾害研究方面。

针对岩溶土洞的隐蔽性、累进性和突发性特点，系统提出了以分布式光电传感技术为基础，结合岩溶塌陷触发因素实时监测的岩溶土洞监测预警新思路，有效解决了目前岩溶塌陷监测预警所面临的实时监测和空间准确定位的难题

（五）岩溶景观与洞穴研究方面。

主持申报的乐业－凤山世界地质公园已于 2010 年 10 月通过国际评审，进入世界地质公园行列。

（六）岩溶探测与测试技术方法方面。

地震多波技术在岩溶区的应用研究取得了一定的效果，成果解译得到了钻探的验证，大大提高了成井率。建立了 MAT253 质谱仪联机在线水中 ^{13}C 测定方法；解决了低本底液闪仪本底值居高不下的技术问题，提高了分析精度。

三、高质量地完成地质调查项目

2010 年完成 1:5 万（含 1:1 万）地质、水文地质与环境地质调查 10 335 km^2、线路调查 2700 km；完成 1:25 万环境地质调查 6 万 km^2；完成地球物理探测点 6138 个；完成钻探进尺 2460 m；建立长期观测站并投入观测的站点 67 个；采集、分析岩、土、水样 6391 件（组）；完成洞穴探测 8205 m。

“西南岩溶石山地区地下水与环境地质调查”：开展了典型岩溶流域 1:5 水文地质及环境地质综合调查、岩溶地下水有效开发利用与流域生态环境综合整治示范和重大环境地质问题综合研究 3 方面工作。完成调查面积 31 000 km^2，开展水文地质钻探 5400 m。因地制宜，采取堵洞蓄水、暗河截流、大泉壅水、钻井、大口井、斜井等多种方式，开展了岩溶地下水开发利用与生态环境综合治理示范。进行地下水勘探和开发示范，解决了 20 万人饮水困难问题，取得了明显的社会效应与经济效益。

“全球变化的地质响应研究”：开展了外源水对岩溶作用影响的勘查、建站。针对外源水、不同利用方式土地、不同地貌类型、不同类型土壤等放置试片，取岩、土、水和植物样，取得全钙、全氮、有机碳、粒度的数据，取得钙 5 种形态、氮、磷、钾的全量与有效态及有机质和 pH 值的数据。

“中国地质碳汇潜力研究”：进行了碳汇国际对比点选址，启动了与斯洛文尼亚完成的国际合作对比碳汇监测站；在桂江流域开展了水体有机碳、无机碳分析及同位素样的收集和检测；开展了桂江、柳江、黔江3条河流流域的岩溶碳汇调查和湖南万华岩等6个地下河流域的线路调查；完成了桂江流域13个主流断面、16个支流断面的统一碳汇采样，现场测定指标计29组，收集同期水文资料，对部分断面进行了测流。

“云南1:5万潞西县、平达幅区调”：应用激光锆石U－Pb同位素测年方法（LA－ICP－MS）在火山岩中获得锆石同位素年龄122.3±2.1 Ma，为修正该地层岩石的年代提供了可靠依据；首次获得工作区花岗岩中锆石同位素年龄约500～520 Ma，为区内花岗岩的形成演化以及构造演化提供新的重要依据。在平达幅南部发现大量辉绿岩墙群，对区内基性岩的进一步研究有重要意义。新增加2个金属矿点，其中钨矿矿脉品位0.5%～1.5%，铅锌矿矿体品位5%～10%。

西南地区抗旱打井找水成果显著。贵州抗旱找水突击队共完成地质布孔110处；物探测井点95处，选定井位57处，完成施工钻孔18个，成井16个，达89%。其中贞丰县北盘江镇三家寨村孔涌水量达3000 m^3/d、平塘县通州镇新寨村钻孔涌水量达3700 m^3/d以上。广西抗旱找水突击队完成地下河水源调查点12处，发现和核查地下河流量合计达0.7 m^3/s；完成施工地下河提水6处，解决了缺水人口4760人和2630头牲畜饮水及7000亩耕地灌溉用水。同时，广西抗旱找水突击队还代表广西国土系统协助和参与了北京军区给水团找水凿井工作，在巴马县开展综合岩溶水文地质调查和溶洞探测，线路调查400 km，确定地下水开发靶区10多处，保证了部队凿井孔位的需求。岩溶地质所被评为“国土资源系统西南抗旱找水打井先进集体”。1人获广西壮族自治区抗旱找水先进个人称号。

国际合作与对外交流

岩溶地质所7个团组24人次出访，接待来访80人次，签署双边及多边合作协议4份。

开展了中英第23次洞穴探险合作和中法联合洞穴探险考察，并进行了洞穴探测技能培训。

国际岩溶研究中心成功举办了“岩溶水文地质与岩溶碳循环监测”国际培训班，共有来自11个国家的17名学员参加了培训。

与巴巴多斯、美国西肯塔基大学霍夫曼研究所签署了《在岩溶资源研究及教育领域的三方合作意向备忘录》，与斯洛文尼亚岩溶研究所签订了合作备忘录，与中国文化大学（台湾）签署了《科学研究合作协议书》。

改革创新与综合管理

一、完成机构调整和岗位聘任工作

根据岩溶地质所的发展要求，进行了内设机构调整和岗位设置与聘任工作。本次经遴选升级的专业技术岗位人员共54人，通过双向选择有138人竞聘上岗。在全过程中严格按照程序，规范操作，11名同志通过竞聘上岗方式获得了晋升。

二、完成“十二五”发展规划的编制

高度重视“十二五”发展规划的编制工作，成立了领导小组，组织落实规划的编制工作。经过自下而上、自上而下的多次征求意见和修改完善，完成了“十二五”规划的编制工作，为今后发展奠定了基础。

三、人才队伍建设取得显著成效

2010年共引进人员18人，3名在职职工获博士学位，送国外短期培训1人，1人获得正高级职称任职资格，1人获得副高级职称任职资格，8人获得中级职称任职资格。与西南大学、南京大学签署了联合办学协议。陈伟海荣获“全国科普工作先进工作者”称号。

四、基础设施和科研条件得到改善

“国土资源部岩溶地质资源环境监督检测中心”获得正式批准，获得了“岩溶地质、生态地球化学环境、矿山地质环境及农业地质环境；岩溶地下水、矿泉水；金属、非金属矿产；岩石物理性质及土工试验”的部级检测资格。

“国际岩溶研究中心建设的立项报告”已上报发展改革委。“会仙岩溶生态与水生态研究基地”已交付科研部门投入使用。“武隆岩溶研究基地”的选址和立项获得武隆县批准。“桂林海洋－寨底岩溶地下河系统综合研究试验基地”开展了地下水循环试验场、水质处理试验场、地球物理探测试验场、水文监测站和道路建设等工作，野外综合实验楼已经封顶。

编制完成了《地质技术装备建设规划》（2010～2020年）。购置了激光扫描仪及数据采集系统、原子吸收光谱仪、多参数水质检测仪、野外用车等大中型仪器设备。

五、完善制度建设

以惩防体系自查评估工作为契机，进一步健全和完善各项规章制度，修改完善了《住宅房屋管理办法》，制定了《所务公开实施办法》等9项规章制

度。进一步完善了内部运行机制，以制度建设促进各项工作规范。

六、狠抓安全生产和保密工作

加强安全生产学习、宣传、培训工作。制定了安全生产年活动方案；举办安委会成员培训班、兼职安全员培训班等；充分利用大屏幕、网络等形式宣传安全生产知识和开展警示教育；开展经常性安全生产大检查，重点检查野外车辆安全、野外交通运输安全、野外科研地调工作环境安全等，发现隐患，及时整改。

根据部、局、院的要求，开展了两次保密计算机检查，针对检查中发现的问题和隐患，购买了涉密计算机系统安全管理软件对涉密资料进行管理和控制，并对纸质地形图进行清理。

经济管理

经济实力稳步提高，货币工作总量再创新高，达7544万元，其中财政拨款5366万元，事业收入和其他收入2178万元；年末资产总量达到1.11亿元，其中本年固定资产增加1573万元，达到6000万元；净资产达到9552万元。财政资金预算执行率达90.33%。

财务工作紧紧围绕中心工作任务，强化管理与制度落实，加强财务管理基础能力和预算管理，实行预算支出计划管理新举措，提高了预算管理水平和预算资金的使用效益。对2005～2009年审计提出的问题进行整改，并通过验收；继续开展企业清理工作。

党建与精神文明建设

不断推进党建工作。制订了党建工作计划；调整了党支部；成立了团委，完善了团委组织机构；吸纳了2名入党积极分子为预备党员，1名预备党员转为正式党员。

按照部署，确定创先争优活动主题为“建设过硬队伍、培养优良作风、创造一流业绩、争当发展先锋”。活动中，将创先争优与实施凝聚力工程相结合，派出检查慰问组，赴山西晋城和贵州仁怀地区两个野外工作点进行了检查慰问；积极培育和树立先进典型，通过“西南抗旱打井找水行动”表彰先进活动，在全所范围内掀起了学先进、赶先进的热潮；不断优化干部队伍，提高干部队伍的作风建设；建立学习型党组织，举办了两期的党委中心组理论学习班；探索组建野外党支部。

加强精神文明建设，实施凝聚力工程。组织开展形式多样的群众性文体活动，丰富职工文化生活，营造和谐氛围。组织参加局文艺汇演，获得二等奖；4人分别获得局系统优秀职工之友、优秀工会干部、工会积极分子，优秀青年表彰；为支援青海玉树地震灾区，职工捐款64 860元；组织共青团参加七星区学雷锋服务活动；成功举办了第六届职工运动会。

坚持以人为本，积极为职工办好事、实事，把凝聚力工程落到实处，使职工群众充分享受到改革开放的成果：在充分调研和向上级反映的基础上，为解决退休职工收入低的问题，研究预发了部分津补贴；补发了一次性住房补贴；为职工购买了大病医疗保险；出台了《离退休职工特殊困难帮扶办法》；为外业工作职工购买了意外伤害保险；组织全所职工健康体检；修改职工丧事处理办法；为职工发放节假日慰问品；继续为职工送生日蛋糕；提高职工午餐标准等。

（杨初长）

国家地质实验测试中心工作

国家地质实验测试中心

概　况

国家地质实验测试中心（以下简称“实验测试中心”）是国土资源部系统唯一的国家级地质实验测试技术应用研究中心。多年来，为地质科学的发展、为地质调查和规划管理、为地质找矿和地质环境保护提供了强有力的技术支持。

实验测试中心下设10个处级单位，其中：职能部门包括办公室、财务处、科研处、条件保障室和质量管理办公室；业务部门包括新技术研究室、环境地球化学研究室、标准化研究室、有机分析研究室及无机分析研究室。

截至2010年底，在册职工233人，其中在职职工111人，离退休职工122人。在职职工中，具有博士学位的18人、硕士学位的33人、大学本科的38人、大专及以下的22人；35岁以下的53人、36～45岁的14人、46～54岁的31人、55岁以上的13人、40岁以下职工占51%，队伍进一步年轻化；具有正高级职称的20人、副高级职称的19人、中级职称的46人、初级职称的24人，工人2人。

地调与科研

一、总体情况

2010年共承担科技项目78项，其中，国家级25项，部公益性行业科研专项1项、课题13项，地质矿产调查评价计划项目1项、工作项目7项、工作内容2项，合作课题1项；参加国家重点实验室项目1项，基本科研业务费项目24项，横向开发课题3项。

2010年到位科研经费总计1745.17万元，其中，国家级项目经费262.1万元，地质矿产调查评价项目经费795万元，国土部公益性行业科研专项经费489万元，基本科研业务费项目经费186.8万元，横向开发课题经费12.27万元。

2010年实验测试中心共有23项科研项目通过了相关部门组织的专家验收，完成地质资料汇交4项。总体验收等级情况为：6项通过，4项优秀，13项良好。

二、科技成果

RoHS检测用玻璃中重金属成分分析标准物质（GBW08414—GBW08416）获国家一级标准物质；研制人为王亚平、许春雪、安子怡、王苏明。南极海洋沉积物成分分析标准物质GBW07357获国家一级标准物质；研制人为王亚平、许春雪、安子怡、王苏明。

科技人员在国内外学术期刊上发表论文共计110篇，其中SCI、EI收录论文21篇。出版译著一部。

以第一完成单位获国土资源科学技术奖一等奖1项，二等奖1项。一等奖：首都北京及周边地区水、土环境污染机理与调控原理，主要完成单位包括实验测试中心等4个单位，主要完成人中包括实验测试中心黄怀曾、李家熙、刘晓端、王亚平、汪双清、徐清。二等奖：多目标地质调查中主要有机物分析方法研究及应用，主要完成单位为实验测试中心，主要完成人为饶竹、李松、黄毅、贾静、宋淑玲、王苏明、王祎亚、祁鹏。

三、对外测试服务

截至2010年12月，对外检测总收入980.6万元，较2009年有所增长，连续3年测试收入超过800万元，实现了“十一五”对外测试能力建设指标。样品数量12 317件，检测总项目264 118项，其中院内占81%，部内占7.8%，部外占11.2%，纵向任务量接近90%，进一步彰显实验测试中心的公益性质。

四、制定“十二五”科技发展规划

实验测试中心把“十二五”科技发展规划的制定列为2010年的重要工作之一。在认真总结“十一五”科技进展与不足和多次召开专家会议的基础上，完成了“十二五”科技发展规划初稿。

国内外学术交流与合作

一、国内学术活动

参加国内会议77人次，并有3人在大会报告，提交会议论文17篇。

1. 以“中国稀土资源的高效提取与循环利用”为主题的第377次香山科学会议于2010年6月8~10日在北京香山饭店召开。研究员李家熙作了《稀土尾矿回收与矿山环境修复技术》的主题评述报告。

2. 由地调局主办，测试实验中心承办“实验室地下水分析技术能力建设专题工作会议”于2010年11月18日在北京召开。来自地调局直属单位、各省地勘局以及高校等48个实验室90余人参加了会议。会议对“十二五”期间地下水污染调查评价工作进行了部署。

3. 由中国地质学会、中国光学会和中国硅酸盐学会主办，实验测试中心协办的全国第八届X射线荧光光谱学术报告会于2010年9月15~17日在上海召开。近70人来自地矿、冶金、核工业、考古、高校的科技人员参加了本次会议。大会特邀报告8篇，其中国外知名学者特邀报告2篇。会议展示了中国在该领域研究和应用的最新进展，促进了中国X射线荧光光谱分析工作者与国内外同行的交流。

4. 4月22日第41个世界地球日，实验测试中心有包括生态地球化学重点开放实验室在内的13个实验室对社会开放，来自北京师范大学实验小学和东四九条小学的100余位师生参观了实验室。科技人员围绕2010年地球日“珍惜地球资源，转变发展方式，倡导低碳生活”主题，讲解了如何利用这些仪器设备进行水、土壤、大气颗粒物、植物中的有机污染物、农药残留等的准确定性和定量检测，使同学们进一步认识保护地球与环境的意义。

二、承办局业务培训

由局科外部主办，测试实验中心和西藏地勘局中心实验室承办的西部现代实验测试技术应用培训班，于2010年7月28—8月3日在西藏拉萨召开，来自14个省（市）18个单位的地质、有色及核工业行业实验室的92名代表参加了培训。这次培训内容丰富、知识覆盖面广、实用性强。培训采用课堂讲解、现场解疑、课下学员互相交流的学习形式。通过培训，加强了与西部地区的合作。

三、国际合作与交流情况

执行了3项合作研究和1项国际会议，共6人次。因故取消1项、未执行1项。

2010年2月23日，德中合作实验室成立签字仪式在德国美茵茨大学成功举行。中方代表中国地质科学院副院长董树文、国家地质实验测试中心副主任罗立强和研究员王晓红出席了签字仪式。德国教育与科研部领导、德中合作双方领导和项目负责人都作了重要讲话。德中合作实验室的成立，为德中双方深入、持久的合作搭建了一个良好的平台。近年来，德中双方合作成果显著，撰写并发表SCI收录论文40多篇，使实验测试中心参与多个欧盟第七框架计划项目的研究中。鉴于Müller教授的突出贡献，授予他“中国地质科学院荣誉研究员”称号。

队伍建设

有科技人员47人次参加了各类型的专业技术培训，并对全体管理人员进行了相关管理工作的业务培训，收到了很好的效果。有15名实验测试中心各领域专家授课，作专题报告。

新进应届毕业生的招收继续坚持网上公布信息，面向社会公开招聘的办法。所有应聘者参加了笔试，笔试成绩合格的，参加面试答辩，这充分体现了“公平、公正、择优”的原则。2010年通过笔试和面试答辩，接收应届本科生4名，硕士生4名，博士生2名。调入1名博士后和1名硕士。新进人员在专业上覆盖了无机分析、有机分析、油气分析、同位素分析、矿物学、古环境古气候研究等，充实了科研、检测队伍，加强了科技和财务管理部门的力量。

研究员孙青和研究员葛晓立被国土资源部授予“国土资源部优秀青年科技人才”称号。

改革创新与综合管理

一、开展首次岗位设置

实验测试中心根据国土资源部“关于印发所属事业单位岗位设置管理实施细则的通知”（国土资发〔2008〕303号）精神，加强领导，健全机构，精心制订方案，强化监督，从始至终坚持公开、透明、公平、公正的原则，于2010年4月6~8日，先后组织开展了专业技术高级、中级和初级岗位的遴选工作。经过遴选，产生了专业技术二级岗位6人（含资格2人），三级岗位4人，五级岗位4人，六级岗位6人，八级岗位13人，九级岗位18人，十一级岗位6人。二级岗位经地调局审批后，与其他岗位人员于5月聘任。

二、调整内设机构

为适应业务发展的需要和满足地质科学发展的需求，保证地质实验测试标准化研究顺利开展，2010年9月份组建了“地质实验测试标准化研究室”，明确该研究室为业务研究机构。

三、开展岗位竞聘

为加快青年科技、管理人才的培养，建立充满生机与活力的用人机制，根据业务发展需要，于2010年10月19日开展了包括科研处处长在内的8个岗位竞聘工作，按照《党政干部选拔任用工作条例》，制订了实施方案。在党委的统一领导下，由竞聘工作领导小组全权负责竞聘工作。本次竞聘坚持任人唯贤、德才兼备的原则，坚持公开、公正、公平、竞争、择优的原则，坚持群众公认、注重实绩的原则，坚持处理好改革发展稳定关系的原则。竞聘按照公布岗位、个人报名、资格审查、陈述答辩与民主推荐、组织考察、党委研究、公示以及聘任的程序进行。纪检监察部门的相关人员自始至终参与了竞聘的全过程。此次岗位竞聘，有5名35岁以下的科技人员竞聘上岗。

四、完善分配制度

2010年改革完善了分配制度。在严格执行2006年6部委文件精神的前提下，结合岗位设置工作，一线科技人员的绩效工资不再仅直接与项目经费和测试收入直接挂钩，实行综合评价原则，综合考虑项目的等级和经费、项目执行与完成情况、项目成果以及检测的工作量、技术难度、质量、及时率等，并综合人才培养因素，确定绩效津贴总系数。管理、公益岗位人员绩效工资与一线人员平均值挂钩，加强对二线人员履行职责的考核。控制部门间的差异，限制个人绩效工资的上限。

五、制定相关制度

围绕规范审批依据，保证国家经费安全，完善审批依据、提高管理水平，制定了《公务卡管理暂行办法》、《劳务性费用支出管理办法》，针对关于“小金库”清理自查自纠中发现的问题，制定了《测试中心挂靠机构财务管理办法》，以及《绩效工资管理暂行办法》等，使管理更加科学、规范。

六、加强基地建设

完成了修购专项中4台仪器的招标工作，制定了2011年、2012年的修购专项计划，上报主管部门。仪器设备的引进，将进一步加强实验测试中心在同位素地质年代学研究、油气地球化学分析和有机地球化学分析研究领域的创新能力和服务能力。

七、狠抓安全生产

认真贯彻落实国务院办公厅《关于继续深入开展“安全生产年”活动的通知》和上级机关的统一部署，按照“预防为主，加强管理，落实责任”的思路，深化开展安全生产“三项行动”，采取有力措施，强化宣传教育，狠抓督促检查，积极消除隐患，杜绝各类事故发生，实现了“大事不出、小事减少、管理严格、秩序良好”的目标。2010 年，实验测试中心未发生任何安全事故。

经济管理

2010 年经济运行情况良好，全年总收入达到创纪录的 6056.92 万元。在重视预算执行管理的同时，规范对项目经费的管理。对于法人科研项目提出了“二级预算”和“两级统筹”的管理理念，全面试行网上审批。2010 年可支配资金收支总体有结余，主要得益于非营利专项经费和对外检测收入的大幅度增加。2010 年财政拨款中的基本支出执行率为 100%，国库支出完成了 86.23%，预算执行总进度为 89.06%，基本达到要求的下限。在职职工人均收入有明显的提高。

截至 2010 年底，实验测试中心总资产达到 5202 万元。其中，10 万元以上大型仪器设备 74 台（套），价值 4145 万元。固定资产 5202 万元，较 2009 年末的 4358.49 万元增长了 19.35%。

党建与精神文明建设

2010 年初，实验测试中心党委研究制定了《2010 年工作要点》、《中心组理论学习计划》、《2010 年精神文明建设工作要点》，并在工作中认真贯彻落实。

一、积极推进创先争优活动

按照中央和部、局党组的部署，深入开展创先争优活动，认真完成阶段性规定动作，利用纪念中国共产党成立 89 周年之际，精心组织安排一系列十分有意义的活动，受到党内外一致好评。

二、加大惩防体系建设工作力度

以加强组织领导、思想教育、制度完善、监督制约为重点，制定党风廉政建设工作要点，明确工作任务。制定措施，重点控制易发腐败的关键点。一是规范科技和财务管理。二是规范采购和资产管理。三是加强科研项目经费管理。四是制定了《挂靠学会、协会等学术团体财务管理办法》。五是开展专项监督检查工作。

三、重视凝聚力建设

实施“群众满意工程”，用“以人为本”理念，大力营造和谐向上氛围。从 2010 年起向当年结婚和生育的职工赠送了纪念品；对直系亲属身故的及时致函表示慰问；每月为当月过生日的在职职工发放生日贺卡和慰问金；对生病住院职工进行探视慰问等。积极参加国土资源部第三届职工运动会及部、局有关重大活动；举办健康保健等知识讲座，组织参观有关大型展览，开展群众性趣味运动会、游泳等健身活动，举办摄影比赛、重大节日前的文娱活动；开展春游、秋游、登山、牌类比赛等活动，不断丰富职工业余文化生活，不断满足职工日益增长的精神文化需求。

四、启动城乡共建工作

与北京市平谷区大华山镇苏子峪村达成了城乡共建意向协议。派出环境研究专家组前往苏子峪村对该村枣树枯死病进行土壤检测的初期工作，标志着实验测试中心正式启动城乡共建工作。

（王军芝）

中国地质科学院勘探技术研究所工作

中国地质科学院勘探技术研究所

概　况

中国地质科学院勘探技术研究所（以下简称“勘探技术所”）是中央公益性地质调查队伍的重要组成部分，主要开展国家基础性、公益性地质调查和战略性矿产勘查工作，承担地质调查勘探技术应用研究及示范推广，为公益性地质调查和战略性矿产勘查提供技术支撑与服务。

主要职责：开展地质矿产钻探新理论、新技术、新方法、新工艺、新设备的研究，承担相关技术示范和推广应用工作。引领勘探技术发展方向，支撑勘探技术创新体系，推动勘探技术发展与进步，支持重大地球科学钻探工程，提升中国勘探技术核心竞争力。为地球科学研究、地质矿产资源勘查提供技术支撑。承担地质矿产钻探新理论、新技术、新方法、新工艺、新设备研究；承担特殊矿产资源勘查及非常规油气资源勘探的钻探设备和工艺技术研究；承担科学钻探关键技术与装备的研究，为国家重大地球科学探测工程提供钻探技术支撑；承担勘探技术标准研究制订和相关技术方法推广应用；开展地质勘探技术相关情报、资料、信息、发展规划研究；开展地质勘探技术相关国际交流与合作；承办地调局交办的其他工作。

勘探技术所设所长办公室、组织人事处（党办）、计划财务处、地调科研处、科技开发处、工会、综合服务处等7个职能部门；设勘探新技术一室、勘探新技术二室、大口径钻头与钻具研制中心、非开挖技术研究开发中心、特种钻进技术研究开发中心、工程部等6个业务部门；另设离退休管理办公室和物业中心两个部门。中国地质学会探矿工程专业委员会挂靠在所。承办《探矿工程（岩土钻掘工程）》杂志。

现编制人数327人，截至2010年底，在职职工202人，其中，具有博士学位的8人、硕士学位的5人、本科学历的76人、大专学历的37人。离退休人员172人，其中离休人员14人，退休人员158人。

地调与科研

一、总体情况

共承担地调、科研项目22项，其中：地质调查项目9项、国土资源部项目4项（百人计划项目3项、公益性行业科研专项项目1项）、科技部项目5项（国家高技术研究发展计划（“863”计划）重点项目1项、“863”项目目标导向子课题1项、科研院所专项资金项目3项）、危机矿山找矿专项项目2项，地壳探测工程专项项目2项。新增地调、科研项目经费达到3880万元（其中地调项目经费3370万元、地壳探测工程专项项目经费400万元、科研院所专项资金项目110万元）。

承担的《高精度定向对接贯通井技术及配套设备》及《西部复杂条件下轻便多功能钻机的研制》2个项目均获国土资源科技二等奖。

二、地调科研工作取得的进展和成果

（一）“863”重点项目“2000 m地质岩心钻探关键技术与装备”。

该项目围绕深孔硬岩金刚石绳索取心钻探关键技术问题，成功研制了2种型号3台样机的深孔全液压地质岩心钻机（YDX－5型和FYD－2200型）、配套泥浆泵、冲洗液固控系统、高精度钻探参数检测系统及实时数据和图像远程传输系统，开发出XJY－850高钢级无缝钢管，研制出高强度双密封不对称梯形扣绳索取心钻杆，突破了深部绳索取心钻杆关键技术瓶颈；绳索取心液动锤钻具应用深度超过2200 m，成功解决了深孔背压问题，提高了液动锤的工作寿命和稳定性；双水口超高胎体二次镶焊金刚石孕镶钻头，在高效钻进的同时进尺寿命提高1倍以上；完成了深孔岩心钻探设备、器具及工艺技术配套集成研究。在山东金青顶及安徽周集矿区进行了工程示范，终孔深度分别达到2212.80 m和2706.68 m，创造和打破了国内多项钻探技术应用深度纪录。

（二）1500 m地质取心深孔钻探技术研究。

1. 1500 m全液压岩心钻机的研制已完成了总体方案的设计与各主要部件的设计，外购件及配套附属器具完成选型，钻机零部件及配套机具的加工试制、整体组装、调试、台架检测，在海拔4200余米的青海省都兰县香日德镇果洛龙洼金矿完成了钻孔深度1502.10 m的生产试验。

2. 600 m全液压坑道钻机的研制已完成了设备试制、组装、调试、台架试验，野外生产试验用钻杆、钻头、扶正器等器具的配套，正在山东海阳郭城金矿进行生产试验。

3. 岩心钻探孔内事故处理工具的研究已完成孔内事故处理工具数据库、孔内事故处理工具实物库的建立，孔内事故处理工具手册已完成编写，正等待正式出版。

4. 定向钻进高精度中靶系统研究先后在土耳其Beypazari天然碱矿三期、江西赣州九二盐矿以及山西沁水煤层气井组对接井工程中实施中靶作业试验，对入井探管和磁信标接头进行了改型设计和加工。截至2010年底已全部完成土耳其23对井、国内1对盐井井组、1对煤层气井组的对接引导中靶工作，已达到工业试验的目的。

（三）铝合金钻杆的研制。

试制了普通外丝铝合金钻杆1500 m，反循环双壁铝合金钻杆30 m。进行了ϕ52×7.5 mm铝合金钻杆成品静拉、静扭破坏性试验，确定了螺纹副最优机械组配工艺。按此工艺批量生产的ϕ52×7.5 mm铝合金钻杆平均静态拉断力大于450～630 kN，抗扭能力超过4900 N·m。

ϕ52×7.5 mm铝合金钻杆在安徽地勘局325地质队承担的彭桥煤矿ZK504钻孔中正在进行野外试验，试验钻孔深度超过了1000 m。该项目已申请了3项实用新型专利。

（四）深孔复杂地层取心钻具的研制。

该项目的研制将彻底解决传统钻具无到位报讯或报讯不清晰、“打空管”、“弹卡卡钻”等问题。钻具样机实钻工作量与项目成果推广工作量已完成1096 m。隔液取心结构与大公差卡簧结构全面应用于“汶川地震科学钻探（WFSD）工程”各子工程，深孔复杂地层取心钻具KT－150已成为“汶川地震科学钻探（WFSD）工程”提钻取心钻进的主打钻具。

（五）青藏高原冻土带天然气水合物调查评价项目。

组织实施了木里陆地冻土天然气水合物钻探取样施工，完成钻探工作量800 m，2个取心钻探孔的施工任务已全部完成，达到了设计深度和地质取样要求，2个孔发现了气泡异常现象。

组织实施的东北漠河盆地冻土天然气水合物钻探取心施工任务已经全面完成，钻探孔深500 m，孔深和取样质量达到了地质设计要求，孔内未发现冒气和异常。

（六）地质钻探规程、规范修订工作。

《地质岩心钻探规程》先后通过了地调局组织的专家评审、国土资源行业技术标准委员会勘查专业分技术委员会组织的专家审定，已上报国土资源部主管部门。

《定向钻探技术规范》已完成第一稿的编写，并征集了专家的修改意见。

（七）深孔膨胀套管护壁技术研究项目。

完成了膨胀套管、膨胀工具、扩孔钻头、下入工具等的设计加工、样机调试、室内模拟试验，编写了膨胀套管护壁技术使用规程。

（八）“海洋区域地质、环境地质与工程地质调查高效取样钻探设备及技术研究”项目。

完成了钻机、钻具、水泵等的试制、组装调试、陆地试验。

（九）国土资源部百人计划项目。

“高强度自润滑地质钻杆接头的研究”完成全部研究工作。“地质钻探复杂地层新型取心钻具的研究”和“堤坝及病险水库等地质灾害治理用连续墙抓斗关键技术的研究”已完成中期评估。

（十）科技部科研院所专项资金项目。

“静力碎管管道原位更换技术及工艺研究”完成设备的试制、室内调试和检测。

“气动碎管管道原位更换技术及工艺研究”已经完成设备和器具的试制加工。

“1500全回转套管钻机、钻具及工艺”正在进行方案设计。

（十一）危机矿山项目“2000 m全液压岩心钻探装备示范工程”项目。

“2000 m全液压岩心钻探装备示范工程”报告通过了危机矿山接替资源找矿项目管理办公室组织的专家评审，并被评为优秀级。

改革与创新

一、所属公司的规范管理工作

为进一步规范所属企业的管理工作，通过召开年度工作会及专题会等形式，专门研究讨论公司的组织框架与实施方案，2010年7月成立了公司的董事会与监事会，10月按公司规范管理的要求，完成了公司法人、组织机构代码的变更事项，并启动了ERP管理软件相关工作。

二、启动地调科研基地建设

在廊坊市龙河高新技术产业区购地38 309 m^{2}建设地调科研中试基地，计划总体建设约11 428 m^2。2010年7月27日，《中国地质调查局关于中国地质科学院勘探技术研究所地调科研中试基地项目可行性（代项目建议书）的批复》原则同意该项目建设，投资估算2585万元，全部为中央预算内投资。地调科研中试基地初步设计已于2010年10月11日通过部规划司组织的专家评审，经过修改后的初步设计和概算已得到中国地质调查局和国土资源部的批复。其他相关工作正在按计划有序推进。

经济管理

截至2010年底，勘探技术所地质矿产调查评价项目财政预算2580万元，国库支付到位额度2580万元。总收入4669.50万元，总支出3462.80万元。

完成财政预算执行率77.54%、国库预算执行率82.89%。资产总额15 776.03万元；其中：流动资产7151.47万元；固定资产5412.89万元。全所负债总额2337.32万元。

一、完善有关管理办法

根据地调局审计验收小组提出的审计验收意见和建议，完善了内控制度和内控流程手续，制定和补充完善了《勘探所现金管理办法》、《勘探技术研究所费用借支及核销管理办法》。

二、开展“小金库”回头看工作

按照地调局的要求，勘探技术所开展了“小金库”专项治理回头看工作和所属企业、学会“小金库”自查自纠工作。

三、开展债权债务清理工作

每月对各部门的应收账款、预付账款、其他应收款、预收账款及个人借款进行清理，保证了资金的正常周转，收入支出的及时入账。

党建与精神文明建设

一、学习贯彻党的十七届五中全会精神

所党委积极开展学习贯彻十七届五中全会精神活动，所党委成员学习了胡锦涛总书记的讲话，为处以上干部购买了学习资料。通过学习，提高了广大党员干部做好各项工作的思想认识，增强了责任感和使命感。同时，所党委坚持经常性的学习制度，着力推进

思想建设、组织建设、作风建设、制度建设和反腐倡廉建设，切实提高所党建工作水平，为落实好所“十二五”各项工作提供坚实的思想和组织基础。

二、开展创先争优活动

2010年6月30日，按照地调局党组的部署，为扎实有效地开展好“创先争优”活动，成立了创先争优活动领导机构和工作机构，制定并印发了《关于在党组织和党员中深入开展创先争优活动实施方案》。为开展好这项活动，所党委首先明确以“推动科技进步、提供技术支撑”为主题，确定以创建“五个好”（领导班子好、党员队伍好、工作机制好、工作业绩好、群众反映好）先进基层党组织、争当“五带头”（带头学习提高、带头争创佳绩、带头服务群众、带头遵纪守法、带头弘扬正气）优秀共产党员为主要内容。

各党支部按照所党委的要求，组织全体党员认真学习中央和部、局党组相关文件、领导重要讲话精神，统一思想认识，积极投入到活动中来。为扩大创先争优活动宣传效果，所将《关于在党组织和党员中深入开展创先争优活动实施方案》主要内容张贴在宣传栏内。

在开展创造争优活动中，开展了学习李向同志先进事迹活动，全体党员同志表示要像李向同志那样，加强党性修养、弘扬优良作风、坚定信心、牢记宗旨，发挥党员先锋模范作用，努力实践共产党人的人生价值，为地质事业再创辉煌而努力奋斗。2010年7月12日，所党委召开支部书记会议，传达上级党组织对于公开承诺工作的要求，对第二阶段推进创先争优活动公开承诺环节进行了部署。8月，8个在职职工党支部已全部完成党员公开承诺工作。结合个人年终总结和创先争优有关要求及公开承诺内容，各党支部召开创先争优活动民主生活会，总结经验、发扬成绩，找出不足、明确努力方向。

三、积极推进所党建各项工作

1. 开展了党支部目标化考核工作。各党支部按照所党委的安排进行了党支部目标化考核半年自检。2010年12月按规定开展了党支部工作总结、交流和测评。

2. 开展了纪念建党89周年活动。2010年6月，各党支部根据所党委的部署，开展了多种形式的纪念建党89周年活动。

3. 开展了党员教育和组织发展工作。2010年9月，安排2名新党员和1名党务工作者参加了部直属机关党委组织的新党员培训示范班；11月，安排2名青年党员参加了局机关党委组织的青年党员培训班。有1名预备党员按期转正。

四、加强党风廉政建设工作

1. 完善了党风廉政制度建设。修改和新建立的涉及廉政建设方面的规章制度有56项，基本做到全覆盖，形成了适合本单位实际的廉政建设制度框架体系。

2. 开展《廉政准则》学习活动。给中层以上干部下发《廉政准则》，组织开展学习活动。结合学习《廉政准则》开展了有关问题自查自纠，截至2010年底，无违反廉洁自律规定问题发生。

3. 发挥多主体监督作用。在工作中，除纪检监察行使监督职责外，注意发挥职工民主监督、党员监督、行政层级监督、领导班子内部监督和各职能部门的监督作用，要求本着对单位负责的态度，找准各自的工作着力点，履行好各自的监督职责，增强监督意识，互相配合、互相协调、互相促进，共同提高，“大监督”格局已形成。

（方光沛）

中国地质科学院探矿工艺研究所工作

中国地质科学院探矿工艺研究所

概　况

中国地质科学院探矿工艺研究所（简称“探矿工艺所”）是中国地质调查局直接管理的公益性地质调查和战略性矿产资源勘查的技术支撑机构，主要承担地质灾害防治和地质灾害监测方面的新技术、新方法、新仪器的研究、推广应用和示范，公益性地质调查和矿产资源、能源勘探新技术、新方法、新材料、新器具、新设备的研究与推广应用，开展西南地区地质环境与地质灾害的调查评价工作。

探矿工艺所设有综合办公室、科技处、计划财务处、后勤处4个职能和服务部门；设地质灾害监测技术研究室、地质灾害防治技术研究室、探矿技术研究室、新技术示范室等4个地调科研和开发部门。

探矿工艺所职工173人，其中在职职工113人，在职职工中拥有各类专业技术人员101人，博士（含在读）7人，大学本科及以上学历人员共80人。全所职工中有人事部授予突出贡献的中青年专家3人，获李四光地质科学奖1人，享受政府津贴专家13人，国土资源部跨世纪人才1人，全国和国土资源部技术能手2人，全国和省、市劳动模范5人。人才队伍专业结构合理，平均年龄不到40岁，是一支以中青年为主的地调科研队伍。

地调与科研

一、总体情况

共承担地调科研项目16项，其中地质调查项目7项（续作5项，新开2项），科技部项目6项（科学钻探与科学测井课题），横向科研项目3项，地调科研总经费约为4913万元。

参加的“三峡链子崖地质灾害防治工程”获得国土资源科学技术一等奖。

二、地质调查项目整体进展顺利

加强对项目审查工作的管理与实施，项目年度设计评审整体质量提高，3项获“优秀”，3项获“良好”，优良率100%。首次获得2个地调计划项目——“地质调查超深孔钻进关键技术与工艺研究”和“地质灾害应急抢险快速成孔工艺及设备研究”。

在地质灾害防治领域，“滑坡防治工程技术方法示范与指南编制”、“《滑坡防治工程设计与施工技术规范》修订”、“西部复杂山体地质灾害快速加固技术研究”、“大渡河重点地区地质灾害监测预警示范”等项目，整体推动了在地质灾害防治领域的技术进步，提升了开展地质灾害防治工作的能力；在地质勘查技术方面，“钻孔漏失判层监测和快速堵漏技术研究”、“孕镶钻头金刚石定位排布工艺的研究”、“小直径深孔测斜技术研究”等项目研究及不提钻换钻头钻具在2200 m深孔实钻的成功，为探矿技术的推广应用和成果转化奠定了基础，继续保持探矿技术优势。围绕钻探新技术、新工艺和地质灾害防治技术研究领域的科技创新工作，5项成果获国家实用新型专利，其中包括地质钻探技术专利成果3项，地质灾害监测技术专利成果2项；发表学术论文15篇。

三、汶川地震断裂带科学钻探（WFSD）项目全力推进

作为汶川地震断裂带科学钻探项目中科学钻探与科学测井课题的承担单位和前方基地，增加了项目专业技术人员，加强了统筹协调、技术研讨、项目管理等工作，全力保证该项目的推进。科学钻探与科学测井课题取得系列成果：长半合管取心钻具研制成功，大大提高了日进尺效率；3000 m大口径深孔取心钻机研制成功，已投入科学钻探施工；科学钻探施工组织管理新模式初见成效。

截至2010年底，WFSD－2孔完成钻进孔深1350.35 m，总取心钻进进尺848.07 m，平均机械钻速每小时0.63 m，岩心长度814.19 m，岩心采取率96.0%，取心钻进352个回次，平均回次长度2.41 m。其中，孔深897.66 m至1350.35 m由探矿工艺研究所自行组织钻探施工（2010年9月11日—12月31日），取心钻进452.63 m，平均机械钻速每小时0.74 m，岩心采取率96.7%，取心钻进145个回次，平均回次长度3.12 m。WFSD－3孔完成钻进孔深1186.77 m。总取心钻进进尺1186.77 m，平均机械钻速每小时0.73 m，岩心长度1184.73 m，岩心采取率93.9%，取心钻进623个回次，平均回次长度1.90 m。WFSD－4孔确定由探矿工艺所自行组织管理与施工，完成了该项目的施工队伍选择和合同签订等工作。

四、云南抗旱找水打井工作成绩突出

按照国土资源部、中国地质调查局关于西南旱区抗旱找水打井工作的统一部署和要求，积极响应参加旱区打井找水行动。结合当地的地质构造，采用空气潜孔锤跟管钻进技术，2010年4月4日，抗旱找水打井突击队在云南省曲靖市马龙县旧县镇下袜度村打出了国土资源部支援云南省抗旱地下找水的第一口出水井，同时创造了云南打井速度最快纪录，中央电视台、云南电视台、新华网、云南网等多家媒体进行了宣传和报道。该项工作共完成钻井30口，实施钻井进尺2156 m，出水总量为3583.6 m^3/d，解决了当地40 334人及16 770余头大牲畜的饮水问题。这一惠民行动得到了当地政府的肯定和旱区村民的赞许，探矿工艺所被评为“国土资源系统西南抗旱找水打井工作先进集体”，宋军等6位同志被评为先进个人。

五、成果转化工作形势喜人

（一）地质灾害监测、预警及仪器开发工作能力增强。

积极发挥地质灾害监测技术的优势，继续承担长江三峡库区重庆奉节、云阳两地三期的地质灾害监测任务，全面完成了汛期长江三峡库区主要城镇（云阳、奉节等地）地质灾害调排查任务，为确保三峡库区进入175 m试验性蓄水期地灾防治工作提供了有力支持。同时，地质灾害监测、预警仪器开发工作也取得较大进展，先后为长江上游8县水土保持重点防护区滑坡泥石流预警监测、丹江口库区及上游水土保持监测等项目提供了专业的地质灾害监测、预警仪器设备，地质灾害监测、预警及仪器知名度大幅提升。

（二）地质灾害防治技术服务地震灾区。

承担了汶川地震重灾区南江县受灾农民相对集中安置点地质灾害隐患复查核查项目、汶川震区四川省北川县汛期地质灾害调排查项目、汶川地震重灾区理县地质灾害勘察设计等工作，充分发挥了地质灾害调查、勘察设计、评估及治理等系列技术特长，为汶川地震灾区地质灾害防治和重建工作作出了应有的贡献。

（三）钻探器具的市场开发稳步增长。

金刚石钻头，复合片钻头、风动工具类产品得到较快增长、仪表类产品和 DTR 材料保持基本稳定，孔底压力测量项目取得突破，加工车间通过加强统一管理，实现扭亏为盈、加工实力逐步增强。2010 年钻探器具的市场开发实现收入 1100 多万元。

（四）西北地区 2 万 m 岩心钻探继续支持地质找矿。

共承担新疆赛里木湖铜铅矿、若羌县维宝铅锌矿、民丰县卧龙岗－回风口锑矿、裕民县巴尔鲁克山西段钨钼矿、若羌县喀腊大湾铁—拉配泉一带铁铜矿、若羌县阿尔金北缘喀拉达坂一带铜铅矿等 6 个矿区岩心钻探合同，共计完成岩心钻探工作量 23 355 m，相比 2009 年钻探工作量增长翻了一番。

六、“十二五”科研发展目标初步确立

在系统总结探矿工艺所近 10 年来地调、科研工作成效的基础上，抓住国家对地质工作投入不断增加和地质矿产保障工程实施的大好时机，根据单位的业务和性质定位，组织全所科技人员召开了“十二五”科技发展研讨会、科技发展专家咨询会，进一步理清了科技发展思路，确定了“十二五”科技发展的重点和目标，为指导今后一段时间内的地调、科研业务工作奠定了基础。

七、产、学、研合作取得实质性进展

为加强技术创新，推动产、学、研的结合，发挥各自优势，实现人才、成果的交流与合作，探矿工艺所与中国地质大学（武汉）工程学院共同签订了《联合共建产学研基地合作协议书》，与中国地质装备总公司本着“优势互补、互惠互利、共同发展”的原则，就有关地质装备的联合研发、技术成果产品化和推广应用达成了战略合作协议。

改革创新与综合管理

探矿工艺所积极推行改革创新，采取措施，规范管理，理顺关系，为完成任务目标提供机制和制度保障。

一、科技管理

加大地调科研项目的人员投入和参加人员的时间投入，加强组织实施，做到按季度对照检查项目的质量和进度，建立年度成果汇报交流制度，确保任务目标的完成。建立和完善项目设计审查、中期考核、阶段检查的具体程序和要求，以切实的自查自审活动，提高项目质量，推进项目的进度。鼓励和开展部门内部技术研讨与交流活动，特别是加强对年轻技术人员的指导，打造学习型团队，保证后备人才培养。以质量管理为核心积极推进质量管理体系认证工作。

二、综合行政管理

规范行政公文管理，对上级文件和管理制度加强催办督办，要求公文传送高效、有序；建立和规范内部办事程序，实施签报制度，理顺了关系，提高了办事效率；坚持每月行政例会制度，加强会议管理，对会议议定事项加强执行的检查和督促，并纳入考核机制；健全部门责任划分，按照国家地质工作和事业单位岗位管理的新要求，重新划分所属部门职责，体现专业科学分工、任务合理布局；修订《探矿工艺研究所合同管理办法》，完善所及所属企业的合同管理程序，保证合同有效监督和履约；加强保密管理，层层签订保密责任书，狠抓保密工作的具体落实。

三、干部人事管理

依托项目引导人才团队建设，加强人才队伍培养，人才队伍结构得到进一步优化；引进大学以上毕业生，充实队伍，增强科研力量；分类开展干部员工年度考核；全面开展首次岗位设置实施，优化人才队伍结构，推进人才队伍建设；继续组织开展“讲党性、重品行、作表率”活动。

四、安全生产管理

全面贯彻地调局 2010 年安全生产工作会议精神，深入开展“安全生产年”活动，大力开展车间安全生产、野外项目安全生产、野外交通安全的教育与培训活动；紧抓安全生产重点项目、重点时段，开展野外项目安全生产检查和隐患整改活动。2010 年，安委会召开安全会议 9 次，组织基地安全生产检查 7 次，野外项目安全生产检查 13 次，对全所 5 个野外项目、2 个地质灾害监测站实施了检查，促进了安全生产形势的稳定好转。

五、基建与装备管理

针对 2010 年基本建设与装备建设工作任务重、项目多的特点，进一步加强组织机构建设、业务学习与经验交流、程序控制，保证了各个项目的有序推进。职工经济适用住房建设、汶川地震断裂带科学钻探研究实验中心和岩心库项目、地震灾后房屋维修加固项目相继完成预定目标；地质队伍“野战军”技术装备网络建设完成了系统安装、调试和集成；结合单位定位和业务重点发展方向和需求，完成了 2010～2020 年地质技术装备规划编制。

经济管理

2010年，共安排财政资金2918.95万元，包括基本支出251万元和项目支出2667.95万元。按照财政资金科目，截至2010年底，全面完成预算执行目标：国土资源大调查、行政事业项目、公益性行业科研专项、国家科技支撑计划课题、基本建设项目的预算执行率分别为87.11%，100%，100%，100%，91.06%。

所属企业成都华建勘察工程公司实现收入2023万元，成都探矿技术研究开发公司实现收入1045万元，探矿工艺所总资产达到12 228.37万元，其中流动资产7452.38万元，固定资产4386.8万元，无形资产389.19万元。

适应财政体制改革，加强财务管理。严格执行财务报销办法，依据审计要求，加大对报账程序控制，进一步规范报账手续；建立借款、报销、预算控制与执行、成本核算、财务档案等财务管理制度；配合地调局完成2009年预算执行情况审计和2005~2009年财务收支的审计，并按照要求进行审计整改；开展“小金库”专项治理回头看和所属企业“小金库”专项治理工作；规范政府采购，制定了固定资产管理办法；推进国土资源部“财务管理信息系统”的应用，有效利用其大额资金流向监督、预算执行进度等有关信息直接提取等功能；开通网上银行系统，编制专用软件，实现了项目财务支出明细情况向各部门负责人开放的功能。

党建与精神文明建设

一、全面部署开展创先争优活动，推进党员队伍建设

围绕创先争优活动整体部署和实施方案，组织广大党员干部立足岗位，以实际行动创先争优；树立先进典型和学习榜样。开展了向李向、沈浩同志的学习活动、“七一”支部活动、中心组学习活动等具体工作，在全体党员中组织学习《七个怎么看》，有力推进了党员队伍建设，多名同志分别获得地调局、成都市有关荣誉称号。

二、加强党的基层组织建设，强化党支部能力建设

在所党委的领导下，全面完成各党支部、党小组的支部书记、支部委员换届工作，加强和健全了基层党组织建设；通过举办支部书记、支部委员的党务工作培训班，积极参加地调局直属机关党委组织的年轻党务工作者、野外党支部书记培训班，党支部能力建设得到加强。

三、注重党风廉政建设，提升党员队伍战斗力

定期召开党风廉政建设专题学习会议，传达上级有关廉政工作会议精神，坚持执行党风廉政工作计划，定期开展加强领导班子作风建设和党风廉政建设专题民主生活会，开展多种形式的党风廉政建设宣传教育活动，实行目标管理和责任制，签订党风廉政建设责任书，纳入干部考核和考察指标。

四、精神文明建设进一步加强，凝聚力工程建设初见成效

精神文明建设以工会为组织形式，注重职工兴趣爱好与科技创新文化建设，努力营造和谐稳定的工作氛围；加强工会工作，坚持职工代表大会制度，坚持为职工办几件实事，探矿工艺所工会被成都市评为“先进职工之家”。

（田　深）

北京探矿工程研究所工作

北京探矿工程研究所

概　况

北京探矿工程研究所（以下简称“探矿工程所”）是中国地质调查局直属的科研单位，主要承担探矿工程新技术、新方法、新工艺、新设备和新材料的研究与示范推广；承担战略性矿产资源调查和基础性地质调查钻探技术研究工作，为国家公益性地质工作提供技术支持和服务；开展钻头、钻具、勘查机械、勘查仪器、钻井液和环境保护等相关技术的开发、咨询、服务和经营工作；开展相关技术国际交流与合作等，是中国地质大调查勘查技术支撑体系的主要组成单位。

探矿工程所设有6个综合管理部门（综合办公室、财务资产处、科技外事处、人事教育处、开发管理处、后勤保障处），7个专业技术部门（金刚石钻头技术研发中心、勘查机械研发中心、钻井化学研发中心、勘查仪器研发中心、大口径岩土钻掘技术研发中心、环保技术研究室、钻探新技术示范推广中心），1个部级质量检测中心（国土资源部金刚石钻探工具质量监测中心），1个下属企业（北京诚通钻井材料厂）。

2010年底，全所有职工183人。在职事业编制职工102人，其中，专业技术人员61人，管理人员23人。在专业技术人员中，高级科研人员16人，中级科研人员17人，博士8人，硕士23人。

地调与科研

一、总体情况

共承担15个地调和国家科研项目（含专题），其中地质大调查续作项目4项、科技部科研院所技术开发专项续作1项，新开1项；国家重大专项子项目新开1项；“863”计划专题课题续作项目6项，公益性行业科研专项经费项目2项。全年项目经费总额1407.1万元，其中地调项目830万元，科技部科研院所技术开发专项102万元，公益性行业科研专项经费项目60万元，“863”项目23万元，国家“863”专项子项目392.1万元。各项目均进展顺利，研制了一批具有先进水平的新型钻探机械、仪器、工具和钻井液材料，共完成野外钻探取样和实验性示范钻探工作15 000 m。

二、科研地调进展和成果

（一）高效长寿命金刚石钻头的研究。

研制成功新型高胎体双水钻头，其寿命较常规钻头提高300%以上，钻速提高20%以上。在钻头胎体配方及钻头结构设计上取得了突破，提高了钻头胎体性能的稳定性和对地层的适应性。为汶川地震科钻施工WFSD-2孔、WFSD-3孔成功研制科学钻探孔扩孔钻头及取心钻头。

（二）浅层取样钻探技术的示范与推广。

完成地调示范项目“机动浅钻在地球物理地球化学方法中的应用研究”和省部合作项目“多宝山地区浅钻取样技术可行性与有效性研究”的野外示范取样工作，完成钻探工作量5883 m。研制成功100 m内的系列钻机、泥浆泵和一套使用无固相泥浆护壁堵漏的钻探工艺及一套孔内事故处理工艺。

（三）复杂地层钻探技术研究。

完成示范钻探工作量8000 m。完成接枝淀粉共聚物研制，在甘肃天水有色总队及甘肃煤田地质145队的两矿区完成钻探工作量2450 m。完成接枝淀粉冲洗液体系设计，正在门头沟地震观测孔、天津王兰庄地热回灌井（斜井）及陕北榆林盐井项目中完成钻探工作量4500 m。完成溶胀型随钻堵漏剂研制，在河北承德大乌苏沟铁矿、河北迁西县莲花院铁矿及门头沟地震观测孔项目中完成钻探工作量1000 m。

承担了汶川科学钻探的钻井泥浆的技术服务指导工作。研制的抗盐共聚物及低摩阻抗盐侵泥浆体系，解决了用卤水配浆、盐膏层钻进及冻土层钻进所面临的诸多技术难题，为西部科学钻探及环境钻探提供了技术支撑。

（四）精细原位保真多元取样技术的研究。

完成了第四纪非固结地层取心技术研究、深孔多金属矿硬碎脆地层密闭取样技术研究和深孔多元复合取样技术研究。完成深孔防岩心堵塞多节式衬管射流式取心技术的研究。完成取心工艺研究，正在进行有关技术资料的整理工作。

（五）深海随钻取样技术研究。

设计完成3种深海取样器。

（六）新型全自动动态钻井液抑制性和流变性测定仪的研究。

研制完成全自动动态钻井液抑制性测定仪一套及全自动流变性测定仪一套。

（七）钻探机械研究。

研制沼泽浅滩多功能钻车一台，完成湿地沉积岩快速取样钻机具试制。完成300 m岩心钻机研制和野外试验，效果良好。研制完成适合于金刚石岩心钻探的离心除砂器和水力旋流除砂器组成的泥浆固相控制系统，并在山东乳山危机矿山项目试验孔钻探中性能表现良好。

队伍建设

接收高校应届毕业生11名，进一步缓解人才需求压力，充实了科研和野外工作一线人才力量。

成功组织承办全国地质调查浅层取样技术交流会，推动了浅层取样新技术在化探、地质填图、浅层勘查领域的普及与应用。

开展职工业务素质养成培训系列活动。全年开展全体职工培训和青年职工培训6次，由所内有关领导、专家主讲，内容涉及年度计划的实施、青年技术人员科研素养的养成、科技写作、探工专业基础知识等。

完成首次岗位设置实施工作。以“逐渐调整队伍结构，适应单位长远可持续发展”为导向，制定了《主要职责、内设机构、人员编制方案（建议稿）》，在此基础上制定了《首次岗位设置实施方案》和《首次岗位聘任遴选办法》，并顺利完成了所有岗位聘任。

改革与创新

一、完善科研管理

制定完善探矿工程所《科研项目管理办法》、《科研成果管理办法》，细化地调科研项目的运行流程，完善“项目设计评审－任务再分解－预算再落实”流程和项目实施节点管理、中期检查及年末评估总结管理模式。

对同时承担了地调、“863”项目、科研院所技术开发项目、公益性项目和横向项目的优势技术领域，协调同类科研项目的技术衔接，最大限度地用好科研资金、推动技术创新，延伸和拓展技术应用领域，创造良好的社会经济效益。

二、积极参与构建地质找矿新机制

探矿工程所以全面服务地调、推动找矿为定位，加强协调沟通，积极参与构建地质找矿新机制，较好地履行了单位支撑地质找矿、服务社会经济发展的职责。

（一）注重同行业单位间协调合作。

与物化探所、勘探技术所等兄弟单位在矿区勘探中开展合作攻关，解决了重要技术难题。总结出一条“浅钻加化探”的找矿模式，在安徽庐江找到多金属矿异常区，在多宝山又发现金的矿化点。

（二）以横向联合推进实现深井钻探新突破。

与地方地勘单位沟通联合，以钻头、泥浆体系等优势技术加速了本溪铁矿勘探进程。与中石油开展合作，在四川须家河地层油气勘探中取得重要突破，加快了中国油气资源勘探进度。

（三）积极参与重大公益地质科研项目。

在汶川地震科学钻探中以优秀的新型专利钻头及新型泥浆体系，有效防止了缩径、卡钻事故，保证了钻孔的安全钻进，保障了地震科学钻探顺利推进。在两个具有代表性的钻探工程项目——“中国柴达木盆地资源环境科学钻探工程”和“柴达木盆地西部千米科学深钻”钻探施工中，探矿工程所研制的盐水泥浆体系抗钙侵能力强，润滑性能好，且泥浆成本低，较好地解决了钻探面临的泥浆体系难题。

（四）强化创新，突出优势新技术体系化应用推广。

突出优势钻头技术、钻井液技术等新技术创新，并进行体系化应用推广。“863”重大课题“2000 m深孔钻进技术研究山东乳山试验”，在高寿命钻头、钻井液循环及固控系统研制领域，突出优势技术的创新和体系化应用，发挥了关键作用。

（五）开展前沿技术攻关。

与中国海洋石油总公司合作，开展深海钻探取心技术的研究，勇闯国家海洋地质科研新领域。运用压入活塞式和保真型射流式深海取心钻具钻取 3000 m 水深的海底样品，这将是中国首次使用具有自主知识产权的技术进行深海取样。

经济管理

一、合理安排收支预算，严格预算管理

2010 年，探矿工程所实现了财政资金经费预算和基本支出的基本平衡，全年完成财政预算资金考核目标，财政资金预算执行率 95% 。

二、加强财务制度建设，重视日常财务收支管理

制定和完善《探工所存货管理办法》和《探工所固定资产管理办法》。加强日常财务收支管理，保证科研和经营等正常业务活动顺利开展，提高了资金的使用效益。

积极做好对应收账款的清理工作，将货款回收状况纳入部门年终考核范围，控制应收账款的资金额度，缩短应收账款的占用时间，及时对应收账款进行清理、结算。

党建与精神文明建设

一、加强学习，转变观念，增强责任感和使命感

及时传达中央和部、局有关会议精神；按照党委年度工作计划，开展中心组理论学习和集中学习，统一购买下发了《中共十七届四中全会文件汇编》等学习材料。持续开展廉政教育，在做好常态化廉政教育的同时，坚持个别化廉政教育、专题化廉政教育相结合。2010 年分别就《党政领导干部选拔任用工作四项制度》和《中国共产党党员领导干部廉洁从政若干准则》组织开展专题学习活动 4 次，在进行普遍廉政教育的基础上，坚持对新提拔干部任前和新进人员，坚持对关键岗位上岗人员进行廉政教育。

二、学习先进典型，加强作风建设

先后开展了向王彦生、沈浩、李向同志学习活动，通过电视、报刊、网络等媒体广泛宣传了先进典型的光荣事迹，并以此为契机，重点开展作风建设，增强服务意识，提高工作效率。

三、深入开展创先争优活动，扎实做好“服务中心、建设队伍”党建试点工作

按照上级部署，探矿工程所结合单位实际，研究形成所党委《“服务中心 建设队伍”党建工作试点方案》、所《深入开展创先争优活动实施方案》，按方案计划扎实推进创先争优活动和党建试点工作，先后开展了“向身边的党员学习活动”、“先进支部经验展览”、“创先争优点评”等活动，创先争优活动

氛围良好，顺利开展。

四、以凝聚力工程为载体，深入开展精神文明创建活动

开展丰富多彩的文体活动，每周定期安排羽毛球、乒乓球、篮球等职工锻炼活动；积极参与局系统职工文艺汇演和中央国家机关第三届职工运动会部代表队选拔工作；关心职工办实事，重点完成了职工置装、节假日离退休职工慰问、职工食堂饭菜质量改进等工作，周口店、良乡基地改造工作进展良好，职工工作条件明显改善。

五、惩防体系第二阶段的建设进展良好

探矿工程所坚持严肃认真执行集体领导和个人分工负责相结合的决策制度、领导班子民主生活会制度、领导干部报告个人重大事项制度和收入申报制度、述职述廉制度、任前谈话制度等廉政制度，在惩防体系第二阶段建设中总体上形成了党委统一领导，党政班子成员齐抓共管，纪委组织协调，各部门各负其责的领导体制和工作机制。领导班子能够认真执行中央、部、局关于领导干部廉洁从政的有关规定，无违规违纪问题。2010 年新建、完善《科技成果管理办法》、《项目管理办法》、《基建管理制度》等人事及用工管理、财务管理、行政管理、基建等方面涉及廉政的有关制度 11 项。2010 年 10 月，探矿工程所对确定的 5 类 16 项廉政风险点及防控措施的运行情况进行了检查，各项工作运行均符合相关管理程序的要求。

（李海鹏）

中国地质科学院郑州矿产综合利用研究所工作

中国地质科学院郑州矿产综合利用研究所

概 况

中国地质科学院郑州矿产综合利用研究所（以下简称“郑州综合所”）是隶属于中国地质调查局，专业从事矿产资源利用评价、矿产资源利用规划、矿产资源信息标准、矿产资源综合利用新技术、新工艺、新装备研究和矿产资源勘查的地质事业单位。

郑州综合所下设 6 个管理部门：办公室、财务处、人事处、科技处、基建装备处、党委办公室（纪检监察审计室）、后勤服务中心；7 个业务部门：资源与环境研究室、金属矿研究室、非金属矿研究室、信息标准研究室、地质采矿研究室、选冶装备研究室、检测中心；一个服务部门：后勤服务中心；一个成果转化机构：郑州镔锐矿产资源科技有限公司。

截至 2010 年底，在职职工 148 人，其中具有博士学位的 9 人、硕士学位的 35 人、学士学位的 62 人、大专学历的 18 人。有管理人员 24 人、专业技术人员 108 人、技术工三级及以上人员 9 人。专业技术岗中具有正高职称的 12 人、副高职称的 17 人，具有高级职称的占专业技术人才总数的 27%；具有中级职称的 49 人，占专业技术人才总数的 45%。

地调与科研

一、总体情况

2010 年全所在研的各类科研项目共计 59 项，其中续作地调项目 9 项、国土资源部行业公益项目 3 项，“十一五”科技支撑计划项目 1 项，科研院所技术开发研究专项资金项目 3 项，省科技攻关项目 1 项，横向项目 35 项，自主研发项目 7 项。项目合同总金额 1874.2 万元，其中纵向项目合同额 1423 万元，横向项目合同额 451.2 万元（含纵向外协经费 8 万元）。

全年共提交科研报告 33 份，公开发表论文 34 篇。获得实用新型专利 2 项、发明专利 1 项。新申请发明专利 1 项。

二、地调科研进展和成果情况

（一）国土资源大调查项目。

1. 复杂共生矿综合利用技术研究。锰银矿：开展了玉米秸秆浸锰和银浸出液回收锰和银的工艺研究，产品质量达到了国家标准，新工艺已申报国家发明专利。

内蒙古 801 稀有多金属复合矿：研究查明了矿物组成、结构构造、矿物的嵌布粒度等工艺矿物学特征，制定了粗粒集合体重选—磁选抛尾—精选分离的原则工艺流程。最终选别指标为：NbTa 精矿产率 3.67%、Nb 品位 2.03%、Nb 回收率 22.03%；稀土精矿产率 0.93%、稀土精矿品位 39.09%、稀土回收率 33.19%；Nb 精矿产率 1.71%、Nb 品位 7.29%；Zr 精矿产率 2.03%、Zr 品位 55.69%、Zr 回收率 32.06%。依据该技术成果，矿方准备组织投资 10 亿元实施工业生产转化。

2. 江西横峰特大型钽铌矿综合利用。通过工艺矿物学研究查明，该矿为钠长石化花岗岩型，矿石中主要回收 TaNb 铁矿，可综合回收铁锂云母、锡石等，金银可在硫化矿中富集回收。选矿工艺为：原矿—棒磨—筛分—重选—中矿球磨—筛分—重选—浮选—磁选—重选。最终选别指标为：TaNb 精矿：总产率 0.0391%，品位 Ta_2O_5 18.53%，Nb_2O_5 43.57%，（Ta，Nb）20 562.11%；总回收率 Ta_2O_5 48.40%，Nb_2O_5 72.07%，（Ta，Nb）20 562.89%。铁锂云母精选试验，精矿产品品位 Li_2O 2.45%，矿物含量 90.07%。

3. 大中型难利用铁矿资源工艺矿物学研究及选矿试验。

（1）工艺矿物学研究。研究表明，大红山铁矿的主要有用矿物是磁铁矿、赤铁矿、黄铜矿和斑铜矿，主要嵌布特征是粒度细，矿石铁品位低；云南惠民铁矿原生矿主要有用矿物是菱铁矿、磁铁矿和褐铁矿，但是嵌布粒度较细，与胶磷矿的关系密切，除磷较为困难，采用常规的选矿方法难以得到合格的精矿的产品。

（2）选矿试验。对大红山低品位铁矿采用碎矿—预选—粗磨—（浮选）—弱精选—磁筛精选—强磁（或重选）—再磨精选的选矿工艺流程，取得的选矿试验指标分别为：$Ⅱ_1$ 贫矿磁铁矿品位 67.7%，综合铁精矿品位 65.51%，铁精矿回收率 85.85%，该指标高于目前选厂生产指标；对其余 4 种较低品位的原矿都得到了合理的选矿指标，尤其是对极低品位的熔岩型和含铜矿的综合利用得到了合理利用评价。

针对云南惠民铁矿 3 种类型原矿分别进行了不同磨矿细度下的弱磁－强磁试验、常规磁化焙烧－磁选试验、深度还原焙烧－磁选－磁筛精选等试验。采用高温条件下进行的深度还原焙烧－磨矿－磁选精选试验所得精矿铁品位高，回收率高，精矿中磷含量有所降低。本试验为这类高磷难选矿提供了一条有效的技术路线方法。

4. 重要矿产资源综合利用标准化体系研究。进行了攀钢、中铝、山东招金、安钢、金川铜镍矿、有色协会等的调研，收集了矿产开发利用案例 10 份。征集业内专家意见 30 余人次。对于已经形成的矿产综合利用术语进行了 5 次修改；确定了矿产综合利用试验的一般要求的基本架构；对矿产综合利用开发利用程序规范进行 2 稿修订；对编制出的技术经济评价一般性导则进行 2 稿修订。

5. 矿产资源概略性评价规范研究。系统开展了中国重要金属矿产开发利用技术经济评价指标调研；系统梳理了普查、详查阶段地质报告中技术经济评价的现状；调查了澳大利亚矿产技术经济评价做法；制定了矿产资源概略性评价规范草案建议稿，进行了专家审议。

（二）科技攻关类项目。

“十一五”国家科技支撑计划“共伴生难选钼矿资源选矿关键技术与装备研究”课题，采用阶段磨矿—先磁后浮—钼粗细分选原则流程，在实验室试验的基础上，进行了中间试验，获得了理想的技术指标：原矿 Mo 品位 0.17%，含 Fe 12.84%、S 1.80%，最终获得了钼精矿产率 0.27%、品位 45.61%、回收率 72.41%；次 Mo 精矿产率 0.13%、品位 10.12%、回收率 7.73%，Mo 总回收率 80.12%；铁精矿产率 12.63%、品位 65.45%，全铁回收率 64.38%；硫精矿产率 3.0%、品位 48.56%、回收率 80.93%。目前正进行日处理 1000 吨示范工程的建设工作。

河南省科技攻关“低品位铝土矿选矿”项目，采用“磨矿—分级—粗细分选”新工艺，粗粒产品采用选择性磨矿、分级的方式得到部分铝硅比较高的精矿，细粒部分采用脱泥—浮选柱反浮选工艺，得到铝土矿精矿。在原矿铝硅比为 5.11 时，得到精矿铝硅比为 8.49，Al_2O_3 回收率为 77.69% 的较好指标。“粗细分选技术”及“应用浮选柱进行铝土矿反浮选技术”创造性地运用在铝土矿分选上，是铝土矿选矿工艺的创新。

（三）公益类行业科研专项。

1. 小秦岭地区铅钼金矿综合利用研究。借助工艺矿物学及选冶联合技术手段，采用硫化－氧化浮选工艺、混合浮选工艺以及粗铅钼精矿—硫化钠浸出—镁盐除杂—叔胺萃取钼—氨水反萃钼—酸沉—干燥—氧化钼等工艺，分别对采取的两种试验样品进行了实验室试验、扩大试验研究，确定了合理的工艺技术路线和技术条件，分别获得了铅精矿、氧化钼产品、钼粗精矿，并使铅、钼、金得到综合利用。

2. 采选冶技术指南研究。收集各行业先进、成熟的矿产节约与综合利用采、选、冶技术工艺，技术、装备单项技术介绍 109 项，已确定《节约资源、能源与减排应推广技术目录》；收集各行业应限制淘汰的落后工艺、技术、装备 62 项，已确定《节约资源、能源与减排应限制淘汰技术目录》；经研讨确定了各单项技术编写提纲及要求；经研讨确定了“各领域节约与综合利用技术指南研究报告”编写提纲。

（四）科研院所技术开发研究专项资金项目。

“凝胶型高黏度有机膨润土制备技术研究”项

目。开展了膨润土资源情况调查、矿样采集及定性和定量研究、试验用有机改性剂原料筛选、试验和中控检测设备选购、实验室优化试验、有机膨润土样品检测方法研究、有机膨润土样品性能应用研究等，研究制备的有机膨润土样品黏度达到5.0 Pa·s以上，远高于涂料用凝胶型有机膨润土标准要求；参加了有机膨润土国家标准的修订工作；公开发表论文3篇。

（五）横向科研项目。

1. 甘肃漳县红柱石矿选矿中间试验。在实验室研究的基础上，试验采用“原矿—破碎—磨矿—脱泥—浮选—磁选”工艺流程，最终选别指标为：红柱石精矿产率10.31%，Al_2O_3品位55.39%，Fe_2O_3含量0.88%，红柱石矿物回收率46.76%。该试验的成功使多年难利用的“呆滞矿”变为了有用资源。

2. 内蒙古流沙山氧化钼粗精矿精选试验。该矿是以钼为主，伴生有价元素钨和金的中型有色金属矿床，由于矿石性质和自然环境等方面的原因，造成该矿选矿难度较大，精矿品位难以提高，经过多种方案研究对比，最终采用加温精选—洗涤脱药—浮选中矿再选工艺，所得指标较好，试验获得技术指标为：原矿品位 Mo 5.27%，WO_3 1.34%，精矿品位 Mo 26.34%、WO_3 7.48%，次精矿品位 Mo 11.08%、$WO_3$1.49%，Mo金属总回收率89.79%，W金属总回收率97.32%。

3. 卢氏夜长坪钼钨矿选矿试验。该钼钨矿是以钼为主，伴生钨、铁的多金属大型斑岩型钼矿床，该矿石中钼矿物嵌布粒度细、氧化程度高，加之主要脉石矿物为碳酸盐和粘土矿物，选矿难度较大。针对该矿矿石性质，试验采用原矿—破碎—分级—粗粒重介质预选丢尾—重产物与分级矿泥分选—硫化矿浮选—氧化钼白钨矿混合浮选工艺。

实验室闭路试验获得选矿指标为：原矿品位：Mo 0.16%，W 0.089%，硫化钼精矿含Mo 48.70%，硫化钼回收率64.03%；氧化钼精矿含钼2.30%，含WO_3 3.99%，Mo回收率14.00%，WO_3回收率55.99%；Mo总回收率78.03%。

改革创新与综合管理

一、机构调整

2010年初，郑州综合所对内部组织结构进行了调整。新增设选冶装备研究室、信息标准研究室和党委办公室（纪检监察审计室）。

对所属控、参股公司进行了整合，注销河南省珠宝玉石质量检验站，将研究所持有的郑州富龙新材料科技有限公司股权划归郑州镔锐矿产资源科技有限公司持有。另外由郑州镔锐矿产资源科技有限公司投资控股成立河南长实矿业科技有限公司，参股成立郑州富集矿业科技有限公司。

二、人事管理

完成了3类岗位设置和专技岗的分级遴选及管理岗、工勤岗的入轨规范工作。

规范了公开招聘高校毕业生程序。根据地调局核准的进人计划，公开发布招聘信息，对投送简历的学生进行资格审查，对通过人员进行统一体检、笔试、面试。根据笔试成绩和面试成绩，从高分到低分排序，确定最终的拟聘人选。

吸引优秀人才来所创业，为新进职工按月发放住房货币补贴。

制定了新的考核和绩效考评制度。针对管理及服务部门的考核，重新修订了考核指标，将考核结果直接和绩效工资相关联；研究制定了专技人员考核办法，对中级以上职称人员年度发表论文、编写报告、承担项目、获得奖项或成果转化等方面进行了硬性量化。

三、物业管理

成立了业主委员会，将办公区和家属区委托给物业公司统一管理。

四、质量管理体系换证工作

2010年10月25～27日，中大华远认证中心对郑州综合所ISO9001质量管理体系按照GB/T 19001—2008质量管理体系要求进行了认真细致的审核，最后给出了审核通过的意见。

经济管理

资产负债情况。截至2010年末，资产总额为9541.33万元，其中流动资产2881.69万元，对外投资1690万元，固定资产4284.84万元，无形资产348.93万元，财政应返还额度335.87万元。负债总额1674.20万元，其中合同预收款1258.37万元。净资产7867.14万元。资产负债率17.55%，与上年基本持平。

财务收支情况。2009年结转1106.62万元，2010年实现总收入4030.82万元，较上年增长16.06%，其中财政拨款2506.69万元，事业收入1073.88万元，经营收入218.85万元，其他收入231.40万元。本年总支出4501.04万元，其中基本支出1477.31万元，项目支出2804.87万元，经营支出218.85万元。年末结余分配53.44万元。

党建与精神文明建设

一、党建工作

（一）推进学习型党组织建设。

郑州综合所党委认真学习领会《关于推进学习

型党组织建设的实施意见》文件精神，紧密结合工作实际，制订了学习计划，规划了学习专题和重点学习内容。坚持党委中心组理论学习不间断，采取集中学习和自学相结合的方式，扎实开展“推进学习型党组织建设”活动。

（二）组织开展创先争优活动。

全所党员干部围绕“推动科学发展、促进和谐研究所建设、服务职工群众、加强党组织建设”等任务开展活动，并把推进学习型党组织建设、开展经常性的作风建设活动等贯穿到创先争优活动中来，做到相互促进，互相补充。郑州综合所党委在河南省委组织部举办的城市分行业争创“五好”党组织活动中获得“全省‘五好’基层党组织”荣誉称号；荣获河南省科学技术厅“五好基层党组织”称号。

（三）推进惩防体系建设。

按照地调局惩防体系建设第二阶段工作进展检查评估规定的3个方面23项内容要求，郑州综合所组织各部门按照已经确定的廉政风险点，逐项自查，不留漏洞、死角。全面完成了项目、人事、财务和基建、装备、物资管理等方面的自查。

开展“两整治一改革”廉政专项行动，通过查找廉政风险点、存在的突出问题、制度漏洞和管理中易发腐败问题等薄弱环节，从思想、管理、改革、整纪、纠风等方面入手，采取切实有效措施，规范干部廉洁行为，营造风清气正的良好环境和氛围。

二、精神文明建设

开展为青海玉树地震灾区募捐活动，捐款近2万元。

为提升干部职工文明素养和文明程度，建设一流研究所，郑州综合所通过加强思想道德教育、开展丰富多彩的文体活动、加强研究所环境整治等多项工作，积极开展文明单位创建活动，并获得“中原区文明单位”荣誉称号。

2010年，郑州综合所工会被河南省直属机关工会工作委员会评为“省直单位2009～2010年度先进基层工会”。

（罗　璟）

中国地质科学院矿产综合利用研究所工作

中国地质科学院矿产综合利用研究所

概　况

中国地质科学院矿产综合利用研究所（以下简称“成都综合所”）是中国地质调查局直属的中央公益性地质调查队伍，主要从事矿产资源综合评价、综合开发研究。重点配合国家地质找矿开展矿产资源可利用性评价，研究矿产综合利用新技术、新方法、新工艺，开拓新资源、提高资源综合利用和保障程度，为国家资源开发规划和决策提供科学依据，为矿山设计提供技术支撑。

内设职能部门5个：所办公室、组织人事处（党办、纪检监察室、离退休办、工会）、科技处（含《矿产综合利用》编辑部）、计划财务处、装备处；业务部门3个：矿冶中心、资源与环境地质研究中心、分析测试中心；服务部门2个：后勤服务中心、峨眉基地管理处。

截至2010年底，共有职工410人，其中离退休职工232人，在职职工178人。在职职工中，研究员（教授级高级工程师）16人，副研究员（高级工程师）23人，工程师52人，助理工程师58人；具有博士学位的2人、硕士学位的45人、学士学位的53人、大专学历的28人。全所享受国务院政府特殊津贴17人（在职1人）。

地调与科研

一、总体情况

2010年共承担各类科研项目79项，其中，新增项目37项、续作项目42项；地质大调查项目8项、科技部项目2项、发展改革委项目1项、四川省科技厅项目2项、横向科研项目50项、所基金项目16项。

提交科研报告44份、归档31份；发表学术论文63篇；申请发明专利2项；获得发明专利2项、实用新型专利1项。

“鄂西宁乡式铁矿利用工艺技术研究成果”首次入选地调局“2010年度地质调查十大进展”；“铜钼铅锌共生矿综合利用技术研究”获得国土资源科学技术二等奖；“内蒙古金厂沟梁含金多金属矿综合利用技术研究”、“四川会理天宝山铜铅锌多金属矿选矿技术研究”分获得四川省科学技术二等奖、三等奖。

二、主要项目进展情况

（一）地质调查项目。

1. 尚难利用钒钛铁矿资源高效利用技术研究。开发的高钛渣生产新工艺，获得 TiO_2 大于 92.0% 的氯化钛渣，为高钙镁型钛铁矿开辟了新的高效利用途径；开发的铁钛钒混合精矿直接还原熔炼、分离提取新工艺，使钛的利用率提高了 50% 以上。

2. 鄂西宁乡式铁矿利用工艺技术研究。开发“重选脱泥－反浮选脱磷脱硅”新工艺，获得铁精矿各项质量指标均达到炼铁质量要求，铁回收率达到 80% 以上，为合理开发利用宁乡式鲕状赤铁矿资源提供了可行的技术路线。

3. 四川白玉呷村铜铅锌多金属矿清洁分离新技术研究。研发的“铜铅部分混合优先浮选－混合精矿高压浸出”工艺，获得高纯度铜铅混合精矿、铅精矿和锌精矿。该工艺具有思路新颖、结构简单、易产业化特点，技术经济指标达到国内先进水平。

4. 长江上游煤系硫铁矿综合利用技术研究。开发出成套清洁生产工艺，获得的优质硫精矿，经沸腾焙烧，烧渣达到炼铁质量要求；选硫尾矿生产出达到国标要求的烧结多孔砖等建筑材料，实现了资源全面综合利用，能有效解决川南高硫煤资源开发利用对长江上游的环境污染问题。

5. 滇东南地区锡多金属矿综合利用技术研究。采用优先、部分混合浮选工艺流程，实现了铜、铅、锌、银、硫、锡等有益元素的全面综合利用，回收率分别分别达到 85.98%，80.77%，87.21%，75.64%，74.20% 和 67%，技术经济指标达到国内领先水平。

6. 复杂贫锰矿高效选冶技术研究。开发的脱磷提锰加压浸出技术，对极低品位碳酸锰矿生产出 Mn≥48% 合格“人造氧化锰”精矿，使 Mn 资源利用率大幅提高，为中国丰富的复杂低品位碳酸锰矿合理利用开辟了新途径，具有十分广阔的推广应用前景。

7. 选冶试验样品 X 射线荧光光谱测定方法研究。建立了 X 射线荧光光谱同时测定萤石矿中多种元素和重晶石矿选矿产品中多种元素的分析方法，在简便、快捷的前提下有效提高了分析数据的精密度和准确度。

（二）矿调项目。

1. 四川会理小关河－河口铜多金属资源远景调查项目。克服项目设计批复晚、项目经费下达迟，出队时间拖延等困难因素，通过科学组织、合理调整工作计划，顺利完成野外调查和综合研究工作。新发现铁矿基地 2 处，预计资源量 4050 万吨。

2. 黔渝地区中低品位铝土矿铁矿可利用性评价项目。克服资源调查单位野外工作进度影响，完成了车盘、九井两矿区矿样采集工作。对前期获取的样品采用正浮选工艺，对铝硅比 5 左右的车盘铝土矿，获得精矿铝硅比≥10，Al_2O_3 回收率≥82% 的良好指标，对铝硅比 3.3，含硫 1.5% 的九井铝土矿，获得精矿铝硅比≥8.5，Al_2O_3 回收率≥65%，硫含量低于 0.5% 的优异指标。

（三）发展改革委项目。

1. 四川氟碳铈矿共伴生资源高效利用产业技术开发——德昌稀土矿选矿试验研究。通过单一浮选流程和重选—浮选联合流程的试验研究工作，浮选获得含 ReO 13.41%、ReO 回收率 90.51% 的稀土精矿；获得含 SrO 29.71% 的天青石，天青石精矿回收率 61.87%。

2. 四川氟碳铈矿共伴生资源高效利用产业技术开发——冕宁稀土矿选矿试验研究。获得品位大于 60%、回收率大于 80% 的稀土精矿，稀土、萤石、重晶石选别指标，均达到合同要求。

（四）主要市场项目。

1. 丹巴铂镍矿选矿试验研究。研发的抑制剂对滑石、蛇纹石有强烈抑制效果，成功实现铜镍分离。“铜镍混合浮选—混合精矿再磨—铜镍分离”工艺，获得铜品位 20.11%，回收率 54.49% 的铜精矿，镍品位 5.57%，回收率 73.29% 的镍精矿。

2. 连云港东海毛北矿区金红石矿试验研究。综合回收矿石中的金红石、石榴子石和绿辉石 3 种主要矿物，金红石精矿 TiO_2 品位达到 90%，石榴子石精矿纯度达到 88%，TiO_2、金红石、石榴子石与绿辉石回收率分别为 67.44%，77.95%，81.50% 和 71.18%。

3. 四川宏达集团硫化铅锌矿选矿试验研究。获得铅精矿 Pb 55.33%，回收率 37.86%，锌精矿 Zn 46.22%，回收率 61.35% 的良好技术经济指标。以年处理 150 万吨原矿计算，年利税可达 8412 万元。

4. 云南盈江花岗伟晶岩和风化壳中钪矿的选冶试验研究。获得花岗伟晶岩原生矿品位 33×10^{-6}，回收率 90% 的粗精矿产品。粗精矿盐酸浸出，Sc 浸出率最高达到 78%。

5. 铝土矿低品位矿石利用研究。开展“焙烧—碱浸脱硅—拜尔法生产氧化铝”试验研究，铝土矿脱硅率 81.09%，Al_2O_3 回收率 97.23%，A/S 由原矿的 5.14 提高到 27.38，脱硅渣采用拜尔法溶出，Al_2O_3 溶出率 93.35%。同时，对铝土矿中伴生元素

钪的富集从 46×10^{-6} 提高到 400×10^{-6}。

三、地质调查战略研究

参与了国土资源部规划司“红格钒钛磁铁矿现场调查研究”、发展改革委“全国钒钛资源开发利用产业基地规划编制”以及地调局“矿产资源节约与综合利用示范工程实施方案”等各项规划的编写工作。

四、地质调查项目管理

（一）项目立项管理。

立项并启动地调类项目 2 个，其中，矿调项目 1 个、资源综合评价项目 1 个。

完成地调科研类计划项目立项 1 个（10 个工作项目），项目年度经费 1790 万元；矿调项目立项 2 个，年度工作经费 700 万元。

完成“矿产资源节约与综合利用”示范工程储备项目立项 7 个，省级批准上报 6 个，获批 5 个。

申报国土资源部公益性行业科研专项经费项目 3 个、科技部科研院所开发基金项目 1 个、国家科技支撑计划项目立项 2 个，其中，公益性项目获批 1 个（2011 年启动）。

（二）项目设计评审。

2010 年成都综合所完成 3 个地调类工作项目、2 个矿调类工作项目年度设计评审，其中，3 个优秀，2 个良好。

（三）对外交流与合作。

经过多年努力，逐步与攀钢集团、宏达集团、得胜集团等多家大型涉矿企业（集团）形成良好合作关系，项目来源渐趋稳定、立项质量明显提高。工艺矿物学独立承担市场项目的能力加强，选矿厂工艺矿物学流程考查市场得到持续拓展，工艺矿物学作为独立课题首次进入科技部“863”项目。

改革创新与综合管理

一、实施“开放联合攻关”战略

按照探索地质调查工作新机制的要求，组织实施了“开放联合攻关”战略，积极推进产学研结合，牵头联合相关高校、科研院所和大型企业集团开展协同攻关，提升研发总体实力，扩大研发及服务领域。截至 2010 年底，已与东北大学、中科院成都分院、北京有色研究总院、四川宏达集团公司、里伍铜矿等 20 家企事业单位建立了战略合作关系。

二、加强队伍建设与教育培训

突破“论资排辈”的用人观念，大胆启用年轻科研骨干承担地质大调查项目，使后续人才得到锻炼和成长，16 名 35 岁以下年轻同志作为项目负责人承担了各类项目。新晋升研究员 2 人、副研究员 2 人，新补充接收硕士研究生 17 人、本科生 1 人。

全年职工参加各类培训 190 人次。经过继续教育，有 1 人在博士后工作站培养，6 人由所资助攻读博士学位。

三、加强基础设施建设和设备仪器配置

“峨眉中试基地”（自筹资金）和“中试湿法车间配套工程”投入使用，使得扩大试验能力得到明显提升，全年峨眉基地承担 6 次扩大试验；生物冶金实验室投入使用，有效拓展了研究领域；“地震灾后房屋维修加固和综合科研楼外立面改造工程”以及实验室改造、学术报告厅装修等投入使用，科研工作环境得到进一步改善。

2010 年，投入资金 157 万元，采购科研设备 130 台，基本满足了地调、科研和管理工作对技术装备的要求。

四、深入开展调研工作

安排项目组深入安徽铜陵有色集团选矿厂、陕西山阳杨洼钒矿、广东凡口铅锌矿等 20 多个矿山企业，针对综合利用现状及科技发展动态进行深入调研，形成稀散元素、黑色金属、有色金属、铝土矿、稀土等多种矿产资源调研报告 15 份。调研工作的开展使科研人员与矿山企业进行了近距离的交流，在发现企业生产技术问题的同时，还针对现场问题，提出技术改进建议。实践证明，调研工作的开展不仅使成都综合所的试验研究能够更加紧密地与生产实际相结合，同时也把握住了与企业开展项目合作的机会。

经济管理

认真贯彻新会计准则，按照国土资源部、中国地质调查局的要求把加强预算管理作为财务管理工作的重要任务来抓，做到科学编制预算、严格执行预算、确保预算进度。2010 年财政资金预算综合执行率为 87.44%。

收入总计 5983.94 万元，比 2009 年增长 25.82%，其中：上年结转 320.4 万元，财政拨入科学事业费 823 万元，纵向科研经费 1510 万元，事业收入 1612.7 万元，经营性收入 697.3 万元，其他收入 864.1 万元。

通过争取市场项目、挖掘潜力等，市场收入总额 3174.22 万元，同比增长 11.49%，占总收入 53.05%。总支出 4957.64 万元。

参股企业乐山盛和稀土公司紧紧抓住市场机遇，开发高附加值产品，实现产值 2.2 亿元，利税 5459 万元，与 2009 年相比基本持平。按股份折算，成都综合所占有产值 7580 万元，利税 1880 万元。

党建与精神文明建设

一、以创先争优活动为重点，加强党的建设

按照中央部署和四川省科技厅党组的要求，2010年7月，成都综合所以“推动科技进步、提供技术支撑”为主题，以“创建先进基层党组织，争当优秀共产党员”为主要内容，扎实开展了创先争优活动。一是成立了以党委书记为组长的创先争优活动领导小组，制定了“创先争优”活动实施方案；二是强化“一个党员一面旗，立足岗位做表率”的创先争优责任意识；三是组织全体党员开展公开承诺，立足岗位创先争优；四是进一步加强党支部管理。通过创先争优活动的逐步深入，进一步激发了党支部和广大党员的生机和活力，发挥了共产党员的先锋模范作用。在群众满意度测评中，取得了100%的良好指标。成都综合所党委再次荣获四川省省直机关工委“先进基层党组织”荣誉称号。

二、以廉政专项行动为主题，切实加强党风廉政建设

成都综合所党委把贯彻落实《建立健全教育、制度、监督并重的惩治和预防腐败体系实施纲要》、建立反腐败工作长效机制作为党风廉政建设的主要重点。制定了《深入开展廉政专项行动实施方案》，以个人岗位风险点、部门廉政风险点以及项目经费使用和支出、财务管理、基建管理、装备物品采购、企业监管等方面为重点，进行了自查自纠。结合局系统惩防体系建设第二阶段工作进展检查评估标准，新制定和补充完善了《党风廉政若干规定》、《基本建设工程项目管理办法》、《事务公开制度》等33项规章制度，加强了对关键环节制度执行情况的监督检查。在2010年地调局惩防体系建设第二阶段工作进展检查评估中，成都综合所获得好评。

三、以创建省级最佳文明单位为载体，努力构建和谐综合所

成立了“省级最佳文明单位”创建工作领导小组，研究制定了详细的创建活动实施计划。一是把省级最佳文明创建作为“创建世界一流地质调查队伍”的重要动力和“建设和谐综合所”的重要工作，切实为职工办好事。开展了养老保险按月返还、增加工作早餐、制作工作服等惠民措施；二是开展多种文体活动，推进科教文化建设。组织开展职工运动会，组织队员参加局文艺汇演，支持“青年联合会”自主开展活动；三是高度重视安全生产，严格落实安全生产责任制。组织开展经常性的安全检查，切实加强野外地质调查安全生产管理，确保安全生产无事故。成都综合所被四川省委、省政府授予“四川省最佳文明单位”，被地调局授予“2009年安全生产先进单位”，被四川省直机关工委授予“优秀职工之家”；被成都市武侯区社区教育领导小组评为“推进学习型城区创建工作先进单位”、成都市武侯区玉林街道办评为“维稳、综治、防邪先进单位”、“城市管理先进单位”、“劳动保障先进单位”。

（袁　波）

地方公益性地质调查单位工作

北京市地质调查研究院工作

北京市地质调查研究院

概　况

北京市地质调查研究院于2000年成立，2003年与北京市地质调查所（前身为成立于1958年的北京市102地质队）合并，组建新的北京市地质调查研究院，隶属于北京市地质矿产勘查开发局，是全额拨款事业单位，是北京市专门承担基础性、公益性和战略性地质调查任务的专业队伍。主要承担北京市国土资源和地质环境的调查、监测、勘查和评价工作；负责地质灾害的调查、预警预报和防治技术工作；承担区域矿产资源勘查，地质工程施工，桩基施工等工作。

全院现有职工170人，其中管理及工勤人员22人，专业技术人员148人（高级职称46名，中级职称70名），现设8个业务科室、6个管理科室，涉及安全、技术、财务等方面的内设机构。

2010年，北京市地质调查研究院坚持“安全第一，预防为主”的安全生产方针，年初，与各部门签订安全责任书。安委会坚持按月召开司机例会，坚持经常性的安全检查，对院属单位在施工地每季度检查2次，并在节假日进行专项检查。5月份对办公楼和大院重点部位进行灭火器检查，更新灭火器粉，保证灭火器材安全合格有效。6月份对院内进行详细的安全隐患排查，未能彻底治理的隐患，要求使用单位派专人负责，严防隐患转化成事故。开展《交通安全知识答题》，向职工发放《职工基本安全知识普及丛书》，加强职工安全教育，提高安全意识，起到很好的警示作用，确保了全院全年安全生产无事故。

全院土地面积71 078.5 m^2，房屋建筑面积20 183.11 m^2。全院拥有各类设备455台（套），原值1551.93万元。

2010年，获得北京市地勘局组织的“首届地质矿产勘查技能竞赛”团体一等奖；被评为2010年度市直机关文明单位；院属职工、院长助理李勇同志被评为市直机关群众心目中的好党员。

地调与科研

一、基础地质调查

（一）区域地质调查。

内蒙古1∶5万巴彦塔拉（L50E012013）、恩格尔珠如和音呼都格（L50E012014）、巴彦敖包（L50E013013）、巴彦呼勒幅（L50E013014）区域地质调查，2010年度完成1∶5万地质填图500 km^2、1∶5万遥感解译1435 km^2；完成了样品整理，其中重砂鉴定已经完成；薄片共430件，已鉴定200件；完成了实际材料图的编制及野外原始数据自、互检工作。

（二）遥感地质调查。

1. 晋陕蒙能源成矿带与辽宁主要矿集区矿山开发遥感调查与监测项目为续作项目。2010年度完成了内蒙古乌海乌达等7个工作区的矿产资源调查与监测简报7份、矿产资源开发状况遥感调查与监测系列图件（1∶1万，1∶5万）7张、矿产资源开发环境遥感调查与监测系列图件（1∶1万，1∶5万）12张、成果图册1份及《内蒙古自治区矿产资源开发多目标遥感调查与监测成果2010年度成果数据库》。

2. 在内蒙古自治区乌海市乌达煤矿区、包头市白云鄂博铁矿区、鄂尔多斯市东胜煤田万利矿区、呼伦贝尔市甲乌拉铅锌矿区等重点矿集区开展多目标遥感调查与监测工作，调查了工作区矿产资源开发利用、矿山环境和矿产资源规划情况。

二、矿产资源调查评价

（一）北京市矿产资源潜力评价。

1. 成矿背景地质研究课题。① 提交大区图件汇总和属性库复核。② 完成了金、铜、铅、锌、钨等5个矿种10个预测工作区的地质构造专题底图的编制。③ 完成了大地构造相图和北京市大地构造研究报告初稿。

2. 成矿规律与矿产预测课题。① 完成北京市铁矿预测评价工作，并通过全国项目办组织的审查验收。② 完成铜、铅、锌、金、钨等矿产典型矿床系列图件32张、区域性图件30张。③ 编制完成铁矿预测资源量核实报告并通过评审；编制完成北京市金、铜、铅锌、钨矿资源潜力评价预测成果报告初稿。

3. 物化遥自然重砂综合信息评价课题。编制完成了金、铜、铅、锌、钨预测工作区和典型矿床图件243张、图件说明书235份；完成数据库建设211个；完成铁矿资源量预测和省级基础图件复核工作。

4. 煤炭资源潜力评价课题。完成了北京市煤炭资源潜力评价系列图件（6张）的编制工作，并编写了北京市煤炭资源潜力评价报告初稿。

5. 综合信息集成课题。① 完成北京市铁矿、铝土矿预测资源量核实及基础编图成果图件数据库复核工作。② 提交《北京市矿产资源潜力评价综合信息集成课题2010年度工作报告》。

（二）北京密云－怀柔地区深部铁矿资源潜力评估。

完成1∶1万矿产地质调查（草测）50 km^2、1∶1万磁法测量76 km^2、1∶2000磁法剖面测量6.39 km、薄片鉴定61件、薄片制片65件并开展了成矿规律与矿产预测专题研究。观察到区内矿体约51条，高精度磁法共圈定13个主异常区，通过磁法剖面测量说明局部异常区深部矿体达400余米，有较大潜力。

三、水文地质环境地质灾害地质调查

（一）北京地下水污染调查评价。

“北京地下水污染调查评价”项目是“华北平原地下水污染调查评价”项目的子课题，为2010年度结转项目，项目成果报告已通过验收，获优秀级。

（二）灾害地质调查评价。

1. 北京平原区活动断裂监测专项地质调查。截至2010年底，完成地质调查点1320个，调查面积约355 km^2。其中地质灾害调查点共计1255个，重要建筑设施及管线工程控制点65个；完成1∶1万地表调查368 km^2、1∶2000高精度地表调查40 km^2；完成了9个新增探槽的编录工作，共计11 000 m^3；完成重力测量剖面47条，重力测线长度264.6 km。

2. 北京地区滑坡泥石流灾害监测预警示范研究为2010年度结转项目。已完成野外调查工作，正准备野外验收。

四、地质调查信息化建设与服务

地质资料信息服务集群化产业化试点研究工作，收集、整理地质资料500种、地质钻孔500个、集成地质图空间库100幅，完成数字化建库工作；为北京市提供政务空间资源目录16类。提出北京市地质资料部分集中部分分布式管理模式，研究提出北京市地质资料信息服务产品。

（梁亚南）

天津市地质调查研究院工作

天津市地质调查研究院

概　况

天津市地质调查研究院隶属于天津市地质矿产勘查开发局，是天津市唯一专门从事“基础性和战略性”地质调查的专业队伍，是经天津市编委确认的全民事业单位。主要承担区域地质调查、液体矿产和固体矿产勘查、水文地质勘查、工程地质勘查、环境地质调查、地球物理和化学勘查、遥感地质调查、信息系统建设等专业任务。

天津市地质调查研究院设置4个管理科室：综合办公室、劳动人事科、计划财务科、总工程师（质量管理）办公室。下设6个业务科室：城市地质与基础地质研究所、矿产地质研究所、生态地质环境研究所、地矿信息中心、蓟县分院、实物地质资料馆。

天津市地质调查研究院现有在职职工81人，从事地质调查与科研工作的各类专业技术人员61人，占总人数的75.3%，其中高级职称20人（含教授级高工10人），中级职称10人，初级职称31人；大学本科以上学历61人，占75.3%。

2010年无重大安全责任事故，伤亡事故率为零。

天津市地质调查研究院拥有SIR－20地质雷达、10 kW大功率激电仪、DZQ48高分辨率地震仪、WSD－2数字声波仪、WDDS－1数字阻率仪、FD－803射线检测仪、FD－3022型微机四道能谱仪、测汞仪、磁力仪等多种各类先进的技术设备。

参加完成的“华北平原地下水可持续利用调查

评价”项目成果获得2009年度国土资源科学技术奖一等奖。天津地调院还获得2010年度天津市地质矿产勘查开发局科学技术进步二等奖1项，三等奖2项，优秀工程奖1项。

地调与科研

一、基础地质调查

（一）区域地质调查。

1. 天津1∶5万团泊乡、咸水沽、大沽幅区调。完成钻探工程量3300 m，1∶5万地质调查面积1052 km^2。2010年2月1日通过成果评审，评为良好级。

2. 天津1∶5万武清城关镇、大口屯镇、黄花店乡、武清县幅区调。完成钻探工程量2580 m，1∶5万地质调查面积1592 km^2。2010年1月29日完成了野外原始资料验收工作，评为优秀级。

3. 内蒙古1∶5万扎布其尔沃布勒吉、杰林牧场、白音诺尔农场、巴拉嘎尔牧场牧业小组、毛登牧场第二生产队幅区调。完成野外地质剖面测量40 km和1∶5 地质调查面积700 km^2。

4. 完成地调局《1∶5万覆盖区区域地质调查规范》初稿编制。

（二）区域地球化学调查。

1. 天津市多目标区域地球化学调查（近岸海域）。完成近岸海域表层、深层沉积物样品采集、加工及送样工作。完成区域样品测试工作。完成生态地球化学评价野外调查取样工作，采集底泥样10件，生物样20件，海水样10件，悬浮物样10件；2010年12月9日完成野外原始资料验收工作，评为优秀级。

2. 天津市典型县区级土地质量地球化学评估。完成采集土壤剖面样品32件，完成测试。完成生态调查面积800 km^2，完成区域土壤样品3167件采集和样品加工工作。完成区域土壤副样清点和样品库建设；采集灌溉水样品65件，小麦、玉米和辣椒、大蒜、大葱果实及植株等植物样品58件，根系土18件，底泥10件，化肥样品8件，大气干湿沉降样品8件。2010年12月9日完成野外原始资料验收工作，评为优秀级。

二、矿产资源调查评价

（一）天津市矿产资源潜力评价。

1. 铁、铝复核。完成铁矿潜力评价和资源量复核工作；完成省级编图数据库复核工作。

2. 成矿背景。完成金、钨、铜、磷、含钾粗面岩、含钾泥岩构造底图编制；完成天津市大地构造相图初稿。

3. 成矿规律和成矿预测。① 完成金、钨、含钾粗面岩、含钾泥岩典型矿床成矿要素图、成矿模式图和预测要素、预测模型图的编制；② 完成金、钨、磷、含钾粗面岩、含钾泥岩预测工作区成矿要素图、成矿模式图和预测要素图、预测模型图的编制；③ 完成磷矿单矿种成果报告和资源量预测说明书及主要图件的编制。④ 完成铜预测工作区成矿要素图、预测要素图和预测模型图初稿。

4. 物化遥自然重砂。完成金、钨、铜、磷、含钾粗面岩、含钾泥岩典型矿床和预测工作区航磁、重力、化探、自然重砂编图工作。

5. 综合信息集成。完成省级编图复核建库工作，完成铁、金、钨、铜、磷构造底图的建库工作。

6. 煤炭。完成天津市煤炭资源潜力评价成果报告和相关图件编制。

（二）矿业权实地核查。

完成了398个采矿权、20个探矿权，共计418个矿业权的实地核查工作。2010年4月1日通过了数据验收。

三、水文地质环境地质调查

（一）地下水资源调查评价。

1. 天津市西北部应急供水水文地质详查。2010年内完成31个点次的地面高程测量，完成室内资料综合分析、数值模拟、图件编制及成果报告编写及少量补充野外测量工作。

2. 天津市七里海洼应急供水水文地质详查。完成施工勘探孔10眼，钻探工程量5800 m，完成12个月地下水位统测工作。

（二）环境地质调查评价。

1. 天津地下水污染调查评价。项目完成了1∶25万水土污染调查面积10 700 km^2，1∶5万水土污染调查面积1600 km^2。完成了已有调查资料的综合整理分析，完成了数据库的录入和检查，对原始资料进行了综合检查和整改，编制了相关图件。2010年6月22日完成了野外原始资料验收工作，评为优秀级。

2. 中新生态城地质环境保障性调查评价。2010年3月31日，完成的《中新生态城地质环境保障性调查评价报告》通过了专家组评审，获得优秀报告。2010年12月参加国土局主办的滨海新区地质调查成果对外发布会。

（三）城市地质调查。

天津市基岩地质调查、天津市活动断裂及地壳稳定性调查、天津市松散沉积层地质结构调查3个专题成果2010年1月2日通过了审查，评为优秀。完成了天津城市地质调查成果总结和天津城市地质调查方法技术总结报告。

（尚洪俊）

河北省地质调查院工作

河北省地质调查院

概　况

河北省地质调查院成立于2000年4月，隶属于河北省地质矿产勘查开发局，是河北省唯一集区域地质调查，矿产地质调查、勘查，水文地质勘查，环境地质勘查，地球物理勘查，地球化学勘查，遥感地质勘查，成果出版为一体具有独立法人资格的地质科研生产机构。

河北省地质调查院由管理机构和生产科研机构两部分组成。生产科研机构由第一地质矿产研究所、第二地质矿产研究所、地质矿产调查研究所、区域地质矿产调查研究所、能源矿产调查研究所、资源潜力评价项目部、储量利用调查项目部、矿业权实地核查项目部、物化探研究所、农业地质研究所、环境地质研究所、城市地质研究所和信息中心组成。

河北省地质调查院事业编制345名。在岗职工177人，拥有各种专业技术人员153人，占全部在册人员的86%：正高级职称10人；副高级职称47人；中级职称65人。

2010年，《华北平原地下水可持续利用调查评价》获国土资源科学技术一等奖；《华北平原地下水可持续利用能力》报告获河北省科学进步二等奖；《河北省重点城市垃圾填埋场地质环境研究》获河北省科学技术进步三等奖；《河北省隆化县北岔沟门－围场县榛柴窝铺铅锌银矿资源调查评价》报告获河北省科学技术三等奖；《华北平原地下水可持续利用调查评价（河北）》获河北省地质矿产勘查开发局地质成果一等奖；《河北省重点矿山采空塌陷区调查评价与数据库建设》获河北省矿产勘查开发局地质成果二等奖；《河北省隆化县郭家屯铅锌矿详查地质报告》获河北省矿产勘查开发局地质成果二等奖。

河北省地质调查院建立了一整套安全生产管理体系。编制印发了地质勘查安全生产工作实施细则、安全生产检查、考核、奖惩制度等15项管理制度，全面落实安全生产责任制，设置了安全生产委员会。

截止到2010年底，河北省地质调查院拥有各类设备共计737台套，主要设备有拓普康全站仪、矿石测试仪、野外数字填图仪、数据采集仪、氦光泵磁力仪、高密度电法测量仪、塞曼测汞仪、磁化率仪、智能工程测井系统、磁力仪、电阻率法仪、重力仪、多台超大幅面的绘图仪、A0幅面的扫描仪，全自动胶装机和液压切纸机等先进设备等。

地调与科研

一、基础地质调查

（一）区域地质调查。

承担区域地质调查项目10项。内蒙古1:5万辉音敖包、达勒廷查干、固腊卜塞罕敖包、乌兰哈德农场幅区调（续作）；西藏色布塔地区1:5万地质矿产调查（续作）；河北省地质系列图件编制与综合研究（续作）；河北1:5万张三营、唐三营、八达营、榆树底幅区调；河北1:5万下二道河子、六沟、小寺沟、党坝幅区调；新疆阿尔金地区1:5万6幅区调；新疆1:5万玛热勒托盖库松木切克、沃依曼吐别克、乌兰丹达盖、精河水文站幅区调；西藏1:5万班戈县南地区4幅区调；内蒙古1:25万巴音查干（半幅）、乌拉特后旗幅区调修测；河北1:25万邢台市、邯郸市幅区调修测。

2010年12月，《西藏1:5万革吉县哥布弄巴地区5幅区调成果报告》通过了成都地调中心组织的评审验收。

2010年12月，“内蒙古1:5万辉音敖包、达勒廷查干、固腊卜塞罕敖包、乌兰哈德农场幅区调”项目通过野外资料验收。

（二）区域物化遥地质调查。

承担区域物化遥地质调项目6项。内蒙古苏尼特左旗－多伦县1:25万区域重力调查；河北省冀东铁矿外围1:5万重力调查；河北1:25万西老府幅、隆化县幅、丰宁县幅区域化探；黄河流域基础地质环境遥感调查与监测；冀东、冀西南能源重点成矿带及黑龙江双鸭山等重点矿区矿山开发遥感调查与监测；西昆仑成矿带矿产资源遥感综合调查。

“黄河流域基础地质环境遥感调查与监测（河北省地质调查院）”和“冀东、冀西南能源重点成矿带及黑龙江双鸭山等重点矿区矿山开发遥感调查与监测”两个项目阶段性成果通过了评审验收。

二、矿产资源调查评价

（一）河北省矿业权核查。

项目于2010年6月全部完成了核查工作，控制探矿权151个，采矿权4538个；提交了核查成果总结报告，并顺利通过了全国项目办和河北省国土资源厅的最终验收，成绩为“优秀”级。通过此次矿业权实地核查，彻底查清了河北省矿业权的分布与现状，摸清了矿业权家底，核实了矿业权的基本信息，纠正了矿业权存在的问题。将矿业权坐标管理纳入到统一的坐标系中，为一张图管矿和建立矿业权监督管理信息支撑系统奠定了坚实基础。

（二）矿产资源潜力评价。

完成了河北省金、铜、铅、锌、磷、煤炭等矿种的成矿规律研究和资源潜力预测评价工作，提交了各矿种的矿产资源潜力评价成果报告，并通过了全国矿产资源潜力评价项目办公室的评审验收。矿产资源潜力评价的成果已应用于河北省矿产资源勘查规划和地质勘查部署工作中。

（三）河北省矿产资源储量利用现状调查。

完成了河北省煤、铁、铜、金、铅、锌等18个重点矿种1452个核查矿区所有上表、未上表矿产资源的储量核实工作，完成核实报告1300余份，报告通过了河北省国土资源厅、河北省矿产资源储量利用现状调查项目技术委员会的评审验收。

（四）矿产地质调查评价。

在太行山北段实施了河北涞源红岭子—后湖海一带铜铅锌矿调查评价、河北滦南司各庄－杜蒿坨铁矿调查评价、河北丰润火石营一带磁异常查证。2010年3月，《河北省涞源县司格庄－王安镇铜铅锌矿评价成果报告》通过了天津地调中心的评审验收。

（韩亚彬）

山西省地质调查院工作

山西省地质调查院

概　况

山西省地质调查院成立于1999年，为山西省编办批准的具有独立法人的县（处）级事业单位，属山西省地质勘查局管理，是山西省主要从事区域性、基础性、公益性地质调查工作和战略性矿产资源评价的地质勘查队伍。2005年3月，与山西省地质科学研究所、山西省岩石矿物测试应用研究所合并重组。现有院领导7人，设10个职能管理部门、20个二级生产单位。在册职工326人，共有各类专业技术人员270人，其中高级职称94人。拥有重力仪、V8多功能物探数据采集系统、数字化测井仪、日本理光全自动X－荧光光谱仪等各类大型设备仪器700余台。

2010年12月通过地调局地方公益性地质调查队伍能力建设评估，总评分96分获得A级。

先后被授予全国地勘行业先进集体、山西省省直文明和谐单位、山西省地质找矿先进单位、山西省安全生产先进单位和山西省科研机构行业十强单位等荣誉。多人分获山西省劳动模范、省十佳公民、省优秀共产党员、省“五一劳动奖章”、地调局先进工作者、中国地质学会银锤奖、“全国地质勘查工程技术状元”等省部级荣誉称号。西藏土则岗日幅1∶25万区调项目获得国土资源部科学技术二等奖，农业地质项目中豆类包衣技术获得国家专利授权证书。

山西省地质调查院已拥有区域地质调查、水工环地质调查、固体矿产勘查、液体矿产勘查、地质灾害评估、地质灾害治理勘查、岩矿鉴定、岩矿测试、岩土试验等9个甲级资质，拥有国家认监委颁发的贵金属及珠宝玉石质量检测资质和山西省建设厅颁发的室内环境专项检测资质。院属“山西省矿产品质量监督检验站”和“山西省珠宝玉石首饰产品质量监督检验站”，是山西省质量技术监督局授权的矿产品和珠宝玉石首饰产品监督检验单位。

地调与科研

一、基础地质调查

（一）区域地质调查。

完成1∶5万区（矿）调地质填图面积8981.64 km^2，完成1∶25万区调面积8000 km^2。

1. 内蒙古1∶5万勃洛浑迪、贺斯格乌拉牧场、冈干哈尔、包格德呼和哈达幅区域地质调查（2007～2010）项目完成野外验收，优秀和优良各2幅。

2. 内蒙古1∶5万哈丹沟巴润布郭、干其硝、巴彦毛敦、扎德盖索格木、图木特、呼日其格幅区域地质调查项目野外工作基本结束，新发现2个钼矿化点，一个铜矿化点。

3. 方山测区1∶5万区域地质矿产调查项目发现铝土矿和钛磁铁矿矿点各1处，圈定有找矿价值的

Au，As，Ag，Cr，W，V 等元素地球化学综合异常 4 处，Au 平均值为 16.65×10^{-9}，特高值达 266.00×10^{-9}，个别异常 Au 有三级浓度分带。

4. 离石测区 1∶5 万区域地质矿产调查发现银、铅锌矿化点和铜矿化点各 1 处。

5. 岔口测区 1∶5 万区域地质矿产调查磁法测量圈定出 2 个异常，异常中心峰值为 2411 nT；石英岩矿石品位 SiO_2 97.97%。银、铅矿体，拣块样 Ag 163×10^{-6}，Pb 16.77%，Zn 0.16%。

6. 宁武测区 1∶5 万区域地质矿产调查发现了多层磁铁石英岩，泥晶灰岩厚度大，全部样品均达水泥灰岩标准，部分灰岩达电石灰岩标准。

7. 天镇测区 1∶5 万区域地质矿产调查发现 2 处孔雀石化石英脉发育区，见孔雀石化、黄铁矿化石英脉多条，少量可见方铅矿化，化探剖面发现多个金、银、铜、铅、锌高值点。

8. 娄烦测区 1∶5 万区域地质矿产调查发现铝土矿、冶镁白云岩、大理岩、玻璃原料、云母矿点。

9. 侯马测区 1∶5 万区域矿产调查，发现多处石英脉型金矿化点、石灰岩矿点及铜矿化线索。

（二）区域地球物理调查。

1. 内蒙古 1∶20 万阿荣旗、布特哈旗、绰尔、塔尔其幅区域重力调查 2009～2010 年共完成面积 19 250 km^2。

2. 山西省中部 1∶20 万区域重力调查（11 幅）完成 14 200 km^2。

3. 山西省 1∶5 万区域航空磁测项目，目前已完成 5 万测线千米，折合面积约 25 000 km^2。

（三）区域地球化学调查。

1. 山西省五台山 1∶5 万区域地球化学测量完成 326 km^2。

2. 太行山西南端 1∶5 万水系沉积物地球化学测量完成 2066 km^2。

3. 山西省北部及南部 1∶20 万区域地球化学测量完成 7476 km^2。累计完成 42 759 km^2。

4. 山西省中部 1∶20 万区域地球化学测量完成 41 853 km^2。

5. 山西省黄土高原盆地经济带生态地球化学调查为省部合作项目，已编写完成《山西省黄土高原盆地经济带区域生态地球化学调查评价》、《山西省黄土高原盆地经济带局部生态地球化学评价》和《山西省黄土高原盆地经济带生态地球化学调查综合评价》成果报告，等待验收。

二、矿产资源调查评价

（一）固体矿产资源调查评价。

1. 山西省恒山－五台山地区铁矿普查和山西灵丘呼延庆山铁矿调查评价项目完成钻探 4872.61 m，赵北普查区预测 334 资源量 3950.81 万吨，大西沟普查区预测 334 资源量 4000 余万吨，呼延庆山普查区预测 334 资源量 6000 万吨，可望提交大型铁矿 1 处。

2. 山西交口－汾西地区铝土矿远景调查项目完成钻探工作量 1729.5 m。

3. 灵石县苏家庄普查区初步估算 3341 资源量 5000 余万吨。

4. 山西霍西盆地铝土矿调查评价完成钻探 856.9 m。

5. 山西兴县铝土矿调查评价完成钻探 381 m。

6. 山西省右玉县杨千河后窑子金矿普查项目物探工作已经全部完成，1∶5000 物探面积性测量大致圈出了 7 个主要异常区域。岩石剖面测量在极化率异常发育地段出现了 Au 1000×10^{-9} 的 2 个高值点。地表填图新发现 3 个矿化点，拣块取样金品位均达到边界品位（1.0×10^{-6}）要求。TC80 和 TC33 均已见到了金矿体，最高含金品位分别为 3.90×10^{-6} 和 4.40×10^{-6}，矿体厚度均大于 1 m。

7. 山西省娄烦县宽坪－娄儿上石墨矿普查项目完成野外验收，共圈定矿体 18 个，估算共求得 333＋334_1 晶质石墨矿物资源量 135.97 万吨（其中 333 资源量 86.60 万吨），已达大型晶质石墨矿床规模。

8. 山西省岚县乱石村磁铁矿普查项目磁法扫面圈定出 3 处有意义的异常，地表槽探发现 TFe 含量为 11%～17.96%，平均 14%；mFe 含量 6%～10%，平均 7%。

9. 山西省沁水煤田安泽县固县勘查区煤炭普查项目提交煤炭 333＋334 资源量 25 亿吨。

10. 山西省沁水煤田安泽县唐村勘查区煤炭普查项目提交煤炭 333＋334 资源量 11 亿吨。

11. 山西省沁水煤田沁源县定阳北勘查区煤炭预查项目提交煤炭 334 资源量 6.7 亿吨。

12. 山西省沁水煤田安泽县窑庄勘查区煤炭详查项目完成 8 个钻孔，钻探进尺 8980.95 m，其中 2，3，9＋10，11 号煤层稳定可采，5 号煤层局部可采。

（二）矿产资源潜力评价。

山西省矿产资源潜力评价项目，其成矿地质背景、成矿规律研究与定量预测、遥感综合信息研究、综合信息集成等子项均完成年度工作。被评为“良好”级；13 个省铝、铁等专题报告验收会议，获得优秀，其中两项第一、一项第二；完成了山西省基础研究和铁、铝预测区的研究工作，完成了成果验收和成果复核，验收评审结果为优秀。

三、环境地质调查

山西省主要城市环境地质调查评价，共完成图件编制 168 张，成果报告被评为优秀。

山西省汾河流域生态环境地质调查正在开展野外调查。

四、地质调查信息化建设与服务

1∶5 万区域地质图空间数据库（3 幅）已验收。

山西省黄土高原盆地经济带生态环境地质调查数据库建设已完成基础数据库、调查数据库的数据入库工作。

国家基础地质数据库维护与更新项目年度工作方案被评为优秀。

山西省矿产资源数字化工程建设项目，总体设计通过专家评审，目前已完成矿产资源基础资料的调查、收集、分类、整理和归档及数据的标准化生产。

向地调局西安地质资料分馆汇交资料 1 份，提交“地质调查工作项目地质资料汇交情况自查报告”；向新疆地质资料馆汇交资料 1 份；向山西省国土资源厅提交了“山西省地质调查院实物地质资料管理情况”，向山西省地质资料馆汇交资料 12 份；向山西省地勘局汇交资料 4 份。接收整理了 9 个项目的原本地质档案。

馆藏地质图书 2126 册。2010 年新增各类技术标准、图书 10 余种，360 余册。提供资料借阅 250 人次，借阅件数 1021 余件，购买地形图 721 幅。

（潘永胜）

内蒙古自治区地质调查院工作

内蒙古自治区地质调查院

概 况

内蒙古自治区地质调查院于 2000 年 3 月成立，是一支承担国家和自治区安排的区域性、基础性、公益性地质调查和战略性矿产资源勘查及地下水评价的专业性队伍。

专业涵盖区域地质调查、矿产地质勘查、水工环地质调查、地球物理、地球化学勘查、测绘、遥感、岩矿及古生物鉴定、矿产资源储量评审等。有 2 项甲级和 5 项乙级地质勘查资质，拥有仪器设备 1000 余台（套）。

内蒙古自治区地质调查院内设办公室、党务工作部、计划财务部、事务服务中心、生产技术部、质量管理办公室、综合研究规划室、煤田项目管理办公室、信息中心、区域地质调查所、矿产地质调查所、物化探地质调查所、水文及环境地质调查所，各所下设若干个项目组。另设储量评审科、矿权管理办公室（振兴矿业开发部）、矿业联合会秘书处。

2010 年 100 多台车辆，400 多名野外作业人员未发生一例重大安全责任事故。

地调与科研

一、基础地质调查

（一）区域地质调查。

完成 1∶25 万填图面积 33 060 km^2，1∶5 万填图面积 3200 km^2，1∶1 万地质填图 85 km^2，探槽 10 605 m^3，各类地质剖面 526 km，采集各类样品 8518 件。新发现一处锌锰矿化点，锰最高含量 43.88%，锌最高含量 3.01%。

（二）区域地球化学调查。

1. 桑根达莱－二连浩特地区 1∶20 万区域化探新发现一处规模较大的凝灰岩型锂矿（化）点。

2. 内蒙古区域成矿规律及重要矿产成矿预测地球化学综合研究项目，共圈定 763 个有色金属和贵金属组合异常，划分了 22 个元素富集带，圈定出 52 个找矿预测区，在异常查证中发现了 3 处矿化点。

3. 中国农业生态地球化学评价体系研究与成果集成，完成了基础图件、地球化学图件、成果应用图等 222 幅图件的编制工作，待验收出版。

二、矿产资源调查评价

（一）固体矿产资源调查评价。

完成 1∶5 万地质填图 3300 km^2，1∶5000 地质物化探综合剖面 307.4 km，1∶1 万地质草测 545.39 km^2，1∶1 万土壤测量 326.45 km^2，1∶1 万激电中梯测量 183.55 km^2，1∶1 万高精度磁测量 572.09 km^2，1∶5 万磁法测量 5814 km^2，1∶5 万化探 6256 km^2，钻探 16 111.3 m，槽探 17 310.43 m^3。圈定各类异常 154 处，圈定钼工业矿体 65 个，圈定其他金属矿体多个，新发现矿点、矿化带 63 处。

1. “内蒙古达来庙一带铜多金属矿勘查”发现钼矿体 65 个，初步估算钼资源量 1 万吨以上。

2. 新巴尔虎左旗罕达盖－巴日图地区，圈定了一处铁铜多金属找矿靶区。罕达盖铁铜调查区，有进一步寻找隐伏的大中型矽卡岩型铁铜矿潜力。陶来托钼铅锌调查区，圈定了铜银铅锌1:1万化探异常4处，已见薄层铅锌工业矿体，Pb + Zn品位为1% ~8%。巴日图调查区，发现铜铅锌银多金属矿化点7处、珍珠岩矿点1处。

3. “内蒙古西乌旗 - 霍林郭勒地区铜金属矿远景调查”共圈出1:5万化探异常14处，1:5万高磁异常13处。新发现矿化点、矿化蚀变带22处，重点检查了其中3处，新发现多金属矿点1处。

4. 内蒙古化德县达盖滩普查共见8段闪锌矿化、黄铜矿化、方铅矿化与黄铁矿化，累计见矿视厚为11.65 m。北西向矿化带内见3层较好的矿化，见矿（化）深度为160.0 ~242.60 m。

（二）矿产资源潜力评价。

1. “内蒙古自治区大矿富矿找矿预测研究及异常查证项目”，首次划分了内蒙古金属矿产6个成矿带、18个金属矿产主要成矿系统，圈定主要金属矿产大中型矿床找矿靶区80余处。

2. “内蒙古自治区重要矿产资源潜力评价及成矿规律研究”，建立了覆盖全区的47个预测工作区地质图、航磁、重力、化探数据库，完成内蒙古自治区铁、金、铜、铅 - 锌、稀土、钨单矿种分布图，已完成的铁单矿种矿产资源预测1000 m以浅约为55亿吨。

3. “内蒙古自治区矿产资源潜力评价”，完成内蒙古自治区1:25万分幅实际材料图和建造构造图，成果获“优秀级”；完成金、铜、铅锌、稀土、钨、锑7个单矿种61个典型矿床地质描述模型及评价找矿模型卡片。铁、铝矿种资源潜力评价及资源量核查工作通过了全国资源潜力评价办公室组织的评审验收，获得优秀级。完成重力全区各类基础图件及解释推断成果图件和成果报告，成果获“优秀级”。

（三）内蒙古自治区“十二五”矿产资源勘查开发与综合利用规划。

开展了“内蒙古自治区地下水资源调查评价与勘查规划部署”和“内蒙古自治区矿产资源开发利用与总量调控”等4个专题的研究。

（四）煤田勘查。

完成钻探工作量26 000 m，提交煤炭资源储量50亿吨。

（五）矿产资源储量评审。

2010年，共评审各类地质勘查报告32份，其中煤炭勘查和储量核实报告6份，金属矿产勘查和储量核实报告22份，非金属矿产勘查和储量核实报告4份。

（六）代拟了《内蒙古自治区国土资源厅发展绿色矿业建设绿色矿山工作实施意见》。

（七）矿权管理工作。

2010年，对内蒙古自治区政府委托管理的280个探矿权完成了延续和年检工作。完成了56个煤炭探矿权新立工作，完成了168个煤炭探矿权使用费的缴纳和换证工作。

三、水文地质调查

完成水文地质钻探7604 m，1:5万水文地质测绘270 km^2，1:10万水文地质调查36 194 km^2，在哈素海地区打出水温53℃，日最大出水量1500 m^3/d的地热井。开展了鄂尔多斯盆地二氧化碳地质储存示范工程项目，取得了预期的成果。

四、地质调查信息化建设与服务

1:5万地质空间数据库（10度年4幅）完成建库工作，经地调局验收评为优秀级。

（霍　燕）

辽宁省地质矿产调查院工作

辽宁省地质矿产调查院

概　况

辽宁省地质矿产调查院是2000年组建的一支省级公益性地质调查事业单位，隶属于辽宁省地质矿产勘查局，是集基础地质、矿产地质、水文地质、环境地质、物探、化探、遥感和信息技术于一体的地质勘查队伍。

主要职责是承担并组织实施国家及省内基础地质调查、矿产资源勘查、水文、工程、环境地质监测和调查评价，地质灾害评价和专项防治。开展地学研究和技术攻关，勘查新技术、新方法、新工艺的研究、引进和推广。

辽宁省地质矿产调查院专业队伍精干，技术力量雄厚，专业装备优良，形成了行政、技术、质量、经济、物资装备五大管理体系和各项规章制度，通过了ISO9001：2000质量管理体系认证。院下设基础地质部、矿产资源评价部、水工环地质部、物化探综合研究室、技术质量部、财务部和综合办公室7个部门。现有职工74人，其中技术人员68人（具有高级职称27人），占总人数的92%，拥有博士、硕士研究生15人。

辽宁省地质矿产调查院，成功地组织并实施了对辽宁经济和社会发展具有重要影响的大项目10余项。其中西部严重缺水地区人畜饮用地下水勘查示范工程和辽宁省辽河流域1：25万多目标区域地球化学调查分别获得国土资源部科学技术成果一、二等奖，辽宁省菱镁矿成矿预测和环渤海地区地下水资源与环境地质调查评价获科辽宁省国土资源厅科学技术成果一等奖，本溪大台沟铁矿，是有史以来中国提交的储量规模最大的铁矿床。大台沟外围省部联合整装勘查也取得较好成果，预计可探求铁矿石资源量达10亿吨以上。院各项目的设计、施工和成果报告的质量优良率均为100%，深受专家和政府的好评。

地调与科研

一、基础地质调查

2010年，承担2项4幅1：25万区域地质调查和6项24幅1：5万区域地质调查项目。共完成1：25万填图面积11 000 km^2，1：5万填图面积7000 km^2，开展辽宁省地质系列图件编制与综合研究项目，开展了辽宁省地层、岩石构造等综合研究，重新厘定区域构造、地层划分系统，重点解决了建平到开原一带造山带内地层划分对比，辽东半岛南华系划分对比，侵入岩形成的构造背景，变质岩区变质变形特征，区域构造特征等基础地质问题。修编《辽宁省区域地质志》，编制1：50万及1：100万辽宁省地质系列图件。

辽宁省海岸带地质调查项目，野外各项工作已全部完成，累计完成1：5万调查面积740 km^2，钻探1.3万m，提交各类阶段成果报告22份。

二、矿产资源勘查

（一）固体矿产资源调查评价。

2010年，选择鞍山－本溪地区进行铁矿深部找矿，在辽宁本溪大台沟和花红沟取得找矿重大突破。

大台沟铁矿共施工20个钻孔，完成钻探进尺3.7万余米，累计投入勘查经费1.2亿元。2010年6月，《辽宁省本溪市大台沟矿区15～4线铁矿详查报告》通过了矿产资源储量专家评审。在15～4线－1800 m标高以上，（332＋333）类铁矿石资源量34.74亿吨，矿床平均品位TFe 32.59%，预测334类远景资源量可达80亿吨。

大台沟铁矿共施工了6个钻孔，控制矿体长2400 m，矿体平均品位TFe 30%±。预计将提交铁矿资源储量20亿吨。

（二）矿产资源潜力评价

辽宁省资源潜力评价项目现已完成铁、铝两矿种的矿资源潜力，成果报告通过评审取得优秀成绩。辽宁省成矿地质背景、物探、重砂、化探、遥感等基础性编图工作也顺利通过验收。

（三）矿业权核查项目

完成辽西北7市的矿业权实地核查工作，共完成矿业权实地核查2386个，完成三四级基本控制点数734点，矿区加密控制测量3852点。2010年1月通过辽宁、江苏2个首批省级矿业权实地核查成果验收会。

三、农业地质调查

2010年，开展辽河流域土地利用条件调查评价工作。首次将土地地球化学评估用于土地利用条件调查，查明辽河流域农用地的土壤肥力、土地环境质量、环境健康质量状况；明确了盘锦市耕地的土壤环境质量状况、土壤肥力条件、作物安全程度，并进一步规划出盘锦地区7个富含有益微量元素优质稻米产区，总面积达41 524 hm^2。2010年7月“辽河流域土地利用条件专项调查评价”项目通过成果鉴定验收。

（杨晓波）

吉林省地质调查院工作

吉林省地质调查院

概　况

吉林省地质调查院是1999年10月由吉林省编委批准成立的公益性事业实体，隶属于吉林省地质矿产勘查开发局，主要承担国家基础性、公益性、战略性地质调查和矿产勘查工作；同时面向社会承揽基础地质研究、资源评价、水工环地质调查、物化探测量、钻探施工、成果出版等勘查项目。

吉林省地质调查院内设办公室、勘查部、人事部、财务部、科技信息部、安全部、综合研究室、质量办公室、档案室、项目分队等机构。在册职工181人；各类专业技术人员161人，占职工总人数的89%；其中高中级技术人员126名，占单位技术人员总数（161名）的79%。在野外一线工作的高中级技术人员104人，占野外技术人员（135名）的77%。

建立了安全生产管理体系，把安全生产责任制落实到了所有人员，对安全生产始终作为头等大事来抓，自吉林省地质调查院成立以来，未发生安全事故。

吉林省地质调查院在吉林省地质矿产勘查开发矿局办公楼办公，无单独基地；拥有能够满足地质工作需要的野外交通工具、物化探测试仪器、野外通讯及定位设备、计算机和其他设备，资产净值884万元。

2010年，“松嫩平原地下水资源及其环境问题调查评价”项目获国土资源部国土资源科学技术二等奖。

地调与科研

一、基础地质调查

（一）区域地质调查。

1.“内蒙古1∶5万河源、1355.3高地、基尔果山、毛尧口幅区调”项目为续做项目。2010年完成1∶5万数字填图300 km^2，累计完成1150 km^2；完成1∶2000实测地质剖面8 km、1∶5000实测地质剖面5 km、采集U－Pb同位素测年样品8件、硅酸盐、微量元素分析样品60件，探槽：1960 m^3；新发现铜银矿（化）点1处、多金属矿（化）点1处、钨锡矿点1处；最高品位：Pb 2%，Au为0.48×10^{-6}。

2.“内蒙古1∶5万蘑菇山、柴河源、苏河屯、兴安幅区调”项目。完成1∶5万数字填图630 km^2、1∶5000实测地质剖面21 km、1∶2000实测地质剖面12 km、1∶1000实测地质剖面5 km、1∶5万遥感解译1401 km^2、槽探5000 m^3。

3.“吉林1∶25万榆树县幅区调修测”项目。完成1∶25万区域地质调查5600 km^2、1∶5000实测地质剖面21 km、1∶2000实测地质剖面8 km、1∶25万遥感解译13 052 km^2、槽探800 m^3。

4.“吉林1∶5万白石山、威虎岭、青背、琵河口幅区调”项目。完成1∶5万数字地质填图600 km^2、1∶5000实测地质剖面78 km、1∶2000实测地质剖面35 km、1∶5万遥感解译1498 km^2、槽探5104 m^3；新发现造山带构造岩片一处、钼矿点一处。

5.“西藏1∶5万芒纳地区4幅区调”项目。完成1∶5万地质填：600 km^2、1∶5000实测地质剖面48 km、1∶5万遥感解译1690 km^2。

（二）区域地球物理调查。

“内蒙古1∶20万来达滨湖、兴安里、阿里河、克一河镇幅区域重力调查”项目，2010年完成1∶20万区域重力调查：12 560 km^2。

（三）区域地球化学调查。

“吉林1∶25万敦化市、亚布力镇幅区域化探”项目。完成1∶25水系沉积物测量10 600 km^2。

二、矿产资源调查评价

（一）固体矿产资源调查评价。

1.“吉林塔东－汪清地区铁矿资源调查”项目2010年为续做项目，完成生产任务：1∶1万地质草测80 km^2；1∶1万地面高精度磁测50 km^2；1∶2000高精度磁测剖面20 km；1∶2000地质剖面20 km；槽探3008 m^3；样品103件。高精度磁测共圈出12个异常。

2.“吉林和龙地区铁矿调查评价”项目，完成生产任务1∶1万地质草测300 km^2；1∶1万高精度磁法测量250 km^2；1∶1万磁法剖面506 km；1∶2000磁测剖面测量50 km；1∶2000地质剖面测量50 km；槽探5000 m^3。发现品位：TFe 32.91%～34.27%、mFe 29.81%～30.80%的铁矿体；4条矿体品位：TFe 21.56%～24.71%、mFe 18.02%～21.51%。

3. 矿产远景调查。

（1）“内蒙古东部扎鲁特旗地区矿产远景调查”项目，已完成1∶5000地质剖面测量26 km；1∶2000地质剖面测量10 km；1∶1万地质简测80 km^2；1∶1万高磁测量14 km^2；1∶5000激电中梯剖面15 km；完成了野外验收，新发现矿（化）点有5处、矿化蚀变区2处。

（2）“吉林抚松仙人桥地区矿产远景调查”项目，完成1∶5万地质填图1520 km^2；1∶5万水系沉积物测量1520 km^2；1∶5万遥感解译1520 km^2；地质剖面测量65 km；槽探3096 m^3。发现金、铅锌金属矿化及磁铁石英岩转石。

（3）“新疆若羌县白干湖－吐拉地区铜钨锡多金属矿远景调查”项目。完成了矿产地质调查390 km^2、1∶1万地质草测60 km^2、1∶5000地质剖面测量21 km；1∶1万岩屑剖面测量191 km、槽探14 881 m^3；钻探1500 m。发现蛇纹石化超基性岩体一处，拣块样品位：Ni 0.204%、Co 0.021%，发现多处Ni，Cu，Pb矿化线索，拣块样Cu最高为0.865%。

4. 中央地质勘查基金项目。

“新疆东昆仑西段白干湖成矿带金、铜多金属矿勘查”，完成了1:5万水系沉积物测量50 km^2；1:1万地质草测127 km^2；1:2000地质草测8 km^2；1:2000地质剖面测量7 km；1:1万高精度磁测：32 km^2；1:1万岩屑测量：6.90 km^2；1:1万岩屑剖面测量：788 km；槽探119 217 m^3；钻探7631 m。在木孜鲁克地区圈定岩屑综合异常15处；圈定铜金矿体26条，含铜0.22%～3.049%；在野狼沟地区圈定岩屑综合异常13处；圈定铜金矿体27条，含铜0.25%～4.03%；在喀拉曲哈地区：圈定铜矿体10条；金矿体2条；钨矿体2条；在阿瓦尔钨锡矿普查区：东段圈定矿体11条，含 WO_3 0.14%～12.35%；西段圈定矿体17条，含 WO_3 0.09%～1.40%；在诺勒更阿拉克工区：发现铜矿体7条、金矿化体1条；含Cu 0.3%～2.17%；Au 3.84×10^{-6}；在鸭子泉工区：圈定金铜矿体29条，含铜0.22%～4.99%；在于沟子地区：圈定岩屑综合异常10处；发现铁铜钼矿体19条；其中10号铁矿体TFe 38.38%；在白干湖煤矿详查项目中，煤层媒质好。

5. 其他地质勘查项目。

（1）松江河金矿详查项目：Ⅱ号矿体平均品位为 12.95×10^{-6}，远景资源量在10吨左右。

（2）“老秃顶子金多金属矿普查”项目发现Au土壤异常2处，品位在 1.01×10^{-6}～32.47×10^{-6}、10.6×10^{-6}；转石见含金 5.36×10^{-6} 和 63.75×10^{-6} 的品位。

（3）吉林省敦化市尔站钼矿普查项目钻孔中已发现25.00 m厚的钼矿体。

（二）油气资源调查。

吉林省三井子地区油页岩详查项目共施工62个孔，其中60个钻孔见矿，岩心中发现2层油页岩。一层厚1～4 m，含油率3.5%～4.9%，平均4.5%；另一层厚2～5 m，含油率5.0%～7.8%，平均5.5%；分布面积1000 km^2；预计提交超大型油页岩矿床1处（100亿吨以上）。

（三）矿产资源潜力评价。

全面开展并完成了铜、铅锌、钨、金、锑、稀土、磷8个矿种的41个典型矿床的研究，总结了成矿规律，编制了有关图件及建库工作；编制上述单矿种潜力评价成果报告7份、编制上述单矿种预测资源储量估算说明书7份、编写重力、磁测、化探、重砂、遥感专业报告5份。共编制各类图件1970张，并完成了1970张图件的相关数据库、元数据和说明书的编写工作。在评审验收中，成矿规律中的金、铜矿种成果获得优秀，其他获得良好；成矿预测的金、铜、铅锌矿种获得优秀，其他获得良好；遥感专业成果获得优秀，重力、磁法专业被专家称为全国标尺。

（刘培喜）

黑龙江省地质调查研究总院工作

黑龙江省地质调查研究总院

概　况

黑龙江省地质调查研究总院成立于1997年，隶属于黑龙江省地质矿产勘查开发局，是黑龙江省唯一从事基础性、公益性地质调查及战略性矿产勘查工作的公益类地质队伍。主要承担地调局下达的国土资源大调查项目及国家和省级矿产资源补偿费项目。

总院现有职工156人，其中：博士8人，硕士17人，具有大学本科学历的职工124人，专业技术人员143人，副高级及正高级职称56人，中级职称10人，初级职称人员78人，技术人员中96%具有本科以上学历。

总院现已具备区域地质调查、固体矿产勘查、地球化学勘查及地质灾害治理工作评估等4个甲级资质，水文地质、工程地质、环境地质调查、液体矿产勘查、地球物理勘查及地质灾害治理工程监理、设计勘察等7个乙级资质，并通过地调局质量管理体系认证。

建院以来，该院共承担国家和地方地质调查项目130余项。所提交的地质资料及成果报告，优良率达100%。先后有1个项目获得国土资源部科学技术进步一等奖，1个项目获得全国矿产资源规划优秀成果一等奖，1个项目获得省科学技术进步二等奖，4个项目获得省科学技术进步三等奖，7个项目在首届黑龙江省地勘项目成果资料展评中获奖。先后被国土资源部授予国土资源系统“十五”科技工作先进集体、被黑龙江省人民政府授予黑龙江省地质工作先进集体荣誉称号、被地调局授予公益性地质队伍能力建设评估A级单位。被黑龙江省直文明办授予“省直文明单位标兵”荣誉称号。

地调与科研

2011年承担区域地质调查项目9个，区域地球化学调查项目5个，区域遥感地质调查项目1个，1:5万区域地质矿产调查项目13个，科学研究与技术方法创新项目6个，其他项目6个。资金总额15 275万元，其中中央财政出资8120万元，省级财政出资7155万元。完成的图幅数11幅，完成面积为41 689 km^2。

一、基础地质调查

（一）区域地质调查。

1. 黑龙江1:25万漠河县、漠河、兴安幅区调修测。进行了漠河县附近和以西空白区一带路线地质调查与东部部分地区的踏勘（含遥感解译验证），以及剖面的测制和连图等工作。

2. 黑龙江1:25万开库康、塔河县、新街基幅区调修测。完成1:25万填图5600 km^2，槽探400 m^3，遥感数据及图像处理14 281 km^2。

3. 黑龙江1:25万佳木斯市、双鸭山市幅区调修测。完成填图面积11 225 km^2，修测剖面38 km，实测路线965 km，修测路线2000 km，采集各类样品400件，完成槽探2000 km^3，初步遥感解译面积25 511 km^2。

4. 黑龙江1:25万嫩江县、孙吴县幅区调修测。

5. 黑龙江1:5万哈尔滨市、呼兰县、对青山、万家幅区调。完成第四纪填图240 km^2，遥感解译400 km^2；路线调查长度为210 km，路线点228个；剖面长度为20.05 km，自然露头剖面控制深度达53 m；钻探工作量1738.2 m，测井工作量1738.2 m，槽探工作量1000 m^3，采取各类岩石及地球化学样品等1900件，水质全分析样品5组20个，完成抽水试验96 h。

6. 黑龙江1:5万十六站、闹大罕、小沟、东习利幅区调。地质填图250 km^2，1:5000地质剖面28 km，1:2万高磁剖面测量40 km，土壤剖面测量40 km，槽探1500 km^2。

7. 黑龙江1:5万嫩北农场、石头沟子、山河农场、科洛幅区调。完成1:5万地质填图300 km^2，路线长度500 km，地质剖面长度40 km，槽探工作量6700 m^3。

8. 黑龙江1:5万1147高地、工队、1302高地、1070高地幅区调。完成1:5万地质填图560 km^2、地质剖面测量40 km、槽探工作量7460 m^3、1:2万土壤剖面测量10 km，完成1:5万遥感图像处理及解译1343 km^2、遥感解译野外验证路线60 km，完成1:5万航磁数据处理及解译1343 km^2，完成1:5万矢量化地形图4幅、1:2.5万矢量化地形图16幅。

9. 大兴安岭北段－松嫩盆地地学剖面综合调查。已采集样品3000件，完成300 km基岩区土壤样品采集工作。完成1:5万填图面积600 km^2，路堑剖面测量12 km。

（二）区域地球物理调查。

1. 黑龙江漠河－塔河地区航空物探异常查证。完成1:2万地质简测80 km^2、1:2万高磁测量80 km^2、1:2万激电测量80 km^2、1:2万土壤测量80 km^2、槽探13 000 m^3。

2. 黑龙江省大兴安岭地区1:5万航空物探测量异常查证。筛分出航磁异常、航放异常50处，开展剖面性高精度磁法测量、伽马能谱测量、路线地质调查、土壤地球化学测量等三级查证工作。优选出10处具有找矿意义的异常，开展1:2万高精度磁法测量、1:2万土壤地球化学测量、1:2万电法测量、1:2万地质简测等面积性查证工作，对圈定的主要异常进行地表工程揭露。

（三）区域地球化学调查。

1. 黑龙江1:20万霍龙门公社、嫩江县、沭河屯、孙吴县幅区域化探。完成槽探工作量3500 m^3及相应的槽探编录和取样工作。

2. 黑龙江1:20万兴隆沟、呼玛镇、三道卡、白石砬子幅区域化探。完成1:5万水系沉积物测量面积39.5 km^2，1:5万地质简测39.5 km^2，土壤剖面测量11.04 km，1:2万地质剖面简测11.04 km，槽探460.6 m^3。

3. 黑龙江1:20万呼中区、东方红林场、塔河区幅区域化探。完成1:5万水系沉积物测量、地质简测面积258 km^2，1:2万土壤剖面测量、地质剖面简测72 km，1:2万高磁剖面测量72 km，槽探2076 km^3。

4. 黑龙江1:25万兴安、开库康、呼中镇、塔河县、新街基、新林镇、兴隆幅区域化探。共完成采样面积20 700 km^2。采样点6102件，其中水系沉积物采样点6053件，土壤样49件；采取岩石样408件。野外工作评为优秀级（93分）。

5. 黑龙江1:25万漠河县、漠河幅区域化探。完成水系沉积物测量面积17 500 km^2。

6. 黑龙江省多目标区域地球化学调查（宾县－延寿地区）。全面完成了该项目样品的分析测试工作

（待地调局对分析质量进行验收），野外工作已经通过了沈阳地调中心的验收，并评为优秀级。

7. 黑龙江省多目标区域地区化学调查（海伦－庆安地区）。该项目全面土壤组合样品54项指标的分析测试工作。开展了典型异常的查证及农作物样品的采集。

（四）区域遥感地质调查。

黑河－七台河－双鸭山能源多金属成矿带遥感地质综合调查。完成了1:1万调查区3000 km²多目标遥感地质综合调查，1:5万调查区1万km²多目标遥感地质综合调查。

二、矿产资源调查评价

2010年，总院共承担矿产勘查项目2个，均为中央地勘基金普查项目。其中共承担矿产资源远景调查项目13个，投入资金总额9813万元，其中中央财政投资4050万元，地方财政投资5763万元。

野外施工的矿产勘查项目数2个，黑龙江省黑河市桦树排子地区铜金及多金属矿普查、黑龙江省嘉荫县团结沟－马莲地区金矿普查勘查，矿种为贵金属（及铜），投入资金487万元，钻探2003 m，槽探11 087 m³。

（一）黑龙江多宝山地区矿产远景调查（1:5万霍龙门沟、霍龙门公社、大沙河、东风一队幅）。

建立了适于浅覆盖地区矿产远景调查的技术方法体系。共圈出单元素异常672处、相位激电异常37处、高磁异常49处，综合异常45处。新发现2处金矿点，8处金矿化点。地质填图剖面14.3 km，槽探7000 m³，钻探1000.2 m。

（二）黑龙江伊春二股－翠宏山多金属成矿区矿产调查评价。

完成1:2万土壤面积测量13 km²；1:1万土壤面积测量14 km²；1:2万高精度磁法测量13 km²；1:1万高精度磁法测量14 km²；1:2万激电中梯测量13 km²；1:1万激电中梯测量14 km²；1:2万地质简测13 km²；1:1万地质简测14 km²；钻探1800 m，槽探18 000 m³。

（三）黑龙江大兴安岭地区呼中－塔源铅锌多金属成矿区矿产调查评价。

土壤剖面测量9.6km；1:2万土壤测量51 km²；1:1万土壤测量9 km²；1:2万地质简测51 km²；1:1万地质简测9 km²；1:2万磁法测量51 km²；1:1万磁法测量9 km²；1:2万激电中梯51 km²；1:1万激电中梯9 km²；激电测深47点；槽探15 200 km³；钻探1001.6 m。

（四）黑龙江东安－汤旺河地区矿产远景调查。

完成1:5万地质矿产调查2760 km²；1:5万遥感解译2760 km²；1:5万水系沉积物测量2760 km²。

（五）黑龙江鹿鸣－霍吉河地区矿产远景调查评价。

完成1:2万土壤面积测量77 km²；1:1万土壤面积测量17 km²；1:2万高精度磁法测量77 km²；1:1万高精度磁法测量17 km²；1:2万激电中梯测量75.24 km²；1:1万激电中梯测量17 km²；激电测深点20点；1:2万地质简测77 km²；1:1万地质简测17 km²；浅井20 m；钻探1000 m；槽探26 500 m³。

（六）黑龙江新林－碧水地区矿产远景调查评价。

2010年完成的主要实物工作量；1:1万物化探测网23 km²；1:2万物化探测网96 km²；1:2万地质简测96 km²；1:1万地质简测23 km²；1:2万土壤面积测量96 km²；1:1万土壤面积测量23 km²；1:2万高精度磁法测量96 km²；1:1万高精度磁法测量23 km²；1:2万激电中梯测量14 km²；1:1万激电中梯测量23 km²；槽探2万m³。

（七）黑龙江省呼玛县椅子圈区煤炭资源调查评价。

2010完成的实物工作量：1:5万地质简测1079 km²；电阻率测深34个；物探综合测井1708 m；钻探2211.7 m；槽探3062 m³；测线96 km；基线36 km；煤质分析7个；煤岩分析2个；工程定测11个。

（八）黑龙江省阿城地区水泥用大理岩矿产资源调查评价。

1:5万地质简测710 km²；高密度电阻率法测量，剖面总长1.8 km；剖面地质测量：采用1:2000比例尺、测制6条主干剖面、剖面总长10 km。槽探工程总长3000 m，土方量8500 m³；钻探工作510 m进尺。

（九）黑龙江省阿城市小岭地区铜多金属矿产调查评价。

1:5万地质简测327 km²；1:5万土壤地球化学测量（400 m×200 m）177 km²；1:2万地质简测、1:2万土壤化探测量（200 m×40 m）和1:2万高精度磁测（200 m×40 m）、1:2万激电中梯测量（200 m×40 m）各10 km²；槽探9500 m³。

（十）黑龙江省宾县南部地区水泥用大理岩矿及相关金属矿矿产资源调查评价。

1:5万地质简测486 km²；1:2万地质简测

7.5 km^2；1∶2000 剖面地质测量 5 km；1∶2000 剖面地质测量（大理岩矿）5 km；1∶2 万高精度磁法测量 7.5km^2；1∶2 万激电中梯测量（短导线）7.5 km^2；1∶5 万水系沉积物测量 350 km^2；1∶2 万土壤地球化学测量 7.5 km^2；1∶2 万物化探测网布设 7.5 km^2；槽探 12 500 m^3；钻探 201.8 m。

三、环境地质调查

"哈尔滨市城市地质调查"项目已在解决城市应急地下水源问题、城市地质安全稳定性问题、城市地质环境问题、地下空间资源利用问题方面取得重要成果，并建设城市地质信息集成、展示、查询及应用系统。

四、科学研究与技术方法创新

（一）黑龙江省矿产资源潜力评价。

1. 成矿地质背景研究。已完成全省 43 幅 1∶25 万实际材料图及建造构造图的编制、建库工作，完成审查及修改工作。完成 37 幅预测底图编制及建库。

2. 成矿规律与预测研究。对典型矿床进行归并，本年度典型矿床研究 42 个，现基本完成典型矿床地质编图及研究工作，完成大部分预测工作区编图工作。按预测资源量估算技术要求，完成省铁矿资源量估算说明书进一步修改工作。

3. 物化遥自然重砂综合信息。对黑龙江省重力资料应用研究报告已基本完成修改、补充及完善工作，待复核确认。完成部分典型矿床区域地质矿产-物探剖析图，完成部分预测工作区的基础图件编制工作。完成重力编图占全部工作量的 60%。

完成 23 个典型矿床（区）的物探磁或电参数平剖图或等值线平面图的绘制。已完成预测工作区 1∶5 万比例尺航磁 ΔT 等值线平面图、ΔT 化极等值线平面图、ΔT 化极后垂向一阶导数等值线平面图。完成 20 个预测工作区推断地质构造图工作草图的编制。

完成铁矿产预测资源量核查中铁矿矿致磁异常核查表、预测工作区磁性矿产预测资源量核实表填制工作。

完成黑龙江省 1∶50 万预测矿种找矿远景预测图 6 张；完成 26 个典型矿床的单元素异常图和异常剖析图、异常剖面曲线图编制及建库；完成预测工作区的单元素异常图、组合异常图及综合异常图 220 张，其中属性挂接 171 张。

完成 96 个预测工作区遥感影像图及遥感解译构造图编制、属性录入及说明书的编写。

完成《黑龙江省自然重砂资料应用研究报告》修改、补充及完善工作。已基本完成预测工作区基础图件及综合图件编制，并按要求挂接了属性。

4. 综合信息集成。完成 1∶20 万地质图数据库维护及换库工作，完成铁矿成矿规律及预测相关的成果数据库建设及审后修改工作。

5. 煤炭资源潜力评价。完成黑龙江省煤田构造纲要图等省级基础图件 5 张，完成其中 4 张图件数据库建设。共编制 571 张煤盆地（煤田）地质等图件，其中 107 张图件数据库建设。

（二）黑龙江省大、小兴安岭地区成矿规律及勘查技术方法研究。

（三）黑龙江省地勘局 2009～2015 年矿产勘查规划及找矿靶区优选。

依据对区域成矿规律和各类找矿标志的综合研究，在黑龙江省范围筛选了 311 处主要金属矿产成矿预测区，并从中优选了 64 处可供"十二五"期间选择立项和布置勘查的找矿靶区。依据黑龙江省矿业现状和发展趋势及黑龙江省地矿局总体经济发展规划的要求，对"十二五"期间黑龙江省地矿局自主开展省域内矿产资源勘查的总体布局和勘查项目提出了规划意见。

（四）黑龙江省地质勘查项目管理信息系统研究与开发。

（五）黑龙江省 1∶5 万矿调成果综合研究。

（六）"五大战略"与矿业经济发展研究（黑龙江省地矿局为承担单位，地调总院参加项目）。

五、省外矿产勘查

（一）内蒙古 1∶5 万沃力嘎沟、铜矿、三七林场、阿木牛林场幅区域地质调查。

完成填图面积 80 km^2；完成 8 条地质剖面的野外测量和室内成图工作；完成异常查证探槽 500 延长米；投入槽探 6700 m^3。

（二）内蒙古 1∶20 万小二沟、沟口、博克图、喜桂图旗幅区域重力调查。

项目组于 10 月 20 日完成重力观测点 1670 个，控制面积 1 万 km^2，质量检查点 52 个，完成了 2010 年的野外施工任务。物性标本采集 720 块。

（李　媞）

上海市地质调查研究院工作

上海市地质调查研究院

概　况

上海市地质调查研究院（并用上海市环境地质站、上海市地质矿产遥感中心名称）组建于1999年7月，是隶属于上海市规划和国土资源管理局的事业单位。主要承担上海市基础性、公益性和战略性地质调查，地面沉降监测与防治工作；承担地质资料管理和社会服务工作；承担土地利用规划、基本农田保护、土地利用绩效评估及地价监测等工作。

上海市地质调查研究院办公基地设于上海市闸北区灵石路930号地质大厦，总建筑面积8717 m^2，内设机构14个，并下辖上海市地质资料馆和上海市地质陈列馆。截至2010年底，共有职工161人，其中研究生学历54人（博士12人）；高级职称31人（教授级高工8人）、中级职称54人；享受国务院特殊津贴4人。院内有专用设备947台（套），原值6274.86万元，基本达到了地质野战军“精兵加现代化”要求，是首批省级公益性地质调查队伍能力建设评估A级单位，2010年被评为全国“安康杯”安全生产竞赛上海赛区优胜单位和“上海市平安单位”，是上海市文明单位。

2010年，上海市地质调查研究院通过了博士后科研工作站审批，与复旦大学合作成立了“复旦国土资源经济研究中心”，获批建设上海地面沉降控制工程技术研究中心，获得国土资源科学技术二等奖2项，上海市科技进步三等奖1项，发明专利1项，并荣获“全国国土资源管理系统先进集体”称号。

地调与科研

一、国土资源大调查地质调查项目

2010年，承担了“长江三角洲地区地面沉降监测与风险管理”计划项目、“上海地区地下水污染调查评价”、“上海市地面沉降监测与风险管理”、“上海沿海地区环境地质综合调查评价”、“上海市典型县区级土地质量地球化学评估”、“上海市重点规划区地质环境调查评价”工作项目等国土资源大调查项目。通过了“上海沿海地区环境地质综合调查评价”野外工作的验收，完成了“上海沿海地区江岸海岸稳定性调查评价”和“上海沿海地区港口和滩涂资源调查评价”两个专题的初稿。完成了“上海地区地下水污染调查评价”的送审稿，通过了“上海地区地下水污染调查评价数据库”的验收；编制了上海市地面沉降危险性评价图、上海市地面沉降易损性评价图、上海市地面沉降风险综合评价图等相关图件，上海沿海地区地质环境条件和调查评价的系列图件，以及上海地下水化学有机指标检出状况图、质量现状图、质量评价图和污染评价等系列图件，形成了上海地区浅层地下水系统性的区域有机地球化学资料。完成了“全国地面沉降调查、监测与防治效果（初稿）”编写。2010年7月起，开始组建上海地面沉降控制工程技术研究中心。

二、上海市三维城市地质调查

“上海市三维城市地质调查”项目，建立了三维可视化上海市城市地质基础信息平台。2010年起，上海市地质调查研究院承担了发展研究中心“地质资料信息服务集群化产业化试点研究（上海）”。目前，已初步建立了地质资料汇交和社会共享制度，在建筑施工许可审批阶段设置地质资料汇交环节，2010年汇交地质资料1，503份。至2010年底已收集地质钻孔61万个，建立地质钻孔数据库19.8万个，并开展了上海市地质资料信息共享平台建设。探索了将地质调查纳入市政规划前流程的地质信息服务新模式，开展了地质资料信息服务示范研究，在开展不同层次城市规划地质信息服务、生命线工程安全监测与预警等基础上，开展了城乡规划地质评价标准、生命线工程安全监测技术标准研究。

三、地质调查行业标准体系建设

承担了行业规范“地面沉降监测与防治技术规程”编制和“地面沉降测量规范”修订任务，涵盖了地面沉降（包括伴生地裂缝）灾害调查、监测、评价和防治的全部工作流程的技术要求和相关规定，将为中国地面沉降发育地区的研究和实践工作提供技术指导。截至2010年12月31日，《地面沉降监测与防治技术规程》已评审，《地面沉降测量规范》已申请验收。

（吴继红）

江苏省地质调查研究院工作

江苏省地质调查研究院

概　况

江苏省地质调查研究院，是江苏地区专业从事基础性、公益性、战略性地质工作的唯一科研事业单位。拥有各类从业资质 24 个，其中甲级资质 17 个。2010 年购置设备共计投入资金 711 万元，购置设备及软件 251 余台。

拥有全国同行业首家博士后科研工作站 1 个，设有 4 个研究所，7 个科研生产中心，1 个产品质量检验站，1 个地质博物馆，2 个国家级实验室，1 个国土资源部技术中心，1 个省级技术中心。还设有图书资料室、网络中心、《地质学刊》杂志社，并代管江苏省地质学会、江苏省矿业协会和江苏省徐霞客研究会。

现有在职职工 376 人，技术人员 330 人，其中，研究员级高级工程师 30 人，副高级专业技术人员 112 人，博士 12 人，硕士 93 人。国家有突出贡献科技人才 1 名、享受国务院特殊津贴人员 6 名、江苏省有突出贡献的中青年专家 2 名。

2010 年，在地调局对江苏省地质调查研究院地质调查能力建设进行的评估中，获得 97 分，评定为 A 级。被全国厂（院）务公开领导小组评为全国院务公开民主管理先进集体。第三次荣获江苏省文明单位称号，被江苏省国土资源厅授予先进直属事业单位、全省国土资源系统财务管理先进单位荣誉称号。环境地质研究所、信息中心第二次被团省委评为省级青年文明号，博物馆被团省级机关工委授予青年文明号荣誉称号。矿产地质研究所党支部被省级机关工委授予“五好党支部”荣誉称号。1 人荣获全国国土资源系统先进工作者（享受省级劳模待遇）称号，江苏省国土资源厅授予 1 人优秀党务工作者，9 人优秀共产党员荣誉称号。

地调与科研

2010 年共编制立项申请书 55 份，其中国家自然科学基金项目 1 项，中央财政 3 项，国土资源部科技专项项目 1 项，境外找矿项目 2 项，地调局地质调查项目 24 项，省科技厅 1 项，省地勘基金 10 项，省国土资源厅 14 项，已批 16 项。实施项目 57 项，2010 年项目验收评审优良率为 100%。

一、基础地质调查

（一）区域地质调查。

1. 江苏 1:5 万昆山市、高桥镇、安亭镇、吴江市、芦墟镇幅区调项目，2010 年完成了 1:5 万区域地质调查联测报告；各分幅地质图、基岩地质图及说明书；城市经济区填图方法总结报告等编写工作，并于 2010 年 7 月进行了最终报告验收工作，被评为良好级。

2. 1:5 万慈湖、柘塘镇、小丹阳、博望镇幅区调项目已完成全区 1753 km^2 遥感数据整理和影像图编制。整理实测剖面资料 18 条、重点地质踏勘剖面 8 条、分析测试各类样品 860 件。1:5 万昆山市、太仓市、安亭镇、吴江市、芦墟镇幅区域综合地质调查完成。

（二）区域地球物理调查。

协助完成各类项目 14 个，实施可控源大地音频电磁测深剖面 34 km，激电中梯扫面 8 km^2，对称四极测深点 15 个。对 5 个发热选址区提出了可靠的物探解译成果，两个矿区物探工作为下一步钻探工作提供了科学依据。

（三）区域地球化学调查。

实施生态地球化学评价项目 6 项，采集各类样品 1128 件。

扬州市土地质量生态地球化学普查与等级评价，完成全市土壤地球化学普查，采集土壤样品 5300 余件，分析与土地质量关系密切的 32 项指标，共取得 21 万余条数据，编制 32 张地球化学图。

（四）遥感地质调查。

江苏淮北及沿江成矿带遥感地质综合调查，完成淮北及沿江两个 1:25 万工作矿产开发资料及规划资料的收集整理分析。完成宁镇、徐州 1:1 万遥感工作区卫星影像的获取及图像处理工作，进行了详细遥感解译及专题编图、数据入库。

二、矿产资源调查评价

（一）固体矿产资源调查评价。

1. 地调局部署的溧水地区铁铜矿远景调查项目，完成夏家边－东岗重点调查区 1:1 万地质草测、物探测量、化探采样等，圈定 1:1 万地磁异常 13 处、激电异常5处。镇江宝华山－巫岗铁铜矿远景调查完成3个重点勘查区的物、化探测量及1∶1万填图工作，圈定异常近10处，钻孔进尺300余米。

2. 南京市西横山地区金矿普查、江宁区燕子口金矿普查，圈定金矿体13个，探求332+333金金属资源量2.13吨，平均品位4.81×10^{-6}，预测334金金属资源量1.13吨。

3. 溧水县石坝－后村铁铜矿普查、溧水县东岗铜、铁矿普查项目，累计完成钻探近1万m，探获333铜金属资源量2万吨、锶矿物量大于20万吨（大型）、硫矿石量160万吨、铁矿石量200万吨。

4. 镇江市韦岗铁矿接替资源勘查累计提交333级铁矿石量1353.54万吨、硫铁矿石量57.98万吨、铜金属量1062.41吨、钴金属量1538.83吨、镍金属量809.52吨，项目已通过野外验收，获优秀级。

5. 冶山铁矿接替资源勘查项目初步估算北矿段铁矿石量103万吨，铜金属量955.88吨。

6. 苏州市阳山涂料级高岭土矿接替资源勘查，新增高岭土333资源量36.8万吨，334资源量24.2万吨。

（二）矿产资源潜力评价。

“江苏省（含上海市）矿产资源潜力评价”项目，铁矿预测成果已通过全国项目办终审，圈定最小预测区129个，预测2000 m以浅资源总量18.89亿吨（含已查明资源储量81 006.28万吨）；煤炭、铜、铅锌、金、磷等6个矿种的预测成果已通过省级验收，预测2000 m以浅资源总量（含已查明资源储量）煤炭：96.36亿吨，铜矿（非伴生）191.22万吨，伴生铜1.9万吨；铅180.66万吨，锌325.12万吨，金129吨，磷4.26亿吨。

（三）矿产资源储量核查。

“江苏省矿产资源利用现状调查”项目共计完成矿区核查报告46份，其中大型17份、中型14份、小型15份。

（四）地热资源调查。

2010承担各类地热项目36个。查明了13个具有较好地热条件和勘查前景的勘查靶区，选定了25个地热钻井验证井位。2010年共钻探地热井17口，完成的7口均成功出水。如东小洋口地热井井口水温达76℃，单井涌水量超过3000吨/日，是目前江苏地区温度最高、单井出水量最大的地热深井。

三、水文地质环境地质灾害地质调查

（一）水文地质调查评价。

淮河流域江苏平原地区地下水污染调查评价完成地下水污染调查面积15 000 km^2，采集地下水样100组。“江苏地区（长江三角洲）地下水污染调查评价”项目完成463张图件的编制及报告初稿编写。

（二）环境地质调查评价。

1. 苏锡常地区地面沉降监测与风险管理及苏锡常地区地下水禁采的地质环境效应分析项目构建了由3个基岩点和6个基岩标组成的地面沉降GPS测量参考基准网。

2. 长江三角洲地区（长江以北）环境地质综合调查项目完成野外调查工作。初步查明了工作区地面沉降发育分布特征及江、海岸演变规律。

3. 江苏省地质环境调查与区划。建立了包括3409个露采矿山、71个地下开采矿山、49个矿山整治、13个尾矿库及370个废弃矿井在内的江苏省矿山地质环境调查数据库，建立了97处地质遗迹基本信息数据库，集成了江苏省24个县（市）地质灾害调查数据。

（三）灾害地质调查评价。

完成无锡市、高淳、溧水、沛县、扬中市、丹阳市地质灾害调查及江苏省县市地质灾害调查综合研究，成果优秀。承担了南京地铁四号线工程、苏北成品油管道及油库配套设施工程、太湖流域扩大拦路港、疏浚泖河、斜塘二期工程、淮河流域重点平原洼地治理工程里下河川东港工程、太仓市第三水厂一期工程、1000 kV特高压输变电工程（江苏段）地质灾害危险性评估等多个国家级、省级重点工程的地质灾害评估工作。

（四）地质环境监测。

江苏省地质环境监测及汛期地质灾害气象预警，完成江苏省368眼地下水井的水位监测，地面沉降GPS点巡查，调查重要地质灾害隐患点83个，编制完成《江苏省环境地质公报》及《苏锡常地区地面沉降年报》等。

（五）城市地质调查。

苏州城市地质调查野外工作完成。实现钻探进尺11 666 m，实施地震反射剖面25.27 km，水文地质钻孔及抽水试验2个，综合地质调查2597 km^2，完成各专业数据库应入库数据总工作量的80%。

四、实验测试工作

实验测试共完成检测样品9万多件，通过了CNAS组织的实验室认可复评审，获CNAS认可的检测能力达到43个产品，799个参数，成功获得了由国家环境保护部核准的《建设项目环境影响评价资质证书》（乙级报告表），成功申报2个部级科研项目。《凹凸棒石粘土矿地质成因及其性能关系研究》项目获准为江苏省凹土资源利用重点实验室2010年开放课题。

五、南京地质博物馆

2010年4月23日，南京地质博物馆新馆开馆。国土资源部副部长汪民、江苏省人民政府副省长李小敏出席典礼。截至12月底，接待参观者约8万人次，100多人次的大学生义务服务者、义工。

（陈 娟）

浙江省地质调查院工作

浙江省地质调查院

概 况

浙江省地质调查院是浙江省国土资源厅直属县（处）级事业单位。主要承担浙江省基础性、公益性、战略性地质勘查和国土资源矿政管理任务，为区域经济和社会发展提供地质信息资料，并向社会提供有偿服务。

浙江省地质调查院及院属浙江国土工程勘察有限公司拥有各类地质勘测资质12个，其中：甲级资质3个、乙级资质6个、丙级资质3个，均通过ISO9001质量管理体系第三方认证。

内部机构设置包括院机关、后勤服务设、生产科研单位、矿政管理设、院属“浙江国土工程勘察有限公司”等。

单位现有在职职工232人（事业编制194人、公司合同编制38人），其中中级职称58人，高级及以上职称37人，硕士23人，博士（含在读）7人。

2010年未发生任何生产安全责任事故。

浙江省地质调查院拥有固定的办公场所和基本的基地保障条件，院部位于杭州市萧山区，占地约30亩，现有各类房屋、建筑物19幢。

截至2010年12月31日，浙江省地质调查院拥有计算机设备342台（套），野外数字采集（数字填图）设备31台（套），野外通信及定位设备79台（套），物化探设备237台（套），各类工作用车10余辆，其他设备165台（套）。

2010年度被浙江省人民政府授予“江郎申遗工作先进单位”奖，给予汪庆华、许红根两位同志记一等功。被中共浙江省直属机关工作委员会授予“先进基层党组织”、“学习型党支部”、“省部属企事业单位十佳精神”荣誉。被地调局授予“省级公益性地质调查队伍能力建设评估A级单位”荣誉。被浙江省国土资源厅授予“2010年度国土资源目标责任制考核先进单位”荣誉。被地调局、中国观赏石协会授予“全国观赏石资源编图工作表扬单位”荣誉。浙江省勘察设计行业协会授予浙江国土工程勘察有限公司地质灾害防治中心、勘察施工1处和2处“2010年度浙江省工程建设（勘察设计）优秀QC小组三等奖”荣誉。

地调与科研

一、基础地质调查

（一）区域地质调查。

1. 1:5万淳安唐村－临岐地区区域地质矿产调查、浙江1:5万鸣鹤镇、解浦镇、慈城镇、鄞江镇、姜山镇幅区调等2个续作项目完成全部设计工作量，后者通过南京地调中心组织的野外验收，被评为优秀级。

2. 浙江1:5万双溪、丽水县、大港头、章村幅区调，浙江1:5万临安镇、万市、余杭镇、富阳县幅区调和浙江1:25万衢州市幅区调修测等3个新开项目完成项目总设计，其中2个1:5万区调项目总设计被评为优秀，1:25万衢州市幅区调修测总设计被评为良好。各项目设计年度工作量均已全部完成。

2010年区域地质调查共计完成1:5万填图1793 km^2；1:25万地质修测6900 km^2；1:5000～1:2000地质剖面测量123.96 km；1:1万地质测量17 km^2。

（二）农业地质调查与多目标地球化学调查。

完成了浙江省基本农田质量调查试点工作，并通过浙江省国土资源厅组织的项目成果评审和科技成果鉴定，成果报告被评为优秀级。

完成了“浙江省土地质量地球化学评估”项目工作，并通过评审验收，成果报告获优秀级。

“典型市县土地质量地球化学评估”项目通过了地调局组织的野外验收，被评为良好级。

在完成相关项目工作过程中，探索和建立了土地质量调查评价的主要方法技术体系；完成了1:1万土壤测量43 km^2；农业地质环境调查1050 km^2；调查点4200个。

完成“浙江省多目标区域地球化学系列图编制（浙北部分）”工作，并通过项目成果评审，获优秀级。

（三）区域地球物理调查和区域遥感地质调查。

完成1:5万～1:1万高精度重力、磁法面积测量283 km^2；重磁电综合物探剖面测量360 km；可控源大地音频电磁测深3281点；综合物探测井1527 m。

完成遥感地质解译（1:10万～1:1万）：20 880 km^2。

（四）地质遗迹调查。

完成了“拟建遂昌省级地质公园”的项目申报工作；“浙江省重点地区重要地质遗迹（剖面类）示范调查”项目通过项目评审验收，成果等级为优秀级；“浙江省观赏石资源调查评价”项目通过野外验收，并向中国观赏石协会提交《浙江省观赏石资源分布指南》和《浙江省观赏石资源分布图》（1:70万），已经由中国观赏石协会出版；“浙江省出露型地质遗迹调查评价”和“浙江省花岗岩地质地貌景观综合研究”项目通过浙江省国土资源厅组织的野外验收，转入成果报告编制阶段。

二、矿产资源调查评价

（一）矿产远景调查。

1. 浙江建德－淳安地区矿产远景调查与开化杨林－淳安叶村地区矿产远景调查2个续作项目，前者已通过南京地调中心组织的野外验收，被评为良好级。

2. 浙江省萧山区杜家东坞地区远景调查新开项目基本完成年度设计工作量，在地质填图、剖面测制和化探工作基础上，圈定了找矿靶区，并转入钻探施工验证。

2010年矿产远景调查共计完成1:5万矿产地质测量450 km^2；1:1万地质测量50 km^2；矿产地质钻探3882 m；1:5000～1:2000地质剖面测量：17.6 km；槽探100 m^3。

（二）地热资源勘查。

2010年度启动了“浙江省嘉兴地区地热资源整装勘查”项目，并编制完成项目的实施方案。“金衢盆地中部地区地热资源勘查”和“嘉兴市王店地区地热资源勘查”项目已通过立项论证，并完成了项目设计书的编制与评审。完成“杭州市萧山区浅层地温能调查评价”项目野外调查和现场测试等工作，并通过浙江省国土资源厅组织的野外验收，转入成果编制阶段。

综合分析了嘉善县惠民地区地热地质条件，完成“地热3，4号”井位的布设，按照风险性的高低，选择了嘉热4号井进行勘探；同时完成“嘉热3号探采结合井”施工前的准备工作。根据嘉兴市湘家荡地区的地热地质特点，确定“嘉地2号”的地质验证孔孔位，并进行施工，验证结果与地球物理剖面解译结果基本吻合。

（三）矿产资源潜力评价。

至2010年，整个浙江省矿产资源潜力评价项目已投入1950万元，本年度投入资金300万元，其中中央财政200万元，省级财政100万元。完成了煤炭、铜、铅、锌、钨、金、锑、稀土、磷资源潜力评价成果报告和相关的成矿地质背景、成矿规律、物探、化探、遥感、自然重砂、矿产预测等专题成果报告；提交了浙江省1:25万实际材料图和建造构造图、1:50万大地构造相图编制及建库工作成果报告；浙江省重力、磁测、化探、遥感、自然重砂等资料的处理和地质解释工作成果报告。

（四）矿产资源储量利用现状调查。

2010年中央财政投入资金530万元。完成了煤炭、铁、铜、铅、锌、镍、钨、锡、锑、钼、稀土、金、银、磷、硫铁矿、硼、重晶石、萤石等18个国家规定矿种，以及叶蜡石、明矾石、膨润土3个本省优势矿种资源储量的全面核查及利用情况调查，以及18个矿种447个矿区和30个新增矿区的核查、汇总和建库。

（五）矿业权实地核查。

2010年矿业权实地核查工作投入资金405万元，其中中央财政105万元、省级财政300万元。累计完成核查探矿权397个（其中334个为室内核查），核查采矿权1746个；完成了浙江省1809个单矿业权核查空间数据和2143个单矿业权核查属性数据建库工作。实地核查数据已通过全国矿业权实地核查项目办公室的检查验收，成果已提交全国项目办。

（六）矿政管理工作。

组织省、市两级矿产督察员对72座矿山、15个勘查项目进行督察，实时、全面地掌握了浙江省金、铜等主要探采矿种的保护开发和法规执行情况；完成了《浙江省矿产资源勘查实施方案》的编制和89份省级探矿权矿产资源勘查方案评审工作；完成了“浙江省废弃矿井治理规划与实施方案”编制，启动了“稀土等矿产勘查规划”和“萤石矿、钼矿勘查与选区研究”项目。

三、地质调查信息工作

续作“国家基础地质数据库更新与维护”项目，完成23个1:5万标准图幅的地质图空间数据库建设工作。

（陈美君　胡济源）

安徽省地质调查院工作

安徽省地质调查院

概　况

安徽省地质调查院成立于1997年，隶属安徽省地质矿产勘查局，是安徽省主要从事国家和地方基础性、公益性地质调查和战略性矿产勘查工作的事业单位。下设基础地质调查所，矿产资源调查所，水文、环境地质调查所，地球物理、地球化学调查所，地质勘查信息中心和相应的管理部门。是一支集地质科研和生产于一体的多学科、高水平、专业化技术队伍。现有职工179名，中高级以上专业技术人员106人，其中：教授级高工18人，博士7人，硕士25人。

安徽省地质调查院以落实安全生产责任制为抓手，做到抓安全、除隐患、保平安。2010年全院职工没有发生任何轻伤以上人身事故，实现了2010年安全生产保零目标。保密工作得到切实加强，2010年没有出现泄密事件。

安徽省地质调查院2010年在巢湖市庐江县泥河镇工业园购置土地32亩建设实物地质资料库房。在合肥市滨湖新区滨湖世纪城购置48套公寓式写字楼（同时配套购置车位48个），总面积为3596 m^2，用作新招聘大学生和新引进专业技术人才的宿舍。购置野外生产用车辆7台，总价值247.8万元。购置其他生产用设备、电器设备、仪器仪表、量具和电子产品189台（套），总价值178.6万元。

2010年安徽省地质调查院荣获安徽省人才工作先进单位和省直文明单位称号。吴明安同志荣获黄汲清青年科技奖，杜建国、杨则东、吴维平3名同志入选安徽省第一批学术和技术带头人，彭玉怀、许卫2名同志入选安徽省第六批学术和技术带头人后备人选。“1:25万宣城市幅区域地质调查”项目获得国土资源部国土资源科学技术奖2等奖。

2010年承担国家、省级、局级及商业性市场地质勘查项目总计60项。其中，国家级地质调查项目23项，省级地质调查项目27项，局级地质调查项目4项，商业性市场地质勘查项目4项，项目总经费9721.71万元。

2010年安徽省地质调查院累计完成实物工作量：钻探17 976.92 m，槽探6272.2 m^3，浅井30.5 m，地质测量740 km^2，1:1万磁法及重力测量796 km^2，物探剖面测量4300 m，1:5万水系沉积物测量700 km^2，1:1万土壤测量61 km^2，1:1万高精度面积性地磁测量820 km^2，1:1万高精度面积性重力测量55 km^2，1:1万大极距激电测深317点，1:25万河湖演变迁、湿地、城镇扩张遥感解译各2.5万km^2，1:1万重要岸线变迁遥感解译1 km^2，1:10万河湖演变、湿地、城镇扩张遥感解译2 km^2，野外调查与验证路线1200 km；1:25万地下水污染调查15 000 km^2；有机、无机样分析各100组，物理化学指标测试数据100组；1:25万区域化探2000 km^2。1:5万富硒土壤调查面积803 km^2，1:2.5万生态环境地质测量800 km^2。1:5万磁法测量883.21 km^2，1:5万水系沉积物400 km^2，1:1万土壤测量11.09 km^2。

地调与科研

一、基础地质调查

（一）区域地质调查。

1:5万和县等5幅区域地质调查等3个区调项目进展顺利。1:5万汀王殿等4幅区域矿产地质调查已通过野外验收，圈定了一批综合异常，提交了找矿靶区。1:5万河沥溪等4幅区域矿产地质调查通过成果验收，新发现了云梯钨矿化点等5处，提交可供进一步工作靶区5处。

（二）区域地球物理调查。

在皖南地区开展1:25万区域化探项目数据更新，前期试验工作已完成两个1:5万图幅的试验样品采集。完成了安徽庐枞及外围地区铁铜矿勘查、安徽庐江罗河－黄屯铁铜多金属矿远景调查高精度磁测项目，发现磁异常数10处。

（三）区域地球化学调查。

滁州市地区多目标地球化学调查项目全面完成13 000 km^{2}的采样工作，经地调局组织专家野外检查、验收，获优秀级。宣城地区多目标地球化学调查项目完成7000 km^{2}的浅、深层土壤样品采集、加工工作，经地调局组织验收，获优秀级。安徽省重点区域富硒土壤调查项目，共发现富硒土壤约560 km^2。完成了“安徽省多目标区域地球化学调查（怀远—灵璧）”项目及“安徽省典型市县级土地质量地球化学评估”项目两个项目的野外采样工作。多目标区域地球化学调查面积1.2万km^2，土地质量评估完成调查面积

543 km^2 及其配套样品采集。其中，怀远－灵璧地区1:25万多目标区域地球化学调查野外成果已通过地调局验收，为优秀级。多目标地球化学调查延伸项目又陆续开展了安徽省域的“多目标地球化学系列图编制”和“中国农耕区土壤碳库与固碳潜力研究”项目。

二、矿产资源调查评价

（一）安徽省矿产资源潜力评价。

完成了安徽省矿产资源潜力评价项目总体设计书和6个课题设计书与年度工作方案，以及调整工作方案的编写工作。完成了基础数据库的维护工作。完成了安徽省庐枞地区陆相火山岩型铁矿典型示范工作，成果评为优秀。完成了地质背景、成矿规律、物探、化探、遥感、自然重砂等专题的安徽省基础性图件的编制及相应的数据库建设工作，其中成矿规律、物探、自然重砂等专题的成果评为优秀。

（二）矿产资源勘查。

1. 泥河铁矿勘探。2010年1月，完成了泥河铁矿设计的各项野外工作，3月24日，通过了安徽五鑫矿业开发有限公司组织的野外验收，野外工作质量评定为优秀，综合评分为92分。7月7日，勘探报告通过国土资源部矿产资源储量评审中心组织的评审。

2. 泥河铁矿外围铁矿普查。1:1万高精度地磁测量和重力测量共圈出了38个磁剩余异常及20个布伽剩余异常，布置和完成6个钻孔，完成工作量6000 m。

3. 庐江县黄寅冲铁矿普查。现已取得阶段性成果，在闪长玢岩体中新发现较好的斑岩型铅锌矿体，矿床规模达中型以上。发现厚度较大的斑岩型铅锌（银）矿（化）体，黄寅冲地区矿权范围内铅锌矿资源量（333+334），可达30万吨。该项目12月14日通过野外验收，野外工作质量被评为良好级。

4. 内蒙古大西沟地区矿产调查。通过地质填图、化探、物探工作，在施工的钻孔中，发现有多达6层的铅锌银矿体，部分矿体单层厚达到5 m以上，另外发现了厚约5 m的钼矿化体。

三、水文地质环境地质调查

完成了长江遥感、地下水污染调查评价，安徽矿山遥感监测、福建矿山遥感监测，1:5万遥感调查规范修编，矿山资源潜力评价遥感解译，合肥市地下热水资源调查与初步勘察，环境地质系列图编制，浅层地热能调查评价，安徽省县市地质灾害调查与区划综合研究，晚新生代地层划分，五河申集新农村建设供水示范井勘查项目，池州长江大桥、皖赣铁路扩能改造工程、郑徐铁路客用专线、合肥2号线地铁、芜湖二桥、合福铁路客运专线补充调查、岳西至武汉高速公路、济（南）至祁（门）高速公路砀山段、淮北师范大学、50万伏阜阳、广德、亳州、合肥变电站工程、省道314、省道202线等地质灾害评估和压覆矿产资源调查评估项目。

省部合作农业地质“安徽省江淮流域生态地球化学调查评价”项目完成了最后阶段《总体综合评价报告》的编制并通过专家初审；多目标地球化学调查陆续开展了“多目标地球化学系列图编制”、“农耕区土壤碳库与固碳潜力研究”等延伸项目，其中“安徽省江淮流域多目标地球化学系列图编制”已通过审查进入印刷出版阶段。

合肥城市地质调查正式进入总报告编制阶段，黄山城市地质调查工作也已按计划正式实施。

四、地质调查信息化建设与服务

1:5万地质图空间数据库项目及国家基础地质数据库维护与更新项目通过发展研究中心组织的验收。安徽省矿产资源储量登记信息管理网络系统开发项目进展顺利。秦岭－大别山造山带东段（安徽部分）钼金多金属成矿规律及找矿方向研究——综合成矿预测课题，安徽省重要矿产资源潜力评价——综合信息集成专题，合肥城市地质地质信息管理与共享系统，安徽省矿山资源储量核实数据库建设，合肥滨湖新区地质资料集成化产业化试点等项目进展顺利。

“滨湖新区地质资料两化研究”课题，是地质工作在信息时代探索利用地质资料提供全方位社会服务的新途径，已取得较好效果。

（吴海飞）

福建省地质调查研究院工作

福建省地质调查研究院

概　况

福建省地质调查研究院（以下简称福建地调院）是福建省地质矿产勘查开发局下属的事业单位，主要职责是：承担全省基础性、公益性地质调查和战略性矿产勘查工作，为国土资源管理提供技术业务支撑，为经济发展提供公益性服务。2010年，为促进对台地学研究和两岸地学交流，福建省编办在福建地调院增挂“福建省台湾海峡地质研究所”牌子。

单位内设4个管理部门：办公室、财务部、技术部、党群工作部和7个二级单位：区调所、矿产一所、矿产二所、环境物探所、信息发展中心、地质遗迹调查评价中心、地球化学调查所，现有正式职工230人，其中专业技术人员214人；专业技术人员中，教高4人，高级64人，中级职务73人。

福建地调院拥有一幢面积1620 m^{2}的大楼使用权。主要技术装备：野外技术人员人手一台笔记本电脑、数码相机和手持GPS；掌上电脑（采集仪）65套；电磁仪器30台套；台式计算机170台；车辆21辆；以及承担项目所需的各种配套设备。

2010年，福建地调院荣获国家人力资源部、国家发展和改革委员会授予的“国家西部大开发突出贡献集体”称号，西藏项目组组长王文革同志荣获“全国先进工作者”称号，西藏项目组荣获“第七届福建青年五四奖章（集体）”和“工人先锋号”荣誉。福建1:25万周宁县等3幅区调获国土资源部科学技术二等奖。

2010年，福建地调院承担地质矿产调查评价专项33个项目，其中：基础地质调查与研究9个，重点成矿区带地质矿产调查评价18个，青藏专项高原地质矿产调查与评价专项（西藏片区）6个；按项目性质分，新开18个，续作14个，结转1个。续作的6个项目通过野外验收（2个优秀、4个良好）、3个项目通过最终成果报告评审（1个优秀、2个良好）。

地调与科研

一、基础地质调查

（一）区域地质调查。

完成福建永定－新罗能源多金属矿集区1:25万遥感地质综合调查3000 km^2、1:1万多目标遥感调查与监测600 km^2；全面完成遥感数据采集、室内解译和实地验证、监测等工作。

（二）区域地球化学调查。

完成福建龙岩地区土地质量地球化学评估的土壤测量642 km^2，1:5万生态环境地质调查600 km^2；完成福建永安－德化1:25万区域地球化学调查的表层、深层土壤采样15 000 km^2。福建龙岩地区多目标区域地球化学调查于6月通过野外验收（优秀级），福建省龙海市土地质量地球化学评估项目通过野外验收（优秀级）。《福建省区域土壤有机氯农药背景值调查与评价课题报告》通过评审（优秀级）。

（三）水文地质环境地质调查。

1. 海西临港工业区1:5万水文地质工程地质调查，完成晋江市幅、安海镇幅和三都澳、罗源湾、兴化湾、湄洲湾、厦门湾、东山湾等六大临港工业基地1:5万调查面积1600 km^2；基本上查明临港工业区工程地质条件，开展地质环境条件评价，分析预测可能出现的工程地质问题，并提出防治措施和建议。

2. 完成平潭综合实验区1:5万水文地质工程地质调查、地质环境调查评价面积371.9 km^2；基本查明各类岩土体的空间分布范围及工程地质特性、区域地壳稳定性、地下水资源量和开发利用条件、咸淡水分界面和海水入侵范围、主要环境地质问题的发育现状、危害程度、成生机理与演化态势。

（四）青藏高原地质矿产调查与评价专项（西藏片区）。

1. 西藏冈底斯成矿带工布江达地区、松多地区、劣布地区3个1:5万地质矿产调查项目通过野外验收（良好级）。完成1:5万地质填图面积680 km^2，1:5万水系沉积物测量203 km^2，探槽20 790 m^3。西藏松多地区5632高地新发现铅锌矿体1个（厚1.5～8.3 m，长100 m，品位Pb 3.14%、Zn 1.07%），铜矿体1个（厚0.5～5.5 m，长150 m，品位Cu1.44%）。

2. 完成西藏班公湖－怒江成矿带那曲地区1:5万地质填图面积580 km^2，探槽500 m^3，在地层、岩石、构造等研究方面取得新进展，完成3个矿（化）点概略检查。

二、矿产资源调查与评价

1. 完成武夷成矿带1:5万地质填图1700 km^2，1:5万矿产地质调查2310 km^2、1:2.5万矿产地质调查680 km^2，1:5万高精度磁测2355 km^2，1:5万水系沉积物测量5007 km^2，钻探9042 m，槽探358 46 m^3。通过对重要找矿远景区的调查评价，圈定了一批水系沉积物、地磁异常和找矿靶区，新发现一批可供进一步普查的矿产地。

(1) 铁矿勘查取得较大突破。福建大田高星新发现7个铁矿体，其中3个主矿体估算（332＋333）铁矿石量为1046.69万吨，平均品位：TFe 33.16%～42.61%，mFe 30.30%～30.36%，可提交1处中型铁矿基地，且矿区中西部地区仍有很大的找矿潜力。福建大田玉井发现2个铁多金属矿体，长200～3000 m，平均厚度2～5.7 m，矿石品位：TFe 30%～38.65%，Mn 8.91%～16.01%，初步估算铁矿石量达800万吨以上。福建永安黄年山ZK401发现隐伏矽卡岩型磁铁矿富矿体，厚度3.58 m，平均品位：TFe 54.54%、mFe 47.32%。福建龙岩马坑铁矿外围石岩坑地区，大调查发现地磁异常后，福建省财政资金投入开展勘查，ZK7521孔见4层铁矿体，累计见矿厚度61.99 m，矿石品位TFe 39.85%，mFe 42.58%，预测远景铁矿资源量可达2亿吨。

（2）斑岩型白钨矿勘查取得突破性进展。福建建瓯上房矿区，通过矿产远景调查成果基础上市场跟进勘查，已控制主矿体长度1000 m，宽度120～420 m，1.95～78.31 m，WO_3品位0.12%～0.476%，平均0.265%，初步估算该区（332+333）WO_3资源量为5.35万吨，达大型矿产地规模；其外围建阳仑尾矿区土壤异常、探槽揭露也显示具有斑岩型白钨矿找矿前景。

（3）铜铅锌银矿调查取得新进展。福建连城垒口新发现1个铜矿体、4个铅锌银铜多金属矿体及1个铁锰多金属矿体。福建安溪圣岩尖新发现4条银多金属矿体。福建大田上许坑、连城桃坪山钻探验证新发现铅锌矿体和铜多金属矿（化）体。

（4）基础地质调查研究取得新成果。福建1∶5万区调麻沙等3幅区调项目，在闽北隆起带的核心区（建阳虞墩）确认有晚古生代地层出露，为闽北大片变质岩下的找矿工作提供了新的思路。

2. 开展大兴安岭成矿带北段1∶5万塔班温多尔等4幅区调，完成1∶5万地质填图面积590 km^2，探槽2300 m^3，在地层、岩石、构造等方面取得新进展，初步查明该区铁、钨、萤石等矿产的成矿地质背景。

3. 开展大兴安岭成矿带南段1∶5万布敦陶勒盖等4幅区调，完成1∶5万地质填图面积530 km^2，探槽1800 m^3，在基础地质特别是火山地质调查研究方面取得新进展。

4. 福建（含台湾）省重要矿产资源潜力评价。开展福建（含台湾）省成矿地质背景、成矿规律、物探、化探、遥感、自然重砂、矿产预测等项工作的研究，全面完成首轮福建省煤炭、铁、铜、铅、锌、金、钨、稀土、磷等和台湾省煤炭、铜、金等的资源潜力评价，编制了系列相关的基础和成果图件及其空间数据库，基本摸清了福建（含台湾）省9个预测矿种资源潜力及其空间分布。

5. 福建省矿产资源利用现状调查。全面开展福建省煤炭、铁、锰、铜、铅、锌、铝土矿、镍、钨、锡、钼、稀土、金、银、磷、硫铁矿、重晶石、萤石等18个矿种已有资源储量核查，完成580个矿区的核查任务，编制了相关系列图件（集），更新一批核查矿种的矿区资源储量核查成果数据库，基本摸清矿产资源储量家底和利用现状，以及重点矿种资源可持续利用情况。

三、地质科学研究

编制更新了福建省1∶50万地质图、中生代火山岩相构造图、侵入岩图、地质地貌图、地质构造图和布格重力异常图、福建省航磁异常（ΔT）图等系列地质图件，基本完成新一代《福建省区域地质志》编制工作。对福建省地层、岩石、构造和地层断代及地层分区、侵入岩分区、中新生代火山活动特征及规律、地质构造演化与构造单元划分取得了许多新的认识，显著提高了福建省基础地质研究程度。

（林亨财）

江西省地质调查研究院工作

江西省地质调查研究院

概　况

江西省地质调查研究院是一支以中高级地矿专业技术人员为主的公益性地质调查队伍。

单位现拥有在职职工187人，其中大学本科以上学历119人（含博士1人、硕士17人），专业技术人员168人（其中：教授级高工14人，高级工程师51人，工程师35人），是一支多学科、高学历、专业化的技术人才队伍。2005年11月，江西省地矿局进一步建强地调院，对原地调院和实验测试中心进行了重组，使服务领域也全面覆盖了公益性地质工作的各个专业范围。2008年5月经人力资源和社会保障部批准设立全国博士后科研工作站。

2010年江西省地质调查研究院完成的主要工作量有：机械岩心钻探16 314.9 m；其他钻探550 m；槽探28 491.7 m^3；1∶5万矿产地质测量3695 km^2；1∶1万矿产地质测量209 km^2；矿产地质剖面测量75.3 km；1∶2.5万矿产地质修测25 km^2；1∶5万区域地质调查3030 km^2；区域地质调查剖面379.2 km；1∶25万区域地质调查（修测）7000 km^2；区域地质调查剖面修测18 km；1∶25万环境地质调查6000 km^2；1∶5万环境地质调查400 km^2；1∶5万磁法

测量3810 km^2；1∶2.5万磁法测量450 km^2；1∶1万磁法测量59 km^2；磁法剖面测量231.2 km；电法剖面测量231 km^2；1∶1万地震剖面测量45 km；1∶5万岩屑测量1470 km^2；1∶1万岩石测量6 km^2；1∶1万土壤测量156 km^2；1∶5万水系沉积物测量4330 km^2；1∶25万多目标区域地球化学调查14 836 km^2；1∶10万遥感地质解译16 425 km^2；1∶5万遥感地质解译13 894 km^2；1∶2.5万遥感地质解译121 km^2。

地调与科研

一、基础地质调查

（一）区域地质调查。

1. 江西1∶5万遂川县、良口、横市井、夏府幅区调项目。2010年度设计的野外实物工作量已经完成。初步确定了调查区大地构造单元的划分方案；经野外踏勘、实测剖面和1∶5万地质测量，区内地层初步划分为4个群级、14个组级正式、12个非正式段级岩石地层单元。初步建立了测区侵入岩填图单位（单元）。

2. 青海沱沱河地区1∶5万4幅区调项目。完成野外踏勘和试填图、拟编项目总体设计并提交审查。初步建立了测区地层层序；初步解体出9个安山玢岩小侵入体；初步认为测区红盆主要是由受单边断裂控制形成的断陷盆地，其盆缘类型属断坡型；新发现铁矿化点2处，铜矿化点2处。

3. 西藏1∶5万打加错地区4幅区调项目。基本完成了预期的年度工作量，进行室内资料的整理和综合研究工作。基本查明沉积岩沉积特征和分布范围。基本查明岩浆岩的岩性特征和分布范围。鸭洼地区发现两个蚀变含孔雀石斑岩体。经取样化验，铜品位为0.15%～0.98%。

（二）江西省系列地质图件编制与综合研究。

2010年度继续编写了江西省区域地质志部分章节，其中地层已完成大部分初稿。其他各篇章均编写了部分初稿。对江西及邻区的地层、岩浆岩、变质岩及综合研究等方面取得了重要进展；初步发现华南花岗岩区加里东期、华力西期、印支期、燕山早期花岗岩主要分布于钦州湾－南岭－武夷山脉西坡，具“四代同堂”特点。

（三）江西省鄱阳湖及周边经济区多目标区域地球化学系列图编制。

2010年5月，《江西省鄱阳湖及周边经济区多目标区域地球化学系列图集》通过了南京地调中心组织的专家评审，评审等级为优秀级；图集已经正式出版。正在进行资料汇交工作。

二、矿产资源调查评价

（一）江西省矿产资源潜力评价。

完成包括1个年度总体工作方案和7个课题工作方案编制，并通过验收。完成铁、铝矿产资源潜力评价及省级成矿地质背景、物化遥自然重砂等综合性、基础性编图和建库验收及后续修改工作，12月11日已通过复核。完成铜、铅锌、钨、金、稀土、锑、磷等预测矿种定量预测工作，已完成52个预测工作区定量预测（其中2个仅作定性预测）。江西省2000 m以浅铁矿潜在预测资源量26.502亿吨，其中334_1预测资源量11.397亿吨，334_2预测资源量11.145亿吨，334_3预测资源量3.960亿吨；铜预测资源量合计：500 m以浅630.08万吨、1500 m以浅1475.82万吨、2000 m以浅1897.16万吨；铅锌：500 m以浅729.30万吨、1500 m以浅939.16万吨、2000 m以浅939.16万吨；钨：500 m以浅458.31万吨、1500 m以浅574.47万吨、2000 m以浅591.97万吨；金：500 m以浅222.16吨、1500 m以浅348.68吨、2000 m以浅366.20吨。

（二）固体矿产资源调查。

1. 江西崇义－定南地区钨多金属矿远景调查项目。野外地质工作任务已基本和超额完成，进行资料整理和综合研究。新发现3条矿体：V5矿体Sn品位最高为1.45%，最低为0.31%，平均为0.56%；矿体中伴生有用组分多，有1 m厚的Au矿体，Au品位为1.35×10^{-6}。Cu矿（化）体，最高为0.2682%，最低为0.1962%，平均品位为0.2316%。V6矿体Sn品位最高为0.52%，最低为0.23%，平均为0.38%；Cu矿（化），最高为0.2625%，最低为0.1278%，平均品位为0.2016%。V7矿体厚Sn品位最高为0.42%，最低为0.14%，平均为0.28%；矿体中伴生有用组分可见Cu矿（化），品位为0.2232%。

2. 江西赣中铁矿田资源远景调查项目。钻探工作仍在施工中。共见矿7层，见矿孔深为772.20～898.83 m，累计见矿厚度为54.51 m，单矿层厚度：1.47～21.49 m，平均厚度为7.79 m，全区全铁品位26.21%，磁性铁品位21.18%，磁性铁占有率81%。

3. 江西九岭地区矿产远景调查项目。2010年实物工作量全部完成。三十把矿区：见有4段铜矿（化）体，累计厚度3.69 m；见有3层铜矿化体，累计厚度3.46 m。马塘铜矿区：见有3层铜矿化体，累计厚度3.30 m；见有2层铜矿化体，累计厚度3.00 m；矿区西部发现铜锌矿化体1层，厚度2 m。宜丰县桥西磁异常区：见2层锌矿（化）体，累计厚度3.99 m；发现锌铜矿化体1层。大丰田检查区现铜矿化体1条，长200 m，厚1.0 m，Cu品位1.37%。

4. 西藏隆格尔－措麦地区地质矿产调查项目。2010年度野外实物工作量全面完成，并已经野外验收，开始进行报告编写。对测区第四纪以前的地层共划分出2个群级、6个组级及7个段级非正式岩石地层单位，对第四纪松散堆积物按不同的成因类型进行了初步划分；新发现有进一步工作价值的矿点5处、找矿靶区8个，初步估算铜金属量229 876吨。

5. 西藏日土地区矿产远景调查项目。项目成果报告通过专家评审，综合评分89分，为良好级。新发现矿（化）点4处，其中铁铜（铜）矿点1处、镍矿（化）点3处；共圈定出水系沉积物单元素异常218处，综合异常44处。

（三）江西怀玉山－北武夷铜多金属矿评价。

2010年1～6月编写《江西怀玉山－北武夷铜多金属矿评价》成果报告；7月《江西怀玉山－北武夷铜多金属矿评价》通过评审，为良好级，综合评分82分。报告认定新发现矿产地1处，即铅山县梁家铜铅锌矿。圈定出铜多金属矿找矿靶区17处。

三、水文地质环境地质调查

（一）鄱阳湖经济区环境地质综合调查。

2010年度设计的野外实物工作量已经全部完成。对鄱阳湖生态经济区的地质环境特征和存在的主要环境地质问题进行了归纳和梳理；对调查区内乐安河流沉积物和土壤污染现状展开了调查；基本查明了鄱阳湖东岸农业区的环境地质特征；查明了长江南岸的环境地质条件和岩溶发育特征；根据调查和收集资料，编制了相关图件。

（二）鄱阳湖地区水文地质环境地质调查。

开展了“鄱阳湖地区水文地质环境地质调查”项目的野外踏勘工作；编制了《鄱阳湖地区水文地质环境地质调查设计书》；2010年12月，项目设计通过了专家的评审，评审质量等级为良好级。

四、境外地质工作

1. 编制了莫桑比克（江西）矿业有限公司9宗以及华夏全球矿业有限公司1宗，共10宗已下证书矿权的2009年度工作报告和10个矿权相关资料的整理，并获莫桑比克共和国地矿部的审查通过（10个矿权年检）。

2. 完成了莫桑比克太特省4个预普查项目向财政部、国土资源部申请国外风险勘查基金立项材料编写。2010年6月底4个项目申报材料由财政部、国土资源组织的专家审查均已获得通过。

3. 完成了津巴布韦中部省切芬德地区铜金矿普查项目向财政部、国土资源部申请国外风险勘查基金立项材料编写，2010年8月初项目申报材料通过审查。同时与上海津恩国际贸易有限公司联合完成了津巴布韦3个预普查项目向财政部、国土资源部申请国外风险勘查基金立项材料编写。

4. 莫桑比克太特省母彭巴铁矿预普查项目开展部分野外工作，主要对莫桑比克太特省母彭巴铁矿预普查项目开展了1∶5地质矿产填图，完成1∶5地质矿产填图面积约100 km^2。

（江　湖）

山东省地质调查院工作

山东省地质调查院

概　况

山东省地质调查院是2000年9月经山东省机构编制委员会批准成立的公益性地质勘查事业单位，是国家地质“野战军”的组成部分，山东省公益性基础性地质调查主力军，行政上隶属于山东省国土资源厅，业务上受地调局指导。主要职责任务是根据国家和省社会发展需要及国土资源调查规划、计划，承担国家和省基础性、公益性地质调查和战略性矿产勘查任务，为国民经济和社会发展提供基础信息资料，为政府对国土资源规划、管理、保护和合理开发利用提供科学依据，并向社会提供公益性服务。现有职工107人，平均年龄35岁，其中党员比例62%，大学本科以上占95%，研究生以上占51%，高级职称占40%，专业涵盖地质、矿产、水文环境、地球物理、地球化学、信息、遥感测绘、土地等。

2010年，共承担地质调查项目49项，包括国家地质调查项目26项，省地质勘查项目23项。其中矿产勘查19项、区域地质调查9项、水文环境调查5项、地球化学调查10项、数据库建设6项。“山东省黄河下游流域多目标区域地球化学调查”获山东省科技进步一等奖，“华北平原地下水可持续利用调查评价”获国土资源部科学技术一等奖，“环渤海地区（山东部分）地下水资源与环境地质调查评价”获山东省科技进步三等奖，“黄河下游（山东段）环境地质调查评价”获国土资源部科学技术二等奖。

地调与科研

一、基础地质调查

完成1:5万区域地质调查1283 km^2，剖面测量20 km，圈定化探异常55处，提交成果报告2份。

1. 国家地质矿产专项调查项目——1:5万即墨等5幅区域地质调查完成填图面积450 km^2，在牟平－即墨断裂带研究方面取得初步成果。

2. 1:5万莱芜、范镇幅区域地质调查完成填图面积833 km^2，在莱芜岩体的形成演化方面取得一定的进展。

3. 1:5万莱阳等4幅区域地质调查于2010年12月份通过了天津地调中心的最终成果验收，在中生代胶莱盆地演化、中生代火山岩等研究方面取得明显进展。

4. 沂沭断裂带中段金及有色金属远景区1:5万水系沉积物测量项目已基本完成异常图编制，圈定有找矿意义的异常55处。

5.《山东省区域地质志》修编工作重新厘定了山东省地层、岩体和构造划分方案，编制了山东省地质图、地质构造图、岩浆岩图、第四纪地质图等基础图件。基本完成了山东省1:50万地质图数据库建设。在构造阶段划分、岩浆岩形成时代及划分等方面均取得了重大进展。

6. 山东省东部地区农业生态地球化学调查项目完成土壤调查取样工作9370 km^2，采集土壤样品12 634件；完成烟台、青岛地区农业生态地球化学调查报告编写工作。

7. 山东省中南部地区农业生态地球化学调查项目完成土壤调查2.0万km^2，累计采集土壤样品27 907件，样品测试8075件。

8. “山东省典型市县级土地质量地球化学评估（章丘市）”项目完成土壤样品采集1800余件，完成地球化学评估系列图编制和《山东省典型市县级土地质量地球化学评估（章丘市）报告》编写工作。

9. “山东省黄河下游流域多目标区域地球化学系列图编制”项目完成基础图件编制工作。

10. “棕壤固碳机制试验研究和棕壤碳汇潜力研究”项目完成4个地区植物样取样工作。

二、矿产资源调查评价

完成1:2.5万重力测量416 km^2、1:2.5万高精度磁测501 km^2、1:1万高精度磁测300 km^2、1:2000磁测剖面170 km，钻探23 314 m，提交成果报告4份。

1. 在昌邑市德胜庄地区发现铁矿体3个，总厚度约23 m，初步估算（334）铁矿石资源量为349万吨左右。

2. 在单县大刘庄地区发现铁矿体17个，矿带长度1100 m；矿体累计最大视厚度达100 m，估算（332＋333）铁矿石资源量约1亿吨，可达大型规模，还发现了铜、钼矿体，圈出了8处找矿远景区。2010年12月12日至15日，地调局召开了中国东部地区铁矿找矿成果交流会，对该地区铁矿勘查给予充分肯定。

3. 山东省矿产资源潜力评价编制完成各类图件3000余张；完成了铁、铝两矿种的矿产预测工作，并提交了预测成果报告及资源量复核说明书；完成了铜、铅锌、金、稀土、钾盐、磷等多数重要矿种图件的编制工作；完成了九大基础数据库建设与维护；完成了金刚石重砂数据库的新建工作；验收通过了900余张各类图件数据库建设工作。

三、水文地质环境地质调查

1. 济南城市地质调查项目，完成1:1万水工环调查面积700 km^2、工程地质钻探2872 m、收集钻孔资料3384孔。基本上掌握了济南市中心城区地质结构特征、第四系厚度、灰岩顶板埋深、辉长岩顶板埋深，基本查明主城区第四系孔隙水、岩体风化裂隙水、岩溶水3种类型地下水的水力联系及各自的补径排特征，掌握了主城区地下岩溶发育特征及泉水形成条件；掌握了主城区工程地质结构和各工程地质层主要物理力学性质；确定了主城区地层分层标准，建立了三维可视化地质结构模型基本框架，实现地质剖面自动生成、三维结构可视化等功能。

2. “淮河流域山东平原地区地下水污染调查评价”项目，完成1:25万地面综合调查15 000 km^2、地下水水位统测420点次、地下水动态观测2160点次；采集土壤易溶盐样100件、有机物和全分析水样200组；完成渗水试验8组、抽水试验2组、高程测量100 km。

3. “寿光市地氟病高发区地下水勘查与供水安全示范”项目，完成1:5万水文地质调查1000 km^2，水文地质钻探3000 m，成井10眼，其中4眼水质达到优良矿泉水标准。

四、地质调查信息化建设与服务

（一）地质数据库建设。

1. 完成1∶5万区域地质图建库成果报告2份，提交20幅1∶5万区域地质图数据成果资料；完成基础数据库维护项目，对已有矿产地数据库和工作程度数据库进行了维护更新。

2. “山东省观赏石资源调查与编图”项目，完成山东省观赏石分布图的编制和数据库建设工作。

3. 完成了8个1∶25万区域地质图空间数据库的修改工作。

（二）地质调查社会化服务。

1. 编制了《国土资源部山东省人民政府合作开展地质调查和矿产资源勘查实施方案》及相关材料，并积极到地调局、天津地调中心沟通汇报，努力促成部省合作。

2. 编制了《山东半岛蓝色经济区和黄河高效生态经济区地质保障调查工作方案》及10项专题调查实施方案。

3. 编制了《山东省“十二五”地质工作规划》。

4. 编制了《国家地质找矿行动计划中山东省两个整装勘查项目实施方案》，即单县铁矿整装勘查和莱州－招远地区金矿整装勘查。

5. 编制了《山东省地质找矿“358”部署方案》。

（杨恩秀）

河南省地质调查院工作

河南省地质调查院

概　况

河南省地质调查院是具有独立法人事业单位。主要承担国家和省政府确定的基础性、公益性和战略性地质调查任务。

内设综合办公室、党群工作部、财务部、重大项目管理办公室、生产技术部等5个职能管理部门，下设发展研究中心、规划部署研究室、信息中心、矿产地质调查中心、基础地质调查中心、城市与农业地质调查中心、水文与环境地质调查中心、旅游地质调查中心、国外地质矿产调查中心、西藏地质矿产调查中心、遥感所等11个专业中心（室、所）。

河南省地质调查院现有在编在岗职工488人。其中技术人员391人，高级职称152人，中级职称138人。

全面推行质量、环境、职业健康安全管理体系，实现了安全生产和队伍和谐稳定。荣获国土资源部西南抗旱找水打井先进集体，被评为A级地方公益性地质调查队伍。

地调与科研

2010年，共承担国家和地方各类公益性地质工作项目79项。

一、基础地质调查

开展了河南省1∶5万古城、段村、观音堂、渑池县、大口集、府店、江左、大金店、东站镇、上庄等共10个图幅区调，1∶25万洛阳市、郑州市等2个图幅区调、漯河－信阳地区区域重力调查；西藏1∶25万桑桑区幅区域化探；新疆1∶5万阿勒塔什、恰克拉克、阿克别尔迪沟、布伦口、空贝利、霍什别里、阔勒阿依尔克、木吉、喀腊嘎依恰提、克牙孜、玛里他巴尔山、博托彦、穆呼、昆盖山、克其克托尔、吾鲁尕提、恰恰克科达坂、群让等共18个图幅区调；内蒙古1∶5万陶其格廷温多尔、阿拉哈达、古恩盲哈、查干陶勒、哈如林沟、舍特音浩来、塔日根敖包边防站、哈日宝椤等共8个图幅区调，1∶20万巴彦公社、加格达奇、松林区、十五里河区域重力调查。

遥感地质工作。开展了河南省中西部重点成矿带与矿集区、西藏昌都、山南地区、西昆仑成矿带矿山环境、矿产资源遥感地质综合调查，完成综合遥感解译1∶25万2万km^2，1∶5万重点区1万km^2，1∶1万关键区4 000 km^2；西昆仑成矿带遥感调查，发现1个含铜、金闪长岩体、2条含金构造蚀变带和1个金矿化点；建立了河南省植被弱覆盖区金、银铅锌多金属高光谱遥感找矿方法技术体系，圈出金、银铅锌多金属成矿预测区10个、找矿靶区20个。

完成河南省商丘地区1∶25万多目标区域地球化学调查面积1.02万km^2。省部合作《黄淮平原经济区1∶25万多目标区域地球化学调查报告》，通过地调局组织的验收，获优秀。

二、矿产资源调查评价

坚持实施“立足中原、开拓西部、走出国门”战略方针，围绕重点矿种和重要成矿区带，开展矿产资源勘查与调查评价工作。

（一）河南地质找矿。

把攻深找盲作为河南省地质找矿的主要任务，重点围绕铝土矿、煤矿、铅锌矿、钼矿、铁矿等急缺矿种和优势矿种，开展陕县－新安－济源铝土矿、舞阳－新蔡地区铁矿、潭头－陶湾地区矿产远景调查、合峪地区1:5万区域地质矿产调查，渑池礼庄寨地区铝土矿、湍源地区东山洼一带铅锌银矿、杜关－云阳地区钼铅锌多金属矿、遂平石寨铺地区和长葛后河－禹州市泉店铁矿调查评价，以及濮阳县城西－滑县王三寨煤预查和河南省矿产资源潜力评价。豫西渑池县礼庄寨铝土矿新增资源量1020万吨，豫北煤预查累计提交资源量20亿吨，新发现栾川县赤土店委员沟和碾道沟2处铅锌矿产地，新增资源量11.8万吨。

（二）西藏地质找矿。

开展金达地区地质矿产远景调查、班公湖－怒江成矿带找矿远景区评价、仁多岗地区和春哲地区地质矿产调查、亚贵拉铅锌银钼矿和昂张铅锌矿普查。新发现墨竹工卡县嘎布拉铅锌矿产地1处，资源量16万吨；在仁多岗、金达和春哲地区，通过1:5万化探，圈出单元素异常549个，综合异常108个，圈出7个成矿远景区和28个找矿靶区，新发现铅锌矿点6个、铜铁矿点4个；亚贵拉铅锌银矿普查区，新发现铅锌矿体3个；昂张铅锌矿普查区，圈出铅锌银铜综合异常5处。

（三）新疆地质找矿。

开展西昆仑塔什库尔干地区铁铅锌矿远景调查、塔什库尔干县老并铁矿普查和走克本铁矿详查。新发现阿克陶县喀拉马铜矿产地1处，资源量12.74万吨；老并铁矿普查区新增0.73亿吨；新发现4条铁、铜矿体，估算铜资源量12万吨。

（四）内蒙古地质找矿。

开展呼伦贝尔市西呼和楚鲁等4幅1:5万矿调，牙克石市黄草沟铜多金属矿、大旱山钼多金属矿预查、横道沟钼多金属矿普查，巴林左旗哈达音阿日锡多金属矿预查等工作。新发现多金属矿（化）点6个，圈定找矿靶区10余处；施工钻孔11个，均见矿。

（五）国外地质找矿。

开展塞拉利昂共和国苏拉山地区金矿勘查、津巴布韦北东部Mutawatawa地区金多金属矿调查、西澳洲凯斯地区镍、金矿勘查。在津巴布韦通过1:25万区域地球化学调查，圈出综合元素异常50个，单元素异常319个。

三、水文地质环境地质调查

（一）水文地质调查。

开展沿黄10处大型、特大型后备水源地普查、豫西严重缺水地区地下水勘查与供水安全示范；完成黄淮海平原水质型缺水区杞县、虞城县洁净地下水勘查，施工示范井11眼，解决2万多人安全饮水问题；华北平原、淮河流域2个地下水污染调查评价项目通过野外验收，均获优秀级。登封市大冶铝土矿矿山地质环境治理项目通过了野外验收；巩义市小关铝土矿竹林－龙门沟矿区矿山地质环境治理，通过了野外预验收。

（二）城市地质调查。

开展新乡、许昌、漯河3城市的地质调查，洛阳市浅层地热能调查评价。河南省主要城市环境地质调查评价报告获得优秀；郑州、洛阳城市地质调查报告获优秀，开封市城市地质调查报告获良好。

（三）旅游地质调查。

成功申报焦作缝山国家级矿山公园、西藏然乌自治区省级地质公园；完成嵩山、王屋山－黛眉山世界地质公园和金刚台、神灵寨国家级地质公园规划修编。完成洛阳黛眉山、郑州黄河第四纪地质公园建设和嵩山世界地质公园太室山核心景区、王屋山国家地质公园西阳河群火山岩、信阳金刚台国家地质公园、红旗渠林虑山省级地质公园等8个地质遗迹保护项目。

四、地质调查信息化建设

共完成1:5万区域地质图12幅，对河南基础地质数据库进行了及时更新与维护，汇交成果资料35份。

五、地质科学研究

开展了河南省1:50万第四系地质图编制与第四纪地质环境变迁研究、地质遗迹调查与区划及示范研究和重要成矿带高光谱遥感找矿方法技术研究、中国农业生态地球化学评价体系研究与成果集成。有5项成果通过评审鉴定，其中，新疆塔什库尔干－莎车铁铅锌多金属矿评价成果总体达“国际先进”，中国嵩山前寒武纪地质研究成果达“国内领先”，1:5万区域地质图空间数据库建设成果达同类研究“领先水平”，河南省卢氏地区矿产远景调查成果达“国内先进”，河南省主要城市环境地质调查评价成果达国内同类研究“先进水平”。有2项成果获得省部级奖励，其中豫西南地区铅锌银成矿规律及调查评价成果获国土资源部科学技术一等奖，河南省重要成矿区带1:5万区域矿产调查成果获省科技进步三等奖。

（于　雪　王永成）

湖北省地质调查院工作

湖北省地质调查院

概　况

湖北省地质调查院是1999年经湖北省编委批准成立的独立法人事业单位，隶属于湖北省地质矿产勘查开发局，是湖北省省级地质调查队伍的主体。主要从事中央和地方公益性、基础性地质矿产勘查工作，为国土资源管理提供业务技术支撑，为国民经济和社会发展提供公益性服务。

现有职工997人，高级职称294人，中级职称334人，其中享受国家政府特殊津贴6人，国家、湖北省有突出贡献中青年专家6名，博士研究生36人。主要从事基础地质、矿产地质、农业地质、水工环地质、物化探、遥感地质调查及岩矿测试与选冶试验、地质科研等领域工作，是一支人才密集，实力雄厚、技术设备先进、地质勘查手段齐全、技术成果资料丰富的省级公益性地质调查队伍。

现拥有区域地质调查、固体矿产勘查、水文地质、工程地质、环境地质调查、地球物理勘查、地球化学勘查、遥感地质勘查、地质灾害危险性评估、地质坑探8个甲级资质及液体矿产勘查、测绘、地质钻探3个乙级资质。通过了GB/T 19001:2008质量管理体系认证。

内设院职能管理部门、直属机构和分支机构。院部设有院办公室、组织人事办公室、生产技术部、计划财务部、安全管理办公室、纪检工会办公室6个职能管理部门及基础地质调查中心、矿产资源调查中心、发展研究中心、区划室、信息中心、对外工作部、地质遥感站、开发部8个直属机构；分支机构设有鄂东南等6个地矿所和物化探等4个专业所。

湖北省地质调查院围绕实现地质找矿突破这一中心，按照“省内立足重点成矿区带、省外参与西部大开发、境外建立资源保障基地”的三线联动部署，积极开展省内三大重点成矿带（湘西——鄂西成矿带、长江中下游成矿带、钦杭成矿带）和桐柏——大别成矿带地质工作，同时积极实施“走出去”战略。建院以来，共承担完成了中央、省级财政资金项目200余项，获国家、省科技成果奖及地勘成果奖20余项，两项成果被地调局列为“十大地质成果”，“湖北武当－神农架地区铅锌矿评价”获国土资源部优秀项目找矿一等奖。发现了鄂西层控型铅锌矿床，该区铅锌矿远景规模达千万吨级，填补了湖北省无大型铅锌矿床的空白；完成了长江中游主要水患区环境地质调查，提出了综合防洪治水的新思路；江汉流域经济区农业地质调查为该区农业综合开发及经济社会可持续发展提供了决策依据。2007年，获国土资源部“全国地质勘查行业先进集体”。

2010年，湖北省地质调查院共承担中央、省级各类财政资金项目38项。2010年累计完成钻探工作量3511 m，槽探40 816 km^2，1:1万及以上地质测量664 km^2，1:1万以下地质测量8285 km^2，物探重力测量13 693 km^2，高精度磁法测量1713 km^2，激电测深240点，化探测量15 305 km^2，各类样品28 911件。

地调与科研

一、基础地质调查

1. 完成了湘西－鄂西成矿带1:5万马桥幅等5幅区调、1:5万秦口幅等6幅区调联测及钦杭成矿带1:5万通城幅等3幅区调项目的立项、设计评审及野外年度工作任务。

2. 完成了“湖北省江汉流域经济区农业地质调查”项目的资料综合整理和成果总报告编写，通过了地调局和湖北省国土资源厅组织的专题报告评审。

3. “利川－慈利－五峰走廊大剖面油气地质调查”查明了测区地层分布及构造特征，为重塑该区古生代沉积－构造演化、岩相古地理环境重建及油气区带预测提供了依据。

二、矿产资源调查评价

1. 全面完成“湖北神农架－黄陵地区铅锌矿远景调查”、“湖北白河口－东溪矿产远景调查”、“湖北兴山坛子岭铅锌矿调查评价”、“湖北长阳曾家墩地区铅锌矿远景调查”4个项目年度工作任务，提交认定和新发现矿产地6处。其中，“湖北兴山坛子岭铅锌矿调查评价”在坛子岭矿段（矿权外）新发现矿化带，Zn平均品位3.92%，Pb平均品位0.29%。“湖北长阳曾家墩地区铅锌矿远景调查”新圈定了2个矿体。“湖北神农架－黄陵矿产远景调查”发现新的找矿信息，跨沟河铅锌矿经工程揭露圈定铅锌矿体

3个，预估铅锌（334）资源量49万吨，可达大型矿床规模。高罗铅锌异常矿产检查确定了寒武系顶部、奥陶系底部两个主矿源层，初步圈定铅锌矿化带11条，工程控制了3个铅锌矿体，预估铅锌（334）资源量约6万吨。

2. “湖北大冶富池口地区铜多金属矿远景评价”项目新发现矿点3处。“湖北大冶铜山口地区铜多金属矿勘查”对物探重力异常进行了查证，钻探验证发现了铜矿化。

3. “湖北通城地区铜金钨多金属矿产远景调查”开展了1:5万水系沉积物测量及地质填图，圈出了多处金钨铅锌异常。

4. 在蕲春等地发现有铜钼矿化信息，均与燕山期花岗岩有关，矿（化）体主要赋存于岩体的内接触带，钼品位为0.029%～0.32%，证明省境内具有寻找与安徽、河南相同类型的斑岩型钼矿的潜力。

5. “西藏得明顶地区矿产远景调查”提交了认定矿产地3处；“青藏铁路沿线铁矿远景调查”对东巧地区扎那铬铁矿点、打可磁铁矿点、朋日磁铁矿点、学曲卡铬铁矿点4个矿点进行了矿产检查。“西藏弄如日地区地质矿产调查”在卢果热重点检查区北带已发现2个磁铁矿体，南带新发现5个磁铁矿体。

6. 内蒙古东乌珠穆沁旗哈腊特等3幅1:5万区域矿产地质调查基本了解了区内火山岩的基本类型，查明了火山岩岩性（岩相）空间展布特征，对遥感地质解译标志进行了野外验证，发现矿化点1处。“新疆和静县赛尔买铜金矿预查”完成了赛尔买北铜矿预查区、马尔盖提铜金矿预查区野外工作。

7. 在埃塞俄比亚、马拉维、莫桑比克及秘鲁4国获得中央财政国外矿产资源风险勘查专项资金立项项目6个，获得湖北省国外地质勘查基金项目1个。

8. 矿业权经营取得重要进展。2010年新增了“湖北省兴山县坛子岭铅锌矿普查”和“湖北省丹江口市七里沟铁矿普查”2个矿业权，其中，“湖北省兴山县坛子岭铅锌矿普查”是湖北省地质调查院首次取得的控股探矿权。

三、地质技术服务

按照全国项目办要求，较好地完成了“湖北省矿产资源潜力评价项目”年度工作任务。“湖北省矿产资源利用现状调查”工作位居全国前列，为全国矿产资源利用现状调查工作积累了丰富的经验，为制定相关技术标准提供了蓝本，得到了部领导的充分肯定。

加大商业性地质工作力度，积极开展矿业权经营。湖北省地调院在建设项目压覆矿产调查评价和地质灾害危险性评估等地质技术咨询服务领域的地位进一步提升，新签订合同21个。

（俞红梅）

湖南省地质调查院工作

湖南省地质调查院

概　况

湖南省地质调查院是一支集生产、科研于一体、专业齐全的地勘队伍，主要承担国家和省级基础性、公益性和战略性地质勘查和科研任务，为地方经济社会发展和国土资源管理提供强有力的技术支撑。2007年，被国土资源部授予“全国地质勘查行业先进集体”，2009年底，获评全国首批、中南地区首家全国A类地方公益性地质调查队伍。

单位现有在职职工417人，其中具中、高级职称技术人员195人（含教授级高级工程师11人），硕士及以上学历者20多人，本科及大专学历者200多人。拥有区域地质调查、固体矿产勘查、地球物理勘查、地球化学勘查、水文地质、工程地质和环境地质调查、工程勘察专业类岩土工程勘察、测绘、地质灾害勘查与评估等甲级资质，拥有液体矿产勘查、地质灾害治理工程勘查、地质灾害治理工程施工、土地规划等一批乙级资质，具有国家计量认证的基桩检测、岩石、矿物、土壤及水质分析、化验与测试等资质。2004年，通过ISO9001:2000国际质量体系认证。

多年来，湖南地调人发扬“三光荣”精神，艰苦创业，开拓进取，足迹踏遍三湘四水，驰骋疆北大漠雪野，出色地完成了国家级、省级基础地质调查、矿产资源远景调查和评价、水工环地质调查、科研专题、地质灾害预警利用技术等项目300多项，取得了一大批地质找矿重大成果，发现了一批以骑田岭芙蓉锡多金属矿为代表的大型和超大型矿床，曾获国家级、省部级科技进步奖100多项，为提高湖南省经济社会发展的资源保障程度、推动“富民强省”、科学发展作出了重大贡献。

地调与科研

2010年，湖南省地质调查院承担国家和省级地质项目38个（其中国家项目30个，省级项目8个），其中基础地质调查及科研14项，矿产地质调查17项，水工环地质调查7项。

一、基础地质调查

完成了1∶25万区域地质调查3.4万 km^2，1∶5万区域地质调查1760 km^2，1∶25万遥感解译65 172 km^2，1∶5万遥感解译4552 km^2，1∶20万及1∶25万重力调查2.48万 km^2。

（一）1∶25万武冈市、永州市幅区调修测。

通过对湘西南城步地区新元古代火山岩和花岗岩进行SHPIMP U－Pb年龄测定，提出新元古代中期江南造山带西段构造演化过程，揭示出扬子陆块东南缘的连续岛弧增生过程，为钦杭结合带南西段雪峰期“残留洋盆”属性提供了新证据。

（二）1∶25万怀化市、邵阳市幅区调修测。

基本查明工作区西部中元古代冷家群、板溪群/高涧群、南华纪及震旦纪地层、寒武纪—志留纪地层的岩石组合特征、沉积环境、厚度等，特别对南华纪长安组的横向变化特征和板溪群与高涧群的对比关系有了更进一步的研究。

（三）1∶25万株洲市幅区调修测。

在江西萍乡东桥一带的“黑板溪”下部的岩门寨组中首次发现大量凝灰岩和一套厚度大于20 m的磷质板岩，基本查清了醴（陵）－攸（县）盆地中的玄武岩由两次喷发形成。

（四）1∶5万腰陂、高陇、茶陵县、宁冈县幅区调。

初步研究表明，本区北东向构造不仅属于晋宁期—加里东期拼合带在印支期—燕山期的继承性发展，同时与印支期—燕山期的岩浆与成矿作用关系密切。

（五）1∶20万吉首、沅陵幅区域重力调查。

发现了花垣－松桃宽大梯级带一条，是松桃－花垣－大庸深大断裂的反映；圈定了吉首－沅陵－辰溪重力高值区1处，是红层盆地深部高密度结晶基底隆起及莫霍面抬升的反映。

（六）新疆托里县柳树沟一带1∶5万区域地质矿产调查与博乐矿产预查。

2010年完成全部野外工作并顺利通过野外验收，获评优秀。

（七）上扬子海相含油气地质综合调查、慈利－隆回－天柱走廊大剖面油气地质调查。

2010年已完成项目的报告编写。

（八）《湖南省区域地质志》修编。

“江南古陆”元古宙地层研究取得重要进展，厘定了湖南新元古代地层，重新界定了武陵（造山）运动的涵义和时限。该成果将为各省（区）地质志的编写和地质图件的编制提供依据。

二、矿产资源调查评价

2010年完成1∶5万矿产地质测量3216 km^2，1∶5万水系沉积物测量6761 km^2，1∶5万地面磁测3894 km^2，槽探6万 m^3，钻探1.27万m。

（一）城步平滩矿区钨矿预查。

地表已发现两个钨矿化体，其中1号矿化体，TC2揭露矿体宽度22 m，平均厚为22 m，WO_3单样最高品位1.023%，平均品位0.348%。深部钻探验证，施工7个钻孔有6个见矿，初步圈出3层矿体，矿体厚度分别为1.06～17.32 m，含WO_3为0.139%～0.414%。

（二）锡田地区钨锡多金属矿勘查。

矿区垄上矿段21，21－1号矿脉的详查评价，估算332＋333＋334_1Sn＋ WO_3资源量84 565.66吨。通过异常检查黄草西部锡田岩体内新发现构造蚀变破碎带型铅锌矿脉2条，其中1号矿脉PD1目估Pb＋Zn品位约为18%，PD2目估Pb＋Zn品位约为11%。

（三）花垣－凤凰地区铅锌矿调查。

在狮子山、茶田矿区共施工8个钻孔，其中7个钻孔见到了良好的铅锌矿体，平均品位Zn为0.85%～11.53%，Pb为0.008%～2.656%。初步估算，狮子山、白岩、茶田3个矿区累计铅锌资源量约60万吨。新发现矿（化）点16处。因具良好找矿潜力，该项目已被列为国土资源部49个整装勘查项目之一。

（四）铜山岭地区锡多金属矿远景调查。

在魏家钨多金属矿施工的两个钻孔（ZK801，ZK401）均见到了厚大的钨矿体。据目前控制，钨多金属矿体主体分布于地表500 m以下，厚为4.39～181.55 m，品位WO_3为0.164%～0.472%。初步估算333＋334 WO_3资源量为26万吨，找矿潜力较大。矿产远景调查新发现一批矿产地。幕阜山地区铜金钨多金属矿产远景调查、茶陵－宁冈地区矿产远景调查、湖南文家市地区矿产远景调查等项目通过地质调查和槽探工程，新发现多个矿产地或矿（化）点。

（五）湖南省矿产资源潜力评价。

完成了铁铝资源量预测复核工作，并通过了省厅的初审和武汉地调中心的终审；完成了基础图件数据库的建库工作。完成铜、铅锌、金、锑、钨、磷、稀土矿产的典型矿床、预测工作区成矿规律研究及资源储量预测工作。

（六）坪山铅锌多金属矿探矿权。

2010 年，通过与香港一公司合作，成功拍得江华坪山铅锌多金属矿探矿权，初步勘查效果较好。该项目有望成为湖南省地调院发展矿业权经济的突破口。

三、水文地质环境地质调查

2010 年完成 1∶25 万环境地质调查 8000 km^2，1∶5 万水文、环境地质调查 800 km^2，1∶1 万及 1∶2.5 万水文地质测绘 860 km^2，水文地质、工程地质钻探 1750 m。

（一）长株潭城市群地质环境调查与区划。

基本查明了区内地质灾害、地下水和土壤污染等主要环境地质问题，为长株潭地区“两型”社会建设及地质环境保护提供了科学依据；圈定了长沙市应急水源地范围，对其水质、水量进行了评价；编制了全工作区 1∶25 万地理地质底图、长株潭城市群水系图、长株潭城市群地貌图、长株潭城市群第四纪地质图及长株潭城市群基岩地质图，为下一步编制长株潭城市群基础图件打下了基础。

（二）新田县重点地区岩溶水勘查与开发示范。

基本查明了工作区水文地质条件，摸清了该区岩溶发育规律，圈定了塘罗—周家、龙井塘—冷水塘、石门头—李家等 3 个富水块段。完成开发示范工程 5 处，其中成井 4 处，提引地下河 1 处，解决高山乡集镇及周边、梅家村、石门头村等地近 25 000 人饮水困难问题，受到国土资源部、省国土资源厅及地方政府的好评。

四、商业性地质工作

2010 年商业性地质工作完成经营额达 1200 多万元。主要开展矿产资源储量评估、储量检测、矿山地质环境影响评估、建设用地地质灾害危险性评估、矿山地质环境调查与评价、矿产资源储量利用现状调查、地质灾害防治规划、矿产资源总体规划、矿业权实地核查、矿产勘查、土地利用总体规划修编、新农村村级国土综合整治规划等项目。

特别是在地热资源开发利用方面已取得初步成果。宁乡灰汤地下热水开发利用前期已取得理想的试验结果，项目最终实施成功后，地下热水资源可新增 4000 m^3/d，为灰汤旅游经济的可持续发展提供了可靠的资源保障，该项目也得到地方政府的大力支持和高度评价。

（邓娟玲）

广东省地质调查院工作

广东省地质调查院

概　况

广东省地质调查院成立于 2000 年 6 月，是广东省地质局下属公益一类事业单位。主要承担基础性、公益性、战略性地质勘查等工作，为国民经济和社会发展提供地质基础信息资料，为国土资源规划与管理提供技术支撑，并向社会提供公益性服务。

内设办公室（党委办公室）、人事科、总工程师办公室、财务科、安全设备科、工会（审计监察室）、协外项目（合同）办、基础地质调查室、矿产资源调查评价一室、矿产资源调查评价二室、水文地质工程地质环境地质调查室、物化探室（地质勘查技术室）、地质信息资料室 13 个职能科室。

现有在册职工 112 人，86% 具有本科以上学历。其中专业技术人员 103 人，占职工总数的 92%；专业技术人员中中高级技术职称的有 59 人，占专业技术人员的 57%。拥有相应的各类专用地质勘查仪器设备近 789 台（套）。

在安全工作上，牢固树立“以人为本”的理念，严格按照安全生产制度和操作规范要求，建立了以部门（项目组）为主体的安全管理网络，通过层层抓落实，确保了全年安全生产无事故目标的实现。

2010 年，“广东罗定盆地周边银多金属矿评价”项目获得了国土资源科学技术奖二等奖。

地调与科研

一、基础地质调查

（一）广东省珠江三角洲经济区农业地质与生态地球化学调查。

首次系统采集了覆盖珠江三角洲经济区全域的

表层和深层土壤、河流和近岸海域沉积物样品，建立了区域地球化学数据库；划分出11个总面积约1.3万km^2的富硒优质土壤区；首次系统计算了珠江三角洲经济区不同深度土壤碳储量和土壤碳密度，并首次建立了珠江三角洲经济区土壤环境质量一、二级地方标准；完成了珠江三角洲经济区现代农业发展区划。

（二）广东省典型市县级土地质量地球化学评估。

进一步确认了台山富硒土壤区稻谷硒的含量水平。

（三）广东省珠江三角洲地区土地质量地球化学评估。

首次建立了珠江三角洲经济区省级土地质量地球化学评估体系，建立了土地质量地球化学评估数据库，提出了土地利用综合规划、土壤环境监测与污染治理等建议。

（四）广东省珠江三角洲经济区多目标区域地球化学系列图编制。

系统编制了广东省珠江三角洲经济区表层和深层土壤元素土壤地球化学图、基础性图件和各类应用性图件，为区域生态地球化学研究与评价、土地资源管理，农业区划，生态环境保护与治理提供了地球化学基础资料。

二、矿产资源调查评价

（一）矿产资源远景调查。

2010年，共承担战略性找矿项目8项。完成主要实物工作量：1∶25万地质测量8000 km^2，1∶5万地质测量1334 km^2，1∶5万遥感地质解译6499 km^2，1∶5万水系沉积物测量3010 km^2，1∶5万高精度磁测3480 km^2，1∶1万矿产地质测量170 km^2，1∶1万土壤测量65.6 km^2，钻探3600 m，槽探25 100 m^3，各类地质剖面156 km，物探剖面248 km。在宝山－双髻岽找矿靶区中发现富铅锌矿体，初步圈定矿体8个，矿体平均品位Pb＋Zn为5%～15%；“广东连平地区锡铅锌多金属矿远景调查”项目通过高精度磁法测量圈定16处磁异常成矿远景区，通过水系沉积物测量圈定综合异常18处，确定了大宝山等7处为最具找矿潜力的综合异常；“广东英德金门－雪山嶂铜铁铅锌矿产远景调查”项目，发现10多处矿点；“广东宋柱地区矿产远景调查”项目，划分了5个找矿远景区。

（二）矿产资源潜力评价。

“广东省矿产资源潜力评价”项目，完成了煤、铁、铝、铜、铅锌、钨、锑、稀土、磷、金等11个矿种典型矿床的成矿规律研究、资源量预测、相关图件编制及相应数据库的建设。

（三）矿业权核查。

“广东省矿业权实地核查”项目，完成实地核查的矿业权共计3016个，其中探矿权866个；采矿权2150个。

（四）矿产资源利用现状调查。

“广东省矿产资源利用现状调查”项目，完成广东省煤炭、铁、锰和矿泉水等22个矿种686个上表矿区的资源储量核查，其中固体矿产矿区核查报告592个，地热、矿泉水矿区核查报告94个；完成589个矿区核查成果数据库建库；完成铝土矿、铁、铜、铅、锌、金、钨、锑、稀土、煤炭10个单矿种成果的初步汇总。

（五）固体矿产资源调查。

2010年部省合作地质找矿工作完成实物工作量：钻探7500 m，1∶5000地质填图11 km^2，槽探11 270 m^3，民窿调查1500 m，1∶1万矿产地质测量20 km^2，1∶5000矿产地质测量6 km^2，1∶1万高精度磁测6.28 km^2，1∶1万激电中梯剖面测量38.9 km，1∶1万土壤剖面测量16 km，化学分析样1900多个。“广东省云浮市大金山地区多金属矿勘查”项目，完成钻孔9个，钻孔见矿率100%。圈定16个钨锡工业矿体。初步估算大坳矿段钨资源量（333＋334_1）2.0万吨，预测整个大金山矿区资源量钨为5万～8万吨，矿床远景规模大型以上。平均品位WO_3 0.4%。“粤北禾尚田地区多金属矿勘查”项目，完成大部分的地表填图及地表工程控制。在相树岩区段完成5个钻孔，全部见矿。初步估算相树岩区段钨＋锡资源量（333＋334_1）3.0万吨，另新发现一条规模大具有较好找矿前景的含钨石英脉带，预测整个相树岩区段远景资源量10万～15万吨，矿床规模在大型以上。品位最高WO_3 2.215%，平均0.6%。

三、城市地质调查

“广州城市地质调查”项目首次建立了广州市浅覆盖区基础地质、工程地质、水文地质三维地质结构模型；首次查明了广州市垃圾处理场现状特征，初步评价了现有垃圾处理场的地质环境及其污染状况，完成了广州市垃圾处理场选址评价与区划；系统查明了广州市已发地质灾害分布特征，完成了地质灾害易发性、危险性评价和地质灾害风险区划，建立了广州市城市地质原始、基础和成果数据库，建立了广州城市地质综合信息管理系统。

“广东省主要城市环境地质调查评价”项目对广州、佛山、中山等21个城市的地质灾害的时间分布特征、地质灾害的空间分布特征、对不稳定斜坡特征等环境地质进行了综合研究和分析。

（方成义）

广西壮族自治区地质勘查总院工作

广西壮族自治区地质勘查总院

概　况

广西壮族自治区地质勘查总院是直属于广西地质矿产勘查开发局的集科研与生产为一体的事业单位。主要承担国家和自治区基础性、公益性地质调查和战略性、商业性矿产勘查，以及水工环境地质调查、地质灾害调查等业务。内设机构有办公室、人力资源部、计划财务部、总工办、矿业权管理部、离退休管理部6个部门和综合勘查院、矿产勘查院、地球化学勘查院、水工环院、信息中心、测试中心6个分院（中心）。现有在职人员160多人，其中专业技术人员超过100人。博士研究生6人，硕士研究生23人。正高职称7人，副高职称32人，中级职称35人，初级职称30人。拥有10个勘查资质，其中区域地质调查和固体矿产勘查资质为甲级，液体矿产勘查、水工环地质调查、地球化学勘查资质为乙级，地球物理勘查为丙级。此外，拥有水文水资源调查、地质灾害危险性评估、地质灾害治理工程勘查乙级和地质灾害治理工程设计、监理丙级资质。始终坚持“安全第一，预防为主”的方针，重点做好野外地质调查安全生产工作和交通安全工作。定期开展安全生产检查，排除安全隐患，加强安全监管，2010年度无安全生产责任事故。

2010年度先后获得国土资源部“西南抗旱找水先进集体”、广西国土资源厅“抗旱找水先进单位”、广西地矿局“抗旱找水优秀组织单位”，广西隆安县都结锑矿区普查成果和广西田东县游昌矿区大板矿段铝土矿普查成果分获中国有色金属工业协会找矿成果二等奖和三等奖。

地调与科研

一、基础地质调查

（一）广西壮族自治区多目标区域地球化学调查（贵港地区）。

完成了横县－马岭镇营养有益元素高量区、云表－思怀乡营养有益元素高量区、武乐乡营养有益元素低量区、横县茉莉花种植区及陶圩－灵竹镇多金属异常区的异常查证工作。样品分析数据已通过地调局专家组验收，评为优秀级（94分），目前主要开展资料整理、数据处理及元素地球化学图等图件和成果报告的编制工作。

（二）广西壮族自治区多目标区域地球化学调查（北海地区）。

共完成调查面积13 023 km^2，采集表层土壤样13 431件，深层土壤样3328件，已通过武汉地调中心的野外验收，评为优秀级（92分）。

二、矿产资源调查评价

（一）广西矿产资源潜力评价。

完成各类图件编制3158张（幅），数据库建库2911个，编图说明书2812份，提交了广西铜矿、钨矿、锑矿、铅锌矿、金矿、磷矿、稀土矿和煤炭资源潜力等8份单矿种资源潜力成果报告。预测的资源潜力分别为：铜矿212万吨、钨矿24万吨，锑矿42万吨，铅锌矿2396万吨，金矿1002吨，磷矿5847万吨，离子吸附型稀土矿789万吨，煤炭2.66亿吨。

（二）广西矿产资源利用现状调查。

已完成全部855个核查矿区的野外核查工作，其中核查大型矿区47个，中型129个，小型679个。完成铝、铁、铜、磷、稀土单矿种汇总工作，累计查明铝土矿（净）矿石资源储量81 154.30万吨（堆积型72 013.221万吨，沉积型9141.074 58万吨），在全国排名第二，其中保有77 549.241万吨，未上表的7223.092万吨，划分铝土矿重点勘查规划区10处，开采规划区6个。累计查明铁矿矿石资源储量37 265.851万吨，其中保有34 115.958万吨，未上表的1702.157万吨。累计查明铜金属资源储量432 622.76吨，其中保有192 541.48吨，未上表的5751吨。累计查明磷矿石量13 708.46万吨，已消耗181.4168万吨，保有13 527.04万吨。铅、锌、钨、锑、金等单矿种已完成初步汇总工作。建立了全区铝铁铜矿区核查数据库，形成扎实的储量管理平台。

（三）广西扶绥－崇左地区铝土矿矿产远景调查。

对铝土矿矿源层有新认识、新突破；圈定找矿靶区6处（其中A类靶区4处，B类靶区2处）；新发现铝土矿矿产地4处，其中堆积型具大型远景的1处（金龙）、中型远景的2处（东罗、柳桥），沉积型具小型远景的1处（山圩）；初步估算堆积型铝土矿

（3341）资源量5290.92万吨，沉积型铝土矿（333）资源量122.34万吨，其中2010年度新增堆积型铝土矿（3341）资源量3223.44万吨。项目野外验收为优秀级（90分），目前正在编写成果报告。

（四）广西大瑶山东侧铜多金属矿产远景调查。

1:5万高精度磁测圈定磁异常16处；1:5万水系沉积物测量圈定综合异常4处；新发现矿化点11处；划分成矿远景区8个（其中重点成矿远景区4个），圈定找矿靶区24处（其中重点找矿靶区2处）。

（五）广西罗富地区矿产远景调查。

1:5万水系沉积物测量圈定综合异常5处（其中Ⅰ类异常1处，Ⅱ类异常1处，Ⅲ类异常3处）；1:5万高精度磁测圈定磁异常14处（其中甲类异常5处，乙类异常7处，丙类异常2处）；划分成矿远景区3个，圈定找矿靶区7处。

（六）广西扶绥－崇左地区铝土矿调查评价。

1:1万高密度电阻率测量圈定与沉积型铝土矿有关的低阻异常9处，经钻探验证，在最大的2处异常发现1～7.5 m厚的沉积型铝土矿矿体（矿化体）；新发现堆积型铝土矿区1处，沉积型铝土矿矿体3个；探获堆积型铝土矿（333）资源量874.58万吨，沉积型铝土矿（333）资源量2.68万吨。

（七）广西龙州地区铝土矿调查评价。

新圈定铝土矿找矿靶区3处（其中A类靶区1处，B类靶区2处），圈定含矿洼地50个（面积约39 km^2）；新发现具中型规模的堆积型铝土矿矿产地1处（布泉），新增堆积型铝土矿（333）资源量1167万吨。

（八）桂西地区铝土矿勘查选区研究。

初步认为桂西地区存在2个堆积型铝土矿的矿源层；改进了堆积型铝土矿采样测试方法；对沉积型铝土矿探索出一个找矿新方法；圈定成矿远景区8个，新的找矿靶区4处（可供预查－普查评价），可供详查评价的矿区3处。

（九）广西龙州县水口－金龙铝土矿普查（金龙矿段）。

为广西扶绥－崇左地区铝土矿矿产远景调查工作中新发现的一处铝土矿矿产地，通过2010年度的勘查工作，大致查明矿体平均厚为5.25 m，平均含矿率为906 kg/m^3；矿石 Al_2O_3 平均含量为44.85%，A/S平均为5.80，估算堆积型铝土矿（333）资源量为3359.39万吨，达大型规模。

三、水文地质环境地质调查

（一）广西重点岩溶地区水文地质及环境地质调查（武鸣岩溶盆地）。

完成1:5万水文地质及环境地质调查4050 km^2；1:1万水文地质与环境地质调查110 km^2；地下水动态长期观测14处；施工钻孔6个，总进尺886.9 m，成井5眼，总出水量达到1158吨，解决了5个村屯4087人的缺水困难问题，取得较好的社会效益。

（二）抗旱应急找水打井工程。

完成69个缺水村屯（或居民地）的1:1万水文地质调查566 km^2；施工找水钻孔29个（总进尺2647.73 m），其中成井23眼，出水总量344.46 m^3/h，总装泵流量270.5 m^3/h，解决14 082人的饮用水问题，取得了良好的社会效益。

（三）广西大石山区人畜饮水工程建设大会战找水打井（隆安县、天等县、田林县）。

完成1:10万水文地质调查10 016.7 km^2，1:1万水文地质调查13 907 km^2；完成钻孔23个，总进尺2289.69 m，其中有水孔20个，总出水量9517吨/天，解决20个受旱村屯共22 853人生活用水困难问题，赢得了地方政府和百姓的高度赞誉。

四、地质科学研究

（一）广西北部湾北缘中新生代盆地演化及成油气性研究。

确定合浦盆地、宁明盆地、上思盆地及南宁盆地是主要成油远景区，其中，合浦盆地含油煤系中石油资源量达4.3亿吨，具有较好的找油前景。确定石炭系英塘组、寺门组、黄龙组、马平组；二叠系栖霞组和三叠系马脚岭组、罗楼组和南洪组及第三系邕宁群为主要生油地层，主要储集层以砂岩为主，白云岩为辅。南宁盆地中次一级的那龙盆地，以北西向推覆断裂与百色盆地相连，其是否为另一个储油盆地还有待进一步工作。

（二）广西大瑶山地区铜钼多金属矿成矿预测。

研究认为斑岩型铜钼矿床成矿围岩主要为寒武系细砂岩、粉砂岩及黑色碳质页岩，与成矿相关岩体主要为花岗闪长斑岩（小岩体及岩脉）、花岗斑岩及花岗闪长岩；矿床常赋存于岩体挤压形成的网络状裂隙及断裂破碎带中，与断裂构造及褶皱构造叠加部位密切相关；矿床在时间上具有一致性（均与中生代燕山期岩体的侵入相关），矿化在空间上也具有一定的分带规律，即顶部金银矿化－中部铅锌矿化－底部铜钼矿化。

（邓　军）

海南省地质调查院工作

海南省地质调查院

概 况

海南省地质调查院于1999年8月成立，由1953年成立的海南地质大队抽调精干人员组成。直属海南省地质局，是具有独立法人资格的公益性事业单位。主要承担中央与地方财政出资的区域性、基础性、公益性地质调查和战略性矿产勘查工作，为国土资源规划管理和综合利用提供技术支撑，为经济社会发展提供公益性服务。

2010年4月通过了国际质量管理体系ISO9001:2008第三方认证，管理机构健全，管理制度完善。内设办公室、计划财务科、总工办、质管办、人劳科、资料室、安全科等管理科室；属下有区调队、矿产队、水工环处、物化探队、测绘队、遥感信息中心等专业队伍。现有职工301人，高级工程师60人，工程师115人，大学本科学历或以上占78%。拥有固定的办公场所及基本的基地保障条件，办公总面积2154 m^2。拥有GDP32Ⅱ多功能电法系统、RAS－24地震仪、地质雷达、显微镜、岩心钻机等各类设备330余台（套），能满足地方公益性队伍建设要求。

2010年，海南省地质调查院安全生产工作始终坚持“安全第一，预防为主，综合治理”的方针，坚持“以人为本”的工作理念，加强安全生产工作的领导，切实做好安全工作，全年实现安全生产零事故。

地调与科研

2010年，海南省地质调查院开展的地质工作，为中央财政、地方财政和商业性地质勘查项目。涉及基础地质、矿产地质、水工环地质、地质科研等。

一、基础地质调查

（一）《海南省地质志》编制。

进一步完善海南省岩石地层单位划分，确立了海南岛侵入岩序列和成因类型、进行海南省构造单元分区并总结其地质特征，重新总结与建立了海南岛构造骨架和变质变形序列。已完成报告编制。

（二）1:5万兴隆、陵水县、什岭市、吊罗山幅联测。

已完成成果报告、专题研究报告及各类地质图件编制和数据库建设，并通过了武汉地调中心组织的专家组评审，获评良好级。新发现7处钼矿化点。

（三）1:5万番阳、五指山、营盘村、乘坡幅联测。

开展了1:5万区域地质调查，加强了含矿地层、岩石、构造的调查，系统查明了区域地层、岩石、构造特征和成矿地质条件。

（四）海南岛多目标区域地球化学系列图编制。

通过地调局组织的专家组评审，获评优秀级。并由地质出版社正式出版。

（五）海南省土地质量地球化学评估。

已完成了数据汇总、整理、评估和分析，编制相关专题图件。

（六）海南省典型市县级土地质量地球化学评估。

已通过野外验收，获评优秀级。所有样品测试成果已通过地调局区域化探样品测试质量检查组的验收。

二、矿产资源调查评价

以战略性矿产远景调查和重要成矿区带资源潜力评价及优势矿产勘查为重点。

（一）战略性矿产远景调查和资源潜力评价。

在海南主要成矿区带和优势矿产分布区开展矿产远景调查和资源潜力评价。开展了金、钼、铜、铅锌等矿产远景调查及潜力评价，2010年新发现金、钼、钨锡等矿产地3处和金、钼、铅锌等金属矿（化）点5处。

（二）大宗建筑用矿产资源调查评价。

为做好、做实海南省市县大宗建筑用砂石粘土矿资源规划，科学务实管理矿业权，切实维护大宗建筑用砂石粘土矿开发利用秩序，更好地为地方经济建设服务。根据海南省财政厅和海南省国土环境资源厅的安排，在海南省18个市县开展“砂石粘土矿资源调查评价及矿业权出让前的准备”工作。海南省地质调查院承担了海口、万宁、昌江等10个市县的调查评价工作，全部完成了野外验收和各市县矿业权设置方案。

（三）矿产勘查。

主要开展金、铜、钼、铅锌和锆钛砂矿、石英砂矿等矿种的勘查评价。

金矿：在红甫门岭矿段圈定3个金矿体，Au为$2.11\times10^{-6}\sim8.19\times10^{-6}$，矿体真厚度为1.81～2.64 m。在南茂金铜矿区、银岭顶金矿区，发现金矿化点4处，含矿破碎带分别发现1.5 m和2.0 m的矿体，Au为$5.86\times10^{-6}\sim97.4\times10^{-6}$，Ag为$21.1\times10^{-6}\sim73.5\times10^{-6}$，Cu为0.53%。

钼矿：千家地区钼钨铜多金属矿潜力调查评价，在花岗斑岩脉中圈定了6个钼矿体和14个钼矿化体，Mo为0.01%～0.21%，真厚度约为16.5 m。琼海烟塘梅岭铜钼矿勘查，完成了3个钻孔，总进尺为1550 m。均见Cu，Mo矿化。

铅锌矿：乐东后万岭铅锌矿详查，施工32个孔，总进尺为5322.56 m。主要矿脉带6条，矿化带宽为200～500 m，长大于6 km，共圈定地表矿体10个，盲矿体3个，厚度为2.64～21 m，以锌矿为主，伴生铜、银矿，Zn为0.006%～36.90%，Pb为0.004%～11.27%，Cu为0.06%～4.43%，Ag为12×10^{-6}。铅锌资源量达30万吨，有望突破50万吨。

锆钛砂矿、石英砂矿：海南西南部沿海陆地锆钛砂矿、石英砂矿资源预查－普查，圈定了9个石英砂矿体，探获石英砂矿石资源量6043万吨，矿床规模为大型；圈定了126个锆钛砂矿体，探获资源量锆英石矿物量104万吨，钛铁矿矿物量704万吨。

三、水文地质环境地质调查

完成了海南国际旅游岛地质环境保障工程的可行性研究，地调局已将此项目列入“十二五”地质调查规划中，确定为计划项目，并于2011年启动海南国际旅游岛水文地质工程地质调查评价和区域稳定性评价项目。

海南旅游地质调查评价示范，主要开展海南岛及其周边岛屿区域旅游地质资源调查和三亚重点旅游景区（点）专项旅游地质资源调查和遥感解译工作。已完成了野外验收和室内资料整理工作，目前正在进行编图、数据库建设和报告编写，预计2011年6月份提交成果报告。

四、地质科学研究

2010年，海南省地质调查院开展的科研项目有：海南岛大地构造演化与Mo（Cu）成矿作用、屯昌县南棍园一带含碳浅变质岩的时代及岩石地层单位研究、海南岛砖红壤固碳机制试验研究、海南岛土壤固碳潜力表征方法与主要农耕区土壤碳汇潜力研究、海南岛土壤碳库及固碳技术开发研究等，各个项目进展顺利。

五、省部合作项目

（一）海南岛生态地球化学调查。

已完成局部生态地球化学评价的6个专题研究报告，通过海南省地质局组织的专家组评审，均获评优秀级；完成区域生态地球化学评价报告、局部生态地球化学评价报告、总体综合评价报告的编制和多元信息系统的建设，已通过海南省地质调查院组织的专家组初审，并向地调局提出验收评审申请。

（二）海南省矿产资源潜力评价。

开展成矿地质背景、成矿规律与成矿预测、物化探遥感自然重砂综合信息评价、信息集成、煤炭资源潜力预测评价等5个专题。完成了全岛1∶25万实际材料图、1∶25万建造构造图等基础性图件编制和海南岛煤炭、铁、铝等矿种成果验收，各矿种成果报告质量为优良。

（三）海南省矿产资源利用现状调查。

全面开展海南省煤炭、铁、锰等18个国家规定矿种和全省具有资源优势的锆英石、钛铁矿等5个矿种的资源储量核查，摸清资源存量，确保省内资源持续、稳定供应，为海南省经济建设和宏观决策提供技术支撑。项目进展顺利。

（四）海南省矿业权实地核查。

对海南省范围内的矿业权（不含油气和地下水资源）现状进行实地核查，核准矿业权实际范围，摸清矿业权分布现状和规律，及时纠正核查中发现的问题，更新探矿权、采矿权登记数据库，使矿业权管理水平得到较大提升。成果报告已通过评审，质量优秀。资料汇交完毕，项目已结题。

（陈　丽）

重庆市地质调查院工作

重庆市地质调查院

概　况

重庆市地质调查院成立于2008年7月，属重庆市国土资源和房屋管理局管理的财政全额拨款正处级事业单位。工作宗旨是：开展地质调查、促进地质事业发展。主要职责是：承担重庆市区域性公益性基础性地质调查、重要矿产勘查项目管理服务工作；组织实施质量监督和重大项目监理；建立地质信息系统并提供服务。

精心组织重庆市地质勘查项目的策划论证工作，以尽快实现地质找矿重大突破。为做好项目策划，承担开展“重庆锰矿南部基地笔架山锰矿整装勘查前期论证”、“重庆锰矿南部基地小茶园锰矿整装勘查前期论证”、“重庆锰矿北部基地整装勘查前期论证”、“重庆渝西锶矿整装勘查前期论证”等一系列前期论证项目，为项目论证奠定基础。组织开展2010~2012年重庆市公益性地质调查和战略性矿产找矿行动计划的立项论证，汇总编制了“重庆市地质勘查计划（2010~2012年）”共计策划项目88项。在3年地质工作计划基础上，结合续作项目进展情况，安排重庆市2010年度地质矿产勘查项目计划项目59项。

按照项目管理办法，认真做好了重庆市地质矿产勘查项目的组织实施，监理及成果检查验收等项目管理工作，完成的具体工作有：

组织重庆市2009年度地方矿产地质勘查项目的招标，招标项目10个。

组织地质矿产勘查设计评审90项，野外验收48项，成果报告评审39项，压覆矿产资源评估报告435项。

组织开展项目技术难点专题论证19次，及时解决了项目实施过程中的技术问题。

此外进一步加强地质勘查项目质量检查，督促地勘单位提高质量。一是9月份质量月期间，组织检查组对重庆市大调查项目进度和质量进行全面检查；二是11~12月，会同重庆市国土房管局储量处开展了全市地质矿产勘查项目大检查。

地调与科研

争取地调局下达重庆地质调查项目共9项，支持资金4930万元。2010年所有调查项目平稳有序推进，年度任务基本完成。

一、整装勘查

为了加快实现地质找矿重大突破，经重庆地质调查院积极争取和申请，重庆市铁矿铝土矿整装勘查作为全国首批6个整装勘查示范项目之一予以启动实施。2010年7月27日，重庆市国土房管局、成都地调中心及中国铝业、重庆钢铁集团在重庆签署了《重庆市铁矿铝土矿整装勘查项目合作协议》，国土资源部、重庆市人民政府有关领导出席了签字仪式。至止，全面拉开了重庆市铁矿铝土矿整装勘查的序幕。

根据重庆市地调院的实际情况，整装勘查计划项目中除渝东地区地质构造演化及铁铝基地研究由成都地调中心承担外，其余项目由重庆市地调院负责牵头实施。

（一）铁矿整装勘查。

已先期启动的项目为地调局下达的重庆市綦江县新盛－土台铁矿调查评价、重庆市巫山县桃花－邓家铁矿调查评价。重庆市綦江县新盛－土台铁矿调查评价完成物探269点/13.35 km，槽探1280 m^3，钻探1796.2 m；重庆市巫山县桃花－邓家铁矿调查评价完成物探200点/10 km^2，槽探1200 m^3，钻探1386 m/2孔，岩矿实验30件，施工钻孔2个，勘查区西南部的ZK2301已终孔，揭露矿体有0.32~1.01 m，ZK5110孔正在施工，已接近含矿地层。所有项目2010年度工作已基本完成，阶段成果基本达到设计预期目的。

（二）铝土矿整装勘查。

已启动的项目为地调局下达的重庆车盘铝土矿调查评价、重庆九井铝土矿调查评价。其中，重庆车盘铝土矿调查评价完成物探213点/11 km，槽探11 245 m^3，钻探1408.65 m，浅井61.30 m，基本分析样493件，施工的3个钻孔中2个孔有铝土矿存在，厚度0.54~2.30 m，Al_2O_3含量49.83%~56.02%，成果较好；重庆市九井铝土矿调查评价完成221点物探测深，化探1095 km，槽探7880 m^3，浅井28 m，钻探989 m。所有项目2010年度工作已基本完成，阶段成果基本达到设计预期目的。

二、重庆重点岩溶流域地下水勘查与开发示范

重庆市岩溶出露面积3万 km^2，主要分布在渝东南、渝东北等国家级贫困县，区内石漠化、水土流失、洪涝等环境地质问题突出，缺水人口达115万人。

“重庆重点岩溶流域地下水勘查与开发示范”项目属“西南岩溶石山地区地下水及环境地质调查计划”项目，起止时间2010~2015年，其中2010年工作经费1500万。总体目标是开展重庆市岩溶流域1:5万水文地质环境地质调查，查明岩溶水文地质地质条件，岩溶水资源及开发技术条件和主要环境地质问题，选择重点地段实施地下水开发示范工程，编制岩溶地下水开发区划方案，为推进西南岩溶区解决干旱缺水和石漠化综合治理提供依据。如项目进展顺利，对区内石漠化、水土流失、洪涝以及饮水难等问题将提供可靠地质参考依据和有效解决途径。

本项目设计已经通过了桂林中国地质科学院岩溶地质研究所组织的评审，设计得分92.5分，质量评

为优秀。项目正按照设计逐步开展。

三、地质科学研究

实施了重庆市重要矿产资源潜力评价和储量利用现状调查工作，进一步摸清了重庆市矿产资源储量家底，开展了重要矿产潜力评价预测，为重庆市科学合理地布局矿产勘查开发工作奠定了基础。提交《重庆市低品位锶矿选冶试验研究》、《重庆市巫山“宁乡式”铁矿利用工艺技术研究》、《重庆市渝东南炼镁白云岩可行性研究》、《重庆市中低品位铝土矿石利用研究》项目成果报告。重庆市煤炭资源勘查瓦斯评价方法研究、重庆市城口县中低品位钡矿石选冶工艺技术研究项目进展顺利。

其中，低品位锶矿选冶试验通过矿石物质组成和工艺矿物学研究，采用重选、浮选两种工艺进行选矿试验研究，解决了含天青石32.5%的锶矿的选矿技术问题，获得了天青石精矿产品（重选：精矿品位$SrSO_4$为78.15%，回收率为80.90%；浮选：精矿品位$SrSO_4$为61.12%，回收率为83.16%）；宁乡式铁矿利用工艺技术研究，对多种试验流程结果对比表明：在目前情况下“脱泥-反浮选脱磷-反浮选脱硅”流程是该矿利用的优选工艺；重庆市中低品位铝土矿石利用研究项目选择最优预脱硅艺技术，将铝土矿A/S由3.5左右提高到7以上，实现氧化铝相对浸出率≥90%；炼镁白云岩可行性研究提出了切实可行的炼镁白云岩矿的工业指标$MgO \geq 20\%$，SiO_2单样≤3%、矿层≤2.5%，$K_2O + Na_2O \leq 0.3\%$，可采厚度≥4 m，夹石剔除2 m，研究区白云岩冶炼金属镁可行，预测4个勘查基地可露天开采的资源总量在10亿吨以上。

（秦　溱）

四川省地质调查院工作

四川省地质调查院

概　况

四川省地质调查院成立于1999年9月，具有独立法人资格，是从事公益性、基础性地质调查工作的全民所有制事业单位，隶属四川省地质矿产勘查开发局。

四川省地质调查院现有在册职工152人（未含离退休职工92人），各类技术人员133人，占职工总数的87%，其中高级职称38人（含教授级高工16人），占技术人员的28%，中级职称41人，占技术人员的31%，是技术密集型单位。

内设办公室、总工办、档案馆、矿产评价部、基础部、水工环部、党群部、劳动人事部、财务部、经济管理部和行政服务中心；下设遥感、区调、矿产调查、勘查技术、水工环、地球化学、环评中心7个直属生产单位。

拥有两栋办公楼，建筑面积共计5055 m^2。共有设备788台（套），价值2316万余元，其中，2010年新增设备121台（套），价值567万余元。

成立了安全生产领导小组，领导小组下设办公室，负责日常工作。制定颁发了《2010安全生产工作安排通知》，对安全生产工作的指导思想、工作目标及主要任务做了明确规定，层层签订《安全生产、社会治安综合治理维稳责任书》，安全生产工作直接与年终目标考核挂钩。2010年四川省地质调查院未发生安全生产责任事故。

2010年，“四川盆地中生代恐龙动物群研究”项目，获国土资源部科学技术二等奖。

地调与科研

2010年，承担国土资源大调查和地质调查评价专项项目35项，总经费达15 405万元（其中基础性项目20项，矿产项目10个，水工环项目5个）；四川省财政项目6个，总经费1926万元；外收2069万元。

一、基础地质调查

（一）区域地质调查。

1. 1:5万区调。完成28个图幅填图4110 km^2，新发现有进一步工作价值的矿化点7处，并依据当地政府的需要对部分调查区的地质旅游资源进行了调查评估，对调查工作中新发现的滑坡体、泥石流和崩塌等不良地质现象进行了详细研究与测量，并将成果于“6.24”特大暴雨前及时提交了当地政府，从而避免和减轻了甘孜县夺多乡夺多村、申达村的百姓生命财产的损失。

2. 1:25万区调。完成9个图幅填图39 500 km^2，查明了测区地层、岩石、构造等区域地质特征，建立了区域地质构造格架，为龙门山地震灾区恢复重建、地震地质科学研究提供了全新的基础地质资料。

（二）区域地球物理调查。

完成1:20万区域重力调查25 260 km^2，1:25万区域重力调查12 500 km^2及相关的配套工作。

（三）区域地球化学调查。

完成1:25万水系沉积物测量31 100 km^2，发现综合异常48处。

（四）生态地球化学调查。

1. 四川阿坝州生态地球化学调查。2010年完成1:25万土壤测量13 900 km^2，各类采样9000余件。

2. 四川省2010年度"金土地工程"18个土地整理区农业地质调查。完成土地整理区环境调查、土壤地球化学测量近500 km^2，获得了农业地质调查高精度分析数据6000余件，以及近10万个分析数据。

（五）遥感地质调查。

1. 西南三江区域遥感地质综合调查。获得西南三江流域地质地貌、湖泊等高清晰图件上千幅，进行地貌稳定性评价、地震活动程度评价、地质灾害评价、坡度评价、植被覆盖评价。

2. 川西南与浙东重点矿集区矿山开发遥感调查与监测。通过遥感工作发现在四川省和浙江省范围内的14处重点整顿矿区存在各类违规开采点144处，其中四川省42处。

3. 班公湖－怒江成矿带矿产资源遥感综合调查。通过对遥感异常点的查证筛选，野外查证了18个找矿靶区，新发现矿化线索5处。

二、矿产资源调查评价

（一）矿产远景调查。

共3项，即四川茶布朗－鸭嘴地区矿产远景调查、四川南江地区矿产远景调查、西藏安张地区地质矿产调查。设计实物工作量全面完成，主要有：矿产地质填图494 km^2、1:1万地质测量135 km^2、1:5万地面高精度磁测1326 km^2、1:5万水系沉积物测量4454 km^2、1:5万遥感解译4454 km^2、槽探7192 m^3。新发现6个金矿（化）点和2处"马元式"铅锌矿（化）点。

（二）固体矿产资源调查评价。

共6项，即四川中咱－得荣地区铜多金属矿勘查、四川理塘地区铜铅锌矿调查评价、四川省白玉县有热地区铅锌矿调查评价、四川木里－会东地区铁矿调查、四川马边－雷波地区铅锌矿调查评价、四川省攀西地区红格外围钒钛磁铁矿调查评价。除"四川理塘地区铜铅锌矿调查评价"因社会原因未开展工作外，其他工作量已全部完成并取得了较发找矿成果。完成主要工作量有：1:2.5万地质填图125 km^2、1:1万地质填图160 km^2、土壤测量257 km^2、激电测量10 km^2、磁法测量563 km^2、槽探21 359 m^3、坑探200 m、钻探8490 m。新发现3处铅锌矿（化）体、1处钒钛磁铁矿，其中四川中咱－得荣地区铜多金属矿勘查项目的红军山银铅锌矿远景可达大型；新发现铁矿点1处，铜矿点3处。

（三）矿产资源潜力评价。

各课题、各专业开展了一系列的工作，编制正式图件1208张，完成铁、铝、煤炭、铜、铅、锌、金、磷、钾盐、稀土等矿产资源潜力评价，基本完成省级基础性编图，初步建立了数据库。

三、水文地质环境地质灾害地质调查

（一）水文地质调查评价。

"四川阿坝州地方病严重区地下水勘查及供水安全示范"、"四川西部地方病严重区地下水勘查及供水安全示范"项目，共计完成1:10万区域水文地质调查23 126.81 km^2；1:2.5万专项水文地质调查1340 km^2；水文地质钻探9001.58 m；岩土水样测试980组。

（二）灾害地质调查评价。

"汶川地震地质灾害遥感补充调查"、"汶川地震灾区地质灾害勘查成果综合集成"、"岷江流域地质灾害详细调查（黑水、松潘）"项目，共完成1:5万遥感调查98 041 km^2；1:1万遥感调查1793.65 km^2；1:5000遥感调查150 km^2；1:5万工程地质测绘6000 km^2；1:1万工程地质测绘1090.5 km^2；地质灾害调查368处；环境地质调查1019处。

四、地质科学研究

（一）四川省地质遗迹调查与区划及示范研究。

初步建立了四川省地质遗迹区划系统，按照地质、地貌和地质灾害遗迹三大类进行地质遗迹点的筛选和鉴评，确定并完成了288处有代表性的地质遗迹登录。

（二）龙门山地震带新构造特征及其对引发地质灾害影响与控制分析研究。

该项目对龙门山构造地震带及邻区地理地貌、区域地质构造背景及新构造活动性进行了全面总结，揭示了活动断层与地震活动有着密切成因联系，为发震条件分析提供了基础资料。该课题成果经四川省国土资源厅组织鉴定认为达到国际先进水平。

（王显锋　付小方　陈　倩　安慰芳）

贵州省地质调查院工作

贵州省地质调查院

概 况

贵州省地质调查院是经贵州省人民政府批准成立的县级事业单位，隶属于贵州省地矿局管理。主要承担国家下达的基础性、公益性、战略性地质勘查、水工、物化遥调查，地质灾害等调查及研究工作；负责向地调局申报承接或竞标承揽跨省（区）的区域地质、矿产勘查、水工、物化遥等公益性、基础性和战略性地质项目；承担省人民政府为实现地方经济可持续发展战略安排的固体、能源、水气等矿产资源地质勘查、评价、规划等任务及地质灾害和生态环境调查、评价区划任务；受省人民政府委托，参与有关涉内（涉外）勘查项目的立项论证、项目管理、质量监理及相关地质勘查等工作。主要从事中央和地方公益性、基础性和战略性地质矿产勘查工作，为国土资源管理提供业务技术支撑。

具有区域地质调查、固体矿产勘查甲级资质，地球物理勘查、地球化学勘查、遥感地质调查、地质实验测试、地质灾害危险性评估、测绘乙级资质，液体矿产勘查、水工环地质调查丙级资质。2010 年通过地调局地方公益性队伍业务能力建设评估，获 A 级单位。

内设 14 个机构，人员编制 550 名。实有职工 169 人，其中高级职称 37 人（正高 7 人，副高 30 人），中级职称 68 人；博士 3 人，硕士 19 人，大专以上文化程度 128 人；贵州省地矿局局管专家 4 人，局管专业技术骨干 16 人。

贵州省地质调查院目前拥有能满足公益性地质调查工作要求的技术装备及野外交通工具，共有各类设备 800 余台套。

2010 年，“贵州遵义地区铝土矿远景调查”、“贵州省安顺市西秀区旧州（西）煤炭普查”分获贵州省地矿局 2010 年度一、三等奖。“贵州省资源接替区选区评价”等 9 个项目获贵州省地矿局科技成果三等奖、《沉积型铝土矿预测方法及其影响因素——以贵州省铝土矿为例》等 10 篇论文获贵州省地矿局科技成果优秀论文奖。

积极开展安全生产管理体系建设，积极探索安全生产标准化建设，落实安全生产责任制，形成了“横向到边，纵向到底，全面覆盖”的安全管理网络体系，在安全生产预案管理、安全教育培训、制度建设、安全检查与隐患整改等方面积累了经验，2010 年未发生一起生产安全事故，确保了安全生产，获得了中国职业安全健康协会地质勘查安全分会评定的安全生产教育培训先进单位。

地调与科研

2010 年承担基础性、公益性项目共 21 项，其中，地调局 19 项；贵州省地勘基金 2 项。各项目均按照任务书及年度工作方案要求，完成了相应的工作量。所承担的项目设计优秀 6 个、野外验收优秀 5 个、成果报告优秀 1 个，优良率（含评审通过率）100%。

一、基础地质调查

（一）区域地质调查。

2010 年承担贵州省内两个片区新开项目共 8 幅的 1:5 万区域地质调查和西藏自治区 1 个片区 4 幅的 1:5 万区域地质调查。

云南 1:5 万由旺街、施甸、姚关幅区调续作项目对片区以往资料进行了全面的综合整理及总结，2010 年通过野外验收，旺街、施甸幅获得优秀级。

贵州省地质系列图件编制与综合研究续作项目编制完成了 1:100 万晚二叠世岩相古地理图草图，对其他系列图正进行编制、修改、补充与完善。各章节报告的编写与研究工作进展、进度正常有序。

（二）区域地球物理地球化学调查。

2010 年主要承担云南临沧－勐海地区 1:25 万区域重力调查，完成区域重力测量面积任务 14 000 km^2；配合矿产评价、矿产远景调查完成了激电中梯、TEM 剖面测量 105 km。

化探工作主要是“贵阳市多目标区域地球化学调查”项目通过采集样品分析，“地氟病”是氟元素引起的得到进一步证实：氟元素异常中心区主要集中处于二叠系、三叠系等地层风化残积地段，碎屑岩风化的土壤内含量高于碳酸盐类；地氟病表现为在异常中心区居民患地氟病人群普遍，随着年龄增长患病明显，异常中心区至异常外围病情明显减弱；从氟元素迁移初步分析，异常中心区“地氟病”为严重区，异常中心区向外围是“地氟病”减弱的，再向外就没有发现“地氟病”的症状。

（三）遥感地质调查。

贵州中西部与重庆秀山重点成矿带及矿集区矿山

开发遥感调查和监测项目通过对重点矿区遥感监测，向矿政管理部门、矿政执法部门提供快速、准确、客观的监测成果，将存在违规采矿山及时上报，使得执法工作更具有针对性、目的性，为地方矿政管理和执法部门做好技术支撑，推进了遥感监测成果在矿政管理、执法中的运用。

（四）空间数据库建设。

完成了20幅1:5万地质图空间数据库与元数据库的建设及1:50万贵州省地质图制图工作。

二、矿产资源调查评价

（一）贵州遵义地区铝土矿远景调查项目全面完成了2010年下达工作量。

针对大竹园组含矿岩系地层进行详细追索及沉积相资料的收集，建立了铝土矿含矿层的地层层序及找矿标志。在洛龙一带通过浅表工程及钻探工程，实现了该区找矿突破。发现并控制该区铝土矿（矿体厚为1.2~4.36 m，品位为41%~73%，估算资源量为1308万吨）。成果受到地方政府部门的高度重视和关注，为在黔北地区寻找更多的铝土矿床奠定了基础。

（二）贵州小猫厂－克老坝地区铝土矿调查评价、贵州黔西南地区金矿调查评价。

2项目均通过设计审查，并全面完成了2010年设计工作量。确立了区内主要含矿层位及与矿关系密切的矿断裂带，根据所作的地物化遥综合成果拟定了下一步工作的重点及工作方案。

（三）贵州罐子窑－茅口地区铅锌矿远景调查。

新发现欧场等铅锌矿蚀变带。

根据矿产检查、综合研究和综合成矿预测成果，划分了3个找矿远景区，并进一步确定了3个矿产重点检查找矿靶区和4个地物化遥重点异常区。

（四）西藏改则县北亭贡南部地区地质矿产远景调查。

加强了斑怒带内木嘎岗日岩群解体，以及班怒带演化调查研究，提高了测区地质研究程度。发现铜、金、铜金矿、金铜铅多金属矿（化）点及铅锌矿（化）点共计25处。并对上述矿（化）点进行了重点或概略检查工作，提供了可供进一步工作矿（化）点5~6处。2010年8月通过野外验收，获优秀级。

（五）贵州省矿产资源潜力评价。

完成了《贵州省铝土矿资源潜力评价报告》、《贵州省铁矿潜力评价报告》修改及铁、铝土矿资源量的核实工作；完成了贵州省煤炭、铜、磷等10个矿种初审工作，并转入矿产预测成果报告的编制。利用铝土矿潜力评价成果促成了务正道地区铝土矿进入全国第一批整装勘查项目。部分成果还及时为贵州省“十二五”矿调项目及其他矿产项目的申报奠定了坚实基础。

（六）贵州省矿产资源利用现状调查。

编制完成核查报告582个，数据库建设514个，项目进展正常。

2010年3月由地调局、成都地调中心组织了对贵州矿产远景调查两个项目的评审，其中贵州以那架－小猫场地区矿产远景调查获优秀，贵州艾家坪－水城地区矿产远景调查获良好。

三、水文地质环境地质调查

贵州重点岩溶流域水文地质调查及环境地质调查项目开发地下水点182个，解决了当地近9万人、6万头牲畜的饮水及15 000余亩农田的灌溉用水问题；截引地下河建成发电站一座，引水流量1750 L/s。结合《贵州省农村饮水安全工程地下水开发利用布局规划》，对区内规划近期实施的24处农村饮水不安全点进行了水文地质调查，为实施饮水安全工程提供安全水源13处。

（何　薇）

云南省地质调查局工作

云南省地质调查局

概　况

云南省地质调查局隶属于云南省国土资源厅，为基础性、公益性全额拨款事业单位。主要负责全省基础性、公益性地质工作，开展区域地质、地球物理、地球化学、遥感地质调查，开展地质科学研究，组织重大地质问题及地质调查相关技术进行科技研究与攻关；负责开展重要矿产资源评价和勘查，对重要成矿带、重点矿种进行远景调查评价和前期勘查；负责全省地质环境和地质灾害调查、监测与评价，建立全省地质灾害监测预报预警系统，开展地下水调查评价与监测、缺水地区地下水勘查、农业地质、城市地质、矿山环境地质、地质遗迹调查工作；负责开展土地利用规划和矿产资源规划研究，开展土地和矿产资源信息数据统计分析工作；负责基础性、公益性地质数据及成果资料的信息数字化建设，建立地质基础及矿产空间数据库。2010 年 6 月，被国土资源部授予“西南抗旱找水打井工作先进单位”的荣誉称号；被云南省国土资源厅授予“抗旱救灾地下找水突击行动先进单位”的荣誉称号；30 名职工获得国土资源部“西南抗旱找水打井工作先进个人”的表彰。

云南省地质调查局机关内设局办公室（局党委办公室）、组织人事处、财务处、基础调查处、资源评价处、规划科技处等 6 个处室，下设云南省地质调查院（云南省地质科学研究院）、云南省地质环境监测院（云南省环境地质研究院）、云南省国土资源规划设计研究院和云南省地质技术信息中心（云南省地质资料馆）。

云南省地质调查局，核编 460 人，现有职工 369 名，拥有各类专业技术人员 277 名，其中，具有正高级职称人员 24 名，副高职称人员 80 名，中级职称人员 58 名。

云南省地质调查局固定资产 3596 万元，在地质调查物探化探、交通车辆、定位通讯、工程测量、检测试验、数字采集、电算制图、照相录像、数字投影、信息系统、办公自动化等方面拥有一定数量的技术装备。

云南省地质调查局安全生产，坚持贯彻“安全第一、预防为主、综合治理”的安全生产工作方针，建立、健全全局各级安全生产责任制和岗位安全操作规程，成立了安全生产委员会，以局长为第一责任人，签订安全生产责任书。高度重视地质技术、地质资料的网络安全保密工作，不断强化日常监管和教育，深入推进计算机网络安全制度建设。

地调与科研

一、基础地质调查

（一）区域地质调查。

1∶5 万瓦窑幅、永平县幅、龙街幅、板桥街幅、杉阳幅、厂街幅、保山市幅、金鸡村幅区域地质综合调查。全面完成野外地质调查工作，经野外质量验收，瓦窑、板桥街、杉阳、保山市、金鸡村等 5 幅评为优秀级，永平县、龙街、厂街对 3 幅评为良好级；目前进入成果报告编写阶段，2011 年底提交最终成果。

1∶5 万瓦渣幅、哈卜幅、元阳县幅、绿春县幅区域地质调查。在绿春一带及南东格马新发现 2 个铅锌成矿带；根据在原划分下志留统中采获的化石及火山岩证据，认为该套地层属泥盆系。

1∶5 万九农幅、阿登各幅、德钦县幅、红坡幅区域地质调查。新发现南左牛场铜铅矿点、永支铜矿点、永浦石英脉型铜矿点 3 处及铜矿化矿点 2 处；在澜沧江以西的雨崩地区，新发现 2 套中浅变质—强变形的片岩，主要由 4 套不同的岩石地层构成。

1∶5 万大寨幅、屏边县幅、白河桥幅、桥头街幅、夹寒箐幅区域地质调查。新发现铜矿化点 1 处，矿化体厚 0.6 ~ 2.6 m，地表出露长度 50 m，含铜 2.49%、金 0.7×10^{-6}；磁铁矿点 2 处，目估品位大于 40%；热泉型褐铁矿 1 处，打块样 Fe 36.4%；有进一步工作价值。

1∶5 万新城幅、小勐统幅、永德县幅、大出水幅区域地质调查。调查发现石炭系张家田组可分解为丙麻组、丁家寨组等，其所出露位置断裂构造发育，基本可确定为断裂混杂带。

1∶25 万澜沧县幅、景洪市幅、勐海县幅、勐腊县幅区域地质调查。经调查兰坪 - 思茅盆地中轴构造带在区内有明显表现，从三叠纪起具一定的分划性，中生代红层具区域动热变质，东侧中、新生代红层中发育一系列正断层。澜沧江断裂带以东出露的中、上泥盆统（怕冷组、南光组）分别代表了原特提斯的封闭和古特提斯的打开（次级洋盆）的大地构造环境。

（二）区域地球物理调查。

云南省瑞丽 - 腾冲地区 1∶20 万区域重力调查（5 幅）项目完成全部野外调查面积 18 700 km^2，目前正在进行资料整理与报告编写。云南普洱 - 勐腊地区 1∶25 万区域重力调查（3 幅）项目，完成重力调查面积 16 104 km^2。

（三）区域地球化学调查。

“云南省滇池 - 抚仙湖经济区多目标区域地球化学调查”项目总调查面积 1.2 km^2，已全面完成野外工作；进行综合研究与资料整理、成果图件编制，年底交报告送审稿。“云南省安宁 - 易门经济区多目标区域地球化学调查”项目，总调查面积为 2800 km^2，已全面完成野外工作，完成异常查证与报告编写。“云南省峨山 - 元江地区多目标区域地球化学调查”项目，已全面完成野外工作，完成异常查证与报告编写。

（四）遥感地质调查。

“西南三江区域遥感地质综合调查”项目，通过了成都地调中心组织的野外验收，获质量优秀级，目前正在编写报告。“云南安宁、南温河、富源等重点矿集区矿山开发遥感调查与监测”项目，目前正在进行室内信息提取总结与资料整理，待野外验收。

二、矿产资源调查与评价

（一）云南省矿产资源潜力评价。

主要完成了铜、铅锌、金、钨、稀土、锑、钾、磷、铁、铝及煤炭12个矿种资源潜力评价工作；预测了12个矿种预测资源量；提交云南省铁矿、铝土矿资源潜力评价成果报告，铁、铝有关数据库，以及重力、磁测、化探、遥感、自然重砂等基础数据库。

云南省矿产资源潜力评价——云南省成矿地质背景研究专题综合研究。完成铁、铝成矿预测构造专题底图，共17个预测区，20张图的编制；完成数据库建设工作，验收获优秀级成果；完成1∶25万实际材料图、建造构造图的编制并获得验收，获良好级。

云南省矿产资源潜力评价——云南省物化探遥感自然重砂综合信息研究（物探、化探专题综合研究）。完成全省性1∶50万的物探、化探基础综合图件编制工作，总计115张，其中物探8张，化探107张；完成11个矿种，87个预测区、76个典型矿床的物化探工作编图和文字总结的工作；完成云南省铜地球化学定量预测工作；提交云南省三级预测区119个。

（二）矿产勘查。

云南省中甸地区铜多金属矿评价。2010年重点对红山、普朗矿区进行了钻探、坑探工程施工，开展了外围地区物化探测量。通过磁测，在红山牛场铜矿的南端新圈定了长约800 m，宽约200～500 m，呈北西向带状展布的磁异常。

云南香格里拉县春都－烂泥塘铜多金属矿区调查评价。对雪鸡坪矿区进行了钻探工程施工，同时开展了外围地区1∶1万地球化学测量。在欧赛拉异常区圈出数个磁、电异常。

云南香格里拉县卓玛－热林铜多金属矿调查评价。重点对热林矿区、卓玛矿区施工工程进行了控制，面上选择沃迪措一带进行了地表工作。在角岩及岩体内部揭露到多层钼矿体，垂厚4～8 m，钼品位0.036%～0.067%。最高0.13%。在沃迪措圈定的矿化蚀变带宽几十米至上百米不等，主要蚀变有褐铁矿化、黄铜矿化、黄铁矿化、磁黄铁矿化、方铅矿化，展示了较好的找矿潜力。

云南南澜沧江地区矿产资源调查评价。继续开展面积性土壤测量，对区内圈定的化探异常进行检查验证，对半坡超基性岩体的含矿性进一步解剖，对云县果园铜、思茅区色银子山－田房铜矿区深部进行控制。通过勘查，景谷半坡铂钯镍多金属矿区控制铂钯镍钴矿化超基性岩体6个、圈定铂钯钴镍矿体46条，具较好的找矿潜力。新发现了思茅区大地－八十三铁矿和澜沧梁子寨铁铜矿。

云南维西楚格咱－白岩子地区铅锌多金属矿调查评价。在楚格咱铅锌铁多金属矿区完工的3个钻孔均已见矿；洛扎铅锌多金属矿区新发现了2个铅锌矿体；老楼房铅锌多金属矿发现了3条铅锌矿体。

云南镇康地区矿产远景调查。共圈出25个化探异常，16个重力异常和4个磁异常带，新发现了一批可供进一步勘查的矿床点。

云南香格里拉县普朗超大型铜矿。云南香格里拉格咱地区铜矿整装勘查区是一个铜矿资源富集区，包括超大型矿床1处（普朗）、大型矿床2处（红山、雪鸡坪）、中型矿床8处。目前已初步探明铜矿资源量达超大型规模。

云南鹤庆县北衙超大型金矿。已累计查明333以上类别黄金资源量127.28吨。估算共生铁矿石5000万吨，共伴生银3000吨，铜金属量20万吨。

云南麻栗坡县南秧田超大型钨矿已初步控制的WO_3资源量大于30万吨，达超大型矿床规模。

鹤庆县北衙北段大型铅锌矿。截止到2010年12月，全区初步估算铅锌金属量118.62万吨。

镇康县芦子园大型铅锌矿。芦子园铅锌矿区已经国土资源部评审批准的333以上类别铅锌金属量105.48万吨，矿床规模为大型。该区找矿空间巨大，正在施工的深部钻孔见矿越来越好。同时，在芦子园矿区范围内圈定了较好的强磁异常。

保山市隆阳区西邑大型铅锌矿。西邑铅锌矿区已评审的铅锌资源量52万吨。

云南镇沅县上寨－和平丫口大型金矿。2010年，已在镇沅（老王寨）超大型金矿外围的和平丫口—上寨一带探获黄金资源量22.14吨；比幅山一带初步估算黄金资源量接近10吨。

云南富源县大河煤矿三、四矿段大型煤矿（井田）。经2010年对富煤三矿、四矿的详查，已估算332＋333类焦煤资源量2.5亿吨，达大型井田规模。

其他整装勘查区和重点评价区都取得一批重要找矿信息和找矿成果：

“个旧地区锡铜矿整装勘查”。年度新增金属量（332＋333类）锡6.5万吨，铜4.4万吨，铅5618吨。“祥云马厂箐－宾川小龙潭整装勘查区”，通过人头箐矿段、宝兴厂和乱硐山矿段的重点勘查，新增333＋334类金资源量14.8吨，铜资源量6385吨。

“昆明－华宁聚磷盆地深部磷资源整装勘查”，通过晋宁昆阳磷矿－待云寺磷矿带深部探矿，新增333＋334类磷矿石资源量9396.44万吨。相当于一个大型磷矿。“保山核桃坪金厂河勘查区”，新增了（332＋333类）铜金属量2.73万吨，铅锌金属量22.1万吨，磁铁矿石量2243.03万吨。

云南省矿业权实地核查。2010年，完成了省厅组织的全省矿业实地核查工作的省级预审、州（市）、县（区、市）级的检查工作及《云南省矿业权实地核查工作总结报告》编制工作。项目数据成果获评优秀级。

三、水文地质环境地质灾害地质调查

（一）水文地质调查、环境地质调查。

承担了云南重点岩溶流域水文地质及环境地质调查（南丘河流域）、云南重点岩溶流域水文地质及环境地质调查（南盘江源区北段流域）、哀牢山地区地质灾害详细调查（元江）、哀牢山地区地质灾害详细调查（屏边）、怒江流域（云南段）环境工程地质调查5个项目。

（二）地下找水。

开展云南省地下找水抗旱救灾的可行性论证，编制地下找水抗旱救灾规划方案，抗旱打井技术质量标准、组织实施方案及工作责任制等标准和制度，为抗旱救灾地下找水突击行动作好技术支撑，保证了全省抗旱井的合理部署；为解放军给水部队、省外援滇找水打井的12个省18家单位及其下属勘探队伍提供钻井部署方案与建议，无偿提供了大量水文地质资料和相关技术服务，布井110口，施工探采井107口，成井100口，成井率已达93%，获得总涌水量6426.79 m^3/d，直接解决128 535.8人的饮用水困难。承担各类数据收发、整理统计、编图和数据库建库工作；完成文山地下暗河探测和开发可行性研究。

（三）地质灾害应急调查、预警预报、防治。

参与了省国土资源厅组织的贡山县特大山洪泥石流灾害应急调查、云南省保山市隆阳区河东村“9.01”特大型山体滑坡灾害应急调查、德钦县地质灾害隐患排查等工作及各县市国土资源局委托的地质灾害巡查、应急调查、排查等工作，共计32次，派出人员100余人次。开展了洱源县石岩煤矿矿山地质环境恢复治理、小湾电站孔雀山神庙岭岗移民安置区边坡防护、安宁中学滑坡、普洱县城镇中学后山崩塌等6个地质灾害治理工程的施工监理工作，为保证地质灾害治理工程质量，支持地方管理部门开展地质灾害防治提供了技术保障。完成了《2010年云南省地质灾害防治方案》、《云南“三江流域”地质灾害防治规划》、《澄江县地质灾害防治规划》、《文山县地质灾害防治规划》、《峨山县地质灾害防治规划》、《西山区2010年度地质灾害防治方案》、《元阳县新街旅游小镇地质灾害防治规划》、《金平县城地质灾害防治规划》等编制工作。完成了汶川地震灾区黑水县红岩乡、慈坝乡3条泥石流沟的治理工程勘查设计，为地震灾区恢复重建提供了科学依据；完成了16个县（市）地质灾害调查与区划空间数据库建设，并通过国土资源部评审，获得优秀级；2010年汛期自5月至11月在网上连续发布地质灾害气象预报预警信息，共计发布184天。

（四）地下水环境监测。

开展昆明市区、玉溪市区地下水动态监测工作，定期对监测数据进行分析研究，观测水位117个点，水质10个点，21个水温监测点，24个流量监测点，编制了《2009年度云南省主要城市和地区地下水水情通报》。

（五）地质遗迹保护。

完成泸西阿卢古洞国地质公园、罗平生物群国家地质公园申报材料编制；大理苍山世界级地质公园申报材料编制；开展了腾冲国家地质公园、玉龙国家地质公园、大理苍山国家级地质、禄丰恐龙国家级地质遗迹保护可行性研究报告编制；提出国家级地质遗迹年度保护计划和保护资金预算；完成“云南省重要地质遗迹调查与评价”项目立项论证。

四、地质科学研究

“三江”中南段铜、铅锌、金、多金属矿床综合勘查评价技术研究。首次横穿兰坪盆地保山－大理大地电磁测深剖面140 km，为澜沧江缝合带－兰坪盆地－金沙江缝合带深部构造研究提供了翔实资料；根据CSAMT勘查成果，得出金顶铅锌矿深部存在构造通道，推测矿体物质来源于地下深部；补充和解决了香格里拉格咱岛弧岩浆岩的王洛玄武岩、亚杂英安斑体等和红山含矿斑岩的成矿（铜）矿Re－Os年龄等关键同位素年龄；总结了研究区主要金属矿床勘查评价物化遥方法技术组合；对羊拉铜矿进行缺位预测——里农与路农之间预测有层状矿体，在2010年矿山生产勘探中，于6个钻孔，见矿钻孔5个，控制2～3层矿体，取得良好找矿效果。

巨型矿床形成保存及资源潜力研究。确定了香格里拉地区红山－属都蛇绿混杂岩带，理顺格咱岛弧构造格架与成矿作用，指出了燕山期寻找钼（铜）矿巨大的找矿潜力。在岛弧北部首次获得与锑矿有关的斑岩$^{40}Ar-^{39}Ar$年龄，显示有斑岩活动及相关锑矿化，揭示了一种新的成矿类型与找矿方向；初步查明了格咱岛弧大型矿床形成与保存规律；金沙江洋及其邻区的构造演化形成不同类型矿床，在羊拉矿集区得到了集中体现。提出兰坪盆地喜马拉雅期逆冲－推覆和走滑－剪切（拉分）形成巨大成矿－流体系统，在陆内汇聚背景下构成大型热循环中心，形成的3类不同“矿床式”的构造－流体多金属成矿事件的新认识。初步查明了金沙江洋、甘孜－理塘洋和澜沧江洋俯冲增生与碰撞造山构造－岩浆活动时期，燕山期怒江洋俯冲增生与碰撞造山构造－岩浆活动时期，喜马拉雅期印－亚大陆碰撞叠加构造－岩浆活动时期等构造－岩浆演化，各期包括多个挤压和伸展阶段，及其相关构造－岩浆－成矿事件；建立了三江”北段晚喜马拉雅期成矿事件与盆地流体有关成矿系统模型。

滇西北地区斑岩成矿系统研究与靶区优选。2010年，在全面收集研究区各类成果资料的基础上，对滇西北斑岩铜矿的成矿地质背景、成矿条件、控矿因素及矿床产出地质环境等进行全面系统的分析研究；对格咱岛弧印支期斑岩及其典型矿床，燕山—喜马拉雅期斑岩及其典型矿床进行野外调研。

早寒武世关山动物群深入研究发现了一些新的化石类型及大量新属新种，全面揭示了关山动物群的面貌，证实关山动物群是华南寒武纪早期继澄江动物群之后又一属种高度分异的软躯体化石群，是探索寒武纪早期海洋生物多样性和生态系统变迁的重要窗口。2010年在国内外学术刊物发表文章7篇（其中SCI收录刊物5篇），在国内外古生物学界产生了较大的影响。

2010年，出版《西南“三江”多岛弧盆－碰撞造山成矿理论与勘查技术》专著1部（李文昌，潘桂棠，侯增谦等著）。

（谢占清）

西藏自治区地质调查院工作

西藏自治区地质调查院

概　况

西藏地质调查院于2001年正式成立。并于2003年8月从区地勘局分离出来。目前，西藏地调院已具有独立的法人资格，独立的财务和账号，有部颁发的地质勘查资格证书。院部现有人员29人，其中局编制1人，院编制21人，援藏干部2人，外聘4人，借调1人。院部设办公室、技术室、财务室、信息室、拉萨工作站等机构。目前院部从事地质工作的技术人员（含管理干部、援藏干部2人）共13人，其中博士4人，硕士1人，在读在职博士4人，在读在职硕士1人。绝大多数为高级技术职称。西藏地调院在已完成通过评审验收的项目中，区调报告两项和雅江报告获得优秀，2项获得良好，矿产报告3项获得良好。

地调与科研

2010年，西藏地调院共承担青藏专项项目18项，其中矿产调查项目6项，矿产评价项目5项，项目总经费9235万元。

一、基础地质调查

（一）区域地质调查。

1. 1∶5万拉果错地区区调。初步划分了测区大地构造格架；初步厘定了测区地层系统及正式、非正式填图单位，共发现16处矿化露头。

2. 1∶5万亚模地区区调。初步厘定了测区构造格架；初步建立了测区地层系统，初步厘定了正式、非正式填图单元；根据区域对比，揭示浪错地区存在姜叶玛组，为一套灰岩和玄武岩组合的地层。

3. 1∶5万亭贡地区区调。新发现一套含砾板岩、火山岩、碳酸盐、硅质岩等变质变形较强的地质体；新发现具一定规模褐铁矿化带一条。

（二）区域地球化学调查。

1. 1∶25万松西等4幅区域化探。完成水系沉积物测量面积44 663.3 km²，采集水系沉积物样品20 159件、采样密度达到2.0件/4 km²；岩石样266件，野外质量检查约975个样点，检查率为5.0%。

2. 阿里左左地区1∶5万化探。完成采样面积1678 km²，采集水系沉积物7334件、采样密度4.17件/ km²。完成2010年度野外扫面工作。完成样品加工，目前样品正在分析测试中。

3. 1∶20万都吉尔等6幅区域化探。通过对部分综合异常进行查证，发现了铜铅锌多金属矿点3处，锑矿点1处，钨锡矿化点1处，异常查证均找到了异常源，异常查证找矿效果较好。

4. 1:20 万措勤等 4 幅区域化探。通过对部分综合异常进行查证，发现了铜铅锌多金属矿点 3 处，矿化点一处，异常查证均找到了异常源，异常查证找矿效果较好。

二、矿产资源调查评价

（一）矿产远景调查。

1. 林周矿调。发现了两处铜、铅、锌、金、银组合较好的矿化露头。基本查明了果嘎松多铁矿点的成因、类型、规模。经槽探工程控制，圈出矿化体 3 个。

2. 丁嘎门堆矿调。在测区新发现 7 处矿（化）点。帕嘎囊铁矿点矿体赋存于岩体与洛巴堆组灰岩接触带矽卡岩带中，发现 4 个矿体。

3. 贡嘎矿调。在测区内新发现了 4 个矿点，8 个矿化点及 5 处矿化线索，新提交了达热、茶巴朗铜钼钨矿产地 2 处。

4. 邦达矿调。嚓浪多铜铅锌矿化区和金巴铜多金属矿化区，主要矿石矿物为孔雀石、蓝铜矿、方铅矿，该矿点有望达到中型矿床规模。

5. 丁钦弄矿调。新发现了矿（化）线索 10 处，认为拉荣钼钨矿床剥蚀较浅，找矿前景很大。

6. 洛隆矿调。重新厘定了班公湖 - 怒江结合带南界在测区的位置；在填图过程中新发现了蚀变带 15 处、5 个矿化点。

7. 查藏错地区矿调。根据化探数据部分分析的成果，初步圈定 9 个异常。

8. 布拉错地区矿调。通过调查在东窝东地区发现 3 处铁帽、2 处蚀变斑岩体，为石英斑岩和花岗斑岩，1 处孔雀石化石英脉。

9. 青草山地区矿调。圈定 87 个大小不一的各类岩体（脉），初步确定该矿床为一个斑岩型铜矿床。

10. 叉茶卡地区矿调。发现砂岩型铜矿化点 1 个、构造热液型铜矿化点 11 个（经过路线填图新发现 4 个）、斑岩型铜矿化点 1 个（不包括亚卓矿点）。

（二）矿产评价。

1. 达布铜钼矿矿产远景调查（含西藏曲水县那木普铜矿普查）。新发现拔麦囊铜多金属矿化点和真布囊铜矿化点两处铜矿化点。

2. 拿若铜矿矿产远景调查。新发现 500 m^2 铜矿化花岗斑岩 1 处，1:1 万地物化测量圈定了较好的低磁异常 5 处。

3. 西藏革吉县旦俄日铜矿普查。发现 6 个矿化体。

4. 朱诺矿集区铜矿普查。目前项目人员已完成原始资料整理，综合性图件的编制及储量计算等工作，正在编写文字报告。

5. 木乃铜银矿普查。共圈定铜矿体 5 个，铜银铅多金属矿体 1 个，银矿体 1 个。

6. 火箭山铜矿普查。目前全面开展野外补充完善、收尾、资料的综合整理及室内、室外验收，最终转入结题报告的编写工作。

7. 班公湖 - 怒江成矿带西段铜多金属资源调查。在荣那矿点、地堡那木岗矿点通过钻探施工，发现有较好的矿体，有进一步工作价值。

8. 多不杂铜矿。为特大型斑岩型铜矿。其中 333 铜金属资源量 268.9 万吨，334 铜金属资源量 114.8 万吨。

9. 卡孜地区铜矿普查。矿区内具有大理岩化、矽卡岩化铜矿化带 1 条，矿化带内圈定矽卡岩型铜矿化体 3 条、石英脉型铜铅矿化体各 3 处。矽卡岩铜矿化带，矿区内圈出 4 个矿化体。

10. 扒拉郎地区铜矿调查评价。大致查明了龙拉矿化点和甲荣拉矿化点，2 矿化点均发现磁异常。

（三）矿产潜力评价。

1. 成矿地质背景课题组。编制了分幅 1:25 万实际材料图和建造构造图，包括说明书和数据库；编制了西藏铁矿预测工作区 1:25 万地质构造专题底图（6 张），系统总结了西藏主要铁矿类型典型矿床地质背景特征；编制了西藏铜铅锌等其他矿种预测工作区地质构造专题底图初稿。

2. 物探课题组。编制了西藏自治区全区及 51 个预测工作区重力推断断裂构造、岩浆岩岩体与火山岩地层的分布图；建立了西藏自治区全区及铁、铜、铅锌、岩金、锑、钨和钾盐等矿种共 51 个预测工作区重力异常数据库；编写并修改完成《西藏自治区铁矿资源潜力评价磁测资料应用研究报告》。

3. 化探课题组。按要求的等量线和色阶拟合方法制作了 39 元素（或氧化物）地球化学图；收集整理大比例尺区域化探扫面异常查证资料，为下一步异常研究评价、资源量估算提供依据；全区圈定多元素综合异常 520 处；全区划分了 6 个三级地球化学区（带）、28 个四级地球化学亚带、98 个五级地球化学异常集中区。

4. 遥感课题组。利用 TM 和 ETM + 影像，在全区开展 1:25 万矿产资源潜力遥感信息评价工作，完成了全区地质构造解译，遥感异常信息提取，遥感矿产预测、遥感专题图编制及遥感空间数据库建设工作。

5. 自然重砂课题组。对 1:20 万自然重砂数据库进行了清理、核查、修改和补充；对西藏自然重砂铁、铜、铅锌、金等矿物进行了清理，确定了参与矿产预测的自然重砂矿物；确定了各种矿产矿物高低值分布区，为异常的圈定奠定了基础，提供了依据。

6. 成矿规律及矿产预测课题组。完成了铁矿估算资源量的核实和铁矿成果相关图件属性数据库复核及补充工作；已基本完成了全区钾盐、砂金、锑矿的系列编图、预测算量工作，转入单矿种成果报告的编写阶段；完成了全区 71 个典型矿床的 4 大类图件的编制、项目内部质量检查和修改工作。

7. 煤炭课题。基本编制完成了相关的基础图件（Mapgis 格式），根据对区内的 1∶25 万区域调查资料的系统查阅和分析，较系统地重新对全区的主要含煤层位进行了厘定；在多次征求项目组专家意见的基础上，优选了专家组认为合理的重点预测区 5 处。

8. 数据库课题。已经完成大部分需要建库的图件的数据库，完成总数约 800 个。

（四）矿产资源利用现状调查

已完成 36 个矿区（11 个矿种）中的 36 个大中型矿区的核查及成果入库工作，完成项目单矿区报告 36 份，完成核查单矿区储量利用 4 类图件 35 套，项目分矿区成果数据库 36 个。241 个矿区目前收集到资料的资源量统计工作已经基本完成。

三、地质科学研究

（一）西藏冈底斯成矿带构造岩浆演化与成矿作用研究。

在冈底斯东段部分火山岩中获得重要测试年龄，为确定其时代归属提供了依据。识别出一条 180 Ma 左右的花岗质侵入岩带；识别出一条 90 Ma 的花岗质侵入岩带。

（二）西藏自治区主要成矿带系列编图及找矿靶区优选。

系统搜集了全区分散于区内、区外的 1∶25 万、1∶20 万、1∶5 万、1∶50 万、1∶100 万区调资料及成矿规律、物探化探遥感重砂、数据库资料及科研论文和论著。围绕“三带”（冈底斯成矿带、藏东三江成矿带、班公湖－怒江成矿带）、“三个矿组”（铜、铅锌、金）和“三项任务”（地质、矿产、物化探、遥感、自然重砂等系列编图，成矿规律研究及找矿靶区优选）开展工作，初步划分了“三带”研究区矿产预测类型分布范围，除靶区优选 5 类图件及 1∶50 万建造构造图、大地构造相图未全部完成之外，其他图件全部完成或超额完成。目前，正在进行综合整理及研究、报告编制。

（顾和命）

陕西省地矿局地质调查院工作

陕西省地矿局地质调查院

概　况

陕西省地矿局地质调查院于 1997 年成立，是隶属于陕西省地质矿产勘查开发局的正处级事业单位。主要承担基础性、公益性、战略性地质勘查任务，并参与全国国土资源大调查。

陕西省地矿局地质调查院内设院长办公室、党群人事部、财务资产部、总工程师办公室、综合办公室等 5 个职能部室，基础调查部、矿产评价部、物探工程部、水工环部、遥感信息中心等 5 个业务部室。

陕西省地矿局地质调查院现有在职职工 214 名，其中博士 1 人，硕士 18 人，大学本科 149 人。专业技术人员 176 人中，高级职称 78 人（含教授级 12 人），中级职称 37 人。享受国务院政府特殊津贴 1 人，全国先进工作者 1 人，陕西省有突出贡献专家 1 人，陕西省地矿局拔尖人才 2 人。

拥有各类设备 776 台（套），其中 2010 年新增 171 台（套），固定资产净值 2310.37 万元。

拥有国土资源部颁发的区域地质调查，固体矿产勘查，液体矿产勘查，地球物理勘查，水文地质、工程地质、环境地质调查地质勘查甲级资质；陕西省国土资源厅颁发的地质勘查乙级资质 2 个：地球化学勘查，遥感地质调查；乙级地质灾害危险性评估单位；地质灾害治理工程丙级设计单位；地质灾害治理工程丙级监理单位；地调局颁发质量管理体系认证证书；陕西省安全生产监督管理局颁发《安全生产许可证》。

2010 年获陕西省地矿局科学技术一等奖 2 项、二等奖 3 项、三等奖 3 项。

地调与科研

2010 年共承担各类地质项目 45 项，总经费 8215 万元。

一、基础地质调查

开展区调、化探基础类项目22项。完成1∶25万区调21 500 km²；区域化探项目完成1∶25万水系沉积物（土壤）样8129个，岩石样555个，完成1∶20万水系沉积物（土壤）样6247个，岩石样469个。圈定了一批有重要找矿意义的异常。

配合矿产资源调查评价项目，利用多种地球物理方法手段，成功圈定了多处物探异常与异常体测深，为探矿工程布置指明了方向。

二、矿产资源调查评价

承担项目16项。完成1∶10万地质（矿产、水工环）填图9633 km²，1∶5万区域（矿产、水工环）地质填图14 506 km²，槽探47 100 km³，硐探420 km³，钻探（矿产、水文）10 300 m。内蒙古北山发现锑金、铅锌多金属矿化带，；新疆皮山地区初步工作发现中型铁矿床1处，并圈出铜、金矿体多个；陕西宁陕—柞水一带在泥盆、奥陶系中发现铅锌矿带和多条铅锌矿体，同时发现石英脉型钼矿带（区）多处，初步工作认为可达中—大型规模；陕西洛南地区发现钼钨多金属矿带，并圈出了钼、钨矿体多条；铜川－黄陵地区三叠纪油页岩远景调查，通过地表工作发现两层油页岩矿体，厚度为3～60 m。

三、水文地质环境地质灾害地质调查

开展咸阳中部地下水勘查，完成1∶1万水文地质测绘135 km²，激电测深369点、浅层地震514点、1∶1万常规测氡剖面11.4 km，综合水文测井1375.74 m、勘查示范井（2个）1409.73 m。所施工的永寿、礼泉两口勘查示范井出水量大、水质优，成功地解决了渭北“旱腰带”群众吃水问题，受到了省国土资源厅的高度评价。

2010年4月14日青海玉树发生7.1级强烈地震后，积极响应上级要求，成立抗震救援队，赴灾区开展次生地质灾害应急排查。

四、地质调查信息化建设

完成国家基础数据库更新与维护、1∶5万区域地质图空间数据库4幅（陕西）、1∶5万地质图空间数据库4幅图的数据库建设。

五、地质科学研究

陕西省地质系列图件编制与综合研究：基本完成了陕西省北部1∶50地质图编图，形成陕西省1∶50地质图（含图例）；编制了地质构造图编图方案和修改地层区划简表。在勉略构造混杂北亚带东段鞍子山一带超基性岩带，发现共生变基性火山岩、斜长花岗岩，可能属晋宁期板块汇聚的产物残存；认为小扁河、鞍子山、贾旗寨堰河一带原划泥盆系三河口群，实为一套中—深变质岩系（石榴黑云斜长片麻岩、斜长浅粒岩、绿帘角闪岩），东延褒河，与留坝、佛坪与早前寒武系连为一体，应属晋宁期北东向板块汇聚带的古边缘弧变质杂岩带。

陕西省矿产资源潜力评价：完成铁、铝、金、铜、铅、锌、钨、锑、稀土、磷、钾等矿种的典型矿床、预测工作区成矿规律研究及资源量估算工作。

物化遥技术标准研制与修订（金属矿地球物理测井规范）。广泛收集了有关行业金属矿区地球物理测井的技术方法和成果资料，并对国内金属矿测井所用仪器设备、测量参数做了调研，完成了规范初稿编写，召开了有关方面专家参加的研讨会。

（刘曦鹏）

甘肃省地质调查院工作

甘肃省地质调查院

概　　况

甘肃省地质调查院是具有独立法人资格的事业单位。主要职责是承担中央与地方财政出资的基础性、公益性地质调查和战略性矿产勘查任务及商业性地质勘查工作。

甘肃省地质调查院内设10个管理部（室）、25个地质项目部、6个研究组和两个辅助生产单位。

甘肃省地质调查院拥有在职职工240人。其中，专业技术人员193人，占职工总数的80.4%（正高级工程师4人，高级工程师60人，工程师46人，助理工程师和技术员83人）；管理人员25人，占职工总数10.4%；工勤技能人员22人，占职工总数的9.2%。

2010年甘肃省地质调查院紧紧围绕“四个为零”的安全目标部署安全生产工作，与所有项目组和生产辅助单位逐一签订了《安全生产责任书》。在自然灾害频发的严峻形势下，全院上下共同努力，确保了2010年表内无重大事故发生，实现了“四个为零”的安全生产目标，获得了主管局甘肃省地质矿产勘查开发局安全生产97.5分的优秀评级。

甘肃省地质调查院拥有机关办公场所和项目组办公场所2处，总面积为4470 m^2，其房屋和土地产权均属上级主管部门甘肃省地质矿产勘查开发局所有，甘肃省地质调查院享有划归使用权。甘肃省地质调查院拥有承担地质项目所需要的设备、仪器、装备共计1220台（套）。西安地调中心委托甘肃省地质调查院管理的各类专业生产需要的设备、仪器、装备共计81台（套）。

甘肃省地质调查院拥有国土资源部颁发的区域地质调查；固体矿产勘查；地球物理勘查三个甲级资质；甘肃省国土资源厅颁发的地球化学勘查；液体矿产勘查；水文地质、工程地质、环境地质调查；地质灾害治理工程勘查和省测绘局颁发的测绘工程测量5个乙级资质。拥有地调局颁发的《质量体系认证证书》和甘肃省安全生产监督管理局颁发的《安全生产许可证》。

2010年甘肃省地质调查院荣获人力资源和社会保障部、国土资源部“全国国土资源管理系统先进集体”称号。甘肃省地矿局先进集体称号。取得地调局省级公益性地质调查队伍能力建设评估A级单位证书。

地调与科研

2010年甘肃省地质调查院共实施各类地质调查项目12个。按设计要求完成了野外施工和室内综合整理工作，工作质量优良率达100%。

一、基础地质调查

实施项目6个，其中1∶5万区调项目2个，1∶25万区域重力调查项目1个，1∶25万区域化探调查项目3个。累计完成1∶5万填图1236 km^2，1∶25万区域重力调查面积12 000 km^2，1∶25万区域化探14 200 km^2。

区调工作运用新理论、新技术、新方法，全面调研了调查区地层、岩石、构造，建立了构造格架，更新了基础地质数据库。

甘肃1∶20万明水幅、红石山幅区域化探异常查证发现了铷、钼（铋、钨）等矿化线索多处，具有良好的找矿前景。

二、矿产资源调查评价

实施项目5个，其中：1∶5万矿产远景调查项目3个，矿产勘查项目2个。

1. 黑山梁钨矿区共圈出矿体62个，矿体长为23～380 m，厚为1.01～15.69 m之间；矿体平均品位WO_3为0.12%～1.069%，估算资源量1.37万吨，矿床规模达中型以上。

2. 西和县大桥金矿区共圈出37条工业金矿体，品位$0.1\times10^{-6}\sim3\times10^{-6}$。目前，大桥金矿估算资源量已达到67吨。2010年新增金资源量47吨，矿床远景规模达超大型。

3. 雪坪沟白钨矿区目前已发现的钨矿化蚀变破碎带长度大于1000 m，宽度为200～300 m，初步圈定钨矿体3个。其中Ⅰ号矿体规模最大，长度大于300 m，宽度大于80 m，刻槽样分析结果WO_3为0.12%～0.3%，最高达0.8%。矿区内所见白钨矿矿石类型有灰质构造角砾岩型和蚀变大理岩型。具有很大的钨矿找矿前景。

4. 扫子山—梭梭泉一带铁矿，圈定矿（化）体39条，厚为1.5～8 m，长为50～3000 m，TFe在10%～35%间，具有很大的找矿潜力。

5. 白山头铷矿，圈定矿脉6条，长为300～1000 m，宽为0.2～3 m，品位为0.1%～0.29%。该区具有稀有金属成矿地质背景，找矿前景巨大。

6. 公婆泉铜矿深部找矿有新进展，ZK10～4孔见矿10层，视厚为1～93 m，铜品位为0.3%～1.6%。深部找矿取得了新的进展。

三、水文地质环境地质调查

实施了“甘肃省静宁县原安乡供水水文地质勘查”项目，累计完成1∶5万水文地质调查116 km^2，完成2眼探采结合井，解决了1800人的生活用水问题。

四、地质科学研究

“甘肃省矿产资源潜力评价”，按照设计进度要求完成了各项工作，目前12个矿种的报告已通过评审，对甘肃省矿产资源勘查战略规划起到支撑作用。甘肃省铁矿资源潜力评价预测铁资源总量46亿吨，找铁前景巨大，其中预测新增资源量35亿吨。对狼娃山铁矿成矿有了新的认识。

《甘肃省公益性地质调查及重要矿产勘查总体部署与实施方案》全面收集了以往的重要勘查成果，对甘肃今后10年的工作进行了规划部署。

“甘肃省矿产资源整合规划研究”为矿产资源管理提供了有力的技术支撑。

（尉　芳　刘升有）

青海省地质调查院工作

青海省地质调查院

概　况

青海省地质调查院始建于1998年，主要承担中央和地方公益性地质调查任务，是集区域地质调查、矿产资源评价、遥感地质调查、地球物理、地球化学、地质科研于一体的技术密集、专业齐全的综合性地勘单位。

现有在册职工387人，在职职工264人，其中专业技术人员213人。专业技术人员中，教授级高级工程师6人、高级工程师42人、工程师58人、助理工程师107人。拥有区调、矿产、遥感3个甲级勘查资质；物探、化探等6个乙级资质。办公楼4处，总面积达9653 m^2。通过了ISO9001质量管理体系三方认证。

院属生产、经营、科研单位有：青海省地质矿产研究所、区域地质矿产调查研究所、矿产资源所、江源地质科技有限公司、遥感中心、信息技术中心（主要从事数据库建设及制图）、地矿工程资询中心、服务中心（主要从事基地管理）。

玉树地区是青海地调院地勘工作的主战场，2010年4月14日，玉树地区发生了7.1级地震，受地震影响，7000余万元的项目无法实施，青海地调院需重新选区、调整，地勘工作面临前所未有的困难和挑战，在地调局、青海国土资源厅的指导和青海地矿局党委的正确领导下，全院紧紧围绕“出成果、出人才，构建和谐地调”的发展战略，采取多种措施，积极争取调整项目，在应对大事难事上经受了新考验，各项工作取得了较好的成绩。

地调与科研

2010年承担各类地勘项目43项，其中续作项目14项，新开项目29项，经费总计12 143.66万元。

一、基础地质调查

在祁漫塔格成矿带及北巴成矿带成矿地质背景研究方面取得了一系列进展，通过高精度同位素测年基本理清了祁漫塔格地区花岗岩类时空分布格架及不同类型岩石组合的形成环境，为进一步开展祁漫塔格地区花岗岩类成矿作用的研究与矿产预测奠定了基础。确定了扎日加变质核杂岩的存在，为北巴金锑成矿带成矿作用的研究开拓了新思路。木里地区区调工作在天然气水合物成矿背景的研究方面展开了系统的调查，初步确定了多时代、多层位的烃源岩。

三江北段阿多－拉沟赛地区通过矿调发现了大批的铜矿（化）点，部分具斑岩型矿产的矿化特征，指出在然者涌－莫海拉亨铅、锌、银矿集区南侧可能存在另外一个铜多金属矿集区，显示出了良好的找矿前景。

三江成矿带西段－东昆仑成矿带遥感找矿靶区野外查证，2010年对从中筛选出的18个重点异常进行了野外查证。实施的“青藏高原生态地质环境遥感调查与监测”项目获得有关领导与专家高度评价；“青海省重点成矿带与矿集区矿产资源开发多目标遥感调查与监测”项目最终成果报告已通过地调局的评审验收，拟将申报科技成果奖。西昆仑成矿带矿产资源遥感综合调查项目，青海省地质调查院为牵头单位，受地调局委托举办了成果交流会，项目成果名列全国首位。

此外，圈定物探地磁异常26处，化探水系沉积物异常32处，其中矿致异常6处，新发现6个矿化点，为开展矿产勘查工作提供了新的基地。

二、矿产资源调查评价

祁漫塔格拉陵灶火地区找矿成果已初步显现，拉陵灶火河中游19号异常圈定钼矿化体2条，深部均见到较厚的工业矿体，可提交普查基地一处，20号异常深部见到两层钼矿体；拉陵高里沟脑发现4条钼矿化蚀变带，通过地表稀疏槽探控制，已发现多层工业矿体；拉陵灶火下游M1磁异常深部验证见到15 m厚的磁铁矿体，此外该地区还发现了大量的物化探异常及矿点、矿化线索，因此通过2010年的工作可初步确定该地区在铁多金属找矿方面具有较好的前景，有望成为东昆仑祁漫塔格成矿带又一个多金属矿集区。

三、地质科学研究

在做实青海省地质矿产研究所、隐伏矿床工作站等科研平台的基础上，2010年申报获批了青海省青藏高原北部地质过程与矿产资源重点实验室、青海省地质调查院博士后科研工作站，在地学高层次专业技术人才培养、使用，提高青海省地质科研水平，提升青海省地质调查院地学科研能力方面迈上了新的台阶。

依据青海省地质矿产研究所、隐伏矿床工作站、青海省青藏高原北部地质过程与矿产资源重点实验室、博士后科研工作站等科研平台承担地质科研类项目15项。研究范围涉及北祁连、东昆仑、鄂拉山、北巴、三江北等成矿带，研究内容包括成矿背景与找矿方向研究、多元信息集成研究、找矿方法技术研究等多方面。其中，布喀达坂峰幅1∶25万区域地质调查获国土资源部科学技术进步奖；青海省格尔木市察尔汗盐湖钾镁盐矿床补充勘探和综合评价获青海省科技厅科学技术奖。

（王东方）

宁夏回族自治区地质调查院工作

宁夏回族自治区地质调查院

概　　况

宁夏回族自治区地质调查院成立于1998年，隶属宁夏回族自治区国土资源厅。2007年3月，重新组建了新的自治区地质调查院。主要承担国家和自治区基础性、公益性地质调查和战略性矿产勘查工作。内设综合办公室，党委办公室、财务科、劳动人事科、总工程师办公室和安全技术科共6个职能管理部门；下设基础地质调查部、矿产地质调查部、水工环地质调查部、勘查技术部、信息技术部和综合研究室共6个业务部门。

宁夏回族自治区地质调查院现有职工105人，其中在编职工72人，聘用合同制人员33人；教授级高级工程师4人，高级工程师29人，中级及相当中级专业技术人员49人。另外，聘请院士4人，长期聘用专家8人。

拥有各类地质勘勘查和办公仪器设备240余台（套）。拥有区域地质调查和固体矿产勘查2项甲级资质（国土资源部颁），水文地质工程地质环境地质调查、液体矿产勘查、地质灾害治理工程设计、地质灾害治理工程勘查和地质灾害危险性评估共5项乙级勘查资质（自治区国土资源厅颁），地球物理勘查1项丙级资质（自治区国土资源厅颁）。

地调与科研

2010年度，宁夏回族自治区地质调查院共承担地质调查项目32项，其中22项为新开项目。年度项目经费总额7883.46万元。

一、基础地质调查

（一）区域地质调查。

1. 宁夏1∶5万白疙瘩、白墩子、营盘水、甘塘幅区调（续作）。完成1∶5万地质填图面积437 km^2；1∶5万工程地质与环境地质测量437 km^2；实测剖面总长度15.6 km；采集各类测试样品724件；槽探3000 m^3；野外资料已通过西安地调中心验收。成果报告及成果空间数据库的编制已提交西安地调中心进行验收。

2. 宁夏1∶5万腰坝、黄旗口、木井子、井子泉幅区调（新开）。完成1∶5万地质填图600 km^2，1∶5万遥感解译1700 km^2，剖面测量6.87 km，采集各类样品167件。

3. 宁夏1∶5万水磨沟、崇岗、苏峪口、暖泉、姚伏4幅区调（新开）。完成1∶5万地质填图面积800 km^2；实测剖面总长度48.3 km；1∶5万遥感解译面积2008.9 km^2；采集各类测试样品805件；槽探1000 m^3。

（二）区域地球物理调查。

宁夏固原地区1∶5万重力调查（新开）。2010年度完成1∶5万重力测量1000 km^2，电法剖面测量22 km，重力剖面测量22 km。

（二）区域地球化学调查。

宁夏贺兰山地区1∶25万区域化探（新开）。2010年度完成1∶25万水系沉积物测量11 250 km^2，岩石化学剖面测量81.8 km，水系（含土壤）采样10 741个，岩石采样499个，共计采集样品11 240个。圈定了一大批化探异常，并对部分重要异常做了检查。

二、矿产资源调查评价

（一）国土资源部专项。

1. 宁夏矿产资源潜力评价项目。已经完成了基础编图和大部分基础图数据库；完成了铁矿资源潜力评价成果报告 与成果图库、相关专题报告与专题图库。

2. 宁夏矿产资源储量核查。2010年度共完成了线驮石、韦州和王洼共3个煤矿区共19个核查单元成果报告编写、图件编制及数据库建设，全部通过了宁夏国土资源厅组织的预审。其中韦州矿区主要核查单元成果报告、图件及数据库已通过正式验收。

（二）宁夏中卫市南西华山铜金矿调查（新开）。

发现了一批金、铅、铜矿点，圈定了一批磁、化探和遥感异常，并对部分矿点和异常进行了检查。

（三）宁夏贺兰山北段金及多金属矿调查（新开）。

发现了多处金矿点，圈定了一批磁、化探异常，并对部分矿点和异常进行了检查。

（四）宁夏卫宁北山地区多金属矿调查（新开）。

发现了多处金、铜、钴矿点，圈定了一批磁和化探异常，并对部分矿点和异常进行了检查。

（五）内蒙古格朔山－宁夏石嘴山铁矿成矿区航磁异常查证（续作）。

2010 年度完成总进尺 1503.6 m。钻探验证在终孔深度内未发现磁异常体。

三、水文地质环境地质调查

（一）宁夏中南部严重缺水地区地下水勘查与供水安全示范（新开）。

在宁南干旱带新确定多处富水地段。

（二）鄂尔多斯宁东能源基地水文地质调查与地下水勘查（新开）。

初步查明了陶乐地区水文地质条件，并查明在灵武台地和平原区交界处，地下淡水赋存条件较好，在鄂尔多斯台地宁夏境内又一次找到优质淡水。

（三）鄂尔多斯盆地北部地下水循环与合理开发利用研究（新开，与鄂尔多斯宁东能源基地水文地质调查与地下水勘查项目配套）。

证实了在盐池县北部地面以下 100～200 m 深度内于白垩系砂岩含水层中含有矿化度小于 1 g/L 的地下淡水，为进一步扩大地下淡水分布范围提供了水文地质依据。

四、地质科学研究

宁夏地质系列图件编制与综合研究（续作）。2010 年度完成了地层部分的初稿，基本完成了 1∶50 万地理底图修编。复查地层剖面 1 条，长度 750 m，采集样品 6 件，编制完成宁夏范围内的 1∶25 万地理底图 11 幅。

（宋　城）

新疆维吾尔自治区地质调查院工作

新疆维吾尔自治区地质调查院

概　　况

新疆地质调查院成立于 1998 年 2 月，是隶属于新疆维吾尔自治区地质矿产勘查开发局的事业单位，主要承担国家和自治区基础性、公益性区域地质调查和地球物理、地球化学勘查；承担国家和自治区战略性固体矿产勘查；承担水文地质、工程地质、环境地质调查；承担地质灾害危险性评估及其治理工程的勘查设计；开展地质科学研究。为独立事业法人资格和独立经济核算单位，具有区域地质地质调查甲级、固体矿产勘查甲级、地球化学勘查甲级资质。2001 年通过地调局 ISO9001 质量认证，2009 年完成 2008 版质量管理体系文件的换版。

院部设二室五部，现有 31 人。设置有综合办公室、总工办公室、财务资产部、资源评价部、勘查技术部、信息部、水工环部。近 5 年承担区域地质调查、矿产资源调查评价、地球化学、地球物理调查、水文、工程、环境地质调查、国土数字工程、国土资源科学研究等国家基础性、公益性地质项目 107 项，野外调查项目遍布新疆南北。

新疆地质调查院先后有 11 项成果获得自治区和国土资源部一、二、三等奖。获奖人数达 80 人次。先后提交各类地质项目成果报告 110 份，其中获优秀级评价的报告 47 份。

新疆地质调查院将进一步发挥专业优势和地域优势，以开拓、奋进、务实、创新的精神，全力投入新疆的地质矿产调查评价，为国家经济建设寻找更多资源，有效服务于新疆跨越式发展和长治久安。

地调与科研

2010 年，新疆地质调查院承担国家财政资金项目 58 个，包括矿产评价、区域地质调查、区域地球物理调查、区域地球化学调查、地质科研、多目标区域地球化学调查、信息化建设等，项目经费达到 2.197 5 亿元。

2010 年完成钻探 19 288.03 m；槽探 673 710 m^3，1∶5 万区调 4181 km^2，1∶5 万化探 14 024 km^2，1∶20 万化探 3150 km^2，1∶25 万化探 26 801 km^2，1∶25 万重力 14 500 km^2，1∶25 万区调 22 510 km^2。

一、基础地质调查

（一）区域地质调查。

新疆地质调查院 2010 年度在新疆开展区域地质调查项目 11 个，共承担“大调查”区调项目 4 个。地质矿产评价专项新开区调项目 7 个。

对塔城南部地区的晚古生代地层、侵入体进行了研究和解体，该区可能存在前寒武纪地质体。对阿克阿坦萨依沟玛因鄂博蛇绿混杂岩的地质组成和构造特征进行了较系统的研究，其混杂岩属性得到确认，新发现该带夹杂一套浅变质碎屑岩并存在推覆构造。在青河以北发现白云母花岗岩、二云母花岗岩，虽规模较小，但分布较为广泛，对该区的岩浆岩演化研究具有重要的意义。

对西南天山的泥盆、石炭纪地层中采集到大量的化石，在石炭纪地层内发现和确认了碱性玄武岩的存在。在西天山赛里木湖一带，对其沉积环境、盆地演化进行了初步研究。

对阿尔金沟口泉和东昆仑祁漫塔格一带的地层层序格架进行了重新厘定和详细划分，对原划奥陶系祁漫塔格群进行了研究，认为该套地层为一套复理石、类复理石建造，鲍马序列发育，其形成环境为远源浊流沉积产物，并在根据化石在原祁漫塔格群中解体出一套石炭纪地层。在阿尔金沟口泉一带首次确定存在两个时代的蛇绿混杂岩。

（二）区域地球物理调查。

2010年度共承担区域地球物理调查调查项目2个。续作项目初步编制了布格重力异常图及相关成果图，并进行了重力资料解释工作。新开项目初步编制完成14 500 km^2的布格重力异常图。

（三）区域地球化学调查。

2010年度共承担地球化学调查项目9个，其中续作项目2个，新开项目7个。

新疆西昆仑岔路口－甜水海地区1∶5万化探圈定的以铅锌为主的异常带，属典型的高、大、全异常（带），长度超过120 km^2。发现铜矿点1处、铜矿化点5处、铅锌矿点2处，进一步证实该区是新疆重要铅锌成矿带，找矿潜力巨大。

新疆东昆仑1∶20万区域化探圈定了一批有重要找矿意义的异常，新发现铜矿点1处、铜金矿点1处、铅锌矿点1处。

二、矿产资源调查评价

矿产资源评价项目取得了较好成果。

阿吾拉勒项目在包尕斯萨依新发现规模较大的铜矿化带1条，并发现金矿点1处；在乌郎达坂铜矿区、托巴斯萨依铜矿区圈定3处较好的激电异常，为下一步钻探验证提供了依据。

尼勒克县松湖铁矿评价项目通过矿评专项和其他资金项目，控制主矿体（L_1-1）规模明显增大，向深部及走向延伸较稳定，新增资铁源量1000万吨，累计达5000万吨。

赛里木湖铜铅锌矿评价项目新发现苏鲁库都克金矿点、艾格木达坂锌多金属矿化带等，均显示了良好的找矿信息，有待于2011年度取得找矿突破。

开门德廷铜多金属矿评价项目在开门德廷铜多金属矿区Ⅰ，Ⅱ号蚀变带圈出铅锌矿体3条，铜（伴生银、钼、锌）矿体3条，含铜磁铁矿体4条；在拉尔敦找矿靶区内发现铅锌矿化多处，锌含量最高达18%，最大铅矿体宽10 m左右，延长100 m以上，找矿前景较好。

卡拉先格尔－科克森套远景调查项目在恰库尔图地区新发现金矿点2处，铜矿点2处，钼矿点1处。其中，也克斯铜矿点地表铜化规模长约1050 m，宽1～30 m，目估铜含量0.2%～1.5%，找矿潜力极大。

准东伊吾县蒙西铜矿评价项目在琼河坝铜矿的ZK304孔见累计视厚度17.62 m，单样最高品位1.04%，平均品位0.48%～0.60%的铜矿层。

东昆仑西段鸭子泉－维宝项目在阿达滩铜矿区在钻孔中见累计视厚117.82 m的铜矿化矽卡岩。

塔什库尔干县塔哈希—叶里克一带航磁异常查证项目叶里克铁矿继续向北西控制Ⅰ，Ⅳ号铁矿带深部，走向延伸稳定，深部变厚，初步估算新增铁资源量2000万吨。矿区铁资源总量有望达2亿吨以上。另外，Ⅳ号铁带地表评价出长3300 m矿层，南部新发现Ⅵ，Ⅶ，Ⅷ号3条铁矿带。

塔什库尔干县赞坎铁矿评价项目重点对Ⅰ，Ⅲ，Ⅳ号铁矿体进行了控制。Ⅰ号矿体规模扩大，发现并评价Ⅱ，Ⅷ号矿体，新增铁资源量5000万吨，矿区铁资源总量可达3.0亿吨以上。Ⅰ号矿带走向增长达6100 m；证实Ⅲ，Ⅳ号矿体深部连为一体；西部C1及东部C64磁异常均发现较大规模铁矿（化）体。

且末县迪木那里克铁矿评价通过矿评专项和其他资金项目，主矿体倾斜延伸增加800 m，矿床规模继续扩大。在47，15，16线，对Fe36，Fe37矿体向深延伸进行钻探控制，4个钻孔均见矿，矿床规模进一步扩大。

三、地质科学研究

新疆矿产资源潜力评价，采用体积法等对新疆全区圈定的444个铁矿预测区、9个铝土矿预测区进行了预测资源量估算及核实，最终预测铁矿石资源量90.89亿吨，铝土矿石资源量666.52万吨。

全面完成了新疆1∶25实际材料图及建造构造图编图任务。按照技术要求，编制了9个矿种不同预测类型预测工作区地质构造专题底图。

建立了覆盖新疆最新、最系统的各专业基础数据库，编制了覆盖全区的新疆布格重力异常图、剩余重力异常图，磁法等值线平面图、磁法化极等值线平面图，39个元素地球化学图、地球化学异常图和组合异常图、综合异常图、地球化学景观图，遥感影像、遥感蚀变异常分布图，自然重砂单矿物含量分级图、组合矿物八卦图等数字基础图件及地质构造解译综合图件。

针对铜、铅、锌、金、钨、锑、磷、稀土和钾盐等9个矿种106个预测工作区开展了重力、磁法、化探、遥感、自然重砂基础图件编制与信息提取；针对127个典型矿床开展了重力、磁法、化探、遥感研究，建立了不同矿种、不同预测类型、不同专业方法的特征和预测标志。

利用区域化探资料按7个分区采用不同的异常下限，圈定铜铅锌金钨锑6个矿种有找矿意义的综合异常405处，为进一步开展靶区优选提供了基础。

根据各矿种的成矿时代、大地构造环境、控矿因素、成矿作用特征等矿床类型划分要素，参照技术要求的矿床类型划分方案，结合新疆实际情况，对铜、铅锌、金等9个矿种初步划分了14个矿床类型，65个矿床式。

新疆范围内9个矿种共圈出105个预测工作区，编制完成了区域成矿要素图、区域预测要素图、区域预测成果图及编图说明书。

开展了新疆9个矿种资源量估算，编写了单矿种资源量估算说明书。编制新疆9个矿种潜力评价成果报告。

（杨在峰　杨万志）

北京市地质环境监测总站工作

北京市地质环境监测总站

概　况

北京市地质环境监测总站于1990年10月正式成立，其前身是北京市水文地质总站。单位现有职工89人，其中专业技术人员77人。下设业务室有项目办、总工办、动态监测室、水资源研究所、地质环境研究所、综合研究室、地面沉降研究中心、实验室。拥有国内先进的地下水监测系统、地面沉降监测系统和地裂缝监测站，以张家湾为核心的地下水科学试验基地、廖公庄地下水均衡试验场和西黄村地下水人工回灌试验场。

北京市地质环境监测总站的主要职责是负责北京市地下水位、水质和地面沉降的监测工作；承担地下水资源勘查、评价；环境地质调查、评价；地下水人工回灌试验研究等公益性地质工作。

北京市地质环境监测总站拥有国土资源部颁发的甲级《地质勘查资格证书》、甲级《地质灾害危险性评估单位资质等级证书》和甲级《地质灾害治理工程监理单位资质等级证书》，完成了GB/T 19001：2008质量管理体系的监督审核工作，2010年被中国地质调查局评为“地方公益性地质调查队伍能力建设A级单位”。2010年取得了丰硕的科研成果：获得国土资源部科学技术一等奖1个，北京市科学技术进步一等奖1个、三等奖2个，在国内各类核心期刊上发表学术论文11篇（只统计第一作者）。

地调与科研

一、华北平原（北京）地面沉降监测与防治综合研究

全面完成了分层标监测100组次、14个GPS点测量一次、线性工程（京沈高铁）沿线地裂缝专项调查750 km^2、工程地质钻探800 m和室内试验工作。野外勘查发现，京沈高铁沿线发育有庙卷地裂缝、北甸地裂缝和孙河地裂缝，地裂缝对规划中的京沈高铁有潜在影响。根据地面沉降监测资料，参考国内外先进经验，对地面沉降易发区进行了分区。同时，通过对不同地区的地面沉降风险性分析研究，开展了地面沉降防治区划，并根据分区特点提出了相应的防治对策。

二、华北平原（北京）地下水污染调查评价

项目已于2009年全部完成，包括北京市平原区1∶25万区域地下水污染调查7000 km^2；1∶5万重点区地下水污染调查1600 km^2；采集水样756件、土样15组；在全市平原区范围内进行了枯、丰二期地下水水位统测工作。2010年6月23日，中国地质调查局验收专家组在北京丰台北天堂地区及房山燕化地区实地抽查了水文地质调查点、地下水取样点和污染源调查点，并对30个调查点和采样点进行了野外验证。2011年1月该项目成果报告被评审为优秀。

项目充分利用已有的科研成果，依据含水层空间结构特点，首次按地下水系统开展分层（浅、中、

深）地下水污染调查及采样工作，查明了北京平原地下水质和污染状况，分层评价了地下水质和污染程度，编制了地下水污染防治区划，建立了地下水污染调查评价信息系统，为北京市地下水污染防治、地下水资源保护及保障饮用水安全提供了科学依据。

三、华北平原（北京部分）地下水动态调查评价

完成水位统测210点次；自动监测仪运行维护45台；农业开采量监测点1处。编写了“华北平原（北京部分）地下水动态调查评价”报告及相应的图件。

四、北京市平原区地下水环境监测网运行项目

2010年按任务书要求完成了北京市平原区822眼区域地下水环境监测井和360眼污染源专项监控井的取样、测试及异常点调查150 km^2等工作。编制了北京市平原区4个含水层组的总硬度、溶解性总固体、铁、锰、氨氮和硝酸盐氮等主要地下水污染指标的分布图，对北京市平原区地下水进行了分层水质综合评价，对区域地下水环境监测网超标指标和有机主要检出指标进行了系统的分析，初步评价了4个含水层组的地下水有机污染现状，对工业开发区、重点企业、河流和再生水灌区等监控区的地下水质量与污染现状进行了评价，提交了《北京市平原区地下水环境监测网运行（2010年）年度报告》。

五、北京市地面沉降监测系统运行项目

完成各项监测130 670次，外围地下水动态监测22 995次，等水准测量3665.567 km，114个GPS点联测一次，2个GPS连续站监测，获取并解译IN-SAR成果数据12份，完成井孔灌油55眼，洗井37眼。提交了季度监测成果报告4份、年度监测成果报告及简本报告各1份，编制了1955～2010年地面沉降累计沉降量等值线图、2010年年度地面沉降量等值线图、北京平原区地面沉降发育程度分区图等成果图件。

六、北京市平原区地下水位监测及年度水资源计算

长期人工监测300眼井，取得地下水水位动态监测原始数据21 600个，长期自动水位仪监测335眼井，取得地下水位动态监测原始数据122 275个；完成278眼井的水位统一监测。收集了2010年北京地区降水量、蒸发量资料及地下水水位动态观测点特征值资料，通过分析整理，采用动态均衡法，对平原区第四系地下水资源进行了计算。编制了《地下水情月报》共12期、地下水等水位线图8张、水位对比图8张，编写了《北京市平原区2010年地下水位动态监测报告》和《北京市平原区2010年地下水资源评价报告》。为地下水资源合理开发利用措施的制订提供了技术依据，为北京市城市发展规划和用水规划提供了依据。

七、地质科学研究

完成了北京市科学技术委员会下达的4个科研项目，分别为“有机污染源辨识与地下水系统风险评价”、“地下水防污性能及环境容量评价”、“永定河地下水入渗回补影响研究”和“再生水作为永定河生态用水的可行性及其环境影响研究”。通过上述科研项目的开展，对完成地质环境监测中心任务起到了积极的促进作用。

（赵立新）

天津市地质环境监测总站工作

天津市地质环境监测总站

概　　况

天津市地质环境监测总站隶属于天津市地质矿产勘查开发局，是天津市唯一专门从事公益性地质环境监测和研究的专业机构，是经天津市编委确认的全民所有制事业单位。主要承担地质环境监测与研究、地质灾害危险性评估、地质灾害治理工程设计、勘查和监理、建设项目水资源论证、工程测量、地理信息系统工程等专业任务。

天津市地质环境监测总站设置4个管理科室：综合办公室、劳动人事科、计划财务科、总工程师（质量管理）办公室；下设3个业务科室：地下水资源与地面沉降研究所、地质环境监测中心、地矿信息中心。

天津市地质环境监测总站现有在职职工64人，其中专业技术人员52人，占全院总人数的81.3%；在专业技术人员中，高级职称8人（含教授级高工1人），中级职称17人，初级职称25人；在职员工中，大学本科以上学历46人，占71.9%。

2010年，天津市地质环境监测总站无重大安全责任事故发生。

天津市地质环境监测总站拥有 CJY－80 型直读式沉降仪、KY－1 数字式孔隙水压测试仪、GTS－602TQPCONG 全站仪、Trimble5700 型 GPS 接收机 GPS12 卫星定位仪、HFS－6 射线快速测量仪等多种先进的技术设备。

《天津市地质灾害预警预报技术及应用》成果获 2010 年度天津市科学技术进步三等奖，《区域地面沉降对京津城际（天津段）轨道交通工程的影响及对策研究》成果获得天津市地质矿产勘查开发局科学技术进步三等奖。

地调与科研

一、灾害地质调查评价

（一）天津市滨海新区分层标监测系统建设。

建成了临港分层标和汉沽分层标两座，钻探工程量 3154.17 m。2010 年 4 月 2 日，该项目的成果报告通过评审，被评为优秀级。

（二）华北平原（天津）地面沉降监测与防治综合研究。

完成了分层标监测 132 组次；GPS 基站数据整理 11 点次，监测墩测量 32 点次；静海取样孔施工，钻探工程量 505.95 m，取原状样 184 件，样品测试 1237 项。

二、矿产资源调查评价

完成了国家要求的 6 个矿种共 7 个矿区储量核查工作；完成了单矿种汇总报告；完成了冶金用白云岩、含钾粘土岩、建筑用辉绿岩和水泥用灰岩、建筑石料用灰岩、陶瓷土、水泥配料用页岩和水泥配料用粘土等 11 个自选矿种共 37 个矿区的储量核查。

三、环境地质调查评价

（一）天津市地下水环境监测。

完成了地下水位长期观测、统测和委托群测点的查点；完成了开采量调查及 3 月份、6 月份统测。完成了日常监测工作，安装了 3 台自动水位仪，重新维护了 4 台自动水位仪。

（二）华北平原（天津）地下水动态调查评价。

完成了 6 月份的统测工作。

（三）2010 年天津市地质环境监测。

完成了国家级地下水日常监测任务；完成了 1 个地质灾害隐患点的调查工作；完成了地质灾害汛期巡测工作和气象地质灾害预报。

（尚洪俊）

河北省地质环境监测总站工作

河北省地质环境监测总站

概　　况

河北省地质环境勘查院隶属河北省地质矿产勘查开发局，加挂河北省地质环境监测总站的牌子，相当于处级事业单位。主要职责是参与制订地下水动态监测发展规划；开展地下水环境动态监测、地热动态监测、地质灾害监测、地下水情预报工作；开展环境地质、水文地质工作；开展基础设施建设、城镇建设及乡村建设前期地质勘查；开展矿山关闭和复垦阶段的地质工作。

单位现有职工 244 人，其中专业技术人员 181 人，本科以上学历 125 人，有正高级职称 5 人，高级职称 37 人，中级职称 58 人，初级职称 78 人，拥有建设项目水资源论证、地质灾害危险性评估等甲级资质 7 个，水文、水资源调查评价、建设项目环境影响评价等乙级资质 4 个。

下设管理科室 3 个，分别为办公室、技术处、计财资产科。院部设业务科室 8 个，分别为地质环境监测中心、地质调查中心、信息中心、地质灾害研究室、矿山研究室、实验室、环境工程处、勘察测绘处。在河北省 11 个市设有监测分院（站），其中唐山、保定、廊坊、石家庄、邢台、邯郸 6 个分院是河北省地质环境勘查院的直属单位。

2010 年首批通过地调局地方公益性地调队伍能力建设评估，获得 98 分，在全国地质环境监测总站系统首家获得 A 级证书。同年，还获得“河北省五一奖状”称号、“河北省省级文明单位”称号及“河北省劳动关系 AAA 级和谐企业单位”称号。

地调与科研

一、河北地下水污染调查评价

该项目主要对河北平原污染源进行了深入调查，在河北平原区共采取地下水测试样品 3557 组，其中浅层地下水样品2542组，深层地下水样品1015组，并涵盖所有县级以上供水水源地。首次进行地下有机组分的水质和污染评价，研究了不同类型典型场地有机污染组分地表水-土壤-地下水的运移规律，建立了地下水污染调查数据管理与综合分析系统，完成了地下水污染防治区划。

二、华北平原（河北）地面沉降监测与防治综合研究

2010年完成二等水准测量1000 km、GPS测量33点次、分层标测量156点次；在完成实物工作的基础上开展了河北平原地面沉降综合研究，预测地面沉降发展趋势，划分地面沉降易发区，确定防治分区，提出防治对策。

该项目对地面沉降的形成历史、分布规律、成因机制进行了综合研究，划分地面沉降易发性分区、防治分区，提出适宜的防治对策建议。编制完成了一大批相关图件，主要包括河北平原地面沉降等值线图，河北平原第一、二、三、四含水组黏性土及砂性土厚度图，河北平原地面沉降易发性分区图，河北平原地面沉降防治分区图等图件，为开展地面沉降的研究工作奠定了坚实基础。

（陈 宁）

山西省地质环境监测中心工作

山西省地质环境监测中心

概 况

山西省地质环境监测中心是山西省国土资源厅直属的全额预算管理事业单位，主要承担区域性、基础性、公益性地质调查工作。2009年加挂山西省国土资源厅地质灾害应急中心牌子。

主要工作职责为：协助编制山西省地质环境保护规划；承担山西省地质环境监测数据和资料的汇总、分析及处理工作；承担山西省汛期地质灾害气象预警预报工作；负责重大地质灾害调查评价和监测，并提出应急处置建议；承担突发重大地质灾害应急响应决策技术支持工作；指导市级地质环境监测和突发地质灾害应急的业务工作。

山西省地质环境监测中心下设办公室、计财科、地下水环境监测科、地质灾害监测科、矿山环境监测科、地质灾害预警预报室、信息工程室等16个行政、技术业务科室。单位编制为69人，其中正高级职称3人，高级职称23人，中级职称15人，专业技术人员占总人数的87%。

山西省地质环境监测中心由“安全生产管理委员会”全面负责单位安全生产管理工作，制订了完善的安全生产管理、奖惩制度，单位自成立以来从未发生过重大安全生产事故。

山西省地质环境监测中心拥有办公楼、综合小二楼各一栋，交通工具、物探测试仪器、野外通信定位、计算机、绘图仪、复印机等各类设备共计198台（套）。

地调与科研

一、水文地质调查评价

1. 2010年全面完成了山西省地下水动态日常监测工作。对太原、大同、朔州、长治、临汾、运城等盆地平原区的地下水水位、水质动态变化情况进行了监测。共设水位监测点180个，其中国家级监测点11个，省级监测点155个，地市级14个；水质监测点128个。

2. 2010年继续实施“山西省重要经济区地下水监测建网勘查”工作，在太原市、大同盆地及忻州市部分地区新建监测孔49个（太原20个，大同26个，忻州地热3个）；维修监测孔100个（太原75个，大同25个）。

二、灾害地质调查评价

（一）地质灾害调查评价。

1. 山西省地质灾害调查与区划汇总及综合研究。2010年对山西省104个县（市、区）地质灾害调查与区划成果资料进行整理、统计、汇总，完成了县级空间数据库整理、易发分区图和防治规划图空间数据库，以及省级综合研究空间数据库建设，在此基础上编制了综合研究报告。报告于2010年10月13日通过了国土资源部组织的专家评审，获得优秀级。

2. 山西省吕梁市典型黄土滑坡崩塌及边坡稳定性评价。2010年开展了“山西省吕梁市典型黄土滑坡崩塌及边坡稳定性评价”项目，完成野外地质地质灾害调查200 km^2，钻探进尺160 m，土样采集及力学试验180组；对6个典型滑坡进行了1∶500地形测量，测量面积约

2.5 km^2；实测滑坡地质剖面11条，长6.5 km。

（二）缓变型地质灾害调查与建网监测。

2010年继续承担地调局下达的山西盆地地裂缝地面沉降调查与监测工作项目。2010年完成了临汾市尧都区地面沉降监测水准控制网建设，新埋设水准标石63点；开展了临汾、运城市地裂缝监测网络建设，埋设水准标石14点；完成了太原市、大同市地面沉降监测二等水准测量580 km；完成大同市、太原盆地地裂缝监测水准变形测量128点次；完成大同市428机车厂地裂缝仪器站监测365日次。

（三）矿山地质环境调查、监测与评价。

2010年完成了《太原东西山煤炭集中开采区矿山地质环境动态调查与评估》、《山西省2009年度矿山地质环境形势分析》等项目报告编制，通过了环境监测院组织的项目验收；开展了“山西省因采矿造成村庄破坏及其他相关矿山地质灾害专项普查”的野外调查及核查工作；完成了《阳泉、长治矿区矿山地质环境动态调查与评估2010年度工作方案》编制，并通过了地调局组织的审查，获得优秀设计。

（四）地质灾害应急调查。

2010年山西省地质环境监测中心根据山西省厅安排及有关县（市）请求，先后参加了“平定县娘子关村河岸边坡崩塌地质灾害险情”、“山阴县腰寨村地面塌陷”、“阳曲县黄寨村水泉崖黄土坍塌地质灾害”、“平遥县卜宜乡上神南村滑坡地质灾害险情”、“昔阳县皋落镇北岩村崩塌地质灾害险情”、“省重点办中南部铁路长子南站塌陷”等多起突发性地质灾害应急调查工作。

三、地质调查信息化服务

（一）“山西省地质灾害防治信息系统”建设。

2010年对山西省104个县（市、区）地质灾害核查数据进行了整理，并完成了数据的入库，更新了省级数据库，保证了山西省地质灾害防治管理信息系统的全面运行。同时，建立了全省县级地质灾害调查与区划数据库管理系统。

（二）地质灾害气象预警预报。

2010年，在汛期地质灾害预警预报工作期间，利用地质灾害气象预警预报模型计算出山西省共有24天预测降水量达到了地质灾害三级预报标准，在山西卫视、山西省国土资源厅网站与山西省地质环境信息网上进行了发布，并用短信通知三级以上地质灾害预警预报区内的国土资源局分管领导。及时准确地预警预报了崩塌、滑坡、泥石流等地质灾害。

（李　军）

内蒙古自治区地质环境监测院工作

内蒙古自治区地质环境监测院

概　　况

内蒙古自治区地质环境监测院为内蒙古自治区国土资源厅直属公益性事业单位，主要职能是从事全区地下水监测、地质灾害防治、地质遗迹保护、矿山地质环境保护、地热及矿泉水调查评价、地下水资源勘查评价等公益性、基础性地质工作。

单位下设5个管理科室、9个技术业务科室和6个直属盟市分院。全院在册人数410人，其中离退休159人，现有在职职工250人。在职人员中专业技术人员有178人，其中，教授级高级工程师27人，高级工程师44人，工程师50人，初级职称专业技术人员57人。拥有便携式水质分析仪表、数字测井仪、综合数控测井系统等物化探测试仪器28台（套），2202E－原子荧光光度计、GBC型原子吸收仪及水质连测仪等化验检测仪器设备17台（套），野外用车16部及办公自动化设备405台（套）。

2010年，被地调局评为省级公益性队伍能力建设A级单位。

地调与科研

一、地下水环境动态监测

完成了355个（国家级41个，自治区级314个）地下水水位监测点和391个地下水水质监测点的常规监测工作，监测面积4293 km^2。按要求编制并上报了年度《国土资源综合统计年报》、《地质环境监测数据资料汇总》等报告。修复维护地下水监测孔15个，对各盟市分院监测区地下水监测孔使用情况进行全面摸底，制定7个监测区273个地下水监测孔基本情况数据和监测点分布图册。

二、矿山地质环境保护

积极配合内蒙古自治区国土资源厅，加强矿山地质环境保护工作。编制完成了《内蒙古自治区废弃矿井调查与规划》、《内蒙古自治区“十二五”矿山环境保护与治理规划》；组织完成了“全区2001～2009年矿山地质环境恢复治理项目国家项目验收工作汇报材料”的编制工作；完成了自治区6个盟市矿山地质环境恢复治理规划的编制，并通过内蒙古自治区国土资源厅审查。

2010年，内蒙古自治区地质环境监测院还继续开展了“河套平原地下水资源及环境地质问题调查评价”及“内蒙古自治区巴林右旗地方病严重区1∶5万水文地质专项调查及综合研究”项目。承担了“内蒙古自治区主要城市环境地质调查评价”项目，该项目由地调局于2010年1月下达，内蒙古自治区地质环境监测院作为参加单位之一，积极开展了“内蒙古自治区主要城市环境地质调查评价”工作。2010年6月，《内蒙古自治区主要城市环境地质调查评价工作方案》通过评审并被评为优秀设计。2010年7～10月底进行了野外调查工作，共完成调查面积2337.23 km^2，采集土样78个、水样33个，现正在进行呼和浩特等14个城市相关资料的综合分析整理、报告和图件编制工作。

三、地质灾害调查

（一）县（市、区）地质灾害调查与区划。

2010年，在综合研究已完成的54个县（市、区）地质灾害调查与区划成果的基础上，编制完成了《内蒙古自治区县（市）地质灾害调查与区划综合研究报告》，划定地质灾害易发分区和地质灾害防治分区，建立了内蒙古自治区县（市）地质灾害信息综合系统。该报告已通过国土资源部评审，获得优秀成果奖。

（二）地质灾害应急调查。

2010年，先后开展了卓资县旗下营镇厂合少村山体崩塌、托克托县境内引黄供水工程岸边泵站滑坡隐患、兴和县朱家营河段泥石流、呼和浩特市新城区哈拉沁沟采石场崩塌应急调查，并及时提交了应急调查报告和治理建议。在做好以上工作的同时，按照满足自治区现阶段地质灾害应急防治需要并适度超前的原则，内蒙古自治区地质环境监测院积极协助内蒙古自治区国土资源厅开展了地质灾害防治应急中心的各项筹备工作。

四、水文地质调查

2010年，开展和完成的地下水资源勘查评价项目有9个。其中“内蒙古自治区商都县屯垦队马铃薯基地找水勘查”等4个项目正在开展，“内蒙古自治区乌兰察布市地下水资源潜力调查”等4个项目完成原始资料的验收和报告初审工作，“内蒙古自治区兴安盟阿尔山－柴河地热资源普查”项目已完成终审。

“内蒙古自治区商都县屯垦队马铃薯基地找水勘查”项目是由内蒙古自治区地质勘查项目招标委员会于2009年9月下达，2010年完成1∶10万水文地质补充调查面积1006 km^2；调查点131个；钻探进尺3045.15 m，勘探孔28个。在马铃薯基地附近找到水量较为丰富的水源，为当地成井28眼，解决了马铃薯基地20 000多亩土地的灌溉难题，为乌兰察布地区马铃薯产业化发展提供了供水示范工程。

五、地质环境信息化建设

2010年，共发布3级地质灾害气象预报8次。

基本完成了“内蒙古自治区矿政管理基础数据库及应用系统建设”中7个地质环境方面的数据库软件开发工作；完成并提交了“内蒙古自治区县（市）地质灾害调查与区划综合研究数据库”；“内蒙古自治区主要城市环境地质问题调查评价”数据库建设已完成了底图的整理。

（陈冰源）

辽宁省地质环境监测总站工作

辽宁省地质环境监测总站

概　　况

辽宁省地质环境监测总站隶属于辽宁省地质矿产勘查局，是具有独立法人资格的县处级事业单位。主要职责为承担辽宁省地质环境监测网络建设与管理及地质环境监测的相关技术工作。

单位设有办公室、总工办、人事科、安全科、财务科、环境室、勘查室、评估室、评价室、应急中心、沈阳分站等部门，现有职工75人，各类技术人员62人。

辽宁省地质环境监测总站共有仪器设备236台（套），其中，野外交通工具11台（套），测量定位仪器14台（套），监测设备9台（套），计算机、打印机、绘图仪等各类电子设备仪器总数202台（套）。固定资产总额556.51万元。

地调与科研

一、水文地质调查

（一）完成了所辖工作区地下水的常规监测。

2010年，完成了辖区内地下水动态常规监测工作，编制了2010年度辽宁省地下水水情通报、水位预报，建立了辽宁省地下水动态数据库。根据环境监测院要求，编制了辽宁省国家级动态监测点建设实施方案，申报了国家级动态监测点285个，为实现辽宁省地下水动态自动监测、自动传输奠定了基础。

截止到2010年底，辽宁省现有国家级监测点40个，比2009年增加1个；省级185个，比2009年增加23个；市级751个，比2009年增加52个。其中水位监测点943个，比2009年增加44个；水温监测点791个；水质监测点357个，比2009年增加了34个；水量监测点20个，地表水监测点5个，地热监测点1个（含水位、水温），泉水监测点16个。

（二）康平县地方病严重区地下水勘查及供水安全示范。

该项目始于2009年，查明了地方病严重区环境水文地质条件、环境地质问题及水文地球化学特征，圈定了适于人畜饮用的地下水分布区，为进一步开展地下水勘查与开发利用，建立供水安全示范工程，解决病区人民的安全饮水问题提供技术支持。该项目2010年6月完成，提交《辽宁省康平县1:5万水文地质专项调查报告及示范工程论证报告》。

二、环境地质调查评价

（一）地质环境管理项目。

2010年，完成了“辽宁省地质环境保护前期工作及地质灾害预报预警、应急调查与处置”、“辽宁省群测群防信息系统建设”和“辽宁省地质环境信息网建设”3个地质环境管理类项目。同时协助辽宁省国土资源厅完成了辽宁省地质环境公报、地质灾害通报、地下水水情通报及预报、地质灾害防治方案的编制及出版印刷工作。汛期地质灾害气象预报预警工作值班预报88个工作日，发布地质灾害预报88次。

2010年，完成了辽宁省地质环境综合信息平台建设工作，并与中国地质环境监测院合作，完成了该信息平台的初步设计及水工环地质信息的初步录入。根据国家地质灾害群测群防信息系统建设要求，省级地质灾害群测群防信息系统已完成数据整理与录入工作，即将投入使用。

（二）矿山地质环境治理工程。

2010年，积极推进矿山地质环境治理工程，续作了“丹东青城子矿山地质环境治理”、“杨家杖子矿山环境治理”；完成了“辽宁省本溪市南芬区下马塘镇施家村滚马岭泥石流治理工程”、“鞍钢弓矿附企公司排岩场二区地质环境治理工程施工”、“本溪田师傅煤矿矿山地质环境治理一期工程”等治理工程项目；编写了“本溪牛心台煤矿矿山地质环境治理设计”、“杨家杖子矿山地质环境治理工程设计”等项目中标书；并承揽了多项地质灾害危险性评估和矿山保护与治理恢复方案的调查与编制任务。

三、灾害地质调查评价

（一）抚顺西露天矿地质灾害监测。

截止到2010年12月20日，建成的专业监测剖面12条，监测点34个。其中GPS基准点2个；GPS实时监测剖面2条，监测点7个；GPS静态监测剖面8条，监测点25个；地下水监测孔6个；先后修建简易监测点10余个。另外，还建成了深层岩移监测孔11个，主要位于抚顺发电厂院内及矿坑下200 m三平盘。2010年度完成工作量监测9929点次；调查地裂缝21条，发布地质灾害预报预警70次。

（二）辽东山区泥石流灾害详细调查与监测预警。

该项目在系统开展区域地质灾害调查、区域地质灾害分布发育与成灾规律研究的基础上，科学运用多种地质灾害监测手段，开展以本溪市南芬区的东部地区泥石流地质灾害变形特征研究与监测、成灾研究与监测、地质灾害主要控制因素研究与监测为主要内容的区域地质灾害监测预警网络建设，加强地质灾害群策群防体系建设，建立了群专结合的辽东山区地质灾害监测预警示范区，逐步提高区域地质灾害监测预警技术水平，为减灾防灾提供技术支持。

（三）辽宁省地质灾害防治工程及勘查查证。

受辽宁省国土资源厅委托，依据县（市）区地质灾害调查与区划成果和汛期地质灾害巡查及应急调查结果，在铁岭、抚顺地区选择严重威胁人民生命财产和国家建设安全的，确需治理的重要地质灾害隐患点进行勘查查证。该项目于2010年12月完成。通过该项目的实施，将科学地确定地质体的特征、稳定状态和发展趋势，分析地质灾害发生的危险性，论述地质灾害防治的可行性和防治规划工程方案的选择，最终为采取不同治理对策提供依据。

四、地质调查信息社会化服务

（一）群测群防网络建设。

目前辽宁省共确定地质灾害群测群防点1596处，共发放地质灾害防灾避险明白卡、工作明白卡约

20 206张。由于每个地质灾害群测群防点落实了地质灾害防灾责任人和监测人，并编制的“两卡一表”发送至地质灾害防治责任单位、责任人和广大受地质灾害威胁的群众手中，因此在汛期的地质灾害防治工作中，省、市、县、乡、村5级群测群防网络发挥了重要的作用，真正做到及时传达信息，快速掌握信息，有效预防灾害。

（二）汛期地质灾害预报预警。

2010年，辽宁省地质环境监测总站地质灾害气象预报预警在地质灾害防治工作中发挥了重大作用。预警预报的结果已成为决策层和广大群众防灾避险的主要依据之一。本年度内发生连续6次强降雨，属历史罕见。2010年常规地质灾害气象预警预报共发布地质灾害预报88次（其中三级预警17次，四级预警11次）。1～8月份发生的226起灾害，其中185起在预报区域内，约2307人成功避险。预报预警结果在辽宁省电视台播出，并上传到辽宁省地质环境信息网，保证了预报预警结果的及时有效性。

（周　雪）

吉林省地质环境监测总站工作

吉林省地质环境监测总站

概　况

吉林省地质环境监测总站成立于1978年10月，隶属吉林省地质矿产勘查开发局，是吉林省唯一为政府地质环境管理工作提供技术支撑的公益性事业单位。负责吉林省地下水环境、矿山生态环境、农业地质环境、城市地质环境监测；负责吉林省地质灾害监测、评价、预警与防治；负责吉林省地下水环境质量及水情预报、地质环境监测信息统计处理、地质环境公报编制；从事地质公园，地质遗迹，矿泉水资源，地热资源的调查、评价、规划与保护等。

单位下设管理科室4个：办公室、计划财务科、总工办、后勤科。技术科室9个：地质工程勘察处、综合研究室、地质环境评价室、地下水资源环境研究室、地质灾害与预警预报研究室、地下水环境监测室、矿山环境与国土整治研究室、环境影响评价室、信息与制图室。

吉林省地质环境监测总站现有在册职工107人，离退休职工83人。在册职工中专业技术人员85人，占在册职工的79%，其中研究员13人、高级工程师27人、工程师18人；博士学历1名，研究生学历6人，大学本科学历42人，大专学历11人，中专学历17人。

坚持以“安全第一，预防为主”方针为目标，建立安全责任体制，2010年无特大、重大生产安全伤亡事故发生。

吉林省地质环境监测总站拥有办公面积870 m^2，共有专用设备23台，交通运输设备6台，电子通讯设备139台，仪器仪表及量具7台，电器设备3台。

2010年，站长王延亮同志荣获吉林省防汛抗洪抢险救灾先进个人；地质环境评价室荣获吉林省地质矿产勘查开发局2010年度“工人先锋号”称号。

地调与科研

一、常规性基础性地质工作

（一）吉林省地下水动态监测。

编制完成《吉林省2009年度地质环境监测报告》，汇总完成2009年吉林省长观点、统测点地下水水位、水质动态监测数据库建设；汇总并编制完成2009年全省主要城市水位、水质监测资料统计分析报表、工作量报表；同时完成2010年地下水样品的接收和水样箱的发送工作。

（二）吉林省汛期地质灾害气象预报预警。

受吉林省国土资源厅委托，与吉林省气象台联合承担了吉林省汛期地质灾害气象预报预警工作。2010年共发布地质灾害预报预警信息20次，其中三级18次，四级2次。转移人员41 901人，避免直接经济损失9838万元。

二、公益性地质工作

（一）吉林省松嫩平原地下水动态调查评价。

编制完成松嫩平原（吉林）地下水动态调查评价项目2009年成果报告及图件，通过沈阳地质研究中心的审查，并获得优秀报告；于2010年4～5月完成2009年新钻井和2009年不能正常运行监测井的自动监测仪安装工作；同时编制完成松嫩平原（吉林）地下水动态调查评价项目2010年工作设计，并通过沈阳地质研究中心的审查；完成新钻井12眼（9个位置）地面高程测量工作；完成26眼已安装自动监测仪监测井的日常运行维护及巡视检查工作。

（二）东北地方病严重区地下水勘查及供水安全示范工程（长岭县）（续作）。

完成《长岭县地方病严重区水文地质专项调查报告及供水安全示范工程论证方案》的编写，于2010年6月通过了沈阳地调中心的审查。

（三）吉林省地质环境监测。

地下水动态监测：完成了130个国家级监测点地下水水位和水温的监测工作，完成了70个国家级监测点地下水水质的常规监测工作，建立了国家级地下水监测孔与孔口保护10个。

地质灾害监测：汛期对吉林省通化（4个点）、梅河（1个点）、临江（煤矿1个点）、安图（3个点）、二道白河（1个点）等地区开展了地质灾害巡查工作。

（四）吉林省地质灾害调查与区划综合研究（续作）。

完成了该项目报告的编制工作，并于2010年10月通过了国土资源部环境司的审查验收，并被评为优秀级。

（五）吉林省敦化地区地热资源普查。

完成了《吉林省敦化地区地热资源普查设计》的编制工作，2010年5月通过了由吉林省国土资源厅地质资料馆组织的专家审查。完成遥感解译、地质调查、水文地质调查、物探等工作。

（六）五城市浅层地热能调查。

完成了5个城市（集安、桦甸、珲春、吉林、敦化）《地下水水源热泵浅层地热能调查评价报告》初稿编制，2010年4月通过由吉林省国土资源厅地质资料馆组织的专家审查。

（七）吉林省汛期地质灾害预警预报方法研究。

项目报告已经编写完成，并通过对吉林省地质环境条件单元格剖分，基于最优组合赋权理论的可拓学评价模型将吉林省地质灾害易发区进行了划分。在易发区划分基础上，与往年发生地质灾害时的降雨资料进行了耦合分析，建立了适用于吉林省的预报预警模型。

另外，充分发挥地质专业特长，以及水文地质的优势，相继开展了地质灾害危险性评估及压覆矿产资源调查工作，为矿山企业编制了矿山地质环境恢复治理可行性研究报告；矿山地质环境保护与治理恢复方案及设计；中石化公司环境影响评价工作；中国神华集团10万吨/年 CO_2 收集、封存试验项目环境影响评价，即将 CO_2 尾气作为原材料，收集处理后注入地下深层，进行地质封存，达到 CO_2 减排的目的，减少温室气体排放，防止气候变暖。

（郝鹏飞）

黑龙江省地质环境监测总站工作

黑龙江省地质环境监测总站

概　　况

黑龙江省地质环境监测总站始建于1979年，原隶属于黑龙江省地质局。2000年10月，黑龙江省地质环境监测总站及其下属5个分站隶属于黑龙江省国土资源厅管理，属全额拨款事业单位。2003年后，大庆市、伊春市、鸡西市陆续成立地质环境监测站，业务开展由总站指导。

黑龙江省地质环境监测总站的主要职责是：负责全省地下水环境动态监测、矿山地质环境监测和地质灾害预警预报工作。现有在职职工90人，其中专业技术人员63人（高级职称40人，中级职称22人，初级职称1人），其他人员27人。

黑龙江省地质环境监测总站拥有各类监测设备30余台（辆、套），监测装备资产近200万元。其中：监测车辆3台，地下水自动监测仪26台，全站仪2台，高精度GPS接收机1台套，普通GPS接收机18台，光谱仪一台，地质灾害野外数据采集仪6台。

地调与科研

一、地质环境监测

2010年，继续开展城市网与区域网的地下水环境监测工作，对监测网与监测工作进行了适当调整。现有地下水环境监测点总数320个，其中地下水监测点318个，地表水2个，地下水水质监测点35个，地下水水温监测点33个；2010年累计监测水位5769次，水温1087次。重点控制第四系松散岩类孔隙水，同时对新近系大安组和白垩系裂隙孔隙水做一般控制。

2010年，查清地质灾害隐患点共计2730处，其中崩塌694处、滑坡48处、泥石流260处、地面塌陷215处、地裂缝9处、不稳定斜坡631处、塌岸

223处、水土侵蚀650处；建立地质灾害群测群防点442处（崩塌119处、滑坡25处、泥石流93处、地面塌陷51处、地裂缝7处、不稳定斜坡99处、水土侵蚀18处、塌岸30处）。截至2010年底，已建立地质灾害群测群防网络一级网49个、二级网184个、三级网350个，主要监测黑龙江省山地丘陵区地质灾害点的动态变化情况。

二、黑龙江省县（市）地质灾害调查研究

通过对49个县（市）地质灾害调查与区划项目成果（报告、图件、数据库）的统计、整理、分析，查明黑龙江省共有地质灾害隐患点2730处，32个县（市）、乡（镇）、村三级群测群防网络，建立地质灾害群测群防点442处。

完成了《黑龙江省县（市）地质灾害调查与区划综合集成报告》的编辑，编制完成《黑龙江省地质灾害易发程度分区图1∶5万》、《黑龙江省地质灾害防治区划图1∶5万》，以及黑龙江省县（市）地质灾害调查与区划信息系统建设等工作。

2010年9月，完成了该项目的成果报告编写、图件绘制、数据库建设工作，2010年10月通过黑龙江省国土资源厅、国土资源部评审，在国土资源部评审中获得"优秀"。

三、黑龙江省地质灾害预警预报信息系统建设

"黑龙江省地质灾害防治与管理系统"（部署于Internet网，实现省、市、县、乡四级地质灾害防治管理、群测群防网络建设、灾害速报、气象预警成果发布等）建设工作、"黑龙江省地质灾害综合数据库系统"（部署于局域网，用于地质灾害相关的资料信息库建设管理，实现地图空间查询检索、信息模糊查询、资料统计、表格及媒体信息编辑管理等）系统架构建设、地质灾害自动预警预报系统建设工作已完成，同时为确保项目的正常运行，黑龙江省地质环境监测总站已与黑龙江省气象台主管领导及技术人员进行了会商，商讨双方开展交流、会商及数据共享等方面的合作事宜。

以县（市）地质灾害调查工作为基础，建立黑龙江省地质灾害信息系统，提供调查数据的集成管理、查询检索、分类统计、表格编辑功能；配合地质灾害隐患点核查工作，开发地质灾害防治与管理系统，以满足地质灾害的群测群防、日常管理、灾害速报及气象预警信息的发布等要求。

四、松嫩平原地下水动态调查评价

完成12个点的孔口高程测量工作。完成钻孔施工竣工报告的编写工作。2010年4月开展补充2009年度所施工钻孔监测井地下水动态自动监测仪的安装工作，安装地下水动态自动监测仪16台套。共计取得地下水水位监测数据7685个。

通过对2010年地下水动态自动监测仪运行维护工作的总结和综合分析，使地下水监测手段得到初步改善，自动监测仪使用（覆盖）率进一步提高；取得监测井孔口高程数据；取得2010年1~12月地下水水位统测数据，通过对取得的监测数据综合整理分析总结，掌握工作区不同含水岩组地下水水位最新动态。

根据松嫩平原（黑龙江省）地形地貌、水文地质条件及地下水环境问题的发育程度和分布，结合地下水开发利用程度和人口分布，以及现有监测网点现状，提出了在该区进一步进行地下水环境监测的监测网点建设优化方案。优化后的监测网全部建设专门性监测点，逐步由人工与自动监测转变为全部自动监测，进一步提高自动化监测程度。

松嫩平原（黑龙江）地下水动态监测网建设优化后的国家级地下水监测点数量为328个，其中：原有监测点41个，均已安装地下水自动监测仪及传输装置；新建监测点287个。

五、科技成果

1. 完成《2009年松嫩平原地下水动态调查评价报告》。

2. 完成《2010年度地下水自动监测仪运行维护报告》。

3. 完成《2009年度黑龙江省主要城市和地区地质环境监测通报》。

4. 完成《2010年度国家级地下水监测孔洗孔修复报告》。

5. 编制了哈尔滨、齐齐哈尔、牡丹江、佳木斯分站2010年度地质环境监测工作部署图。

6. 编制了"松嫩平原（黑龙江）地下水动态调查评价"项目工作部署图。

7. 编制了"松嫩平原（黑龙江）地下水污染调查评价"项目工作部署图。

8. 编制了黑龙江省地质灾害易发程度分区图1∶5万、黑龙江省地质灾害防治区划图1∶50万。

9. 完成《黑龙江省2010年汛期地质灾害防灾预案》。

10. 完成《松嫩平原（黑龙江）地下水动态监测网建设优化方案》。

（李广忠）

浙江省地质环境监测总站工作

浙江省地质环境监测总站

概　　况

浙江省地质环境监测总站是隶属浙江省国土资源厅的全额预算拨款的公益性事业单位。内设办公室、综合研究室、地下水动态监测室、地质灾害监测室。

主要职责是：组织实施地质环境监测工作规划、计划；起草地质环境监测工作要求与技术要求，拟定地质环境监测管理对策及建议；承担或组织实施地下水环境、地面沉降、重点突发性地质灾害、土壤环境、矿山地质环境、地质遗迹等地质环境的监测、调查研究和评价；负责省内各地质环境监测站的业务管理和技术指导；负责全省地质环境信息系统的建设和管理；承担全省地质环境监测数据的接收汇总、分析和处理，提交各类监测成果、数据和建议，为政府决策提供科学依据。

浙江省地质环境监测总站占地面积1032 m^2。有监测车4辆，滑坡位移监测仪47台，地下水自动监测仪34台。双频GPS3台（套），手持GPS 15套，有地面沉降分层监测标和基岩标各2组，地面沉降自动化监测站1座，GPS固定站1座，野外视频采集系统及应急会商信息系统及GIS软件、图形工作站及大型输入输出设备等。

浙江省地质环境监测总站贯彻落实安全生产责任制，专门制定了安全生产管理规定；每年定期开展安全生产教育、培训，提高干部职工的自我安全意识和安全生产技能；每年不定期地开展安全生产检查，隐患排查和整改，落实相关部门责任。

地调与科研

一、地质灾害防治

2010年，江苏省共发生滑坡、崩塌、泥石流等突发性地质灾害623起，地质灾害发生数量比上年增加152%，但由于防范到位，地质灾害造成的人员伤亡比上年减少了34.5%。浙江省地质环境监测站作为浙江省地质灾害防治主要的技术支撑单位，严密部署全省地质灾害防治和监测预警工作，在地质灾害防治中发挥应有的作用。

（一）编制完成《浙江省2010年地质灾害防治方案》，并通过省政府办公厅下发实施。

《方案》对2010年全省地质灾害趋势进行了预测；分析了地质灾害发生的主要时段、类型，地质灾害发生的重点地区；列明了2010年全省需重点防治的地质灾害隐患点；提出了地质灾害防治的9项主要任务和措施。

（二）做好汛期地质灾害的预警预报、险情巡查、应急调查和搬迁避让认定工作。

1. 完成了汛期地质灾害的预警预报工作。和浙江省气象局、浙江省水文局等相关部门合作，掌握降水及水情的实时动态，通过省国土资源厅网站向社会公众发布预警图片190多次，在浙江卫视发布3级以上地质灾害预报35次，发送手机短信12 143条。

2. 完成省级地质灾害隐患点搬迁认定。完成了杭州、宁波、丽水、衢州等市省级地质灾害避让搬迁点的野外核查认定。

3. 开展汛期巡查指导。5月份陪同部、省专家组参加了杭州、绍兴、衢州等市汛期地质灾害防治工作检查；7月中旬参加国土资源部专家组对浙江省地质灾害防治和矿山资源开发整合工作检查。

4. 应急调查工作。参加了东阳防军二村马尾山滑坡、衢江区王家山危岩体、建德大慈岩滑坡、浦江县夏龙殿滑坡以及淳安“6.18”大墅镇桃林村等灾害或险情的应急调查，并及时编写了应急调查报告。

5. 认真指导地质灾害再排查工作。起草了浙江省汛期地质灾害隐患再排查工作方案，并承担再排查相应的技术指导工作。8月下旬分两组对衢州、丽水等市的再排查工作进行了检查指导。

（三）做好《浙江省地质灾害防治条例》宣传贯彻工作。

结合省级地质灾害避让搬迁认定、地质灾害巡查指导、应急调查、再排查工作检查及“十有县”验收等，在杭州、宁波、丽水、绍兴、衢州等市开展了《浙江省地质灾害防治条例》的宣传贯彻和地质灾害防治知识的宣讲普及，发放了宣传图画和小册子数百份。

二、地下水和地面沉降监测

2010年继续开展沿海平原、金衢盆地等重点地区地下水动态监测网建设，全省地下水监测控制面积约9665 km^2，共有水位监测点261个，水质监测点100个，其中81个监测点实施水位、水温自动化实时监测。进一步完善沿海平原以GPS监测为主体，重要城市高精度水准监测为主、垂向分层监测的地面沉降监测网络，全省地面沉降监测控制面积约7200 km^2，全省现有GPS一级点29个、GPS二级点83个、GPS固定站7座、水准点893个、基岩标8组、分层标2组。

三、基础地质调查

（一）城市地质调查评价。

“十一五”期间，已完成了杭州、温州、金华、绍兴等城市地质调查，查明了各城市地质结构和水文地质、工程地质条件，主要地质环境问题，对城市土地利用适宜性进行了初步评价，建立了城市地质信息管理与服务系统。为城市规划和工程建设提供了翔实的基础地质资料。

2010年全面完成了浙江省主要城市环境地质调查工作，基本查明了全省11个设区市和江山市等12座主要城市的地质环境条件和地面沉降、浅层地下水污染、突发性地质灾害等环境地质问题，评价了各城市地下水资源和地质遗迹、港口码头等地质环境资源状况，编制了12座城市的环境地质系列图件和调查评价报告，为这些城市的地质灾害防治、工程建设、地下水应急水源地规划建设和城市规划提供了基础地质依据。

（二）水文地质调查评价。

继续开展了长江三角洲浙江地区地下水污染调查评价工作。累计完成1∶25万调查12 990 km^2，1∶5万调查2148 km^2，样品采集498组，全面整理和分析浙江地区地下水污染调查、采样测试成果，并编制了区域地下水水质评价图、区域地下水污染评价图、地下水防护性能图、地下水污染防治区划图，以及制革、印染、石化、电子（器）拆卸等重点调查区地下水污染分析专题图件。

（三）环境地质调查评价。

1. 新农村建设地质环境保障工程。继续开展全省新农村建设地质环境保障工程试点乡镇的调查评价工作。2010年开展了奉化溪口镇、安吉县上墅乡、嵊州市长乐镇、浦江县前吴乡、黄岩区富山乡、定海区金塘镇等6个乡镇的野外调查。通过调查，基本查明了地质灾害、地下水开发利用、地质遗迹资源和水土污染状况，为探索地质安全选址与避险、供水安全、土地资源合理利用、生活垃圾与生活污水地质处置、地质生态景观资源保护与建设、地质环境科普宣传提供了基础资料，为全面推进浙江省新农村建设中地质环境保障工程提供示范。

2. 海洋地质调查。2009～2010年实施了浙江省沿海地区环境地质综合调查评价项目，已完成野外工作，在查明区域地质环境条件和主要环境地质问题的基础上，重点对沿江沿海地区的地面沉降、岸线侵蚀与淤积、港口与滩涂资源等进行调查。评价江、海岸带稳定性，开展地质环境区划与分区评价，为浙江沿江沿海地区制定发展建设规划、应对海平面上升和防控地面沉降等提供科学依据。2010年10月启动的杭州湾地区地质环境调查评价项目，已完成了总体设计的编制与评审，并按计划开展资料综合分析、野外调查等工作。通过这些项目实施将为浙江省海洋经济发展规划和工程建设、地质灾害防治提供基础地质资料。

（诸　烨）

安徽省地质环境监测总站工作

安徽省地质环境监测总站

概　况

安徽省地质环境监测总站成立于1983年，是隶属于安徽省地质矿产勘查局的公益性事业单位。主要职责是：负责全省地质环境、地下水资源和地质灾害监测预报，开展基础公益性水文地质、环境地质等分析、调查和监测服务等工作。现有在职职工170人，其中高级工程师34人，工程师45人。安徽省地质环境监测总站在全省17个省辖市均设立了地质环境监测站。

安徽省地质环境监测总站现有越野车7辆、钻机3台、台式电脑90台、笔记本电脑26台、小型服务器3台，实验室一个，为乙级实验测试资质。

地调与科研

2010年，安徽省地质环境监测总站共承担安徽省国土资源厅、安徽省地质矿产勘查局地质调查和科学研究项目19个，11个为续作项目，8个新开项目。

其中地调局项目2个，环境监测院项目2个，安徽省国土资源厅项目12个，安徽省地矿局项目3个。

一、地质环境监测

（一）地下水监测。

2010年完成了316个（国家级71个、省级245个）监测孔（点）的地下水监测工作，安装自动水位观测仪器35台，安装监测孔保护标牌236块，实施水位监测22 509次，采样测试180组，实施水温监测18 962次、水量及开采量监测120次。

完成了安徽省2010年度地下水环境监测年度报告、安徽省2010年度地下水水情通报、安徽省2010年度地质环境公报（地下水部分）、安徽省2011年度部分城市地下水水情预报（预测下一年度）；建立了安徽省2010年度地下水环境监测数据库（地下水监测点基本情况数据库、水位监测数据库、水温监测数据库、水质监测数据库、水量监测数据库）。

（二）地质灾害气象预警。

2010年共制作预报预警产品171期，向社会发布地质灾害黄色预警（3级）50次、橙色预警（4级）5次；全省共开展地质灾害气象预警野外校验92次。

2010年安徽省共发生地质灾害338起（崩塌164起，滑坡143起，泥石流16起，地面塌陷15起）其中248起在预警时段的预警区内，预报成功率73.37%。13 706人，成功避险144起。

（三）矿山地质环境监测。

2010年，安徽省矿山地质环境监测网建设试点项目首次开展，选在淮南市和铜陵市两个矿区进行试点监测，这标志着安徽省矿山地质环境监测工作正式启动。

二、安徽省主要城市环境地质调查

通过调查，基本查明了安徽省13个省辖市（合肥、滁州、阜阳、亳州、宿州、淮南、蚌埠、芜湖、铜陵、马鞍山、安庆、巢湖、黄山）远景规划区地形地貌、地层构造、地下水、岩土体特征和主要环境地质问题。其中，位于淮北平原的阜阳市、亳州市和宿州市因长期过量开采地下水，导致地下水资源渐趋枯竭，地面也出现了不同程度的下沉；淮河沿岸的蚌埠市、淮南市，长江沿岸的芜湖市、安庆市、铜陵市、马鞍山市的城市建设长期遭受软土变形危害。地处江淮分水岭的合肥市、滁州市，除缺水问题外，城市基础建设主要遭受膨胀土变形危害。地处皖南山区的黄山市，以及位于安徽省大别山区和沿江、沿海城市的丘陵地区则普遍受到崩塌、滑坡、泥石流灾害威胁。

本次工作还圈定应急（后备）地下水水源地24处，为城市应急取水指明了方向；查明了安徽省主要矿泉水和地下热水的分布与开发利用现状。已勘探查明的地热田5处，淮河以南主要为带状热储，淮北平原主要为层状热储。查明了安徽省主要城市地质遗迹资源，除黄山地质公园和巢湖三叠系金钉子剖面为国际级外，其他均为省级。

对安徽省13个省辖市远景规划区地质灾害、地下水质量状况、地下水污染、地下水防污性能、城市垃圾填埋场环境影响、地质资源及地质环境质量进行了分区评价。

最后，提出了13个城市规划布局的地学建议；对有关城市环境地质问题提出了防治对策和措施建议。

三、安徽省地质碳汇及二氧化碳地质储存研究

通过调查和研究，对全省中新生代盆地储存二氧化碳潜力进行了初步评价，为安徽省二氧化碳地质减排探索了一条新的途径。

从长时间尺度上看，安徽省淮北平原地质碳汇效应显著；而淮河以南地区，尤其是长江以南地区，碳汇、碳源转换频繁。

从水平空间尺度看，安徽省地质碳汇效应显著，地下水中的HCO_3^-含量一般都超过100 mg/L。而山区溪流HCO_3^-含量均小于50 mg/L；大江大河（长江、淮河、新安江、巢湖、太平湖）中的HCO_3^-含量多在100 mg/L左右。但是，随着浓度的增加，地质碳汇能力将逐渐减弱，主要是地下水的含盐量增加导致重碳酸盐类饱和沉淀所致。

通过估算，安徽省岩石化学风化对CO_2的消耗量约为6.43×10^{10} mol；安徽省表层土壤有机碳平均密度为31.64吨/hm^2，低于全国土壤平均碳密度为48.8吨/hm^2，低于美国的50.3吨/hm^2，低于欧盟的70.8吨/hm^2；土壤碳汇尚有较大的潜力。

安徽省中新生代盆地发育，估算地下砂岩层可储存二氧化碳近千亿吨，表明安徽省二氧化碳地质储存潜力巨大、前景广阔。

（曾明元）

福建省地质环境监测中心工作

福建省地质环境监测中心

概　况

福建省地质环境监测中心为福建省国土资源厅直属全额拨款事业单位，编制50人。现有在职职工43人，其中专业人员28人（高级工程师8人、工程师12人、助理工程师8人），其他人员15人，非在编人员12人。下设6个职能科室：综合科、地质灾害防治科、地下水监测科、矿山地质环境科，监测预警室、总工办，下辖福州、漳州、龙岩等7个监测站。

围绕海峡西岸经济区建设，认真履行地质灾害防治、地下水动态监测、矿山地质环境监测和地质遗迹保护四大基本职能，认真做好汛期地质灾害检查、巡查、预警预报值班、应急处置工作，为福建省国土资源厅提供技术支撑服务。

福建省地质环境监测中心拥有的设备主要包括：车辆5部；地下水自动监测仪2套，其中全站仪1套，手持GPS20套，滑坡监测仪62套，自动雨量站14台，斜坡位移监测仪14台，土壤含水率监测仪15台，地下水位监测仪12台、孔隙水压力监测仪4台、地应力监测仪1台；轻便式土壤水分测定仪3台，滑坡三维摄影监测设备1套。

福建省地质环境监测中心获得了福建省人民政府颁发的“2010年福建省防抗特大暴雨洪水抢险救灾先进集体”的称号、福建省国土资源厅颁发的“2010年作风建设先进集体”的称号；有两位同志获得“先进个人”称号。

在2010年地调局有关地方公益性地质调查队伍能力建设评估工作中被评为A级单位。

地调与科研

一、地质灾害详细调查

工作区包含1:5万标准图共27幅，该项目完成调查面积6722.5 km^2；1:5万地质灾害测量（草测）1940 km^2，1:5万地质灾害测量（正测）200 km^2，实测剖面8 km，工程地质钻探400 m，1:1000地形测量0.5 km^2，岩土测试60组。基本查明了区内地质灾害点及其隐患发育特征、分布规律及形成的地质环境条件等。

二、地下水资源潜力评价及应急水源地调查

完成厦门同安、翔安区1:5万水文地质调查面积1000 km^2，共完成观测点981个，包括本次调查点735个，其中泉点123个，民井点405个，水文地质钻孔167个，地质地貌点40个；收集点246个；完成磁法测量剖面8.33 km；完成高密度电阻率法测量1.2 km；完成3个水文钻孔的设计、施工、编录、抽水试验、取样、成井、单孔施工总结等工作，完成钻探总进尺200.25 m；

在完成水文地质调查的工作的基础上，选择7个有代表性的民井或机井开展简易抽水试验工作，目前已完成选定民（机）井的抽水试验工作，每井做一次降深抽水试验，稳定时长不少于4小时；在3个新施工的水文地质钻孔进行分层抽水试验，稳定时长不少于24小时；完成160个调查点的水质现场测试、水质简分析（其中118件本次调查取样，42件为收集）、48件全分析、48件专项分析的现场测试、取样、送样工作。基本查明厦门同安、翔安区的地形地貌、构造、地层岩性等地质条件和区内的含水岩组的水文地质特征；圈定了3处应急水源地，即厦门同安区五显镇、大同街道及翔安区厝镇范围内，并对应急水源地内的水质、水量进行评价；对整个海西沿海地区地下水资源潜力进行评价分析，编制《海西沿海地区地下水资源潜力及应急水源地调查评价报告》及其图件。

三、闽东南地区台风暴雨型地质灾害监测预警示范

科技部和国土资源部“十一五”国家支撑计划重点项目课题“区域降雨型地质灾害气象预警技术研究”子课题“闽东南地区台风暴雨型地质灾害监测预警示范”项目于2010年顺利通过验收。该项目于2007年启动，在福建省泉州市德化县选择典型地质灾害体布设自动雨量站、斜坡地表位移监测仪、深部位移监测仪、地下应力监测仪、土壤含水率监测仪、地下水位监测仪、孔隙水压力监测仪等专业监测仪器，设立了6个地质灾害专业监测点，实时获取不同时间长度序列的监测数据，开展降雨-渗流-斜坡位移多参数监测研究，为分析降雨、地下渗流对斜坡岩土体内在影响提供了可靠的原始参数。同时，在获取连续监测数据及工程地质钻探和基础上初步开展了滑坡现场足尺破坏试验、边坡降雨入渗和稳定性FLAC3D有限元数值模拟分析，进行台风暴雨型

地质灾害成灾机理的初步研究，建成了福建省首个地质-气象相耦合的县级地质灾害预警预报系统，并投入试运行。

（陈艳）

江西省地质环境监测总站工作

江西省地质环境监测总站

概　　况

江西省地质环境监测总站隶属于江西省地质矿产勘查开发局，是经江西省编委批准具有独立法人资格的公益性事业单位，县级建制。

江西省地质环境监测总站主要承担江西省地质环境监测、地质灾害调查、矿山地质环境调查、地下水资源调查、地质灾害预警预报等工作，为江西省国土资源管理提供基础支撑，为江西省经济社会发展提供公益性服务。

江西省地质环境监测总站下设办公室、财务部、人事教育科、质量安全技术部等管理科室和地质灾害预警预报中心、环境地质研究室、地质灾害防治研究室、矿山地质环境研究室、地下水评价及湿地环境研究室，另外还有南昌、九江、吉安、赣州、萍乡、景德镇、宜春、上饶8个监测分站。

江西省地质环境监测总站现有职工146人，其中专业技术人员109人，占74.66%；专业技术人员中正高3人，占专业技术人员的2.75%，副高27人，占专业技术人员的24.77%、中级职称27人，占专业技术人员24.77%。

2010年，江西省地质环境监测总站被地调局评为省级公益性队伍能力建设A级单位。

地调与科研

一、水、工、环工作进展和取得的主要成果

（一）地质灾害调查与区划。

承担的国土资源部2008年度江西省上栗、鄱阳、东乡、丰城、湖口、全南、都昌、高安、樟树、章贡区10县（市、区）地质灾害调查与区划项目均通过了江西省国土资源厅的审查，2010年底完成了成果资料的汇交工作。

（二）昌九工业走廊地质环境调查与区划。

1. 完成了“昌九工业走廊地质环境调查与区划项目2010年度工作方案”的编写。

2. 通过遥感解译工作基本摸清了工作区的地貌类型、主要构造分布特征、重要矿山的分布及对环境的破坏情况、规模较大的崩滑流及地面塌陷点的分布和大致的规模，为下一步开展的1∶25万及1∶5万环境地质实地调查打下了良好的基础。

3. 完成了彭泽县工业区高密度电法测线5条，总长度3835 m，有效长度为2675 m，重叠长度为1180 m；九江县工区完成高密度电法测线4条，总长度3540 m，有效长度为2380 m，重叠长度为1160 m。同时收集利用了有关区域性地质资料。

4. 在综合分析研究收集资料的基础上，有针对性地开展野外调查，重点调查了危害较大的地质灾害点、存在环境地质问题的矿山、地表水和地下水污染情况等。编制了工作区内长江南岸地质剖面图等。

5. 完成了基础性图件初稿的编制。

二、江西省赣州盆地水文地质调查

1. 2010年10月完成了《赣州盆地水文地质调查新开工作项目论证报告》，并经地调局审查通过。

2. 2010年12月完成了《江西省赣州盆地水文地质调查总体设计书》编写工作，并通过了地调局审查，质量等级评定为优秀。

三、地质灾害应急调查

2010年是地质灾害多发的年份，在宜春、萍乡、赣州等市相继发生多处地质灾害，江西省地质环境监测站下属的宜春、萍乡、赣州等分站会同所在市国土资源局对45处地质灾害进行了应急调查，其中滑坡36处（宜春17处、萍乡8处、赣州7处、德兴2处、东乡和丰城各1处）、地面塌陷6处（萍乡3处，宜春、赣州、德兴各1处）、崩塌2处（赣州），泥石流1处（赣州）。

四、地下水动态监测

2010年江西省地下水动态监测网控制面积为776.39 km^2，监测点共计153个，其中国家级监测点18个、省级监测点97个、地区级监测点33个，地下水监测点与2009年相比，国家级点减少3个，省级点减少6个，地区级点减少1个。

五、2010年提交的各类报告

1. 2010年初，向国土资源部、中国地质环境监测院和省厅提交了2009年南昌、九江、吉安、赣州、

萍乡、景德镇等6城市地下水水情通报。

2. 向江西省国土资源厅提交了2009年度南昌、九江、吉安、赣州、萍乡、景德镇等6城市地质环境监测年度报告。

3. 向江西省国土资源厅提交了2008年度上栗、鄱阳、东乡、丰城、湖口、全南、都昌、高安、樟树、章贡区10个县（市、区）的地质灾害调查与区划项目的报告，均通过厅审。

4. 向地调局提交“昌九工业走廊地质环境调查与区划2010年度工作方案”，并通过审查，质量等级为良好。

5. 向地调局提交江西省赣州盆地水文地质调查设计通过审查，质量等级为优秀。

6. 向国土资源部提交了江西省废弃矿井地质环境恢复治理规划，并通过了国土资源部审查。

7. 向江西省国土资源厅提交45处地质灾害点应急调查简报。

（丁来兴）

山东省地质环境监测总站工作

山东省地质环境监测总站

概　　况

山东省地质环境监测总站成立于1985年11月，是山东省国土资源厅直属的县处级基础性公益性全额拨款事业单位。主要职责是：承担国家和全省公益性、基础性地质环境监测、调查、评价、预报和地质灾害防治等任务，为政府对国土资源规划、管理、保护和合理开发利用决策提供科学依据，为国民经济和社会发展提供地质环境信息资料等公益性服务。

山东省地质环境监测总站设办公室、组织人事科、财务科、综合研究室（总工办）、地质环境监测所、地质灾害研究所、水文地质工程地质部、科技开发部、信息中心、实验测试中心等10个职能部门和济南监测站、淄博监测站、烟台监测站等3个直属监测站。

山东省地质环境监测总站单位编制135人；实有在职职工133人；退休职工66人。在职职工中各类专业技术人员99人，占74.4%以上；其中具有研究员职称13人，副教授级高工职称32人，中级职称24人，初级职称30人，职工平均年龄40.28岁。

山东总站牢固树立“警钟长鸣、安全第一”的思想，在抓好中心工作的同时，把安全生产管理作为一项经常性的工作常抓不懈。2010年内未发生责任事故。

山东省地质环境监测总站占地面积6687.4 m^2。有生产及办公用车20辆，配有测距仪、远程自动化监测仪、滑坡监测仪、GPS、等离子体发射光谱仪、示波极谱仪等监测、实验测试设备。截至2010年底，资产总值达6928.01万元，其中固定资产2327.35万元。

在继续保持省级文明单位的同时，通过了地调局对省级公益性地质调查队伍能力建设A级评估。2010年度技术成果获省科技进步三等奖2项，国土资源部科学技术奖二等奖2项，山东省国土资源科技进步一等奖9项，二等奖18项。

地调与科研

一、地质灾害防治

（一）地质灾害气象预警预报。

山东地质灾害气象预警预报工作始于2010年6月1日，至9月30日结束。共发布地质灾害预报122次。其中地质灾害预报发布等级达到3级的共有17次，3级以上预警信息均在山东卫视新闻联播及天气预报、山东卫视公共频道、山东经济电台、山东地质环境信息网、齐鲁晚报、济南时报、山东商报中作了及时报道，同时通过中国移动通信JX01移动代理服务器及手机短信为山东省各级国土资源相关部门及技术人员提供地质灾害预报预警信息5000余条。

6次成功预报灾害的发生，预报区范围内共发生地质灾害11起（崩塌4起，滑坡4起、地面塌陷3起）。这11次成功预报均是山东自汛期以来的多次较强降水过程中产生的，由于提前预警、及时撤离危险区居民及游客，极大程度地避免了可能造成的人员伤亡及财产损失。

（二）编制完成地质灾害防治方案。

山东各级政府高度重视汛期地质灾害防治工作，省、市及部分重点县（市、区）均成立有地质灾害防治工作领导小组，对汛期地质灾害防治工作进行研究部署。厅长主持召开专题会议，部署汛期地质灾害防治工作，要求各级国土资源部门进一步建立健全各项制度，认真落实地质灾害防治预案及地质灾害隐患排查避险工作；切实加强地质灾害预警预报工作，加强值班工作，确保信息畅通；进一步提高应急反应能力，提高群众防灾意识，发挥群测群防作用，以保障汛期人民群众的生命和财产安全，分管副厅长多次亲临预报预警中心指导工作，对重要地质灾害防治点（区），亲临现场查看、指导；地质环境处领导亲临地质环境监测总站具体指导、落实预报预警工作，为强化地质灾害气象预报预警工作效果，进一步完善山东省地质灾害应急反应网络体系，及时发布地质灾害气象预报预警信息做了大量工作；各地也都按照上级的要求，高度重视，结合本地实际周密部署，明确责任，加强检查、监测预警、群测群防和汛期值班、灾情速报及应急准备等工作，一级抓一级、层层抓落实。山东省建立起了由省、市两级汛期地质灾害防治应急指挥部及分别下设的应急分队组成的汛期地质灾害防治应急指挥系统，及时应对发生、发现的地质灾害灾情和险情。领导的重视和组织的健全有力地促进和保障了汛期地质灾害防治工作的开展。

编制完成了《山东省 2010 年地质防治方案》，印发至各市、县（区）人民政府，省政府各部门，各直属机构，各大企业，各高等院校。防治方案对 2010 年地质灾害发生趋势进行预测；指出 103 处防治重点；确定其中 22 处危险性较大的隐患点为特别注意防范点。

（三）重要地质灾害点应急调查。

2000 年以来，在国土资源部、财政部和省财政厅的支持下，先后开展完成了全省山丘区“1∶10 万县（市、区）地质灾害调查与区划”工作。截止到 2009 年底，累计调查面积达到 77 897.85 km^2，范围覆盖 52 个县（市、区），共查出崩塌、滑坡、泥石流、地面塌陷、地裂缝等地质灾害隐患点 2312 处。

为全面落实防灾减灾措施，2010 年 8 月，省国土资源厅委托山东省地质环境监测总站，在相关地市国土资源局大力配合下，对重要地质灾害点进行了排查工作，按照“以人为本，轻重缓急”的原则，初步选定出稳定性差、危险性大的地质灾害隐患点 38 处，包括崩塌 13 处、滑坡 13 处、泥石流 4 处、地面塌陷（采空塌陷、岩溶塌陷）7 处、地裂缝 1 处，累计受威胁人口 30 530 人。对受地质灾害威胁的群众实施避让搬迁，搬迁户数 4960 户。并向山东省政府及时进行了汇报。

10 月 19 日，姜大明省长主持召开了山东省政府第 82 次常务会议，听取并同意了山东省国土资源厅关于山东省地质灾害防治工作的汇报意见，形成了会议纪要。会议纪要确定：“对重大地质灾害隐患点，按照轻重缓急进行搬迁避让治理，争取用 2 ~ 3 年的时间，完成山东省重要地质灾害隐患点涉及群众的搬迁避让工作。”

（四）与山东省气象局联合举办山东省地质灾害气象预警预报技术培训

2010 年 12 月 5 日，山东受省国土资源厅委托山东与山东省气象局、气象台联合举办山东省地质灾害气象预警预报技术培训班，来自山东省 17 个市国土资源局分管局长、地环科长、地环站长和气象局分管局长、台长 120 余人参加了培训。山东省厅副巡视员宁廷河，山东省气象局副局长李春虎参加开班仪式并分别致辞。环境监测院地质灾害预警预报室主任李铁峰，山东省地环总站副站长胡玉禄、总工程师姚春梅，山东省气象台副台长杨成芳、马骏等专家就地质灾害气象预警预报合作机制、预报预警技术方法、山东省地质灾害类型及特点、地质灾害应急响应、信息传输共享等方面进行了授课。山东省国土资源厅与山东省气象局双方学员相互参观了各自的预警预报大厅并做了实时通联和可视化交流，听取了各自的经验介绍，培训效果显著，达到了预期目的，为今后山东省地质灾害气象预警预报工作打下了一个坚实的基础。

（五）开展地质灾害“五到位”、“十有县建设”培训。

受山东省国土资源厅委托，组织专业技术人员先后对聊城、淄博、济宁、德州等市开展地质灾害“五到位”、“十有县建设”培训。各级国土资源管理部门、地质灾害易发区村庄、社区负责同志、地勘单位技术人员、地质灾害群测群防人员共约 1000 余人参加了培训。

二、地质环境监测工作

（一）地质环境监测网点情况。

2010 年山东省各类地下水监测点总数为 847 个。其中，地下水位监测点由国家级、省级、地市级、统测、自动化地下水监测点构成，共有 465 个；水温监测点 68 个，水质监测点 309 个；泉水监测点 5 个。建立地质灾害群测群防点 860 个（崩塌 317 个，滑坡 136 个，泥石流 101 个，地面塌陷 266 个，其他地质灾害 40 个）。同时，建设了 29 处地质灾害自动化监测点，实现了监测数据的远程自动传输。在德州、聊城、滨州、东营 4 地市，建设 GPS 监测墩 60 个，初步组成了地面沉降 GPS 监测网，开展了地面沉降 GPS 监测工作。取得一批监测成果。

（二）地质环境自动化远程监测。

该项目自 2006 年启动以来，截至 2010 年底建设完成地下水自动化远程监测点148个，地热资源监控自动化监测点13个，GPS地面沉降监测墩60个，滑坡、位移监测点21处，降雨量监测点17处。研发构建了山东省地下水环境自动化监测系统、地热资源自动化远程监控系统和地质灾害自动化远程监测系统，实现了山东省地质环境自动化远程监测，为矿产资源开发管理和矿费征收提供了先进有效的服务。

（高赞东）

河南省地质环境监测院工作

河南省地质环境监测院

概　　况

河南省地质环境监测院是河南省国土资源厅业务支撑机构，协助政府履行地质环境监督管理职责，承担日常地质环境监测工作，从事技术服务的公益性事业单位。此外，河南省国土资源厅在“河南省地质环境监测院”加挂“河南省国土资源厅地质灾害应急中心”，为河南省国土资源厅提供突发地质灾害应急响应技术服务。河南省国土资源厅依托河南省地质环境监测院成立“河南省国土资源厅地质环境项目管理办公室”，接受厅地质环境处的业务领导。

主要职责是：编制河南省地质环境保护工作规划和计划；承担河南省地质灾害调查、规划、监测与治理，开展汛期气象预警预报和应急调查工作；承担河南省地下水过量开采和水质污染监测，开展地下水资源与环境调查评价和综合研究；承担河南省矿山地质环境调查、监测、规划与治理工作；承担河南省地质遗迹保护和地质公园调查、规划与保护工作；承担河南省地热、矿泉水资源调查、规划与研究工作；开展河南省地质环境问题战略研究，为政府宏观决策和国土资源管理提供技术服务；建设并维护河南省地质环境信息网，为政府决策和社会公众提供公益性信息服务；对河南省辖市地质环境监测分支机构进行业务指导。

河南省地质环境监测院内部设有综合办公室、人事教育科、财务科、科技外事与项目管理办公室、综合研究室、地质灾害预警预报中心、地下水资源环境调查监测室、地质灾害调查监测室、环境地质评价室、矿山环境与国土整治评价室、实验室、信息室、科技情报资料室、后勤科等管理和业务机构。

河南省地质环境监测院现有在职职工153人，平均年龄37.5岁；在在职业职工中，有各类技术人员112人，其中教授级高工5人，高级工程师25人，中级职称38人，初级及以下44人；在专业构成中，地质类87人，经济类6人，会计类6人，图书资料类1人，其他专业12人；学历情况：博士3人，硕士11人，本科65人，专科20人，中专13人。

河南省地质环境监测院占地面积9395.9 m^2；办公楼一幢，面积2168.92 m^2；实验楼一幢，面积765.81 m^2；试验基地一座，面积约300 m^2。河南省地质环境监测院监测装（设）备主要包括：车辆3部；地下水自动监测仪56套；数据传输及处理设备1套；地下水简易监测仪器150余套；地质灾害监测设备18套（其中全站仪1套、手持GPS 16套、滑坡监测仪1套）；实验室1个。

河南省地质环境监测院全院职工重视安全生产，加强安全教育，做到文明生产、安全生产。2010年未发生任何安全生产事故。

2010年，“中原城市群地下水调查评价与科学利用研究”获河南省国土资源科技一等奖，“河南省地热矿泉水资源调查评价”、“滑坡防治技术理论探讨与工程实践”、“河南省城市地质环境监测网络优化研究”、“南阳市矿山环境保护与治理规划研究”、“通许县地热资源普查”等5个项目获河南省国土资源科技二等奖，“登封市地质灾害防治规划研究”获河南省国土资源科技三等奖。

地调与科研

一、河南平原地下水潜力调查与可更新能力评价

1. 河南平原第四系地下水是该区工农业生产和居民生活的重要水源之一，由于开采强度较大，且受天然补给能力限制，未来开采潜力不大。所剩潜力资源量和开采前景区主要分布在沿黄两岸地区，可作为郑州、开封、新乡、濮阳等城市的后备供水水源地区。

2. 以地下水是否具有统一的径流场为依据，将河南平原第四系地下水系统划分为平原北部地下水系统（黄、海河流域地下水系统）（Ⅰ）、平原中部地下水系统（沙、汝河流域地下水系统）（Ⅱ）和平原南部地下水系统（淮河干流地下水系统）（Ⅲ）3个一级地下水系统。

3. 河南平原第四系浅层地下水的补给来源主要

为大气降水。在平原北部地区，黄河水的侧渗补给也是沿岸浅层地下水的重要补给来源；深层地下水，由于区内、特别是城市地区集中开采强度普遍较大，浅层地下水的越流补给已成为其主要补给来源。

4. 河南平原第四系地下水循环模式概化为3种类型：一是以降水、地表水补给为主，径流条件良好，地下水开采强烈的水循环模式；二是降水补给、径流条件较差，开采较强，以垂向循环为主的水循环模式；三是以降水补给，径流强烈，河流排泄为主的水循环模式。

5. 采用单指标评价法和综合评价指标体系法评价了区内地下水的可更新能力。

6. 研究了变异条件下河南平原地下水流系统演化的特征。

二、中原城市群地下水调查评价与科学利用研究

中原城市群以省会郑州为中心，包括洛阳、开封、新乡、焦作、许昌、平顶山、漯河、济源在内共9个省辖（管）市，下辖14个县级市，33个县，843个乡镇，面积58 700 km^2。

中原城市群地下水调查评价与科学利用研究在系统收集和研究中原城市群的地质、水文地质和地下水开发利用等方面的研究资料，辅以必要的野外调查，查明了该区域的水文地质条件，划分了地下水资源计算分区，确定了水文地质参数，计算了地下水资源量和评价地下水质量。通过研究本区的环境地质，历史地、动态地分析研究地下水开发利用历史、现状及其存在的问题，根据中原城市群总体发展规划，科学地分析和预测2010年、2015年地下水资源量变化趋势和开发利用前景、地下水开采潜力和地下水开发利用保证程度。依据地下水资源数量和质量评价结果与该地区水资源开发利用现状，以及社会经济发展规划，结合沿黄水源地开发、南水北调中线工程的实施，编制了地下水资源科学开发利用规划方案，以指导中原城市群各城市地下水资源的合理利用。

三、开封市城区浅层地热能调查与评价

开封市是一个能源资源极度匮乏的能源消费城市，合理开发利用浅层地热能意义重大。在充分收集分析有关资料基础上，借鉴吸收国内外浅层地热能研究新方法、新理论、新技术，开展浅层地热能水文地质调查（547 km^2）、浅层地热能利用现状调查（29家）、地下水水质测试分析（33组），结合钻探（2000 m/19孔）岩土体热物性测试（360组）及回灌试验（3组）、现场换热试验（3组），基本查明浅层地热能的水文地质、工程地质条件，含水层结构、厚度、埋藏、水量、水质等，确定岩土体热物理参数及物理力学性质和含水层回灌能力，为研究浅层地热能埋藏、分布规律及成因机制，建立地热能评价概念模型，评价浅层地热能资源提供地质依据。

四、周口凹陷（周口段）地热资源勘查

通过对周口凹陷（周口段）地热资料的二次开发，地质测量、样品测试、钻探、物探、现场试验、动态监测等手段，基本查明了该地质构造背景；确定了恒温带深度及温度，查明了地温场分布规律及特征；研究了热储埋藏分布规律及地热流体生产能力；分析了地热流体水化学及同位素特征；总结了地热资源开发利用现状和存在的主要问题。为区域地层的划分提供了依据；划分了工作区热储结构，基本查明了地热资源赋存条件，进一步了解了各热储生产能力及地热流体质量，为周口凹陷地热资源合理开发利用提供了科学依据。

（宋云力）

湖北省地质环境总站工作

湖北省地质环境总站

概　　况

湖北省地质环境总站于1980年成立，隶属于湖北省地质矿产勘查开发局管理，是湖北省唯一的公益性水、工、环地质勘查事业单位。现有在职职工449人，其中中级技术人员171人，高级工程师109人，教授级高工19人，湖北省地质环境总站拥有地质灾害防治工程勘查、设计、施工、监理和地质灾害危险性评估5项甲级资质，拥有水工环地质勘查、液体矿产勘查、勘查工程施工3项甲级资质，拥有建设部颁发的工程勘察综合类甲级资质。业务范围涵盖地质环境调查评价、地质灾害监测与防治、矿山地质环境治理、矿泉水及地热勘查、岩土工程勘察、设计、治理、地质环境信息系统建设等水工环地质工作全领域。拥有各类大型勘查施工设备和先进监测检测设施共2000余台件，具备较强的技术科研实力和生产施工能力，已累计完成各类成果报告3000余份，获得全国科学大会奖、部省科技进步奖、工程勘查成果奖等各类国家级、省部级奖项100多项，曾荣获“全国功勋地质勘查单位”、“全国地质灾害防治先进集体”、“全国五一劳动奖章”等光荣称号。

2010年被地调局评为地方公益性地质调查队伍能力建设A级。

地调与科研

一、水文地质调查评价

1. 认真开展地下水环境监测工作。2010年，湖北省共有各类地下水动态监测孔153个。其中国家级监测孔24个，省级监测孔83个，地区级监测孔46个。负责湖北省武汉、黄石、襄阳、荆州、孝感、咸宁6个主要城市和地区地下水水位（温）5（10）日动态监测。开展了湖北省6个城市173个地下水监测孔枯、丰水期水质取样、检测工作。所有原始监测数据均已录入地下水动态数据库。编制汇交了湖北省主要城市和地区地下水水情预报、水情通报、地质环境监测与分析报告、地质环境监测年度报告等。

2. 积极开展地热资源调查工作。2010年，开展6项地热资源勘查工作，分别是湖北省钟祥市长寿镇地热资源普查、湖北省十堰市房县温泉度假旅游区地热田普查、湖北省罗田县大河岸地热田普查、湖北省罗田县许家冲地热田普查、神农架林区高家屋场地热田地热资源预查、湖北省咸宁市温泉地热深部普查等项目工作，为湖北省地热资源和地下水的合理开采利用与保护提供了科学依据和基础信息。

二、环境地质调查评价

1. 编制完成2009年度《湖北省地质环境公报》。

2. 按计划组织实施“武汉城市圈地质环境调查与区划”项目，完成1∶25万地质环境调查38 081 km^2，1∶5万专项环境地质调查1500 km^2，实施了工程地质钻探1004.74 m等设计工作量，编制完成了《武汉城市圈地质环境调查与区划评估报告》。

3. 按计划组织实施了“湖北省主要城市环境地质调查评价”项目，完成环境地质调查面积2000 km^2。

4. 承担了地调局下达的江汉－洞庭湖平原地下水资源及其环境问题调查评价、湖北省重点岩溶流域地下水资源勘察与开发示范项目。

三、灾害地质调查评价

1. 按计划完成清江流域咸丰县、来凤县、鹤峰县、宣恩县、宜都县等5县（市）地质灾害详细调查项目2010年工作任务。

2. 承担了2010年度三峡库区地质灾害专业监测预警工程。完成了湖北省巴东县、兴山县共50处地质灾害体专业监测预警项目和湖北省巴东、秭归、兴山、夷陵4个县（区）地质灾害群测群防技术指导工作。按要求提交了监测月报、季报和专报。

3. 完成《省级山地丘陵区湖北省县（市）地质灾害调查与区划综合研究项目报告》，已通过环境监测院组织的专家审查，被评定为优秀报告。

4. 开展汛期地质灾害应急调查225次，共出动应急调查人员849人次，及时提交了《地质灾害应急调查报告》，为地质灾害应急处置与防灾减灾工作提供了技术保障。

5. 承担完成了武汉－广水成品油管道工程、川气东送武汉石化线等100多项建设项目地质灾害危险性评估和压覆矿产调查工作任务。

6. 积极参加云南抗旱打井，完成抗旱找水打井132孔（计划任务129孔），其中深孔井9口，浅孔井123口。钻探总进尺9755.9 m（计划进尺8900 m），超额完成近10%。钻探成井每天总涌水量11 063.4 m^3。惠及人口20余万人，牲畜4万余头。解决了云南大理、红河州受旱群众的饮水困难，被国土资源部评为“支援西南抗旱找水打井先进集体”，20人被评为先进个人。

7. 认真开展了“湖北黄石、大冶矿区矿山地质环境动态调查与评估”项目，完成矿区地质环境调查2250 km^2，调查矿山147家，完成《湖北黄石、大冶矿区矿山地质环境动态调查与评估报告送审稿》。

8. 完成“湖北省特大型滑坡调查与风险评价”项目。武汉地调中心于2010年6月10～13日组织专家对项目进行了野外验收，验收结果为优秀。9月12～14日，地调局在成都组织专家对《湖北省特大滑坡调查与风险评价报告》进行了审查，评分93分，审查结果为优秀。

9. 认真开展“湖北清江流域滑坡成灾机理研究”项目，完成地调局下达的2010年各项实物工作量，工程地质钻探800.34 m，槽探764.19 m^3，物探剖面2条2.4 km。

四、地质调查信息社会化服务工作

1. 在“湖北省地质环境总站网”上增设“气象预警”栏目，发布地质灾害气象预报预警信息，并以手机短信方式发送到全省各级国土资源管理部门。以Web Service方式在湖北省政府门户网站及政府外网上提供地质灾害预报预警和防治管理信息，及时向社会公众及政府部门提供服务。

2. 与武汉中心气象台合作，开展2010年汛期全省地质灾害气象预报预警工作，历时184天，共制作预报产品 79 份，发出预报产品 76 份，成功预报率40%。

五、地质科学研究

1. 2010 年完成湖北省地矿局下达的科研项目 3 项，向湖北省地矿局科技处汇交了《武汉市岩溶塌陷监测预警技术方法研究报告》、《三峡水库蓄水及运行条件下库区重大滑坡变形破坏模式与防治对策研究报告》、《武汉城市圈及周边地区地热资源勘查靶区筛选报告》等 3 个科研报告。

2. 充分利用现有的技术资源优势，结合先进的计算机技术、GIS 技术和通信技术等，对地质资料进行二次开发和综合利用，先后完成了湖北省地质灾害信息管理与响应系统研究、湖北省地质灾害远程会商及应急指挥系统关键技术研究，建立了湖北省地质灾害远程会商及应急指挥系统、湖北省三峡库区地质灾害防治信息系统、湖北省地质灾害气象预报预警系统、地质灾害速报处理系统等。

（杨传文　汪维芳　朱大耀）

湖南省地质环境监测总站工作

湖南省地质环境监测总站

概　　况

湖南省地质环境监测总站隶属湖南省国土资源厅。主要职责是：负责组织实施湖南省地质环境调查与监测工作规划、计划；承担地质灾害的调查评价、监测、综合研究和预警预报；组织湖南省地下水环境监测；承担湖南省地质遗迹保护与建设工作；负责湖南省地质环境监测信息系统的管理、维护和使用；负责湖南省矿山地质环境和城市地质环境调查；参与国土资源调查、国土动态监测、国土资源规划、遥感技术应用。为政府对国土资源规划、管理、保护和合理开发利用决策提供科学依据。并负责对湖南省 8 个地市级监测站进行业务指导、协调和技术指导。

湖南省地质环境监测总站技术人员涉及地质、环境、水文、工程、遥感、规划等17 个专业，现有教授级高工 5 人、高工 23 人、工程师 23 人、助工 33 人。

2010 年 6 月，地调局组织专家对湖南省地质环境监测总站进行地方公益性地质调查队伍能力建设评估，从单位性质、人员、经费、技术装备、资质、内部管理、业务能力等 7 个方面进行了现场综合考评，专家组对湖南省地质环境监测总站队伍能力建设、综合整体实力及历年来取得的突出成绩予以充分肯定，评定等级为 A 级。

地调与科研

一、灾害地质调查评价

该项目是在充分收集已有资料的基础上，以遥感解译、地面调查、工程测绘和勘查为主要手段，开展慈利县、古丈县地质灾害详细调查，调查面积 4777 km^2，涉及乡镇 43 个，行政村 834 个，人口 80 万。查明区辖区内滑坡、崩塌和泥石流等地质灾害发育特征、分布规律及形成的地质环境条件，并对其危害程度进行评价，划分地质灾害易发区和危险区，建立健全群测群防网络，建立地质灾害信息系统，为减灾防灾和制定区域防灾规划提供基础地质依据。

预计于 2011 年 12 月提交湖南省慈利县、古丈县地质灾害详细调查报告、附图和附件，以及建立慈利、古丈县地质灾害数据库及信息系统。

二、遥感地质调查监测

（一）矿山开发状况遥感调查与监测。

“十一五”期间，湖南省矿山开发遥感调查与监测工作累计投资 1542 万元，调查面积 27. 20 万 km^2，涉及湖南省 8 个市级行政单位和 80 多个县级行政单位，覆盖了大小 3000 多个矿山，涉及重要的矿种有铜、铅、锌、钨、锡等金属矿种，煤等能源矿种，建筑用灰岩、白云岩等非金属矿种，重点调查了国土资源部重点整顿治理 163 个矿山中的郴州北湖区新田岭钨矿区、衡阳耒阳市新生煤矿、涟源冷水江市金竹山煤矿区、永州江华瑶族自治县河路口钨矿区、湘西花垣县铅锌矿区及张家界镍钼矿区。

项目以 SPOT-5，Quick Bird，IKONOS 等卫星数据及大比例尺航摄资料为遥感信息源，对矿产资源总体规划执行情况、矿产资源开采情况（含矿业权设置）、矿山地质环境状况、矿山地质灾害及矿山开采占用土地、破坏森林植被等进行了全方位的调查监测。5 年的矿山开发状况监测表明：

1. 湖南省矿产资源规划执行情况总体良好，绝大部分矿山严格地执行了矿产资源总体规划，但常宁双安-耒阳-永兴煤锡限制开采区等个别矿山，由于新增的煤矿采矿权的开采规模小于规划开采规模 3 万吨/年，其矿产资源总体规划执行情况有待进一步加强。

2. 矿山环境恢复治理工程实施良好，如常宁市水口山铅锌矿、资兴市柿竹园多金属矿、花垣县李梅铅锌矿等国家级重点治理工程，无论是采空区及塌陷回填，还是耕地复垦与矿区还绿，以及尾砂库、废石场覆土等，各项指标都达到了恢复治理的规划目标。

3. 监测区内矿山开发引发的地质灾害发生频繁，矿山地质灾害严重，主要类型为采空塌陷、滑坡、崩塌、碎石流、地裂缝等类型。通过遥感调查，区内共解译出各类矿山地质灾害点（区）823 处。其中滑坡 517 处、崩塌 46 处、泥（碎）石流 23 处、塌陷坑 237 处。滑坡、崩塌、碎石流多发生于山高坡陡的新田岭地区，采空塌陷多发生于新生煤矿重点区，尾砂库泥石流隐患分布于李梅铅锌矿区。

4. 对柿竹园千吨选厂尾砂矿的粉尘污染、水体污染进行遥感调查表明，该尾矿库粉尘污染严重且影响范围大；鲁塘石墨矿的矿山环境恶劣，由于石墨的开采，产生大量的粉尘污染，使农作物及山区植被的光照和光合作用受到影响。由于矿山开采，导致地面开裂及地下水水位下降，使得该区两千余亩基本农田由于缺水而废弃，居民饮水困难，并且地表严重污染，空气能见度低，植被遭受严重破坏；东江湖为区内重要的旅游区，既是郴州市城市供水的水源地，也是长沙市未来的水源地，遥感调查发现，东江湖在资兴煤矿一带突变为黑色，界线截然，表明东江湖污染源主要来自两岸煤矿。

（二）区域生态地质环境状况遥感监测。

研究表明，长江流域中游地区的湿地总面积为 15 966.1579 km^2，最大的为河流湿地，占湿地总面积的 62.71%，其次为人工湿地 2408.6999 km^2，占总面积的 15.09%，湖泊湿地也比较大，为 2192.8852 km^2，占总面积的 13.73%，面积最小的为沼泽和沼泽化湿地，为 1351.6527 km^2，占总面积的 8.47%。近 20 年间，各种湿地总体呈增加的趋势，共增加了 1097.1594 km^2，但每种类型的增减状况并不相同。从湿地类型来看，人工湿地增加最多，达 1152.7370 km^2；其次是沼泽和泥炭沼泽湿地，增加了 420.4489 km^2。而湖泊湿地呈急剧缩减的趋势，共减少了 503.0950 km^2，河流湿地减少了 180.1135 km^2。其近 20 年的湿地演变特征是：

1. 整个工作区河流湿地逐渐缩减，洪泛平原湿地以及水库面积增加。主要原因是很多河流在中上游修建了大量的水库，由于水库的阻拦，使得下游河流来水量减少，大量河边滩出露形成洪泛平原湿地，河流湿地向河漫滩转化。

2. 洞庭湖的湿地演化现象十分明显，主要表现为湖泊湿地急剧减少，以及水产养殖场和人工水塘的面积显著增加。湖泊湿地减少的原因一方面是由于洞庭湖泥沙淤积情况严重，湖泊湿地陆化为沼泽；另一方面，20 年来湖区人民大量的围湖造田，直接导致了湖泊湿地的消失。

调查表明，20 世纪 80 年代以来，长江流域水土流失状况明显改善。首先，从全流域的水土流失面积和程度两个方面进行对比分析，全流域 20 世纪 80 年代中期流失总面积为 902 005.32 km^2，占全流域面积的 50.48%。目前流失面积为 631 698.21 km^2，占全流域面积的 35.35%，减少了 270 388.44 km^2，水土流失程度降低了 15.13%。轻度－极强度水土流失面积分别减少了 144 854.68 km^2，68 214.42 km^2，37 991.2 km^2 和 19 328.12 km^2，相对应的程度降低了 8.11%，3.81%，2.12% 和 1.09%。

（三）地质灾害遥感调查与监测。

完成了《地质灾害遥感调查技术规定》的编制工作。研制《地质灾害遥感调查技术规定》是中国地质调查局下达的物化遥技术标准研制与修订工作项目的下设工作内容之一，工作起止时间是 2010～2011 年，总体目标是在充分收集整理、调研和总结国内地质灾害遥感调查经验的基础上，研究确定地质灾害遥感调查的任务、内容、方法和相关技术要求，编制《地质灾害遥感调查技术规定》，规范并指导全国地质灾害遥感调查工作。

（潘　玲）

广东省地质环境监测总站工作

广东省地质环境监测总站

概　　况

广东省地质环境监测总站是广东省国土资源厅直属的正处级公益性事业单位。主要职责是：负责组织实施广东省地质环境监测；承担地质灾害的监测、调查研究和评价工作；承担地质灾害预警预报事务性工作和汛期地质灾害应急技术性调查工作；负责广东省地下水动态监测、评价、预报工作。

广东省地质环境监测总站共设5个正科级科室，分别为办公室、地质环境监测科、地质灾害调查与应急科、地质灾害预警预报科、地下水监测科。

广东省地质环境监测总站现有在职职工20人，退休人员17人。其中，专业技术人员9人，技术工人3人，管理人员8人。在所有人员中，正高级工程师1人，副高级工程师4人，副研究员1人，工程师6人，经济师1人。

2010年，广东省地质环境监测总站无重大安全生产责任事故发生。

广东省地质环境监测总站建筑面积1419.72 m^2。主要技术装备有网络服务器3台、台式电脑28台、笔记本电脑11台、扫描仪1台、投影仪1台、复印机2台、打印机5台、传真机5台、绘图仪1台、数码照相机10台、摄像机2台、手持定位仪6台。另有轿车1辆、越野车3辆、商务车1辆。

地调与科研

一、地质灾害预警预报工作

广东省地质环境监测总站以加强地质灾害应急信息服务和地质灾害应急平台建设为重点，开展汛期地质灾害预报工作。2010年汛期，共发布地质灾害预警68次，其中3级预警54次、4级预警12次、5级预警2次。因汛期强降雨诱发的地质灾害552起，发生在3级以上预警范围内的地质灾害462起，占灾害总数的83.6%；广东省发生导致人员伤亡的地质灾害共22起，其中发生在3级以上预警范围内地质灾害有19起。成功预报地质灾害27起，避免财产损失2246.5万元。

在2010年9月20～22日强降雨期间，共发布3级以上预警8次（5级2次、4级4次、3级2次），实施24小时不间断滚动预警分析，综合预警等级的更新情况，实时会商、及时对外发布，为地质灾害成功避险和应急处置提供预警信息。

二、地质灾害调查与应急处置工作

对广东省21个地级以上市的县（区）地质灾害进行年度定期检查、汛期不定期巡查工作，共派出8人次。在强台风“凡亚比”、“鲇鱼”等来袭时，广东省地质环境监测总站派人赶赴潮州、汕尾、梅州和河源等市（县）指导工作。

在“9.21”强降雨引发山洪灾害中，共派出12人次，赶赴高州、信宜市指导地质灾害核查、排查工作。2010年，广东省共发生突发性地质灾害600起，直接经济损失达22 731.08万元，广东省地质环境监测总站参与重大地质灾害险情应急处置305起，完成突发性地质灾害野外应急调查41处，编制地质灾害应急调查报告41份。核查全省威胁100人以上重要地质灾害隐患点共706处。

三、地下水动态监测工作

根据全国地下水动态监测规划要求，在广东省12个地级市开展地下水动态监测工作。监测面积22 747 km^2，水位监测点219个，监测频率为每10天监测1次；水质监测点114个，监测频率为每半年监测1次。取得各类监测数据8090个。其中地下水水位监测7214次，地下水水质监测218次，地表水水位监测4次，地表水水质监测24次，水温监测632次。

完成粤北岩溶石山地区和湛江雷州半岛地区地下水监测孔的建设，监测面积42 305 km^2，建立监测孔135个（含自动监测孔115个）。其中粤北岩溶石山地区地下水监测孔50个（含自动监测孔30个），面积29 834 km^2；湛江雷州半岛地区地下水监测新增自动监测孔85个，面积12 471 km^2。

四、矿山地质环境保护与治理恢复方案评审工作

2010年，广东省国土资源厅委托广东省地质环境监测总站承担矿山地质环境保护与治理恢复方案的评审和审查工作。共完成69份矿山地质环境保护与治理恢复方案的评审工作，并建立和完善了广东省矿山地质环境保护与治理恢复方案项目评审专家库建设。

五、广东省国土资源厅交办的各项工作

编制完成《广东省2010年度地质灾害防治方案》，《2009年广东省地质环境公报》，《广东省特大型地质灾害防治中央财政补助报告》，《广东省大型地质灾害治理工作方案》，《广东省县（市）地质灾害调查与区划综合集成报告》，《广东省“十二五”地质灾害防治规划》，《广东省矿山地质环境保护与治理“十二五”规划》，《广东省浅层地热能调查评价工作方案》，《广东省浅层地热能和地热能可行性研究报告》，《广东省浅层地热能开发利用规划研究》。

（梁华贤）

广西壮族自治区地质环境监测总站工作

广西壮族自治区地质环境监测总站

概　　况

广西壮族自治区地质环境监测总站是广西壮族自治区国土资源厅直属的公益性事业单位，主要负责广西地质灾害防治、矿山地质环境监测与保护、地下水环境监测与保护、矿泉水、地热、泉水资源保护与监测、地质遗迹监测与保护等公益性工作。内设办公室、人事教育室、财务室、总工办、地质环境研究室、地质环境评价室等6个职能部门，下设南宁、柳州、桂林、北部湾、玉林、梧州、百色、河池、贺州、来宾、贵港、崇左等12个地质环境监测站，截至2010年底，总站及所属12个分站职工总数222名，专业技术人员170名，其中高级职称34名，中级职称64人，技术人员占职工总数76%。

2010年初，广西壮族自治区地质环境监测总站与下属各分站签订了安全责任书，层层落实安全生产责任制，重点做好野外地质调查安全生产工作和交通安全工作。定期开展安全生产检查，排除安全隐患，加强安全监管，2010年全年无安全生产责任事故。

站属分站的征用地工作取得了较大进展，除百色、河池分站还未确定用地外，其他有基建任务的分站都已经办理或正在办理相关手续，交纳了土地出让金。基地建设2009及2010年共收到拨款818.0万元，支出486.88万元，其中征地款支出482.48万元。

年内获得多项奖项。2010年6月，被国土资源部授予“国土系统西南地区抗旱找水打井先进集体”称号；被广西壮族自治区国土资源厅授予“抗旱找水打井先进单位”称号；2010年9月，被中国地质调查局评为地方公益性地质调查队伍能力建设A级单位；2010年12月，被国土资源部、国家人力资源和社会保障部联合授予“全国国土资源管理系统先进集体”荣誉称号。

地调与科研

一、环境地质调查评价

2010年的主要工作任务是继续开展南宁市1:25万环境地质调查评价，编制环境地质基础图件；开展北海市南康盆地中段1:5万环境地质调查评价；建设北部湾经济区环境地质调查评价数据库。2010年度完成的主要实物工作量有：1:25万环境地质灾害调查22 500 km^2、1:25万遥感解译22 500 km^2、1:5万环境地质调查750 km^2、1:5万遥感解译750 km^2、水文地质钻探1000 m。各项工作均按设计要求按时超额完成。

二、地质灾害调查

1. 地质灾害详细调查。开展了广西灵山县地质灾害详细调查工作，“广西灵山县地质灾害详细调查项目”属广西壮族自治区国土资源厅计划项目，2010年完成的主要工作量有：1:5万遥感解译及核查3558.58 km^2、1:1万遥感解译及核查40 km^2、1:5万专项环境地质、地质灾害测量（工程地质测绘）300 km^2、1:1万专项环境地质、地质灾害测量（工程地质测绘）40 km^2、1:2000专项环境地质、地质灾害测量（地质剖面测绘）40 km、1:1000～1:2000地形测绘（地质灾害测绘）2 km^2、工程地质钻探508.6 m、槽探500 m^3、井探（圆井）150 m、岩、土测试233组、地质雷达探测10 km；调查灾害点591处，同时，在灵山县丰塘中学、勒菜小学、佛垌小学、教塘村委等地建设了4处地质灾害专业监测点。全面完成了设计的野外工作任务。

2. 地质灾害易发区和隐患点普查。2010年，广西多发、群发地质灾害，造成重大人员伤亡和经济损失，广西壮族自治区人民政府办公厅下发《关于印发广西地质灾害易发区和隐患普查工作方案的通知》（桂政办发〔2010〕116号），要求广西各市、县（区）开展地质灾害易发区和隐患普查工作。

全区开展地质灾害防治知识及调查技术培训2752场次，培训人员143 279人；完成普查乡镇1218个，行政村14 613个，自然村171 266个，调查地质灾害隐患点13 772处（其中核查已有隐患点10 397处、新发现隐患点3375处）；落实避险场所30 789处、监测人员31 997人。主要成果有：《广西地质灾害易发区与隐患点普查报告》、广西地质灾害易发屯分布图（1:50万）；广西地质灾害新增隐患点分布图（1:50万）、广西地质灾害易发区和隐患点数据库。

3. 铁路干线及二级以上（含二级）公路干线地

质灾害详细调查。广西2008年6月30日与2009年7月29日发生两次因滑坡地质灾害造成的列车脱轨事故，均造成人员伤亡及重大经济损失，为详细查明区内交通干线地质灾害分布情况，广西壮族自治区国土资源厅于2010年3月10日下达“关于下达广西铁路干线及二级以上公路沿线地质灾害详查任务的通知”（桂国土资办〔2010〕107文），要求广西壮族自治区地质环境监测总站对广西铁路干线及二级以上（含二级）公路沿线地质灾害进行详细调查。

完成的主要工作量有：1∶5万遥感解译及核查102 600 km²、1∶5万工程地质（地质灾害）草测21 000 km²、1∶1000地质灾害测绘0.2 km²、槽探300 m³、岩、土测试120个；调查线路总长为16 850 km，其中铁路干线总长2992 km，高速公路总长为2395 km，一级公路总长818 km，二级公路总长10 645 km，发现地质灾害点1720处，其中铁路183处、高速公路211处，一级和二级公路1326处。主要成果有：《广西铁路干线及二级以上（含二级）公路干线地质灾害详细调查报告》、广西交通干线地质灾害信息系统。

二、地质科学研究

本次工作收集和整理了242个严重缺水村屯的水文地质调查、水文地质物探、水文地质钻探、抽水试验、水样测试、成井等资料，收集和整理了广西壮族自治区地环监测总站在典型岩溶地区地下水动态监测资料。成果主要有：《西南严重缺水地区地下水勘查（广西地环监测总站）技术总结报告》；区域水文地质图、村屯水文地质图、村屯物探成果图、村屯抽水试验综合成果图、地下水动态曲线图、地下水开发利用区划图；西南严重缺水地区地下水勘查（广西地环监测总站）项目数据库。

（曾维刚）

海南省地质环境监测总站工作

海南省地质环境监测总站

概　　况

海南省地质环境监测总站创建于1981年，其前身为海口市地下水监测站，隶属海南省地质矿产勘查开发局。1991年经原地质矿产部批准，正式成立海南省地质环境监测总站，同时挂牌海南省地矿局环境地质研究所。2007年海南省地质环境监测总站变更为隶属于海南省国土环境资源厅。

海南省地质环境监测总站业务范围为：地质环境勘察、监测，水工环地质勘查，液体矿产勘查，固体矿产勘查，地质测绘，土工试验，地质灾害防治工程勘查、设计、研究，地质灾害危险性评估，物探，钻井。

海南省地质环境监测总站内设办公室、财务室、水文地质室、岩土工程室、环境地质室、地质矿产室和综合信息室。

2010年在职人员数36人（含编外1人）。其中专业技术员28人，一般干部2人，工人6人；水工环地质及地质矿产高级工程师6人，水工环地质及地质矿产工程师6人，会计师2人，助工及技术员14人。2011年1月1日，被地调局评为省级队伍能力建设B级单位。

海南省地质环境监测总站认真落实安全生产责任制，抓好野外生产及交通安全和公共场所消防安全工作。

2010年度拥有各类固定资产总值321.07万元。新增电子产品及通讯设备13件、仪器仪表及量具6件、通用设备1件等，价值18.72万元。

2010年将质量管理体系2000版本升级为2008版本，并通过了审查。10月开始凭借海南省国土环境资源厅电子政务系统实施了自

地调与科研

一、水文地质调查评价

1. 继续对海口地区及海南省其他地区国家级监测网点地下水动态监测。对海口地区地下水动态监测，监测面积1100 km²，监测孔29个，控制5个含水层，其中潜水点10个孔，第1层承压水点2个孔，第2层承压水点11个孔，第3层承压水点5个孔，第5层承压水点1个孔；在岛内其他市县建立地下水、热矿水动态监测孔井5个。2010年共完成水位监测1194点次。水质水温监测频率2次/年，4月（枯水期）和9月（丰水期）采取地下水水样2批次共36套，同时采集2套平行水样。提交季报、半年报和年报等地下水动态监测成果。

2. 继续琼北地下水盆地东部地下水监测试验场建设。完成试验场6口监测井的最后2口监测井的钻探及

其抽水试验等施工任务，钻探进尺共885 m（第2层承压水监测井190 m，第7层承压水监测井695 m）。

3. 继续《海南岛东北部裂隙型地热资源调查评价》项目。该项目野外工作基本结束，勘查工作量有物探6处，面积约4 km^2，其中高密度电法线48条，联合剖面线36条，浅层测温线35条；施工钻探孔6个，总进尺约1200 m；单孔抽水试验次数6次；区域地质测绘调查6处，完成面积约780.8 km^2，水文点166个，地质调查点127个；岩石试样数24个，水样14个批次。查明海南岛东北部裂隙型地热资源存在共有7处，分别为：① 海南省琼海市官塘地热田；② 九曲江地热田；③ 石壁渊山温泉；④ 海南省国营西达农场九乐宫温泉；⑤ 澄迈县文儒镇桂根温泉；⑥ 屯昌县乌坡镇牛班坡村温泉；⑦ 文昌市会文镇官新村温泉。其中，新发现地热矿点两处，分别为"琼海市石壁渊山温泉"与"屯昌县乌坡镇牛班村温泉"，并进行了初步勘探。

4. 继续"琼北盆地地下水、矿泉水、热矿水机井分层开采量调查"项目。该项目由海南省国土环境资源厅下达，项目编号为09－50501－0084。2010年主要进行野外地质调查，共调查水井1103口，测量地理坐标1103个，水质化验709个批次。其中，海口地区共调查水井700口，水质化验472个批次；澄迈地区共调查水井69口，水质化验46个批次；临高县共调查水井152口，水质化验120个批次；儋州市及洋浦地区共调查水井182口，水质化验71个批次。该项目的野外工作成果已通过验收。

二、环境地质调查评价

编制完成2009年度海南省地质环境公报；编制儋州市有关乡镇及农场部分地区建筑用粘土、花岗岩、玄武岩及石灰岩石场等矿山地质环境保护与治理恢复方案报告。

三、地质灾害调查与防治

1. 完成《海南省废弃矿井治理规划（2009～2015年）》。2010年5月30日通过国土资源部地质环境司组织的专家评审，修改后已报海南省国土环境资源厅地环处、规划处备案。

2. 完成《海南省汛期地质灾害应急管理工作评估报告》。对海南省18个县（市）国土局发放"地质灾害防治应急能力调查表"和"地质灾害群测群防工作认知程度调查表"；对已经完成的6处地质灾害治理工程进行了走访调查；完成了1:50万汛期地质灾害应急管理能力现状评估图的编制和总体报告的编写工作。

3. 汛期地质灾害气象预警预报工作始于2010年5月1日，至2010年11月1日结束，2010年共发布预报产品15次（其中三级预报5次，四级预报9次，五级预报1次），成功预报9次。

4. 做好汛期地质灾害的应急调查工作。汛前对地质灾害多发的屯昌、琼中、五指山、保亭、陵水、万宁、琼海、文昌、定安等9个县（市）进行地质灾害防治工作检查。汛期对全省进行地质灾害应急调查。

5. 完成琼海市兆南山水汇园和琼海市官塘区白石岭大道市政工程道路A线、乐东方海新型环保墙体砖厂、三亚市地质灾害隐患点和三亚市下洋田居委会居民区（大真岭西南）等建设项目地质灾害危险性评估报告5份。

四、地质科学研究

1. 继续并全面完成《海南省地质矿产"十二五"规划》编制工作和《海南省地质灾害防治与预警专题研究》、《海南省地下水、矿泉水及地热开发利用与地质环境效应专题研究》等专题研究报告的编制、审查。

2. 完成海南省2009年度固体矿产开发利用统计、地质勘查成果通报及地质勘查行业情况通报等工作；完成了《海南岛高尔夫球场地下水监测网点专项建设项目可行性研究报告》、《海南省矿产资源集中开采区矿山地质环境调查项目可行性报告》、《海南省儋州市蓝洋观音岩石灰岩采石场综合治理及省级地质公园建设项目可行性研究报告》和《海南省（西北部地区）省级地下水监测网点改扩建项目可行性报告》等，并通过了由省厅储量处组织的专家组评审，列入海南省国土环境资源厅地质矿产项目库。2010年10月，编制完成《海南国际旅游岛地下水资源潜力调查评价可研报告》，并通过了专家组评审。

3. 完成《海南省县（市）地质灾害调查与区划综合研究报告》及其附图《海南省地质灾害易发程度分区图》和《海南省地质灾害防治区划图》，建立海南省地质灾害信息管理系统。2010年10月通过国土资源部地质环境司组织的专家组评审，评分92分，优秀等级。

（彭粉光）

重庆市地质环境监测总站工作

重庆市地质环境监测总站

概　　况

重庆市地质环境监测总站于2001年8月22日正式挂牌成立，为全额拨款处级事业单位，隶属重庆市国土资源厅和房屋管理局。

主要职责是：① 为国家建设提供地质环境监测服务；按照地质环境监测工作的规划、计划提出地质灾害预警工程项目的设置建议；承担地质灾害监测预警、调查评价和研究；实施矿山地质环境调查、地下水动态监测；收集、汇总、分析和处理地质环境监测数据和资料，实施信息化管理，为行政决策提供监测数据和建议；② 负责三峡库区地质灾害防治工程施工图备案、工程质量稽查和市级项目竣工验收；组织地质灾害危险性评估报告、矿山地质环境恢复治理评价及全市公益性地质环境保护项目的技术审查；③ 受中国地质调查局和环境监测院委托，承担国家级地质环境监测、预报及地质调查任务。

重庆市地质环境监测总站设有办公室、财务科、总工办、地质环境科、地质灾害防治科、信息科、项目办。现有在职职工48人，其中专业技术人员35人。在专业技术人员中，教授级高级工程师1人、高级工程师16人、工程师15人、助理工程师3人；管理人员4人；工勤人员2人。专业技术人员占总人数的72.92%，中、高级技术人员占专业技术人员的91.43%。野外一线技术人员28人，其中中、高级技术人员25人，占89.29%。

重庆市地质环境监测总站拥有野外交通工具7台，地质灾害巡逻艇2台，地质灾害应急会商船1艘，数据采集器25套，GPS、全站仪等野外监测通信及定位设备等22台（套），

车载式阿特拉斯钻机1台。另有计算机、扫描仪器、绘图仪、复印机、相机办公设备。

重庆市地质环境监测总站拥有区域地质调查甲级资质；水文地质、工程地质、环境地质调查甲级资质；固体矿产勘查乙级资质；地质灾害治理工程勘查乙级资质；地质灾害治理工程设计乙级资质；地质灾害治理工程监理甲级资质；地质灾害危险性评估甲级资质。

地调与科研

一、重庆乌江流域滑坡成灾机理研究

2010年初完成了该项目设计书的编写和审查，按照设计书要求成立了重庆乌江流域滑坡成灾机理研究项目部，下设3个工作组，分别承担酉阳县、武隆县和彭水县的地质灾害详细调查工作。并完成了该项目的野外调查工作，2010年11月通过了成都地调中心组织的野外资料检查，被评为良好。

二、乌江流域（重庆段）地质灾害详细调查

该项目为2009年续作项目，2010年初完成了项目年度方案的编写和审查。在项目部的组织下，野外调查组、遥感解译组、钻探组、地质测绘组和后勤保障小组积极工作，保证了该项目顺利推进。2010年11月，该项目通过了成都地调中心组织的野外资料检查，被评为良好。

三、重庆市1:5万统景等8幅图区域地质调查

该项目属“西南地区基础地质调查及数据更新”项目，2010年完成野外调查工作量1200 km^2；地质填图面积1300 km^2；地层、构造及矿产剖面测制98 km（斜距）；槽探工作量11 000 m^3；浅井400 m；样品采集：岩矿鉴定样645件，光片样13件，粒度分析样15件，岩组鉴定样30件。

四、重庆市主要城市环境地质问题调查评价

该项目属“全国主要城市环境地质调查评价”计划项目，2010年野外调查工作完成项目总任务的80%；数据库建设完成约50%；完成浅井50 m、槽探70 m^3、采集水样18组、土壤样8组。完成了主城及万州、涪陵3个区域规划范围内有关城市环境地质问题的数据库建设工作，编制了3个区域地质灾害危险度分区、地下水开发利用等12幅专题图件。

五、国家级地下水动态监测

2010年对重庆市32个地下水监测点实施了动态监测，其中国家级点15个，省级点17个。

（包向军）

四川省地质环境监测总站工作

四川省地质环境监测总站

概　　况

是四川省国土资源厅直属的公益性全额拨款县级事业单位，是承担国家和地方公益性、基础性与战略性地质调查工作的事业实体。

主要职责是：① 组织编制和实施四川省地质环境监测工作规划、计划；参与编制地质灾害、地下水、地质遗迹等地质环境资源规划；对市（地、州）地质环境监测站进行业务指导；② 负责提出地质灾害预警工程项目的设置建议，承担重大地质灾害的监测、调查研究、评价和防治工作；开展地质灾害预测预报工作，推进和建立四川省地质灾害“群测群防、群专结合”的监测网络体系；组织地下水、地质遗迹、矿山地质环境等地质环境资源的动态监测预报工作，防止地下水过量开采与污染；③ 提供地质环境监测管理对策建议；编制地质环境、地质灾害、地质遗迹、地下水资源的年报、通报和公报；建立和完善四川省突发性地质灾害的速报制度；④ 承担四川省地质环境监测数据和资料的接收、汇总、分析和处理及四川省地质环境信息系统的建设、管理，向省国土资源厅及环境监测院提交各类监测成果及政策建议；⑤ 开展地质环境监测的技术培训、交流与合作。

四川省地质环境监测总站下设 10 个部门：办公室、计划财务室、总工办、地质灾害研究室、地质环境信息室、综合研究室、地下水动态研究室、地质灾害预警预报室、远程会商室、航空遥测室。

四川省地质环境监测总站现有在职职工 89 人，其中专业技术人员 69 人。在专业技术人员中，高级职称 18 人（含教授级高级工程师 2 人），占技术人员的 26.1%；中级职称 20 人，占技术人员的 29%；初级职称 31 人，占技术人员的 44.9%。另有行政管理人员 5 人，工勤人员 12 人。

四川省地质环境监测总站原有办公楼建筑面积近 300 m^2。2006 年搬至省国土资源厅人民北路综合楼办公（位于成都市人民北路一段 25 号）。拥有能满足公益性地质调查工作要求的技术装备及野外交通工具。包括野外交通工具 12 台，野外通信及定位设备 22 台（套），计算机设备 15 722 台（套），遥感无人机 1 架，照相机 37 台，其他设备 118 台（套）。

2010 年，四川省地质环境监测总站被国家防汛抗旱指挥部、人力资源和社会保障部、解放军总政治部评为“全国防汛抗旱先进集体”，被国土资源部评为“国土资源系统支援云南抗旱打井工作先进集体”。李云贵、郑勇、马志刚 3 位同志被评为“国土资源系统支援云南抗旱打井工作先进个人”。

地调与科研

一、以地质灾害防治为重点，全面开展各项常规性工作

1. 根据四川省 2010 年汛期降雨趋势预测，结合四川省的地质环境条件及“5.12”汶川地震及余震的影响，在对四川省 2010 年地质灾害发展趋势预测分析的基础上，提出 2010 年地质灾害的防灾措施，编写四川省 2010 年地质灾害防灾预案，上报四川省国土资源厅。根据四川省各地实际情况和相关要求，选定了 43 个重大地质灾害隐患点作为 2010 年省级地质灾害监测点。坚持省级预案的灾害点查询工作，累计查询 1074 次。

2. 汛期地质灾害预警预报和汛期值班。2010 年汛期地质灾害气象预警预报工作从 2010 年 5 月 1 日开始，至 2010 年 10 月 15 日结束，共工作 168 天，制作预警预报产品 168 期。对四川省 21 个市（州）发布 3 级以上灾害气象预警预报 134 天，发布信息 1033 条；在四川省电视台发布预报信息 909 条，发布预报短信共计 107 184 条；接收各市（州）国土资源局对地质灾害气象预警预报的反馈信息 3349 次。

3. 开展汛前检查、汛期督查、排查工作。2010 年 3 月，制定汛前检查方案，派出人员参加检查工作，累计派出人员 19 人次。检查了全省 21 个市（州）的汛前检查工作，抽查县（市、区）63 个，实地检查重大地质灾害隐患点及工程治理点 93 处。

4. 完成地震灾区汛期地质灾害督导工作。派出 6 名专业技术人员参加并带队地震重灾区汛期地质灾害督导及应急抢险小分队，于 4 月 22 日奔赴成都、绵阳、德阳、广元、雅安、阿坝等 6 个地震重灾市（州）开展汛期驻点督导，并承担每周的督导情况统计汇总工作。

5. 积极开展地质灾害应急调查工作。2010 年，开展了峨眉山市乐都镇顺江采石场滑坡、汉源县万工乡“7.27”滑坡、汶川县映秀镇“8.14”红椿沟特大泥石流灾害、绵竹市清平乡“8.13”泥石流灾害绵茂公路抢通保通等重大的地质灾害调查。开展应急调查 195 次（其中派员调查重大地质灾害应急调查 41 次，由派驻 6 个地震重灾区的督导组及应急抢险小分队应急调查154次）。

6. 充分发挥无人机、远程应急会商系统等高科技设备作用，提高地质灾害防治的科技水平。2010年，共进行10次无人遥测飞机演练和调试，远程应急会商系统进行野外环境和城市复杂电磁环境中演练51次。

二、全面完成成都平原地区地下水动态监测任务

2010年共完成程度平原地区地下水监测面积6853 km^2水位、水温监测点80个，进行了2916次监测，共获得水位、水温监测参数7668个；采取水样102组，获得水质参数4182个，录入数据131 850个。编制完成成都平原2010年地下水环境监测半年报。完成2010年地下水环境监测数据的入库工作，完成2010年度成都平原、成都市、德阳市地下水水情通报和2011年度地下水水情预报。

三、积极完成科研项目和各项公益性工作

1. 全面完成“华蓥山地区地质灾害监测预警示范”项目年度目标。“华蓥山地区地质灾害监测预警示范”项目是部、院下达的重点科研项目，分3年完成，2010年提交成果，“华蓥山地区地质灾害监测预警示范2010年度工作方案”获部“优秀”设计。

2. 全面完成四川省支援云南省抗旱打井工作进度和信息的汇总、报送工作。根据国土资源部支援云南抗旱打井工作部署方案，四川省对口支援云南旱情极其严重的保山、丽江、昭通、大理和临沧5个市（州）的抗旱找水打井工作，共投入专业技术及后勤保障人员821人，钻机131台，物探设备16套，完成水井340口，完工率达101.8%，其中深井46口，总钻探进尺28 877 m，日出水量近23 533 m^3，解决了近20万群众和数万头牲畜的饮水问题。

3. 积极参与地质灾害防治数据库建设工作，推进地质灾害防治信息化。根据四川省国土资源厅安排，四川省地质环境监测总站组织四川省44个县地震地质灾害应急排查信息系统建设成果初步审查。按照环境监测院的要求，协助四川省国土资源厅地质环境处组织全省172个县（市）地质灾害调查与区划信息系统建设，完成53个县（市）地质灾害数据库建设成果的初审，并向环境监测院提交成果并通过了终审。

4. 完成39个地震重灾县群众集中安置点复查、复核相关工作。承担了四川省地震重灾区39个县（市、区）受灾群众相对集中的安置点地质灾害隐患复查复核周报统计成果汇交工作。

5. 开展重大地质灾害防治、矿山地质环境保护项目专家现场勘察工作。按照四川省国土资源厅的要求，四川省地质环境监测总站组织开展了重大地质灾害防治、矿山地质环境保护项目专家现场勘查工作，共组织专家16组32人次，对四川省17个市州、184个上报的拟治理点进行现场复查复核。

6. 积极开展四川省地质灾害中长期规划编制工作。承担的四川省地质灾害中长期规划是涉及四川省“十二五”规划的重要工作，将于2011年6月底上报四川省政府。

7. 按四川省国土资源厅要求完成清平、映秀、龙池三大重点区域地质灾害防治督导协调工作。在四川省国土资源厅统一领导下积极开展该项工作，四川省地质环境监测总站的主要领导分别对三大重点区域的地质灾害进行防治督导协调。

8. 完成地质灾害防治能力建设相关工作。受四川省国土资源厅委托，完成《地质灾害防治能力建设研究调研报告》和《四川省地质灾害防治能力建设标准》（征求意见稿），组织完成四川省地质环境监测总站地质灾害治理评标专家推荐、四川省国土资源专家咨询委员会成员推荐、国土资源部国土资源国际合作人才推荐工作，完成中国地质调查局公益性地质调查队伍能力建设评估工作。

9. 开展地质灾害防治工程监理服务工作。承担了成都市大邑县29个地质灾害治理项目（含勘查）的监理任务，中标崇州市梁家山泥石流等3处地质灾害治理工程监理项目，所有项目工作按计划顺利开展。

10. 地质灾害防治成效显著。地质灾害防治工作取得了较大成效，实现成功避险182起，搬迁避让48 327人，避免直接经济损失18 999.9万元。

（薛宁波）

贵州省地质环境监测院工作

贵州省地质环境监测院

概　　况

贵州省地质环境监测院是2007年11月正式成立，由贵州省国土资源厅和贵州省地矿局共管的公益性正县级全额拨款事业单位。专业涵盖地下水地质环境监测、地质灾害调查监测、地质遗迹调查、农业地质和旅游地质监测等领域。

贵州省地质环境监测院现有在职业职工90人，其中专业技术人员73人，占总人数的81%；高中级技术人员40人，占技术人员总数的54%。

贵州省地质环境监测院下设调查科、监测科、预警预报信息科、综合室等6个管理科室和7个正科级地质环境监测分院，已建成了覆盖全省的地下水与地质环境专业监测网络，基本达到了“反应迅速、覆盖全省”的队伍建设目标。并获得了地质灾害危险性评估、地质灾害防治工程勘查、设计、监理等4个甲级和水工环地质与液体矿产勘查乙级资质。曾先后获得“全国地质灾害防治先进单位”、“地方公益性地质调查队伍能力建设A级单位”、“西南抗旱找水打井工作先进集体”、“贵州省国土资源科技工作先进集体”等荣誉称号，并连续两年被贵州省地矿局评为“公益性地勘队伍绩效一等奖单位”和“和谐地矿先进单位”。

地调与科研

一、地质灾害调查

（一）关岭县岗乌镇“6.28”特大地质灾害应急排查。

2010年，地质灾害应急调查165处。其中，2010年6月28日安顺市关岭县岗乌镇大寨村因强降雨引发了极其罕见的特大型远程滑坡碎屑流地质灾害。监测院8名专家组成的工作组立即赶赴灾区开展应急调查，同时组织技术力量，对周边地区73 km^{2}地质灾害隐患点紧急排查，查出地质灾害隐患点共25处，其中滑坡17处，崩塌2处，泥石流沟6条，并向政府部门提出了紧急处置建议，为抢险救援决策提供了有力的技术支持。

（二）乌江流域（贵州段）地质灾害详细调查（凤冈县）。

2010年完成1:5万地质灾害遥感解译1883 km^2，1:5万地质灾害测量（草测）957 km^2，1:5万地质灾害测量（正测）363 km^2，1:1万地质灾害测量80 km^2，1:2000地质剖面测量10 km，工程地质钻探300 m，综合物探2 km，浅井40 m，采取岩土样试验36件。基本查明区内滑坡、崩塌、泥石流等地质灾害及其隐患的发育特征、分布规律，划分出了地质灾害易发区和危险区，建起了地质灾害数据库，协助地方政府健全完善了地质灾害群测群防网络；初步完成了地质灾害形成机理和危害程度分析、评价，研究和趋势预测，编制提交了地质灾害防治预案。

（三）贵州省关岭县地质灾害详细调查。

2010年完成1:5万地质灾害遥感解译1190 km^2，1:1万地质灾害遥感解译278 km^2，1:5万地质灾害测量（草测）667 km^2，1:5万地质灾害测量（正测）523 km^2，1:1万地质灾害测量278 km^2，1:1000地形测量0.55 km^2，地质剖面测量15 km，工程地质钻探300 m，综合物探300点，探井工程36 m。基本查明了区内地质灾害及其隐患发育特征、分布规律及形成的地质环境条件，并通过对地质灾害隐患点的危险性和危害性评价，初步划分出地质灾害易发区和危险区，提出了健全群测群防网络的建议，并完成了绝大部分调查数据的录入工作。

二、水文地质调查

（一）抗旱找水找井工程总结。

2009年7月，西南5省出现历史上罕见的夏秋冬春四级连旱，贵州省受灾总人口1728万人，557万人饮水困难。贵州省地质环境监测院承担所有打井工程的监理任务，并负责打井信息的集成、传输和相关技术服务等工作。该项工作从2010年3月1日正式启动，于6月30日结束，共完成1:5万水文地质调查6413 km^2、物探431处，累计开工钻孔320个，总进尺43 336.5 m，成井266口，总涌水量148 256 m^3/d，成井率83.13%。完成了《贵州省抗旱找水打井工作总结报告》的编写任务，为下一步开展贵州省农村饮水安全打井工程提供了技术支撑和依据。

（二）主要城市地下水监测。

2010年继续对5个主要城市（贵阳、遵义、安顺、六盘水、凯里）的306个地下水监测点进行监测，监测总面积2066.18 km^2。共完成了9051次地下水动态监测任务，其中水位监测点98个，监测点次为6672次；流量（水量点）监测点16个，监测点次1368次。采集枯、丰季水样作宏量组分、微量组分以及氰酚含量等项分析，枯季完成182组546件，丰季完成184组552件。

三、地质科学研究

（一）贵州省县（市）地质灾害调查与区划综合研究。

项目区域涵盖贵州省88个县（市、区）。在充分收集、分析以往县（市）地质灾害调查成果的基础上，系统阐述了贵州省地质灾害的类型、分布规律、发育特征、主要诱发因素及其危害；分析研究了地质灾害与地形地貌、岩土体类型、降水、流域水系、地质构造、地震、地表植被、人类工程活动等因素之间的关系；采用定量与定性相结合的方法，划分出了高易发区、中易发区和低易发区，并对重大地质灾害隐患点防治工作提出了建议；建立了贵州省地质灾害信息管理系统。该项目的科研成果于2010年10月14日通过国土资源部地质环境司组织的专家评审，被评定为优秀级。

（二）贵州省东南地区地质遗迹区划示范研究及数据库建设。

拟在充分收集已有资料的基础上，以线路调查为主，运用现代地学和分类学基础理论，对贵州省东南地区主要地质遗迹资源的类型、特征及其分布进行了较详细的描述和评价。项目实施完成后，将为有效的保护和合理开发利用地质遗迹资源提供科学依据。

四、社会化服务工作

2010年是贵州省正式开展地质灾害气象预警预报工作的第6个年头。在2010年4月15日至2010年10月9日的近6个月内，累计发布3级以上地质灾害预警预报信息104期。所有地质灾害预警预报信息除全部在贵州地质环境信息网上发布外，同时还通过传真向有四级以上地质灾害预警预报区域的各市（地、州）相关责任部门发布，并辅以短信和电视、广播等形式向公众播报，为有关部门提前采取防范措施提供了依据。

（陈　静）

陕西省地质环境监测总站工作

陕西省地质环境监测总站

概　况

陕西省地质环境监测总站原归属于陕西省国土资源厅，是由陕西省财政全额拨款的正处级公益性事业单位。2010年8月，陕西省地质环境监测总站划入陕西省地质调查院，为陕西省地质调查院下属的正处级全额拨款事业单位。

主要职责是：地下水动态监测评价；地质灾害监测勘查设计监理；水文地质工程地质环境地质勘查；地质遗迹保护。

陕西省地质环境监测总站下设综合办公室、计划财务科、地质灾害防治室、地质环境监测室、综合研究室、地质环境信息中心。

陕西省地质环境监测总站现有在职职工51人：其中管理人员11人，博士研究生学历1人，本科学历9人，高中1人；技术人员27人，博士研究生学历1人，硕士研究生学历3人，本科学历15人，大专学历5人，中专学历3人。技术人员中教授级高级工程师2人，高级工程师8人，工程师13人，助理工程师2人，技术员2人。

陕西省地质环境监测总站制定严格安全生产管理制度，各科室主任为本科室的第一安全责任人，严格按照安全生产原则开展工作。

2010年，荣获陕西省国土资源厅授予的“2010年度陕西省地质灾害防治工作先进单位”荣誉称号，荣获陕西省和国土资源部级颁发的“支援青海玉树地震灾区地质灾害应急排查先进单位”荣誉称号。

地调与科研

一、青海玉树地震灾区次生地质灾害应急调查

完成了青海玉树地震受灾地区囊谦县城、杂多县城、哈秀乡、安冲乡和仲达乡的次生地质灾害应急排查工作。

共完成调查面积3060 km^2，调查路线2602 km，调查点200个，其中非地质灾害隐患点133处，确认地质灾害隐患点69处（原有地质灾害隐患点39处，地震后新增地质灾害点30处）。在69处地质灾害隐患点中，其中滑坡6处，崩塌17处，泥石流37处，不稳定斜坡9处。提交地质灾害应急排查成果报告5套。

二、关中城市群城市地质环境监测网络建设

关中城市群城市地质环境监测网建设系属关中盆地城市群城市地质调查计划项目。2010年12月已完成关中城市群城市地质环境监测网建设总体设计编写，并通过了有关专家的评审。

三、地质科学研究

“西部地区地裂缝及地面沉降调查监测成果集成与评价”，是“国土资源监测成果汇总集成与评价”的一个工作项目。由陕西省地质环境监测总站独立承担。2010年6月21日，环境监测院组织有关专家对《西部地区地裂缝及地面沉降调查监测成果集成与评价报告》进行了评审。该报告总结了西部地区地裂缝和地面沉降的分布、发育规律，客观评估了西部地区地裂缝和地面沉降可能造成的经济损失。针对西部地区地裂缝和地面沉降研究现状，提出了“十二五”期间的工作建议。2010年7月，提交了“西部地区地裂缝及地面沉降调查监测成果集成与评价”最终研究成果报告。

（闫小灵）

甘肃省地质环境监测院工作

甘肃省地质环境监测院

概　况

甘肃省地质环境监测院隶属于甘肃省地矿局管理的正县级事业单位，是甘肃省国土资源厅地质环境业务支撑单位。主要从事地下水动态监测，地质灾害防治工程勘查、设计、监理及地质灾害危险性评估，地质灾害气象预警预报，地下水资源评价，水文地质工程地质勘查，工程咨询等工作。

甘肃省地质环境监测院下设5个管理科室，7个技术生产科室，2个服务科室。分别为院办公室、党群办公室、劳动人事科、财务资产科、总工程师办公室；项目开发办公室、地质灾害预警预报中心、地下水动态监测站、地质灾害勘查设计室、矿山环境治理与国土整治评价室、水资源与地质环境评价室、信息室；后勤物业服务中心、汽车队。

甘肃省地质环境监测院现有职工280人，其中在职职工169人，退休职工111人；在职职工中各类专业技术人员103人，其中正高3人，副高29人，中级职称26人，初级职称45人。

甘肃省地质环境监测院拥有国土资源部颁发的地质灾害危险性评估甲级资质，地质灾害治理工程勘查、设计、监理甲级资质；水文地质、工程地质、环境地质勘查甲级资质；液体矿产勘查甲级资质；遥感地质勘查乙级资质；勘查工程施工乙级资质；甘肃省水利厅颁发的建设项目水资源论证乙级资质和水文、水资源调查评价乙级资质。

甘肃省地质环境监测院坚持“安全第一、预防为主、综合治理”的工作方针，建立健全安全生产制度，安全生产规章制度、组织机构健全，全院上下高度重视安全生产，认真贯彻落实安全生产责任制。

甘肃省地质环境监测院技术装备齐全，有野外交通工具7台，物化探测试仪器13台;，外通信及定位设备56台，计算机设备87台，其他设备66台（套）。有独立的办公场所，办公楼面积2375.56 m^2，办公楼2栋。并在办公楼前后建造绿化带、篮球场等，为职工创造良好的办公、娱乐和生活环境。

2010年甘肃省地质环境监测院共承担的地质项目160项（公益性项目15项，社会性项目145项），取得了一批优秀成果（国家及省、部奖项8项；地厅级奖项12项），分别为：甘肃省地下水资源与生态地质环境保护研究荣获国土资源部颁发的科学技术二等奖；甘肃省矿山地质环境保护与防治工程研究荣获国土资源部颁发的科技进步二等奖；在“8.8”舟曲特大山洪泥石流灾害应急抢险工作中，荣获甘肃省总工会颁发的“抢险救灾，重建家园”——工人先锋号；被甘肃省委、省政府、省军区等部门评为“舟曲抢险救灾先进集体”；甘肃省主要城市环境地质问题调查与评价研究项目荣获“甘肃省五一劳动奖”；甘肃省主要城市环境地质问题调查与评价研究在甘肃省创先争优活动中荣获“甘肃省职工优秀技术创新成果奖一等奖”，甘肃省科技进步二等奖；院长黎志恒荣获2010年全国先进工作者。

2010年兰州市地质灾害与防治研究项目荣获兰州市人民政府颁发的兰州市科学技术进步奖二等奖。

地调与科研

一、鄂尔多斯盆地甘肃能源基地地下水勘查

2010年，开展区域水文地质调查研究及重要富水地段和供水前景水源地的勘查评价。开展严重缺水区地下水勘查工作，完善庆阳石油开发对地下水环境影响研究。开展白垩系含水层结构、属性特征及地下水循环机理研究；鄂尔多斯盆地甘肃能源基地地下水资源开发潜力评价与开发区划专题研究，煤炭资源开发对地下水径流系统的影响4个专题研究与综合研究和地下水勘查数据库与信息系统建设等工作。

完成1∶10万区域水文地质修测5000 km^2，1∶5万水文地质勘查1000 km^2，水文地质钻探1500 m/3孔，岩土测试300组。其中地质大调查经费安排工作量1∶10万水文地质调查2000 km^2，1∶5万水文地质调查600 km^2，水文地质钻探500 m。目前正在进行资料整理，成果图件编制及报告、专题的编写工作。

取得的工作成果：在庆阳市完成水文地质钻探1500 m/3孔；对鄂尔多斯盆地甘肃能源基地进行了1∶1万水文地质修测、1∶5万水文地质勘查，并对不同层位承压水进行了水样采取、化验，定量判断区内各类承压水的水质状况。

二、河西走廊地下水动态调查评价

2010年3～5月完成石羊河流域1∶1万区域水文

地质修测面积 2000 km^2；地下水动态调查点 59 个；6～7 月完成地下水开采量调查点 112 个；3～5 月及 10～11 月完成石羊河流域地下水水位统测点 312 个，完成疏勒河、黑河、石羊河流域丰、枯水期水位统测 1866 点次（疏勒河流域的 308 个，黑河流域 313 个，石羊河流域 312 个）；取水质简分析样 148 组，水质全分析样 41 组；监测孔水文地质钻探 1 眼，钻探进尺 200 m。监测孔孔口保护装置及自动监测仪安装 1 眼，2010 年 12 月中旬，全部完成了设计的工作量。目前正在进行资料整理，成果图件编制及报告的编写工作。

取得的工作成果：在石羊河流域建立地下水自动监测孔 1 眼；通过开采量调查，初步掌握了石羊河流域地下水采量，经调查统计，石羊河流域共有各类开采井 16 330 眼，地下水年开采量 14.43 亿 m^3。

三、兰州城市地质调查与地质灾害预警信息系统建设

通过对典型地质灾害体的勘查，对城市地质灾害的形成机理取得了重要的认识；兰州市区控制和影响地质灾害的主要因素与灾害发育的敏感区段分析结论；兰州市区主要易滑地层抗剪强度变化规律分析结论。

四、甘肃省白龙江流域主要城镇环境工程地质勘查

该项目是 2010 年度第三批地调局下达项目，在进行设计书编写的同时，已在舟曲开展了部分典型点的勘查工作。

另外，“兰州市皋兰县地质灾害详细调查”和“兰州市地质灾害监测与预警示范”两项目为 2009 年度项目，前者报告基本编写完成，等待审查。后者在进行监测点的建设和已建监测点运行与维护。

五、地质灾害应急调查

完成了“8.8”舟曲特大山洪泥石流灾害应急调查、“4.14”青海玉树地震应急排查、支援西南抗旱应急调查三部分。

舟曲特大山洪泥石流灾害发生后，甘肃省地质环境监测院马上启动应急预案，接到通知后第一时间赶赴灾区，展开救援与地质灾害的应急调查工作。完成了《舟曲县“8.8”特大山洪泥石流灾害调查评估报告》、《舟曲县“8.8”特大山洪泥石流灾害白龙江两岸地质灾害隐患应急排查报告》；于 8 月 16 日完成了《舟曲灾后恢复重建地质灾害防治规划》和《舟曲县三眼峪沟泥石流灾害防治工程可行性研究报告》技术成果，为灾后重建作出了较大贡献。

另外，2010 年 3 月 11 日，甘肃省科技厅组织的专家对“甘肃省陇南市环境地质调查研究”、“甘肃省地质遗迹调查与研究”、“能源开发对鄂尔多斯盆地地下水环境影响分析研究”、“金川公司矿山水环境调查与工业废水综合利用研究”、“甘肃省永靖县盐锅峡黑方台滑坡灾害研究”、“甘肃省矿山地质环境与防治工程研究”等 6 项成果进行科技成果鉴定，鉴定结果为 6 个项目均达到国内领先水平。

（李　彬）

青海省地质环境监测总站工作

青海省地质环境监测总站

概　况

青海省地质环境监测总站是青海省国土资源厅直属的社会公益性事业单位。2010 年 9 月 2 日，经青海省编委办同意加挂青海省地质灾害应急中心牌子。

经青海省国土厅批准，青海省地质环境监测总站下设办公室、地下水监测室、地质灾害监测室、综合研究室和地质环境调查院。分别负责综合管理、地下水环境监测、地质灾害监测、信息系统建设和地质市场方面的工作。现有在职职工 33 人，其中高级职称 17 人，中级职称 5 人，初级职称 3 人。

青海省地质环境监测总站现有各类车辆 6 辆、自动水位监测仪 14 套、手持 GPS 16 套、高精度 GPS 自动监测仪 1 套、莱卡 GPS 1 套、测距仪 5 套、激光扫描仪 1 套、地质灾害远程会商系统 1 套；以及其他相关数据处理、绘图和办公设备。

2010 年，青海省地质环境监测总站认真抓好安全生产工作，全年未发生安全事故。

2010 年，青海省地质环境监测总站被青海省委、省政府、省军区授予“全省抗震模范集体”，被中共中央、国务院、中央军委授予“全国抗震救灾英雄集体”，被国土资源部评为“青海玉树地震地质灾害应急排查先进单位”，并有 8 人被国土资源部评为“青海玉树地震地质灾害应急排查先进个人”，有 1 人被青海省总工会授予“玉树抗震救灾优秀职工”。

地调与科研

一、地质灾害防灾预案编制

2010 年 3 月编制完成《青海省 2010 年地质灾害防治预案》，2010 年 4 月 26 日由青海省政府批复转发各州、地（市）、县执行。该预案在预测2010年突发性地质灾害的类型、发生的重点区域及诱发因素的基础上，提出了2010年青海省地质灾害防治及管理工作重点，指出2010年地质灾害隐患点92处，较好地指导了青海省各级地方政府的地质灾害防治工作。

二、突发性地质灾害调（巡）查

2010年青海省共发生突发性地质灾害36起（不包括玉树地震灾区）：其中滑坡24起、崩塌4起、泥石流8起，共造成直接经济损失1234万元。在汛前，重点对《青海省2010年地质灾害防治预案》中的92处重大地质灾害隐患点进行了巡查，对地方政府的防灾工作进行了检查。完成地质灾害调巡查143处（次）。出动人员610人次。共编写险情专报37份，简报21期，调查报告9份。

三、地质灾害监测

继续对青海省西宁市林家崖、北山寺2处滑坡进行了监测，共完成监测点次312个。

四、汛期地质灾害气象预报预警

2010年青海省汛期地质灾害气象预报预警工作从2010年5月1日开始，至2010年9月30日结束。共完成3级预警13次，并通过青海卫视和手机短信发布。

五、玉树地震灾区地质灾害防治

（一）震区地质灾害排查。

玉树“4.14”地震发生后，青海省立即组织了210人的地质灾害应急排查队伍，开展了地震引发的地质灾害隐患排查工作，共排查出地质灾害隐患点295处。于2010年5月初提交了玉树“4.14”地震灾区地质灾害应急排查报告，2010年5月17日，国土资源部对排查报告进行了审查，给予了充分的肯定和高度的评价。

（二）震区重大地质灾害隐患点监测预警。

在地质灾害隐患排查的同时，及时安排部署了结古镇等重大地质灾害隐患点的监测预警，建立滑坡监测断面22条，泥石流监测断面10条，地裂缝监测2处，雨量监测站1个。对滑坡、泥石流和地裂缝每天监测一次（遇连续阴雨天派人昼夜值守），并及时向玉树地震灾后恢复重建现场指挥部报送地质灾害监测预警专报，及时反映地质灾害险情和地质灾害危险区人员分布情况。

（三）震区地质灾害应急治理及隐患勘察。

对玉树地震造成的扎曲河谷、巴塘河谷两侧山体上大量的裂缝、孤石和危岩，采取了裂缝填埋夯实、危岩危石清除等措施，夯填裂缝796条，总长24 790 m，清除危岩孤石约12 000立方米。投入348万元，开展了应急燃油发电站不稳定斜坡应急治理。

为加快重大地质灾害治理的进度，按照玉树恢复重建指挥部的要求，完成了禅古村原址和禅古寺新址不稳定斜坡和泥石流勘察，孟宗沟泥石流勘察。

（四）震区地质灾害危险性评估。

为灾后重建选址提供地质灾害防治依据，提前部署开展受灾村庄恢复重建地质灾害危险性评估工作。提交地质灾害危险性评估报告82份，在恢复重建过程中发挥了应有的作用。

（五）玉树“4.14”地震灾区资源环境承载力与恢复重建选址评估。

按照国家“玉树灾后重建规划——资源环境承载力能力评价”会议要求，于2010年5月初完成了《青海玉树“4.14”地震灾区资源环境承载力与恢复重建选址评估报告》，提出了恢复重建的选址意见和建议。

（六）地质灾害防治专项规划编制。

编制完成《青海玉树地震灾区灾后恢复重建地质灾害防治专项规划》（2010～2013）规划。

六、汛期地质灾害应急排查

根据青海省地质灾害实际情况，结合国土资源部的要求，制定了《青海省汛期地质灾害隐患再排查紧急行动实施方案》，方案中确定排查范围为全省的43个县（市、行委）所有可能存在的地质灾害隐患的城镇、乡村、学校、医院、集市等人员集中地，重要铁路、公路等交通干线和重要工程建设活动区。共排查了全省2631处地质灾害隐患点，排查出新增的地质灾害隐患点69处，发放工作明白卡和避险明白卡9500余份。

七、地质灾害详查

完成《青海省海东地区地质灾害详细调查（乐都县）》野外调查工作，采用遥感、地面调查、钻探、槽探、测量、样品测试等综合手段开展地质灾害详查工作，完成1∶5万地质灾害调查面积2800 km^2，滑坡体工程地质钻探680.3 m/12孔，施工小圆井126 m、槽探92 m^3。查明了地质灾害的空间分布特征及成因条件，为地质灾害防治提供了依据。

八、重大地质灾害勘查

2010年，青海省地质环境监测总站承担了“青海省祁连县八宝镇南山泥石流灾害勘查”、“大柴旦八里沟泥石流灾害勘查”两项重大地质灾害勘查项目。该项目是《2009年特大型地质灾害防治项目》之一，项目设计书于2009年12月23日通过青海省国土资源厅审查。完成1∶1万地形测量22 km^2，1∶1000地形测量2.54 km^2，1∶500地形测量0.94 km^2；1∶5000～1∶1万工程地质测绘 138.23 km^2，1∶2000 工程地质剖面测量 21.60 km，1∶1000 工程地质剖面测量 11.45 km，1∶500 工程地质剖面测量 10.66 km，共调查各类地质点 305 个，开挖小圆井 328.6 m，试坑 182.02 m^3，各项测试、试验样品 120 件。通过勘查，查明了泥石流灾害分布、规模、活动特征、危害程度等，为泥石流的治理提供了系统翔实的资料。

九、地下水监测与调查

（一）地下水监测工作。

青海省共有地下水监测点 162 个，其中国家级监测点 16 个，地区级监测点 146 个。监测频率为：国家级每月 3 次，地区级每年 2 次。2010 年，完成水位、水温监测 621 点次，取水质监测样 125 个，其中污染样 59 个，全分析 6 个，简分析 16 个，专项分析 44 个。通过监测，掌握青海东部湟水河谷区、西部柴达木盆地及青海湖盆地地下水水位水质动态变化状况及城市集中供水水源地开采量；掌握原海北化工厂、大通县苏青氯酸盐厂、湟中甘河工业园区、互助县造纸厂、格－拉输油管线等污染源所在河谷区、冲洪积扇地下水污染现状及湟中县鑫飞化工厂所在河谷区地下水六价铬的污染现状。

为实现国家级地下水观测点的自动化监测，2010 年 1 月青海省地质环境监测总站投入资金，分别对格尔木市及西宁市监测区的 14 个国家级监测点安装了自动化监测仪，实现了国家级观测点的自动化监测。

（二）青海省西宁市及周边地区地下水环境污染调查评价。

基本查明了西宁市及周边地区 8 处地下水污染区污染物组分、污染程度及污染范围与污染源；对西宁市及周边一般调查区及重点调查区内的地下水污染区采用地下水质量评价法进行了重点评价；依据地下水污染区污染源治理状况和正建、待建工业园的主要工业产品，对调查区地下水污染趋势进行了客观的预测评价，划分出了污染缓慢减弱、污染持续区、污染加重和预测污染及未污染防护等 5 个区，并有针对性地提出了地下水污染防治措施与建议，为西宁市及周边地区地下水环境保护与饮水安全提供了基础依据。

（三）青海省西宁市城市环境地质调查评价。

该项目是“全国主要城市环境地质调查评价”项目的子项目，共完成环境地质调查面积 748.69 km^2，遥感解译面积 748.69 km^2，水质分析 36 组，小圆井 162.8 m/24 个，在充分收集城市已有的地质灾害调查与防治规划资料及环境地质遥感等相关资料的基础上，查明了西宁市崩塌、滑坡、泥石流、不稳定斜（边）坡等地质灾害种类、规模、分布范围、危害程度；查清了城市地下水资源枯竭、地下水环境污染等环境问题，为国土开发整治和城市规划、建设、管理提供环境地质依据。

十、矿山环境治理及地质灾害监理

对青海省大通河流域、祁连县黑河源区、青海湖片区、湟中、湟源、乐都采砂场地质环境治理工程实施监理，并对工程施工过程中的质量、进度、面积等进行监理。

十一、地质环境信息管理系统建设

建立了青海省地质灾害信息系统，编写了信息系统建设工作报告及信息化工作相关文档；完成了西宁市城市环境地质调查信息系统建设部分设计及基本地理等信息内容；依据“1∶5 万地质灾害调查信息化成果技术要求”，重新对尖扎县、循化县、贵德县 3 个县的地质灾害调查信息系统进行建设；完成了大柴旦行委、茫崖行委、治多县地质灾害调查与区划项目信息系统的审查及汇交工作。

十二、地质遗迹保护

完成了青海互助北山国家地质公园、青海贵德国家地质公园地质遗迹保护项目设计工作量，建主碑 1 座、地质景点说明牌 11 块、双立柱双面大型广告牌 1 座、单立柱广告牌 1 座、警示牌 4 个、地质公园大门 1 座、药水泉瀑布保护栏 1 座、地质博物馆施工图设计等。

（李跃海）

宁夏回族自治区国土资源调查监测院工作

宁夏回族自治区国土资源调查监测院

概　　况

宁夏回族自治区国土资源调查监测院是隶属宁夏回族自治区国土资源厅的基础性、公益性地质环境调查与监测的事业单位。拥有国家与宁夏回族自治区颁发的固体矿产勘查、水工环地质调查、地质灾害危险性评估甲级等多个资格证书。主要承担水文地质环境地质调查评价与勘查、矿产地质调查及勘查、地球化学勘查、区域地质调查、地学空间数据库建设、地质综合信息系统建设、岩矿测试鉴定等领域工作。

单位下设办公室、组织人事科、计划财务科、业务技术科等6个管理科室，设12个专业生产单位。全额预算编制220名，现有在职职工209人，其中专业技术人员137人（高级24人、中级61人、初级52人），研究生及以上学历9人。

单位配置有交通、通讯、GPS、GIS、测绘、办公和资料管理等方面的设备及其相应辅助设备、软件。

2010年，宁南弧形构造带演化与找矿前景研究、宁夏灵武市甜水河勘查区煤炭资源普查报告、宁南山区地质灾害形成机理调查研究分别获宁夏国土资源科技成果一、二、三等奖，荣获区国土资源厅事业单位效能建设一等奖、全区国土资源系统“四个一”活动先进集体和全国国土资源管理系统先进集体。

地调与科研

一、基础地质调查

（一）区域地质调查。

宁夏贺兰山地区1∶5万腰坝等4幅区域地质调查，于2010年10月通过西安地调中心续作报告评审，2010年11月通过总设计评审，均为良好级。2010年度完成1∶5万遥感解译1700 km^2，地质填图面积700 km^2。

1. 厘定了39个正式岩石地层单位和10个非正式填图单位。

2. 发现正目观组厚—块状角砾灰岩是温暖间冰期的产物，大部分组分的胶结物来自碳酸盐泥晶，碳酸盐岩一般来自温暖环境。发现米钵山组沉积环境属于重力流滑动沉积—浊流沉积类型。下白垩统发现湖相含煤沉积及大量双壳类化石和泥裂构造。中新世红柳沟组发现同心铲齿象腿化石。

3. 确认测区普遍发育滑脱构造、近南北向的逆冲滑脱构造、南向北的逆冲推覆构造。

4. 发现了黄旗口花岗岩体边部有赵池沟岩组片岩和变粒岩捕虏体，斜长花岗岩岩体与围岩赵池沟组接触带处发育较宽的韧性剪切带。

5. 初步厘定了测区贺兰山东西两侧发育的三级夷平面和早更新世以来发育的多级洪积扇地貌（扇根、扇中、扇缘），初步查明测区夷平面、山前洪积扇（群）、风成沙丘区的生态现状及其差异。

（二）多目标区域地球化学调查。

2010年底已完成调查总面积2.78万km^2，占全区调查面积的50%。取得了土壤样品分析约40 000件，获得分析数据约216万个，分析成果经地调局区域化探分析质检组评审验收，获得优秀级。完成了《宁夏多目标区域地球化学调查（银川盆地）》成果报告和系列地球化学图件，经地调局验收获得优秀级。

查明了宁夏中北部土壤元素的地球化学分布和分配特征。宁夏回族自治区土地质量总体上以优质为主，土壤营养及有益元素氮、磷、钾、锰、硼、钼、铁、锌、碘、硒等呈多样性分布，含量较高，土壤污染元素汞、铅、砷、氟等绝大部分含量低，符合无公害食品和绿色食品产地的标准，在银川平原、卫宁平原等地发现了2800 km^{2}富硒土壤区。

（三）水文地质调查评价。

完成银川地区、吴忠地区常规地下水动态监测。各类监测点215个，银川地区监测面积1800 km^2，2010年完成银川地区监测水位4880点次、水温次数4160点次，取样83个；吴忠地区监测面积100 km^2。取得的资料已录入数据库并汇交环境监测院。编制了地下水水情通报、地下水环境监测年度报告、地质环境监测及分析报告与相关图件。

（四）灾害地质调查评价。

1. 汛期地质灾害气象预警预报。制定《2010年宁夏地质灾害预警预报会商制度》及《2010年宁夏地质灾害预警等级标准》（修订），通过19个县（市）各类地质灾害统计及分析，编制了全区1∶25万地质灾害预警预报图。汛期与宁夏气象台进行地质灾害气象预警预报会商125次，联合发布3级地质灾害气象预报15次，成功预报6次。

2. 宁夏南部地区（固原原州区）地质灾害详细调查。调查地质灾害隐患点共224个，其中滑坡42个，崩塌63个，不稳定斜坡115个，泥石流4个；对1∶10万确定的监测点进行了认真核查，确定新增隐患点182处。研究了地质灾害时间分布规律、空间分布特征、地质灾害的发育特征、地质灾害形成条件，开展了典型地质灾害工程地质测绘、勘察，分析了调查区域滑坡的形成机理，初步进行地质灾害易发区划与危险性区划并分区评价。

（五）城市环境地质调查评价。

完成资料收集，实施了银川市、石嘴山市、固原市的野外调查工作，环境地质调查点161个。取得主要成果与认识：

1. 查清了地下水污染主要是工业、农业和生活污染。

2. 对存在地质灾害隐患的石嘴山市和固原市，

分析研究了其地灾的发育特征、形成条件及影响因素、危害程度。

3. 明确地下水水位下降主要集中在银川市和石嘴山市，主要是由于地下水开采过量造成的。

4. 调查了城市垃圾处理与地下水污染防治工程。

5. 查清宁夏5个主要城市水源地水文地质特征，开展了银川平原的深层热矿水资源分析研究。

二、矿产资源调查评价

（一）银川平原地下水动态调查评价。

制作地下水监测孔保护装置70眼，安装自动监测仪37台，建立银川平原2008～2010年地下水水位、水质动态监测数据库，完成年度总结报告及各类年度图件的编制。

（二）宁夏矿产资源潜力评价。

完成2010年度工作方案与2010年度工作报告编写；提交单矿种（铁矿）成果报告；完成1∶25万基础图件的编制及相关数据库的建设；完成预测区铁矿、磷矿、铜（金、银）矿、金（银、铅锌）矿－构造专题底图的编制、修改、补充完善及相关数据库的建设；进行综合图件大地构造相图——构造专题底图的编制。

（三）矿产资源储量核查。

2010年完成自治区煤、金、银、磷、硫铁矿、镁、石膏、化工灰岩、水泥灰岩9个矿种的矿区核查工作。共完成核查矿区数45个（其中：煤炭矿区20个、金矿区4个、镁矿区3个、磷矿区2个、黄铁矿区1个、化工灰岩矿区2个、水泥灰岩矿区8个、石膏矿区5个），核查单元共计89个，提交核查报告及数据库105份。

三、地质调查信息化服务

2010年开展了“宁夏国土资源地质综合信息系统”建设，该系统功能资源开发基于Visual Studio 2008，数据库基于Microsoft SQL Server2008建设，可满足日常地质综合信息查询、地质灾害数据统计、群测群防管理及气象预警发布。系统将专业的地质信息及空间数据库内容整合为地质综合信息系统，部署于局域网中，突出其数据管理、空间查询、数据检索、分类统计及信息采集编辑功能；以省、地、县、乡、村地质灾害隐患点群测群防体系为核心的数据整合为地质灾害防治与管理系统，部署于公众网络环境，突出其地质灾害防治、管理、速报及气象预警功能。地质综合信息平台设计有地图搜索引擎及文本搜索引擎功能，可实现快速地图显示、漫游、缩放及多级管理；文本搜索引擎可实现关键字模糊查询和文档内部关键字模糊查询。项目实施取得以下主要成果：

1. 构建地图影像金字塔。

2. 建立宁夏回族自治区地质灾害信息网。

3. 建立宁夏回族自治区地质灾害防治与管理系统。

4. 建立宁夏回族自治区地质综合信息系统。

2010年已完成部分属宁夏国土资源地质综合信息系统基础建设的一期工程。二期工程建设将在一期的基础上改进与深化，将构建DEM＋DOM三维场景模型，完成国土资源综合信息专业平台软件开发，实现地面三维模拟飞行、空间图层三维显示、快速信息检索，并将三维系统与二维系统衔接，继承前期全部功能。

（刘更生）

新疆维吾尔自治区地质环境监测院工作

新疆维吾尔自治区地质环境监测院

概　况

新疆维吾尔自治区地质环境监测院是新疆维吾尔自治区国土资源厅直属的事业单位。承担新疆维吾尔自治区地质环境调研、评价，汛期地质灾害检查和重要地质灾害应急调查，地下水动态及地下水环境监测，监测数据、资料汇总，分析、处理和预测预报工作；建立和管理全区地质环境监测信息系统，指导各地、州、市地质环境监测信息系统建设、地质灾害群测群防和管理直属监测站，监督各监测站技术业务等工作。编制新疆维吾尔自治区地质灾害年度防灾预案，地质环境监测规划、计划，地质环境监测工作规程、技术要求和地质环境监测管理对策建议。

单位下设办公室（党办）、总工程师办公室、地质环境监测科、地下水动态监测科、地质环境信息工作站、乌鲁木齐地质环境监测站、吐鲁番地质环境监测站。

单位现有在职职工总数57人。其中正处级2人、副处级4人，正科级6人、副科级6人；研究生学历7人，本科学历27人，大专学历18人，中专及以下学历5人；在专业技术人员中，高级工程师18人，工程师（会计师）15人，助理工程师10人。

单位严格执行安全生产管理制度，贯彻落实安全生产责任制，狠抓“预防为主、安全第一”的安全教育，2010年未发生任何重大安全事故。

单位现有各种越野车4辆、旅行面包车1辆；台式电脑59台，笔记本电脑45台，复印机3台，传真机6台；GPS卫星定位仪16部，数码照相机40部，摄像机6部，绘图仪1台，大幅彩色扫描仪1台，全站仪2台，网络管理系统1套。

地调与科研

一、水文地质调查

（一）准噶尔盆地地下水动态调查评价。

完成2009年TM遥感影像图制作任务和室内初步解译工作，并进行了野外验证；进行地下水均衡计算和地下水模型校正、开展重点地段地下水非稳定流模型校正工作；完成新增2个监测孔钻探施工223 m和孔口保护、水质取样等相关工作；对2009～2010年新施工14个监测孔进行野外复验和130个监测孔的测量工作；完成52台自动监测仪及无线传输设备安装、调试工作；编制完成实际材料图等9张附图和13个报告附件；编写完成2008～2010年野外工作总结和多媒体汇报材料。

（二）新疆主要城市、地区地下水动态监测和全疆地下水动态监测网建设。

1. 完成2009年第4季度和2010年1～3季度《新疆主要城市和地区地下水水位动态变化分析报告》、2009年《新疆主要城市和地区地下水水情通报》、新疆主要城市和地区地下水动态年报及国家级监测点地下水动态监测数据库汇总上报工作。

2. 完成乌鲁木齐监测区3776 km^2、吐鲁番监测区400 km^{2}的监测工作，共完成地下水监测点98个，监测次数1082次，其中水位监测点54个、监测次数971次，水量监测点5个、监测次数60次，水质监测点39个、监测次数51次；取地下水全微量16组，简分析加三氮35组。完成两个监测区2010年地下水位、水质动态监测数据的核查补充录入工作、2009年地下水动态监测报告编制和2010年地下水动态趋势分析报告工作；完成乌鲁木齐监测区2010年地下水水情预报；对两个监测区44个水质点进行全面核查与GPS定位工作；完成乌鲁木齐市水资源公报中水位水质动态内容编制及报送；完成乌鲁木齐监测区40个自动发射装置调试和安装工作，实现该监测区50眼监测井自动监测和实时传输。

3. 新疆地下水动态监测网建设项目。编制完成《新疆地下水动态监测网建设项目工作设计》，对现状及扩建监测区水文地质条件进行深入分析研究，掌握了区内各类地下水分布规律和地下水开发利用状况，确定了新疆监测区总面积360 000 km^2。新疆优化后各级别（国家级、省级、地区级）的扩建区水位和水量监测网点总数515个，水量监测点总数1077个；扩建区水质监测网点总数202个，新建区水质监测网点总数390个。同时，对各类监测网点的地下水类型进行了划分。编绘了地下水监测网剖面图系，制定了现状和新建区水位、水质网点优化和建设工作方案。

二、环境地质调查评价

（一）新疆主要城市环境地质调查评价。

完成“新疆主要城市环境地质调查”设计编制，进行资料收集和基础图件编制工作；完成43组土样的野外采集和数据库建立等工作。

（二）新疆矿山地质环境遥感调查与监测方法研究。

完成工作区基础地质环境资料和遥感影像资料收集、初步遥感解译和野外验证工作，进行资料汇总整理和成果报告编制。

（三）矿山地质环境恢复治理项目监理。

完成乌鲁木齐市乌奎高速公路南侧区域砂石料场、新疆和田市滨河新城玉石滥采区（一至三标段）、新疆塔城市喀浪古尔河采砂场（二期一至二标段）、新疆喀什国际机场东侧砂石料厂（二期工程）、新疆布尔津县喀纳斯新村、喀纳斯神仙湾建筑砂石矿等18个地质环境治理项目的监理工作。

三、地质灾害调查评价

（一）新疆伊犁地区1∶5万地质灾害详细调查。

进行伊犁地质灾害详细调查项目（伊宁市、伊宁县、霍城县、新源县、巩留县、特克斯县、尼勒克县）报告编制工作。2010年9月，提交伊宁市地质灾害详细调查报告初审稿；2010年11月和12月，分别提交霍城县、特克斯县、尼勒克县地质灾害详细调查报告初审稿。

完成伊犁地质灾害详细（昭苏县）2010年设计书的编制。2010年7月开展实时野外调查工作，完成调查面积2200 km^2，其中重点调查区180 km^2；完成调查路线34条，路线长度约2860 km；完成336处各类野外调查点的调查，其中地质灾害隐患点93处；完成专项勘查区面积为0.7 km^2。

（二）新疆新源县、巩留县地质灾害监测预警示范站建设及动态监测。

2010年5~9月，完成新源县、巩留县地质灾害监测示范站绝对位移标志测量工作10次（15天/次）；2010年12月分别编制完成新源县、巩留县地质灾害监测预警示范站建设及动态监测报告初审稿。

（三）新疆县（市）地质灾害调查与区划总报告编制。

完成新疆90个县（市）重要隐患点数据库与区划总报告核对工作和区划管理平台系统建立、新疆县（市）地质灾害数据库中两县（市）合并的数据库分离和地质灾害区划总报告3425个群测群防点全部核查及图件编制等工作。完成该项目的报告编制工作，并已于2010年6月通过新疆维吾尔自治区国土资源厅组织专家组的审查；2010年10月通过国土资源部终审。

（四）新疆尼勒克县地质灾害危险性评估。

完成报告编制及初审，并已于2010年8月13日通过新疆维吾尔自治区国土资源厅组织专家的评审。

（五）新疆地质灾害与降水等主要气象因素关系研究。

2010年1~2月完成报告设计书编写、初审和终审工作。

收集新疆90个县（市）地质灾害调查与区划成果，已发生有记载的地质灾害、气象等相关资料。经数据统计分析，对地质灾害气象站点进行规划，对降水和气温引起的地质灾害进行统计分类，分析地质灾害与降雨量的关系，对伊犁滑坡地质灾害临界值进行初步研究，建立了临界值表达式。2010年11月完成报告编写并提交了初审稿。

（六）开展汛期地质灾害巡查检查、再排查，应急调查。

1. 编制完成2010年新疆维吾尔自治区地质灾害防治方案和2010年度汛期地质灾害巡查检查工作方案。会同新疆维吾尔自治区国土资源厅地质环境处组成3个检查组，对新疆9个地（州）、21个县（市）进行了巡查检查，实地核查隐患点和移民搬迁安置点65处，形成通报30份，编制并上报了《2010年汛期巡查检查工作总结》。

2. 2010年8月，会同新疆维吾尔自治区国土资源厅地质环境处组成3个检查组，对和田、喀什、克州、阿克苏、巴州、阿勒泰、塔城、昌吉等县（市）进行了汛期地质灾害隐患再排查工作，及时编写了地质灾害隐患再排查紧急行动工作检查报告。

3. 2010年3~4月初，开展对伊犁巩留莫乎尔乡、尼勒克县喀拉托别乡塔斯布拉克沟滑坡泥石流、伊宁市东梁街崩塌和霍城县安顺煤矿滑坡等4起地质灾害现场进行了应急调查，并及时编制了应急调查报告。

（七）新疆汛期地质灾害值班、地质灾害气象预报预警。

2010年2月4日至9月30日，开展全疆汛期地质灾害24小时值班工作。3月31日至9月30日开展地质灾害气象预报预警工作，共完成和发布地质灾害气象预报预警成果184期、特报2期。编制完成6至9月地质灾害预报预测分析报告各1份。

（八）新疆地质灾害防治工程、地质灾害专项勘查监理。

完成新疆库尔勒市铁门关水电厂、新疆莎车县霍什拉甫乡托力坎特小学、新疆温宿县温宿镇卡坡沿线居民点、新疆富蕴县克孜勒库都克小学、新疆巩留县吉尔格郎乡沙尕村移民新区、新疆青河县阿热勒乡第二中学等14个崩塌、滑坡、泥石流地质灾害防治工程和专项勘查项目的监理工作。

（任舟军）

中央管理地质勘查单位工作

有色金属矿产地质调查中心工作

有色金属矿产地质调查中心

概　况

有色金属矿产地质调查中心（以下简称“有色地调中心”），是2001年由原国家有色金属工业局地质勘查总局及其在京和燕郊的直属单位改组而成，是中编办批准成立的正局级事业单位。2005年10月，有色地调中心与有50余年历史的北京矿产地质研究院实现了整合，形成了科研勘查一体化的新体制。

有色地调中心机关设有办公室、党办、财务处、地质处，科技处、综合处等；下辖7个二级事业单位：北京地质调查所、北京资源勘查技术中心、北京测绘院、新疆地质调查所、南方地质调查所、西南地质调查所、北京矿产地质研究院；拥有中色地科、中色矿业2个集团公司和在加拿大多伦多上市的Canaco资源公司。

有色地调中心现有在编员工300余人，各类中高级专业技术人员占总人数的75%。其中，在职教授级高工40余人，博士（博士后）35人，博士生导师3人，硕士生导师6人，拥有一支专业齐全、人员精干、结构合理、装备精良的新型地质勘查队伍。

有色地调中心主要从事区域地质调查、固体矿产勘查、遥感地质、地球物理、地球化学、水工环地质、地质灾害与环境治理、测绘、钻探施工等业务，具有雄厚的人才、技术和资料优势，持有从事矿产勘查及其相关业务的甲级资质证书，在矿产勘查、矿业开发、地质技术服务、地质灾害治理及环境保护等领域独具特色。

地调与科研

2010年，有色地调中心及中心所属单位共承担国土资源调查评价项目和地质矿产调查评价项目15个，其中2010年续作项目8个，新开项目7个。共包括：重点成矿区带地质矿产调查评价项目9个，资源调查与利用技术发展工程项目3个，基础性公益性地质调查项目1个，青藏高原地质矿产调查与评价项目1个，基础地质调查与研究项目1个。

15个地质调查项目均已开展工作，野外地质调查开展顺利，各项任务均已按计划完成。2010年共完成机械岩心钻探12 189 m，完成计划工作量94.9%；完成槽探工作量26 352 km^3，完成计划工作量112.1%；共完成1∶1万地质测量175 km^2，1∶1万磁法测量347.2 km^2，1∶1万电法测量79.1 km^2，1∶2.5万土壤测量115 km^2，1∶2万土壤测量26 km^2，1∶1万土壤测量163 km^2，1∶25万遥感解译45 000 km^2，1∶5万遥感解译14 900 km^2，1∶1万遥感解译4800 km^2。

2010年国土资源大调查项目经费共投入资金5050万元，2009年结转项目2725万元。

2010年已提交报告评审3个项目，主要包括：新疆乌拉根地区铅锌铜远景调查，内蒙古呼伦贝尔盟莫尔道嘎－吉峰地区铜多金属矿远景调查，广东龙川县麻布岗成矿区银铅锌多金属矿远景调查。

2010年有色地调中心在地质调查项目工作中取得了较大的工作进展及一定的地质成果。新发现物探异常56处，见矿物探异常4处，其中铜矿2处，银矿2处。新发现化探异常36处，见矿化探异常6处，其中铜矿4处，银矿2处。

一、新疆乌拉根地区铅锌铜矿远景调查（续作）

2010年完成1∶2.5万土壤测量105 km^2，1∶2千地质草测2 km^2，1∶1万激电测量12 km^2，1∶1万电法剖面测量30 km，激电测深50个，钻探1500 m，槽探3300 km^3，各项任务均已按计划完成。

① 在萨热克南区施工数个钻孔见矿，如KSR－ZK3002，孔深330.78 m，其中159.10～173.96 m在砾石的周边及胶结物中，见黄铜矿、斑铜矿，偶见辉铜矿，173.96～217.04 m，绿泥石，黄铁矿增多，偶见有黄铜矿，黄铁矿结晶较细；KSR－ZK4001，孔深408.46 m，在156.49～159.20 m，见有少量辉铜矿，在162.42～248.27 m为灰绿色、杂色砾岩中，普遍有黄铁矿、黄铜矿矿化现象，局部见有辉铜矿、斑铜矿、方铅矿，结合物化探成果，已表明萨热克南区成

矿条件较好，具有进一步找矿远景，值得开展深部找矿工作。② 在喀拉塔勒开展的1:2.5万化探测量中，圈出了长达13 km，宽约1 km的铀钼异常带，与中新统安居安组层位极为吻合，具有寻找砂岩型铀钼矿的前景。

二、大兴安岭呼伦贝尔市莫尔道嘎－吉峰地区铜多金属矿远景调查（续作）

2010年完成1:1万地质草测34 km²，1:2万土壤测量26 km²，1:1万土壤测量5 km²，钻探494 m，槽探3848 km³。

① 区域研究预测提出预测区6处，找矿靶区22处；② 开展太平川斑岩型钼铜矿、大梁金矿的地质特征成矿模式研究，提出找矿标志和找矿方向；③ 莫尔道嘎1:5万高磁化探成果研究，提出该地区具有甲2类异常2处，乙1类异常1处，乙2类异常4处，乙3类异常19处，丙类异常38处；④ 提交太平川钼铜矿中型矿产地、大梁金矿小型矿产地及相应资源量；⑤ 吉峰铅锌银金矿勘查区槽探揭露发现高品位金矿体；⑥ 1150Pb，Zn，Ag异常查证区大比例尺土壤测量圈出北西向Pb，Zb，Ag异常带，其异常浓集区与激电异常相伴，显示寻找铅锌多金属矿远景；⑦ 佳疙瘩西北异常区发现北东向激电异常带和Sn，W，Bi，Ag，Zn，As，Sb的高值异常，其中Sn异常含量高达100×10⁻⁶～310×10⁻⁶处在岩体前锋的接触带部位，地表踏勘显示出很好的找矿前景，具有寻找锡矿的地质条件；⑧ 1170高地异常查证发现高含量AuAs异常和PbZnAg异常，具有寻找岩金矿床的地质条件和找矿远景。

三、广东龙川县麻布岗成矿区银铅锌多金属矿远景调查（续作）

2010年完成1:1万地质草测21 km²，1:1万磁法测量10 km²，1:1万电法测量10 km²，土壤剖面测量20 km，钻探1119 m，槽探3019 km³。

① 总结地层岩性特征，开展综合研究，认为区内主要寻找与火山－次火山岩浆活动有关的银铜铅锌多金属矿床和矽卡岩型银铅锌多金属矿床；② 石芬测区施工2个探槽，一个探槽揭露的铁帽中见锌矿体，品位2.38%，厚度1.65 m；③ 2个钻探进行深部验证，一个孔见铅锌矿，铅+锌品位8.31%，厚度5.98 m，另一个孔见铅锌矿化，铅+锌品位0.986%（其中锌品位0.835%），厚度1.98 m；④ 在山门前测区施工10条探槽中，见方铅矿2条，见铅矿化4条，见矿（化）率60%；一个钻孔在安山质熔岩中见铜铅矿体、混合钾长花岗岩中的构造蚀变带中见铅矿化体。

四、新疆富蕴县希勒库都克铜钼矿调查评价

① 通过地物化面积性工作，获得多处物化探异常。高精度磁法测量圈出希2、希11、杰尔台、扎河坝、别拉格库都克等5个地区；在希9、希11、别拉格库都克等3区获得较好的激电异常，视极化率达4%，有待于下一步工程验证；岩屑测量圈出希3、希9等2个区，获得钼铜银砷铅综合异常11处，为寻找“希勒库都克式”铜钼矿提供了依据；② 在希3区施工槽探验证化探异常，获得1金矿化体，金品位1.09×10⁻⁶，为寻找金矿提供了依据。③ 在希3、希9、希勒库都克地区共施工3个钻孔，都见到较强的黄铁矿化、绿泥石化。

五、新疆富蕴县克乃特铜多金属矿调查评价

① 已圈定2条矿化带，地表出露长为1000～3000 m，宽为10～100 m。矿化带中圈出多条铜（金）矿化体及锌矿化体。铜矿化体最长一条槽探控制300余米，其他都控制在50余米以内，宽几十厘米至3.8 m不等，铜品位为0.10%～0.45%，锌品位为0.07%～0.21%；② 阿克塔斯ZK3301钻孔见有厚约1 m金矿体，Au品位为3.58×10⁻⁶；ZK401圈定5处铜铅锌矿化体，Cu品位为0.1%，铅为0.10%～0.20%，Zn品位为0.07%～0.21%；ZK301钻孔见有多处铜铅矿化；③ 在克乃特工作区化探次生晕共圈出3条呈带状Cu－Pb－Zn－Cd等多元素综合异常，浓集中心明显，以铅锌为主，具有层控性。

六、新疆哈密市红海一带铜锌多金属矿调查评价

① 新发现红山东、西二区2个铜矿化带，6处地表铜矿化点。红山东铜矿化带呈北西向走向长1200 m，宽100～200 m的孔雀石化带；西二区矿化带呈北东向展布，长300 m，宽40～60 m；② 西二区铁铜矿点东段发现石榴石矽卡岩，2线钻孔ZK0202进尺42.8～53.7 m处发现铜矿化矽卡岩，分析铜品位为0.1%～0.5%；③ 1:1万高精度重力剩余异常与层状矿体分布、侵入的基性脉岩或基性小岩体有关；④ ZK2801，在15.45～22.7 m处见孔雀石及黄铜矿化，在97.6～98.8 m、140.28～143.67 m、192.91～193.93 m等位置见铜矿化；⑤ 研究认为卡拉塔格一带存在岛弧环境下的火山－沉积体系，初步建立了卡拉塔格古生代成矿系列。

七、新疆托里县沙克玛金矿调查评价

① 在沙克马铜金矿调查区圈出金矿化蚀变带2条，北带长1000 m，宽为50～220 m，金异常为40×10⁻⁹～120×10⁻⁹；南带长340 m，宽210 m，金异常值为70×10⁻⁹～320×10⁻⁹；发现石英脉型金矿体，长650 m，宽3～6 m，金品位为0.3×10⁻⁶～1.4×10⁻⁶；圈出斑岩型铜金矿化1处，ZK100－1钻孔在151～156.47 m、220.30～234 m，星点状—浸染状黄铁矿、黄铜矿化，目估铜0.3%。；高精度磁测圈出5处磁异常，激电测量圈出9个低阻异常区、6个高极化率异常区。② 在柳树沟铜金矿区圈出金矿化蚀变带1条，出露长1400 m、宽为40～90 m，与Ni－1（Cu，Ni，

Au）号异常、LJH1 中梯激电异常相吻合，经钻孔 ZK1901 验证：金 $70 \times 10^{-9} \sim 590 \times 10^{-9}$，表明深部金矿化程度增强。

八、河北承德庞家沟－下金宝沟金银多金属矿调查评价

① 在下金宝工作区发现 4 个物探激电和化探金异常带，根据本区地球物理异常特征、地质成矿条件及构造控矿规律分析，提出 3 处找矿有利地段；② 在庞家沟工作区开展了 1∶1 万土壤测量、1∶1 万高精度磁测及 1∶1 万激电剖面等地球物理综合方法勘查，发现 3 个物探激电和化探银异常带。

九、广东省龙川县金石嶂地区银铅锌矿远景调查

① 梳理了工作区的地层岩性特征，认为金石嶂火山盆地作为"麻布岗火山"的次级火山通道，为今后寻找隐爆角砾岩型铜铅锌多金属矿打下理论基础；② 通过物化探工作，重点远景区段的异常结果进一步验证了以往小比例尺化探的成果，也为下一步工程验证提供依据；③ 重视综合研究工作，并在矿床控矿因素、成矿时代及期次、矿床成因等方面取得了一定新的认识，力争在找矿实践中寻求突破。

十、祁漫塔格地区成矿条件研究与找矿靶区优选（续作）

① 收集整理了工作区有关的地质、矿产、物化探、遥感等资料；② 完成了项目的设计审查，并进行了修改与提交；③ 完成了工作区 1∶5 万遥感地质解译及蚀变信息提取 1500 km^2；④ 完成了重点矿区 1∶1 万遥感地质解译 100 km^2；⑤ 完成了工作区野外地质调查，1∶1 万地化剖面测量 10 km，采集样品 400 件；⑥ 正在编制工作区的区域地质矿产图、成矿规律图，编写项目成果报告。

十一、主要有色金属矿产供需跟踪分析（续作）

① 提交 2010 年度主要有色金属矿产供需跟踪分析成果报告（数据更新版）；② 编写并提交项目简报 6 份；③ 编写并提交 2010 年度主要成果报告。

十二、甘肃中东部重点成矿带与西藏昌都等矿集区矿山开发多目标遥感调查与监测（续作）

① 完成了甘肃省 30 000 km^2 的矿山开发多目标遥感监测，对甘肃省 100 余座矿山进行了的遥感多目标的监测工作；② 调查与监测了 18 处矿产资源规划区，规划区执行符合率为 78%；③ 调查了 6 处矿山环境恢复治理规划区，3 处完成或部分完成了矿山环境恢复与治理工程，矿山生态环境恢复治理比较滞后；④ 完成了对 176 家矿山的开发状况调查工作，查明开采点和采场共为 732 处，其中界外开采 32 处，比例为 4.4%；⑤ 共调查了 2086 处矿山开发占地图斑，占地面积共计 6056.33 ha；预测工作区存在重大地质灾害安全隐患 18 处。

十三、中热红外多/高光谱矿物填图及遥感异常信息提取技术应用研究（续作）

① 完成了项目的设计审查，并进行了修改与提交；② 完成了工作区 1∶25 万遥感地质解译及蚀变信息提取 15 000 km^2；③ 完成了工作区 1∶5 万遥感地质解译及蚀变信息提取 800 km^2；④ 完成了工作区野外地质调查，岩矿、植被、土壤的野外光谱测试；⑤ 正在编制工作区的遥感地质解译综合图、蚀变信息异常图，编写项目成果报告。

十四、物化探及遥感技术标准研制与修订

① 全面收集遥感技术的规程、规范、规定、相关的标准及地质勘查和国土资源调查中有关遥感项目工作资料；② 完成了项目的设计审查，并进行了修改与提交；③ 完成了不同自然景观区多光谱遥感数据处理实验 1200 km^2；④ 完成了《多光谱遥感数据处理技术规程》送审稿及编制说明。

十五、班公湖－怒江成矿带矿产资源遥感综合调查（续作）

① 完成了本年度项目设计编写与审查；② 收集分析了与工作区有关的前人调查研究成果，提出本项目需要解决的地质矿产问题，明确了遥感地质调查工作内容与重点；③ 完成了工作区 1∶5 万遥感图像处理与遥感地质解译，面积 5200 km^2；④ 完成了工作区 1∶1 万遥感图像处理与遥感岩性解译，面积 2600 km^2；⑤ 完成了工作区野外地质调查，采集样品 326 件、岩矿光谱测试 166 件、剥土工程 525 m^3。

（付水兴）

中国核工业地质局工作

中国核工业地质局

概　　况

中国核工业地质局始建于 1955 年，是承担国家放射性矿产资源战略性勘查任务、满足国家对铀资源需求的"国家队"。具体承担国家放射性矿产地质勘查的规划、立项、组织实施等工作，并承担全国放射性矿产资源储量评审工作，统一管理全国放射性矿产地质档案资料，拥有功能完整的工作体系、组织管理体系、技术体系和信息资料服务体系，精良的找矿装备、优秀的人才队伍，积累了丰富的找矿经验。其前身为地质部第三局、二机部三局、核工业部三局、中国核工业总公司地质总局，现为隶属于中国核工业集团公司的全额拨款事业单位。

局机关设办公室、政研体改办、财务处、人力资源处、党群工作处、地质（计划）处、综合规划处、科技（外事）处、安全生产管理处、档案馆等10个部门。下辖核工业北京地质研究院、核工业航测遥感中心、核工业二〇八大队、核工业二一六大队、核工业二四三大队、核工业二〇三研究所、核工业二三〇研究所、核工业二四〇研究所、核工业二七〇研究所、核工业二八〇研究所、核工业二九〇研究所、核工业和平里招待所共11个单位，共有在职职工3556人，离退休职工2638人。

2010年度，共有4项成果获国防科技进步奖（二等奖2项，三等奖2项）；3项成果分获中核集团公司科技进步奖（一、二、三等奖各1项）。“中国铀矿床研究评价”和“雪米斯坦火山岩带白杨河地区铀-多金属矿勘查”项目分别入选中国地质学会“十大地质科技进展”、“十大地质找矿成果”。

地调与科研

一、铀矿地质勘查总体部署

（一）总体部署。

按照“立足普查、远近兼顾，突出重点、优化布局，系统勘查、综合评价”的部署原则，做好2010年铀矿地质勘查，稳步推进铀矿地质勘查工作可持续发展。立足铀矿普查，新增铀矿资源储量，加强区域性研究和预测，加快成矿远景区铀资源潜力调查评价；突出重点铀成矿区带，实施铀矿大基地战略，按铀成矿单元部署，按预测工作区布局，按成矿预测区整体勘查和评价，重点突破新的大中型和特大型矿床，加强勘查“集群型”矿床；北方系统勘查沉积盆地砂岩型铀矿，加强重点成矿区带火山岩型铀矿的资源潜力评价和勘查；南方重点扩大落实老矿田的资源量，加强深部找矿，加强重点成矿区带各远景区花岗岩型、火山岩型铀矿的资源潜力评价和勘查，努力实现铀矿勘查取得新的重大进展。

（二）勘查工作布局。

继续以北方中新生代沉积盆地砂岩型（含泥岩型）铀矿为重点，加大了南北方地区火山岩型和花岗岩型铀矿勘查投入，确保重点找矿类型和重点地区，兼顾了新类型和新区突破，使铀矿地质勘查工作布局更趋合理。

1. 北方地区。继续扩大和落实伊犁、鄂尔多斯、二连、吐哈和松辽盆地的资源储量，加快探索巴音戈壁、巴丹吉林、塔里木、柴达木、准噶尔、酒泉等盆地的成矿远景；开展雪米斯坦、沽源—红山子、北天山、满洲里—额尔古纳、大兴安岭南段、兴城—青龙等火山岩带铀矿勘查和资源评价。

2. 南方地区。广西苗儿山矿田向阳坪-大坪里地区和张天堂地区均发现了厚度较大的工业铀矿体，铀资源量进一步扩大；浙西大桥坞地区发现了受断裂构造和火山机构共同控制的厚大富矿体，找矿潜力大；江西相山矿田居隆庵北部、荷上和河元背地区发现了品位较高的工业铀矿化，新确定3条控矿构造带，资源储量有较大增加，分别接近大型和中型矿床规模；粤北诸广南部长排地区和下庄白水寨、湖子地区发现了受断裂构造控制的工业铀矿体和受构造交点控制的富矿体，新增资源量可观；此外，江西马岭再里地区、桃山小源地区及陕西丹凤小花岔地区也发现了较多的工业铀矿化，显示了良好的成矿远景。

二、铀矿勘查主要进展

2010年完成钻探工作量58.3万m，其中中核集团铀矿勘查基金项目7万m。重点成矿区带主要矿田铀矿勘查成果显著，资源潜力调查评价进展明显，超额完成了下达的资源量目标任务。

（一）北方地区。

伊犁盆地蒙其古尔铀矿床的矿带规模继续扩大，在洪海沟落实了1个中型铀矿床，乌库尔其铀矿床以东落实了1个可供普查的矿产地，新层位探索取得了突破；鄂尔多斯盆地在呼斯梁地区纳岭沟、罕台庙、柴登壕等地控制了工业铀矿体，资源储量有较大增加，已发展成为中国规模最大的砂岩型铀矿集中区；吐哈盆地十红滩铀矿床北带东段完成了39~55线的详查，发现了新的找矿层位；二连盆地乌兰察布坳陷落实了1个可供预查的矿产地，外围探索也取得了突破；松辽盆地白兴吐地区初步估算资源量达到中型矿床规模；巴音戈壁盆地塔木素地区有望成为新的万吨级后备铀矿勘查基地；雪米斯坦地区白杨河地区有望落实为1个特大型铀-金属矿产地；柴达木北缘查查香卡落实了小型铀矿产地。

（二）南方地区。

广西苗儿山矿田向阳坪-大坪里地段铀资源量进一步扩大，已接近大型规模；江西相山矿田荷上地区和河元背地区各发现铀矿带1条，资源储量有较大增加，分别已接近大型和中型矿床规模；粤北诸广南部长排地区和白水寨地区新增资源量可观；江西再里地区发现较好的铀矿化，显示出很好的找矿潜力。

三、国土资源大调查项目主要进展

2010年，国土资源大调查共设置项目17个（区域找矿12项，航空遥感2项，国情咨询类1项，勘查标准制定1项，科技创新1项），投入经费0.787亿元，完成钻探工作量1.22万m，在铀矿区域评价和远景预测方面发挥了重要作用，发现了一批新的矿产地和异常点带，为后续铀矿勘查奠定了基础。主要进展如下：

1.“内蒙古鄂尔多斯市呼斯梁－补连滩地区铀矿调查评价”项目在纳岭沟、柴登壕、罕台庙、苏家坡4个地段共发现工业矿化，新增铀资源量可观。

2.“内蒙古二连盆地中东部地区地浸砂岩型铀资源调查评价”在2007～2010年发现工业铀矿孔15个，在赛汉高毕、巴润、巴彦乌拉、白音塔拉和那仁宝力格等地段控制铀资源量（334_1）8000多吨。其中，2010年在那仁宝力格地段新发现工业铀矿孔2个，新增铀资源量（334_1）450吨。

3.“新疆雪米斯坦火山岩带铀资源调查评价”大致查明了工作区铀成矿地质条件，在十月工区发现铀工业铀矿化，扩大了成矿远景，预测出白杨河等铀－多金属矿远景区5片。

4.“内蒙古通辽地区地浸砂岩型铀资源调查评价”项目，通过1∶25万铀矿水化学调查及可控源音频大地电磁测深测量、伽马能谱和测磁法剖面测量，结合地质资料的分析和综合研究，查明了成矿环境，在陆家堡和哲中凹陷预测出5片铀成矿远景区。

5.“武夷山成矿带中段铀资源调查评价”在河草坑地区沿坰子背—上寮一带大富足岩体西侧红盆覆盖区新发现2处矿化（异常）点带和4个铀成矿的有利区段。

6.“内蒙古巴丹吉林盆地地浸砂岩型铀资源调查评价”在沙枣泉盆地东部发现较好的硬砂岩型矿化，初步控制了一条长约3.6 km、宽1～2 km的矿化带。

7.“青海省柴达木盆地地浸砂岩型铀资源调查评价”项目在盆地外围查查香卡地区落实了品位较富（0.05%～0.25%）的小型铀矿产地，有铌、稀土等矿化伴生。

8.“广西北部摩天岭地区铀资源调查评价”项目初步查明了铀成矿环境和控矿因素，预测了舒家湾、俾门、梓山坪3片Ⅰ级远景区，高堤、莫家、黄腊3片Ⅱ级远景区，坪浪—土地坳、乌散2片Ⅲ级远景区。

9.“西藏冈底斯构造带铀资源调查评价”项目系统调查了铀成矿地质环境，分析了成矿条件，新发现铀矿点1处，铀矿化点4处，放射性异常点（带）35个，圈定出铀成矿远景区7片。

10.“大兴安岭成矿带满洲里－额尔古纳地区铀资源调查评价”项目系统调查了成矿地质环境，新发现铀矿化信息，并在上护林盆地圈定伽马高场21处，在向阳屯盆地圈定伽马高场14处。

11.“新疆北部古生代火山岩型铀矿找矿方向和远景评价”深入探讨基性脉岩形成的构造环境及其与铀成矿关系，并通过对研究区进行系统的野外地质调查，初步优选了2片铀多金属成矿远景区。

12.“黑龙江小兴安岭成矿带航空物探调查”项目2010年完成了2万测线千米，遥感解译覆盖面积1万km^2；班公湖－怒江成矿带遥感综合调查项目利用遥感手段完成了2万km^2矿产资源遥感地质调查。

13.“全国铀资源潜力评价”项目取得了一系列重要成果，建立了中国铀矿类型划分方案，完成了典型矿床建模，划分了49个铀成矿区带，预测了一批万吨级预测区，全面估算了全国铀资源总量，明确提出老矿床的深部、外围和空白区是资源量扩大的方向。此外，在成矿规律等方面的研究也取得了不错的成果。

14.“机载高光谱测量科技创新”项目，通过研究北山柳园地区与铜、金等多金属成矿有关的热液蚀变，建立矿物填图的CASI/SASI机载高光谱数据的处理流程及关键技术，在柳园地区的应用成果显著，应用前景良好。

四、铀矿地质科研工作

按照《铀矿地质科研“十一五”计划实施意见》和《铀矿地质科技创新指导意见》，充分发挥科研院所的科研主力军的作用，积极与东华理工大学、南京大学、成都理工大学、中国地质大学（武汉）和吉林大学等5所高校开展联合攻关，组织实施中国铀矿床研究评价、中国中新生代铀成矿作用、华南印支期花岗岩与铀成矿关系研究等一批重大科研课题，各项科研工作进展顺利，取得了一批重要成果和认识，对指导铀矿找矿具有重要作用。

（郭庆银　周群淞）

中国煤炭地质总局工作

中国煤炭地质总局

概　　况

中国煤炭地质总局成立于1953年，先后隶属于燃料工业部、煤炭工业部，现为国务院国资委管理的中央企业。经过半个多世纪的艰苦奋斗，中国煤炭地质总局已发展成为集煤炭、化工等矿产资源研究与评价、勘查与开发，钻探、物探、水文地质、工程地质、环境地质、灾害地质、化验与测试、航空测绘、空间遥感，拥有特色鲜明的中国煤炭地质理论体系和国际领先的煤炭综合勘探技术体系的综合地质勘查技术队伍。

50多年来，中国煤炭地质总局带领全行业为我国煤炭工业发展和国民经济建设作出了重大贡献。累计提交各类地质报告10 000多件。探明煤炭资源量13 000多亿吨，占全国已发现煤炭资源总量的90%以上；组织完成了3次全国煤田预测，预测煤炭资源总量5.6万亿吨；开展了全国煤层气资源评价，预测我国煤层气资源量35亿 m^3；先后发现了准格尔、兖州、神府等大型和特大型煤田100余处；为准格尔、潞安、晋城等20多个大型矿区提供了水源基地。探明了大量可供设计建设的磷、硼、重晶石等化工矿产资源储量；建成了青海钾盐、云南昆阳、贵州开阳等近100家大中型化工矿山，为化工、化肥、农药等行业提供了丰富的矿产资源。与中国地质调查局合作，在青海省成功钻获天然气水合物，使我国成为第一个在中低纬度冻土区发现天然气水合物的国家。100多项科研成果获国家和省部级奖励，其中“中国煤炭地质综合勘查关键技术与工程应用”项目荣获2010年国家科技进步二等奖。先后有15人获李四光地质科学奖，11人获孙越琦优秀青年地质科学奖，3人获青年地质科技奖，多人获国家级有突出贡献的中青年科学技术专家称号和享受国务院特殊津贴。

改革开放以来，中国煤炭地质总局先后在美国、欧盟、俄罗斯、澳大利亚、巴西、日本、荷兰、印度尼西亚、蒙古，以及非洲、中东等国家和地区，承担了大批国际工程项目，在澳大利亚、刚果（金）、印尼等地成立了海外矿业公司，以精湛的技术和优良的服务赢得了良好的国际赞誉。

地调与科研

2010年，中国煤炭地质总局共承担国家地质调查项目13项（不含中化地质矿山总局承担的项目），其中，煤炭资源调查项目6项，区调与矿调类项目2项，煤炭资源科学研究项目2项，水文地质调查项目1项，环境监测调查项目2项。自主立项开展科研项目40项。

一、煤炭资源调查

2010年，中国煤炭地质总局承担煤炭资源调查项目主要分布在中国新疆和中东部缺煤省区。

（一）新疆阿勒泰地区煤炭资源远景调查。

工作区为青格里含煤远景调查区，通过1:10万遥感地质调查、1:5万煤田地质填图，以及槽探、地震、采样测试等工作，圈定了富煤地段，经对富煤地段开展钻探验证，两钻孔见煤厚度为4.95 m和3.50 m；在此基础上，汇总了阿勒泰地区1:20万煤炭资源潜力评价成果，综合评价了该区煤炭资源潜力。

（二）湖北省恩施州煤炭资源远景调查。

评价了恩施州全区煤炭资源潜力；完成了利川市文斗场、建始县茅田—后坝、松木坪—巴东县连天坪、巴东四渡河4个调查区的煤炭资源远景调查工作，通过钻探验证，两钻孔见煤厚度为0.72 m和0.45 m。同时，对中南地区特殊及稀缺煤炭资源进行了系统评价。

（三）江苏省大丰市刘庄煤炭资源调查评价。

对大丰市刘庄煤炭资源进行了综合研究，并开展了钻探验证，为该地区进一步开展煤炭勘查工作提供了基础资料。

（四）河南省通许区邓庄煤炭资源调查评价。

通过地震勘探，对通许区邓庄煤炭地质情况进行了综合研究，确定了2011年钻探验证的工程井位。

（五）云南省彝良县彝良－两河地区煤炭资源调查评价。

通过1:10万遥感地质调查、1:2.5万煤田地质填图和槽探等地面地质工作，确定了富煤区，并对其深部煤层及其构造进行钻探验证，钻孔见煤厚度为0.88 m。

（六）广西十万大山地区煤炭资源调查评价。

开展了1:10万遥感地质调查、1:2.5万煤田地质填图和槽探等地面地质工作，钻探验证工作正在进行中。

二、区调与矿调

2010年，中国煤炭地质总局承担区调与矿调项目2个。

（一）新疆1:5万七乡六十九团等5幅区调。

在新疆七乡、六十九团、加格斯台、托普亚尕奇、恰吉山隘幅地区开展了1:5万区域地质调查工作，基本查明了调查区地质构造特征，岩石物质组成，初步建立了调查区地层系统、构造格架和遥感解译标志。

（二）西昆仑成矿带矿产资源遥感综合调查。

在西昆仑成矿带开展了矿产资源遥感综合调查，通过对区域地质资料和矿点资料及遥感资料的综合分析，建立了老并铁矿和欠孜拉夫铜铅锌矿遥感找矿模型，并对重点区开展了遥感野外工作，进一步了解工作区矿产的矿体特征、矿体规模及赋存特征。

三、水文地质调查

2010年，完成了“我国大型煤炭基地区域含水层保护战略研究”。该项目自2009年开始，2010年开展了内蒙古东北、云贵川及新疆地区的含水层调查和研究，继续开展了中国大型煤炭基地区域含水层保护战略研究；编制完成内蒙古东北煤炭规划矿区、云贵川煤炭规划矿区及新疆（包括青海海西、海北自治州）煤炭规划矿区3个工作区的含水层富水性分区图、煤炭基地水文地质调查部署图等图件。

四、环境监测

2010年，开展了“青藏高原生态地质环境遥感调查与监测”、“陕西渭北煤田及贺兰山北段矿集区矿山开发遥感调查与监测”两个环境监测项目。

（一）青藏高原生态地质环境遥感调查与监测（中国煤炭地质总局）。

利用遥感技术，开展了新疆地区（昆仑山、阿尔金山以北）三期卫星数据1:25万河流湖泊、湿地、城市扩展3个专题因子遥感调查与监测，编制完成相应比例尺专题因子系列成果图件；开展了野外地质调查和综合研究，编制完成新疆地区（昆仑山、阿尔金山以北）1:100万区域地质环境专题因子综合研究成果图件。

（二）陕西渭北煤田及贺兰山北段矿集区矿山开发遥感调查与监测。

在陕西榆横、旬阳、铜川、子长、洛南等重点矿集区开展了矿产资源开发利用、矿山环境、矿产资源规划执行情况遥感调查与监测工作。

五、地质科学研究

（一）国家项目。

2010年，中国煤炭地质总局承担组织开展延续和新开科学研究项目两项。

1. 全国煤炭资源潜力评价。该项目为延续项目。2010年完成了《全国煤炭资源潜力评价技术要求》的出版工作；组织完成了省级煤炭资源远景区圈定和优选成果报告（阶段性成果）和省级煤炭资源潜力评价报告（最终）成果的验收；正在进行全国煤炭资源潜力评价汇总工作。

2. 特殊及稀缺煤炭资源调查。该项目为2010年新开工作项目。2010年完成了全国主要赋煤省区特殊与稀缺煤种煤炭资源综合调查；预测了特殊和稀缺煤炭资源分布；开展了特殊和稀缺煤种分类方案研究。

（二）中国煤炭地质总局项目。

2010年，中国煤炭地质总局设立和组织开展Ⅰ类科研项目5项、Ⅱ类科研项目35项。

组织完成的“中国煤炭地质勘查关键技术与工程运用”项目获得2010年度国家科学技术进步奖二等奖。该项目在关键技术方面划分了五大类煤炭勘查区类型，建立了煤炭勘查模式，形成了与中国煤田地质特点和中国煤炭工业发展阶段相适应的煤炭地质综合勘查理论及技术体系，并在如下领域取得了重大进展：运用高分辨率航测遥感技术进行1:5万至1:5000煤田地质填图；复杂地区三维地震勘探能够查明深度1000 m以浅的落差大于5 m的断层，使地质成果准确率由原来的30%～50%提高到80%以上；钻探效率平均提高1.5倍以上，能够实现100%煤心采取，能在海拔4000 m以上永冻地区施工2000 m深的资源勘查钻孔。

组织完成的“青海木里地区多能源资源潜力评价”项目获中国煤炭工业科学技术奖一等奖。该项目初步研究了青海木里煤田冻土区水合物的成因和赋存状态，系统研究了木里地区煤炭资源、煤层气等多能源的赋存规律和相互成因关系，首次提出煤矿床、煤层气藏、“煤型气源”天然气水合物三位一体的广义煤炭资源的概念。同时，采用煤炭总量理论产气量法、天然气水合物体积法、天然气水合物稳定带体积法等3种方法，初步估算了木里煤田“煤型气源”天然气水合物的潜在资源量，并针对木里煤田特有的高山草原、湿地地貌等自然地理环境，提出了煤炭、煤层气、天然气水合物科学规划、统一开发的建议。

组织完成的“中国南方贫煤省区煤炭资源赋存条件与潜力评价”项目获得国土资源部科学技术奖二等奖。该项目全面收集整理中国南方浙江、福建、江西、广东、广西、湖南、湖北等贫煤省区已有的各种地质资料和研究成果，系统分析总结研究区煤炭地质勘查和煤炭资源开发利用情况，研究总结煤炭资源赋存规律，提出了适合南方贫煤省区特点的煤炭资源综合优度评价标准及其分级评价方法，对研究区煤炭资源进行了综合评价，提出了下一步煤炭资源勘查靶区和合理开发利用的方向。

组织开展了“中国华北石炭二叠纪煤系地层伴生矿产研究”。该项目以华北石炭－二叠纪含煤地层为研究对象，综合运用地质学、矿物学、岩石学和地球化学的方法，对华北石炭－二叠纪煤系地层中伴生矿产的分布规律、赋存状态和富集成因进行了系统分析研究。

（刘银海　宁树正）

中国人民武装警察部队黄金部队工作

中国人民武装警察部队黄金部队

概　况

中国人民武装警察部队黄金部队（以下简称“黄金部队”）作为主要担负国家黄金地质勘查任务的一支专业化技术部队，是中国黄金地质找矿的“野战军”和经济建设战场的“生力军”。组建32年来，官兵们翻山越岭，足迹踏遍祖国27个省（区），依靠科技攻坚克难，团结拼搏履行使命，累计向国家提交黄金资源储量超过2000吨，为国家生产黄金24万多两，潜在经济价值超过4000亿元人民币，为保障国家经济安全、促进经济建设和社会发展作出了重要贡献。

“十一五”期间，黄金部队坚持以科学发展观为指导，按照“建设精兵、打造利器、科学管理、保证质量、提高效益”的总体要求，遵循以金为主、多金属找矿的发展战略，立足于“多找矿、找大矿”的目标，探明金资源量596吨、银资源量292吨、铜资源量6.7万吨、钼资源量13.1万吨，铅锌资源量17.5万吨。目前，部队已形成以3个超大型金矿、3个特大型金矿、7个大型金矿为龙头的9个重点勘查区、9个接续勘查区和38个战略预查区，中心工作呈现可持续发展的良好势头。

地调与科研

2010年，黄金部队共承担矿产资源调查评价项目5项，分别为“新疆东准清水－松喀尔苏地区铜金资源评价”、“甘肃岷县寨上－马坞金矿调查评价”、“内蒙古东乌珠穆沁旗1017高地—阿吉勒—乌兰一带铜铅锌多金属矿调查评价”、“黑龙江逊克高松山矿区及外围金矿调查评价”和“青海省同德县加吾矿区及外围金矿普查（青藏高原专项项目）”。

批复的主要工作量为：钻探6500 m；坑探200 m；槽探29 000 m^3。完成的主要工作量为：钻探6538.5 m，完成计划101%；坑探200 m，完成100%，槽探29 696 m^3，完成计划102%；1∶1万地质图修测10 km^2，完成计划100%；1∶1万实测地质地球化学剖面62.3 km，完成计划103.8%；EH4连续电导率测量150点，完成计划100%；高密度电法剖面测量1000点，完成计划100%；遥感地质图像处理解译8400 km^2，完成计划100%。

一、内蒙古东乌珠穆沁旗1017高地—阿吉勒—乌兰一带铜铅锌矿产资源调查评价

（一）阿吉勒查证区有新进展。

阿吉勒查证区通过施工槽探控制银铅锌矿化体一条，控制长度500 m左右，平均厚度13 m，平均银10.56×10^{-6}，铅0.58%，锌0.75%；通过高密度电法和激电测深测量得到的低电阻率异常与高充电率异常相互吻合较好，分析为成矿有利部位。利用钻探工程进行验证，深部见矿效果较好：Zk0013孔6处见矿，平均银4.70×10^{-6}，铅0.17%，锌1.31%；ZK6903孔共有9处矿化较好，总厚度为34.04 m，平均品位银115.66×10^{-6}，铅0.26%，锌0.61%。

（二）乌兰查证区有新突破。

在乌兰查证区，发现矿化蚀变带1条，圈出1号铜矿体，由含孔雀石、铜蓝的石榴石矽卡岩组成，长约320 m，厚3～10 m，估算（334）铜资源量8284吨；高密度电法剖面显示1号矿体深部有较好的高充电异常，在矿体位置也是相对充电率高的位置，并且向深部有充电率加强的均势；地表蚀变特征为矽卡岩化、大理岩化、绿泥石化、硅化、高岭土化。矿化从中心向边部具有Cu－Mo→Pb－Zn－Ag的特征，显示了斑岩型Cu矿床的矿化及蚀变特征。

在乌兰东部HT－18号异常检查中，发现较好的铁锰矿化及铅锌矿化，拣块样铅锌2%，新探获一条长约400 m、宽约200 m的银铅锌多金属矿化蚀变带，初步控制矿体长290 m，平均厚度70多米，分析结果银品位最高为1223×10^{-6}，铅品位最高为26.86%，锌品位最高为8.87%；

（三）区域异常查证有新发现。

对位于白音呼布尔－吉林宝力格构造南侧的博根敖包—格下拖布顿一带进行异常检查，发现矿化带1条，最宽120 m左右，可见长度600 m左右（3条地化剖面都可见），蚀变以低温的蚀变为主，硅化、绿泥石、高岭土化发育。矿化主要为铁锰矿化、褐铁矿化。铅最高1.61%，锌最高0.48%. 连续7个样品铅平均0.38%，锌最高0.16%。显示了较好的找矿前景。

二、新疆东准清水－松喀尔苏地区矿产资源评价

（一）成矿区带评价有新收获。

通过对工作区内资料的收集，研究区域成矿规

律，划分了3个成矿亚带：

1. 黄羊山锡、金、铜（Sn，Au，Cu）成矿带。通过资料分析及化探异常查证工作，在黄羊山北发现巴勒巴乃安斑岩型铜矿化点。

2. 卡拉麦里金、铜（Au，Cu）成矿带。在苏吉泉东矿田和金水泉金矿，通过钻探、槽探等工作，新增金资源量5035 kg。

3. 巴塔玛依内山铜、金（Cu，Au）成矿带。通过施工的两个钻孔，均见到明显的矿化体。在该成矿带上，主攻矿种为与火山岩或次火山岩有关的斑岩型铜矿，兼顾陆相火山岩型金矿。

（二）重点矿区找矿有新成果。

松喀尔苏铜矿区钻孔ZK003控制铜多金属矿脉7条，其中1条为金银铜多金属矿化体。铜品位在0.2% ~2.45%之间，铜矿体累计见矿厚度为21.37 m；金品位为0.12×10^{-6}，厚度为2.18 m；银品位98.6×10^{-6}，厚度为2.18 m。ZK1203孔控制铜矿脉1条，铜品位为0.24%，见矿厚度为1.53 m；金矿脉1条，品位3.39×10^{-6}，见矿厚度为0.85 m；金－铜矿脉1条，金、铜品位分别为1.05×10^{-6}，0.37%，厚度为0.86 m；在2号岩体的北侧新发现了Ⅳ号蚀变带，有4个槽控制了1条银矿化体，宽约10～20 m，长约500 m，银最高104×10^{-6}，平均品位51.8×10^{-6}。

在金水泉金矿区所施工的4个钻孔见矿均良好，ZK702孔金平均品位3.198×10^{-6}，平均厚度3.39 m；ZK2302孔金平均品位0.738×10^{-6}；ZK5502孔金平均品位1.588×10^{-6}，平均厚度4.37 m；ZK3904孔金平均品位0.448×10^{-6}，平均厚度1.24 m。新增（333+334）金资源量4918 kg。另外，在苏吉泉东矿区利用槽探工程新增（334）金资源量2901 kg。

（三）矿区外围找矿有新进展。

在松喀尔苏铜矿外围，通过对区内的区域1∶20万化探异常和1∶5万岩屑测量异常进行检查，发现具矿化显示的蚀变带（脉）5条，其中Au矿化蚀变带（脉）4条，Cu矿化蚀变带1条。

三、甘肃岷县寨上－马坞金矿调查评价

1. 划分了成矿亚带。以茶埠－沟脑里－凤凰山帚状断裂构造为界，初步分为寨上－桦林沟Au，W，Pb，Zn，Sb多金属成矿亚带和半沟－间井Pb，Zn，Mn，Fe多金分成矿亚带。工作区地质构造演化受礼县－武都弧控制，早期挤压形成左行矿脉，晚期伸展形成右行矿体。

2. 研究了成矿作用。通过对寨上及附近矿区（鹿儿坝金矿、李坝金矿）矿床稳定同位素、微量元素和稀土元素地球化学等特征研究表明，成矿热液流体具有大气降水和深源流体混合的特征，认为成矿物质主要来源于深部。

3. 圈定了成矿远景区。据板壳构造理论及其对成矿作用控制观点，结合控矿因素，矿床特征及物探、化探异常，在工作区初步圈定7个成矿远景区，其中寨上为1级区，次一级成矿远景区为旗杆沟南、桦林沟、马坞南、青土、扎固。

四、黑龙江逊克高松山矿区及外围金矿调查评价

1. 通过土壤地球化学测量圈定Au元素异常31处、Ag元素异常14处、Cu元素异常12处、As元素异常15处、Sb元素异常12处、Bi元素异常26处、Hg元素异常15处、综合异常13处，新发现找矿靶区6处。美丰林场查证区共圈定异常30处。

2. 通过1∶1万高精度磁法测量圈定高磁异常4处：ΔZ－1，ΔZ－2，ΔZ－3，ΔZ－4。

3. 在高松山查证区，通过槽探工程对富强三支沟北侧及富强矿区南侧的1∶1万土壤地球化学测量异常查证，在富强三支沟北侧新发现3－Ⅲ和3－Ⅳ号两条矿（化）体，3－Ⅲ号矿体目前矿体控制长度为700 m，总体走向70°，倾角为80°，矿体连续稳定，最高品位为4.60×10^{-6}，估算预测资源量1821 kg。3－Ⅳ号矿化体由两个槽探工程控制，控制长度200 m，矿化体走向93°，最高品位为4.36×10^{-6}。在富强矿区南侧揭露到1－Ⅴ金矿化体，赋存于破碎蚀变带中，由一个探槽（TC1－220）控制，矿化体宽1.00 m，品位为1.12×10^{-6}。经估算，高松山查证区3－Ⅲ号矿体探获（334）资源量1439 kg。

五、青海省同德县加吾矿区及外围金矿普查

1. 基本查明了矿区地质特征。通过加吾矿区开展1∶1万地质简测，基本查明了矿区地层、构造、岩体（脉）和矿脉的分布特征及矿区内赋矿围岩、构造条件。

2. 矿产勘查工作取得显著成果。通过对502，503，504，509，401号等主要矿脉地表槽探和深部坑探、钻探工程施工，对5条矿脉沿倾向延伸进行初步控制，在502，503和504号脉共圈定了3个金矿体；在509号脉圈定了1个铅锌银多金属矿体。估算（333+334）金资源量7504 kg，（333+334）铅锌资源量10 492吨，（333+334）银资源量27 797 kg。

3. 对区内金矿成矿规律进行初步总结。金矿床的产出主要受区域性断裂构造控制，矿脉主要产出于中三叠统T_2d岩层的碳质板岩当中；在遥感影像上，加吾金矿床产出于区域性弧形断裂边部的环形影像区内，同时受顺层的构造破碎带控制。

4. 对区域找矿远景进行了评价。通过对区域开展1∶5万地质调查和遥感解译、遥感蚀变信息提取研究，对加吾成矿带的找矿远景进行评价，并指出矿区内的找矿方向。

（李强之）

中化地质矿山总局工作

中化地质矿山总局

概　况

中化地质矿山总局是从事化工地质矿产和其他固（液）体矿产勘查开发的专业机构，归口管理于中国煤炭地质总局，隶属于国务院国有资产监督管理委员会。自1973年成立以来，在化工地质找矿、工程勘察设计、化工矿产资源开发、矿肥矿化结合和科技进步等方面取得了显著成就，为化工、化肥、农药等行业提供了丰富的化工矿产资源，对保证化学工业的发展，确保中国农业生产的稳定增长和粮食安全作出了贡献。

中化地质矿山总局现拥有16个地质勘查院、1个地质研究院、1个地调总院等机构，分布在16个省、市、自治区，人员近万人，各类技术装备1500多台套。总局及所属单位具有各类地质勘查、地质调查、工程勘察、地质测绘与工程测量、岩矿分析测试、地基及岩土工程施工、桩基检测、地质灾害评估及防治等资质。已累计完成钻探300余万米，坑探2万多米，共提交磷、硫、钾、硼、砷、萤石、芒硝、重晶石、天青石、化工灰岩、金红石、天然碱、明矾石、膨润土等20多种矿产地质勘查报告600余份，探明可供设计建设的主要化工矿产资源储量：磷矿20多亿吨，硫铁矿近8亿吨，硼矿600多万吨，重晶石7000多万吨，萤石500多万吨，芒硝43亿吨，化工灰岩14多亿吨。建成青海钾盐、云南昆阳、贵州开阳、湖北荆襄、贵州瓮福、四川清平、广东云浮等近100家大中型化工矿山。在地质基础理论、成矿理论、成矿规律和选矿、采矿技术研究上有新突破和创新，共荣获国家及省部级科技进步奖、地质找矿奖、地质成果奖等奖励470余项，有4人荣获“李四光野外地质工作者奖”，3人获得“青年地质科技奖——银锤奖”。

地调与科研

2010年中化地质矿山总局承担了4项矿产资源调查评价项目：“青海沱沱河地区1∶5万（I46E006007，I46E006008，I46E007007，I46E007008）4幅区域地质调查”、“我国重要化工矿产成矿远景区带资源评价”、“新疆库车第三纪成盐盆地钾盐资源调查评价”和“山东苍峄－兰陵地区铁矿调查评价”；开展了“全国矿产资源潜力评价”项目的工作项目“全国化工矿产资源潜力评价”。

一、矿产资源调查评价

（一）青海沱沱河地区1∶5万（I46E006007，I46E006008，I46E007007，I46E007008）4幅区域地质调查。

本项目在2010年开展了遥感地质解译和野外踏勘、试填图工作。

1. 初步厘定了测区地层系统，对乌石峰蛇绿混杂岩带进行了调查与初步研究，划分成4个岩性组合：变碎屑岩组合（CPwd），变碳酸岩组合（CPwca），变玄武岩组合（CPwβ），超镁铁岩组合（CPwΣ）等，4个岩性组合具典型的混杂岩碰撞带特征。

2. 通过对元古界宁多群分布区测制地质剖面后，发现其岩性组合属乌石峰蛇绿混杂岩带。

3. 初步划分了本区构造单元。自北向南依次是：巴颜喀拉晚古生代—中生代边缘前陆盆地、西金乌兰－金沙江结合带、羌塘陆块，总体构造形迹以断裂为主，构造线方向为近东西向（NWW—SEE）。

4. 针对工作区内发育不同的蚀变类型，采用ETM＋影像，共圈定了3个矿化蚀变异常带，为工作区的找矿预测提供了遥感依据。

5. 在乌石峰混杂岩带铜、铅锌、铁矿重点找矿区内发现了一长300 m，宽100 m的褐铁矿化带，其主要位于变碎屑岩组合（CPwd）内，矿化岩石为变质细砂岩，拣块样Fe目估品位可达40%。

（二）我国重要化工矿产成矿远景区带资源评价。

1. 对天山成矿带内主要含磷基性—超基性杂岩体进行研究得出：分异程度较好的岩体更有利于磷矿的形成。磷矿体一般赋存在黑云母辉石岩相、黑云母辉长岩相、碳酸岩相、磁铁矿辉石岩相和磁铁矿辉长岩相内。找矿标志为古老地台边缘＋深大断裂附近＋基性—超基性杂岩体＋磁异常。

2. 发现黄土岭、沙土沟、多斯克3处矿产地。①黄土岭含磷磁铁矿区。矿区内发现有有2层矿体，累计厚 24 m。第一层厚 4.0 m，TFe 品位 25.00% ~30.02%，TFe 平均品位 26.71，磁性铁 23.56%；第二层厚 20.0 m，TFe 品位 22.82% ~28.77%，TFe 平均品位 25.15，磁性铁 20.94%。② 沙土沟磁铁矿区。矿区内磁铁矿矿体产在震旦系片岩中，厚度 1.64 m，TFe 品位 20.41% ~34.05%，平均 TFe 品位 28.86%。③ 多斯克铁磷矿区。通过施工钻探，发现铁磷矿体产在辉石岩内，共圈定 4 层铁磷矿体：第一层位厚度 11.73 m，P_2O_5 平均品位 2.63%，TFe 平均品位 12.26%；第二层厚度 25.50 m，P_2O_5 平均品位 2.69%，TFe 平均品位 14.90%；第三层厚度 6.00 m，P_2O_5 平均品位 2.69%，TFe 平均品位 14.64%；第四层厚度 28.50 m，P_2O_5 平均品位 2.78%，TFe 平均品位 14.30%。

（三）新疆库车第三纪成盐盆地钾盐资源调查评价。

1. 通过重力剖面测量工作，了解了库车坳陷区内的拜城凹陷和阳霞凹陷重力布格异常特征，共圈出 8 处重力低值异常，认为这 8 处异常均为岩盐引起。

2. 通过收集全区与盐类矿产有关的石油勘查资料，特别是对库车坳陷区多个见盐岩钻孔录井、测井资料及岩屑的初步分析得出库车坳陷具有较好的成盐成钾条件。

3. 对石油勘查资料进行了分析研究和解释，以及通过开展地表地质工作完善了库车坳陷区古近系含盐地层的划分和对比。

4. 通过综合分析研究石油勘查资料特别是综合钻井柱状图（大宛 1 井）后得出：拜城凹陷古近系的构造环境相对稳定，沉积环境主要是高盐度、少碎屑注入的盐湾。

5. 对见盐钻孔岩屑和岩心多件薄片样品进行了光学薄片、扫描电镜及 X 衍射分析，发现了含钾矿物如钾石盐、钾芒硝、光卤石、钾石膏等。

6. 通过地震剖面的解译，清楚地了解了盆地构造、盐体的空间位置、厚度及形态，对分析盆地的演化、成盐规律、寻找有利成钾区域有着重要的指导意义。

（四）山东苍峄－兰陵地区铁矿调查评价。

“山东苍峄－兰陵地区铁矿调查评价”项目 2010 年主要开展了 1∶1 万地质简测和 1∶1 万高精度磁法测量，圈定了 10 处磁异常带，磁异常峰值最高达 4800 nT；并对 10 处磁异常带进一步开展了 1∶5 千磁法剖面和 1∶1 万重力剖面测量，推断了矿体的倾向、倾角、埋深及向下延伸的趋势情况，圈定具有进一步工作价值的磁异常带 4 处。

在新兴调查区圈定的磁异常带内施工了 1 个钻探验证孔，孔深 930 m，见矿一层，视厚度 5.0 m，见矿深度位于 694.40 ~699.40 m 处，埋深 －595 m，TFe 平均品位 30.60%，mFe 平均品位 20.44%，矿体顶底板围岩均为泰山岩群山草峪组黑云变粒岩。结合地区资料综合分析研究认为，该孔已穿过了白水牛石－太平村向斜的北矿段，推断此向斜轴部底端具有铁矿资源前景，为今后布设钻探工程提供了依据。

二、化工矿产资源潜力评价

2010 年中化地质矿山总局继续开展了“全国矿产资源潜力评价”项目的工作项目“全国化工矿产资源潜力评价”，主要取得了以下几方面的成果：

1. 基本编写完成《中国钾盐矿成矿规律报告》、《中国磷矿成矿规律研究报告》两份报告。《全国化工矿产成矿规律研究和矿产预测技术要求》专著已由地质出版社出版，参与编写了《重要矿产预测类型划分方案》一专著。

2. 在《化工矿产地质》期刊上发表了“鄂西磷矿矿集区地质及资源远景分析”“全国硫矿主要矿集区及其资源潜力探讨”、“全国硼矿主要矿集区及其资源潜力探讨”、“全国萤石矿主要矿集区及其资源潜力探讨”、“全国重晶石矿主要矿集区及其资源潜力探讨”5 篇文章有关化工矿产矿集区研究及资源潜力分析的文章。

3. 与省级项目及时沟通，重点对新疆、青海、甘肃、河北、河南、贵州、云南、四川、重庆、西藏、湖南和湖北的钾盐、磷矿潜力评价工作开展了现场调研，与 12 省级项目组成员进行了技术交流，并对两矿种的潜力评价工作中的存在问题进行了研讨，现场解决了几省工作中存在的技术问题。

4. 组织召开了“全国钾盐、磷矿矿产预测及汇总工作交流与技术研讨会”。听取了 28 个省级项目组对钾盐、磷矿潜力评价工作进展、取得的成果、存在问题及下一步工作安排的汇报，就中国钾盐、磷矿成矿规律研究与成矿区带划分、矿产预测类型划分、典型矿床研究与预测模型等问题进行了研讨。

5. 完成《全国化工矿产资源潜力评价汇总工作方案》的编写。

（袁家忠　王开虎　李银真）

中国建筑材料工业地质勘查中心工作

中国建筑材料工业地质勘查中心

概　　况

中国建筑材料工业地质勘查中心创建于1953年，前身为重工业部建筑材料工业局地质公司、建材部地质公司、国家建材局地质公司，是一个专门从事建材非金属矿产资源勘查和开发的地质部门，现有职工10 882人，各类专业技术人员3516人，下属26个地勘单位，1个地质研究所。近60年来，累计勘查了近万个矿山，先后探明了一大批大型和超大型矿床，据统计全国70%以上的建材原料矿山及主要非金属矿是由中国建筑材料工业地质勘查中心勘查完成的，占据了国内建材非金属矿勘查市场的绝大部分份额，勘查的矿种涉及100余种，为中国非金属矿发展提供了丰富可靠的矿产资源，为中国国民经济建设做出了重大贡献。改革开放以来，为适应新形势的需要，逐步组建了44个工程勘察施工企业，取得建设部颁发的工程勘察施工甲级和综合甲级资质近60个。在发展主业的同时，利用掌握资源或地理位置的优势，积极调整产业结构，兴办了一批矿山开采、加工企业和酒店宾馆等第三产业。经过半个多世纪的发展，已成为一支集建材非金属矿资源勘查开发、工程勘察施工、测绘、应用研究分析等现代化技术于一体的专业齐全、手段多样的综合性地质勘查队伍，基本形成了地质勘查、工程勘察施工和多种经营的产业结构。

“十一五”期间完成主要实物工作量钻探51.8万m，槽探103万m^3，浅井1.08万m，坑探1.5万m。新发现矿产地285个，其中大型50个、中型95个、小型140个，矿种除水泥灰岩、石膏、高岭土、石墨、叶蜡石、脉石英、硅灰石等非金属矿产外，还涉及铁、铬、铜、铅锌、钒、铝土矿、锑、金、磷、盐类、煤等黑色、有色及贵金属、化工及能源矿种，提交各类别资源量412亿吨，其中资源量（331）8.46亿吨，资源量（332）61.76亿吨，资源量（333）176.92亿吨，资源量（334）164.86亿吨。获国土资源科学技术奖1项、全国地质勘查行业优秀地质找矿项目2项，此外，还有两个地勘单位获得全国地质勘查行业先进集团称号。

地调与科研

2010年中国建筑材料工业地质勘查中心承担了5项地质矿产调查评价工作项目：“全国重要非金属矿资源潜力评价”、“饰面石材矿产地质勘查规范”、“山东省蒙阴县桃花峪－双泉山地区金刚石矿远景调查”、“江苏省东海地区脉石英矿远景调查”及“内蒙古兴和—丰镇一带石墨资源评价”完成主要工作量：钻探1526.8 m，槽探3950 m^3，激电中梯20 km^2，年度工作任务全部完成。

一、地质矿产调查评价

（一）山东省蒙阴县桃花峪－双泉山地区金刚石矿远景调查

完成1∶1万地质简测30 km^2，1∶1000地质简测3 km^2，1∶2000高精度磁测10 km^2，视电阻率垂向电测深100点，槽探1000 m^3。取得主要成果如下：

1. 通过本次调查，大致查明了调查区内的地层、构造和岩浆岩的分布情况，全面系统地掌握了金伯利岩的分布规律和特征，详细确定了工作区地层、构造、岩浆岩出露范围和发育部位。共圈定8个金伯利岩体，其中有1个赋存于古元古代二长花岗岩中，岩体长度373 m，平均宽度2.8 m；有7个赋存于寒武纪长清群页岩及灰岩内，出露长度最大1290 m，最小25 m，宽1～5 m。

2. 通过电法测量，已初步确定金伯利岩岩体与围岩存在电性差异，通过已知部位分析，电性差异主要表现在金伯利岩的电阻率较围岩低。经对部分资料解译，发现2个异常区，个别异常与磁异常重叠，由金伯利岩引起的可能性较大。通过磁法物探测量，在地表出金伯利岩体及其附近有比较明显的磁异常，发现3个磁异常体。

（二）江苏省东海地区脉石英矿远景调查。

2010年主要完成1∶1万地质测量22.3 km^2，1∶1万磁法扫面14 km^2，激电中梯长导线39 km^2；槽探2200 m^3（槽探验证1处，并见石英脉2条）。取得的主要成果如下：

1. 利用磁法扫面寻找脉石英及其裂隙、含矿构造，磁法扫面圈定5个异常区，利用探槽工程揭露一条脉石英为交叉脉，脉宽0.8 m，脉石英赋存于榴辉岩与片麻岩之间；利用激电中梯（长导线）电法对这5个异常进行了查证，在电法扫面圈定的异常区布置了一条探槽，发现脉石英24条，一般脉宽为0.2～0.5 m，最长脉石英宽度为1.4 m，脉石英赋存于片麻岩裂隙中。

2. 本次电法工作取得了较好的方法技术效果。脉石英的赋存特征在垂向上多赋存在直流测深断面图上视电阻率 100 ~ 150 Ω · m 高值凸起部位，对应的激电异常为谷值区（视极化率低值区）。脉石英赋存特征在平面上，表现为相对高阻窄异常条带，视电阻率的高阻异常带与大量已知的脉石英赋存特征比较吻合，异常带的走向（北东）、走向长度（50 ~ 200 m 不等，多有串珠状异常）、窄矿脉的特点都反映的比较好，并且多位于视极化率异常低值区。

3. 通过调查发现区内第四系上更新统戚嘴组地层粘土下部含有一层稳定的含砾石粘土，厚度一般在 0. 2 ~ 1. 0 m 之间，含砾石粘土层中砾石含量一般在 5% ~40% 之间，砾石中二氧化硅含量在 99% 以上。

（三）内蒙古兴和—丰镇一带石墨资源评价。

完成 1∶1 万地质草测 6 km^2，激电中梯测量 6 km^2，槽探 750 m^3，钻探 1526. 8 m。取得主要成果如下：

1. 内蒙古丰镇市三道边矿体。石墨斜长片麻岩赋存于中太古代集宁（岩）群长英质混合岩岩层中，呈似层状单斜产出，产状与地层一致。该层地表出露长 150 m，出露宽 10 m，南西部被第四系覆盖，北东部被第四系覆盖，且延伸至三道边村河床处尖灭。因石墨含量变化，矿体形态呈透镜状，工程控制矿体长 330 m，厚度 3. 4 ~ 4. 9 m，平均厚 4. 15 m。产状：倾向：241° ~291°、倾角：43° ~62°。矿石类型为晶质（鳞片）石墨，呈灰黑色，风化面呈灰白色，地表被铁质染成黄褐色。鳞片粒状变晶结构，片麻状构造。矿物成分由斜长石、碱性长石、石英、黑云母、石墨组成。

2. 内蒙古丰镇市老官坟北含矿层。经基本化学分析样测试，该层样品均未达到石墨工业指标要求，该矿层只为含矿层，具矿化现象。含石墨斜长片麻岩赋存于中太古代集宁（岩）群长英质混合岩岩层中，似层状单斜产出，产状与地层一致。该层地表长 250 m，出露宽 15 m，厚 2. 80 m，除 3# 采坑与 TC8 部分出露外，其他地段均被第四系覆盖。

二、地质科学研究

（一）全国重要非金属矿资源潜力评价。

2010 年重点围绕金刚石、晶质石墨、石膏、水泥石灰岩保有资源储量和供需形势方面进行资料收集，并对重点地区和重要成矿区带的地质、科研成果、科技论文、勘查成果、基础地质资料进行收集，目前已收集资料 660 余套。涉及山东、辽宁、黑龙江、吉林、内蒙古、河北、山西、北京、湖南、湖北、安徽、河南等十几个省份，资料类别包括上述 4 个矿种的资源储量数据、矿产开发利用情况、市场供需情况、主要勘查成果等。已完成水泥用灰岩、石墨、金刚石、石膏的典型矿床研究报告和图件的编制；对水泥用灰岩、石墨、金刚石、石膏成矿地质条件、资源分布特征进行了系统研究和分析，对全国水泥用灰岩、石墨、金刚石、石膏开发利用现状做了全面调查，对水泥用灰岩、石墨、金刚石、石膏近几年的供需现状进行了全面统计，分析并预测了未来几年水泥用灰岩、石墨、金刚石、石膏金刚石的供应量和需求量。初步完成了水泥用灰岩、石墨、金刚石、石膏《资源潜力评价和供需形势分析报告》。取得的主要成果：《典型矿床成矿要素图及预测要素图及预测模型图》各 9 张；《典型矿床研究报告》4 份；《典型矿床成矿要素数据库》7 个；水泥用灰岩、石墨、金刚石、石膏金刚石《资源潜力评价和供需形势分析报告初稿》4 份。

（二）饰面石材矿产地质勘查规范的编制。

主要收集了石材矿山勘查、矿山开采等资料，收集石材矿山地质勘查相关地质规范、标准及条例等，详细研究“DZ/T0207—2002《玻璃硅质原料 饰面石材 石膏 温石棉 硅灰石 滑石 石墨矿产地质勘查规范》”中有关饰面石材的相关条款。共完成搜集石材资料 170 份，考察石材矿山 10 个。完成了《饰面石材矿产地质勘查规范》的初稿编制工作。

（陈军元）

中联煤层气有限责任公司工作

中联煤层气有限责任公司

概　况

中联煤层气有限责任公司（以下简称“中联公司”）是 1996 年 3 月国务院批准成立的国家煤层气专业公司，专门从事煤层气资源勘探与开发，享有煤层气对外合作的专营权，目前由中国海洋石油总公司与中国中煤能源集团公司共同出资组成。是国家科技重大专项“大型油气田及煤层气开发”牵头单位之一，在煤层气领域发挥着骨干作用。中联公司拥有28个煤层气区块，矿业权总面积1.83万km^2，截至2010年底，共施工煤层气井1449口，建成煤层气产能5.20亿m^3，年产气量2.50亿m^3。

2000～2011年，中联公司先后承担了14项国土资源大调查项目，在综合规划与资源评价、低阶煤与煤矿区资源调查、水平井示范工程、页岩气资源调查等方面取得重大成果。荣获新一轮油气资源评价先进单位奖和国土资源科学技术二等奖。

地调与科研

2010年中联公司共承担两个地调项目："新疆准噶尔盆地南缘煤层气选区评价"项目和"晋陕蒙地区煤层气资源调查评价"项目。2010年为续作。2010年已全面完成两个项目2010年度工作任务，并将该项目2008～2010年共3年的工作成果进行汇总，形成了项目总体成果材料。

一、新疆准噶尔盆地南缘煤层气选区评价

2010年度，编写了新疆准噶尔盆地南缘煤层气选区评价报告（约12万字），编制图件9幅。开展了1口煤层气参数+生产试验井ZN-01井的压裂和排采工作。

1. 进一步收集该地区煤层气勘探开发成果，对研究区的煤层气资源赋存规律和控气地质因素等进行了深入的总结分析，分析研究围岩封闭性和水文地质条件等对煤层气赋存的影响，强化了本区煤层气控制地质因素的研究成果。

2. 通过针对性的补充样品采集与测试，扩大了在淮南地区的认识范围，填补了原先研究的空白区，增加了对全区煤储层特征的认识范围和精确程度。

3. 对ZN-01井的设计、钻井、压裂、排采进行了总结分析，针对准南煤田地层倾角大、煤层厚度大、渗透率高等特点，总结了ZN-01井实施过程中存在的问题，提出解决的办法和参考性建议，对以后在该地区开展煤层气井的部署、施工工作具有良好的借鉴性。

4. 2010年8月10日对ZN-01井实施压裂，中联公司项目组和压裂专家、新疆煤田地质局领导与专家等到现场进行了监督施工。为保障本次施工大排量、长时间连续作业，施工单位专门从克拉玛依和准东地区调遣两套2000型压裂车组。作业现场包括9部2000型压裂车、两台仪表车、两台混砂车在内的各种大型作业车辆40多部，现场工艺技术人员严格控制液量供给，岗位操作严格规范。仪表显示共注入孔内液剂800 m^3，石英砂50 m^3，42号煤层最大破裂压力达16兆帕。通过现场专家的检测核实，所有操作均按要求进行，并达到预期压裂目的，效果良好，该孔的成功压裂为下一步在该地区实施小井网建设打下良好基础。目前该井正处于正常排采阶段。因为该地区煤层厚，含气量较高，工程实施顺利，将成为新疆地区第一口获得稳产排采数据的煤层气井，可为新疆地区煤层气井排采特征的评价提供基础数据。

二、晋陕蒙地区煤层气资源调查评价

2010年度，晋陕蒙项目编写了《晋陕蒙含气区煤层气资源分布规律及开发潜力研究报告》（约10万字），编制图件53幅，采样测试85项。

1. 收集了沁水、霍西、鄂尔多斯东缘、渭北4个含气区带煤储层物性、含气性资料以及煤层气开发资料，采集煤样进行了相关的分析测试。在此基础上，全面分析了晋陕蒙地区煤层气资源赋存规律和煤储层特征。

2. 厘定了由三大类共12个参数组成的晋陕蒙地区煤层气资源勘查潜力评价指标体系，完善了由层次分析法和灰色聚类分析法相结合的勘查潜力评价系统。

3. 根据所建立的煤层气资源勘查潜力评价系统，对晋陕蒙地区的煤层气资源勘查潜力进行了综合分析，评选出优、良、可、差4个级别区块和块段。

4. 在总结煤层气勘探开发技术基础上，提出晋陕蒙地区开发技术的选择应综合考虑地质条件、地形地貌、井型等，采用直井为主、水平井为辅，直井与水平井相结合的开发策略。所提出的勘查规划和技术建议对"十二五"煤层气勘查部署具有指导作用。

（吴　见　秦　俭）

中国冶金地质总局工作

中国冶金地质总局

概　　况

中国冶金地质总局（以下简称总局）是隶属国务院国资委的地质勘查事业单位。主要职责是为国家冶金地质工作提供管理保障；固体矿产地质勘查、研究与开发；超硬材料生产及机械装备研制；冶金地质勘查发展规划和规章制度制定；冶金地质行业标准研究；冶金地质勘查业务管理；相关地质勘查组织实

施；所属地质单位队伍管理；国外重要地质矿产勘查；相关信息和技术服务。

总局所属二级单位18个，其中局（院、所、中心）12个，控股公司6个。所属二、三级单位分布在全国15个省（自治区、直辖市）和47个县（市）。现有职工3.2万余人，其中在职职工1.5万人，离退休职工1.7万人。

近年来，总局荣获全国“十大地质科技进展”、“十大地质找矿成果”7项，全国地质勘查行业先进集体3个、优秀地质找矿项目一等奖2项。

地调与科研

一、地质调查

2010年总局实施各类地质项目285个，其中大调查项目15个，中央地勘基金项目11个，矿保项目7个，矿产资源节约与综合利用项目4个，境外风险勘查项目17个，危机矿山项目1个，省资补省基金项目34（含续作项目）个，主要社会地质项目137个。累计完成槽探20.95万 m^3，钻探43.62万m，坑探3.01万m。共估算资源量：铁矿7.85亿吨、锰矿2707万吨、铜矿13.4万吨、铅锌矿60万吨、金矿55吨、银矿1184吨、钼矿预计51.59万吨、铝土矿4348万吨、石灰石28 856万吨。

西藏山南地区泽当矿田铜多金属矿普查取得重要成果，发现多个中—大型多金属矿床，提交（333+334）资源量铜71.63万吨（其中伴生铜8.043万吨）、钨20万吨、钼9.62万吨，伴生银608.2吨。胶东地区金矿接替资源勘查取得新突破，“山东省莱州市三山岛再获特大型金矿”获得中国地质学会2010年度“十大地质找矿成果”。新疆西天山铜金多金属矿勘查开发取得重要进展，初步探明铜65.23万吨、铁8199万吨、铅锌40万吨、金36.66吨、银1294吨。新疆阿勒泰地区、广西大瑶山一带金矿勘查资源储量进一步增加。冀东长凝铁矿预获资源储量3.57亿吨。内蒙古钼矿详查估算资源量40万吨。新疆东天山估算钨资源量5万吨，发现较好的金、铅锌矿化体。晋北铁矿详查揭示大型矿床规模。截至2010年末，总局共有各类矿权400多处，面积10 000多平方千米。

二、地质科学研究

完成“十一五”国家科技支撑项目“桂西－滇东南大型锰矿勘查技术与评价研究”课题，提交《中国锰矿资源远景分析成果报告》，预测中国优质锰矿资源潜力1.67～2.22亿吨，提出了“十二五”锰矿勘查工作建议。申报了“十二五”国家科技支撑项目“中国东部典型矿集区深部资源勘查技术集成与示范”之“广西田林－大新地区锰矿成矿规律与深部勘查技术研究”。

加强新疆西天山地区成矿规律研究，提交的《西天山造山带铁铜金矿资源评价与研究》荣获中国地质学会2010年度“十大地质科技进展”。

作为国家自然科学基金依托单位，总局申报的两个项目获得国家自然科学基金资助，分别为“滇西北印支期格咱洋内岛弧带及斑岩铜矿潜力”面上项目和“五台山新太古代硫化物矿床变形变质与区域构造演化”青年科学基金项目。

“西藏冈底斯东段铜多金属资源评价与新方法技术研究”取得重大突破，通过了以金振民院士为组长的专家组验收。该项目提出了在冈底斯成矿带东段南缘存在走滑型陆缘成矿的新认识，并且第一次在冈底斯成矿带东段南缘发现大型白钨矿矿床，研究成果达到国际先进水平。

“广西昭平县湾岛金矿控矿条件调查研究与靶区预测”查明湾岛金矿主要控矿条件，提出了5条找矿标志，为矿山开发提供了重要依据。该项目科研报告通过了以金振民院士为组长的专家组验收。

在西南三江地区开展地质科研，重点围绕云南西部老营盘铅锌矿区、大理石磺厂金砷矿区、丽江玉龙县天根山－河西铜银多金属矿区等开展工作，对该地区成矿规律形成新的认识。

积极参与南极科考并取得重要进展。黄费新博士参加中国第26次南极科学考察并担任格罗夫山分队队长，带领其他9名队员圆满完成了格罗夫山地区地质、测绘、冰川、环境、陨石回收等多学科综合考察，取得多项突破和丰硕成果。

此外，2010年总局航空物探实现了5架飞机同时作业的能力。岩心钻探打出2213 m深孔，复杂地层深部钻探水平保持国内领先。实验室建设得到切实加强，测试分析精度和分析质量大幅提高。

（安　竞）

院校地质调查院工作

中国地质大学（北京）地质调查研究院工作

中国地质大学（北京）地质调查研究院

概　　况

中国地质大学（北京）地质调查研究院成立于2000年9月，属中国地质大学（北京）二级单位。其工作由校长和主管副校长领导，业务工作同时接受中国地质调查局的指导，主要职责是代表学校行使地质调查项目的组织实施和业务管理工作。

地质调查研究院设院长、副院长及总工程师等岗位，下设院办公室及总工室等管理机构。地质调查研究院充分发挥人才优势与专业特色，围绕国家目标和地方需求，承担了大量各类地质调查项目，取得了一批重要的理论与实际应用成果。

学校2005年11月通过申报获得6个甲级、3个乙级地质勘查资质，业务范围涵盖了主要地质勘查领域。2011年，重新申报区域地质勘查、固体矿产勘查和地球物理勘查3个甲级地质勘查资质并获得通过。

地调与科研

2010年，中国地质大学（北京）地调工作在地调局大力支持和指导下，紧紧围绕国家目标，面对国土资源领域，充分发挥学校学科、专业优势，认真落实找矿新机制，积极承担国家地质调查任务。重点开展示范性和攻坚克难的地质调查项目研究，加强产学研基地建设，不断提高学校在地调领域的影响。同时抓好项目成果质量，拓宽服务领域，保持地调项目稳定，较好地完成了年度工作任务。

2010年，中国地质大学（北京）承担地质调查项目稳定增长，共承担项目40个，其中：区域地质调查项目10个，矿产资源评价项目5个，地质综合研究项目12个，遥感地质调查项目4个，地球化学调查项目2个，技术方法项目3个，标准修订项目2个，成果集成项目2个。项目总经费约8065万元，专业分布突显优势，并不断拓展专业领域，显示了学校承担示范性和攻坚克难的地质调查项目的能力。

中国地质大学（北京）地调工作抓好项目管理的关键环节，确保成果质量。为确保优质、高效、有序地完成地调任务，按照地调项目管理相关制度和要求，不断完善符合学校实际和地质调查工作发展要求的管理体系。在管理方面跟踪项目进度，严把质量关，提高成果质量。

2010年，“中越合作哀牢山－红河－马江成矿带成矿背景与成矿规律对比研究”、“燕山成矿带遥感地质综合调查”成果报告进行了评审，评审结果1个优秀，1个良好；“内蒙古1:5万敖包特陶勒盖、拉名海尔罕、额热木廷色尔、准额仁、陶申陶勒盖、沙尔沟特、威廷查干、莫若格钦幅区调”项目进行了野外验收，验收结果1幅优秀，5幅良好；由学校参加合作完成的国土资源大调查项目“四川省成都经济区生态地球化学调查”项目成果获得四川省科技进步一等奖；提交了17个已结题地调项目的经费使用情况报告，16个项目通过验收。

一、新疆西天山斑岩铜矿找矿突破研究

该项目为新疆“358”项目，工作年限2010年1月至2012年12月。2010年项目组在西天山进行区域路线地质调查约250 km，对沉积建造、岩浆建造及大型构造形迹等成矿背景信息有较全面的了解。西天山古生代处在伊犁－哈萨克斯坦陆块东部，南北分别为南天山洋和北天山洋，其中南天山洋向北俯冲，北天山洋向南俯冲，在西天山形成两个明显的岛弧带，构造－岩浆－热液作用强烈，斑岩铜矿成矿条件优越，找矿潜力很大。

通过遥感解译，在西天山北部库松木切克山发现3 km×2.5 km的大型环形构造，发育有良好的Cu，Mo，Zn，Au等元素地球化学异常及航磁异常。初步研究表明，该环形构造可能是斑岩铜矿的一个有利成矿区，可作为找矿靶区，有潜力寻找到出露或隐伏的斑岩铜矿体。

在塔吾尔别克金矿区，于金矿化的安山岩中发现有硫化物浸染状矿化的石英二长岩、细晶闪长岩等包体，指示下部可能存在隐伏的斑岩矿化体，具有实现斑岩铜矿找矿突破的可能。

二、中国农业生态地球化学评价体系研究与成果集成

该项目为地调局“多目标区域地球化学调查与评价”计划项目中的一项，主要针对国内各省（区、市）多目标区域地球化学调查与评价，进行农业生态地球化学评价体系研究与成果集成，为开展沿海经济带、东北经济区、长江流域及黄河流域战略性评价提供技术支撑。

2010 年项目组对收集到的农田和河流生态系统资料进行了初步整理，为保密和资料安全，建立了无盘工作站。按照设计书提出的农田生态系统成果报告大纲和各项内容要求，提出了农田生态系统区域生态地球化学评价资料整理思路与方法，初步建立了异常元素来源识别、输入输出通量计算、生态效应评价、预测预警的方法体系，为全面整合全国评价成果奠定了基础。

1. 提出了土壤背景值、基准值和土壤碳库计算的方法。为了统一全国各省土壤元素各类参数计算方法，经过多次讨论，提出了表层土壤元素背景值和深层土壤元素基准值，土壤碳库和碳密度计算方法。目前已完成北京、山西、吉林、黑龙江、湖南、江西、四川和海南等省（市、自治区）多目标区域地球化学调查范围内的土壤元素各类参数计算和统计工作。

2. 提出了土壤中评价元素来源甄别的方法技术。为了查明引起土壤元素异常分布的原因，提出了甄别元素自然和人为源的几种方法，建立了各种输入输出通量计算公式。

三、西藏 1∶5 万 I45E017011，I45E017012，I45E018011，I45E018012 幅区调

1. 运用先进的地学理论指导工作区 1∶5 万地质填图，划分出岩片叠置构造，共划分出个 9 不同特征的构造岩片，查明了岩片之间的断裂构造和岩片内的变形特征，合理地建立了测区内构造格架。建立了岩群级单位 4 个，岩组级单位 19 个，非正式填图单位 4 个。

2. 建立了测区构造地层格架。提出测区地质构造格架主体为印支期俯冲增生杂岩，该增生杂岩的物质组成包括：晚古生代陆缘复理石沉积体系、陆缘滑塌块体、蛇绿岩和冰海杂砾岩等。

3. 运用同源岩浆演化的理论，详细解体了冈塘错的侵入岩体，划分出 4 个岩石谱系，查明了各岩石谱系的地质特征。

4. 重视物质属性和构造变形的调查研究。在测区完成 48 km^2 的 1∶1 万重点区解剖填图，提高了区内调查研究程度，使该区内晚古生代俯冲增生的认识有了扎实的基础。

5. 在测区发现榴辉岩和含甲烷的上升热泉，这些重大发现对基础地质和寻找石油资源、地热资源等提供了有意义的线索。

四、内蒙古扎木钦旗地区矿产远景调查

2010 年度在总结以往工作成果及 2009 年工作的基础上，测区内圈定出化探综合异常 49 处，其中甲 2－2 类异常 5 处，乙 2 类异常 3 处，乙 3 类异常 24 处，丙类异常 4 处，丁类异常 13 处。2010 年优选出的重点异常检查区为赛罕本布格地区（PS5 综合异常区）和哈马尔拜兴地区（PS21 综合异常区）作为重点异常检查区。

PS5 异常查证区布置 7 条探槽。由于覆盖层较厚，地表已见到矿化蚀变大转石的情况下，探槽中仍未揭露出真正的基岩，见到的仍是大块的残坡积层。

TC2 探槽控制矿化蚀变范围约 24 m，矿化范围银变化于 $0.55\times10^{-6}\sim13.79\times10^{-6}$，平均 1.79×10^{-6}。

TC3 位于山顶，揭露稍好，探槽几乎全槽矿化，蚀变范围约 51 m，矿化范围银变化于 $0.51\times10^{-6}\sim38.10\times10^{-6}$，平均 5.56×10^{-6}。

PS21 异常查证区布置 6 条探槽，矿化较好的为 TC1，TC5 和 TC6。

TC1 探槽 H2－1 样 Pb 0.27%，Zn 0.19%，Ag 3.58×10^{-6}，间隔 3 m，银矿化连续分布范围达 6 m，银变化于 $1.38\times10^{-6}\sim83.6\times10^{-6}$，平均 15.78×10^{-6}，其中 H4－7 号样 Ag，Au，Pb 和 Cu 均达到工业品位，分别为 Ag 83.6×10^{-6}，Au 4.56×10^{-6}，Pb 6.21% 和 Cu 1.64%，样长 1.3 m，矿化脉产状 40°∠68°，激电异常显示矿化带或矿化体呈近东西向展布，因而该产状只是裂隙控制的矿化脉的产状。其两侧样品 Pb 均接近最低工业品位，其余样品均具银矿化，H7－2 号样 Pb 1.51% 达到最低工业品位，Ag 13.6×10^{-6}，Au 0.5×10^{-6}，Cu 0.18%，Zn 0.44%。

五、国际合作与交流

根据地调局下达的任务书要求，在“内蒙古 1∶5 万敖包特陶勒盖、拉名海尔罕、额热木廷色尔、准额仁、陶申陶勒盖、沙尔沟特、威廷查干、莫若格钦幅区调”项目开展中美合作填图的试点工作。通过与美国南加州大学开展了野外地质填图的合作与交流，学习和引进美国填图方法技术，探索和总结中国1:5万填图技术要求发展与改进。

“中蒙边境东段地质－地球物理综合剖面研究”与“中蒙边境东段深部结构及成矿条件对比研究”两个项目，2010年全面完成境内野外地质调查工作，并前往蒙古人民共和国，与该国资源能源部、矿产资源局及地质处有关负责人商讨中蒙边境地质－地球物理剖面地质调查合作事宜，并就有关合作方式初步达成意向；2010年10月6 ~9日在北京举行“中蒙边境地质－地球物理综合剖面研究”项目协商会议，中蒙双方就项目研究的目的意义、研究内容、计划方案及项目合作协议主要条款等方面进行了交流与讨论。

（苏田梅）

中国地质大学（武汉）地质调查研究院工作

中国地质大学（武汉）地质调查研究院

概　　况

中国地质大学（武汉）地质调查研究院成立于2000年，是高等院校中最早成立的地调院。主要从事地质调查项目科学研究、技术开发和人才培养工作。承接项目涉及的学科领域包含了中国地质大学的所有优势学科，工作地域遍及台湾省以外各个省市自治区，科研成果多次获省部级奖励。在人才培养方面，坚持产学研相结合，以项目为依托培养了众多优秀的博士生、硕士生和本科生，并举办了多次高新技术培训班，为行业培养了一批技术骨干。

中国地质大学（武汉）地质调查研究院2010年度承担了包括基础地质调查、矿产资源调查评价、水工环及技术方法、地质工作战略研究等地质调查工作项目，各领域均取得了丰硕的成果。

地调与科研

一、基础地质调查

中国地质大学（武汉）地质调查研究院2010年共承担基础地质调查工作项目9项。

“青藏高原新生代地质作用过程与第四纪环境演变综合研究”在多个研究方向取得重要进展，逐步揭示青藏高原的扩展与高原形成的过程，该研究2010年度共发表论文33篇，其中SCI论文6篇，EI论文16篇。“青海1:5万中灶火地区4幅区调”在岩石学、地层古生物、构造地质、第四系地质等方面均有所突破，特别是石榴子石基性麻粒岩的发现，对研究该区构造演化历史具有重要意义。“青海1:5万东昆仑地区4幅区调”项目在原志留纪赛什腾组中发现较厚的大理岩，其时代有待进一步研究，而实测剖面岩体的规模与性质与前人研究有一定的差异。“西藏1:5万德庆4幅区调”项目首次发现了楚木龙组内火山岩系，为研究本区地层年代和岩浆活动提供了依据，系统采集了构造定向薄片，为研究测区构造变形过程和应力场演变提供了资料。“西藏1:5万聂拉木、日土县等4幅区调”项目在一些地层中发现了一些前人资料中未提到的化石，在班公湖南岸首次发现了矽卡岩型赤铁矿床，在日土县麻布加错南边的蛇绿岩套中发现了豆荚状铬铁矿，在日土县发现了铁铜多金属矿。“云南1:5万黎明乡等4幅区调”对全区的地层单元进行了较详细的对比和划分，拟定了全区填图单元的划分标准，建立地层层序、构造及岩浆系列，确定了填图单位，并厘定了测区岩浆岩和各类脉岩的填图单元和和非正式填图单元。“江西1:5万清华江湾幅区调”项目在区内发现了北东向、近东西向和近南北向等多组韧性（脆—韧性）剪切带，并在白垩纪青山岭岩体钾长花岗岩中发现宽达20 m的钾化和黄铁矿化带。“广西1:5万梅溪等6幅区调”项目系统采集了牙形石、放射虫、珊瑚等化石样品，还发现了大量的腕足和双壳类化石，生物地层的研究有助于重建D—C的年代地层格架。“新疆1:25万铁厂沟镇幅、克拉玛依市幅区域地质调查”将测区地层划分为4区3带，重新厘定了克拉玛依地层小区石炭系希贝库拉斯组、包古图组、太勒古拉组3个组的定义，发现测区金和铜的成矿作用明显与中酸性岩浆活动有关。

二、矿产资源调查评价

2010年中国地质大学（武汉）地质调查研究院共承担矿产资源调查评价计划项目1项、工作项目7项。

“东昆仑布尔汗布达花岗岩浆活动及成矿构造背景”研究区主要矿床类型为蚀变岩型金矿和矽卡岩型铁矿，金矿规模较大，主成矿期为印支期，金矿体严格受NW—NWW向脆－韧性断裂带控制，其至少经历了4个成矿阶段，是碰撞—碰撞后阶段热事件的产物。“西藏班戈地区地质矿产调查”新发现卞嘎日铜多金属矿点、龙嘎铜多金属矿点、多日阿铜多金属矿点，并在前人工作基础上新评价矿点3个，项目还新发现矿化线索3个。“西藏则学地区矿产远景调查”项目重新圈定了5个组合异常，划分了测区的找矿远景区，新发现矿化点5处。“覆盖区矿产综合预测综合研究与成果汇总”项目以内蒙古大兴安岭草原覆盖区、福建武夷山植被覆盖区和新疆天山戈壁沙漠覆盖区为示范区为研究区，利用非线性矿产预测与评价理论，圈定了Fe－Cu－Mo多金属异常区；研究了覆盖层对区域地球化学元素分布的影响，说明了覆盖的作用仅是降低了地球化学元素的丰度；有针对性地对的部分模块进行优化和改进，完成编码6万多条。“矿产资源定量化预测新方法”完成了铜、钾盐、磷、铅、锌、金、铀、煤炭、钨、锑、稀土等矿产的潜力评价，开展矿产资源定量化预测方法技术研究，发表高水平学术论文17篇，其中10篇被SCI收录。

三、水工环及技术方法

2010年中国地质大学（武汉）地质调查研究院共承担水工环及技术方法研究工作项目5项，工作内容涉及遥感、矿山地质调查、地质环境承载力评价、工程地质稳定性评价、滑坡研究等多个领域。

“矿山开发遥感调查与监测成果集成与综合研究”查明了各种矿产资源开发活动对矿山地质环境的作用方式和途径，构建了矿产资源开发的矿山地质环境评价方法体系，完成了基于遥感和地面调查的典型矿山地质环境示范评价。“鄂西、鄂东南及江西大余－定南成矿区矿山开发遥感调查与监测”项目通过遥感调查与野外实地查证工作，发现了一批无证和越界开采的矿山，为矿业秩序的规范做出了一定贡献，为国家挽回了经济损失和生态损失；鄂东南地区对矿山废渣重新利用所带来的正、反两方面问题的提出，引起了省部矿产资源管理部门的重视，产生了强烈的反响。“高速远程滑坡形成机制研究”项目利用离散数值分析软件PFC2D，建立碎屑流二维运动堆积模型，分析了碎屑流体积、初始速度、堆积接触面的摩擦系数和坡角及堆积路径地形特征对于岩石碎屑流运移堆积模式的影响。“汶川地震区岩体稳定性评价技术方法”项目查明了映秀－北川断层、汶川－茂县－青川断层和江油－都江堰断层的分布和基本结构，确定了岩石岩性与工程地质灾害的关系，提出基于板块学说、地质力学和大陆动力学理论的相互补充的工程地质区域稳定性评价体系，发展和完善工程区域地壳稳定性理论。“青藏高原资源开发的环境承载力评价方法研究”全面分析青藏高原矿产资源开发环境承载力的内涵、特征及影响因素，提出了青藏高原资源开发的环境敏感性评价方法、青藏高原资源开发的环境适宜性评价方法、大型矿山工程布局的场地地质环境适宜性评价方法。“长江中游城市群地质环境调查信息系统和四维地质填图平台建设方法研究”完成了地质环境综合信息资料整理与数据标准化技术指南的编制、城市群地质环境调查信息管理系统的开发、城市群三维可视化建模方法及软件开发等系统的建设，并选择了湖北武汉作为典型应用示范区开展示范研究工作。

四、地质工作战略研究

2010年中国地质大学（武汉）地质调查研究院承担了两项地质工作战略研究任务。“工程地质学科发展战略及对策研究”项目经过大量调研工作，总结出工程地质学科的发展趋势是对多学科交叉融合，理论分析、数值分析相统一，产学研相结合的发展途径。“国土资源调查评价需求分析与规划部署研究”项目开展国土资源调查评价工作调研近百次，至2010年底，完成了总计近43万字的研究工作报告，汇编了55幅成果图件及大量数据分析及实例插图，完成了国土需求分析和大量的规划部署研究内容。

（王　东）

吉林大学地质调查研究院工作

吉林大学地质调查研究院

概　　况

吉林大学地质调查研究院成立于2000年12月，隶属于吉林大学。建院11年来，围绕地质调查工作的任务和目标，开展国家公益性、基础性、战略性区域地质、矿产地质、水文地质、工程地质、灾害地质、海洋地质、地球物理、地球化学、遥感地质、实验测试、探矿工程、信息技术等方面的生产与科研工作；负责项目管理和实施；负责制定并组织落实学校地质调查工作发展规划和管理政策的制定；

负责地质勘查资质认证申请、年度复审及资质的管理使用。

吉林大学地质调查研究院不断加强队伍建设和设备投入，截至2010年底，已发展成为具有综合技术业务实力和开展多领域地质技术服务能力的综合性地质勘查队伍；具有承担地质勘查项目的科学仪器和基本的野外工作装备，拥有各类不同地质专业的技术人才队伍，配备有科研、生产、技术、质量的管理人员。全院拥有各类专业技术人员243人，其中高、中级以上技术职务237人。在区域地质调查，固体矿产勘查，水文地质、工程地质、环境地质调查，地球物理勘查，地质钻（坑）探等方面具有广泛的技术人才和实践经验，能够同时开展多个大、中型地质勘查项目及基础地质研究项目。

地调与科研

一、区域地质调查

（一）西藏1:5万双湖冈玛错地区4幅区调。

项目主要包括西藏桃形湖幅（I45E013001）、独泉沟幅（I45E013002）、鲁谷香幅（I45E014001）、冈玛错幅（I45E014002）地质调查。在测区发现了完整的蛇绿岩组合，对定年样品及地球化学样品进行了重点采集，识别和建立了古生代蛇绿岩基本序列。查明了测区晚古生代基性岩墙的空间分布、产状特征，查明了基性岩墙与围岩展金组的侵入接触关系。查明了测区的地层层序及各个地层。对测区高压变质带研究有较大进展。对研究区的逆冲推覆构造的展布特征、性质、规模、变形特征等进行详细的野外观察，测制了逆冲推覆构造的剖面。

（二）西藏1:5万青卡尔地区4幅区调。

项目主要包括西藏青卡尔幅（H45E005021）、果布幅（H45E005022）、戈昂勒幅（H45E006021）、赛龙幅（H45E006022）地质调查。在工作区新发现了志留纪、奥陶纪和寒武纪等早古生代地层，并发现了泛非事件的不整合；对索尔碎屑岩进行了详细的踏勘和剖面测制；对工作区中酸性岩体及其与围岩的接触带上进行了详细的路线踏勘和小比例尺的剖面测制，发现了多金属矿化现象。

（三）内蒙古1:25万柴河镇（L51C001001）、蘑菇气（L51C001002）幅区调修测。

项目研究主要包括：① 地层。对接幅部位所存在的地层问题进行全面清理，发现有近20余处存在较大问题。② 构造。野外地质调查显示测区内北东-南西向韧性变形比较发育，具有多期多运动性质的迹象，活动时间可能为中生代早期。③ 侵入岩。初步建立了测区侵入岩填图单元对比表，同时初步建立了测区侵入岩时代+岩性的划分简表。④ 火山岩。大兴安岭火山岩组的岩性组合特征相当于白音高老组；中兴安岭火山岩组的岩性组合特征与玛尼吐组基本相同。⑤ 矿产。新发现矿化蚀变3处。⑥ 遥感解译及验证。验证结果证实遥感解译所圈划的地质界线及地质体较准确。

二、矿产资源调查评价

（一）内蒙古莫力达瓦旗塔温敖宝地区矿产远景调查。

通过1:5万路线地质调查，在甘河组玄武岩内发现多处非金属紫晶、烟晶和水晶矿化区；在大面积出露花岗岩区发现网脉状硅化3处、萤石矿化1处；在1:5万水系沉积物测量方面，发现组合异常异常30处，重要Au-Ag为主的异常3处，Cu-Mo为主的异常4处；已经确定该区具有发现与斑岩关的铜钼及热液进矿床的潜力。

（二）柴达木周缘及邻区成矿带找矿问题研究

通过对昆南带的都兰地区埃坑德勒斯特—下得波利一带的野外调研，基本认为艾坑德勒斯特南、艾坑德勒斯特北和下得波利钼（铜）矿为斑岩型钼（铜）矿，其中艾坑德勒斯特南和艾坑德勒斯特北具备成为大型斑岩型钼矿的潜力。

通过对沱沱河地区一系列铅锌多金属矿床7个勘查区的详细野外调研，初步认为矿床成因类型为中低温热液脉型矿床而非MVT。

通过对那日尼亚的萨保山峰一带第三纪（古近-新近纪）碱性火山岩岩层的野外调研，初步认为区内存在浅成低温热液型-斑岩型铅锌银矿床的成矿和找矿（形成时代新，保存条件优越）潜力。

三、地质灾害调查

2010年完成了地质灾害危险性评估、矿山地质环境保护与恢复治理方案编制、地质灾害治理工程设计、矿山地质环境治理工程设计、煤矿采空区地表建筑适宜性评价、建筑场地及公路边坡危岩体防治设计等方面项目数十项。在制定《珲春市瑞丰矿业有限公司依力煤矿矿山地质环境保护与治理恢复方案》等煤矿地质环境保护与治理恢复方案中，根据吉林省的实际情况提出的预测地面塌陷开采深度与开采高度比值标准在吉林省广为利用。在制定《集安市利源黄金有限责任公司西岔分矿矿山地质环境保护与治理恢复方案》等陡倾金属矿地质环境保护与治理恢复方案中提出的以中风化下限作为预测地面塌陷计算深度的思路已被吉林省各单位所采用。在完成的“蛟河市奶子山接续产业园区二期建设项目地基稳定性数值模拟”等塌陷区建设用地适宜性评价项目中采用三维有限元法，较客观地模拟了在建筑物作用下地基变形特征，为合理使用土地资源提供了可靠的科学依据。在泥石流灾害预测方面应用功效系数法、可拓学理建立了基于GIS的岫岩县泥石流预测预报系统。在长平高速公路刘房子段煤矿采空区引发地面沉陷勘查中，将高密度电法等勘察方法应用于地下采空区探测取得较好效果，为高速公路是否改线决策提供了可靠的科学依据。

四、水工环地质工作

由吉林大学“千人计划”特聘教授许天福主持的“二氧化碳地质储存的机理与数值模拟研究”是2010年中国政府在应对全球气候变化地质响应与对策方面新立项四大计划项目中“全国二氧化碳地质储存潜力评价与示范工程”项目下的4个工作项目之一。① 在基础地质及水文地质条件研究方面，初步完成研究区地质及水文地质条件分析报告；② 在二氧化碳地质储存（CGS）的机理研究方面，取得了CO_2地质储存条件下水－岩－气作用机理的阶段性成果。③ 在研究区数值模拟系统研发方面，初步建立了研究区咸水层的热力学数据库和动力学数据库；初步建立了研究区多相流多组分反应性溶质迁移数值模拟模型，取得了阶段性成果；在数值模拟系统软件的界面开发方面取得了初步成果；在大规模并行计算方面取得了阶段性成果。

五、遥感地质调查

“黄河流域基础地质环境遥感调查与监测”项目调查范围覆盖整个东北地区，即辽、吉、黑和内蒙古东部的赤峰市、通辽市、呼伦贝尔市及兴安盟。以1975年MSS、1990年TM、2000年ETM和2007年CBERS遥感数据为主要数据源，以人机交互解译为主，配合少量计算机自动提取，野外实地调查验证，调查和研究了4个不同历史时期荒漠化（沙质荒漠化、盐碱化、土地水蚀荒漠化）、湿地、黑土和城市扩展现状；通过GIS空间分析功能，研究了不同阶段上述主要生态环境因子的动态变化，分析和总结他它们的演化规律和特征，为东北空白区生态地质环境遥感调查提供了理论支持和数据支撑。

将东北地区分为小兴安岭、长白山山地生态地质环境区、三江、兴凯湖平原生态地质环境区、松辽平原生态地质环境区等3个一级区，并进一步划分亚区，开展了综合评价与研究，探讨了东北地区的生大生态地质环境问题，并对生态地质环境变化的主导因素展开了综合分析，提出东北空白区生态地质环境综合治理与规划建议。

六、地质科学研究

“高铝煤炭固体废弃物资源化利用技术研究”项目通过对中国主要产煤区煤矸石及粉煤灰的氧化铝含量研究圈定了中国高铝煤炭固体废弃物靶区；已经研发出了高铝CFB灰综合利用的整套技术方案；在完成实验室技术研发的基础上选择了一个地区的CFB灰进行了综合利用的中试试验和3个地区CFB灰综合利用的小试实验，证实了所研发的CFB灰综合利用技术在不同地区和同一地区试验扩大后均适用；已经完成了高铝矸石的煅烧及综合利用技术研发的实验室小试工作，证明了整套综合利用技术对高铝煤矸石同样适用。

（田丽艳　刘　兵）

成都理工大学地质调查研究院工作

成都理工大学地质调查研究院

概　况

成都理工大学地质调查研究院是代表成都理工大学管理地质调查项目和地质勘查资质的管理机构。主要职责是管理学校地质勘查资质和制定学校在地质调查工作领域的中长期发展规划。组织全校地质调查项目的立项论证和具体实施，指导督促项目组做好资料汇交工作。按照国土资源部和中国地质调查局地质调查项目管理制度的要求进行项目管理，建立学校的地质调查项目质量管理体系，并组织项目运行，对地质调查项目进行质量监控。2010年，成都理工大学共承担地质调查项目17项。

地调与科研

一、西藏措勤县南嘎仁错东部地区地质矿产调查

（一）基础地质。

1. 确立了工作区的地层层序，查明了各地层单元的沉积特征、横向相变及垂向变化；重新厘定了图幅的岩石地层系统。对永珠组、拉嘎组、下拉组、敌布错组、曲洛组和仁多组进行细分，较完满地建立了测区正式岩石地层单位30个。根据侵入体特征划分出侵入体单元10个。

2. 对测区大面积分布的第四系按成因类型进行了解体，划分出冲积、洪积、湖积、冲洪积、冰碛、沼泽、风积、残坡积及化学沉积。

3. 对不同期次岩浆活动及特征进行了总结，对岩浆活动序列、成因、形成环境进行了研究。区分出了燕山早期碰撞型和晚期俯冲型花岗岩，明确了其时空演化特征。

4. 查明了测区变质岩的类型及基本特征，划分了变质作用类型。

5. 确定了测区的大地构造属性，查明了基本构造格局及空间展布规律。测区在Ⅰ级大地构造单元上属冈底斯－念青唐古拉板片；次级大地构造单元在测区为3个、北部地区属措勤复合弧后盆地；中部大部分地区属念青唐古拉弧背断隆；南部少部分地区属冈底斯岩浆弧。进一步划出3个变形构造单元，即：们缸错直立褶皱带、曲洛逆冲断层带及昌务场－布九错倒转褶皱带。

6. 在测区原二叠系敌布错组和曲洛组中发现大量火山岩夹层，其类型有玄武岩、安山岩及中—基性火山碎屑岩。火山岩夹层的发现对地层对比及构造环境的研究有重要意义。

7. 在测区东部新发现一套新生代陆相地层（暂定为新近系洁居纳卓组），此套地层由河流及扇三角洲相砾岩和砂岩构成，根据此套地层中砾岩的砾石成分分析，可作为推断青藏高原隆升时限的重要资料。

（二）地球物理勘查。

1. 在测区的色瓦扎海和剥云磁铁矿点开展了高精度磁测剖面，磁测点1200个，剖面总长度12 km。磁测剖面反映在色瓦扎海磁铁矿点，花岗岩体与灰岩的接触带存在往深部延伸的板状磁铁矿化体。

2. 在测区的赛过拿车铜矿点完成了3条激电剖面。JD01号激电剖面在40号点附近有低阻、高激化异常显示，可能是深部铜矿化体。

（三）地球化学勘查。

1. 根据测区的1∶5万水系沉积物测量结果，初步圈定52个地球化学综合异常，其中乙1类异常2个、乙2类异常15个，丙1类异常30个，丙2类异常5个。

2. 按照《地域地球化学勘查规范》要求编制了单元素异常图、组合异常图、综合异常图。编写了地球化学普查报告。

（四）遥感地质调查。

1. 按1∶5万图幅制作了4幅遥感影像图和遥感异常图。

2. 全测区进行了1∶5万的遥感地质解译，编制了1∶5万遥感地质解译图。编写了遥感报告。

3. 全测区进行了遥感异常信息提取，圈定了铁染异常24个、粘土化异常34个。

（五）矿产工作。

1. 新发现矿点磁铁矿点2处、铜矿点1处、铁矿化点2处。

2. 进行矿产概略检查13处，并对其中有价值的3处开展了重点检查。

3. 通过对已知矿床、矿点的产出特征、赋存条件的综合分析和研究，总结了区内成矿条件和成矿规律。

4. 查明了地球化学异常和矿点（矿化点）空间分布规律；分析了成矿时间和演化规律；对控矿因素和找矿标志进行了总结和研究。

二、西南山区城镇建设地质灾害风险管制方法及示范

1. 针对两个示范区（甘孜州丹巴县及阿坝州汶川县）风险评价结果进行野外现场复核；

2. 建立了地震波传递所引起地形效应的三维数值模型，针对边坡地震响应进行分析研究；

3. 分析总结了地质灾害空间预测方法与模型，最终确定区域地质灾害危险性、易损性及风险性评价的实用数学模型；在通过野外复核的基础上，修正完善两个示范区的评价结果；

4. 根据在两个示范区的使用经验、完善地质灾害危险源的识别指标体系、判别标准和方法。

三、云南1∶5万阿热、小中甸、中村、东坝幅区调

1. 通过部分地层剖面实测、构造剖面测制、主干路线地质调查及填图，基本确立了本区的地层层序，初步了解（部分基本查明）各地层单元的基本特征及空间变化特点。

2. 岩石方面：对火山岩岩相特征、产出环境、含矿性、与沉积地层的堆积生成关系的剖面研究正在进行，对其展布特征通过踏勘路线有所了解，部分已进行试填图控制。二叠纪三套、三叠纪两套火山－沉积体系的划分尚较薄弱，需要进一步收集实际资料和建立对比剖面；对侵入岩的相互生成顺序和关系、构造属性有待明晰；对其侵位模式、含矿性的研究目前仅有初步了解，下年度将开展深入详细地研究；对沉积岩的岩相分析、微观特征及其成因特点、沉积序列演化及构造－沉积盆地的研究资料存在进一步完善和深化的可能。

3. 构造方面：对区内基本构造特征、构造样式、几何学特征和成因研究积累了一定的资料，取得了初步的成果，但对主干断裂的性质、控岩控矿特点及成矿关系的研究比较薄弱，构造序列和构造格架的研究有待深入；对变形—变质的特征及其关系的研究较少，导致对其形成过程、序列、背景和作用特征的认识未能深化，特别是对区内可能存在的推覆构造带的调查研究仍需加强；对该区构造单元的划分、大地构造属性、演化过程及其在区域地质发展历史中的地位和作用认识有待进一步细化和深入；构造作用与沉积、岩浆、变质作用的关系、同步演化过程中地球动力学历程研究需进一步总结和完善。

4. 矿产方面：该区位于三江多金属成矿带中，已发现多处矿化异常点（带）；但对矿床类型、特征、分布和规模缺少系统的调查，对成矿地质背景、控矿因素和找矿前景等有待进一步研究。

四、川西深切河谷斜坡地震动评价技术研究

（一）地震动响应及古地震滑坡调查进展及认识。

1. 通过对都江堰虹口、绵竹、绵河等汶川地震高烈度区斜坡地震动响应调查表明：极震区斜坡破坏最为严重；垂直等震线长轴方向，离极震区越远，斜坡破坏总体呈减弱趋势，沿山前断裂带出现异常，破坏程度相对较高；同一烈度区斜坡的破坏与斜坡切割深度、坡度、坡形、岩性及坡体结构有关，在斜坡上部的转折部位地震波具有明显的放大效应，破坏最为严重。地震波能量大小是斜坡地震动力破坏的第一要素，即沿着龙门山发震断裂带一定范围内，巨大的地震波能量是其边坡动力失稳的必要条件；其次，斜坡的工程地质条件是其失稳或选择性放大效应失稳的充分条件。

2. 对汶川至松坪沟岷江沿线白腊崩滑堰塞堆积体、较场滑坡、叠溪堰塞堆积体、马脑顶滑坡、红花园滑坡、周场坪滑坡、扣山滑坡等古地震滑坡进行了调查，本次调查古地震滑坡多为特大型古地震滑坡，集中在较场段和两河口 - 汶川段表明地质历史时期该河段曾经出现强烈地震，古地震触发滑坡的动力学特征与现今汶川地震诱发滑坡的动力学特征相似，不但直接成灾而且往往堰塞江河形成灾害链。

（二）斜坡地震动响应监测主要进展及成果。

1. 桅杆梁监测剖面。对该监测点所记录的 18 次典型余震事件进行分析，其中中强震余震事件 1 次，有感余震 10 次，弱震事件 7 次；最大震级四川什邡 5.5 级，最小震级青川 2.2 级；震源深度均小于 30 km，最大震源深度 24 km，最小震源深度 5 km；最大震中距为 172.84 km，最小震中距为 2.8 km。

2. 东山监测剖面。东山斜坡监测点 2009 年 9 月至 2010 年 12 月 31 日共监测有效地震数据约 50 余组，其中中强震余震 2 组，有感余震 6 ~ 10 组，微震 40 余组。该斜坡现场监测震级采集最大为 M_s5.1（武都、青川交界），震中距最近为青川 M_s4.8 级中强震。对 8 次典型余震进行分析，其中大于 4.5 级中强震事件 2 次，小于或等于 4.5 级有感地震 6 次。

3. 绵竹监测剖面。绵竹九龙镇清泉村山前斜坡带地震动响应监测监测余震事件共 30 余次，其中最大余震为 M_s4.6，对该监测点 11 次较典型余震监测事件进行了监测数据处理及分析。

（向启荣）

石家庄经济学院地质调查研究院工作

石家庄经济学院地质调查研究院

概　　况

石家庄经济学院地质调查研究院是石家庄经济学院直属二级单位，成立于 2001 年。石家庄经济学院地质调查研究院代表学校管理地质调查项目，实行院长负责制，采取独立法人，独立账户管理体制，在质量方面实行三级技术管理体系，全面负责管理地调局及其各大区、各省项目办委托（或招标）的项目及石家庄经济学院参加实施的各种地学类调查项目。实行项目负责人和技术人员全员动态聘用制。现拥有技术人员 167 人，其中高级技术人员 76 人。

石家庄经济学院地质调查研究院主要工作领域包括固体矿产勘查，区域地质调查，地球科学信息，液体矿产勘查，地质灾害勘查，岩土工程勘查，资源环境评价，土地资源与测绘工程，地球物理勘查，地质实验测试和地球化学勘查。主要职责是：制定学校在地质调查工作领域的长期规划；组织地质调查项目的立项论证、合同与协议的商讨与签订；组织地质调查项目的实施；组织地调项目的设计、年度工作方案、野外验收、成果报告审查前的内部审查，各领域地调项目的野外验收和成果评审的组织工作；指导地调项目立项设计等预算的编制工作及审查；指导督促项目组做好资料汇交工作，按地调局地质调查项目管理制度的要求进行管理，对地质调查项目的经费管理和质量、安全、保密管理工作进行监控。

地调与科研

一、内蒙古1:5万沙日勒昭（L50E021017）、太本庙（L50E021018）、迪彦庙（L50E022017）、多尔博勒金和热木（L50E022018）幅区调

（一）基础地质方面。

1. 通过路线地质调查，初步查明了部分迪彦庙（L50E022017）幅、部分多尔博勒金和热木（L50E022018）幅上二叠统林西组（P_2l）和下白垩统白音高老组（K_1b）的空间分布、岩性组合、产状、接触关系等特征，合理划分了岩石地层，确定了填图单位。

2. 构造地质－孬来可吐蛇绿岩、迪彦庙构造蛇绿混杂岩带（糜棱岩带－绿片岩带）、白音布拉格蛇绿混杂岩带（蛇绿岩套－糜棱岩带）及哈达敖瑞蛇绿混杂岩的发现。

3. 区内变质作用较为强烈，以构造动力变质作用为主，区域和热接触变质作用次之。韧性剪切带动力变形变质作用主要受白音布拉格蛇绿混杂岩带（糜棱岩－韧性剪切带）控制，呈带状展布，表现为岩石碎裂岩化、糜棱岩化、片理化，与洋壳残片－蛇绿混杂岩之俯冲碰撞构造侵位有关。林西组遭受了区域低温动力变质变形作用的改造，千枚理、板理、面理发育。变质矿物组合为白云母、绢云母、绿泥石。根据变质矿物组合分析，变质相为低绿片岩相。

（二）矿产地质方面。

1. 昂格图矿化带位于多尔博勒金和热木（L50E022018）幅西南部，呈东西向延伸，区内延伸长约2 km，围岩为硅化蚀变岩，见花岗斑岩穿插。岩石具硅化、黄铁矿化、绢云母化、高岭土化及褐铁矿化等蚀变。

2. 在路线地质调查过程中，新发现呼斯图绍荣等锰、银、铜多金属矿化点5处。

二、内蒙古新巴尔虎右旗宝格德乌拉一带综合方法找矿

基础地质方面：新确定了上石炭统新伊根河组（C_2x）一个岩石地层单位。在白垩系大磨拐河组发现了以裸子植物松粉属、麻黄粉属和榆粉属、桦粉属为主及少量藜粉属和蒿粉属等的孢粉化石。为区域地层划分与对比提供了新资料。

初步查明了宝格德乌拉地区地质构造背景，地球化学和地球物理特征，了解了成矿地质条件、控矿因素及找矿标志。

新发现了沙那根呼都格钨钼矿点、奴温亭屯格勒银矿点、杭盖音浑迪多金属矿点3处。发现阿尔查嘎乃乌也特钨化矿点、塔牙花钼矿化点、拉尔札延浑迪银矿化点3处。圈出土壤化探综合异常49处；圈出激电异常19处。

综合上述，通过综合方法找矿实践和综合研究，圈定了找矿远景区3处，并在Ⅰ级远景区内提出了3处具有进一步工作价值的矿产普查基地，初步地质成果显示，3处矿产地均具有中大型矿产找矿潜力。

三、内蒙古自治区通辽市哈德营子等4幅1:5万矿产调查

1. 建立了测区内二叠系、侏罗系、白垩系的地层系统。包括下统寿山沟组、下—中统大石寨组、中统哲斯组、上统林西组；侏罗系包括下统红旗组、上统满克头额博组、玛尼吐组和白音高老组。

2. 区内岩浆岩有二叠纪中偏基—中—酸性火山岩和中酸性侵入岩、侏罗纪和白垩纪（燕山期）中—酸性火山－侵入岩。全区火山－侵入岩浆活动强烈，岩浆岩分布广泛，以侏罗纪火山－侵入岩为主。侏罗纪侵入杂岩体具有从中性—中酸性—酸性—偏碱性的演化分异特征，是成矿母岩。

3. 测区内已发现矿床、矿点、矿化点共计32处，主要矿种分为铜多金属、铅锌银多金属和煤3种，区内铜多金属、铅锌银多金属矿产形成于侏罗纪构造－岩浆成矿系统中，主要为岩浆热液脉状成因类型。

4. 系统总结了成矿规律、控矿因素、找矿标志，以构造－岩浆成矿系统为基础建立了区域成矿模式。在侏罗纪构造－岩浆穹窿或火山机构中，侏罗纪火山－侵入岩浆演化分异伴随发生铜多金属或铅锌银多金属成矿作用而形成矿床。

5. 根据成矿活动与构造－岩浆活动的关系，区内确定两种不同类型的构造－岩浆成矿系统，即构造－岩浆穹窿型成矿系统和火山机构型成矿系统。燕山期构造体系中的火山构造和断裂是重要的控矿构造，侏罗纪火山构造活动伴随着铜多金属、铅锌银多金属成矿作用，区内矿产分布于构造－岩浆穹窿和火山机构中。

四、内蒙古自治区希宁乌苏等3幅1:5万区域矿产调查

1. 查明区内变质基底的物质组成、接触关系、变形变质作用和构造样式。运用构造－岩石－事件法对测区变质基底进行了详细调查，结合区域对比，将

原太古代乌拉山岩群与色尔腾山岩群解体为两个属变质表壳岩的乌拉山岩群及色尔腾山岩群和片麻状花岗闪长岩（1877 ± 27 Ma）及片麻状英云闪长岩（1874 ± 8 Ma）和糜棱岩化正长花岗岩等3个元古宙侵入岩。

2. 对区内中元古代渣尔泰山群进行了重点调查，查明了各单位的岩石组合及其层序特征。区内渣尔泰山群可划分为3个组级单位，分别为书记沟组、增隆昌组、阿古鲁沟组。

3. 对广泛分布的岩浆岩进行了详细研究，建立了岩浆单元，初步建立了晚古生代构造岩浆事件序列。厘定出分布于太古宙陆核及其南侧的火山弧阶段（305 ~ 270 Ma）的钙碱性花岗岩及分布于太古宙陆核北侧的印支期（240 Ma ±）的向同碰撞花岗岩转换等事件，为探索测区晚古生代到中生代构造演化提供重要资料。

4. 初步查明了测区的主体构造格架，查明了各单元的物质组成及其变形特征；在狼山山前厘定出大规模韧性变形带和冲断推覆断裂系；初步分析了各自的变形机制、表现形式及地质演化。

5. 从1:5万化探面积工作圈出了19个化探异常区，其中有5个异常元素组合性较好，规模及范围均尚可。其中Au，Ag，Cu，Zn，Sb，Fe，W等多金属元素地球化学异常，具有相对集中、富集等特征。根据区内已知的矿床，矿点、矿化点及地球化学异常、磁电异常的分布特点，结合地层、构造、岩浆岩对成矿的控制条件综合分析，确立了3个找矿靶区，5个新的矿产地。结合矿（化）点的基本特征及其成矿地质背景、成矿条件，初步总结了成矿规律。

五、内蒙古自治区姜营子等4幅1:5万区域矿产调查

1. 对区内地层进行了厘定，划分出中二叠统额里吐组和于家北沟组，西拉木伦河北侧的上二叠统林西组，以及侏罗系上统满克头鄂博组、玛尼吐组和白音高老组。

2. 对侵入岩进行了初步研究，划分出二叠纪花岗闪长岩、黑云母花岗岩、似斑状正长花岗岩，以及侏罗纪二叠纪花岗闪长岩、花岗斑岩、二长花岗岩、正长花岗岩等造山带和非造山带两个花岗岩系列。

3. 新发现了99个矿化蚀变带（点）具有远景的有8个矿（化）点，91条蚀变带。划分了6个成矿靶区及7个矿产地。

六、内蒙古自治区坤都等4幅1:5万区域矿产调查

1. 对区内地层进行了厘定，划分出中二叠统哲斯组和上二叠统林西组，以及侏罗系上统满克头鄂博组、玛尼吐组及白音高老组。

2. 对侵入岩进行了初步研究，划分出晚侏罗纪黑云母花岗岩、似斑状正长花岗岩等侵入岩。

3. 发现了45个矿化蚀变带（点），具有远景的13个新发现的矿（化）点。划分3个成矿靶区及5个矿产地。

七、内蒙古自治区正镶白旗等4幅1:5万区域矿产调查

1. 对区内地层进行了厘定，划分出下二叠统三面井组和中二叠统额里吐组，以及侏罗系上统满克头鄂博组、玛尼吐组及白音高老组，发现了玛尼吐组与白音高老组之间的平行不整合。

2. 对侵入岩进行了初步研究，划分出了黑云母花岗岩、似斑状花岗岩、二长花岗岩及花岗斑岩，通过分析这些岩体均A及I型花岗岩的含矿岩体。

3. 对中生代火山岩进行了系统的研究，火山岩主要为高钾系列的岩石，其中满克头鄂博组为粗安质流纹岩和英安岩、玛尼吐组为安山质岩石、粗面英安岩及白音高老组为流纹质岩石。火山岩与侵入岩具有同源特征。

4. 新发现了53个矿化蚀变带（点）具有远景的有9个矿（化）点，其中矿点4处，矿化点5处，44个蚀变带。

（韩亚宁）

附　录

局机关主要领导及变动情况

局党组领导

党组书记　汪　民
党组副书记　钟自然
党组成员　王学龙　王　研　李金发　李广湧
党组纪检组组长　李广湧

局领导

局　长　汪　民
副 局 长　钟自然　王学龙　王　研　李金发
总工程师　张洪涛
副总工程师　殷跃平

局机关各部室负责人

办公室

主　任　刘延明
副 主 任　张　连　胡茂焱　余浩科
（胡茂焱挂职新疆维吾尔自治区国土资源厅副厅长）

总工程师室

主　任　严光生
副 主 任　刘纪选　徐　勇

计划财务部

主　任　武选民

基础调查部

副 主 任　张海啟　翟刚毅

资源评价部

主　任　陈仁义
副 主 任　薛迎喜　王全明

水文地质环境地质部

主　任　殷跃平（兼）
副 主 任　文冬光

科技外事部

主　任　叶建良
副 主 任　连长云

装备部

主　任　韩英哲
副 主 任　吴　琳　唐　兰

人事教育部

主　任　赵　奇
副 主 任　安俊良

纪检组（监察审计室）

主　任　樊春福
副 主 任　马江芬

局直属机关党委

书　记　王宝才
常务副书记　李明祥
副书记　张茂林

局直属机关纪委

书　记　张茂林（兼）

变动情况：

1. 2010年6月8日，组任字〔2010〕76号，中央组织部决定，王研、李金发同志任中国地质调查局副局长，免去王宝才、张洪涛同志的中国地质调查局副局长职务。

2. 2010年6月8日，组任字〔2010〕77号，中央组织部决定，王研、李金发同志任中国地质调查局党组成员，免去王宝才同志的中国地质调查局党组副书记职务和张洪涛同志的中国地质调查局党组成员职务。

3. 2010年1月18日，中地调发〔2010〕10号，局党组决定，免去于友明同志直属机关党委巡视员职务和奚小环同志基础调查部副主任职务。

4. 2010年11月10日，中地调党发〔2010〕26号，局党组决定，刘纪选任巡视员（副局级），兼任总工室副主任、余浩科任办公室副主任、翟刚毅任基础调查部副主任、王全明任资源评价部副主任、唐兰任装备部副主任、安俊良任人事教育部副主任。

5. 2010年12月24日，中地调党发〔2010〕37号，局党组决定，免去庄育勋同志基础调查部主任职务、胡思敏同志财务部副主任职务、卢民杰同志科技外事部副主任职务，另有任用。

（马成义）

局属单位领导班子及变动情况

天津地质调查中心（天津地质矿产研究所）

主任（所长）、党委副书记　金若时
党委书记、纪委书记　傅秉锋
副主任（副所长）　张文秦

变动情况：

2010年12月24日，中地调党发〔2010〕37号，局党组2010年11月26日研究决定：傅秉锋同志任天津地质调查中心（天津地质矿产研究所）党委书记兼纪委书记，免去其水文地质环境地质调查中心主任、党委书记、党委委员职务；免去王凤桐同志天津地质调查中心（天津地质矿产研究所）党委书记、党委委员，纪委书记、纪委委员职务，办理退休。

沈阳地质调查中心（沈阳地质矿产研究所）

主任（所长）　单海平
党委书记　马德有
副主任（副所长）　张允平　郦志波
党委副书记、纪委书记　曹贵斌
总工程师（试用期一年）　朱　群

西安地质调查中心（西安地质矿产研究所）

主任（所长）（试用期一年）、党委副书记　李文渊
党委书记、副主任（副所长）　杜玉良
党委副书记、纪委书记、副主任（副所长）　樊　钧
总工程师（试用期一年）　徐学义

变动情况：

2010年12月24日，中地调党发〔2010〕37号，局党组2010年11月26日研究决定：李文渊同志任西安地质调查中心（西安地质矿产研究所）主任（所长）（试用期一年）、党委副书记；杜玉良同志任西安地质调查中心（西安地质矿产研究所）党委书记；徐学义同志任西安地质调查中心（西安地质矿产研究所）总工程师（试用期一年）。

南京地质调查中心（南京地质矿产研究所）

主任（所长）　陈国栋
党委书记、纪委书记　黄　海
副主任（副所长）　郭坤一　李君浒
总工程师（试用期一年）　邢光福

变动情况：

1. 2010年4月30日，国土资党发〔2010〕21号，经21次部党组会议研究决定：陈国栋同志任中国国土资源报社社长、党委副书记。

2. 2010年12月24日，中地调党发〔2010〕37号，局党组2010年11月26日研究决定：免去陈国栋同志南京地质调查中心（南京地质矿产研究所）党委书记、党委委员职务；黄海同志任南京地质调查中心（南京地质矿产研究所）党委书记。

武汉地质调查中心（武汉地质矿产研究所）

主任（所长）（试用期一年）、党委副书记　姚华舟
党委书记、纪委书记　潘仲芳

变动情况：

1. 2010年7月6日，中地调党发〔2010〕18号，局党组2010年5月31日研究决定：免去李金发同志中国地质调查局武汉地质调查中心（武汉地质矿产研究所）主任（所长）、党委书记、党委委员职务，另有任用。

2. 2010年12月24日，中地调党发〔2010〕37号，局党组2010年11月26日研究决定：姚华舟同志任武汉地质调查中心（武汉地质矿产研究所）主任（所长）（试用期一年）、党委副书记；潘仲芳同志任武汉地质调查中心（武汉地质矿产研究所）党委书记兼纪委书记；免去陆维忠同志武汉地质调查中心（武汉地质矿产研究所）副巡视员职务，办理退休。

成都地质调查中心（成都地质矿产研究所）

名誉所长　刘宝珺
主任（所长）、党委书记　丁　俊
副主任（副所长）　王洁民　王　剑
党委副书记、纪委书记　王全海

青岛海洋地质研究所

所长、党委委员　彭轩明
党委书记、副所长　周永青
副所长　张训华
党委副书记、纪委书记　王建华

副所长（试用期一年） 胡思敏

变动情况：

1. 2010年1月21日，中地调党发〔2010〕1号，局党组2009年9月27日研究决定：免去朱远峰同志青岛海洋地质研究所巡视员职务，办理退休。

2. 2010年12月24日，中地调党发〔2010〕37号，局党组2010年11月26日研究决定：胡思敏同志任青岛海洋地质研究所副所长（试用期一年）、党委委员，免去其局财务部副主任职务。

广州海洋地质调查局

局长、党委副书记 马申达
党委书记、纪委书记 钟道权
副局长 杜林坚 温 宁
总工程师 杨胜雄

中国国土资源航空物探遥感中心

主任、党委副书记 王 平
党委书记、副主任 王殿琦
副主任、总工程师 熊盛青
副主任 王 凯 胡尚英 方洪宾
纪委书记、党委委员 李知用
副巡视员（副局级） 杨家才

变动情况：

1. 2010年9月6日，中地调党发〔2010〕21号，局党组2010年8月31日研究决定：方洪宾试用期满，正式任中国国土资源航空物探遥感中心副主任。

2. 2010年11月10日，国土资党发〔2010〕64号，部党组2010年11月1日研究决定：王殿琦同志任机关服务局局长，党委副书记。

中国地质调查局发展研究中心（全国地质资料馆）

主任（馆长）、党委副书记 邓志奇
党委书记、纪委书记 高谊明
副主任（副馆长） 蔡 纲 齐亚彬 张新兴
总工程师 谭永杰
党委委员 许庆丰
副巡视员 宋志刚 范炎虎

变动情况：

1. 2010年3月8日，中地调党发〔2010〕25号，局党组2009年9月27日研究决定：顾晓华同志任中国地质图书馆（中国地质调查局地学文献中心）馆长（主任）（试用期一年）、党委书记，免去其中国地质调查局发展研究中心（全国地质资料馆）副主任（副馆长）、党委委员，国土资源实物地质资料中心主任、党委书记、党委委员职务；张新兴同志任中国地质调查局发展研究中心（全国地质资料馆）副主任（副馆长）、党委委员；许庆丰同志任中国地质调查局发展研究中心党委委员。

2. 2010年12月24日，中地调党发〔2010〕37号，局党组2010年11月26日研究决定：齐亚斌同志任中国地质调查局发展研究中心（全国地质资料馆）副主任（副馆长）；宋志刚同志任中国地质调查局发展研究中心（全国地质资料馆）副巡视员。

国土资源实物地质资料中心

主任 张新兴
党委书记 许庆丰
副主任 王彦洪 黎 明 李 寅
党委副书记、纪委书记 李增悦

变动情况：

2010年3月8日，中地调党发〔2010〕25号，局党组2009年9月27日研究决定：张新兴同志任国土资源实物地质资料中心主任、党委委员；许庆丰同志任国土资源实物地质资料中心党委书记。

中国地质环境监测院

院长、党委副书记 侯金武
党委书记 康 战
副院长 田廷山
党委副书记、纪委书记 徐万忠
三峡指挥部指挥长 黄学斌
总工程师 李文鹏

变动情况：

2010年9月21日，中地调发〔2010〕206号，根据2009年11月17日国土资源部部长办公会议精神，经局党组研究决定：三峡库区地质灾害防治工作指挥部指挥长（副局级干部）由局党组负责管理。

水文地质环境地质调查中心

党委书记、副主任 甘行平
副主任、党委副书记 高新平

副主任　郭建强
纪委书记　张国兴

变动情况：

2010年12月24日，中地调党发〔2010〕37号，局党组2010年11月26日研究决定：傅秉锋同志任天津地质调查中心（天津地质矿产研究所）党委书记兼纪委书记，免去其水文地质环境地质调查中心主任、党委书记、党委委员职务；甘行平同志任水文地质环境地质调查中心党委书记、副主任。

中国地质图书馆（中国地质调查局地学文献中心）

馆长（主任）、党委书记（试用期一年）　顾晓华
副馆长（副主任）、党委副书记、纪委书记　刘丽兰
副馆长（副主任）（试用期一年）　单昌昊
副馆长（副主任）　薛山顺

变动情况：

2010年3月8日，中地调党发〔2010〕25号，局党组2009年9月27日研究决定：顾晓华同志任中国地质图书馆（中国地质调查局地学文献中心）馆长（主任）（试用期一年）、党委书记；单昌昊同志任中国地质图书馆（中国地质调查局地学文献中心）副馆长（副主任）（试用期一年）、党委委员。

中国地质科学院

党委书记、副院长（主持工作）　王小烈
常务副院长、党委副书记　朱立新
副院长　董树文　王瑞江
纪委书记　王　洁

变动情况：

1. 2010年9月19日，国土资党发〔2010〕49号，部党组2010年6月2日研究决定：王小烈任中国地质科学院党委书记、副院长（主持工作），张陟不再担任中国地质科学院党委书记职务。

2. 2010年9月27日，中地调党发〔2010〕24号，局党组2010年5月11日研究决定：王瑞江同志任中国地质科学院副院长、党委委员。

中国地质科学院地质研究所

所长、党委书记　侯增谦
副所长　高锦曦
党委副书记、纪委书记　沈　琳
副所长（试用期一年）　卢民杰

变动情况：

1. 2010年2月8日，中地调党发〔2010〕3号，局党组2010年1月22日研究决定：免去中国地质科学院地质研究所汪东波同志正局级巡视员职务，同意调出。

2. 2010年12月24日，中地调党发〔2010〕37号，局党组2010年11月26日研究决定：免去耿元生同志中国地质科学院地质研究所副所长职务，办理退休；卢民杰同志任中国地质科学院地质研究所副所长（试用期一年）、党委委员，免去其局科技外事部副主任职务。

中国地质科学院矿产资源研究所

所长、党委书记　王瑞江
副所长、党委副书记、纪委书记　张佳文
副所长　毛景文　王宗起　邢树文

变动情况：

2010年9月6日，中地调党发〔2010〕21号，局党组2010年8月31日研究决定：邢树文试用期满，正式任中国地质科学院矿产资源研究所副所长。

中国地质科学院地质力学研究所

所长　龙长兴
党委书记、纪委书记　何长虹
副所长　赵　越　侯春堂

变动情况：

1. 2010年9月6日，中地调党发〔2010〕21号，局党组2010年8月31日研究决定：侯春堂试用期满，正式任中国地质科学院地质力学研究所副所长。

2. 2010年12月24日，中地调党发〔2010〕37号，局党组2010年11月26日研究决定：龙长兴同志明确为中国地质科学院地质力学研究所正局级干部；何长虹同志任中国地质科学院地质力学研究所党委书记；免去李贵书同志中国地质科学院地质力学研究所副所长、党委委员职务，办理退休。

中国地质科学院水文地质环境地质研究所

名誉所长　张宗祜
所长、党委副书记　石建省

副所长 张发旺 张永波

变动情况：

2010年9月6日，中地调党发〔2010〕21号，局党组2010年8月31日研究决定：张永波试用期满，正式任中国地质科学院水文地质环境地质研究所副所长。

中国地质科学院地球物理地球化学勘查研究所

名誉所长 谢学锦
所长、党委书记 韩子夜
副所长 徐刚峰 胡 平 徐龙强 史长义

变动情况：

2010年9月6日，中地调党发〔2010〕21号，局党组2010年8月31日研究决定：史长义试用期满，正式任中国地质科学院地球物理地球化学研究所副所长。

中国地质科学院岩溶地质研究所

所长、党委书记 姜玉池
副所长、副书记、纪委书记 刘 雯
副所长 黄庆达 蒋忠诚

变动情况：

1. 2010年9月6日，中地调党发〔2010〕21号，局党组2010年8月31日研究决定：蒋忠诚试用期满，正式任中国地质科学院岩溶地质研究所副所长。

2. 2010年12月24日，中地调党发〔2010〕37号，局党组2010年11月26日研究决定：黄庆达同志明确为中国地质科学院岩溶地质研究所副局级职级干部。

国家地质实验测试中心

主任（试用期一年） 庄育勋
副主任 吴淑琪 罗立强 沈建明

变动情况：

1. 2010年9月6日，中地调党发〔2010〕21号，局党组2010年8月31日研究决定：沈建明试用期满，正式任国家地质实验测试中心副主任。

2. 2010年12月24日，中地调党发〔2010〕37号，局党组2010年11月26日研究决定：庄育勋同志任国家地质实验测试中心主任（试用期一年）、党委委员，免去其局基础调查部主任职务；免去尹明同志国家地质实验测试中心主任、党委书记、党委委员职务，办理退休；免去宋其敏同志国家地质实验测试中心副主任、副书记、党委委员、纪委书记、纪委委员职务，办理退休；罗立强同志明确为国家地质实验测试中心副局级职级干部。

中国地质科学院勘探技术研究所

所长（试用期一年）、党委副书记 张金昌
副所长 高 鹏

变动情况：

1. 2010年9月6日，中地调党发〔2010〕21号，局党组2010年8月31日研究决定：高鹏试用期满，正式任中国地质科学院勘探技术研究所副所长。

2. 2010年12月24日，中地调党发〔2010〕37号，局党组2010年11月26日研究决定：张金昌同志任中国地质科学院勘探技术研究所所长（试用期一年）、党委副书记。

中国地质科学院探矿工艺研究所

所长、党委书记 胡时友
党委副书记、纪委书记 周良宗
副所长 宋 军

变动情况：

1. 2010年1月21日，中地调党发〔2010〕1号，局党组2009年9月27日研究决定：免去彭文范同志中国地质科学院探矿工艺研究所副所长、党委委员职务，办理退休。

2. 2010年9月6日，中地调党发〔2010〕21号，局党组2010年8月31日研究决定：宋军试用期满，正式任中国地质科学院探矿工艺研究所副所长。

北京探矿工程研究所

所长、党委副书记 何远信
副所长 刘三意
副所长、纪委书记 贾 军

变动情况：

1. 2010年9月6日，中地调党发〔2010〕21号，局党组2010年8月31日研究决定：刘三意试用期满，正式任北京探矿工程研究所副所长。

2. 2010年12月24日，中地调党发〔2010〕37号，局党组2010年11月26日研究决定：免去耿俊峰同志北京探矿工程研究所党委书记、副所长、党委委员职务，办理退休。

中国地质科学院郑州矿产综合利用研究所

所长、党委书记　冯安生

副所长　杨友生　郭珍旭　胡宏杰

党委副书记、纪委书记　杨绍文

变动情况：

2010年9月6日，中地调党发〔2010〕21号，局党组2010年8月31日研究决定：胡宏杰试用期满，正式任中国地质科学院郑州矿产综合利用研究所副所长。

中国地质科学院矿产综合利用研究所

所长、党委书记　刘亚川

副所长　胡泽松　陈炳炎

变动情况：

2010年9月6日，中地调党发〔2010〕21号，局党组2010年8月31日研究决定：陈炳炎试用期满，正式任中国地质科学院矿产综合利用研究所副所长。

（包永东　赵　霞）

统 计 资 料

2010 年地质调查情况统计

地质调查项目分类

	合计	工作阶段				
		基础	预查	普查	详查	勘探
合计	**2468**	**1962**	**358**	**94**	**39**	**15**
矿产资源调查评价	722	318	341	59	2	2
能源矿产地质调查	114	77	34	3		
其中：石油地质调查	6	5	1			
金属矿产地质调查	533	198	288	46		1
非金属矿产地质调查	42	26	15	1		
水气矿产地质调查	33	17	4	9	2	1
海洋地质调查	**18**	**9**		**9**		
水文、工程、环境地质调查	**211**	**175**	**8**	**10**	**11**	**7**
水文地质	46	32	3	5	1	5
工程地质	7	6	1			
环境地质	90	85	1	1	3	
水文工程环境地质综合调查	68	52	3	4	7	2
区域地质调查	**339**	**334**		**5**		
地球物理、地球化学调查	**232**	**226**	**3**			**3**
地面物探	91	85	3			3
地面化探	114	114				
航空物探	17	17				
物化探综合调查	10	10				
遥感	**83**	**81**	**2**			
矿产资源	83	81	2			
地质灾害预警工程	**157**	**131**	**2**	**1**	**23**	
地质灾害调查	139	113	2	1	23	
地质灾害治理	18	18				
土地资源监测调查评价	**1**	**1**				
土地资源技术与标准	1	1				

——按专业性质（一）

计量单位：个

工作进程				项目性质			
设计	施工	编写报告	汇交资料	新开项目	续作项目	结转项目	中止项目
73	**1504**	**488**	**403**	**846**	**791**	**831**	
19	473	97	133	303	205	214	
7	77	21	9	54	35	25	
1	5			3	3		
4	364	62	103	215	157	161	
5	22	6	9	18	10	14	
3	10	8	12	16	3	14	
	4	**14**		**4**	**1**	**13**	
9	**105**	**59**	**38**	**64**	**55**	**92**	
3	26	10	7	24	7	15	
	4	1	2	3	1	3	
2	34	30	24	16	22	52	
4	41	18	5	21	25	22	
5	**237**	**46**	**51**	**161**	**83**	**95**	
2	**127**	**76**	**27**	**82**	**52**	**98**	
	54	26	11	30	27	34	
1	58	39	16	41	19	54	
1	8	8		9	1	7	
	7	3		2	5	3	
1	**49**	**23**	**10**	**19**	**34**	**30**	
1	49	23	10	19	34	30	
7	**60**	**37**	**53**	**28**	**48**	**81**	
6	55	33	45	26	44	69	
1	5	4	8	2	4	12	
	1			**1**			
	1			1			

地质调查项目分类

	合　计	工作阶段				
		基础	预查	普查	详查	勘探
数字国土工程	**71**	**71**				
信息化标准建设	11	11				
信息技术开发研究	46	46				
地矿基础数据库建设	46	46				
国土资源网络系统建设	14	14				
国土资源科学研究	**262**	**260**	**2**			
地质科学研究	260	258	2			
土地科学研究	2	2				
技术发展工程	**153**	**141**		**9**		**3**
地矿技术发展工程	152	140		9		3
区域地质技术发展工程	7	7				
地球物理技术发展工程	18	18				
地球化学技术发展工程	6	6				
遥感技术发展工程	30	30				
水、工、环技术发展工程	11	11				
探矿工程技术发展工程	32	32				
其他技术发展工程	48	36		9		3
土地技术发展工程	1	1				
其　　他	**219**	**215**		**1**	**3**	

——按专业性质（二）

计量单位：个

工作进程				项目性质			
设计	施工	编写报告	汇交资料	新开项目	续作项目	结转项目	中止项目
	42	**15**	**14**	**8**	**35**	**28**	
	6	3	2	6	3	2	
	29	8	9	2	23	21	
	29	8	9	2	23	21	
	7	4	3		9	5	
19	**184**	**24**	**35**	**71**	**132**	**59**	
19	182	24	35	70	131	59	
	2			1	1		
5	**70**	**48**	**30**	**27**	**70**	**56**	
5	69	48	30	27	70	55	
	4	1	2		4	3	
	7	6	5	5	6	7	
	4	1	1	1	2	3	
	16	12	2	8	14	8	
	3	7	1	2	5	4	
	11	8	13	4	13	15	
5	24	13	6	7	26	15	
	1					1	
6	**152**	**49**	**12**	**78**	**76**	**65**	

地质调查项目分类

	合　计	工作阶段				
		基础	预查	普查	详查	勘探
合　计	**2468**	**1962**	**358**	**94**	**39**	**15**
北京	304	304				
天津	53	52	1			
河北	143	119	13	3	7	1
山西	30	28	1			1
内蒙古	177	150	26		1	
辽宁	49	43	3	3		
吉林	35	29	6			
黑龙江	67	65	2			
上海	12	12				
江苏	55	49	6			
浙江	26	24	2			
安徽	40	33	3	4		
福建	49	34	12	3		
江西	47	33	11	3		
山东	42	35	7			
河南	52	26	16	8		2
湖北	98	86	10		2	
湖南	68	44	23	1		
广东	38	27	7	3	1	
广西	69	50	14	4		1
海南	22	13	3	6		
重庆	32	29	1		2	
四川	130	109	18	1	1	1
贵州	35	21	3		8	3
云南	98	48	30	15	3	2
西藏	184	142	22	16	1	3
陕西	88	74	13	1		
甘肃	59	38	12	6	2	1
青海	130	88	22	10	10	
宁夏	22	21			1	
新疆	208	130	71	7		
境外	6	6				

——按项目工作地区

计量单位：个

工作进程				项目性质			
设计	施工	编写报告	汇交资料	新开项目	续作项目	结转项目	中止项目
73	**1504**	**488**	**403**	**846**	**791**	**831**	
16	177	53	58	72	128	104	
	29	19	5	10	21	22	
	67	56	20	35	50	58	
	18	5	7	7	11	12	
6	119	34	18	76	57	44	
1	34	11	3	19	17	13	
1	18	10	6	10	7	18	
1	49	12	5	31	17	19	
	4	6	2	3	2	7	
	36	8	11	14	20	21	
	12	9	5	8	6	12	
	23	9	8	13	12	15	
2	35	3	9	23	12	14	
	30	5	12	20	10	17	
	27	10	5	14	11	17	
1	29	14	8	19	16	17	
3	49	23	23	28	29	41	
1	43	9	15	24	17	27	
	21	13	4	13	10	15	
1	36	11	21	26	12	31	
2	9	6	5	5	5	12	
3	16	11	2	12	7	13	
2	91	25	12	36	54	40	
1	20	4	10	9	12	14	
1	63	15	19	37	33	28	
4	128	27	25	69	70	45	
5	51	14	18	25	30	33	
	32	4	23	19	11	29	
7	81	30	12	53	38	39	
2	16	2	2	12	6	4	
13	138	29	28	104	56	48	
	3	1	2		4	2	

地质调查项目分类

	合　计	工作阶段				
		基础	预查	普查	详查	勘探
合　计	**2468**	**1962**	**358**	**94**	**39**	**15**
一、中国地质调查局及局属单位	**922**	**862**	**10**	**27**	**14**	**9**
天津地调中心	57	57				
沈阳地调中心	48	48				
南京地调中心	46	44	2			
武汉地调中心	49	46	1		2	
成都地调中心	55	55				
西安地调中心	73	66	6	1		
青岛海地所	18	18				
广州海洋局	13	4		9		
航遥中心	61	61				
发展研究中心	61	61				
实物资料中心	8	7	1			
地调局本部	3	3				
中国地质科学院	**300**	**284**		**5**	**10**	**1**
地科院本部	18	18				
地质研究所	64	64				
矿产资源所	67	67				
地质力学所	38	38				
实验测试中心	10	10				
物化探所	57	57				
水文环境所	25	13		4	8	
岩溶地质所	21	17		1	2	1
探矿工程所	4	4				
水环地调中心	27	18		2	2	5
勘探技术所	14	14				
郑州综合所	13			10		3

——按单位（一）

计量单位：个

工作进程				项目性质			
设计	施工	编写报告	汇交资料	新开项目	续作项目	结转项目	中止项目
73	**1504**	**488**	**403**	**846**	**791**	**831**	
35	**582**	**186**	**119**	**242**	**408**	**272**	
	36	17	4	14	22	21	
	42	5	1	24	17	7	
	36	4	6	14	18	14	
	39	5	5	14	20	15	
	51	1	3	19	27	9	
	64	7	2	29	31	13	
3	6	8	1	4	5	9	
	3	10		4	2	7	
	14	39	8	14	27	20	
	49	2	10	11	34	16	
	3	5		2	4	2	
	1	2		1		2	
29	**176**	**54**	**41**	**67**	**142**	**91**	
	6	11	1	1	6	11	
1	49	1	13	5	43	16	
26	23	12	6	27	23	17	
	29	4	5	10	20	8	
1	8	1		1	6	3	
1	40	13	3	12	29	16	
	8	12	5	3	10	12	
	13		8	8	5	8	
	4				4		
	15	10	2	9	15	3	
	2	7	5	2	6	6	
1	4	5	3	1	9	3	

地质调查项目分类

	合　计	工作阶段				
		基础	预查	普查	详查	勘探
探矿工艺所	10	10				
成都综合所	6	6				
环境监测院	53	53				
地质图书馆	3	3				
二、省（区、市）地调院	**934**	**650**	**253**	**25**	**4**	**2**
北京地调院	12	12				
天津地调院	8	8				
河北地调院	31	23	8			
山西地调院	21	19	2			
内蒙古地调院	39	27	12			
辽宁地调院	19	19				
吉林地调院	24	15	9			
黑龙江地调院	34	34				
上海地调院	8	8				
江苏地调院	24	20	4			
浙江地调院	13	13				
安徽地调院	29	22	3	4		
福建地调院	40	20	16	4		
江西地调院	38	25	10	3		
山东地调院	16	11	5			
河南地调院	52	31	21			
湖北地调院	31	17	14			
湖南地调院	37	17	20			
广东地调院	22	19	3			
广西地调院	31	19	12			
海南地调院	17	12	3	2		
重庆地调院	15	14	1			

——按单位（二）

计量单位：个

工作进程				项目性质			
设计	施工	编写报告	汇交资料	新开项目	续作项目	结转项目	中止项目
1	6	1	2	2	4	4	
1	5			2	4		
	23	4	26	8	15	30	
	3			1	2		
10	**575**	**172**	**177**	**347**	**236**	**351**	
	5	3	4	3	2	7	
	3	4	1	2	1	5	
	24	2	5	14	7	10	
	12	2	7	5	6	10	
1	25	7	6	17	9	13	
	12	6	1	6	6	7	
1	14	5	4	8	6	10	
	24	8	2	12	12	10	
	3	3	2	3	1	4	
	11	4	9	4	8	12	
	5	5	3	4	3	6	
	16	9	4	7	9	13	
	29	2	9	18	10	12	
	24	3	11	18	7	13	
	9	4	3	4	4	8	
	33	12	7	17	16	19	
	14	9	8	11	6	14	
	25	4	8	16	9	12	
	12	8	2	6	4	12	
	16	4	11	11	5	15	
1	8	3	5	3	5	9	
2	7	5	1	7	1	7	

地质调查项目分类

	合　计	工作阶段				
		基础	预查	普查	详查	勘探
四川地调院	55	42	13			
贵州地调院	21	19	2			
云南地调局	42	15	24		3	
西藏地调院	44	32	3	7		2
陕西地调院	47	33	13	1		
甘肃地调院	25	15	9	1		
青海地调院	54	36	15	3		
宁夏地调院	12	11			1	
新疆地调院	73	42	31			
三、省（区、市）环境监测站	**135**	**116**	**1**	**2**	**16**	
北京监测站	3	3				
天津监测站	2	2				
河北监测站	4	4				
山西监测站	5	5				
辽宁监测站	2	2				
吉林监测站	3	3				
黑龙江监测站	4	4				
浙江监测站	6	6				
安徽监测站	4	4				
福建监测站	4	4				
江西监测站	3	3				
山东监测站	1	1				
河南监测站	2	2				
湖北监测站	10	10				
湖南监测站	10	10				
广西监测站	8	6		2		
重庆监测站	6	4			2	

——按单位（三）

计量单位：个

工作进程				项目性质			
设计	施工	编写报告	汇交资料	新开项目	续作项目	结转项目	中止项目
	35	18	2	19	16	20	
1	15	2	3	7	8	6	
	25	3	14	12	13	17	
	29	6	9	19	11	14	
	33	7	7	20	12	15	
	13	3	9	8	5	12	
	37	11	6	21	13	20	
	11	1		8	4		
4	46	9	14	37	17	19	
15	**50**	**32**	**38**	**42**	**25**	**68**	
		1	2		1	2	
	2				1	1	
		3	1	1	1	2	
	3	1	1	2	2	1	
		2		1		1	
1		2		1		2	
1		1	2	1		3	
	4	1	1	2	2	2	
	1	1	2	1		3	
	4			3	1		
	2	1		1	1	1	
	1				1		
	2			2			
	5	2	3	4	2	4	
1	5	1	3	2	2	6	
1	1	3	3	2	1	5	
1	2	2	1	2	1	3	

地质调查项目分类

	合　计	工作阶段				
		基础	预查	普查	详查	勘探
四川监测站	7	7				
贵州监测站	8	1			7	
西藏监测站	9	8			1	
陕西监测站	3	2	1			
甘肃监测站	10	9			1	
青海监测站	7	2			5	
宁夏监测站	8	8				
新疆监测站	6	6				
四、省（区、市）国土资源厅、地勘局	**73**	**40**	**9**	**16**	**5**	**3**
北京地质工程设计研究院	1	1				
天津地热勘查开发设计院	1		1			
河北地勘局	1			1		
山西地勘局	1			1		
山西第三地质工程勘察院	1	1				
内蒙古国土资源信息院	1	1				
黑龙江地勘局	1					1
江苏国土厅信息中心	1	1				
安徽地矿局	1					1
安徽勘查技术院	8	6	2			
福建地矿局	1			1		
江西地矿局	1			1		
山东地勘局	1	1				
山东地质科学实验研究院	1	1				
山东国土资源档案馆	1	1				
河南地矿局	1			1		
河南国土资源科学研究院	1	1				
湖北地矿局	1			1		

——按单位（四）

计量单位：个

工作进程				项目性质			
设计	施工	编写报告	汇交资料	新开项目	续作项目	结转项目	中止项目
	2	1	4		1	6	
	2	2	4	1	1	6	
2	1	1	5	3	1	5	
1			2	1		2	
	7	1	2	4	2	4	
1	1	5		2		5	
2	3	1	2	2	2	4	
4	2			4	2		
3	**43**	**26**	**1**	**42**	**10**	**21**	
		1				1	
		1		1			
	1			1			
	1			1			
	1					1	
		1				1	
	1			1			
	1			1			
	1			1			
	6	1	1	7		1	
	1			1			
	1			1			
		1				1	
	1					1	
	1			1			
	1			1			
		1				1	
		1		1			

地质调查项目分类

	合　计	工作阶段				
		基础	预查	普查	详查	勘探
湖北地质科学研究所	1	1				
湖南地矿局	1			1		
湖南地质研究所	1	1				
湖南国土资源信息中心	1	1				
广东地矿局	1			1		
广西地勘总院	1	1				
重庆地勘局	1	1				
重庆地质矿产研究院	2	2				
四川地矿局	1	1				
四川矿产资源储量评审中心	1	1				
贵州国土资源厅	1	1				
贵州地矿局	1					1
西藏地勘局第二地质大队	1			1		
西藏地勘局第五地质大队	2			2		
陕西地勘局二物	5	5				
陕西地矿实验所	1	1				
陕西国土资源规划与评审中心	2	2				
甘肃地矿局	1			1		
青海地矿局	2	1		1		
青海柴达木综合地质勘查大队	2			2		
青海第一地质矿产勘查院	1			1		
青海环境地质勘查局	4				4	
青海国土规划研究院	3	3				
青海国土资源博物馆	1	1				
青海国土资源厅信息中心	1	1				
青海水工环调查院	2	1			1	
新疆地矿所	1	1				
新疆地矿九队	6		6			

——按单位（五）

计量单位：个

工作进程				项目性质			
设计	施工	编写报告	汇交资料	新开项目	续作项目	结转项目	中止项目
	1			1			
		1		1			
		1				1	
		1		1			
		1		1			
	1					1	
		1				1	
		2			1	1	
	1			1			
		1				1	
	1					1	
	1			1			
		1				1	
		2			2		
	5			2	2	1	
	1					1	
1		1		1		1	
		1		1			
	1	1		2			
	2				2		
	1				1		
1		3		1	1	2	
	2	1		2		1	
	1			1			
	1			1			
1	1			1	1		
		1				1	
	6			6			

地质调查项目分类

	合计	工作阶段				
		基础	预查	普查	详查	勘探
五、地勘各工业部门	**177**	**74**	**83**	**20**		
冶金地勘系统	**34**	**9**	**19**	**6**		
冶金地质总局	27	7	14	6		
冶金辽宁局	2		2			
辽宁冶金地勘院	1	1				
冶金四川局	4	1	3			
有色地勘系统	**62**	**22**	**31**	**9**		
有色地调中心	20	7	13			
有色华北局	1		1			
有色内蒙古地勘局	1	1				
有色辽宁局	4	1		3		
有色河南局	2		2			
有色湖南局	3	3				
有色贵州局	5	1	4			
有色云南局	1		1			
有色西北局	3		3			
有色甘肃局	8	3		5		
甘肃有色地勘局三队	1	1				
有色青海局	7	1	5	1		
有色新疆局	6	4	2			
武警黄金部队	**9**		**8**	**1**		
武警黄金部队	9		8	1		
煤田地勘系统	**27**	**18**	**7**	**2**		
煤炭地质总局	19	16	3			
煤田湖南局	1			1		
煤田四川局	1			1		
四川煤田地勘设计院	1	1				

——按单位（六）

计量单位：个

工作进程				项目性质			
设计	施工	编写报告	汇交资料	新开项目	续作项目	结转项目	中止项目
5	**103**	**31**	**38**	**73**	**49**	**55**	
	21	**2**	**11**	**13**	**8**	**13**	
	14	2	11	9	6	12	
	2			1	1		
	1					1	
	4			3	1		
	40	**10**	**12**	**21**	**18**	**23**	
	15	5		8	7	5	
		1				1	
	1			1			
	2	2		1	1	2	
	2			2			
	2		1	1	1	1	
	2		3	1	1	3	
	1				1		
	2		1	1	1	1	
	3		5	2	1	5	
	1					1	
	5	1	1	1	4	2	
	4	1	1	3	1	2	
	5	**2**	**2**	**4**	**1**	**4**	
	5	2	2	4	1	4	
2	**16**	**5**	**4**	**16**	**7**	**4**	
	11	5	3	9	7	3	
	1			1			
			1			1	
	1			1			

地质调查项目分类

	合　计	工作阶段				
		基础	预查	普查	详查	勘探
煤田甘肃局	1	1				
新疆煤炭一五六勘查队	2		2			
新疆煤炭综合地质勘查队	1		1			
新疆煤田地质局161队	1		1			
核工业地质系统	**25**	**18**	**5**	**2**		
核工业地质局	21	17	3	1		
四川核工业地调院	2	1	1			
青海核工业地质局	2		1	1		
化工地质矿山局	**10**	**2**	**8**			
中化地质矿山总局	10	2	8			
建材地勘中心	**7**	**2**	**5**			
建材地勘中心	7	2	5			
中联煤层气公司	**3**	**3**				
中联煤层气公司	3	3				
六、院校	**187**	**180**	**2**	**4**		**1**
中国地大（北京）	59	59				
北京大学	4	4				
北京师范大学	1	1				
石家庄经济学院	1	1				
吉林大学	33	33				
南京大学	3	3				
中国矿业大学	1	1				
合肥工业大学	1	1				
东华理工大学	2	2				
华东石油大学	2	2				
中国地大（武汉）	50	50				
中山大学	1					1

——按单位（七）

计量单位：个

工作进程				项目性质			
设计	施工	编写报告	汇交资料	新开项目	续作项目	结转项目	中止项目
	1			1			
1	1			2			
	1			1			
1				1			
2	**10**	**9**	**4**	**11**	**10**	**4**	
2	6	9	4	8	9	4	
	2			1	1		
	2			2			
	5		**5**	**3**	**2**	**5**	
	5		5	3	2	5	
	4	**3**		**4**	**1**	**2**	
	4	3		4	1	2	
1	**2**			**1**	**2**		
1	2			1	2		
3	**123**	**32**	**29**	**82**	**50**	**55**	
1	40	10	8	22	18	19	
	3		1	3	1		
	1			1			
	1			1			
	25	4	4	15	9	9	
	3			2	1		
	1			1			
	1			1			
	2			2			
	2			2			
2	23	12	13	18	14	18	
	1			1			

地质调查项目分类

	合　计	工作阶段				
		基础	预查	普查	详查	勘探
成都理工大学	17	14	2	1		
长安大学	12	9		3		
七、其他单位	**40**	**40**				
部油气中心	1	1				
部信息中心	2	2				
地质博物馆	2	2				
经济研究院	23	23				
咨询中心	3	3				
储量评审中心	2	2				
发改委国土开发与地区经济研究所	1	1				
中国矿业联合会	2	2				
中科院地质所	2	2				
中科院地理所	1	1				
延长石油公司研究院	1	1				

——按单位（八）

计量单位：个

工作进程				项目性质			
设计	施工	编写报告	汇交资料	新开项目	续作项目	结转项目	中止项目
	13	3	1	8	5	4	
	7	3	2	5	2	5	
2	**28**	**9**	**1**	**18**	**13**	**9**	
	1			1			
	2			2			
1	1			1	1		
	13	9	1	7	7	9	
	3				3		
	2			1	1		
	1			1			
	2			2			
	2			1	1		
	1			1			
1				1			

提交矿产地——按矿种

计量单位：处

	新发现矿产地				可供普查的矿产地				可供详查的矿产地			
	合计	大型	中型	小型	合计	大型	中型	小型	合计	大型	中型	小型
合计	**50**	**12**	**20**	**18**	**43**	**14**	**13**	**16**	**6**	**2**	**4**	
一、能源矿产	**4**	**3**	**1**		**3**	**2**	**1**					
煤	3	3			2	2						
铀矿	1		1		1		1					
二、金属矿产	**45**	**8**	**19**	**18**	**39**	**11**	**12**	**16**	**6**	**2**	**4**	
（一）黑色金属矿产	**4**		**3**	**1**	**2**	**1**	**1**					
铁矿	3		2	1	2	1	1					
锰矿	1		1									
（二）有色金属矿产	**40**	**8**	**15**	**17**	**35**	**9**	**10**	**16**	**6**	**2**	**4**	
铜矿	6		3	3	10	4	3	3				
锌矿	1		1		1		1					
铝土矿	7	2	3	2	3	1	1	1				
钨矿	11	2	2	7	8	1		7	2		2	
锡矿	2	1		1	2	1		1	1	1		
钼矿	2	1	1						2	1	1	
铅锌矿	11	2	5	4	11	2	5	4	1		1	
（三）贵金属矿产	**1**		**1**		**2**	**1**	**1**					
金矿					1	1						
银矿	1		1		1		1					
三、非金属矿产	**1**	**1**			**1**	**1**						
（四）建材及其他非金属矿产	**1**	**1**			**1**	**1**						
石墨	1	1			1	1						

查明矿产资源量——按矿种分地区

	计量单位	本年查明资源量			预测的资源量
		合计	控制的资源量	推断的资源量	
金属矿产					
（一）有色金属矿产					
铜矿	金属吨	28 388		28 388	241 541
福建					6422
江西		26 900		26 900	67 600
广西		1488		1488	6558
四川					159 349
青海					1612
铅矿	金属吨				9863
青海					9863
锌矿	金属吨	8968		8968	149 673
广西		8968		8968	20 873
青海					128 800
铝土矿	矿石万吨	163		163	3530
广西		163		163	3530
镍矿	金属吨	3575		3575	33 052
广西		3575		3575	33 052
钨矿	三氧化钨吨	49 134	1167	47 967	384 506
江西		48 522	1167	47 355	379 890
广西		612		612	4616
锡矿	金属吨	23 724		23 724	187 953
江西		5390		5390	46 710
广西		18 334		18 334	141 243
钼矿	金属吨	14 188	5658	8530	138 618
福建		12 365	5658	6707	126 306
海南		1823		1823	12 312
铅锌矿	金属吨	396 326		396 326	1 965 322
福建		100 226		100 226	199 622
江西		12 200		12 200	283 000
四川		283 900		283 900	1 482 700
（二）贵金属矿产					
金矿	金属千克	989		989	4145
海南		989		989	4145

新发现矿产地——按矿种分地区、矿产地（一）

	工作单位	计量单位	本年查明资源量			本年预测的资源量
			合计	控制的资源量	推断的资源量	
一、能源矿产						
煤		**千吨**				**22 293 890**
河南						1 293 890
河南通许区邓庄煤矿	煤炭地质总局					1 293 890
新疆						21 000 000
新疆尼勒克煤田喀拉图拜西部煤矿	新疆煤炭一五六勘查队					1 000 000
新疆塔城和什托洛盖地区和丰县境内煤矿	新疆地矿九队					20 000 000
铀矿		**金属吨**				* * *
内蒙古						* * *
内蒙古鄂尔多斯罕台庙铀矿	核工业208队					* * *
二、金属矿产						
（一）黑色金属矿产						
铁矿		**矿石万吨**				**7300**
山西						6000
山西灵丘呼延庆山铁矿	山西地调院					6000
辽宁						300
辽宁灯塔市柳河子乡红旗村及银匠村果木园铁矿	冶金辽宁局					300
河南						1000
河南安阳马家铁矿	有色河南局					1000
锰矿		**矿石万吨**	**500**		**500**	**500**
广西			500		500	500
广西德保县六钦西部地区锰矿	冶金中南地勘院		500		500	500

新发现矿产地——按矿种分地区、矿产地（二）

	工作单位	计量单位	本年查明资源量			本年预测的资源量
			合计	控制的资源量	推断的资源量	
（二）有色金属矿产						
铜矿		**金属吨**	**24 200**		**24 200**	**635 761**
江西			24 200		24 200	34 800
江西万载县兴源冲铜矿	江西地调院		24 200		24 200	34 800
西藏						471 900
西藏阿里地区改则县物玛乡物玛镇西北铜矿	西藏地调院					80 000
西藏改则县物玛乡物玛镇地堡那木岗铜矿	西藏地调院					200 000
西藏改则县物玛乡物玛镇铁格龙南铜矿	西藏地调院					100 000
西藏南木林县秋木乡吉如铜矿	西藏地调院					91 900
青海						1612
青海玉树县阿永寺铅锌铜矿	甘肃地调院					1612
新疆						127 449
新疆西昆仑塔什库尔干阿克陶县喀拉马铜矿	河南地调院					127 449
铅矿		**金属吨**				**9863**
青海						9863
青海玉树县阿永寺铅锌铜矿	甘肃地调院					9863
锌矿		**金属吨**				**128 800**
青海						128 800
青海玉树县阿永寺铅锌铜矿	甘肃地调院					128 800
铝土矿		**矿石万吨**	**850**		**850**	**8702**
河南						2000
河南新安石寺——北冶铝土矿	有色河南局					2000
广西						3223
广西龙州县金龙铝土矿	广西地调院					3223

新发现矿产地——按矿种分地区、矿产地（三）

	工作单位	计量单位	本年查明资源量			本年预测的资源量
			合计	控制的资源量	推断的资源量	
重庆						1884
重庆武隆县黄鹰乡申基坪铝土矿	重庆地调院					1630
重庆武隆县土地乡张家山铝土矿	重庆地调院					254
贵州			850		850	1595
贵州遵义陈家湾－还打岩铝土矿	贵州地调院		312		312	540
贵州遵义洛龙龙桥铝土矿	贵州地调院		538		538	660
重庆彭水县浩口铝土矿	贵州地调院					395
钨矿		**三氧化钨吨**	**3238**	**720**	**2518**	**419 170**
江西			3238	720	2518	104 470
江西安远县金竹钨矿	江西地调院					8310
江西崇义县塘漂孜钨矿	江西地调院		152		152	9190
江西崇义县仙鹅塘钨矿	江西地调院		26		26	5980
江西大余县金银庵钨矿	江西地调院		1680		1680	33 190
江西龙南县中平钨矿	江西地调院		1340	720	620	18 360
江西全南县中洞钨矿	江西地调院					6470
江西上犹县丰田坑钨矿	江西地调院		30		30	8680
江西于都县草坪嶂钨矿	江西地调院					8860
江西于都县陶珠坑矿区新屋下钨矿	江西地调院		10		10	5430
湖南						260 000
湖南道县魏家钨矿	湖南地调院					260 000
云南						54 700
云南马关县高棬槽钨矿	成都地调中心					54 700
锡矿		**金属吨**	**5390**		**5390**	**49 595**
江西			5390		5390	46 710
江西崇义县老庵里锡矿	江西地调院		5390		5390	46 710
湖南						2885
湖南道县韭菜岭锡矿	湖南地调院					2885
钼矿		**金属吨**	**12 365**	**5658**	**6707**	**126 306**
福建			12 365	5658	6707	126 306
福建永定县湖雷镇山口钼矿	福建地调院		12 365	5658	6707	3106
福建漳平市吾祠乡北坑场钼矿	福建地调院					123 200
铅锌矿		**金属吨**	**365 491**		**365 491**	**2 681 047**
福建			69 391		69 391	189 277
福建浦城县富岭镇金竹坑铅锌矿	福建地调院		69 391		69 391	189 277

新发现矿产地——按矿种分地区、矿产地（四）

	工作单位	计量单位	本年查明资源量			本年预测的资源量
			合计	控制的资源量	推断的资源量	
江西			12 200		12 200	283 000
江西铅山县梁家铅锌矿	江西地调院		12 200		12 200	283 000
河南						101 534
河南栾川县碾道沟铅锌矿	河南地调院					101 534
湖北						560 000
湖北长阳土家族自治县龙舟坪镇永和平铅锌矿	湖北地调院					500 000
湖北宣恩县高罗铅锌矿	湖北地调院					60 000
湖南						5536
湖南道县响鼓石铅锌矿	湖南地调院					5536
四川			283 900		283 900	1 482 700
四川乐山市金口河区官村坝铅锌矿	四川地调院					380 600
四川乐山市金口河区牛心山铅锌矿	四川地调院		36 100		36 100	153 900
四川马边县丁家湾铅锌矿	四川地调院					590 700
四川马边县山水沟铅锌矿	四川地调院		247 800		247 800	357 500
青海						59 000
青海沱沱河空介铅锌矿	青海地调院					59 000
（三）贵金属矿产						
银矿		**金属吨**	**100**		**100**	**200**
西藏			100		100	200
西藏那曲地区安多县雁石坪镇银矿	西藏地勘局第五地质大队		100		100	200
三、非金属矿产						
（四）建材及其他非金属矿产						
石墨		**矿物万吨**				**120**
内蒙古						120
内蒙古丰镇市浑源窑乡老官坟北三道边石墨矿	建材内蒙古总队					120

提交矿产地——按矿种

计量单位：处

	新发现矿产地				可供普查的矿产地				可供详查的矿产地			
	合计	大型	中型	小型	合计	大型	中型	小型	合计	大型	中型	小型
合计	**50**	**12**	**20**	**18**	**43**	**14**	**13**	**16**	**6**	**2**	**4**	
一、能源矿产	**4**	**3**	**1**		**3**	**2**	**1**					
煤	3	3			2	2						
铀矿	1		1		1		1					
二、金属矿产	**45**	**8**	**19**	**18**	**39**	**11**	**12**	**16**	**6**	**2**	**4**	
（一）黑色金属矿产	**4**		**3**	**1**	**2**	**1**	**1**					
铁矿	3		2	1	2	1	1					
锰矿	1		1									
（二）有色金属矿产	**40**	**8**	**15**	**17**	**35**	**9**	**10**	**16**	**6**	**2**	**4**	
铜矿	6		3	3	10	4	3	3				
锌矿	1		1		1		1					
铝土矿	7	2	3	2	3	1	1	1				
钨矿	11	2	2	7	8	1		7	2		2	
锡矿	2	1		1	2	1		1	1	1		
钼矿	2	1	1						2	1	1	
铅锌矿	11	2	5	4	11	2	5	4	1		1	
（三）贵金属矿产	**1**		**1**		**2**	**1**	**1**					
金矿					1	1						
银矿	1		1		1		1					
三、非金属矿产	**1**	**1**			**1**	**1**						
（四）建材及其他非金属矿产	**1**	**1**			**1**	**1**						
石墨	1	1			1	1						

提交矿产地——按单位

计量单位：处

	新发现矿产地				可供普查的矿产地				可供详查的矿产地			
	合计	大型	中型	小型	合计	大型	中型	小型	合计	大型	中型	小型
合　计	**50**	**12**	**20**	**18**	**43**	**14**	**13**	**16**	**6**	**2**	**4**	
一、中国地质调查局及局属单位	**1**	**1**										
成都地调中心	1	1										
二、省（区、市）地调院	**39**	**6**	**16**	**17**	**37**	**10**	**11**	**16**	**6**	**2**	**4**	
山西地调院	1		1		1		1					
福建地调院	3	1	2						3	1	2	
江西地调院	12	1	3	8	9		1	8	3	1	2	
河南地调院	2		1	1	4	2	1	1				
湖北地调院	2		1	1	3		2	1				
湖南地调院	3	1		2	4	2		2				
广西地调院	1	1										
重庆地调院	2		1	1								
四川地调院	4	2	2		4	2	2					
贵州地调院	3		2	1	2		1	1				
西藏地调院	4		2	2	8	4	2	2				
甘肃地调院	1		1		1		1					
青海地调院	1			1	1			1				
四、省（区、市）国土资源厅	**2**	**1**	**1**		**3**	**2**	**1**					
西藏地勘局第五地质大队	1		1		1		1					
青海第一地质矿产勘查院					1	1						
新疆地矿九队	1	1			1	1						
五、地勘各工业部门	**8**	**4**	**3**	**1**	**3**	**2**	**1**					
冶金地勘系统	2		1	1								
冶金地质总局	1		1									
冶金辽宁局	1			1								
有色地勘系统	2	1	1									
有色河南局	2	1	1									
煤田地勘系统	2	2			1	1						
煤炭地质总局	1	1			1	1						
新疆煤炭一五六勘查队	1	1										
核工业地质系统	1		1		1		1					
核工业地质局	1		1		1		1					
建材地勘中心	1	1			1	1						
建材地勘中心	1	1			1	1						

发现查证物化探异常——按矿种（一）

计量单位：处

	新发现物探异常	新发现化探异常	检查物探异常	检查化探异常	验证物探异常	验证化探异常	见矿物探异常	见矿化探异常	查证物化探异常
合　计	**3148**	**2551**	**749**	**1030**	**375**	**308**	**154**	**213**	**326**
一、能源矿产	**100**	**16**	**40**		**10**		**3**		**2**
煤	1						2		1
铀矿	99	16	40		10		1		1
二、金属矿产	**992**	**1897**	**380**	**932**	**183**	**268**	**132**	**190**	**257**
（一）黑色金属矿产	234	78	98	31	50	19	40	13	6
铁矿	234	69	98	27	50	16	40	13	6
锰矿		9		4		3			
（二）有色金属矿产	692	1557	223	841	116	217	89	169	226
铜矿	342	482	83	177	42	97	25	66	75
铅矿	19	40		14					
镍矿	5	30	6	4	4	5			2
钨矿	70	53	2	3	3	7	1	4	
锡矿	24	63	3	9	1	7	8	13	
钼矿	16		5		3		2		5
铅锌矿	93	327	28	116	17	34	9	20	70
多金属	123	562	96	518	46	67	44	66	74
（三）贵金属矿产	66	262	36	60	16	32	3	8	25
金矿	53	253	23	51	12	29	1	6	25
银矿	13	9	13	9	4	3	2	2	
（四）稀有金属矿产			23		1				
锂矿			23		1				

发现查证物化探异常——按矿种（二）

计量单位：处

	新发现物探异常	新发现化探异常	检查物探异常	检查化探异常	验证物探异常	验证化探异常	见矿物探异常	见矿化探异常	查证物化探异常
三、非金属矿产	**33**	**3**	**3**		**28**		**1**		
（一）冶金辅助材料	5		1		1		1		
冶金用脉石英	5		1		1		1		
（三）特种非金属		3							
金刚石		3							
（四）建材及其他非金属矿产	3		2		2				
石墨	3		2		2				
（五）水气矿产	25				25				
地下水	25				25				
四、不分矿种	**2023**	**635**	**326**	**98**	**154**	**40**	**18**	**23**	**67**

提交地质调查报告

	报告提交单位
2010年结转项目	
国土资源大调查项目（结转项目）	
基础调查计划（结转项目）	
西北地区基础地质调查及数据更新	**西安地调中心**
青海三江北段重要成矿带1:20万区域重力调查（玉树县幅邓柯县幅）	四川地调院
青海杂多－玉树地区1:20万航磁调查	航遥中心
新疆1:5万阿勒塔什、恰克拉克、阿克别尔迪沟、布伦口幅区调	河南地调院
华北地区基础地质调查及数据更新	**天津地调中心**
山东1:25万济宁市、临沂市幅区调修测	山东地调院
多目标生态农业地球化学调查	**地调局本部**
四川省成都经济区生态地球化学调查	四川地调院
中国主要标准地层建立与新的地层学方法研究	**地科院地质所**
我国北方新生代地层格架建立及环境演化研究（地质力学所）	地质力学所
我国二叠纪吴家坪阶底界等四条全球界限层型剖面研究	地科院本部
我国海域1:100万海洋区域地质调查示范	**青岛海地所**
南海沉积物地球化学时空分布特征及其演变规律研究	矿产资源所
我国重要生物群的起源、演化研究	**地质研究所**
典型珍稀化石特征研究	地质研究所
资源与环境遥感综合调查	**航遥中心**
3S技术辅助规划决策示范应用	航遥中心
西南三江成矿带基础地质调查	**成都地调中心**
四川1:5万木拉、恶古、德巫、马岩、勒青贡、色达县、错俄玛、塔子乡、霍西乡、松新、大寨、转堡、宁南幅区调	四川地调院
大兴安岭成矿带基础地质调查	**天津地调中心**
内蒙古1:20万兴安里、克一河镇幅区域化探	安徽地调院
天山成矿带基础地质调查	**西安地调中心**
新疆库米什－赛马山地区1:20万区域重力调查	新疆地调院
长江中下游成矿带基础地质地质调查	**南京地调中心**
江苏1:25万淮安市、盐城市幅区域地质与环境调查	江苏地调院
安徽1:5万余集、官亭、桃溪镇、三河镇、姥山幅区调	安徽地调院

一览表——审定稿（一）

报告评审机构	报告评审等级	报告审查机构	报告审批文号
西安地调中心	良好	西安地调中心	中地调（西）审字［2010］01 号
地调局、西安地调中心	优秀	地调局	中地调（西）审字［2009］34 号
西安地调中心	优秀	西安地调中心	中地调（西）审字［2010］12 号
天津地调中心	良好	天津地调中心	中地调（天）审字［2010］05 号
地调局	优秀	成都地调中心	中地调（成）评字［2009］27 号
地调局	优秀	地调局	中地调（科）审字［2010］02 号
地调局	优秀	地调局	中地调（科）审字［2010］16 号
地调局	优秀	地调局	中地调（基）审字［2010］39 号
地调局	优秀	地调局	中地调（科）审字［2009］18 号
地调局	优秀	地调局	中地调（基）审字［2010］25 号
成都地调中心	优秀　良好	成都地调中心	中地调（成）审字［2010］1 号
沈阳地调中心	优秀	沈阳地调中心	中地调（沈）审字［2010］04 号
西安地调中心	优秀	西安地调中心	中地调（西）审字［2010］09 号
南京地调中心	良好	南京地调中心	中地调（南）审字［2010］03 号
南京地调中心	优秀	南京地调中心	中地调（南）审字［2010］02 号

提交地质调查报告

	报告提交单位
北山－祁连成矿带基础地质调查	**西安地调中心**
甘肃1:5万三岔口、红柳头子、高崖泉、祁青、大白水河中岔、陶丰队、古浪、张家墩、天祝县、西大滩幅区调	甘肃地调院
湘西－鄂西成矿带基础地质调查	**武汉地调中心**
湖北1:5万火烧坪、贺家坪、资丘、都镇湾幅区调	武汉地调中心
南岭成矿带基础地质调查	**武汉地调中心**
湖南1:5万临湘县、横溪、陆城、赵李桥、岩寨、五团幅、城步县、白毛坪幅区调	湖南地调院
辽东吉南多金属成矿带地质矿产调查	**沈阳地调中心**
黑龙江五常县沙兰站公社1:20万区域重力调查	吉林地调院
上扬子地块及其周缘基础地质调查	**武汉地调中心**
重庆1:5万鱼肚河、一碗泉幅区调	重庆地调院
东南沿海及其他地区	**地调局本部**
江苏1:5万南通市、南通县、小海镇、海门市幅区调	江苏地调院
全国性重大地质问题	**地科院本部**
全国区域地质综合研究试点	地质研究所
我国主要金属矿床模型研究	矿产资源所
中国成矿体系综合研究	矿产资源所
中国大陆周边地区主要成矿带成矿规律对比及潜力评价	**发展研究中心**
巽他群岛－新几内亚岛地区地质矿产综合图件编制	武汉地调中心
多目标区域地球化学调查与评价	**物化探所**
辽宁省辽河流域多目标区域地球化学系列图编制	辽宁地调院
江西省鄱阳湖及周边经济区多目标区域地球化学系列图编制	江西地调院
湖北省江汉流域经济区多目标区域地球化学系列图编制	湖北地调院
海南岛多目标区域地球化学系列图编制	海南地调院
矿产资源调查评价工程（结转项目）	
南岭优势矿产调查	
广西桂北地区金铜锡铅锌矿评价	广西地调院
雅鲁藏布江成矿区铜多金属资源调查	**成都地调中心**
西藏山南地区铜多金属资源评价	福建地调院
青藏高原火山沉积硼矿成矿条件与找矿标志研究	矿产资源所
皖赣相邻地区矿产资源评价	**南京地调中心**
安徽繁昌地区铅锌多金属矿评价	安徽地调院

一览表——审定稿（二）

报告评审机构	报告评审等　级	报告审查机构	报告审批文号
西安地调中心	良好	西安地调中心	中地调（西）审字［2010］03号
地调局	优秀　良好	地调局	中地调（基）审字［2010］02号
武汉地调中心	优秀　良好	武汉地调中心	中地调（武）审字［2010］01号
沈阳地调中心	优秀	沈阳地调中心	中地调（沈）审字［2010］03号
成都地调中心		成都地调中心	中地调（成）审字［2010］4号
南京地调中心	优秀	南京地调中心	中地调（南）审字［2010］01号
地调局	优秀	地调局	中地调（科）审字［2009］17号
地调局	优秀	地调局	中地调（资）审字［2010］06号
地调局	优秀	地调局	中地调（资）审字［2010］03号
地调局	优秀	地调局	中地调（科）审字［2010］02号
地调局	良好	地调局	中地调（沈）审字［2010］09号
南京地调中心	优秀	南京地调中心	中地调（南）审字［2010］10号
武汉地调中心	优秀	武汉地调中心	中地调（武）审字［2010］11号
武汉地调中心	优秀	武汉地调中心	中地调（武）审字［2010］12号
武汉地调中心	良好	武汉地调中心	中地调（武）审字［2010］3号
成都地调中心	良好	成都地调中心	中地调（成）审字［2010］139号
地调局	优秀	地调局	中地调（资）审字［2010］03号
南京地调中心	良好	南京地调中心	中地调（南）审字［2010］09号

提交地质调查报告

	报告提交单位
南岭地区锡多金属矿评价	**武汉地调中心**
湖南郴州荷花坪－香花岭锡多金属矿评价	有色湖南局
广西都庞岭－姑婆山锡铜矿评价	广西地调院
全国地下水资源及其环境问题调查评价	**水文环境所**
全国地下水资源及其环境问题综合评价及专题研究	水文环境所
黄河流域地下水均衡、循环和利用模拟与预测研究	水文环境所
华北平原东部浅层地下水开发利用示范	水文环境所
全国地热资源现状评价与区划	水文环境所
典型地区 1:5 万水文地质调查示范	水文环境所
水文地质调查方法研究与手册编制	水环地调中心
海洋油气新区调查	**广州海洋局**
东沙群岛海域陆坡深水区油气资源调查	广州海洋局
川滇黔相邻区铜铅锌多金属矿产调查评价	**成都地调中心**
四川石棉－盐边铜铅锌多金属矿评价	四川地调院
四川金阳－金口河铅锌矿评价	四川地调院
广西桂中凹陷周缘多金属矿评价	**武汉地调中心**
广西融水－罗城地区镍矿资源评价	广西地调院
广西靖西－平果地铝土矿评价	广西地调院
广西土湖－东平锰矿评价	广西地调院
华北平原地下水污染调查评价	**水文环境所**
华北平原水土环境研究与编图示范	环境监测院
西南三江成矿带中段铜多金属矿产调查评价	**成都地调中心**
四川乡城－稻城－得荣铜多金属矿评价	四川地调院
四川德格－理塘铜铅锌多金属矿评价	四川地调院
西南三江成矿带北段铜多金属矿产调查评价	**西安地调中心**
青海玉树多那昂地区铜铅锌矿评价	甘肃地调院
天山成矿带铜多金属矿产资源调查评价	**西安地调中心**
西部地区铜镍矿勘查选区研究	长安大学
新疆阿尔泰地区铜多金属矿产资源调查评价	**西安地调中心**
新疆准噶尔盆地周边斑岩铜矿成矿条件研究	矿产资源所

一览表——审定稿（三）

报告评审机构	报告评审等级	报告审查机构	报告审批文号
武汉地调中心	优秀	武汉地调中心	中地调（武）审字［2010］10号
宜昌地调中心	良好	武汉地调中心	中地调（武）审字［2010］2号
地调局	优秀	地调局	中地调（水）审字［2010］005号
地调局	良好	地调局	中地调（水）审字［2010］006号
地调局	优秀	地调局	中地调（水）审字［2010］001号
地调局	优秀	地调局	中地调（水）审字［2010］002号
地调局	优秀	地调局	中地调（水）审字［2010］015号
地调局	优秀	地调局	中地调（水）审字［2010］007号
地调局	优秀	地调局	中地调（基）审字［2010］22号
成都地调中心	合格	成都地调中心	中地调（成）审字［2010］136号
成都地调中心	优秀	成都地调中心	中地调（成）审字［2010］135号
宜昌地调中心	良好	武汉地调中心	中地调（武）审字［2010］3号
宜昌地调中心	优秀	武汉地调中心	中地调（武）审字［2010］4号
宜昌地调中心	良好	武汉地调中心	中地调（武）审字［2010］5号
地调局	优秀	地调局	中地调（水）审字［2010］011号
成都地调中心	良好	成都地调中心	中地调（成）审字［2010］137号
成都地调中心	良好	成都地调中心	中地调（成）审字［2010］133号
西安地调中心	优秀	西安地调中心	中地调（西）审字［2010］10号
西安地调中心	优秀	西安地调中心	中地调（西）审字［2010］11号
西安地调中心	良好	西安地调中心	中地调（西）审字［2010］04号

提交地质调查报告

	报告提交单位
晋冀成矿区铁铝多金属矿调查评价	**天津地调中心**
河北涞源司各庄－王安镇铜铅锌矿评价	河北地调院
长江中下游地区铁铜矿评价	**南京地调中心**
江西上栗－奉新地区铜多金属矿评价	江西地调院
长江中下游地区隐伏矿找矿研究	南京地调中心
长江中下游隐伏矿找矿靶区优选	安徽地调院
赣南地区钨多金属矿调查评价	**南京地调中心**
江西诸广山－万洋山钨多金属矿评价	江西地调院
江西于都－全南地区钨矿评价	江西地调院
武夷山成矿带铜铅锌矿评价	**南京地调中心**
福建闽清井后－龙溪官田地区铜多金属矿评价	福建地调院
福建永定－平和地区铜多金属矿评价	福建地调院
江西怀玉山－北武夷铜多金属矿评价	江西地调院
福建浦城上厂－松溪半岭铜铅锌矿评价	福建地调院
琼西南地区铜多金属矿评价	**武汉地调中心**
海南尖峰岭－雅加大岭金多金属矿评价	海南地调院
矿产资源宏观战略与部署研究	**发展研究中心**
煤炭资源后备基地勘查选区评价	发展研究中心
我国战略性矿产勘查工作运行机制研究	矿产资源所
川滇黔相邻区地质矿产调查	**地调局本部**
四川会理－会东铜多金属矿评价	四川地调院
地质环境与地质灾害预警工程（结转项目）	
全国矿山地质环境调查与评估	**环境监测院**
安徽省矿山地质环境调查与评估	安徽监测站
国家重大工程区域地壳稳定性调查与评价	**地质力学所**
西南三江地区区域地壳稳定性评价及分区图	地质力学所
全国主要城市环境地质调查评价	**水文环境所**
浙江主要城市环境地质调查评价	浙江监测站
河南省主要城市环境地质调查评价	河南地调院
福建省主要城市环境地质调查评价	福建地调院

一览表——审定稿（四）

报告评审机构	报告评审等级	报告审查机构	报告审批文号
天津地调中心	良好	天津地调中心	中地调（天）审字［2010］07 号
南京地调中心	优秀	南京地调中心	中地调（南）审字［2010］12 号
地调局	优秀	地调局	中地调（资）审字［2010］01 号
南京地调中心	优秀	南京地调中心	中地调（南）审字［2010］13 号
南京地调中心	优秀	南京地调中心	中地调（南）审字［2010］04 号
南京地调中心	优秀	南京地调中心	中地调（南）审字［2010］05 号
南京地调中心	优秀	南京地调中心	中地调（南）审字［2010］07 号
南京地调中心	良好	南京地调中心	中地调（南）审字［2010］06 号
南京地调中心	良好	南京地调中心	中地调（南）审字［2010］08 号
南京地调中心	良好	南京地调中心	中地调（南）审字［2010］11 号
宜昌地调中心	优秀	武汉地调中心	中地调（武）审字［2010］06 号
地调局	优秀	地调局	中地调（资）审字［2010］05 号
地调局	优秀	地调局	中地调（资）审字［2010］02 号
成都地调中心	优秀	成都地调中心	中地调（成）审字［2010］134 号
环境监测院	良好	环境监测院	中地调（环）评字［2010］001 号
地调局	良好	地调局	中地调（水）审字［2010］020 号
地调局	良好	地调局	中地调（水环）审字［2009］06 号
水文环境所	优秀	水文环境所	中地调（水环）审字［2010］009 号
水文环境所	优秀	水文环境所	中地调（水环）审字［2010］009－06 号

提交地质调查报告

	报告提交单位
西南山区地质灾害详细调查	**成都地调中心**
四川省特大型滑坡调查与风险评价	成都地调中心
重庆市特大型滑坡调查与风险评价	重庆监测站
重点地区突发性地质灾害详细调查	**环境监测院**
岷江流域地质灾害详细调查	四川地调院
长江三角洲地区地裂缝与地面沉降调查	**上海地调院**
苏锡常地区禁采地下水的地质环境效应分析	江苏地调院
数字国土工程（结转项目）	
国土资源信息服务系统建设	**地调局本部**
地质调查数据共享服务系统建设	发展研究中心
国土资源基础网络建设	**地调局本部**
地调局国际互联网站（中、英文）维护	发展研究中心
资源调查与利用技术发展工程（结转项目）	
物探新技术及资料处理解释方法研究	**物化探所**
《全球构造体系图》出版	地质力学所
中国大陆周边地区主要成矿带成矿规律对比及潜力评价	**发展研究中心**
东北亚地区地质矿产综合图件编制	沈阳地调中心
中国及邻区矿产资源潜力定量评价	发展研究中心
深部找矿技术研究	**物化探所**
物化遥地理信息系统完善与网格系统矿产资源评价解释技术开发	发展研究中心
航空物探和遥感技术研究	**航遥中心**
直升机航空电磁资料处理解释方法及时间域航空电磁系统方案研究	航遥中心
公益性地质工作社会化服务体系建设	**发展研究中心**
国家地质资料数据中心建设研究	发展研究中心
青藏高原地质矿产调查与评价（结转项目）	
青海冷湖镇－大柴旦镇煤铅锌铜金规划区地质矿产调查	**西安地调中心**
青海 1:5 万奴家合校都乡幅区调	中国地大（武汉）
重点矿产资源规划区环境地质综合调查评价	**地调局本部**
西藏地热资源现状评价与区划	西藏地调院
喜马拉雅山地区重大地质灾害调查与动态监测	**航遥中心**
喜马拉雅山地区重大地质灾害遥感调查	航遥中心
基础性公益性地质调查项目（结转项目）	
非常规能源调查评价	**地调局本部**
东部地区地热资源调查与区划	水文环境所

一览表——审定稿（五）

报告评审机构	报告评审等　　级	报告审查机构	报告审批文号
地调局	优秀	地调局	中地调（水）评字［2010］028 号
地调局	优秀	地调局	中地调（水）审字［2010］031 号
地调局	优秀　良好	地调局	中地调（水）审［2010］05－06 号
地调局	优秀	地调局	中地调（水）审字［2010］30 号
地调局	优秀	地调局	中地调（总）审字［2010］03 号
地调局	优秀	地调局	中地调（总）审字［2010］01 号
地调局		地调局	中地调（科）审字［2010］01 号
地调局	良好	地调局	中地调（科）评字［2010］13 号
地调局	优秀	地调局	中地调（科）审字［2009］19 号
地调局	优秀	地调局	中地调（科）审字［2010］10 号
地调局	优秀	地调局	中地调（科）审字［2010］09 号
地调局	良好	地调局	中地调（总）审字［2010］02 号
西安地调中心	优秀	西安地调中心	中地调（西）审字［2010］05 号
地调局	优秀	地调局	中地调（水）审字［2010］004 号
地调局	优秀	地调局	中地调（水）审字［2010］031 号
地调局	良好	地调局	中地调（水）审字［2010］003 号

提交地质调查报告

	报告提交单位
2010 年结转项目	
国土资源大调查项目（结转项目）	
基础调查计划（结转项目）	
多目标基础地质图件合作更新	
山西省太原盆地多目标区域地球化学调查与评价	山西地调院
长江中游综合地质调查	
江西地调院 1:5 万区调片区总结	江西地调院
航空物探遥感勘查及成果集成	**航遥中心**
全国 1:25 万航磁系列图编制	航遥中心
航空物探遥感调查成果集成与综合	航遥中心
西北地区基础地质调查及数据更新	**西安地调中心**
甘肃 1:25 万临夏市、定西县幅区调修测	中国地大（武汉）
青海三江北段重要成矿带 1:20 万区域重力调查（莫云幅杂多县幅）	发展研究中心
东北地区基础地质调查及数据更新	**沈阳地调中心**
内蒙古 1:25 万翁图乌兰（1/4 幅）、额仁高壁苏木（半幅）、东乌珠穆沁旗、新庙、朝克乌拉幅区调修测	内蒙古地调院
内蒙古 1:20 万索伦军马场幅区域化探	陕西地调院
中南地区基础地质调查及数据更新	**武汉地调中心**
湖北 1:25 万十堰市、襄樊市幅区调修测	湖北地调院
多目标生态农业地球化学调查	**地调局本部**
浙江省农业地质环境调查	浙江地调院
四川省成都经济区生态地球化学调查	四川地调院
综合基础地质图件编制与更新	**地质研究所**
1:2500 万世界大－超大型矿床成矿图编制及全球矿产成矿规律研究与评价	矿产资源所
热河、关岭、瓮安等重要生物群的起源、演化及环境制约	**地质研究所**
冀北前寒武纪微体化石研究	天津地调中心
中国主要标准地层建立与新的地层学方法研究	**地质研究所**
中国西北地区若干重要演化阶段地层格架建立与对比研究	地质研究所
我国北方新生代地层格架建立及环境演化研究（地质力学所）	地质力学所

一览表——正式报告（一）

报告评审机构	报告评审等级	报告审查机构	报告审批文号
天津地调中心	优秀	天津地调中心	中地调（天）审字［2007］06 号
江西地勘局	同意验收	江西地勘局	赣地局字［1999］037 号
地调局	优秀	地调局	中地调（基）审字［2009］34 号
地调局	优秀	地调局	中地调（基）审字［2009］33 号
地调局	优秀	西安地调中心	中地调（西）审字［2007］02 号
西安地调中心	优秀	西安地调中心	中地调（西）审字［2009］01 号
沈阳地调中心	优秀　良好	沈阳地调中心	中地调（沈）审字［2009］2 号
沈阳地调中心	优秀	沈阳地调中心	中地调（沈）审字［2009］03 号
宜昌地调中心	良好	宜昌地调中心	中地高（宜）审字［2009］06 号
地调局、省国土资源厅	优秀	地调局	中地调（基）审字［2006］13 号
地调局	优秀	成都地调中心	中地调（成）评字［2009］27 号
地调局		地调局	中地调（科）审字［2009］8 号
地质研究所	良好	地质研究所	中地调（科）审字［2006］06 号
地调局	优秀	地调局	中地调（科）审字［2009］12 号
地调局	优秀	地调局	中地调（科）审字［2010］02 号

提交地质调查报告

	报告提交单位
西南地区基础地质调查及数据更新	**成都地调中心**
西藏1:25万拉萨市、泽当镇、囊谦县、昌都县、江达县、八宿县等14幅区调	西藏地调院
城市地质调查	**地调局本部**
上海城市地质调查	上海地调院
资源与环境遥感综合调查	**航遥中心**
我国陆域边界云南瑞丽江—大盈江中下游流域基础地质遥感调查	航遥中心
松辽平原经济区第四系基础地质遥感调查	航遥中心
大兴安岭成矿带基础地质调查	**天津地调中心**
内蒙古东乌旗地区1:20万区域重力调查	河北地调院
内蒙古1:20万兴安里、克一河镇幅区域化探	安徽地调院
长江中下游成矿带基础地质地质调查	**南京地调中心**
湖北1:5万金牛、高桥幅区调	湖北地调院
安徽1:5万平里、江潭、瑶里、虹关幅区调	南京地调中心
湘西－鄂西成矿带基础地质调查	**武汉地调中心**
湖北1:20万神农架幅巫溪幅区域重力调查	湖北地调院
湖南怀化地区1:20万区域重力调查	湖南地调院
南岭成矿带基础地质调查	**武汉地调中心**
湖南1:5万临湘县、横溪、陆城、赵李桥、岩寨、五团幅、城步县、白毛坪幅区调	湖南地调院
辽东吉南多金属成矿带地质矿产调查	**沈阳地调中心**
黑龙江五常县—沙兰站公社1:20万区域重力调查	吉林地调院
上扬子地块及其周缘基础地质调查	**武汉地调中心**
湖南1:25万常德市、岳阳市幅区域地质与环境调查	湖南地调院
重庆1:5万鱼肚河、一碗泉幅区调	重庆地调院
矿山开发多目标遥感监测	**地调局本部**
内蒙古鄂托克旗矿产资源开发状况遥感调查与应急监测	航遥中心
全国性重大地质问题	**地科院本部**
中国成矿体系综合研究	矿产资源所

一览表——正式报告（二）

报告评审机构	报告评审等级	报告审查机构	报告审批文号
成都地调中心	优秀	成都地调中心	中地调（基）审字［2008］91号
地调局	优秀	地调局	中地调（基）审字［2009］12号
地调局	优秀	地调局	中地调（基）审字［2009］21号
地调局	优秀	地调局	中地调（基）审字［2008］19号
天津地调中心	良好	天津地调中心	中地调（天）审字［2009］09号
沈阳地调中心	优秀	沈阳地调中心	中地调（沈）审字［2010］04号
宜昌地调中心	优秀　良好	宜昌地调中心	中地调（宜）审字［2009］08号
地调局	优秀	地调局	中地调（基）审字［2009］15号
宜昌地调中心	优秀	宜昌地调中心	中地调（宜）审字［2009］20号
宜昌地调中心	良好	宜昌地调中心	中地调（宜）审字［2009］33号
宜昌地调中心	优秀　良好	武汉地调中心	中地调（武）审字［2010］01号
沈阳地调中心	优秀	沈阳地调中心	中地调（沈）审字［2010］03号
宜昌地调中心	优秀	宜昌地调中心	中地调（宜）审字［2009］09号
成都地调中心		成都地调中心	中地调（成）审字［2010］4号
地调局	优秀	地调局	中地调（基）审字［2009］20号
地调局	优秀	地调局	中地调（资）审字［2010］03号

提交地质调查报告

	报告提交单位
中国大陆周边地区主要成矿带成矿规律对比及潜力评价	**发展研究中心**
巽他群岛－新几内亚岛地区地质矿产综合图件编制	武汉地调中心
中国东南大陆周边地区成矿规律对比研究	南京地调中心
中国与亚洲地区关键地质问题对比研究	**地质研究所**
南秦岭主要构造岩带及其形成环境	地质研究所
矿产资源调查评价工程（结转项目）	
鄂豫陕相邻地区矿产资源调查评价	
河南内乡湍源地区银金矿资源调查评价	河南地调院
雅鲁藏布江成矿区铜多金属资源调查	**成都地调中心**
西藏尼雄周边地区富铁矿评价	江西地调院
青藏铁路沿线铁矿调查评价	湖北地调院
青藏高原火山沉积硼矿成矿条件与找矿标志研究	矿产资源所
西部地区以金为主的矿产资源综合评价	**武警黄金部队**
内蒙古二连浩特—东乌珠穆沁以金为主矿产资源调查评价	武警黄金部队
西秦岭成矿带铅锌金矿产资源潜力评价	武警黄金部队
西南三江云南段有色金属基地勘查	**成都地调中心**
云南大宝山－八宝山铜矿评价	有色贵州局
云南盈江－保山核桃坪铜多金属矿评价	云南地调局
云南思茅盆地铜多金属矿评价	云南地调局
新疆东天山地区矿产资源调查评价	**西安地调中心**
新疆哈密市头苏泉地区金铜镍资源潜力评价	有色新疆局
新疆天山成矿带找矿重大疑难问题研究	新疆地调院
祁连山地区有色金属资源调查评价	**西安地调中心**
甘肃省阿克赛县当金山一带铜多金属矿评价	甘肃地调院
豫西南地区铅锌银矿评价	**天津地调中心**
河南朱阳关－湍源铅锌银矿评价	河南地调院
豫西南地区铅锌银矿成矿规律研究	河南地调院

一览表——正式报告（三）

报告评审机构	报告评审等级	报告审查机构	报告审批文号
地调局	优秀	地调局	中地调（科）审字［2010］02号
地调局	优秀	地调局	中地调（科）审字［2009］29号
地调局	优秀	地调局	中地调（科）审字［2009］11号
天津地调中心	优秀	天津地调中心	中地调（天）审字［2006］20号
成都地调中心	良好	成都地调中心	中地调（成）审字［2008］100号
成都地调中心	良好	成都地调中心	中地调（成）审字［2009］101号
地调局	优秀	地调局	中地调（资）审字［2010］03号
武警黄金指挥部	优秀	武警黄金指挥部	中地调（武黄）审字［2008］001号
武警黄金指挥部	优秀	武警黄金指挥部	中地调（武黄）审字［2008］02号
成都地调中心	优秀	成都地调中心	中地调（成）审字［2009］93号
成都地调中心	良好	成都地调中心	中地调（成）审字［2009］100号
成都地调中心	良好	成都地调中心	中地调（成）审字［2009］99号
西安地调中心	良好	西安地调中心	中地调（西）审字［2006］16号
西安地调中心	良好	西安地调中心	中地调（西）审字［2009］12号
西安地调中心	良好	西安地调中心	中地调（西）审字［2007］19号
西安地调中心	优秀	天津地调中心	中地调（天）审字［2006］20号
天津地调中心	优秀	天津地调中心	中地调（天）审字［2009］01号

提交地质调查报告

	报告提交单位
皖赣相邻地区矿产资源评价	**南京地调中心**
江西武宁－宜丰地区铜锡钨矿评价	江西地调院
优质锰矿资源勘查	**冶金地质总局**
我国优质锰矿勘查资源远景分析	冶金中南地勘院
南岭地区锡多金属矿评价	**武汉地调中心**
湖南诸广山－万洋山地区锡铅锌多金属矿评价	湖南地调院
湖南九嶷山－姑婆山地区锡多金属矿评价	湖南地调院
湖南郴州荷花坪－香花岭锡多金属矿评价	有色湖南局
广西都庞岭－姑婆山锡铜矿评价	广西地调院
优质化工非金属资源评价	**中化地质矿山总局**
川西南－滇东北地区磷矿评价	中化地质矿山总局
我国磷、硼、萤石、重晶石矿产资源潜力调查评价	中化地质矿山总局
新疆库鲁克塔格地区内生磷矿资源评价	中化地质矿山总局
新疆莎车－罗布泊地区钾盐资源评价	中化地质矿山总局
华北地台北缘内生磷矿资源评价	中化地质矿山总局
全国地下水资源及其环境问题调查评价	**水文环境所**
华北平原地下水模型研究	中国地大（北京）
银川平原地下水资源合理配置调查评价	宁夏监测站
平原（盆地）区地下水开采主要问题调查	环境监测院
黄河流域地下水均衡、循环和利用模拟与预测研究	水文环境所
全国地热资源现状评价与区划（环境监测院）	环境监测院
华北平原东部浅层地下水开发利用示范	水文环境所
全国地热资源现状评价与区划	水文环境所
水工环地质调查部署战略研究	环境监测院
水文地质调查方法研究与手册编制	水环地调中心
鄂尔多斯盆地地下水勘查	**西安地调中心**
鄂尔多斯盆地地下水勘查（内蒙古）	内蒙古地调院

一览表——正式报告（四）

报告评审机构	报告评审等级	报告审查机构	报告审批文号
南京地调中心	良好	南京地调中心	中地调（南）审字［2009］01号
地调局	优秀	地调局	中地调（冶）审字［2009］02号
武汉地调中心	优秀	武汉地调中心	中地调（武）审字［2009］19号
宜昌地调中心	优秀	宜昌地调中心	中地调（宜）审字［2009］17号
武汉地调中心	优秀	武汉地调中心	中地调（武）审字［2010］10号
武汉地调中心	良好	武汉地调中心	中地调（武）审字［2010］2号
中化地质矿山总局	优秀	中化地质矿山总局	中地调（化）审字［2009］01号
中化地质矿山总局	良好	中化地质矿山总局	中地调（化）审字［2009］02号
中化地质矿山总局	良好	中化地质矿山总局	中地调（化）审字［2009］03号
中化地质矿山总局	良好	中化地质矿山总局	中地调（化）审字［2009］04号
中化地质矿山总局	良好	中化地质矿山总局	中地调（化）审字［2009］05号
水文环境所	优秀	水文环境所	中地调（水研）审字［2007］07号
地调局	优秀	地调局	中地调（水）审字［2007］16号
地调局	优秀	地调局	中地调（水）审字［2009］38号
地调局	良好	地调局	中地调（水）审字［2010］006号
地调局	良好	地调局	中地调（水）审字［2010］002号
地调局	优秀	地调局	中地调（水）审字［2010］001号
地调局	优秀	地调局	中地调（水）审字［2010］002号
地调局	良好	地调局	中地调（水）审字［2009］26号
地调局	优秀	地调局	中地调（水）审字［2010］007号
地调局	优秀	西安地调中心	中地调（西）审字［2008］011号

提交地质调查报告

	报告提交单位
鄂尔多斯盆地地下水勘查（宁夏）	宁夏监测站
严重缺水地区地下水勘查	**水环地调中心**
云南红层严重缺水地区地下水勘查示范	云南地调局
全国矿产资源潜力评价	**发展研究中心**
我国西部重要成矿区带矿产资源潜力评估	矿产资源所
内蒙古二连－东乌旗铜多金属矿评价	**内蒙古地调院**
内蒙古集宁地区铜多金属矿评价	内蒙古地调院
西辽河平原地下水资源及其环境问题调查评价	**内蒙古地调院**
西辽河平原地下水资源及其环境问题调查评价（内蒙古）	内蒙古地调院
淮河流域环境地质调查	**南京地调中心**
淮河流域环境地质综合研究	南京地调中心
川滇黔相邻区铜铅锌多金属矿产调查评价	**成都地调中心**
贵州丫都－蟒硐铅锌银矿评价	有色贵州局
贵州黔北地区铝土矿评价	有色贵州局
昆仑－阿尔金成矿带铁铜铅锌多金属矿产调查评价	**西安地调中心**
新疆塔什库尔干－莎车铁铅锌多金属矿评价	河南地调院
青海省东昆仑祁漫塔格地区铜矿评价	青海地调院
新疆民丰黄羊岭锑矿调查评价	新疆地调院
西部铁锰多金属资源调查评价	**冶金地质总局**
新疆哈密百灵山—阿拉塔格一带富铁矿资源调查评价	冶金西北地勘院
湘黔渝花垣－松桃－秀山地区锰矿资源调查评价	冶金中南地勘院
广西大新—云南广南一带优质锰矿资源评价	冶金中南地勘院
甘肃北山营毛沱—大豁落井一带铁锰矿资源调查评价	冶金西北地勘院
华北平原地下水污染调查评价	**水文环境所**
华北平原水土环境研究与编图示范	环境监测院
地方病严重区地下水勘查及供水安全示范	**水环地调中心**
西藏日喀则地区地下水勘查示范	西藏地调院

一览表——正式报告（五）

报告评审机构	报告评审等　级	报告审查机构	报告审批文号
西安地调中心	优秀	西安地调中心	中地调（西）审字［2008］010 号
水文地质方法所	优秀	水文地质方法所	中地调（方法所）审字［2006］21
地调局		地调局	中地调（资）审字［2008］07 号
天津地调中心	良好	天津地调中心	中地调（天）审字［2009］15 号
地调局	优秀	内蒙古地调院	内地调审字［2007］02 号
地调局	优秀	地调局	中地调（水）审字［2010］22 号
成都地调中心	良好	成都地调中心	中地调（成）审字［2009］94 号
成都地调中心	优秀	成都地调中心	中地调（成）审字［2009］95 号
西安地调中心	优秀	西安地调中心	中地调（西）审字［2009］20 号
西安地调中心	优秀	西安地调中心	中地调（西）审字［2009］04 号
西安地调中心	优秀	西安地调中心	中地调（西）审字［2009］23 号
地调局	良好	地调局	中地调（冶）审字［2009］06 号
地调局	良好	地调局	中地调（冶）审字［2009］04 号
地调局	优秀	地调局	中地调（冶）审字［2009］03 号
地调局	良好	地调局	中地调（冶）审字［2009］07 号
地调局	优秀	地调局	中地调（水）审字［2010］011 号
水环地调中心	良好	水环地调中心	中地调（水环中心）评字［2007］01 号

提交地质调查报告

	报告提交单位
西南三江成矿带中段铜多金属矿产调查评价	**成都地调中心**
西藏玉龙铜矿外围铜多金属矿评价	西藏地调院
天山成矿带铜多金属矿产资源调查评价	**西安地调中心**
新疆新源县玉希莫勒盖达坂一带铜多金属矿资源评价	新疆地调院
新疆西天山查岗诺尔—备战一带铜铁矿资源评价	新疆地调院
西北地区矿产勘查部署与选区研究	西安地调中心
新疆阿尔泰地区铜多金属矿产资源调查评价	**西安地调中心**
新疆准噶尔盆地周边斑岩铜矿成矿条件研究	矿产资源所
北山－祁连成矿带铜多金属矿产调查评价	**西安地调中心**
青海省门源县达板山地区铜多金属资源评价	有色青海局
豫西地区铅锌铁铝多金属矿调查评价	**天津地调中心**
河南卢氏－栾川地区铅锌银矿评价	河南地调院
辽吉地区铁铜铅锌矿评价	**沈阳地调中心**
辽宁清原大荒沟地区铜矿评价	辽宁地调院
湘西－鄂西地区铅锌多金属矿评价	**武汉地调中心**
湖北宜昌－恩施地区铅锌矿调查评价	湖北地调院
湖北武当－神农架地区铅锌矿评价	湖北地调院
湖南龙山－保靖铅锌矿评价	湖南地调院
湖南怀化－通道铁锰矿评价	湖南地调院
琼西南地区铜多金属矿评价	**武汉地调中心**
海南尖峰岭－雅加大岭金多金属矿评价	海南地调院
西北大型煤炭基地后备资源调查评价	**西安地调中心**
新疆哈密市－鄯善县沙尔湖煤矿区调查	新疆地调院
陕西靖边县红墩界－海则滩地区侏罗纪煤田远景区调查	陕西地调院
全国油气资源战略评价	**地调局本部**
西部地区主要沉积盆地形成演化及油气资源富集成藏规律综合研究（地质力学所）	地质力学所

一览表——正式报告（六）

报告评审机构	报告评审等级	报告审查机构	报告审批文号
成都地调中心	良好	成都地调中心	中地调（成都）审字［2009］102号
西安地调中心	良好	西安地调中心	中地调（西）审字［2009］3号
西安地调中心	优秀	西安地调中心	中地调（西）审字［2009］14号
地调局	优秀	地调局	中地调（西）审字［2009］036号
西安地调中心	良好	西安地调中心	中地调（西）审字［2010］04号
西安地调中心	良好	西安地调中心	中地调（西）审字［2009］05号
天津地调中心	优秀	天津地调中心	中地调（天）审字［2008］03号
沈阳地调中心	良好	沈阳地调中心	中地调（沈）审字［2009］09号
武汉地调中心	良好	宜昌地调中心	中地调（宜）审字［2009］21号
武汉地调中心	优秀	宜昌地调中心	中地调（宜）审字［2009］22号
武汉地调中心	优秀	宜昌地调中心	中地调（宜）审字［2009］18号
武汉地调中心	优秀	宜昌地调中心	中地调（宜）审字［2009］28号
武汉地调中心	优秀	武汉地调中心	中地调（武）审字［2010］06号
西安地调中心	良好	西安地调中心	中地调（西）审字［2009］15号
西安地调中心	优秀	西安地调中心	中地调（西）审字［2008］07号
地调局		地调局	中地调（资）审字［2008］10号

提交地质调查报告

	报告提交单位
矿产资源宏观战略与部署研究	**发展研究中心**
煤炭资源后备基地勘查选区评价	发展研究中心
我国战略性矿产勘查工作运行机制研究	矿产资源所
西部资源接替区选区评价	发展研究中心
珠江三角洲地区地下水污染调查评价	**水文环境所**
珠江三角洲地区地下水污染调查评价专题研究	水文环境所
地质环境与地质灾害预警工程（结转项目）	
东南沿海及重要经济区环境地质调查	**南京地调中心**
海南岛生态环境地质调查	海南地调院
县（市）地质灾害调查	**环境监测院**
北京延庆县地质灾害调查	北京监测站
四川万源、崇州市、德昌、梓潼、理县地质灾害调查	四川监测站
全国矿山地质环境调查与评估	**环境监测院**
西藏自治区矿山地质环境调查与评估	西藏监测站
吉林辽源市矿山地质环境调查	环境监测院
全国重点地区地质遗迹区划	环境监测院
全国矿山地质环境保护区划	环境监测院
长江上游主要环境地质问题调查	**成都地调中心**
西部地区地质遗迹调查及环境保护区划	环境监测院
长江源区（1:25 万）生态环境地质调查	青海地调院
长江中游环境地质调查	**武汉地调中心**
香溪河流域岸坡稳定性调查评价	武汉地调中心
国家重大工程区域地壳稳定性调查与评价	**地质力学所**
西南三江地区区域地壳稳定性评价及分区图	地质力学所
华北平原地面沉降调查与监测	**环境监测院**
华北平原地面沉降调查与监测综合研究	环境监测院

一览表——正式报告（七）

报告评审机构	报告评审等　级	报告审查机构	报告审批文号
地调局	优秀	地调局	中地调（资）审字［2010］05 号
地调局	优秀	地调局	中地调（资）审字［2010］02 号
地调局	优秀	地调局	中地调（资）审字［2009］06 号
地调局	优秀	地调局	中地调（水）审字［2010］008 号
南京地调中心	优秀	南京地调中心	中地调（南）审字［2006］06 号
北京国土资源局	优秀	北京国土资源局	中地调（北）审字［2005］01 号
四川国土资源厅	合格	四川国土资源厅	川国土资函［2006］946 号
环境监测院	良好	环境监测院	中地调（环）审字［2007］021 号
地调局	优秀	地调局	中地调（水）审字［2009］23 号
地调局	良好	地调局	中地调（水）审字［2009］27 号
地调局	优秀	地调局	中地调（水）审字［2009］28 号
地调局	优秀	地调局	中地调（水）审字［2009］24 号
成都地调中心	优秀	成都地调中心	中地调（成）审字［2009］66 号
地调局	优秀	地调局	中地调（水）审字［2009］020 号
地调局	良好	地调局	中地调（水）审字［2010］020 号
地调局	优秀	地调局	中地调（水）审字［2008］010 号

提交地质调查报告

	报告提交单位
典型地质灾害监测预警与示范治理工程	**环境监测院**
四川雅安地质灾害预警示范区建设	环境监测院
重点地区地质灾害风险评估示范	环境监测院
西气东输工程重点地段地质灾害监测预警示范	环境监测院
地质灾害预警关键技术方法研究与示范	**水环地调中心**
滑坡勘查技术潜孔锤取心钻进技术应用	成都工艺所
全国主要城市环境地质调查评价	**水文环境所**
浙江主要城市环境地质调查评价	浙江监测站
海南主要城市环境地质调查评价	海南地调院
西南山区地质灾害详细调查	**成都地调中心**
贵州开阳县地质灾害详细调查	贵州监测站
西部地区地裂缝与地面沉降调查	**长安大学**
山西地面沉降与地裂缝调查	山西监测站
全国地质灾害调查与综合研究	**环境监测院**
全国地质灾害气象预报预警技术方法研究	环境监测院
重点地区突发性地质灾害详细调查	**环境监测院**
鄂西恩施地区滑坡形成机制与危险性评价	中国地大（武汉）
全国环境地质图系编制	**地调局本部**
全国地质灾害易发区综合评价和区划	环境监测院
中国滑坡、崩塌、泥石流地质灾害图（1:400 万）编制	环境监测院
中国地面沉降和地裂缝地质灾害图（1:400 万）编制	上海地调院
中国矿山环境地质图（1:400 万）编制	西安地调中心
数字国土工程（结转项目）	
地质调查数据处理与综合分析系统	**发展研究中心**
地下水资源调查数据处理与综合分析子系统	环境监测院
地质调查数据采集系统	**发展研究中心**
地下水资源调查野外数据采集系统	环境监测院

一览表——正式报告（八）

报告评审机构	报告评审等级	报告审查机构	报告审批文号
地调局	优秀	地调局	中地调（水）审字［2008］19号
地调局	优秀	地调局	中地调（水）审字［2008］18号
地调局	良好	地调局	中地调（水）审字［2009］22号
地调局	优秀	地调局	中地调（水）审字［2009］021号
地调局	良好	地调局	中地调（水环）审字009-06字
水文环境所	优秀	水文环境所	中地调（水环）审字009-01号
成都地调中心	优秀	成都地质调查中心	中地调（成）审字［2008］05号
地调局	优秀	地调局	中地调（水）审字［2009］5号
地调局	优秀	地调局	中地调（水）审字［2009］14号
宜昌地调中心	优秀	宜昌地调中心	中地调（宜）审字［2009］36号
地调局	优秀	地调局	中地调（水）审字［2009］30号
地调局	优秀	地调局	中地调（水）审字［2009］32号
地调局	良好	地调局	中地调（水）审字［2009］33号
地调局	优秀	地调局	中地调（水）审字［2009］34号
地调局	优秀	地调局	中地调（总）评字［2009］03号
地调局	良好	地调局	中地调（总）评字［2009］01号

提交地质调查报告

	报告提交单位
地质灾害数据采集系统	环境监测院
国土资源基础数据库建设	**地调局本部**
1:50万区域环境地质调查空间数据库建设	环境监测院
国土资源信息服务系统建设	**地调局本部**
地质调查数据共享服务系统建设	发展研究中心
国土资源基础网络建设	**地调局本部**
地调局国际互联网站（中、英文）维护	发展研究中心
资源调查与利用技术发展工程（结转项目）	
遥感地质信息提取	
西藏高山地区遥感数字测图研究	河南地调院
难选冶矿产综合利用技术	
中国典型锰银氧化矿选冶工艺试验研究	广西地调院
西部地区崩滑体监测防治新技术研究与示范	**探矿工艺所**
地质灾害防治无水钻探技术研究	中国地大（武汉）
岩心定向取心技术的研究	探矿工艺所
物探新技术及资料处理解释方法研究	**物化探所**
《全球构造体系图》出版	地质力学所
地质调查标准化建设	**天津地调中心**
地质调查技术标准研制修订与升级（青岛海地所）	青岛海地所
深部矿产资源勘查钻探技术研究	**勘探技术所**
陆地永久冻土天然气水合物钻探技术研究	勘探技术所
轻便、高效浅层取样和勘查钻探方法技术研究	**探矿工程所**
浅层取样钻探设备器具研制和钻进工艺方法研究（中国地大（武汉））	中国地大（武汉）
难利用矿产资源综合利用技术研究	**探矿工艺所**
重要难选冶金属矿产资源综合利用研究	郑州综合所
新型非金属矿产高效利用技术研究	郑州综合所

一览表——正式报告（九）

报告评审机构	报告评审等　级	报告审查机构	报告审批文号
地调局	优秀	地调局	中地调（总）审字［2009］02号
地调局	良好	地调局	中地调（总）审字［2009］25号
地调局	优秀	地调局	中地调（总）审字［2010］03号
地调局	优秀	地调局	中地调（总）审字［2010］01号
天津地调中心	良好	天津地调中心	中地调（天）审字［2008］10号
地调局	优秀		
地调局	优秀	地调局	中地调（科）审字［2008］22号
地调局	优秀	地调局	中地调（科）审字［2008］021号
地调局		地调局	中地调（科）审字［2010］01号
天津地调中心	优秀	天津地调中心	中地调（天）评字［2009］21号
地调局	优秀	地调局	中地调（科）评字［2009］31号
地调局	优秀	地调局	中地调（科）审字［2008］23号
地调局		地调局	中地调（科）审字［2009］17号
地调局		地调局	中地调（科）审字［2009］18号

提交地质调查报告

	报告提交单位
重要矿物原料的物化性能及利用技术研究	**郑州综合所**
西部铜铅锌复杂多金属矿高效选冶新技术研究	郑州综合所
中国大陆周边地区主要成矿带成矿规律对比及潜力评价	**发展研究中心**
东北亚地区地质矿产综合图件编制	沈阳地调中心
中国及邻区矿产资源潜力定量评价	发展研究中心
深部找矿技术研究	**物化探所**
600 米岩心钻探设备器具研制和钻进工艺方法研究	勘探技术所
全液压多功能车装深水井钻研制	勘探技术所
物化遥地理信息系统完善与网格系统矿产资源评价解释技术开发	发展研究中心
特殊景观区勘查技术研究	**物化探所**
车装全液压取样钻机研制及推广应用	勘探技术所
航空物探和遥感技术研究	**航遥中心**
直升机航空电磁资料处理解释方法及时间域航空电磁系统方案研究	航遥中心
公益性地质工作社会化服务体系建设	**发展研究中心**
国家地质资料数据中心建设研究	发展研究中心
青藏高原地质矿产调查与评价（结转项目）	
关键地质理论及勘查技术方法研究	**地调局本部**
青藏高原演化与资源环境效益	地质研究所
青藏高原南部地幔岩和铬铁矿成因	地质研究所
基础性公益性地质调查项目（结转项目）	
非常规能源调查评价	**地调局本部**
北京浅层地温能资源评价示范	北京地调院
东部地区地热资源调查与区划	水文环境所

一览表——正式报告（十）

报告评审机构	报告评审等级	报告审查机构	报告审批文号
地调局		地调局	中地调（科）审字［2009］17号
地调局	良好	地调局	中地调（科）评字［2010］13号
地调局	优秀	地调局	中地调（科）审字［2009］19号
地调局	优秀	地调局	中地调（科）评字［2009］26号
地调局	优秀	地调局	中地调（科）评字［2009］27号
地调局	优秀	地调局	中地调（科）审字［2010］10号
地调局	优秀	地调局	中地调（科）评字［2009］28号
地调局	优秀	地调局	中地调（科）审字［2010］09号
地调局	良好	地调局	中地调（总）审字［2010］02号
地调局	优秀	地调局	中地调（基）审［2009］17号
地调局	优秀	地调局	中地调（基）审［2009］18号
地调局	通过	地调局	中地调（资）审字［2009］02号
地调局	良好	地调局	中地调（水）审字［2010］003号

地质灾害调查

	调查结果											
	查处危险点数量											
	崩塌（个）			滑坡（个）			泥石流（条）			地面塌陷（个）	地裂缝（条）	其他
		大	中		大	中		大	中			
合　计	**1801**	**194**	**615**	**3981**	**422**	**1221**	**1495**	**90**	**539**	**353**	**321**	**962**
河北											195	
湖北	176	50	68	656	133	199	11	2	5	28	4	6
广东										179		
重庆	187	1	28	535	1	153	2			1	2	31
四川	1211	140	427	1479	143	556	968	67	282	8		443
云南	198		66	1031	7	171	273	4	28	134	92	95
甘肃	9		9	77		77	35		35	3	28	68
青海	13		13	144	113	31	202	17	185			319
宁夏	7	3	4	59	25	34	4		4			

结果与减灾效果——按地区

减灾效果						
受威胁人口（人）	受威胁财产（万元）	避免直接经济损失（万元）	避免人口伤亡（人）	群策群防点（处）	专业监测点（处）	应急处置点（处）
216 073	**353 851**	**8871**	**1716**	**4022**	**586**	**372**
300	1000	300	50			
47 916	72 567	5870	536	924	67	30
17 489	30 000	1420	24	682		
103 191	167 211	800	710	1387		294
24 357	49 949	107	86	347	183	8
19 700	24 805			220		40
3120	8320	374	310	462	336	

地质调查实物工作量——按工作量（一）

	计量单位	本年计划	上年未完	实际完成
一、钻探		**676 447**	**55 672**	**542 708**
（一）机械岩心钻探	米	413 777	49 822	328 134
（二）水文钻探	米	201 890	2430	170 938
（三）取样钻探	米	10 198	2298	8446
（四）砂钻	米	5200		4838
（五）其他钻探	米	45 383	1123	30 351
三、坑探		**3333**	**-307**	**3190**
机掘	米	2343	-307	2052
手掘	米	990		1139
四、浅井	**米**	**16 812**	**1201**	**14 749**
五、槽探	**立方米**	**1 276 473**	**84 905**	**1 141 773**
六、地形测绘				
1:5000	平方千米	5		5
1:2000	平方千米	22		22
剖面千米	剖面千米	128		120
七、矿产地质测量				
（一）矿产地质填图				
1:5 万	平方千米	65 263	2095	63 659
1:2.5 万	平方千米	2745		2545
1:2 万	平方千米	367		313
1:1 万	平方千米	4468	306	4311
1:5000	平方千米	486		486
1:2000	平方千米	13		13
剖面千米	剖面千米	5252	181	5116
（二）矿产地质草测				
1:5 万	平方千米	5887	1910	5726
1:2.5 万	平方千米	1480		1380
1:1 万	平方千米	4626	53	4392
1:5000	平方千米	354		311

地质调查实物工作量——按工作量（二）

	计量单位	本年计划	上年未完	实际完成
1:2000	平方千米	60		58
其他比例尺	平方千米	50		51
剖面千米	剖面千米	271	33	272
八、石油地质测量				
1:10 万	平方千米	14 000		14 000
1:1 万	平方千米	560		560
其他比例尺	平方千米	3000		3000
剖面千米	剖面千米	87		90
九、区域地质调查				
（一）区调地质调查				
1:25 万	平方千米	1680		1680
1:5 万	平方千米	103 261	4497	99 264
1:2.5 万	平方千米	459		456
1:1 万	平方千米	145		138
其他比例尺	平方千米	3041		3041
剖面千米	剖面千米	3713	275	4095
（二）修测				
1:25 万	平方千米	399 757	12 557	394 052
1:5 万	平方千米	3150	300	2468
1:2.5 万	平方千米	250		250
1:1 万	平方千米	10		10
1:5000	平方千米	500		500
剖面千米	剖面千米	225		217
十、水文、工程、环境地质勘查				
（一）区域水文地质调查				
1:25 万	平方千米	16 000		
1:10 万	平方千米	48 600		34 600
1:5 万	平方千米	62 239		54 922
1:1 万	平方千米	150		150

地质调查实物工作量——按工作量（三）

	计量单位	本年计划	上年未完	实际完成
其他比例尺	平方千米	150		150
剖面千米	剖面千米	5		5
（二）区域水文地质调查修测				
1:5 万	平方千米	4280		1280
（三）区域工程地质调查				
1:5 万	平方千米	6037		4068
1:2.5 万	平方千米	850	700	40
1:1 万	平方千米	200		287
1:5000	平方千米	30		30
其他比例尺	平方千米	4		4
剖面千米	剖面千米	128	23	128
（四）区域环境地质调查				
1:25 万	平方千米	143 500	31 000	143 900
1:10 万	平方千米	2500		2500
1:5 万	平方千米	11 487	700	13 409
1:2.5 万	平方千米	1700	700	890
1:1 万	平方千米	40		40
1:2000	平方千米	2		2
剖面千米	剖面千米	44		44
其中：地质灾害调查及预测预警				
1:10 万	平方千米	700		2500
1:5 万	平方千米	69 839		58 294
1:1 万	平方千米	1583	200	1023
1:2000	平方千米	6		5
剖面千米	剖面千米	82		93
（五）水文地质勘查				
1:10 万	平方千米	15 000		15 000

地质调查实物工作量——按工作量（四）

	计量单位	本年计划	上年未完	实际完成
1:5 万	平方千米	41 500		19 504
1:2.5 万	平方千米	1432		1432
1:1 万	平方千米	7		117
1:2000	平方千米	1		1
剖面千米	剖面千米	310		310
（六）工程地质勘查				
1:5 万	平方千米	4100		4319
1:1 万	平方千米	2120		844
1:5000	平方千米	300		4
1:2000	平方千米	120		
剖面千米	剖面千米	10		10
（七）环境地质勘查				
1:10 万	平方千米	2000		2000
1:5 万	平方千米	20 500	1000	11 604
1:2.5 万	平方千米	350		
其他比例尺	平方千米	300		
（八）其他				
1:10 万	平方千米	8000		8000
1:1 万	平方千米	600		600
剖面千米	剖面千米	402		2
十一、地球物理地球化学勘查				
（一）航空物探				
1. 磁法测量				
（1）面积测量				
1:5 万	平方千米	213 010	38 010	178 849
（2）测线				
1:5 万	测线千米	566 300	75 000	498 999
2. 放射性测量				
（1）面积测量				
1:5 万	平方千米	5000		7730

地质调查实物工作量——按工作量（五）

	计量单位	本年计划	上年未完	实际完成
（2）测线				
1:5 万	测线千米	151 300		156 759
3. 电法测量				
（2）测线				
1:5 万	测线千米	100 000		29 337
（二）地面物探				
1. 磁法				
1:5 万	平方千米	51 890	2440	48 165
1:2.5 万	平方千米	2340		2430
1:2 万	平方千米	537		467
1:1 万	平方千米	6372	-5	5704
1:5000	平方千米	990	10	959
1:2000	平方千米	35	6	36
剖面千米	剖面千米	4587	182	4577
2. 电法				
1:10 万	平方千米	420		420
1:2 万	平方千米	270		216
1:1 万	平方千米	1109	51	1017
1:5000	平方千米	75		75
1:2000	平方千米	1		1
其他比例尺	平方千米	8		8
剖面千米	剖面千米	3040	20	2801
3. 重力				
1:25 万	平方千米	237 753		239 745
1:20 万	平方千米	143 658	28 759	145 291
1:5 万	平方千米	10 039		10 072
1:2.5 万	平方千米	800		717
1:1 万	平方千米	811	23	623
1:5000	平方千米	500		200

地质调查实物工作量——按工作量（六）

	计量单位	本年计划		实际完成
			上年未完	
剖面千米	剖面千米	3392	294	3309
4. 地震	**剖面千米**	**2215**	**20**	**1786**
5. 放射性				
1:5 万	平方千米	1786		1805
1:2 万	平方千米	120		120
其他比例尺	平方千米	450		450
剖面千米	剖面千米	2610		2603
（三）地面化探				
1. 岩石测量				
1:25 万	平方千米	11 250		11 268
1:5 万	平方千米	2610		2613
1:1 万	平方千米	356		367
1:2000	平方千米	20		20
其他比例尺	平方千米	30		30
剖面千米	剖面千米	1293	164	1301
2. 土壤测量				
1:25 万	平方千米	27 085		27 087
1:20 万	平方千米	12	12	
1:5 万	平方千米	11 722	840	11 782
1:2.5 万	平方千米	799		702
1:2 万	平方千米	423		369
1:1 万	平方千米	1568	24	1486
1:2000	平方千米	26		27
剖面千米	剖面千米	1663	18	1760
3. 水系沉积物测量				
1:25 万	平方千米	284 560		280 094
1:20 万	平方千米	28 860		29 010
1:5 万	平方千米	114 221	4852	110 083
剖面千米	剖面千米	500		500

地质调查实物工作量——按工作量（七）

	计量单位	本年计划	上年未完	实际完成
4. 多目标区域地球化学				
1:25 万	平方千米	39 836		13 500
1:5 万	平方千米	10 000		10 000
1:1 万	平方千米	4000		4000
5. 其他				
1:25 万	平方千米	16 928		17 628
1:5 万	平方千米	1750		1786
剖面千米	剖面千米			150
（四）地下物探				
1. 测井	**测井米**	**43 400**	**18 000**	**31 846**
2. 井中物探	**测井米**	**10 680**		**7871**
十二、遥感地质				
1. 航空黑白摄影测量				
1:10 万	平方千米	2000		2000
1:5 万	平方千米	15 000		15 000
1:1 万	平方千米	5500		5500
2. 航空彩色摄影测量				
1:10 万	平方千米	10 386		
1:5 万	平方千米	8000		11 467
1:1 万	平方千米	3000		3017
3. 航空多光谱扫描测量				
1:1 万	平方千米	1200		1438
4. 地质解译				
1:25 万	平方千米	2 272 520	454 156	2 067 878
1:10 万	平方千米	747 171		731 563
1:5 万	平方千米	652 758	26 190	640 074
1:2.5 万	平方千米	5194		5218
1:1 万	平方千米	107 371	47 877	102 580
1:5000	平方千米	250		250

地质调查实物工作量——按工作量（八）

	计量单位	本年计划	上年未完	实际完成
1:2000	平方千米	50		50
其他比例尺	平方千米	4100		4100
十三、海洋地质调查				
1. 海域区调				
剖面公里	剖面千米	150		150
2. 海域地震				
（1）多道地震	测线千米	3000		3096
（2）单道地震	测线千米	150		150
3. 海域重力测量	**测线千米**	**3000**		**3215**
4. 海域磁法测量	**测线千米**	**3000**		**3222**
5. 水深测量	**测线千米**	**3000**		**3215**
多波束	测线千米	4		6
十四、供水成井情况				
2. 供水成井工作量	**米**	**700**		**700**
十五、环境监测情况				
1. 生态环境调查				
1:5 万	平方千米	100		300
2. 水土污染调查				
1:25 万	平方千米	45 000		45 000
1:5 万	平方千米	900		980
3. 防病改水调查				
剖面千米	剖面千米	500		
4. 新建环境监测点	**个**	**20**		**20**
十六、地质灾害预警工程				
1. 滑坡、泥石流调查与治理	**处**	**10 000**		

地质调查项目经费完成

	累计预算			累计地质调查项目经费完成			
	累计预算	中央财政资金	地方财政资金	累　计	中央财政资金	地方财政资金	其　他
合　计	**1 373 477**	**1 233 277**	**130 148**	**1 150 521**	**1 035 926**	**105 353**	**9241**
一、能源矿产	＊＊＊	＊＊＊	**5924**	＊＊＊	＊＊＊	**5827**	
煤	31 916	27 492	4424	22 471	18 144	4327	
油页岩	1880	1880		1792	1792		
石油	13 943	13 943		13 051	13 051		
天然气	3695	3695		3387	3387		
煤层气	1424	1424		1242	1242		
地热	2880	1380	1500	2626	1126	1500	
天然气水合物	4400	4400		3972	3972		
铀矿	＊＊＊	＊＊＊		＊＊＊	＊＊＊		
二、金属矿产	**362 964**	**352 510**	**10 390**	**292 357**	**285 963**	**6305**	**89**
（一）黑色金属矿产	**71 274**	**70 730**	**544**	**55 808**	**55 601**	**182**	**25**
铁矿	66 544	66 000	544	51 401	51 219	182	
锰矿	4080	4080		3857	3832		25
铬铁矿	200	200		100	100		
钛矿	450	450		450	450		
（二）有色金属矿产	**267 940**	**259 983**	**7892**	**216 271**	**211 516**	**4691**	**64**
铜矿	130 526	129 518	950	105 151	104 346	746	59
铅矿	2516	2516		2129	2129		
锌矿	200	200		143	143		
铝土矿	12 050	12 050		8525	8525		
镍矿	1980	1980		1731	1731		
钨矿	7571	7571		6176	6176		
锡矿	11 842	11 842		10 862	10 862		
钼矿	2164	2164		1623	1623		
锑矿	205	205		205	205		
铅锌矿	45 641	44 259	1377	37 202	36 490	707	6

情况——按矿种（一）

单位：万元

本年地质调查项目经费总额	中央财政资金	上年结余	地方财政资金	上年结余	本年地质调查项目经费完成	中央财政资金	地方财政资金	其 他
692 288	**634 172**	**87 764**	**57 865**	**32 948**	**470 611**	**437 387**	**33 224**	
* * *	* * *	**1885**	**3088**	**2908**	* * *	* * *	**2991**	
25 722	22 634	104	3088	2908	16 277	13 287	2991	
513	513	23			424	424		
5397	5397	1077			4504	4504		
2215	2215				1907	1907		
438	438	198			256	256		
330	330	330			76	76		
3254	3254	154			2827	2827		
* * *	* * *				* * *	* * *		
205 772	**197 542**	**23 392**	**8231**	**3472**	**135 183**	**131 037**	**4147**	
46 923	**46 379**	**3409**	**544**		**31 432**	**31 250**	**182**	
45 210	44 666	3166	544		30 067	29 885	182	
1513	1513	243			1265	1265		
200	200				100	100		
143 395	**136 674**	**19 524**	**6721**	**3206**	**91 768**	**88 248**	**3519**	
67 304	66 974	8304	330	330	41 970	41 844	126	
1278	1278	148			891	891		
200	200				143	143		
8680	8680	880			5155	5155		
979	979	79			730	730		
3056	3056	406			1661	1661		
3413	3413	363			2433	2433		
1308	1308	228			767	767		
23 165	21 988	4048	1177	227	14 726	14 219	507	

地质调查项目经费完成

	累计预算	中央财政资金	地方财政资金	累计地质调查项目经费完成			
				累 计	中央财政资金	地方财政资金	其 他
多金属	53 244	47 679	5565	42 524	39 286	3238	
（三）贵金属矿产	**22 680**	**20 726**	**1954**	**19 279**	**17 847**	**1433**	
金矿	20 912	18 958	1954	17 591	16 159	1433	
银矿	1768	1768		1688	1688		
（四）稀有金属矿产	**1070**	**1070**		**999**	**999**		
铌钽矿	400	400		388	388		
钽矿	220	220		209	209		
锂矿	450	450		402	402		
三、非金属矿产	**54 613**	**52 144**	**2469**	**49 722**	**47 245**	**2477**	
（一）冶金辅助材料	**150**	**150**		**150**	**150**		
冶金用脉石英	150	150		150	150		
（二）化工原料矿产	**13 028**	**10 618**	**2410**	**12 730**	**10 312**	**2418**	
钾盐	10 861	8451	2410	10 563	8145	2418	
硼矿	130	130		130	130		
磷矿	2037	2037		2037	2037		
（三）特种非金属	**350**	**350**		**241**	**241**		
金刚石	350	350		241	241		
（四）建材及其他非金属矿产	**2463**	**2463**		**2263**	**2263**		
石墨	653	653		653	653		
沸石	90	90		90	90		
建筑用砂	1720	1720		1520	1520		
（五）水气矿产	**38 622**	**38 563**	**59**	**34 338**	**34 279**	**59**	
地下水	37 617	37 558	59	33 376	33 317	59	
二氧化碳气	300	300		264	264		
氡气	705	705		699	699		
四、不分矿种	**880 245**	**758 892**	**111 365**	**745 005**	**645 107**	**90 745**	**9152**

情况——按矿种（二）

单位：万元

本年地质调查项目经费总额	中央财政资金		地方财政资金		本年地质调查项目经费完成	中央财政资金	地方财政资金	其他
		上年结余		上年结余				
34 012	28 798	5068	5214	2649	23 292	20 406	2886	
14 698	**13 732**	**402**	**966**	**266**	**11 298**	**10 852**	**445**	
13 985	13 019	389	966	266	10 664	10 219	445	
713	713	13			633	633		
757	**757**	**57**			**686**	**686**		
232	232	32			221	221		
75	75	25			63	63		
450	450				402	402		
30 688	**30 696**	**2096**	**-8**	**-8**	**25 798**	**25 798**		
150	**150**				**150**	**150**		
150	150				150	150		
6651	**6659**	**309**	**-8**	**-8**	**6353**	**6353**		
6045	6053	103	-8	-8	5747	5747		
607	607	207			607	607		
350	**350**				**241**	**241**		
350	350				241	241		
1040	**1040**				**840**	**840**		
200	200				200	200		
840	840				640	640		
22 497	**22 497**	**1787**			**18 214**	**18 214**		
21 982	21 982	1732			17 740	17 740		
300	300				264	264		
215	215	55			209	209		
410 288	**363 484**	**60 391**	**46 554**	**26 576**	**276 309**	**250 222**	**26 087**	

地质调查项目经费完成

				累计地质调查项目经费完成			
	累计预算	中央财政资金	地方财政资金	累计	中央财政资金	地方财政资金	其他
合计	**1 373 477**	**1 233 277**	**130 148**	**1 150 521**	**1 035 926**	**105 353**	**9241**
北京	127 698	123 953	3745	117 041	113 450	3591	
天津	22 128	19 628	2500	20 267	18 236	2030	
河北	76 928	67 074	9850	63 660	59 803	3828	28
山西	25 120	17 753	7367	19 888	13 987	5901	
内蒙古	95 322	81 241	14 081	85 854	71 773	14 081	
辽宁	27 609	24 456	2717	26 700	23 547	2717	436
吉林	15 532	12 888	544	11 423	9741	182	1500
黑龙江	44 775	32 478	12 297	36 777	26 950	9827	
上海	9442	6442	3000	8935	5920	3000	15
江苏	32 011	25 441	6450	29 099	22 979	6000	120
浙江	17 036	10 701	6335	14 564	8311	6252	
安徽	25 341	23 891		19 622	18 172		1450
福建	24 604	21 876	2728	17 825	16 185	1640	
江西	27 400	24 040	3360	20 208	17 204	3005	
山东	19 826	16 486	3340	15 483	13 006	2477	
河南	27 313	24 313	2800	24 164	21 164	2800	200
湖北	40 021	36 143	3878	32 944	30 264	2680	
湖南	45 402	34 445	5978	37 297	26 875	5443	4979
广东	27 065	20 492	6309	20 564	15 886	4414	264
广西	27 633	25 183	2450	22 056	19 606	2450	
海南	20 578	17 143	3435	16 475	14 199	2276	
重庆	18 261	14 607	3654	13 484	9837	3647	
四川	71 269	64 498	6771	66 641	59 870	6771	
贵州	29 097	23 097	6000	22 429	19 983	2446	
云南	59 216	59 135	81	48 786	48 705	81	
西藏	111 393	111 253		99 806	99 666		140
陕西	40 115	37 559	2550	34 681	32 797	1878	6
甘肃	34 382	33 030	1352	22 195	22 151	44	
青海	89 383	86 033	2996	75 896	72 626	3168	103
宁夏	10 132	9832	300	9078	8778	300	
新疆	129 512	126 231	3281	94 806	92 381	2425	
境外	1935	1935		1875	1875		

情况——按地区

单位：万元

本年地质调查项目经费总额	中央财政资金	上年结余	地方财政资金	上年结余	本年地质调查项目经费完成	中央财政资金	地方财政资金	其他
692 288	**634 172**	**87 764**	**57 865**	**32 948**	**470 611**	**437 387**	**33 224**	
43 617	43 531	7321	86		33 169	33 083	86	
8018	7511	1731	506	506	6156	6120	37	
34 711	27 713	3718	6998	6208	21 483	20 506	977	
10 935	8669	4012	2266	2266	5702	4903	800	
54 697	44 737	5793	9960	3960	45 229	35 269	9960	
10 853	10 853	368			9944	9944		
6496	5952	652	544		2987	2805	182	
25 375	17 155	1825	8220	1298	17 377	11 627	5750	
1299	1299	349			777	777		
11 922	11 088	1486	834	134	9009	8625	384	
5988	4727	1375	1261	1161	3845	2667	1178	
11 874	11 874	2876			6155	6155		
13 947	12 764	1576	1183	5	7168	7073	95	
15 066	13 726	1876	1340		7874	6890	985	
9541	8244	1474	1297	627	5198	4764	434	
12 300	12 300	1100			9152	9152		
20 935	18 738	3263	2197	547	13 858	12 859	999	
18 815	17 433	2108	1382	1232	10 710	9863	847	
12 587	8998	1383	3589	2076	6087	4393	1695	
15 988	14 166	1541	1823	1823	10 411	8589	1823	
9284	7615	1805	1669	1469	5180	4670	510	
13 208	10 305	1145	2903	2903	8431	5535	2896	
31 576	31 178	3718	399	399	26 949	26 550	399	
17 748	12 688	3103	5060	4060	11 080	9574	1506	
36 200	36 200	6917			25 770	25 770		
56 025	56 025	7195			44 553	44 553		
17 495	16 723	2720	772	582	12 060	11 960	100	
21 665	20 382	4682	1283	281	9478	9503	−25	
44 776	44 696	2695	−171	−171	31 290	31 290		
7722	7422	290	300	300	6667	6367	300	
90 923	88 759	7616	2164	1283	56 218	54 910	1308	
701	701	51			640	640		

地质调查项目经费完成

	累计预算	中央财政资金	地方财政资金	累计地质调查项目经费完成			
				累　计	中央财政资金	地方财政资金	其　他
合　计	**1 373 477**	**1 233 277**	**130 148**	**1 150 521**	**1 035 926**	**105 353**	**9241**
一、中国地质调查局及局属单位	**425 393**	**420 866**	**4386**	**396 703**	**392 401**	**4161**	**140**
天津地调中心	24 198	23 824	374	22 615	22 263	353	
沈阳地调中心	21 586	20 636	950	18 966	18 220	746	
南京地调中心	19 145	19 145		18 252	18 252		
武汉地调中心	13 867	13 867		13 041	13 041		
成都地调中心	25 065	25 065		24 389	24 389		
西安地调中心	34 803	34 662		31 747	31 607		140
青岛海地所	8378	8378		7943	7943		
广州海洋局	11 461	11 461		10 459	10 459		
航遥中心	53 726	52 664	1062	48 229	47 167	1062	
发展研究中心	32 151	32 151		31 038	31 038		
实物资料中心	4352	4352		4271	4271		
地调局本部	2140	2140		1634	1634		
中国地质科学院	**120 310**	**118 310**	**2000**	**113 864**	**111 864**	**2000**	
地科院本部	6170	6170		5717	5717		
地质研究所	17 122	17 122		16 163	16 163		
矿产资源所	34 640	34 640		33 191	33 191		
地质力学所	12 412	12 412		11 442	11 442		
实验测试中心	2483	2483		2258	2258		
物化探所	24 050	24 050		22 164	22 164		
水文环境所	17 659	15 659	2000	17 488	15 488	2000	
岩溶地质所	5774	5774		5442	5442		
探矿工程所	2360	2360		2265	2265		
水环地调中心	16 603	16 603		14 915	14 915		

情况——按单位（一）

单位：万元

本年地质调查项目经费总额	中央财政资金		地方财政资金		本年地质调查项目经费完成	中央财政资金	地方财政资金	其他
		上年结余		上年结余				
692 288	**634 172**	**87 764**	**57 865**	**32 948**	**470 611**	**437 387**	**33 224**	
186 225	**184 787**	**23 921**	**1438**	**438**	**157 600**	**156 386**	**1213**	
9280	9171	1291	108	108	7697	7610	87	
11 657	11 327	1399	330	330	9037	8911	126	
8032	8032	790			7139	7139		
6956	6956	1126			6130	6130		
12 180	12 180	2335			11 504	11 504		
18 519	18 519	1156			15 464	15 464		
1659	1659	429			1224	1224		
4607	4607	892			3604	3604		
29 374	29 374	3144			23 877	23 877		
9034	9034	1584			7920	7920		
1837	1837	117			1756	1756		
2062	2062	62			1557	1557		
48 825	**47 825**	**6762**	**1000**		**42 443**	**41 443**	**1000**	
1826	1826	591			1372	1372		
6162	6162	1532			5203	5203		
13 303	13 303	1468			11 854	11 854		
5889	5889	916			4919	4919		
1091	1091	336			867	867		
12 745	12 745	1480			10 859	10 859		
4991	3991	126	1000		4883	3883	1000	
2819	2819	314			2487	2487		
1030	1030	150			936	936		
8754	8754	664			7066	7066		

地质调查项目经费完成

	累计预算			累计地质调查项目经费完成			
		中央财政资金	地方财政资金	累 计	中央财政资金	地方财政资金	其 他
勘探技术所	6644	6644		6064	6064		
郑州综合所	3711	3711		3503	3503		
探矿工艺所	3385	3385		3219	3219		
成都综合所	3955	3955		3685	3685		
环境监测院	15 336	15 336		14 455	14 455		
地质图书馆	2216	2216		2146	2146		
二、省（区、市）地调院	**650 607**	**551 146**	**94 838**	**513 781**	**437 592**	**72 151**	**4038**
北京地调院	7435	4602	2833	7026	4193	2833	
天津地调院	5641	3141	2500	4328	2297	2030	
河北地调院	25 896	16 420	9476	17 282	13 806	3476	
山西地调院	14 378	11 011	3367	9586	7686	1901	
内蒙古地调院	26 231	19 431	6800	25 287	18 487	6800	
辽宁地调院	15 982	12 830	2717	15 982	12 830	2717	435
吉林地调院	16 111	13 467	544	12 261	10 579	182	1500
黑龙江地调院	28 200	18 718	9482	22 104	14 888	7216	
上海地调院	6379	3379	3000	5953	2937	3000	15
江苏地调院	17 339	10 769	6450	15 369	9249	6000	120
浙江地调院	12 420	6085	6335	11 291	5039	6252	
安徽地调院	19 525	17 816	259	14 274	12 565	259	1450
福建地调院	24 647	21 919	2728	18 595	16 955	1640	
江西地调院	24 689	21 329	3360	17 311	14 306	3005	
山东地调院	11 897	8557	3340	8437	5959	2477	
河南地调院	31 766	29 766	1800	27 309	25 309	1800	200
湖北地调院	20 286	16 408	3878	17 291	14 611	2680	
湖南地调院	24 727	23 487	1240	18 787	18 039	748	
广东地调院	20 186	13 613	6309	14 883	10 205	4414	264
广西地调院	13 754	13 754		9309	9309		

情况——按单位（二）

单位：万元

本年地质调查项目经费总额	中央财政资金	上年结余	地方财政资金	上年结余	本年地质调查项目经费完成	中央财政资金	地方财政资金	其他
2920	2920	340			2341	2341		
1482	1482	332			1274	1274		
1352	1352	52			1187	1187		
1830	1830	320			1561	1561		
3872	3872	882			2991	2991		
962	962	92			893	893		
328 521	**286 162**	**45 056**	**42 359**	**20 458**	**192 270**	**172 598**	**19 672**	
976	890	200	86		567	481	86	
1674	1167	717	506	506	360	324	37	
14 741	7851	1206	6890	6100	6127	5237	890	
7090	5314	1447	1776	1776	2298	1989	310	
13 033	8033	852	5000		12 088	7088	5000	
5260	5260				5260	5260		
6870	6326	1066	544		3620	3438	182	
15 993	9968	1328	6025	968	9897	6138	3759	
913	913	163			471	471		
4868	4034	984	834	134	2898	2514	384	
3641	2380	618	1261	1161	2512	1334	1178	
9272	9272	2724			4021	4021		
13 153	11 970	1362	1183	5	7101	7006	95	
13 417	12 077	1377	1340		6039	5054	985	
5504	4208	638	1297	627	2044	1610	434	
14 576	14 576	2746			10 118	10 118		
10 290	8093	1613	2197	547	7295	6296	999	
13 752	12 521	716	1232	1232	7812	7072	740	
8970	5381	1201	3589	2076	3667	1972	1695	
7522	7522	907			3077	3077		

地质调查项目经费完成

	累计预算	中央财政资金	地方财政资金	累计地质调查项目经费完成			
				累计	中央财政资金	地方财政资金	其他
海南地调院	12 402	8967	3435	8408	6132	2276	
重庆地调院	7400	7400		5275	5275		
四川地调院	44 224	38 404	5820	41 453	35 633	5820	
贵州地调院	16 536	13 536	3000	12 865	11 570	1295	
云南地调局	32 311	32 230	81	22 692	22 611	81	
西藏地调院	37 445	37 445		34 261	34 261		
陕西地调院	22 358	21 308	1050	15 571	15 192	378	
甘肃地调院	17 588	16 236	1352	10 650	10 606	44	
青海地调院	41 913	41 757	102	32 679	32 524	102	54
宁夏地调院	4922	4622	300	4926	4626	300	
新疆地调院	46 020	42 739	3281	32 339	29 914	2425	
三、省（区、市）环境监测站	**53 544**	**52 044**	**1500**	**30 934**	**29 434**	**1500**	
北京监测站	617	617		617	617		
天津监测站	300	300		155	155		
河北监测站	2210	2210		2122	2122		
山西监测站	1375	1375		932	932		
辽宁监测站	310	310		260	260		
吉林监测站	1187	1187		387	387		
黑龙江监测站	1365	1365		536	536		
浙江监测站	2283	2283		1073	1073		
安徽监测站	790	790		517	517		
福建监测站	1303	1303		548	548		
江西监测站	1490	1490		898	898		
山东监测站	300	300		237	237		
河南监测站	800	800		1	1		
湖北监测站	5591	5591		2886	2886		

情况——按单位（三）

单位：万元

本年地质调查项目经费总额	中央财政资金	上年结余	地方财政资金	上年结余	本年地质调查项目经费完成	中央财政资金	地方财政资金	其他
6066	4397	1147	1669	1469	2071	1561	510	
5498	5498	468			3373	3373		
17 694	17 694	2289			14 923	14 923		
9956	7545	1190	2411	1411	6285	5579	706	
17 709	17 709	5829			8090	8090		
19 269	19 269	2489			16 075	16 075		
13 115	12 344	1774	772	582	6328	6228	100	
11 836	10 552	3372	1283	281	4898	4922	-25	
21 462	21 462	1222			12 229	12 229		
4140	3840	38	300	300	4144	3844	300	
30 263	28 098	3375	2164	1283	16 582	15 273	1308	
31 793	**31 793**	**4873**			**9588**	**9588**		
100	100				100	100		
186	186	86			42	42		
1142	1142	242			1054	1054		
675	675				232	232		
150	150				100	100		
800	800							
860	860	60			31	31		
1264	1264	364			384	384		
361	361	41			89	89		
988	988	38			233	233		
797	797	97			205	205		
153	153	53			91	91		
800	800				1	1		
3876	3876	451			1171	1171		

地质调查项目经费完成

	累计预算	中央财政资金	地方财政资金	累计地质调查项目经费完成 累计	中央财政资金	地方财政资金	其他
湖南监测站	2891	2891		1963	1963		
广西监测站	1660	1660		1247	1247		
重庆监测站	3865	3865		1348	1348		
四川监测站	1540	1540		1500	1500		
贵州监测站	1447	1447		1221	1221		
西藏监测站	4722	4722		2785	2785		
陕西监测站	3120	1620	1500	2631	1131	1500	
甘肃监测站	6695	6695		2592	2592		
青海监测站	1453	1453		1193	1193		
宁夏监测站	2080	2080		1330	1330		
新疆监测站	4150	4150		1954	1954		
四、省（区、市）国土资源厅、地勘局	**82 333**	**50 035**	**27 019**	**71 656**	**41 492**	**25 137**	**5028**
北京地质工程设计研究院	1177	265	912	968	210	758	
天津地热勘查开发设计院	1500	1500		1459	1459		
河北地勘局	950	950		950	950		
山西地勘局	340	340		340	340		
山西第三地质工程勘察院	6328	2328	4000	6328	2328	4000	
内蒙古国土资源信息院	5515	1555	3960	5515	1555	3960	
黑龙江地勘局	2600	2600		2600	2600		
江苏国土厅信息中心	120	120		2	2		
安徽地矿局	700	700		700	700		
安徽勘查技术院	2380	2380		2276	2276		
福建地矿局	200	200		200	200		
江西地矿局	300	300		300	300		
山东地勘局	100	100		100	100		

情况——按单位（四）

单位：万元

本年地质调查项目经费总额	中央财政资金		地方财政资金		本年地质调查项目经费完成	中央财政资金	地方财政资金	其他
		上年结余		上年结余				
1613	1613	843			686	686		
921	921	121			508	508		
3002	3002	252			485	485		
220	220	20			180	180		
486	486	86			260	260		
3254	3254	54			1392	1392		
547	547	347			58	58		
5235	5235	1035			1132	1132		
406	406	106			146	146		
1176	1176	196			426	426		
2780	2780	380			584	584		
52 022	**39 569**	**8409**	**12 202**	**12 052**	**41 604**	**31 131**	**10 474**	
1500	1500				1459	1459		
950	950				950	950		
340	340				340	340		
2818	2328	2328	490	490	2818	2328	490	
5515	1555	1555	3960	3960	5515	1555	3960	
2600	2600				2600	2600		
120	120				2	2		
700	700				700	700		
1932	1932	-8			1828	1828		
200	200				200	200		
300	300				300	300		

地质调查项目经费完成

	累计预算			累计地质调查项目经费完成			
	累计预算	中央财政资金	地方财政资金	累　计	中央财政资金	地方财政资金	其　他
山东地质科学实验研究院	620	620		620	620		
山东国土资源档案馆	100	100		100	100		
河南地矿局	490	490		490	490		
河南国土资源科学研究院	1595	595	1000	1595	595	1000	
湖北地矿局	1000	1000		1000	1000		
湖北地质科学研究所	100	100		100	100		
湖南地矿局	320	320		320	320		
湖南地质研究所	11 138	1571	4588	11 138	1571	4588	4979
湖南国土资源信息中心	250	100	150	197	90	107	
广东地矿局	300	300		300	300		
广西地勘总院	2730	280	2450	2730	280	2450	
重庆地勘局	104	104		104	104		
重庆地质矿产研究院	4356	702	3654	4349	702	3647	
四川地矿局	2900	2900		2900	2900		
四川矿产资源储量评审中心	471	60	411	471	60	411	
贵州国土资源厅	4855	1855	3000	2275	1124	1151	
贵州地矿局	1100	1100		1081	1081		
西藏地勘局第二地质大队	550	550		513	513		
西藏地勘局第五地质大队	2128	2128		2125	2125		
陕西地勘局二物	1680	1680		1280	1280		
陕西地矿实验所	20	20		20	20		
陕西国土资源规划与评审中心	870	870					
甘肃地矿局	400	400		400	400		
青海地矿局	1500	1500		1454	1454		
青海柴达木综合地质勘查大队	6050	3640	2410	6253	3836	2418	
青海第一地质矿产勘查院	1884	1400	484	2234	1587	648	
青海环境地质勘查局	1170	1170		1001	1001		

情况——按单位（五）

单位：万元

本年地质调查项目经费总额	中央财政资金		地方财政资金		本年地质调查项目经费完成	中央财政资金	地方财政资金	其　他
		上年结余		上年结余				
610	610	610			610	610		
100	100				100	100		
490	490				490	490		
595	595	595			595	595		
1000	1000				1000	1000		
100	100				100	100		
320	320				320	320		
250	100		150		197	90	107	
300	300				300	300		
1987	164	164	1823	1823	1987	164	1823	
3135	232	82	2903	2903	3128	232	2896	
2900	2900				2900	2900		
408	9	9	399	399	408	9	399	
4380	1731	1731	2649	2649	1800	1000	800	
1100	1100				1081	1081		
					13	13		
424	424	74			421	421		
980	980	90			580	580		
870	870	770						
400	400				400	400		
1500	1500				1454	1454		
1268	1276	-224	-8	-8	1471	1471		
209	372	-28	-163	-163	559	559		
329	329	79			161	161		

地质调查项目经费完成

	累计预算	中央财政资金	地方财政资金	累计地质调查项目经费完成			
				累计	中央财政资金	地方财政资金	其他
青海国土规划研究院	1427	1127		413	364		49
青海国土资源博物馆	100	100		100	100		
青海国土资源厅信息中心	200	200					
青海水工环调查院	250	250		129	129		
新疆地矿所	555	555					
新疆地矿九队	8910	8910		4225	4225		
五、地勘各工业部门	**103 191**	**100 776**	**2405**	**92 190**	**89 750**	**2405**	**35**
冶金地勘系统	**21 239**	**21 239**		**18 389**	**18 365**		**25**
冶金地质总局	15 372	15 372		13 289	13 265		25
冶金辽宁局	1583	1583		1362	1362		
辽宁冶金地勘院	1500	1500		1500	1500		
冶金四川局	2784	2784		2238	2238		
有色地勘系统	**34 864**	**34 854**		**31 038**	**31 028**		**10**
有色地调中心	11 263	11 263		10 803	10 803		
有色华北局	244	240		244	240		4
有色内蒙古地勘局	300	300		218	218		
有色辽宁局	2077	2076		2077	2076		1
有色河南局	900	900		665	665		
有色湖南局	2312	2312		1597	1597		
有色贵州局	1928	1928		1709	1709		
有色云南局	800	800		825	825		
有色西北局	1570	1564		1367	1361		6
有色甘肃局	3695	3695		2836	2836		
甘肃有色地勘局三队	300	300					
有色青海局	6581	6581		6375	6375		
有色新疆局	2895	2895		2322	2322		

情况——按单位（六）

单位：万元

本年地质调查项目经费总额	中央财政资金	上年结余	地方财政资金	上年结余	本年地质调查项目经费完成	中央财政资金	地方财政资金	其他
1378	1127	27			364	364		
100	100				100	100		
200	200							
250	250				129	129		
555	555	555						
8910	8910				4225	4225		
58 730	**56 865**	**2305**	**1865**		**47 704**	**45 839**	**1865**	
12 590	**12 590**	**190**			**9716**	**9716**		
9490	9490	190			7383	7383		
900	900				679	679		
2200	2200				1654	1654		
17 644	**17 644**	**1544**			**13 818**	**13 818**		
5547	5547	497			5087	5087		
300	300				218	218		
700	700				700	700		
900	900				665	665		
1004	1004	104			288	288		
785	785	85			566	566		
400	400				425	425		
1022	1022	22			819	819		
1443	1443	243			584	584		
300	300	300						
3109	3109	209			2903	2903		
2134	2134	84			1561	1561		

地质调查项目经费完成

	累计预算	中央财政资金	地方财政资金	累计地质调查项目经费完成：累计	中央财政资金	地方财政资金	其他
武警黄金指挥部	**5543**	**5543**		**5543**	**5543**		
武警黄金指挥部	5543	5543		5543	5543		
煤田地勘系统	**15 113**	**14 573**	**540**	**11 044**	**10 504**	**540**	
煤炭地质总局	7583	7583		7583	7583		
煤田湖南局	400	400		233	233		
煤田四川局	740	200	540	740	200	540	
四川煤田地勘设计院	300	300		300	300		
煤田甘肃局	400	400		400	400		
新疆煤炭一五六勘查队	2590	2590		425	425		
新疆煤炭综合地质勘查队	2500	2500		1350	1350		
新疆煤田地质局 161 队	600	600		13	13		
核工业地质系统	**21 007**	**19 142**	**1865**	**20 956**	**19 091**	**1865**	
核工业地质局	19 677	17 812	1865	19 677	17 812	1865	
四川核工业地调院	530	530		528	528		
青海核工业地质局	800	800		751	751		
化工地质矿山局	**3122**	**3122**		**3082**	**3082**		
中化地质矿山总局	3122	3122		3082	3082		
建材地勘中心	**1263**	**1263**		**1263**	**1263**		
建材地勘中心	1263	1263		1263	1263		
中联煤层气公司	**1040**	**1040**		**874**	**874**		
中联煤层气公司	1040	1040		874	874		
六、院校	**48 144**	**48 144**		**38 857**	**38 857**		
中国地大（北京）	15 251	15 251		10 044	10 044		
北京大学	887	887		598	598		
北京师范大学	160	160					
石家庄经济学院	220	220		212	212		
吉林大学	7869	7869		6223	6223		

情况——按单位（七）

单位：万元

本年地质调查项目经费总额	中央财政资金		地方财政资金		本年地质调查项目经费完成	中央财政资金	地方财政资金	其他
		上年结余		上年结余				
3500	**3500**	**200**			**3500**	**3500**		
3500	3500	200			3500	3500		
11 330	**11 330**				**7261**	**7261**		
4540	4540				4540	4540		
400	400				233	233		
300	300				300	300		
400	400				400	400		
2590	2590				425	425		
2500	2500				1350	1350		
600	600				13	13		
11 065	**9200**		**1865**		**11 014**	**9149**	**1865**	
9735	7870		1865		9735	7870	1865	
530	530				528	528		
800	800				751	751		
1567	**1567**	**207**			**1527**	**1527**		
1567	1567	207			1527	1527		
720	**720**				**720**	**720**		
720	720				720	720		
314	**314**	**164**			**148**	**148**		
314	314	164			148	148		
29 413	**29 413**	**2052**			**20 126**	**20 126**		
9276	9276	1211			4069	4069		
805	805	25			516	516		
160	160							
220	220				212	212		
5466	5466	406			3820	3820		

地质调查项目经费完成

	累计预算	中央财政资金	地方财政资金	累计地质调查项目经费完成 累计	中央财政资金	地方财政资金	其他
南京大学	900	900		747	747		
中国矿业大学	120	120		6	6		
合肥工业大学	300	300		206	206		
东华理工大学	600	600		560	560		
华东石油大学	260	260					
中国地大（武汉）	13 107	13 107		11 901	11 901		
中山大学	400	400		390	390		
成都理工大学	4590	4590		4590	4590		
长安大学	3480	3480		3380	3380		
七、其他单位	**10 265**	**10 265**		**6401**	**6401**		
部油气中心	150	150					
部信息中心	110	110					
地质博物馆	1000	1000					
经济研究院	7715	7715		6401	6401		
咨询中心	340	340					
储量评审中心	90	90					
发改委国土开发与地区经济研究所	180	180					
中国矿业联合会	160	160					
中科院地质所	300	300					
中科院地理所	100	100					
延长石油公司研究院	120	120					

情况——按单位（八）

单位：万元

本年地质调查项目经费总额	中央财政资金	上年结余	地方财政资金	上年结余	本年地质调查项目经费完成	中央财政资金	地方财政资金	其他
631	631	31			478	478		
120	120				6	6		
300	300				206	206		
600	600				560	560		
260	260							
7036	7036	380			5830	5830		
400	400				390	390		
2480	2480				2480	2480		
1660	1660				1560	1560		
5583	**5583**	**1148**			**1719**	**1719**		
150	150							
110	110							
1000	1000	100						
3033	3033	838			1719	1719		
340	340	160						
90	90							
180	180							
160	160							
300	300	50						
100	100							
120	120							

地质调查项目人员——按专业性质（一）

计量单位：人

	期末从事地质调查	平均从事地质调查人数	期末直接投入项目人数	直接投入地调技术人员		平均直接投入项目人员
					高级技术人员	
合　计	**34 206**	**29 299**	**29 234**	**26 784**	**10 630**	**28 803**
矿产资源调查评价	**13 596**	**11 904**	**11 845**	**10 157**	**3313**	**11 840**
能源矿产地质调查	3601	3091	3203	2813	917	3101
其中：石油地质调查	78	74	74	74	30	74
金属矿产地质调查	8291	7385	7062	6159	1899	7243
非金属矿产地质调查	738	524	652	597	256	589
水气矿产地质调查	966	904	928	588	241	907
海洋地质调查	**150**	**128**	**129**	**102**	**49**	**106**
水文、工程、环境地质调查	**2976**	**2545**	**2679**	**2254**	**741**	**2488**
水文地质	923	896	816	534	212	845
工程地质	42	37	38	37	10	37
环境地质	700	584	628	621	236	618
水文工程环境地质综合调查	1311	1028	1197	1062	283	988
区域地质调查	**3899**	**3237**	**3240**	**3136**	**1302**	**3195**
地球物理、地球化学调查	**2761**	**2503**	**2286**	**2137**	**785**	**2446**
地面物探	1173	1057	973	914	355	1051
地面化探	1211	1079	995	910	291	1079
航空物探	303	303	244	241	96	252
物化探综合调查	74	64	74	72	43	64
遥　感	**972**	**865**	**810**	**753**	**338**	**803**
矿产资源	972	865	810	753	338	803
地质灾害预警工程	**1539**	**1329**	**1299**	**1202**	**500**	**1277**
地质灾害调查	1426	1227	1202	1118	451	1182
地质灾害治理	113	102	97	84	49	95

地质调查项目人员——按专业性质（二）

计量单位：人

	期末从事地质调查	平均从事地质调查人数	期末直接投入项目人数	直接投入地调技术人员	高级技术人员	平均直接投入项目人员
土地资源监测调查评价	**5**	**6**	**5**	**5**	**2**	**6**
土地资源技术与标准	5	6	5	5	2	6
数字国土工程	**520**	**413**	**408**	**397**	**203**	**406**
信息化标准建设	82	75	81	75	41	74
信息技术开发研究	314	219	206	202	108	215
地矿基础数据库建设	314	219	206	202	108	215
国土资源网络系统建设	124	119	121	120	54	117
国土资源科学研究	**3072**	**2299**	**2367**	**2588**	**1362**	**2276**
地质科学研究	3027	2269	2343	2545	1347	2248
土地科学研究	45	30	24	43	15	28
技术发展工程	**1805**	**1496**	**1544**	**1521**	**771**	**1429**
地矿技术发展工程	1805	1496	1544	1521	771	1429
区域地质技术发展工程	74	71	72	68	50	69
地球物理技术发展工程	136	117	95	100	56	102
地球化学技术发展工程	34	22	24	21	16	21
遥感技术发展工程	325	289	260	259	114	262
水、工、环技术发展工程	122	116	113	107	81	115
探矿工程技术发展工程	457	441	432	380	221	431
其他技术发展工程	657	440	548	586	233	429
土地技术发展工程						
其　　他	**2911**	**2574**	**2622**	**2532**	**1264**	**2531**

地质调查项目人员——按矿种（一）

计量单位：人

	期末从事地质调查	平均从事地质调查人数	期末直接投入项目人数	直接投入地调技术人员		平均直接投入项目人员
					高级技术人员	
合　计	**34 206**	**29 299**	**29 234**	**26 784**	**10 630**	**28 803**
一、能源矿产	**2019**	**1676**	**1797**	**1435**	**572**	**1662**
煤	1136	894	983	717	232	899
油页岩	31	12	31	31	20	12
石油	156	131	141	122	49	121
天然气	69	61	69	69	34	61
煤层气	25	25	25	25	15	25
地热	38	30	33	29	14	30
天然气水合物	33	27	33	30	18	27
* * *	*	*	*	*	*	*
二、金属矿产	**8158**	**7122**	**6933**	**6118**	**1816**	**6965**
（一）黑色金属矿产	**1723**	**1410**	**1474**	**1283**	**372**	**1391**
铁矿	1639	1334	1398	1211	353	1313
锰矿	84	76	76	72	19	78
铬铁矿						
钛矿						
（二）有色金属矿产	**5781**	**5150**	**4896**	**4391**	**1301**	**5033**
铜矿	2465	2245	2058	1710	530	2187
铅矿	47	35	30	42	14	35
锌矿	24	22		24	22	22
铝土矿	490	387	462	344	100	388
镍矿	52	43	43	34	14	43
钨矿	112	105	106	104	29	105
锡矿	185	166	160	133	45	164
钼矿	65	58	58	54	20	57

地质调查项目人员——按矿种（二）

计量单位：人

	期末从事地质调查	平均从事地质调查人数	期末直接投入项目人数	直接投入地调技术人员	高级技术人员	平均直接投入项目人员
锑矿						
铅锌矿	840	786	795	711	174	776
多金属	1501	1303	1184	1235	353	1256
（三）贵金属矿产	**603**	**530**	**531**	**412**	**131**	**503**
金矿	555	487	489	380	121	459
银矿	48	43	42	32	10	44
（四）稀有金属矿产	**51**	**32**	**32**	**32**	**12**	**38**
铌钽矿	17	17	17	17	5	17
钽矿	7	7	7	7	2	7
锂矿	27	8	8	8	5	14
三、非金属矿产	**2278**	**1898**	**2053**	**1472**	**599**	**1909**
（一）冶金辅助材料	**25**	**18**	**23**	**20**	**8**	**20**
冶金用脉石英	25	18	23	20	8	20
（二）化工原料矿产	**408**	**241**	**350**	**332**	**179**	**290**
钾盐	372	212	314	301	157	260
硼矿						
磷矿	36	29	36	31	22	30
（三）特种非金属	**42**	**39**	**40**	**31**	**16**	**39**
金刚石	42	39	40	31	16	39
（四）建材及其他非金属矿产	**76**	**43**	**63**	**43**	**13**	**57**
石墨	45	12	35	15	6	29
沸石						
建筑用砂	31	31	28	28	7	28
（五）水气矿产	**1727**	**1557**	**1577**	**1046**	**383**	**1503**
地下水	1696	1526	1546	1015	366	1472
二氧化碳气	18	18	18	18	11	18
氡气	13	13	13	13	6	13
四、不分矿种	**21 751**	**18 603**	**18 451**	**17 759**	**7643**	**18 267**

地质调查项目人员——按地区

计量单位：人

	期末从事地质调查	平均从事地质调查人数	期末直接投入项目人数	直接投入地调技术人员		平均直接投入项目人员
					高级技术人员	
合计	**34 206**	**29 299**	**29 234**	**26 784**	**10 630**	**28 803**
北京	2823	2356	2387	2398	1373	2252
天津	468	434	450	397	163	403
河北	2208	1909	2119	1935	928	1947
山西	301	237	239	207	110	268
内蒙古	2766	2051	2085	1976	804	2063
辽宁	543	417	429	462	193	411
吉林	401	377	322	249	152	356
黑龙江	770	641	643	674	274	634
上海	53	53	51	51	15	51
江苏	332	326	320	319	121	328
浙江	394	349	303	372	114	332
安徽	457	377	396	340	160	340
福建	594	463	470	444	163	460
江西	675	535	614	577	267	535
山东	784	732	736	725	178	705
河南	1000	873	967	785	244	873
湖北	1099	943	920	859	390	923
湖南	923	819	795	739	311	814
广东	309	252	235	226	86	248
广西	951	656	871	821	347	653
海南	406	377	370	343	111	342
重庆	920	709	871	624	188	726
四川	1686	1447	1537	1440	500	1485
贵州	1075	1012	1031	929	221	1015
云南	2512	2308	2290	1778	556	2246
西藏	3122	2444	2291	2120	758	2355
陕西	838	777	788	749	350	755
甘肃	911	872	556	675	196	850
青海	1660	1520	1415	1373	508	1534
宁夏	479	416	397	318	115	411
新疆	2706	2582	2298	1840	718	2454
境外	40	35	38	39	16	34

地质调查项目人员——按单位（一）

计量单位：人

	期末从事地质调查	平均从事地质调查人数	期末直接投入项目人数	直接投入地调技术人员	高级技术人员	平均直接投入项目人员
合计	**34 206**	**29 299**	**29 234**	**26 784**	**10 630**	**28 803**
一、中国地质调查局及局属单位	**9084**	**7666**	**8048**	**7952**	**3995**	**7504**
天津地调中心	295	251	283	283	144	213
沈阳地调中心	624	260	399	614	246	260
南京地调中心	239	239	239	239	84	239
武汉地调中心	353	266	266	231	106	263
成都地调中心	509	374	448	419	170	374
西安地调中心	531	531	510	516	300	516
青岛海地所	53	53	44	44	15	44
广州海洋局	151	127	129	102	51	106
航遥中心	768	760	599	582	262	605
发展研究中心	441	441	438	441	241	441
实物资料中心	91	91	91	75	27	91
中国地质科学院	**3498**	**2841**	**3221**	**3231**	**1831**	**2947**
地科院本部	312	312	312	312	272	312
地质研究所	442	410	264	361	252	419
矿产资源所	652	337	650	631	403	337
地质力学所	686	645	657	657	259	647
实验测试中心	96	43	96	83	41	43
物化探所	655	632	653	640	315	634
水文环境所	365	206	320	299	130	280
岩溶地质所	290	256	269	248	159	275
探矿工程所	50	50	50	50	32	50
水环地调中心	554	554	541	424	153	554
勘探技术所	352	352	344	293	168	344
郑州综合所	105	105	105	104	35	99
探矿工艺所	108	90	89	74	45	80
成都综合所	139	139	139	139	49	139
环境监测院	91	91	90	91	36	91

地质调查项目人员——按单位（二）

计量单位：人

	期末从事地质调查	平均从事地质调查人数	期末直接投入项目人数	直接投入地调技术人员	高级技术人员	平均直接投入项目人员
地质图书馆	132	51	23			48
二、省（区、市）地调院	**12 972**	**11 266**	**10 991**	**10 148**	**3213**	**11 215**
北京地调院	104	114	87	87	33	94
天津地调院	54	54	52	49	22	53
河北地调院	544	397	531	451	282	395
山西地调院	224	185	170	150	73	214
内蒙古地调院	683	459	391	393	125	491
辽宁地调院	141	141	141	141	61	141
吉林地调院	144	131	126	122	67	126
黑龙江地调院	330	330	330	330	85	330
上海地调院	37	37	37	37	12	37
江苏地调院	139	145	137	137	51	145
浙江地调院	306	266	225	287	79	248
安徽地调院	290	235	257	207	108	202
福建地调院	568	439	433	418	159	430
江西地调院	546	421	527	462	164	421
山东地调院	203	151	179	173	67	141
河南地调院	430	397	430	420	52	397
湖北地调院	395	393	367	354	120	367
湖南地调院	612	590	600	519	202	586
广东地调院	126	107	89	98	22	107
广西地调院	474	237	474	439	156	237
海南地调院	301	277	275	271	83	254
重庆地调院	330	277	288	173	61	270
四川地调院	685	615	678	617	190	682
贵州地调院	501	459	465	418	76	455
云南地调局	620	588	579	563	151	565
西藏地调院	1105	766	667	623	118	750
陕西地调院	620	616	591	497	149	608

地质调查项目人员——按单位（三）

计量单位：人

	期末从事地质调查	平均从事地质调查人数	期末直接投入项目人数	直接投入地调技术人员		平均直接投入项目人员
					高级技术人员	
甘肃地调院	558	541	205	391	69	555
青海地调院	649	591	499	529	133	624
宁夏地调院	342	286	267	185	72	281
新疆地调院	911	1021	894	607	171	1009
三、省（区、市）环境监测站	**1484**	**1286**	**1245**	**1144**	**426**	**1198**
北京监测站	12	12	11	11	2	11
天津监测站	18	18	18	18	6	18
河北监测站	98	98	97	88	39	97
山西监测站	42	27	28	26	17	27
辽宁监测站	16	13	13	13	5	13
吉林监测站	53	53	38	38	17	38
黑龙江监测站	24	24	19	19	10	19
浙江监测站	41	37	31	41	20	37
安徽监测站	24	5	23	21	12	5
福建监测站	43	42	41	37	12	42
江西监测站	37	24	37	24	9	24
山东监测站	12	15	10	9	5	15
河南监测站	6	6	6	6	3	6
湖北监测站	257	156	162	152	47	163
湖南监测站	37	34	36	37	8	34
广西监测站	111	111	111	106	30	111
重庆监测站	53	53	46	49	20	53
四川监测站	44	44	44	41	16	44
贵州监测站	49	49	49	49	10	49
西藏监测站	150	132	120	70	19	98
陕西监测站	65	50	60	54	26	50
甘肃监测站	128	128	98	98	35	98
青海监测站	47	47	37	30	21	38
宁夏监测站	68	59	61	58	19	59

地质调查项目人员——按单位（四）

计量单位：人

	期末从事地质调查	平均从事地质调查人数	期末直接投入项目人数	直接投入地调技术人员	高级技术人员	平均直接投入项目人员
新疆监测站	49	49	49	49	18	49
四、省（区、市）国土资源厅、地勘局	**3957**	**3551**	**3664**	**2744**	**739**	**3529**
北京地质工程设计研究院	101	58	55	35	8	45
天津地热勘查开发设计院	170	170	170	120	21	170
山西地勘局	42	40	40	15	6	40
黑龙江地勘局	210	120	193	193	28	120
安徽地矿局	200	200	140	100	20	160
安徽勘查技术院	238	175	187	158	47	169
山东地质科学实验研究院	400	400	400	400	50	400
山东国土资源档案馆	12	14	12	10	5	14
河南地矿局	165	165	165	32	15	165
河南国土资源科学研究院	450	450	450	320	130	450
湖北地矿局	53	53	52	53	13	53
湖北地质科学研究所	10		10			
湖南地质研究所	10	10	10	10	5	10
湖南国土资源信息中心	19	19	19	19	6	19
广西地勘总院	30	10	10	10	8	10
重庆地质矿产研究院	400	250	400	300	65	270
四川地矿局	474	458	469	320	120	458
四川矿产资源储量评审中心	19	9	18	18	10	9
贵州国土资源厅	301	289	280	301	45	289
贵州地矿局	160	160	160	80	35	160
西藏地勘局第二地质大队	1	1	1	1		1
西藏地勘局第五地质大队	32	21	26	20	4	21
陕西地勘局二物	88	87	55	32	18	87
甘肃地矿局	155	155	155	20	8	155
青海地矿局	8	4	8	6	2	8
青海柴达木综合地质勘查大队	27	27	27	18	3	27
青海第一地质矿产勘查院	17	17	14	14	2	17

地质调查项目人员——按单位（五）

计量单位：人

	期末从事地质调查	平均从事地质调查人　数	期末直接投入项目人　数	直接投入地调技术人　员		平均直接投入项目人　员
					高级技术人员	
青海环境地质勘查局	8	14	4	8	3	12
青海国土规划研究院	65	65	50	65	41	65
青海国土资源博物馆	10	7	8	8	6	7
青海国土资源厅信息中心	8	8	8	6	4	8
青海水工环调查院	16	15	10	10	2	15
新疆地矿九队	58	80	58	42	9	95
五、地勘各工业部门	**3341**	**2807**	**2797**	**2200**	**851**	**2724**
冶金地勘系统	**490**	**475**	**439**	**365**	**82**	**466**
冶金地质总局	362	363	336	291	64	359
冶金辽宁局	31	38	30	12	7	36
冶金四川局	97	74	73	62	11	71
有色地勘系统	**1175**	**901**	**919**	**714**	**258**	**863**
有色地调中心	324	271	279	207	110	267
有色内蒙古地勘局	25	18	18	18	5	18
有色辽宁局	63	63	48	32	4	63
有色河南局	165	53	133	91	30	58
有色湖南局	50	28	16	27	12	20
有色贵州局	44	40	41	31	10	39
有色云南局	40	20	20	20	10	20
有色西北局	88	85	78	66	8	80
有色甘肃局	101	101	95	72	19	96
有色青海局	138	136	126	113	31	130
有色新疆局	137	86	65	37	19	72
武警黄金部队	**156**	**133**	**140**	**89**	**34**	**122**
武警黄金部队	156	133	140	89	34	122
煤田地勘系统	**622**	**506**	**471**	**322**	**145**	**475**
煤炭地质总局	323	309	276	230	95	318
煤田湖南局	72	35	45	22	11	42
四川煤田地勘设计院	14	10	14	12	4	12

地质调查项目人员——按单位（六）

计量单位：人

	期末从事地质调查	平均从事地质调查人数	期末直接投入项目人数	直接投入地调技术人员	高级技术人员	平均直接投入项目人员
新疆煤炭一五六勘查队	122	64	78	25	9	24
新疆煤炭综合地质勘查队	43	76	43	18	11	71
新疆煤田地质局161队	48	12	15	15	15	8
核工业地质系统	**655**	**611**	**599**	**515**	**224**	**597**
核工业地质局	585	555	532	457	213	541
四川核工业地调院	42	35	42	33	10	35
青海核工业地质局	28	21	25	25	1	21
化工地质矿山局	**101**	**82**	**101**	**90**	**50**	**83**
中化地质矿山总局	101	82	101	90	50	83
建材地勘中心	**124**	**81**	**110**	**87**	**47**	**100**
建材地勘中心	124	81	110	87	47	100
中联煤层气公司	**18**	**18**	**18**	**18**	**11**	**18**
中联煤层气公司	18	18	18	18	11	18
六、院校	**2836**	**2276**	**1972**	**2097**	**1208**	**2190**
中国地大（北京）	852	532	467	589	314	470
北京大学	32	31	30	30	18	31
北京师范大学	18	18	18	18	5	18
石家庄经济学院	54	18	42	34	16	27
吉林大学	541	483	365	271	187	479
南京大学	82	64		75	61	64
中国矿业大学	28	28	25	24	8	25
合肥工业大学	45	45	24	24	8	40
东华理工大学	54	36	41	46	35	36
中国地大（武汉）	615	615	615	615	406	615
中山大学	30	30	30	25	20	25
成都理工大学	406	305	248	281	80	289
长安大学	79	71	67	65	50	71
七、其他单位	**532**	**447**	**517**	**499**	**198**	**443**
经济研究院	532	447	517	499	198	443